面向21世纪课程教材

 普通高等教育"十一五"
国家级规划教材

2016年北京大学优秀教材

面向21世纪课程教材

Textbook Series for 21st Century

全国高等学校法学专业核心课程教材

民　　法

Civil Law

（第九版）

主　　编　魏振瀛
执行主编　郭明瑞
撰　稿　人（以拼音为序）
　　　　　常鹏翱　崔建远　郭明瑞
　　　　　李仁玉　彭诚信　钱明星
　　　　　王　成　王歌雅　魏振瀛

北京大学出版社

高等教育出版社

图书在版编目(CIP)数据

民法/魏振瀛主编.--9版.--北京:北京大学出版社,2024.9.--(面向21世纪课程教材).-- ISBN 978-7-301-35359-2

Ⅰ.D923

中国国家版本馆 CIP 数据核字第 2024SK7022 号

书　　　名	民法（第九版）
	MINFA(DI-JIU BAN)
著作责任者	魏振瀛　主编
责 任 编 辑	周　菲
标 准 书 号	ISBN 978-7-301-35359-2
出 版 发 行	北京大学出版社
地　　　址	北京市海淀区成府路 205 号　100871
网　　　址	http://www.pup.cn
新 浪 微 博	@北京大学出版社　@北大出版社法律图书
电 子 邮 箱	编辑部 law@pup.cn　总编室 zpup@pup.cn
电　　　话	邮购部 010-62752015　发行部 010-62750672　编辑部 010-62752027
印 刷 者	三河市北燕印装有限公司
经 销 者	新华书店
	730 毫米×980 毫米　16 开本　57.5 印张　1139 字
	2000 年 9 月第 1 版　2006 年 11 月第 2 版
	2007 年 7 月第 3 版　2010 年 7 月第 4 版
	2013 年 9 月第 5 版　2016 年 9 月第 6 版
	2017 年 8 月第 7 版　2021 年 3 月第 8 版
	2024 年 9 月第 9 版　2025 年 3 月第 2 次印刷
定　　　价	108.00 元

未经许可，不得以任何方式复制或抄袭本书之部分或全部内容。
版权所有，侵权必究
举报电话：010-62752024　电子邮箱：fd@pup.cn
图书如有印装质量问题，请与出版部联系，电话：010-62756370

内 容 简 介

本书以我国《民法典》等民事法律法规为依据,紧密结合最高人民法院最新出台的司法解释,借鉴外国与我国台湾地区的民事立法与司法实践经验,吸收国内外民法学研究的新成果,理论联系实际,系统论述了民法的基本理论、基本制度和基本知识。在内容上力求对现行民事立法作全面准确的阐释,在理论与体系上力求适应新世纪发展的需要。

本书不拘泥于我国现行民事立法的具体规定,而是根据民法原理,在内容和结构上作了归纳、调整和补充。本书包括总论、物权、债权、人身权、婚姻家庭、继承、侵权责任共七编,四十八章。

Abstract

This book integrates theory with practice, and makes a systematic demonstration of basic theories, institutions and knowledge of civil law. It grounds on existing civil laws and regulations of China, in particular the Civil Code, and combines closely with the judicial interpretations of the Supreme People's Court. It uses legislative and adjudicative experiences on civil law in other countries and Chinese Taiwan for reference, absorbs recent theoretical findings by both domestic and foreign academia on civil law. The authors make every effort to describe existing civil law comprehensively and accurately, and to make the structure of the book and theoretical analyses updated to the new century.

Instead of rigidly adhering to the current civil law legislation, the authors make necessary generalization, adjustment and complements in contents, as well as in structure. The book comprises 48 chapters in 7 parts, namely, Pandect, Jus in rem, Jus ad rem (creditor's rights), Personal Rights, Marriage and Family, Succession, and Torts.

作者简介

魏振瀛 北京大学法学院教授、博士生导师,中国法学会学术委员会委员、中国法学会民法学研究会顾问、学术委员会委员。代表性著作:《民事责任与债分离研究》《疑难合同案例研究》(主编)等。代表性论文:《论债与责任的融合与分离——兼论民法典体系之革新》《制定侵权责任法的学理分析——侵权行为之债立法模式的借鉴与变革》等。

郭明瑞 山东大学法学院、烟台大学法学院教授、博士生导师,中国法学会民法学研究会学术委员会委员、中国法学会法学教育研究会顾问。代表性著作:《民事责任论》《担保法原理与实务》《继承法研究》等。代表性论文:《关于无因管理的几个问题》《关于我国物权立法的三点思考》等。

常鹏翱 北京大学法学院教授、博士生导师,中国法学会民法学研究会副秘书长,北京市法学会不动产法研究会副会长,自然资源部不动产登记工作专家委员会专家。代表性著作:《事实行为的基础理论研究》《物权法的展开与反思》《物权法的基础与进阶》等。代表性论文:《法律事实的意义辨析》《债权与物权在规范体系中的关联》等。

崔建远 清华大学文科资深教授、清华大学谭兆讲席教授,博士生导师,中国法学会民法学研究会学术委员会主任、北京市物权法学研究会会长。代表性著作:《合同责任研究》《准物权研究》《土地上的权利群研究》等。代表性论文:《"四荒"拍卖与土地使用权——兼论我国农用权的目标模式》《无权处分辨》等。

李仁玉 北京工商大学法学院教授,北京市法学会民商法学研究会副会长、中国法学会案例法学研究会副会长。代表性著作:《契约观念与秩序创新》(合著)、《合同效力研究》、《比较侵权法》等。代表性论文:《西方侵权法中严格责任的产生》《房屋抵押权实现中的权利冲突及解决》等。

彭诚信 上海交通大学凯原法学院特聘教授、博士生导师,中国法学会民法学研究会常务理事。代表性著作:《现代权利理论研究》《主体性与私权制度研究》等。代表性论文:《从法律原则到个案规范——阿列克西原则理论的民法应用》《论禁止权利滥用原则的法律适用》等。

钱明星 北京大学法学院教授、博士生导师,中国国际经济贸易仲裁委员会仲裁员。代表性著作:《物权法原理》《民法学》《民商法原理与实务》等。代表性论文:《我国民法物权体系初探》(合著)、《论用益物权的特征及其社会作用》等。

王　成 北京大学法学院教授,博士生导师,中国法学会民法学研究会副会长。代表性著作:《侵权损害赔偿的经济分析》、《侵权责任法》、《中国不法行为法の研究》(合著)、《中国契约法の研究》(合著)等。代表性论文:《我国民法上侵权替代责任的反思与重构》《个人信息民法保护的模式选择》《法律关系的性质与侵权责任的正当性》等。

王歌雅 黑龙江大学法学院教授、博士生导师,中国法学会婚姻家庭法学研究会副会长,中国法学会比较法学研究会理事,中国法学会教育法学研究会理事,教育部法学专业教学指导委员会委员。代表性著作:《中国现代婚姻家庭立法研究》《中国近代的婚姻立法与婚俗改革》《中国婚姻伦理嬗变研究》等。代表性论文:《〈民法典·婚姻家庭编〉的编纂策略与制度走向》《论继承法的修正》等。

Brief Introduction of the Authors

Wei Zhenying Professor of Law, Supervisor for Ph. D. candidates, Peking University Law School; Member of the Academic Committee of China Law Society, member of the Advisory Board and member of the Academic Committee of the Civil Law Society of China Law Society.

Representative books: *Separating Civil Liabilities from Obligations*, *Studies on Complicated Contract Law Cases*, etc.

Representative papers: *On the Separation and Conciliation between Obligation and Liability—Concurrently on the Innovation of the Structure of Civil Code*, *Theoretical Analyses on Tort Liability Law—the Transplant and Evolution of Tort Debts*, etc.

Guo Mingrui Professor of Law, Supervisor for Ph. D. candidates, Shandong University Law School and Yantai University Law School; Member of the Academic Committee of the Civil Law Society of China Law Society, and advisor to the Legal Education Society of China Law Society.

Representative books: *On Civil Liabilities*, *Theories and Practices on Guaranty Law*, *On the Law of Succession*, etc.

Representative papers: *Issues on Management of Other People's Affairs without Mandate*, *Three Proposals on China's Jus in Rem Law Drafting*, etc.

Chang Peng-ao Professor of Law, Supervisor for Ph. D. candidates, Peking University Law School; Deputy-Secretary-General of the Civil Law Society of China Law Society; Vice President of the Real Property Law Society of Beijing Law Society; Member of the Real Property Registration Expert Committee of The Ministry of Natural Resources.

Representative books: *Basic Theories of Realakt*, *Advanced Course of Property Law*, *Reflection of Property Law*, etc.

Representative papers: *On the Meaning of Legal Fact in the Civil Law*, *Relationships between Obligatory Right and Real Right in the Normative*

System.

Cui Jianyuan Senior professor of liberal arts, Tan Zhao Chair Professor, Supervisor for Ph. D. candidates, Tsinghua University; Director of the Academic Committee of the Civil Law Society of China Law Society, and president of the Beijing Property Law Research Society.

Representative books: *A Study on Contractual Liabilities*, *On Quasi Jus-in Rem*, *Titles and Interests on Land*, etc.

Representative papers: *The Auction of "Four Wastes" and the Land Use Rights*, *On Disposal without Authorities*, etc.

Li Renyu Professor of Law, Beijing Technology and Business University Law School; Vice President of the Civil and Commercial Law Society of Beijing Law Society; Vice President of the Case Study Society of China Law Society.

Representative books: *Conception of Contract and Innovation of Social Order*, *On the Validity of Contract*, *Comparative Torts Law*, etc.

Representative papers: *The Birth of Strict Liability in Western Tort Law*, *Possible Conflicts of Rights in Housing Mortgage Foreclosure and Their Resolution*, etc.

Peng Chengxin Distinguished Professor of Law, Supervisor for Ph. D. candidates, KoGuan School of Law, Shanghai Jiao Tong University; Standing member of the Civil Law Society of China Law Society.

Representative books: *A Study of Contemporary Theory of Rights*, *Subjectivity and Private Right*, etc.

Representative papers: From Legal Principle to Rule of Concrete Case—Civil Law Application of Robert Alexy's Principle Theory, On the Legal Application of the Principle of the Prohibition of Civil Rights Abuse, etc.

Qian Mingxing Professor of Law, Supervisor for Ph. D. candidates, Peking University Law School; Arbitrator of China International Economic and Trade Arbitration Commission.

Representative books: *Tenets of Jus in Rem Law*, *The Science of Civil Law*, *Theories and Practices on Civil and Commercial Law*, etc.

Representative papers: *A Preliminary Study on the System of Jus in*

Rem of Chinese Civil Law, *On the Characteristics and Social Function of Usufruct*, etc.

Wang Cheng Professor of Law, Supervisor for Ph. D. Candidates of Peking University Law School; Vice President of the Civil Law Society of China Law Society.

Representative books: Economic Analyses to Tort Damage, Torts Law, Research on Chinese Tort Law (co-authored volume), Research on Chinese Contract Law (co-authored volume), etc.

Representative papers: Reflection and Reconstruction of Alternative Liability in Chinese Civil Law, Selection of a Model for Civil Law Protection of Personal Information, The Quality of Legal Relationship and Legitimacy of Liability for Tort.

Wang Geya Professor of Law, Supervisor for Ph. D. candidates, Heilongjiang University Law School; Deputy Director of the Marriage Law Society of China Law Society, Member of the Board of Directors of the Comparative Law Society of China Law Society, Member of the Board of Directors of the Education Law Society of China Law Society, Member of the Law Teaching Steering Committee of the Ministry of Education.

Representative books: *Contemporary Marriage and Family Law-making in China*, *the Modernization of Chinese Marriage Law and Reform of Marriage Customs*, *The Evolution of Marriage Ethics in China*, etc.

Representative papers: *On the Compilation Strategy and Value Orientation of the Marriage and Family Section of the Civil Code*, *On the Amendment of Inheritance Law*, etc.

缩 略 语

《澳门特别行政区基本法》——《中华人民共和国澳门特别行政区基本法》

《保险法》——《中华人民共和国保险法》

《草原法》——《中华人民共和国草原法》

《产品质量法》——《中华人民共和国产品质量法》

《城市房地产管理法》——《中华人民共和国城市房地产管理法》

《城镇国有土地使用权出让和转让暂行条例》——《中华人民共和国城镇国有土地使用权出让和转让暂行条例》

《村民委员会组织法》——《中华人民共和国村民委员会组织法》

《担保制度解释》——最高人民法院《关于适用〈中华人民共和国民法典〉有关担保制度的解释》

《道路交通安全法》——《中华人民共和国道路交通安全法》

《道路交通事故处理办法》——国务院《道路交通事故处理办法》

《道路交通事故解释》——最高人民法院《关于审理道路交通事故损害赔偿案件适用法律若干问题的解释》

《反不正当竞争法》——《中华人民共和国反不正当竞争法》

《反家庭暴力法》——《中华人民共和国反家庭暴力法》

《高等教育法》——《中华人民共和国高等教育法》

《公司法》——《中华人民共和国公司法》

《关于案例指导工作的规定》——最高人民法院《关于案例指导工作的规定》

《国防法》——《中华人民共和国国防法》

《国家赔偿法》——《中华人民共和国国家赔偿法》

《海商法》——《中华人民共和国海商法》

《海洋环境保护法》——《中华人民共和国海洋环境保护法》

《海域使用管理法》——《中华人民共和国海域使用管理法》

《合伙企业法》——《中华人民共和国合伙企业法》

《户口登记条例》——《中华人民共和国户口登记条例》

《环境保护法》——《中华人民共和国环境保护法》

《婚姻家庭编解释（一）》——最高人民法院《关于适用〈中华人民共和国民法典〉婚姻家庭编的解释（一）》

《继承编解释（一）》——最高人民法院《关于适用〈中华人民共和国民法典〉继承编的解释（一）》

《技术合同解释》——最高人民法院《关于审理技术合同纠纷案件适用法律若干问题的解释》

《建筑物区分所有权解释》——最高人民法院《关于审理建筑物区分所有权纠纷案件适用法律若干问题的解释》

《经济合同法》——《中华人民共和国经济合同法》
《精神损害赔偿解释》——最高人民法院《关于确定民事侵权精神损害赔偿责任若干问题的解释》
《矿产资源法》——《中华人民共和国矿产资源法》
《买卖合同解释》——最高人民法院《关于审理买卖合同纠纷案件适用法律问题的解释》
《煤炭法》——《中华人民共和国煤炭法》
《民法典》——《中华人民共和国民法典》
《民法通则》——《中华人民共和国民法通则》
《民法总则》——《中华人民共和国民法总则》
《民事诉讼法》——《中华人民共和国民事诉讼法》
《民事诉讼法解释》——最高人民法院《关于适用〈中华人民共和国民事诉讼法〉的解释》
《民通意见》——最高人民法院《关于贯彻执行〈中华人民共和国民法通则〉若干问题的意见(修改稿)》
《民间借贷的规定》——最高人民法院《关于审理民间借贷案件适用法律若干问题的规定》
《民用航空法》——《中华人民共和国民用航空法》
《农村土地承包法》——《中华人民共和国农村土地承包法》
《拍卖法》——《中华人民共和国拍卖法》
《票据法》——《中华人民共和国票据法》
《全民所有制工业企业法》——《中华人民共和国全民所有制工业企业法》
《人民法院组织法》——《中华人民共和国人民法院组织法》
《人身损害赔偿解释》——最高人民法院《关于审理人身损害赔偿案件适用法律若干问题的解释》
《融资租赁合同解释》——最高人民法院《关于审理融资租赁合同纠纷案件适用法律问题的解释》
《森林法》——《中华人民共和国森林法》
《森林法实施条例》——《中华人民共和国森林法实施条例》
《商标法》——《中华人民共和国商标法》
《商品房买卖合同纠纷解释》——最高人民法院《关于审理商品房买卖合同纠纷案件适用法律若干问题的解释》
《商业银行法》——《中华人民共和国商业银行法》
《社会团体登记管理条例》——《中华人民共和国社会团体登记管理条例》
《涉外民事关系法律适用法》——《中华人民共和国涉外民事关系法律适用法》
《施工合同解释(一)》——最高人民法院《关于审理建设工程施工合同纠纷案件适用法律问题的解释(一)》
《水法》——《中华人民共和国水法》
《诉讼时效若干规定》——最高人民法院《关于审理民事案件适用诉讼时效制度若干问题的规定》
《提存公证规则》——司法部《提存公证规则》

《铁路法》——《中华人民共和国铁路法》
《土地承包纠纷解释》——最高人民法院《关于审理涉及农村土地承包纠纷案件适用法律问题的解释》
《土地管理法》——《中华人民共和国土地管理法》
《土地管理法实施条例》——《中华人民共和国土地管理法实施条例》
《文物保护法》——《中华人民共和国文物保护法》
《物权编解释（一）》——最高人民法院《关于适用〈中华人民共和国民法典〉物权编的解释（一）》
《无线电管理条例》——《中华人民共和国无线电管理条例》
《物业管理条例》——国务院《物业管理条例》
《宪法》——《中华人民共和国宪法》
《香港特别行政区基本法》——《中华人民共和国香港特别行政区基本法》
《消费者权益保护法》——《中华人民共和国消费者权益保护法》
《刑法》——《中华人民共和国刑法》
《刑事诉讼法》——《中华人民共和国刑事诉讼法》
《邮政法》——《中华人民共和国邮政法》
《渔业法》——《中华人民共和国渔业法》
《招标投标法》——《中华人民共和国招标投标法》
《证券法》——《中华人民共和国证券法》
《著作权法》——《中华人民共和国著作权法》
《著作权法实施条例》——《中华人民共和国著作权法实施条例》
《专利法》——《中华人民共和国专利法》
《总则编解释》——最高人民法院《关于适用〈中华人民共和国民法典〉总则编若干问题的解释》

目 录

第一编 总 论

第一分编 绪论 ………………………………………………………… 1
第一章 民法概述 ……………………………………………………… 1
  第一节 民法的概念 …………………………………………………… 1
  第二节 民法的历史 …………………………………………………… 5
  第三节 民法的渊源 …………………………………………………… 13
第二章 民法的基本理念与基本原则 ………………………………… 17
  第一节 民法基本理念与基本原则的区分 …………………………… 17
  第二节 民法基本理念的内容 ………………………………………… 19
  第三节 民法基本原则的类型与功能 ………………………………… 21
  第四节 民法基本原则的法律适用 …………………………………… 27
第三章 民事法律关系 ………………………………………………… 34
  第一节 民事法律关系概述 …………………………………………… 34
  第二节 民事法律事实 ………………………………………………… 38
  第三节 民事权利 ……………………………………………………… 39
  第四节 民事义务与民事责任 ………………………………………… 52
第二分编 民事法律关系主体 ………………………………………… 58
第四章 自然人 ………………………………………………………… 58
  第一节 自然人的民事权利能力 ……………………………………… 58
  第二节 自然人的民事行为能力 ……………………………………… 63
  第三节 监护 …………………………………………………………… 67
  第四节 自然人的住所 ………………………………………………… 75
  第五节 宣告失踪与宣告死亡 ………………………………………… 77
  第六节 个体工商户与农村承包经营户 ……………………………… 83
第五章 法人 …………………………………………………………… 85
  第一节 法人概述 ……………………………………………………… 85
  第二节 法人的成立 …………………………………………………… 89

第三节　法人的民事能力 ………………………………………… 93
　　第四节　法人的机关 ……………………………………………… 97
　　第五节　法人的分支机构 ………………………………………… 101
　　第六节　法人的变更、终止与清算 ……………………………… 103
　　第七节　法人的登记 ……………………………………………… 106
　　第八节　营利法人 ………………………………………………… 108
　　第九节　非营利法人 ……………………………………………… 111
　　第十节　特别法人 ………………………………………………… 114
第六章　非法人组织 …………………………………………………… 119
　　第一节　非法人组织概述 ………………………………………… 119
　　第二节　合伙 ……………………………………………………… 121
　　第三节　其他非法人组织 ………………………………………… 136

第三分编　民事法律关系客体 ………………………………………… 139
　第七章　民事法律关系客体的种类 ………………………………… 139
　　第一节　民事法律关系客体概述 ………………………………… 139
　　第二节　物 ………………………………………………………… 140
　　第三节　有价证券 ………………………………………………… 149
　　第四节　智力成果 ………………………………………………… 152
　　第五节　其他客体 ………………………………………………… 155

第四分编　民事法律关系变动 ………………………………………… 158
　第八章　民事法律行为 ……………………………………………… 158
　　第一节　民事法律行为概述 ……………………………………… 158
　　第二节　意思表示 ………………………………………………… 166
　　第三节　民事法律行为的成立与生效 …………………………… 177
　　第四节　民事法律行为的附条件与附期限 ……………………… 180
　　第五节　无效的民事法律行为 …………………………………… 185
　　第六节　可撤销的民事法律行为 ………………………………… 189
　　第七节　效力未定的民事法律行为 ……………………………… 193
　第九章　代理 ………………………………………………………… 196
　　第一节　代理的概念与特征 ……………………………………… 196
　　第二节　代理的分类 ……………………………………………… 199
　　第三节　代理权 …………………………………………………… 203
　　第四节　无权代理与表见代理 …………………………………… 210

第十章	诉讼时效、除斥期间与期限	215
第一节	时效制度概述	215
第二节	诉讼时效	217
第三节	除斥期间	227
第四节	期限	230

第二编　物　权

第十一章	物权总论	233
第一节	物权的概念与特征	233
第二节	物权法的概念与内容	235
第三节	物权的效力	236
第四节	物权的类型	241
第五节	物权的变动	244
第六节	物权的保护	259
第十二章	所有权	263
第一节	所有权概述	263
第二节	国家所有权、集体所有权、私人所有权与其他所有权	265
第三节	业主的建筑物区分所有权	276
第四节	相邻关系	281
第五节	所有权的特别取得方法	284
第十三章	共有	293
第一节	共有的概念与特征	293
第二节	按份共有	293
第三节	共同共有	298
第四节	准共有	301
第十四章	用益物权	302
第一节	用益物权的概念与特征	302
第二节	土地承包经营权	304
第三节	建设用地使用权	308
第四节	宅基地使用权	316
第五节	居住权	318
第六节	地役权	320

第十五章 担保物权 ······ 326
第一节 担保物权概述 ······ 326
第二节 抵押权 ······ 328
第三节 质权 ······ 340
第四节 留置权 ······ 345
第五节 担保物权的竞合以及物的担保和人的担保的并存 ······ 348

第十六章 占有 ······ 352
第一节 占有的概念和种类 ······ 352
第二节 占有的效力和保护 ······ 354
第三节 占有的取得和消灭 ······ 358

第三编 债 权

第一分编 债权总论 ······ 361

第十七章 债的概述 ······ 361
第一节 债的概念、性质与要素 ······ 361
第二节 债的发生原因 ······ 367
第三节 债法在民法中的地位及其体系 ······ 368

第十八章 债的类型 ······ 370
第一节 种类之债 ······ 370
第二节 货币之债 ······ 372
第三节 利息之债 ······ 373
第四节 选择之债 ······ 375
第五节 连带之债 ······ 377

第十九章 债的履行 ······ 380
第一节 债的履行的概念与原则 ······ 380
第二节 债的适当履行 ······ 383

第二十章 债的保全与担保 ······ 387
第一节 债的保全 ······ 387
第二节 债的担保 ······ 398

第二十一章 债的转移与消灭 ······ 409
第一节 债的转移 ······ 409
第二节 债的消灭 ······ 421

第二分编 债权分论 ……………………………………………………… 436

第二十二章 合同概述 ……………………………………………… 436
第一节 合同的概念与特征 ………………………………………… 436
第二节 合同的分类 ………………………………………………… 437

第二十三章 合同的订立 …………………………………………… 443
第一节 合同订立的程序 …………………………………………… 443
第二节 合同的内容与解释 ………………………………………… 452

第二十四章 双务合同履行中的抗辩权 …………………………… 461
第一节 双务合同履行中的抗辩权概述 …………………………… 461
第二节 同时履行抗辩权 …………………………………………… 461
第三节 先履行抗辩权 ……………………………………………… 465
第四节 不安抗辩权 ………………………………………………… 466

第二十五章 合同的变更与解除 …………………………………… 469
第一节 合同变更与解除的概念和条件 …………………………… 469
第二节 合同变更与解除的程序与法律后果 ……………………… 472

第二十六章 缔约过失责任与违约责任 …………………………… 474
第一节 缔约过失责任 ……………………………………………… 474
第二节 违约责任 …………………………………………………… 477

第二十七章 典型合同 ……………………………………………… 498
第一节 买卖合同 …………………………………………………… 498
第二节 供用电、水、气、热力合同 ……………………………… 506
第三节 赠与合同 …………………………………………………… 508
第四节 借款合同 …………………………………………………… 511
第五节 保证合同 …………………………………………………… 514
第六节 租赁合同 …………………………………………………… 519
第七节 融资租赁合同 ……………………………………………… 528
第八节 保理合同 …………………………………………………… 535
第九节 承揽合同 …………………………………………………… 537
第十节 建设工程合同 ……………………………………………… 543
第十一节 运输合同 ………………………………………………… 548
第十二节 技术合同 ………………………………………………… 555
第十三节 保管合同 ………………………………………………… 565
第十四节 仓储合同 ………………………………………………… 569
第十五节 委托合同 ………………………………………………… 575

第十六节　物业服务合同……………………………………… 580
   第十七节　行纪合同…………………………………………… 583
   第十八节　中介合同…………………………………………… 586
   第十九节　合伙合同…………………………………………… 589

第二十八章　无因管理之债…………………………………………… 592
   第一节　无因管理概述………………………………………… 592
   第二节　无因管理的成立要件………………………………… 593
   第三节　无因管理的效力……………………………………… 595

第二十九章　不当得利之债…………………………………………… 599
   第一节　不当得利概述………………………………………… 599
   第二节　不当得利的成立条件与类型………………………… 600
   第三节　不当得利的效力……………………………………… 603

第四编　人　身　权

第三十章　人身权概述………………………………………………… 606
   第一节　人身权的概念与分类………………………………… 606
   第二节　人身权的内容与意义………………………………… 608

第三十一章　人格权…………………………………………………… 612
   第一节　人格权概述…………………………………………… 612
   第二节　生命权………………………………………………… 614
   第三节　身体权………………………………………………… 616
   第四节　健康权………………………………………………… 617
   第五节　姓名权与名称权……………………………………… 619
   第六节　肖像权………………………………………………… 621
   第七节　名誉权………………………………………………… 623
   第八节　信用权………………………………………………… 625
   第九节　隐私权………………………………………………… 626
   第十节　个人信息……………………………………………… 627
   第十一节　自由权……………………………………………… 630
   第十二节　贞操权……………………………………………… 631
   第十三节　一般人格权………………………………………… 632

第三十二章　身份权…………………………………………………… 635
   第一节　身份权的概念与特征………………………………… 635

第二节　荣誉权……………………………………………………636

　第三节　其他身份权………………………………………………637

第五编　婚姻家庭

第三十三章　婚姻家庭法概述……………………………………………638
　第一节　婚姻家庭的特性和类型…………………………………638
　第二节　婚姻家庭法的概念和特征………………………………642
　第三节　婚姻家庭法的基本原则…………………………………643
　第四节　亲属制度…………………………………………………657

第三十四章　结婚制度……………………………………………………666
　第一节　婚姻成立概述……………………………………………666
　第二节　结婚条件…………………………………………………671
　第三节　结婚程序…………………………………………………674
　第四节　婚姻的无效与撤销………………………………………676
　第五节　事实婚姻…………………………………………………680

第三十五章　家庭关系……………………………………………………684
　第一节　夫妻关系…………………………………………………684
　第二节　父母子女关系……………………………………………693
　第三节　其他近亲属关系…………………………………………704

第三十六章　离婚制度……………………………………………………708
　第一节　离婚制度概述……………………………………………708
　第二节　登记离婚…………………………………………………711
　第三节　诉讼离婚…………………………………………………712
　第四节　离婚效力…………………………………………………716
　第五节　离婚救济…………………………………………………730

第三十七章　收养制度……………………………………………………736
　第一节　收养制度概述……………………………………………736
　第二节　收养关系的成立…………………………………………739
　第三节　收养的效力………………………………………………746
　第四节　收养关系的解除…………………………………………748

第六编 继 承

第三十八章 继承概述 ·················· 752
    第一节 继承的概念与特征 ·················· 752
    第二节 继承法的基本原则 ·················· 754
    第三节 继承权的概念和特征 ·················· 757
    第四节 继承权的接受、放弃、丧失与保护 ·················· 759

第三十九章 法定继承 ·················· 764
    第一节 法定继承的概念与适用范围 ·················· 764
    第二节 法定继承人的范围与继承顺序 ·················· 765
    第三节 代位继承 ·················· 767
    第四节 法定继承中的遗产分配 ·················· 770

第四十章 遗嘱继承、遗赠与遗赠扶养协议 ·················· 772
    第一节 遗嘱继承的概念与特征 ·················· 772
    第二节 遗嘱的设立 ·················· 773
    第三节 遗嘱的变更、撤回与执行 ·················· 778
    第四节 遗赠 ·················· 780
    第五节 遗赠扶养协议 ·················· 782

第四十一章 遗产的处理 ·················· 784
    第一节 继承的开始 ·················· 784
    第二节 遗产与遗产管理 ·················· 786
    第三节 遗产的分割与债务清偿 ·················· 791
    第四节 无人继承又无人受遗赠的遗产 ·················· 794

第七编 侵权责任

第四十二章 侵权责任概述 ·················· 796
    第一节 侵权行为的概念和特征 ·················· 796
    第二节 侵权责任的概念与特征 ·················· 798

第四十三章 侵权行为的归责原则 ·················· 800
    第一节 侵权行为归责原则的概念与体系 ·················· 800
    第二节 过错责任原则 ·················· 801
    第三节 无过错责任原则 ·················· 802

第四十四章　一般侵权行为的构成要件 804
第一节　一般侵权行为构成要件概述 804
第二节　行为 804
第三节　损害事实 805
第四节　因果关系 807
第五节　过错 810

第四十五章　侵害财产权与人身权的行为 814
第一节　侵害财产权的行为 814
第二节　侵害生命权、健康权与身体权的行为 816
第三节　侵害姓名权与名称权的行为 817
第四节　侵害肖像权的行为 818
第五节　侵害名誉权与信用权的行为 819
第六节　侵害隐私权与个人信息的行为 822
第七节　侵害自由权的行为 823
第八节　侵害贞操权的行为 823
第九节　侵害荣誉权与一般人格权的行为 824

第四十六章　侵权责任的方式与侵权责任的承担 826
第一节　侵权责任的方式及其适用 826
第二节　侵权损害赔偿责任 832
第三节　财产损害赔偿与人身损害赔偿 835
第四节　精神损害赔偿 836
第五节　侵权责任的免责事由 838
第六节　违约责任与侵权责任的竞合 842

第四十七章　数人侵权行为与责任 846
第一节　数人侵权行为概述 846
第二节　共同侵权行为与责任 847
第三节　教唆行为、帮助行为及其责任 849
第四节　共同危险行为与责任 851
第五节　无意思联络的数人侵权行为与责任 852

第四十八章　各类侵权责任 854
第一节　各类侵权责任概述 854
第二节　监护人责任 855
第三节　完全民事行为能力人暂时丧失意识侵权责任 856
第四节　职务侵权行为与责任 857

第五节　个人劳务关系中的侵权行为与责任………………………………858
第六节　承揽关系中的侵权责任……………………………………………859
第七节　网络侵权责任………………………………………………………860
第八节　违反安全保障义务的责任…………………………………………863
第九节　校园伤害责任………………………………………………………865
第十节　产品责任……………………………………………………………866
第十一节　道路交通事故责任………………………………………………870
第十二节　医疗损害责任……………………………………………………875
第十三节　环境污染和生态破坏责任………………………………………877
第十四节　高度危险责任……………………………………………………879
第十五节　饲养动物损害责任………………………………………………882
第十六节　建筑物和物件损害责任…………………………………………884

第九版后记………………………………………………………………………889
第八版后记………………………………………………………………………890
第七版后记………………………………………………………………………891
第六版后记………………………………………………………………………892
第五版后记………………………………………………………………………893
第四版后记………………………………………………………………………895
第三版后记………………………………………………………………………896
第二版后记………………………………………………………………………897
第一版后记………………………………………………………………………898

第一编　总　　论

第一分编　绪　　论

第一章　民法概述

第一节　民法的概念

一、民法的性质

依据我国《民法典》第2条，民法是"调整平等主体的自然人、法人和非法人组织之间的人身关系和财产关系"法律规范的集合。民法是一个独立的法律部门，是人类社会发展到商品经济形态在法律上的客观需要。

（一）民法是私法

公法与私法的划分是现代法律中最基本的分类之一，但法学家对两者的区分界限与标准仍存在争议，目前较为主流的有三种学说：

古罗马法学家乌尔比安认为区别的标准在于"法律保护的利益涉及的是公共利益还是私人利益"。[①] 乌尔比安在《学说汇纂》中举例说明，"它们有的造福于公共利益，有的造福于私人"。[②] 由于公共利益与私人利益的边界并非泾渭分明，而有些法律规定本身就同时兼顾公共利益与私人利益，因此以保护的利益类型为标准划分公法和私法也就难以做到边界清晰。

德国法学家拉邦德从法律调整对象之间的关系来区分，调整权力者与服从者隶属关系的法律是公法，调整对等者之间平等关系的法律是私法。[③] 该观点虽对于国内法来说有其合理之处，但对于国际法便难谓准确，如国际公法中的主

[①] 王利明：《民法总则研究》，中国人民大学出版社2003年版，第12—13页。

[②] 〔意〕彼德罗·彭梵得：《罗马法教科书》（2017年校订本），黄风译，中国政法大学出版社2018年版，第8页。

[③] 参见〔德〕迪特尔·梅迪库斯：《德国民法总论》，邵建东译，法律出版社2000年版，第11页。

权国之间尽管不存在法律上的"隶属关系",其无疑也属于公法。

另一位德国法学家耶律内克则认为应当以参与主体来划分,如法律主体中至少有一方是国家(或行使国家公权力者)的法律为公法,而规范私人或私团体之间关系的法律为私法,称之为主体说。① 但法律主体在不同的法律关系中,会展现出不同的主体地位与特点,如一国政府也会依据市场规则缔结交易合同。

诸多学说,均有难以周延之处。法学理论的研究有其历史的局限性,而随着社会发展,诸多新型的法律部门如经济法、环境法、劳动法等越发凸显了公私法二元论的不足。尽管如此,公私法的区分在学理与实践中仍有其价值,有助于在具体法律问题中判断法律关系与利益的性质,并采取不同的法律制度进行调整,寻找更好平衡个体、集体、社会与国家利益的法律路径。民法作为私法,其更关注以自然人为主的私主体及其利益,注重其自由而独立的意志,以当事人意思自治、契约自由、私权神圣为特征。正如乌尔比安所说,法律的准则是"诚实地生活,不加害于他人,使每个人各得其所"。②

(二)民法是权利法

民法以权利为核心,以主体平等和意思自治为基本理念,重点在于如何获取权利、享有权利和保护权利的行使。"民法之所以为权利法,在于它的规范多为授权性规范,这类法律规范规定具有肯定内容的权利。"③我国《民法典》正是以规范民事权利为核心内容,以保障民事权利的充分实现为基本目标,建立了一系列由民事规则和原则组成的民法规范制度。正是民事权利使主体得以充分发挥其自由之意志,保障其人格之尊严。其中包括:

(1)民事权利主体,包括自然人、法人与非法人组织。

(2)民事权利内容,包括人格权、物权、知识产权、债权、继承权等具体内容。

(3)民事权利客体,即民事权利所保护具体利益的载体,如物权的客体为物、债权的客体为行为(或称给付)、知识产权的客体为智力成果、人格权的客体为具体的人格利益等。

(4)民事权利的救济,即民事权利受到侵害时,权利主体如何寻求救济以恢复权利之完整或补救权利之损害,主要体现为民事责任制度,包括违约责任与侵权责任等。

(5)民事权利的限制,既包括权利行使时须遵循民法基本原则(如诚实信用、公序良俗、禁止权利滥用等原则上的限制),也包括权利在时间上(如消灭时效、除斥期间等方面)的限制,以及具体制度上的限制(如相邻权对所有权的限制)等。

---

① 参见郑玉波:《民法总则》,中国政法大学出版社2003年版,第5页。
② 参见张乃根:《西方法哲学史纲》(第4版),中国政法大学出版社2008年版,第136页。
③ 徐国栋:《民法总论》,高等教育出版社2007年版,第86页。

（三）民法是调整市民社会关系的基本法

民法来源于古罗马的市民法，对应的是万民法。万民法是罗马人与其他所有民族共有之法律，而市民法则是罗马市民独有之法律①，主要规范城邦内市民之间的社会关系，即黑格尔所谓的与政治国家相区分的市民社会②。在市民社会中，个人的身份是"市民"，其既从事生产，提供商品；同时也消费商品，产生需求。个体不仅有自主的人格，也有相互关联的身份。民法主要调整这种市民社会关系中个体的私权与利益，维护市民社会的总体秩序。

（四）民法是调整市场经济关系的基本法

民法规范了财产的权利归属与流转制度，这是市场经济得以存在的前提。正如马克思所说的，"商品不能自己到市场去，不能自己去交换。因此，我们必须找寻它的监护人，商品所有者"。寻找商品所有者的过程在法律意义上也是为商品确权的过程。商品流转的最重要媒介，在法律上就是合同。马克思因而指出："只有通过双方共同一致的意志行为，才能让渡自己的商品，占有别人的商品。"③无论是对商品的确权，还是对商品流转手段和媒介（合同）的规定，在法律上都是民法的核心内容。在民法中，生产与交易商品的人体现为民事主体制度，对商品的确权主要是通过物权制度，商品的交换与交易则是通过合同制度。没有民法对于商品权利归属与流转的规定，就不存在以商品交易为基础的市场经济。

二、民法的调整对象

民法的调整对象，是指民法规范所调整社会关系的性质和范围，是对民法所调整社会关系的概括。与《民法通则》第2条规定的"中华人民共和国民法调整平等主体的公民之间、法人之间、公民和法人之间的财产关系和人身关系"相比较，《民法典》第2条将其修改为，"民法调整平等主体的自然人、法人和非法人组织之间的人身关系和财产关系"。其中显著的变化为：其一，将非法人组织增添为独立的民法主体，丰富了民事主体的类型；其二，将人身关系置于财产关系之前，以突显人身关系，尤其是人格关系的重要性。

（一）平等民事主体之间的人身关系

人身关系包括人格关系与身份关系。人格关系以生命、身体、健康、姓名、肖像、隐私、个人信息等人格利益为内容，与人的本体密不可分。一般来说，无论主体在社会中的地位、身份、财产等如何变动，其人格关系是相对固定的。身份关

---

① 参见〔意〕彼德罗·彭梵得：《罗马法教科书》（2017年校订本），黄风译，中国政法大学出版社2018年版，第12页。

② 黑格尔在《法哲学原理》第三篇第二章"市民社会"中对此进行了详细的论述。参见〔德〕黑格尔：《法哲学原理》，范扬、张企泰译，商务印书馆2017年版，第224—287页。

③ 《马克思恩格斯文集》（第5卷），人民出版社2009年版，第103页。

系则包括婚姻关系、监护关系、继承关系等,是基于主体特定身份关系所产生的身份利益,会随着主体的身份变化而变动。

人身关系和人身权利不仅由民法规范和保护,也由其他法律共同维护。如《宪法》第 37 条保障公民的人身自由不受侵害,《刑法》第二编第四章主要规范侵犯公民人身权利、民主权利的罪行,《国家赔偿法》第 3 条将行政机关及其工作人员在行使行政职权时侵犯人身权的五种情形列入行政赔偿的范围等。民法主要采取停止侵害、消除影响、恢复名誉、赔偿损失等民事责任的方式保护平等主体间的人身关系。

人身关系与财产关系在法律本质上是不能通约的,因为人身权主要彰显精神上的利益,即人的自由与尊严,在法律上不能流转和交易;财产权则直接体现财产利益,可以流转和交易。但在特定情形下,人身关系中可能包含财产利益,如我国《民法典》人格权编中规范、保护个人信息,而个人信息的同意使用、共享等可能产生实际的财产价值。即便如此,能流转和交易的仍然只能是财产利益,而非人身利益。

(二) 平等民事主体之间的财产关系

财产关系是指人们在商品生产与交易过程中形成的具有经济内容的社会关系,可分为财产归属关系和财产流转关系。前者主要指对财产的静态支配和所有关系,如物权、知识产权等,后者主要指财产归属关系的动态变化,如买卖、借贷、赠与等。

财产主要是指具备金钱价值的财富总称。在罗马法时代,盖尤斯在《法学阶梯》中将"物"(res)区分为"有体物"(res corporales)与"无体物"(res incorporales)。① "物"以有体物作为蓝本,包括可以触摸到的土地、货物、货币等;无体物则包括继承权、债权等权利。黑格尔认为"精神技能、科学知识、艺术,甚至宗教方面的东西(讲道、弥撒、祈祷、献物祝福),以及发明等等,都可成为契约的对象,而与在买卖等方式中所承认的物同视"②,依此观念,知识产权也应当纳入无体物权之中。

三、民法与其他部门法的关系

(一) 民法与商法

商法是西欧中世纪商人逐渐发展出来的法律制度。"在这一时期,伴随着工商业文明的复兴与发展,一个以自由、公平、权利为核心和本质,以商人和商行为为特定对象的新部门法逐渐从传统民法中分离出来,并从观念到制度上日益完善起来。"③民法与商法都是私法,但各有侧重。民法的调整对象是平等民事主

---

① 〔古罗马〕盖尤斯:《法学阶梯》,黄风译,中国政法大学出版社 1996 年版,第 82 页。
② 参见〔德〕黑格尔:《法哲学原理》,范扬、张企泰译,商务印书馆 2017 年版,第 58 页。
③ 范健:《德国商法:传统框架与新规则》,法律出版社 2003 年版,第 32 页。

体间的人身关系与财产关系,商法主要调整纯粹的财产关系,通常不涉及人身关系;民法与商法的主体均包含自然人、法人和非法人组织,但商法上的主体应当是以营利为目的、从事商事行为的商人;民法与商法同样具有主体平等性与权利互惠性的特点,民法以当事人意思自治、契约自由、权利行使自由为特征,而商法则具备交易效率性、安全性与公平性的独特价值追求。

我国《民法典》采取了民商合一的立法制度,但立法上的民商合一并不代表学术理论上不区分民法与商法,也不意味着《民法典》中所有的规范都将民事与商事活动一概而论。

(二) 民法与经济法

经济法是调整政府在干预、管理社会经济活动中形成的有关经济关系法律规范的总称。经济法主要规范政府干预、管理经济活动及调整商品经济过程中产生的法律关系。作为管理机关的政府往往处于领导者、管理者的地位,作为管理受体的市场主体往往处于服从者、被管理者的地位,经济法因而属于公法。

历史上经济法的诞生是基于国家对经济干预的需求,强调国家的组织作用,弱化个人的作用,与民法的价值取向具有对立性。随着法学理念的不断发展,兼顾公私法益的社会法兴起,《反垄断法》《反不正当竞争法》《消费者权益保护法》等社会经济法既维护社会利益,也重视个人的意志自由,得以调整个人与国家之间的经济利益关系。

第二节 民法的历史

"民法"一词源自罗马法上的"ius civile",亦即"市民法"。现代各国"民法"一词,如法语 droit civil、意大利语 diritto civile、英语 civil law、德语 Zivilrecht[①]等,都承袭自罗马法上的 ius civile。汉语"民法"一词,学界通说认为,是日本民法学者津田真道翻译荷兰语 Burgerlyk Regt 始创,并在清末为我国所继受。[②]

---

① 德语中的"民法"常用"bürgerliches Recht"一词,其中的"Bürger"是日耳曼词根上的"市民"或"公民"的表达,尽管词根不同,但内容无异。

② 参见梁慧星:《民法总论》(第5版),法律出版社2017年版,第1页。也有学者对于该翻译是由津田真道由荷兰语翻译而来,还是由箕作麟祥自法语翻译而来,持保留态度。参见王利明主编:《民法》(第8版)(上册),中国人民大学出版社2020年版,第3页。争议的根源在于,曾任《日本民法典》起草委员的富井政章称,"民法之名称,乃足儒箕作麟祥氏,翻译法兰西法典始用之",参见〔日〕富井政章:《民法原论》(第1卷),陈海瀛、陈海超译,杨廷栋修正,王兰萍点校,中国政法大学出版社2003年版,第35页。穗积陈重则指出:"然问之于(箕作)博士,博士否认其为己所新创,乃沿用津田(真道)先生《泰西国法论》中所载之词。余遂问津田先生,先生答曰,该词乃荷兰语 Burgerlyk regt 之新创译语。"参见〔日〕穗积陈重:《法窗夜话》,曾玉婷、魏磊杰译,法律出版社2015年版,第148页。

一、罗马法的编纂及其影响

罗马于公元前8世纪建立,其政治体制经历了王政、共和国与帝政三个时期,在不同时期,罗马法都有一定的发展,并对后世产生影响。

公元前753年—前509年,属于罗马王政时期,此时的"国家"由三个部落组成。部落中的成年男子(17—60岁)组成贵族大会(comitia curiata),共同选举部落联盟的首领,即王(rex),主管政治、军事和司法等。① 王政时期的罗马属于典型的自给自足的农业社会,不需要繁琐的私法制度,主要由宗教与道德习惯规范人与人之间的关系。

公元前509年—前27年,属于罗马共和国时期,此时"王"被两名"执政官"替代。执政官只能从贵族中遴选,这使得法律完全被贵族祭司团垄断。因法不可知,贵族间相互包庇,法官徇私枉法,遂激起民众反抗,要求制定成文法。公元前450年,由10名贵族成员组成立法会,在充分研究希腊梭伦(Solon)法和罗马习惯法的基础上,将制定的法律刻在12块板子上,公布于罗马广场,成为《十二表法》。② 其中前三表涉及诉讼程序:传唤、审理、执行;第四至八表涉及民事法律关系:家长权、继承和监护、占有和所有权、土地和房屋(相邻关系)、私犯③;第九表公法;第十表宗教法;第十一、十二表是对前表的补充。《十二表法》公布后,贵族垄断法律的局面逐渐被打破,平民也能参与到法律的解答、讲授中,由此开启了法学家法时代。

公元前27年—公元565年,属于罗马帝政时期。这一时期的前两百余年间,罗马商品经济得到极大发展,生产贸易空前繁荣,这也促进了统一法律的要求。帝政前期的法学研究,特别是法学家对法律的解答,在罗马法发展中占有举足轻重的地位。最具代表性的法学家包括盖尤斯(Gaius)、乌尔比安(Ulpianus)、保卢斯(Paulus)等,他们撰写法学解答(quaestiones responsa)、法学汇编(digesta)、法学阶梯(institutiones)等一系列作品,并成为后世罗马法典编纂的重要参考。④

公元395年,罗马帝国分裂为东西罗马帝国。经过长期战乱,各类繁杂的皇帝敕令、法学家解答、长官谕令等,混乱不堪且多有疏漏。

---

① 详细介绍,参见周枏:《罗马法原论》(上册),商务印书馆2014年版,第35—38页。

② 参见陈可风:《〈十二表法〉制定和公元前5世纪中期罗马平民与贵族的斗争》,载《求索》2003年第4期。

③ 这里的"私犯",指的是对个人人身或财产等私法益的侵犯,在现代由刑法调整的某些行为,在彼时皆属于"私犯"。如第8表第24条规定,"某人并非想投掷武器,但武器脱手的,应处以公羊一只祭神",参见徐国栋、阿尔多·贝特鲁奇、纪蔚民:《〈十二表法〉新译本》,载《河北法学》2005年第11期。

④ 对这些法学家的详细介绍,参见周枏:《罗马法原论》(上册),商务印书馆2014年版,第65—73页。

直到公元527年,东罗马帝国皇帝优士丁尼(Iustinianus)执政,他下令设立一个专门负责编纂法律的委员会,搜集整理罗马既有法律法规,重新编纂一部法典。公元529年,总计4650余条的《优帝法典》(Codex Justinianus)问世。施行5年后,经修订,法典共分为12卷、765章,内容涵盖宗教法、私法、刑法与行政法。① 公元530年12月,为准确把握历代法学家的观点并消除争议,优士丁尼下令从2000余册法学著作中挑选39位著名法学家的9123条经典言论进行汇编。这一鸿篇巨制就是《学说汇纂》(Digest),其于公元533年12月30日实施,并成为后世研究罗马法最重要的文献。② 随即,优士丁尼又组织撰写了《法学阶梯》(Institutiones Justinianus),作为法律初学者的教科书,由此奠定了罗马法经典的人、物与诉讼三分结构。优士丁尼希望借助这三部作品,彻底统一法律制度,历万世而不改,遂下令废除未被收录的其他法令。嗣后的法律修订都通过颁布新敕令来实现,由此形成了《优帝新律》(Novellae Constitutiones Justinianus)。自此,《优帝法典》《学说汇纂》《法学阶梯》与《优帝新律》并称为《国法大全》,真正实现了罗马法的体系化。

"罗马不是一天建成的",罗马法亦非一蹴而就,其凝结了罗马千余年政治与社会思潮演变,尤其是顺应了商品经济发展与社会生产关系变革。如恩格斯所言:"罗马法是简单商品生产即资本主义前的商品生产的完善的法,但是它也包含着资本主义时期的大多数法权关系。"③罗马法留给后世的,不仅是精巧的制度设计,更是尊重私权与私人交易理念以及对公平正义的追求。罗马法的影响远超出具体条文,其具有其他法律体系无法比拟的普遍借鉴意义,甚至超越了社会政治形态、宗教与地域。④ 后世各国民法典编纂与民法学说发展,无不直接或间接受到罗马法影响。

二、国外民法典的编纂及其典型

优士丁尼辞世后,东罗马帝国陷入长期战乱,基督教的兴盛,使得罗马法不断遭受寺院法打压。西欧社会处于日耳曼各部族征服者的统治下,罗马法隐于历史尘烟。由众多罗马法学家创造的璀璨法律文明,几近消亡。直到11世纪中后期,意大利北部地区流行着内容残缺的《学说汇纂》手抄本。后经博洛尼亚大学的伊尔内留斯(Irnerius)整理、研究与讲授,逐渐打破中世纪教会僧侣对教育

---

① 参见徐国栋:《优士丁尼法典编纂研究》,载《法治研究》2010年第8期。
② 详细介绍,参见舒国滢:《优士丁尼〈学说汇纂〉文本的流传、修复与勘校》,载《清华法学》2019年第5期。
③ 《马克思恩格斯全集》(第36卷),人民出版社1995年版,第169页。
④ 参见〔美〕艾伦·沃森:《民法法系的演变及形成》,李静冰、姚新华译,中国政法大学出版社1992年版,第20—21页。

的垄断,奠定了现代大学的雏形,揭开了法学研究与教育的新篇章。此后5个世纪里,围绕着对《学说汇纂》的注释、评注,法学家群体再度形成,乘文艺复兴之浪潮,罗马法也迎来复兴,并将欧洲法学推向巅峰。① 最为标志性的事件,当属两次法典化运动。

18世纪末19世纪初,欧洲大陆诞生了三部最具代表性的法典,即《普鲁士普通邦法》《奥地利普通民法典》与《法国民法典》。这三部法典的内容虽存在较大差异,但法典制定的初衷大致相同,即巩固政权、实现法律统一。

1740年,腓特烈二世(Friedrich II)继任德意志帝国皇帝,彼时各邦列土封疆,为实现法律统一,他着手推动编纂统一的法典。自1746年开始,直至1791年,腓特烈大帝先后任命科切吉(Cocceji)与卡尔默(Carmer)两任首相,在充分参考罗马法、帝国内各省的法律以及早先法典的基础上,编纂完成了《普鲁士普通邦法》。② 该法总共分为序言与两编。上编共23章,主要规范民事权利义务,涉及人、物、意思表示、契约、不法行为、占有、所有权的取得、他物权、强制与救济等,这基本是《法学阶梯》的翻版。下编内容极为庞杂,除前四章涉及家事法以外,其余各章主要是基于各种特别身份设置的规定。③《普鲁士普通邦法》融合了私法与公法,试图通过一部法典全面规范个人、国家与社会公共生活。这种做法虽然没能经受住历史的考验,但是其对私权的捍卫、对公正的追求,以及对统一法秩序的探索,给予后世诸多有益启发。

《奥地利普通民法典》的制定可追溯到1753年,彼时女王玛利亚·特蕾西娅(Maria Theresia)为摆脱战败于普鲁士的颓势,巩固哈布斯堡家族的统治地位,积极推动改革。1766年,她任命立法委员会起草了一部八卷本的《特蕾西娅法典》,但因内容过于庞杂,罗马法色彩过重,最终未能通过。此后,经过数次起草、商讨、修正,《奥地利普通民法典》终于1811年6月1日通过,并在次年生效实施。④ 相较于此前立法,《奥地利普通民法典》的内容有了极大精简,总共仅1502条。其体例基本脱胎于《法学阶梯》,除序言外,共分三编:人法、财产法以及人法和财产法的共同规则。该法典虽诞生于封建帝制时代,但其贯彻了自然法思想,确认了个人权利优先于法律规定(天赋人权),极具预见性地确立了公民自由平

---

① 对罗马法在中世纪复兴史的详细介绍,参见舒国滢:《优士丁尼〈学说汇纂〉文本的流传、修复与勘校》,载《清华法学》2019年第5期。

② 关于《普鲁士普通邦法》制定的详细介绍,参见〔德〕弗朗茨·维亚克尔:《近代私法史:以德意志的发展为观察重点》(上),陈爱娥、黄建辉译,上海三联书店2006年版,第324—331页。

③ 详细介绍,参见林洹民:《不该被忽视的〈普鲁士普通邦法〉——兼评我国民法典的制定》,载何勤华主编:《外国法制史研究:民法典编纂的域外资源》(第19卷·2016年),法律出版社2017年版,第160—169页。

④ 关于《奥地利民法典》制定的详细介绍,参见王银宏:《论作为政治性立法的1811年〈奥地利普通民法典〉》,载《华东政法大学学报》2017年第4期。

等的未来社会框架原则。① 正因如此,该法典展现了极为强大的生命力,时至今日,尽管已有近半数条文被修改,但其主体部分仍持续有效。

1804年的《法国民法典》是自然法思想与理性主义的结晶,在孟德斯鸠、卢梭等历代启蒙思想家的推动下,自由、平等思想逐渐战胜了中世纪神学政治论。1789年,法国大革命推翻了封建专制,建立了资产阶级共和国,为巩固革命成果,《法国民法典》顺势而生。当然,《法国民法典》也诞生于彼时欧洲国家正经历着民族崛起与统一,需通过法典编纂统一法律的社会政治背景。法典第1条开宗明义规定:"经国王公布的法律,在法国全境内有强行力。"② 从体例上看,《法国民法典》基本承袭了《法学阶梯》的体例,但强化了概念性与逻辑性,规定:人、财产及对于所有权的各种限制、取得财产的各种方法三编。《法国民法典》最大的价值,在于其确定了一系列贯彻自由平等思想的原则与制度。如法典第8条明确了民事权利平等原则,在民法层面贯彻天赋人权;第544—545条明确了私人对所有权的绝对支配,奠定了近代财产法制度的基础;第1101条、第1119条、第1134条宣誓了契约自由原则,使自由主义之下的私法自治理念得以彰显。所有这些制度以及理念,都深刻地影响了近代民法体系的形成。《法国民法典》对当时的欧洲国家产生了极为深远的影响,其在此后百余年里独占鳌头。直至《德国民法典》问世,才出现可与之分庭抗礼的另一部法典。

19世纪初期,德国境内划分为诸多松散的邦国,政治上的四分五裂格局,使得德国长期面临来自其他国家的侵略,推动实现政治与私法统一的呼声越来越高。当时,一种主流意见认为应参考《法国民法典》来统一德意志私法。1814年,蒂堡(Thibaut)在《论制定一部德意志统一民法典之必要性》一文中指出:"要有一部简单的法典,一部以德意志人自己的力量完成的作品,它最终能根据人民的需要,恰当地建立并巩固我们的民事关系……要是它的立法理由在无条件公开的情况下为公众所知悉,并经过公众的充分讨论,那么真正的法学,也就是哲学化的法学,就很容易自由地发展起来。"③ 蒂堡的文章极大地鼓舞了当时的政治家,一时间,通过统一法律实现德国复兴成为主流呼声。

同年,萨维尼发表了其名篇《论立法与法学的当代使命》,对蒂堡的观点进行批判。他认为德国当时尚不具备制定一部优秀民法典的必要条件,"如果我们尚欠缺制定一部法典的能力,则我们试图通过制定法典而改善的状况必会变得更

---

① 参见苏彦新:《民法典编纂知识史与当代中国民法典特色》,载《政治与法律》2024年第1期。
② 参见《拿破仑法典(法国民法典)》,李浩培、吴传颐、孙鸣岗译,商务印书馆1979年版,第1页。当然,在该规定的历史使命完成后,其内容也相应被修改。参见《法国民法典》,罗结珍译,北京大学出版社2023年版,第1—2页。
③ 〔德〕安东·弗里德里希·尤斯图斯·蒂堡:《论制定一部德意志统一民法典之必要性》,傅广宇译,商务印书馆2016年版,第23—25页。

差……应当制定一部法典的时代,必当在智识上超越此前一切时代……不幸的是,整个十八世纪,德国不曾诞生什么伟大的法学家"①。萨维尼的文章发表后,立即招致大批拥护《法国民法典》的政治家与学者的批驳。从客观上看,萨维尼确实阻却了德国民法典在19世纪早期的问世。但同时,也为德国法学赢得了积蓄力量的时间,使得德国法学家真正成长起来,特别是19世纪中后期潘德克顿(Pandekten)法学家对法学体系的建构,使德国具备了编纂伟大法典的能力。②

1871年,"铁血宰相"俾斯麦(Bismarck)建立起统一的德意志帝国,这使得统一法典的制定正式提上日程。1874—1887年,德国上议院组建了民法起草委员会,"德国民法典第一草案"于1888年1月公布。但因其内容过于抽象、语言晦涩难懂、生搬硬套罗马法规则、忽视了日耳曼固有法传统,而招致广泛批评。1890年,德国上议院再度组建民法起草委员会,并在委员中吸纳了许多非法律人士,广泛征求意见,《德国民法典》最终于1896年8月18日通过,并于1900年1月1日实施。③ 其最具标志性的特点是开创了五编制的法典体例,通过"提公因式法"设置总则编,实现法典的高度抽象化、体系化。此后百余年,尽管德国政体几经变革,但是《德国民法典》始终屹立不倒,并对世界各国产生了巨大影响力。

20世纪后世界各国开展的民法典编纂,大体上都遵循《法国民法典》与《德国民法典》的体例,并为适应本国国情作出适当取舍。最具代表性的当属《瑞士民法典》,开创性地采取了民商合一的体例。荷兰于1947年开始制定新民法典,其采取的十编制是一种全新的体系化尝试,引起世界的广泛关注。英美法系国家也积极借鉴法典编纂的体系化优势,于20世纪30年代开展大规模的法律重述运动。值得一提的是,这一时期法典的功能已从实现国家统一的政治目标,逐渐转向纯粹对私人民事活动与市场经济关系的调整,实现法律的体系化。

三、我国民法典的编纂及历史进程

我国五千年的历史进程中,形成了独具特色的法律体系——中华法系,在历史上曾对东(南)亚国家产生重要影响,但我国历史上并不曾存在现代意义上的民法。直到清末,西方列强入侵,清政府在内忧外患之下,被迫变法图强,才逐渐拉开了法典编纂的帷幕。

---

① 〔德〕弗里德里希·卡尔·冯·萨维尼:《论立法与法学的当代使命》,许章润译,中国法制出版社2001年版,第35—37页。

② 参见舒国滢:《德国1814年法典编纂论战与历史法学派的形成》,载《清华法学》2016年第1期。

③ 关于《德国民法典》制定的详细介绍,参见〔德〕弗朗茨·维亚克尔:《近代私法史:以德意志的发展为观察重点》(下),陈爱娥、黄建辉译,上海三联书店2006年版,第451—468页。

光绪三十三年（1907），光绪帝任命沈家本、俞廉三、英瑞担任修律大臣，同时聘请日本学者松冈义正协助民律草案起草，主要参照《日本民法典》编制《大清民律草案》。① "日本民法典草案"最初以《法国民法典》为蓝本，但因其严重忽视日本传统制度与社会观念，遭到诸多批评；迫于压力，日本政府重新委任穗积陈重、富井政章、梅谦次郎担任起草委员，在维持日本旧有习俗、特别是家族制度的前提下，参照"德国民法典第一草案"，最终完成法典编纂。② 这也间接使得《大清民律草案》完全承袭了《德国民法典》的五编制结构，即总则、债权、物权、亲属以及继承。《大清民律草案》于1910年完稿，但因次年辛亥革命爆发，清王朝被推翻，该草案亦未及实施。

中华民国成立后，以《大清民律草案》为基础进行修改完善，于1925年完成《民国民律草案》，但该草案也未曾付诸实施。1929年，南京国民政府重新组建民法起草委员会，聘请傅秉常、焦易堂、史尚宽、林彬、郑毓秀担任委员，王宠惠、戴传贤及法国学者宝道（Padoux）担任顾问，起草民法典；草案仍采五编制，相继于1929年至1931年公布实施。③ 该法典博采德国、瑞士、日本、法国等各国民法之长，在彼时称得上是集各国民法大成之作。该法典后因国民党败退台湾而在大陆失效，仅在我国台湾地区施行。

1949年新中国成立，万象更新，法典编纂工作重新起步。1956年，第一部《民法典（草稿）》起草完成，该草稿主要参考了《苏俄民法典》，因后者亦仿自《德国民法典》，故该草稿也明显带有德国法的影子。草稿采五编制，分别为：总则、所有权、债篇通则、债篇分则、继承④，总共525条。尽管篇幅相对较短，但内容还算全面，诸如法律行为、代理、无因管理、不当得利等制度，一应俱全。草稿也保持了社会主义底色，如所有权篇第1条规定："调整财产所有权的目的，是为了促进社会主义财产的发展和巩固，保证逐步提高劳动人民的物质文化生活水平，建成繁荣幸福的社会主义社会。"⑤遗憾的是，随着1957—1958年整风运动、"反右"运动的开展，起草工作也被搁置。

在经历了三年困难时期、"大跃进"后，1963年民法典起草工作再度提上日程。1964年《中华人民共和国民法草案（试拟稿）》完成，该草案采取三编制，即总则、财产的所有、财产的流转。其体例与任何比较法上既有成例皆不相同，政治色彩内容较为浓重，如草案第75条第1款规定："各单位应当在国家计划统一

---

① 参见胡长清：《中国民法总论》，中国政法大学出版社1997年版，第16页。
② 关于《日本民法典》制定的详细介绍，参见〔日〕富井政章：《民法原论》（第1卷），陈海瀛、陈海超译，杨廷栋修正，王兰萍点校，中国政法大学出版社2003年版，第40—46页。
③ 参见施启扬：《民法总则》，中国法制出版社2010年版，第11—12页。
④ 该草稿之所以未设亲属编，是因为在1950年《婚姻法》已率先通过并实施。
⑤ 参见何勤华、李秀清、陈颐编著：《新中国民法典草案总览》（上卷），北京大学出版社2017年版，第40页（后文涉及新中国历次民法典草案所引用条文，如无特别说明，皆引摘自该书）。

指导下,互相支援,积极协作,互通有无,互补短长,发扬服从整体照顾大局,把方便让给别人、把困难留给自己的共产主义协作精神,反对假借协作名义,损害国家或者集体的利益。"该草案严格来说并非真正意义上的民法,而是服务于计划经济下的生产调配关系,并最终因"文化大革命"的爆发而夭折。

1978年,我国迎来改革开放的新篇章。1979年新中国第三次重启民法典起草工作,并于1980年8月15日、1981年4月10日,相继完成《中华人民共和国民法草案(征求意见稿)》与《中华人民共和国民法草案(征求意见二稿)》。就在起草工作如火如荼的进展中,彭真副委员长在1981年5月民法座谈会上宣布暂停民法起草,将"制定民法与制定单行法同时并进"改变为"先制定单行法",并于6月3日解散民法起草小组。理由是,中国在改革开放初期,经济体制改革刚刚开始,各种社会关系、经济关系处于急速变动当中,不可能制定一部完善的民法典。①

自此,"散装"的各单行法相继出台。1998年,为在2010年建成中国特色社会主义法律体系,王汉斌副委员长决定再度恢复民法典起草工作。2002年12月,《中华人民共和国民法(草案)》经全国人大常委会审议,公开向社会征求意见,但全国人大常委会2004年再度变更立法计划,回归到制定单行法的道路上,以避免关于民法典草案的争议及审议上的困难。《物权法》历经了三年的违宪之争后于2007年出台,《侵权责任法》亦于2009年审议通过。至此,民事单行法已制定完毕,民法典的制定只欠一场东风。

2014年10月,党的十八届四中全会通过的《中共中央关于全面推进依法治国若干重大问题的决定》提出,"加强市场法律制度建设,编纂民法典"。根据《关于〈中华人民共和国民法总则(草案)〉的说明》,编纂工作按照"两步走"的思路进行:第一步,编纂民法典总则编,即提请本次会议审议的民法总则草案;第二步,编纂民法典各分编,拟于2018年整体提请全国人大常委会审议,经全国人大常委会分阶段审议后,争取于2020年将民法典各分编一并提请全国人民代表大会会议审议通过,从而形成统一的民法典。2017年3月15日《民法总则》审议通过,并于同年10月1日起施行。2020年5月28日《民法典》审议通过,并于次年1月1日起施行,中华人民共和国从此有了自己的《民法典》。

《民法典》总结了改革开放四十余年我国民法理论研究与司法实践积累,汲取了传统大陆法系民法典编纂的经验,兼顾了英美法最新的精神理念以及重要的国际立法文件,最终成为一部具有中国特色的七编制法典,即总则、物权、合同、人格权、婚姻家庭、继承与侵权责任。我国《民法典》体现了现代化自主知识

---

① 对于这段历史的详细介绍,参见梁慧星:《民权法治之路的里程碑——新中国第三次民法起草亲历记》,载《人民政协报》,http://dangshi.people.com.cn/n/2014/1106/c85037-25987390-2.html,最后访问日期:2024年5月16日。

体系的特色,将人格权、侵权责任单独成编,但也有对他国立法经验和制度的继受,如通过"提公因式法"设置总则,语言风格也相对通俗易懂,以实现其作为"社会生活的百科全书"的目标。

回首过往,尽管有了《民法典》,我国当下民法学人也不敢有萨维尼所言"应当制定一部法典的时代,必当在智识上超越此前一切时代"[①]之自信,但也不应低估无数前辈先贤历经艰难完成《民法典》之成就。民法学人的永恒使命便是充分打好理论基础,扎实做好学问,在实践中实现《民法典》意思自治与尊严平等之民法精神。

第三节 民法的渊源

法律以一定的形式表现出来便是法律渊源。民法的渊源,是指现行法律渊源中涉及民事关系的那些表现形式。从实践的角度看,则是司法中应当从哪里来寻找民事纠纷的裁判依据。《民法典》第 10 条规定:"处理民事纠纷,应当依照法律;法律没有规定的,可以适用习惯,但是不得违背公序良俗。"由此可见,民法的渊源主要有制定法与习惯。而从我国的司法实践看,部分判例与法理也可以在司法审判中作为参考适用的对象,虽然不具有普遍性,但在个案中依然可以发挥一定的法律渊源作用。

一、制定法

制定法是成文法的典型形式,它是专门立法机构制定的用书面文字表现的法律,具有确定性、公开性和客观性。大陆法系民法的法律渊源的主要形式是制定法。

(一)宪法是民事立法的根据

我国宪法是国家的根本大法,由全国人民代表大会制定,规定国家政治制度、经济制度等最重要、最根本的问题,具有最高的法律效力,是制定其他法律法规的根据。宪法作为民法的渊源体现在:其一,宪法是制定一切民事法律、法规的基础和根据,任何民事法律、法规都不得与宪法的原则和精神相抵触,否则无效;其二,宪法中规定的涉及民事方面的内容,是调整民事关系法律规范的宪法基础。宪法规定的基本权利不具有私法上的直接效力,但以民法的基本原则或者其他概括性条款作为"桥梁",使其对民事法律关系发生间接效力。[②]

[①] 〔德〕弗里德里希·卡尔·冯·萨维尼:《论立法与法学的当代使命》,许章润译,中国法制出版社 2001 年版,第 35 页。

[②] 参见〔德〕迪特尔·梅迪库斯:《德国民法总论》,邵建东译,法律出版社 2000 年版,第 519 页。

（二）民法典、民事特别法与其他法律中的民事规定

狭义的民事制定法是指由全国人民代表大会及其常务委员会制定颁布的民事方面的规范性文件，其效力仅次于宪法，其主要形式是民法典、民事特别法以及民事零散规范。

《民法典》在我国民事法律体系中居于基本法地位，它将各种民事法律规范整合与统一，共包括总则、物权、合同、人格权、婚姻家庭、继承、侵权责任七编1260个条文，是最重要的民事制定法渊源。民事特别法是为了调整特定范围的民事关系或为补充、实施《民法典》而颁布的特别民事法律，如《著作权法》《商标法》《公司法》《票据法》等。除了专门的民事制定法外，其他法律也有民事相关方面的规范条款，也是民法的渊源，称之为"民事零散规范"。

（三）国务院与其部门发布法规中的民事规定

依据《宪法》第89条第1项的规定，国务院可以根据宪法和法律，规定行政措施，制定行政法规，发布决定和命令；依据《宪法》第90条第2款的规定，国务院所辖各部、各委员会可以根据法律和国务院的行政法规、决定、命令，在本部门的权限内，发布命令、指示和规章。无论是行政法规还是部门规章，其内容均不限于行政性质的规范，也包括民事规范，其效力次于民事法律。实践中，国务院及其所属部门依据上述宪法权力，发布了大量与民事有关的行政法规与部门规章，弥补了狭义民事制定法的不足。

（四）地方性法规与特别行政区法律中的民事规定

根据《宪法》第100条的规定，省、直辖市的人民代表大会和它们的常务委员会，在不同宪法、法律、行政法规相抵触的前提下，可以制定地方性法规，报全国人民代表大会备案。《宪法》第116条规定，民族自治地方的人民代表大会有权依照当地民族的政治、经济和文化的特点，制定自治条例和单行条例。根据《香港特别行政区基本法》和《澳门特别行政区基本法》的规定，港、澳两地的法律制度基本不变，两地的原有法规中有大量的民法规范。这些地方性的涉民事法律、法规也是我国民法的渊源，只不过仅在颁布机构所辖区域内有效。

（五）涉及民事法律法规的有权解释

我国的法律解释分为立法解释和司法解释。根据《立法法》第53条的规定，"全国人民代表大会常务委员会的法律解释同法律具有同等效力"。同时，根据《全国人民代表大会常务委员会关于加强法律解释工作的决议》，最高人民法院与最高人民检察院也可就具体应用法律、法令的问题进行司法解释。最高人民法院《关于司法解释工作的规定》与最高人民检察院《司法解释工作规定》的第5条规定最高人民法院与最高人民检察院发布的司法解释，具有法律效力。在实践中，最高人民法院与最高人民检察院作出了大量司法解释文件，弥补了法律在司法审判中的不足，对指导审判实践工作具有重要作用，客观上成为我国民法的

补充渊源。

（六）国际条约与国际惯例

国际条约，是指两个或两个以上国家之间订立的协议。国际惯例是指在国际交往中逐渐形成的习惯法。我国《民法通则》第142条第2款曾规定："中华人民共和国缔结或者参加的国际条约同中华人民共和国的民事法律有不同规定的，适用国际条约的规定，但中华人民共和国声明保留的条款除外。"鉴于《民法典》并未采纳此条，导致直接适用国际民商事条约不再有法律依据。即使根据《维也纳条约法公约》第26条之规定，"凡有效之条约对其各当事国有拘束力，必须由各该国善意履行"，但国际条约或国际惯例的民事相关条款是否在我国当然有效、其与我国民事法律的位阶冲突、在现行法律空白的领域能否补充适用等均不明确，其是否依然是我国民法的渊源存疑。

二、习惯

习惯，是指一定区域范围内的多数人对同一事项，长时期反复而为的惯常行为。成文法具有滞后性，难以周延地覆盖所有的现实法律问题，为了弥补成文法的不足，我国《民法典》将习惯纳入民法的法源范畴，但此处的习惯应指"习惯法"，而非一般事实意义上的习惯。作为法源的习惯法需要满足如下特点：

第一，该习惯须符合一般事实意义上的习惯，应从时间性和地域性两个维度理解。首先，习惯一般都是经过较长的时间逐渐形成的。不过，由于社会生活尤其是经济交易的加速，现代司法对于习惯时间性的要求并不严苛。其次，习惯一般是一定区域内多数人的惯常行为，但司法实践中也承认合同双方所形成的交易习惯。

第二，人们对于该习惯形成了法的确信，即相信这一习惯具有法律的拘束力，自愿依据习惯行事，并愿意承担相应法律后果的主观状态。对法的确信的判断应持严格标准。如彩礼、小费等属于事实上的习惯，但显然并非习惯法，不具有法的拘束力。

第三，该习惯不能违背公序良俗原则。我国《民法典》将公序良俗作为一种普遍的民法价值取向与基本原则，是民事法律行为的有效要件，以实现民事主体个体利益与社会公共利益的平衡，并限制习惯法。法律吸收良好的习惯，抛弃陋习与恶习，以引导人的行为，维护社会善良风俗，这也是法律的价值所在。

三、判例

判例是英美法系国家主要的法律渊源。由于我国没有采纳判例法，因此即使是最高人民法院的判例，也不具有"法"的地位，无法作为正式的民法渊源，也不能作为民事裁判的直接依据。最高人民法院《关于案例指导工作的规定》第7

条规定:"最高人民法院发布的指导性案例,各级人民法院审判类似案例时应当参照。"在实际审判中,法官即使面对与指导性案例类似的案例,也不能直接引用指导性案例作为审判依据,而仍应根据案情撰写争议要点、判决理由、引用法条等。

四、法理

法理分为"法内之理"与"法外之理",前者是指"法律规范/法律规整之理"[①],已经成为制定法的一部分;后者则是指法律据以建构的学理价值,也可称之为法律学说或学术观点。在概念法学时代,法学家法被认为是与制定法、习惯法并列的三大法的渊源之一,如《瑞士民法典》第1条规定:"任何法律问题,凡依本法文字或其解释有相应规定者,一律适用本法。法律未规定者,法院得依习惯法,无习惯法时,得依其作为立法者所提出的规则,为裁判。在前款情形,法院应遵从公认的学理和惯例。"[②]根据我国最高人民法院《关于加强和规范裁判文书释法说理的指导意见》第13条的规定,法官可以运用法理及通行学术观点作为裁判的论据或论证理由。[③]

---

① 参见舒国滢:《法学的知识谱系》,商务印书馆2020年版,第1575页。
② 《瑞士民法典》,戴永盛译,中国政法大学出版社2016年版,第1页。
③ 参见张文显:《法理:法理学的中心主题和法学的共同关注》,载《清华法学》2017年第4期。

第二章 民法的基本理念与基本原则

第一节 民法基本理念与基本原则的区分

一、区分标准

"原则"和"理念"在法理上是具有规范意义的特定概念,原则是法律规范的一种,和规则并列,决定着法律的适用与否;而理念则是法律存在的根基,决定着某种法律的存在与否。从两者的内在逻辑来看,原则来自理念,理念决定原则的存在。如卡纳里斯指出的,"原则作为评价或者内在秩序思想内含于实证法,只是在其中未被完全实现;原则追溯至法理念;从事物本性中获取之"①。按照这一标准,并非所有被称为"原则"的规定都是原则。例如主体地位平等、意思自治、公平正义便不属于法律原则,而是民法的基本理念,因为若不存在这些理念,民法也就无法存在。将上述内容作为民法的基本理念,不是降低了其法律地位,而是使其法律地位更为崇高,更突出其重要性,作为原则反而是降低了其法律地位。理念是人们参与制度创设(包括权利创设)的根基与前提,其具体内容需要通过具体规范(规则或原则)表达出来。如诚实信用、公序良俗等便属于民法的基本原则,它们是具体的法律规范,能够作为解决具体案件的裁判依据,只不过不能直接作为裁判依据,而是需要法官将其具体化为解决该案的具体规则后,方能作为裁判案件的个案规范。

阿列克西在原则模式中明确地区分了理念(Ideen)、原则(Prinzipien)、规则(Regeln)三者的层级。处在第一层级的,是普遍实践理性的理念。一项元素要发挥理念的作用必须满足两项条件:第一,它必须支撑某些东西,但是不可以获得任何东西的支撑;第二,它不可以与任何东西相冲突,因此,理念同样可以被称为绝对原则(absolute Prinzipien)或者无优先关系的原则(Prinzipien ohne Präferenzrelation)。处在第二层级的,是极其模糊的理念被精确化为实践理性的原则。处在第三层级的,则是这些相对模糊且频繁冲突的原则被精确化为一套规则体系。② 根据这一标准,平等、自愿是处于第一层级的理念;诚实信用、公

---

① 〔德〕克劳斯—威廉·卡纳里斯:《法律漏洞的确定》,杨旭译,北京大学出版社2023年版,第80页。

② 参见〔芬兰〕奥利斯·阿尔尼奥、〔德〕罗伯特·阿列克西、〔瑞典〕亚历山大·佩彻尼克:《法律论证的基础》,冯威译,载舒国滢主编:《法学方法论论丛》(第二卷),中国法制出版社2014年版,第39页。

序良俗是处于第二层级的原则;过错推定、物权法定等则是处于第三层级的规则,虽然人们通常仍用原则来称呼它们,但本质上它们更多地已向规则靠近,至多是介于基本原则(一般条款)和具体规则之间的亚原则。

二、民法基本原则的本质

(一)法律规范由规则与原则构成

在具体类型上,法律规范分为规则和原则。规则往往由特定的适用条件、明确的权利义务和确定的法律后果构成;而原则往往没有明确的权利义务内容,如诚实信用、公序良俗原则等,有的原则(如诚实信用原则)甚至也没有确定的法律后果,有的原则看似有法律后果,如公序良俗原则一般会引起否定性的法律后果,但具体的法律后果尚不明确,仍需根据具体的案件事实确定具体的法律后果。

(二)法律规范必然存在漏洞

在大陆法系成文法的意义上,无论立法者如何努力,也不可能将社会中所有应该保护的利益都上升为规则(权利义务)来保护,所以法律规则必然是不完善、不完全的,法律也就当然存在漏洞。在英美法系判例法的意义上,基于先例概括出来的规则不可能完全涵盖未来案件,当新型案件发生时,便需要创设新的先例,亦即新的规则。可见,英美法系存在法律漏洞更是常态。即便在私法上有"法不禁止即自由"之权利(或自由)推定原则的适用,法律仍然有漏洞,当法律没有把禁止性内容规定完全时,该推定原则会把一些实质上的恶纳入保护之列。法律漏洞的存在是法治的必然后果,或者说是法治社会必然付出的代价。而法律原则的存在可在一定程度上修补、填充该漏洞,其修补、填充的程度取决于法官在司法过程中适用该原则的圆满和正确程度。

(三)原则本质上是对具体规则的补充

依照法律适用的原理,法官应首先适用规则裁判案件,在穷尽规则的前提下才运用原则作为裁判依据。当然,如果适用规则将导致实质不正义的后果,此时也需对适用原则予以调整。可见,需要适用原则作为裁判依据的案件往往是疑难案件,由于法律原则不能直接作为裁判依据,法官面对此类疑难个案时,需要复杂的论证程序将法律原则具体化为明确的权利义务规则,此即个案规范。在法律适用的意义上,原则往往是补充不完善或不完备的具体规则。其补充具体权利义务的性质不同,所产生的具体法律效果也就不同。原则理论在本质上其实就是权利(义务)理论,在终极意义上也是法的理论。原则是一个抽象概念,也是一种抽象规范,却不能被抽象适用;其适用需以规则化为核心,即具体化为实在的权利、义务。原则的正确适用决定着规则的终极实现程度。①

---

① 参见彭诚信:《从法律原则到个案规范——阿列克西原则理论的民法应用》,载《法学研究》2014年第4期。

第二节 民法基本理念的内容

主体资格平等和意思自治(自愿)作为民法的基本理念,是民法产生的前提性条件,也是民法的灵魂。基于民法的基本理念,民法才能确立其私法价值定位,民事主体的一切民事活动才有其前提基础和价值遵循。

一、平等

平等包括法律上的平等和事实上的平等。法律上的平等意味着立法机构不会给予人们特权;事实上的平等意味着人们财富、能力等方面的等同。现实生活中每个人的能力均不尽相同,人自身的情感和价值观也往往因人而异。事实上的平等,尽管为有些人所追求,但也不过是空想,其无法作为民法产生的前提性基础。[①]

《民法典》第4条规定:"民事主体在民事活动中的法律地位一律平等。"这里的平等主要是指民事主体的法律人格平等,由此延伸出法律地位平等、权利能力平等、合法权益受到平等保护等。人格在法律上表现为主体资格,即被法律尊认为人的一种资格。主体资格不是一种抽象的观念,反映在法律上是一种实实在在的制度,即权利能力。人之为人的自由与尊严诉求要求法律普遍地承认自然人的主体地位,人格平等在法律上的表现便是主体资格平等、权利能力平等。

权利能力作为行使权利、履行义务的一种资格,对所有主体而言都是平等的。未成年人和精神不健全者亦享有同其他法律主体一样的权利能力,即使是胎儿在法律上亦被视为有权利能力。惟有如此,他们才能实际享有作为"人"本身的基本权利。权利能力的平等并不意味着具体权利义务的等同,权利义务与主体从事的具体法律活动内容相联系,从事什么样的法律活动,法律主体就应具备相应的具体要求,从而取得具体的权利和义务。

在人类文明的历史进程中,人并不是一开始便成为现代意义上的人的。在古罗马法、古印度法、我国古代法中皆否认了奴隶的法律主体资格,同样生物状态的人在社会意义上开始有了"人"和"非人"的区分,后者丧失了作为人的主体资格。

以"文艺复兴"为肇端,人文主义启蒙者发出了"天赋人权""人生而平等"等承认人之为人的主体性最强音。随之而来的资产阶级革命,其最大的胜利成果就是以法的形式赋予了人作为平等主体的自然权利,从而使原本意义上人人平等的自然状态进入到现实的社会状态。人类从"人"和"非人"的区分开始进步到

[①] 参见李建华、彭诚信:《民法总论》(第2版),吉林大学出版社2009年版,第42—43页。

自然人主体资格的普遍承认,从此开始了由身份走向契约的时代。

现代文明状态中的人不但要生存,还要谋求生活的意义。正是有了需求共同、目的共同、追求共同的平等主体间的交往与合作,从而出现了林林总总的团体。法律比其他社会科学的高明之处在于:它能使人非人,也能使非人为人。于是,法律突破了以单纯自然人为主体的僵式,赋予这些以自己名义从事经济、日常交往等活动的团体同自然人一样的人格,从而丰富和完善了法律上人的内涵。① 法律上从"人可非人"到"非人可人",亦是人类文明和进步的反映。

二、意思自治(自愿)

《民法典》第5条规定:"民事主体从事民事活动,应当遵循自愿原则,按照自己的意思设立、变更、终止民事法律关系。"自愿这一基本理念又被称为意思自治或私法自治。所谓私法自治,是指在市民社会中思考和行动着的私人主体有权自主地安排自己的行为,自理自己的利益。② 这一基本理念主要包括两层含义:第一,自主行为,即私人主体以自己的意志独立地设定权利义务关系,追求和实现自己的正当利益,不受外来因素对其意志的外在强制。第二,责任自负。不受干预的私人空间是主体自主发展的先决条件,但当自由意味着个体私人领域的时候,就不可避免地涉及与公共领域的界限问题。法律赋予私人主体以自己自由意志为所欲为的权利,但也有不对他人及社会、国家造成妨害的义务。一旦出现该情形,该私人主体就要对其行为后果负责。

法律行为制度便是私法自治的具体体现。如施启扬指出:"私法自治原则,指在私法领域内,由当事人依其意思形成法律关系的原则。将法律行为建立在私法自治的原则之上——对内为'意思自主',对外为'契约自由'——已成为现代民法的基本精神。法律行为的效力则必须基于当事人的意思,此种精神在学理上称为'意思自主',是为私法自治原则的内在基础。法律允许当事人在一定范围内,得以法律行为创设私人间的法律关系,此种精神称为'契约自由',是为私法自治原则的对外表现。"③法律行为制度是当事人通过自己的意志创设权利义务的重要手段,正是有了法律行为制度,人们才可以通过自己的行为设定权利义务,实现自己的主观利益追求。

自愿这一基本理念同样与民事主体的人格关系紧密。人格是人之自由意志的体现。当说一个人是法律上的人时,意味着其意志或行为是自由的。卢梭所

---

① 参见彭诚信:《主体性与私权制度研究——以财产、契约的历史考察为基础》,中国人民大学出版社2005年版,第107—109页。
② 参见李建华、彭诚信:《民法总论》(第2版),吉林大学出版社2009年版,第42页。
③ 施启扬:《民法总则》,中国法制出版社2010年版,第197页。

谓"放弃自己的自由,就是放弃了自己做人的资格"①说的就是这层意思。主体资格的承认,其内在本质是对基本人格的尊重,其外在表现就是法律上的地位平等与行为自由。两者紧密相连而不可分离:尊严平等让主体有了行为自由的前提,而行为自由亦在最大程度上实现了人类尊严。平等和自由因此亦是人之所以成为人的最基本表征。没有这些基本价值,人就不能说是法律上的主体,所谓的私权观念也便没有了依托。正是在此意义上,我们才说人的尊严平等和自由意识,是私法的核心理念。

第三节 民法基本原则的类型与功能

一、民法基本原则的类型

(一) 诚实信用原则

诚实信用原则简称为诚信原则,《民法典》第 7 条规定:"民事主体从事民事活动,应当遵循诚信原则,秉持诚实,恪守承诺。"一般认为,诚信原则要求所有民事主体在从事包括行使民事权利、履行民事义务、承担民事责任在内的任何民事活动时,都应秉持诚实、善意,不欺不诈,不弄虚作假,恪守诺言。②

法律意义上的诚实信用原则起源于古代罗马法中的"信义"(fides),诚实守信是罗马人的行事原则。③ 随着时代的发展,诚实信用原则出现在大多数国家的民法规定中,早期诚实信用原则主要作为债法的基本原则出现在契约、合同相关篇章,例如《法国民法典》在"债的渊源"编第 1104 条规定"合同,应当本着善意谈判、订立和履行"。④《德国民法典》在总则编第三章第三节"合同"第 157 条规定:"合同必须以诚实信用所要求的方式,同时照顾交易习惯,予以解释。"⑤《瑞士民法典》将诚实信用原则提升到了民法基本原则的层面,其在开篇第 2 条第 1 款规定:"行使权利,履行义务,应依诚实及信用为之。"⑥与之类似,《日本民法典》在开篇第 1 条第 2 款规定:"行使权利及履行义务必须遵守信义,诚实为之。"⑦我国《民法典》也将诚实信用原则条款位列开篇第 7 条,显然也同样将其

---

① 〔法〕卢梭:《社会契约论》,李平沤译,商务印书馆 2017 年版,第 11 页。
② 参见最高人民法院民法典贯彻实施工作领导小组主编:《中华人民共和国民法典总则编理解与适用》(上),人民法院出版社 2020 年版,第 64 页。
③ 参见〔德〕弗里茨·舒尔茨:《罗马法上的信义原则》,毕经纬译,载《南大法学》2023 年第 6 期。
④ 《法国民法典》,罗结珍译,北京大学出版社 2023 年版,第 610 页。其中,第 610 页注释 3 关于 1104 条的"善意"具体解释:原文为"bonne foi",通常译为"善意",也有人译为"诚信",但需要区分的是,法国法中还有"mauvaise foi(恶意)""loyauté(诚信)""sincérité(诚实)"与"déloyauté(不诚信)"等用语。
⑤ 《德国民法典》(第 5 版),陈卫佐译注,法律出版社 2020 年版,第 57 页。
⑥ 《瑞士民法典》,戴永盛译,中国政法大学出版社 2016 年版,第 2 页。
⑦ 《日本民法典》,刘士国、牟宪魁、杨瑞贺译,中国法制出版社 2018 年版,第 2 页。

视为民法的基本原则。在英美法系判例法国家中,诚信原则(Good Faith)的适用范围也越来越广,扮演着跟大陆法系一般条款同样重要的作用,这在美国《统一商法典》(UCC)中体现得特别明显,该法典第1—304条专门规定"本法所涵盖的任何合同或义务,在其履行或执行过程中都负有诚实信用义务"。如今,无论不同国家的民法典将诚实信用原则置于何处,该原则已成为各国法律公认的基本原则,是私法领域的"最高原则"。

在我国法治发展进程中,诚实信用原则的规定是我国传统道德观在法律上的映射。中国自古以来就有讲信重诺的优良传统,古语有"民无信不立""言必信,行必果""君子一言,驷马难追",也不乏"商鞅立木为信""季布一诺千金""曾子杀猪"等传扬悠久的典故。可以说,诚实守信是约束我国人之行为的基本要求和准则。《民法典》将诚实信用作为民法的一般条款与基本原则,完全符合我国的传统美德与现代核心价值追求。

回到民法内部,诚实信用原则贯穿民事活动的全过程。在设立、变更民事法律关系时,双方当事人应当真诚沟通,不隐瞒欺诈,意思表示真实;民事法律关系建立后,应按照约定履行义务,满足当事人之间的合理期待,如遇情事变更等情形应积极沟通协商解决;即便民事法律关系终止后,亦应依照诚实信用原则履行附随义务,以此保障相关民事主体合法权益的圆满实现。

(二)公序良俗原则

《民法典》第8条规定:"民事主体从事民事活动,不得违反法律,不得违背公序良俗。"第10条规定:"处理民事纠纷,应当依照法律;法律没有规定的,可以适用习惯,但是不得违背公序良俗。"第153条第2款规定:"违背公序良俗的民事法律行为无效。"因此,民事法律行为是否违反公序良俗原则直接关乎其效力问题。"公序良俗"一词最早出现于我国2017年颁布的《民法总则》中,在此之前,《民法通则》第6条"民事活动必须遵守法律,法律没有规定的,应当遵守国家政策"、第7条"民事活动应当尊重社会公德,不得损害社会公共利益,扰乱社会经济秩序",被视为《民法总则》第8条(同《民法典》)的前身。彼时"公序良俗"尚被称为"社会公德",与之相比,"公序良俗"的概念相对具象且更为全面,由"公共秩序"和"善良风俗"两个概念组成。

公共秩序是指社会的存在及其发展所必要的一般秩序。公共秩序的内容大多为法律法规明确的禁止性规定,违反了相关的禁止性规定即视为违反了公共秩序。但法律法规的内容不可能全方位覆盖到私法活动,此时公共秩序在无法律明文规定的情况下便成为平衡个人与他人、个人与社会、个人与国家利益的重要私法原则。善良风俗是指社会的存在及其发展所必要的一般道德①,其内涵大致等同于《民法通则》规定的"社会公德",作为一种道德准则由社会全体成员所普遍认许、遵循。② 与公共秩序相比,善良风俗更加贴近习惯法与道德规范,其既可以包括通常所说的"传统美德",例如"见义勇为""乐于助人",又可以包括地区性传承已久的优良习俗。善良风俗的覆盖范围从而更广、更为抽象,可以补充法律法规中缺失的此类规范性内容。

公序良俗原则作为民法的基本原则或一般条款,已被世界范围内的许多国家法律所采纳。如《德国民法典》第138条第1款规定:"违背善良风俗的法律行为无效。"③《法国民法典》第6条规定:"任何人均不得以特别约定违反涉及公共秩序和善良风俗的法律。"第1102条规定:"契约自由不得违反涉及公共秩序的规则。"④《日本民法典》第90条规定:"违反公共秩序或者善良风俗的法律行为,无效。"⑤由此可见,违反公序良俗是不法原因、该民事法律行为后果为无效等已成为许多国家私法领域的共识。

(三) 禁止权利滥用原则⑥

民法"通过赋予特定的个人以权利,命令他人都要尊重这种权利来维持私法秩序"⑦,行使权利受到何种程度的限制,关涉私法制度的根基。《民法典》第132条规定:"民事主体不得滥用民事权利损害国家利益、社会公共利益或者他人合法权益。"尽管禁止权利滥用原则在学理中往往被认为是诚实信用原则的具体化⑧,但它仍然具备一般条款的属性⑨。若该原则无法发挥应有的制度功能,权利行使便会违背权利的客观精神,无法与他人或社会的福祉相协调。

崔建远先生曾指出:"确立权利滥用的判断标准,区分权利滥用的类型,细化权利滥用的法律后果,是我们面临的艰巨而又必须完成的任务。"⑩明确判断权利滥用的标准是适用禁止权利滥用原则的前提。权利滥用的判断标准可分为

---

① 公共秩序、善良风俗含义参见史尚宽:《民法总论》,中国政法大学出版社2000年版,第334—335页。
② 参见王利明主编:《中国民法典释评 总则编》,中国人民大学出版社2020年版,第28页。
③ 《德国民法典》(第5版),陈卫佐译注,法律出版社2020年版,第51页。
④ 《法国民法典》,罗结珍译,北京大学出版社2023年版,第6、610页,其中第610页注释2:1804年《民法典》第1133条就债的原因规定,如果原因为法律所禁止,或者原因违反善良风俗或公共秩序时,此种原因为不法的原因。在新的条文中没有再提及"善良风俗",仅保留了"公共秩序"。
⑤ 《日本民法典》,刘士国、牟宪魁、杨瑞贺译,中国法制出版社2018年版,第14页。
⑥ 这部分内容参见彭诚信:《论禁止权利滥用原则的法律适用》,载《中国法学》2018年第3期。
⑦ 〔日〕我妻荣:《我妻荣民法讲义Ⅰ:新订民法总则》,于敏译,中国法制出版社2008年版,第29页。
⑧ 参见王泽鉴:《诚实信用与权利滥用——我国台湾地区"最高法院"2002年台上字第七五四号判决评析》,载《北方法学》2013年第6期;施启扬:《民法总则》,中国法制出版社2010年版,第363页。
⑨ 参见黄茂荣:《法学方法与现代民法》(增订6版),台湾植根法学丛书编辑室2011年版,第465页。
⑩ 崔建远:《物权法》,中国人民大学出版社2021年版,第196页。

两类：

一类是构成权利滥用的必要条件，是所有权利滥用案件成立的共同前提。依《民法典》第132条，权利滥用是指民事主体滥用民事权利损害他人合法权益的行为。由此可知，构成权利滥用的必要条件包括"行为具备权利外观"以及"存在两项相互对立的利益主张"。这两项条件是适用禁止权利滥用原则的前提和必要条件。

另一类是权利滥用的具体鉴别要素，即从权利人的主观害意、滥用权利的客观行为、权利人获益与相对人损失之比较、行为是否符合权利的客观目的等要素来判断权利行使是否构成滥用。权利滥用的鉴别要素并非封闭，而是开放的，可以根据权利人行使权利的具体情形予以具体判断；而且，鉴别要素与权利滥用之间亦非全有全无的关系，一项要素的不满足未必影响权利滥用的构成。

适用禁止权利滥用原则会产生停止侵害、剥夺权利、恢复原状、金钱赔偿以及行为不生法效果等多元的具体法律后果，对此，应当结合个案中具体滥用权利行为的不同而区别对待。禁止权利滥用是具有独立规范意义的法律制度，其与侵权行为具有本质差异，但通过侵权方式解决权利滥用有着无法克服的实践与理论局限。唯有利用禁止权利滥用原则自身的法律适用原理，方能为基于原则形成的、直接作为裁判依据的个案规范找到方法论依据。

（四）绿色原则

绿色原则又被称为生态环境保护原则。《民法典》第9条规定："民事主体从事民事活动，应当有利于节约资源、保护生态环境。"实际上，关于节约资源、保护环境的理念并非仅局限于民法领域。我国《宪法》在第9条第2款规定："国家保障自然资源的合理利用，保护珍贵的动物和植物。禁止任何组织或者个人用任何手段侵占或者破坏自然资源。"第26条第1款规定："国家保护和改善生活环境和生态环境，防治污染和其他公害。"我国《民法典》中的绿色原则可视为《宪法》规定在民法领域的具体化。

伴随我国经济的快速发展，滋生出诸多生态环境问题，如空气污染、资源过度开发等，对社会的可持续发展造成不利影响。如何有效利用资源并防止生态环境的破坏，也逐渐成为民法的重要使命。[①] 1986年公布的《民法通则》第124条即规定了具体的环境侵权制度，"违反国家保护环境防止污染的规定，污染环境造成他人损害的，应当依法承担民事责任"。自党的十八大将生态文明纳入中国特色社会主义事业五位一体的总体布局以来，"绿水青山就是金山银山"的思想深入人心，将绿色原则作为一项私法基本原则写入《民法典》成为我国在世界

[①] 参见王利明：《彰显时代性：中国民法典的鲜明特色》，载《东方法学》2020年第4期。

范围内的创举,这体现了中国民法拥抱生态文明时代的基本态度,在立法上确认了民法变革的绿色化导向,即要求环保意义上的节约资源和保护生态环境。①《民法典》除了"总则编"外,"物权编"第 364 条,"合同编"第 509 条、625 条等具体条文均体现了绿色原则的基本要求,"侵权责任编"第七章还单独规定了"环境污染和生态破坏责任"。由此可见,绿色原则不但为《民法典》"物权编""合同编""侵权责任编"等分编的具体规则设计指明了保护生态环境的方向,而且对民事主体开展民事活动提供了行为指引②,从而保障我国私法层面秉持节约资源、保护环境的法律思维。绿色原则作为民法的一项基本原则如果有其规范价值,那么在未来的法律适用中,如何将其具体化为裁判疑难案件的个案规范,还需要裁判者和法学家进一步的研究与探索。

二、民法基本原则的功能

民法基本原则的功能应贯穿于民法全部领域,民事立法、民事活动、民事司法等环节均应受到基本原则的引导与约束。学界通常认为,民法基本原则具有漏洞补充、指导、约束三类功能。

(一)漏洞补充功能

漏洞补充功能通常被认为主要体现在司法层面,用于弥补法律规则的局限性。法律规则一般可能存在不合目的性、不周延性、模糊性和滞后性等问题。不合目的性主要因为法律规则的设置通常只能注意到一般情况而非聚焦于特殊情况,因此并非所有的法律规则均可适用于特殊的疑难个案。此时,若用一般法律规则处理特殊个案,可能会导致结果有失公正。不周延性是指即便法律规则设立之时立法者考虑得再周全,其内容也不可能面面俱到,法律漏洞在此意义上是客观存在。模糊性主要因为表征法律的语言文字是有限的符号,其所表达内容注定会有一定的语义范围,因此法律内容终究会受到语义学本身的局限。滞后性是因为法律的确定性与准确性特征要求立法过程须复杂严谨,这导致从开始立法到最终颁布法律需要经过较长的周期。但社会发展日新月异,新问题层出不穷,来不及等待刻板而缓慢的立法步伐,面对社会新问题,法律法规难免会出现滞后的情形。③ 即便立法未至,司法也要先行,法官不可能因法律的漏洞而拒绝受理案件,此时基本原则就起到了漏洞填补的作用。在穷尽所有规则仍无法解决问题之时,法官便可通过适用基本原则处理疑难个案。

---

① 参见刘长兴:《民法绿色原则解释的方向与路径》,载《法学评论》2023 年第 5 期。
② 参见彭诚信:《中国式现代化的民法学知识创造》,载《开放时代》2024 年第 1 期。
③ 参见徐国栋:《民法基本原则解释——成文法局限性之克服》(增订本),中国政法大学出版社 2001 年版,第 176—183 页。

（二）指导功能

民法基本原则引导立法者的立法理念与思维，指导具体民事法律规范的方向与内容。就《民法典》的排篇布局而言，"总则编"位于《民法典》开篇位置，起到总领全局的作用，"总则编"中的民法基本原则条文规定简短但具有极强的概括性，便于后续内容的具体适用。有学者认为，这些原则"构成了民法在当今时代的最为内在的理由基础体系，成为全部具体制度或规则的论证理由和设定依据"。① 在后续"物权编""合同编""侵权责任编"等分编中，也有体现诚实信用原则、公序良俗原则、绿色原则等原则的具体规则。

民法基本原则的确立并非简单地将道德内容法律化，以诚实信用原则和公序良俗原则为例，将诚实信用原则写入法条看似是将人们内心所想放入法律规范加以适用，似乎有以道德规范要求规制人们内心思想之嫌，然而实则是强调诚实信用原则的总领作用，其应当贯穿于整部《民法典》之中作为社会行为的规范指导。如星野英一指出，"关于契约，首先在民法典的开头，权利的行使和义务的履行以'遵守信义诚实地'实施为必要的规定引人注目。这种表达方式，乍一看好像把内心的诚实当作问题了，但作为法律规定，它规定的是即使在各个条文中都没有细致的规定时也要求人应遵守社会性行为规范的问题，而未必仅是以内部的'良心'为问题"。与之类似，公序良俗原则的规定也是"把行为本身作为问题，而不是内心问题本身"。②

但这并不表示基本原则与道德规范之间无密切联系，相反，民法基本原则可视为道德思维在私法层面的具体展现。道德的主要功用就是鼓励人们内在自发地逐善止恶，并对恶予以道义谴责。法律与道德并不对立，甚至完全可协调一致。③ 基于此，良好的法律应是侧重引导常人行善、预防或减少其作恶的程序化制度设计。④ 在此层面上，在损人利己的恶意场合，只要其恶意可以得到证明即可依诚实信用原则判定其行为无效。法律虽然不能要求当事人内心积极秉持善意，但是可以惩戒当事人恶意之消极意图，此种法律规范的程序化设计便在实质道德层面上有效规制了当事人的内在思维与思考方式。

（三）约束功能

民法基本原则的约束功能也可称为限制功能。与指导功能相似，约束功能同样贯穿民事立法、司法以及民事活动的全过程。在立法过程中，基本原则可作为撰写具体规范条文时秉持的基本思想，将具体规则的制定置于原则所设的思

---

① 龙卫球：《我国民法基本原则的内容嬗变与体系化意义——关于〈民法总则〉第一章第3—9条的重点解读》，载《法治现代化研究》2017年第2期。
② 〔日〕星野英一：《民法劝学》，张立艳译，于敏校，北京大学出版社2006年版，第113—114页。
③ 参见〔美〕罗斯科·庞德：《法律与道德》，陈林林译，商务印书馆2018年版，第56—57页。
④ 参见彭诚信：《论民法典中的道德思维与法律思维》，载《东方法学》2020年第4期。

想框架内。基本原则对民事基本法中的具体规范和单行民事法规具有约束力,民事法律规范不能违反民法的基本原则。① 在民事司法环节,虽然民法的基本原则一般是抽象而不确定的,但是"它之所以能够给民法规则的实施带来一定的确定性,完全是因为它给实施民法规则的法官附加了更多的限制"。② 当具体规则无法涵盖案件所涉问题时,法官对涉案各方便应依循民法基本原则来进行利益衡量并审查各方的权利义务。在民事活动中,民法基本原则可以对民事主体的意思自治施以一定的指引与限制,特别是诚实信用原则、公序良俗原则和禁止权利滥用原则均对私权给予了一定限制。若民事主体的意思自治行为可能会出现影响其他个人利益或公共利益的现实或潜在风险,法律便可基于基本原则采取应对措施。③ 民事主体虽可通过自己的意志设定权利义务,但同时也需要根据民法的基本原则行使权利、履行义务。如若违反,法律行为则有可能面临无效或不生效力的风险,民事主体在从事民事活动时便应受到基本原则的约束。如星野英一在描述公序良俗在契约法中的用途时所说,"契约法虽然没有积极地要求契约当事人要有好的意图,但消极地规定排除坏的意图,在这个意义上可以说内心也被考虑到了"④。

第四节 民法基本原则的法律适用⑤

民法基本原则的法律适用,是指法院针对具体个案(通常是疑难案件)适用民法基本原则开展论证并将其具体化为裁判所依据的个案规范的司法活动。由于能够被法院直接用作裁判依据的只有规则而非原则,法官必须把原则论证到具体权利义务(即规则)的程度,才能作为裁判案件的法律依据。因此,民法基本原则法律适用的核心问题是,法院如何针对疑难案件将所欲适用的民法基本原则具体化为个案规范。原则具体化为规则的路径应该是开放和多元的,此处仅以阿列克西的优先原则理论作为例示。

一、适用条件

在司法实践中,适用民法基本原则的前提条件主要有两种情形:第一,有具

---

① 魏振瀛主编:《民法》(第八版),北京大学出版社、高等教育出版社2021年版,第21页。
② 参见陈年冰:《规则、原则、程序——民法基本原则的立法要义》,载《法学》1997年第9期。
③ 参见董学立:《民法基本原则研究——在民法理念与民法规范之间》,载《政法论丛》2011年第6期。
④ 〔日〕星野英一:《民法劝学》,张立艳译,于敏校,北京大学出版社2006年版,第114页。
⑤ 参见彭诚信:《从法律原则到个案规范——阿列克西原则理论的民法应用》,载《法学研究》2014年第4期。

体的规则可以适用,但规则因与既有的民法基本原则相冲突而被排除适用;第二,没有具体的规则可以直接适用。

(一)既有规则因与民法基本原则相冲突而被排除适用

学者史密斯指出:"每个新案件都是一个试验。如果某个看上去可以适用的、已被接受的规则产生了令人感到不公正的结果,就需要重新考虑该规则。"① 既有规则与民法基本原则发生冲突,在实践中经常表现为:严格适用既有的规则可能导致具体案件产生不公正的结果而与民法基本原则相冲突,法官最终选择了民法基本原则作为论证理由。以下列举三类既有规则因与民法基本原则相冲突而被排除适用的典型案例。

第一类案例可概括为"赠与情妇财产案"。如在"张某青与张某方合同纠纷案"②中,原、被告协议约定原告张某青出资70万元以被告张某方名义购买房产,被告自愿做原告的情人,如果被告违反承诺,则应退还原告已支付的款项,如果原告提出解除情人关系,则被告无须退还款项。而后原告以协议违反法律规定和社会公德为由,请求判令协议无效、被告返还款项。本案尽管有赠与合同规则可以适用,但是法院最终认定该协议因违反公序良俗而无效,支持了原告的诉请。

第二类案例可概括为"买卖凶宅案"。如在"李某与刘某某房屋买卖纠纷案"③中,原告李某因得知从被告刘某某处买受的房屋中曾发生过碎尸命案,遂诉至法院主张撤销该买卖合同。本案尽管有买卖合同规则可适用,但是法院最终基于诚实信用原则,以出卖人没有履行告知义务构成欺诈为由,支持了原告的诉请。

第三类案例可概括为"产权式商铺纠纷案"。如在"吴某与宁波某电器公司物权保护纠纷案"④中,原告(二审上诉人)吴某因其产权式商铺所在的某大厦一至三层部分商场被某物业公司整体出租给被告(二审被上诉人)宁波某电器公司,不顾其他92%的业主同意且已与某物业公司续租,而诉请法院要求被告停止侵害、排除妨害、恢复原状以及赔偿损失等。本案尽管有物权规则与租赁合同规则可以适用,但是法院最终依据《民法通则》第4条诚实信用原则与公平原则(本质上是禁止权利滥用原则)驳回了吴某的诉请。

可见,在具体案件存在规则依据的情况下,当法官认为仅依据规则裁判会产生有违客观公正的后果时,便会考虑某具体民法基本原则的适用。法官基于严密的论证程序确立那个最终适用的民法基本原则后,与之相冲突的规则即被排

---

① Munroe Smith, *Jurisprudence*, Columbia University Press, 1909, p.21.
② 浙江省杭州市萧山区人民法院(2009)杭萧商初字第1170号民事判决书。
③ 四川省成都市金牛区人民法院(2008)金民一初字第315号民事判决书。
④ 浙江省宁波市中级人民法院(2012)浙甬民一终字第123号民事判决书。

除适用。麦考密克曾指出,"体现原则正是规则应当具有的特征所在"①,每个具体规则背后都有支撑该规则的原则。因此,规则与原则在处理具体个案时发生的冲突,其实质都是原则与原则的冲突。明确此点,对后续在两个相互冲突的原则中确立何者为"优先原则",具有重要意义。

(二)无既有规则可直接适用

对于无既有规则可直接适用而适用民法基本原则的情形,可简要概括为"穷尽规则",即只有在穷尽了对规则的解释(不包括依据原则进行的漏洞填补)、无习惯法予以补充、没有类推适用等方法时,才能适用民法基本原则。②

所谓的"祭奠权"案可以作为司法实践中"穷尽规则"的例证。如在"严某某与史某某人格权纠纷案"③中,原告(二审被上诉人)严某某(系被告之母)、史某珍(系被告之妹)与史某芬(系被告之姐)因被告(二审上诉人)史某某未经原告许可,擅自将其父史某田的骨灰从殡仪馆取走,致使该骨灰无从下葬并妨碍了原告对亲人的悼念,而请求判令被告返还骨灰下葬于指定墓穴,并赔偿一定的精神损失费。法院最终依据《民法通则》第5条以及公序良俗原则,支持了原告的诉请。本案难以找到直接的规则依据,法院不得已才适用了公序良俗原则这一民法基本原则。

无既有规则可直接适用而适用民法基本原则的案件,亦可表现为两个民法基本原则之间的冲突。"祭奠权"案便可表现为支持原告诉请的公序良俗原则与支持被告抗辩的法不禁止即自由原则之间的冲突。

综上所述,无论是既有规则因与原则有冲突而被排除适用,还是没有具体的规则可以直接适用,针对具体个案的原则适用在规范意义上最终都可表现为"(两个)原则之间的冲突"。

二、适用步骤

依照阿列克西的优先原则理论,首先是要找到具体个案(通常为疑难案件)中相互冲突的两个原则,其次是要找寻特定的优先条件来确立优先适用的原则,最后再将优先适用的原则具体化为规则,即个案规范。④ 找寻优先条件是阿列克西的优先原则理论的核心,因为优先条件既是确立优先原则何以优先适用的前提和基础,也是优先原则具体化为规则(即个案规范)的核心构成要素。找寻

---

① 〔英〕尼尔·麦考密克:《法律推理与法律理论》,姜峰译,法律出版社2018年版,"前言"第3页。
② 参见梁慧星:《民法解释学》(第5版),法律出版社2022年版,第270页;王泽鉴:《民法学说与判例研究》(重排合订本),北京大学出版社2015年版,第1275页。
③ 上海市第二中级人民法院(2010)沪二中民一(民)终字第971号民事判决书。
④ See Robert Alexy, *A Theory of Constitutional Rights*, trans. By Julian Rivers, Oxford University Press, 2002, p.53.

优先条件在法律原则适用的意义上，就是寻求能够连接基本案件事实与所适用优先原则的中点或调和者。具体说就是，以基本案件事实为基础，找到"裁判案件要确定的核心要素"，并使之连通于该案件事实与适用于本案的民法基本原则。下面以实际案例来演示适用民法基本原则的具体步骤：

（一）确定解决具体个案的努力目标

裁判"赠与情妇财产案"的努力目标在于通过认定"该合同内容违反公序良俗"而使其无效，法律要点就是找到证成其违反公序良俗的标准。裁判"买卖凶宅案"的努力目标在于通过认定"被告有欺诈故意并构成欺诈"，赋予原告撤销该买卖合同的权利，法律要点就是明确如何通过诚实信用原则来证成"被告有披露房内发生过非正常死亡信息的义务"。裁判"产权式商铺纠纷案"的努力目标在于通过认定"权利人的诉求构成权利滥用"而否定其效力，法律要点就是确立"构成权利滥用的要件"。裁判侵害"祭奠权"案件的努力目标在于通过认定"被告的行为违反公序良俗"而使其对原告承担责任，法律要点就是确立证成其违反公序良俗的标准。

（二）根据具体案件事实寻找拟适用的具体原则

在"赠与情妇财产案"中，"赠与情人特定财产"是基本案件事实，裁判此类案件适用的民法基本原则通常是公序良俗原则。在"买卖凶宅案"中，基本的案件事实是在作为买卖标的的房屋内"发生过凶杀"，解决此类案件适用的民法基本原则通常为诚实信用原则。在"产权式商铺纠纷案"中，基本的案件事实是原告拥有商铺的所有权，且其诉请直接影响到其他大多数业主（如"吴某与宁波某电器公司物权保护纠纷案"中受影响的至少有 92% 的业主）的财产利益（租金损失等），裁判此类案件通常适用的民法基本原则为禁止权利滥用原则。在侵害"祭奠权"类型的案件中，基本案件事实是被告未征得其他近亲属的同意擅自取走骨灰并撒入江中，裁判此类案件适用的民法基本原则通常是公序良俗原则。

（三）优先性条件的找寻

这一步骤的任务是把特定的民法基本原则与案件主要事实结合，确立裁判案件的"核心要素"，从而实现解决具体个案的努力目标。换句话说，裁判案件的"核心要素"，是连通案件主要事实与适用于本案的特定民法基本原则的中点或联结点，此即解决该具体个案的优先性条件。

在"赠与情妇财产案"中，为找到案件主要事实"是否违反公序良俗"的判断标准，关键在于判断赠与情人特定财产的行为是否为"以财产换取性"。基于现实生活常情考量，若做他人情人的目的纯粹是为了金钱，通常便可判定此行为违反公序良俗。若具体案件事实对此是肯定的，那么"以性换取财产"便是裁判该案的"核心要素"，因而成为连通本案主要事实与公序良俗原则的中点（或联结点），此即解决该案的优先条件。

在"买卖凶宅案"中,为实现"被告有披露房内发生过非正常死亡信息的义务"的目标,关键在于判断该凶杀信息是否会影响原告的意思表示。在此类买卖合同案中,房屋价格与使用目的等是最重要的意思表示内容,具体便是判断该凶杀信息是否会对这两者产生影响。若答案是肯定的,房屋价格与使用目的等便是裁判该案的"核心要素",并因而成为连通具体案件主要事实(凶杀)与诚实信用原则的中点(或联结点),此即解决该案的优先条件。

在"产权式商铺纠纷案"中,为实现"权利人的诉求构成权利滥用"的努力目标,关键在于判断被告主张继续履行合同的诉求是否符合"构成权利滥用的要件"。若立足于生活常情或"事物本质"考量,通过权衡权利人诉请或抗辩的"利害"及其权利行使目的,若诉请或抗辩对本人无利而对他人有害,或其获利远小于对他人的损害,便说明其诉请或抗辩有违权利的客观目的而缺乏正当性;若能在案件事实中证明权利人的主观害意,那么其侵害他人权利的目的便更加明显。若这些要素在案件中能够得以证成,那么权利行使是否"对自己无利,但对他人有害",或者"对自己有利,但获利远小于对他人造成的损害"便是裁判该案的"核心要素",从而成为连通案件主要事实与禁止权利滥用原则的中点(或联结点),此即解决该案的优先条件。

在侵害"祭奠权"案中,应确定案件主要事实"是否违反公序良俗"的判断标准,从而才能确定原告是否对被告承担侵权责任。从"事物本质"或人之生活常情(即通常的道德价值或基本情感)来说,考虑亲人的骨灰对原告有无积极利益或消极利益,若骨灰至少对原告具有消极利益,即亲人骨灰的丧失、毁损等已给其带来精神上的不悦甚至痛苦,且此类精神损害(不悦甚至痛苦)应受保护,那么能够作为连通案件基本事实(亲人的骨灰被擅自取走)与民法基本原则(公序良俗)之中点的"核心要素"为,"原告利益有无受损"以及"若有受损,该利益有无保护的正当性",此两要素便是解决具体案件的优先条件。

(四)民法基本原则的具体化或规则化

既然能够直接作为案件裁判依据的是规则而非民法基本原则,因此要优先适用民法基本原则解决案件,还需将其具体化为具体的规则(明确的权利、义务以及确定的法律后果),即个案规范。从原则到个案规范的程序大致分为如下步骤:针对目标案件找到两个相冲突的法律原则,依据法律一般原理先确立一般优先关系、再依据特定条件(即优先条件)确立有条件的优先关系、最后将优先适用的原则具体化为规则(即个案规范),该优先条件便成为个案规范的构成要件。

在"赠与情妇财产案"中,涉及合同自由原则 P1 与公序良俗原则 P2 之间的冲突;依据规则优先适用的一般理论(双方当事人已经基于赠与合同形成了具体的权利义务,即条件 C1),"合同严守原则 P1"具有一般的优先性,即(P1 P P2) C1,但此种优先关系仅具初显性(即一般性或原则性),可以允许有例外;基于

"特定的优先条件"(如以性满足换取财产 C2),便意味着生活常情的违反与公序良俗的违背,从而确立"有条件的优先关系",此时优先原则应该为公序良俗原则,即(P2 P P1)C2,并基此创设具体规则:当一方当事人设立赠与合同的目的是为满足自身的性欲时,其与相对人成立的赠与行为应为法律所禁止。该个案规范也因此成为本案的裁判依据。

在"买卖凶宅案"中,涉及支持买卖合同规则的"合同自由原则 P1"与"诚实信用原则 P2"之间的冲突;依据规则优先适用的一般理论(双方当事人已经基于买卖合同形成了具体的权利义务,即条件 C1),"合同自由原则 P1"具有一般的优先性,即(P1 P P2)C1,但此种优先关系仅具初显性,可以允许有例外;基于"特定的优先条件"(如该凶杀信息会影响房屋价格 C2、使用目的 C3 等),被告应披露该特定信息,确立"有条件的优先关系",此时优先原则应该为诚实信用原则,即(P2 P P1)C2 或(P2 P P1)C3,并基此创设具体规则:在作为买卖合同标的之房屋内发生过凶杀等非正常死亡事件影响到买受人的使用、居住目的或房屋价格的,出卖人对此应予以披露。进而,该个案规范可成为沟通最终裁判依据(即基于欺诈事由撤销合同之规则)的中介和桥梁:当出卖人没有履行该告知义务时,便可认定为欺诈,原告从而可撤销该买卖合同。

在"产权式商铺纠纷案"中,涉及"契约严守原则 P1"与"诚实信用原则(禁止权利滥用原则)P2"之间的冲突;依据规则优先适用的一般理论(被告作为债权人享有继续履行请求权,即条件 C1),"契约严守原则 P1"具有一般优先性,即(P1 P P2)C1,但此种优先关系仅具初显性,可以允许有例外;基于"特定的优先条件"(即 C2,具体包括:有权利依据 F1、无益或获益远小于对他人的损害 F2、不具有正当目的 F3、不让权利人利益受损 F4),确立"有条件的优先关系",此时优先原则应该为禁止权利滥用原则,即(P2 P P1)C2,并基此创设具体规则:一项物权的行使尽管有权利依据,当权利人行使权利对自己无益或获益远小于对他人的损害且不具有正当目的时,该权利行使应为法律所禁止,但权利人的利益不应因此而受损。

在侵害"祭奠权"案件中,由于没有明确的规则依据,裁决此类案件的规范经常表现为法不禁止即自由原则 P1 与公序良俗原则 P2 之间的冲突;当原告的诉请没有规则依据时,被告所依据的法不禁止即自由原则是私法的一般原理(即条件 C1),具有一般优先性,即(P1 P P2)C1,但此种优先关系仅具有原则性,可以允许有例外;基于"特定的优先条件"(即 C2,原告利益受损且该利益应受保护),确立有条件的优先关系,此时优先原则应该为公序良俗原则,即(P2 P P1)C2,并基此创设具体规则:当毁损、隐匿他人或本人之亲人骨灰而造成他人精神受损且该损害基于人的通常道德价值应受保护时,该行为应为法律所禁止。

民法基本原则的法律适用,实质就是原则的规则化过程。基于优先原则具体化或规则化而形成的具体权利或义务便是用于解决具体个案的规范,即"个案规范"。个案规范由于是原则间权衡的结果与表现,优先原则因此成为该具体规则的基础与理由。相冲突民法基本原则中某个原则的优先适用,完全取决于特定场景中的个案条件,由此形成的个案规范仅是权宜之策,而非普适性的法律规范。换句话说,如果给出的是其他条件,优先关系可被倒转过来。① 原则具体化没有统一公式,只不过需要遵循基本的法律适用原理与逻辑。

---

① See Robert Alexy, *A Theory of Constitutional Rights*, trans. By Julian Rivers, Oxford University Press, 2002, p. 51.

第三章　民事法律关系

第一节　民事法律关系概述

自然人从出生到死亡，企业从登记成立到终止、解散或破产，无时无刻不处在各种民事法律关系之中。

一、民事法律关系的概念

萨维尼在理论上首次提出了法律关系概念，认为"所有的具体法律关系就是通过法规则而界定的人与人之间的联系"①。在现代的法律语境中，法律关系就是特定法律主体之间针对特定法律客体所产生的具体权利义务关系。

法律关系可分为公法关系和私法关系。民事法律关系属于其中的私法关系，是由民法规定的特定主体针对特定客体所产生的民事权利义务关系。民事法律关系相较于公法关系的主要特征是，当事人之间相互独立、法律地位平等，大多数情形下民事法律关系的发生取决于当事人的意思，且民事法律关系由民事法律责任作为保障。②

（一）民事法律关系的要素

民事法律关系的要素，是指构成某一民事法律关系所必须具备的条件或因素，通常包括主体、客体和内容。

1. 民事法律关系主体。通常简称为民事主体，是指参与民事法律关系，并在其中享有民事权利、负担民事义务的当事人。享有民事权利的民事法律关系主体，称为"权利主体"；负担民事义务的民事法律关系主体，称为"义务主体"。鉴于民事合同通常具有双务性，当事人之间相互享有权利并负有义务，此时各方当事人既是权利主体又是义务主体。③ 我国《民法典》承认的民事主体主要有自然人、法人、非法人组织三种类型。

2. 民事法律关系内容。它是指民事法律关系的主体所享有的权利及负担的义务，即民事权利与民事义务。民事法律关系的内容，即民事权利和民事义务，是整个民法的核心范畴，直接决定着某项民事法律关系的性质并得以与其他

---

① 〔德〕弗里德里希·卡尔·冯·萨维尼：《当代罗马法体系》（第一卷），朱虎译，中国人民大学出版社2023年版，第254页。
② 参见梁慧星：《民法总论》（第六版），法律出版社2021年版，第88页。
③ 参见龙卫球：《民法总论》，中国法制出版社2002年版，第112页。

民事法律关系相区分。如买卖合同与租赁合同的具体内容决定了两种合同关系的性质差异:买卖合同关系的内容主要表现为,一方享有取得所买货物的权利、承担支付货款的义务,另一方则享有取得货款的权利、承担交付所卖货物的义务;而租赁合同关系的内容主要表现为,一方享有的是使用另一方财产之权利、负有交付租金和按期返还财产的义务,另一方享有的则是取得租金的权利、负有将财产交付给对方使用的义务。①

3. 民事法律关系客体。它是与民事法律关系主体相对应的概念,即基于其权利义务内容所指向的对象或者说主体基于其权利所欲实现的具体利益。客体(具体利益)往往通过特定的载体呈现出来,该客体载体通常又被称为"标的",是指民事法律关系主体之间得以形成民事法律关系之内容的目标性事物。比如说,物权的客体是民事主体所欲实现的特定财产利益,该财产利益往往负载于特定的物上,该物即物权的标的;知识产权的客体是民事主体所欲实现的知识或智慧创造价值,该知识或智慧价值往往负载于具体的智慧成果(如作品、专利等)之上,该特定的智慧成果即知识产权标的;合同债权的客体是指债务人所为之给付行为,其体现一定的给付利益,如财产、服务等。严格说来,法律关系的客体和客体载体(标的)还是可以区分开来的。客体是权利义务内容指向的具体利益,没有客体便无法形成民事法律关系。

(二) 民事法律关系的特征

民事法律关系是由民法所确认和调整的、以民事权利和民事义务为核心内容的人与人之间的社会关系。它主要调整平等民事主体之间的财产关系和人身关系。一般的社会关系,如好意施惠关系、恋爱关系、友谊关系等,虽然通常也被认为存在某种道义和责任,但是这些皆不是法律上的权利义务,往往不属于民事法律关系。民事法律关系既具有法律关系的一般特征,又具有自身特性:

(1) 民事法律关系是一种体现主体平等性的社会关系。参与其中的民事主体,无论是自然人、法人,还是非法人组织,皆处于平等的法律地位。

(2) 民事法律关系以民事权利和民事义务为核心内容。在具体的民事法律关系中,权利人享有特定的民事权利,义务人负有相应的民事义务。在合同法律关系中,亦存在双方当事人同时享有特定民事权利、负担特定民事义务的情形。民事法律关系主要调整的是私人之间的利益关系。

(3) 民事法律关系中的财产关系大多具有等价有偿的特点。民事法律关系也是民法调整商品经济关系在法律上的反映和体现,即以物质利益为主要内容的财产关系。当事人之间财产的流转一般是依照市场交易规律进行等价交换,进而实现各自的经济利益。需要特别指出的是,在民事法律关系中,能够进行交

---

① 参见崔建远主编:《合同法》(第七版),法律出版社2021年版,第280—294、332—351页。

易的只能是财产,人身关系是不能进行交易的。这也是《民法典》第 992 条规定"人格权不得放弃、转让或者继承"的根本原因。

二、民事法律关系的类别

按照不同的分类标准,可以将民事法律关系划分为不同的类别。

1. 人身法律关系和财产法律关系,这是依照民法调整对象所作的分类。

人身法律关系,是指与民事主体的人身不可分割且不具有直接物质利益内容的民事法律关系。人身法律关系包括人格关系和身份关系,以一定的人身利益为内容[1],人身权也因此分为人格权和身份权。

财产法律关系,是指具有直接物质利益内容的民事法律关系,包括财产所有关系、财产流转关系等。依照民事主体行使和实现权利的不同方式,财产法律关系可分为物权法律关系和债权法律关系。[2]

2. 绝对法律关系和相对法律关系,这是依据民事法律关系中义务主体范围不同所作的分类。

绝对法律关系,是指义务主体不特定的民事法律关系,主要表现为绝对权(人身权、物权、知识产权等)法律关系。在此种民事法律关系中,义务人具有不特定性,权利人之外的所有人皆可作为义务人;而权利具有绝对性,权利人无须义务人的协助即可行使或实现其权利。义务人的义务往往表现为消极的不作为,即不得干涉或妨碍权利人行使或实现其权利。[3]

相对法律关系,是指义务主体特定的民事法律关系,主要表现为债权法律关系。在此法律关系中,权利人行使和实现权利需要相对义务人的积极行为予以协助;义务人是确定的,其义务内容一般是积极作为。

3. 单一法律关系和复合法律关系,这是依照民事法律关系的复杂程度不同所作的分类。

单一法律关系,是指民事法律关系的内容仅包括一组相对应的权利义务,如法定继承关系。

复合法律关系,是指民事法律关系的内容同时存在两组或两组以上相对应的权利义务。此种民事法律关系中的权利义务内容相对复杂,当事人往往在享有多项权利的同时亦负有多项义务,如加工承揽合同关系等。[4]

4. 单务法律关系和双务法律关系,这是根据权利主体是否同时负有民事义

---

[1] 参见王利明等:《民法学》(第六版)(上),法律出版社 2020 年版,第 57 页。
[2] 参见王泽鉴:《债法原理》(第二版),北京大学出版社 2013 年版,第 57—58 页。
[3] 参见〔俄〕格里巴诺夫、科里涅耶夫主编:《苏联民法》(上册),中国社会科学院法学研究所民法经济法研究室译,法律出版社 1984 年版,第 88 页。
[4] 参见施启扬:《民法总则》,中国法制出版社 2010 年版,第 24—25 页。

务所作的分类。民事权利主体不负有相应义务的是单务法律关系,民事权利主体同时享有权利也负有义务的是双务法律关系。

单务法律关系,是指享有权利的一方不负担支付相应代价之义务,而负担义务的一方没有要求对方支付相应代价的权利。简言之,在此种民事法律关系中,权利人仅享有民事权利,义务人只负担民事义务。

双务法律关系,是指双方当事人均享有一定权利、同时负担一定义务的民事法律关系。如在租赁法律关系中,承租方享有租赁使用标的物的权利,同时负有支付租赁价款和按时归还租赁物的义务;而租赁方享有取得租赁价款的权利,同时负有交付租赁物的义务。

三、民事法律关系的意义

民事法律关系是连接民事主体、民事客体和民事权利义务内容的纽带,民法基于此形成一个不可分割的有机整体。民事权利和民事义务作为民事法律关系的核心内容决定了其也是整个民法的核心内容,构成民法的基本范畴。民事法律关系与民事法律事实密切相关。民事法律事实是引起民事法律关系发生、变更、消灭的原因,民事法律关系则是民事法律事实引起的结果。[①]

民事法律关系有其重要的实践价值。民事诉讼首先是在特定的当事人(具体说是原告与被告)之间展开,此即民事法律关系主体在民事诉讼中的体现;其次是看原告的具体诉讼请求是什么,往往表现为其意图维护的某种利益,人格、财产抑或给付行为,这在实体法上便表现为民事法律关系中的客体;最后才是讨论原告诉请的请求权基础和被告的抗辩基础为何,亦即民事法律关系的权利义务内容。这看似简单的问题,在司法实践中若不注意基础性知识细节,往往会带来裁判的不当或偏颇。以所谓的中国代孕第一案"原告罗某某、谢某某与被告陈某监护权、抚养关系纠纷案"[②]为例,本案的民事法律关系是围绕原告罗某某、谢某某(一对四岁半左右龙凤胎的爷爷和奶奶)与被告陈某(一对四岁半左右龙凤胎的"抚养母亲")就这对龙凤胎孩子的监护权、抚养权而展开。这对龙凤胎儿童的出生历程是,被告"抚养母亲"陈某与其丈夫购买了两个案外女性的数枚卵子,然后将丈夫的精子与卵子做成数枚受精卵,该夫妇又找到第三位案外女性为其代孕,并生出这对龙凤胎儿童。依照判决书的认定,这对龙凤胎儿童从出生时起便由"抚养母亲"陈某抚养,且陈某对孩子"视同己出"。在本案中,代孕的法律关系是陈某夫妇与案外三个女性的关系,跟本案的法律关系,即原告罗某某、谢某某与被告陈某之间的关系并无必然关联。代孕事实在本案的监护或抚养法律关

[①] 参见王利明等:《民法学》(第六版)(上),法律出版社2020年版,第55页。
[②] 上海市闵行区人民法院(2015)闵少民初字第2号民事裁定书;上海市第一中级人民法院(2015)沪一中少民终字第56号民事判决书。

系中只不过是一个自然事实。假若代孕的法律关系进入诉讼，也是陈某夫妇与案外三个女性之间的权利义务关系，跟本案毫无关联。可就是这个与本案无必然关联的代孕事实把本案（尤其是一审判决）带偏了方向，再加上主审法官或法院先验地认为我国反对代孕这一主观想象（因为当时，甚至当下我国并没有法律明确地禁止代孕），最终作出了违背生活常情和法律逻辑的判决。如果主审法官或法院坚定地贯彻民事法律关系理论，把案件的事实认定、诉讼请求、请求权基础确定、判决说理和判决依据都锁定在本案的法律关系主体，即原告和被告之间，那么法官的思路会简单很多，清晰很多，得出正确判决结论的概率也会提高很多。

第二节 民事法律事实

一、民事法律事实的概念

民事法律事实，是指由民法规定的、能够在民事主体之间引起民事法律关系发生、变更和消灭的客观事实。民事法律事实通常有如下特点：

其一，民事法律事实通常是客观事实，而非来自人的主观臆想。民事法律事实不是产生自民法规范本身，而是来自外部客观世界。一切民事法律关系都需要以民事法律事实作为产生、变更和消灭的根据。其二，民事法律关系须由法律规定并认可，并非所有的客观事实都是民事法律事实，只有为法律认可的客观事实才能成为民事法律事实。比如，单纯的睡眠行为往往不是法律事实，纯粹的友谊关系一般亦非法律事实。其三，民事法律事实必须能够引起民事主体之间民事法律关系的发生、变更和消灭，即发生一定的民事法律效果。单纯的恋爱关系并不为法律所调控，而甲乙两人之间的买卖房屋合同便会引起债权债务民事法律关系的发生。

二、民事法律事实的构成

一般情况下，若作为引起民事法律关系发生、变更、消灭的原因仅需要一个民事法律事实即可，如抛弃、拾得遗失物、买卖合同、赠与合同等，此时该事实行为或法律行为（合同）的构成便是民事法律事实的构成。

在特殊场合下，则需要两个或两个以上的民事法律事实存在，相应的民事法律关系才可以发生、变更或消灭。① 例如，若遗嘱继承要发生法律效果，则必须要有遗嘱人生前立下合法有效的遗嘱以及遗嘱人死亡两个民事法律事实。

---

① 参见魏振瀛主编：《民法》（第八版），北京大学出版社、高等教育出版社2021年版，第34页。

三、民事法律事实的分类

以是否与人的意志存在关联为标准,民事法律事实可以分为事件和行为。

(一) 事件

事件包括自然事件与社会事件。自然事件是指与民事主体的主观意志无涉、且能够引起民事法律关系发生、变更或消灭的客观自然现象,如人的死亡、自然灾害等。社会事件,是指与民事主体的主观意志无涉、且能够引起民事法律关系发生、变更或消灭的社会现象,如战争、罢工等。完全精神不健全者的行为引起的法律关系发生,在法律上最好作为事件处理。

(二) 行为

行为是最普遍的民事法律事实,是指能够引起民事法律关系发生、变更或消灭的人之意志。

行为在民法上有民事法律行为(即民事表意行为)与民事事实行为(民事非表意行为)之分。民事法律行为是民事主体实施的、以意思表示为构成要素、能够引起民事法律关系发生、变更和消灭的意思表示,如合同行为,亦可称之为意思表示行为、表意行为、意定行为等。意思表示是指将欲发生一定法律效果的内心意思表达于外部的行为,简单说,主要包括两个构成要素:一是主观构成要素,即主体对意思法律效果的内在期望,可简称为法效意思;二是客观构成要素,即主体意志的外在表达,可概括为表示行为。①

民事事实行为是指直接依据民法规定而引起某种法律效果的行为,如拾得遗失物、发现埋藏物行为以及侵权行为、违约行为等,亦可称之为非意思表示行为、非表意行为、法定行为等。

第三节 民事权利②

一、民事权利的内涵与本质

如果说权利的内涵是法律所欲保护的正当利益,那么民事权利的内涵便是民事法律所欲保护的正当利益。同理,如果说权利的本质是"正当"或"正义",那就意味着所有权利的本质皆为正当或正义,民事权利也不例外。

---

① 参见朱庆育:《民法总论》(第二版),北京大学出版社2016年版,第192—193页。
② 参见彭诚信:《权利的法律本质与人的内在价值》,法律出版社2022年版,第4—9章。

二、利益、正义与权利的关系

从对权利(含民事权利)的内涵与本质的理解可看出,在法理上最需要厘清的是利益、权利和正义的关系。总的来说,利益是主体欲求的实现或追求欲求的自由。利益是一个中性概念,在经过伦理或道德的评价前,它无所谓伦理或道德上的"善"与"恶"、"好"与"坏";在经过法律或正义的评价前,它无所谓法律或正义上的"正当"与"不正当"、"正义"与"不正义"。既然如此,利益要上升到法律或权利保护,必须经过法律程序的正当性评价或正义性评价。

从积极赋权保护角度言,利益要经过立法程序的正当性评价或正义性评价,只有被众意(大多数人的意志)肯认或至少不被否认的利益才具有法律保护的正当性,此时的利益被称为正当利益,它在法律上即表现为权利。权利表现形态至少有两种:被正当性或正义性评价原则肯认的正当利益,如人格、财产、智慧产品、合同给付利益等,往往表现为有名权利或称为规则性权利,如人格权、物权、知识产权、合同债权等;没有被正当性或正义性评价原则予以否定的利益形态,如特定的纯粹经济损失、纯粹精神损失、同性恋行为等,在民法上由"法不禁止即自由"等原则调控,在本质上往往被推定为具有正当性或权利特性,一般被称为无名权利、原则性权利(或统称为推定性权利);被正当性或正义性评价原则直接予以否定的利益形态,则是不正当利益,在法律上表现为禁止性规定,如杀人、投毒、违背公序良俗行为等。

从消极责任保护角度言,即从规制主体的行为而从司法程序课以民事责任(主要为禁止侵害行为与损害填补)言,法官的考量须兼顾受害人利益保护的正当性以及加害人的行为自由。从保护有名权利或规则性权利视角言,只要加害人侵害了他人的法定权利或违背了约定义务,加害人就要承担相应的侵权责任和违约责任,不再需要法官予以论证有名权利或规则性权利背后利益保护的正当性;从保护无名权利或原则性权利视角言,因为两者是推定性权利,法官则负有论证两权利所欲保护利益之正当性的义务。具体说来,法官必须综合考量受害人利益需要保护的正当性以及加害人行为自由的正当性,得出何者需要优先保护,而最终获得保护的利益正当性须经法官运用法律适用程序和法律论证程序得来。如对于纯粹经济损失、纯粹精神损失、同性恋自由等利益的保护,都需要法官的论证程序;基于法官的论证而最终认定可以获得法律保护的利益,便具有了正当性,从而具备了权利的实质,尽管其可能没有具体的权利名称。

利益、权利、正义三者之间的关系可作如下概括:利益的正当性评价结果即正当利益,其在法律上具体表征为权利,从而沟通了利益、正义与权利三者的关系。简单地说,正义是评价利益正当性与否的程序,也是正当性评价的结果,即正当利益。正义是权利的核心内容,又是利益走向权利的桥梁。正义作为评价利益正当性与否的程序,隐含在具体法律制度的深处,时时、默默地为利益走向正当构筑道路并进行过滤,而一旦纯净的正当利益出现后(正义的化身),它却立刻被最活跃、最核心的法律制度——权利所取代。由此也揭示出,正义(或者说正当性论证程序)是权利的真正核心,是权利动态(形成与适用等)与静态(文本上的权利)的正当性基础与价值支撑。

利益的正当性评价结果在法律上表现为权利。这一点揭示出权利的本质——正当利益的法律化或制度化。正当利益的私法制度化,即私权,用"正当利益"界定权利的最大优点是说明了权利的内容和范围。需要强调的是,"正当"中已经包含了主体的意志。如果对利益的正当性评价是以主体的自由意志(主观)为前提的话,那么在经过正当或正义原则的评价程序而得出的正当利益(权利)中,主体的主观意志已经转变为客观意志,它不再属于任何具体个人而是属于所有人的意志。正是在此意义上,权利才成为客观规范,即法律规范。①

三、民事权利的体系与层次

由于权利是主体的正当利益及追求自由在法律上的表现,因此利益对主体的重要性与关系紧密性便决定了权利的层次性。具体地说,主体最基本的利益需求(如自然生存利益、社会生存利益、精神生存利益)决定了以这些利益为核心内容的权利是与主体关系最紧密的基础性权利。它们为主体生存和生活所必需,是人之为人的基本法律元素,可称之为基础性权利。在基础性权利产生与实现过程中有时还会衍生一些权利,主要目的是排除基础性权利产生与实现过程中遇到的障碍或不便。由于这些权利仅是辅助基础性权利产生与实现的手段,而非与主体的基本利益直接相关,可称之为辅助性权利。这两种类型权利是私权的常态。此外,如果权利人不能依靠这些常态的权利排除外在的侵害、妨害或者损害,那就还需要依靠公权力或特定的自力救济权予以救济,救济性权利便应运而生。这三种层次分明的权利便符合逻辑地构成了私权的体系。

(一) 基础性权利

1. 基础性权利的内涵

基础性权利是指能够直接实现法律主体利益追求及追求自由的权利,也是为主体生存与生活所必需的权利。它是使人成为人的核心、内在且不可化约的基本权利。保障与实现这些权利是民法的基本任务。

2. 基础性权利的特征

(1) 利益的独立性与直接性。基础性权利既包括绝对性权利,也包括相对

---

① 这种论证也符合了凯尔森规范理论的论证,尽管其出发点与本书有所不同。

性权利。它们都是独立存在的利益形态,亦是主体直接追求的利益。

(2)某些基础性权利的不可处分性。人格、身份等权利不可让渡、不可处分。但这并非绝对,其中有些人格权利在现代社会逐渐有了处分的可能,如安乐死便表现为对生命权的处分;部分身体器官的转让在某种意义上是对身体健康权的处分;为商业目的使用肖像,也可视作对肖像权的处分。需要强调的是,对人格利益的所谓商业利用,要么是该人格利益已质变为财产利益,要么是该商业利用的并非是人格利益,而是外在于人格利益的独立财产利益(如公开化权等)。因为人格利益在本质上是不能交易的,这也是《民法典》第992条规定"人格权不得放弃、转让或者继承"的原因。

(3)基础性权利的可让与性。除了人格、身份性的权利,其他诸如物权、知识产权中的财产权、股权、债权等一般都具有独立的让与性。

(4)效力的圆满性。所有基础性权利既有积极效力(或权能),亦有消极效力(或权能)。积极效力主要表现为支配力,消极效力主要表现为请求力。正是基础性权利所内含的消极效力孕育了衍生辅助性权利的基因。

3.基础性权利的基本类型

(1)主体所需要的基本人格权利。主要包括自然人的生命权、身体健康权、名誉权、姓名权、肖像权、隐私权、个人信息权等,以及非自然人主体的名称权、商号权、商誉权等。商号、商誉等权利由于具有一定的无形财产利益,法律一般采用不同于自然人人格权利的保护手段。

(2)主体所需要的基本身份权利,主要包括亲权、配偶权、继承权等。它们是基于某种身份关系所产生的某些特定正当利益的权利化。

(3)保证特定主体资格充分实现的权利。如维护无行为能力人和限制行为能力人特定利益的权利(义务),比如监护权等,代他人参与特定民事活动的权利(如代理权等)或委托他人参与特定民事活动的权利(如委任权等)。

(4)主体所需要的基本财产权利。狭义上主要包括所有权、用益物权(土地承包经营权、建设用地使用权、宅基地使用权、地役权以及矿业权、水权、渔业权、狩猎权等准物权[①]以及担保物权(抵押权、质权、留置权等)。

(5)主体对其智力成果所享有的知识产权,如著作权、专利权、商标权等。

(6)主体因其财产投入企业、公司等法人中所享有的财产收益和公司治理等权利,以股权为典型。股权既包括分享公司盈利的财产权利,也包括参与公司治理的权利,从而具有复合权利的性质。

(7)主体所需要的充分享有行为自由的基本权利,主要是合同权利。[②] 它包

[①] 崔建远先生把矿业权、水权、渔业权、狩猎权等概括为"准物权",并构建了系统的准物权理论和体系。参见崔建远:《准物权研究》(第2版),法律出版社2012年版,第18页。

[②] 广义的合同包括社会契约、行政合同、劳动合同、民事合同等,此处仅限于民事合同。

括个人之间为完成某种活动等共同目标而设立团体（如公司、企业法人、合伙等）所依据的合同，以及当事人之间为实现各自目的而设定具体权利义务关系时所依据的债权合同。

上述这些直接反映人身、财产利益的权利以及作为主体社会交往、经济交易手段的契约性权利构成了基础性权利的主要内容。它们都是人作为法律主体所不可缺少的基本权利，应该处于私权层次中的核心地位。这些权利直接体现着主体的利益追求，保障着主体的行为自由，彰显着人的核心价值。

（二）辅助性权利

1. 辅助性权利的内涵

为辅助基础性权利的顺利产生、行使或实现，由基础性权利本身衍生或者由法律创设的某些新权利或某种具体的权利效能即辅助性权利，或称功能性权利。辅助性权利不具有独立的利益形态，只是为保障基础性权利的顺利产生、行使或实现而存在。在确定合同效力过程中产生的追认权、撤销权等便属于此类权利。具体而言就是，在合同成立后，对于不违反强制性规定的，法律并不使它绝对无效，而是针对具体情形把决定合同生效与否的权利（如追认权、撤销权等）赋予法律试图关心和保护的主体，由他们决定合同是否发生效力。

辅助性权利主要有：内含在基础性权利中排除他人侵害或妨害的消极性权利，具体表现为返还原物、排除妨害、消除危险等请求权；也包括为排除基础性权利实现过程中遇到的不便和阻碍，由法律创设的抗辩权（含答辩权①）、形成权等。辅助性权利在任何可能的情境下都可为基础性权利的产生、行使或实现而创设，因此难以一一列举出其全部权利内容与类型。辅助性权利的权利内容与类型是开放的，只是等待人们去发现。②

2. 辅助性权利的基本内容

（1）请求权。它是某主体请求另外主体为或不为一定行为的权利。它包括对基础性权利的排除侵害、妨碍或消除危险的请求权以及为圆满、顺利实现债权而提起的从属性以及附随性的请求权。辅助性请求权表现为基础性权利主体与特定相对人之间的法律关系。

（2）抗辩权。它通常是与请求权相对应的一个权利范畴，即当一方行使请求权时，相对人对此提出对抗或异议的权利。作为一种古老的权利形态，其最显

---

① 答辩权是回应抗辩，即推翻、消除抗辩根据的权利。抗辩权存在的地方，相对人都应该有答辩权。实质上，答辩也是一种抗辩，即对"抗辩"的"抗辩"，由此亦可含于抗辩权中。

② 比如形成权就是由恩内克鲁斯（Enneccerus）、埃米尔·塞克尔（Emil Seckel）等学者逐渐发现并最终确立为独立权利类型。参见 Hans Dölle, Juristische Entdeckungen，转引自王泽鉴：《民法学说与判例研究》（重排合订本），北京大学出版社 2015 年版，第 9—10 页。

著的特征是"所有的抗辩都同被抗辩人提出的主张相反"。① 它是为平衡当事人之间的权利义务关系,使请求权主体的相对人得到平等对待而设置。需要注意的是,"抗辩权不以对抗请求权为限,也得对抗抗辩权,此时称为'再抗辩'"②。

(3) 形成权。在主体设定、行使或实现基础性权利的过程中,常会遇到需要对特定主体予以特殊保护的情形。为了充分实现私法自治,法律并不直接对该情形作出效力评价,而是赋予应受保护的主体某种权利,由他凭自己的意志直接决定法律后果,相对人(若存在的话)只能对之接受或承受,此种权利就是形成权。如王泽鉴先生指出:"形成权系赋予权利人得依其意思而形成一定法律效果的法律之力,相对人并不负有相对应的义务,只是受到拘束,须容忍此项形成及其法律效果。形成权仅得由权利人行使,第三人无从加以侵害。"③

3. 请求权的类型

根据基础性权利的种类,它可分为物权请求权、人格权请求权、身份权请求权、辅助性债权请求权④等。实际上,有多少种基础性权利就会有多少种(甚至更多)请求权,具体的基础性权利因遭受侵害、侵占、妨害或存在现实危险等不同形态决定了请求权的具体内容。

(1) 就人身权、物权、知识产权等绝对性的基础性权利言,其请求权主要表现为消极性权利,即只有这些权利受到侵害、侵占、妨害或存在现实危险的情况下,请求权的功能才能得以发挥。

第一,人身权特有的人格和身份性质决定了其请求权的实现主要是人格利益或者精神利益的恢复与补救。如对名誉权的侵害,最基本的请求内容是消除影响、赔礼道歉,但并不排除精神损害的物质性赔偿。

第二,物上请求权也是消极保护物权效力的发挥。只要有利于恢复或实现物的圆满支配状态的请求都可归入此项权利,如返还原物、排除妨害、消除危险等。这是纯粹意义上的物上请求权。如果扩大理解,附属物的返还、原物的损害赔偿等请求权也可视为物上请求权,因为都是以保护物权的支配力为目的,并且其行使都是基于基础性权利——物权。

第三,知识产权的请求权主要包括排除妨害请求权与消除危险请求权,但不包括返还原物、恢复原状的请求权。智力成果标的"知识性"的特征决定了对知识产权的保护与侵害都不必采用与"占有"有关的手段,因为加害人无须通过有形控制,仅通过"认知"便可使用,权利人也不会因其"使用"而导致智力成果本身

---

① 〔古罗马〕盖尤斯:《盖尤斯法学阶梯》,黄风译,中国政法大学出版社2008年版,第252页。
② 施启扬:《民法总则》,中国法制出版社2010年版,第33页。
③ 王泽鉴:《民法总则》,北京大学出版社2009年版,第106页。
④ 习惯上由于人们把基础性权利性质的债权也称作请求权,此处特意使用"辅助性债权请求权"与之区分。

的"丧失"或"损耗"。①

（2）债权中的辅助性请求权既有积极性请求权，又有消极性请求权，且主要表现为积极性请求权。

第一，其积极性表现在，债权人为了充分、圆满地实现其债权，请求义务人履行主给付义务、从给付义务以及附随义务的请求权。

第二，其消极性表现在，如果因债务人违反约定或者第三人侵害债权，债权人对加害人所提出的违约请求等便具有消极性。

4. 抗辩权的类型

根据其具体效力，抗辩权可分为阻碍性抗辩权和否定性抗辩权。②

（1）阻碍性抗辩权。它是指不侵犯请求权本体，只暂时或永久地阻碍其有效行使，该权利经有效抗辩后，仍然存在。当事人如不主张抗辩权，法院不得主动斟酌。阻碍性抗辩权又可分为：其一，永久性抗辩权，"可使请求权的行使，永被排除，在诉讼上可使原告受驳回的判决"③。此类抗辩权有：时效抗辩权；请求履行的债务无法律上的原因而承担（《德国民法典》第 821 条）；债权人的债权通过侵权行为而取得（《德国民法典》第 853 条）。除此之外，我国台湾地区还有清偿抗辩（我国台湾地区"民法"第 313 条）。其二，暂时（延期）性抗辩权，"非永久拒绝相对人的请求，仅能使请求权一时不能行使而已"④。此类抗辩权有：① 同时履行抗辩权（我国《民法典》第 525 条）；② 先履行抗辩权（我国《民法典》第 526 条）；③ 不安抗辩权（我国《民法典》第 527 条）；④ 保证人提出的抵销或撤销抗辩权（我国《民法典》第 702 条、《德国民法典》第 770 条）以及先诉抗辩权（我国《民法典》第 687 条、《德国民法典》第 771 条）；⑤ 赠与人穷困抗辩权⑤（我国《民法典》第 666 条、《德国民法典》第 519 条、我国台湾地区"民法"第 418 条）；⑥ 法定留置权（我国《民法典》第 447 条、第 783 条、第 836 条、第 903 条、第 959 条，我国台湾地区"民法"第 445 条、第 612 条、第 647 条第 1 款、第 657 条、第 928 条）。

（2）否定性抗辩权。它是指否认权利形成或存续的抗辩。此种抗辩，当事人纵不为抗辩主张，法院亦应就已证明的相关事实主动加以斟酌，如行为能力欠缺、形式欠缺等。此又可分为：第一，阻止权利发生之抗辩，如主张法律行为存在

---

① 有关知识产权请求权的论述，可参见吴汉东：《试论知识产权的"物上请求权"与侵权赔偿请求权——兼论〈知识产权协议〉第 45 条规定之实质精神》，载《法商研究》2001 年第 5 期。

② 此处有关抗辩权的分类以及德国法、我国台湾地区"民法"的相应规定，分别参考了〔德〕卡尔·拉伦茨：《德国民法通论》（上册），王晓晔等译，法律出版社 2013 年版，第 329—330 页；黄立：《民法总则》，中国政法大学出版社 2002 年版，第 67—68 页；林诚二：《民法总则》（上册），法律出版社 2008 年版，第 89—92 页。

③ 王泽鉴：《民法总则》，北京大学出版社 2009 年版，第 105 页。

④ 同上。

⑤ 林诚二：《民法总则》（上册），法律出版社 2008 年版，第 90—91 页。

无效瑕疵,具体情形有主张行为人无行为能力或限制行为能力(我国《民法典》第144条、第145条,我国台湾地区"民法"第75条、第78条、第79条并同第80条第2款)、法律行为欠缺形式要件(我国台湾地区"民法"第73条、第166条)或违反公序良俗(我国《民法典》第153条第2款、我国台湾地区"民法"第72条)等。

第二,消灭权利之抗辩,如解除条件已成就抗辩(我国《民法典》第158条、我国台湾地区"民法"第99条),债的本体已消灭、抵销、免除等(我国《民法典》第57条)。

5. 形成权的类型[①]。认定一项权利的性质不要仅看其名称,还要分析其实质性内容。以请求权为例,有的属于基础性权利,有的则属于辅助性权利。还有些所谓的请求权实质上乃形成权,如共有物分割请求权[②],我国台湾地区"民法"上规定的总会决议的撤销请求权(第56条)、买受人减少价金请求权(第365条第1款)、定作人之减少报酬请求权(第494条)、遗产分割请求权(第1164条)、离婚请求权(第1052条以下)、基于第405条所生交互计算请求权、非婚生子女基于第1067条请求生父认领之权利等。[③] 形成权依其法律效果可分为:(1)主体行使形成权,并不涉及其他人的利益。如抛弃(我国台湾地区"民法"第764条),原则上不需他人协力即可为之,他人也无从协力。抛弃因此不以对他人为意思表示为必要。(2)主体行使形成权,使其与他人的权利义务关系发生变动。包括三种情形:

第一,权利义务关系发生。如法定代理人对限制行为能力人订立契约的追认(我国《民法典》第19条、第22条、第145条),优先购买权的行使(我国台湾地区"土地法"第104条),对于无权代理的承认[④],德国的买回权(《德国民法典》第456条及以下条款)、先买权(《德国民法典》第463条及以下条款)等。

第二,权利义务关系变更。如选择之债的选择权(我国《民法典》第515条、我国台湾地区"民法"第208条以下),多种救济方法的选择(我国《民法典》第582条、我国台湾地区"民法"第359条),租金增减请求权(我国台湾地区"民法"第442条),特留份扣减权(我国台湾地区"民法"第1225条)等。

上述使法律关系得以发生的两种形成权,可称作积极形成权。

---

① 此处关于形成权的介绍,参阅了〔德〕迪特尔·梅迪库斯:《德国民法总论》,第十二章"形成权",邵建东译,法律出版社2013年版;王泽鉴:《民法总则》,北京大学出版社2009年版,第105—108页;黄立:《民法总则》,中国政法大学出版社2002年版,第69—71页。

② 关于共有物分割请求权(《日本民法典》第256条、我国台湾地区"民法"第823条)的形成权定性,可参见〔日〕近江幸治:《民法讲义Ⅱ:物权法》,王茵译,北京大学出版社2006年版,第180页;谢在全:《民法物权论》(上)(修订8版),新学林出版股份有限公司2023年版,第417页。

③ 参见施启扬:《民法总则》,中国法制出版社2010年版,第333页;黄立:《民法总则》,中国政法大学出版社2002年版,第499—500页。

④ 参见施启扬:《民法总则》,中国法制出版社2010年版,第298页。

第三，权利义务关系消灭。行使下列形成权，可使特定的权利义务关系消灭，如我国《民法典》第 147—151 条中的撤销权、第 563 条中的解除权、第 568 条中的抵销权；《德国民法典》中的通知终止权①；跟无权代理人为行为的相对人所享有的撤回权②。这些使相对人的法律地位在具体法律关系中消灭的形成权亦可称作消极形成权。

（三）救济性权利

1. 救济性权利概述

基础性权利借助辅助性权利的配合，一般情况下都能实现其内含的正当利益。但社会并不总是充满和谐与完美协作，当基础性权利依靠其自身效力或衍生的辅助功能不能实现自我保护而必须寻求外在强力予以救济时，救济性权利便不可或缺。依据法律的内在逻辑，救济性权利往往通过当事人行使诉权才能够产生。由于能够用强力救济私权利的只能是公立机关而非个体，任何个体都没有运用强力的权力，救济性权利只能通过司法等公权力机关来行使。在特殊情形下，法律也会有条件地赋予某主体在特定情形下有限度地动用强力保护自身利益或致他人受损而免责的权利，即自力救济权。严格说来，自力救济并不像诉讼救济方式一样符合法律制度的内在逻辑。但为了在整体上构建私权体系，此处也把自力救济权包含于救济性权利之中。救济性权利由此主要包括诉讼救济和自力救济方式。两者的共同点是与特定的强力紧密相连，只不过前者依靠的是直接或潜在的法律强力，后者依靠的是特定的私人强力。这一点与表征当事人之间常态权利义务关系的基础性权利、辅助性权利有根本不同，因为后两者都不能直接依靠强制力实现。

2. 诉讼救济方式——诉权

（1）诉权的产生

诉讼救济方式是权利人借助诉权进入诉讼程序以寻求公权力的保护。这是最经常、也是最符合法律内在逻辑的救济方式。诉权是私法领域内保护私权的最后一道防线，借由它才能开启借助公权力保护私权的序幕。在此意义上，诉权是私权通向公权力保护的桥梁。同所有私权一样，诉权的核心内容也是实现当事人的特定正当利益。如法国民法学者指出："当事人只有在其请求的成功能够带来某种利益时，才具有诉权；这种利益还必须是合法的。""利益在这里指因判

---

① 《德国民法典》规定通知终止权的条款有第 490 条、第 543 条、第 557a 条、第 561 条、第 605 条、第 626 条、第 649 条、第 1056 条、第 1202 条、第 1286 条等。具体条文可参见《德国民法典》（第 5 版），陈卫佐译注，法律出版社 2020 年版。

② 参见施启扬：《民法总则》，中国法制出版社 2010 年版，第 298 页。

决而得到的物质或精神上的好处,当然前提是诉讼请求成立。"①

诉讼救济方式通常情况下是基于特定的请求权基础,如侵权、违约等,并以诉权为手段而引起。通常的情形是,基础性权利中的绝对权受到侵害(侵权)、相对权受到违反(违约),当事人之间不能依靠自身协商得以解决而必须寻求外在的国家强力予以救济。此外,若相对人提起特定请求(如返还占有物),权利人亦可借助诉权请求确认自己的抗辩权所依据的基础性权利。还有,当权利人行使形成权而相对人不予认可或配合时,也可以通过诉讼的方式请求予以确认,从而也会需要救济性权利。可见正是辅助性权利连通了基础性权利与救济性权利(诉权)。

(2) 诉讼形式

基于诉权与辅助性权利的密切关系,可以概括出相关的诉讼形式②:

其一,当主体的财产或人身等利益受到损害需要请求赔偿、恢复原状时,此时的诉讼可表现为请求之诉。请求权(如排除妨害、损害赔偿等)不能通过当事人自身的协议实现时,即可进入诉讼程序而表现为请求之诉。其实质仍然是行使请求权,只不过是通过诉讼的方式向相对人主张权利,最终保护的仍然是基础性权利。

其二,当某主体否定相对人的请求,且通过诉讼确认其抗辩权所依据的基础性权利时,即可进入诉讼程序而表现为确认之诉以及诉讼程序中的抗辩权。如为了对抗相对人交付占有物的请求,而请求确认自己对该物的占有权或所有权。诉讼上的抗辩权与实体法上的抗辩权有所区别,前者以抗辩事实的存在且能够证明为前提,后者则以抗辩权有法律依据且请求权的存在为前提。法院对实体法上的抗辩权一般不依据职权主动加以调查,而对诉讼上的抗辩权则可依职权加以调查。③

其三,形成权的行使,会因形成权类型的不同而与确认之诉或形成之诉产生密切关联。在所谓的简单形成权中,原则上仅凭权利人单方意思表示便足以使法律关系发生改变,不需要通过诉讼来行使。若相对人对此亦无异议,则根本不会进入诉讼程序。但若相对人对于形成权的行使存在争议而诉至法院,并由法院作出判决,此时非属形成之诉,而仅为确认之诉。因为形成效果发生于权利人向相对人作出行使权利的意思表示之时,法院判决只是对该既已发生的法律关系变动予以确认。如解除权人向合同相对人表示解除合同,或者即便是通过诉

---

① 〔法〕雅克·盖斯旦等:《法国民法总论》,陈鹏等译,谢汉琪审校,法律出版社2004年版,第523—524页。
② 还可参见王涌:《私权的分析与建构——民法的分析法学基础》,北京大学出版社2020年版,第九章"私权的救济"。
③ 林诚二:《民法总则》(上册),法律出版社2008年版,第91—92页。

讼行使解除权,合同解除的效力亦非自判决作出之日发生,而是自意思表示或起诉状副本到达相对人之日发生。此时,法院判决的作用在于确定合同解除的具体时间,而非形成合同解除的效果。① 并且在绝大多数情况下,确认合同解除的目的,是服务于给付之诉,即解除后的财产返还与损害赔偿。

但在某些特殊情况下,特别是出于法律安定性考虑,当事人想要改变既定的法律关系必须通过诉讼(或仲裁)为之,此即形成之诉。支撑形成之诉的实体权利,通常被称作形成诉权。② 形成之诉的诉讼标的也仅限于形成诉权。③ 特定情形下形成诉权之所以须借助形成之诉来行使,是因为此时形成权的行使效果"影响相对人利益甚巨"④或具有涉他效力,而需要由法律认定形成权成立要件是否具备并在要件具备时由公力宣布形成效果。形成诉权与简单形成权的不同之处在于,若形成诉权的行使得到法院支持,则法律状况改变的时点为判决生效之日。⑤ 典型的形成诉权,如在公司决议程序违法或违反章程时,享有表决权的主体撤销决议的权利。此时之所以需要借助形成之诉的方式撤销决议,是由于其关涉主体众多,出于法律安定性的考虑,不宜仅由一方的意思表示就改变既定法律状况。再如,公司股东在特定情况下通过诉讼要求解散公司的权利,也属于形成诉权,相应的解散之诉,即为形成之诉。此外,离婚诉讼也属于形成之诉,即随着离婚判决的生效,会直接发生婚姻关系终了的效果。在满足《民法典》第1079条第3—5款的情况下,即可认为夫妻一方享有提起离婚之诉(形成之诉)的实体法权利——形成诉权。

3. 诉讼外救济方式——自力救济权

(1) 自力救济权的内涵

自力救济往往产生于法律秩序尚不发达的阶段,那时的人们经常通过拳头规则和族群械斗使自己的利益免受他人的侵害。该救济方式因此存在严重缺陷,"它缺乏一种程序,以将真正的有权利者与错误地认为自己有权利的人,以及纯粹以权利为借口对对方实施暴力行为的人区分开来。另外,真正的有权利者在更为强悍的违法者面前也无法实现自己的权利。最后,这种'自助权'无法保障和平"⑥。正是为了避免这种自助行为的任意性和内在缺陷,法律才发展出自

---

① 参见刘哲玮:《普通形成权诉讼类型考辨——以合同解除权为例》,载《中外法学》2014年第5期。
② Eberhard Schilken, Zivilprozessrecht, 7. Aufl., Vahlen 2014, S. 89. 需要注意的是,这里的"形成诉权"(Gestaltungsklagerecht)本质上是一种实体权,即支持提起形成之诉的私法属性的实体权利。
③ 参见刘哲玮:《普通形成权诉讼类型考辨——以合同解除权为例》,载《中外法学》2014年第5期。
④ 参见王泽鉴:《民法总则》,北京大学出版社2009年版,第107页。
⑤ 参见曹志勋:《论我国法上确认之诉的认定》,载《法学》2018年第11期。
⑥ 〔德〕莱因荷德·齐柏里乌斯:《法学导论》(原书第4版),金振豹译,中国政法大学出版社2007年版,第23页。

力救济权对该手段予以规制。

自力救济权是法律赋予权利主体行使特定强力（包括正当防卫、紧急避险等自卫行为以及自助行为等）维护其正当利益的权利。一般情况下法律不能赋予私人对他人的财产乃至人身予以限制的权利，这会诱发滥用权利或侵害他人权利的危险。但在特殊情况下，"公权力的救济可能缓不济急，法律乃在一定的要件之下例外地容许权利人的自力救济，而规定'自卫行为'及'自助行为'"①。自力救济权此时就是保护私人权利最及时有效的方式，法律因此有条件地予以承认，它属于典型的诉权外私人救济方式。自力救济权也是主体实现自身权利保护、培育主体权利意识的一项重要手段。

行使自力救济权毕竟有侵害他人权利的可能，因而应有一定的限制。尽管对如何确定限制条件在学说上尚无统一答案，但只有"在国家性法律保障措施无法及时有效到位的情况"②下方可行使自力救济权，应可作为一般性限制条件。《瑞士债法典》第52条第3款的规定可以看作该限制条件的具体化，即"根据具体情势，不可能及时获得公力救助，且不存在其他方式来阻止其权利之丧失的，或者将导致其权利行使陷于更加困难境地的，则利用实力保护其权利的人，不承担赔偿责任"③。

（2）自力救济权的基本形态

其一，正当防卫。它表现为对现时不法侵害，为防卫自己或他人权利所为的行为，不负损害赔偿的责任。但对逾越必要程度者，仍应负相当赔偿之责。④ 如某动产被非法掠夺时可立即追踪行为人，必要时可在合理范围内使用强力将该物夺回，该情形原则上必须是在要求对方返还不成的前提下方可使用强力⑤。判断正当防卫是否逾越必要程度并非易事，如"防卫人回家时撞见有人强暴其妹，情急之下取用斧头砍伤其右臂，以解除其施暴，为必要程度；反之，本人或第三人于奸夫奸妇行奸之际，杀死奸夫，不得认为正当防卫"⑥。

其二，紧急避险。通说认为，它是特定主体为避免自己或他人生命、身体、自由或财产上急迫之危险所为的行为，一般不负损害赔偿之责。但以避免危险所必要，并未逾越危险所能致之损害程度者为限。如果行为人对危险的发生有责

---

① 王泽鉴：《民法总则》，北京大学出版社2009年版，第536页。
② 〔德〕莱因荷德·齐柏里乌斯：《法学导论》（原书第4版），金振豹译，中国政法大学出版社2007年版，第26页。
③ 《瑞士债法典》，于海涌、〔瑞士〕唐伟玲译，赵希璇校，法律出版社2018年版，第21页。
④ 参见王泽鉴：《民法总则》，北京大学出版社2009年版，第536页。
⑤ 权利人应先要求占有者放弃对动产的占有，否则无权用强力取回物品，但下列情形除外：权利人正确或合理地相信，提出要求也会无济于事；提出要求对自己或第三人会有危险；或者提出要求可以挫败自由（privilege）的有效行使。See *Restatement*（*Second*），Torts §104.
⑥ 施启扬：《民法总则》，中国法制出版社2010年版，第382页。

任,则应负损害赔偿之责。① 但对引发危险有法律上因果关系的主体所造成的损害,紧急避险人不予赔偿,比如危险是由受害人饲养的动物所引起的。紧急避险不排除对第三人造成的损害承担赔偿责任。甚至是,紧急避险人不但要承担,而且没有超出必要限度也要承担。理由在于,紧急避险制度的主要目的是保障主体在特定情形下免遭人身或财产伤害。该目的之实现,便意味着紧急避险人已经得利,从而没有必要让第三人受损。第三人只是提供方便或者容忍某些侵害,对其人身或者财产如果造成一定的伤害,虽不构成非法,但不应无辜受损。齐柏里乌斯所说的"即使某人的行为是法律上所允许的,他也仍然应当对其行为所造成的损害予以补偿"正是这种情形。例如,"一个人在山上强行进入他人的木屋,以避免葬身于雪崩。这一行为是法律所允许的。但他仍然必须补偿自己的行为对木屋所造成的损害"②。《瑞士债法典》第 52 条第 2 款"为避免自己或者第三人遭受损害或者紧急避险,而对他人财产造成损害的,法官公正判定赔偿金额"③的规定,便是该观点在立法上的反映。

其三,自助行为。为保护自己权利,对于他人的自由或财产施以拘束、押收或毁损者,不负损害赔偿之责。④ 举例来说,权利人以和平手段恢复占有(如趁非法占有者不在场时取回自己之物)便不构成侵权。⑤ 对于以下情形,权利人在合理范围内以强力恢复占有,一般也不构成侵权行为:如无权占有人驱逐权利或财产原所有权人,或虽认为自己有占有权,但对权利人施以强力或胁迫、欺诈手段,或强行闯入土地建筑物;已知或应知第三人侵占权利人的物品,而仍从其处取得对该物的占有或保管;拿取为权利人保留的保管物等。⑥ 自助行为不当有时会构成非法拘禁,因此必须采用适当的方式。威廉·伯纳姆曾举例说:"商家因怀疑顾客偷窃而将顾客拘留,是最普遍的非法拘禁争议。然而,如果商家对于怀疑顾客能提出合理的理由,且以合理的方式拘留顾客,则州法规给予商家非法拘禁的豁免权,因此顾客控告商家非法拘禁的诉讼,通常不会成立。"⑦

紧急避险与自助行为有时会发生冲突,在紧急避险所举案例中,为避险把船驶入他人的船坞或停靠于他人海滩、为避险在邻人土地上通行等,如果船坞、海

---

① 参见王泽鉴:《民法总则》,北京大学出版社 2009 年版,第 540 页。
② 〔德〕莱因荷德·齐柏里乌斯:《法学导论》(原书第 4 版),金振豹译,中国政法大学出版社 2007 年版,第 102—103 页。
③ 参见《瑞士债法典》,于海涌、〔瑞士〕唐伟玲译,赵希璇校,法律出版社 2018 年版,第 21 页;还可参见《德国民法典》第 228 条以及《日本民法典》第 720 条。
④ 参见王泽鉴:《民法总则》,北京大学出版社 2009 年版,第 541 页。
⑤ 普罗瑟在 On Torts(p. 126, n. 69, 3rd ed. 1964)中列举的承认侵害的三个判决均属于存在行使某种实力情形的场合。参见〔日〕田中英夫、竹内昭夫:《私人在法实现中的作用》,李薇译,法律出版社 2006 年版,第 121 页。
⑥ See Restatement (Second), Torts §89.
⑦ 〔美〕威廉·伯纳姆:《英美法导论》,林利芝译,中国政法大学出版社 2003 年版,第 229 页。

滩的所有人或者土地所有人采取自助行为予以自行驱逐的话,那么紧急避险便不可能实现。自助行为在此情形下便不应获得支持,因为紧急避险一般是为保护人的生命或特定财产而采取的手段,这些利益一般情况下比财产不受侵犯的状态可能更为重要。即便在道德上,土地所有人在此情况下拒绝他人进入亦非适当。但是,紧急避险人若为保护自己的财产而使他人的财产受到伤害,尽管构成紧急避险,但亦应给予补偿。

第四节 民事义务与民事责任[①]

一、民事义务的内涵及其本质

(一)民事义务的内涵

权利在法律上的基本对应范畴是义务,义务是对权利的承诺。

(1)在抽象意义上,权利和义务总是相伴而生、相对应而存在。自由参与正当性评价的法律主体把某项利益上升为权利予以肯定的同时,也就明确了自己的义务——对权利予以尊重。权利作为主体借助契约设定的结果,其产生过程自然包含对其予以尊重的相应义务。义务因此成为判断权利存在与否的一个基本标准:若权利找不到具体的义务承担者,那它就不会存在;或者说即便存在,该权利也没有实际的法律意义。由此决定了,抽象意义上的权利与义务总是相对应的范畴。

(2)在具体意义上,并非所有的具体权利或义务都有相应的具体义务或权利。权利与义务的关系,既可能是一个具体权利以多个具体义务为存在基础,也可能存在一个具体义务以多种权利为基础的情形。

对于前者,可以特定主体的人格权为例。该权利便找不到一个相应的具体义务以及该义务的承担者,它往往跟抽象义务相对应,即权利主体之外的所有人都负有尊重其人格权利并不为侵害的义务。拉兹曾以人身安全的权利为例予以论证,"一项人身安全的权利不是要求其他人保护一个人免于意外事故或伤害。然而,该权利是几个义务的基础,比如不得侵害、强奸或监禁权利持有人的义务"[②]。

对于后者,可以公法领域中的义务为例予以说明,如政府的消防义务、维护社会治安的义务以及其他的一些特别服务等。有学者曾指出这一点:"在公法领

[①] 参见彭诚信:《权利的法律本质与人的内在价值》,法律出版社2022年版,第10章、第12章。
[②] Joseph Raz, *The Morality of Freedom*, Clarendon Press, 1986, p.171.

域并非所有的义务（duty）都有一个相关的权利（right）存在。"①但在抽象意义上，我们依然能够找到与这些具体义务相对应的权利，即人人都有生命、财产安全的权利，而政府则负有保护这些权利的义务。

可见，抽象意义上的权利和义务总是相对应而生。保障与实现主体的正当利益追求是创设一切制度的核心思想与基点，在此意义上，权利应是符合该常态思维的主线，义务则是实现权利的对应物、从生物。

（二）民事义务的本质——自愿性

义务的自愿性早就有学者论及，主要表现在自愿性义务（voluntary obligation）概念的提出。只不过早期学者，甚至现代学者多是从契约与侵权两分的视角来看待义务的自愿性的。一般认为，契约中的义务多为自愿性，而侵权中的义务多为强制性。② 其实，义务自愿性应存在于跟抽象权利相对应的普遍意义之上，而非仅局限于私法领域。当然在私法领域，义务的自愿性体现得更为明显。

义务的本质可以从其产生根源来找寻。无论是就对世效力的人身、财产权利还是就对人效力的合同债权的产生看，所有义务都是主体共同参与、自由设定的结果，自愿尊重他人权利、自觉履行自己义务是法律主体的自由选择。如萨格登（Sugden）所说，"法律反映了大多数个体自愿施加的行为准则"③。如果说权利是人们的主观能动选择，那么义务便是其自由意志的结果，即主体自由、自觉、自愿地尊重他人权利、履行自己义务。简单来说，义务的本质特点与外在表现就是主观自愿。

该理解与把义务定性为依靠制裁手段强制履行的通说截然不同。此处可借拉伦茨之口对通说予以批评："如果认为法律义务的本质，仅仅在于可以对不履行义务的行为进行制裁，因而可以通过制裁手段强制其履行，那么这种看法是错误的。有些法律义务是不能强制人们履行的，如在宪法和国际法中就存在这种法律义务。法律制度的出发点是：公民之所以能够履行日常生活中的大部分法律义务，是出于他们的法律意识，而并不仅仅是因为他们害怕会承担不利的后果。要只是这样的话，那么所有的法院和执行机关加起来也是难以维护法律制度的正常运行的。这一点，我们在法律意识沦丧的时代，如战争时期以及经济和社会发生重大动荡的年代，就可以明显地感受到。"④

尽管义务有时来自法律的直接规定而非当事人的约定，如不当得利制度与

---

① 王涌：《寻找法律概念的"最小公分母"——霍菲尔德法律概念分析思想研究》，载《比较法研究》1998年第2期。

② See Neil MacCormick, "Voluntary Obligations", in his *Legal Right and Social Democracy: Essays in Legal and Political Philosophy*, Clarendon Press, 1982, especially at p. 190.

③ R. Sugden, *The Economics of Rights, Cooperation and Welfare*, Palgrave Macmillan, 2005, p. 6.

④ 〔德〕卡尔·拉伦茨：《德国民法通论》（上册），王晓晔等译，法律出版社2013年版，第49—50页。

无因管理制度，但仍不能排除其自愿本性。从义务的最终来源说，当投票人认为这些制度公正合理而由法律予以肯定时，其中必然包含了这些义务的正当性与履行的自愿性。而就该制度产生的义务效力说，履行与否也是债务人的自由。若债务人不履行义务，债权人除了求助责任制度予以补救外亦别无选择。

二、民事责任的内涵及其类型

（一）民事责任的内涵

民法本身就是日常生活经验的总结，由人们把日常生活中发现、创造的具有普适性的规则以法律权利义务的形式固定下来，给人以指导。在此意义上，私法规范不具有强制性，它不过是鼓励人们应依法行为的建议而已，以避免产生不必要的纠纷或麻烦。如果当事人不这么做，而完全按照自己的意愿行为，法律也不必然否定其行为效力。在消极意义上，私法更多地是一种纠错参考规范。它为因自然风险、人类自身认识和理解上的偏差、一般过失或过错等原因造成的利益损失，提供一种分担参考并鼓励人们通过自己的行为予以解决。因此，一个常态意义上的私法行为（法律行为）是从当事人自己设定权利义务到自愿履行义务来实现权利内容的过程。即便有了分歧和争议，当事人也可根据实际情况变更权利义务，不能通过变更补救的还可以通过分清各自责任而自觉承担，至此仍可视作常态意义上的私法行为。私法的目的就是使主体的私权得到保障和实现；从另一个角度看，私法活动也是当事人自愿自觉地尊重他人权利和履行义务的过程。这是对私法本来含义的理解。

主体若能遵照这一逻辑进行私法活动，必然是实现私法价值的最佳方式，其他一切保护私权的外在制度将成为多余。但事实上，并非所有的主体都能自觉配合义务的履行，尤其是因一方当事人故意侵权或违约等恶意行为造成他人人身受侵害或利益受损，受害人通过自身私权无法得到有效保护而需要借助国家强制力予以救济时，法律必须有否定此类行为并对其所生损害予以补救的制度。这种对违反私法义务侵犯他人私法权益或违反约定义务的当事人运用直接或潜在的国家强制力予以非难的制度便是民事责任。它至少使法律在社会运行的意义上得以完整。

（二）民事责任与民事义务的区别

（1）在效力表现上，义务的本质特点是自愿，责任的本质特点是其表现出的直接强制力或内含的潜在强制力。义务是法律基于一种正当性判断而课以主体当为的行为约束，或者是主体基于自己的理性选择而作出的自我行为约束。就义务而言，不管是法定义务还是当事人之间的约定义务，其实质都是当事人的一种行为自由。王利明教授分析作为义务之一的债务时就指出了义务的本质即自愿性,债务"丝毫不受到他人的强制,而出于债务人的自愿"①。私法只是鼓励当事人依其约定或法律规定履行义务,对私人之间的权利义务关系并不能规定义务人必须作为或不作为,否则便是干涉当事人的行为自由。如果私法基于权利主体的请求或者基于法自身的价值判断需要义务主体必须履行而毫无选择,那就应在义务制度之外另行设立,这便是责任制度。如果一定要说责任也是义务的话,只能称它为第二性义务②,因为义务的履行是出于当事人的内在自愿,而责任的实现是基于法律的外在强制。应该说,"把债务和责任明确区分是日耳曼人的功劳。在日耳曼法上,债务的本质乃法的当为,并不含有法的强制"。③

（2）在时间点上,义务发生于责任之前。义务是当事人自身设定的或是由法律规定的,只有当义务主体违反该约定或法定义务之后才产生责任问题。此点已早被提出并在司法实践中运用,如哈里森法官说:"'责任'（liability）是指一个人违反其合同或违反施加其身上的其他任何义务之后被置放的位置。它由布维尔界定为责任（responsibility）。"④

（3）在内涵构成上,义务是由当事人自己设定,或者由法律明确规定的特定当为;而责任首先要以特定的归责原则为前提,其后还要有一个具体的构成要件问题。

（4）在权利人的主观欲求上,义务的履行是权利人主观所欲求的,责任的救济并非权利人的主观欲求,它往往是权利主体因义务主体不自愿合作而无法实现其利益时,不得不退而求其次的选择。如埃利希指出:"债务是债务人的当为（das Sollen）,即依照生活规则被视为某种义务内容的东西;责任是债权人的支配权,对他而言,这是一种甚至违背债务人的意志也应得到满足的权利。"⑤在此意义上,义务是实现正当利益的常态手段,责任是在正当利益受损后的补救手段。

（5）责任是义务在实体法上的自然延伸,是实体法的终点。它与义务的逻辑关系是,责任是对违反法定义务或约定义务的私法主体作出的否定性评价,体现了有责主体补救他人损害的必为性。称责任是实体法的终点,是指正常的权利实现须依靠义务主体自愿自觉地履行义务,义务的自觉履行应是私法的常态终点。但有时义务履行未必能实现权利人的利益,何况有时还存在违反法定义务或约定义务的异态情形。对于异态情形,法律必须作出否定性评价,并以国家

---

① 王利明:《违约责任论》(修订版),中国政法大学出版社 2000 年版,第 14 页。
② 关于第二性义务的理解,参见张文显:《法哲学范畴研究》,中国政法大学出版社 2001 年版,第 121—124 页。
③ 参见崔建远主编:《合同法》(第 5 版),法律出版社 2010 年版,第 292 页。
④ See Wesley Newcomb Hohfeld, *Some Fundamental Legal Conceptions as Applied in Judicial Reasoning*, Yale Law Journal, Vol. 23, No.1, 1913, p. 54.
⑤ 〔奥〕欧根·埃利希:《法社会学原理》,舒国滢译,中国大百科全书出版社 2009 年版,第 108 页。

强制力为后盾来制止该行为或补救该行为造成的损害。责任由此成为实体法的逻辑终点。

6. 责任(而非义务)还是程序法在实体法上的逻辑起点。私法上的义务履行与否是义务主体的自由,权利主体并不能实施必要的手段强制其履行。私法责任则可依直接或潜在的国家强制力迫使加害人为相应的行为。私法责任不同于公法责任(如刑事责任)的特殊之处在于:公法责任的国家直接强制力不以加害人和受害人的意志为转移;而私法责任体现的是国家潜在的强制力,其运用与否基于权利人的主观选择,也允许并鼓励加害人与受害人之间通过协议解决责任承担问题。私法责任的归责并不以特定国家机关如司法机关的认定和归结为必要,权利主体可以直接向义务主体提起责任承担问题(如果他愿意这样做的话),亦可直接向司法机关提起诉讼。当事人通过协议不能解决争议的,仍可提起诉讼,诉讼是解决责任的最终途径。

可见,责任是权利主体提起诉讼的实体法依据,诉讼程序因此而展开,它是程序法存在的前提。责任是违反义务的法律后果,是义务在实体法上的自然延伸,是实体法的终点;它又是程序法在实体法上的逻辑起点,是权利主体行使诉权的实体法上的依据和前提。借用先前学者"责任乃债权与诉权之中间桥梁"的精妙概述[①],可以把它扩展为"责任乃实体权利与诉权之中间桥梁",以此概括实体权利、责任、诉权三者的关系。

(三) 民事责任的类型

民事责任主要包括侵权责任和合同责任两种形态。

1. 侵权责任

依照侵权责任的归责原则,可以把它分为以下几种责任形态:

(1) 过错责任,即以过错为归责依据的责任形态。该责任形态的法律依据为《民法典》第1165条第1款,即:"行为人因过错侵害他人民事权益造成损害的,应当承担侵权责任。"过错责任是侵权责任的一般责任形态。《民法典》第1193条规定的"承揽关系中定作人的侵权责任"、第1218条规定的"医疗损害责任"等均属于过错责任。

(2) 过错推定责任,一般被认为是过错责任的一种特殊形态,只不过由加害人对其不存在过错承担举证责任。该责任形态的法律依据为《民法典》第1165条第2款,即:"依照法律规定推定行为人有过错,其不能证明自己没有过错的,应当承担侵权责任。"过错推定责任的适用需要法律明确规定。《民法典》第1248条规定的"动物园的动物致害责任"、第1255条规定的"堆放物致害责任"

[①] Vgl. Binder, Zur Lehre von Schuld und Haftung, Jherings J. Bd. 77, S. 120 ff. 转引自林诚二:《民法理论与问题研究》,中国政法大学出版社2000年版,第226页。

等属于过错推定责任。

(3) 无过错责任,即不以加害人的主观过错为归责依据,而是以加害人产生的风险和危险等为归责依据的责任形态。该责任形态的规则依据为《民法典》第1166条,即:"行为人造成他人民事权益损害,不论行为人有无过错,法律规定应当承担侵权责任的,依照其规定。"《民法典》第1229条规定的"环境污染和生态破坏侵权责任"、第1236条规定的"高度危险责任"等属于无过错责任。

(4) 严格责任,亦不以加害人的主观过错为归责依据,主要以加害人造成的损害以及该损害与加害人行为之间的因果关系为考量依据,但该责任形态把不可抗力、意外事故以及受害人的特定行为等作为免责事由。《民法典》第1202条规定的"产品责任中产品生产者的侵权责任"、第1238条规定的"民用航空器致害责任"等属于严格责任。

2. 合同责任

合同责任主要包括违约责任和缔约过失责任。

(1) 违约责任。依照违约责任的归责原则,可以把它划分为以下两种责任形态:

其一,严格责任。这是违约责任的一般责任形态,其规则依据为《民法典》第577条,即:"当事人一方不履行合同义务或者履行合同义务不符合约定的,应当承担继续履行、采取补救措施或者赔偿损失等违约责任。"按照该条款的规定,违约责任的构成一般不要求违约方具有主观过错。

其二,过错责任。这是违约责任的例外或特殊责任形态。《民法典》合同编也规定了若干过错责任,如《民法典》第660条规定的"赠与人赔偿责任"、第824条第1款规定的"承运人对旅客随身携带物品毁损、灭失的赔偿责任"等。

(2) 缔约过失责任。缔约过失(culpa in contrahendo)是指"在缔约过程中当事人未尽告知、公开、说明、守密等所谓先缔约义务,致他方受有损害"[①]。《民法典》第500条明确规定了缔约过失责任,即当事人在订立合同过程中违背诚信原则,造成对方损失的,应当承担赔偿责任。亦有学者认为,缔约过失责任在本质上属于过错侵权责任的一个具体类型。[②]

[①] 王泽鉴:《民法概要》,北京大学出版社2011年版,第141页。
[②] 参见董安生:《民事法律行为》,中国人民大学出版社2002年版,第116—117页;李中原:《缔约过失责任之独立性质疑》,载《法学》2008年第7期。

第二分编 民事法律关系主体

第四章 自 然 人

第一节 自然人的民事权利能力

一、自然人的概念

自然人是基于自然规律出生而享有法律人格的人。在学理上,据称自然人这一概念的采用,起源于自然法学派学者的著作。英国自然法学派学者托马斯·霍布斯(Thomas Hobbes,1588—1679)在其所著《利维坦》第十六章"论人、授权人和由人代表的实物"中,将自然人表述为"言语和行为被认为发自其本身的个人"。霍布斯使用自然人这一概念将其与拟人或者虚拟人相区别。组织体被认为是虚拟人的一种。[①] 后世的法学家在制定民法典时,为了区别这两种不同的"人",分别采用了自然人和法人的概念。1804年《法国民法典》采用的是"人"的概念,而未直接采用"自然人"的概念,虽然其"人"主要是指"自然人"。1900年《德国民法典》第一章第一节直接采用"自然人"的概念。我国民事立法在自然人概念的采用上经历了从公民(自然人)到自然人的过程,1986年的《民法通则》采用的是公民(自然人)的概念,1999年《合同法》首次采用"自然人"的概念,2017年通过的《民法总则》和2020年通过的《民法典》采用"自然人"概念。

二、自然人民事权利能力的概念

自然人的民事权利能力,是指自然人依法享有民事权利和承担民事义务的资格。在民法上,"权利能力"一词源于《德国民法典》第1条的规定,即:"人之权利能力,始于出生。""民事权利能力"一词来源于苏联民事立法的规定,1961年公布的《苏联和各加盟共和国民事立法纲要》第8条第1款前段规定:"凡是苏联公民,都平等地具有享受民事权利和承担民事义务的能力(民事权利能力)。"

《德国民法典》没有对权利能力作定义式规定,对权利能力的概念学者有不

---

① 〔英〕霍布斯:《利维坦》,黎思复、黎廷弼译,商务印书馆1985年版,第122页。

同的表述。拉伦茨认为:"在法律上,权利能力是指一个人作为法律关系主体的能力,也即作为权利享有者和法律义务的承担者的能力。"①梅迪库斯说:"一般说来,权利能力是指'成为权利和义务载体的能力'。"②

我国民国时期和现在台湾地区的学者给权利能力下的定义也有不同。有学者说:"在法律上能够享受权利并负担义务的能力,称为权利能力",并解释说"权利主体、权利能力或人格三者的含义相同"③。有学者说:"堪为权利主体之地位或资格,谓之'权利能力',亦曰'人格'。"并进一步解释说:"依现代法律,凡得享受权利者同时亦得负担义务,故权利能力,实应与义务能力合并而称为权义能力。只以现行民法仍基于权利本位而制定,故仅称为权利能力。"④有学者在解释权利能力的概念时指出:"权利能力不能与公民享有的具体权利混同起来。权利能力是享受权利的基础。"⑤

综上所述,较多的学者认为权利能力是指享有权利和承担义务的能力或资格,但具体表述有所不同。有的强调人格、资格或地位,有的强调权利能力不同于具体权利。以上不同的表述是观察问题的角度不同,强调的重点不同,没有实质性差别。

《民法典》沿用《苏俄民法典》采用的"民事权利能力"概念,而不用"权利能力"概念,以区别于法理学上所称一般的权利能力。学者的通说认为,民事权利能力,是指民事主体依法享有民事权利和承担民事义务的资格;自然人的民事权利能力,是指自然人依法享有民事权利和承担民事义务的资格。民事权利能力是民事主体当然享有的,民事权利是依法取得的。

权利能力是对罗马法的"人格"制度的继承,在当今社会,一国范围内的自然人权利能力平等是不争的事实,外国人和无国籍人在一国范围内根据国民待遇原则也平等地享有民事权利能力,似乎权利能力制度已无意义。但仔细分析国民待遇原则,外国人和无国籍人并非与本国自然人享有完全相同的权利能力。例如:根据泰国相关法律规定,外国人在泰国不享有购买有地权的房屋的权利能力;根据捷克的相关法律规定,非欧盟国家的自然人在捷克不具有购置房产的权利能力,但有永久居住权或者捷克配偶的除外,当然外国公司在捷克购买房产不受限制。⑥

---

① 〔德〕卡尔·拉伦茨:《德国民法通论》(上册),王晓华、邵建东、徐国建、谢怀栻译,法律出版社2003年版,第119—120页。
② 〔德〕迪特尔·梅迪库斯:《德国民法总论》,邵建东译,法律出版社2000年版,第781页。
③ 施启扬:《民法总则》(增订第五版),台湾大地印刷厂1993年版,第65页。
④ 郑玉波:《民法总则》,台湾三民书局1995年版,第70页。
⑤ 〔苏〕B.N.格里巴诺夫、C.M.科尔涅耶夫主编:《苏联民法》(上册),中国社会科学院法学研究所民法经济法研究室译,法律出版社1984年版,第97—98页。
⑥ 219/1995 COLL. Exchange Act.

三、自然人民事权利能力的开始

《民法典》第13条中规定,"自然人从出生时起到死亡时止,具有民事权利能力"。据此规定,自然人的民事权利能力始于出生。因出生这一自然事实的完成,自然人当然取得民事权利能力,而无须履行任何法定手续。

关于自然人出生时间的认定,曾有阵痛说、一部产出说、全部产出说、断带说、泣声说、独立呼吸说等多种学说。通说认为,胎儿脱离母体并开始独立生存的时间为出生的时间。以往"在医学上以呼吸行为的开始,作为生存的证明(以肺脏检验 Lungenprobe 为准),是否继续生存(生存能力),与权利能力之开始无关"[①]。现代医学不以呼吸行为的开始而以生命特征的存在作为生存的证明。

依据《民法典》第15条的规定,自然人的出生时间以出生证明为准,没有出生证明的,以户籍登记或者其他有效身份登记记载的时间为准。有其他证据足以推翻以上记载时间的,以该证据证明的时间为准。

四、胎儿视为具有民事权利能力

《民法典》第16条规定:"涉及遗产继承、接受赠与等胎儿利益保护的,胎儿视为具有民事权利能力。但是,胎儿娩出时为死体的,其民事权利能力自始不存在。"涉及胎儿利益保护的,胎儿视为具有民事权利能力的意义在于,胎儿视为民法上的自然人,即民事主体。具体而言:(1)保护胎儿的遗产继承利益,胎儿享有继承权。《民法典》第1155条规定:"遗产分割时,应当保留胎儿的继承份额。胎儿娩出时是死体的,保留的份额按照法定继承办理。"(2)保护胎儿的赠与利益。如胎儿出生前祖父赠与胎儿100万元,由该胎儿的父母代为接受,该胎儿对该100万元享有权利。(3)至于胎儿健康利益的保护问题,学理上存有争议,但实务中一般予以支持。如甲怀孕七月,到医院治疗,医院因医疗事故导致胎儿受害,在胎儿出生前其父母可向医院主张胎儿受害的人身伤害赔偿请求权;在胎儿出生前无法查明是否受害,在胎儿出生后,能证明胎儿受害与医疗事故存在因果关系的,胎儿出生后可作为独立的民事主体向医院主张人身伤害赔偿请求权,该权利由其父母代为行使。(4)胎儿身份利益的保护问题,该问题在学理上也存有争议。如胎儿出生前,胎儿的生父甲因乙交通肇事死亡,胎儿可向乙主张抚养费请求权和抚慰金请求权,该权利由其母代为行使。[②](5)胎儿的生存利益和人格利益问题。关于胎儿的生存利益是否受保护,涉及流产的合法性及导致孕妇死亡是否赔偿胎儿的死亡赔偿金,对此问题争议颇多,实务中多持否定观点。关

[①] 黄立:《民法总则》,中国人民大学出版社2002年版,第74—75页。
[②] 王泽鉴:《民法总则》,中国政法大学出版社2001年版,第107页。

于胎儿的人格利益是否受保护,如有人污蔑胎儿为"私生子",是否侵害胎儿的名誉权,学理上多持否定观点,此种情况下认定为侵害母亲的名誉权为宜。

"胎儿娩出时为死体的,其民事权利能力自始不存在。"其法律意义在于:(1)保留的遗产份额,由被继承人的法定继承人继承。其他法定继承人可要求胎儿的生母返还胎儿的应继份。(2)接受赠与的财产,如已经由死产胎儿的父母占有或控制的,其父母应予返还,赠与人也可依不当得利主张返还;如赠与财产未转移给死产胎儿父母的,死产胎儿的父母不享有赠与财产的请求权。(3)胎儿人身受害所获人身伤害赔偿金及抚慰金,如胎儿的死亡与加害行为有因果关系,则已经支付的人身伤害赔偿金及抚慰金应否返还,存有争议;如胎儿的死亡与加害行为没有因果关系,已经支付的人身伤害赔偿金及抚慰金是否返还也存在探讨的空间。至于胎儿是否受害无法查明,胎儿出生时是死体的,应不享有损害赔偿请求权。(4)胎儿因父亲受害死亡所获抚养费和抚慰金,支付人可依不当得利主张返还。

此外,《总则编解释》第4条规定:"涉及遗产继承、接受赠与等胎儿利益保护,父母在胎儿娩出前作为法定代理人主张相应权利的,人民法院依法予以支持。"

要保护胎儿的利益,就需要确定受胎期间。我国台湾地区"民法"第1062条规定:"从子女出生日回溯第181日起至302日止为受胎期间。能证明受胎回溯在前项302日以前者,以其期间为受胎期间。"此规定可供参考。

五、自然人民事权利能力的终止

按照《民法典》第13条的规定,自然人的民事权利能力终于死亡。自然人的死亡关系到婚姻关系终止、继承开始、遗嘱或者遗赠发生效力、抚恤金及人身保险的保险金的领取等法律问题。死亡时间的认定比出生时间的认定涉及的法律问题更为复杂,因此正确认定自然人的死亡时间具有重要意义。

(一)生理死亡

生理死亡又称自然死亡、真实死亡或者绝对死亡,是指自然人生命的终结。自然人生理死亡为正常死亡还是非正常死亡,在民事权利能力的消灭上不具有意义。对于生理死亡时间的确定,有不同的学说。我国通常的经验是以心跳停止、呼吸停止及瞳孔放大为标准。我国以往临床经验判断死亡的标准是心脏停止跳动,自主呼吸消失,血压为零。随着医学的发展,已有较多的国家承认以脑活动停止(脑死亡)为标准。脑活动停止后,有时候通过人工方法还可以维持较长时间的心跳、呼吸和血液循环,这对于器官移植有重要意义。我国法律上认定死亡是否应当以脑死亡为标准,学者有不同观点。德国有学者认为,为了器官移植可以选择脑死亡说,从权利能力以及继承发生的角度来看,对于死亡时间的认定,应当在几种可能考虑的时间中选择最后那个时间。① 本书作者认为此说值得参考。

依据《民法典》第15条的规定,自然人的死亡时间以死亡证明记载的时间为准,没有死亡证明的,以户籍登记或者其他有效身份登记记载的时间为准。有其他证据足以推翻以上记载时间的,以该证据证明的时间为准。

(二) 宣告死亡

宣告死亡是指通过法定程序确定失踪人死亡。《民法典》第48条规定:"被宣告死亡的人,人民法院宣告死亡的判决作出之日视为其死亡的日期;因意外事件下落不明宣告死亡的,意外事件发生之日视为其死亡的日期。"宣告死亡是否引起自然人民事权利能力的终止呢?一般认为被宣告死亡人的民事主体资格消灭。《民法典》第49条规定:"自然人被宣告死亡但是并未死亡的,不影响该自然人在被宣告死亡期间实施的民事法律行为的效力。"因此,如果被宣告死亡人实际上还活着,则其民事权利能力仍然存在(关于宣告死亡制度详见本章第五节)。

(三) 自然人死亡后的利益保护

自然人死亡,其是否还存在一定的权利能力?在学理上有肯定说与否定说两种观点。肯定说认为自然人的民事权利能力终于死亡,这只是一般性规定,对此存在例外情况。如已故自然人的人格权、著作人格权的权利能力是存在的,但这种例外的存在以法律规定为限。这一观点与《民法典》的规定不一致,也容易导致民法理论的自相矛盾,故我国多数学者不同意此种主张。否定说认为自然人死亡则其民事权利能力终止。对死者某些权利的维护,在理论上又有某些权利仍然存续说、遗族利益维护说、社会利益维护说、遗族利益与社会利益共同维护说、遗族利益与有关人员利益维护说、死者人格利益延伸说等。否定说符合《民法典》的规定,使民事权利能力理论具有逻辑上的统一性。

本书作者认为,自然人死亡后,其民事权利能力终止,死者既不是民事主体,也不享有民事权利。我国司法实践中,对死者姓名、肖像、名誉、荣誉、隐私等利益的保护,是对死者近亲属利益的保护。依最高人民法院《精神损害赔偿解释》第3条的规定,死者的姓名、肖像、名誉、荣誉、隐私等受到侵害,其近亲属向人民法院提起诉讼请求精神损害赔偿的,人民法院应当依法予以支持。依照《民法典》第185条的规定,"侵害英雄烈士等的姓名、肖像、名誉、荣誉,损害社会公共利益的,应当承担民事责任"。

---

① 〔德〕迪特尔·梅迪库斯:《德国民法总论》,邵建东译,法律出版社2000年版,第788—789页。

第二节 自然人的民事行为能力

一、自然人民事行为能力的概念

自然人的民事行为能力是指自然人能以自己的行为享有民事权利、承担民事义务的资格。

对于民事行为能力内涵的理解,需要把握以下两个方面的问题:

(一) 行为能力与意思能力

民事行为能力以意思能力为基础。所谓意思能力是指自然人可以判断自己的行为的法律后果的能力。《瑞士民法典》第 16 条规定的"判断能力",与我国民国时期的《民法典》第 187 条规定的"识别能力"与"意思能力",指的是同一能力。① 自然人具有民事行为能力的关键是需要具备意思能力,有的德国学者说:"理智地形成意思的能力,在民法典中称为行为能力。"②本书所讲自然人的民事行为能力是指自然人能通过意思表示享有民事权利、承担民事义务的能力(资格),包括设定、变更或者消灭民事权利或者民事义务的能力。至于具体行为,可以是为自己进行,也可以是为代理他人进行。有的德国学者说:"行为能力是指法律所认可的一个人可进行法律行为的能力,即为本人或被代理人所为的能产生法律后果的能力。"③

(二) 行为能力与责任能力

民事责任能力,又称不法行为能力,是指行为人对民事违法行为承担民事责任的能力。民事责任能力包括侵权责任能力和债务不履行责任能力。④ 关于行为能力与责任能力的关系,有三种说法。一是认为民事行为能力有广义和狭义之分,广义的民事行为能力包括合法行为能力和违法行为能力;狭义的民事行为能力是指合法行为能力。二是认为民事行为能力包括违法行为能力。三是认为违法行为能力是责任能力,不属于行为能力范畴。本书作者采第三种说法。采第三种说法的意义在于更有利于保护未成年人的利益和第三人的利益。如,未成年人甲购买部分学习用品的行为,是与他的年龄、智力相适应的民事活动,可认定该行为有效,这有利于保护未成年人的利益。再如,未成年人甲致他人损害,因其不具有责任能力,故应由其监护人承担民事责任,这有利于保护第三人

---

① 施启扬:《民法总则》(增订第五版),台湾大地印刷厂 1993 年版,第 84 页。
② 〔德〕迪特尔·梅迪库斯:《德国民法总论》,邵建东译,法律出版社 2000 年版,第 409 页。
③ 〔德〕卡尔·拉伦茨:《德国民法通论》(上册),王晓晔、邵建东、程建英、徐国建、谢怀栻译,法律出版社 2003 年版,第 133 页。
④ 同上书;王泽鉴:《民法总论》,中国政法大学出版社 2001 年版,第 121—122 页。

的利益。

《民法典》没有明文规定责任能力,通常讲的民事责任能力一般是指侵权责任能力。责任能力主要是指承担财产责任的资格。《民法典》第1188条规定:"无民事行为能力人、限制民事行为能力人造成他人损害的,由监护人承担侵权责任。监护人尽到监护职责的,可以减轻其侵权责任。有财产的无民事行为能力人、限制民事行为能力人造成他人损害的,从本人财产中支付赔偿费用;不足部分,由监护人赔偿。"根据这一规定,完全民事行为能力人有责任能力,无民事行为能力人和限制民事行为能力人则不一定没有责任能力。

关于责任能力的判断标准,各国法律规定不同,学者多有争议。[①] 本书作者认为,我国法律上需要研究的主要问题是,对限制民事行为能力人的责任能力如何规定为好。《德国民法典》第828条对限制民事行为能力人(满7岁未满18岁)的责任能力,根据不同情况作了不同规定,主要是将年龄和有无判断能力结合起来,作为责任能力的判断标准,值得我们参考。

二、自然人民事行为能力的种类

依《民法典》规定,自然人的民事行为能力分为三类:完全民事行为能力、限制民事行为能力和无民事行为能力。这样划分的基础是智力状态,即意思能力,划分的基本标准是年龄。这样划分的意义在于保护无民事行为能力和限制民事行为能力人的利益,维护交易安全。

(一)完全民事行为能力

完全民事行为能力,又称有行为能力。《民法典》第18条第1款规定:"成年人为完全民事行为能力人,可以独立实施民事法律行为。"自然人成年,一般来说身体和智力发育已经成熟,完全具有认识能力,所以为完全民事行为能力人。世界各国民事立法多以年满18周岁为成年人,《民法典》第17条也规定:"十八周岁以上的自然人为成年人。不满十八周岁的自然人为未成年人。"我国确定自然人年满18周岁为完全民事行为能力人主要考虑的是自然人的智力状态,而不是经济状况。年满18周岁的自然人没有经济收入的,例如在校学习的大学生,仍为完全民事行为能力人。民事行为能力既包含自然人进行民事活动实施民事法律行为的能力,也包含自然人进行民事活动承担民事责任的能力。但实务中年满18周岁没有经济收入的学生等因侵权行为造成他人损害的,其抚养人负有先行垫付的义务。这一做法的实质意义在于,一方面要求完全民事行为能力人独立承担民事责任,另一方面使受害人或者相对人的损失能够及时得到弥补。由

---

① 马俊驹、余延满:《民法原论》(第二版),法律出版社2005年版,第94—98页;王利明:《民法总则研究》(第二版),中国人民大学出版社2012年版,第230—232页;黄立:《民法总则》,中国政法大学出版社2002年版,第89—90页。

抚养人垫付的条件是:(1)抚养人有垫付能力;(2)行为人没有经济收入。

《民法典》第18条第2款规定:"十六周岁以上的未成年人,以自己的劳动收入为主要生活来源的,视为完全民事行为能力人。"这是关于完全民事行为能力人的特别规定。实务中以自己的劳动收入为主要生活来源,是指能够以自己的劳动收入维持当地群众一般生活水平。将年满16周岁不满18周岁、以自己的劳动收入为自己主要生活来源的人视为完全民事行为能力人,一方面是考虑到我国《劳动法》第58条规定年满16周岁具有劳动能力;另一方面是为了有利于他们从事生产经营等活动,是对他们意思能力的尊重及合法利益的保护。至于其与监护人之间的监护关系是否终止,监护人是否承担监护责任,对此存有争议。本书作者认为该监护关系并非绝对终止,监护人的监护责任不因未成年人被视为完全民事行为能力人而消灭。

(二)限制民事行为能力

1. 限制民事行为能力人的类型

《民法典》第19条规定,8周岁以上的未成年人是限制民事行为能力人;第22条规定,不能完全辨认自己行为的成年人为限制民事行为能力人。8周岁以上的未成年人对事物有一定的识别能力和判断能力,可以实施日常生活必需的民事法律行为,可以独立实施纯获利益的民事法律行为,享有以自己的行为取得的荣誉权、发明权、著作权等民事权利。但是,这些未成年人,毕竟仍处于发育阶段,一些重要的或复杂的民事法律行为应由他们的法定代理人代理或征得其法定代理人同意、追认(16周岁以上不满18周岁,以自己的劳动收入为主要生活来源的除外)。《泰国民法典》第51条和我国台湾地区"民法"第83条规定,限制民事行为能力人用诈术使人相信其为有行为能力人的,其法律行为为有效,不得撤销。这样的规定有参考价值。

不能完全辨认自己行为的成年人,为身心健康有障碍的成年人。他们虽然有精神障碍,但并未完全丧失意思能力,能够独立实施适合其智力状况的民事法律行为和纯获利益的民事法律行为,但对于比较复杂的或者重大的民事法律行为缺乏判断能力和自我保护能力。因此,将他们归于限制民事行为能力人。由于通常判断他们是否能够完全辨认自己的行为后果比较困难,因此,《民法典》第24条规定,可经利害关系人或者有关组织向人民法院申请认定其为限制民事行为能力人。这里的有关组织包括居民委员会、村民委员会、学校、医疗机构、妇女联合会、残疾人联合会、依法设立的老年人组织、民政部门等。

2. 限制民事行为能力人的行为能力所受限制的范围

《民法典》第19条、第22条对此只作了原则性规定,即他们只能进行与其年龄、智力、精神健康状况相适应的民事法律行为,其他比较复杂或者重大的民事法律行为应由其法定代理人代理或者征得其法定代理人的同意、追认。如何判断是否为相适应的民事法律行为,依据《总则编解释》第5条的规定,可以从他们的行为与本人生活相关联的程度,以及本人的智力或者精神健康状况能否理解其行为并预见相应的后果,以及标的、数量、价款或者报酬等方面来认定。但限制民事行为能力人纯获法律上利益的行为有效,这些行为主要有纯遗赠的承诺、接受单纯赠与,以及不承担责任的限制民事行为能力人的代理行为。另外,限制民事行为能力人在通过网络交易时,因相对人无法判断其行为能力状况,为保护交易安全,其行为也应有效。①

(三) 无民事行为能力

《民法典》第20条规定:"不满八周岁的未成年人为无民事行为能力人,由其法定代理人代理实施民事法律行为。"第21条规定:"不能辨认自己行为的成年人为无民事行为能力人,由其法定代理人代理实施民事法律行为。八周岁以上的未成年人不能辨认自己行为的,适用前款规定。"与前述理由相同,无民事行为能力人应为不满8周岁的未成年人和不能辨认自己行为的成年人及已满8周岁不能辨认自己行为后果的未成年人。

不满8周岁的未成年人,一般来说处于生长、发育的最初阶段,智力水平普遍较低,一般难以进行民事法律行为,故将他们归为无民事行为能力人。虽然现实生活中,不满8周岁的未成年人的智力水平相差较大,不否认个别未成年人的智力水平较高,但总体来说,他们仍不具有综合的认识能力和判断能力,故应由其法定代理人代理民事活动。已满8周岁的未成年人,如果患有不能辨认自己行为后果的精神疾病的,法律也确认其为无民事行为能力人。但在实践中,不满8周岁的未成年人进行与他的年龄、智力相适应的民事活动,根据日常生活习惯,应认可其民事行为的效力。例如,到食品店购买冰棍等行为,应确认其效力。无民事行为能力人纯获法律上利益的行为,也应认定其有效。

不能辨认自己行为的成年人是指因疾病导致心智丧失的人,由于其心智丧失,不具有识别能力和判断能力,从保护他们的自身利益的角度出发,法律规定他们为无民事行为能力人,由其法定代理人代理民事活动。由于判断自然人是否能够辨认自己的行为比较困难,故《民法典》第24条规定,可经利害关系人、有关组织的申请,由人民法院认定其为无民事行为能力人。

---

① 参见我国台湾地区"电信法"第9条。

第三节 监 护

一、监护的概念与设立监护的目的

（一）监护的概念

监护是对未成年人和不能辨认自己行为或不能完全辨认自己行为的成年人（无民事行为能力人和限制民事行为能力人）的人身、财产及其他合法权益进行监督和保护的一种民事法律制度。履行监督和保护职责的人，称为监护人；被监督和保护的人，称为被监护人。

监护起源于罗马法，各国对无民事行为能力人和限制民事行为能力人的监督和保护，设有亲权、监护、监护监督、保护和保佐等各种不同的制度，《民法典》第一编第二章第二节规定了监护制度。

（二）监护与亲权

在法国、德国、瑞士、日本和我国民国时期的民法中区分亲权与监护，设亲权制度和监护制度。"亲权系父母基于其身份，对未成年子女以教养保护为目的之权利义务之集合。"[1]《法国民法典》中亲权制度的主要内容为：父母对未成年子女的教育权、惩戒权、财产管理权。我国《民法典》在总则编设监护制度，父母为法定监护人。在婚姻家庭编规定父母有教育、保护未成年子女的权利和义务（第1068条）。

（三）监护设置的目的

设置监护的目的是保护无民事行为能力人和限制民事行为能力人的合法权益，进而利于社会秩序的稳定。

被监护人或者为无民事行为能力人，或者为限制民事行为能力人，其权利能力的实现因民事行为能力之不足而受影响，监护制度弥补了被监护人行为能力之不足，可有效地保护其合法权益。

被监护人由于缺乏对自身行为社会后果和法律意义的正确认识，可能实施不法行为，给他人的合法权益造成损害，从而影响社会秩序。监护制度要求监护人对被监护人加以监督和管束，防止他们实施违法行为，一旦被监护人实施违法行为造成他人利益的损害，监护人就应对此承担民事责任，这样就有利于社会秩序的稳定。

（四）监护的性质

关于监护的性质，我国学者有不同的观点，主要有权利说、义务说、权利义务

---

[1] 史尚宽：《亲属法论》，中国政法大学出版社2000年版，第658页。

一体说和职责说。罗马法上的监护,各历史发展阶段的内容不同,其性质也有所不同。有的罗马法学者用监护人"职责"概念。① 现代有的学者认为对未成年人的监护"为亲权之补充延长"。② 从监护制度的整体看,监护关系与亲属关系既有联系,又有区别。监护人既有被监护人的亲属,又有被监护人亲属以外的人,还包括社会组织乃至国家机构,监护人与被监护人的关系不是亲属法上的身份关系。在我国,父母或者其他近亲属担任监护人的情况下,他们与被监护人的关系兼有亲属关系和监护关系。《德国民法典》第1793条的标题是"监护人的职责、被监护人的责任",第1款中规定:"监护人有照顾被监护人和被监护人财产的权利和义务,尤其有代理被监护人的权利和义务。"《民法典》第34条第1款规定:"监护人的职责是代理被监护人实施民事法律行为,保护被监护人的人身权利、财产权利以及其他合法权益等。"从这个意义上讲,监护的性质是职责。监护职责既是监护人的职权,又是监护人的义务和责任。

二、监护人的设立

监护人的设立以监护人有监护能力为前提,《总则编解释》第6条规定:"人民法院认定自然人的监护能力,应当根据其年龄、身心健康状况、经济条件等因素确定;认定有关组织的监护能力,应当根据其资质、信用、财产状况等因素确定。"

依照《民法典》第28条、第29条、第30条、第31条的规定,监护的设立方式包括:法定监护、遗嘱监护、协议监护、指定监护、临时监护。法定监护是由法律直接规定无民事行为能力人和限制民事行为能力人的监护人。遗嘱监护,是父母通过遗嘱的方式为不具有完全民事行为能力的子女指定监护人。对于遗嘱监护,《总则编解释》第7条规定:"担任监护人的被监护人父母通过遗嘱指定监护人,遗嘱生效时被指定的人不同意担任监护人的,人民法院应当适用民法典第二十七条、第二十八条的规定确定监护人。未成年人由父母担任监护人,父母中的一方通过遗嘱指定监护人,另一方在遗嘱生效时有监护能力,有关当事人对监护人的确定有争议的,人民法院应当适用民法典第二十七条第一款的规定确定监护人。"协议监护,是指具有监护资格的人之间通过协议确定监护人。《总则编解释》第8条第1款规定:"未成年人的父母与其他依法具有监护资格的人订立协议,约定免除具有监护能力的父母的监护职责的,人民法院不予支持。协议约定在未成年的父母丧失监护能力时由该具有监护资格的人担任监护人的,人民法院依法予以支持。"协议监护应当尊重被监护人的真实意愿。指定监护,是指没

---

① 〔意〕彼德罗·彭梵得:《罗马法教科书》,黄风译,中国政法大学出版社1992年版,第176—177页;周枏:《罗马法原论》(上册),商务印书馆1994年版,第241—249页。
② 史尚宽:《亲属法论》,中国政法大学出版社2000年版,第695页。

有法定监护人或者遗嘱监护人时,由法院或者有权指定监护人的机关指定监护人。有权指定监护人的机关包括居民委员会、村民委员会、民政部门。依据《总则编解释》第9条的规定,指定监护人时应当尊重被监护人的真实意愿,按照最有利于被监护人的原则指定,具体参考因素包括:与被监护人生活、情感联系的密切程度;依法具有监护资格的人的监护顺序;是否有不利于履行监护职责的违法犯罪等情形;依法具有监护资格的人的监护能力、意愿、品行等。临时监护是指为被监护人指定监护人前,由被监护人住所地的居民委员会、村民委员会、法律规定的有关组织或者民政部门担任临时监护人。

(一)为未成年人设立监护人

依照《民法典》第27条的规定,未成年人的监护人分为以下几种情况:

1. 父母是未成年人的当然法定监护人

未成年人一经出生,具有监护能力的父母便成为未成年人的当然监护人。这种监护是一种法定监护。这种监护关系因子女出生而开始,而不必另有原因。父母分居或者父母离异的,其监护人的资格不受影响。但父母一方或者双方作为监护人对未成年人明显不利的,人民法院可以取消其担任监护人的资格。父母因正当理由,不能亲自履行监护职责的,实践中也允许父母委托他人代为履行部分或者全部监护职责,但父母仍为法定监护人。如《总则编解释》第13条规定:"监护人因患病、外出务工等原因在一定期限内不能完全履行监护职责,将全部或部分监护职责委托给他人,当事人主张受托人因此成为监护人的,人民法院不予支持。"

2. 除父母之外的未成年子女的法定监护人

未成年子女的父母双亡或者丧失监护能力或者被取消监护人资格的,由下列有监护能力的人担任监护人:(1)祖父母、外祖父母;(2)兄、姐。

3. 其他愿意担任监护人的个人或组织

没有上述人员担任监护人的,其他愿意担任监护人的个人或组织可作为未成年人的监护人。其他个人或组织担任监护人不是法定义务,除应具有监护能力外,还应具备两个条件:一是他们愿意担任监护人,二是应得到未成年人住所地的居民委员会、村民委员会或者民政部门的同意。

4. 指定未成年人的监护人

指定未成年人的监护人,是指定未成年人父母之外的近亲属担任监护人。指定未成年人的监护人在两种情况下发生:一是近亲属争当未成年人的监护人,二是近亲属都不愿担任监护人。有权指定未成年人的监护人的有关组织是未成年人的住所地的居民委员会、村民委员会或者民政部门。指定监护人的原则是:有利于被监护人的成长。当事人不服上述组织指定的,可向人民法院提起诉讼。但考虑到有些未成年人住所地的居民委员会、村民委员或者民政部门解决纠纷的能力较弱,及当事人接受司法裁判的心理能力增强,从减轻当事人的负担出发,《民法典》第 31 条中规定,当事人对担任监护人有争议的,也可以直接向人民法院提起诉讼,由人民法院按照有利于被监护人成长的原则进行指定。依据《总则编解释》第 10 条的规定,当事人不服上述指定,在接到指定通知之日起 30 日内向人民法院申请指定监护人的,人民法院经审理认为指定并无不当,应依法裁定驳回申请;认为指定不当,应依法判决撤销指定并另行指定监护人。有关当事人在接到指定通知之日起 30 日后提出申请的,人民法院应当按照变更监护关系处理。指定监护人可指定一人,也可以指定数人。依照《民法典》第 31 条的规定,监护人被指定后不得擅自变更,擅自变更的,不免除被指定的监护人的监护责任。

5. 有关组织担任未成年人的监护人

《民法典》第 32 条规定:"没有依法具有监护资格的人的,监护人由民政部门担任,也可以由具备履行监护职责条件的被监护人住所地的居民委员会、村民委员会担任。"首先由民政部门作为监护人,是由民政部门的职责决定的。由居民委员会、村民委员会作为监护人,应依据其监护能力予以决定。居民委员会、村民委员会具有监护能力的,从未成年人成长的角度出发,可先于民政部门作为监护人。

6. 未成年人的监护人的变更

未成年人的监护人的变更原因主要有:(1)监护人丧失了监护能力。(2)监护人不履行监护职责。监护人不履行监护职责给未成年人造成损害或者利用监护方便侵害未成年人财产利益的,经与未成年人有利害关系的个人或组织申请,人民法院可以变更监护人。(3)在法律允许的情况下,监护人之间也可以签订变更协议,更换监护人。变更未成年人监护人的目的在于保护未成年人的合法权益。

依据《总则编解释》第 12 条第 2 款的规定,被依法指定的监护人与其他具有监护资格的人之间协议变更监护人的,人民法院应当尊重被监护人的真实意愿,按照最有利于被监护人的原则作出裁判。

(二)为无民事行为能力或者限制民事行为能力的成年人设立监护人

依照《民法典》第 28 条的规定,为无民事行为能力或者限制民事行为能力的成年人设立监护人分为以下几种情况:

1. 法定监护人

无民事行为能力或者限制民事行为能力的成年人的法定监护人的范围和顺序是:(1)配偶;(2)父母、子女;(3)其他近亲属。这些亲属担任监护人是其法定义务,只要他们具有民事行为能力,就不允许借故推诿。其他个人或组织担任无民事行为能力或者限制民事行为能力的成年人的监护人,一是坚持自愿原则,而非法定义务,二是应得到被监护人住所地的居民委员会、村民委员会或者民政部门的同意。

本书作者认为,对于攻击性精神病人,由于监护难度极大,由近亲属承担法定监护义务可能严重影响家庭的正常生产和生活,可能导致受害第三人的救济落空,可能致使精神病人无尊严地生活,因此,法律应当规定,攻击性精神病人由民政部门担任监护人,但近亲属愿意担任监护人的除外。

2. 有关组织担任监护人

根据《民法典》第32条的规定,没有上述监护人,或者上述监护人均丧失了监护能力的,则由民政部门担任监护人,也可以由具备履行监护职责条件的被监护人居所地的居民委员会、村民委员会担任监护人。此条规定的意义在于,被监护人居所地的村民委员会、居民委员会情况不同,有的具备监护能力和监护条件,能够履行监护职责,有的不具备监护能力和监护条件,不能够履行监护职责,为了保护心智欠缺或丧失的成年人,应首先由民政部门履行监护职责,具备监护职责履行条件的被监护人住所地的村民委员会、居民委员会根据其意愿也可担任监护人。

3. 无民事行为能力或者限制民事行为能力的成年人的指定监护人(同未成年人的指定监护人)

(三) 成年监护

根据《民法典》第33条的规定,成年监护属于约定监护的范畴,是指具有完全民事行为能力的成年人,与他人以书面形式确定在其丧失民事行为能力或者部分丧失民事行为能力时,由该他人担任监护人。依据《总则编解释》第11条的规定,协议签订后,协议的任何一方在该成年人丧失或部分丧失民事行为能力前请求解除该协议的,人民法院依法应予支持;该成年人丧失或者部分丧失民事行为能力后,协议确定的监护人无正当理由请求解除协议的,人民法院不予支持。

对于成年监护,监护人与被监护人之间的权利义务由监护协议确定。监护人可为被监护人选定的近亲属或者愿意承担监护责任的非亲属自然人、有关组织。监护人的职责、监护人资格的撤销除依照监护协议以外,还可参照法定监护处理。

三、监护人的消极资格

由于监护人负有监护职责,对于被监护人的权益关系重大,有较多的立法例通常都规定了不得担任监护人的消极资格。不得作为监护人的人主要包括:(1)禁治产人、准禁治产人。禁治产人是指因心神丧失或精神耗弱不能处理自己事务,经申请由法院宣告为无民事行为能力或者限制民事行为能力的人。准禁治产人是指因心神耗弱、聋、哑、盲或因其为浪费人而经申请宣告为限制民事行为能力的人。我国《民法典》未规定禁治产人和准禁治产人。(2)被判处刑罚的人、失踪人。《法国民法典》规定,被判处刑罚的人排除其任监护职务,已任职责当然解除。《日本民法典》规定,行踪不明者不得任监护人。(3)破产人。《日本民法典》规定,破产人丧失监护资格,但我国民国时期的《民法典》规定,破产不为丧失监护资格的事由,但破产人因无支付能力,在监护人的指定和选定时,应慎加选择。(4)外国人。《日本民法典》和《法国民法典》规定,外国人不得为监护人。但《法国民法典》又规定,有亲属关系的外国人有监护资格。依《民法典》第12条的规定,应解释为外国人不妨碍其为监护人。(5)法人。一般认为,法人不得担任监护人,但依我国实际,未成年人、精神病人住所地的居民委员会、村民委员会或民政部门可为监护人,但其工作单位不为监护人。

四、监护人的职责

根据《民法典》第26条、第34条的规定,监护人的职责主要有:

(一)保护被监护人的身体健康

被监护人无论是未成年人还是心智缺失或丧失的成年人,对其身体健康都不像完全民事行为能力人那样具有全面的知识和自我保护能力。因此,需要监护人保护被监护人的身体健康和人身安全,防止被监护人受到侵害。

(二)照顾被监护人的生活

监护人在日常生活方面必须给被监护人以必要的关心、照料。对于未成年人来说,其必要的物质和文化生活要求必须被满足,以保证其健康成长。对于心智缺失或丧失的成年人来说,监护人应细心照料其生活,不得虐待或者遗弃被监护人。

(三)对被监护人进行管理和教育

监护人应当关心未成年人的成长,对其进行管理和教育。根据被监护人的年龄和智力状况,在作出与被监护人权益有关的决定时应遵循尊重被监护人利益的原则。

(四)管理和保护被监护人的财产

监护人应当妥善管理和保护被监护人的财产,对被监护人应得的合法收益,如依法应得的抚养费、抚恤费等,都应依法保护。对于被监护人财产的经营和处分,监护人应尽善良管理人的注意。非为被监护人的利益,监护人不得处分其财产。

(五)代理被监护人进行民事活动

被监护人为无民事行为能力人的,其全部民事活动由监护人代理。被监护人是限制民事行为能力人的,可以进行与他的年龄、智力相适应或者与他的精神健康状况相适应的民事活动;其他民事活动由他的法定代理人代理或者征得他的法定代理人的同意进行。监护人应最大限度地尊重被监护人的意愿,保障并协助被监护人独立实施与其智力、精神健康状况相适应的民事活动。

(六)代理被监护人进行诉讼

在被监护人的合法权益受到侵害或者与他人发生争议时,监护人应当代理被监护人进行诉讼,以维护其合法权益。

(七)监护人应当依法承担民事责任

《民法典》第34条第3款规定,监护人不履行监护职责或者侵害被监护人合法权益的,应当承担法律责任。《民法典》第1188条规定,被监护人造成他人损害的,由监护人承担侵权责任。监护人尽到监护职责的,可以适当减轻其侵权责任。

监护人将部分或者全部监护职责委托给他人期间,被监护人有侵权行为,并需要承担民事责任的,应当由监护人承担。但是,如果被委托人未尽力履行监护职责确有过错的,被委托人承担相应的责任。监护人与被委托人就民事责任的承担有约定的,则应当按约定处理。

五、监护人资格的撤销

(一)撤销监护人资格的事由

根据《民法典》第36条的规定,人民法院可以根据有关个人或者组织的申请,撤销监护人的资格。

撤销监护人资格的事由是:(1)实施严重损害被监护人身心健康的行为,如性侵害、出卖、遗弃、虐待、暴力伤害未成年人,严重损害未成年人身心健康的。(2)怠于履行监护职责,或者无法履行监护职责且拒绝将监护职责部分或者全部委托给他人,导致被监护人处于危困状态,如将未成年人置于无人监管和照看的状态,导致未成年人面临死亡或者严重伤害危险,经教育不改的;拒不履行监护职责长达6个月以上,导致未成年人流离失所或者生活无着的;有吸毒、赌博、长期酗酒等恶习无法正确履行监护职责或者因服刑等原因无法履行监护职责,且拒绝将监护职责部分或者全部委托给他人,致使未成年人处于困境或者危险状态的。(3)实施严重侵害被监护人合法权益的其他行为的,如胁迫、诱骗、利用未成年人乞讨,经公安机关和未成年人救助保护机构等部门三次以上批评教育拒不改正,严重影响未成年人正常生活和学习的;教唆、利用未成年人实施违法犯罪行为,情节恶劣的。

(二)撤销监护人资格的程序与效果

撤销监护人资格的程序是,经有关个人或组织申请并经人民法院依法作出撤销裁决。具有申请资格的有关个人和组织是指其他依法具有监护资格的人、居民委员会、村民委员会、学校、医疗机构、妇女联合会、残疾人联合会、未成年人保护组织、依法设立的老年人组织、民政部门等。如果有关个人或组织没有及时向人民法院申请撤销监护人资格,民政部门应当向人民法院提出申请,撤销监护人资格,民政部门申请撤销监护人资格是其法定义务。《民法典》这一规定的目的是为了更好地保护无民事行为能力人或者限制民事行为能力人的人身或财产的合法权益。

撤销监护人资格的效果是:(1)人民法院撤销监护人资格之前可以视情况先行中止其履行监护职责;(2)由被监护人住所地的居民委员会、村民委员会、法律规定的有关组织或者民政部门担任临时监护人;(3)监护人的资格撤销以后,人民法院应当按照最有利于被监护人的原则指定监护人;(4)依《民法典》第37条的规定,作为监护人的父母、子女、配偶等,对被监护人依法负担的抚养费、赡养费、扶养费不因监护人资格的撤销而免除或减少。

(三)被撤销监护人资格的恢复

根据《民法典》第38条的规定,监护人的资格被撤销以后,经申请可恢复其监护人的资格。监护人资格的恢复的要求是:(1)恢复主体限于被监护人的父母或子女,至于被监护人的配偶、祖父母、外祖父母等近亲属,在监护人资格被撤销后能否恢复,法律未有明文规定。基于最有利于被监护人成长或生活的原则,不应完全排除配偶、祖父母、外祖父母等近亲属恢复监护人的资格。至于其他个人或组织(民政部门除外)能否恢复监护人资格,因其不存在亲情关系,以排除为宜。(2)不存在对被监护人的故意犯罪行为,如果存在对被监护人的故意犯罪行为的,从维护被监护人合法权益出发,排除恢复其监护人资格。(3)被撤销监护资格的监护人,确有悔改表现,如关心被监护人生活、维护被监护人利益等。(4)尊重被监护人的真实意愿,是否恢复被监护人的监护资格应充分尊重被监护人的意愿。(5)被撤销监护资格的人,应向人民法院提出申请,人民法院依据申请,作出是否恢复其监护资格的裁决。

被撤销监护人资格恢复以后,其效果是:(1)被撤销监护人资格的监护人为被监护人的当然监护人。(2)人民法院指定的监护人与被监护人的监护关系同时终止。

六、监护的终止

依照《民法典》第39条的规定,监护终止的原因有以下几种情形:

(一)被监护人取得或恢复完全民事行为能力

未成年人已经成年的,则具有完全民事行为能力,为其设置的监护应当终止。心智欠缺或丧失的成年人已经康复,完全恢复了民事行为能力的,为其设置的监护也即终止。

（二）监护人或被监护人一方死亡

监护人或者被监护人一方死亡（包括宣告死亡）的，监护关系自然终止。

（三）监护人丧失了监护能力

监护关系的成立以监护人有监护能力为条件，监护人丧失了监护能力的，则监护关系自然终止。

（四）监护人辞去监护

监护人有正当理由时，法律应允许其辞去监护，但这不适用于未成年人的父母。所谓正当理由应包括监护人患病、迁居、家庭困难等，但监护人辞去监护应经有指定权的机关同意。

（五）监护人被撤销监护人资格

监护人不履行监护职责或利用监护之便侵害被监护人合法权益的，经有关个人或组织申请，人民法院可以撤销监护人的监护资格，并由此终止监护关系。

监护关系终止后，被监护人仍然需要监护的，应当依法另行确定监护人。

第四节 自然人的住所

一、住所的概念

自然人的住所，是指自然人生活和法律关系的中心地。一个人在生活中总要和其他人有多种交往，会有多种法律关系，为了便于交往和确立正常的法律关系，就需要确定法律关系的中心地，在法律上将法律关系的中心地称为住所。

（一）住所与居所

在立法上关于住所的规定有单一主义和复数主义。法律规定一人不得同时有两个住所的，称为单一主义，例如《瑞士民法典》（第 23 条第 2 款）。法律规定一人可以同时有两个以上住所的，称为复数主义，例如《德国民法典》（第 7 条第 2 款）。

居所是自然人居住的处所，通常指自然人为特定目的暂时居住的处所，也可以是自然人经常居住的处所。《日本民法典》规定，住所不明时或者无住所者，将居所视为住所（第 22—23 条）。《民法典》第 25 条规定："自然人以户籍登记或者其他有效身份登记记载的居所为住所；经常居所与住所不一致的，经常居所视为住所。"

（二）住所与户籍

户籍是记载自然人姓名、出生、性别、籍贯、民族、结婚、离婚、住址等反映自然人基本情况的法律文件。在我国，户籍主要具有行政法上的意义。户籍上的住址在多数情况下与自然人的住所是同一的。

二、自然人住所的法律意义

住所是决定有关法律关系的中心地。根据我国现行法律规定，住所的主要法律意义有：

（一）确定自然人权利、义务的享有地和承担地

如依《民事诉讼法》第 34 条第 3 项的规定，因继承遗产纠纷提起的诉讼，继承人应在被继承人死亡时住所地或者主要遗产所在地人民法院主张权利；又如依《民法典》第 511 条第 3 项的规定，如果履行合同的地点不明确，给付货币的，接受货币的一方所在地为履行地；交付不动产的，在不动产所在地履行；其他标的，在履行义务的一方所在地履行。

（二）确定有关组织或者机关的管辖权

依《民法典》的规定，对监护人的指定，依法应由无民事行为能力和限制民事行为能力人的住所地的居民委员会、村民委员会或者民政部门进行。因发生突发事件等紧急情况，监护人无法履行监护职责，被监护人的生活处于无人照料状况的，被监护人住所地的居民委员会、村民委员会或者民政部门应当为被监护人安排必要的临时生活照料。有关宣告失踪或者宣告死亡的案件，依法应由下落不明人住所地的基层人民法院受理。对自然人提起的民事诉讼，由被告住所地人民法院管辖；被告住所地与经常居住地不一致的，由经常居住地人民法院管辖。仲裁裁决、公证债权文书等的执行应由被执行人住所地或者被执行人的财产所在地的人民法院进行等。

（三）宣告失踪和宣告死亡的时间计算

宣告失踪或者宣告死亡的条件之一是自然人下落不明达到法定期限。下落不明，是指自然人离开住所地或者最后居住地后没有音讯的状况，住所或者居所是认定下落不明的基点。

（四）在涉外民事案件中，确定法律适用的准据法

在涉外遗产继承关系中，遗产的法定继承，动产适用被继承人死亡时住所地法律，不动产适用不动产所在地法律。

三、确定住所的标准

自罗马法以来，各国和地区民法中确定住所的标准不一。归纳起来主要有三种主张：(1) 主观说。主观说强调意思因素，认为以当事人长久居住的意思决定住所，普通法系国家多采此种主张。(2) 客观说。该说强调事实因素，认为实际上的长期居住地就是住所，民法法系国家多采此说。(3) 折中说。该说把意思因素和事实因素结合起来，认为以久住的意思而经常居住的某一住处为住所。瑞士和我国台湾地区采此说。

根据《民法典》第 25 条的规定,我国立法所采取的是以户籍所在地为标准的方法。

四、自然人住所的种类

在民法法系国家民事立法和理论中,住所可分为法定住所、意定住所和拟制住所。我国民事立法只对自然人的住所作了概括性规定,而未作具体规定。随着我国社会经济的发展和人口的迁徙,仍有探讨自然人住所种类之必要。

(一)意定住所

意定住所,又称任意住所,是指基于当事人的意思而设立的住所。

意定住所与迁徙自由紧密相连。随着我国市场经济的发展,住所和户籍分离的存在,在客观上要求法律肯定自然人的意定住所。

(二)法定住所

法定住所,是指不依当事人的意思设立,而由法律规定的住所。例如,《德国民法典》第 11 条第 1 款前段规定:"未成年人以其父母的住所为住所。"在我国,无民事行为能力人和限制民事行为能力人也有自己的户籍,因而应以其户籍所在地的居所地为其住所;同监护人共同生活的,监护人的住所是被监护人的经常居住地,视为被监护人的住所。

(三)拟制住所

拟制住所,是指法律规定在特殊情况下把居所视为住所。我国民法规范和司法实践肯定了拟制住所的存在:(1)自然人的经常居住地与住所不一致的,经常居住地视为住所;(2)自然人由其户籍所在地迁出后至迁入另一地点前,无经常居住地的,仍以其户籍所在地为住所;(3)当事人的住所不明或者不能确定的,以其经常居住地为住所。

第五节　宣告失踪与宣告死亡

一、宣告失踪

宣告失踪是指自然人离开自己的住所,下落不明达到法定期限,经利害关系人申请,由人民法院宣告其为失踪人的法律制度。宣告失踪是对一种确定的自然事实状态的法律确认,目的在于结束失踪人财产关系的不确定状态,保护失踪人的利益和利害关系人的利益。在现实生活中,经常发生有人离开住所长期下落不明的事件。例如,由于自然灾害、事故、战争造成下落不明。在人口流动中,也经常发生下落不明的情况,由此造成了以失踪人为当事人的社会关系的不确定。宣告失踪制度就是为处理此类事件而设定的。

(一) 宣告失踪的条件与程序

1. 自然人失踪的事实

自然人失踪的事实是宣告失踪的基本条件之一。所谓自然人失踪的事实包括两个方面：其一是指自然人离开自己的住所或者居所没有任何音讯，例如渔民出海打鱼一去不返，不知下落；其二是指这种无音讯状态持续时间满2年。依《民法典》第41条的规定，2年的期限是从失踪人失去音讯之日起计算；战争期间下落不明的，下落不明的时间从战争结束之日或者有关机关确定的下落不明之日起计算。

2. 利害关系人的申请

利害关系人的申请既是宣告失踪的条件之一，又是宣告失踪程序的开始。所说利害关系人，依据《总则编解释》第14条的规定是指：其一，被申请人的近亲属；其二，依据《民法典》第1128条、第1129条规定对被申请人有继承权的亲属；其三，债权人、债务人、合伙人等与被申请人有民事权利义务关系的民事主体，但是不申请宣告失踪不影响其权利行使、义务履行的除外。利害关系人应具有完全的民事行为能力才能作为申请人。有权申请自然人为失踪人的近亲属包括：配偶、父母、子女、兄弟姐妹、祖父母、外祖父母、孙子女、外孙子女。有权申请自然人为失踪人的利害关系人没有先后顺序，只要其中有人提出申请，未申请的利害关系人即使反对，也不影响人民法院对失踪申请案件的受理。但人民法院应遵循"不告不理"的原则，不能依职权主动宣告某失踪的自然人为失踪人。利害关系人申请自然人为失踪人的，应用书面形式写明失踪自然人失踪的事实、时间、申请人的请求，并附有关的证明材料。

3. 人民法院的受理与宣告

宣告失踪只能由人民法院作出判决，任何其他机关和个人无权作出宣告失踪的决定。根据《民事诉讼法》的规定，利害关系人应到下落不明人住所地基层人民法院提出失踪宣告申请。人民法院依法受理宣告自然人失踪申请案后，首先应发出寻找下落不明人的公告。根据该法的规定，公告期为3个月。公告期满，受理人民法院应当根据宣告失踪的事实是否得到确认，作出宣告失踪的判决或者驳回申请的判决。人民法院作出宣告失踪判决的，失踪自然人即为失踪人。

(二) 宣告失踪的效力

自然人被宣告失踪以后，其效力是对其财产的管理和财产义务的履行。依《民法典》第42条的规定，失踪人的财产由其配偶、成年子女、父母或者其他愿意担任财产代管人的人代管。代管有争议，没有前述规定的人，或者前述规定的人无代管能力的，由人民法院指定的人代管。

1. 失踪人的财产管理

宣告失踪制度的主要目的之一就是为失踪人的财产设置管理制度。失踪人的配偶、父母、成年子女或者其他愿意担任财产代管人的人为代管人。失踪人的上述财产代管人不存在谁申请失踪谁享有财产代管权的问题,实务中一般遵循配偶、父母、成年子女的顺序确定财产代管人,但前一顺序的代管人对失踪人的财产管理不利时,可由后一顺序的近亲属为财产代管人。例如,甲被宣告失踪以后,其妻乙和其父丙均主张对甲的财产的代管权,但其妻乙在甲失踪以后,与他人同居,并经常将家中财产搬入同居者家中,与其共用,这时由其代管甲的财产显然不利,故不应由其代管,而应由其父代管。财产代管人应具有完全民事行为能力,限制民事行为能力人或者无民事行为能力人不具有财产代管人的资格。无民事行为能力人或者限制民事行为能力人失踪的,由其监护人担任财产代管人。失踪人的财产代管人在代管期间丧失管理能力,或者无力履行代管职责,或者拒不履行代管职责,或者利用代管之便侵害失踪人财产权益的,经利害关系人申请,人民法院可以依法作出变更财产代管人的裁决。财产代管人有正当理由的,可以向人民法院申请变更财产代管人,人民法院变更财产代管人的,变更后的财产代管人有权要求原财产代管人及时移交有关财产并报告有关财产代管情况。

失踪人的财产代管人应妥善管理失踪人的财产,在保管、维护、收益时,应与管理自己财产尽同一注意义务;在进行必要的经营和处分时,应尽善良管理人之注意义务。代管人不得利用和擅自处分失踪人的财产。如果代管人不履行代管职责,因故意或重大过失造成了失踪人的财产损失,或者侵害了失踪人的财产利益,失踪人的利害关系人可以向人民法院请求财产代管人承担民事责任。

2. 失踪人的义务履行

自然人被宣告失踪以后,并不丧失民事权利主体资格,其原来所享有的民事权利仍然有效,其应履行的民事义务仍需履行。所说失踪人的义务包括失踪人失踪前所应缴纳的税款、所欠债务以及失踪期间所应支付的其他费用,如赡养费、抚养费和因代管财产所产生的管理费等必要费用。在失踪人失踪期间,失踪人的义务由财产代管人从失踪人的财产中以支付财产的方式来履行。依据《总则编解释》第15条的规定,失踪期间,失踪人的财产代管人向失踪人的债务人请求偿还债务的,人民法院应当将财产代管人列为原告;失踪人的财产代管人拒绝支付失踪人所欠的债务和其他费用,债权人提起诉讼的,人民法院应当将财产代管人列为被告。经审理认为债权人的诉讼请求成立的,人民法院应当判决财产代管人从失踪人的财产中支付失踪人所欠的债务和其他费用。

(三) 失踪宣告的撤销

自然人被宣告失踪是依据其下落不明的失踪事实作出的,一旦失踪事实消除,法律上继续认定该自然人失踪就丧失了事实根据,故应撤销对该自然人的失踪宣告。《民法典》第45条规定:失踪人重新出现,经本人或者利害关系人申请,人民法院应当撤销失踪宣告。失踪人重新出现,有权请求财产代管人及时移交有关财产并报告财产代管情况。

撤销失踪宣告,首先应由失踪人本人或者他的利害关系人向人民法院提出撤销失踪宣告的申请。这里所说利害关系人包括失踪人的配偶、父母、子女、祖父母、外祖父母、兄弟姐妹以及与被宣告失踪人有民事权利义务关系的自然人和法人。人民法院对申请人提出的申请进行审核,确认失踪事实消除以后依法作出撤销失踪宣告的判决。失踪宣告一经撤销,财产代管人的代管权随之终止,他应当将其代管的财产及收益交还给被撤销失踪宣告的人,并负有将代管期间对其财产管理和处置的详情告知的义务。

二、宣告死亡

宣告死亡是指自然人下落不明达到法定期限,经利害关系人申请,人民法院宣告其死亡的法律制度。

宣告死亡是法律上的死亡推定,即从自然人下落不明达到法定期限的事实,推定出他已死亡的事实。

宣告失踪制度与宣告死亡制度的设置目的不同。宣告失踪旨在解决失踪人的财产管理问题,但不能解决因失踪人生死不明而引起的民事关系的不确定问题,而宣告死亡制度使这一问题得到解决。宣告失踪制度重在保护失踪人的利益,而宣告死亡制度重在保护被宣告死亡人的利害关系人的利益。在宣告失踪和宣告死亡的制度关系中,存在三种立法模式:一种是只设立宣告失踪制度,不设立宣告死亡制度;另一种是只设立宣告死亡制度,不设立宣告失踪制度;第三种是同时设立宣告失踪和宣告死亡制度。我国《民法典》采用第三种立法模式。

(一)宣告死亡的条件与程序

1. 自然人失踪的事实

宣告死亡和宣告失踪一样必须有自然人失踪的事实,但对自然人失踪的时限要求与宣告失踪的要求不一样。根据《民法典》第 46 条的规定,申请宣告死亡的,在通常情况下,自然人下落不明必须满 4 年。依据《总则编解释》第 17 条的规定,战争期间下落不明适用满 4 年的规定,而且该期间自战争结束之日或者有关机关确定的下落不明之日起计算。在意外事故的情况下,自然人下落不明的时限为 2 年。因意外事故下落不明,经有关机关证明该自然人不可能生存,利害关系人申请宣告其死亡的,不受 2 年时限的限制。下落不明的时间计算与宣告失踪相同。

2. 利害关系人的申请

利害关系人的申请既是宣告死亡的基本条件之一,又是宣告死亡的程序要求。申请宣告死亡的利害关系人,依据《总则编解释》第 16 条的规定,包括:(1)

被申请人的配偶、父母、子女,对公婆或岳父母尽了主要赡养义务的丧偶儿媳或丧偶女婿。(2)被申请人的配偶、父母、子女均已死亡或者下落不明的,以及不申请宣告死亡不能保护其相应合法权益的其他近亲属以及代位继承人。(3)被申请人的债权人、债务人、合伙人等民事主体不能认定为利害关系人,但是不申请宣告死亡不能保护其相应合法权益的除外。

申请宣告死亡是否有顺序限制,理论上存有争议。有顺序说认为宣告死亡涉及配偶的身份权保护和其他亲属的继承权保护的冲突,基于人身权保护优先于财产权保护的原则,宣告死亡应采有顺序说,即前一顺序利害关系人未申请宣告死亡的,后一顺序利害关系人不得申请宣告死亡。[①] 无顺序说认为,即使宣告死亡,配偶的婚姻关系消灭,但基于被宣告死亡人重新出现后,其婚姻关系自然恢复的规定,配偶身份权的保护已得到救济,故利害关系人均有同等的申请权,不受前顺序人是否申请或反对申请或者申请宣告失踪的影响。[②]《民法典》第47条规定:"对同一自然人,有的利害关系人申请宣告死亡,有的利害关系人申请宣告失踪,符合本法规定的宣告死亡条件的,人民法院应当宣告死亡。"该规定采用了无顺序说。如配偶申请宣告失踪或不同意宣告死亡,子女申请宣告死亡,符合宣告死亡条件的,可按宣告死亡处理。

对于债权人等,是否适于作为宣告死亡的申请人,在学理上存在争议。一种观点认为,债权人与其他利害关系人一样,可以作为申请人。另一种观点认为,允许债权人作为申请人,虽然有利于保护债权人的利益,但其效力超出了债权效力的范畴,对于债权人利益的保护,可通过宣告失踪制度加以解决,宣告死亡的申请人应限定在下落不明人的近亲属范围内。《总则编解释》第16条对债权人等作为宣告死亡的申请人采取了严格的限制态度,即限定在如其不通过宣告相对人死亡就无法保护其相应合法权益的范围。[③]

3. 人民法院的受理与宣告

人民法院受理利害关系人的书面申请后,应立即发出寻找失踪人的公告,普通失踪的公告期为1年,因意外事故失踪的公告期为3个月,公告期满仍不能确定下落不明人尚生存的,即作出宣告死亡的判决。依据《民法典》第48条的规定,被宣告死亡的人,人民法院宣告死亡的判决作出之日视为其死亡的日期;因意外事件下落不明宣告死亡的,意外事件发生之日视为其死亡的日期。

宣告失踪不是宣告死亡的必经程序。符合申请宣告死亡条件的,利害关系人可以不申请宣告失踪而直接申请宣告死亡。如果自然人下落不明满4年,利害关

[①] 参见马原主编:《中国民法教程》,人民法院出版社1989年版,第64—65页。
[②] 参见梁慧星:《民法总论》,法律出版社1996年版,第102页;余能斌、马俊驹主编:《现代民法学》,武汉大学出版社1997年版,第94页。
[③] 参见王利明:《民法总则研究》(第二版),中国人民大学出版社2012年版,第246页。

系人只申请宣告失踪的,人民法院只能作出失踪宣告,而不能作出死亡宣告。

(二) 宣告死亡的效力

《民法典》没有明文规定宣告死亡所产生的具体效力。通说认为,自然人宣告死亡应发生与自然死亡相同的效力,即宣告死亡人丧失民事主体资格,其民事权利能力和民事行为能力终止;其原先参加的民事法律关系归于消灭(法律另有规定的除外);其婚姻关系自然消灭;其个人合法财产变为遗产,开始继承。

但宣告死亡与自然死亡毕竟不同,宣告死亡只是依法对失踪人死亡的推定,事实上该失踪人的生命不一定终结。某自然人在甲地被宣告死亡,但他在乙地生存时,仍享有民事权利能力,其实施的民事法律行为仍然有效。宣告死亡确定的死亡日期和自然死亡日期可能不同。对此,《民法典》第49条规定:"自然人被宣告死亡但是并未死亡的,不影响该自然人在被宣告死亡期间实施的民事法律行为的效力。"在司法实践中,该民事法律行为的效力与宣告死亡的法律后果相抵触的,应以该民事法律行为为准,如甲被宣告死亡后,又立下遗嘱,家中财产由其妻继承,甲因宣告死亡家中财产已经按照法定继承处理的,其妻可依据甲的遗嘱,要求其他法定继承人返还所继承遗产。

(三) 死亡宣告的撤销

《民法典》第50条规定:"被宣告死亡的人重新出现,经本人或者利害关系人申请,人民法院应当撤销死亡宣告。"根据《民法典》第51条至第53条的规定,死亡宣告的撤销产生如下效力:

(1) 婚姻关系从撤销死亡宣告之日起自行恢复。但是,配偶已再婚的或者向婚姻登记机关书面声明不愿恢复的除外。配偶已再婚的,从保护现行婚姻关系出发,其婚姻关系当然不能自行恢复。配偶已向婚姻登记机关书面声明不愿恢复婚姻关系的,其婚姻关系不自行恢复的意义在于避免配偶离婚诉累。如果配偶再婚后又离婚或者再婚后配偶他方又死亡的,也不能自行恢复婚姻关系。

(2) 被宣告死亡人在被宣告死亡期间,其子女被他人依法收养的,撤销死亡宣告后,仅以未经本人同意而主张收养关系无效的,一般不应准许,但收养人和被收养人同意的除外。

(3) 撤销死亡宣告后,本人有权请求依照继承法取得财产的民事主体返还财产,无法返还的,应当给予适当补偿。所说依照继承法取得民事财产的主体,包括法定继承人、遗嘱继承人和受遗赠人。至于财产已由第三人取得,不论是有偿取得还是无偿取得,从维护新生法律关系的稳定性出发,本人都无权向第三人请求返还。如果继承财产已经灭失或消费或由第三人取得,本人只能向继承人请求适当补偿。所说适当补偿不是赔偿,而是根据本人和继承人的财产状况、财产灭失原因、当事人的过错等因素予以综合衡量,根据公平原则给予补偿。返还财产不仅包括继承财产本身,而且包括继承财产所生孳息,但不应包含继承财产所获收益。

依据《民法典》第 53 条第 2 款的规定,利害关系人隐瞒真实情况,致使他人被宣告死亡而取得财产的,除应当返还财产外,还应当对由此造成的损失承担赔偿责任。

第六节 个体工商户与农村承包经营户

一、个体工商户

(一) 个体工商户的概念与特征

《民法典》第 54 条规定:"自然人从事工商业经营,经依法登记,为个体工商户。……"个体工商户的特征是:

(1) 从事工商个体经营的是单个自然人或者家庭。单个自然人申请个体经营的,必须是具有民事行为能力的自然人。

(2) 个体工商户必须依法进行核准登记。自然人或者家庭要想从事工商个体经营,必须依法向市场监督管理部门提出申请,并由受理机关核准登记,颁发个体经营的营业执照后,才取得个体工商户的资格。

(3) 个体工商户应在法律允许的范围内从事工商业经营活动。这里所说的工商业经营活动是广义的,除手工业、加工业、零售商业外,还包括修理业、服务业等。但是,不论进行何种工商业经营活动,都应在法律允许的范围内进行,方受法律保护。

(二) 个体工商户的法律地位

关于个体工商户的法律地位,法学界颇有争议。一种观点认为,个体工商户属于自然人,只不过属于自然人的特殊形式而已。另一种观点认为,个体工商户属于非法人组织,且属于营利性非法人组织。[①]《民法典》在自然人一章中规定了个体工商户。但个体工商户作为民事主体,与自然人又有不同:(1) 依照我国现行法律,个体工商户可以雇工经营;个体工商户可以起字号和刻制公章,在民事诉讼中,起字号的个体工商户应以该字号为诉讼主体。(2) 个体工商户具有明确的目的,其目的就是其经营范围,并在其经营范围内享有相应的有别于自然人的民事权利能力和民事行为能力。个体工商户依法享有经营权、起字号权、商标注册申请权等自然人不享有的权利,依法承担纳税及接受监督、检查的义务。(3) 个体工商户具有相对独立的财产,该财产主要用于其所从事的工商经营活动。当然个体工商户的财产与个人财产、家庭财产不是严格区分的。

---

① 梁慧星:《民法总论》(第四版),法律出版社 2011 年版,第 147 页。

(三) 个体工商户的债务承担

依照《民法典》第 56 条第 1 款的规定,个体工商户的债务,个人经营的,由个人财产承担。所说个人经营,是指由个人财产出资、由个人开展工商业活动,并且经营所得不主要用于家庭消费。所说个人财产,是指经营人的财产与家庭财产严格区分,如甲、乙为夫妻,甲为个体工商户,甲、乙财产约定为分别财产制。所说由个人财产承担债务,是指由个体工商户经营活动所产生的债务,由个体工商户的个人财产承担。个体工商户的债务,家庭经营的,由家庭财产承担。所说家庭经营,是指由家庭财产投资经营,或者由个体工商户自然人本人和家庭财产共同投资经营;无法区分是个人财产投资经营还是家庭财产投资经营的,由家庭财产承担债务。

二、农村承包经营户

(一) 农村承包经营户的概念与特征

根据《民法典》第 55 条的规定,农村集体经济组织的成员,依法取得农村土地承包经营权,从事家庭承包经营的,为农村承包经营户。其主要特征是:

(1) 农村承包经营户是农村集体经济组织的成员。农村集体经济组织的成员依法承包集体经济组织所有的农、副业,取得农村土地承包经营权,从事家庭承包经营,从而成为农村承包经营户。

(2) 农村承包经营户是基于各种承包合同发生的。合同规定承包的生产项目,交付使用的生产资料的数量和承包日期,承包户使用水利等公共设施的权利,双方当事人的其他主要权利以及违约责任等。

(3) 农村承包经营户是在法律允许的范围内从事生产经营活动。农村承包经营户应依照合同的约定从事农、副业生产。

(二) 农村承包经营户的法律地位

《民法典》在自然人一章中规定农村承包经营户。农村承包经营户作为民事主体,仅限于与集体组织签订承包合同等有关民事活动中。农村承包经营户的主体资格的取得与工商个体户不同,不存在登记注册的问题。农民进城务工或者向城镇居民出售粮食、蔬菜等农产品,其主体地位为自然人,而不为农村承包经营户。对于违反承包合同或者侵犯其经济权利的集体经济组织或者个人,他们有权向人民法院起诉要求保护。农村承包经营户应接受集体经济组织的指导和管理,集体经济组织应当尊重农村承包经营户的自主权,不得非法干预。

(三) 农村承包经营户的债务承担

依据《民法典》第 56 条第 2 款的规定,农村承包经营户的债务,以从事农村土地承包经营的农户财产承担;事实上由农户部分成员经营的,以该部分成员的财产承担。

第五章 法　　人

第一节　法人概述

一、法人的概念与特征

（一）法人的概念与法人制度的形成

法人是与自然人相对应的民事主体。《民法典》第57条规定："法人是具有民事权利能力和民事行为能力，依法独立享有民事权利和承担民事义务的组织。"这一规定揭示了法人的内涵。

现代法人制度和法人观念萌芽于罗马法。罗马法上没有法人的概念，法人这个概念是中世纪注释法学派在总结概括罗马法的基础上提出来的。

"12、13世纪时，注释法学者虽受罗马法影响，时用法人一语，但当时彼等所见者，并非真正之法人，乃不过为团体及共同态而已。"①自15世纪末，荷兰和英国工商业得到发展，先后成立了各种商业公司，随着商品经济的发展和投资风险的不断发生，人们逐步萌生出摆脱商业风险的意识，合伙型的公司逐步向法人型公司过渡，1612年英国东印度公司将各个个人的资本合并为共同资本，公司有了由其支配的相对独立的财产和团体人格。19世纪出现了股份有限公司和有限责任公司，公司才有了完全独立的人格。

1804年的《法国民法典》没有规定法人制度，主要原因是法国大革命以后，个人主义思想达到顶峰，对团体人格采取排斥态度，同时也是为了防止封建势力利用团体组织进行复辟活动②（后来在《法国民法典》修正的条文中用了法人概念）。1896年颁布的《德国民法典》将法人规定为与自然人并列的民事主体，将法人分为社团、财团和公法人，规定了社团法人的成立、登记、章程、法人机关、破产和清算等，建立了完备的法人制度。③

---

① 李宜琛：《日耳曼法概说》，商务印书馆1943年版，第29页。
② 关于《法国民法典》不规定法人制度的背景，参见郑玉波：《民法总则》，台湾三民书局1995年版，第125—126页；尹田：《民事主体理论与立法研究》，法律出版社2003年版，第154页。
③ 关于法人制度的形成，参见〔意〕彼德罗·彭梵得：《罗马法教科书》，黄风译，中国政法大学出版社1992年版，第50—54页；周枬：《罗马法原论》（上册），商务印书馆1994年版，第268—269页；范健、蒋大兴：《公司法论》（上卷），南京大学出版社1997年版，第8—11页；史尚宽：《民法总论》，中国政法大学出版社2000年版，第138—139页。

(二) 法人的特征

1. 法人是社会组织

所谓社会组织是指按照一定的宗旨和条件建立起来的具有明确的活动目的和内容,有一定组织机构的有机整体。作为民事主体的法人或为自然人组成的社会集合体,或为以一定数量的财产集合为基础组成的社会组织。法人作为社会组织体是区别于自然人生命体的关键所在。自然人是民事主体,法人也是民事主体。

2. 法人是具有民事权利能力和民事行为能力的社会组织

法人是社会组织,但并不是任何社会组织都能取得法人资格。例如大学班集体,虽为组织体,但不能取得法人资格。只有具备法人的成立条件,具有民事权利能力和民事行为能力的社会组织,才能取得法人资格。而且,即使取得法人资格的社会组织,也不是在任何情况下都以法人的名义进行活动,例如机关法人在进行公务活动时就不是以法人的名义出现的,而只有在进行民事活动或者民事诉讼时,才以法人的名义出现。

3. 法人是依法独立享有民事权利和承担民事义务的组织

这是法人区别于非法人组织的根本所在。其主要表现为:

(1) 独立的组织。法人为独立的组织的具体含义在于:法人的民事主体资格与组成法人的自然人的民事主体资格是彼此独立的,某个或者某些成员的死亡或者退出法人组织,不影响法人的存续;法人的组织无须依靠其他组织或者单位而独立存在。必须依赖其他组织而存在的组织,如工厂的车间、机关的科室等都不是独立的组织,不能成为法人。独立的组织是法人的基本特征之一,也是取得法人资格的基本条件之一。

(2) 独立的财产。法人的独立财产,是指法人所有或者经营管理的全部财产。法人的财产独立于其出资者的财产。例如,公司的财产属于公司,独立于公司股东个人的财产;国家举办的事业单位法人的财产和国家机关法人的财产,独立于国库的财产和国家的其他财产。具有独立的财产是法人的特征之一,也是法人成立的物质基础。

(3) 独立的责任。法人具有独立的组织和独立的财产,就可以以自己的名义进行民事活动,独立享有民事权利和承担民事义务。如果法人违反民事义务,由法人独立承担民事责任。法人的财产不足以清偿债务时,法人的出资者不承担责任(法律另有规定的除外)。独立承担民事责任是法人具有独立的组织和独立的财产的必然结果。独立责任,是法人制度的突出优点,也是法人的重要特征。

二、法人制度的作用

法人作为有别于自然人的民事主体,具有单个自然人不可比拟的优势,就营利法人而言,其优势或作用表现为:(1)聚集财产的优势。营利法人财产是由其成员出资构成的,特别是股份制的制度设计,可以使营利法人在短时间内聚集巨资,完成单个自然人无法完成的事业。(2)事业程序的永久性。营利法人在理论上具有永久性,可以突破自然人的生命限制,成员的去留不影响法人的存在。(3)分散风险。营利法人在经营中的风险由营利法人承担,其成员只在出资范围内承担责任。(4)优化管理。营利法人聚集其成员智慧,通过相关制度优化管理,特别是管理人员的职业化,更能使优化管理的价值目标得以实现。

就非营利法人而言,其优势或作用表现为:(1)实现公益价值。无论是事业单位法人、社会团体法人,还是以捐赠财产而成立的基金会法人,都是以公益为其设立目的。公益价值通过公益法人制度得以实现。(2)确保财产价值。通过捐赠财产设立的基金会法人,在制度设计上严格区分法人财产和管理人员财产,从而防止管理人员中饱私囊,以实现确保财产价值之目的。

三、法人的分类

(一)《民法典》对法人的分类

《民法典》将法人分为营利法人、非营利法人和特别法人。

1. 营利法人

依《民法典》第76条的规定,以取得利润并分配给股东等出资人为目的成立的法人,为营利法人。营利法人包括有限责任公司、股份有限公司和其他企业法人等。

2. 非营利法人

依《民法典》第87条的规定,为公益目的或者其他非营利目的而成立,不向出资人、设立人或者会员分配所取得利润的法人,为非营利法人。非营利法人包括事业单位、社会团体、基金会、社会服务机构等。

3. 特别法人

依《民法典》第96条的规定,机关法人、农村集体经济组织法人、城镇农村的合作经济组织法人、基层群众性自治组织法人,为特别法人。

(二)外国立法和学理对法人的分类

外国立法和学理对法人的分类与《民法典》的规定不同,在立法上和学理上有一定参考价值。

1. 社团法人与财团法人

社团法人与财团法人的划分是传统民法的基本分类。私法人可分为社团法人与财团法人。其划分标准是法人成立的基础。社团法人是以社员为基础的人的集合体，也称为人的组合。公司、合作社、各种协会与学会等都是典型的社团法人。财团法人是指为一定目的而设立的，并由专门委任的人按照规定的目的使用的各种财产，也称财产组合。各种基金会组织、寺院、慈善组织等都是典型的财团法人。

传统民法区分社团法人与财团法人的意义是：(1) 成立基础不同。社团法人以人为基础，有自己的组织成员或者社员；财团法人以财产为基础，因而没有法人成员。(2) 设立人的地位不同。社团法人的设立人，在法人成立时成为其成员，并享有社员权；而财团法人的设立人，因于法人成立时与法人相脱离，故不为法人成员。(3) 设立行为不同。社团法人的设立行为属于共同民事法律行为，且为生前行为；而财团法人的设立行为则为单方民事法律行为，有的为死后生效的行为。(4) 有无意思机关不同。社团法人有自己的意思机关，故又称自律法人；财团法人则没有该机关，故又称他律法人。(5) 目的不同。社团法人设立的目的可以是为了营利，也可以为了公益，故社团法人可分为营利法人、公益法人和中间法人；财团法人的设立目的只能是为了公益，所以财团法人只能是公益法人。

2. 营利法人与公益法人、中间法人

根据法人成立或者活动的目的不同，法人可分为营利法人、公益法人和中间法人。营利法人是指以营利并分配给其成员为活动目的的法人，如公司等；公益法人是指以公益为其活动目的的法人，如学校、医院、慈善组织等；中间法人是指既非以营利为目的又非以公益为目的的法人，如同乡会、校友会等。

传统民法区分营利法人与公益法人的意义是：(1) 目的不同。营利法人以营利并分配给其成员为目的，公益法人以公益为目的。(2) 设立准则不同。营利法人依特别法如公司法的规定设立；而公益法人除有特别法外，一般依民法的规定设立。(3) 设立程序不同。营利法人的设立，除有特别规定外，一般不需要得到主管机关的许可；公益法人则必须得到这种许可后才能成立。(4) 法律形式不同。营利法人只能采取社团法人的形式；公益法人既可采取社团法人的形式，又可采取财团法人的形式。(5) 民事活动的范围不同。营利法人可从事各种营利性事业；公益法人无权从事以向其成员分配盈利为目的的营利性事业，否则构成违法。

3. 公法人与私法人

公法人与私法人的划分是传统民法的基本分类。公法人是指以社会公共利益为目的，由国家或者公共团体依公法所设立的行使或者分担国家权力或者政府职能的法人；私法人是指以私人利益为目的，由私人依私法（如订立合同和捐助行为）而设立的法人。对于那些以私人目的而设立但又与公众有密切联系并被授予某些公共职能的法人,如桥梁、铁路、市内交通、电话电报等公司,有的学者主张应定为准公法人或者中间法人。

传统民法区分公法人和私法人的意义是:(1)诉讼方式不同。对于公法人因行使公共权力所生争执,依行政救济程序解决,即行政复议或行政诉讼。对于私法人间所生争执,依民事诉讼程序或者仲裁程序解决。(2)损害赔偿依据不同。因公法人及其职员侵权行为所生损害,依国家赔偿法或者特别规定承担损害赔偿责任;因私法人及其职员侵权行为所生损害,依民法规定承担损害赔偿责任。

应当明确的是,法人是民法上的概念,公法人,如地方政府、国家机关等作为公法人,是以民事主体的身份出现的,而不是以行使公权力的机关身份出现的。

4. 本国法人与外国法人

依法人的国籍,法人可以分为本国法人与外国法人。具有本国国籍的法人为本国法人,不具有本国国籍的法人为外国法人。凡依照中国法律,在中国设立的法人,为中国法人;而中国法人之外的法人,均属于外国法人。因此,外国投资人在中国设立的法人,如外资企业,应为中国法人,而中国投资人在外国设立的法人,应为外国法人。区分中国法人与外国法人的意义,主要在于对外国法人有专门的认许制度,及对外国法人在民事活动的范围上有所限制。

《公司法》第13章对外国公司的分支机构有所规定。按此规定,外国公司是指依照外国法律在中国境外成立的公司。外国公司在中国境内设立分支机构,必须向中国主管机关提出申请,并提交其公司章程、所属国的公司登记证书等文件,经批准后,向公司登记机关办理登记,领取营业执照。外国公司属于外国法人,其在中国境内设立的分支机构不具有中国法人资格。外国公司应对其分支机构的经营活动承担民事责任。

第二节 法人的成立

法人的成立是法人取得民事权利能力和民事行为能力的法律事实。法人的成立须经法定程序,即须经设立和法人资格的取得两个阶段。

一、法人的设立

(一)法人设立的概念

法人的设立是指创办法人组织,使其具有民事权利主体资格而进行的多种连续准备行为,它是法人成立的前置阶段,是法人成立的必经程序。

法人的设立与法人的成立是两个既相联系又相区别的概念。没有法人的设立便没有法人的成立,凡法人成立必须经法人设立。它们是法人产生过程中的两个阶段,因而有以下区别:(1)两者的性质不同。法人的设立是一种准备行为,这种准备行为既有法律性质上的,也有非法律性质上的;而法人的成立则不同,它属于法人产生的形成阶段,其行为均属于法律意义上的行为。(2)两者的要件不同。法人的设立一般要有合法的设立人,存在设立基础和设立行为本身合法等要件;而法人的成立一般应具备依法成立,有必要的财产或者经费以及有自己的名称、组织机构和住所等要件。因此,法人的设立并不当然导致法人的成立,当设立无效时,法人就不能成立。(3)两者的效力不同。法人在设立阶段,仍不具有法人资格,其行为是非法人组织的行为,所发生的债权债务,由设立后的法人享有和承担;如果法人不能成立,则由设立人承担设立行为产生的债务。而法人成立后,即享有民事主体资格,所发生的债权和债务,由法人享有和承担。

(二)法人设立的原则

因类型和时代不同,法人的设立原则亦不相同。主要有:(1)自由设立主义,也称放任主义。即国家对于法人的设立完全听凭当事人自由,不要求具备任何形式,不加以任何干涉和限制。欧洲中世纪商事公司发展时期,此种主义一度盛行。后因放任主义弊端显现,除瑞士民法对非营利法人仍采此主义外,已鲜有采用。(2)特许设立主义。即法人的设立,须经特别立法或者国家元首的许可。此种主义对于法人的设立采取禁止、遏制态度,干涉、限制过多,现代立法鲜有采用。(3)行政许可主义。即法人的设立须经行政机关许可。德国民法对于财团法人的设立,采此种主义;日本民法对公益法人的设立采此种主义。(4)准则主义,亦称登记主义。即法律对于法人的设立,预先规定一定的条件,设立人须遵照此条件设立,无须先经行政机关许可,依照法定条件设立后,仅需向登记机关登记,法人即可成立。德国民法对于社团法人的设立,日本民法对于营利法人的设立采此种主义。(5)强制设立主义。即国家对于法人的设立,实行强制设立主义,此种主义仅适用于特殊产业或者特殊团体。

我国现行法律对法人设立的原则主要有:(1)营利法人的设立原则,一般实行准则主义,如有限责任公司等。但对于商业银行、保险公司等特殊法人,采取特许设立主义。(2)非营利法人的设立原则。事业单位法人和社会团体法人依法不需要办理法人登记的,如中国科学院、中国社会科学院、中华全国总工会、全国妇联等,其设立原则应属于特许设立主义。事业单位和社会团体法人依法需要办理登记的,例如各种协会、学会、行业团体、基金会等,应当经过业务主管部门审查同意,向登记机关申请登记,其设立原则应属行政许可主义。(3)特别法人的设立原则。机关法人的设立取决于宪法和国家机关组织法的规定。农村集体组织法人、城镇农村的合作组织法人的设立,取决于相关法律和行政法规的规定。居民委员会、村民委员会等基层群众性自治组织法人的设立取决于《城市居民委员会组织法》和《村民委员会组织法》的规定,相当于特许设立主义。

(三) 法人设立的方式

在我国,法人设立的方式主要有:(1) 命令设立,即政府以命令的方式设立法人。这种设立方式主要适用于国家机关和全民所有制事业单位。(2) 发起设立,是指由发起人认购法人应发行的全部股份的设立方式。这种设立方式适用于有限责任公司和股份有限公司。(3) 募集设立,即法人组织所需的资金,在发起人未认足之时,向社会公开募集的一种法人设立方式。这种设立方式主要适用于股份有限公司。(4) 捐助设立。即由法人或者自然人募足法人所需资金的一种法人设立方式。这种设立方式主要适用于基金会法人。

(四) 法人设立的要件

根据我国现行立法,法人的设立要件主要有:(1) 设立人或者发起人。法人的设立需要有设立人或者发起人。设立人或者发起人除必须具备民事权利能力和民事行为能力外,法律一般都有关于资格的规定。机关法人的设立人只能是国家;企业法人的设立人可以是自然人、法人,也可以是国家。法律对各类法人的发起人或者设立人的人数亦有规定。如股份有限公司的设立,应当有 2 人以上 200 人以下的发起人,其中有过半数以上在我国境内有住所;事业单位法人的设立人基本上仍由国家或者集体组织充当;社会团体法人的发起人可以是个人,也可以是组织。(2) 设立基础。设立法人的类型,必须是现行法律加以确认的。如果现行法律尚未确认,设立人不得自行创立一种类型加以设立。(3) 设立行为本身合法。设立人设立法人所实施的行为应符合法律规定,不得实施法律所禁止的行为或者利用不正当手段谋求资格要件的实现。[①]

(五) 法人设立的民事责任

在法人设立过程中,发起人往往要实施一系列民事行为,这些民事行为所产生的民事责任应由谁承担呢? 依照《民法典》第 75 条的规定:(1) 设立人为设立法人从事的民事活动,其法律后果由法人承受;法人未成立的,其法律后果由设立人承受,设立人为二人以上的,享有连带债权,承担连带债务。(2) 设立人为设立法人以自己的名义从事民事活动产生的民事责任,第三人有权选择请求法人或者设立人承担。

法人设立后取得法人资格,才为法人成立。依照《民法典》第 77 条、第 78 条的规定,营利法人经依法登记成立,营利法人自营业执照签发之日起取得法人资格。依照《民法典》第 88 条和第 90 条的规定,事业单位法人或者社会团体法人依法不需要办理法人登记的,从成立时起即取得法人资格;依法需要办理法人登记的,经登记之日起取得法人资格。依照《民法典》第 92 条的规定,捐助法人自依法登记之日起取得法人资格。依照《民法典》第 97 条的规定,机关法人自成立

---

① 马俊驹、余延满:《民法原论》(上),法律出版社 1998 年版,第 151 页。

之日起取得法人资格。

二、法人应具备的条件

法人应具备的条件,是指取得法人资格所必须具备的基本条件。法人应具备的条件与法人的特征有联系,但并不完全相同。法人的特征指的是社会组织取得法人资格后具有的特点。法人应具备的条件是指取得法人资格所应具备的基本条件。不同的法人要求具备的具体条件不同,各国和地区的法律规定也不同。

根据《民法典》的规定,法人应当具备以下条件:

(一) 依法成立

依法成立是指依照法律规定而成立。首先,法人组织的设立合法,其设立的目的、宗旨要符合国家和社会公共利益的要求,其组织机构、设立方式、经营范围、经营方式等要符合法律的要求;其次,法人的成立程序符合法律、法规的规定。

(二) 有自己的章程

法人作为团体组织必须要有章程,无章程无以成团体,法人章程应对法人的设立目的、名称、宗旨、组织机构及成员地位等重要事项加以规定。法人章程是法人成员权利义务的依据,是法人进行民事活动的基本准则。对于公司法人而言,其章程是公司的纲领性文件,对公司、股东、董事、监事、高级管理人员具有约束力。《民法典》第79条规定,设立营利法人应当依法制定法人章程。第91条规定,设立社会团体法人应当依法制定法人章程。第93条规定,设立捐助法人应当依法制定法人章程。

(三) 有必要的财产或者经费

法人作为独立的民事主体,要独立进行各种民事活动,独立承担民事活动的后果。因此,法人应有必要的财产或者经费,否则,法人无法进行各种民事活动。所谓必要的财产或者经费是指法人的财产或者经费应与法人的性质、规模等相适应。我国《公司法》虽然在有限责任公司的设立中废除了资本最低限额要求,以适应"大众创业,万众创新"的时代步伐,但是并不是否认有限责任公司的设立有必要财产的要求,只不过该要求为"符合公司章程规定的全体股东认缴的出资额"。为了防止此条之滥用,《公司法》第47条规定,全体股东认缴的出资额由股东按照章程的规定自公司成立之日起5年内缴足。此外,我国《商业银行法》第13条规定,设立全国性商业银行的注册资本最低限额为10亿元人民币。设立城市商业银行的注册资本最低限额为1亿元人民币,设立农村商业银行的注册资本最低限额为5000万元人民币。必要的财产或者经费是法人生存和发展的基础,也是法人独立承担民事责任的物质基础。因此,法人具备必要的财产或者经费是法人应具备的最重要的基础条件。

(四)有自己的名称、组织机构和住所

法人应该有自己的名称,通过名称的确定使自己与其他法人相区别。我国《企业名称登记管理规定》对企业名称的组成、使用等作了规定。根据该规定,企业的名称应由行政区划名称、字号、行业或者经营特点、组织形式组成。企业名称应当使用汉字,民族自治地方的企业名称可以同时使用本民族自治地方通用的民族文字。企业使用外文名称的,其外文名称应当与中文名称相一致,并报登记主管机关登记注册。可见,企业名称不是可随便确定而使用的。企业只准使用一个名称,在登记主管机关辖区内不得与已登记注册的同行企业名称相同或者近似。作为机关法人、事业单位法人、社会团体法人等非企业法人的名称,应与其活动范围、活动内容等相适应。这类非企业法人的名称,有的是由国家直接命名而无须工商登记,如国家机关法人名称;有的则应根据活动性质命名,并依法进行登记,如社会团体法人依法由民政部门登记。总之,每一个法人都应有自己的名称。

法人是社会组织,法人的意思表示必须依法由法人组织机构来完成,每一个法人都应该有自己的组织机构,如股份有限公司法人的组织机构依法应由三部分组成:权力机构——股东会;执行机构——董事会;监督机构——监事会。三机构有机地构成公司法人的组织机构,代表公司进行相应的活动。如果没有组织机构,就不能够成为法人。

法人的成立应当有住所。作为法人的住所,既可以是自己所有的,也可以是租赁他人的,还可以是和他人共用的。住所作为法人应具备的条件,主要是为了交易安全和便于国家主管机关监管。法人的住所是法人的法律关系的中心地。

《民法典》第63条规定:"法人以其主要办事机构所在地为住所。依法需要办理法人登记的,应当将主要办事机构所在地登记为住所。"当法人的事务所存在多处时,以其中心事务所的所在地为住所,例如总公司所在地、总厂所在地、总行所在地等。法人仅有一个事务所的,以该事务所的所在地为住所。

法人成立的条件,特别法有具体规定的,从其规定。

第三节 法人的民事能力

一、法人的民事权利能力

(一)法人民事权利能力的概念

法人的民事权利能力是指法人依法享有民事权利和承担民事义务的资格。根据《民法典》第59条的规定,法人的民事权利能力,从法人成立时产生,到法人终止时消灭。

(二) 法人民事权利能力的限制

法人民事权利能力的限制的意义在于规制法人民事行为的范围,确认法人民事法律行为的效力。

法人的权利能力是否受限制,各国立法有所不同。《德国民法典》没有关于法人权利能力限制的规定。《瑞士民法典》第53条的标题为"权利能力",条文具体内容是:"法人享有除性别、年龄或亲属关系以外的以自然人的本质为要件的一切权利及义务。"1964年颁布的《苏俄民法典》第26条规定:"法人依照其规定的活动目的,享有民事权利能力。"

法人的权利能力是否受限制,学者有不同的观点。拉伦茨认为:"与自然人的权利能力相比,法人的权利能力的范围是有限制的。"[①]我国台湾地区民法学者史尚宽将权利能力区分为一般的权利能力和特别的权利能力。前者就一般的权利得为其主体资格,后者就特定的权利得为其主体资格。他从三个方面阐述了法人权利能力的限制,即因性质之限制、因法令之限制和因目的之限制。[②]

我国的通说是参考史尚宽的观点,也认为法人权利能力有三个方面的限制,但具体阐述有所不同。

根据我国现行法律、法规,法人的民事权利能力的限制涉及三方面:(1) 因性质之限制。如依《民法典》第683条之规定,国家机关原则上不得为保证人。因为国家机关是行使国家公权力的公法人,不得从事经营活动。(2) 因法令之限制。如依《广播电视管理条例》第10条第2款之规定,国家禁止设立外资经营、中外合资经营和中外合作经营的广播电台、电视台。(3) 因目的之限制。如依《民法典》第683条之规定,学校、幼儿园、医院等以公益为目的的非营利法人、非法人组织不得为保证人。

有学者反对法人权利能力限制的观点,梅迪库斯认为:"提出法人仅仅具有'限制(相对)权利能力'的观点,实在有点得不偿失。因为一个自然人同样也不能作为保险人出现。尽管如此,没有人说自然人享有限制权利能力。"[③]我国也有学者不赞成法人权利能力限制的观点,其理由大体和梅迪库斯讲的理由相同。

法人目的外的行为是否有效,是个复杂的问题,我们应当根据有关法律规定和立法精神,区别不同的情况处理。例如,我国《民法典》第504条规定:"法人的法定代表人或者非法人组织的负责人超越权限订立的合同,除相对人知道或者应当知道其超越权限外,该代表行为有效,订立的合同对法人或者非法人组织发

---

① 〔德〕卡尔·拉伦茨:《德国民法通论》(上册),王晓晔、邵建东、程建英、徐国建、谢怀栻译,法律出版社2003年版,第123页。
② 史尚宽:《民法总论》,中国政法大学出版社2000年版,第86页、第153—156页。
③ 〔德〕迪特尔·梅迪库斯:《德国民法总论》,邵建东译,法律出版社2000年版,第820页。

生效力。"再如,机关法人经营商业,显然超出了机关法人设立的目的,其经商的行为无效。

二、法人的民事行为能力

法人的民事行为能力是指法人能以自己的行为取得民事权利和承担民事义务的资格。与自然人的民事行为能力相比较,法人的民事行为能力有以下特点:(1)法人的民事行为能力享有的时间与其民事权利能力享有的时间一致。(2)法人的民事行为能力的范围与民事权利能力的范围一致。(3)法人的民事行为能力由法人机关或者代表人实现。法人机关或者代表人以自己的意思表示,代表着法人的团体意思,其根据法律、章程而实施的民事法律行为,就应认为是法人的行为,其法律后果由法人承担。

三、法人目的范围限制的性质

关于法人目的范围限制的性质,学者之间存在不同观点:(1)权利能力限制说。[①] 该说认为,法人的目的范围对法人活动的限制是对法人权利能力的限制。法人的目的仅限制其权利能力,对其行为能力不构成限制。(2)行为能力限制说。[②] 该说认为,法人的目的范围属于对其行为能力的限制。(3)代表权限制说。[③] 该说认为,法人的目的外行为属于超越代表权的行为,应为无效,存在依代理的法理予以追认的可能性。(4)内部责任说。该说认为,法人的目的不过是决定法人机关内部的责任而已,因此,法人的目的外行为应为有效。本书作者认为,法人民事行为能力的特点之一是民事行为能力的范围与民事权利能力的范围一致,因此对法人目的范围限制的性质应当将民事权利能力的限制与民事行为能力的限制结合起来考察。正如有的主张法人权利能力限制的学者所说,法人行为能力的范围应当以法人权利能力的范围为标准决定。[④] 如果说法人仅仅具有限制权利能力的观点实在有点得不偿失,那么,法人仅仅具有限制民事行为能力的观点也有点得不偿失。研究法人目的范围限制的性质的意义在于法人目的外的行为是否有效,对此本书在法人的民事权利能力部分已经阐明,这里不再赘述。

---

① 刘定华、曲茂辉主编:《民法学》,湖南人民出版社 2001 年版,第 123 页。
② 梁慧星:《民法总论》(第四版),法律出版社 2011 年版,第 129 页。
③ 同上。
④ 郑玉波:《民法总则》,台湾三民书局 1995 年版,第 133 页。

四、法人的民事责任能力

(一) 法人民事责任能力的概念

法人的民事责任能力,是指法人对自己的侵权行为承担民事责任的能力或者资格。民法承认法人具有民事权利能力和民事行为能力,具有自己的独立意思。其代表人依法或者依法人的章程实施的对外行为就是法人的行为,其代表人行使职权过程中的侵权行为,即构成法人的侵权行为。因此,法人亦应有民事责任能力。

(二) 法人有无民事责任能力的学说

关于法人有无民事责任能力的学说主要有二:(1) 否定说。认为法人无民事责任能力,这属法人拟制说的主张,其所持理由不尽相同。有的认为法人无意思能力,所以法人无民事责任能力;有的认为法人仅于法律法规认许的目的内存续,超越法人目的的行为,即不为法人行为,故法人无民事责任能力;有的认为董事等名为法人的代表人实为法人的代理人,代理限于民事法律行为,侵权行为不适用代理规定,故法人无民事责任能力。(2) 肯定说。认为法人有民事责任能力,这属法人实在说的主张,其所持理由也不尽相同。有的认为法人有意思能力,故法人有民事责任能力;有的认为法人机关的行为即为法人行为,即法人有民事责任能力;有的认为法人有民事责任能力系法律所明定。现代民法均规定法人应负损害赔偿责任。

《民法典》第62条第1款规定,法定代表人因执行职务造成他人损害的,由法人承担民事责任。《民法典》第1191条规定,用人单位的工作人员因执行工作任务造成他人损害的,由用人单位承担侵权责任。

(三) 法人的民事责任

1. 法人对其法定代表人和其他工作人员的职务行为承担民事责任

根据《民法典》第62条第1款的规定,法定代表人因执行职务造成他人损害的,由法人承担民事责任。因为法定代表人执行职务的行为就是法人的行为,依照《民法典》第61条第2款的规定,法定代表人以法人名义从事的民事活动,其法律后果由法人承受。法定代表人的过错,就是法人的过错,法人对法定代表人的职务行为造成的损害承担民事责任,是自己责任,其原因不仅是因为法人对法定代表人的选任和职务授权负有直接责任,也是因为法人对其法定代表人的经营活动负有监督义务。

根据《民法典》第62条第2款的规定,法人承担民事责任后,依照法律或者法人章程的规定,可以向有过错的法定代表人追偿。法人向法定代表人行使追偿权的规则是:(1) 只能针对法定代表人违反章程的行为或者违法行为,法定代表人正常的经营行为甚至一定限度内的越权行为,给法人造成损害的,法人不得追偿。(2) 法人行使追偿权以法定代表人存在过错为前提。在司法实践中,该过错通常为故意或者重大过失。

根据《民法典》第170条的规定,执行法人或者非法人组织工作任务的人员,就其职权范围内的事项,以法人或者非法人组织的名义实施的民事法律行为,对法人或者非法人组织发生效力。法人的其他工作人员与法人之间的关系为职务代理关系,法人对其他工作人员执行职务的行为承担民事责任,是基于对代理后果的承受。法人对其他工作人员执行职务承担责任,是因为法人对其他工作人员的选任和指示负有义务,并对其他工作人员执行职务的行为负有监督义务。当然,法人承担责任以后,对存在故意或者重大过失的工作人员享有追偿权。

2. 法人对自己的民事违法行为承担民事责任

法人应当在核准登记的经营范围内从事经营活动,法人从事非法经营或者向登记机关、税务机关隐瞒真实情况,弄虚作假、抽逃资金、隐匿财产以逃避债务以及从事其他违法活动,损害国家利益或社会公共利益,或者给他人造成损失的,应首先追究法人的责任。法人承担责任后可依据法律或公司章程的规定向违法或违章的法定代表人或工作人员追偿。

第四节 法人的机关

一、法人机关的概念和特征

法人机关是指根据法律、章程或者条例的规定,于法人成立时产生,不需要特别委托授权就能够以法人的名义对内负责法人的生产经营或者业务管理,对外代表法人进行民事活动的集体或者个人。

法人机关具有以下法律特征:

(1) 法人机关是根据法律、章程或者条例的规定而设立的。

依照《民法典》第80条和第81条的规定,营利法人应当设立权力机构和执行机构。依照《公司法》的规定,公司法人的机关依法律、章程设立。依照《民法典》第91条第2款、第3款的规定,社会团体法人应当设立会员大会或会员代表大会等权力机构,应当设立理事会等执行机构。依照《民法典》第93条第2款和第3款的规定,捐助法人应当设立理事会等决策机构,并设立执行机构和监事会等监督机构。

(2) 法人机关是法人的有机组成部分。

法人机关并不是独立主体,它不能独立于法人之外而单独存在,而是依附于法人,并且作为法人组织机构的一个重要组成部分而存在。同时,任何社会组织要成为法人,也必须设立自己的机关,法人的机关与法人的成立同时产生。否则,法人就无法实现其民事权利能力和民事行为能力,就无法成为独立的民事主体。

(3) 法人机关是形成、表示和实现法人意志的机构。

法律赋予法人以独立的民事主体地位,意味着法人可以独立存在于社会之中,并具有自己独立的意志,而法人作为一种社会组织,与自然人不同,其意志应通过机关形成,其意志的表示或者实现要通过机关来完成,其意志的健全或者完善,要通过一定的机关的约束和监督来实现。因此,法人机关的意志就是法人的意志,法人机关所为的行为就是法人的行为,其法律后果由法人承担。

(4) 法人机关是法人的领导或者代表机关。

法人机关对内负责法人的生产经营或者业务管理,对外代表法人进行民事活动。

(5) 法人机关由单个的个人或者集体组成。

由单个的个人形成的法人机关称为独任机关,独任机关集法人的决策、执行职能为一体;由集体组成的法人机关称为合议制机关,如股份有限公司的股东大会、董事会、监事会。

法人的机关不同于法人的组织机构,而是法人组织机构的重要组成部分。法人机关仅指法人组织机构中的权力机构、执行机构与监督机构。

二、法人机关的构成及法定代表人

(一) 法人机关的构成

一般来说,法人机关由权力机构、执行机构和监督机构三部分构成。法人的权力机构,又称决策机构,是法人自身意思的形成机关,有权决定法人的生产经营或者业务管理的重大问题,如股份有限公司的股东大会。依照《民法典》第80条的规定,权力机构是营利法人的必设机关,行使修改法人章程,选举或者更换执行机构、监督机构成员,以及法人章程规定的其他职权。依据《民法典》第81条的规定,法人的执行机构是营利法人的必设机关,行使召集权力机构会议,决定法人的经营计划和投资方案,决定法人内部管理机构的设置,以及法人章程规定的其他职权。执行机构为董事会或者执行董事的,董事长、执行董事或者经理按照法人章程的规定担任法定代表人;未设董事会或者执行董事的,法人章程规定的主要负责人为其执行机构和法定代表人。非营利法人中的社会团体法人执行机构是其理事会,机关法人、事业单位法人的负责人为其执行机构。法人的监督机构,是指对法人执行机构的行为进行监督检查的机构,依据《民法典》第82条的规定,营利法人设监事会或者监事等监督机构的,监督机构依法行使检查法人财务,监督执行机构成员、高级管理人员执行法人职务的行为,以及法人章程规定的其他职权。监督机构不是一切法人的必设机关,是否设立监督机构依法律规定、法人章程、设立命令或者决策机构的决定而定。

(二)法定代表人

法定代表人是指依照法律或者法人章程的规定,代表法人行使职权的负责人。法定代表人的特点是:(1)法定代表人是法定的或者章程确定的。根据《民法典》第81条第3款的规定,"执行机构为董事会或者执行董事的,董事长、执行董事或者经理按照法人章程的规定担任法定代表人;未设董事会或者执行董事的,法人章程规定的主要负责人为其执行机构和法定代表人"。依据《公司法》第10条的规定,公司的法定代表人依照公司章程的规定,由代表公司执行公司事务的董事或者经理担任。(2)法定代表人是代表法人行使职权的负责人。法定代表人一般是执行机构的负责人,其可以依照法律或者章程的规定而无须法人机关的专门授权,以法人的名义,代表法人对外进行民事活动,并为签字人。(3)法定代表人是代表法人从事业务活动的自然人。法定代表人只能是自然人,且该自然人只有代表法人从事民事活动和民事诉讼活动时才具有这种身份。当自然人以法定代表人的身份从事法人的业务活动时,并不是独立的民事主体,而只是法人这一民事主体的代表。

法定代表人应具备的条件是:(1)必须具有完全民事行为能力。(2)必须具有一定管理能力和业务知识。(3)必须不存在不得担任法定代表人的情形。如依《公司法》第178条的规定,有下列情形之一的,不得担任公司的董事、监事、高级管理人员:① 无民事行为能力或者限制民事行为能力;② 因贪污、贿赂、侵占财产、挪用财产或者破坏社会主义经济秩序,被判处刑罚,或者因犯罪被剥夺政治权利,执行期满未逾5年,犯上述罪行被宣告缓刑的,自缓刑考验期满未逾2年;③ 担任破产清算的公司、企业的董事或者厂长、经理,并对该公司、企业的破产负有个人责任的,自该公司、企业破产清算完结之日起未逾3年;④ 担任因违法被吊销营业执照、责令关闭的公司、企业的法定代表人,并负有个人责任的,自该公司、企业被吊销营业执照之日起未逾3年;⑤ 个人所负数额较大的债务到期未清偿被人民法院列为失信被执行人。(4)企业法人的法定代表人原则上可兼任其他法人的法定代表人,但法律有特别限制的除外,如《公司法》第175条规定,国有独资公司的董事、高级管理人员未经履行出资人职责的机构同意,不得在其他有限责任公司、股份有限公司或者经济组织兼职。机关法人、事业单位法人、国家举办的社会团体法人的法定代表人,原则上不得兼任其他法人的法定代表人。

在实务中,应予注意的是,依据《合同编通则解释》第20条的规定,法定代表人所签合同事项依照法律、行政法规规定应由法人的权力机构或者决策机构决议,或者应由法人执行机构决定,而法定代表人未取得授权便以法人名义签订合同的,未尽合理审查义务的相对人主张该合同对法人发生效力并要求法人承担违约责任的,人民法院不予支持;但是,法人有过错的,应承担相应的过错赔偿责任;相对人已尽到合理审查义务,构成表见代表的,合同对法人发生效力。合同所涉事项未超越法律、行政法规规定的法定代表人的代表权限,但是超越法人章程或者权力机构等对代表权的限制,相对人主张合同对法人发生效力并由其承担违约责任的,人民法院依法予以支持。但法人能证明相对人知道或应当知道该限制的除外。法人承担责任后,有权向有过错的法定代表人追偿。

三、法人机关决议(决定)的效力

(一) 法人机关的决议(决定)的概念

法人机关的决议(决定)是指法人机关依照法律规定或章程规定的程序表决形成的决议,法人机关的决议(决定)是法人机关的意思表示。法人机关的决议(决定)包括权力机构的决议(决定)、执行机构的决议(决定)、监督机构的决议(决定)。

(二) 法人机关决议(决定)的无效和撤销

法人机关的决议(决定)内容违反法律、行政法规的即属无效决议(决定)。依据《公司法》第 25 条的规定,公司股东会、董事会的决议内容违反法律、行政法规的无效。我国《公司法》对于股东会决议的无效之诉的原告、被告未作明确规定。依据英美法,股东会决议(决定)无效之诉的原告限定为股东。依据德国、日本、韩国等大陆法系国家法律,股东会决议(决定)无效之诉的原告除股东外还包括董事、监事。至于股东会决议(决定)无效的被告,依学理则应为公司。股东会决议(决定)无效应为自始无效、确定无效、当然无效。

法人机关的决议(决定)违反法律规定的程序或章程规定的内容和程序的,属于可撤销的决议(决定)。依据《公司法》第 26 条的规定,股东会、董事会的会议召集程序、表决方式违反法律、行政法规或者公司章程,或者决议内容违反公司章程的,股东自决议作出之日起 60 日内,可以请求人民法院撤销。依据《公司法》第 27 条的规定,对未召开股东会、董事会会议作出的决议,对股东会、董事会未进行表决的决议事项,对出席会议人数或者所持表决权数未达到要求的决议,对同意决议事项的人数或所持表决权数未达到要求的决议,股东可提起决议不成立的确认之诉。《民法典》第 94 条第 2 款规定:"捐助法人的决策机构、执行机构或者法定代表人作出决定的程序违反法律、行政法规、法人章程,或者决定内容违反法人章程的,捐助人等利害关系人或者主管机关可以请求人民法院撤销该决定。但是,捐助法人依据该决定与善意相对人形成的民事法律关系不受影响。"

(三) 法人机关决议(决定)与善意相对人

法人机关的决议(决定)对善意第三人不生效力。依据《民法典》第 94 条第

2 款的规定,捐助法人所作决议(决定)被撤销后,依据该决议(决定)与相对人形成的民事法律关系不受影响,即法人机关的内部决议(决定)对善意相对人不生效力。依据《民法典》第 61 条第 3 款的规定,"法人章程或者法人权力机构对法定代表人代表权的限制,不得对抗善意相对人"。

四、法人机关与法人的关系

关于法人机关与法人的关系问题,存在两种主要学说:(1)代理说。该说认为法人为拟制人,它本身没有意思能力和行为能力。因此,法人作为一个民事主体进行民事活动,只能由自然人代理。法人机关是法人的代理人,法定代表人是法人的法定代理人,法人机关与法人的关系是代理关系。法人对法人机关的活动承担责任是基于代理规则。(2)代表说。该说认为,法人是社会组织体,法人具有民事权利能力和民事行为能力,法人机关是法人意思的形成者和执行者,法人机关在其权限范围内的活动为法人本身的活动。法人机关是法人的代表者,法人机关与法人的关系是代表关系。

通说认为,法人机关是法人的组成部分,法人机关与法人只有一层法律人格。法人机关在其权限范围内所为的一切行为,均为法人本身的行为,其行为后果由法人承受。法人机关不是独立的权利主体,而是法人的有机组成部分。这种关系不同于代理关系:其一,在代理关系中,代理人与被代理人是两个独立的民事主体,存在代理人与被代理人的二元对立关系;而法人机关与法人的关系,为部分与整体的一元关系。其二,在代理关系中,必须有代理人的意思和被代理人的意思,即存在两个意思;而在法人机关与法人的关系中,只有一个意思,即法人意思。其三,在代理关系中,代理行为是代理人的行为,不是被代理人的行为,只不过这种行为后果依代理规则直接由被代理人承受;而法人机关的行为,就是法人的行为,其行为后果自然归属于法人。

第五节 法人的分支机构

一、法人分支机构的概念

法人的分支机构是根据法人的意思在法人总部之外依法设立的法人分部,其活动范围限于法人的活动范围。法人的分支机构是法人的组成部分;分支机构的行为后果,最终由所属法人承受。

依据《民法典》第 74 条的规定,法人可以依法设立分支机构,分支机构可以以自己的名义从事民事活动。即可以以自己的名义签订合同,招募员工,从事生产与经营;分支机构进行民事法律行为所产生的民事责任由法人承担,分支机构不具有独立承担民事责任的能力,但可以首先由分支机构管理的财产予以承担,不足部分由法人承担。依据《民事诉讼法》的相关规定,分支机构可以作为诉讼主体,成为诉讼中的原告和被告。依法领取营业执照的营利法人的分支机构还是纳税主体。领取营业执照的分支机构为本节所讨论的对象,其特征是:

(1) 外部形式上具有与企业法人相类似的特点。

它要经过核准登记才能进行业务活动,须拥有自己的名称和组织机构,有可以使用和支配的财产或者经费。在通常情况下,分支机构以自己的名义进行民事活动,享有民事权利,承担民事义务,以其经营的财产承担民事责任;分支机构不能清偿债务时,由法人的其他财产清偿。

(2) 内容上具有从属于营利法人的特点。

这主要表现在:① 它是营利法人依法设立的不具有法人资格的组织,是所属法人的组成部分;② 它只能实现法人宗旨,并在所属法人业务范围内经核准登记进行活动;③ 它的名称必须标明与其所属法人的隶属关系;④ 它所占有、使用的财产不属于自己所有,而是其所属法人财产的组成部分;⑤ 它的管理人员不是由内部产生,而是由其所属法人指派。

营利法人的分支机构又不同于法人的一般科、室、车间、班组等。后者不是法人的分支机构。只有能够独立执行法人职能,即在一定范围内从事业务活动的组织机构,才能作为法人的分支机构。企业法人的分支机构须进行登记,领取营业执照,才具有经营能力。此外,法人的分支机构也不同于法人所创立或者所持股设立的具有独立法律人格的新的法人组织,例如母公司的子公司。子公司虽由母公司控股,却是独立的法人,它与母公司的财产和责任是彼此独立的。

二、企业法人分支机构的成立条件

根据我国《企业法人登记管理条例》的规定,企业法人的分支机构应具备以下条件才能成立:

(一) 依法成立

企业法人的分支机构必须是法律允许设立的经济组织。企业法人设立分支机构应履行法定手续。如商业银行在我国境内外设立分支机构,必须经国务院银行业监督管理机构审查批准。经批准设立的商业银行分支机构,由国务院银行业监督管理机构颁发经营许可证,并凭该许可证向市场监督管理部门办理登记,领取营业执照。

(二) 有自己的名称、组织机构和住所

企业法人的分支机构必须具有不同于其所属法人的依核准登记的名称。在核准登记的范围内,企业法人的分支机构对其名称具有专用权,并以该名称进行业务活动。企业法人的分支机构应设有管理内部事务及对外活动的组织机构。

企业法人分支机构的住所应予登记。在我国,依法设立并领取营业执照的法人的分支机构可以作为诉讼主体。本书作者认为,法人的分支机构经常进行业务活动,对外发生民事法律关系,法人分支机构所在地是其事务执行地,为便于交易,法人的分支机构的业务活动,应当以法人分支机构的所在地为住所。

(三)有一定的财产或者经费

这是企业法人分支机构进行经营活动的物质基础。例如,按《公司法》第245条的规定,外国公司在我国境内设立分支机构,应向该分支机构拨付与其所从事的经营活动相适应的资金。

《民法典》第74条第1款规定:"……法律、行政法规规定分支机构应当登记的,依照其规定。"依据《保险法》第80条的规定,外国保险机构在中华人民共和国境内设立代表机构,应当经国务院保险监督管理机构批准。保险公司分支机构不具有法人资格,其民事责任由保险公司承担。《商业银行法》第19条、第22条,《公司法》第13条也有类似规定。这些规定明确了法人的分支机构的地位,即法人的分支机构属于法人的组成部分,其行为后果由法人承受。

三、企业法人分支机构的法律地位

我国相关立法承认法人的分支机构具有签约主体资格、诉讼主体资格和执行主体资格,不具有独立的责任主体资格,即分支机构进行民事法律行为所产生的民事责任由法人承担,而非由分支机构承担。

第六节 法人的变更、终止与清算

一、法人的变更

(一)法人变更的概念

法人的变更,是指法人在存续期内,法人组织上分立、合并以及在活动宗旨、业务范围上的变化。

营利法人的变更,是为了适应复杂的市场形势,追求自身利益的最大化。营利法人变更自身形式的自由,是企业自由的重要内容。

营利法人可在履行有关法律手续的前提下,变更组织形式或者实行合并、分立,以此改变经营范围,分散经营风险,实现资源的优化配置。

(二)法人变更的类型

1. 法人的合并

它是指两个以上的法人合并为一个法人。法人合并分为吸收合并和新设合并。吸收合并是指一个法人归并到另一个现存的法人中去,参加合并的两个法人,只消灭一个法人,另一个法人继续存在并吸收已消灭的法人。例如浙江大学、杭州大学、浙江农业大学、浙江医科大学等合并为浙江大学就属此种情况。吸收合并的特殊形式为一个法人分成若干部分并入其他法人之中,吸收已消灭的法人的,不是一个法人,而是几个法人。新设合并是指两个以上的法人合并为一个新法人,原来的法人消灭,新的法人产生。例如江西大学和江西工业大学等合并为南昌大学就属此类。

对于法人合并后其债权债务关系的处理,依据《民法典》第67条第1款的规定,法人合并后的债权债务关系由合并后的法人享有和承担。依据《公司法》第220条、第221条的规定,公司合并应当由合并各方签订合并协议,编制资产负债表及财产清单并公告通知债权人,债权人可要求公司清偿债务或者提供相应担保,合并后的债权、债务,由合并后存续的公司或者新设的公司承继。

2. 法人的分立

它是指一个法人分成两个以上的法人。法人分立有新设分立和派生分立两种。新设分立,即解散原法人,而分立为两个以上的新法人。派生分立,即原法人存续,但从中分出新的法人。

对于法人分立后原法人债权债务关系的处理,依据《民法典》第67条第2款的规定,其权利和义务由分立后的法人享有连带债权,承担连带债务,但是债权人和债务人另有约定的除外。依据《公司法》第223条的规定,公司分立前的债务由分立后的公司承担连带责任。但是,公司在分立前与债权人就债务清偿达成的书面协议另有约定的除外。即原法人的债务除债权人明确同意由分立后的法人分别承担外,分立后的法人对此应承担连带责任。

3. 组织形式的变更

对于公司法人而言,存在公司组织形式的变更问题。依照《公司法》第12条的规定,有限责任公司在符合法定条件的前提下,经全体股东一致同意,可以变更为股份有限公司。股份有限公司依照规定也可以变更为有限责任公司。

4. 法人其他重要事项的变更

法人其他重大事项的变更是指法人的活动宗旨和业务范围等事项的变化。根据《民法典》第64条的规定,法人存续期间登记事项发生变化的,应当依法向登记机关申请变更登记。根据《企业法人登记管理条例》第17条的规定,企业法人改变名称、住所、经营场所、法定代表人、经济性质、经营范围、经营方式、注册资金、经营期限以及增设或者撤销分支机构,均属重要事项的变更。

二、法人的终止

(一)法人终止的概念

法人的终止,是指法人丧失民事主体资格,其民事权利能力和民事行为能力终止,又称法人的消灭。

(二) 法人终止的原因

依据《民法典》第 68 条和第 69 条的规定,法人终止的原因有:

1. 法人解散

法人解散的主要事由有:(1) 法人章程规定的存续期间届满或者法人章程规定的其他解散事由出现;(2) 法人的权力机构决议解散;(3) 因法人合并或者分立需要解散;(4) 法人依法被吊销营业执照、登记证书,被责令关闭或者被撤销;(5) 法律规定的其他情形。

2. 依法被宣告破产

营利法人不能清偿到期债务时,人民法院可根据债权人或者债务人的申请,依法宣告其破产。

3. 法律规定的其他原因

如法人的合并、分立、国家经济政策的调整和发生战争等。

三、法人的清算

(一) 法人清算的概念

法人清算,是指清理将终止的法人的财产,了结其作为当事人的法律关系,从而使法人归于消灭的必经程序。机关法人以及事业单位法人的解散适用法律或行政法规的特别规定。依据《民法典》第 70 条第 1 款的规定,法人解散的,除合并或者分立情形外,清算义务人应当及时组成清算组进行清算。

(二) 法人清算的种类

法人清算可分为破产清算和非破产清算两种。破产清算是指依破产法规定的清算程序进行清算。非破产清算则是不依破产法规定的程序进行清算。但在清算时发现其具有破产原因的,即按破产程序处理。

(三) 清算义务人和清算组

清算义务人是指法人解散时对法人债权债务及时予以清算的义务人。依据《民法典》第 70 条第 2 款的规定,法人的董事、理事等执行机构或者决策机构的成员为清算义务人。法律、行政法规另有规定的,依照其规定。在营利法人中,董事会的董事或者执行董事为清算义务人,在非营利法人中,理事会的理事为清算义务人。清算义务人的职责是及时清理法人的债权债务,清算义务人未及时履行清算义务造成损害的,应当承担民事责任。

依据《民法典》第 70 条和第 71 条的规定,清算组是指公司解散时为清理法人的债权债务而组成的清算小组,清算组既可以由清算义务人成立,也可以由主管机关或利害关系人申请,由人民法院指定有关人员组成。清算组的职权和清算程序依照法律的有关规定,没有规定的可以参照公司法的规定。依据《公司法》第234条的规定,清算组的职责是:(1)清算公司财产,分别编制资产负债表和财产清单;(2)通知、公告债权人;(3)处理与清算有关的公司未了结的业务;(4)清缴所欠税款以及清算过程中产生的税款;(5)清理债权、债务;(6)处理公司清偿债务后的剩余财产;(7)代表公司参与民事诉讼活动。

(四)法人在清算期间的性质

关于法人在清算期间的性质多有争议。归纳起来主要有三种观点:(1)清算法人说。认为法人一经解散,即为法人的终止,法人的民事主体资格消灭。但是为了便于清算,应在清算时把原法人视为一个以清算为目的的清算法人,清算法人不享有原法人的民事权利能力和民事行为能力。(2)同一法人说。认为法人的解散并不等同于法人的消灭,只有清算终结时,法人资格才归于消灭。虽然法人在清算期间,已经不能进行各种积极的民事活动,但它还必须以原法人的名义,对外享有债权和负担债务。在法人清算期间,法人资格仍然存在。(3)拟制法人说。认为法人解散即为法人消灭,只是为了清算的目的,法律上拟制法人在清算目的的范围内享有民事权利能力,从法人解散至清算完结视为法人仍然存续。

《民法典》第72条第1款规定:"清算期间法人存续,但是不得从事与清算无关的活动。"这表明清算期间法人资格并不消灭,清算中的法人与清算前的法人具有同一人格,只是其民事权利能力与民事行为能力受清算目的的限制而已。

(五)清算终结

清算终结,即清算人完成上述清算职责。依据《民法典》第72条第3款的规定,清算结束并完成法人注销登记时,法人终止;依法不需要办理法人登记的,清算结束时,法人终止。

第七节 法人的登记

一、法人登记的目的

法人的登记是法人取得民事权利能力和民事行为能力,乃至变更民事权利能力和民事行为能力及消灭民事权利能力和民事行为能力的要件。法人登记的目的在于保护相对人的利益,维护交易安全。特别是营利法人,其登记对于相对人的利益尤显重要。此外,法人登记还有利于国家职能部门掌握情况,便于宏观决策。法人的成立必须采用公示方法,登记即为公示方法。

除依法不需要进行登记的法人以外,法人登记通常包括法人的设立登记、变更登记和注销登记。

二、法人设立登记

法人设立登记是法人依法成立,取得民事主体资格的要件。依《民法典》《企业法人登记管理条例》《社会团体登记管理条例》《事业单位登记管理暂行条例》及《民办非企业单位登记管理暂行条例》等规定，营利法人、部分事业单位法人和绝大多数社会团体法人应依法进行设立登记。

三、法人变更登记

法人变更登记是指法人将有关法人的变化情况向登记机关办理变更手续。根据《民法典》第64条的规定，法人存续期间登记事项发生变化的，应当依法向登记机关申请变更登记。依据我国现行法律，办理变更登记的机关为原设立登记机关。

营利法人变更登记的事项通常包括：合并与分立，变更组织形式，增设或者撤销分支机构及法人经营范围、注册资本、住所、法定代表人、经营方式的变动等。

四、法人注销登记

法人注销登记是法人依法终止，消灭其民事主体资格的要件。

法人注销登记机关与设立登记机关相同，法人注销登记应提交的文件因法人种类不同而不同。

五、法人登记信息公开

《民法典》第66条规定："登记机关应当依法及时公示法人登记的有关信息。"登记机关应依法及时公布法人的登记信息，既是适应信息社会经济发展的要求，也是登记机关的法定义务。特别是对营利法人而言，有利于相对人充分了解登记法人的情况，使其在与登记法人进行民事法律行为时，能在信息对称的基础上作出真实的意思表示。

六、法人登记的效力

法人登记的效力，或为生效效力，或为对抗效力。依《民法典》第77条的规定，营利法人只有经过成立登记，才能取得法人资格，即登记为法人成立的生效要件。依据《民法典》第88条的规定，事业单位法人经依法登记成立，取得法人资格，但依法不需要办理法人登记的除外。依据《民法典》第90条的规定，社会团体法人经依法登记成立，取得社会团体法人资格，但依法不需要办理法人登记的除外。依《社会团体登记管理条例》第3条的规定，除参加中国人民政治协商会议的人民团体，由国务院机构编制管理机关核定并经国务院批准免予登记的团体，机关、团体、企业事业单位内部经本单位批准成立、在本单位内部活动的团体（如学校的棋牌协会等）外，其他社会团体均须经过登记，才能取得法人资格。

如未登记,则不能取得社会团体法人资格。法人的其他登记仅具对抗效力。如甲企业变更了法定代表人,未经登记,原法定代表人与善意第三人签订的合同,甲企业仍应承受。

《民法典》第 65 条规定:"法人的实际情况与登记的事项不一致的,不得对抗善意相对人。"此条规定之目的在于保护善意相对人之利益,因为登记事项具有公示效力,实际情况相对人并不知情,因此进行民事法律行为的法人不得以实际情况与登记情况不一致对善意相对人进行抗辩。

第八节 营利法人

一、营利法人的概念和特征

(一)营利法人的概念

依据《民法典》第 76 条的规定,营利法人是指以取得利润并分配给股东等出资人为目的而成立的法人,即以营利为目的的法人。

(二)营利法人的特征

(1)是以营利为目的的法人。以营利为目的包含以下三方面的含义:第一,具有依法营业的特点。营利法人应当通过营业来营利,营业是手段,营利是目的。只有通过合法的营业,才能达到营利的目的。第二,具有连续营业的特点。营利法人的经营活动具有连续性,而不是具有一时性。只有通过连续的营业,其营利目的才能得到实现。第三,营利法人以将其所获利润分配给股东等出资者为目的。一个非营利法人也可进行营利性质的民事活动,比如一个慈善性质的基金会,可将钱存于银行获得利息,还可以"按照合法、安全、有效的原则实现基金的保值、增值"(《基金会管理条例》第 28 条)。这些民事活动的目的在于增加法人的财产,但这些财产却不能分配给其捐赠人,而是必须用于章程规定的慈善目的。

(2)必须具有独立财产。营利法人的财产是与其出资者的财产彼此分离的。营利法人的独立财产是其独立进行生产经营和独立承担民事责任的基础。

(3)是依核准登记程序成立的法人。营利法人是生产经营活动的主要参与者,为了规范经济秩序,其成立必须经过核准登记。

(三)营利法人的种类

1. 有限责任公司

有限责任公司又称有限公司,依据《公司法》第 4 条之规定,有限责任公司的股东以其认缴的出资额为限对公司承担责任。有限责任公司既是我国营利法人的法定组织形式,又是我国营利法人的主要组织形式。

2. 股份有限公司

股份有限公司又称股份公司,依据《公司法》第4条的规定,股份有限公司的股东以其认购的股份为限对公司承担责任。其中股票在证券交易所交易的股份有限公司又称"上市公司",股份有限公司也是我国营利法人的法定组织形式和主要组织形式。

3. 其他企业法人

除有限责任公司和股份有限公司外,其他企业法人也属于营利法人,如独资企业等。

二、出资人违反不得滥用权利的义务的损害赔偿责任

依据《民法典》第83条的规定,营利法人的出资人负有不得滥用出资人权利和法人独立地位等义务,滥用出资人权利和法人独立地位等给法人或其他出资人的利益及债权人的利益造成损害的,应当依法承担民事责任。

1. 滥用出资人权利损害法人利益和其他出资人利益的,出资人应承担民事责任

依《公司法》第21条的规定,公司股东不得滥用股东权利损害公司利益和其他股东利益,如抽逃出资或者股本、故意转移公司财产、虚构债务侵害公司财产、违反《公司法》和公司章程损害公司利益的其他行为等,公司股东滥用股东权利给公司或者其他股东造成损害的,应当承担民事责任。

2. 滥用法人独立地位和出资人有限责任损害债权人利益的,出资人对法人债务负连带责任

依《公司法》第23条第1款的规定,公司股东滥用公司法人独立地位和股东有限责任,逃避债务,严重损害公司债权人利益的,应当对公司债务承担连带责任。《民法典》第83条第2款①和《公司法》第23条第1款的规定在学理上被称为法人人格否认或公司人格否认,在实务中主要针对的情形包括:(1) 公司资本显著不足,即公司资本不符合公司经营事业、规模或者经营风险的最低要求。(2) 利用公司独立人格逃避合同义务,包括:为回避契约上特定的不作为义务而设立新公司;"脱壳经营"行为,如控股股东为逃避原公司巨额债务而抽逃资金或解散公司或宣告该公司破产,再以原设备、场地、人员及相同经营目的而另设一新公司;当事人利用公司名义转移公司财产以逃避合同义务;等等。(3) 滥用公司人格逃避法律义务或者获取非法利益的行为,如股东为避免其财产被强制执

---

① 《民法典》第83条第2款规定:"营利法人的出资人不得滥用法人独立地位和出资人有限责任损害法人债权人的利益;滥用法人独立地位和出资人有限责任,逃避债务,严重损害法人债权人的利益的,应当对法人债务承担连带责任。"

行而设立一新公司并将财产转移至该新公司,再如为享受本国公司的优惠而形式上设立一家符合该要求但事实上不符合该要求的公司。(4)公司与股东人格混同,这主要出现在一人公司和母子公司中,人格混同的基本特征为:第一,财产混同,如股东财产和公司财产在经营上无严格区分;第二,业务混同,如某公司完全以另一公司或股东的利益需要为准进行交易活动;第三,组织机构混同,包括公司的意思机关、执行机关及监督机关发生混同,这主要出现在母子公司之中。

三、关联关系人利用关联关系损害法人利益的赔偿责任

依照《民法典》第84条的规定,关联关系人利用关联关系损害法人利益,造成法人损失的,应当承担赔偿责任。《公司法》第22条规定:"公司的控股股东、实际控制人、董事、监事、高级管理人员不得利用关联关系损害公司利益。违反前款规定,给公司造成损失的,应当承担赔偿责任。"

1. 关联关系人

关联关系人包括营利法人的控股股东、实际控制人、董事、监事、高级管理人员。依照《公司法》第265条的规定,所说控股股东,是指其出资额占有限责任公司资本总额超过50%或者其持有的股份占股份有限公司股本总额超过50%的股东;或出资额或者持有股份的比例虽然低于50%,但依其出资额或者持有的股份所享有的表决权已足以对股东会的决议产生重大影响的股东。所说实际控制人,是指通过投资关系、协议或者其他安排,能够实际支配公司行为的人。所说高级管理人员,是指公司的经理、副经理、财务负责人,上市公司董事会秘书和公司章程规定的其他人员。

2. 关联关系的认定

依照《公司法》第265条第4项的规定,所说关联关系,是指公司控股股东、实际控制人、董事、监事、高级管理人员与其直接或者间接控制的企业之间的关系,以及可能导致公司利益转移的其他关系。但是,国家控股的企业之间不能仅因为同受国家控股而就认定具有关联关系。

四、营利法人的社会责任

《民法典》第86条规定:"营利法人从事经营活动,应当遵守商业道德,维护交易安全,接受政府和社会的监督,承担社会责任。"《公司法》第19条规定:"公司从事经营活动,应当遵守法律法规,遵守社会公德、商业道德,诚实守信,接受政府和社会公众的监督。"第20条规定:"公司从事经营活动,应当充分考虑公司职工、消费者等利益相关者的利益以及生态环境保护等社会公共利益,承担社会责任。国家鼓励公司参与社会公益活动,公布社会责任报告。"所说营利法人的社会责任是指营利法人对公司职工、消费者、社区和环境的责任。参照国际上的

相关规定和判例,营利法人的主要社会责任包括:(1) 支持并尊重对国际社会作出的维护人权的宣言。(2) 不袒护侵犯人权的行为、劳动。(3) 有效保证组建工会的自由与团体交涉的权利。(4) 消除任何形式的强制劳动。(5) 切实有效地废除童工。(6) 杜绝在用工与职业方面的差别歧视。(7) 主动承担环境保护责任。(8) 推进环保技术的开发与普及。(9) 积极采取措施反对强取和贿赂等任何形式的腐败行为等。[①]

第九节 非营利法人

一、非营利法人的概念与特征

根据《民法典》第 87 条第 1 款的规定,非营利法人是指为公益目的或者其他非营利目的成立,不向出资人、设立人或者会员分配所取得利润的法人,主要有事业单位、社会团体、基金会、社会服务机构等。非营利法人的特征有:

(1) 为公益目的或者其他非营利目的成立。所说公益目的是指为适应社会经济发展需要,从事文化、教育、卫生、体育、新闻等公益事业。非营利法人一般不参与商品生产和经营活动,其所从事的活动具有社会公益性。

(2) 其所取得的利润不向出资人、设立人或者会员分配。非营利法人虽然也从事一些经营活动,其经营活动也获得相应利润,如高等学校收取相应学费、医院收取相应的治疗费、基金会用其资金进行投资获得投资利润等,但非营利法人所获得利润不向出资人、设立人或者会员分配。这是非营利法人与营利法人的关键区别。当然,法律另有规定的除外。

(3) 非营利法人的成立有的需要依法办理登记,如基金会法人;有的不需要办理法人登记,从成立时起即取得法人资格,如中国社会科学院、中国科学院、中国工程院。

(4) 非营利法人的财产或者来源于国家财政拨款,如义务教育阶段的中小学的事业经费;或者来源于国家财政拨款和相应经营收费,如医院的事业经费;或者来源于社会捐助,如基金会法人的基金。

(5) 非营利法人一般实行民主管理,因为非营利法人的财产非出资人出资,而是来源于国家财政拨款或社会捐助,因此非营利法人应实行民主管理。

(6) 为公益目的成立的非营利法人终止时,不得向出资人、设立人或者会员分配剩余财产。剩余财产应当按照法人章程的规定或者权力机构的决议用于公益目的;无法按照法人章程的规定或者权力机构的决议处理的,由主管机关主持

[①] 参见朱文忠:《商业银行企业社会责任标准与机制研究》,经济管理出版社 2009 年版,第 24—27 页。

转给宗旨相同或者相近的法人,并向社会公告,这也是非营利法人和营利法人的区别之一。

二、事业单位法人

事业单位法人是指为了社会公益事业目的,从事文化、教育、卫生、体育、新闻等公益事业的单位。①

国有事业单位法人根据其性质不同,可分为:(1)承担行政职能的事业单位,即承担行政决策、行政执行、行政监督等职能的事业单位。认定行政职能的主要依据是国家有关法律法规和中央有关政策规定。(2)从事生产经营活动的事业单位,即所提供的产品或服务可以由市场配置资源、不承担公益服务职责的事业单位。这类单位要逐步转为企业或撤销。(3)从事公益服务的事业单位,即面向社会提供公益服务和为机关行使职能提供支持保障的事业单位。其中:公益一类事业单位是指承担义务教育、基础性科研、公共文化、公共卫生及基层的基本医疗服务等基本公益服务,不能或不宜由市场配置资源的事业单位。公益一类事业单位不得从事经营活动。公益二类事业单位是指承担高等教育、非营利医疗等公益服务,可部分由市场配置资源的事业单位。公益二类事业单位在确保公益目标的前提下,可依据相关法律法规提供与主业相关的服务。

依《民办非企业单位登记管理暂行条例》第2条的规定,民办非企业单位是指企业事业单位、社会团体和其他社会力量以及公民个人利用非国有资产举办的,从事非营利性社会服务活动的社会组织。这类组织主要分布在教育、科研、文化、卫生、体育、交通、信息咨询、知识产权、法律服务、社会福利事业及经济监督事业的领域,如民办大学、民办康复中心、民办图书馆、民办研究所、民办婚姻介绍所、民办法律援助中心、民办体育场等。民办非企业单位大多为民办事业单位,具备法人条件的应视为事业单位法人。

三、社会团体法人

社会团体法人是指自然人或者法人自愿组成,为实现会员共同意愿,按照其章程开展活动的具备法人条件的非营利性社会组织。② 社会团体法人应具备的条件是:(1)社会团体由会员组成。根据《社会团体登记管理条例》第10条的规定,社会团体必须有50个以上的个人会员,或者30个以上的单位会员,或者在既有个人会员、又有单位会员时,会员总数有50个以上。(2)社会团体的宗旨是实现会员的共同愿望。会员大会是决定社会团体重大事务的最高权力机关,

---

① 1998年颁布、2004年修订的《事业单位登记管理暂行条例》第2条的规定与此不同,强调事业单位法人由国家机关或其他组织利用国有资产举办。

② 参见《社会团体登记管理条例》第2条。

社会团体的宗旨、业务范围、重大活动、管理机构的组成等重大问题由会员大会决定。(3)社会团体以非营利为目的。依《社会团体登记管理条例》第4条的规定,社会团体不得从事营利性经营活动,社会团体虽可收费或者从事一些赚取利润的活动,但各种活动所取得的财产只能用于其目的事业,不能分配给会员。

社会团体法人可分为国家主办的社会团体法人和民间主办的社会团体法人。国家主办的社会团体法人一般从成立之日起就具有法人资格,其经费主要由国家财政拨款,如中国残联、中国文联、中国法学会、对外友协等;民间主办的社会团体法人应依法登记取得法人资格,其经费主要由会员会费或捐助获得,如中国长城研究会、中国保险学会等。

四、捐助法人

捐助法人是指以公益为目的,以社会捐助财产设立并经依法登记成立的基金会法人、社会机构法人和宗教活动场所法人。

(一)基金会法人

根据《基金会管理条例》第2条的规定,基金会是指利用自然人、法人或者其他组织捐赠的财产,以从事公益事业为目的,依法成立的非营利性法人。其特征是:(1)其财产来源于社会捐赠。根据《基金会管理条例》第2条的规定,由国家拨款建立的资助科学研究的基金会和其他各种专项基金管理组织,不属于基金会的范畴,如国家自然科学基金委员会,其性质为事业单位法人,不为基金会法人。(2)基金会法人没有会员。基金会的设立人将财产转移给基金会后,并不成为基金会的成员,基金会成立后,为基金会捐赠财产的人,也非基金会的会员,无权组成会员大会对基金会进行控制。基金会的设立人可以是一人,也可以是多人。基金会法人相当于外国立法例中的财团法人。

基金会法人可分为国家主办的基金会法人和民间主办的基金会法人。国家主办的基金会法人虽然其财产由社会捐助,但是由国家主办,如宋庆龄基金会、中国希望工程基金会、中国发展研究基金会等。民间主办的基金会法人是由民间发起,财产由社会捐助而成立的基金会法人,如路遥文学基金会、马云公益基金会等。

(二)社会服务机构法人

社会服务机构法人是指为公益目的,以捐赠财产设立并经依法登记的社会服务机构。并非所有的社会服务机构都具有法人的资格,只有制定了法人章程,设立了理事会等决策机构,并经依法登记的社会服务机构才能取得社会机构法人资格。社会服务机构法人与基金会法人的区别是:基金会法人是以资金资助实现社会公益目的,如诺贝尔基金会,以奖金方式奖励对人类和平、文学和科学事业做出巨大贡献的杰出人士,以推进人类和平、文学和科学事业发展;社会机构法人是以服务帮助实现社会公益，如北京星星雨教育研究中心，作为民办社会服务机构法人，以帮助孤独症儿童为宗旨，促进、帮助孤独症儿童家长认识孤独症，促进社会认识、理解和接纳孤独症儿童，尊重他们的生存和发展的权利；再如北京红枫妇女心理咨询服务中心，作为民办社会服务机构法人，不仅为女性提供心理支持，而且着眼于弱势女性、特殊人群女性（包括受暴、单亲女性）的心理需求，以其热线电话特有的便捷、保密的特性，为弱势女性提供有效的服务与支持。

（三）宗教活动场所法人

宗教活动场所法人是以公益为目的，以捐赠财产设立，经依法登记的捐助法人，如杭州灵隐寺、三亚南山寺、嵩山少林寺等。并非所有的宗教活动场所都具有宗教活动场所法人的资格，只有制定了法人章程，成立了理事会等决策机构并经依法登记的宗教活动场所才能取得捐助法人资格，如只有一两位道姑的道观就不是宗教活动场所法人。《民法典》确立宗教活动场所法人的意义在于：宗教活动场所所获得的善男信女的捐赠财产为宗教活动场所法人所有，不为宗教人士个人所有或共有，也不为国家所有；宗教活动场所法人只能为非营利法人，不为营利法人，不能以股份公司或者有限责任公司的形式出现，不能从事以营利为目的的经营性活动。宗教活动场所法人与宗教协会不同，中国佛教协会、中国道教协会、中国基督教协会、中国伊斯兰教协会为社会团体法人，不是宗教活动场所法人。

第十节 特别法人

一、特别法人的概念

特别法人是指机关法人、农村集体经济组织法人、城镇农村合作经济组织法人、基层群众性自治组织法人。

二、机关法人

机关法人是指因行使职权的需要而享有相应的民事权利能力和民事行为能力的国家机关。

机关法人包括权力机关法人、行政机关法人、司法机关法人和军事机关法人。在实务中，权力机关法人是指各级权力机构，如全国人民代表大会及地方各级人民代表大会。行政机关法人包括国务院及其职能机构，如部、委、办等，以及地方各级政府及其职能部门。但各职能机构的所属部门及其派出机构，不是法人，如财政部各司、局，乡司法所，公安局的派出所等。司法机关法人包括各级人民法院和各级人民检察院。法院的派出法庭和检察院的派出机构，不是法人。军事机关法人是指团以上具有独立编制的军事机关,营、连、排、班不是法人。

依照《民法典》第98条的规定,机关法人被撤销的,法人终止,其民事权利和义务由继任的机关法人享有和承担。如2013年3月14日国务院将新闻出版总署、广电总局的职责整合,组建国家新闻出版广播电影电视总局,随后更名为国家新闻出版广电总局,原新闻出版总署、广电总局的民事权利和义务由整合后的国家新闻出版广电总局享有和承担。没有继任的机关法人的,由作出撤销决定的机关法人享有和承担。

机关法人的特别之处是:(1)机关代表国家行使职权时,并不以法人的身份出现,它与有关社会组织或者自然人之间是领导与被领导或者监督与被监督的关系。(2)机关因行使职权的需要而从事民事活动时,如购置办公用品、租用房屋或者交通工具等,便是以法人的资格进行活动的,这时它与其他当事人处于平等的法律地位。(3)机关法人与营利法人的区别是:机关法人从成立之日起就具有法人资格,而营利法人需经依法登记取得营业执照才具有法人资格。机关法人禁止经商,营利法人从事以营利为目的的生产经营活动。机关法人的独立经费是由中央或者地方财政拨款而来,它主要用于参加各项必要的民事活动,机关法人以自己的名义参加民事活动产生的债务,应以它的独立经费给予偿还,若超过经费而另需抵补的,应由国家有关立法加以保证;而营利法人的财产由出资人出资所构成。(4)机关法人与非营利法人的区别是:机关法人从事民事活动的目的是为了依法行使国家权力,非营利法人从事民事活动的目的主要是为了从事社会公益活动。机关法人的独立经费来源于国家财政拨款或地方财政拨款,非营利法人的财产来源于国家财政拨款或者社会捐助或者经营所得。机关法人从成立之日起就具有法人资格,非营利法人多数需经依法登记才能取得法人资格。机关法人对其占有的动产或不动产依法享有占有、使用和处分的权利,不享有收益权,财产所有权归国家所有;非营利法人对其财产依法享有所有权,国家主办的非营利法人的财产其所有权归国家,但非营利法人对其享有占有、使用和依法收益、处分的权利。机关法人依法行使国家职权,在治理结构上不存在民主管理问题;非营利法人在治理结构上应实行民主管理。

三、农村集体经济组织法人

在我国,农村集体经济组织产生于20世纪50年代的生产合作化运动,农村集体经济组织既为行政组织,又为生产经营组织,实行"政经合一"。作为行政组织,农村集体经济组织是国家政权机关的延伸部分,履行国家行政机关委托的相应的行政职能;作为生产经营组织,它是该组织财产的所有权主体、生产经营活动的组织者等。农村集体经济组织法人包括乡镇农民集体经济组织法人,如华西村①,村农民集体经济组织法人,如大寨村②,以及村民小组农民集体经济组织法人。

农村集体经济组织法人的意义在于:(1)农村集体土地的所有权主体为农村集体经济组织法人,不为集体组织成员共有。(2)农村集体经济组织法人是农村土地承包经营权合同中的发包方。(3)农村集体经济组织法人作为所办乡镇企业的出资人或股东,依法享有股权,并对投资收益享有所有权,乡镇企业的财产所有权应属于该乡镇企业。(4)农村集体经济组织法人在进行民事活动时具有民事主体地位,享有民事权利,履行民事义务,承担民事责任。

农村集体经济组织法人的特别之处是:(1)其与营利法人的区别在于,农村集体经济组织依法享有法人资格,不存在登记取得法人资格的问题;农村集体经济组织虽然从事生产经营活动,但不是以营利为唯一目的;农村集体经济组织所获利益主要用于集体经济组织成员的福利和农村集体经济组织所承担的管理职能的经费,而营利法人所获利益一般按出资比例分配给出资人。(2)其与非营利法人的区别在于,农村集体经济组织不是为实现社会公益目的而存在,而是为行使委托的行政职能和行使集体经济组织财产所有权而存在。

四、城镇农村合作经济组织法人

城镇农村合作经济组织法人是劳动者自愿入股联合实行民主管理的经济组织法人。《农民专业合作社法》第2条规定:"本法所称农民专业合作社,是指在农村家庭承包经营基础上,农产品的生产经营者或者农业生产经营服务的提供者、利用者,自愿联合、民主管理的互助性经济组织。"城镇农村合作经济组织法人具体有:(1)生产合作社,即从事种植、采集、养殖、渔猎、牧养、加工、建筑等生产活动的各类合作社。(2)流通合作社,即从事推销、购买、运输等流通领域服务业务的合作社。(3)信用合作社,即接受社员存款并贷款给社员的合作社。(4)服务合作社,即通过各种劳务、服务等方式,提供给社员生产生活一定便利条件的合作社。

城镇农村经济合作组织法人的特征是:(1)须经登记依法设立,《农民专业合作社法》第5条第1款规定:"农民专业合作社依照本法登记,取得法人资格。"(2)成员自愿结合,依据《农民专业合作社法》第4条第3项的规定,实行"入社自愿、退社自由"。(3)成员存在身份限制,《农民专业合作社法》第20条第1款规定:"农民专业合作社的成员中,农民至少应当占成员总数的百分之八十。"(4)实行民主管理,《农民专业合作社法》第22条规定:"农民专业合作社成员大

---

① 从2001年开始,华西通过"一分五统"的方式,帮带周边20个村共同发展,建成了一个面积35平方公里、人口达3.5万人的大华西,获得"全国文明村镇"称号。

② 大寨地处山西省晋中市城东南部,全村有220多户人家,510多口人,占地1.88平方公里。

会选举和表决,实行一人一票制,成员各享有一票的基本表决权。出资额或者与本社交易量(额)较大的成员按照章程规定,可以享附加表决权。本社的附加表决权总票数,不得超过本社成员基本表决权总票数的百分之二十……"(5)城镇农村经济合作组织的财产包括成员出资、公积金、国家补助、他人捐赠等。《农民专业合作社法》第5条第2款规定:"农民专业合作社对由成员出资、公积金、国家财政直接补助、他人捐赠以及合法取得的其他资产所形成的财产,享有占有、使用和处分的权利,并以上述财产对债务承担责任。"《农民专业合作社法》第6条规定:"农民专业合作社成员以其账户内记载的出资额和公积金份额为限对农民专业合作社承担责任。"

城镇农村经济合作组织法人的特别之处是:(1)其与营利法人的区别在于,城镇农村经济合作组织虽然存在营利之目的,但同时兼有帮助、扶持、合作之目的。营利法人的出资人一般不存在身份限制,城镇农村经济合作组织法人的成员存在身份限制。营利法人的财产由营利法人所有,出资人在出资方式、出资结构、出资种类上均依法律规定,如劳务不能作为出资方式;城镇农村合作经济组织法人的财产权利具有混合性质,成员出资的财产为成员个人所有,其他财产为成员共同共有或为合作组织法人所有存有争议。营利法人的出资人一般按出资比例或持有股份比例行使表决权,城镇农村经济合作组织法人以成员表决权为主,兼有出资额表决权。营利法人所获利益一般按出资比例分配给出资人,城镇农村合作经济组织法人所获利益的分配更为复杂。《农民专业合作社法》第44条第1—2款规定:"在弥补亏损、提取公积金后的当年盈余,为农民专业合作社的可分配盈余。可分配盈余主要按照成员与本社的交易量(额)比例返还。可分配盈余按成员与本社的交易量(额)比例返还的返还总额不得低于可分配盈余的百分之六十;返还后的剩余部分,以成员账户中记载的出资额和公积金份额,以及本社接受国家财政直接补助和他人捐赠形成的财产平均量化到成员的份额,按比例分配给本社成员。"(2)其与非营利法人的区别在于,城镇农村经济合作组织法人不以公益为目的,其所获利益按照章程规定按比例分配给合作组织成员。

五、基层群众性自治组织法人

基层群众性自治组织法人是指居民委员会法人和村民委员会法人。基层群众性自治组织法人的特别之处在于:(1)基层群众性自治组织法人是依照《城市居民委员会组织法》和《村民委员会组织法》设立的,不存在登记设立的问题;(2)基层群众性自治组织法人只能依法开展与其职能相关的民事活动。

1. 居民委员会法人

《城市居民委员会组织法》第 2 条第 1 款规定:"居民委员会是居民自我管理、自我教育、自我服务的基层群众性自治组织。"第 6 条规定:"居民委员会根据居民居住状况,按照便于居民自治的原则,一般在一百户至七百户的范围内设立。居民委员会的设立、撤销、规模调整,由不设区的市、市辖区的人民政府决定。"

《民法典》第 101 条规定,居民委员会为特别法人,其意义在于:(1) 居民委员会为其财产的所有权人,其财产包括上级政府部门拨付的经费,向本聚居地的居民或受益单位筹集的经费及兴办服务业所获得的收益。(2) 居民委员会可作为民事主体开展便民利民的社区服务活动,《城市居民委员会组织法》第 4 条第 1 款规定:"居民委员会应当开展便民利民的社区服务活动,可以兴办有关的服务事业。"居民委员会作为法人,在民事活动中享有民事权利,履行民事义务,承担民事责任。

2. 村民委员会法人

《村民委员会组织法》第 2 条第 1 款规定:"村民委员会是村民自我管理、自我教育、自我服务的基层群众性自治组织,实行民主选举、民主决策、民主管理、民主监督。"第 3 条规定:"村民委员会根据村民居住状况、人口多少,按照便于群众自治,有利于经济发展和社会管理的原则设立。村民委员会的设立、撤销、范围调整,由乡、民族乡、镇的人民政府提出,经村民会议讨论同意,报县级人民政府批准。村民委员会可以根据村民居住状况、集体土地所有权关系等分设若干村民小组。"

《民法典》第 101 条规定,村民委员会为特别法人,其意义在于:(1) 村民委员会对于农村集体经济组织所有的土地和财产享有管理权。(2) 村民委员会对其依法进行的民事活动享有民事权利,履行民事义务,承担民事责任。(3) 未设村集体经济组织的,村民委员会可以依法代行村集体经济组织的职能。

第六章 非法人组织

第一节 非法人组织概述

一、非法人组织的概念

非法人组织是指不具有法人资格但可以自己的名义进行民事活动的组织,亦称非法人团体。非法人组织,在德国仅指无权利能力社团;在日本包括非法人社团和非法人财团;在我国台湾地区称为非法人团体。

传统民法理论认为,非法人社团不包括合伙,合伙重视合伙成员的个人性,合伙人之间的关系是契约关系,合伙业务的执行专属于合伙人,合伙人的退伙对合伙有重大影响等。而非法人社团重视团体性,其业务执行属团体机关,成员变化对团体没有影响等。但是,现代合伙的发展,其团体属性的加强,使其越来越具有非法人组织的一般特性。我国《民法典》第102条第2款将合伙企业纳入非法人组织之列。

民法关于民事主体的理论和立法有一个从承认单一主体到多元主体的发展过程。1804年的《法国民法典》只承认自然人为民事主体。1900年施行的《德国民法典》确立了法人有别于自然人的民事主体地位。在民法理论上,对于法人本质也经历了从拟制说到实在说的发展过程。对于非法人团体,理论和立法上的认识亦有一个发展过程。德国民法采无权利能力社团的主张实因当时政治的需要,是为了迫使一些宗教、政治团体登记为法人团体,以便进行监督。第二次世界大战以后,民法学界关于非法人组织的认识有重大发展,承认非法人组织具有一定的民事权利能力、民事行为能力和诉讼能力,即在承认非法人组织具有民事主体性上达成了普遍的共识。这种认识在立法和判例上均有反映。但非法人组织与作为民事主体的自然人和法人不同。后者有自己独立的财产,能独立承担民事责任;前者有相对独立的财产,不能完全独立承担民事责任。我国《民法典》赋予了非法人组织民事主体地位。

二、非法人组织的特征

(一)非法人组织是组织体

非法人组织是人合组织体。非法人组织是不同于法人的组织体。法人是具有法律要求条件的组织体,其设立程序、财产数额、机构设置、议事规则等均由法律所明定,法人章程只能在法律规定的范围内进行具体规定。非法人组织虽然也存在设立程序、机构设置、议事规则等事项,但这些更多的是由组织成员自己决定,法律对此一般不加规定。

(二)非法人组织是具有相应的民事权利能力和民事行为能力的组织体

非法人组织作为一种民事主体,与自然人、法人一样,享有民事权利能力和民事行为能力,但是,其民事权利能力和民事行为能力与自然人和法人的民事权利能力和民事行为能力有所不同。

(三)非法人组织是不能完全独立承担民事责任的组织体

非法人组织与法人组织的重要区别之一,是非法人组织不能而法人能够独立承担民事责任。法人的责任与法人出资人的责任、法人成员的责任等要严格区分,法人出资人的责任是有限责任,以其出资财产承担责任。《民法典》第104条规定:"非法人组织的财产不足以清偿债务的,其出资人或者设立人承担无限责任。法律另有规定的,依照其规定。"

三、非法人组织应具备的要件

(一)须为有自己目的的社会组织体

非法人组织应为社会组织体,这既是非法人组织的特征,又是非法人组织的第一要件。非法人组织,与法人一样,须有自己的目的。所谓目的,可以是非营利目的,例如发展科学、技术、文化、教育、艺术、体育、宗教、慈善事业;也可以是营利目的,如获取经济利益。营利性非法人组织具有特定的经营范围。

(二)须有自己的名称

非法人组织须有自己的名称并以组织的名义对外进行民事活动。如不以组织的名义对外进行活动,而以个人的名义对外进行活动,则其行为不为非法人组织的行为。

(三)须有自己能支配的财产或者经费

非法人组织,须有属于自己能支配的财产或者经费,这是非法人组织进行民事活动的物质基础。与法人组织不同,非法人组织并不要求该财产或者经费属于自己独立享有,只要求独立支配即可。非法人组织的财产也不要求必须与其成员的财产截然分开,如个人独资企业。

(四)应设有代表人或者管理人

非法人组织,须设有代表人或者管理人。非法人组织为实现自己的目的,应设立代表人或者管理人,对外代表非法人组织,进行民事行为。《民法典》第105条规定:"非法人组织可以确定一人或者数人代表该组织从事民事活动。"

四、非法人组织的成立、解散与清算

《民法典》第103条规定:"非法人组织应当依照法律的规定登记。设立非法

人组织,法律、行政法规规定须经有关机关批准的,依照其规定。"也就是说非法人组织的成立应当办理设立登记,未办理设立登记的,不能取得非法人组织的民事主体资格,如设立合伙企业应当办理设立登记,自营业执照签发之日起合伙企业成立。对于涉及社会公益的非法人组织,还应依照相关法律规定由有关机关予以审批,如设立律师事务所或法律服务所应经司法行政部门批准。

依照《民法典》第106条的规定,存在下列情形之一的,非法人组织解散:(1)章程规定的存续期间届满或者章程规定的其他解散事由出现;(2)出资人或者设立人决定解散;(3)法律规定的其他情形,如营利性非法人组织被吊销营业执照等。

依照《民法典》第107条的规定,非法人组织解散的,应当依法进行清算。在清算期间该非法人组织仍具有民事主体地位,其民事主体资格自办理注销登记之日起消灭。非法人组织的清算义务人和清算程序可参照法人清算的规定。

第二节 合 伙

一、合伙概述

(一)合伙的含义与法律地位

1. 合伙的含义与种类

合伙是个古老的制度,两千多年来,就世界范围来说,合伙制度不仅没有衰败,而且在不断发展。自改革开放以来,合伙企业在我国逐渐成为三种企业形式(独资企业、合伙企业与公司企业)之一。非企业合伙在科技、教育、文化、卫生及其他社会事务中,起到了重要的作用。从我国现有的法律看,合伙有两种:一是普通合伙,二是有限合伙。其中普通合伙又包括特殊的普通合伙。在实践中还有隐名合伙。① 这些合伙虽有其共同之处,但是,它们的内涵不同,特点不同,难以对各种合伙下一个统一的定义。不过也可以用高度概括的语言说,合伙是两个以上的人互约出资,经营共同事业。这里说的人包括自然人、法人和其他组织。这里说的事业包括多种行业,可以是营利性的事务,也可以是非营利性的事务。

在民法法系国家有区分民事合伙和商事合伙的立法例,民事合伙由民法典规定,商事合伙由商法典或者商事单行法规定。民事合伙不以营利为目的,商事合伙以营利为目的。会计师事务所和律师事务所等向社会提供专业服务的合伙,虽有某种营利性,但因其具有相应的公共职能,故将其视为民事合伙。我国

---

① 参见马强:《合伙法律制度研究》,人民法院出版社2000年版,第315—316页。

现行法律没有明文区分民事合伙和商事合伙。

2. 合伙的法律地位

合伙是否为自然人和法人之外的一种独立的民事主体,理论上有分歧。反对合伙成为民事主体的主要理由是,作为一种组织体的民事主体必须是独立的组织、有独立的财产,能独立承担民事责任,这种组织体就是法人。合伙不具备这种条件,因此不是民事主体。本书作者认为,合伙属于非法人组织,具有民事主体的资格,这主要表现为:(1)合伙人格的相对独立性。合伙拥有自己的字号,独立于各个合伙人。对外,由合伙的代表人从事民事活动。(2)合伙财产的相对独立性。合伙财产为合伙人共有,合伙财产与合伙人个人的财产是分离的。(3)合伙民事责任的相对独立性。合伙的债务首先用合伙的财产清偿,合伙财产不足清偿时,才由合伙人承担无限连带责任。

有了上述条件,合伙就能以合伙的名义进行民事活动。认可具备这些条件的合伙组织具有民事主体资格,有利于市场经济的发展和多种社会生活需要。反之,不认可合伙组织具有民事主体资格,只能由各个合伙人作为民事主体,不便于合伙从事活动,不利于市场经济发展,不便于社会生活需要。

各国民法典多规定自然人和法人为民事主体,将合伙作为一种债规定在债编。随着社会和法律观念的发展,一些国家的立法增强了合伙的团体性,1978年重新修订的《法国民法典》规定,合伙自登记之日起享有法人资格。英国、美国等普通法系国家更关注合伙的外部特征,认为合伙具有主体属性,承认合伙得以商号名义取得和转让财产。我国学者通说认为,合伙应当成为民事主体,《合伙企业法》的规定实际上承认了合伙的民事主体资格。《民法典》第102条第2款确立了合伙企业非法人组织的民事主体地位。

实践中有些合伙虽然有两个以上的人出资,经营共同事业,但是没有合伙名称,组织松散,或者是临时性的,其性质属于合伙合同,没有民事主体资格。隐名合伙也仅仅是合同关系,没有民事主体资格。本节所讲的合伙是具有民事主体资格的合伙组织,除另有说明的以外,是指合伙企业。

(二)关于合伙的基本法律规定

我国《合伙企业法》的总则一章,对合伙企业的基本法律问题作了明确的规定,从民事主体方面看,其主要内容有:

(1)合伙企业,是指自然人、法人和其他组织依照《合伙企业法》在中国境内设立的普通合伙企业和有限合伙企业。这个规定突破了以往法人不得成为合伙人的限制,反映了市场经济发展的需要,并增加了有限合伙企业这种新形式。

(2)国有独资公司、国有企业、上市公司及公益性的事业单位、社会团体不得成为普通合伙人。这个规定是为了避免国有企业和上市公司以其全部财产对合伙企业的债务承担无限连带责任,以保护国有资产和上市公司股东的利益。

公益性的事业单位、社会团体,因其从事的活动涉及公共利益,不宜以其全部财产对外承担无限连带责任。

(3) 合伙协议依法由全体合伙人协商一致、以书面形式订立。合伙协议是合伙成立的基础,是规范合伙人权利、义务、责任与合伙经营管理的基本规则,有类似公司章程的性质,具有重要的法律意义,因此法律规定合伙协议依法由全体合伙人协商一致、以书面形式订立。

(4) 设立合伙企业需要根据法定条件和法定程序进行登记。合伙企业的营业执照签发日期,为合伙企业的成立日期。登记事项发生变更的,依法定程序办理变更登记。

(5) 合伙企业设立分支机构,应当向分支机构所在地的企业登记机关申请登记,领取营业执照。

此外,我国还有非企业合伙组织。根据1998年10月国务院发布的《民办非企业单位登记管理暂行条例》的规定,民办非企业单位,是指企业单位、社会团体和其他社会力量以及公民个人利用非国有资产举办的,从事非营利性社会服务活动的社会组织。申请民办非企业单位,应当具备下列条件:(1) 经业务主管单位审查同意;(2) 有规范的名称、必要的组织机构;(3) 有与其业务活动相应的从业人员;(4) 有与其业务活动相应的合法财产;(5) 有必要的场所。

民办非企业单位经过登记,根据其依法承担民事责任的不同方式,分别发给《民办非企业单位(法人)登记证书》《民办非企业单位(合伙)登记证书》《民办非企业单位(个体)登记证书》。根据该条例规定的登记内容,发给《民办非企业单位(合伙)登记证书》的,应当具有民事主体资格。这种合伙属于非营利性普通合伙。

我国立法实行民商合一制,《合伙企业法》属于特别法,不适用于民办非企业合伙,民办非企业合伙的活动应当根据合伙协议进行,但是不能违反《民法典》规定的有关基本原则和其他有关法律的强制性规定。

二、普通合伙

(一) 普通合伙的概念与特征

普通合伙,是指由两个以上的人根据协议,互约出资,经营共同事业,并对合伙债务承担无限连带责任的社会组织。普通合伙是常见的合伙形式,如果未加"有限"的限制词,通常说的合伙是指普通合伙,一般直接称为"合伙"。普通合伙企业属于营利性普通合伙。

合伙的法律特征是:

(1) 由两个以上的人组成的组织。一人为独,二人成伙。合伙是比较灵活的组织,两个人即可组成,具体人数可多可少。与法人相比,合伙的组织结构比较简单。

(2) 合伙协议是合伙形成的基础条件。这与法人组织的成立不同,法人组织的成立须有章程,而合伙组织的成立只要求有合伙协议。

(3) 合伙人共同出资、共同经营、共享收益、共担风险,并对合伙的债务承担无限连带责任。这个特征是合伙与法人相区别的重要特征。法人企业成立后,由法人机关从事经营,法人企业的投资人以其认缴的出资为限对法人企业的债务承担责任。

(二) 合伙的成立

(1) 有两个以上合伙人。合伙人为自然人的,应当具有完全民事行为能力。

(2) 有书面合伙协议。合伙协议应当载明的事项,包括合伙企业的名称和主要经营场所的地点,合伙人的姓名或者名称、地址等,都是必备的事项(《合伙企业法》第18条规定,本节以下注明的条文省略《合伙企业法》字样)。实务中,当事人之间没有书面合伙协议,又未经市场监督管理部门核准登记,但具备合伙的其他条件,又有两个以上无利害关系人证明有口头协议的,人民法院可以认定为合伙关系。该规定是否适用于合伙企业,有待研究。

(3) 有合伙人认缴或者实际缴付的出资。合伙人可以用货币、实物、知识产权、土地使用权或者其他财产权利出资,也可以用劳务出资(第16条)。因为合伙人对合伙债务承担无限连带责任,所以法律对合伙成立没有最低资本的要求,对出资的时间也没有限制,而是由合伙人协商确定。

合伙人违反约定,迟延出资的应当承担迟延责任,因此而给其他合伙人造成损失的,应当赔偿损失。

(4) 有合伙企业的名称和生产经营场所。

合伙企业的名称应当标明"普通合伙"字样,以便于与合伙企业交易的人了解该合伙的类型及合伙人对合伙债务承担的责任。

(三) 合伙的财产

1. 合伙财产的构成

合伙财产的来源由三部分构成:一是合伙人的出资。合伙人将其出资的财产转移给合伙后,就与其个人的财产相分离,而成为合伙财产。二是合伙从事经营活动取得的财产。三是依法从其他渠道取得的财产,例如接受赠与的财产。

2. 合伙财产的性质

合伙财产的性质也就是合伙财产的归属问题,对此认识有分歧。罗马法将合伙作为合同关系,合伙财产的性质为按份共有。近现代各国法律有规定为按份共有的,如《日本民法典》;有规定为共同共有的,如《德国民法典》。根据《合伙企业法》第22条的规定,"除合伙协议另有约定外,合伙人向合伙人以外的人转让其在合伙企业中的全部或者部分财产份额时,须经其他合伙人一致同意。合伙人之间转让在合伙企业中的全部或者部分财产份额时,应当通知其他合伙人",可以认定合伙企业的财产属于合伙人按份共有。因为共同共有是不分份额的共有。但是,为了维护合伙企业经营的连续性,对合伙人请求分割合伙企业中的财产份额及用合伙企业中的财产设定质押,法律规定了特别限制(如第21条、第25条)。

3. 合伙财产的保全

合伙财产属于合伙人共有,不属于合伙人单独所有,在涉及合伙财产权与合伙人财产权关系上,需要对合伙人的财产权适当限制,保全合伙财产,以维护合伙事业。

(1) 分割合伙财产的限制。合伙人在合伙企业清算前,不得请求分割合伙企业的财产(不包括退伙的情况在内),合伙人在合伙企业清算前私自转移或者处分合伙企业财产的,合伙企业不得以此对抗善意的第三人(第21条)。

(2) 财产份额转让与财产出质的限制。除合伙协议另有约定外,合伙人向合伙人以外的人转让其在合伙企业中的全部或者部分财产份额时,须经其他合伙人一致同意。合伙人以其在合伙企业中的财产份额出质的,须经其他合伙人一致同意(第22条、第25条)。

(3) 合伙债权抵销与合伙人的债权人代位权的限制。合伙人发生与合伙企业无关的债务的,相关债权人不得以其债权抵销其对合伙企业的债务;合伙人的债权人也不得代位行使合伙人在合伙企业中的权利(第41条)。

(四) 合伙事务执行

1. 合伙事务执行权与执行人

合伙有较强的人合性,合伙人相互合作、共同经营,是合伙的特点。因此,合伙人对执行合伙事务享有同等的权利,这意味着:(1) 每个合伙人都有合伙事务的执行权;(2) 合伙人之间互为代理。为了缓和合伙人平等执行权的不便,法律允许合伙人商定执行权委托条款。为此,内部合伙事务的执行有三种情况:一是全体合伙人共同为合伙事务执行人;二是几名合伙人为合伙事务执行人,合伙人可以约定某几名合伙人为合伙事务的执行人,也可以约定某些合伙事务由某几名合伙人为合伙事务执行人;三是合伙负责人为合伙事务执行人,全体合伙人推荐能力强、威信高的合伙人为负责人,由负责人执行合伙事务。

对外合伙事务执行,可以按照合伙协议的约定或者经全体合伙人决定,委托一个或数个合伙人对外代表合伙,执行合伙事务(第26条第2款)。合伙企业对合伙人执行合伙事务以及对外代表合伙企业权利的限制,不得对抗善意的第三人(第37条)。

合伙的代表人不同于法人的代表人,法人的代表人是法人机关,合伙的代表人不是合伙机关。合伙的代表人在被委托执行合伙事务的范围内享有代表权,执行合伙事务的委托撤销或者合伙人辞去委托时,代表权随之终止。

合伙企业可以聘任合伙人以外的人为合伙企业的经营管理人员,被聘人员被授权管理合伙内部事务,也可以被授权对外代表合伙企业。受聘人员按照授权进行的经营管理活动,其法律后果由合伙企业承担。

2. 合伙事务执行人的权利与义务

合伙事务执行人享有的权利有:(1)报酬请求权。执行合伙事务,如约定报酬的,合伙事务执行人有请求合伙组织支付报酬的权利。(2)提出异议权。合伙人分别执行合伙事务的,执行合伙人可以对其他合伙人执行的事务提出异议。提出异议时,应当暂停该项事务的执行。不执行事务的合伙人提出异议的,合伙事务可以不停止执行,这是为了提高合伙经营的效力,因为不执行事务的合伙人一般不了解合伙经营的具体情况,他们可以通过要求召开合伙人会议等方式对合伙的经营进行监督。

合伙事务执行人承担的义务有:(1)忠实处理合伙事务的义务。合伙人对于合伙事务应亲自执行,合伙事务执行人借执行合伙事务谋取私利,给合伙企业或者其他合伙人造成损失的,应当承担赔偿责任。(2)报告义务。由一个或者数个合伙人执行合伙事务的,执行事务合伙人应当定期向合伙人报告事务执行情况以及合伙企业的经营和财产状况。(3)遵守竞业禁止义务与交易禁止义务。合伙人不得自营或者同他人合伙经营与本合伙企业相竞争的业务。除合伙协议另有约定或者经全体合伙人一致同意外,合伙人不得同本合伙企业进行交易(第32条)。合伙人违反法律规定或者合伙协议的约定,从事与本合伙企业相竞争的业务或者与本合伙企业进行交易的,该收益归合伙企业所有;给合伙企业或者其他合伙人造成损失的,依法承担赔偿责任(第99条)。

3. 合伙决议的表决权

有些合伙事务需要合伙人会议作出决议,需要明确决议的表决办法。合伙人对合伙企业有关事项作出决议,按照合伙协议约定的表决办法办理。合伙协议未约定或者约定不明确的,实行合伙人一人一票并经全体合伙人过半数通过的表决方法(第30条第1款)。除合伙协议另有约定外,合伙企业的下列事项应当经全体合伙人一致同意:(1)改变合伙企业的名称;(2)改变合伙企业的经营范围、主要经营场所的地点;(3)处分合伙企业的不动产;(4)转让或者处分合伙企业的知识产权和其他财产权利;(5)以合伙企业名义为他人担保;(6)聘任合伙人以外的人担任合伙企业的经营管理人员(第31条)。

4. 对合伙事务执行的监督

委托一个或者数个合伙人执行合伙事务的,其他合伙人不再执行合伙事务。不执行合伙事务的合伙人虽然不执行合伙的日常事务,根据法律规定和合伙协议的约定,仍有参与决定合伙重大事务的权利和其他权利,包括了解合伙的经营状况和财务状况、监督执行事务的合伙人执行合伙事务的情况等权利。受委托执行合伙事务的合伙人不按照合伙协议或者全体合伙人的决定执行事务的,其他合伙人可以撤销委托。

5. 合伙人增加或者减少出资

在合伙存续期间,根据合伙事业需要,可由各合伙人增加对合伙企业的出资,或者减少对合伙企业的出资。增加或者减少对合伙企业的出资,涉及各个合伙人的利益,因此需要按照合伙协议的约定或者经全体合伙人决定进行(第34条)。

(五) 合伙损益的分配与合伙债务的承担

1. 合伙损益的分配

合伙利润的分配、亏损的分担,有约定和法定两种办法。有合伙协议的,按合伙协议办理;合伙协议未约定或者约定不明确的,由合伙人协商决定。但是,合伙协议不得约定将全部利润分配给部分合伙人或者由部分合伙人承担全部亏损。合伙协议未约定或者约定不明确,又协商不成的,根据法律规定办理,即由合伙人按照实缴出资比例分配、分担;无法确定出资比例的,由合伙人平均分配、分担(第33条)。损益分配的时间由合伙人约定。

2. 合伙债务的承担与清偿

合伙企业有与合伙人个人财产相分离的合伙财产,合伙企业当然要承担清偿其债务的责任。合伙人对合伙债务承担无限连带责任,是合伙企业的基本法律特征。合伙人对合伙债务承担无限连带责任有两种立法例:一是并存连带主义,即合伙的债权人请求合伙清偿债务或者请求合伙人清偿合伙的债务,两者没有先后次序之分。对合伙人来说,对合伙的债务承担的是并存无限连带责任。二是补充连带主义,即合伙的债权人须先请求合伙清偿合伙债务,对其不足部分才能请求合伙人清偿。对合伙人来说,对合伙的债务承担的是补充无限连带责任。《合伙企业法》的规定属于后者,即合伙企业对其债务,应先以其全部财产进行清偿。合伙企业不能清偿到期债务的,合伙人承担无限连带责任(第38条、第39条)。合伙人由于承担无限连带责任,清偿数额超过其应当承担的比例的,有权向其他合伙人追偿。

合伙人如果是以个人财产出资参与合伙,则以个人财产对合伙债务承担无限责任;如果是以家庭财产出资参与合伙,则应以家庭共有财产对合伙债务承担无限责任;如果是以个人财产出资参与合伙,但将合伙盈余分配所得用于合伙人家庭成员的共同生活,则应先以合伙人的个人财产承担清偿责任,不足部分则以合伙人的家庭共有财产承担。

合伙人的自有财产不足清偿其与合伙企业无关的债务的,该合伙人可以以其从合伙企业中分取的收益用于清偿;债权人也可以依法请求人民法院强制执行该合伙人在合伙企业中的财产份额用于清偿(第42条第1款)。

如果同时存在合伙债务与合伙人个人债务,当合伙与合伙人都处于资不抵债的情况时,如何确定清偿这两种债务的先后顺序呢?对此,英美等国家采取了双重优先原则,就是合伙人个人的债权人优先于合伙的债权人从合伙人的个人财产中得到清偿,合伙的债权人优先于合伙人个人的债权人从合伙财产中得到清偿。换句话说,合伙的财产优先清偿合伙的债务,合伙人个人的财产优先清偿个人的债务。这样处理比较公平,我国多数学者赞成这种办法。

(六)入伙、退伙

1. 入伙

(1) 入伙的概念

入伙是指非合伙人加入已成立的合伙,而取得合伙人资格的行为。

(2) 入伙的程序

合伙企业是典型的人合企业,合伙人之间的相互信任是合伙企业存在的基础,因此,合伙企业接纳新合伙人,除合伙协议另有约定外,应当经全体合伙人一致同意,并依法订立书面入伙协议。

订立入伙协议书时,原合伙人应当将合伙企业的经营状况和财务状况如实地告诉准备入伙的人,以便其决定是否入伙。

(3) 入伙的效力

入伙人与原合伙人依法签订入伙协议书后即取得合伙人的资格。入伙的新合伙人与原合伙人享有同等的权利,承担同样的责任。入伙协议另有约定的,从其约定。

新入伙人对入伙前的合伙债务承担无限连带责任,这是强制性规定。这样规定主要是为了保护债权人的利益,可以避免合伙人串通用推迟入伙日期的方法,逃避债务。

2. 退伙

(1) 退伙的概念

退伙是合伙人在合伙存续期间退出合伙组织、消灭合伙人资格的行为。

(2) 退伙的形式

根据退伙的原因不同,可将退伙分为自愿退伙、除名退伙和法定退伙。

自愿退伙指合伙人依约定或者单方面向其他合伙人声明退伙。合伙协议约定了合伙企业的经营期限,在合伙企业存续期间,出现下列情形之一的,合伙人可以退伙:① 合伙协议约定的退伙事由出现;② 经全体合伙人一致同意;③ 发生合伙人难以继续参加合伙的事由;④ 其他合伙人严重违反合伙协议约定的义务(第45条)。

退伙应当贯彻自愿原则,但是退伙涉及其他合伙人的利益,因此对自愿退伙也有一定的限制。合伙协议未约定合伙企业的经营期限的,合伙人在不给合企业事务执行造成不良影响的情况下可以退伙,但应提前30日通知其他合伙人(第46条)。合伙人违反《合伙企业法》第45条、第46条的规定退伙的,应当赔偿由此给合伙企业造成的损失。

除名退伙是指当某合伙人出现除名事由时,经全体合伙人一致同意,将合伙人开除,而使其丧失合伙人资格。除名退伙又称强制退伙。除名退伙的事由包括:① 未履行出资义务;② 因故意或重大过失给合伙企业造成损失;③ 执行合伙事务时有不正当行为;④ 发生合伙协议约定的事由(第49条)。除名退伙必须遵守一定的程序。对合伙人的除名决议,应当书面通知被除名人。被除名人接到除名通知之日起,除名生效。被除名人对除名决议有异议的,可在自接到除名通知之日起30日内向人民法院起诉。

法定退伙是指合伙人基于法律规定的事由而退伙。法定退伙又称当然退伙。合伙人有下列情形之一的,当然退伙:① 作为合伙人的自然人死亡或者被依法宣告死亡;② 个人丧失偿债能力;③ 作为合伙人的法人或其他组织依法被吊销营业执照、责令关闭、撤销,或者被宣告破产;④ 法律规定或者合伙协议约定合伙人必须具有相关资格而丧失该资格;⑤ 合伙人在合伙企业中的全部财产份额被人民法院强制执行(第48条)。退伙事由实际发生之日为退伙生效日。

(3) 退伙的效力

① 退伙人的合伙人资格丧失。

无论哪种退伙形式,退伙的效力都是合伙人资格丧失。《合伙企业法》对合伙人死亡或者被依法宣告死亡的后果作了特别规定:

合伙人死亡或者被依法宣告死亡的,对该合伙人在合伙企业中的财产份额享有合法继承权的继承人,按照合伙协议的约定或者经全体合伙人一致同意,从继承开始之日起,取得该合伙企业的合伙人资格。但是,有下列情形之一的,合伙企业应当向合伙人的继承人退还被继承合伙人的财产份额:一是继承人不愿意成为合伙人;二是法律规定或者合伙协议约定合伙人必须具备相关资格,而该继承人未取得该资格;三是合伙协议约定不能成为合伙人的其他情形。

合伙人的继承人为无民事行为能力人或者限制民事行为能力人的,经全体合伙人一致同意,可以依法成为有限合伙人,普通合伙企业依法转为有限合伙企业。全体合伙人未能一致同意的,合伙企业应当将被继承合伙人的财产份额退还给该继承人(第50条)。

② 退伙人财产份额的退还办法。

退伙人在合伙企业中的财产份额的退还办法,由合伙协议约定或者由全体合伙人决定,可以退还货币,也可以退还实物。

③ 退伙人对合伙亏损的分担。

合伙人退伙时,合伙企业财产少于合伙企业债务的,退伙人应当依照其应分担的比例分担亏损。

退伙人应对基于退伙前的原因发生的合伙企业债务,承担无限连带责任。这是因为退伙人在退伙前是合伙人,如果退伙后对退伙前的合伙债务不承担责任,就加重了未退伙的合伙人的负担,而且还可能发生利用退伙逃避合伙债务、损害债权人的利益的情形。

(七) 特殊普通合伙

1. 特殊普通合伙的概念与特征

特殊普通合伙,是指在特定情况下,不由全体合伙人对合伙债务承担无限连带责任的普通合伙。特殊的普通合伙有以下特征:

(1) 特殊普通合伙是普通合伙的一种特殊形式

特殊普通合伙不是独立于普通合伙的另一种合伙类型,而是普通合伙的一种特殊形式。其特殊性在于,在特定情况下各合伙人对合伙债务承担的责任不同;除此之外,都适用普通合伙的规定。

特殊普通合伙是我国《合伙企业法》上的称谓,原理上参考了20世纪90年代美、英等国的有限责任合伙法。为了与有限合伙相区别,未称作有限责任合伙,而改称特殊普通合伙。

(2) 在特定情况下不由全体合伙人对合伙债务承担无限连带责任

合伙人在执业活动中因故意或者重大过失造成的合伙债务,由该执业的合伙人承担无限责任或者连带无限责任,其他合伙人以其在合伙中的财产份额为限承担责任。合伙人在执业活动中非因故意或者重大过失造成的合伙债务以及合伙的其他债务,由全体合伙人承担无限连带责任。

2. 特殊普通合伙的设立与名称

特殊普通合伙的设立程序与普通合伙的设立程序相同,但是其名称应当标明"特殊普通合伙"字样。

3. 特殊普通合伙的适用范围

以专业知识和专门技能为客户提供有偿服务的专业服务机构,可以设立为特殊的普通合伙企业(第55条)。以专业知识和专门技能为客户提供有偿服务的机构,例如会计师事务所[①]、评估师事务所、建筑师事务所等,有专业活动的特殊性,其从业人员是以自己的专业知识和专门技能为客户提供有偿服务,各自的业务往往不重合或者重合不多,在人数众多的专业服务机构中,其成员甚至相互不认识,要求每个合伙人为他人的故意或者重大过失造成的合伙债务承担连带责任,不够公平。采用特殊普通合伙的责任形式,有利于扩大合伙的规模,增强

---

① 根据我国《注册会计师法》第23条、第24条的规定,会计师事务所可为合伙,符合条件的也可以组建有限责任公司。

合伙的实力和竞争力。

非企业专业服务机构依据有关法律采取合伙制的,其合伙人承担责任的形式可以适用《合伙企业法》关于特殊普通合伙企业合伙人承担责任的规定(第107条)。

4. 有过错的合伙人的责任承担

一个合伙人对其在执业活动中因故意或者重大过失造成的合伙债务,应当承担无限责任,数个合伙人对其在执业活动中因故意或者重大过失造成的合伙债务,应当承担无限连带责任,其他合伙人以其在合伙中的财产份额为限承担责任。

当合伙人在执业活动中因故意或者重大过失造成合伙债务时,仍然按照合伙及合伙人对外清偿合伙企业债务顺序的规定,合伙的债务首先由合伙财产清偿,合伙财产不足以清偿其债务时,才由合伙人清偿。合伙人在执业活动中因故意或者重大过失造成的合伙债务,以合伙财产对外承担责任后,该合伙人应当按照合伙协议的约定对合伙造成的损失承担赔偿责任。如果合伙协议的约定不要求有过错的合伙人承担赔偿责任,从其约定。

《合伙企业法》规定,一个合伙人或者数个合伙人在执业活动中因故意或者重大过失造成合伙企业债务的,应当承担无限责任或者无限连带责任。这里说的"造成的合伙债务"的内涵是什么? 是否包括侵权、合同和其他原因造成的债务? 对此,美国各州立法有不同的规定,这涉及立法政策问题。在解释上认为《合伙企业法》第57条的规定仅限于因故意或者重大过失引起的侵权之债,不包括一般过失引起的侵权之债及合同之债。①

5. 执业风险基金的建立

特殊普通合伙对债务的清偿保障比普通合伙相对较弱,为了保护债权人的利益,《合伙企业法》规定,特殊普通合伙企业应当建立执业风险基金、办理职业保险;执业风险基金用于偿付合伙人执业活动造成的债务(第59条)。

三、有限合伙

(一) 有限合伙的概念与特征

有限合伙,是指由对合伙债务承担有限责任的有限合伙人和对合伙债务承担无限责任的普通合伙人共同组成的合伙。有限合伙有以下特征:

1. 有限责任与无限责任相结合

有限合伙的主要特征是,在一个合伙企业中,普通合伙人对合伙的债务承担无限连带责任,有限合伙人对合伙的债务承担有限责任。这种合伙形式保留了

---

① 李飞主编:《中华人民共和国合伙企业法释义》,法律出版社2006年版,第93页。

普通合伙中合伙人责任的特点,也借鉴了有限责任公司中股东承担有限责任的优点。与有限责任公司相比,普通合伙人直接经营管理合伙事务,组织结构和组成程序简单,操作灵活。与普通合伙相比,有限合伙人对合伙债务承担有限责任,有利于吸引投资。通常有限合伙主要适用于从事高科技项目的风险投资,也适用于一般中小企业。

2. 由普通合伙人执行合伙事务

通常有限合伙由具有专业知识和技能的人作为普通合伙人,执行合伙事务。有限合伙人不执行合伙事务,不得对外代表有限合伙。

(二)有限合伙的设立

有限合伙的设立,除需要具备普通合伙具备的条件外,还需要具备法律规定的与普通合伙不同的条件:

(1)由2个以上50个以下的合伙人组成,其中至少有一个普通合伙人。

有限合伙由2个以上50个以下的合伙人组成;但是,法律另有规定的除外。这样规定是为了防止有人利用有限合伙企业形式进行非法集资活动,体现合伙企业人合性的特性,并为今后的实践留有必要的空间。

有限合伙至少应当有一个普通合伙人,这是因为如果没有普通合伙人,就没有人对合伙债务承担无限责任,与有限合伙的性质相违背。法律对普通合伙人的人数没有限制,因为普通合伙人共同经营、共担风险,人数不可能过多。

(2)有与普通合伙协议内容不同的合伙协议。

有限合伙协议除具有普通合伙应当载明的事项外,还应当载明的有六项事项(第63条)。这些事项既涉及有限合伙内部活动的规则,也涉及债权人的利益。其中第二、三、四项是执行事务合伙人的有关事项。由于执行合伙事务关系到合伙事业的发展和合伙人的利益,所以对执行事务合伙人的有关问题应当有具体规定,包括执行事务合伙人应具备的条件和选择程序,执行事务合伙人权限与违约处理办法,执行事务合伙人的除名条件和更换程序等。

(3)有限合伙名称中应当标明"有限合伙"字样。

(4)有限合伙人的出资。

有限合伙人可以用货币、实物、知识产权、土地使用权或者其他财产权利作价出资。有限合伙人不得以劳务出资,这主要是因为有限合伙人对合伙的债务承担有限责任,如果以劳务出资,就会造成其出资和责任界限不易确定的状态,不利于保护债权人。

有限合伙人应当按照合伙协议的约定按期足额缴纳出资。有限合伙人按期足额缴纳出资对于合伙正常营业和保护债权人的利益都很重要。在有限合伙中,普通合伙人的出资往往很少,如果有限合伙人不能按期足额缴纳出资,合伙事业就不能正常运营。有限合伙人对合伙的债务承担有限责任,如果有限合伙人不能按期足额缴纳出资,就会损害交易相对人的利益。有限合伙人未按期足额缴纳的,应当承担补缴义务,对其他合伙人承担违约责任。

另外,有限合伙登记事项中应载明有限合伙人的姓名或者名称及认缴出资数额。这主要是为了维护交易安全,保护交易相对人的利益。

(三)有限合伙事务的执行

有限合伙由普通合伙人执行合伙事务,对外代表有限合伙。有限合伙由普通合伙人执行合伙事务时,应当遵守法律关于普通合伙的合伙人执行事务的规定,其具体办法由普通合伙人协议决定。

为了激励合伙事务执行人的积极性,搞好合伙事务运营,有限合伙协议可以确定给予合伙事务执行人一定的报酬及报酬提取方式。

有限合伙人对合伙的债务承担有限责任,无权执行合伙事务,这是权利与义务相一致的体现。如果有限合伙人参与执行合伙事务,就应当承担无限连带责任。《合伙企业法》第76条第1款规定:"第三人有理由相信有限合伙人为普通合伙人并与其交易的,该有限合伙人对该笔交易承担与普通合伙人同样的责任。"学理上对此称为表见合伙。表见合伙主要是为了保护合伙的债权人。第三人要求有限合伙人对合伙的债务承担无限连带责任的,应当举证证明其理由是合理的。其理由是否合理,应当依交易习惯判断。这里需要注意的是"该有限合伙人对该笔交易承担与普通合伙人同样的责任",对于有限合伙的其他债务,有限合伙人仍然承担有限责任。

有限合伙人未经授权以有限合伙的名义与他人进行交易,给有限合伙或者其他合伙人造成损失的,该有限合伙人应当承担赔偿责任。

在有限合伙中有限合伙人享有相应的权利,行使其权利的行为不属于执行合伙事务。《合伙企业法》第68条规定的有限合伙人参与决定普通合伙人入伙、退伙,对企业的经营管理提出建议等八项行为,都属于保护有限合伙人利益的行为,不属于执行合伙事务。

(四)有限合伙利润的分配

《合伙企业法》第69条规定:"有限合伙企业不得将全部利润分配给部分合伙人;但是,合伙协议另有约定的除外。"这是由有限合伙的特点决定的。在有限合伙中,特别是在风险投资领域,普通合伙人往往是具有高水平和丰富经验的人,他们对合伙债务承担无限责任,而入伙的资金往往较少。在国外,普通合伙人出资一般为全部合伙人出资的1%;分得的利润较高,一般为20%。由于风险投资的回报期长,在较长的时期内没有收益,而普通合伙人可以依照合伙协议的约定取得执行事务的报酬,因此在合伙协议中可以约定,当有利润可分配时,在若干年内,将利润全部分配给有限合伙人。这样做有利于平衡有限合伙人和普通合伙人的利益,调动双方的积极性。因此,原则上有限合伙企业不得将全部利润分配给部分合伙人,但是,合伙协议另有约定的除外。

(五)有限合伙人特有的权利与特殊规定

这里说的有限合伙人特有的权利,是指有限合伙人享有而普通合伙人不享有的权利。包括有限合伙人可以与本有限合伙企业进行交易,可以自营或者同他人合作经营与本有限合伙企业相竞争的业务(第70条、第71条)。由于有限合伙人不享有合伙事务执行权,这些行为不会损害有限合伙的利益。但是,合伙协议另有约定的除外。

这里说的特殊规定,是指同一事项,对有限合伙人的限制不像对普通合伙人的限制那样严格。例如,有限合伙人可以将其在合伙中的财产出质,不需要经其他合伙人一致同意。但是,合伙协议另有约定的除外。再如,有限合伙人可以按照合伙协议的约定向合伙人以外的人转让其在有限合伙企业中的财产份额,不必经其他合伙人一致同意,但是,合伙协议另有约定的除外。转让其份额的有限合伙人应当提前30日通知其他合伙人。

(六)有限合伙人的入伙、退伙

新入伙的有限合伙人对入伙前有限合伙的债务,以其认缴的出资额为限承担责任。这与入伙的普通合伙人不同,入伙的普通合伙人对入伙前有限合伙的债务,承担无限连带责任。

有限合伙人退伙的条件与普通合伙人退伙的条件的主要不同之处在于:(1)作为有限合伙人的自然人在有限合伙企业存续期间丧失民事行为能力的,其他合伙人不得因此要求其退伙(第79条)。这是因为有限合伙人不执行合伙事务,有限合伙人丧失行为能力对合伙事业没有实质性影响。再者,有限合伙一般投资回报期很长,要求丧失行为能力者退伙,就不能取得合伙的收益,因而不够公平。如果合伙协议约定有限合伙人丧失行为能力为退伙事由,从其约定。(2)作为有限合伙人的自然人死亡、被依法宣告死亡或者作为有限合伙的法人及其他组织终止时,其继承人或者权利承受人可以依法取得该有限合伙人在合伙企业中的资格(第80条)。这是因为有限合伙人不执行合伙事务,有限合伙人的出资转让给有限合伙以外的人,对有限合伙事务没有实质性影响。这样处理既可减少因退伙而进行结算的麻烦,又能维护有限合伙财产的稳定。

有限合伙人退伙后,对基于其退伙前的原因发生的有限合伙债务,以其退伙时从有限合伙中取回的财产承担责任。这与普通合伙的合伙人退伙不同,普通合伙的合伙人退伙后,对基于其退伙前的原因发生的合伙债务承担无限连带责任。

(七)有限合伙人与普通合伙人的相互转变

根据自愿原则,普通合伙人可以转变为有限合伙人,有限合伙人可以转变为普通合伙人。由于有限合伙人与普通合伙人的相互转变关系到对合伙债务承担的重大问题,因此除合伙协议另有约定外,其转变应当经全体合伙人一致同意。有限合伙人转变为普通合伙人的,对其作为有限合伙人期间合伙发生的债务承担无限连带责任,这与普通合伙的入伙人对其入伙前合伙的债务承担无限连带责任的原理相同。普通合伙人转变为有限合伙人的,对其作为普通合伙人期间合伙发生的债务承担无限连带责任,这与普通合伙的退伙人对其在合伙期间的合伙债务承担无限连带责任的原理相同。

(八) 有限合伙的解散与转变

有限合伙仅剩余有限合伙人的,应当解散。因为有限合伙的设立,至少需要有一名普通合伙人,如果仅剩下有限合伙人,就无人承担无限责任,不符合有限合伙成立的条件。有限合伙仅剩余普通合伙人的,转为普通合伙企业。如果普通合伙人不愿意继续合作或者仅剩下一个普通合伙人,有限合伙即解散。

四、合伙的解散与清算

(一) 合伙的解散

1. 合伙解散的概念

合伙的解散又称合伙的终止,是指由于法定原因的出现或全体合伙人的约定使合伙关系消灭。

2. 合伙解散的事由

合伙解散的事由包括:(1) 合伙期限届满,合伙人决定不再经营;(2) 合伙协议约定的解散事由出现;(3) 全体合伙人决定解散;(4) 合伙人已不具备法定人数满 30 天;(5) 合伙协议约定的合伙目的已经实现或者无法实现;(6) 依法被吊销营业执照、责令关闭或者被撤销;(7) 法律、行政法规规定的其他原因(第 85 条)。

3. 合伙解散的后果

合伙解散并不是合伙立即消灭,合伙解散后,应当开始清算。在清算期间合伙视为存续,合伙的活动限于与清算有关的事务,不得开展与清算无关的经营活动。

(二) 合伙的清算

1. 清算人

清算人由全体合伙人担任;经全体合伙人过半数同意,可以自合伙企业解散后 15 日内指定一个或者数个合伙人,或者委托第三人,担任清算人。自合伙企业解散事由出现之日起 15 日内未确定清算人的,合伙人或者其他利害关系人可以申请人民法院指定清算人。

2. 清算事务

清算人依法执行下列事务:(1) 清理合伙企业财产,分别编制资产负债表和财产清单;(2)处理与清算有关合伙企业未了结事务;(3)清缴所欠税款;(4)清理债权、债务;(5)处理合伙企业清偿债务后的剩余财产;(6)代表合伙企业参加诉讼或者仲裁活动(第 87 条)。

清算人自被确定之日起 10 日内将合伙企业解散事项通知债权人,并于 60 日内在报纸上公告。债权人应当自接到通知书之日起 30 日内,未接到通知书的自公告之日起 45 日内,向清算人申报债权。

3. 清偿与分配顺序

清算时合伙企业财产应首先支付清算费用,然后按下列顺序清偿:(1)职工工资、社会保险费用、法定补助金;(2)所欠税款;(3)清偿债务;(4)剩余的财产按照各合伙人应得的比例进行分配。

清算结束,清算人应当编制清算报告,经全体合伙人签名、盖章后,在 15 日内向企业登记机关报送清算报告,申请办理合伙企业注销登记。

4. 合伙企业注销后合伙人对合伙债务的责任

合伙注销后,原合伙人对合伙企业存续期间的债务,仍应承担清偿责任,以保护债权人的债权的实现。否则,注销合伙就会成为合伙人逃避债务的方式。普通合伙人承担无限连带责任;特殊的普通合伙的合伙人一般也是承担无限连带责任,但是对于部分合伙人在执业活动中因故意或者重大过失造成的合伙债务,其他合伙人以其在合伙企业中的财产份额为限承担责任。在有限合伙企业中,普通合伙人承担无限连带责任,有限合伙人以其出资为限承担责任。

合伙企业注销后,原合伙人清偿合伙企业存续期间的债务应当有期限限制,2006 年修订的《合伙企业法》取消了 1997 年《合伙企业法》第 63 条 5 年期限的规定,没有具体期限限制,但不是无限期地进行保护。根据一般法与特别法适用的原理,原合伙人清偿合伙企业存续期间的债务,应当适用一般诉讼时效期间的规定,这样足以保护债权人的利益。

5. 注销登记

清算结束,清算人应当编制清算报告,经全体合伙人签名、盖章后,在 15 日内向企业登记机关报送清算报告,申请办理企业注销登记。

第三节 其他非法人组织

一、个人独资企业

(一)个人独资企业的概念与特征

个人独资企业是指一个自然人投资,财产属投资人个人所有,投资人以其个人财产对企业债务承担无限责任的经营实体。其特征是:

(1) 一个自然人出资,生产资料归投资者所有。

在法律允许的范围内,投资者即企业主对生产资料享有占有、使用、收益和处分的权利。

(2) 雇工经营。

在独资企业中,企业主不一定直接参加劳动,或者不是劳动的主要力量,需以雇佣劳动力作为生产经营活动的基本力量或者主要力量。

(3) 具有一定的生产经营规模。

独资企业作为经济组织必须具备一定的规模。一是有投资者申报的资金;二是有自己的名称;三是有一定数量的从业人员;四是有固定的生产经营场所和必要的生产经营条件;五是有一套符合法律、法规的企业管理和财务、会计制度等。

(二) 个人独资企业的法律地位

关于个人独资企业民事主体资格的性质,颇有争议。有人认为,个人独资企业具有主体性,但其主体身份是自然人;有人认为,个人独资企业属于非法人组织。《民法典》第102条明确了个人独资企业非法人组织的民事主体地位。其理由是:

(1) 个人独资企业具有团体性要件。

依照我国现行法律和政策,个人独资企业有自己的名称,有自己相对独立的财产,有一定数量的从业人员,有适于自己经营的组织机构等,这些均说明个人独资企业具有团体性要件。个人独资企业还享有作为组织体才享有的民事权利,如字号权、申请注册商标的权利等。

(2) 个人独资企业有自己的经营目的和经营范围。

在该经营范围内,个人独资企业享有与此相适应的民事权利能力和民事行为能力。个人独资企业可以自己的名义而不是企业主或者投资人的名义从事经营活动。

(3) 个人独资企业不能独立承担民事责任。

这表明个人独资企业不具有法人资格。个人独资企业的资产虽具有相对独立性,但企业主仍能够凭借其所有权人身份转移资金。为了保护债权人的利益和维护经济生活的稳定,私营企业的投资者应以个人财产对企业债务负无限责任;个人独资企业投资人在申请企业设立时,明确以其家庭共有财产作为个人出资的,应当依法以家庭共有财产对企业债务承担无限责任。

二、筹建中的法人

(一) 筹建中的法人的概念与特征

筹建中的法人又称设立中的法人,它是指为设立法人组织而进行筹建活动的非法人组织。我国《民法典》只规定了法人设立人而未规定筹建中的法人。依据司法实践,筹建中的法人的特征是:(1)筹建中的法人是一种组织,而非筹建人或者设立人个人。筹建中的法人有自己的名称,有自己的财产,有自己的组织机构和场所。筹建中的法人的名称和财产是与筹建人或者设立人的名称或者财产相分离的。(2)筹建中的法人是为设立法人而存在的组织体。筹建中的法人的存在目的是设立法人,是为筹建法人而进行各项准备工作。因此,筹建中的法人可以自己的名义进行与筹建活动相关的民事活动。(3)筹建中的法人是非法人组织,而不是法人。

(二)筹建中的法人的法律地位

对于筹建中的法人的法律地位,有不同观点。一种观点认为,筹建中的法人不具有民事主体资格,亦不具有民事权利能力和民事行为能力,筹建过程中的行为为筹建人或者设立人的个人行为,筹建人或者设立人应对设立行为承担责任。另一种观点认为,筹建中的法人与成立后的法人应视为同一法人,这种观点又称为"同一体说",认为两者有如胎儿和婴儿的关系,即认为法人成立前所享有的权利及形成的债权债务关系都应由成立后的法人享有和承担。如果法人不能成立,则其权利能力溯及地消灭,即由筹建人或者设立人承担相应的法律后果。我国现行法律对筹建中法人的地位没有规定,但从维护经济关系的稳定性出发,本书作者认为"同一体说"具有借鉴意义。

(三)筹建中的法人的民事权利能力

筹建中的法人作为非法人组织的一种,应具有相应的民事权利能力,否则便不能开展筹建活动。但是,这种权利能力应受以下限制:

(1)应以筹建或者设立所必要的事项为限享有民事权利能力。所谓必要事项,或依法律的规定,或依设立章程或者设立人之间的约定,或依行为的性质进行认定。筹建中的法人不能享有与筹建或者设立活动无关的民事权利能力。

(2)应以将来法人成立为条件享有民事权利能力。即筹建中的法人虽享有民事权利能力,但将来法人不能登记成立时,其民事权利能力溯及消灭,而由筹建人或者设立人承担其法律后果。

三、其他

除上述非法人组织外,非法人组织还有不具备法人条件的中外合作企业和外资企业,企业、事业单位开办的不具有法人资格的经营实体,不具有法人资格的专业服务机构等。无论是不具有法人资格的经营实体,还是不具有法人资格的公益团体,都必须依法进行登记,否则,便不享有非法人组织的资格。

第三分编 民事法律关系客体

第七章 民事法律关系客体的种类

第一节 民事法律关系客体概述

一、民事法律关系客体的概念与特征

民事法律关系的客体,通常指民事法律关系主体享有的民事权利和承担的民事义务所共同指向的对象,也称为民事权利客体。民事法律关系建立的目的,是为了保护某种利益、获取某种利益,或者分配转移某种利益,因此,民事法律关系的客体所承载的利益,是民事权利和民事义务联系的中介。这些利益虽可从不同角度进行分类,但通常可归结为物质利益和非物质利益。

自罗马法以来的法律思想认为,民事法律关系的客体是权利客体,又称权利标的。权利客体受权利主体支配。权利客体远较"物"的概念含义广泛,是指受权利主体支配的各种权利的对象,不仅包括物,而且包括各种权利、利益以及无财产价值的作为或不作为。①

民事法律关系的客体具有以下特点:(1)利益性。民事法律关系的客体是指能够满足人们利益需要的载体。民事主体参与民事法律关系、享有民事权利是为了满足自己的利益需要,由于人的利益需求是多方面的,既有物质利益,也有非物质利益,因此,民事法律关系的客体既包括物质利益,也包括非物质利益。(2)客观性。民事法律关系的客体是存在于主体之外的,是不以主体的意志为转移的。在客观上根本不存在的事物不能成为法律关系客体,如长生不老药、永动机等。②

二、民事法律关系客体的范围

关于民事法律关系客体的范围,中外学者多有争议,主要有如下观点:

---

① 参见施启扬:《民法总论》,台湾三民书局1997年版,第173页。
② 另有学者认为,民事权利客体的特征还包括法定性、多样性、可支配性等。见李建华、彭诚信:《民法总论》,吉林大学出版社1998年版,第201—202页;郭明瑞主编:《民法》,高等教育出版社2003年版,第86页。

(1) 民事法律关系的客体是物;(2) 民事法律关系的客体是物和行为;(3) 民事法律关系的客体是体现一定物质利益的行为;(4) 民事法律关系的客体是物、行为、智力成果和与人身不可分离的非物质利益。本书作者认为,民事法律关系客体为各种物质利益和非物质利益,其范围包括:

（1）物。物权是对物直接支配的权利。物权关系的客体是各种物,包括动产和不动产。

（2）行为。债权是请求特定人为一定给付的行为,这种行为通常体现为财产利益,所以,债务人的作为和不作为是债权的客体。

（3）智力成果。知识产权是对智力成果享有的权利,智力成果是知识产权的客体。依照《民法典》第123条的规定,智力成果具体包括作品,发明、实用新型、外观设计,商标,地理标志,商业秘密,集成电路布图设计,植物新品种等。

（4）有价证券。有价证券与物不是同一概念,有价证券通常为权利凭证。它既可以成为物权的客体,又可以成为债权的客体。

（5）权利。权利是否可作为民事法律关系的客体,多有争议。通说认为,在法律有规定的情况下,权利可成为民事法律关系的客体。如土地使用权可成为抵押权的客体,知识产权可成为质权的客体。

（6）非物质利益。人身权的客体为非物质利益,亦称精神利益。如自由权的客体是自由价值。

（7）数据、网络虚拟财产。数据特别是大数据已经成为信息社会的血液,就像土地对于农业社会,煤炭、石油对于工业社会一样不可或缺,数据特别是大数据已经成为社会新型财产。虚拟财产为当代社会的一种新的财产形态,具有满足人们精神需要的功能。虚拟财产既具有一般财产的基本属性,又具有自身的特殊属性。

（8）自然人的个人信息。自然人的个人信息为个人信息权的客体。依照《民法典》第111条的规定,自然人的个人信息受法律保护,任何组织或者个人不得非法收集、使用、加工、传输他人个人信息,不得非法买卖、提供或者公开他人的个人信息。

第二节 物

一、物的概念与特征

法律上的物,是指存在于人身之外,能够满足人们的社会需要而又能为人所实际控制或者支配的物质客体。这一定义表明,民法上的物,都具有物理属性,也都是哲学意义上的物质,但是物理学及哲学意义上的物及物质却并不能都成为法律上的物。如日、月、星辰,不为法律上的物。从另一角度讲,作为民事法律关系客体之一的物,具有广泛的意义。凡是存在于人身之外,能够满足人们一定的社会需要而又能为人所实际控制和支配的自然物及人类创造物,都能成为法律上的物。从这个意义上讲,法律上物的范围将随着人类征服自然、改造自然的能力不断扩大而呈扩大趋势。民法上的物具有以下法律特征:

(1) 物存在于人身之外。

法律上所称之物,具有非人格性。人类社会自废除了奴隶制之后,就不再把人当作权利的客体了。因此,现今所称民事法律关系客体的物,只能是存在于人身之外的物。在生活习惯上,与人体不可分离的假牙(可自由取出的除外)、义肢、义眼、安装在人体内的心脏起搏器等,应视为人体的一部分,不得视为物,但一旦与人体分离,即可视为物。至于尸体及从人体上分离之物体如血液、肾脏、毛发等,应认为可以成为民事法律关系之客体,亦可为法律上之物。尸体及尸体火化后的骨灰,可以成为继承人继承的客体,但它只具有精神价值,不具有交换价值。自然人亦得自由支配从其身体上分离出来的物体,如将血液、肾脏等献出。至于具有人类繁衍功能的与人体相分离的精子、卵子、受精卵亦为法律上的物,有学者称为具有人格属性的伦理物①,基于公序良俗,法律禁止买卖。

(2) 物能满足人们的社会需要。

民法上的物,必须具有一定的使用价值,能够满足人们一定的社会需要。不具有使用价值的物,不能成为法律意义上的物。因为,人们成立一定的法律关系,都是为了能从中获取一定的利益或者满足一定的需要。社会需要可以分为物质生活需要和精神生活需要。具有经济价值和用途的物,能够满足人们的物质生活需要,可以成为民法上的物。同样,具有精神价值,如文化价值、情感价值等的物,能够满足人们的精神生活需要,也可以成为民法上的物。前者有如房屋、地产等,后者则有亲人的相片、书信等。

(3) 物能为人力实际控制或者支配。

能够为民事主体所实际控制或者支配的物质客体才能成为民法上的物。民事主体以一定的物质客体成立法律关系,设定彼此之间的权利义务,是为了从中获取一定的利益。如果所设定权利义务之客体不能为人所控制或者支配,则权利的享有、义务的承担无从因人的意志而实现,此种法律关系的设定就没有实际意义。例如,以冥王星上的土地为标的设定一个买卖法律关系,就无实际的意义。因此,那些不能为人所实际控制或者支配的物,如日月星辰等,只能成为物理学意义上的或者哲学意义上的物或者物质,而不能成为民事法律关系的客体。

---

① 参见杨立新:《冷冻胚胎是具有人格属性的伦理物》,https://news.sina.com.cn/2014-07-19/090430545969.shtml,最后访问日期:2024年3月1日。

动物是否为民法上的物,1991年之前的《德国民法典》认为动物为民法上的物;在1991年之后,受动物保护主义思潮的影响,有些学者认为动物不是民法上的物而应视为"同等生灵",视为权利主体。① 修改后的《德国民法典》第90a条规定:"动物非物,动物以特别法保护之。在未有特别法规定时,应准用有关物的规定。"但德国学者梅迪库斯认为,动物仍是物,只不过限制动物所有人对动物的处分罢了。② 本书作者认为,应区分饲养动物和野生动物。饲养动物为民法上的物应无疑义,野生动物是否为民法上的物值得研究。苍蝇、蚊子等对人类的生活没有积极意义,不应成为民法上的物。国家保护的野生动物,依据《野生动物保护法》第3条的规定,国家对野生动物资源享有所有权。

(4) 物一般指有体物。

德国民法将物限于有体物。所说有体物,是指占有一定空间且具有某种形体的物,例如土地、建筑物、动植物以及各种物品。近年来,学理上对有体物逐渐采扩大解释,认为有体物不必具有一定形状或者固定的体积,不论固体、液体或者气体,均为有体物。至于各种能源,诸如热、光、电气、电子、放射性、核能、频道、航线等,在技术上已能加以控制,工商业及日常生活中已普遍采用,为民法上的物。物具有客观实在性,这一点将物与虚拟财产区别开来。虚拟财产可为民事法律关系的客体,受法律保护。但虚拟财产只具有虚拟性,不具有客观实在性。

(5) 物须有独立性。

物权法采"一物一权主义",因此法律上的物须有独立性。交易上不能独立为人类的生活资料和生产资料的,不为法律上的物。如,一粒米、一滴油。③ 空气、海水、原野等,在与其他部分分离,置于相当支配下而具有独立性之前(如设置地界或登记其面积)也不是法律上的物。④

二、物的法律意义

物在民法中有着重要的地位。它是绝大多数民事法律关系的客体。有的法律关系直接以物为客体,如所有权关系;有的虽以行为为客体,但仍然与物紧密相关,如交付物的债权关系。物还在很大程度上决定着民事法律关系的有效与否。法律关系有效与否,除了看法律关系的主体、内容之外,还要看法律关系的

---

① 参见《汉堡行政法院·新行政法杂志》1988年,第1058页,申请传唤海狗参加一起有关北海污染的行政诉讼。转引自〔德〕迪特尔·梅迪库斯:《德国民法总论》,邵建东译,法律出版社2000年版,第878页。
② 〔德〕迪特尔·梅迪库斯:《德国民法总论》,邵建东译,法律出版社2000年版,第878页。
③ 参见王泽鉴:《民法总则》(增订版),中国政法大学出版社2001年版,第208页。
④ 参见施启扬:《民法总论》,台湾三民书局1997年版,第177页。

标的物是否符合法律的规定。例如,在我国土地就不能成为私人所有权的客体,禁止流通物不能成为交易的客体,消耗物不能成为租赁、借用关系的标的物。此外,物在程序法上也有意义,在某些情况下关系到案件的管辖。

三、物的分类

（一）动产与不动产

以物是否能移动并且移动是否损害其价值为标准,可将物分为动产和不动产。这一分类是自罗马法以来,各国民法上对物的基本分类。《民法典》使用了动产和不动产的概念。

1. 动产

动产是指能够移动且移动不会损害其价值或用途的物。此外,在法律上各种可以支配控制的自然力,在性质上也应认定为动产。[①] 某些物在性质上能够移动,但因价值较高,且在交易习惯上转让程序较为慎重,在法律上亦具有不动产的某些特征,在学理上称为"准不动产",例如船舶及民用航空器等。

2. 不动产

不动产是指不能移动或者移动会损害其用途或者价值的物。不动产主要指土地及土地上的定着物。

（1）土地

土地是指一定范围的地球表面,以及地面上空及地下。所谓地球表面不一定完全为土壤所覆盖,如有沟渠、水池等杂处其间,也属土地的一部分。土地有地上、地面及地下三部分,土地表面的利用有明确的范围,地面上空及地下有无一定的利用高度或者深度有讨论的必要。就理论而言,土地的上空及地下的利用,除法律有规定者外,固无限制;就实际利用而言,土地权利人应基于禁止权利滥用原则和不得违反社会公共利益的原则,在有益的范围内对土地的上空及地下进行利用。对于他人对土地上下的干涉或者利用,如无碍其所有权或者使用权的行使,不得予以排除。

对于地面下的矿产资源,如煤炭、石油、天然气,虽为土地的一部分,但基于国民经济的通盘考虑,法律规定为国家所有。

（2）地上定着物

地上定着物是指持续密切依附于土地,不易移动,按交易惯例非为土地的构成部分,而有独立使用价值的物,又称为附着物。最主要的地上定着物是指房屋及其他建筑物,如纪念碑、通信电台、桥梁、牌坊、高架道路等。依附于土地但在性质上成为土地一部分的财产,如水井、排水沟、下水道,应成为土地的一部分,

---

[①] 施启扬:《民法总论》,台湾三民书局1997年版,第180页。

而非地上定着物;仅为临时使用或者非密切依附于土地的建筑,如临时搭建的为建筑所用的工棚,为展览所用的展览棚等,都非地上定着物。

地上定着物成为不动产须具备两个条件:一是持续附着于土地,使其移动会损害价值或者功能;二是具有独立的经济目的,以致不被认为是土地的一部分。

不动产的出产物在与不动产分离前,其性质如何?有两种观点,一种观点认为,该出产物为该不动产的组成部分,与不动产的定着物不同。在土地上种植的树木、花草、稻麦、甘蔗等,在收获而与土地分离前,为土地的组成部分,而非独立的不动产。在该出产物未分离前,不能单独成为权利客体,不能在其上设立抵押权等。[①] 另一种观点认为,该出产物亦为独立的财产,可为独立的权利客体。我国实务中采用了后一种观点,比如,林木可为抵押权的标的。

3. 区分动产与不动产的意义

动产与不动产,是法律上对物进行的最重要的分类。由于动产和不动产在经济价值以及利用方法等各个方面均有极大的不同。因此,法律上对其调整原则亦有很大不同,这也是区分动产与不动产的主要法律意义所在。具体而言,主要有:

(1)物权变动的法定要件不同。依《民法典》的规定,不动产物权变动一般以登记为生效要件。如房屋买卖,当事人须办理产权过户手续,才能发生所有权转移的后果。而对于动产物权的变动,则一般以物的交付为要件。

(2)物权类型不同。土地承包经营权、地役权等用益物权以不动产为限,而动产质权、留置权以动产为限。

(3)诉讼管辖方面的不同。因不动产发生的民事纠纷,由不动产所在地人民法院专属管辖;而动产的诉讼管辖则比较灵活。

(二)流通物与限制流通物

根据物的流通性,物可以分为流通物和限制流通物,又称融通物和限制融通物。流通物是指法律允许民事主体之间依法定程序自由流转的物。限制流通物,是指法律对其流转给予一定程度的限制或者禁止自由流转的物。这种分类是以物在民事流转过程中是否受限制以及受限制的程度为标准划分的。在我国,限制流通物主要有:

1. 专属国家所有的财产

专属国家所有的财产,如矿藏、水流、海域、无线电频谱资源等。民事主体对这类国家专有财产的使用,必须依法取得相应的用益物权。

---

① 参见施启扬:《民法总论》,台湾三民书局1997年版,第181页。

2. 非专属国家所有的财产

即非专属国家所有,但在流通中给予一定限制的财产,如:(1)土地、森林、山岭、草原、荒地、滩涂、水面等自然资源,可以转让其使用权,而不能转让其所有权。其所有权的改变一般通过国家征收程序实现,如国家因公共利益需要征收集体土地。(2)军用武器、弹药、毒品、麻醉药品等,为了维护社会秩序,保障公共安全,对这类物品的生产、流通、使用甚至保管,都得依照法律进行,不得随意私自进行。(3)文物。国家对文物实行保护管理,依法属于国家所有的文物,任何人不得自行挖掘,据为己有。自然人依法可以持有某些文物,但严禁将文物走私出口。(4)黄色淫秽的书刊、磁带、录像带等,国家禁止这类物品的流通转让。

对流通物与限制流通物的分类,有助于我们明确某一具体的物可以设立的法律关系的性质与范围。如以限制流通物为标的物设定法律关系时,须了解法律的相关规定,以保证所设定的法律关系不因标的物不合法律要求而致无效。如果无视国家基于社会公共利益和国家利益作出的对某些物的流通的限制的规定,不仅所设定的法律关系归于无效,相应的自然人或者社会组织还要受到法律制裁。因此,民事主体在进行民事活动时,须了解国家有关限制流通物的规定。

(三) 特定物与种类物

根据物是否具有独立的特征或者是否被权利人指定而特定化,可将物分为特定物与种类物。

特定物是指自身具有独立的特征,或者被权利人指定而特定化,不能以其他物代替的物,包括在特定条件下独一无二的物和从一类物中根据民事主体的意志指定而特定化的物。前者如鲁迅先生的手稿、齐白石先生的一幅画等;后者如从一批奥迪牌汽车中挑选出来的某一辆车等。

种类物是指具有共同的特征,能以品种、规格、质量或者度量衡加以确定的物。如质量、价格相同的大米,同一型号的钢管等。

特定物因独具特征或者被专门指定,不能以他物替代,因而有时又被称为"不可替代物"。种类物则可用相同的物替代,故又被称为"可替代物"。但是,种类物与特定物的区别不是绝对的,种类物可经由民事主体的选择、确定而成为特定物。例如,被人买走的众多奥迪牌汽车的一辆,即因被权利人的意志确定而成为特定物。种类物与特定物区分的法律意义主要有:

(1)有些法律关系只能以特定物为标的物,如所有权法律关系、租赁法律关系等;而有些法律关系的标的物既可以是特定物也可以是种类物,如买卖法律关系等。特定物与种类物的分类仅在交易中有意义。

(2)物意外灭失的法律后果不同。特定物在交付前意外灭失的,由于其具有不可替代的特性,故而可以免除义务人的交付义务,而只能请求赔偿损失。种类物如在交付前意外灭失的,由于其具有可替代性,故而不能免除义务人的交付义务,可责令义务人以同种类的物为交付。

（四）主物与从物（见从物）

（五）原物与孳息（见孳息）

（六）可分物与不可分物

根据物能否分割,以及分割是否损害其用途及价值,可将物分为可分物与不可分物。可分物是指可以分割并且不因分割而损害其用途及价值的物。如一袋米可分为数小袋米。不可分物是指按照物的性质不能分割,或者分割将损害其用途及价值的物。如一头牛、一辆汽车等。

可分物与不可分物区分的法律意义在于：

(1) 便于共有财产的分割。数人共有一物,若物为可分物,则财产分割时可以采取实物分割的方法；若物为不可分物,则只能采取变价分割或者作价补偿其他共有人的方法。

(2) 便于明确多数人之债的债权债务。多数人之债中,若其标的物为可分物,则数人可共享按份债权或者共担按份债务；若标的物为不可分物,则数人之债权为不可分债权,而其债务为不可分债务。此外,当事人可约定在一定期限内不得将可分物分割,则其债权债务于此特定期限内为不可分债权或者不可分债务。

（七）消耗物与非消耗物

根据物经使用后的形态变化性,物可分为消耗物和非消耗物,又称消费物与非消费物。消耗物是指一次使用就归于消灭或者改变原有形态和性质的物。粮、油、糖、茶等生活用品均为消耗物。非消耗物是指可以长期多次使用,并不会改变其形态和性质的物。如房屋、机器、牛、马等。

区分消耗物与非消耗物的意义在于：消耗物不能作为转移物的使用权的债的标的物,只能作为消费借贷或者转移所有权等债的标的物；非消耗物可以成为转移使用权的债的标的物。

（八）有主物与无主物

根据物在一定时期内是否有所有人,可将其划分为有主物与无主物。有主物是指所有人明确的物,如某甲的手表等。无主物是指没有所有人的物,如抛弃物、无人继承的物等。

区分有主物与无主物的法律意义在于：(1) 对于无主物,当事人可依先占取得所有权,例如,对于抛弃的废旧物品,拾得人可先占取得其所有权。而对于有主物,不存在先占取得所有权的问题。(2) 确定无主物的归属。无主物所有权的取得,各国民法有不同的规定。《民法典》第 318 条规定:"遗失物自发布招领公告之日起一年内无人认领的,归国家所有。"第 319 条规定:"拾得漂流物、发现埋藏物或者隐藏物的,参照适用拾得遗失物的有关规定。法律另有规定的,依照其规定。"

（九）单一物、合成物与集合物

根据物是由一个还是多个独立物构成，可将其划分为单一物、合成物与集合物。单一物是独立成一体的物。例如一张桌子、一把椅子等。合成物是指由数个单一物构成的物。数个单一物合成为一体，在法律上或者观念上被视为一物的，为合成物。例如配有鸡心宝石的金项链、嵌有钻石的金戒指等。合成物的各个组成物之间无主物、从物关系，而是合成一体的。集合物是指由多个单一物或合成物聚合而成的，在法律或者交易观念上被视为一物的物的总体。例如一个图书馆的所有藏书。

对物作这种分类的法律意义在于，无论是哪种物，作为权利的客体时，在法律和观念上都是一个完整的物。具体而言，在作为物权客体时，单一物、合成物与集合物有同一的法律性质，只能对物的整体设定一个所有权或者相容的数个他物权，或者另行设定他物权；在作为交易客体时，不得随意变更物的组合状况，否则将构成债的不履行。

四、从物

从物是相对于主物而言的。根据两个物在物理上相互独立，而在经济用途上又相互联系的关系，物可分为主物与从物。在必须结合使用才能发挥经济效益的两个独立的物中，起主要效用的为主物，处于附属地位、起辅助和配合作用的物是从物，如船和配合其使用的桨等。

从物必须具备以下条件：（1）从物之使用目的须具有永久性。从物必须常助主物的效用，此项效用不以经济效用和经济目的为限，例如，备胎是汽车的从物。仅为暂时性辅助主物经济效用的，不为从物，如房客居住时带来的窗帘、门帘，不为房屋的从物。但从物暂时与主物分离的，仍为从物，如船舶之船桨，因修理而暂时与船舶分离的，仍为船舶的从物。（2）从物与主物同属于一人。从物必须与主物同属于一人，如汽车所有人暂借他人的备胎，就不能认为该备胎是该汽车的从物。但是，从物虽不属于主物的所有人，主物所有人将其与主物一起出卖的，该买卖合同有效。（3）从物须具有独立性，不为主物的部分。主物是独立之物，从物也是独立之物，例如，一套西装的上衣与裤子、鞋子的左右脚均为物之部分关系，不为主物与从物的关系。（4）须交易上视为从物。在交易上有特殊习惯，不被认为从物的，不得以从物论，例如，装米的麻袋。

从物的法律意义主要在于：在法律没有相反规定或者当事人没有相反约定时：（1）从物的所有权属于主物的所有人，对此主物所有人无证明义务；（2）主物的所有权转移的，从物的所有权也随之转移；（3）担保物权的效力及于从物；（4）解除主物合同的效力及于从物合同，但解除从物合同的效力不能及于主物合同。

五、孳息

孳息是指因物或者权益而生的收益。广义的孳息还有用益的意思，除通常所称的孳息外，还包括因物的使用或者权利的行使而获得的一切利益，如利用房屋经营商业。随着人们对孳息认识的不断深入，孳息的范围也逐渐地发生变化。罗马法和《法国民法典》采广义孳息的概念，孳息包括天然孳息、法定孳息和人工孳息。[①] 随着劳动价值论的出现，劳动作为人们取得财产所有权的重要方式成为社会的共识，劳动生产物，如农民所种的粮食、矿主所挖的矿石、煤炭等，不再为孳息。故在《德国民法典》中不再有人工孳息。随着管理学的出现，经营管理创造价值，因经营管理所产生的收益，特别是投资收益也应从孳息中分离出来，如因理财产生的收益、租赁经营的收益、股份投资的红利等不再为孳息。在司法实践中，夫妻一方个人财产在婚后产生的收益，除孳息和自然增值外，应认定为夫妻共同财产，体现了孳息与经营收益分离的思想。我国台湾地区学者黄立也持此观点。[②] 孳息分为天然孳息和法定孳息。孳息的对应物是原物。原物是指依照法律规定或者依其自然性质产生新物的物，如产出幼畜的母畜、带来利息的存款等。因买彩票所中奖金在学理上称为射幸孳息。

（一）天然孳息

天然孳息是指依照物的自然性质而产生的收益物，又称直接孳息。例如，果树上采摘的果子，动物之产物如鸡蛋、羊毛、鹿茸等均属天然孳息。但是，宰牛所获的牛肉、开垦的农田则非天然孳息，利用现代技术产生的电力亦非孳息。

（二）法定孳息

法定孳息是指依照法律规定产生的收益物，又称间接孳息。法定孳息必须因他人使用而发生，使用自己的金钱、房屋、衣服，虽也有利益，但此种利益乃基于事实关系所享有的利益，而非基于法律关系所产生的收益，不能认定为法定孳息。法定孳息如租金、存款利息等。

（三）孳息的法律意义

孳息的法律意义在于确定孳息收取权。《民法典》第 321 条规定，天然孳息由所有权人取得；既有所有权人又有用益物权人的，由用益物权人取得，当事人

[①] 《法国民法典》第 583 条规定："自然孳息是指土地的自然产物一类的孳息；畜类的产物与繁殖也属于自然孳息。土地的人工孳息是指通过耕作而获得的孳息。"《法国民法典》（上册），罗结珍译，法律出版社 2005 年版。

[②] "因拥有公司股票所获得之红利，系于公司经营有盈余时才会有红利的分配，若有亏损则无法分派红利，此种属于投资风险所得之利益，并非法定孳息。"参见黄立：《民法总则》，中国政法大学出版社 2002 年版，第 182 页。

另有约定的,按照约定。法定孳息,当事人有约定的,按照约定取得;没有约定或者约定不明确的,按照交易习惯取得。《民法典》第 630 条规定,标的物在交付之前产生的孳息,归出卖人所有,交付之后产生的孳息,归买受人所有。但是,当事人另有约定的除外。《民法典》第 430 条第 1 款规定,质权人有权收取质押财产的孳息,但合同另有约定的除外。

六、货币

货币是充当一般等价物的特殊商品,属于民法上的种类物。货币作为社会一般财富的代表,其本身的价值并不为人们所重视,人们看重的是其所代表的社会财富的多少,即表现为一定数量票面金额的多少。只要其所代表的社会财富相等,这几张货币与那几张货币,或者此种货币与彼种货币,就在质上相等。因此,作为种类物,货币具有很高的替代性。货币作为一般等价物,具有价值尺度和支付手段的功能。

我国的法定货币是人民币,包括各种纸币和铸币以及数字货币(电子货币形态的替代货币)。除法律另有规定外,人民币是我国境内唯一通行的货币,外国货币、金银都不得作为支付手段。民事主体要实现民事权利或者履行民事义务,必须遵守国家法律的规定,以人民币为支付手段,而不能违反法律规定进行外币黑市交易、逃汇、套汇等非法活动。

货币(纸币或铸币)作为民法上特殊的种类物,其特殊之处是:(1) 货币占有权与所有权合二为一,货币的占有人视为货币所有人。(2) 货币所有权的转移以交付为要件,即使在借款合同中,转移的也是货币所有权,并非货币的使用权。无民事行为能力人交付货币的,也发生所有权的转移。(3) 货币不发生返还请求权与占有回复诉权问题,仅能基于合同关系、不当得利或者侵权行为提出相应的请求。其特殊之处是由货币的流通手段决定的。

第三节 有价证券

一、有价证券的概念与法律特征

证券为彰显某种权利的凭证。证券可分为有价证券和无价证券。有价证券是指设定并证明持券人有权取得一定财产权利的凭证。无价证券是不具有交换价值的证券。无价证券由政府职能部门签发,各国政府在经济困难时期或者商品短缺时期,均签发无价证券。如我国政府在 20 世纪 60 年代前后签发的粮票、布票、油票、烟票等。无价证券虽不具有交换价值,即禁止买卖,但具有使用价值,即彰显持票人具有凭票购物的权利。《证券法》中所指的证券,是指有价证券,主要包括股票、公司债券、存托凭证和国务院依法认定的其他证券。但通说认为,有价证券还应包括票据。

有价证券具有下列特征:(1)有价证券与证券上所记载的财产权利不能分离。有价证券需由支付人依法定程序做成并交付持券人,持券人行使有价证券所载的权利必须提示并交付证券。可转让的证券转让时,证券上所载权利随着交付而转让给受让人。要享有证券上所代表的财产权利,就必须持有证券。权利人一旦丧失证券,就不能行使证券上的权利。但在无纸有价证券,证券记载的权利的取得与转移以登记为要件。(2)有价证券的债务人是特定的,即证券的权利人只能向证券上记载的债务人请求实现债权。而有价证券的债权人则可因证券的转让而发生变更,持券人的合法更换不影响债务人对债务的履行。(3)有价证券的债务人的支付是单方义务,债务人不得请求权利人支付相应对价。债务人一旦履行了证券上规定的支付义务,就可收回有价证券,以消灭债权债务关系。

二、有价证券的分类

(一)依有价证券所设定的财产权利的性质不同所作的分类

(1)设定一定股份权利的有价证券,如股票。

(2)设定一定物权的有价证券,如提单、仓单。

(3)设定一定债权的有价证券,如债券、汇票、本票、支票等。

(二)依有价证券记载权利人的方式不同所作的分类

(1)记名有价证券,是指在证券上记载着证券的权利人的姓名或者名称的有价证券,如记名的票据和股票等。由于这种证券指明了权利人,因此,其转移只能依一般债权转移的方式进行。

(2)无记名有价证券,是指在证券上没有记载该证券权利人的姓名或者名称的有价证券,如国库券和无记名股票等。此种证券的权利人是其持有者,谁持有该种证券谁就享有证券上的权利。因此,这种有价证券可以自由转让,证券义务人只对证券持有人负履行义务。

(3)指示有价证券,是指在证券上指明第一个权利人的姓名或者名称的有价证券,如指示支票等。指示有价证券的权利人是证券上指明的人,证券义务人只对证券上记载的持券人负履行义务。此种证券的转让,须采取由权利人签名背书及指定下一个权利人的姓名或者名称的方式,即每转让一次,就背书签名一次,指明下一持券人。

(三)依有价证券指定的权利标的是金钱或者物品或者服务所作的分类

(1)金钱证券。金钱证券是指权利标的是金钱的证券,如票据、存款单、公司债券等。

(2) 物品证券。物品证券是指权利标的为物品的证券。物品证券的权利标的应为种类物,如米、油等。在实务中,有些企业给职工发放的实物券或者代金券,即属此类。但为维护金融秩序,法律禁止法人或者非法人组织发行实物证券。

(3) 服务证券。服务证券是指以一定的服务或者文体、艺术欣赏为内容的证券,如机票、电影票、球票、戏票等。

(四) 依有价证券的给付人为标准所作的分类

(1) 自付证券。自付证券是指证券签发人自己为给付的证券,如仓单、提单及票据法上的本票。

(2) 委托证券。委托证券是指委托他人为给付的证券,如票据法上的汇票、支票。

三、有价证券的几种主要类型

(一) 票据

票据是由出票人依法签发的,约定由自己或者委托他人于约定时间无条件支付确定金额给持票人或者收款人的有价证券。依照《票据法》第 2 条的规定,票据可分为汇票、本票、支票。

(1) 汇票,是指出票人签发的,委托付款人在见票时或者在指定日期无条件支付确定的金额给收款人或者持票人的票据。在我国,汇票有银行汇票与商业汇票之分。

(2) 本票,是指出票人签发的,承诺自己在见票时无条件支付确定的金额给收款人或者持票人的票据。在我国,本票主要是银行本票。

(3) 支票,是指出票人签发的,委托办理支票存款业务的银行或者其他金融机构在见票时无条件支付确定的金额给收款人或者持票人的票据。在我国,支票又分现金支票、转账支票和定额支票三种。

(二) 债券

债券是国家或者企业依法发行的,约定于到期时还本付息的有价证券。它可以分为公债券和企业债券。公债券是国家发行的债券,如国库券。公债券不能当作货币使用,但可以自由买卖,可以在银行兑现和质押,也可以赠与和继承。企业债券是企业发行的债券。企业债券可以转让、设定质权和继承。

(三) 股票

股票是股份有限公司依法发行的表明股东权利的有价证券。它是公司股份采取的形式,是股东所持股份的凭证。股票上表明的权利为股东权,它的内容包括股息和红利收取权,出席股东大会并行使表决权,以及公司解散时分配剩余财产的权利等。

（四）提单

提单是指用来证明海上货物运输合同和货物已经由承运人接收或者装船，以及承运人保证据以交付货物的单证。提单中载明的向记名人交付货物，或者按照指示人的指示交付货物，或者向提单持有人交付货物的条款，构成承运人据以交付货物的保证。提单既是货物运输合同成立的证书，也是承运货物的物权凭证。

第四节 智 力 成 果

一、智力成果的概念与法律特征

智力成果又称知识产品，是指人们通过创造性智力劳动创造的，具有一定表现形式的成果。它是文学艺术和科学作品、发明、实用新型、外观设计、科学发现、商标以及其他创造性劳动成果的统称。智力成果是人们智力劳动的产物，本身凝结了人类的一般劳动，可以成为权利标的。智力成果自身具有的特点，使其不能简单适用一般财产法，而需要特别法的保护。为此，我国颁布了《商标法》《专利法》《著作权法》等特别法对智力成果加以规范和保护。

智力成果具有下列特征：(1)创造性。是指该智力成果以前未曾出现过，具有创新和突破的特点。人类的智力成果虽具有继承性，但智力成果要成为权利标的应具有创造性。各项具体的智力成果要求的创造性不同。一般而言，专利发明要求的创造性最高。一项发明要得到专利保护，必须具备新颖性、先进性等条件；它必须是该技术领域中先进的、前所未有的科学技术成就，它所体现的技术思想、技术解决方案，必须使某一领域的技术发生质的飞跃。著作成果要求的创造性次之，它要求文学艺术作品具有独创性，必须是作者的创造性劳动成果。商标标记要求的创造性再次之，仅达到易于区别的程度即可。(2)非物质性。智力成果是一种非物质化的知识形态的劳动产品。人们对其占有不是具体实在的控制，而是表现为认识和利用。但智力成果总要以一定的形式表现出来，如文学作品表现为小说、诗歌、散文等；商标表现为一定的文字、图形或者其组合。(3)公开性。权利主体在对其智力成果取得专有权或者专用权前应将该成果向社会公开（商业秘密除外）。就专利产品而言，公开是指将申请专利的发明创造的全部构思和技术方案以公告的形式进行公布。商标专用权人为了使自己的商标与他人商标区别开来，就必须公开使用自己的商标。至于作品，作者创作的目的之一，就是为了将其传播。

二、智力成果的几种主要类型

(一) 作品

依《著作权法实施条例》第2条的规定,作品是指文学、艺术和科学领域内具有独创性并能以某种有形形式复制的智力成果。作品必须具备两个条件:一是作品必须具有特定的思想内容,即作品必须表达一定的思想、构思、感情、事实、人物形象等内容;二是作品必须具备客观表现形式,如图书、绘画、雕刻、演说、舞蹈等形式。作品的特征包括:(1)具有独创性。尽管对独创性有不同理解[①],通说认为,它是指由作者自己创作,而非抄袭他人的作品。(2)可复制性。一般说来,可复制性是没有疑义的。(3)具有经济上的利用价值。作品的可复制性与作品的财产性紧密相连。一般说来,凡能大量复制的作品就很有可能获得财产上的利益。

(二) 发明

依《专利法》第2条第2款的规定,发明是指对产品、方法或者其改进所提出的新的技术方案。发明是专利权的客体之一。无论是产品发明,还是方法发明,要被授予专利权,应具备的实质性要件是:(1)新颖性。依《专利法》第22条第2款的规定,新颖性是指该发明不属于现有技术;也没有任何单位或者个人就同样的发明在申请日以前向国务院专利行政部门提出过申请,并记载在申请日以后公布的专利申请文件或者公告的专利文件中。但是,申请专利的发明创造在申请日前6个月内在我国政府主办或者承认的国际展览会上首次展出的,在规定的学术会议或者技术会议上首次发表的,或者他人未经申请人同意而泄露其内容的,不丧失新颖性。(2)创造性。依《专利法》第22条第3款的规定,它是指同申请日以前已有的技术相比,该发明有突出的实质性特点和显著的进步。(3)实用性。依据《专利法》第22条第4款的规定,它是指该发明能够制造或者使用,并能产生积极效果。

(三) 实用新型

依《专利法》第2条第3款的规定,实用新型是指对产品的形状、构造或者其结合所提出的适于实用的新的技术方案,俗称"小发明"。实用新型不包括方法发明。实用新型是专利权的客体之一。根据《专利法》第22条的规定,对实用新型授予专利权的实质要件包括新颖性、创造性和实用性。其新颖性要求和实用性要求与发明的新颖性、实用性要求相同;但其创造性要求为具有实质性特点和进步,比发明的创造性要求为低。

[①] 德国、法国、俄罗斯等国认为,独创性与创造性紧密相关,火车时刻表、按字母顺序编排的电话号码簿均不被认为是受著作权保护的作品。英国、美国等国认为,独创性是指原创性,只要是作者自己创作,均受保护。

（四）外观设计

依《专利法》第 2 条第 4 款的规定，外观设计是指对产品的整体或者局部的形状、图案或者其结合以及色彩与形状、图案的结合所作出的富有美感并适于工业应用的新设计。外观设计应具有的特征是：(1) 必须与产品有关，二者具有不可分性；(2) 以产品的形状、图案、色彩或者其组合为内容；(3) 富有美感；(4) 适于工业上应用。外观设计是专利权的客体之一。授予外观设计专利权的条件除应适于工业应用外，还应具有新颖性，即应当同申请日前在国内外出版物上公开发表过或者国内公开使用过的外观设计不相同或者不相近似。

（五）科学发现

科学发现是指阐明客观物质世界的现象、特性或者规律而提出的一种新认识。所谓现象是指事物本质的表现或者显露；特性是事物差别的质量特征；规律是事物内在的必然联系。科学发现是发现权的客体。一项发现要取得发现权的条件是：(1) 必须是阐明自然现象、特性或者规律的科学研究成果；(2) 这种成果有重大意义，能使科技发展发生变化。

（六）商标

商标是指以显著的文字、图形或两者的组合并置于商品表面或者商品包装上的标识。它具有以下特征：(1) 合法性。商标的设计和使用应符合法律的规定。(2) 显著性。商标的设计应具有独特的构思，以使其具有显著的特点。(3) 表现性。商标应通过一定的形式表现出来。商标是商标权的客体。依照《商标法》，一件商标要取得商标权应依照法律程序核准注册。

（七）地理标志

地理标志又称地理标记、地理标识，依据《商标法》第 16 条第 2 款的规定，地理标志是指标示某商品来源于某地区，该商品的特定质量、信誉或者其特征，主要由该地区的自然因素或者人文因素所决定的标志。其基本特征是：(1) 是一种指示性标记，标示着特定的地域、地区或地点，如中国丝绸、西湖龙井、烟台苹果、孝感麻糖等。(2) 其与商品特定质量、信誉或其他特征相关联，如烟台苹果实施地理标志保护以来出口量连年增加。(3) 依附于特定地理区域的地理因素和人文因素，如"从江瑶浴"因与从江瑶族聚居区的自然因素和人文因素相关联，受地理标志保护。地理标志是地理标志权的客体。

（八）商业秘密

依照《反不正当竞争法》第 9 条第 4 款的规定，商业秘密是指不为公众所知悉、具有商业价值并经权利人采取相应保密措施的技术信息、经营信息等商业信息。一般认为商业秘密包括：企业现有的以及正在开发或构想之中的产品设计、工具模具、设计程序、产品配方、制作工艺、制作方式、经验公示、实验数据、管理诀窍、业务计划、产品开发计划、财务状况、内部业务规程、定价方法、销售方法、客户名单、货源情报、产销策略、投标中的标的及标注内容等。① 其基本特征是：(1) 具有秘密性，即信息不为公众所知。(2) 具有价值性，即该信息能为权利人带来利益。(3) 保密性，即商业秘密持有人对其技术信息以及经营信息采取了合理的保密措施。商业秘密为商业秘密权的客体。

（九）集成电路布图设计

集成电路(Intergrated Circuits, IC)，习惯上称之为芯片。集成电路是微电子技术的核心，是现代电子信息技术的基础。计算机、通信设备、家用电器等均离不开集成电路。集成电路布图设计是指集成电路中两个以上元件（至少有一个是有源元件的）和部分或者全部互联线路的三维配置，或者是为制造集成电路而准备的上述三维配置，即确定用以制造集成电路的电子元件在一个传导材料中的几何图形排列和连接的布局设计。② 受保护的集成电路布图的设计要求是：(1) 它是设计人独立创作的，具有独到之处。(2) 具有一定的先进性，不同于以往的布图设计。集成电路布图设计是集成电路布图设计权的客体。

（十）植物新物种

依据《植物新品种保护条例》第 2 条的规定，植物新品种是指经过人工培育的或者对发现的野生植物加以开发，具备新颖性、特异性、一致性和稳定性并有适当命名的植物品种。其特征是：(1) 新颖性，是指在申请日之前，申请品种权的植物新品种的繁殖材料未被销售等。(2) 特异性，是指植物新品种应明显区别于申请日前已知的植物品种。(3) 一致性，是指植物新品种经过繁殖，除可以预见的变异外，其相关的特征或特性一致。(4) 稳定性，是指新品种经过反复繁殖后，其相关的特征或特性保持不变。(5) 适当命名，是指新品种应当具备适当的名称并与相同或者相近的植物已知品种的名称相区别。植物新品种是植物新品种权的客体。

第五节 其他客体

一、权利

尽管权利的本质多有争议，但是权利总是与利益相联系的，或者说权利就是法律保护的利益。③ 虽然通常权利是民事法律关系的内容，但由于权利的利益属性，使其可以成为民事法律关系的客体。权利成为民事法律关系客体的条件是：(1) 必须是财产权利，人身权利通常不可成为民事法律关系的客体。例如，

---

① 参见吴汉东主编：《知识产权法》(第五版)，法律出版社 2014 年版，第 329 页。
② 同上书，第 321 页。
③ 参见施启扬：《民法总论》，台湾三民书局 1997 年版，第 25 页。

姓名权、肖像权等不可成为民事法律关系的客体。(2) 必须是可转让的财产权利，不可转让的财产权利不能成为民事法律关系的客体，例如专属于权利人自身的财产权不可转让(退休金、养老金、抚恤金、安置费、人身伤害赔偿请求权等权利)，所以不能成为民事法律关系的客体。(3) 必须是法律规定可成为民事法律关系客体的权利。如《民法典》关于抵押权、权利质权的规定。

二、非物质利益

非物质利益又称人身非物质利益或者精神利益，是物质利益或者财产利益的对称。非物质利益成为权利客体或者民事法律关系的客体是由其利益属性决定的。就自然人而言，非物质利益包括生命、健康、自由、名誉、个人秘密等，这些非物质利益使其成为生命权、健康权、自由权、名誉权、隐私权等的客体。就法人和其他社会组织而言，非物质利益包括名称、名誉(或商业信誉)等，这些非物质利益使其成为名称权、商誉权的客体。非物质利益作为民事法律关系客体的特点是其不可转让性，除非法律有明确的例外规定。

三、数据和虚拟财产

(一) 数据

数据是对客观事件进行记录并可以鉴别的符号，是对客观事物的性质、状态及相互关系进行记录的符号及这些符号的组合。[①] 大数据是工业互联网、工业传感器、移动电子设备等产生的结构化、半结构化和非结构化的数据组合。[②] 2015 年我国贵阳大数据交易平台成立，使数据交易规范化、市场化，实现了大数据的价值兑换。在法律上，数据是信息资产，是数据新型财产权的客体。数据资产权是数据经营者对其数据集合或数据产品的一种归属财产权。[③]

(二) 虚拟财产

一般认为"虚拟财产是指在网络游戏中为玩家所拥有的、存储于网络服务器上的，以特定电磁记录为表现形式的无形财产"[④]，通常包括网络游戏中的武器装备、QQ 币、QQ 号码、电子邮箱以及网址等。早在 2003 年，虚拟财产已受我国司法保护。[⑤] 虚拟财产作为一种新型财产，不仅具有一般财产的属性，如合法性、价值性等，还具有虚拟性、网络依附性等独特特征。虚拟性与客观实在性相

[①] 参见王珊、萨师煊：《数据库系统概论》(第 5 版)，高等教育出版社 2014 年版，第 1 页。
[②] 参见俞立平：《大数据与大数据经济》，载《中国软科学》2013 年第 7 期。
[③] 参见龙卫球：《数据新型财产权构建及其体系研究》，载《政法论坛》2017 年第 4 期。
[④] 钱明星、张帆：《网络虚拟财产民法问题探析》，载《福建师范大学学报(哲学社会科学版)》2008 年第 5 期。
[⑤] 李宏晨诉北极冰科技发展有限公司案(2003 朝民初字第 17848 号)。

对应,传统的有体物具有客观实在性,如土地、房屋等,无体物也具有客观实在性,如商标、专利、作品等。虚拟财产不具有客观实在性,只存在于虚拟世界。网络依附性是指虚拟财产只能在网络中得到体现,离开网络的虚拟财产只是一堆毫无意义的电磁记录,其价值无法得到实现。虚拟财产为一种新型的财产形式,作为民事法律关系的客体,值得研究。

四、自然人个人信息

自 1970 年世界上第一部个人信息立法——德国《黑森州资料保护法》公布以来,世界上已有许多国家和地区对个人信息保护进行立法。[①] 我国《个人信息安全保护法》尚未出台,自然人个人信息的范围尚未有法律规定。依据学者观点和司法实践,自然人个人信息包括自然人人格身份信息,如姓名、职业、职务、年龄、血型、身高、指纹、病史、婚姻状况、宗教信仰、学历、兴趣爱好、专业资格、工作经历、家庭住址、电话号码、身份证号码等,还包括自然人财产信息,如信用卡号码、电子邮件、QQ 账号、网络游戏装备、网店等。自然人个人信息是自然人个人信息权的客体,自然人个人信息权包含信息决定权、信息查阅权、信息反对权、信息封锁权、信息删除权和信息更正权。[②]

五、消费积分

消费积分是现代社会一种普遍适用的消费营销方式,是经营者为鼓励消费者而赠与消费者的一种财产性权利(利益)凭证。[③] 消费者可凭借获赠的积分换取一定的礼品(实物)或充抵价金,或者兑换积点、优惠券用于其他消费。消费积分是一种财产利益,具有商业经营信息特征,网络积分(网上消费积分)还具有网络信息数据特征。消费积分已经成为现代社会新型财产权的客体。

[①] 例如,德国 1990 年《个人资料保护法》,英国 1984 年《数据保护法》,日本 1988 年《行政机关保有的利用电脑处理的个人信息保护关系法》、1999 年《情报公开法》、2005 年《个人情报保护法》,我国香港特别行政区 2013 年《个人资料(隐私)条例》及我国台湾地区 1995 年"电脑处理个人资料保护法"、2010 年"个人资料保护法"。

[②] 参见余筱兰:《信息权在我国民法典编纂中的立法遵从》,载《法学杂志》2017 年第 4 期。

[③] 参见王信芳、沈解平、王连国:《虚增消费积分用于消费构成盗窃罪》,载《人民司法》2008 年第 2 期。

第四分编 民事法律关系变动

第八章 民事法律行为

第一节 民事法律行为概述

一、法律行为、民事行为、民事法律行为的概念

（一）法律行为

法律行为（拉丁文为 actucjuridicus）一词，最早见于 18 世纪德国法学家丹尼尔·奈特尔布拉德（Daniel Nettelbladt, 1719—1791）于 1748 年出版的《实在法学原理体系》第一卷中。[1] 德国学者胡果（Gustav Hugo, 1764—1844）曾使用法律的行为这一概念，含义是一切合法行为的总称。[2] 德国学者认为，现代民法意义上的法律行为概念的首创者是海瑟（Georg Arnold Heise, 1778—1851），他在 1807 年出版的《民法概论——潘德克顿学说教程》一书中，首次赋予法律行为（Rechtsgeschäfte）以设权的意思表示行为的含义。萨维尼（Savigny, 1779—1861）在其名著《现代罗马法体系》第三卷中，将法律行为理论进一步精致化，对海瑟所揭示的意思表示这一本质部分作出了重要的理论发展。1896 年颁布的《德国民法典》在总则编第 3 章，以专章 59 个条文，系统规定了法律行为。[3] 后来日本、希腊、巴西、泰国和我国民国时期民法典，都规定了法律行为。《德国民法典》所指的法律行为是指以意思表示设立、变更、终止民事法律关系的行为。

（二）民事行为

民事行为一词为我国学者所创[4]，《民法通则》承继了法律行为的原理，用了

---

[1] 参见张文显主编：《法理学》，高等教育出版社、北京大学出版社 1999 年版，第 100 页。另有一说认为，法律行为（德文为 Rechtsgeschäft）为胡果所创，参见胡长清：《中国民法总论》，中国政法大学出版社 1997 年版，第 184 页。

[2] 参见胡长清：《中国民法总论》，中国政法大学出版社 1997 年版，第 184 页。

[3] 参见〔德〕Zweigert Koetz, *An Introduction to Comparative Law*, North-Holland Co., 1977, pp. 2-3；董安生：《民事法律行为》，中国人民大学出版社 1994 年版，第 30—32 页；龙卫球：《民法总论》（第二版），中国法制出版社 2001 年版，第 472—474 页。

[4] 王作堂、李志敏、魏振瀛、朱启超：《民法教程》，北京大学出版社 1983 年版。

民事法律行为和民事行为两个概念。究其原因：第一，深受苏联民法理论的影响。第二，法律行为本为民法上的概念，由于现代各部门法法律概念的相互吸收，法律行为的概念已经上升到法理学的范畴，为了区别于法理学和其他部门法中的法律行为制度，《民法通则》在法律行为之前加上"民事"二字予以限定。采用"民事法律行为"一词是为了与其他法律部门和法理学上的法律行为相区别；采用"民事行为"一词是为了避免传统民法理论将法律行为归于适法（又称合法行为）一类，而又有无效法律行为概念的逻辑矛盾。从《民法通则》的相关规定来看，民事行为是以意思表示为要素，发生民事法律后果的行为，包括民事法律行为（《民法通则》规定民事法律行为以合法性为要件）、无效的民事行为、可撤销的民事行为、效力未定的民事行为。民事行为是民事法律行为的上位概念，但不包括事实行为。民事行为与德国法上的法律行为含义相同。

（三）民事法律行为

究竟是用民事行为、法律行为还是用民事法律行为的概念统辖民法上的表意行为制度，学理上多有争议。有的主张采用民事法律行为的概念[①]，有的主张采用法律行为的概念[②]，有的主张采用民事行为的概念[③]。《民法总则》第六章采用了民事法律行为的概念统辖表意行为制度，《民法典》承继了《民法总则》的规定，第133条规定："民事法律行为是民事主体通过意思表示设立、变更、终止民事法律关系的行为。"《民法典》所规定的民事法律行为与德国法上的法律行为、《民法通则》所规定的民事行为含义相同，《民法典》采用民事法律行为统辖表意行为制度的主要理由是：

（1）从法律关系方面分析。各种法律都要在实践中通过一定形式形成法律关系，否则法律就成为一纸空文。法律并不调整全部社会关系，因此首先应当区分法律关系和非法律关系。本来法律关系是民法上的概念，后来法律关系已经成为民法以外的其他部门法学和法理学上普遍使用的概念，因此法律关系应当成为更高层次的概念，即法理学上的概念。部门法学上使用法律关系概念时应当体现部门法律关系的特点，在民法学上应称民事法律关系，不应再称法律关系。

（2）从法律事实方面分析。通说法律事实分为行为和事件两类，有学者直接称为"法律行为"和"法律事件"。从行为方面说，首先应当区分法律行为和非法律行为。继民法上的法律行为概念之后，出现了行政法律行为和诉讼法律行为等概念，在法理学上也引入了法律行为概念。在这种情况下，法律行为应当

[①] 马俊驹：《民法原论》（第二版），法律出版社2005年版，第139页。
[②] 王利明：《民法总则研究》（第二版），中国人民大学出版社2012年版，第524页。
[③] 王作堂、李志敏、魏振瀛、朱启超：《民法教程》，北京大学出版社1983年版；郭明瑞主编：《民法》，高等教育出版社2004年版。

"是各部门法律行为(宪法行为、民事法律行为、行政法律行为、诉讼法律行为等)和各类别法律行为(如合法行为、违法行为、犯罪行为等)的最上位法学概念(或法学范畴)"①。因此,民法不宜用法律行为的概念统辖整个表意行为制度。

(3) 从法律行为内涵上分析。传统民法理论将行为分为适法行为和违法行为两类。适法行为又分为法律行为、准法律行为和事实行为。适法行为和违法行为的上位概念称为"广义的法律上的行为",现在有学者称"广义的法律行为"(Rechtshandlung in W. S)。② 法律行为本为民法所创造和使用,是民法实现意思自治的工具,故国外法律用法律行为概念统辖整个表意行为。因此为了统辖整个表意行为制度,《民法典》采用民事法律行为概念,对《民法通则》关于民事法律行为的合法性要件予以删除,将民事法律行为定义为民事主体通过意思表示设立、变更、终止民事法律关系的行为。这样既适应了法律行为已上升到法理学概念的事实,与其他部门法所表述的法律行为相区别;又能扬弃地继承《民法通则》所创造的民事法律行为概念。

二、民事法律行为的特征

(一) 民事法律行为是民事法律事实的一种

民事法律事实包括行为事实和非行为事实。行为事实又分为表意行为和非表意行为。表意行为包括民事法律行为和准民事法律行为。非表意行为包括合法事实行为、侵权行为、违约行为和其他违反民事义务的行为。

(二) 民事法律行为是民事主体实施的以发生民事法律后果为目的的行为

只有民事主体实施的,能够引起民事法律后果的行为才是民事法律行为。其他主体所为的行为,虽然有时也能发生法律后果,但不是民事法律行为,如人民法院或者仲裁机构所作的裁决,能够引发民事法律后果,但不是民事法律行为。民事法律行为所要求的目的性,只是一种可能性,不具有必然性,仅指当事人实施民事法律行为所追求的法律后果,而不包括动机。这一特征使民事法律行为与事实行为等非表意行为区别开来。

(三) 民事法律行为是以意思表示为要素的行为

当事人实施某一民事法律行为,必须将该意思表示出来。因此,民事法律行为是一种表意行为。是否以意思表示为要素,是民事法律行为与事实行为的根本区别,也是民事法律行为的重要特征。

在民事法律行为中,有以一个意思表示而构成者,如遗嘱;有以相对的两个意思表示一致而构成者,如买卖合同;有由两个以上同方向的意思表示一致而构

---

① 张文显主编:《法理学》,高等教育出版社、北京大学出版社1999年版,第101页。
② 黄立:《民法总则》,中国政法大学出版社2002年版,第189页。

成者,如公司章程。欠缺意思表示则无民事法律行为可言。但是,意思表示并不等于民事法律行为,二者不是同一概念,也不具有一一对应关系,即并非一个意思表示就是一个民事法律行为。

三、民事法律行为与情谊行为、准民事法律行为

(一) 民事法律行为与情谊行为

情谊行为①是指当事人因社交、帮助、道义等原因发生的,没有民法上权利义务意思内容的行为,又称好意施惠行为。② 而民事法律行为是基于当事人的意思而发生民法上权利义务关系的行为。例如,约请朋友到家中吃晚饭,在此情况下,不发生民法上的权利义务关系,不属于民事法律行为。至于被邀请的朋友购买鲜花、乘坐出租车到邀请者家中,却发现大门紧闭,家中无人,被邀请者是否可以对所购买鲜花、乘坐出租车花费主张损害赔偿,不能依据邀请者和被邀请者之间的社交关系而确定,而应依据邀请者是否违背社会善良风俗故意导致被邀请者损害而定。

(二) 民事法律行为与准民事法律行为

准民事法律行为是表意行为之一种,但其效力非基于表意人的表意,而是基于法律的规定。而民事法律行为是基于当事人的意思表示而发生民法上效力的表意行为。准民事法律行为可分为催告、通知以及宽恕。

(1) 催告。如《民法典》第 171 条第 2 款规定:"相对人可以催告被代理人自收到通知之日起三十日内予以追认。被代理人未作表示的,视为拒绝追认……"在相对人的催告行为中,虽然可以看出相对人的意思,但其法律后果只是为期 30 日的期间的开始,期间届满后,对方仍未作出表示的,视作拒绝追认。这一后果的产生与催告人具有何种意思毫无关联。在一般情况下,催告人更希望对方作出追认表示。

(2) 通知。如《公司法》第 115 条第 1 款规定:"召开股东会会议,应当将会议召开的时间、地点和审议的事项于会议召开二十日前通知各股东;临时股东会会议应当于会议召开十五日前通知各股东。"在这类行为中,行为人表示的并不是某项意思,而是一种事实或者情况,通知行为所发生的法律后果是基于法律规定,而非基于当事人的意思。

(3) 宽恕。如《民法典》第 1125 条第 2 款规定:"继承人有前款第三项至第五项行为,确有悔改表现,被继承人表示宽恕或者事后在遗嘱中将其列为继承人的,该继承人不丧失继承权。"宽恕是一种以感情为表意内容的行为,但继承人不

---

① 〔德〕迪特尔·梅迪库斯:《德国民法总论》,邵建东译,法律出版社 2000 年版,第 148—158 页。
② 王泽鉴:《民法概要》,中国政法大学出版社 2003 年版,第 81 页。

丧失继承权并非宽恕内容所包含,而是基于法律规定而发生的法律效果。

四、民事法律行为的分类

对民事法律行为,从不同的角度,按照不同的标准,可以进行不同的分类。

(一)单方行为、双方行为、多方行为

以民事法律行为是否由当事人一方的意思即可成立为标准,可以将其分为单方行为、双方行为和多方行为。

1. 单方行为

单方行为是仅由一方行为人的意思表示就能成立的民事法律行为,其特点是无须他人的同意就能发生法律效力,如设立遗嘱、免除债务等。

单方行为可区分为有相对人的单方行为和无相对人的单方行为。有相对人的单方行为须于意思表示到达相对人时才发生效力。无相对人的单方行为在意思表示完成时即发生效力。前者如撤销行为,后者如遗嘱行为、抛弃行为。

2. 双方行为

双方行为,是由行为人双方相对应的意思表示达成一致而成立的民事法律行为,如买卖合同、赠与合同等。

3. 多方行为

多方行为,是由多个行为人的意思表示达成一致而成立的民事法律行为,如公司股东会的决议等。

区分单方行为、双方行为和多方行为的意义在于:法律对三者成立的要求有所不同,单方行为,只要行为人一方作出意思表示,民事法律行为就成立;双方行为和多方行为,一般则需要各方行为人的意思表示达成一致,民事法律行为方能成立,只有行为人一方的意思表示,民事法律行为不能成立。

(二)财产行为与身份行为

以民事法律行为发生的效果的内容为标准,可以将其分为财产行为和身份行为。

1. 财产行为

财产行为是以发生财产上法律效果为目的的行为,财产行为的后果是在当事人之间发生财产权利义务的变动。民事法律行为多数为财产行为。

财产行为通常又进一步分为处分行为与负担行为。处分行为是指直接发生财产权转移或者消灭效果的行为。处分行为的特征在于行为的直接性与效果的绝对性,处分权人如处分时不必请求他人为一定行为,权利直接发生变动,而其变动的效果对任何人均有效,如抛弃财产所有权、债权让与、债务承担及免除债务。负担行为是指双方约定为一定给付的财产行为,又称义务行为。债权行为均为负担行为。

2. 身份行为

身份行为是指以发生身份上法律效果为目的的行为,身份行为的后果是在当事人之间发生身份关系的变动。例如结婚、离婚、收养、解除收养等行为。

区分财产行为与身份行为的意义在于:(1)适用的法律规范不同。财产行为主要适用财产法规范,身份行为主要适用身份法规范。(2)法律效果的性质不同。财产行为的目的是取得或丧失财产权;身份行为的目的在于取得或者丧失身份权,维持伦理秩序,应特别尊重当事人的意思,通常不能由代理人代理。

(三)有偿行为与无偿行为

(见本书第二十二章第二节中的"有偿合同与无偿合同")

(四)诺成性行为与实践性行为

(见本书第二十二章第二节中的"诺成性合同与实践性合同")

(五)要式行为与不要式行为

以民事法律行为的成立是否必须依照某种特定的形式为标准,可将其分为要式行为和不要式行为。

1. 要式行为

要式行为是指依法律规定或者依约定,必须采取一定形式或者履行一定程序才能成立的行为。例如,票据行为就是法定要式行为。

2. 不要式行为

不要式行为是指法律不要求特定形式,行为人自由选择一种形式即能成立的行为。现代民法以方式自由为原则,除法律特别规定或者当事人特别约定外,均为不要式行为。

区分要式行为与不要式行为的法律意义在于:不要式行为由当事人自由选择行为方式,要式行为当事人须采用法定方式。《民法典》第135条规定,法律、行政法规规定或者当事人约定民事法律行为采用特定形式的,应当采用特定形式。对于法定或约定要式行为,法律未规定或未约定需采用规定方式才生效的,不影响行为的效力。

(六)主行为与从行为

以民事法律行为内容上的主从关系为标准,可以将其分为主行为和从行为。

1. 主行为

主行为是指不需要有其他行为的存在就可以独立成立的行为。例如,对于保证合同来说,主债务合同就是主行为。

2. 从行为

从行为是指以其他行为的存在为前提的行为。例如,保证合同相对于主债务合同来说是从行为。

区分主行为和从行为的意义在于:从行为具有附随性,主行为无效或者消灭的,从行为也随之无效或者消灭。

(七) 独立行为与辅助行为

根据民事法律行为有无独立的实质性内容,可将其分为独立行为与辅助行为。

1. 独立行为

独立行为是指行为人凭借其意思表示即可成立的行为。例如,完全民事行为能力人以自己的名义实施的行为,都是独立行为。

2. 辅助行为

辅助行为是指并不具有独立的内容,而仅仅是辅助其他行为生效的行为。例如,法定代理人对限制民事行为能力人的意思表示所作的同意表示,就具有这种辅助性质。

区分独立行为和辅助行为的意义在于:辅助行为只不过是独立行为生效的条件,自身没有独立的实质内容,而受其辅助的独立行为在没有辅助行为之前不生效。

(八) 有因行为与无因行为

根据民事法律行为与原因的关系,可将其分为有因行为与无因行为。

1. 有因行为

有因行为是指与原因不可分离的行为。所谓原因就是民事法律行为的目的,例如买卖行为的原因,对于买方就为取得标的物的所有权,对于卖方就为取得价款。在有因行为中,原因不存在,行为就不能生效。

2. 无因行为

无因行为是指行为与原因可以分离,不以原因为要素的行为。例如票据行为就是无因行为。无因行为并非没有原因,而是指原因无效并不影响行为的效力。如签发支票必有签发的原因,或为付款方式,或为无偿赠与,但票据行为与上述原因彼此分离,原因的瑕疵不影响票据的效力。

区分有因行为与无因行为的意义在于:有因行为如原因不存在,则行为无效;而无因行为,原因不存在或者有瑕疵时,行为有效,仅发生不当得利问题。

除此以外,依据不同的划分标准,民事法律行为在学理上还可以划分为物权行为和债权行为、生前行为和死因行为等。

五、民事法律行为的形式

民事法律行为的形式,实际上就是意思表示的形式。民事法律行为的形式主要有下列几种:

(一) 口头形式

口头形式是指用谈话的方式进行意思表示,包括当面交谈、电话交谈等。其优点是简便、迅速，缺点是缺乏书面记载，一旦发生纠纷，不易确定行为人之间的权利和义务。因此，口头形式大多适用于即时清结、标的数额小的民事法律行为。

（二）书面形式

书面形式是指以书面文字的方式进行意思表示。其优点是证明力强，可以使行为人的权利义务关系明确。书面形式又可以分为一般书面形式和特殊书面形式。

1. 一般书面形式

一般书面形式是指用文字来进行意思表示，如书面合同，授权委托书，信件，电报，电传，传真，以电子数据交换、电子邮件等方式呈现的能够有形地表现所载内容并可随时调取查用的数据电文，行为人协商同意的有关修改合同的文书、图表等。一般书面形式，或为当事人约定采用，或为法律、法规规定采用。如果法律有规定或者当事人约定应采用书面形式的，当事人应采用书面形式。一般书面形式具有不同的效力，如证据效力、成立效力和生效效力。在书面形式作为证据效力的情况下，当事人之间是否存在民事法律行为及其权利义务，均以书面形式的记载为依据，只有在书面内容含混不清或者不完备时，才可以口头证据作为补充。在书面形式作为成立要件或者生效要件的情况下，书面形式不仅具有证据法上的效力，而且具有实体法上的效力。

2. 特殊书面形式

特殊书面形式主要指公证形式。公证是指行为人将其书面形式的民事法律行为交国家公证机关认证，使民事法律行为的真实性和合法性得到确认。公证形式可以是法律规定的，也可以是当事人约定的，但多数是当事人之间约定采用的。公证文书具有较强的证明力，根据《民事诉讼法》及有关司法解释，公证债权文书是人民法院据以执行的法律文书，人民法院可以依据公证债权文书直接开始执行程序。

（三）默示形式

默示形式，是指行为人并不直接表示其内在意思，只是根据其某种行为（作为或不作为），按照逻辑推理的方法或者按照生活习惯推断出其内在意思的形式。默示形式可分为：

1. 推定形式

推定形式是指行为人并不直接用口头形式或者书面形式进行意思表示，而是通过实施某种行为来进行意思表示，例如，购物人在商场交付货币的行为即可推定为行为人购买物品的意思。推定行为实际上就是通过行为人实施的积极作为，推定出行为人已作出要达到某种法律后果的意思表示。如《总则编解释》第18条规定："当事人未采用书面形式或口头形式，但是实施的行为本身表明已经作出相应意思表示,并符合民事法律行为成立条件的,人民法院可以认定为民法典第一百三十五条规定的采用其他形式实施的民事法律行为。"

2. 沉默形式

沉默形式是指行为人既不用语言表示,又不用积极行为表示,而是以消极的不作为方式进行意思表示,即根据行为人的沉默来认定其具有某种意思。《民法典》第140条第2款规定,沉默只有在有法律规定、当事人约定或者符合当事人之间的交易习惯时,才可以视为意思表示。

第二节 意 思 表 示

一、意思表示的概念与构成要素

(一) 意思表示的概念

意思表示,是指行为人把进行某一民事法律行为的内心效果意思,以一定的方式表达于外部的行为。

(二) 意思表示的构成要素

意思表示的构成要素,是指构成意思表示所必须具备的事实要素。关于意思表示的构成要素有哪些,存有争议。但一般认为,意思表示应由目的意思、效果意思两个主观要素和表示行为这一客观要素构成。

1. 目的意思

目的意思是指明民事法律行为具体内容的意思,它是意思表示据以成立的基础。不具备目的意思,或者目的意思不完整,或者目的意思有矛盾的表示行为,不构成意思表示或者民事法律行为。

2. 效果意思

效果意思是指意思表示人使其表示内容引起法律上效果的意思,即具有设立、变更、终止民事法律关系的意图,又称法效意思、效力意思。在意思表示中,表意人在内心先有期望发生某种法律效果的意思,此项效果包括获得财产上、身份上或者精神上的法律利益,如买受人期望获得财产所有权,出卖人期望获得价金,购票人期望欣赏音乐会,演出人期望获得报酬等。行为人的期望必须具有法律意义,才有效果意思,否则不在法律规范之列,如邀请好友晚餐、举办学术研讨会,虽具有重要意义,当事人也应遵守,但不发生民法上的权利义务关系。效果意思是意思表示的基础,它促使意思表示的形成,最后实现民事法律行为的效果。但效果意思与意思表示的动机不同,当事人可能因上学、送礼、陈列等各种动机而购买书籍,动机只是意思表示的间接原因,取得书籍的所有权才为效果意思。

效果意思以目的意思为基础和前提,在意思表示过程中,行为人先有目的意思,然后才有效果意思,但效果意思与目的意思不能互相代替,也不能互相融合。缺乏效果意思的社交性协议、交易意向书不构成意思表示。

3. 表示行为

它是指行为人将内心意思以一定方式表现于外部,并足以为外界客观理解的行为。没有表示行为,即使有了内心效果意思,也不能将其客观化,而无法取得法律效果。因此,表示行为是意思表示不可缺少的客观要素。表示行为除当事人之间有特别约定外,应按照社会上一般表达方式或者某一行业、某一地区习惯上的表达方式为之,否则难以推断其内心的目的意思,不发生表示行为的效力。一般而言,表示行为应以社会上通用的语言、文字、动作为之。所使用的文字、语言含义不清时,如何认定其表示行为,则属于意思表示的解释问题。

二、意思表示的分类

(一) 有相对人的意思表示与无相对人的意思表示

根据意思表示应否向相对人表示,意思表示可分为有相对人的意思表示与无相对人的意思表示。

1. 有相对人的意思表示

有相对人的意思表示是指表意人应向相对人为意思表示。意思表示通常有相对人,如订立合同中的要约与承诺、债务免除、合同解除、授予代理权等均为有相对人的意思表示。有相对人的意思表示又可分为对特定人的意思表示和对不特定人的意思表示。对特定人的意思表示是指意思表示的对象是特定的,如要约和承诺。对不特定人的意思表示是指意思表示的对象是不特定的,如悬赏广告。

2. 无相对人的意思表示

无相对人的意思表示是指无须向相对人所为的意思表示,如遗嘱行为、抛弃动产所有权的行为。构成双方行为的意思表示,必须有相对人,单方行为的意思表示不必皆无相对人,如承认、撤销、抵销、免除皆有相对人。

公告的意思表示为无相对人的意思表示,依据《民法典》第139条的规定,以公告方式作出的意思表示,自公告发布时生效。如丢失票据作废的公告,自发布时生效。

区分有相对人的意思表示与无相对人的意思表示的意义在于:

(1) 有相对人的意思表示必须于到达相对人时才发生效力。无相对人的意思表示一般于意思表示完成时,立即发生效力,如以公告方式作出的意思表示,公告发布时生效;抛弃动产所有权的行为,抛弃的意思表示完成时发生效力;但也有意思表示在表意人死亡时发生法律效力,如遗嘱。

(2) 依照《民法典》第 142 条的规定,有相对人的意思表示的解释,文义解释居于中心地位,结合相关条款、行为的性质和目的、习惯及诚信原则确立意思表示含义。其立法目的在于:有相对人的意思表示都为交易行为,文义解释居于中心地位有利于确保交易安全,实现当事人的预期利益。如甲向乙借款 20 万元,甲通过银行转账还款 5 万元。乙说,甲向乙以现金还款 10 万元,但乙向甲开具收条,为"今收到乙还款 15 万元",并写明收款时间。甲据此收条拒绝向乙还款 5 万元,引起纠纷。此种情况下,存在两种可能:一是甲已向乙还款 20 万元,包括银行转账 5 万元,现金还款 15 万元。二是甲向乙还款 15 万元,包括银行转账 5 万元,现金还款 10 万元,甲还应向乙还款 5 万元。依意思表示解释规则,乙向甲开具的收条金额为 15 万元,是明确的,且注明了年月日,应以该文义确定,甲现金还款 15 万元,再加上银行转账 5 万元,甲对乙不再负有还款义务。无相对人的意思表示的解释,文义解释不居于中心地位,而应结合相关条款、行为的性质和目的、习惯及诚信原则确立意思表示的含义。其立法目的在于无相对人的意思表示多为非交易行为,应探求表意人的真实意思。如甲发出悬赏广告,内容为:"送还甲丢失的宠物猫者,面谢人民币 10 万元。"乙向甲送还甲丢失的宠物猫,但该猫已死。如拘泥于该悬赏广告文义,甲应向乙支付 10 万元的酬金,因为死猫亦猫。如不拘泥于文义解释,甲并不是当然应向乙支付 10 万元酬金。

(二) 对话的意思表示与非对话的意思表示

在有相对人的双方意思表示中,相对人可同步受领意思表示的,为对话的意思表示,如口头(包括打电话)直接订立合同等;相对人不可同步受领意思表示的,为非对话的意思表示,如由信函交往而订立合同。

区分对话的意思表示与非对话的意思表示的意义在于二者的生效时间不同。依《民法典》第 137 条第 1 款的规定,对话的意思表示,自相对人知道其内容时生效。至于相对人是否知道,则应依一般的情形而定。若相对人故意掩耳不闻,亦不因此阻却其效力的发生。① 若相对人是生理上有客观障碍的聋哑人或者对外语能力不足者以外语表示,则相对人是否已经知道,应斟酌相对人的反应动作和表示行为加以判断。②

非对话的意思表示,由于其经过传达媒介,才能沟通意见,情况较为复杂。其意思表示应于何时发生效力,主要有四种立法例:(1) 表示主义,又称表白主义,于表意人完成其表示行为时,即发生效力。(2) 发信主义,又称投邮主义,于意思表示离开表意人时,如函件已付邮时发生效力。(3) 到达主义,于意思表示到达相对人的支配范围时发生效力。(4) 了解主义,于意思表示为相对人所了

---

① 参见郑玉波:《民法总则》,台湾三民书局 1979 年版,第 262 页。
② 参见施启扬:《民法总则》,台湾三民书局 2001 年版,第 232 页。

解时发生效力。我国现行民事法律采到达主义,如《民法典》第137条第2款规定,以非对话方式作出的意思表示,到达相对人时生效。以非对话方式作出的采用数据电文形式的意思表示,相对人指定特定系统接收数据电文的,该数据电文进入该特定系统时生效;未指定特定系统的,相对人知道或者应当知道该数据电文进入其系统时生效。当事人对采用数据电文形式的意思表示的生效时间另有约定的,按照其约定。

(三)独立的意思表示与非独立的意思表示

独立的意思表示是指表意人独立完成且发生效力的意思表示,例如债务的免除、捐助行为、遗嘱等。非独立的意思表示是指必待他人的意思表示,始能成立民事法律行为的意思表示,例如合同的订立、股东大会的决议等。

区分独立的意思表示和非独立的意思表示的意义在于:独立的意思表示构成单方法律行为,非独立的意思表示构成双方行为或者多方行为。

(四)明示的意思表示与默示的意思表示

明示的意思表示,是指行为人以语言、文字或者其他直接表意方法表示内在意思的表意形式。默示的意思表示是从行为人的某种作为或者不作为中推断出来的意思表示。

区分明示的意思表示与默示的意思表示的意义在于:有的意思表示必须是明示的,如保证人承担保证责任的意思表示必须明示;默示的意思表示必须在法律有明确规定或者有交易习惯或当事人有特别约定时才发生效力。

(五)健全的意思表示与不健全的意思表示

健全的意思表示是指行为人出于真心及自由的意思所为的表示。一般的意思表示,如非行为人有其他特别因素或者受其他不正当影响,其意思表示均为健全的意思表示。不健全的意思表示是指行为人不自由的或者并非出于真意的意思表示。被欺诈、被胁迫、错误情形的意思表示,均为不健全的意思表示。不健全的意思表示具备一定条件时,表意人可以撤销。

区分健全的意思表示和不健全的意思表示的意义在于:两种意思表示的效力不同,健全的意思表示为有效的意思表示,不健全的意思表示影响民事法律行为的效力。

除上述分类外,意思表示在学理上还有如下分类:要式意思表示与不要式意思表示、财产上的意思表示与身份上的意思表示、有偿的意思表示与无偿的意思表示以及主意思表示与从意思表示等。

三、意思表示的撤回

意思表示的撤回,是指行为人作出意思表示后又撤回该意思表示,从而使该未生效的意思表示不发生效力的行为。依照《民法典》第141条的规定,对于有相对人的意思表示,其意思表示的撤回通知应当在意思表示到达相对人之前或者与意思表示同时到达相对人。对于无相对人的意思表示,因其意思表示自表示完成时就发生效力,因此一般不发生意思表示的撤回问题,除非法律另有规定。

四、意思表示的解释

意思表示的解释,是指依照法律规定的原则和方式,阐明并确定当事人已为意思表示的正确含义。意思表示的内容有时明显不完整,当事人之间可能发生异议,需以解释方式确定其内容。意思表示的解释不仅是事实认定的问题,而且是法律适用的问题。意思表示的解释不仅在于阐明不明确的意思表示,而且在于补充不完整的意思表示,有时可订正有误解的意思表示。

(一)意思表示解释的原则

1. 意思主义

意思主义认为,意思表示的实质在于行为人的内心意思,民事法律行为本身是实现行为人意思自治的手段。因此对意思表示解释时,应贯彻探求真意而不拘泥于词语原则。这种理论来源于18世纪的理性主义法学,并为19世纪至20世纪的许多国家立法所采纳,如法国、德国、瑞士、日本等国民法典。这种理论是自由主义和个人主义的必然产物,其优点是反映了具体表意人的个性化要求,有利于保护表意人的意志自由和利益,保护私有财产的静态利益;缺点是不利于交易的安全和预期,不利于保护财产的动态利益,不利于保护相对人利益。

2. 表示主义

表示主义认为,内心的效果意思虽然是意思表示的起源,但当事人表现于客观效果的意思却是意思表示的核心或者根本。因此对意思表示进行解释时应贯彻客观主义原则,在表示与意思不一致的情况下,应以外部的表示为准,对于相对人意思表示的解释应当以相对人能够合理了解的表示内容为准。表示主义理论是在商品流通日趋频繁化和大宗化的过程中产生的,其目的在于保护交易的安全。这种理论有利于保护相对人的利益,但不利于保护表意人的利益,可能放纵胁迫、欺诈等行为。

3. 折中主义

折中主义认为,当意思与表示不一致时,效力的重点既不绝对地放在意思上,亦不绝对地放在表示上,而根据具体情况或者以意思主义为原则,以表示主义为例外,或者以表示主义为原则,以意思主义为例外。折中主义的宗旨是全面考虑各种利益的衡平关系,既顾及相对人利益与交易安全,又顾及表意方利益。现今世界多数国家的民法及司法实践均采折中主义,但是在立法上采折中主义的前者,还是采折中主义的后者,有所不同。

《民法典》第 142 条区分了有相对人的意思表示的解释和无相对人的意思表示的解释的规则。《民法典》第 466 条第 1 款规定,当事人对合同条款的理解有争议的,应当按照合同所使用的词句,结合合同的有关条款、合同的性质和目的、习惯以及诚实信用原则,确定该合同条款的真实意思。本书作者认为对意思表示的解释,应当区分交易行为中的意思表示和非交易行为中的意思表示。交易行为中的意思表示因涉及交易安全,因此对意思表示的解释应采表示主义为原则、意思主义为例外的解释原则。对于非交易行为中的意思表示,如婚姻行为、收养行为、遗嘱行为等,因无涉交易安全,应采取意思主义为原则、表示主义为例外的解释原则。

（二）意思表示解释的方法

意思表示解释的方法很多,各国民法中对意思表示解释方法的规定也不尽一致,或者各有其侧重。《民法典》未对意思表示解释的方法加以规定,但规定了合同解释的方法,意思表示的解释方法与合同的解释方法大体一致（详见本书第二十三章第二节）。

五、意思与表示不一致

意思与表示不一致是指表意人的内心意思与外在表示不一致,如甲欲将自家种的西瓜卖给乙,但嘴上却说送给乙。

（一）单独虚伪表示（心中保留）

单独虚伪表示,又称真意保留、心中保留（有的译为心意保留）[①],是指表意人把真实意思保留在心中,所作出的表示行为并不反映其真实意思,是一种自知并非真意的意思表示。例如,表意人在朋友称赞其时装时嬉笑地说："你喜欢,就 800 元便宜卖给你。"再如,甲不愿意和乙结婚,由于某种原因表示愿意和乙结婚,并且结了婚。

单独虚伪表示的构成要件是:(1) 一方当事人实施的虚伪表示行为,在内容上具有法律价值,并使人感觉其愿受约束;(2) 当事人表示的意思与真实意思不一致,并且自知其不一致,并不期望发生效力,也不准备履行所发生的义务。至于当事人进行虚伪意思表示的动机则不具有任何意义。

关于虚伪表示的效力,通说认为虚伪表示原则上有效,表意人应受该表示的约束,以保护交易安全,如前例。但相对人明知表意人的表示与意思不一致的,

---

① 《德国民法典》区分心中保留和戏谑,日本和我国民国时期的《民法典》未作区分。参见《德国民法典》第 116 条、第 118 条,《日本民法典》第 93 条,我国民国时期的《民法典》第 86 条。

该表意行为无效。后例涉及人身关系,立法政策和学者观点有所不同。[①] 根据我国《民法典》的规定,该婚姻为可撤销婚姻。

（二）通谋虚伪表示

通谋虚伪表示又称伪装表示或虚伪表示,是指表意人与相对人通谋,不表示内心真意的意思表示。例如,债务人为逃避债务与友人通谋制造假债权或者虚伪让与财产。

通谋虚伪表示的构成要件是:(1)表意人欠缺内心的真意;(2)表意人此项非真意的意思表示为对方所明知;(3)对方故意实施非真意的合意表示。通谋虚伪表示以表意人与相对人的意思联络为核心,如果不存在通谋的意思联络,则不构成通谋虚伪表示。

《民法典》第146条第1款规定:"行为人与相对人以虚假的意思表示实施的民事法律行为无效。"

关于通谋虚伪表示的效力,通说认为表意人与相对人通谋所为的意思表示无效,但为保护交易安全,不得以其无效对抗善意第三人。

（三）隐藏行为

隐藏行为是指表意人为虚假的意思表示,但其真意为发生另外法律效果的意思表示。例如,甲欲以1万元财产赠与乙,但恐其家人反对,就伪书1万元的买卖合同,其1万元的买卖是虚假的,但其隐藏的赠与是真实的。

《民法典》第146条第2款规定:"以虚假的意思表示隐藏的民事法律行为的效力,依照有关法律规定处理。"《合同编通则解释》第14条第1款规定:"当事人之间就同一交易订立多份合同,人民法院应当认定其中以虚假意思表示订立的合同无效,当事人为规避法律、行政法规的强制性规定,以虚假意思表示隐藏真实意思表示的,人民法院应当依据民法典第一百五十三条第一款的规定认定被隐藏合同的效力;当事人为规避法律、行政法规关于合同应当办理批准等手续的规定,以虚假意思表示隐藏真实意思表示的,人民法院应当依据民法典第五百零二条第二款的规定认定被隐藏合同的效力。"通谋虚伪表示表现为"阴阳合同"。如中国甲公司与美国乙公司签订了进口洋垃圾的合同,为了规避法律,双方伪装成进口玉米的合同,该进口玉米的合同即为阳合同,该合同因为通谋虚伪的意思表示而无效,至于进口洋垃圾的阴合同因违反法律的禁止性规定亦无效。再如中国甲公司与美国乙公司签订了一份进口1000辆美国林肯轿车的合同,为了少交关税,双方伪装成进口玉米的合同,该进口玉米的阳合同为通谋虚伪的意思表

[①] 《日本民法典》第742条规定:"因错认人或其他事由,当事人之间无结婚意思时,婚姻无效。"学者的不同观点,参见史尚宽:《民法总论》,中国政法大学出版社2000年版,第383页;李宜琛:《民法总则》,台湾正中书局1977年版,第260页。

示而无效,进口林肯轿车的阴合同不违反法律的禁止性规定,应为有效,但应依法补交关税。

(四)错误

1. 错误的概念与构成要件

错误是指表意人为表意时,因认识不正确或者欠缺认识,以致内心的真实意思与外部的表现行为不一致。例如误将K金当作纯金购买。错误与单独虚伪表示和通谋虚伪表示在意思表示上都是非真实的,但错误是无意识的非真意表示,后面两者是有意识的非真意表示。

错误的构成要件是:(1)错误是由表意人自己的原因造成的;(2)表意人的内心真意与表示不一致;(3)表意人不知其内心真意与表示不一致;(4)错误必须具有严重性,即足以影响表意人决定为意思表示;(5)错误是否存在,以意思表示成立之时为决定标准。

2. 错误的种类

(1)动机错误。在特别容易发生错误的意志形成阶段发生的错误,称为动机错误。[①] 如甲原以为乙要与他结婚,就到某首饰店订购结婚戒指两枚,而乙是与他开玩笑,甲订购结婚戒指的错误就属于动机错误。在动机错误的情况下,表意人一般不得因此撤销民事法律行为。

(2)内容错误。是指意思表示的内容有错误。主要包括:① 对当事人的错误,又称当事人同一性的错误。如误把甲当作乙,在日常交易中,此种错误不影响民事法律行为的效力。但在某些特别重视当事人身份的关系中,如演出合同、演讲合同、授课合同、委托合同等,对当事人的错误可成为撤销民事法律行为的理由。② 行为性质的错误。如误将买卖当赠与,误将租赁当借用。③ 标的物本身的错误,又称标的物同一性的错误。如误将淀粉当成面粉出卖。后两种错误均可成为撤销民事法律行为的理由。

至于内容错误是否包含价格错误,在司法实践中,存在不同判决。[②] 依据《总则编解释》第19条的规定,内容错误包含价格错误。但本书作者认为,在以磋商为基础的意思表示中,价格错误原则上不应成为内容错误。因为:① 在以磋商为基础的合同中,价格是当事人反复磋商的问题,一般不存在误解。② 在市场经济条件下,价格涨落是常态,若认定价格错误构成内容错误,当事人会以

---

① 〔德〕迪特尔·梅迪库斯:《德国民法总论》,邵建东译,法律出版社2000年版,第567页。
② 朱时萍诉北京趣拿信息技术有限公司等买卖合同纠纷案中标价错误,北京市第一中级人民法院认定为合同错误,判决撤销。参见《朱时萍与北京趣拿信息技术有限公司等买卖合同纠纷二审民事判决书》,载中国裁判文书网,wenshu.court.gov.cn,最后访问日期:2017年5月5日。
王某诉电商公司买卖合同纠纷案中标价错误,北京市第二中级人民法院不认定为重大误解,判决合同继续履行。参见《电商以标错价为由拒发货法院判需继续履约》,载中国法院网,www.chinacourt.org,最后访问日期:2017年5月5日。

价格错误为由主张撤销合同,不符合鼓励交易和维护交易安全原则。在以标价为基础的意思表示中,如商场买卖、电商买卖,价格错误是否构成内容错误应参照交易习惯、诚实信用原则等予以认定。

(3) 表示行为错误。表意人若知其事情即不为该意思表示为表示行为错误。[1] 如误将韩元写成美元、误将租赁权写成地役权、抵押权人误信抵押无效而同意涂销抵押登记等。表示行为错误可成为撤销之理由。

(4) 传达错误。由于传达人或者传递机关的错误而使表意人的意思表示发生的错误,为传达错误。传达错误属于表示行为的错误。传达错误虽然不为表意人的错误,但传达人是由表意人选任的为其表达意思的人,故传达错误应视为表意人的表示行为的错误。

传达错误是传达人或者传递机关无意识的错误传达,如果传达人或者传递机关有故意,则不为传达错误。传达人或者传递机关在传达过程中发生的错误,在性质上视为表意人的错误。依据《总则编解释》第 20 条的规定,意思表示由第三人义务转达,而第三人由于过失转达错误或者没有转达,造成他人损失的,一般可由意思表示人负赔偿责任。如家中要办喜酒的老王,委托 7 岁的小明,给开鸡蛋店的老张传话,叫老张下午送来 20 斤鸡蛋。小明因未记清,向老张传话,送来 200 斤鸡蛋。老张给老王送来 200 斤鸡蛋,但老王只需要 20 斤鸡蛋。老张所受运费损失和破损损失应由老王承担。

(5) 受领人错误,又称误解。受领人受错误理解的影响而作出的意思表示,为受领人错误。在受领人受错误理解的影响而作出意思表示的情况下,受领人可撤销自己的意思表示。如甲写信给乙,表明出卖一辆旧车,甲在信中提到自己的车替换了发动机,且跑了 2 万公里,但乙只是粗略地阅读了该信,没有看清 2 万公里是指替换的发动机,以为该车一共才跑了 2 万公里,于是承诺购买该车。此种情况下,乙的错误为受领人的错误,受领人可以撤销意思表示。[2]

《民法典》并未直接规定错误,而是规定了重大误解。《总则编解释》第 19 条第 1 款规定:"行为人对行为的性质、对方当事人或者标的物的品种、质量、规格、价格、数量等产生错误认识,按照通常理解如果不发生该错误认识行为人就不会作出相应意思表示的,人民法院可以认定为民法典第一百四十七条规定的重大误解。"

对于重大误解的效力,依《民法典》第 147 条的规定,当事人可请求人民法院或者仲裁机构予以撤销。在当事人未予撤销以前,其意思表示有效。

---

[1] 史尚宽:《民法总论》,中国政法大学出版社 2000 年版,第 402 页。
[2] 〔德〕迪特尔·梅迪库斯:《德国民法总论》,邵建东译,法律出版社 2000 年版,第 570—571 页。

六、意思表示的不自由

意思表示的不自由是指由于他人的不当干涉,使意思表示存有瑕疵。依据《民法典》的规定,意思表示不自由有欺诈、胁迫两种情况。

(一) 欺诈

欺诈,依据《总则编解释》第 21 条的规定,是指当事人一方故意告知虚假情况或者负有告知义务的人故意隐瞒真实情况,致使对方陷入错误而作出违背自己真实意思表示的行为。

欺诈的构成要件是:(1) 须有欺诈人的欺诈行为。欺诈既为行为,以行为人的意思作用为必要,无意识或者精神错乱中的所为不为欺诈。无民事行为能力人的欺诈不为欺诈。欺诈行为之情形有三:一是捏造虚伪事实;二是隐匿真实事实;三是歪曲真实事实。沉默是否构成欺诈,通说认为,以行为人是否具有告知义务为限。主观意见陈述是否构成欺诈,通说认为,应以行为人是否具有故意为标准,如鉴定人故意以非自己的意见为自己的意见,应为欺诈。(2) 欺诈人必须有欺诈的故意。即行为人须有使对方受欺诈而陷入错误,并因此作出意思表示的目的。欺诈故意的含义有二:一是使相对人陷于错误的认识,如果行为人非明知其表述的事实为虚假或者虽明知其表述之事实为虚假,而无使相对人陷于错误的意思,不为欺诈;二是使相对人因其错误而作出一定意思表示的意思,因此行为人虽明知其所表示的事实为虚假,而无利用相对人的错误使其作出一定意思表示的意思,不为欺诈。在此两种意思之外,行为人有无取得财产利益的意思,及使相对人受财产损失的意思,对欺诈的成立,没有影响。(3) 须表意人因相对人的欺诈而陷于错误。所谓表意人陷于错误,不仅指表意人原无错误,受欺诈人的欺诈而陷于错误,也包括表意人已有错误,受欺诈人的欺诈而陷于更深的错误。如果相对人未受欺诈而陷于错误,则不构成欺诈,如出卖人用种种手段隐瞒货物的瑕疵,仍被买受人发现,而未购买其货物的,不为欺诈。(4) 须对方因陷于错误而为意思表示,即错误与意思表示之间有因果关系。错误与意思表示之间的因果关系可分为两种情况:一是无此错误,则根本不为意思表示;二是无此错误,则不以此条件为意思表示。相对人的意思表示非由于错误而生的,不为欺诈,如知假买假一般不能认定为欺诈,但行为人明知伪劣食品、药品而购买的也认定为欺诈。①

第三人的欺诈是否构成欺诈?《民法典》第 149 条规定:"第三人实施欺诈行为,使一方在违背真实意思的情况下实施的民事法律行为,对方知道或者应当知道该欺诈行为的,受欺诈方有权请求人民法院或者仲裁机构予以撤销。"可见,第

---

① 最高人民法院《关于审理食品药品纠纷案件适用法律若干问题的规定》第 3 条。

三人欺诈构成欺诈的条件除符合欺诈的上述构成要件外,还要求对方知道或者应当知道该欺诈行为。

依照《消费者权益保护法》第55条的规定,经营者如存在消费欺诈行为,适用惩罚性赔偿。对于消费欺诈行为的认定存在争议,但一般认为经营者出卖的商品只存在较小瑕疵,而非假冒伪劣商品的,应认定为违约行为而非消费欺诈。

(二) 胁迫

胁迫包括威胁和强迫。威胁是指行为人一方以未来的不法损害相恐吓,使对方陷入恐惧,并因此作出有违自己真实意思的表示。强迫是指行为人一方以现时的身体强制,使对方处于无法反抗的境地而作出有违自己真实意思的表示。《总则编解释》第22条规定:"以给自然人及其近亲属等的人身权利、财产权利以及其他合法权益造成损害或者以给法人、非法人组织的名誉、荣誉、财产权益等造成损害为要挟,迫使其基于恐惧心理作出意思表示的,人民法院可以认定为民法典第一百五十条规定的胁迫。"

胁迫的构成要件是:(1)须胁迫人有胁迫的行为。胁迫行为既可以直接对相对人实施,也可对其亲友实施;胁迫的对象不仅包括人的生命、身体健康及自由,也包括人的名誉、荣誉、隐私及财产。已经开始的损害,不足以构成胁迫,但若告知对方将通过自己的作为或者不作为使其损害继续而使其陷入恐惧的,也是胁迫行为。(2)胁迫人须有胁迫的故意。所说胁迫故意,是指胁迫人有通过胁迫行为而使表意人产生恐惧,并因此而作出意思表示的故意。胁迫故意的含义有二:一是有使表意人陷于恐惧的意思,二是有使表意人因恐惧而作出一定意思表示的意思。胁迫人是否有取得财产上利益或者使表意人蒙受财产上的损失的意思,在所不问。(3)胁迫的本质在于对表意人的自由意思加以干涉,所以,胁迫行为应具有违法性。其情形有三:一是目的违法,手段亦违法,如甲对乙说:"你不在伪造的证书上签名,就烧你家房子。"二是目的合法,手段违法,如甲对乙说:"你不履行债务,就揍你。"三是手段合法,目的违法,如甲对乙说:"你不给我钱,就告发你所犯的罪行。"(4)须相对人受胁迫而陷入恐惧状态。恐惧状态应依被胁迫人的主观状态决定。恐惧状态有二:一是表意人原无恐惧,因行为人的胁迫而发生恐惧;二是表意人原有恐惧,因行为人的胁迫而加深恐惧。(5)须相对人受胁迫而作出意思表示,即表意人陷入恐惧或者无法反抗的境地,与意思表示之间有因果关系。如甲以告发乙的某种不法行为胁迫乙,乙因爱惜名誉而与甲约定给付若干财产,便可认定存在因果关系。

依《民法典》第150条的规定,第三人胁迫亦构成胁迫。第三人的胁迫视为行为人的胁迫。

第三节 民事法律行为的成立与生效

一、民事法律行为的成立

民事法律行为的成立,是指符合民事法律行为的成立要件,产生成立效力。民事法律行为的成立要件可分为一般成立要件和特别成立要件。

(一)一般成立要件

民事法律行为的一般成立要件,是指一切民事法律行为成立所必不可少的共同要件。关于民事法律行为的一般成立要件多有争议,但通说认为,民事法律行为的一般成立要件是:(1)当事人。任何民事法律行为都不能没有当事人,没有当事人就无人作意思表示。有的民事法律行为的当事人只有一人,如遗嘱人;有的民事法律行为需有两个以上当事人,如合同当事人。(2)意思表示。没有意思表示不构成民事法律行为,有的民事法律行为只需一个意思表示,如抛弃动产;有的民事法律行为需有两个以上的意思表示,如买卖合同。(3)标的。标的是指行为的内容,即行为人通过其行为所要达到的效果。①

(二)特别成立要件

民事法律行为的特别成立要件,是指成立某一具体的民事法律行为,除须具备一般条件外,还须具备的其他特殊事实要素。如实践性行为以标的物交付为特别成立要件;当事人约定合同必须采用书面形式方能成立的,则采用书面形式为特别成立要件。

二、民事法律行为的生效

(一)民事法律行为成立与生效的关系

民事法律行为的生效是指已经成立的民事行为因符合法定有效要件而取得法律认可的效力。

民事法律行为的成立与民事法律行为的生效是两个既有联系又有区别的概念。其联系在于:民事法律行为的成立是民事法律行为生效的前提。一项民事法律行为只有成立以后,才谈得上进一步确认其是否有效的问题。在大多数情况下,民事法律行为的成立与民事法律行为的生效在时间上是一致的,即在民事

---

① 另有观点认为,民事行为的成立要件不包含标的,因为意思表示作为成立要件已经包含了标的因素。参见王利明主编:《民法》,中国人民大学出版社 2005 年版,第 157 页。"标的"一词在民法学上有不同的含义,这里说的标的是指民事行为的内容,换句话说,就是行为人所想发生的效果;有时从静态上讲,标的就是民事法律关系的客体;有时从动态上讲称为标的,如"债的标的"。关于"标的"的含义,参见郑玉波:《民法总则》,台湾三民书局 1995 年版,第 226 页;郑玉波:《民法债编总论》,台湾三民书局 1978 年版,第 209 页。

法律行为成立时即具有法律效力。只有在少数情况下,民事法律行为的成立与生效不具有时间上的一致性,即一项民事法律行为已经成立,但却尚未生效。

其区别主要在于:(1)着眼点不同。民事法律行为的成立着眼于行为因符合法律构成要素,而在法律上视为一种客观存在;民事法律行为的生效着眼于成立的行为因符合法定的有效条件,而取得法律认可的效力。(2)判断标准和构成要件不同。民事法律行为的成立以意思表示的成立或者意思表示一致为要件;民事法律行为的生效要件,则包括行为能力规则、意思表示自愿真实规则、行为内容不违反法律原则等。民事法律行为的成立要件着眼于表意行为的事实构成,此类规则的判断不依赖于当事人后来的意志;民事法律行为的生效要件却着眼于当事人的意思表示的效力。(3)发生的时间不同。民事法律行为具备法定构成要素即为成立,自具备法定有效要件时生效。(4)效力不同。民事法律行为成立即生效的,当事人应受效果意思的约束,所负担的义务主要是约定义务,可能产生的民事责任主要是违约责任;民事法律行为成立后不能生效或者被撤销或者在成立之后未生效之前,当事人所负担的主要义务是法定义务,违反了这种义务所产生的民事责任主要是缔约过错责任。

(二)民事法律行为的生效要件

民事法律行为的生效要件包括实质要件和形式要件。

1. 实质要件

依《民法典》第143条的规定,民事法律行为的有效实质要件有三项,即行为人具有相应的民事行为能力,意思表示真实,不违反法律、行政法规的强制性规定,不违背公序良俗。

(1)行为人具有相应的民事行为能力。

行为人实施的民事法律行为会产生权利义务关系,并产生相应的法律后果,因此,行为人必须具有预见其行为性质和后果的相应的民事行为能力。就自然人而言,完全民事行为能力人可以以自己的行为取得民事权利,履行民事义务;限制民事行为能力人只能从事与其年龄和智力相当的民事法律行为或者纯获利益的行为,其他行为由其法定代理人代理,或者经其法定代理人的同意;无民事行为能力人不能独立实施民事法律行为,必须由其法定代理人代理。

法人的民事行为能力是由法人的设立目的和法人的核准登记的经营范围决定的,法人只应在核准登记的经营范围内活动。但是,从维护相对人的利益和维护市场关系的稳定性出发,当事人超越经营范围订立合同的,不得仅以超越经营范围认定合同无效。但违反国家限制经营、特许经营以及法律、行政法规禁止经营规定的除外。同时,依据《民法典》第504条的规定,法人的法定代表人或者非法人组织的负责人超越权限订立合同的,除相对人知道或者应当知道其超越权限的以外,该代表行为有效。

(2) 行为人的意思表示真实。

民事法律行为是以意思表示为构成要素的行为,因此,它要求行为人的意思表示必须真实。意思表示真实是指行为人在自觉、自愿的基础上作出符合其意志的表示行为。意思表示真实包括两个方面:其一,行为人的意思表示须是自愿的,任何个人和组织都不得强迫行为人实施或者不实施某一民事法律行为。其二,行为人的意思表示须是真实的,即行为人的主观意愿和外在的意思表示是一致的。

(3) 不违反法律、行政法规的强制性规定,不违背公序良俗。

法律规范依其适用可分为强制性规范和任意性规范,强制性规范要求行为人必须遵守,不得依自由意思排除适用;任意性规范,行为人可排除适用。强制性规范是指法律、行政法规层面的行政规范,地方性法规和部门规章中的强制性规范,不能当然作为行为无效的依据。民事法律行为不得违反公序良俗。公序包含国家利益和社会公共利益,良俗是指善良风俗。此外,依据《合同编通则解释》第32条第4款的规定,当事人事先约定排除《民法典》第533条情事变更条款的适用的,人民法院应当认定该约定无效。

民事法律行为的内容还应具有可能性和确定性,可能和确定是民事法律行为的应有之义。

所谓可能,是指民事法律行为的内容可能实现,内容不可能实现的称为标的不能,标的不能的,民事法律行为不生效力。

标的不能又可分为:① 事实不能与法律不能。事实不能是指行为的标的在事实上不可能实现,例如使死者复生。法律不能是指因法律理由而不能,多因违反法律强行规定,例如买卖土地所有权。事实不能使行为无效,法律不能属于行为内容违法问题,其结果导致行为无效。② 自始不能与嗣后不能。行为成立之时已确定为不能的,属于自始不能。例如古画买卖合同订立时,该古画已经被毁。不能的原因发生于行为成立之后的,属于嗣后不能,例如上例古画在合同签订后被毁而不能交付。自始不能,可使行为无效。嗣后不能,不影响行为的效力。③ 客观不能与主观不能。不能的原因与当事人无关的,属于客观不能,例如房屋因地震被毁。不能的原因存在于当事人的,属于主观不能。客观不能使行为无效或者被解除。主观不能,只有在相对人知其不能时,才使行为无效。④ 全部不能与部分不能。行为的标的全部不能实现的,属于全部不能。行为标的仅一部分不能实现的,则为部分不能。全部不能使行为无效,部分不能可使行为部分无效。

所谓确定,是指民事法律行为的内容自始确定,或者能够确定。所谓能够确定,是指行为已包含了将来确定内容的方法;或者可以任意性法律规定补充当事人意思的不足,予以确定;或者可由人民法院或者仲裁机构依职权对行为的内容进行解释,最终确定其内容。标的不确定的行为,属于无效的行为。

2. 形式要件

在绝大多数情况下,民事法律行为只要具备实质要件就发生法律效力,但在某些特殊情况下,民事法律行为还须具备形式要件才发生效力。

第四节　民事法律行为的附条件与附期限

一、附条件的民事法律行为

（一）附条件民事法律行为的概念

附条件的民事法律行为是指在行为中附上一定的条件,并且把该条件的成就或者不成就作为确定行为人的民事权利和民事义务发生法律效力或者失去法律效力根据的行为。

《民法典》第 158 条规定,民事法律行为可以附条件,附生效条件的民事法律行为,自条件成就时生效。通说认为,除了法律明确规定不得附条件的外,其他行为均可以由行为人设定条件,以此来限制行为的效力,从而满足行为人的各种不同需要。不得附条件的行为有：(1) 妨碍相对人利益的。这主要是指形成权的行使。如《民法典》第 568 条第 2 款规定,抵销不得附加条件。(2) 违背社会公共利益或者社会公德的。这主要包括结婚、离婚、收养或者终止收养、接受继承或者抛弃继承以及票据行为等。如《票据法》第 33 条规定,背书不得附有条件；背书时附有条件的,所附条件不具有汇票上的效力。

（二）民事法律行为所附条件的特点

民事法律行为所附的条件,是指决定行为的效力发生或者消灭的特定事实,它既可以是自然现象、事件,也可以是人的行为,但是它应当具备下列特点：

1. 应是将来发生的事实

所附条件,必须是行为人实施行为时尚未发生的事实,已经发生的事实,不得作为所附条件。已经发生的事实作为所附条件的,视为未附条件,行为自始生效。如甲乙约定,甲父的死亡作为甲租房于乙的所附条件,其实甲父早已死亡,甲乙的租房合同自签订之日起生效。

2. 应是发生与否不确定的事实

所附条件应是可能发生或者可能不发生的事实,也就是说,将来是否必然发生,行为人是不能肯定的。能够肯定将来必定会发生或者能够肯定将来根本不会发生的事实,不能作为所附条件。依据《总则编解释》第 24 条的规定,所附条件不可能发生,当事人约定为生效条件的,应认定该民事法律行为不发生效力；约定为解除条件的,应认定未附条件。例如甲向乙表示"如果太阳从西方升起,我就把房屋赠与给你",则视为根本就不希望从事该项行为,故行为无效。相反,如果行为人把不可能发生的事实作为行为失效的"条件",则视为未附任何条件,如甲乙约定将甲发明永动机成功作为甲乙租赁合同的解除条件,因甲不可能发明永动机成功,甲乙之间的租赁合同视为未附解除条件。

何谓条件不确定?在学理上有三种主张:(1)主观说。此说认为,只要行为人行为时不知其确定,即为不确定。即使客观上已经确定,也为不确定。如,君若与某女结婚则赠君千元;虽然某女已死亡,只要当事人不知,仍为赠与行为所附条件。(2)客观说。此说认为,以行为当时客观不确定为必要,当事人知其不确定与否在所不问。如前例所述,某女已死亡为客观确定,故不得为赠与行为所附条件。(3)折中说。此说又分为两种:一是以主观不确定为主,以客观不确定为辅;二是以客观不确定为主,以主观不确定为辅。本书作者认为,客观说具有科学依据。如前述分析,所附条件应为将来之事实,客观上,过去之事实或者已经发生之事实不是将来之事实。不管当事人在行为时是否知道,都不影响该事实的存在。

3.应是由行为人约定的事实

所附条件,只能是行为人双方协商议定的事实,是行为人意思表示一致的结果,而不能是法律规定或者合同性质决定的事实。例如甲乙约定,甲将其在某合伙企业中的份额转让给乙,并将其他合伙人放弃优先购买权作为所附条件,因其他优先购买人放弃优先购买权属于法定条件,此种约定实属多余。因此,凡是附法定条件的,应视为未附条件,行为当然有效。

4.应是合法的事实

所附条件,其设立目的在于决定民事法律行为的效力,因此,违反法律和社会公共利益的违法条件不能作为所附条件。例如,甲同乙素有积怨,为了报复乙,甲私下与丙协商并承诺,如果丙将乙打伤,则赠与丙5000元。由于所附条件违法,该行为当然无效。

(三)条件的分类

1.延缓条件与解除条件

按照所附条件对民事法律行为效力所起作用的不同,可以将其分为延缓条件和解除条件。

(1)延缓条件

延缓条件又称停止条件,是指民事法律行为中所确定的民事权利和民事义务要在所附条件成就时才能发生法律效力。附延缓条件的民事法律行为,在条件成就之前已经成立,但效力处于停止状态。也就是说,在延缓条件成就以前,行为人之间的权利义务关系已经确定,但是权利人尚不能主张权利,义务人还无须履行义务,即双方的民事权利和民事义务的法律效力尚处于停止状态。例如,甲、乙协商约定,待甲迁移北京时以 2500 元价格将其冰箱出售给乙。这里的"甲迁移北京"便是该买卖行为所附的延缓条件,当延缓条件成就(甲迁移北京)时,行为就发生法律效力,甲应将冰箱交给乙;如果延缓条件不成就(甲未迁移北京),则该买卖行为就不发生法律效力。由此可见,延缓条件的作用,是推迟行为所确定的民事权利和民事义务发生法律效力。

(2) 解除条件

解除条件又称消灭条件,是指民事法律行为中所确定的民事权利和民事义务在所附条件成就时失去法律效力。附解除条件的民事法律行为,在所附条件成就以前,已经发生法律效力,当事人已经开始行使权利和承担义务,当条件成就时,权利和义务则失去法律效力。例如,甲有闲置房间两间出租给乙,甲、乙双方在房屋租赁合同中附加了条件:如果甲的儿子大学毕业后回家工作,乙立即将该房退还给甲。这里"甲的儿子大学毕业后回家工作"便是该房屋租赁行为所附的解除条件,在解除条件成就以前,租赁房屋的当事人之间所确定的民事权利和民事义务已经发生法律效力。由此可见,解除条件的作用,是使已经发生法律效力的民事权利义务关系失去法律效力。

2. 肯定条件与否定条件

以某种客观事实的发生或者不发生为标准,所附条件可分为肯定条件和否定条件。

(1) 肯定条件

肯定条件又称积极条件,是指以发生某种客观事实为其条件的内容。肯定条件又可分为肯定的延缓条件和肯定的解除条件。肯定条件以一定客观事实的发生为条件成就,而以所附事实不发生为条件不成就。例如,甲、乙签订房屋租赁合同,出租人甲考虑到其女儿如不调到外地工作还需居住此房的情况,在合同中附上"如其女儿调到外地工作,该租赁合同方生效"的条件;再如,甲、乙签订房屋租赁合同,但考虑甲外地工作的儿子可能调回本市工作需要住房,于是附上"如其儿子调回本地工作,则租赁合同终止"的条件。上述两租赁合同都是附肯定条件。

(2) 否定条件

否定条件又称消极条件,是指以不发生某种事实为条件的内容。否定条件与肯定条件相反,它以一定事实的不发生为条件成就,而以一定事实的发生为条件不成就。它又可以分为否定的延缓条件和否定的解除条件。例如,甲、乙签订煤炭供应合同,在合同中附有"如甲本月不发生意外事故即供给乙煤炭若干"的条款,该买卖行为即属于附否定的延缓条件。再如,甲、乙签订种子供应合同,乙考虑到种子尚未通过有关部门的鉴定,故在合同中附上"如未通过鉴定合同终止"的条款,即属于附否定的解除条件。

（四）附条件民事法律行为的效力

1. 条件成就

条件成就是指构成条件内容的事实已经实现。对于积极条件，以条件事实的发生为条件成就。对于消极条件，以条件事实的不发生为条件成就。前者如甲对乙说，你若结婚则赠你千元，则乙结婚为条件成就。后者如甲对乙说，你若不在本年内结婚，则赠你千元，乙未在本年内结婚则为条件成就。

2. 条件不成就

条件不成就是指构成条件内容的事实确定地不实现。对于积极条件，以该事实的不发生为条件不成就。对于消极条件，以该事实的发生为条件不成就。前者如，你若于本年内结婚则赠君千元，未于本年内结婚的，其条件不成就。后者如，你若不于本年内结婚，则赠君千元，于本年内结婚则为条件不成就。

3. 条件成就或者不成就的拟制

依据《民法典》第159条的规定，当事人为自己的利益不正当地阻止条件成就的，视为条件已成就；不正当地促成条件成就的，视为条件不成就。拟制的构成要件是：(1) 阻止条件成就或者不成就的人，须为因条件成就或者不成就而受利益的当事人。如为第三人阻止条件的成就或者不成就，不为拟制。(2) 此当事人须以不正当行为阻止条件的成就或者促成条件成就。何为不正当，应以诚信原则来衡量。如甲对乙说，我的马如生小马，则赠与你。因马得兽疫，甲杀之，不为不正当行为。

4. 条件成就时的效力

附条件的民事法律行为，其效力因条件而受限制。条件成就后，民事法律行为当然发生效力，不需再有当事人的意思表示或者其他行为。此时又可分为两种情形：(1) 非要式行为。条件一旦成就，直接发生法律效力。(2) 要式行为。如转让有限责任公司的股份，须经其他股东同意才发生法律效力，仅仅条件成就并不直接发生法律效力。

5. 条件不成就时的效力

《民法典》对条件不成就时的民事法律行为的效力，未作明文规定。通说认为，附延缓条件的行为，条件不成就时，该行为视为不存在；附解除条件的行为，条件不成就时，该行为视为不再附有条件，其原有效力维持。

6. 延缓条件成就与否未确定前的效力

我国法律对延缓条件成就与否未确定前的效力未明文规定。通说认为，相对人在延缓条件成就与否未确定前，应有因条件成就而取得权利或者利益的希望。如附延缓条件买卖合同的买受人，有因条件成就而取得标的物所有权的希望。此种希望或者可能性，在学理上，称为期待权。期待权虽不确定，但有实现的可能，因此，法律应予保护。为了保护相对人的期待利益，当事人不得任意撤销该行为。当然延缓条件成就前,相对人向对方请求履行的,对方享有拒绝履行的权利。

二、附期限的民事法律行为

(一)附期限民事法律行为的概念

依据《民法典》第 160 条的规定,附期限的民事法律行为,是指当事人约定一定期限,并把该期限的到来作为行为人的民事权利和民事义务发生、变更、消灭的前提的民事法律行为。附期限的民事法律行为可分为附生效期限的民事法律行为和附终止期限的民事法律行为。附生效期限的民事法律行为,自期限届至时生效;附终止期限的民事法律行为,自期限届满时失效。例如,甲与乙双方约定,自房屋租赁合同签订之日起 10 日后生效,就属附生效期限的民事法律行为。再如甲、乙约定房屋租赁合同 2 年后失效,就属附终止期限的民事法律行为。民事法律行为通常都可以附期限,但基于社会公共利益,也有不许附期限的,其范围与不许附条件的民事法律行为的范围大致相同。

期限和条件既有相同之处,又有不同的特点。相同之处在于两者都是对民事法律行为效力的某种限制,都是期待中的未来事实。不同之处在于:期限是将来一定能到来的,而条件则属将来是否发生不确定的事实。

(二)所附期限的类型

1. 生效期限与解除期限

根据所附的期限对民事法律行为的效力所起作用的不同,所附期限可以分为生效期限和终止期限。

附生效期限的民事法律行为,是指行为虽然已经成立,但在所附期限到来之前不发生效力,待到期限届至时,当事人双方的权利义务才开始发生法律效力的民事法律行为。因此,生效期限又称为始期(开始发生法律效力的期限)。例如,甲、乙订立租赁合同,但约定该合同 15 日后生效。这里的 15 日后就属生效期限。

附终止期限的民事法律行为,是指在约定的期限到来时,该行为所确定的民事权利和民事义务的法律效力消灭的民事法律行为。附终止期限的行为在所附期限到来之前,当事人已经行使权利和履行义务,这种法律效力一直延续到所附的期限届满时终止。例如,甲与乙汽车租赁公司订立租车合同,租赁期限为 1 年,在租赁期限届满前,甲有权使用汽车,乙有权收取租金。1 年期限届满,即所附期限到来,该汽车租赁合同终止。

2. 确定期限与不确定期限

根据所附期限是否确定,可以分为确定期限和不确定期限。所说确定期限,是指期限事实的发生时期已经确定。如甲乙约定,次年元月 1 日交付货物。所说不确定期限,是指期限事实的发生虽已确定,但其发生时期不确定。如甲与乙约定,甲父死亡之时,将房租与乙。

此外,学理上还将期限分为约定期限与恩惠期限及不能期限。约定期限是当事人所附加的期限,如当事人约定于次年元月1日履行债务。恩惠期限是人民法院斟酌债务人的情况,所予的分期给付或者延期清偿的期限。不能期限是指以甚远的将来时期为期限,如于百万年之后履行债务。

(三) 附期限民事法律行为的效力

1. 期限到来时的效力

依《民法典》第160条的规定,附期限的民事法律行为在所附期限到来时生效或者终止。附生效期限的民事法律行为,期限到来时,民事法律行为发生效力;附终止期限的民事法律行为,期限到来时,民事法律行为效力消灭。

2. 期限到来前的效力

附期限的民事法律行为在期限到来前效力如何,我国法律无明文规定。通说认为,其效力与附条件民事法律行为条件未成就时效力相同,即相对人享有期待权。

第五节 无效的民事法律行为

一、无效民事法律行为的概念

无效民事法律行为是指自始、当然、确定不发生当事人预期的法律效果的民事法律行为。

无效民事法律行为的含义是:(1) 自始无效。① 无效的民事法律行为,从行为开始时起就没有法律约束力。这与可撤销的民事法律行为区分开来,可撤销的民事法律行为在被撤销之前是生效的民事法律行为,只是从被撤销之日起,该民事法律行为溯及到行为开始之日归于无效。(2) 当然无效。是指民事法律行为存在无效的因素,超出了意思自治的界限,或者违反法律、行政法规的强制性规定,或者违背公序良俗原则。无效民事法律行为,不论当事人是否提出主张,是否知道无效的情况,也不论是否经过人民法院或者仲裁机构的确认,该民事法律行为都是无效的。人民法院或者仲裁机构在诉讼或者仲裁程序中的确认无效

---

① 另一种观点认为,除自始无效外,还存在嗣后无效,即行为无效的原因并非自行为成立时即存在,而是在行为成立后才发生的,如受遗赠人在被继承人死亡前死亡的,遗嘱无效;再如附停止条件的法律行为,在条件成就前,标的物成为不可流转物的,行为无效。参见郑玉波:《民法总则》,台湾三民书局1982年版,第324页;郑正忠:《例解民法》(修订二版),台湾五南图书出版公司2001年版,第121页。考虑到我国法律明定无效为自始无效,故未进行自始无效和嗣后无效的分类。

只是对一个已经存在的事实加以确认而已。(3)确定无效。无效的民事法律行为,从开始时就没有效力,以后任何事实都不能使之有效。如《合同编通则解释》第13条规定,合同存在无效情形,当事人以该合同已在有关行政管理部门办理备案、已经批准机关批准或者已依据该合同办理财产权利的变更登记、移转登记为由主张合同有效的,人民法院不予支持。这与效力未定的民事法律行为区别开来,效力未定的民事法律行为可随着权利人的事后追认而使之有效。当然,确定无效也存在例外情况,在司法实践中,承包人超越资质等级许可的业务范围签订建设工程施工合同,在建设工程竣工前获得相应资质等级,当事人请求按无效合同处理的,不予支持。出卖人未取得商品房预售许可证明的,与买受人订立的商品房预售合同,应当认定无效,但是在起诉前取得商品房预售许可证明的,可以认定有效。对于无效婚姻,在申请宣告无效时,法定无效婚姻情形已经消失的,人民法院不予支持。

无效的民事法律行为可分为全部无效的民事法律行为和部分无效的民事法律行为。部分无效的民事法律行为是指民事法律行为的一部分内容不具备民事法律行为的有效要件时,该部分民事法律行为不具有效力,不影响其他部分效力的,其他部分仍具有效力。例如自然人之间的借款超出法律规定的最高利率时,借款合同仍然有效,但约定利率超出法定最高限额的部分无效。

无效的民事法律行为可分为绝对无效的民事法律行为和相对无效的民事法律行为。绝对无效的民事法律行为是指违反了法律、行政法规的强制性规定的民事法律行为。这种行为属于当然无效的民事法律行为,利害关系人可依法主张无效,法院也可依职权主动审查、宣告其无效,如甲已婚,又与乙结婚,当事人的近亲属及基层组织可主张甲与乙的婚姻无效;再如甲起诉到法院与乙离婚,法院查明甲与乙的婚姻属于重婚,法院可依重婚直接判决宣告甲与乙的婚姻无效。相对无效的民事法律行为是指行为内容侵害特定第三人利益等情形,如当事人恶意串通损害特定第三人利益的合同,只有该第三人有主张合同无效的权利。因为此种情况是否损害该第三人利益,只有该第三人知道,如果允许他人代为主张,或者法院依职权主动审查宣告,则未必符合该第三人的利益。①

二、无效民事法律行为的分类

依据《民法典》的规定,无效民事法律行为的种类包括:无民事行为能力人实

---

① 对于相对无效的法律行为存在不同理解:第一种观点认为,无效理由只涉及特定当事人的利益,而不涉及社会公共利益的,只能由该特定当事人主张无效,如台湾学者郑玉波:《民法总则》,台湾三民书局1982年版,第324页;郑正忠:《例解民法》(修订二版),台湾五南图书出版公司2001年版,第121页。第二种观点认为,相对无效是指可撤销可变更的法律行为,如龙卫球:《民法总论》(第二版),中国法制出版社2002年版,第520页。

施的民事法律行为;行为人与相对人以虚假的意思表示实施的民事法律行为;违反法律、行政法规的强制性规定的民事法律行为;违背公序良俗的民事法律行为;行为人与相对人恶意串通,损害他人合法权益的民事法律行为。

(一)无民事行为能力人实施的民事法律行为

无民事行为能力人实施的民事法律行为是无效民事法律行为。因为无民事行为能力人没有认识能力和判断能力,因此其民事法律行为应由其法定代理人代理。实务中无民事行为能力人纯获利益的行为,如接受报酬、赠与或奖励,不应认定为民事法律行为,因为民事法律行为以意思表示为构成要素,无民事行为能力人没有意思能力,不存在有效的意思表示;应将该行为认定为事实行为,因为事实行为不以意思表示为构成要素,因此无民事行为能力人纯获利益的行为,应为有效的事实行为,并以该事实行为而取得权利。

(二)行为人与相对人以虚假的意思表示实施的民事法律行为

[见本章第二节"五、意思与表示不一致"之"(二)通谋虚伪表示"]

(三)违反法律、行政法规的强制性规定的民事法律行为

《民法典》第153条第1款规定,违反法律、行政法规的强制性规定的民事法律行为无效。但是,该强制性规定不导致该民事法律行为无效的除外。在司法实践中,如何适用该条款?首先,人民法院确认合同无效,应当以全国人大及其常委会制定的法律和国务院制定的行政法规为依据,不得以地方性法规、行政规章为依据。其次,违反法律的强制性规定的民事法律行为是否当然无效?人民法院应区分该强制性规范的性质:如属管理性规范,则不能当然认为该行为无效,如《城市房地产管理法》第54条规定:"房屋租赁,出租人和承租人应当签订书面租赁合同,约定租赁期限、租赁用途、租赁价格、修缮责任等条款,以及双方的其他权利和义务,并向房产管理部门登记备案。"如果当事人未向房产管理部门登记备案,则不能认定该房屋租赁合同无效。最后,即使违背法律、行政法规的效力性强制性规范,依据《合同编通则解释》第16条的规定,以下情形也不应当认定为无效:(1)强制性规定虽然旨在维护社会公共秩序,但是合同的实际履行对社会公共秩序造成的影响显著轻微,认定合同无效将导致案件处理结果有失公平公正的;(2)强制性规定旨在维护政府的税收、土地出让金等国家利益或者其他民事主体的合法利益而非合同当事人的民事权益,认定合同有效不会影响该规范目的的实现的;(3)强制性规定旨在要求当事人一方加强风险控制、内部管理等,对方无能力或者无义务审查合同是否违反强制性规定,认定合同无效将使其承担不利后果的;(4)当事人一方虽然在订立合同时违反强制性规定,但是在合同订立后其已经具备补正违反强制性规定的条件却违背诚信原则不予补正的;(5)法律、行政法规的强制性规定旨在规制合同订立后的履行行为的,但合同履行必然导致违反强制性规定或者法律、司法解释另有规定的除外;(6)法

律、司法解释规定的其他情形。例如：企业法人超越范围经营所签订的合同，不能当然认定为无效。但是，违反国家限制经营、特许经营以及法律、行政法规禁止经营规定的，应确认无效。

（四）违背公序良俗的民事法律行为

《民法典》第153条第2款规定，违背公序良俗的民事法律行为无效。

对于违反公序良俗的认定：(1)应基于基本权利。德国法院判决指出侵犯基本权利就违背了公序良俗，如受雇人承诺在雇佣期间绝不怀孕或结婚。(2)应基于本国标准。对于公序良俗的认定原则上应以本国为标准，违反外国的公序良俗并不当然认定为违背公序良俗。(3)应基于行为当时。公序良俗具有可变迁性，因此对公序良俗的认定应以民事法律行为发生时为标准。

对于违背公序良俗条款的类型，依据《合同编通则解释》第17条第1款的规定，主要有：(1)合同影响政治安全、经济安全、军事安全等国家安全的。(2)合同影响社会稳定、公平竞争秩序或者损害社会公共利益等违背社会公共秩序的，如身份证买卖契约、赌博协议、酒店中禁止消费者自带酒水的条款、市场失灵时的囤积居奇行为等。(3)合同背离社会公德、家庭伦理或者有损人格尊严等违背善良风俗的，如约定断绝亲子关系的协议、婚外同居者的包养费协议、企业有权对雇员进行搜身检查的约定等。

对于违背公序良俗条款的法律适用，依据《合同编通则解释》第17条第2款的规定，人民法院在适用此条款时，应当以社会主义核心价值观为导向，综合考虑当事人的主观动机和交易目的、政府部门的监管强度、一定期限内当事人从事类似交易的频次、行为的社会后果等因素，并在裁判文书中充分说理。当事人确因生活需要进行交易，未给社会公共秩序造成重大影响，且不影响国家安全，也不违背善良风俗的，人民法院不应当认定合同无效。

（五）行为人与相对人恶意串通，损害他人合法权益的民事法律行为

《民法典》第154条规定，行为人与相对人恶意串通，损害他人合法权益的民事法律行为无效。

这类民事法律行为，是指行为人双方为牟取不正当利益，互相勾结串通而实施的有损于他人合法利益的民事法律行为。恶意串通行为的构成要件是：(1)当事人双方在实施民事法律行为时有损害他人合法利益的故意；(2)行为人双方在实施民事法律行为时有串通一气、互相勾结的行为，若无这种勾结、串通，民事法律行为将不可能实施或者以另外的内容实施；(3)该民事法律行为履行的结果损害他人的利益。

在实务中，依据《合同编通则解释》第23条第1款的规定，法定代表人、负责人或者代理人与相对人恶意串通，以法人、非法人组织的名义订立合同，损害法人、非法人组织的合法权益，法人、非法人组织主张不承担民事责任的，人民法院

应予支持。法人、非法人组织请求法定代表人、负责人或者代理人与相对人对因此受到的损失承担连带赔偿责任的,人民法院应予支持。

三、民事法律行为被确认无效的法律后果

民事法律行为被确认无效以后(包括民事法律行为不成立、被撤销或者确定不发生效力),依照《民法典》第157条及有关法律规定,会发生以下法律后果:

（一）返还财产

民事法律行为被确认无效的,当事人因民事法律行为取得的财产,应当返还给对方。如果一方取得,取得方应返还给对方;如果双方取得,则双方返还。对于返还财产,可单独或合并使用返还占有标的物、更正登记簿记载等方式。

返还财产的范围,以全部返还为原则。对方给付的财产,无论返还时是否存在,原则上返还义务人必须按原数或原价返还。如果原物存在,应以原物返还,否则应作价偿还;如果原物有损坏,应予修复后返还,或者付给相当的补偿。如果已经出租,还应当返还已取得的租金。如果对方给付的是金钱,除了返还本金外,还应按银行利率支付利息。如果合同无效后当事人一方请求返还资金占用费的,应当在当事人请求的范围内按照中国人民银行授权全国银行间同业拆借中心公布的一年期贷款市场报价利率(LPR)计算。如果资金占用人无过错,则应以中国人民银行公布的同期同类存款基准利率计算(《合同编通则解释》第25条第1款)。如果对方给付的是劳务、无形财产或者其他不能返还的利益,则应折算为一定的金钱予以偿还。依据《合同编通则解释》第24条第1款的规定,折算应以确定合同无效之日该财产的市场价值或者以其他合理方式计算的价值为基准。

（二）赔偿损失

民事法律行为被确认无效后,有过错的当事人应当赔偿对方的损失;双方有过错的,则应各自承担相应的责任。依据《合同编通则解释》第24条第2款的规定,人民法院应综合考虑财产增值收益和贬值损失、交易成本的支出等事实,按照双方当事人的过错程度及原因力大小,根据诚信原则和公平原则,合理确定损失赔偿额。反之,虽然有损失,但是对方没有过错的,则不能请求赔偿。

第六节 可撤销的民事法律行为

一、可撤销的民事法律行为的概念

可撤销的民事法律行为是指已经成立、生效,因为意思表示不真实或者其他法定原因,行为人有撤销权的民事法律行为。撤销权人行使撤销权的,则行为溯

及成立时无效;如果撤销权人在法定期限内未行使撤销权,该民事法律行为原来的效力不变,民事法律行为效力继续。

二、可撤销的民事法律行为的种类

(一)因重大误解的民事法律行为

依《民法典》第147条的规定,因重大误解实施的民事法律行为是可撤销的行为。

(二)因显失公平的民事法律行为

依《民法典》第151条的规定,显失公平的民事法律行为是可撤销的民事法律行为。

显失公平是指一方利用对方处于危困状态、缺乏判断能力等情形,致使民事法律行为成立时,民事权利义务明显不对称的情形。在德国法上称为暴利行为。

依照《民法典》第151条的规定,参照德国汉斯·布洛克斯和沃尔夫·迪特里希·瓦尔克所著《德国民法总论》,对于显失公平的认识和应用,应包括主观要件和客观要件。

就其客观要件而言,是指给付与对待给付明显不相称,当然,在各个具体的民事法律行为中,应全面考虑风险负担、市场情况等。显失公平仅适用于财产行为;不适用于身份行为,如夫妻忠诚协议、收养协议、遗嘱、遗赠扶养协议等。在财产行为中,公开竞价的财产行为,不适用显失公平,因为公开竞价的财产行为,交易信息公开透明,在彼此竞价的过程中达到了价格公平的结果。合法的和符合交易习惯的投机性财产行为不适用显失公平,如买卖期货的行为、购买福利奖券的行为、符合交易习惯的"赌石"行为。

就其主观要件而言,要求一方当事人利用对方处于危困状态、缺乏判断能力等情形。依据司法实践和参照境外法例,"等情形"应包括利用对方没有经验或者意志薄弱等情事。

所说利用对方处于危困状态,是指为获取暴利利用对方的窘境,至于交易的提议是否由暴利获得者提出,并不重要。利用对方处于危困状态,不仅要求获得暴利者明知所约定的给付明显不合理,而且要求暴利获得者明知对方处于窘境。例如,在德国的判例中,非法劳工甲在一间多人住房中住宿,被要求每月支付600欧元的租金,房主就被判决为利用对方的窘迫谋取暴利。[1] 但是,获利者在对方处于危困状态时接受对方的允诺,一般不能认定为利用对方急迫情势的显失公平。如甲是一位为人吝啬的富人,不会游泳,其子掉入水塘之中,情势急迫,

---

[1] Vgl. BGH NJW 1982,896.转引自〔德〕汉斯·布洛克斯和沃尔夫·迪特里希·瓦尔克:《德国民法总论》(第二版),张艳译,中国人民大学出版社2012年版,第219页。

为此允诺救子者酬谢人民币 10 万元,乙依允诺救其子,要求甲支付 10 万元,不能认定为利用对方危困状态的显失公平,而应认定为单方允诺。

所说利用对方没有经验,是指利用对方没有经验或者缺少生活及交易经验,利用对方没有经验,要求获得暴利者明知对方没有经验或者缺少生活及交易经验。例如在德国法中,不熟悉本地情况的流亡者,接受了甲所提供的作为开业资助的月息超过法定贷款利息的贷款,就被认为是利用对方没有经验的暴利行为。

所说利用对方缺乏判断能力,不应包含无民事行为能力人或者限制民事行为能力人缺乏判断能力之情形,因为无民事行为能力人或者限制民事行为能力人已经受到行为能力规则之规制。利用对方缺乏判断能力,依据《合同编通则解释》第 11 条的规定,当事人一方是自然人,根据该当事人的年龄、智力、知识、经验并结合交易的复杂程度,能够认定其对合同的性质、合同订立的法律后果或者交易中存在的特定风险缺乏应有的认知能力的,可以认定构成"缺乏判断能力"。例如一些经营者利用老年人急于增加财富或者增进健康的心理,以及老年人缺少理财知识或者保健知识的特点,向其推销风险极大的理财产品或者言过其实的保健产品,致使一些老年人倾其所有而购买,导致财产损失,此种情形即使给付和对待给付很难认定明显不相称,也应认定为利用对方没有经验的显失公平,而不应认定为利用对方缺乏判断能力而显失公平。

所说利用对方意志薄弱或者控制力薄弱,是指暴利获得者明知对方意志薄弱或者控制力薄弱而获取暴利的行为。如饱受戒毒副作用之苦的瘾君子,因急需钱购买新毒品,接受了一份利息为 70% 的借款,该份借款合约就属利用对方意志薄弱或控制力薄弱的显失公平。

至于囤积居奇,其目的是为了追求暴利,因该行为违反公共秩序,受到公法规制。在民法上该行为因违背公序良俗而无效。

根据迪特尔·梅迪库斯所著《德国民法总论》,暴利行为可分为信用暴利、销售暴利、租赁暴利。信用暴利主要指当事人双方为消费借贷或其他借贷约定特别高的利息;销售暴利是指在买卖和其他销售中存在出卖人索取过高价格的情况;租赁暴利是指出租人收取特别高的租金。[①]

依据《德国民法典》第 138 条的规定,暴利行为是违背公序良俗的特殊形式。该行为被认定为无效行为。我国《民法典》未将显失公平认定为无效行为,而认定为可撤销的民事法律行为。

(三)受欺诈而实施的民事法律行为

根据《民法典》第 148 条、第 149 条的规定,受欺诈而实施的民事法行为是可

---

① 参见〔德〕迪特尔·梅迪库斯:《德国民法总论》,邵建东译,法律出版社 2000 年版,第 538—541 页。

撤销民事法律行为。

(四)受胁迫而实施的民事法律行为

根据《民法典》第 150 条的规定,受胁迫实施的民事法律行为是可撤销民事法律行为。

三、撤销权的享有和行使

撤销权是权利人以其单方的意思表示撤销已经成立的行为的权利。撤销权在性质上属于形成权。可撤销行为的撤销权由行为成立时的受害人享有。在欺诈、胁迫的情况下,由被欺诈人、被胁迫人享有。在暴利行为的情况下,由行为成立时的受害人享有。在重大误解的情况下,由行为人享有。在表意人自己存在过错导致自己受害的情况下,其是否享有撤销权有不同立法例。依《日本民法典》和《韩国民法典》,表意人有重大过失的,无撤销权;依我国台湾地区"民法",表意人有过失的则不享有撤销权;依《瑞士债务法》和《德国民法典》,不以表意人无过失为撤销权的行使要件。① 《民法典》第 147 条,似采瑞、德之主张。如某商店因自己的错误将价格五倍于国产玻璃器皿的进口玻璃器皿,置于国产玻璃器皿的货架上,甲以国产玻璃器皿的价格购置了该批进口玻璃器皿,虽然损失是由于商店自身的错误造成的,商店也可以重大误解为由撤销与甲之间的买卖合同。

撤销权人行使撤销权是以通知方式行使还是以诉讼或仲裁方式行使,学理上存有争议。依照《民法典》的规定,撤销权的行使应采用诉讼或仲裁方式,其立法目的是鼓励交易原则的体现。但是,依据《民法典》第 1052 条、第 1053 条的规定,因胁迫结婚的,受胁迫的婚姻当事人一方,以及一方在婚前隐瞒重大疾病的,另一方当事人仅可以向人民法院请求撤销婚姻。

依照《民法典》第 152 条第 1 款的规定,有下列情形之一的,撤销权消灭:(1)当事人自知道或者应当知道撤销事由之日起 1 年内、重大误解的当事人自知道或者应当知道撤销事由之日起 90 日内没有行使撤销权;(2)当事人受胁迫,自胁迫行为终止之日起 1 年内没有行使撤销权;(3)当事人知道撤销事由后明确表示或者以自己的行为表明放弃撤销权。第 152 条第 2 款规定,当事人自民事法律行为发生之日起 5 年内没有行使撤销权的,撤销权消灭,但此期间不适用于撤销婚姻行为。

撤销权人行使撤销权后当事人之间的民事法律行为溯及于行为成立之日起无效,发生无效民事法律行为的后果,但不得对抗善意第三人,如甲从乙处购买一辆汽车,甲又将该车转让予丙,乙以重大误解为由经法院判决撤销了甲乙之间

---

① 史尚宽:《民法总论》,中国政法大学出版社 2000 年版,第 410 页。

的买卖合同的,乙不能要求丙返还该车,即撤销权的行使对善意第三人不发生效力。

第七节 效力未定的民事法律行为

一、效力未定的民事法律行为的概念与特征

效力未定的民事法律行为,又称不生效的民事法律行为,是指已经成立但效力处于不确定状态的民事法律行为。

效力未定的民事法律行为的特征是:(1)效力未定的民事法律行为的效力处于悬而未决的不确定状态之中,既非有效,亦非无效。(2)效力未定的民事法律行为的效力确定,取决于享有形成权的第三人是否追认或者是否形成了其他法定条件,其结果可能变为有效的民事法律行为,也可能变为无效的民事法律行为。(3)效力未定的民事法律行为确定为有效的,其效力溯及于行为成立时;确定为无效的,自始无效。

根据《民法典》的规定,效力未定民事法律行为主要有以下四种类型:(1)欠缺民事行为能力的行为;(2)无权处分的行为;(3)无权代理(狭义的无权代理)的行为;(4)自己代理和双方代理的行为。自己代理、双方代理和无权代理的行为将在第九章"代理"中论述。

二、欠缺民事行为能力的行为

自然人实施民事法律行为,必须具有相应的民事行为能力。如果自然人实施民事法律行为时,欠缺相应的民事行为能力,其法定代理人有权追认。

(一)法定代理人的追认权

1. 追认权的性质

追认权的性质可从三点说明:(1)追认权是形成权;(2)追认行为是有相对人的单方行为;(3)追认是辅助性行为,其作用在于补足相关行为所欠缺的有效要件。

2. 追认的主体

追认的主体通常为法定代理人。限制民事行为能力人在具有完全民事行为能力时,可以追认其所订立的合同(限制民事行为能力人在具有完全民事行为能力时自己追认的,不属于辅助性民事法律行为)。

3. 追认的方式

在相对人催告以前,法定代理人追认的意思可以向限制民事行为能力人或者相对人表示,追认的意思表示自到达相对人时发生追认的效力。追认的意思

表示到达限制民事行为能力人时,发生法定代理人同意的效力,限制民事行为能力人将该同意的表示向相对人为之,则发生追认的效力。依据《民法典》第145条第2款前段的规定,"相对人可以催告法定代理人自收到通知之日起三十日内予以追认。法定代理人未作表示的,视为拒绝追认"。对限制民事行为能力人所订合同的追认,法定代理人应采用明示方式。法定代理人已实际履行该合同或者为该合同的履行做了准备工作的,应推定法定代理人予以追认。

4. 追认的效力

效力未定民事法律行为经追认后,自始有效;追认权人拒绝追认的,该行为自始无效。因法定代理人拒绝追认,给相对人造成损失的,该损失如何承担,我国法律未有规定。但从维护行为能力欠缺人的利益出发,一般认为由相对人自己承担。

(二)相对人的催告权与撤销权

1. 相对人的催告权

相对人有权催告法定代理人在30日内予以追认。相对人应当给法定代理人30日之内的合理追认期限,期限不应过短。至于该30日是属于强制性法律规范还是任意性法律规范,存有争议。本书作者认为,从最大限度地维护意思自治原则出发,该30日属于任意性法律规范,即当事人对追认期间有合理约定的,应遵从该合理约定;当事人未对追认期间进行约定的,以30日为限。法定代理人于催告期满未作表示的,视为拒绝追认。

2. 相对人的撤销权

相对人的撤销权是指相对人撤销其意思表示的权利。相对人撤销其意思表示的,应向法定代理人表示。相对人撤销其意思表示后,效力未定民事法律行为自始无效。相对人撤销权行使的条件是:(1)应在法定代理人追认之前行使,追认以后,不得撤销。(2)相对人须为善意。所谓善意是指相对人行为时不知道或者不应当知道对方为行为能力欠缺人。如果相对人行为时不具有善意,就不享有撤销权。(3)应采用明示的方式。

三、无权处分的行为

(一)无权处分行为的概念与特征

根据我国现行立法,无权处分行为,是指无处分权人处分他人的财产,以引起财产权利变动为目的的行为。例如,擅自出卖他人的物、以他人的房产设立抵押等。

无权处分行为有以下特征:(1)权利人无处分权而处分他人的财产;(2)无权处分人所为的处分行为是以自己的名义进行的,如果以他人的名义处分则属于"无权代理"。

（二）无权处分行为的效力

无权处分本是无处分权人对他人财产权的侵害，不应发生有权处分的效力。为了尊重权利人的意思和维护取得权利人的利益，法律规定了确定效力的条件。但是，无权处分人与他人订立的合同并非无效。依据《合同编通则解释》第19条第1款的规定，以转让或者设定财产权利为目的订立的合同，当事人或者真正权利人仅以让与人在订立合同时对标的物没有所有权或者处分权为由主张合同无效的，人民法院不予支持；因未取得真正权利人事后同意或者让与人事后未取得处分权导致合同不能履行，受让人主张解除合同并请求让与人承担违反合同的赔偿责任的，人民法院依法予以支持。《民法典》第597条第1款规定，因出卖人未取得处分权致使标的物所有权不能转移的，买受人可以解除合同并请求出卖人承担违约责任。需要指出的是，无权处分行为还包括无权处分他人财产的单方行为。无权处分行为的效力有四种：

（1）无权处分行为经权利人追认的，自始发生效力。权利人的追认向无权处分人或者相对人表示均可。关于追认的方式，较多的学者认为，追认为不要式行为，也有学者认为追认应当用明示方法。

（2）处分后取得权利的，自始发生效力。无处分权人处分时没有处分权，但在处分后可能取得处分权。例如因为继承或者买受而取得处分权，该处分权自始发生效力。就同一标的物作出两项以上相互抵触的处分的，仅限最初的处分发生效力。例如，乙将甲的动产先出卖给丙，后再出卖给丁（均取得间接占有），在乙取得该动产所有权时，乙出卖给丙的处分为有效。[①]

（3）对无权处分行为权利人不追认，无处分权人也没有取得处分权的，自始对权利人不发生效力，即无权处分的受让人无权向真正权利人主张权利。

（4）依据《合同编通则解释》第19条第2款的规定，即使无权处分合同被认定有效，且让与人已将财产交付或者移转登记至受让人，除受让人善意取得外，真正权利人请求认定财产权利未发生变动或者请求返还财产的，人民法院应予支持。

四、无权处分在物权变动上的效力

《民法典》第311条对无处分权人转让他人物权的效力作了规定，其基本内容是规定善意取得的有效要件。善意取得在性质上是无权处分的特别规定。

五、无权处分与侵权责任的关系

如果无权处分符合侵权责任的要件，虽然其处分经权利人追认而发生效力，却并不免除处分人的赔偿责任，权利人仍有赔偿损失请求权。

[①] 参见施启扬：《民法总则》（修订第八版），中国法制出版社2010年版，第314—317页。

第九章 代　　理

第一节　代理的概念与特征

一、代理的概念

代理是指代理人依据代理权，以被代理人的名义与第三人实施民事法律行为，并直接对被代理人发生效力。代理的含义有二：(1) 代理是一种法律关系。① 在代理关系中，依据代理权代替他人实施民事法律行为的人称为代理人；被他人代替实施民事法律行为，承受民事法律行为后果的人称为被代理人（又称本人）；同代理人为民事法律行为的人称为第三人（又称相对人）。在代理关系中，有三方参加人，涉及三方面的法律关系：代理人与被代理人之间基于委托授权或者法律直接规定而形成的代理权关系；代理人依据代理权与第三人之间的代理行为关系；被代理人与第三人之间因代理行为而形成的具体民事法律关系。其中，前一种关系为代理的内部关系，后两种关系为代理的外部关系。代理的内外部关系是有联系的、不可分割的。代理的内部关系是代理的外部关系得以产生和存在的前提，而代理的外部关系则是代理的内部关系的目的和归宿。② (2) 代理行为是民事法律行为。其本质属性在于意思表示，代理行为除受代理规范调整外，还受民事法律行为规范的调整。

代理有广义与狭义之分。狭义的代理指直接代理，又称显名代理，即以被代理人的名义进行的民事法律行为，其后果直接归属于被代理人。广义的代理包括直接代理和间接代理。间接代理是指代理人以自己的名义进行民事法律行为，而使其后果归属于被代理人。民法法系国家和地区大多对代理采取狭义的立法主张，普通法系（又称英美法系）国家则采取广义的立法主张。《民法典》采取的是狭义代理的概念，但在《民法典》第 925 条和第 926 条的规定中，在一定程度上承认了广义的代理。这种立法上的灵活性在某些方面能适应实践中当事人的需要，但是同时在民法代理制度的立法体系的内容上产生了矛盾，对此有待理论上进一步探讨和实践中进一步总结。本书所讲的代理，是《民法典》总则编规定的狭义代理。

---

① 佟柔主编：《中国民法学·民法总则》，中国人民公安大学出版社 1990 年版，第 263 页。
② 马俊驹、余延满：《民法原论》，法律出版社 1998 年版，第 283 页。

二、代理与相关概念

（一）代理与传达

传达是指传达人传送表意人已确定的意思表示，传达人不为自己的意思表示。代理与传达的区别意义在于：(1) 传达人不必有行为能力，而代理人必须有行为能力。(2) 传达人传达不实的，本人可以撤销，但由此造成的损失由本人承担。代理人因自己的过错给被代理人造成损失的，通常由代理人承担民事责任。

（二）代理与代表

法人组织必有代表人。区分代表与代理的法律意义在于：(1) 代表人与法人之间是民事主体内部的法律关系，二者是一个民事主体；代理人与被代理人是两个独立的民事主体。(2) 代表人为法人实施的行为即为法人的行为，不发生另外的效力归属问题；代理人的行为不是被代理人的行为，仅其效力归属于被代理人。(3) 代表人为法人所为的行为，包括民事法律行为和事实行为；代理人的代理行为不包括事实行为。

（三）代理与行纪

行纪是指行纪人以自己的名义为委托人从事交易活动。区分代理与行纪的意义在于：(1) 行纪人是以自己的名义为民事法律行为，代理人是以被代理人的名义为民事法律行为。(2) 行纪的后果直接归属于行纪人，然后由行纪人转移于委托人；代理的后果直接归属于被代理人。(3) 行纪必为有偿行为，代理不以有偿为要件。(4) 代理是独立的民事法律制度；行纪是一种具体的合同关系，属于债的组成部分。

（四）代理与中介

中介是指中介人向委托人报告订立合同的机会或者提供订立合同的媒介服务，委托人支付报酬。中介与代理有相似之处，但中介是中介人与委托人之间的权利义务关系，而代理则发生被代理人与相对人之间的权利义务关系。

三、代理的特征

（一）代理人在代理权限之内实施代理行为

代理人进行代理活动的依据是代理权，依据《民法典》第 162 条和第 163 条的规定，代理人必须在代理权限内实施代理行为。委托代理人应根据被代理人的委托进行代理。法定代理人也只能在法律规定的代理权限内进行代理行为。

但是代理人实施代理行为时有独立进行意思表示的权利。为了更好地行使代理权和维护被代理人的利益，代理人可以在代理权限内根据具体情况为意思表示，完成代理事务。

(二) 代理人以被代理人的名义实施代理行为

依《民法典》第162条的规定，代理人应以被代理人的名义实施代理行为。代理人如果以自己的名义实施民事法律行为，这种行为就不是代理行为而是自己行为，行为后果由自己承受，除非法律另有规定。代理人只有以被代理人的名义进行代理活动，才能直接为被代理人取得权利、设定义务。

(三) 代理行为是具有法律意义的行为

代理是一种民事法律行为。只有代理人为被代理人实施的能够产生民事权利义务的行为才是代理行为，如代签合同。代友请客则不属于民法上的代理行为，在双方当事人之间不产生权利义务关系。

(四) 代理行为直接对被代理人发生效力

代理人在代理权限内以被代理人的名义实施的民事法律行为，相当于被代理人自己的行为，产生与被代理人自己行为相同的法律后果。因此被代理人享有因代理行为产生的民事权利，同时也应承担代理行为产生的民事义务和民事责任。

四、代理的适用范围与意义

《民法典》第161条规定："民事主体可以通过代理人实施民事法律行为。依照法律规定、当事人约定或者民事法律行为的性质，应当由本人亲自实施的民事法律行为，不得代理。"通说认为，代理的适用范围包括：(1) 代理各种民事法律行为。这是最普遍的代理行为。如代签合同、代履行债务等。(2) 代理实施某些财政、行政行为。如代理专利申请、商标注册，代理缴税，代理法人登记等。(3) 代理民事诉讼行为。《民事诉讼法》规定了诉讼代理行为，这是当事人实现和保护其民事权利的重要方式。后两项代理的内容不是民事法律行为，是广义的代理，原则上适用民法上代理的有关规定。

尽管代理的适用范围很广，但还是受法律规定和当事人约定的限制。具体包括：(1) 具有人身性质的民事法律行为不得代理。具有人身性质的民事法律行为因为人身属性的原因，不能适用代理。例如，立遗嘱、解除婚姻关系、作者履行约稿合同、剧团履行演出合同等行为。(2) 被代理人无权进行的行为不得代理。代理人所代理的行为必须是被代理人有权进行的，这是代理行为的前提。内容违法的行为和侵权行为不产生代理权和代理后果。(3) 双方当事人约定应由本人亲自实施的民事法律行为不适用代理。双方当事人约定民事法律行为必须由本人亲自实施的，必须遵从约定，不适用代理。

代理的意义表现为两个方面：一是扩大民事主体的活动范围。民事主体从事民事法律行为，主观上受知识和认识能力的限制，客观上受时间和空间的限制，因此不可能事必躬亲，特别是法人如仅靠法定代表人实施民事法律行为，法人的业务将大受限制。代理的制度价值就在于克服民事主体在知识、认识水平、时间、空间等方面的局限性,扩大活动范围。二是补充某些民事主体的行为能力的不足。无民事行为能力人和限制民事行为能力人不能或者不能完全通过自己的行为,以自己的意思为自己设定权利、履行义务,而代理能使这类民事主体的行为能力得以补充。

第二节 代理的分类

一、委托代理与法定代理

《民法典》第 163 条规定:"代理包括委托代理和法定代理。委托代理人按照被代理人的委托行使代理权。法定代理人依照法律的规定行使代理权。"这是从法律上作出的对代理最基本、最重要的分类。这种分类是按照代理权产生根据的不同划分的。

(一)委托代理

委托代理是指代理人根据被代理人的委托而进行的代理。委托代理人所享有的代理权,是被代理人授予的,所以委托代理又称授权代理。授权行为是一种单方民事法律行为,仅凭被代理人一方授权的意思表示,代理人就取得代理权,故委托代理又称为意定代理。

委托代理一般产生于代理人与被代理人之间存在的基础法律关系之上,这种基础法律关系可以是委托合同关系,也可以是劳动合同关系(职务关系),还可以是合伙合同关系。

在委托代理中,授予代理权的形式可以是书面形式,也可以是口头形式或者其他形式。法律规定或者当事人约定应当采用特定形式的,应当用特定形式。授权的书面形式称为授权书,根据《民法典》第 165 条的规定,委托代理授权采用书面形式的,授权委托书应当载明代理人的姓名或者名称、代理事项、权限和期限,并由被代理人签名或者盖章。

至于职务代理是否属于委托代理,学者间存有争议。一种观点认为职务代理不同于委托代理,其代理权产生的依据是职务关系而不是委托授权,是一种独立于委托代理的代理种类。[①] 职务代理确有不同于委托代理的某些特征,如:职务代理的代理人是被代理人的工作人员;代理人与被代理人之间与其说是受民事法律关系的约束,不如说更多地是受劳动法律关系或者行政法律关系的约束;职务代理相对稳定,除非代理人职务变动,其代理权一般不能剥夺;等等。另一

---

① 江平、张佩霖:《民法教程》,中国政法大学出版社 1986 年版,第 95 页。

种观点认为职务代理属于委托代理的范畴,具有委托代理的本质特点,即都是被代理人单方授权行为的结果,尽管其授权形式各有特点,代理人都只能在授权范围内以被代理人的名义对外进行民事活动等。因此,职务代理实质上是委托代理的特殊形式。①《民法典》将职务代理纳入委托代理的范畴,其第170条规定:"执行法人或者非法人组织工作任务的人员,就其职权范围内的事项,以法人或者非法人组织的名义实施的民事法律行为,对法人或者非法人组织发生效力。法人或者非法人组织对执行其工作任务的人员职权范围的限制,不得对抗善意相对人。"如商店售货员出卖商品给顾客的行为、公司采购员以公司名义与第三人签订买卖合同的行为、公交车售票员售票给乘客的行为等,均是职务代理行为。

应予注意的是,依据《合同编通则解释》第21条第2款的规定,合同所涉事项有下列情况之一的,人民法院应当认定法人、非法人组织的工作人员在订立合同时超越其职权范围:(1)依法应当由法人、非法人组织的权力机构或者决策机构决议的事项;(2)依法应当由法人、非法人组织的执行机构决定的事项;(3)依法应当由法定代表人、负责人代表法人、非法人组织实施的事项;(4)不属于通常情形下依其职权可以处理的事项。工作人员超越职权范围所签合同的效力如何?依据该解释第1款的规定,相对人主张该合同对法人、非法人组织发生效力并由其承担违约责任的,人民法院不予支持。法人、非法人组织有过错的,应承担相应的过错责任。构成表见代理的,按表见代理的规定处理。所涉事项未超越职权范围但超越法人或者非法人组织对工作人员职权范围的限制,所签合同的效力如何?依据《合同编总则解释》第21条第3款的规定,该合同有效。但法人或者非法人组织能举证证明相对人知道或者应当知道该限制的除外。当然,法人或者非法人组织在承担合同责任后,可向故意或者有重大过失的工作人员追偿。

(二)法定代理

法定代理是指根据法律直接规定而发生的代理关系。法定代理主要是为无民事行为能力人和限制民事行为能力人设立代理人的方式。这主要是因为他们没有民事行为能力或者没有完全民事行为能力,不能为自己委托代理人。法定代理产生的根据是代理人与被代理人之间存在的监护关系。法定代理人所享有的代理权是由法律直接规定的,与被代理人的意志无关。

《民法典》第23条规定:"无民事行为能力人、限制民事行为能力人的监护人是其法定代理人。"这一规定就是为他们设定法定代理人的法律依据。监护人代理被监护人为民事法律行为,实现和保护被监护人的合法权益,这是监护人的一

---

① 马俊驹、余延满:《民法原论》(第二版),法律出版社2005年版,第225—226页。

项重要职责。所以监护人是被监护人的法定代理人。

二、一般代理与特别代理

以代理权限范围为标准,代理可分为一般代理与特别代理。特别代理是指代理权被限定在一定范围或者一定事项的某些方面的代理,又称部分代理、特定代理或者限定代理。一般代理是特别代理的对称,是指代理权范围及于代理事项的全部的代理,故又称概括代理、全权代理。在实践中,如未指明为特别代理时则为概括代理。

三、单独代理与共同代理

以代理权属于一人还是多人为标准,代理可分为单独代理与共同代理。单独代理,又称独立代理,指代理权属于一人的代理,其核心要件是代理权属于一人。至于被代理人是一人还是多人,在所不问。另外,无论是法定代理还是委托代理都可产生单独代理。共同代理,指代理权属于两人以上的代理。在共同代理中,外国立法通常认为代理人之间形成共同关系,享有的代理权是同等的。每个代理人均有权行使全部代理权,每个代理人的代理行为的后果均由被代理人承受。《民法典》第166条规定:"数人为同一代理事项的代理人的,应当共同行使代理权,但是当事人另有约定的除外。"《总则编解释》第25条规定:"数个委托代理人共同行使代理权,其中一人或者数人未与其他委托代理人协商,擅自行使代理权的,依据民法典第一百七十一条、第一百七十二条等规定处理。"依照上述规定,应注意以下三点:(1)在通常情况下,共同代理人应共同行使代理权,如其中一人或者数人未与其他代理人协商,实施的行为侵害被代理人权益的,由实施行为的代理人承担民事责任。(2)在当事人有约定的情况下,代理权的行使及其民事责任承担依照当事人的约定。(3)一人或者数人未经协商擅自行使代理权,构成无权代理的按无权代理处理,构成表见代理的,按表见代理处理。

四、本代理与复代理

以代理权是由被代理人授予,还是由代理人转托为标准,代理可分为本代理与复代理。本代理是指基于被代理人选任代理人或者依法律规定而产生的代理,又称原代理。本代理是相对于复代理而言的,没有复代理的存在,也就无本代理。复代理是指代理人为被代理人的利益将其所享有的代理权转托他人而产生的代理,故又称再代理、转代理。因代理人的转托而享有代理权的人,称为复代理人。代理人选择他人作为复代理人的权利称为复任权。

复代理的主要特征有:(1)复代理人是由代理人以自己的名义选任的,不是由被代理人选任的;(2)复代理人不是原代理人的代理人,而仍然是被代理人的代理人,复代理人行使代理权时仍应以被代理人的名义进行,法律后果直接归属于被代理人,而不是归属于原代理人,也不是先归属于原代理人,再转移于被代理人;(3)复代理权不是由被代理人直接授予的,而是由原代理人转托的,但以原代理人的代理权限为限,不能超过原代理人的代理权。

《民法典》第169条规定:"代理人需要转委托第三人代理的,应当取得被代理人的同意或者追认。转委托代理经被代理人同意或者追认的,被代理人可以就代理事务直接指示转委托的第三人,代理人仅就第三人的选任以及对第三人的指示承担责任。转委托代理未经被代理人同意或者追认的,代理人应当对转委托的第三人的行为承担责任;但是,在紧急情况下代理人为了维护被代理人的利益需要转委托第三人代理的除外。"委托代理人原则上没有复任权,因为委托代理的基础是特定当事人之间的信任关系。但是在尊重被代理人意思和有利于保护被代理人利益的前提下,委托代理人在下列情况下可享有复任权:(1)被代理人事先授权可以转委托的;(2)转委托前征得被代理人同意的;(3)转委托后得到被代理人追认的;(4)依据《总则编解释》第26条的规定,由于急病、通讯联络中断、疫情防控等特殊原因,委托代理人自己不能办理代理事项,又不能与被代理人及时取得联系,如不及时转委托第三人代理,会给被代理人的利益造成损失或者扩大损失的,人民法院应当认定为"紧急情况"。

对于经被代理人事先授权或者经被代理人同意及追认的复代理,被代理人可以就代理事务直接指示复代理人。代理人仅就复代理人的选任及对复代理人的指示承担责任。所说代理人的选任责任,是指代理人所选择的复代理人应具备完成代理事项的品行和能力。所说代理人的指示责任,是指代理人对复代理人的指示应在被代理人的授权范围内。

在复代理关系中因代理人的错误指示造成被代理人损失的,应由代理人对被代理人承担责任;因代理人的选任错误和复代理人的过错行为造成被代理人的损失的,由代理人和复代理人对被代理人共同承担责任;因复代理人的过错行为造成被代理人损失的,由复代理人对被代理人承担责任;因代理人和复代理人恶意串通造成被代理人损失的,由代理人和复代理人对被代理人承担连带责任。

法定代理人无条件地享有复任权,因为法定代理发生的基础不是特定当事人之间的信任关系,而是法律的直接规定,同时法定代理权具有概括性,其范围甚广,又不允许代理人任意辞任,而且被代理人往往无同意表示的意思能力。

五、直接代理与间接代理

直接代理是指代理人在代理权限范围内,以被代理人的名义为民事法律行为,直接对被代理人发生法律效力的代理。间接代理是指代理人以自己的名义为民事法律行为,其效果转移于被代理人的代理。

六、积极代理与消极代理

以代理人是否处于主动地位为标准,代理可分为积极代理与消极代理。积极代理是指代理人为意思表示的代理,又称主动代理;消极代理是指代理人受领意思表示的代理,又称被动代理。

第三节 代 理 权

一、代理权的概念与性质

代理权是代理制度的核心。它是指代理人基于被代理人的意思表示或者法律的直接规定或者有关机关的指定,能够以被代理人的名义为意思表示或者受领意思表示,其法律效果直接归于被代理人的资格。

关于代理权的性质,在学理上有以下主张:(1) 否定说。此说为法国学者首先提出,其理由是,代理不过是特定法律关系如委任关系的外部效力,并非独立的制度,也无所谓代理权。受此影响,《法国民法典》只规定委任制度,而未规定严格意义上的代理制度。委任所发生的只是委任人与被委任人之间的法律关系,并不存在独立于委任关系的代理权。这种学说由于未认识到代理与委任行为的区别,现在已无学者采用。(2) 权力说。此说为德国学者所提出。该说认为代理权是一种法律上之力。代理人的权力不是由被代理人授予的,而是由法律授予的,只是由于被代理人和代理人的行为使法律规则发生作用,其结果是代理人得到了这种权力。我国学者有持权力说的[①];也多有不赞同这一学说的,理由是民事主体之间的法律地位是平等的,当事人之间不可能存在任何权力。(3) 权利说。此说认为代理权是一种民事权利。但属何种民事权利,有的认为它是一种特殊的民事权利,是人的民事权利能力的表现;有的认为它是形成权;有的认为它是一种财产管理权;有的认为它是一种民事权利,但不是一种独立的民事权利,具有依附性和他主性。此说在我国学者中也少有赞同者。理由是,权利总是与某种利益相联系的,而代理权并不包含任何利益。在有偿的委托代理中,代理人取得报酬是基于委托合同取得的,而不是基于代理权取得的;在无偿代理中,代理人行使代理权并不获得任何利益。代理权无任何利益可言,代理行为的结果,直接归属于被代理人,对代理人而言并非权利。(4) 资格说。该说现为通说,该说认为,代理权并非权利,而是一种资格和地位。理由是,代理权从本质上说只是一种资格,代理人取得代理权只是意味着他得以被代理人的名义与

---

① 参见梁慧星:《民法总论》(第四版),法律出版社 2011 年版,第 222—223 页。

第三人进行民事活动,其行为后果直接归属于被代理人。

二、代理权的发生

依《民法典》及相关法律规定,代理权的发生原因包括:

(一)基于法律规定而发生

这是法定代理权的发生原因。《民法典》第23条规定,无民事行为能力人、限制民事行为能力人的监护人是其法定代理人。

(二)基于被代理人的授权行为而发生

这是委托代理权的发生原因。所谓授权行为,是指被代理人对代理人授予代理权的行为。在实践中,授权行为常与某种基础法律关系相结合。这类基础法律关系包括委托合同关系、合伙合同关系、劳动合同关系及企业内部组织关系等。

三、授权行为

(一)授权行为的性质

授权行为是以发生代理权为目的的单方行为。代理权因被代理人单方的意思表示而发生,既不必相对人的承诺,也不必因此使代理人负担义务。

(二)授权行为与基础关系的关系

授权行为往往与某种基础关系相结合,授权行为与基础关系多有相伴而生的现象。授权行为与其基础关系的关系如何,在学理上主要有两种观点:第一,无因说。该说认为授权行为与其基础关系是被代理人与代理人之间的内部关系,第三人无从得知,授权行为与其基础关系应相互独立,因此,基础关系无效或者被撤销时,代理行为仍然有效。第二,有因说。该说认为授权行为基于其基础关系而生,授权行为从属于其基础关系,故基础关系无效或者被撤销时,授权行为应消灭,如为代理行为,属无权代理。《民法典》对授权行为与基础关系未作规定。本书作者认为,授权行为与基础关系采有因说较为恰当,但涉及第三人利益时,当事人可依表见代理主张权利。

(三)授权行为的相对人

授权行为是委托人的单方民事法律行为,授权的意思表示可向受托人或者第三人为之,受托人或者第三人是授权行为的相对人。通说认为,授权的意思表示向受托人为之与向第三人为之具有相同的法律效力。

被授权的受托人(通常是代理人),是否应具有民事行为能力?通说认为,代理人应具有相应的民事行为能力,不要求具有完全的民事行为能力,但代理人不能是无民事行为能力人。所说应具有相应的民事行为能力,是指代理人应具有意思能力。在代理行为中,代理人应为意思表示或受领意思表示,故代理人须有意思能力。在代理人为限制民事行为能力人时,如未超出其行为能力的限度,不必有法定代理人的允许,如被代理人选任年满17周岁的未成年人代购一本英汉字典。但选任限制民事行为能力人为代理人的,代理行为所产生的一切不利益,应由被代理人承受。如受托事项超出限制民事行为能力人的行为能力的限度,则应得到其法定代理人的允许,如被代理人选任15周岁的未成年人签发支票。

（四）授权行为的形式与内容

授权行为的形式可以为口头形式,也可以为书面形式。授权行为是独立行为,不是代理人所为代理行为的组成部分,因此,即使代理行为为要式行为,授权行为也不必为要式行为。当然,有些特别法规定授权行为应采用书面形式的,则应采取书面形式。

授权行为是否可采用默示方式,应依意思表示解释的一般原则来认定。在没有代理权不能为民事法律行为的合同中,如未有特别约定或者法律规定,通常应认为成立合同关系时含有授权的默示意思表示,例如在委托合同中,可解释为成立合同关系时委托人同时向受托人为授权行为,使其能完成约定的事务或者工作。本人单纯的沉默,即知悉他人表示为其代理人而不为反对的意思表示,则应依表见代理的规定,与默示的授权有别。

授权行为的内容由本人决定或者依行为的性质决定,通常包括代理事项、代理权限和代理期限。如果委托人采用授权书的形式,其内容由授权书规定;如果委托人采用默示方式授权的,其内容由该行为的性质决定。

（五）授权不明及责任

授权不明,即授权的意思表示不明确,可分为以下几种情况:从意思表示中难以判断其是否授权;从意思表示中难以判断其授权的具体事项、范围和权限;从意思表示中难以判断其授权的起止期。由于授权行为为不要式行为,无论口头授权或者书面授权中都可能存在授权不明的问题。

对于授权不明的责任,《民法典》未作规定。本书作者认为,应区分有偿代理和无偿代理:（1）在无偿代理中,因授权不明给第三人造成的损失,应由被代理人对第三人承担赔偿责任,代理人不负连带责任;（2）在有偿代理中,因授权不明给第三人造成的损失,只有在代理人对于授权不明存在重大过失的情况下,代理人才负相应责任。

四、代理权的行使

（一）代理权行使的概念

代理权的行使是指代理人在代理权限范围内,以被代理人的名义独立、依法有效地实施民事法律行为,以达到被代理人所希望的或者客观上符合被代理人利益的法律效果。

(二) 代理权行使的原则

根据《民法典》的规定，代理人在行使代理权的过程中应当遵循以下原则：

1. 代理人应在代理权限范围内行使代理权，不得无权代理

《民法典》第162条规定代理人应当在代理权限内进行代理行为。只有代理人在代理权限范围内进行的民事活动，才能被看作是被代理人的行为，由被代理人承担代理行为的法律后果。

代理权限又称代理权的范围，是指代理人在何种范围内为意思表示和受领意思表示，其效力及于被代理人。如前所述，代理权的发生，或基于被代理人的意思表示，或基于法律的规定。基于被代理人的意思表示的，代理权的范围应依其意思表示范围确定；基于法律规定的，代理权的范围应依法律规定确定。通说还认为，代理人还有权为保存行为、利用行为和改良行为。保存行为为维持财产现状的行为。保存行为中，有属于事实行为的，如代理人对于其管理的房屋自为修缮；也有属于民事法律行为的，如因修缮房屋而与他人订立合同。代理行为仅以民事法律行为为限，以保存为目的的事实行为，不适用代理的规定。对于利用行为及改良行为，代理人以不变更物或者权利性质为限。如代理人将金钱变为股票，就属性质变更；但如代理人将金钱存入银行而得利息，则属对物的利用。前者，代理人无权为之；后者，代理人有权为之。

代理人非经被代理人的同意，不得擅自扩大、变更代理权限。代理人超越或者变更代理权限所为的行为，非经被代理人追认，对被代理人不发生法律效力，由此给被代理人造成损失的，代理人还应承担赔偿责任。为了防止利用代理进行违法行为，《民法典》第167条规定，代理人知道或者应当知道代理事项违法仍然实施代理行为，或者被代理人知道或者应当知道代理人的代理行为违法未作反对表示的，被代理人和代理人应当承担连带责任。

2. 代理人应亲自行使代理权，不得任意转托他人代理

在委托代理中，代理人与被代理人之间，通常具有人身信赖关系。在通常情况下，代理人应亲自行使代理权，不得任意转托他人代理；在法定代理中，代理人与被代理人之间多为亲属关系或者监护关系，亦应亲自行使代理权，不得任意转托他人代理；在指定代理中，代理人更应亲自行使代理权。通常只有代理人亲自行使代理权，才有利于代理事务的完成。

3. 代理人应积极行使代理权，尽勤勉和谨慎的义务

代理人只有积极行使代理权，尽勤勉和谨慎的义务，才能实现和保护被代理人的利益。首先，代理人应认真工作，尽相当的注意义务。在法定代理、委托代理的无偿代理中，代理人实施代理行为，必须尽与处理自己事务相同的注意义务；在有偿代理中，代理人应尽善良管理人的注意义务。其次，在委托代理中，代理人应根据被代理人的指示进行代理活动。由于代理的后果由被代理人承受，

被代理人可根据客观情况随时给代理人指示,代理人具有遵守被代理人指示的义务。代理人不遵守被代理人指示的,构成代理人过错;由此给被代理人造成损失的,代理人应承担赔偿责任。最后,代理人应尽报告与保密的义务。

代理人应从维护被代理人的利益出发,争取在对被代理人最为有利的情况下完成代理行为。判断代理人行使代理权是否维护了被代理人利益的标准,因代理的种类不同而不同。对于委托代理,其标准为是否符合被代理人的主观利益;对于法定代理,其标准为是否符合被代理人的客观利益。

《民法典》第164条第1款规定:"代理人不履行或者不完全履行职责,造成被代理人损害的,应当承担民事责任。"

五、滥用代理权的禁止

（一）滥用代理权的概念

滥用代理权,是指代理人行使代理权时,违背代理权的设定宗旨和代理行为的基本准则,有损被代理人利益的行为。滥用代理权的行为是违背诚信原则的行为,各国和地区法律一般予以禁止。

构成滥用代理权应具备以下三个要件:(1)代理人有代理权。这一要件使滥用代理权的行为与无权代理行为区别开来。(2)代理人行使代理权的行为违背了诚信原则,违背了代理权的设定宗旨和基本准则。(3)代理人的代理行为有损被代理人的利益。

（二）滥用代理权的主要类型

通说认为,滥用代理权包括以下三种类型:

1. 自己代理

自己代理是指代理人以被代理人名义与自己进行民事法律行为。在这种情况下,代理人同时为代理关系中的代理人和第三人,交易双方的交易行为实际上只由一个人实施。例如,自然人甲委托乙购买生产设备,乙以甲的名义与自己订立合同,把自己的生产设备卖给甲。通常情况下,由于交易双方都追求自身利益的最大化,因此很难避免代理人为自己利益而牺牲被代理人利益的情况。当然,在某些情况下,自己代理也可能满足代理人和被代理人双方的利益,甚至及时实现被代理人的利益。

在实务中,对于自己代理的法律效力,有两种主张:(1)无效说。自己代理违背了代理的本质特征,因此,自己代理无效。(2)效力未定说。自己代理属于效力未定的行为,如事后得到被代理人同意或者追认的,自己代理的法律后果就归属于被代理人。《民法典》第168条第1款规定:"代理人不得以被代理人的名义与自己实施民事法律行为,但是被代理人同意或者追认的除外。"

2. 双方代理

双方代理又称同时代理,是指一人同时担任双方的代理人为同一民事法律行为。例如,甲受乙的委托购买电视机,又受丙的委托销售电视机,甲此时以乙丙双方的名义订立购销电视机合同。在通常情况下,双方代理由于没有第三人参加进来,交易由一人包办,一个人同时代表双方利益,难免顾此失彼,难以达到利益平衡。在有些情况下,这种"一手托两家"的双方代理行为,也有可能满足两个被代理人的利益,甚至及时实现他们的利益。

《民法典》第168条第2款规定:"代理人不得以被代理人的名义与自己同时代理的其他人实施民事法律行为,但是被代理的双方同意或者追认的除外。"依据该条,双方代理行为属于效力未定的民事法律行为,被代理人不予同意或者追认的,双方代理行为自始无效。被代理人同意或者追认的,双方代理行为自始有效。

3. 代理人和相对人恶意串通,进行损害被代理人利益的行为

代理人的职责是为被代理人进行一定的民事法律行为,维护被代理人的利益。代理人与相对人恶意串通损害被代理人的利益,违背了代理关系中被代理人对代理人的信任,属于滥用代理权的极端表现。

代理人和相对人恶意串通,损害被代理人利益的行为是无效民事法律行为,其代理行为的后果被代理人不予承受。所谓恶意串通,是指代理人和相对人之间存在通谋;所谓损害被代理人的利益,是指实际造成了被代理人财产利益的损失。是否造成了被代理人的损失,应依客观标准确定。依《民法典》第164条第2款的规定,代理人和相对人恶意串通,损害被代理人合法权益的,代理人和相对人应当承担连带责任。如果代理人和第三人之间不存在损害被代理人利益的通谋,则不负连带责任。如甲为乙的代理人,从丙处购买水泥50袋,丙只装了48袋,谎称装了50袋,甲又为自己留下2袋,并向乙谎称买了50袋。对乙的损失,甲、丙不负连带责任,而分别承担责任。

六、代理权的消灭

代理权的消灭,又称代理权的终止,指代理人与被代理人之间的代理关系消灭,代理人不再具有以被代理人名义进行民事活动的资格。《民法典》第173条、第175条规定了代理权消灭的原因。

(一) 委托代理权消灭的原因

1. 代理期限届满或者代理事务完成

代理期限届满或者代理事务完成的时间,有代理证书的依代理证书,无代理证书或者代理证书记载不明的,依委托合同。授予代理权时未明确代理期限或者代理事务范围的,被代理人有权随时以单方面的意思表示加以确定。

2. 被代理人取消委托或者代理人辞去委托

委托代理关系存在的基础是代理人和本人的相互信任,一旦这一基础消失或者客观上不再需要委托,亦应允许当事人双方解除代理关系。取消委托或者辞去委托均属单方民事法律行为,一方当事人一旦作出这种意思表示并通知对方当事人,就可以使代理关系终止。被代理人取消委托或者代理人辞去委托都应事先通知对方,否则将承担由此造成他方损失的赔偿责任。

3. 代理人死亡

代理关系是一种具有严格人身属性的民事法律关系。代理人死亡,使代理关系失去了一方主体,也即失去了代理关系中双方彼此信赖的主体要素。故代理人死亡的,代理权随之消失,而不能以继承方式转移给继承人。

4. 被代理人死亡

被代理人死亡就失去了被代理的对象,代理权原则上消灭。

根据《民法典》第174条第1款的规定,被代理人死亡后,有下列情形之一的,委托代理人实施的代理行为有效:(1)代理人不知道且不应当知道被代理人死亡。如乙前往长白山购买木材,甲知后托其购买两斤人参用于泡酒。乙走后甲死亡,乙不知甲死亡,为甲购买两斤人参,甲的继承人不得以甲死亡为由拒收人参、拒付货款。(2)被代理人的继承人予以承认。(3)授权中明确代理权在代理事务完成时终止。(4)被代理人死亡前已经实施,为了被代理人的继承人的利益继续代理。作为被代理人的法人、非法人组织终止的,参照适用前述规定。

5. 代理人丧失民事行为能力

如果代理人丧失民事行为能力,也就丧失了代理他人实施民事行为的能力,其代理权自应随之消灭。

6. 作为被代理人或者代理人的法人、其他组织终止

代理权存在的基础是代理人和被代理人双方主体。法人、其他组织一经撤销或者解散,便丧失了作为民事主体的资格。因此,法人、其他组织不论作为代理人还是被代理人,一旦自身消灭,代理权亦归于消灭。

(二)法定代理权消灭的原因

1. 被代理人取得或者恢复民事行为能力

在被代理人取得或者恢复民事行为能力的情况下,代理权自动消灭。例如,未成年人年满18岁或者精神病人恢复精神健康等。

2. 代理人丧失民事行为能力

代理人丧失民事行为能力的,法定代理自然消灭。

3. 代理人或者被代理人死亡

法定代理人与被代理人之间存在一定的身份关系,具有严格的人身属性,一

旦代理人或被代理人死亡,代理关系即终止,代理权消灭。但是,代理人不知道被代理人死亡的,代理行为应当有效。

4. 其他原因

例如,监护人不履行监护职责或者侵害被监护人合法权益的,人民法院可根据有关机关或者有关人员的申请,取消监护人资格,代理权亦随之消灭。再如收养关系解除的,收养人与被收养人之间的监护关系亦随之消灭,则代理资格丧失、代理权消灭。

第四节 无权代理与表见代理

一、无权代理

(一) 无权代理的概念

无权代理是指行为人既没有代理权,也没有令相对人相信其有代理权的事实或理由,而以被代理人的名义所为的代理。这里所称的无权代理仅指狭义的无权代理,广义的无权代理包括表见代理。

(二) 无权代理的特征

无权代理具有如下特征:(1) 行为人所实施的民事法律行为,符合代理行为的表面特征,即以被代理人的名义独立对相对人为意思表示,并将其行为的法律后果直接归属于他人。若不具备代理行为的表面特征,则不属于代理行为,当然也不为无权代理。(2) 行为人实施代理行为不具有代理权。没有代理权包括未经授权、超越代理权和代理权终止三种情况。(3) 无权代理行为并非绝对不能产生代理的法律效果。由于无权代理的行为未必对被代理人不利,同时为了维护交易安全和保护善意相对人的利益,无权代理行为应属效力未定的民事法律行为,在经被代理人追认的情况下,无权代理变成有权代理,能产生代理的法律效果。

(三) 无权代理的类型

无权代理的类型有:(1) 行为人自始没有代理权。行为人未基于授权行为取得意定代理权(委托代理权),却以被代理人的名义与相对人实施民事法律行为。(2) 行为人超越代理权。即行为人享有代理权,但超越代理权与相对人实施民事法律行为。(3) 代理权终止后的代理。即在代理权终止以后,行为人仍以被代理人的名义与相对人进行民事法律行为。

(四) 无权代理的效力

依据《民法典》第171条的规定,无权代理,被代理人不予追认的,对于被代理人不发生法律效力,而是由行为人承担责任。

1. 被代理人的追认权

无权代理经被代理人追认,变为有权代理。被代理人追认的意思向相对人表示的,自追认的意思表示到达相对人时发生追认效力,即该民事法律行为自始生效;向无权代理人表示的,发生补充授权效力,即无权代理人向相对人通知该补充授权表示,该无权代理变为有权代理,该民事法律行为自始有效。追认可以明示,也可以默示,如《民法典》第503条规定,无权代理人以被代理人的名义订立合同,被代理人已经开始履行合同义务或者接受相对人履行的,视为对合同的追认。至于追认的意思表示的生效时间,依据《总则编解释》第29条的规定,遵循《民法典》第137条不同意思表示方式生效时间的规定。沉默不成立追认的意思表示。无权代理人实施了多项无权代理行为的,被代理人可以追认其中一项或者多项,但是对某一项无权代理行为的追认,应当是概括的,不能只追认利益的方面而不追认不利益的方面。追认应在相对人撤销通知作出前行使。

2. 相对人的催告权与撤销权

为了平衡被代理人和相对人的利益,相对人有催告权和撤销权。相对人行使催告权应当向被代理人表示。行使催告权应当在被代理人追认之前。《民法典》第171条第2款规定,相对人可以催告被代理人自收到通知之日起30日内予以追认。在追认期内被代理人未作表示的,视为拒绝追认。

善意的相对人,即不知道或者不应当知道代理人无权代理的人有撤销权。恶意的相对人没有撤销权。行使撤销权的意思向被代理人或者无权代理人表示。行使撤销权应当在被代理人追认之前。相对人催告后,被代理人未追认前,相对人仍可撤回。

(五) 无权代理人的责任

1. 无权代理人对相对人的责任

无权代理人对于相对人的责任根据如何,学说不一。通说认为,在于保护善意相对人的利益,维护交易安全。无权代理人对于相对人所负责任的内容如何,世界各国立法不尽一致:日本民法和法国民法规定,无权代理人对相对人负损害赔偿责任;德国民法规定,应根据相对人的选择,或者履行无权代理行为所产生的义务,或者承担损害赔偿责任。《民法典》第171条第3款规定:"行为人实施的行为未被追认的,善意相对人有权请求行为人履行债务或者就其受到的损害请求行为人赔偿。但是,赔偿的范围不得超过被代理人追认时相对人所能获得的利益。"《总则编解释》第27条补充规定:"无权代理行为未被追认,相对人请求行为人履行债务或者赔偿损失的,由行为人就相对人知道或者应当知道行为人无权代理承担举证责任。行为人不能证明的,人民法院依法支持相对人的相应诉讼请求;行为人能够证明的,人民法院应当按照各自的过错认定行为人与相对人的责任。"这既符合鼓励交易和维护交易安全的现代法律精神,又使善意相对人的救济途径多样化及责任承担公允化。

2. 无权代理人对被代理人的责任

无权代理人对被代理人的责任,不为合同责任。被代理人拒绝追认代理权的,则无权代理人与被代理人之间不存在实质上的代理关系,也无合同关系或者合同上的责任。无权代理人对于被代理人的责任为侵权责任。如果因为无权代理人的行为造成了被代理人的损失,由无权代理人对被代理人承担赔偿责任。如甲多次假借乙的名义向丙借款,事后又不予归还,造成乙的名誉损害,对此,甲应对乙的名誉损害承担责任。《民法典》第171条第4款规定,如果相对人知道或者应当知道行为人无权代理仍与其实施民事法律行为,造成被代理人损失的,相对人和行为人按照各自的过错承担责任。

二、表见代理

(一)表见代理的概念与价值

表见代理,是指行为人没有代理权,但使相对人有理由相信其有代理权,法律规定被代理人应负授权责任的无权代理。

普通法系的法律认为外表授权产生于禁止翻供规则,法律不允许当事人否认别有理智的人从他的言行中得出的合理结论。一个人的言行向相对人表示已授权给某人,而实际上他未授权,这就构成了外表授权。从维护交易安全、公平及善意第三人的利益出发,法律承认外表授权是产生代理权的法律事实,其效力使表见代理人获得代理权。民法法系的代理制度的价值在于尊重当事人的意思,考虑本人的利益。但若只尊重当事人一方的意思,不考虑相对人的意思和利益,则代理制度的价值将无法实现。因此,对于被代理人与行为人之间存在特殊关系或者有授权表象的情形,法律承认表见代理。由此可以推认,表见代理的制度价值在于维护交易安全,使个人静的安全与社会动的安全得到协调。

《民法典》第172条对表见代理作了完整的规定,肯定了表见代理的制度价值。

(二)表见代理的构成要件

1. 须行为人无代理权

成立表见代理的第一要件是行为人无代理权。所说无代理权,是指实施代理行为时无代理权或者对于所实施的代理行为无代理权。如果代理人拥有代理权,则属于有权代理,不发生表见代理的问题。

2. 须有使相对人相信行为人具有代理权的事实或者理由

这是成立表见代理的客观要件。依据《总则编解释》第28条的规定,表见代理应存在代理权的外观,如存争议,相对人应对此负举证责任。这一要件是以行为人与被代理人之间存在某种事实上或者法律上的联系为基础的。这种联系是否存在或者是否足以使相对人相信行为人有代理权,应依一般交易情况而定。通常情况下,行为人持有被代理人发出的证明文件,如被代理人的介绍信、盖有合同专用章或者盖有公章的空白合同书,或者有被代理人向合同相对人所作的授予其代理权的通知或者公告,这些证明文件均构成认定表见代理的客观依据。对上述客观依据,相对人负有举证责任。在我国司法实践中,伪造、盗用他人的介绍信、合同专用章或者盖有公章的空白合同书订立合同的,一般不认定为表见代理,但被代理人应负举证责任,如不能举证则构成表见代理。利用拾得的空白合同书或介绍信所签合同一般不认定为表见代理。对于借用他人介绍信、合同专用章或者盖有公章的空白合同书签订的合同,一般不认定为表见代理,由出借人与借用人对无效合同的法律后果负连带责任。

3. 须相对人为善意

这是表见代理成立的主观要件,即相对人不知道或者不应当知道行为人所为的行为系无权代理行为,且相对人无过失,如存争议,被代理人对此负举证责任。《民法典》未有且无过失的要求,为了防止表见代理的滥用,《总则编解释》第28条增加了相对人且无过失的要求。如果相对人出于恶意,即明知或应知他人为无权代理,仍与其实施民事行为,就失去了法律保护的必要,故表见代理不能成立。如果被代理人能证明相对人存在过失,表见代理也不成立。

4. 须行为人与相对人之间的行为具备民事法律行为的有效要件

表见代理发生有权代理的法律效力,因此,表见代理应具备民事法律行为成立的有效要件,即不得违反法律的强制性规定或者公序良俗等。如果不具备民事法律行为的有效要件,则不成立表见代理。

在构成表见代理的情况中,相对人相信行为人具有代理权,往往与本人具有过失有关,但表见代理的成立不以本人主观上有过失为必要条件,即使本人没有过失,只要客观上有使相对人相信行为人有代理权的依据,即可构成表见代理。

(三)表见代理的类型

1. 表见授权的表见代理

表见授权是指由自己的行为表示授予代理权,实际上并未授予代理权。表见授权可能是口头的,实践中多为书面形式,包括:(1)代理证书。代理证书通常包括授权委托书、委托书和介绍信等。如果这些证书中没有明确规定代理的期限和内容,无权代理人持有这些证书与相对人订约,相对人就有理由相信其有代理权。如果证书中对代理权的期限和内容规定得非常明确,相对人没有仔细阅读,则不能认定其有合理的理由。(2)单位印章。无权代理人持有单位印章,只要不是盗用的或者伪造的,相对人就存在相信其有代理权的理由。无权代理人仅仅持有单位负责人的名章,一般不能认定其具有代理权,因为名章不同于公章,没有严格的管理制度,伪造名章要比伪造公章更容易。(3)单位介绍信。如果单位开的介绍信包含了授权的内容但是不具体,则具备表见授权的特征。如果单位介绍信没有包括授权的内容,则不能认定其享有代理权。(4) 空白合同书。空白合同书具有表见授权的特征,只要不是盗用的或者伪造的,就构成表见代理。(5) 其他证明材料。代理人如持有不动产交易时使用的权利证书、金钱借款中的借据,可认定构成表见授权。但被代理人能够反证上述法律文件是伪造的、盗用的、拾得的及借用的(借用法律文件通常为规避法律的资质要求,违反了法律的强制性规定,该类行为为无效民事法律行为),则表见代理不成立,而只能成立一般的无权代理。被代理人据此可拒绝履行合同义务。

2. 容忍的表见代理

无权代理人与相对人实施无权代理行为,被代理人知道而不表示反对,或者为履行合同进行准备的,应认定表见代理成立。容忍的表见代理主要是针对特定的商业场所,如他人在被代理人商店内售货,他人在银行的营业大厅办理存款业务,他人在被代理人售票处售票,可依据具体情况认定表见代理成立。

3. 特定身份关系中的表见代理

因特殊身份关系的存在,使他人相信无权代理人享有代理权的,构成表见代理。特定身份关系中的表见代理通常是指因商业身份而形成的老客户关系,如甲公司业务经理乙长期在丙餐厅招待客户,餐费由甲公司按月结清。后乙因故辞职,在辞职当月,乙仍以甲公司的名义在丙餐厅招待私人朋友(丙餐厅对乙辞职不知情),甲公司对招待餐费依表见代理履行付费义务。

(四) 表见代理的效力

表见代理对被代理人产生有权代理的效力,即在相对人与被代理人之间产生民事关系,被代理人应受表见代理人与相对人之间实施的民事法律行为的约束,享有该行为设定的权利和履行该行为约定的义务。被代理人不得以无权代理为抗辩,不得以行为人具有故意或者过失为理由而拒绝承受表见代理的后果,也不得以自己没有过失作为抗辩。

表见代理对相对人来说,既可主张狭义无权代理,也可主张成立表见代理。如果相对人认为向无权代理人追究责任更为有利,则可主张狭义无权代理,向无权代理人追究责任;相对人也可以主张成立表见代理,向被代理人追究责任。需要注意的是,在相对人不主张表见代理的情况下,被代理人或者无权代理人不得主张表见代理,因为表见代理制度是保护善意相对人和交易安全的,而非保护无权代理人的利益。

表见代理成立后,被代理人因承受表见代理的后果而遭受损害的,有权向表见代理人主张损害赔偿。

第十章 诉讼时效、除斥期间与期限

第一节 时效制度概述

一、时效制度的概念与作用

(一) 时效制度的概念

所谓时效,指一定事实状态在法定期间持续存在,从而产生与该事实状态相适应的法律效力的法律制度。

时效应具备两个条件:(1)要有法律规定的一定事实状态存在,如占有某物或者权利人不行使权利等。如果不存在法律规定的事实状态则不发生时效的法律后果。(2)一定的事实状态必须持续一定的时间,即不间断地经过法律规定的期间。二者结合,才能构成时效,产生一定的法律后果,使当事人取得权利或者丧失权利或者丧失法律对该权利的保护。

时效具有以下特征:(1)时效是法律事实。不论时效的法律后果是引起权利取得,还是引起权利消灭或者导致权利不受保护,时效均为民事法律关系产生、变更或者消灭的依据。因此时效属于法律事实。(2)时效是状态。时效的法律后果是因一定的事实状态持续地经过法定期间而当然发生,与当事人的意志无关。(3)时效具有强制性。民法对时效的规定,属于强制性规定,不得由当事人以自由意志予以排除,时效期间不得当事人协议延长或者缩短,时效利益不得由当事人预先抛弃。依据《民法典》第197条的规定,当事人关于排除时效适用、变更时效期间或者预先抛弃时效利益的约定,依法当然无效。但一旦时效期间届满,义务人所取得的时效利益就属于私人利益,应遵循私法自治原则,允许其抛弃。时效利益一旦被抛弃,应重新开始时效期间的计算。

时效制度是一项古老的制度。它起源于罗马法的《十二铜表法》。经过两千多年,现代各国接受并发展了时效制度。民法设立时效制度的目的,在于维护社会公共利益与经济秩序。因时效期间届满发生与原权利人利益相反的法律效果,因此时效制度的实质,在于对民事权利的限制。

(二) 时效制度的作用

1. 稳定法律秩序

时效制度的作用之一在于稳定法律秩序。原则上,民事权利的行使与不行使取决于权利人的意志,权利不会因不行使而自动消灭。但是,如果权利人能行使权利而长期不行使,义务人的义务长期不履行,就会使当事人之间的权利义务处于不确定状态,从而导致当事人之间的社会关系的事实状态与法律状态不一致。而在这种不确定权利义务关系的基础上,又会发生其他权利义务关系,长此以往,必然影响正常的社会经济秩序和交易安全。在社会关系的事实状态与法律状态不一致持续一定期间时,法律应适应现实生活的需要,否认旧的关系,确认新的关系,以稳定社会经济秩序和确保交易安全。实行时效制度,因法定期间的经过而使原权利人丧失权利,使长期存在的事实状态合法化,有利于稳定法律秩序。

2. 促使权利人行使权利

时效制度的作用之二在于促使权利人积极行使权利。西方法谚有言:法律帮助勤勉人,不帮睡眠人。权利人如不及时行使权利,就可能导致权利的丧失或者不受法律保护,这就促使权利人在法定期间内行使权利,以维护自己的利益。

3. 避免诉讼上的举证困难

一种事实状态长期存在,必致证据湮灭、证人死亡,此事实状态是否合法,殊难证明。实行时效制度,凡时效期间届满,即认为权利人丧失权利或者不受法律保护,便于及时确定法律关系。

二、时效的种类

时效通常分为取得时效和诉讼时效。取得时效是指占有他人财产持续达到法定期限,即可依法取得该项财产权的时效。取得时效因其事实状态必须占有他人财产,又称占有时效。诉讼时效是指因不行使权利的事实状态持续经过法定期间,即依法发生权利不受法律保护的时效。《民法典》仅对诉讼时效作了规定。外国一些立法例将诉讼时效称为消灭时效。

关于时效种类的立法体例存在两种主张:(1)统一立法主义。《法国民法典》《日本民法典》等采用统一立法主义。例如《法国民法典》在第三编取得财产的各种方法中专设第二十章时效,统一规定取得时效和消灭时效。《日本民法典》在第一编总则中设第六章时效,共分三节:第一节为时效通则,第二节为取得时效,第三节为消灭时效。(2)分别立法主义。《德国民法典》采此主张。在《德国民法典》第一编总则中,设第五章消灭时效;另在第三编物权的第三章中,规定取得时效。

《民法典》未规定取得时效。在是否应规定取得时效问题上,学者有不同的主张。主要有两种学说:(1)否定说。其主要理由是,在近现代民事立法中,由于财产关系和调整财产关系法律的变化,土地法的独立,民法不动产登记制度的发达,动产善意取得制度的确立,使取得时效制度没有存在的必要。另外,只要完善诉讼时效制度,同样可以起到取得时效的作用。因此,在我国没有必要建立取得时效制度。(2)肯定说。其主要理由是,取得时效和诉讼时效是两种不同的制度。土地法从传统民法中的分离、动产善意取得制度和不动产登记制度的建立,都不能替代取得时效制度。因此,在我国有确立取得时效制度的必要。

第二节 诉 讼 时 效

一、诉讼时效的含义

诉讼时效这个概念早见于 1964 年的《苏俄民法典》。在此之前 1922 年的《苏俄民法典》用"起诉时效",曾被误解为时效期满就不得提起诉讼。1964 年的《苏俄民法典》改"起诉时效"为"诉讼时效",学理上和司法实践中均认为诉讼时效届满的后果是消灭胜诉权,但不能剥夺当事人提起诉讼的权利。1994 年通过的《俄罗斯联邦民法典》(第一部分)仍采用诉讼时效概念。该法典第 195 条规定:"诉讼时效是被侵权人为维护自己的权利而提起诉讼的时间。"第 199 条第 1 款规定:"关于维护被侵犯权利的请求,不论诉讼时效是否届满,法院均应受理。"

传统的各国民法典一般都采用消灭时效概念,而不用诉讼时效概念。有学者指出,"消灭时效"一语有语病,因为义务人于期间经过后虽得拒绝履行,权利人请求权的行使仅发生障碍,权利本身及请求权并不消灭,在用语上容易引起误解。惟"消灭时效"使用已久,已成习惯,为免更张,仍以继续沿用为宜。①

如前所述,使用"诉讼时效"一语,也容易引起误解。但我们使用已经成为习惯,也难以选择更好的概念,故应继续沿用。

自我国《民法通则》颁布以来,有的学者将诉讼时效的概念表述为,权利人在法定期间不行使权利即丧失请求人民法院依法保护其民事权利的权利的法律制度。这一表述为法官依职权主动援用诉讼时效留下了空间。本书作者认为,诉讼时效的概念应表述为:权利人在法定期间内不行使权利,义务人便享有抗辩权,从而导致权利人无法胜诉的法律制度。即诉讼时效经过以后,权利人向人民法院提起诉讼的,人民法院应予受理。当事人在诉讼中未提出诉讼时效抗辩的,人民法院不应主动适用诉讼时效的规定进行裁判。《民法典》第 193 条明确规定:"人民法院不得主动适用诉讼时效的规定。"

二、诉讼时效的效力

诉讼时效的效力,即权利人丧失何种权利的问题。综观各国民法典,主要有三种主张:(1)实体权消灭主义。此种立法将诉讼时效的效力规定为直接消灭

---

① 参见施启扬:《民法总则》(增订第五版),台湾大地印刷厂 1993 年版,第 342 页。

实体权,其代表为《日本民法典》。① 如该法典第167条规定,债权因10年间不行使而消灭;债权或者所有权以外的财产权,在20年间不行使而消灭。(2)诉权消灭主义。此种主张由德国学者萨维尼首倡。他认为,诉讼时效完成后,其权利本身仍然存在,仅诉权归于消灭。诉讼时效届满后的权利,因诉权消灭不能请求人民法院为强制执行,称为自然债。属于此种主张的立法有《法国民法典》等。(3)抗辩权发生主义。此种主张由德国学者欧特曼提出。他认为,时效完成后,义务人取得拒绝履行的抗辩权。如义务人自动履行,视为放弃其抗辩权,该履行行为有效。采用此主张的有《德国民法典》等。

《民法典》第192条规定:"诉讼时效期间届满的,义务人可以提出不履行义务的抗辩。诉讼时效期间届满后,义务人同意履行的,不得以诉讼时效期间届满为由抗辩;义务人已自愿履行的,不得请求返还。"在司法实践中,当事人在一审期间未提出诉讼时效抗辩,在二审期间提出的,人民法院不予支持,但其基于新的证据能够证明对方当事人请求权已过诉讼时效期间的情形除外。当事人未按照规定提出诉讼时效抗辩,以诉讼时效期间届满为由申请再审或者提出再审抗辩的,人民法院不予支持。可见,我国立法和现行司法实践采抗辩权发生主义。

三、诉讼时效的适用范围

诉讼时效的适用范围,又称诉讼时效的客体。世界各国的民法对诉讼时效的适用范围的规定不尽一致。有规定为债以及其他非所有权之财产权者,如《日本民法典》;有规定为请求权者,如《德国民法典》;各国民法典总则编规定的诉讼时效的适用范围都是原则性的,需要结合民法典的其他有关条文、特别法的有关规定、司法解释以及学理解释,才能全面把握诉讼时效的适用范围。我国诉讼时效的适用范围是个有待进一步研究的问题。本书根据《民法典》的规定及司法实践做法,参考外国的立法例和学者的主张,作简要阐述。

(一)债权请求权

债权请求权为诉讼时效的客体已无争议。包括:(1)基于合同债权的请求权,如履行请求权、损害赔偿请求权、违约金请求权、利息请求权。(2)基于侵权行为的请求权,主要是赔偿损失请求权。(3)基于无因管理的请求权,主要有必要费用请求权、不当管理的赔偿损失请求权。(4)基于不当得利的请求权。(5)其他债权请求权。

在司法实践中,以下债权请求权不适用诉讼时效:(1)支付存款本金及利息

---

① 《日本民法典》第167—173条。对此,也存在不同观点,认为除非当事人援用时效,否则法院不得根据时效进行裁判,故采抗辩权主义。见〔日〕山本敬三:《民法讲义Ⅰ 总则》(第三版),解亘译,北京大学出版社2012年版,第429、433页。

请求权;(2)兑付国债、金融债券以及向不特定对象发行的企业债券本息请求权;(3)基于投资关系产生的缴付出资请求权;(4)其他依法不适用诉讼时效规定的债权请求权。

(二) 继承权请求权

我国法律承认继承权请求权适用诉讼时效。在有多人继承的情况下,继承人分割遗产请求权是基于共有关系产生的,不适用诉讼时效。

(三) 物权请求权

详见"(八)停止侵害、排除妨碍、消除危险、返还财产请求权"部分。

(四) 人身权请求权

基于人格权的请求权是否适用诉讼时效,当前主流的观点认为,基于人格权发生的停止侵害请求权、排除妨害请求权、消除影响请求权不适用诉讼时效。因侵害人格权产生的损害赔偿请求权适用诉讼时效。本书作者还认为,侵害人格权产生的赔礼道歉请求权适用诉讼时效。因为基于社会公众的普遍心理,时过境迁,赔礼道歉无实质意义。

基于身份关系而发生的请求权,有基于纯粹身份关系产生的请求权,例如以恢复亲属关系状态为目的的请求权,包括父母对第三人请求交还未成年子女的请求权等,不适用诉讼时效。《德国民法典》采此说。对此,学者的观点无分歧。

基于身份关系以财产利益为目的的请求权是否适用诉讼时效,有肯定说和否定说。从《德国民法典》、我国民国时期的《民法典》直到现行我国台湾地区"民法",均采肯定说。《民法典》第196条规定,请求支付抚养费、赡养费或者扶养费不适用诉讼时效,该条规定有利于维护未成年人与老年人的利益。

(五) 基于特殊身份而产生的请求权

例如,基于合伙人身份而产生的收益分配请求权,基于股东身份而产生的股息支付请求权,不应适用诉讼时效。另一种观点认为,公司的利益分配方案经股东大会议决后,公司和股东之间形成了关于股息、红利的债权债务关系,这种债权请求权受诉讼时效的限制。①

(六) 基于不动产相邻关系的请求权

基于相邻关系的请求权,例如防止危险建筑物倒塌请求权、基于地界争议发生的请求权等,不适用诉讼时效。②

(七) 基于共有关系产生的请求权

基于共有关系产生的请求权,如分割合伙财产请求权、分割家庭财产请求权,其实质为形成权,不适用诉讼时效之规定。离婚后当事人对于离婚时未分割

---

① 王利明:《民法总则研究》,中国人民大学出版社2003年版,第721—722页。
② 参见《德国民法典》第924条。

的夫妻共同财产的分割请求权,不适用诉讼时效。但对于离婚后当事人请求再次分割离婚时一方隐匿、转移、变卖或侵占等的夫妻共同财产的,适用诉讼时效期间的规定。

(八)停止侵害、排除妨碍、消除危险、返还财产请求权

《民法典》第179条规定的民事责任方式中,停止侵害、排除妨碍、消除危险是适用于侵害物权、知识产权、人格权等绝对权的请求权。

(1)停止侵害、排除妨碍、消除危险请求权是否适用诉讼时效,有不同的立法例,学理上有肯定说和否定说。德国新时效法规定不作为请求权和除去侵害请求权适用普通诉讼时效(3年)。其官方解释是"在实践中,没有将30年时效期间(取得时效)适用于不作为请求权的必要。因为每次出现违反行为都将重新出现该不作为请求权。同样,也没有必要将30年的时效适用于源于绝对权的排除妨碍请求权。如果适用的话,将会造成区分此种排除妨碍请求权(物权法)与侵权法上排除妨碍请求权的困难。而侵权法上的排除妨碍请求权的时效期间为3年……"[①]我国多数学者对上述请求权适用诉讼时效持否定态度。《民法典》第196条规定,请求停止侵害、排除妨碍、消除危险不适用诉讼时效的规定。

(2)返还财产请求权(又称返还原物请求权)是否适用诉讼时效,有三说:其一,否定说。此说认为物权请求权是附随于物权本身的保护物权的一种方法,是物权效力的体现,二者密切联系,物权不消灭,由物权产生的物上请求权不消灭,否则物权就是有名而无实的物权。《瑞士民法典》采此说。其二,有限肯定说。认为物权请求权与债权请求权同为要求他人为一定行为或不为一定行为的权利,如果不适用诉讼时效,有害于交易安全。但是,已经登记的不动产不适用诉讼时效,否则就会使登记制度失其效用。《德国民法典》采此说。其三,区别说。认为返还财产请求权适用诉讼时效,已经登记的不动产不适用诉讼时效。《民法典》第196条规定,不动产物权和登记的动产物权的权利人请求返还财产不适用诉讼时效。返还原物请求权涉及原权利人权利的保护和新生法律关系维护之间的平衡。如果返还原物请求权彻底不适用诉讼时效,则不利于新生法律关系的维护。如果返还原物请求权彻底适用诉讼时效,又不利于对原有权利人的权利保护。因此,应根据实际情况,对于已经登记的动产物权和不动产物权,基于登记的公信力,应不适用诉讼时效。对于一般动产,从维护交易安全的角度出发,以适用诉讼时效为宜。

[①] 参见朱岩编译:《德国新债法条文及官方解释》,法律出版社2003年版,第20页;黄立:《民法总则》,中国政法大学出版社2002年版,第456—458页。

四、诉讼时效期间与诉讼时效的分类

（一）诉讼时效期间的概念与特征

诉讼时效期间，是指权利人向人民法院请求保护其民事权利的法定期间。其特征是：(1) 诉讼时效期间是法定期间。关于诉讼时效期间的规定，属于法律的强制规定，它不是约定期间，也不允许当事人通过协议延长或者缩短，当事人对诉讼时效的期间、计算方法以及中止、中断事由的约定无效(《民法典》第197条)。(2) 诉讼时效期间是可变期间。诉讼时效期间内遇法定事由的，可中止、中断和延长。依据《总则编解释》第35条的规定，三年诉讼时效期间可适用诉讼时效中止、中断的规定，不适用延长的规定；二十年诉讼时效期间不适用中止、中断的规定，可适用延长的规定。(3) 诉讼时效期间是权利人向人民法院请求保护其民事权利的法定期间，超过该期间，当事人的权利不会受人民法院保护。

（二）诉讼时效的分类

诉讼时效按其适用范围和时效期间的长短的不同，可分为一般诉讼时效和特别诉讼时效。

1. 一般诉讼时效

一般诉讼时效，又称普通诉讼时效，是指在一般情况下普遍适用的诉讼时效。《民法典》第188条第1款规定："向人民法院请求保护民事权利的诉讼时效期间为三年。法律另有规定的，依照其规定。"一般诉讼时效是根据一般民事法律关系的共性规定的，在适用上具有普遍性。凡是法律没有规定特殊诉讼时效的，都应适用一般诉讼时效的规定。

2. 特别诉讼时效

特别诉讼时效，是指法律规定的仅适用于某些特殊民事法律关系的诉讼时效。对各种不同的民事法律关系，只要有特别诉讼时效的规定，就应适用特别诉讼时效。我国民事立法对特别诉讼时效的规定，有以下三种：

(1) 短期诉讼时效。短期诉讼时效，是指时效期间不足3年的诉讼时效。如《海商法》第13章规定，就海上货物运输向承运人要求赔偿的请求权、有关海上拖航合同的请求权、有关共同海损分摊的请求权、有关船舶碰撞致第三人伤亡负连带责任的请求权，时效期间为1年。又如《产品质量法》第45条规定，因产品存在缺陷造成损害要求赔偿的时效期间为2年。

(2) 长期诉讼时效。长期诉讼时效，是指时效期间在3年至20年(不包括3年和20年)之间的诉讼时效。长期诉讼时效是介于短期诉讼时效和最长诉讼时效之间的一种诉讼时效，它主要适用于一些调查取证费时耗力的疑难案件或者涉外经济纠纷。如《民法典》第594条规定，因国际货物买卖合同和技术进出口合同争议提起诉讼或者申请仲裁的时效期限为4年。

（3）最长诉讼时效。最长诉讼时效，是指诉讼时效期间为 20 年的诉讼时效。《民法典》第 188 条第 2 款规定，自权利受到侵害之日起超过 20 年的，人民法院不予保护。最长诉讼时效与其他诉讼时效的区别在于：第一，最长诉讼时效的期间是从权利被侵害时开始计算的，而其他诉讼时效的期间是从权利人知道或者应当知道权利被侵害时开始计算的；第二，最长诉讼时效不适用诉讼时效的中止、中断等规定，而其他诉讼时效适用有关时效中止、中断的规定；第三，最长诉讼时效的目的主要在于稳定社会经济秩序，而其他诉讼时效的目的更强调保护权利人的权利。但对该 20 年期间的性质是否为诉讼时效，有不同的观点。

五、诉讼时效期间的起算、中止、中断与延长

（一）诉讼时效期间的起算

诉讼时效期间的起算，又称诉讼时效期间的开始，是指从什么时候开始计算诉讼时效。《民法典》第 188 条规定，诉讼时效期间自权利人知道或者应当知道权利受到损害以及义务人之日起计算。诉讼时效的开始是权利人可以行使权利的时间，该权利的行使以权利人知道或者应当知道自己的权利受到侵害以及具体的义务人为前提。所谓"应当知道"，是一种法律上的推定，不管当事人实际上是否知道权利受到侵害以及义务人，只要客观上存在知道的条件和可能，即使当事人不知道其权利受到侵害以及义务人，也应当开始计算诉讼时效期间。在合同之债中义务人是具体和确定的，即合同相对人。在不当得利之债、无因管理之债及侵权行为之债中，存在义务人的确定问题，如甲在伸手不见五指的晚上被人所伤，甲不知侵权人为谁，只有甲知道或应当知道具体的侵权人为谁，才开始起算诉讼时效期间。这一规定的目的，是为了更好地保护受到侵害的权利人的利益。

在司法实践中，几种主要的具体法律关系的时效期间起算如下：

（1）有约定履行期限的债权请求权，从期限届满之日的第二天开始起算。依据《诉讼时效若干规定》第 4 条的规定，没有约定履行期限的债权请求权，依照《民法典》第 510 条、第 511 条的规定，可以确定履行期限的，诉讼时效期间从履行期限届满之日起计算；不能确定履行期限的，诉讼时效期间从债权人要求债务人履行义务的宽限期届满之日起计算，但债务人在债权人第一次向其主张权利时明确表示不履行义务的，诉讼时效期间从债务人明确表示不履行义务时起算。

（2）依照《民法典》第 189 条的规定，当事人约定同一债务分期履行的，诉讼时效期间从最后一期履行期限届满之日起计算。

（3）依照《民法典》第 190 条的规定，无民事行为能力人或者限制民事行为能力人对其法定代理人的请求权的诉讼时效期间，自该法定代理终止之日起计算。因为在监护期间被监护人由监护人代理其行使民事权利、实施民事法律行为，因此，只有法定代理终止之日，即监护关系结束之日，权利人才能行使权利。

（4）依照《总则编解释》第36条的规定，无民事行为能力人或者限制民事行为能力人的权利受到损害的，诉讼时效期间自法定代理人知道或者应当知道权利受到损害以及义务人之日起计算，但是法律另有规定的除外。该解释第37条规定，无民事行为能力人或者限制民事行为能力人的权利受到原法定代理人损害，且在取得、恢复完全民事行为能力或者在原法定代理终止并确定新的法定代理人后，相应民事主体才知道或者应当知道权利受到损害的，诉讼时效从相应民事主体知道或者应当知道权利受到损害及义务人之日起算。

（5）依照《民法典》第191条的规定，未成年人遭受性侵害的损害赔偿请求权的诉讼时效期间，自受害人年满18周岁之日起计算。这一立法的目的，在于维护未成年人利益。因为，未成年人遭受性侵特别是遭受监护人的性侵，有可能存在其自身难以维护自己的权利或者监护人不愿维护其权利的情形，故从其年满18周岁之日起算该侵权行为的诉讼时效期间比较合理。

（6）请求他人不作为的债权请求权，应当自知道或者应当知道义务人违反不作为义务时起算。

（7）因侵权行为而发生的赔偿请求权，从受害人知道或者应当知道其权利被侵害或者损害发生时起算。损害事实发生时，受害人知道的，从损害时起算；损害事实发生后，受害人才知道的，从知道时起算。在人身损害赔偿中，侵害当时即发现受伤的，从侵害当日起算；侵害当时未曾发现，事后经检查确诊并证明是由该侵害引起的，从伤势确诊之日起算。

（8）返还不当得利请求权的诉讼时效期间，从当事人知道或者应当知道不当得利事实及对方当事人之日起计算。

（9）管理人因无因管理行为产生的给付必要管理费用、赔偿损失请求权的诉讼时效期间，从无因管理行为结束并且管理人知道或者应当知道本人之日起计算；本人因不当无因管理行为产生的赔偿损失请求权的诉讼时效期间，从其知道或者应当知道管理人及损害事实之日起计算。

（10）合同被撤销产生的返还财产、赔偿损失请求权的诉讼时效期间，从合同被撤销之日起计算。至于合同被确认无效产生的赔偿损失请求权的诉讼时效期间，本书作者认为应从确认无效之日起计算。

诉讼时效期间的起算，法律有特别规定的，应依法律的特别规定。如《海商法》第258条规定，就海上旅客运输向承运人要求赔偿的2年诉讼时效期间，分别依下列规定计算：有关旅客人身伤害的请求权，自旅客离船或者应当离船之日起计算；有关旅客死亡的请求权，发生在运送期间的，自旅客应当离船之日起计算；因运送期间的伤害而导致旅客离船后死亡的，自旅客死亡之日起计算，但是此期限自离船之日起不得超过3年；有关行李灭失或者损坏的请求权，自旅客离船或者应当离船之日起计算。《海商法》第261条规定,有关船舶碰撞的2年诉讼时效期间从碰撞事故发生之日起计算。《海商法》第262条规定,有关海难救助的2年诉讼时效期间从救助作业终止之日起计算等。

(二)诉讼时效的中止

诉讼时效的中止,是指在诉讼时效进行中,因一定的法定事由的发生而使权利人无法行使请求权,暂时停止计算诉讼时效期间。按照《民法典》第194条的规定,在诉讼时效期间的最后6个月内,因不可抗力或者其他障碍导致不能行使请求权的,诉讼时效中止。从中止时效的原因消除之日起满6个月,诉讼时效期间届满。诉讼时效中止的目的,是为了保证权利人遇有阻却权利行使的特殊事由时仍然有行使权利的必要时间,这样,即使因权利人主观意志以外的原因而使其暂时不能行使权利时,亦有补救的机会。

1. 诉讼时效中止的事由

中止诉讼时效的事由,是法定事由。根据《民法典》第194条的规定,中止时效的事由有:(1)不可抗力;(2)无民事行为能力人或者限制民事行为能力人没有法定代理人,或者法定代理人死亡、丧失民事行为能力、丧失代理权;(3)继承开始后未确定继承人或者遗产管理人;(4)权利人被义务人或者其他人控制;(5)其他导致权利人不能行使请求权的障碍。如当事人双方有婚姻关系,夫对于妻或者妻对于夫,其行使权利不困难,但因相互信赖以致对权利行使多不计较,基于伦理的考虑,通说认为婚姻关系的持续为时效中止的事由。

2. 发生时效中止的时间

关于诉讼时效何时才能发生中止的问题,各国民事立法大致有两种规定:一种是在时效进行中的任何时间都可发生时效中止,如《法国民法典》;另一种是只有法定事由出现在时效期间的最后一定期限内才发生时效的中止,如《俄罗斯民法典》。我国《民法典》采用了后一种立法方式,即在诉讼时效期间的最后6个月内才发生诉讼时效的中止。因此,法定事由只有发生在时效期间的最后6个月内,才能引起诉讼时效中止的效力。法定事由发生在最后6个月之前而延续到最后6个月之内的,诉讼时效的中止也从诉讼时效期间的最后6个月开始。

3. 诉讼时效中止的效力

关于诉讼时效中止的效力,有两种立法例。一种立法例是规定在中止事由消除后再经过法定的特别期限。如《俄罗斯民法典》规定,从作为中止时效根据的情况消除之日起,时效期限继续计算,而且把剩下的期限延长为6个月。另一种立法例是规定在中止事由消除后,时效期间继续计算。《民法典》第194条第2款规定:"自中止时效的原因消除之日起满六个月,诉讼时效期间届满。"即自时效中止事由消灭之日起,时效期间为6个月。这一立法使权利人能更从容地行使自己权利。

(三) 诉讼时效的中断

诉讼时效的中断,是指在诉讼时效进行中,因法定事由的发生致使已经进行的诉讼时效期间全部归于无效,诉讼时效期间重新计算。《民法典》第 195 条对诉讼时效的中断作了规定。诉讼时效中断与中止都是阻却时效完成的障碍,但时效中止为暂时性的障碍,而时效中断则为根本性的障碍,故时效中断后,时效期间重新开始进行。

1. 诉讼时效中断的法定事由

(1) 权利人向义务人提出履行请求

权利人向义务人明确提出要求其履行义务的主张,客观上改变了权利不行使的事实状态,所以诉讼时效中断。在司法实践中,权利人除向义务人直接提出请求外,① 权利人向债务人的担保人、代理人或者财产管理人及遗产管理人主张权利的,也可以认定为诉讼时效中断。② 权利人直接向义务人送交主张权利文书,义务人在文书上签字、盖章、按指印或者虽未签字、盖章、按指印但能够以其他方式证明该文书到达义务人的,可以认定诉讼时效中断;义务人为法人或者其他组织的,签收人可以是其法定代表人、主要负责人、负责收发信件的部门或者被授权主体;义务人为自然人的,签收人可以是自然人本人、同住的具有完全民事行为能力的亲属或者被授权主体。③ 权利人以发送信件或者数据电文方式主张权利,信件或者数据电文到达或者应当到达义务人的,可以认定时效中断。④ 权利人为金融机构,依照法律规定或者当事人约定从义务人账户中扣收欠款本息的,可以认定时效中断。⑤ 义务人下落不明,权利人在国家级或者下落不明的义务人住所地的省级有影响的媒体上刊登具有主张权利内容的公告的,可以认定时效中断,但法律和司法解释另有特别规定的,适用其规定。⑥ 权利人对同一债权中的部分债权主张权利的,诉讼时效中断的效力及于剩余债权,但权利人明确放弃剩余债权的除外。

(2) 义务人同意履行义务

这是指义务人通过一定的方式向权利人作出愿意履行义务的意思表示,又称承认。义务人作出的同意履行义务的意思表示,意味着对权利人权利存在的认可。该认可行为,使当事人之间的权利义务关系得以明确、稳定,因而法律规定义务人同意履行义务为中断诉讼时效的法定事由之一。同意履行义务的表示方法除了书面或者能够证明的口头方式之外,债务人向债权人要求延期给付、对债务履行提供担保、支付利息或者租金、作出部分履行或者分期履行等承诺或行为或者制订清偿债务计划的,都属于义务人同意履行义务的表现方式,这些行为方式只要发生在诉讼时效进行当中,即产生诉讼时效中断的法律后果。至于债权转让、债务承担都属于义务人承认债务的行为,债权转让的,应当认定诉讼时效从债权转让通知到达债务人之日起中断。债务承担的,构成原债务人对债务的承认,应当认定诉讼时效从债务承担意思表示到达债权人之日起中断。

(3) 权利人提起诉讼或申请仲裁

权利人提起诉讼或者申请仲裁的,诉讼时效中断。当事人一方向人民法院提交起诉状或者口头起诉的,诉讼时效从提交起诉状或者口头起诉之日起中断。

(4) 其他

其一,在司法实践中,有下列事项之一的,人民法院认定与提起诉讼或申请仲裁具有诉讼时效中断的同等效力:申请支付令;申请破产、申请破产债权;为主张权利而申请宣告义务人失踪或死亡;申请诉前财产保全、诉前临时禁令等诉前措施;申请强制执行;申请追加当事人或者被通知参加诉讼;在诉讼中主张抵销等。其二,权利人向人民调解委员会以及其他依法有权解决相关民事纠纷的国家机关、事业单位、社会团体等组织提出保护相应民事权利的请求的,诉讼时效中断。其三,权利人向公安机关、人民检察院、人民法院报案或者控告,请求保护其民事权利的,诉讼时效中断。

权利人向人民调解委员会以及其他依法有权解决相关民事纠纷的国家机关、事业单位、社会团体等社会组织提出保护相应民事权利的请求的,诉讼时效从提出请求之日起中断。权利人向公安机关、人民检察院、人民法院报案或者控告,请求保护其民事权利的,诉讼时效从其报案或者控告之日起中断。

依据《总则编解释》第38条第1款的规定,上述几种法定事由的出现而导致诉讼时效中断后,权利人在重新计算的诉讼时效期间内再次主张权利或者义务人再次同意履行义务的,可以认定为诉讼时效再次中断。

在诉讼时效进行中,义务人同意履行义务为诉讼时效中断。在诉讼时效经过以后,义务人作出同意履行义务的意思表示或者自愿履行义务后,又以诉讼时效届满为由进行抗辩的,人民法院不予支持。但义务人作出同意履行义务的意思表示,不为诉讼时效之中断,而为新债的产生,导致诉讼时效重新起算。如果义务人对超过诉讼时效的债务委托第三人提供担保,或者自身提供担保,则应当认定义务人存在同意履行债务的意思表示。诉讼时效期间届满,当事人对原债务达成新协议,债权人主张债务人放弃诉讼时效抗辩权的,人民法院应予支持。

此外,超过诉讼时效期间,贷款人向借款人发出催收到期贷款通知单,债务人在通知单上签字或者盖章,能够认定借款人同意履行诉讼时效期间已经届满的债务,贷款人主张借款人放弃诉讼时效抗辩权主张的,人民法院应予支持。

2. 诉讼时效中断的效力

(1) 对人的效力

诉讼时效中断原则上仅具有相对的效力,即只对使诉讼时效中断的当事人有效力。在司法实践中,对于连带债权人中的一人发生诉讼时效中断效力的事由,应当认定对其他连带债权人也发生诉讼时效中断的效力。对于连带债务人中的一人发生诉讼时效中断效力的事由,应当认定对其他连带债务人也发生诉讼时效中断的效力。债权人提起代位权诉讼的,应当认定对债权人的债权和债务人的债权均发生诉讼时效中断的效力。在一般保证中,主债务诉讼时效中断的,保证债务诉讼时效也中断。

(2) 对期间计算的效力

诉讼时效中断使中断事由发生前已经进行的诉讼时效全部归于无效,诉讼时效重新计算。

因起诉后法院受理而中断诉讼时效的,不发生诉讼时效的重新起算。进入执行程序的请求权,受执行期间的限制。《民事诉讼法》第 250 条第 1 款规定:"申请执行的期间为二年。申请执行时效的中止、中断,适用法律有关诉讼时效中止、中断的规定。"

(四) 诉讼时效的延长

诉讼时效的延长,是指在诉讼时效期间届满以后,权利人基于某种正当理由,向人民法院提起诉讼时,经人民法院调查确有正当理由而将法定时效期间予以延长。《民法典》第 188 条规定,自权利受到损害之日起超过 20 年的,人民法院不予保护。有特殊情况的,人民法院可以根据权利人的申请延长诉讼时效期间。从上述规定可以看出,诉讼时效的延长发生在诉讼时效期间届满之后。在诉讼时效期间完成以后,如果权利人未能行使权利是由于某种特殊情况造成的,人民法院可以根据具体情况酌情延长诉讼时效。①

关于哪些情况属于人民法院可以延长诉讼时效的特殊情况,法律未作规定,也难作具体规定。司法实践中,人民法院应当以是否涉及重大利益或者是否有重大影响为判断的基本依据。当然,为使审判人员在具体操作规程中能够宽严适度,有必要通过司法解释对重大利益的幅度和重大影响的范围作相应规定。

第三节 除斥期间

一、除斥期间的概念与特征

除斥期间,是指法律规定或者当事人依法确定的对于某种权利所预定的存续期间,又称预定期间。除斥期间的主要特征如下:

(1) 除斥期间一般是法律规定的。从立法例看,除斥期间一般是法律规定的,如我国《民法典》第 152 条关于当事人撤销权期间的规定和第 541 条关于债权人撤销权期间的规定,以及第 564 条关于合同解除权期间的规定。也有法律

---

① 参见王利明、郭明瑞、方流芳:《民法新论》(上),中国政法大学出版社 1988 年版,第 574 页。

规定可以由当事人确定的情况。例如,《德国民法典》在第 121 条、第 124 条和第 510 条第 2 款(先买权)中规定了这种除斥期间。对于解除权,可以约定一个除斥期间,或者依第 355 条予以确定。① 《日本民法典》和我国民国时期的《民法典》也规定行使合同解除权的期间可以由当事人确定。有学者认为,在我国保证之债中的保证期间为除斥期间,保证期间由当事人约定。

(2) 除斥期间是某种权利存续的期间。这里说的某种权利,是指有限范围的权利(参见以下第三个问题"除斥期间的适用范围")。与诉讼时效相比,除斥期间适用的范围比较窄;与除斥期间不同,消灭时效适用于(几乎)所有的请求权。② 因为诉讼时效的适用具有一般性,所以各国民法典一般都在民法总则中专章规定诉讼时效(消灭时效);对除斥期间都没有一般性规定,而是分散规定在少量有关法律条文中。从立法例看,有的在有关法律条文中直接使用除斥期间这一概念;有的法律条文规定的是除斥期间,但并不一定直接使用除斥期间概念,而是规定期间届满后,"法院不予保护";有的规定权利"因不行使而消灭";有的规定"只能在 1 年的期间内撤销"等。

《民法典》第 199 条规定:"法律规定或者当事人约定的撤销权、解除权等权利的存续期间,除法律另有规定外,自权利人知道或者应当知道权利产生之日起计算,不适用有关诉讼时效中止、中断和延长的规定。存续期间届满,撤销权、解除权等权利消灭。"该条规定应属有关除斥期间的规定。

这里说的存续期间是预定的期间,即适用除斥期间的权利自始就有存续期间的限制。预定的期间是不能变更的,故属于"不变期间"。

二、除斥期间的性质与作用

除斥期间是一种民事法律事实。除斥期间届满,权利即消灭。

除斥期间和诉讼时效都是对权利的存续或者行使时间的限制,因此除斥期间的作用与诉讼时效的作用基本相同;不同的是除斥期间更突出强调促使权利人尽快行使权利,以利于稳定社会秩序。除斥期间一般都比较短,一般没有期间的中止、中断和延长的规定。③

三、除斥期间的适用范围

除斥期间适用于形成权,如撤销权、解除权等。从立法例看,适用除斥期间的主要有:撤销因重大误解订立的合同或者显失公平的合同的期间;撤销因欺诈

---

① 参见〔德〕迪特尔·梅迪库斯:《德国民法总论》,邵建东译,法律出版社 2000 年版,第 89—90 页。
② 参见同上书,第 90 页。
③ 《德国民法典》第 124 条第 2 款规定,撤销期间经过,准用第 206 条、第 210 条和第 211 条关于消灭时效的规定,是为例外。

或者胁迫订立的合同的期间;债权人行使撤销权的期间;赠与人行使撤销权的期间;行使合同解除权的期间;等等。需要注意的是,法律并非对所有的形成权都设有除斥期间的规定,例如,相对人行使催告权的期间、选择权人行使选择权的期间等。①

除斥期间的适用范围是否仅限于形成权?有学者认为除斥期间适用于形成权;有学者说,除斥期间所消灭之权利多为形成权;有学者指出为了维护社会经济秩序,需要扩大除斥期间的适用范围。那么除了形成权以外,除斥期间还可以适用于哪些权利?从立法例看,由于各国立法政策不同,对同一个问题,有不同的规定。例如,对于承揽合同中的瑕疵担保期间,《德国民法典》规定为消灭时效(第 634a 条),《日本民法典》规定为除斥期间(第 637 条),《意大利民法典》规定为失权期间(第 1667 条第 2 款)。据此,本书作者认为关于除斥期间的适用范围,是涉及民事权利在时间上限制的制度设计问题,其中包括诉讼时效、除斥期间、失权期间②等问题,这些问题有待学理上进一步探讨,也有待司法解释进一步作出明确规定。

四、除斥期间的计算

除斥期间为不变期间,故除斥期间的计算主要涉及起算时间问题。有些除斥期间,法律规定了起算时间。例如,《民法典》第 199 条规定,撤销权自权利人知道或者应当知道权利产生之日起计算,不适用有关诉讼时效中止、中断和延长的规定。有些除斥期间,法律没有规定起算时间,对此学者通说认为自权利发生时起算。因为除斥期间是对于权利存续期间的限制,因此权利发生之日,为其期间开始计算之时。

五、除斥期间的效力与法律援用

除斥期间届满,权利即消灭。除斥期间届满后,其利益不得抛弃。因为权利既然已经因除斥期间届满而消灭,如果允许抛弃,就等于否定了除斥期间届满时权利即消灭的立法精神。

在诉讼过程中,即使当事人不援用除斥期间,法院也应当依职权援用。

六、诉讼时效与除斥期间的区别

(一)立法精神不同

诉讼时效与除斥期间的重要作用都在于维护社会秩序,但是二者维护的社

---

① 王泽鉴:《民法总则》(增订版),中国政法大学出版社 2001 年版,第 518 页;〔德〕迪特尔·梅迪库斯:《德国民法总论》,邵建东译,法律出版社 2000 年版,第 115 页。

② 意大利民法有关于失权期间的规定,适用范围比较广,参见《意大利民法典》第 2964 条。

会秩序却相反。除斥期间维护的是原秩序。在除斥期间内,权利人如果不行使权利,原秩序就继续存在。例如,如果赠与人在知道或者应当知道受赠人严重侵害他或者他的近亲属之日起1年内没有行使撤销权,受赠人就继续享有对赠与物的所有权,即维护赠与的原秩序。相反,诉讼时效维护的是新秩序。例如,甲乙二人订立买卖合同,乙已经将标的物交付给甲;诉讼时效期间届满后,乙才请求甲交付货款,甲有权拒绝。这就是维护甲取得标的物所有权而未交付货款的新秩序。

（二）适用范围不同

诉讼时效适用于请求权,除斥期间主要适用于形成权。

（三）起算时间不同

诉讼时效从知道或者应当知道权利被侵害时起算,除斥期间根据法律规定的时间或者权利发生的时间起算。

（四）期间的可变性不同

法律对诉讼时效有中止、中断、延长的规定,对除斥期间没有中止、中断、延长的规定。

（五）法律效力与法律援用不同

诉讼时效期满后,权利并不当然消灭;除斥期间期满后,权利当然消灭。诉讼时效期间届满后,当事人可以放弃时效利益;除斥期间届满后,其利益不得抛弃。

诉讼时效的援用有不同的立法例:或者当事人主张时法院才援用,或者法院依职权援用。《民法典》采当事人主张适用。对于除斥期间,各国法律都规定法院依职权援用。

第四节 期　　限

一、期限的概念与意义

期限,是指民事法律关系发生、变更和消灭的时间,分为期间和期日。期间,是指从某一特定的时间点到另一特定的时间点所经过的时间。它是某一特定的时间段,如1995年5月1日至1996年5月1日即是一个期间。期日,是指不可分割的一定时间。它是时间的某一特定的点,如1996年10月1日即是一个期日。期间是时间某一动态的阶段,即期日与期日之间的间隔时间;期日则是时间的某一静态的点。

期限可以由法律规定,也可以由人民法院裁判确定,还可以由双方当事人约定,在有些情况下还可以由当事人一方依法指定。无论采用什么方式,期限一旦确定之后,对双方当事人都具有法律约束力,任何一方不得擅自变更。

民法上的期限,对民事法律关系的产生、变更和消灭具有重要的意义,表现在:(1)决定民事主体的民事权利能力和民事行为能力享有和消灭的时间。如自然人出生之日,即是其享有法定民事权利能力之时;智力健全的自然人成年之日,即是其享有完全民事行为能力之时;自然人死亡之日,即是其民事权利能力和民事行为能力终止之时。法人成立之日,即是其享有民事权利能力和民事行为能力之时;法人注销之日,即是其民事权利能力和民事行为能力终止之时。(2)决定某些事实的推定时间。如失踪宣告和死亡宣告中失踪人失踪时间的推定。(3)决定权利的取得和丧失时间。如专利权取得的时间、所有权丧失的时间等。(4)权利的行使和义务履行的期限。如使用商标专用权的期限、合同义务履行的期限等。(5)决定法律关系的效力的期限。如合同的有效期限、支票的有效期限等。

二、期限的确定和计算方法

根据《民法典》第 200 条的规定,民法所称的期间按照公历年、月、日、小时计算。

期限的确定,大致有以下几种方式:(1)规定一定的期日。如某年某月某日、某年某月月底、某年年底等。(2)规定一定的期间。如某年某月某日至某年某月某日、某年某月某日起 4 个月等。(3)规定未来某一特定的时刻。如公路通车之日、工程验收完毕之日、货物交付之日等。(4)规定以当事人提出请求的时间为准。如债权人请求偿还债务之日等。

期限的计算有期日的计算和期间的计算两种情况。期日的计算比较简单,一般以法定期日、指定期日和约定期日为准。如当事人约定某年某月某日交付货物,则该日期即为履行义务的期日。

期间的计算比较复杂,它涉及期间的起点和终点的时间跨度计算问题,还有最后一天的延期计算问题。依《民法典》第 201 条、第 203 条的规定,按照小时计算期间的,自法律规定或者当事人约定的时间开始计算,即规定的分或者秒,就是期间的起算点。按照年、月、日计算期间的,开始的当天不计入在内,从下一天开始计算,即次日为期间的起点。如果期间的最后一天是法定休假日的,以法定休假日结束的次日为期间的最后一天,此为期间的顺延。期间的终点,为最后一天的 24 时。有业务时间的,到停止业务活动的时间截止。依《民法典》第 202 条的规定,按照年、月计算期间的,到期月的对应日为期间的最后一日;没有对应日的,月末日为期间的最后一日。

按照年、月、日计算期间,当事人对起算时间有约定的,按约定办。

此外,《民法典》第 1259 条规定:"民法所称的'以上'、'以下'、'以内'、'届满',包括本数;所称的'不满'、'超过'、'以外',不包括本数。"该条是对这些词的含义的解释性规定。例如,16周岁以上,包括16周岁;两人以上或者两人以下,都包括两人;不满18周岁,不包括18周岁;不满4年,不包括4年。

本编主要参考书目

1. 〔德〕迪特尔·梅迪库斯:《德国民法总论》,邵建东译,法律出版社2000年版。
2. 曾世雄:《民法总则之现在与未来》,中国政法大学出版社2001年版。
3. 龙卫球:《民法总论》(第二版),中国法制出版社2002年版。
4. 王泽鉴:《民法总则》(增订版),中国政法大学出版社2001年版。
5. 黄立:《民法总则》,中国政法大学出版社2002年版。
6. 王利明:《民法总则研究》,中国人民大学出版社2003年版。
7. 〔德〕卡尔·拉伦茨:《德国民法通论》(上、下册),王晓晔、邵建东、程建英、徐国建、谢怀栻译,法律出版社2003年版。
8. 〔日〕山本敬三:《民法讲义Ⅰ 总则》(第三版),解亘译,北京大学出版社2012年版。
9. 刘得宽:《民法总则》(增订四版),中国政法大学出版社2006年版。
10. 李飞主编:《中华人民共和国合伙企业法释义》,法律出版社2006年版。
11. 施启扬:《民法总则》(修订第八版),中国法制出版社2010年版。
12. 魏振瀛:《民事责任与债分离研究》,北京大学出版社2013年版。

第二编 物 权

第十一章 物 权 总 论

第一节 物权的概念与特征

物权是权利主体直接支配特定财产(主要是有体物,特定情况下也可以是权利)的权利,既具有人对物直接支配的内容(这明确着对物的支配方法及范围),又具有对抗权利主体以外的第三人的效力。[①] 因此,作为一个法律范畴,物权是指权利人依法对特定的物享有直接支配和排他的权利,包括所有权、用益物权和担保物权(《民法典》第114条第2款)。

物权具有以下法律特征:

(1)物权是权利人直接支配物的权利。

所谓直接支配物,是指物权人可以依自己的意志就标的物直接行使其权利,无须他人的意思或者义务人的行为的介入。权利人的支配可以通过民事法律行为来实现,例如房屋所有人出卖、出租自己的房屋,或者在自己的房屋上设定抵押权等;也可以通过事实行为来实现,例如房屋所有人自行居住。

物权的权利人是特定的,义务人是不特定的,义务内容是不作为,只要不特定的人没有非法干涉其行使权利,即为履行了义务,所以物权是一种绝对权。物权人直接支配标的物,是物权的基本内容,任何种类的物权都以权利人对于物的直接支配为特征,但是,支配范围的大小依物权的种类而定。例如,所有权是所有人对于自己所有之物的一种总括的、全面的支配,而他物权则总是在某一个方面对他人所有的物进行的支配。另外,物权中对于物的支配不一定都是有形的。对物的使用价值的支配往往是有形的,例如土地承包经营权人对其承包经营的耕地的占有、使用和收益;对物的交换价值的支配往往就是无形的,例如就抵押

[①] 关于物权的界定,学理上区分为"对物关系说"(物权系对物支配之财产权)、"对人关系说"(物权系对抗一般人之财产权)和"折中说"(物权系对物得直接支配,且得对抗一般人之财产权),参见谢在全:《民法物权论》(上册),中国政法大学出版社2011年版,第8页。《民法典》第114条第2款应属"折中说"。

权而言，不动产抵押权人对于抵押物无占有的事实，自然不可能对于抵押物的实体进行有形的支配。

物权的客体是物。这里的物，首先，原则上是指有体物。有体物包括不动产、动产，以及虽然不占据一定空间或具备一定形状，但是能够为人力所控制的电、气、光波、磁波等物。权利成为物权的客体，仅限于法律有明确规定的情况，例如权利质权。再如，我国土地实行公有制，法律允许在国有土地使用权上设定担保物权。其次，对物的直接支配权性质决定了，如果物权的标的物不特定化，物权人就无从对其进行直接的支配。因而，物权的客体必须为特定物，即以物单独所具有的特征加以确定的物。它可以是某个独一无二的物，也可以是特定化了的种类物。最后，物权的客体一般应是独立物，即能够单独、个别地存在的物。只有是独立物，物权人才可以对之进行直接的支配，也才能用占有、登记等形式公示物上的权利状态。

（2）物权是权利人直接享受物的利益的权利。

物权作为财产权，是一种具有物质内容的、直接体现为财产利益的权利。因此，物权的目的在于享受物之利益，自不待言。物的利益，以权利人对于标的物的直接支配与享受为特点。这里的利益，可以分为三种：一是物的归属；二是物的利用；三是就物的价值而设立的债务的担保。物的归属，明确着物在法律上的所有人，它规定着所有人对于物进行总括的、全面的支配的范围和方法。物的利用，是取得物上的使用利益，以满足权利人生产或者生活的需要。随着现代社会信用制度的发达，标的物的担保利益取得日益重要的地位。①物权的内容，就因对标的物之利益的不同，而有所有权、用益物权和担保物权的区别。

（3）物权是排他性的权利。

物权为权利人直接支配物的权利，故必然具有排他性。② 首先，物权人有权排除他人对物上权利之行使的干涉，可以对抗一切不特定的人，所以物权是一种对世权。其次，同一物上不许有内容不相容的物权并存。例如一间房屋上不能同时有两个所有权，一块耕地上不能同时设定两个土地承包经营权。物权的排他性，说明了物权不仅是人对于物的关系，还具有人与人之间的关系。但是，在共有关系上，只是几个共有人共同享有一个所有权，并非一物之上有几个所有权。在担保物权中，一物之上可以设定两个以上的抵押权，先设立的抵押权优先

---

① 关于物之担保性逐渐凸显的论述，可参见〔日〕我妻荣：《新订担保物权法》，申政武等译，中国法制出版社2008年版，"序言"第1页以下。

② 职是之故，关于物权的界定，学者提出"不以具有排他性为其定义之一部尚不生问题"，"故吾人以为姚瑞光先生认物权者，乃直接支配特定物，而享受其利益之权利，最为可取"。见谢在全：《民法物权论》（上册），中国政法大学出版社2011年版，第8、9页。

于后设立的抵押权,有先后次序的不同。因此,共有关系和两个以上抵押权的并存与物权的排他性并不矛盾。①

第二节 物权法的概念与内容

物权法是民法的重要组成部分,它是调整人(自然人、法人、其他组织,特殊情况下可以是国家)对于物的支配关系的法律规范的总和。②

物权法的调整对象是基于人对物的支配而产生的人与人之间的财产关系。物权法对于这一支配关系进行着全面的法律调整,主要包括:

1. 支配关系的内容

支配关系的内容,即物权法规定了人对物的支配范围。物权法调整着不同程度、不同层次的支配关系,明确着各类支配关系的主体对物的各自的支配范围:(1)人对物的全面的支配关系。既包括对物的价值的支配,也包括对物的使用价值的支配,这在物权法上形成所有权制度。(2)人对物的利用关系。虽然所有权制度也调整所有人对物的利用,但在实际生活中还存在大量的非所有人对物的利用关系,而且这在市场经济中是一种普遍的、经常发生的现象。这在物权法上形成用益物权制度。(3)人对物的交换价值的支配关系。物的所有人在自己的物上为他人设定担保,由担保权人支配物的交换价值,从而使得债务人获取信用,这也是人们对物的利用的一种重要的方式。物权法调整非所有人基于债的担保对物的交换价值的支配关系,这在物权法上形成担保物权制度。(4)人对物的占有关系。占有是一种非常复杂的法律现象,它既可能是基于本权的占有,也可能不是基于本权的占有,它既可能表现为一种权利,也可能只是一种事实状态。物权法出于维护社会秩序和交易安全的目的,调整人对物事实上的占领、控制关系,这在物权法上形成占有制度。

2. 支配关系的变动

支配关系的变动,即支配关系的产生、变更和消灭。

人对物的支配关系是一个丰富多彩的现象,既有物权的移转,所有权的权能的分离与回复,也有他物权的设定,等等。物权法对支配关系的变动的调整是对动态财产关系的调整:(1)支配关系的产生,这是在主体之间形成支配关系。例

---

① 另外,"……作为例外而不承认排他性物权,则几乎与债权完全相同",见〔日〕我妻荣:《新订物权法》,罗丽译,中国法制出版社 2008 年版,第 11 页;如,"基于河岸权原则而设立的取水权,相互间没有排他性",见崔建远:《物权:规范与学说——以中国物权法的解释论为中心》(上册),清华大学出版社 2011 年版,第 22 页。

② "作为法律制度一部分的物权法,包含着人类对财产进行支配的根本规则",参见〔德〕鲍尔、施蒂尔纳:《德国物权法》(上册),张双根译,法律出版社 2004 年版;Baur/Stürner, Sachenrecht, München, 2009, §1, Rn. 1.

如所有权的取得,物权的移转,非所有人基于设定行为而取得他物权。(2)支配关系的变更,即支配关系的客体、内容的变化。例如建设用地使用权的权利期限和土地用途的变化,土地范围的扩大、缩小。(3)支配关系的消灭,这是支配关系因一定的事实的发生不存在了,例如建设用地使用权关系因期限的届满而消灭。物权法调整支配关系的变动,既要确定物权变动的原则,又要规定引起物权变动的民事法律行为及民事法律行为以外的能够引起物权变动的法律事实,还要明确物权变动的程序问题,从而在物权法上形成了物权变动法律制度。

3. 支配关系的主体与其他利害关系人(第三人)的关系

由于支配关系的排他性、绝对性的特征,其对物的静态支配和动态的变动,都会涉及其他利害关系人即第三人的利益。对第三人利益的保护,涉及已经参与交易的人或者潜在的交易主体的利益,实际上是从社会整体利益出发对交易安全的保护。因此物权法也调整支配关系的主体与第三人的关系,在物权法上形成第三人保护的法律制度。

在民法法系国家,民法典中的物权编是物权法的基本法,另外还有单行法。我国《民法典》的第二编是物权编。物权法有广义的和狭义的两种含义。狭义的物权法即形式意义的物权法,专指民法典的物权编而言。广义的物权法即实质意义的物权法,凡是调整物的支配关系的法律规范,均属之。《土地管理法》《森林法》《草原法》《渔业法》《矿产资源法》《水法》《文物保护法》等法律、法规中有关物权的规定都属于物权法的范围。例如,《土地管理法》中关于"土地所有权和使用权"的规定,《森林法》中关于"林木所有"的规定,《渔业法》中关于"水域、滩涂的使用"的规定,《矿产资源法》中关于"有偿取得权利""集体矿山企业个体采矿"的规定等。

第三节 物权的效力

物权是权利人直接支配其标的物的排他性权利。依物权的这种性质,它当然具有优先的效力和物上请求权。有的学者认为除此之外还有追及权,即认为物权的标的物不论辗转归于何人之手,都不能妨碍物权的行使,物权人可以向任何占有其物的人主张其权利。例如,甲的所有物被乙偷走后卖给了丙,丙再转让给了丁,甲仍然不丧失其所有权,有权向现在占有其物的丁请求返还。但是多数学者认为,追及权应当包括在优先效力和物上请求权之中,而不必另列。

一、物权的优先效力

物权的优先效力,亦称为物权的优先权。其基本含义是指同一标的物上有数个相互矛盾、冲突的权利并存时,具有较强效力的权利排斥具有较弱效力的权利的实现。① 考察先后成立的物权之间及物权与债权之间的关系,物权的这种优先效力都是存在的。

1. 物权相互间的优先效力

这种优先效力,是以物权成立时间的先后确定物权效力的差异。一般说来,两个在性质上不能共存的物权不能同时存在于一个物上,故而后发生的物权根本不能成立。例如在某人享有所有权的物上,不得再同时成立其他人的所有权。如果物权在性质上可以并存,则后发生的物权仅于不妨碍先发生的物权的范围内得以成立。在这种情况下,先发生的物权优先于后发生的物权。例如在同一物上设立数个抵押权,先发生的抵押权优于后发生的抵押权。物权相互之间以成立时间的先后确定其效力的强弱,本质上是对现存的、既得的物之支配权的保护。因为任何人都必须尊重物权人对于其物的支配范围,不得干涉物权的行使。这也包括在同一标的物上,后成立的物权只有在不侵入、不干涉先成立的物权的支配范围的条件下才能得以成立。否则,成立时间在后的物权根本就不能成立。

关于物权之间依性质可否并存,就一般情形而言,以占有为内容的物权的排他性较强,这类物权大多不可以并存。具体的各类物权依性质是否可以并存,大致可以分为以下几种情况:(1)用益物权与担保物权。原则上这两种物权可以同时存在于一物之上,例外的是以占有为要件的质权、留置权与用益物权不能并存。(2)用益物权与用益物权。不管其种类是否相同,一般都难以并存。但是地役权有时可以与其他用益物权并存。例如消极地役权以某种不作为为其内容(如不得兴建高层建筑),可附存于已经设立建设用地使用权的土地上。再如两个通行权可共存于同一供役地上等。(3)担保物权与担保物权。一般两物权都能够并存,例外的是当事人有特别约定时不能并存,以占有为要件的留置权等担保物权之间也不能并存。

关于物权相互之间的优先效力,一般的原则是根据不同种类的物权的排他性不同,并依物权成立时间的先后确定其相互间的优先顺序。例外是限制物权(定限物权)的效力优先于所有权。限制物权是于特定方面支配物的物权,一般是在他人所有之物上设定的权利。所以在同一标的物上,限制物权成立于所有权之后。但是,限制物权是根据所有人的意志设定的物上负担,起着限制所有权的作用,因此限制物权具有优先于所有权的效力。例如在一块土地上设定建设用地使用权之后,建设用地使用权人在建设用地使用权的范围内,得优先于土地所有权人而使用土地。

---

① "……一般均认物权之优先效力系自物权有排他性而来",见谢在全,《民法物权论》(上册),中国政法大学出版社 2011 年版,第 24 页。

2. 物权对于债权的优先效力

在同一标的物上物权与债权并存时,物权有优先于债权的效力,这主要表现在两个方面:

(1) 在同一标的物上,既有物权,又有债权时,物权有优先于债权的效力。例如甲同意将 10 吨水泥出卖给乙,乙就取得了请求甲交付该 10 吨水泥的债权。后来甲又将这 10 吨水泥出卖给丙,并交付给丙,丙就取得了已交付的 10 吨水泥的所有权,而乙只能请求甲承担债务不履行的责任。这是因为物权是直接支配物的权利,而债权的实现则要依靠债务人的行为,债权人不能对物进行直接支配。基于两者在性质上的不同[1],物权具有这种优先效力。但是这只是一般原则,在法律有特别规定的情况下,也有极少数的例外。例如,不动产租赁使用权在民法上属于债权,如甲将其所有的房屋出租给乙,以后又将该房屋出卖给丙,丙取得该房屋的所有权后,乙仍然可以对丙主张其租赁使用权。这在学理上称为"买卖不破租赁"。此外,依据《民法典》第 405 条的规定,抵押人将已经出租并转移占有的财产抵押的,抵押权实现后,租赁合同在有效期内对抵押物的受让人继续有效。

(2) 在债权人依破产程序或强制执行程序行使其债权时,作为债务人财产的物上存在他人的物权时,该物权优先于一般债权人的债权。例如,在债务人破产时,在债务人的财产上设有担保物权的,担保物权人享有优先受偿的权利,此为别除权;非为债务人所有之物,所有人有取回该物的权利,此为取回权。例如,出卖人已将出卖物发送,买受人尚未收到,也没有付清全部价款而宣告破产时,出卖人可以解除买卖合同,并取回其标的物。

二、物上请求权

物权人在其权利的实现上遇有某种妨害时,有权请求造成妨害事由发生的人排除此等妨害,此为物上请求权,又被称为物权请求权。

物权是对物的直接支配权,权利的实现无须他人行为的介入。如果有他人干涉的事实,使物权受到妨害或者有妨害的危险时,必然妨碍物权人对物的直接支配,法律就赋予物权人请求除去妨害和防止妨害的权利。可见,物上请求权是基于物权的绝对权、对世权,可以对抗任何人的性质而发生的法律效力。它赋予物权人各种请求权,以排除对物权的享有与行使造成的各种妨害,从而恢复物权人对其标的物的原有的支配状态。

1. 物上请求权的性质

物上请求权是以物权为基础的一种独立的请求权。[2] 对此定性可以从以下

---

[1] 当然,权利性质不同,原本无所谓效力上的孰先孰后;然而此时,采"物权优先于债权"之描述,系取其直观、易懂,故不妨视之为"约定俗成"。

[2] 至于物权请求权与民事责任、侵权责任的关系,请参见本书第三章第五节"二、民事责任与物权的关系",以及本章第六节"物权的保护",此处不再赘述。

几个方面说明：

（1）物上请求权是请求权。所谓请求权,是指权利人请求他人(特定的人)为一定行为(作为或者不作为)的权利。物上请求权在物权受到妨害时发生,它是物权人请求特定的人(妨害物权的人)为特定行为(除去妨害)的权利,属于行为请求权。它不以对物权标的物的支配为内容,故不是物权的本体,而是独立于物权的一种请求权。作为请求权,物上请求权与债权有类似的性质,因而在不与物上请求权性质相抵触的范围内,可以适用债权的有关规定,例如过失相抵、给付迟延、债的履行及转让等。

（2）物上请求权是物权的效用。物权作为一种法律上的权利,受到法律的保护,于受到妨害时,物权人即有排除妨害的请求权。因此,物上请求权是物权的效用,它以恢复物权的支配状态为目的,在物权存续期间不断地发生。

（3）物上请求权附属于物权。这是物上请求权作为物权的效用的必然结果。物上请求权派生于物权,其命运与物权相同,即其发生、移转与消灭均从属于物权,不能与物权分离而单独存在。因而物上请求权不同于债权等请求权。至于让与物上请求权可以作为动产物权的交付方法,例如第三人无权占有某项动产时,出让人转让所享有的返还请求权以代替现实交付,这是因为双方已经有了物权移转的合意,依此等方法而发生物权移转的效力,并非将物上请求权与物权分离而单独让与。

2. 物上请求权的行使

物上请求权的行使,不必非得依诉讼的方式进行,也可以依意思表示的方式为之,即物权受到妨害后,物权人可以直接请求妨害人为一定的行为或不为一定的行为,包括请求妨害人返还原物、排除妨碍、消除危险等。例如,甲的汽车发生故障,停在乙的门口,挡住了乙的通道,甲有义务排除妨碍,乙有权直接请求甲排除妨碍。

物权人直接向妨害人提出物上请求权是一种自我保护措施,是物上请求权实现的有效途径。实践中,大部分妨害物权行使的行为,都是在妨害人应物权人的请求停止妨害行为,而使物权恢复完全的支配状态的情况下了结的。尤其是在情况紧急、来不及请求公力救济的情况下,在法律允许的范围内,物权人直接采取一定的自我保护措施,有利于避免或者减轻自己财产遭受的损害。

请求返还原物是指物权人在其所有物被他人非法占有时,可以向非法占有人请求返还原物,或请求法院责令非法占有人返还原物。只要能够返还原物的,就必须返还原物,不能用其他的方法如金钱赔偿来代替。

物权人只能向没有法律依据而侵占其物的人即非法占有人请求返还。这里的非法占有是指占有人占有财产没有法律上的依据,并不一定是指占有人取得手段上的违法或主观上的过错。例如,从小偷那里购得赃物的公民,虽然他不知道是赃物,但他仍然是非法占有人。

物权人对于合法占有人在合法占有期间不能请求返还原物。例如,房屋所有人与他人签订租赁合同将房屋出租,在承租期限届满以前,他不能请求承租人返还原物。

由于返还原物的目的是要追回脱离所有人占有的财产,因此要求返还的原物,应当是特定物,即具有单独特征,不能以其他物代替的物,如一幢房屋、一幅名画。如果被非法占有的是种类物,即具有一类共同特征,可以用品种、规格或度量衡加以确定的物,就不能要求返还原物,而只能要求赔偿损失,或者要求返还同种类及同质、同量的物。例如被小偷偷去了10元钱,就只能请求返还等值的人民币,无论是1张10元的还是10张1元的。当然,若某物品是从种类物中分离出来的,已经具有了特定化的性质,就可以请求返还原物。例如,只要能够证明小偷现在占有的正是被偷窃的10袋水泥,那么,这时的财产就是特定的,失主自然可以请求返还。

由于财产所有人请求返还的是原物而不是代替物,因此原物必须存在。这是适用这种保护方法的前提。如果原物已经灭失,就只能请求赔偿损失。

请求排除妨碍、消除危险是指物权人虽然占有其物,但由于他人的非法行为,致使物权人无法充分地行使占有、使用、收益、处分权能时,物权人可以请求侵害人排除妨碍,或者请求法院责令侵害人排除妨碍。这种保护方法可以体现为请求侵害人停止侵害行为,如停止往所有人的土地上排注污水;以侵害人的力量或资金排除所造成的侵害,如令侵害人搬走搁置在所有人房屋门口的物品。

物权人不但对于已经发生的妨碍可以请求排除,而且对于尚未发生但确有发生危险的妨碍也可以请求有关的当事人采取预防措施加以防止。例如,房屋有倾倒的危险,威胁邻人房屋的安全,邻人有权请求加固、支撑甚至拆除,这样可以预防可能造成的损失,进一步保护所有人的合法权益。

物权人请求排除的妨碍所有权的行为应是违法行为,对于他人的合法行为产生的妨碍不能请求排除。例如,邻人依相邻关系的法律规定在所有人土地上所为的行为,像通行、埋设管线等,虽然妨碍其所有权的行使,但所有人有容忍的义务,不得请求排除。

物权人只有对于与履行物权人和侵害人之间的合同义务无关的妨碍才可以请求排除之。例如,房屋所有人甲与乙签订了承揽合同,约定由乙修缮甲的房屋,但乙无故中途停止已经开始的修缮工作,因而妨碍甲居住房屋。这时甲只能根据承揽合同请求乙履行合同,而不能依其对于房屋的所有权提起排除妨碍的诉讼。

第四节　物权的类型

一、物权法定主义

关于物权的创设,有两种立法例:一是放任主义,即物权的创设依当事人的意思,法律上不予限制;二是法定主义,即法律规定物权的种类和内容,不允许当事人依其意思设定与法律规定不同的物权。现代各国民法,大都采法定主义而排斥放任主义。如《日本民法典》第 175 条规定:"物权,除本法及其他法律所定者外,不得创设。"我国《民法典》第 116 条规定:"物权的种类和内容,由法律规定。"[①]

物权法定主义是在罗马法时代就已经确定的原则。在罗马法上,具有物权属性的权利有所有权、地上权、地役权、用益权、抵押权和质权等。这些权利的类型及取得方式都由法律作了明确规定,非以法定方式取得这些权利的,法律不予保护。以后民法法系各国物权法均毫无例外地继受了罗马法确定的这一原则。其原因主要是:(1)物尽其用的考虑。物权与社会经济有密切的联系,如果允许当事人任意创设物权种类,对所有权设定种种的限制和负担,会影响对物的利用。以法律明确物权的种类和内容,尽量将切合现实的物权形式纳入法律,建立能够满足社会经济关系的发展需要的、权利种类简明、效力明确的物权体系,有助于发挥物的效用。(2)保护交易安全的要求。物权具有排他性,通常会涉及第三人的利益,所以物权的存在及其变动应力求透明。如果允许当事人自由创设物权,不仅易给第三人造成损害,而且使物权的公示增加了困难,因为法律不可能对每一种当事人所创设的物权都提供相对应的公示方法。物权的种类和内容法定化,便于物权的公示,以确保交易的安全和快捷。

按照物权法定主义原则的要求:(1)物权的种类不得创设,即不得创设法律未规定的新种类的物权。例如对于担保物权,虽然世界各国关于担保物权的种类很多,但在我国就只能依《民法典》及其他法律,设定其认可的抵押权、质权、留置权等担保物权形式。(2)物权的内容不得创设,即不得创设与法律规定的内容不同的物权。例如,创设不移转占有的质权,即使名为质权,但由于与法律规定的质权内容不同,故也是不允许的。[②]

[①] 关于"物权法定主义之缓和化"的讨论,可参见谢在全:《民法物权论》(上册),中国政法大学出版社 2011 年版,第 36 页;崔建远:《物权:规范与学说——以中国物权法的解释论为中心》(上册),清华大学出版社 2011 年版,第 28 页。

[②] 德国法中,此二点总结为"类型强制"(Typenzwang)与"类型固化"(Typenfixierung),S. Baur/Stürner, Sachenrecht, München, 2009, §1, Rn. 1.

当事人如果违反物权法定主义原则的要求,其行为一般不发生物权效力,但是法律也可以用明文规定的形式承认其一部分的物权效力。如依据我国台湾地区现行"民法"第912条的规定,典权的期限不能超过30年,但当事人关于典期的约定超过30年时,并非典权无效,而是将典期缩短为30年。法律还可以对物权的内容规定一定的范围,当事人可以在这个范围内自由选择。例如《德国民法典》第1018条规定:"一块土地为了另一块土地的现时所有权人的利益,可以此种方式设定权利,使该所有权人可以在个别关系中使用该土地,或者使在该土地上不得实施某种行为,或者排除由供役地的所有权对需役地所产生的权利(地役权)。"当事人就可以根据该规定的内容,选择其中的一种或数种设定地役权。

物权的种类和内容法定,在这一点上与债权不同。债权依合同自由原则,当事人在不违反法律和社会公共利益的范围内,可以创设任何种类的债权。法律也往往不限制合同的种类和内容,允许当事人协商确定合同的内容,并承认其效力。

二、物权的种类

基于物权法定主义原则,各国民法都对物权作出了明确的规定。因社会经济制度和历史文化传统的不同,各国民法上规定的物权种类参差不一,但大都可以归纳为所有权、用益物权、担保物权和占有四类。我国《民法典》也规定了这四种类型:

(1)所有权。这是所有人在法律规定的范围内独占性地支配其所有物的权利。《民法典》第240条规定:"所有权人对自己的不动产或者动产,依法享有占有、使用、收益和处分的权利。"

所有权是最完整、最充分的物权。为充分发挥物的效用,从所有权中可以分离、派生、引申出各种其他的物权。《民法典》第241条规定:"所有权人有权在自己的不动产或者动产上设立用益物权和担保物权。用益物权人、担保物权人行使权利,不得损害所有权人的权益。"

(2)用益物权。这是对他人所有的物在一定范围内使用、收益的权利,包括建设用地使用权、地役权等。《民法典》第323条规定:"用益物权人对他人所有的不动产或者动产,依法享有占有、使用和收益的权利。"

(3)担保物权。这是为了担保债的履行,在债务人或第三人的特定财产上设定的物权,主要有抵押权、质权、留置权等。《民法典》第386条规定:"担保物权人在债务人不履行到期债务或者发生当事人约定的实现担保物权的情形,依法享有就担保财产优先受偿的权利,但是法律另有规定的除外。"

(4)占有。这是指对物的控制、占领。占有究竟是一种单纯的事实,还是一种权利,各国的立法例是不一致的。有认为是权利的,如《日本民法典》在第2编物权的第2章中专门规定了占有权。该法第180条规定："占有权，因以为自己的意思，事实上支配物而取得。"还有的认为占有是受法律保护的一种事实状态，如《德国民法典》在第3编物权法的第2章占有的规定。《民法典》第二编第五分编规定的是占有，不是占有权。

三、民法学上物权的分类

在学理上根据不同的分类标准，通常对物权作以下的分类：

（一）自物权与他物权

自物权是权利人对于自己的物所享有的权利。以其与他人之物无关，故称作自物权。所有权是自物权。他物权是在他人所有的物上设定的物权。他物权是对他人的物享有的权利，其内容是在占有、使用、收益或者处分某一方面对他人之物的支配。

（二）动产物权与不动产物权

这是根据物权的客体是动产还是不动产所作的分类。不动产所有权、建设用地使用权、不动产抵押权等是不动产物权，而动产所有权、动产质权、留置权则是动产物权。

这种分类的意义在于动产物权与不动产物权的取得方法、成立要件等各有不同，一般来说动产物权的公示方法为占有，而不动产物权的公示方法为登记。

（三）主物权和从物权

这是以物权是否具有独立性进行的分类。主物权是指能够独立存在的物权，如所有权、建设用地使用权。从物权则是指必须依附于其他权利而存在的物权。如抵押权、质权、留置权，是为担保的债权而设定的。地役权在与需役地的所有权或使用权的关系上，也是从物权。

这种分类的意义在于，在物权的取得、变更、丧失问题上，从物权应与其所依附的权利共命运。

（四）所有权与限制物权

这是以对标的物的支配范围的不同所作的分类。所有权是全面支配标的物的物权，限制物权是于特定方面支配标的物的物权。一些学者认为所有权也要受法律、相邻关系等的限制，故应避免使用限制物权这一概念。日本学者松冈正义首创了"定限物权"一词，表示所有权以外的他物权内容是有一定限度的。但这只是名称之争，关于所有权与限制物权分类的实质内容是一致的。

限制物权与所有权相比较，指的就是所有权以外的物权。所有权是一种于全面关系上支配物的权利，是一种完全的支配权利。而其他物权与所有权不同，是在他人之物上设定的、只在一定方面支配物的权利，没有完全的支配权。如建设用地使用权、地役权仅限于一定方面使用他人土地，而抵押权、质权、留置权仅是提供债的担保，通常不得对物使用、收益。

限制物权是在他人之物上设定的权利，实际上是根据所有权人的意志设定的所有权上的负担，起着限制所有权的作用，因此限制物权有较为优先的效力。例如土地所有人在自己的土地上为他人设定了建设用地使用权，那么就只能由享有建设用地使用权的人使用土地。

（五）有期限物权与无期限物权

这种分类的标准是物权的存续有没有期限。有期限物权是指有一定存续期间的物权，如抵押权、质权、留置权。无期限物权则是指没有预定存续期间，而永久存续的物权，所有权属于无期限物权。

这两类物权区分的法律意义在于，有期限物权在期限届满时即当然归于消灭，而无期限物权除了转让、抛弃、标的物灭失等特定情形外，永久存续。

（六）民法上的物权与特别法上的物权

这是以物权所依据的法律的不同进行的区分。民法上的物权是指在《民法典》中规定的物权。特别法上的物权则指《森林法》《海商法》等特别法所规定的物权。二者区别的意义在于，特别法上的物权，如果该法对其有特别的规定，应当首先适用该法，在没有特别规定时，才适用民法中的一般规定。

（七）本权与占有

《日本民法典》认为占有是一种基于实际支配的物权。其他国家多认为占有是一种法律事实，即对物的实际控制。

占有以对物的实际控制、占领为依据，因此不论占有人在法律上有没有支配物的权利，都可以成立。占有人基于占有制度，在事实上控制物，并在法律上享有排除他人妨害其占有的权利以及其他效力，乃是一种与物权的性质相近的权利，故应为物权的内容。

本权是与占有相对而言的。对标的物不仅有事实上的控制力，而且有权利为依据，该依据之权利，即为本权。占有事实以外的所有权、建设用地使用权、地役权、质权等，都是本权；另外，依其内容应为占有的债权，如租赁使用权、借用权等，亦为本权。

第五节 物权的变动

一、物权变动的概念

物权的变动，是物权的产生、变更和消灭的总称。从权利主体方面观察，即物权的取得、变更和丧失。由于物权法律关系的特性，不特定的义务人仅负有不非法干涉物权之行使的不作为义务。所以，义务的适当履行表现为尊重物权的现状,即在物权人取得权利时,尊重其权利,在其权利变更后,尊重其变更后的权利;物权如果消灭,义务人的义务也就不存在了。

物权的产生,即物权人取得物权,它在特定的权利主体与不特定的义务主体之间形成了物权法律关系,并使特定的物与物权人相结合。物权的取得有原始取得与继受取得之分,前者是指不以他人的权利及意思为依据,而是依据法律直接取得物权,例如因生产、征收、先占、取得时效取得所有权;后者则是指以他人的权利及意思为依据取得物权,例如因买卖、赠与取得所有权。继受取得又可分为创设与移转两种方式。创设的继受取得,即所有人在自己的所有物上为他人设定他物权,而由他人取得一定的他物权,如房屋所有人在其房屋上为他人设定抵押权,则他人基于房屋所有人设定抵押权的行为取得抵押权。转移的继受取得,即物权人将自己享有的物权以一定民事法律行为移转给他人,由他人取得该物权,如房屋所有人将房屋出卖或者赠与他人,则他人根据其出卖或者赠与而取得该房屋的所有权。

物权的变更,有广义和狭义之分。广义的物权的变更,是指物权的主体、内容或者客体的变更。但是严格来讲,物权主体的变更是权利人的更迭,应属物权的取得与丧失的问题。狭义的物权的变更,仅指物权的内容或者客体的变更。物权内容的变更,是指在不影响物权整体属性的情况下物权的范围、方式等方面的变化,如质权期限的延长、缩短,地役权行使方法的改变,抵押权所担保的主债权的部分履行。物权客体的变更则是指物权标的物所发生的变化,如所有权的客体因附合而有所增加,抵押权的客体因一部灭失而有所减少。

物权的消灭,从权利人方面观察,即物权的丧失,可以分为绝对的消灭与相对的消灭。绝对的消灭是指物权本身不存在了,即物权的标的物不仅与其主体相分离,而且他人也未取得其权利,如所有权、抵押权因标的物灭失而消灭,建设用地使用权因期限届满而消灭。相对的消灭则是指原主体权利的丧失和新主体权利的取得,例如因出卖、赠与等行为,使一方丧失所有权而另一方取得所有权。严格地说,物权的相对消灭并非物权消灭的问题,而应当属于物权的继受取得或主体变更的问题。

二、物权变动的原则

物权是对于物进行直接支配的权利,具有优先权和物上请求权的效力。基于物权这样的性质,如果不以一定的可以从外部查知的方式表现物权的产生、变更、消灭,必然纠纷不断,难以保证交易的安全,因此民法上对于物权的变动,就需要有公示原则和公信原则。

(一) 公示原则

公示原则要求物权的产生、变更、消灭,必须以一定的可以从外部查知的方式表现出来。否则,因为物权具有排他的性质,如果没有通过公示方式将物权的变动表现出来,就会给第三人带来不测的损害,影响交易的安全。例如,在房屋上设定抵押权,如果不以一定的方式表现出该抵押权的存在,那么,不知该抵押权存在的购买该房屋的第三人就可能蒙受损害。因此,民法上关于物权的变动,以"登记"为不动产物权的公示方法,以"交付"为动产物权的公示方法。

对于基于不同法律事实发生的物权变动,公示原则具有不同的意义。对于基于民事法律行为发生的物权变动,原则上非经公示不发生物权变动的效果。而对于非基于民事法律行为发生的物权变动,不经公示虽然可以发生物权变动的效果,但是在公示完成之前,当事人不得处分之,例如因继承、法院判决、事实行为等发生的物权变动。

以登记为不动产物权变动的公示方法,从各国立法例考察,始于抵押权制度。不动产登记制度,虽然要受到地域的限制,其记载的内容也未必全然翔实,更由于现代社会商品经济的发展,物权的变动频繁,且地域范围越来越广,登记制度未必能充分起到公示不动产物权变动的作用。但是,人们毕竟可以通过登记了解物权变动的事实,不动产登记制度在很大程度上起着维护不动产交易安全的作用。

交付为动产物权变动的公示方法,这是因为动产物权变动不仅容易而且频繁,无法以登记的方法公示,只能用交付即转移占有这一手段来表现动产物权的变动。

(二) 公信原则

物权的变动以登记或者交付为公示方法,当事人如果信赖这种公示而为一定的行为(如买卖、赠与),即使登记或者交付所表现的物权状态与真实的物权状态不相符合,也不能影响物权变动的效力。公信原则包括两方面的内容:其一,记载于不动产登记簿的人推定为该不动产的权利人,动产的占有人推定为该动产的权利人,除非有相反的证据证明。这称为"权利的正确性推定效力"。其二,凡善意信赖公示的表象而为一定的行为,在法律上应当受到保护,保护的方式就是承认此行为所产生的物权变动的效力。

物权的变动之所以要有公信原则,是因为仅贯彻公示原则,在进行物权交易时,固然不必顾虑他人主张未公示的物权,免受不测的损害,但公示所表现的物权状态与真实的物权状态不相符合的情况,在现实生活中也是存在的。如果法律对这种情形无相应的措施,当事人一方也会因此而遭受损失。例如,假冒房屋所有人进行移转房屋所有权的登记,电视机的借用人将其出卖,等等。如果在物权交易中都得先一一进行调查,必然十分不便。在物权变动中贯彻公信原则,使行为人可以信赖登记与占有所公示的物权状态,进行交易,而不必担心其实际权利的状况。可见,公信原则的目的在于保护交易的安全,稳定社会经济秩序,但有时不免会削弱真正权利享有人的利益,这是法律从促进社会经济发展以及在权利人的个人利益与社会利益之间进行均衡、选择的结果。

公信原则在近代各国的立法例上,最先是适用于动产物权。罗马法上本来有"任何人不得以大于其自己所有之权利让与他人"的原则,如果绝对贯彻这项原则,在动产物权上也就不可能有公信原则。但是在日耳曼法上却有"以手护手"的原则,除对于被盗窃之物及遗失物仍享有追及的权利不适用此原则外,如果因信赖对方将物交其占有(如借用、保管),则只能向该对方请求返还,也就是说,如果该物已被对方让与第三人时,所有权人也不能直接向第三人请求返还。近代各国民法为保护动产交易的安全,舍弃了罗马法的做法而采取了日耳曼法的原则。

对于不动产物权的登记予以公信力,是从抵押权开始的,后来逐渐扩展到不动产所有权及其他不动产物权,如《德国民法典》第892条、《瑞士民法典》第973条的规定。但《法国民法典》和《日本民法典》对于不动产物权还未实行公信原则。不动产物权是否采取公信原则,在法律效力上会有显著的差异。例如,甲将房屋出卖给乙并且经过产权登记,而乙又将房屋转卖给丙,且也经过产权登记,后来因甲主张其与乙之间的买卖合同有错误而归于无效时,乙不能取得房屋的所有权,但对于丙来讲,他可否取得房屋的所有权,就要看法律是否赋予不动产物权登记以公信力,如果予以公信力——因登记的所有权人是乙,丙也相信房屋是乙的所有物——则丙取得其所有权;如果不予以公信力——即使登记的所有人是乙,丙也相信房屋是乙的所有物,即使其相信并无过失——丙不能取得房屋的所有权。从维护交易安全、稳定社会经济秩序出发,应当赋予不动产物权登记以公信力。

我国《民法典》第311条规定了不动产或者动产的善意取得制度,第三人在符合法律规定的条件下可以信赖物权的公示而从无权处分人处取得物权,实际上是赋予了登记、交付的公信力。这是公信原则的体现。①

综上所述,对于物权的变动,应采取公示原则,对于动产以交付为公示方法,对于不动产则以登记为公示方法;应采取公信原则,对于动产予以交付(占有)公信力,对于不动产则予以登记公信力。公示原则在于使人"知",公信原则在于使人"信"。这样,一般来说,物权的变动本来应当是在事实和形式上都是真实的才会产生效力。但是,由于这两个原则被采用的结果,就会发生即使事实上已经变动(例如当事人已经将房屋进行了买卖),但形式上没有采取公示方法(没有进行

---

① 需要注意的是,物权公信原则与善意取得制度并不完全重叠,善意取得制度反映公信原则,但非公信原则之全部,比如我国台湾地区"民法"第759条之一第2项规定"因信赖不动产登记之善意第三人,已依法律行为为物权变动之登记者,其变动之效力,不因原登记物权不实而受影响",就该项规定之公信力适用的情形,解释上尚包括赠与等无偿行为(法律行为),自与善意取得制度之适用情形不完全相同。

产权转让登记),仍然不发生物权变动的效力;反之,如果形式上已经履行变动手续(如已登记),但事实上并未变动(如当事人之间并无真正让与的意思),仍然发生变动的效力。这种情形初看起来于理不合,却是法律根据物权本身的特点,为保护交易的安全和快捷、稳定社会经济秩序而采取的措施。

三、物权变动的原因

物权法律关系作为一种民事法律关系,会因一定的法律事实而产生或消灭。而作为主体所享有的权利,物权也会因法律事实而取得或丧失。这些引起物权取得或丧失的法律事实,正是物权取得或丧失的原因,可以将其划分为两类即民事法律行为和民事法律行为以外的原因。了解这些原因,对于明确物权的归属、判断财产的权利状态具有十分重要的意义。

(一) 物权的取得

能够引起物权取得的法律事实主要有以下几项:

1. 民事法律行为

这是取得物权的最常见的法律事实。例如,因买卖、互易、赠与等行为取得所有权,通过物的所有人与其他人的设定行为为他人设定抵押权、地役权、质权等他物权。

另外,根据我国《民法典》第320条的规定,主物转让的,从物随主物转让,但当事人另有约定的除外。

2. 民事法律行为以外的原因

这主要有:

(1) 因取得时效取得物权。

(2) 因征收或者没收取得物权。

(3) 因法律的规定取得物权(如留置权)。

(4) 因附合、混合、加工取得所有权。

(5) 因继承取得物权。

(6) 因拾得遗失物、发现埋藏物或者隐藏物取得所有权。

(7) 因合法生产、建造而取得物权。

(8) 因人民法院、仲裁委员会的生效法律文书取得物权。需要说明的是,并非人民法院、仲裁委员会作出的所有的生效法律文书均属于物权取得的原因,只有人民法院、仲裁委员会在分割共有不动产或者动产等案件中作出并依法生效的改变原有物权关系的判决书、裁决书、调解书,以及人民法院在执行程序中作出的拍卖成交裁定书、以物抵债裁定书,才能成为物权取得的原因事实。

(9) 孳息的所有权取得。天然孳息,由所有权人取得;既有所有权人又有用益物权人的,由用益物权人取得。当事人另有约定的,按照约定。法定孳息,当

事人有约定的,按照约定取得;没有约定或者约定不明确的,按照交易习惯取得。(《民法典》第 321 条)

(二)物权的消灭

能够引起物权消灭的法律事实主要有以下几项:

1. 民事法律行为

(1)抛弃。这是以消灭物权为目的的单方民事法律行为。抛弃只要权利人一方作出意思表示即可成立,故抛弃是一种单方民事法律行为。抛弃的意思表示不一定向特定人为之,只要权利人抛弃其占有、表示其抛弃的意思,即产生抛弃的效力。但他物权的抛弃,须向因抛弃而受利益的人为意思表示;不动产物权的抛弃,还需办理注销登记才发生效力。

原则上物权一经权利人抛弃即归消灭,但是,如果物权的抛弃会妨害他人的权利,则物权人不得任意抛弃。

(2)合同。这是指当事人之间关于约定物权存续的期间,或者约定物权消灭的意思表示一致的民事法律行为。在合同约定的期限届满或约定物权消灭的合同生效时,物权即归于消灭。例如,债务人将其建设用地使用权抵押后,经与抵押权人协商,另以价值相当的房产作抵押,消灭原来的建设用地使用权抵押。

(3)撤销权的行使。法律或合同规定有撤销权的,因撤销权的行使会导致物权消灭。例如,土地承包经营权人长期连续弃耕抛荒的,发包人依法有权撤销其承包经营权。

2. 民事法律行为以外的原因

(1)标的物灭失。物权的标的物如果在生产中被消耗、在生活中被消费,如油料燃烧、食物被吃掉、汽车报废,或者标的物因其他原因灭失,如地震、大火导致房屋倒塌、烧毁。在这些情况下,由于标的物不存在了,因而该物的物权也就不存在了。唯应注意的是,标的物虽然毁损,但是对于其残余物,原物的所有人仍然享有所有权。如房屋毁坏,房屋所有权虽然消灭,但所有人基于所有权的效力,取得砖土瓦木等动产所有权。另外,由于担保物权的物上代位性,在担保标的物灭失或毁损时,担保物权续存于保险金、赔偿金等在经济上为该标的物的替代物之上。

(2)法定期间的届满。在法律对他物权的存续规定了期间时,该期间届满,则物权消灭。

(3)混同。这是指法律上的两个主体资格归属于一人,无并存的必要,一方为另一方所吸收的关系。混同有债权与债务的混同和物权的混同,这里专指物权的混同。物权的混同,是指同一物的所有权与他物权归属于一人时,其他物权因混同而消灭。例如甲在其房屋上为乙设定抵押权,后来乙购买了该栋房屋取得其所有权,则所有权与抵押权同归于乙一人,抵押权消灭。另外,物权的混同还指所有权以外的他物权与以该他物权为标的物之权利归属于一人时，其权利因混同而消灭。例如甲对乙的土地享有建设用地使用权，甲在其建设用地使用权上为丙设定了抵押权，后来丙因某种原因取得了甲的建设用地使用权，这时建设用地使用权与以该建设用地使用权为标的的抵押权归属于丙一人，抵押权消灭。

物权因混同而消灭，是为原则。在一些特定的情况下，物权虽混同也不消灭。同一物的所有权与他物权归属于一人时，如果对于所有人有法律上的利益，或者对于第三人有法律上利益时，他物权就不因混同而消灭。例如，甲将其所有的房屋先抵押给乙，然后又抵押给丙，乙为第一次序的抵押权人，丙为第二次序的抵押权人，以后如果甲取得乙的抵押权，依混同消灭的原则，使乙的抵押权消灭，则甲就可能因丙升为第一次序的抵押权人受到损害，所以从甲的利益出发，乙的抵押权就不因混同而消灭。

另外，作为一般原则的例外，以他物权为标的的权利，其存续对于权利人或第三人有利益时，也不因混同而消灭。例如，甲与乙对于丙的建设用地使用权都有抵押权，甲为第一次序抵押权人，乙为第二次序抵押权人，以后甲因某种关系取得了丙的建设用地使用权，这时建设用地使用权与以该建设用地使用权为标的物的抵押权归属于一人，如依混同一般原则，甲的抵押权应该消灭，但这会影响到甲的利益，所以甲的抵押权不消灭。

四、物权变动的模式

（一）基于民事法律行为引起的物权变动

物权变动的原因虽多，但最重要的是民事法律行为。因此，基于民事法律行为产生的物权变动，历来是民法法系各国民法调整的重点。对于基于民事法律行为的物权变动，各国民法采取不同的调整方式，学理上归纳为三种立法例。

1. 采意思主义的立法例

该立法例以《法国民法典》为代表，它认为物权的变动是债权合同的效果，在债权合同之外，不认为有直接引起物权变动的其他合同存在，而交付和登记不过是对抗第三人的要件而已。例如依该法第1583条规定，当事人双方就标的物及其价金相互同意时，即使标的物尚未交付、价金尚未支付，买卖即告成立，标的物的所有权即依法由出卖人移转于买受人。其他如第938条、第1138条、第1141条中均有类似规定。但是，如绝对贯彻意思主义，当事人以外的第三人无从知悉物权变动，可能遭受不测的损害，有害交易的安全。因此，《法国民法典》为保护第三人的利益，对于不动产以登记、动产以交付为对第三人发生效力的要件。然而登记与交付，也仅仅是物权变动对抗第三人的要件而已，对于当事人之间的效力没有任何影响。

对于《法国民法典》意思主义的立法模式，学者颇有非议，认为如果物权在其成立要件之外，还得有某种行为（登记或交付）才能对抗第三人，物权就会处于一种有名无实的地位。因为物权作为直接管领物的权利，在其成立后，就应当具有对抗一般人的效力，如果认为物权已经成立而不发生对抗一般人的效力，与物权直接管领权的性质是不相符的。而且，如果仅以当事人的意思不能设立有对抗一般人效力的物权，就可以断言当事人没有仅依意思表示即得设立物权的能力。

在实践中，采意思主义的立法会产生重复物权的现象。因为在物权转让时，受让人与转让人之间仅凭意思表示即生效力，受让人取得物权。但在与第三人的关系上，没有进行登记或者交付，让与人仍然保有其权利，第三人仍然能有效地受让其权利。这种重复物权的现象，使法律关系过分繁杂，会在实践中产生很多困难。

2. 采形式主义的立法例

又称作物权形式主义，该立法例以《德国民法典》为代表。它认为债权合同仅发生以物权产生、变更、消灭为目的的债权和债务，而物权变动的效力的发生，直接以登记或交付为条件，即在债权合同之外还有以直接发生物权变动为目的的物权合同（物权行为）。根据该法典第873条的规定，为了让与土地所有权、为了对土地设定权利，以及为了让与此种权利或者对此种权利再设定其他权利，除法律另有规定外，应有权利人与相对人对于权利变更的协议，并将权利变更登入土地登记簿册。关于动产物权的变动，该法第929条规定，为让与动产所有权必须由所有人将物交付于受让人，并就所有权的移转由双方成立合意。如受让人已占有此动产时，仅须让与所有权的合意即生效力。学者中有的认为，物权变动的合意与登记或交付相结合才构成物权契约；而有的学者认为，物权变动的合意本身即是物权契约，登记或交付是契约以外的法律事实。但无论何种解释，均一致将债权行为与物权行为进行了区分，并将无因的物权行为作为物权变动的依据。

3. 采折中主义的立法例①

(1) 对意思主义立法例的折中：物权变动除需债权合意之外，尚以物权公示为要件，不承认独立的物权行为，此立法例以西班牙民法为代表。(2) 对形式主义立法例的折中：此立法例认可物权行为的独立性，但不认可其无因性，此立法例以瑞士民法和奥地利民法为代表。

根据我国《民法典》的规定，物权因民事法律行为而发生变动时，除了当事人之间须有债权合意外，仅须另外践行登记或者交付，即能发生物权变动的效力。其基本要点是：(1) 发生债权的意思表示包含了物权变动的意思表示，即物权的

---

① 参见谢在全：《民法物权论》（上册），中国政法大学出版社2011年版，第53页。

变动不需另有物权变动的合意,故无独立的物权行为。《民法典》第215条规定:"当事人之间订立有关设立、变更、转让和消灭不动产物权的合同,除法律另有规定或者当事人另有约定外,自合同成立时生效;未办理物权登记的,不影响合同效力。"这里的合同,指的是债权合同。(2)物权的变动,仅有当事人之间债权的意思表示尚且不够,还需履行登记、交付的法定方式。因此,登记或交付,是物权变动的生效或者对抗要件。《民法典》第209条第1款规定:"不动产物权的设立、变更、转让和消灭,经依法登记,发生效力;未经登记,不发生效力,但是法律另有规定的除外。"第224条规定:"动产物权的设立和转让,自交付时发生效力,但是法律另有规定的除外。"(3)物权的变动要受其原因行为即债权行为的影响,故《民法典》也就无所谓物权行为的无因性。(4)通过合同使物权发生变动的场合,不能仅从有效合同直接推断出物权变动;反之,也不能仅以物权未发生变动为由判定合同无效。

(二) 非基于民事法律行为引起的物权变动

非基于民事法律行为所引起的物权变动,主要有:(1)因人民法院、仲裁委员会的法律文书或人民政府的征收决定等,导致物权设立、变更、转让或者消灭的,自法律文书或者人民政府的征收决定等生效时发生效力。(2)因继承取得物权的,自继承开始时发生效力。(3)因合法建造、拆除房屋等事实行为设立或者消灭物权的,自事实行为成就时发生效力。(4)在法院的强制执行程序中,在取得法院发出的权利移转证书时,即取得物权。

在基于上述法律事实享有物权时,权利人处分该物权,依照法律规定需要办理登记的,未经登记,不发生物权效力。就是说,权利人虽然享有了物权,但在其处分需要办理登记的不动产物权时,应当首先办理登记手续,将已经取得的不动产物权纳入不动产登记,然后再对该物权进行处分,否则不发生物权的效力。由于这种登记没有创设物权的效力,而只是将已经发生的不动产物权变动对外予以宣示,故将这种登记称为"宣示登记"。

五、物权变动的公示方法

基于物权的法律特性,公示原则要求物权的产生、变更、消灭,必须以一定的可以从外部查知的方式表现出来。《民法典》以交付、登记为物权的公示方法。

(一) 交付

所谓交付,即移转占有。譬如出卖人将标的物交付给买受人,就是将对物的占有移转给买受人。近代以来,大多数国家在法律上都确认交付为动产物权变动的公示方法,将动产的占有人推定为权利人。交付在法律上产生什么样的效果呢? 大陆法系各国民法立法例有两种做法:

(1) 交付对抗主义。此主义以移转占有为物权的公示方法,即在移转占有前,动产物权的变动仅在当事人间发生效力,但不产生对抗第三人的效力,例如甲将财产出卖给乙,在交付前又出卖给丙,则乙不能要求丙返还财产,而只能请求甲返还财产或赔偿损失。《法国民法典》和《日本民法典》采此主义。

(2) 交付要件主义。此主义以移转占有为物权变动的生效的要件,即在移转占有前,物权的变动不仅不能对抗第三人,在当事人之间也不产生效力。例如,甲与乙订立了买卖合同,在甲将财产交付于乙之前,甲仍然享有财产的所有权。《德国民法典》采此主义。

根据《民法典》第224条的规定,动产物权的设立和转让,自交付时发生效力,但是法律另有规定的除外。可见,《民法典》采取的是交付要件主义。

交付通常是指现实交付,即直接占有的移转。在现代社会经济发展的条件下,时间和效率成为经济发展的一个重要因素,为保证交易的迅速进行,发展出一些变通的交付方法,称为观念交付,主要有:

(1) 简易交付,即受让人已经占有动产,如受让人已经通过保管、租赁、借用等方式实际占有了动产,则于物权变动的合意成立时,视为交付。这是因为标的物已经为受让人实际占有,如果要使其先将物返还给出让人,再由出让人转让给受让人,纯属徒劳。根据《民法典》第226条的规定,动产物权设立和转让前,权利人已经占有该动产的,物权自民事法律行为生效时发生效力。

(2) 占有改定,即动产物权的让与人与受让人之间特别约定,标的物仍然由出让人继续占有,这样,在物权让与的合意成立时,视为交付,受让人取得间接占有。所以,《民法典》第228条规定,动产物权转让时,当事人又约定由出让人继续占有该动产的,物权自该约定生效时发生效力。例如甲将其所有的书卖给乙,按一般情形,只有在甲把书交给乙时才发生所有权移转的效力,但甲还想留书阅读,这时甲可以再与乙订立一个租赁或借用协议,使乙取得间接占有,以代替现实交付。

(3) 指示交付,即动产由第三人占有时,出让人将其对于第三人的返还请求权让与受让人,以代替交付。《民法典》第227条规定,动产物权设立和转让前,第三人占有该动产的,负有交付义务的人可以通过转让请求第三人返还原物的权利代替交付。

(4) 拟制交付,即出让人将标的物的权利凭证(如仓单、提单)交给受让人,以代替物的现实交付。这时如果标的物仍由出让人或者第三人占有时,受让人则取得对于物的间接占有。

在现实生活中,交付的方式是多种多样的,不可能将其全部罗列出来,应当根据法律的规定、合同的约定、交易上的习惯及其他具体情况确定标的物是否交付。

交付作为公示方法是为一般原则,但是对于船舶、飞行器和机动车等特殊动产,《民法典》第225条规定以登记作为物权变动的对抗要件,即这类特殊动产的物权变动经交付生效,但非经登记,关于这些特殊动产的物权变动不能对抗善意第三人。需要注意的是,这里的第三人不包括债权人。根据《物权编解释(一)》第6条的规定,实务中认为转让人转移船舶、航空器和机动车等所有权,受让人已经支付对价并取得占有,虽未经登记,但转让人的债权人主张其为《民法典》第225条所称的"善意第三人"的,不予支持,法律另有规定的除外。

(二)登记

1. 登记的概念

登记作为不动产物权的公示方法,是将物权变动的事项登载在国家主管机关的登记簿上。相比于动产而言,不动产具有价值大、稀缺性较高的特点,因而围绕不动产发生的交易关系相对较多,单凭占有不足以表征不动产上的权利归属关系。因而需要通过不动产登记,由专门的登记机关,依照法定的程序,对不动产上的权利及其变动进行登记,以供查阅,便利不动产交易的进行,并保护交易安全。

2. 登记的效力

关于登记的法律效果,民法法系各国和地区立法例主要有两种:

(1)登记对抗主义。此主义以登记作为公示不动产物权状态的方法。不动产物权的变动,依当事人间的合意即产生法律效力。但是,非经登记,不能对抗第三人。法国法和日本法采此主义。《法国民法典》就规定,除协议抵押权的成立需要"以公证形式做成证书始得设定"之外,其他各种行为,不论是事实行为还是法律行为,均不再要求以公证或登记这些形式作为行为生效的条件。比如不动产物权依契约变更时,如果契约满足"承担义务的当事人的同意、上述当事人的缔约能力、构成义务客体的确定标的、债的原因合法"等条件便可有效成立。《日本民法典》第176条规定,物权的设定及转移,只因当事人的意思表示而发生效力。该法典第177条规定,不动产物权的取得、丧失及变更,除非依登记法规定进行登记,不得以之对抗第三人。如前所述,我国对船舶、飞行器和机动车等特殊动产的物权变动采登记对抗主义。

(2)登记要件主义。此主义以登记作为不动产物权变动的要件。不动产物权的变动除了当事人间的合意外,还要进行登记。非经登记,不仅不能对抗第三人,而且在当事人间也不发生效力。德国法、瑞士法和我国台湾地区"民法"采此主义。《德国民法典》第873条第1款规定,转让一项地产的物权,在地产上设立一项物权以及转让该项权利或者在该权利上设立其他权利,如法律没有另行规定,必须有权利人和因该权利变更而涉及的其他人的合意,以及该变更在不动产登记簿上的登记。第875条第1款规定,放弃一项地产的权利,如法律无另行规定,必须有权利人放弃其权利的意思表示,以及该项权利在不动产登记簿上的注销登记。《瑞士民法典》第 656 条第一句规定，取得土地所有权，须在不动产登记簿上登记。第 666 条第一句规定，土地所有权，因登记注销或土地灭失而消灭。我国台湾地区"民法"第 758 条规定，不动产物权依法律行为而取得、设定、丧失及变更者，非经登记，不生效力。

此外，大多数英美国家采取地券交付主义。根据这一主义，在初次登记不动产物权时，登记机关依一定的程序确定不动产的权利状态，制成地券。让与不动产时，当事人之间将让与契约与地券一并交给登记机关，经登记机关审查后，在登记簿上记载权利的移转。对于受让人则交付新地券或者在原地券上记载权利的移转，从而使第三人能从该地券中了解不动产的权利状态。此主义是 1858 年澳大利亚的托伦斯（Robert Torrens）所创，故称为"托伦斯主义"。

《民法典》第 209 条第 1 款规定，不动产物权的设立、变更、转让和消灭，经依法登记，发生效力；未经登记，不发生效力，但是法律另有规定的除外。因此，《民法典》关于不动产登记，是以登记要件主义为原则，但也存在例外。例如，依法属于国家所有的自然资源，所有权可以不登记。再如《民法典》第 333 条第 1 款规定，土地承包经营权自土地承包经营权合同生效时设立。可见，土地承包经营权的有效设立不以登记为要件。

需要注意，不动产登记的效力与不动产变动的合同效力是两个不同的法律问题。《民法典》第 215 条规定，当事人之间订立有关设立、变更、转让和消灭不动产物权的合同，除法律另有规定或者当事人另有约定外，自合同成立时生效；未办理物权登记的，不影响合同效力。

3. 不动产登记簿、登记机构和登记资料的查询

不动产物权的设立、变更、转让和消灭，依照法律规定应当登记的，自记载于不动产登记簿时发生效力。不动产登记簿是物权归属和内容的根据。不动产登记簿由登记机构管理。不动产权属证书是权利人享有该不动产物权的证明。不动产权属证书记载的事项，应当与不动产登记簿一致；记载不一致的，除有证据证明不动产登记簿确有错误外，以不动产登记簿为准。

《民法典》第 210 条规定，"不动产登记，由不动产所在地的登记机构办理。国家对不动产实行统一登记制度。统一登记的范围、登记机构和登记办法，由法律、行政法规规定。"2014 年公布、2019 年和 2024 年两次修订的《不动产登记暂行条例》为不动产统一登记的基本规范，该条例第 7 条第 1 款规定："不动产登记由不动产所在地的县级人民政府不动产登记机构办理；直辖市、设区的市人民政府可以确定本级不动产登记机构统一办理所属各区的不动产登记。"这为不动产统一登记奠定了基础。同时，考虑到一些特殊情况，该条例第 7 条第 3 款又规定："国务院确定的重点国有林区的森林、林木和林地，国务院批准项目用海、用岛，中央国家机关使用的国有土地等不动产登记，由国务院自然资源主管部门会

同有关部门规定。"以该条例为基础,2016年公布、2019年修正的《不动产登记暂行条例实施细则》[1]更进一步细化了不动产登记的相关规范。

《民法典》第212条规定了登记机构的审查职责:查验申请人提供的权属证明和其他必要材料;就有关登记事项询问申请人;如实、及时登记有关事项;法律、行政法规规定的其他职责。申请登记的不动产的有关情况需要进一步证明的,登记机构可以要求申请人补充材料,必要时可以实地查看。《不动产登记暂行条例》第19条第2款规定,对可能存在权属争议,或者可能涉及他人利害关系的登记申请,不动产登记机构可以向申请人、利害关系人或者有关单位进行调查。

《民法典》第222条规定,当事人提供虚假材料申请登记,造成他人损害的,应当承担赔偿责任。因登记错误,造成他人损害的,登记机构应当承担赔偿责任。登记机构赔偿后,可以向造成登记错误的人追偿。

为了保护不动产申请登记人的利益,《民法典》第213条规定,登记机构不得有下列行为:要求对不动产进行评估;以年检等名义进行重复登记;超出登记职责范围的其他行为。

权利人、利害关系人可以申请查询、复制登记资料,登记机构应当提供。

4. 登记的种类

根据不动产登记的目的,可以将不动产登记分为更正登记、异议登记和预告登记;根据不动产登记的物权种类和登记的内容,可以将不动产登记分为所有权登记、用益物权登记和不动产抵押权登记,在这些登记中,与物权的设立、变更、转让和消灭对应,分别有首次登记、变更登记、转移登记和注销登记。

（1）更正登记、异议登记与预告登记

这几种登记制度,其直接目的不在于发生不动产物权的变动,而是为了使不动产登记簿的记载反映真实的物上权利归属,例如更正登记与异议登记,或者是为了保全一项以不动产物权变动为目的的请求权,例如预告登记。

① 更正登记。权利人、利害关系人有证据证明不动产登记簿记载事项确有错误的,可以直接向登记机构申请更正登记。不动产登记簿记载的权利人书面同意更正或者有证据证明登记确有错误的,登记机构应依法定程序予以更正。此外,登记机构发现不动产登记簿记载的事项错误,可依照相关的程序依法予以更正。《不动产登记暂行条例实施细则》第5章第1节专门规定了更正登记。

② 异议登记。不动产登记簿记载的权利人不同意更正登记的,利害关系人可以申请异议登记。当不动产登记簿与真实的物权状态不相符的时候,为了确保不动产登记的正确性,以维持不动产登记的公信力,应当予以更正。但是,确

---

[1] 在本版印制时,该细则尚未随着《不动产登记暂行条例》的修订而修正。

定真实权属可能需要耗费较长时间,为了给利害关系人提供及时的救济,《德国民法典》第899条规定了异议登记,我国《民法典》对此予以借鉴,于第220条第2款规定了异议登记,《不动产登记暂行条例实施细则》第5章第2节又专门规定了异议登记。

异议登记期间,不动产登记簿上记载的权利人以及第三人因处分权利申请登记的,不动产登记机构应当书面告知申请人该权利已经存在异议登记的有关事项。申请人申请继续办理的,应当予以办理,但申请人应当提供知悉异议登记存在并自担风险的书面承诺。申请人在异议登记之日起15日内不起诉的,异议登记失效。在异议登记失效后,当事人还能提起民事诉讼来请求确认物权归属,即异议登记失效不影响人民法院对案件的实体审理。异议登记不当,造成权利人损害的,权利人可以向申请人请求损害赔偿。

③ 预告登记。这又称为假登记,是指为确保债权实现,以保障将来取得不动产物权,限制债务人重复处分将来的不动产物权而为的登记。例如在房屋预售买卖中,买卖双方签订预售合同,买方依约有权请求卖方在房屋建成之后交付房屋并办理登记,这在性质上属于债权,不具有对抗第三人的效力。为了保障将来取得房屋所有权,买方可以依法办理预告登记,使其发生对抗第三人的效力,以限制卖方再行处分房屋。《民法典》第221条中规定,当事人签订买卖房屋的协议或者签订其他不动产物权的协议,为保障将来实现物权,按照约定可以向登记机构申请预告登记。《不动产登记暂行条例实施细则》第5章第3节专门规定了预告登记。预告登记后,未经预告登记权利人同意,通过转移不动产所有权或者设定建设用地使用权、地役权、抵押权等其他物权的方式处分该不动产的,不发生物权效力。在实践中,预告登记生效期间,未经预告登记的权利人书面同意,处分该不动产权利申请登记的,不动产登记机构不予办理。预告登记后,债权消灭或者自能够进行不动产登记之日起90日内未申请登记的,预告登记失效。依《物权编解释(一)》第5条的规定,司法实践中,认为这里所称的"债权消灭",包括买卖不动产物权的协议被认定无效、被撤销,或者预告登记的权利人放弃债权。

(2) 所有权登记、用益物权登记和不动产抵押权登记

① 所有权登记。不动产所有权登记,是指登记机关将不动产所有权的取得、变更和消灭在不动产登记簿上进行记载,对不动产所有权变动情况进行公示的方法。所有权登记包括集体土地所有权登记和房屋所有权登记。第一,集体土地所有权登记。《不动产登记暂行条例实施细则》第4章第2节专门规定了集体土地所有权登记,它除了规定首次登记、变更登记和注销登记外,第31条还特别列明了转移登记的事由,即农民集体因互换、土地调整等原因导致集体土地所有权转移。第二,房屋所有权登记。《城市房地产管理法》第60条规定,国家实

行土地使用权和房屋所有权登记发证制度。由于我国采用不动产统一登记制度,故房屋所有权可与建设用地使用权或宅基地使用权一并登记,对此《不动产登记暂行条例实施细则》第4章第3、4、5节均有明确规定,如该细则第33条第2款规定:"依法利用国有建设用地建造房屋的,可以申请国有建设用地使用权及房屋所有权登记。"

②用益物权登记。用益物权登记,是指登记机关将不动产用益物权的取得、变更和消灭在不动产登记簿上进行记载,对用益物权变动情况进行公示的方法。用益物权登记主要包括建设用地使用权登记、宅基地使用权登记、土地承包经营权登记、居住权登记和地役权登记。第一,国有建设用地使用权登记。我国《民法典》对国有建设用地使用权的设立登记、变更登记和注销登记作了规定。关于国有建设用地使用权设立登记,《民法典》第349条规定,设立建设用地使用权的,应当向登记机构申请建设用地使用权登记。建设用地使用权自登记时设立。登记机构应当向建设用地使用权人发放权属证书。《不动产登记暂行条例实施细则》第4章第3节规定了国有建设用地使用权及房屋所有权登记。第二,集体建设用地使用权登记。《民法典》未规定集体建设用地使用权,《土地管理法》等规范性法律文件有相关的规定,《不动产登记暂行条例实施细则》第4章第5节专门规定了集体建设用地使用权及建筑物、构筑物所有权登记。第三,宅基地使用权登记。《民法典》第363条规定,宅基地使用权的取得、行使和转让,适用土地管理的法律和国家有关规定。第365条规定,已经登记的宅基地使用权转让或者消灭的,应当及时办理变更登记或者注销登记。《不动产登记暂行条例实施细则》第4章第4节专门规定了宅基地使用权及房屋所有权登记。第四,土地承包经营权登记。《民法典》第333条规定,土地承包经营权自土地承包经营权合同生效时设立。登记机构应当向土地承包经营权人发放土地承包经营权证、林权证等证书,并登记造册,确认土地承包经营权。第335条规定,土地承包经营权互换、转让的,当事人可以向登记机构申请登记;未经登记,不得对抗善意第三人。《不动产登记暂行条例实施细则》第4章第6节规定了土地承包经营权登记。第五,居住权登记。《民法典》第368条规定,设立居住权的,应当向登记机构申请居住权登记。居住权自登记时设立。第六,地役权登记。《民法典》第374条规定,地役权自地役权合同生效时设立。当事人要求登记的,可以向登记机构申请地役权登记;未经登记,不得对抗善意第三人。《不动产登记暂行条例实施细则》第4章第8节规定了地役权登记。另外,还要注意,《民法典》第328条规定,依法取得的海域使用权受法律保护。《海域使用管理法》第6条规定,国家建立海域使用权登记制度,依法登记的海域使用权受法律保护。《不动产登记暂行条例实施细则》第4章第7节规定了海域使用权登记。《民法典》第329条还提及了探矿权、采矿权、取水权等权利,它们也有相应的登记,如《矿产资源法》

第 3 条规定，勘查、开采矿产资源，必须依法分别申请，经批准取得探矿权、采矿权，并办理登记。

③ 不动产抵押权登记。不动产抵押权登记，是指登记机关对不动产抵押权的取得、变更和消灭在登记簿上进行记载，对抵押权变动情况进行公示的方法。依照《民法典》第 395 条和第 402 条的规定，债务人或者第三人用建筑物和其他土地附着物、建设用地使用权、海域使用权和正在建造的建筑物进行抵押的，应当办理抵押登记。抵押权自登记时设立。《不动产登记暂行条例实施细则》第 4 章第 9 节规定了抵押权登记。

第六节 物权的保护

物权的保护，是指通过法律规定的方法和程序保障物权人在法律许可的范围内对其财产行使占有、使用、收益、处分权利的制度。这是物权法律制度的必不可少的组成部分。权利是受国家法律保障的，具有不可侵犯的性质；侵犯他人的权利，就要承担一定的法律责任。物权同一切权利一样，必须由国家强制力保障其不受侵犯。

保护物权实质是保护被侵犯的权利，物权保护制度就是对被侵犯的物权适用的法律规定。因此，用法律规定的方法和程序保护物权，往往是以侵犯物权的违法行为的存在为前提的。在实际生活中，侵犯物权的性质各异：有的是违反民事法律的民事违法行为，有的是违反行政法规的行政违法行为，有的是触犯刑律的犯罪行为。所以保护物权不是某一个法律部门的任务，而是各个法律部门的共同任务。针对侵犯物权的不同行为，各个法律部门从不同的角度适用不同的方法保护物权人的权利。例如，行政法是通过行政程序保护物权，而刑法则是通过刑事诉讼程序用刑罚的方法对严重侵犯物权的行为予以刑事制裁。

物权的民法保护，按是否通过民事诉讼程序可以分为两种：一是自我保护，传统民法上称之为自力救济；二是通过民事诉讼程序对物权的保护，传统民法上称之为公力救济。自我保护，是指所有人行使其物权受到侵害时依法享有的请求权，即物权人在其物权受到侵害后，依据民法的规定，请求侵害人为一定的行为。这时，如果侵害人依物权人的请求作出了一定的行为，如返还原物、排除妨碍、消除危险、赔偿损失，物权人的权利就得到了保护。可见，物权人行使请求权而保护其物权，是保护物权的一个重要方法。通过民事诉讼程序对物权的保护，是物权人在其物权受到侵害时，有权向法院提起民事诉讼，请求法院予以保护，恢复其被侵犯的合法权益，包括恢复物权人对其物的占有、使用、收益、处分权能的行使，赔偿物权人因受侵犯而受的损失。物权人在其物权受到侵害时，可以直接向侵害人提出请求；如果侵害人没有依物权人的请求为适当行为，物权人则可以向法院提起民事诉讼；物权人也可以直接向法院提起民事诉讼,请求法院保护其物权。

物权人行使请求权来保护其物权时,不要求其必须有占有动产或不动产登记的公示形式,在基于民事法律行为以外的原因而取得物权的情形,即便物权人尚未完成动产交付或者不动产登记,仍能请求保护其物权。

依据《民法典》及其他民事法律、法规的规定,我国民法对物权的保护,有以下几种特殊方法：

(1) 请求确认物权。在财产的归属、内容问题发生争议而处于不确定状态的时候,当事人可以向法院提起诉讼,请求确认物权。比如,当事人有证据证明不动产登记簿的记载与真实权利状态不符、其为该不动产物权的真实权利人,有权请求确认其享有物权。确认物权只能由当事人向法院提出,并通过民事诉讼程序解决。我国《民法典》第 234 条规定："因物权的归属、内容发生争议的,利害关系人可以请求确认权利。"在这一点上与物权人享有的其他请求权不同,不能以其他方法代替之；同时,确认物权又是采取其他保护方法的最初步骤。在财产归属问题未得到确定时,其他的保护方法也就无从适用。例如,甲将一部分财产寄存于乙处,乙死亡后其继承人将这部分财产作为遗产继承,在甲向乙的继承人请求返还其寄存的财产时,乙的继承人认为这部分财产应属于乙所有,在乙死亡后由他们继承取得了所有权,因而拒绝返还。这里首先应当确定所有权的归属问题,然后才能确定是否应当返还：如果确定财产属于甲所有,则乙的继承人应当将这部分财产返还给甲；如果不能确认甲的所有权,则甲无权请求返还。我国司法实践中一般都是首先确定所有权的归属,然后再根据所有权的确认,按所有权被侵犯的情况,采取其他的保护方法。

物权作为一种支配权,在其支配范围不明确、支配地位存在争议的时候,物权人当然有权请求法院确认其权利。这是物权作为一种支配权的应有之义。在民事诉讼中,确认物权是确认之诉的一项重要内容。《民法典》将确认物权作为物权保护的一种独立的方法予以明确规定,对于物权的保护具有重要的意义。

(2) 物上请求权(参见第十一章第三节之"物上请求权")。

(3) 请求修理、重作、更换或者恢复原状。《民法典》第 237 条规定："造成不动产或者动产毁损的,权利人可以依法请求修理、重作、更换或者恢复原状。"

恢复原状一般是通过修理或其他方法使财产在价值和使用价值上恢复到财产受损害前的状态。例如,甲将乙的汽车损坏了,乙可以请求甲予以修复,其费用由甲承担。有一种观点认为恢复原状不仅要在实际上可能,而且要在经济上合理；否则,就不应该采取这种方式。这种观点有片面性。固然民法上的物其大部分都有金钱价值,但也有一部分物的价值并不是可以用金钱来衡量的。如一些有纪念意义的物品,对于特定的当事人来说,可能非常重要,而对其他人来讲可能没有什么价值;但对于这类物品来讲,更应强调的是恢复原状,才能充分保护所有人的权益。因此,如果被损坏的财产客观上有恢复原状的可能,所有人对于财产的恢复原状有特殊利益(如纪念意义),并且所有人要求恢复原状的,侵害人就应当恢复财产的原状,而不能只强调经济上的合理性。

(4)请求赔偿损失。物权人的财产因他人的不法侵害而毁损、灭失时,物权人有权请求侵害人赔偿损失,或者请求人民法院责令侵害人赔偿损失。

赔偿损失是对不法侵害造成的财产的毁损、灭失,依原物的价值折合货币进行赔偿。这里又分为两种情况:一种情况是因侵害人的侵权行为,而致财产不能要求返还或全部毁损的,如财产被侵害人非法转让于受法律保护的善意第三人、房屋被烧毁等。这时侵害人就要依财产的全部价值予以赔偿。另一种情况就是财产受到侵害,但在现有情况下仍有使用的可能,这时侵害人就要按照财产减损的价值进行赔偿。例如,房屋失火,但消防队及时赶到将火扑灭,房屋虽经修缮仍能居住,但房屋的价值明显减损,对此房屋的所有人有权请求侵害人(失火人)对房屋价值减损部分进行赔偿。

物权人在其标的物受到损害时,例如甲的汽车撞坏了乙的房屋,有权请求侵权人赔偿损失。传统民法理论认为这是一种债权请求权,又称为损害赔偿请求权。这种请求权不是直接以物权的存在为前提,而是以物权受到侵害后产生的物权人与侵权人之间的债权关系为前提的。

物上请求权与损害赔偿请求权不可混为一谈。物上请求权旨在恢复物权人对其标的物的支配状态,从而使物权得以实现。损害赔偿请求权的目的在于消除损害,它是在不能恢复物的原状时,以金钱作为赔偿,补偿物权人受到的财产损失。基于侵权行为的损害赔偿,必须是实际上受有损害,即标的物价值的减少或灭失,物上请求权则不以此为要件。

确认所有权、返还原物、排除妨碍、消除危险、恢复原状、赔偿损失,这几种保护方法是物权的最基本的保护方法。在物权受到侵害时,这些保护方法是互相联系、互相补充的,根据物权受到侵害的不同情况,可以采取其中一种保护方法,也可以同时采取几种保护方法。《民法典》第239条第1款规定:"本章规定的物权保护方式,可以单独适用,也可以根据权利被侵害的情形合并适用。"例如,李四将张三存放于己处的电视机据为己有,并损坏了部分零件,这时张三有权请求法院确认其对于电视机的所有权,并请求返还电视机(返还原物),还可要求对损坏的部分予以修复(恢复原状);如果电视机的价值因此而有所减损,张三还可请求赔偿损失。

确认所有权、返还原物、排除妨碍、消除危险、恢复原状、赔偿损失等物权的民法保护方法,既可以单独适用,也可以与其他法的保护方法并用:只有这样,才能使物权得到切实的保护。另外,在物权受到侵害时,不能因侵害人受到了刑事制裁或行政处分而免除其民事责任。《民法典》第187条规定,民事主体因同一行为应当承担民事责任、行政责任和刑事责任的,承担行政责任或者刑事责任不影响承担民事责任;民事主体的财产不足以支付的,优先用于承担民事责任。例如,甲蓄意烧毁了乙的5间房屋,造成的损失很大。在法院对甲进行刑事审理的过程中,乙还可以对这5间房屋的损失及其他损失如烧毁的家具,提起附带民事诉讼,请求赔偿。同时,也不能因为侵害人承担了民事责任而免除其他法律责任。对于严重侵害国家、集体、个人财产权利的,除了应当适用民法的保护方法,有关的国家机关、企事业单位还可以依法给侵害人以行政纪律处分。如果侵权行为属于违反治安管理行为,公安机关应当根据《治安管理处罚法》按情节轻重对侵害人处以相应的行政处罚。在侵害所有权的行为属于触犯刑律的犯罪行为时,还应当依《刑法》的规定给侵害人以刑事制裁。

第十二章 所 有 权

第一节 所有权概述

一、所有权的概念与特征

在人们的一般观念中,所有权是指一切为人们所拥有、控制财产的权利,不仅有体物,如土地、房屋、汽车,甚至无体物,如权利,都归自己所有。但是,在法律观念中,所有权是指对于有体物的所有权。将所有权的客体原则上限于有体物,在立法技术上较为科学,在法理上较为严谨。这是所有权与知识产权、债权等其他财产权相区别的基本界限。

所有权属于物权,是所有人在法律规定的范围内,对属于自己的特定物全面支配和排他的权利。

所有权具有以下的特征:

第一,所有权是绝对权。所有权不需要他人的积极行为,只要他人不加干预,所有人自己便能实现其权利。所有权关系的义务主体是所有权人以外的一切人,其所负的义务是不得非法干涉所有权人行使其权利,是一种特定的不作为义务。

第二,所有权具有排他性。所有权属于物权,具有排他的性质。所有权人有权排除他人对于其行使权利的干涉,并且同一物上只能存在一个所有权,而不能并存两个以上的所有权。当然,所有权的排他性并不是绝对的,现代各国法律对所有权有不同程度的限制。

第三,所有权是最完全的物权。所有权是所有人对于其所有物进行一般的、全面的支配,内容最全面、最充分的物权,它不仅包括对于物的占有、使用、收益,还包括对于物的最终处分权。所有权作为最完全的物权,是他物权的源泉。与之相比较,建设用地使用权、地役权、抵押权、质权、留置权等他物权,仅仅是就占有、使用、收益某一方面的对于物直接支配的权利,只是享有所有权的部分权能。

第四,所有权具有弹力性。所有人在其所有物上为他人设定地役权、抵押权等权利,虽然占有、使用、收益甚至处分权都能与所有人发生全部或者部分的分离,但只要没有发生使所有权消灭的法律事实(如转让、所有物灭失),所有人仍然保持着对于其财产的支配权,所有权并不消灭。当所有物上设定的其他权利消灭,所有权的负担除去的时候,所有权仍然恢复其圆满的状态,即分离出去的权能仍然复归于所有权人,这称为所有权的弹力性。

第五,所有权具有永久性。这是指所有权的存在不能预定其存续期间。例如,当事人不能约定所有权只有5年期限,过此期限则所有权消灭。当事人对所有权存续期间的约定是无效的。

二、所有权的内容

所有权的内容,是指所有人在法律规定的范围内,对于其所有物可以行使的权能。权能是指权利人在实现权利时所能实施的行为。《民法典》第240条规定:"所有权人对自己的不动产或者动产,依法享有占有、使用、收益和处分的权利。"由此可见,所有权的权能包括占有、使用、收益和处分。

(一)占有

占有是所有权人对于财产实际上的占领、控制。例如,所有人对于自己所有的房屋、家具、生活用品的占有,企业对于厂房、机器的占有等。

(二)使用

使用是依照物的性能和用途,并不毁损其物或变更其性质而加以利用。使用是为了实现物的使用价值,满足人们的需要。例如,使用机器进行生产,使用电视机收看节目,居住房屋,乘坐汽车,等等。

(三)收益

收益,就是收取所有物的利益,包括孳息和利润。孳息包括法定孳息和自然孳息。利润是把物投入社会生产过程、流通过程所取得的利益。

(四)处分

处分是决定物事实上和法律上的命运。这是所有权内容的核心,是所有权的最基本的权能。处分可以分为事实上的处分和法律上的处分。事实上的处分是在生产或生活中使物的物质形态发生变更或消灭。例如,粮食被吃掉,原材料经过加工成为产品,把房屋拆除,等等。法律上的处分是指依照所有人的意志,通过某种民事法律行为对物进行处理。例如,将物转让给他人,在物上设定权利(如质权、抵押权),将物抛弃,等等,都是法律上的处分。

三、所有权与所有制的关系

所有权是所有制在法律上的反映,说明的是所有权反映的经济性质。[①] 但

---

① 比如,有民法学者总结,物权除表达对物关系、对人关系外,"在广阔的视野下",尚有"第三个层次"的意义,即"在法理学、政治学等领域,强调物权意味着人与人之间的关系,从而为诸如物权具有阶级性等结论服务",见崔建远:《物权:规范与学说——以中国物权法的解释论为中心》(上册),清华大学出版社2011年版,第21页。德国学者鲍尔、施蒂尔纳在其经典教材开篇即言明,"作为法律制度一部分的物权法,包含着人类对财物进行支配的根本规则。而该规则之构成,又取决于(一个国家)宪法制度所确立的基本决策。与此同时,国家的经济制度,也是建立在该基本决策之上,并将其予以具体化",见〔德〕鲍尔、施蒂尔纳:《德国物权法》(上册),张双根译,法律出版社2004年版,第3页。

是,所有权制度是独立于所有制的法律制度。所有权是所有制在法律上的表现,并不是说所有权的表现形式与所有制的表现形式相同。所有制表现为某个社会的基本经济制度,具体体现在生产、交换、分配和消费过程中;所有权表现为特定的权利主体对特定物的特定权利。在任何社会,调整通过一定的社会形式对生产资料的占有,除了物权之外,还有其他手段,包括公司法、合同法、票据法等。这说明所有制可以表现为不同的民事法律形式。同时,所有权是所有制的法律表现,也绝不是说所有权与所有制是完全一致的。所有制是社会物质关系,而物权是社会意识关系,物权并不是对所有制的一种简单的模拟和直观的反映。例如,在我国,所有制的形式与所有权的形式是不完全一致的,我国的所有制形式有全民所有制、集体所有制和私人所有制,在法律上则体现为国家所有权、集体所有权和私人所有权。在股份制企业,其经济成分可以有国家的(全民的)、集体的、个人的,其经济性质决定于其内部不同经济成分所占的比例,但在法律上,股份制企业的所有权是法人所有权。在市场经济中,全民所有制的经济活动,在法律上的表现形式不仅仅是国家所有权,还有法人财产权、用益物权、担保物权、知识产权、债权以及股权等形式,这些法律形式所反映的经济性质都是全民所有制,但不都是国家所有权。

物权法在生产、交换、分配、消费的社会生产总过程中,确认着生产和交换的前提,体现了分配的结果,并且也决定着消费的范围。所以物权法作为直接体现所有制关系的法律形态,对一个社会的经济、政治有着深远的影响。例如,对于物权尤其是所有权的充分法律保护,会有力地鼓励增加财富、有效利用资源,从而促进社会经济的发展。再如,古典经济学家认为,只有当人们为了达到自身的目的能够控制并使用他们所发现的东西,只有当他们能够控制自己的劳动所创造的东西,只有当他们能够控制其在现行经济秩序下取得的东西时,社会的安定和发展才有可能。这在一定程度上揭示了社会的安定和发展的内在利益因素。物权法正是以其特有的法律形式确认着这种利益关系,从而对社会的安定和发展起着极大作用。

第二节 国家所有权、集体所有权、私人所有权与其他所有权

一、所有权的类型概述

根据不同的标准,可以将所有权划分为不同的类型。根据《民法典》的规定,所有权主要有以下三种不同的分类。

(一)国家所有权、集体所有权与私人所有权

国家坚持和完善公有制为主体、多种所有制经济共同发展,按劳分配为主

体、多种分配方式并存,社会主义市场经济体制等社会主义基本经济制度(《民法典》第206条第1款)。根据马克思主义关于经济基础与上层建筑的原理,经济基础决定上层建筑,所有制的性质决定所有权制度的性质。我国存在着三种所有制,即全民所有制、集体所有制和私人所有制,反映在法律上,《民法典》规定了国家所有权、集体所有权和私人所有权。这是以所有制为标准规定的三种类型的所有权。

(二) 自然人所有权、法人所有权与共有

国家实行社会主义市场经济,保障一切市场主体的平等法律地位和发展权利(《民法典》第206条第3款)。市场主体在民法上表现为民事主体。根据《民法典》的规定,民事主体包括自然人、法人和非法人组织。其中,非法人组织主要是合伙。民事主体也就是物权主体,以民事主体为标准,可将所有权分为自然人所有权(或者称个人所有权)、法人所有权与共有三种类型。"民法之所有权,可分为二类,一为单独所有权,一为共有。"①自然人所有权与法人所有权属于单独所有权。这一分类具有普遍的适用性,除法律另有规定外,适用于《民法典》物权编的各条规定。

(三) 动产所有权、不动产所有权

1. 动产所有权

动产所有权系以动产为其标的物,它是所有人独占性地支配其所有的动产的权利,所有人在法律规定的范围内有权对其所有的动产占有、使用、收益、处分,并可排除他人的干涉。而所谓动产,是指性质上不需破坏、变更而能够移动其位置的财产。动产的范围很广,海域、土地及其定着物之外的财产,都是动产。与不动产所有权相比较,法律对其内容和行使限制较少,即是说所有人有更为充分的支配权。动产具有移动性,且种类繁多,其所有权有较多的取得方法是其特点,另外,一些特殊类型的动产,如有价证券、货币,其内容和行使也与其他财产不同,这些都是动产所有权的特殊问题。

2. 不动产所有权

不动产是性质上不能移动其位置,或非经破坏变更不能移动其位置的物。不动产一般指海域、土地及其定着物(主要是房屋)。不动产所有权系以不动产为其标的物,其效力及于不动产的哪些部分、其行使在法律上受有哪些限制,是为不动产所有权的特殊问题。不动产所有权主要是土地所有权和房屋所有权。

土地所有权系以土地为其标的物,它是土地所有人独占性地支配其所有的土地的权利,土地所有人在法律规定的范围内可以对其所有的土地进行占有、使用、收益、处分,并可排除他人的干涉。

---

① 王泽鉴:《民法物权》(第一册),台湾兴丰印刷厂2004年版,第251页。

土地是人类生存之本,是人类社会重要的、必不可少的物质财富,是一切生产和一切存在的源泉。从法律上来讲,土地是一种物,是一类重要财产,土地所有权是一项重要的民事权利。

关于土地的范围,可以从"横"和"纵"两方面观察。在横的方面,土地本为连绵无垠之物,似乎没有什么范围可言,但人类以人为的方法,划分疆界,以此确定其范围,从而土地所有权的效力在横的方面就以地界为限;在纵的方面,即地面、地面上的空间和地面下的地身。那么土地所有权的效力,是仅及于地面呢,还是不仅及于地面,而且及于地面之上下？这就是一个比较复杂的问题。在古代罗马法中,有"土地所有权及于土地之上下"的法谚。后来经过注释法学家将这项原则绝对化,解释土地所有权上穷天空、下尽地心。《法国民法典》第552条规定:"土地所有权包括该地上及地下的所有权。"《日本民法典》第207条规定:"土地所有权于法令限制的范围内,及于土地的上下。"即把土地所有权的效力规定为及于土地上下全体,不得将地面与地上、地下各别所有。而《德国民法典》在第905条规定:"土地所有人之权利,扩充到地面上之空间与地面以下之地壳。所有人对于他人在高空或地下所为之干涉,无任何利益者,不得禁止。"《瑞士民法典》第667条规定:"土地所有权的行使,在其利益范围内,及于地上及地下。"

我国《民法典》以及《土地管理法》等法律确认了土地所有人的独占性支配权,虽然没有明确规定其效力范围,但从法律的意旨及其实践来看,土地所有权的效力范围,在横的方面,是以地界为限;从纵的方面看,不仅包括地面,也包括地上及地下,否则就无法对土地进行有效的使用,所有权的行使也必然得不到保障。但是,我国土地所有权的这种及于地上及地下的效力,并不是漫无限制的。这种限制主要有两方面:(1)内在的限制。民法上的物,以其能够为人力所支配并满足人类某种需要为特征,土地所有权的客体,也以人力所能支配并满足所有人的需要为要件,即是说,土地所有权的支配力,仅限于其行使受到法律保护的利益的范围。对此范围外他人在其地上及地下的干涉,土地所有人不得排除之。例如地下开凿隧道、地上通航飞机。但是依土地使用的目的,土地所有人的地上及地下的利益范围,得有所不同。例如煤炭企业对土地的支配,比房屋所有人对土地的支配范围及于地下要深得多。田野荒地所有人不得禁止他人在其土地上散步,但耕地所有人得禁止之。随着土地使用目的的变化,土地所有人的这种利益范围也会相应发生变化。(2)法律的限制。法律对土地所有权的限制很多,除了相邻关系的规定外,还有国防、电信、交通、自然资源、环境保护、名胜古迹等方面的限制。例如,矿产资源属于国家所有,地表或地下的矿产资源的国家所有权,不因其依附的土地所有权或者使用权的不同而改变。

我国土地所有权分为国家土地所有权和集体土地所有权,自然人不能成为土地所有权的主体。中华人民共和国是国家土地所有权的统一和唯一的主体,由其代表全体人民对国有土地享有独占性支配的权利。在我国《宪法》《民法典》《土地管理法》等法律中,对国家土地所有权作了明确规定。如《民法典》第249条规定:"城市的土地,属于国家所有。法律规定属于国家所有的农村和城市郊区的土地,属于国家所有。"

集体土地所有权是由各个独立的集体组织享有的对其所有的土地的独占性支配权利。根据《民法典》第249条、《土地管理法》第9条的规定,属于集体所有的土地,是指除国家所有之外的农村和城市郊区的土地。集体所有的土地主要是耕地及宅基地、自留地、自留山,还包括法律规定集体所有的森林、山岭、草原、荒地、滩涂等土地。至于法律没有规定为集体所有的森林、山岭、草原、荒地、滩涂等土地,则属于国家所有。

集体土地所有权的主体,即享有土地所有权的集体组织,根据《土地管理法》第11条的规定,有以下三类:(1)农民集体所有的土地依法属于村农民集体所有的,由村集体经济组织或者村民委员会进行经营、管理;(2)已经分别属于村内两个以上农村集体经济组织的农民集体所有的,由村内各该农村集体经济组织或者村民小组经营、管理;(3)已经属于乡(镇)农民集体所有的,由乡(镇)农村集体经济组织经营、管理。

房屋所有权系以房屋为其标的物,它是房屋所有人独占性地支配其所有的房屋的权利。房屋所有人在法律规定的范围内可以对其所有的房屋进行占有、使用、收益、处分,并可排除他人的干涉。

房屋属于建筑物,是土地的定着物,它虽然附着于土地,但系土地外的独立之物,因此,房屋与其地基不必同属于一人所有,即两者可以分别成立所有权,例如,房屋为自然人某甲所有,但该房屋的地基却是属于某集体经济组织所有。房屋与地基虽然可以各自成立所有权,但毕竟房屋是土地的定着物,所以这两种所有权之间并不是毫无关系的,而是存在着一定的必然联系,这种联系体现在:房屋必然附属有对一定地基的使用权。房屋所有权与地基使用权是主权利与从权利的关系,地基使用权随房屋所有权的成立而成立,并随房屋所有权的变更、消灭而变更、消灭。

二、国家所有权

(一)国家所有权的概念和特征

在我国现阶段,社会主义全民所有制采取国家所有制形式,一切国家财产属于以国家为代表的全体人民所有。《民法典》第246条第1款规定:"法律规定属于国家所有的财产,属于国家所有即全民所有。"由此可见,国家所有权是全民所有制在法律上的表现,它是中华人民共和国享有的对国家财产的占有、使用、收益、处分的权利。国家所有权具有特殊性,不同于一般意义上的所有权。表现在:第一,国家所有即全民所有,由国家出面代表全民行使所有权。而国家是一个抽象的概念,因此国家需要由国务院和地方各级人民政府出面来代表。第二,国家所有权的产生、内容和运作程序都是法定的。国家不能凭借其享有的公权力任意规定国家所有权客体的范围。第三,国家所有权的客体具有广泛性、多样性的特点,并且其中有些形态是其他一般所有权不能涉及的,譬如矿藏、野生动物、无线电频谱等只能由国家专有。

(二)国家所有权的主体和国家所有权的行使

1. 国家是国家所有权的主体

《民法典》第246条第2款规定,国有财产由国务院代表国家行使所有权。法律另有规定的,依照其规定。由于我国幅员辽阔,经济领域广泛,国家财产数量巨大,种类繁多,遍布全国以至世界。因此,国家不可能也没有必要"事必躬亲",直接或者亲自行使所有权的每项权能。在由国务院代表国家行使所有权的同时,依照法律规定,可以由地方人民政府等部门行使有关权利。例如,《土地管理法》第5条规定:"国务院自然资源主管部门统一负责全国土地的管理和监督工作。县级以上地方人民政府自然资源主管部门的设置及其职责,由省、自治区、直辖市人民政府根据国务院有关规定确定。"又如《矿产资源法》第11条规定,省、自治区、直辖市人民政府地质矿产主管部门主管本行政区域内矿产资源勘查、开采的监督管理工作。省、自治区、直辖市人民政府有关主管部门协助同级地质矿产主管部门进行矿产资源勘查、开采的监督管理工作。

2. 国家所有权的行使方法

(1)国家机关对其直接支配的不动产和动产享有的权利内容。依据《民法典》第255条的规定,国家机关对其直接支配的不动产和动产,享有占有、使用以及依照法律和国务院的有关规定处分的权利。可见,第一,国家机关并非其直接支配的不动产或者动产的所有权人,只是因国家的授权而享有这些不动产或者动产所有权人的部分权利。换言之,中央和地方各级国家机关直接支配这部分不动产或者动产的权利来源于国家的授权,国家才是这些不动产或者动产的所有权人。第二,国家机关对于其直接支配的不动产或者动产,有权代表国家依法行使包括占有、使用、收益、处分在内的物权。第三,由国家机关直接支配的不动产或者动产,主要是用于维持国家机器的正常运转而并非用于经营,因此国家机关对这部分不动产或者动产行使处分权必须有相关法律和国务院有关规定作为依据。对国家机关违反规定擅自处分国家财产的行为,应当认定为无效的民事法律行为。

(2)国家举办的事业单位对其直接支配的不动产和动产享有的权利内容。依据《民法典》第256条的规定,国家举办的事业单位对其直接支配的不动产和动产,享有占有、使用以及依照法律和国务院的有关规定收益、处分的权利。国家举办的事业单位,是指国家通过财政划拨或者行政划拨的方式动用国有财产开办的事业单位。譬如国有公办高等学校、幼儿园、小学、中学等,均属于国家举办的事业单位。其对直接支配的不动产或者动产的权利内容包括两层意思:第一,国家举办的事业单位不是其直接支配的不动产或者动产的所有权人,而是依据国家的授权取得对这些不动产或者动产进行占有和使用的权利,即国家是所有权人;第二,国家举办的事业单位对其直接支配的不动产或者动产进行收益和处分时须有法律或者国务院的有关规定作为依据。国家举办的事业单位擅自分配基于其直接支配的不动产或者动产而产生的经营收益、私建小金库、瞒报收益、私分奖金等行为都是违反法律规定的。譬如《高等教育法》第38条规定,高等学校对举办者提供的财产、国家财政性资助、受捐赠财产依法自主管理和使用。高等学校不得将用于教学和科学研究活动的财产挪作他用。第64条规定,高等学校收取的学费应当按照国家有关规定管理和使用,其他任何组织和个人不得挪用。

(3)国家对其出资的企业享有出资人权益。依据《民法典》第257条的规定,国家出资的企业,由国务院、地方人民政府依照法律、行政法规规定分别代表国家履行出资人职责,享有出资人权益。国家出资的企业,是指国家以各种形式的投资形成的企业,譬如资产完全归国家所有、不具有公司形态的企业法人、国有全资公司、国有控股企业、国有参股企业、国有资产投资主体与外商在中国境内共同投资设立的中外合资经营企业,以及国有资产投资主体与外商在中国境内共同投资设立的中外合作经营企业等。国家对其出资的企业享有出资人权益包括三层意思:第一,国家出资的企业,由国务院、地方人民政府依照法律、行政法规分别代表国家履行出资人的职责。国家履行出资人的职责,是指在国家出资的企业中,国家股和其他股应当依照公司法及相关的法律法规的规定,按照股权份额享有收益权、重大事项决策权和选择经营管理者等权利,以及履行出资人义务、尊重企业经营者的经营自主权。譬如《煤炭法》第13条规定,煤炭矿务局是国有煤矿企业,具有独立法人资格。矿务局和其他具有独立法人资格的煤矿企业、煤炭经营企业依法实行自主经营、自负盈亏、自我约束、自我发展。第二,国务院、地方人民政府代表国家在国家出资的企业中履行出资人职责、享有出资人权益。具体到某个国家出资的企业应由哪一地、哪一级人民政府代表国家履行出资人职责、享有出资人权益,应当以国家法律或者行政法规作为依据。目前,由国务院履行出资人职责的企业,由国务院直接确定、公布。由省、自治区、直辖市人民政府分别代表国家履行出资人职责的企业,由省、自治区、直辖市人民政府确定、公布并报国务院国有资产管理机构备案。由设区的市、自治州一级人民政府履行出资人职责的企业,由设市的区、自治州一级人民政府确定、公布并报省、自治区、直辖市的国有资产管理机构备案。第三,无论国家出资占该企业全部投资比例有多大,国有出资人的职责和出资人的权益,都应由相应级别的人民政府代表国家行使。

另外,针对在国有企业改制中出现的国有资产流失的情况,我国《民法典》规定,国有财产受法律保护,禁止任何组织或者个人侵占、哄抢、私分、截留、破坏。履行国有财产管理、监督职责的机构及其工作人员,应当依法加强对国有财产的管理、监督,促进国有财产保值增值,防止国有财产损失;滥用职权,玩忽职守,造成国有财产损失的,应当依法承担法律责任。违反国有财产管理规定,在企业改制、合并分立、关联交易等过程中,低价转让、合谋私分、擅自担保或者以其他方式造成国有财产损失的,应当依法承担法律责任。

(三) 国家所有权的客体

国家所有权的客体,是指国家所有权所指向的对象。国家所有权的客体具有广泛性,《民法典》和相关部门法明文规定属于国家所有的财产有两类:

1. 法律规定属于国家专有的财产

《民法典》第242条规定:"法律规定专属于国家所有的不动产和动产,任何组织或者个人不能取得所有权。"即根据宪法和法律的规定,有些财产只能作为国家所有权的客体,即国家专有,而不能成为集体组织、其他单位或个人所有权的客体。这些财产有:(1)矿藏、水流、海域和无居民海岛。《民法典》第247条规定,矿藏、水流、海域属于国家所有。《民法典》第248条规定,无居民海岛属于国家所有。《矿产资源法》第3条规定,矿产资源属于国家所有,由国务院行使国家对矿产资源的所有权。地表或者地下的矿产资源的国家所有权,不因其所依附的土地的所有权或者使用权的不同而改变。但是,国家以外的组织和个人,可以成为开采矿产资源的主体,即成为矿藏使用权的主体。《矿产资源法》第4条规定,国有矿山企业是开采矿产资源的主体。《水法》第3条规定,水资源的所有权由国务院代表国家行使。农村集体经济组织的水塘和由农村集体经济组织修建管理的水库中的水,归各该农村集体经济组织使用。农村集体经济组织对自己的水塘和组织修建的水库,享有所有权。海域是中华人民共和国内水、领海的水面、水体、海床和底土。《海域使用管理法》第3条规定,海域属于国家所有,国务院代表国家行使海域所有权。任何单位或者个人不得侵占、买卖或者以其他形式非法转让海域。单位或者个人使用海域,必须依法取得海域使用权。无居民海岛属于国家所有,国务院代表国家行使无居民海岛所有权。(2)城市的土地。《宪法》第10条规定,城市的土地属于国家所有。《民法典》第249条也规定,城市的土地,属于国家所有。(3)无线电频谱资源。《民法典》第252条规定,无线电频谱资源属于国家所有。国家对无线电频谱实行统一规划、合理开发、科学管理、有偿使用的方针。无线电频谱资源的所有权主体是国家,但是其他组织或者个人在法规规定的一定条件下享有使用权。(4)国防资产。《民法典》第254条第1款规定,国防资产属于国家所有。《国防法》第40条第2款也规定,国防资产归国家所有。国防资产是指国家为武装力量建设、国防科研生产和其他国防建设直接投入的资金、划拨使用的土地等资源,以及由此形成的用于国防目的的武器装备和设备设施、物资器材、技术成果等。

2. 法律规定属于国家所有的财产

这些财产包括:法律规定属于国家所有的农村和城市郊区的土地;森林、山岭、草原、荒地、滩涂等自然资源,但法律规定属于集体所有的除外;法律规定属于国家所有的野生动植物资源;法律规定属于国家所有的文物;法律规定属于国家所有的铁路、公路、电力设施、电信设施和油气管道等基础设施。

国家为了公共利益的需要,依照法律规定的权限和程序可以征收集体所有的土地和单位、个人的房屋及其他不动产。征收集体所有的土地,应当依法足额支付土地补偿费、安置补助费、地上附着物和青苗的补偿费等费用,安排被征地农民的社会保障费用,保障被征地农民的生活,维护被征地农民的合法权益。征收单位、个人的房屋及其他不动产,应当依法给予拆迁补偿,维护被征收人的合法权益。征收个人住宅的,还应当保障被征收人的居住条件。任何单位和个人不得贪污、挪用、私分、截留、拖欠征收补偿费等费用。征收的土地归国家所有。

《民法典》规定的属于国家所有的客体,只是对重要的国家所有权客体的列举规定,由于国家所有权的客体具有广泛性,不可能也没有必要一一列举。譬如国家依照公权力征收的规费、税收、罚款、罚没财产等,不是自然资源,也不是建设成果,而是国家机器依法运行的结果,因为这部分财产的来源在相关基本法和部门法中有明确规定,故在《民法典》没有作出重复规定。国家所有权客体的广泛性,是指任何物都可以成为国家所有权的客体,但不是说任何物都是国家所有权的客体。国家所有权客体的广泛性特征是与集体所有权和私人所有权相比较而言的。

三、集体所有权

(一) 集体所有权的概念和特征

集体所有权又称劳动群众集体组织所有权,是集体组织对其不动产和动产享有的占有、使用、收益、处分的权利。集体组织所有权是劳动群众集体所有制在法律上的表现,其享有者主要是农村集体组织,也包括城镇集体企业。劳动群众集体所有制是我国社会主义公有制的组成部分。集体组织所有权对集体所有制起着巩固和保护的作用,在我国所有权制度中居于重要地位。

集体所有权具有特殊性,不同于一般意义上的所有权。表现在:第一,集体所有权主体是单一的,即集体组织。集体成员不是所有权主体,不能以自己名义行使所有权,也无权擅自处分集体财产。第二,集体所有权的行使具有特殊性,尤其强调对于集体成员利益的保护。集体所有权的行使,必须遵守能够充分反映集体成员共同意志的法定程序,以彰显集体所有权的公有制本质。

(二)集体所有权的主体、行使和保护

1. 集体所有权的主体

集体所有的不动产和动产属于本集体成员集体所有,换句话说,集体组织所有权的主体是集体组织。集体组织的成员个人对集体所有的不动产和动产都不享有所有权。

(1)农民集体所有权的主体。《民法典》第261条第1款规定:"农民集体所有的不动产和动产,属于本集体成员集体所有。""本集体成员集体所有"是指集体组织成员依照法律的规定,对依法属于集体所有的财产共同享有占有、使用、收益和处分的权利。在农民集体所有权的形态下,本集体成员的权利主要是通过成员权来体现的。《民法典》明确农民集体所有的含义是"本集体成员集体所有",强调农民集体所有权与成员个人权利存在的联系,这在一定程度上解决了农民集体所有权之权利主体虚位以及农民集体成员权利保护不力的问题。[①]

(2)城镇集体所有权的主体。《民法典》第263条规定:"城镇集体所有的不动产和动产,依照法律、行政法规的规定由本集体享有占有、使用、收益和处分的权利。"第263条的规定之所以没有"本集体成员集体所有"字样,是因为多年来各地城镇集体企业变化很大,情况各异,难以不加区别地规定为"属于本集体成员集体所有"。

2. 集体所有权的行使

《民法典》对集体所有权的行使从两个方面作了明确规定。(1)农民集体所有的不动产和动产权利的行使。为了保护集体成员的利益,对于一些涉及全体成员利益的重大事项规定,应当依照法定程序经本集体成员决定。依照《民法典》第261条第2款的规定,这些事项包括:"(一)土地承包方案以及将土地发包给本集体以外的组织或者个人承包;(二)个别土地承包经营权人之间承包地的调整;(三)土地补偿费等费用的使用、分配办法;(四)集体出资的企业的所有权变动等事项;(五)法律规定的其他事项。"需要注意两点:其一是"法定程序",即民主决议程序。在《村民委员会组织法》《土地管理法》《农村土地承包法》《草原法》等中均有具体规定。譬如《农村土地承包法》第19条和第52条规定,承包方案应当依法经本集体经济组织成员的村民会议2/3以上成员或者2/3以上村民代表的同意;发包方将农村土地发包给本集体经济组织以外的单位或者个人承包,应当事先经本集体经济组织成员的村民会议2/3以上成员或者2/3

[①] 有观点认为,根据《民法典》第261条第1款的规定,"集体组织与其全体成员同为集体财产的所有权人,出现了集体所有权主体的复合结构"。见崔建远:《物权:规范与学说——以中国物权法的解释论为中心》(上册),清华大学出版社2011年版,第392页。

以上村民代表的同意,并报乡(镇)人民政府批准。又如《草原法》第13条第3款规定,集体所有的草原或者依法确定给集体经济组织使用的国家所有的草原由本集体经济组织以外的单位或者个人承包经营的,必须经本集体经济组织成员的村(牧)民会议2/3以上成员或者2/3以上村(牧)民代表的同意,并报乡(镇)人民政府批准。其二是"土地补偿费等费用"的内涵。征地补偿费用主要包括青苗和地上附着物的补偿、安置补助费和土地补偿费。土地补偿费是对集体土地所有权灭失的补偿。为杜绝因土地补偿费等费用的使用、分配不公而损害广大农民合法权益情形的发生,《民法典》对于土地补偿费等费用的使用和分配办法,设置了民主决议程序。土地补偿费等费用中的"等费用"的具体内涵如下:如果青苗和地上附着物属于农民集体所有,则该"等费用"包括地上附着物和青苗的补偿;如果承包土地被征收的农户由集体组织统一安置,则该"等费用"包括安置补助费。(2)集体所有的土地、森林、山岭、草原、荒地和滩涂等不动产所有权的行使。《民法典》第262条规定:"对于集体所有的土地和森林、山岭、草原、荒地、滩涂等,依照下列规定行使所有权:(一)属于村农民集体所有的,由村集体经济组织或者村民委员会依法代表集体行使所有权;(二)分别属于村内两个以上农民集体所有的,由村内各该集体经济组织或者村民小组依法代表集体行使所有权;(三)属于乡镇农民集体所有的,由乡镇集体经济组织代表集体行使所有权。"

3. 集体所有权的保护

集体所有权作为所有权的一种类型,自然受法律保护。《民法典》专门设置了对于集体所有权进行保护的特别规范。第一,集体成员对于集体财产享有知情权。《民法典》第264条规定,农村集体经济组织或者村民委员会、村民小组应当依照法律、行政法规以及章程、村规民约向本集体成员公布集体财产的状况。集体成员有权查阅、复制相关资料。集体财产属于全体集体成员所有,每个集体成员均享有对集体财产的知情、参与、监督、管理和自主决策的权利。知情权是集体成员行使各项权利的重要前提,集体组织实行财务信息公开,是保障集体成员知情权行使的有效形式。譬如《土地管理法》第49条规定,被征地的农村集体经济组织应当将征收土地的补偿费用的收支状况向本集体经济组织的成员公布,接受监督。第二,集体所有的财产受法律保护,禁止任何单位和个人侵占、哄抢、私分、破坏。集体经济组织、村民委员会或者其负责人作出的决定侵害集体成员合法权益的,受侵害的集体成员可以请求人民法院予以撤销。

(三)集体所有权的客体

集体所有的不动产和动产包括:(1)法律规定属于集体所有的土地和森林、山岭、草原、荒地、滩涂;(2)集体所有的建筑物、生产设施、农田水利设施;(3)集体所有的教育、科学、文化、卫生、体育等设施;(4)集体所有的其他不动产和动产。以上前三项是对重要的集体所有权客体的列举。除属于国家专有的、法律禁止归集体所有的物以外,都可以成为集体所有权的客体。需要注意,法律对土地和森林、山岭、草原、荒地、滩涂等不动产所有权的规定存在差异。农村和城市郊区土地,以农民集体所有为一般,以法律规定为国家所有为例外;而在森林、草原等方面,以国家所有为一般,以法律规定为集体所有为例外。

四、私人所有权

私人所有权是私人对其不动产和动产享有占有、使用、收益、处分的权利。

私人所有权与过去法律规定的个人所有权存在很大差异:第一,私人所有权的主体是以所有制为标准划分的,私人所有权的主体不仅是自然人个人,还包括私人投资设立的不具有法人资格及具有法人资格的独资企业,两个以上的自然人及私有法人企业共同出资设立的合伙企业。第二,个人所有权的客体限于生活资料,私人所有权的客体不限于生活资料。《民法典》第266条规定:"私人对其合法的收入、房屋、生活用品、生产工具、原材料等不动产和动产享有所有权。"

《民法典》不仅规定了私人所有权的客体,而且规定了私人财产的其他表现形式和财产来源,包括合法的储蓄、投资及其收益、继承的财产。还规定私人依法可以独立出资或者与他人共同出资设立企业,享有出资者权益。除了法律规定属于国家和集体的所有权客体及法律禁止成为私人所有权客体的以外的物,都可以成为私人所有权的客体。国家为了宏观经济调控,对某些领域的经济禁止私人经营,实际上也是对私人所有权客体的限制。

针对过去不尊重私人所有权的情况,《民法典》对保护私人所有权作了规定,私人的合法财产受法律保护,禁止任何单位和个人侵占、哄抢、破坏。

五、法人所有权

(一)营利法人所有权

《民法典》第269条第1款规定:"营利法人对其不动产和动产依照法律、行政法规以及章程享有占有、使用、收益和处分的权利。"营利法人是以取得利润并分配给股东等出资人为目的成立的法人,包括有限责任公司、股份有限公司和其他企业法人等。根据民法原理,营利法人的出资人将其财产投入营利法人后,出资人对其出资丧失了财产权,营利法人取得了法人财产权。根据一物一权原则,出资人对其投入营利法人的不动产和动产,丧失了所有权,营利法人取得了法人所有权。营利法人所有权是营利法人在法律和其章程规定的范围内,独占性地支配其不动产和动产的权利。出资人对其出资的营利法人享有出资者权益,包括资产收益、重大决策以及选择经营管理者等权利和义务。在营利法人所有权问题上,国有企业法人所有权的确定很重要。国有企业的经营模式主要有公制和非公司制,它们作为市场主体,应当具有独立的财产,并且能够对自己的行为承担法律责任。在确定国有企业法人所有权之后,不能损害国家作为出资人享有的权益。国家作为出资人,享有资产收益、重大决策以及选择经营管理者等权利。

(二) 其他法人所有权

除了营利法人,还有非营利法人和特别法人。《民法典》第269条第2款规定:"营利法人以外的法人,对其不动产和动产的权利,适用有关法律、行政法规以及章程的规定。"《民法典》第270条规定:"社会团体法人、捐助法人依法所有的不动产和动产,受法律保护。"即是说,营利法人以外的法人,其所有权的行使要受到法律、行政法规和章程的限制。

第三节 业主的建筑物区分所有权

一、业主的建筑物区分所有权的概念

业主的建筑物区分所有权是《民法典》物权编专章规定的不动产所有权的一种形态。所谓建筑物区分所有权,指的是权利人即业主对一栋建筑物中自己专有部分的单独所有权、对共有部分的共有权以及因共有关系而产生的管理权的结合。《民法典》规定的业主的建筑物区分所有权,与有些国家规定的建筑物区分所有权是同一概念,之所以加上"业主的"三个字,是因为"业主""物业"的含义已经为人们所熟悉,为了便于人们理解,故在建筑物区分所有权之前加了"业主的"三个字。为了叙述方便,以下称建筑物区分所有权。需要注意,《建筑物区分所有权解释》对业主进行了扩大解释,即基于与建设单位之间的商品房买卖民事法律行为,已经合法占有建筑物专有部分,但尚未依法办理所有权登记的人,可以认定为业主。

建筑物区分所有权将建筑物的特定部分作为所有权的标的,严格而言,与物权客体须为独立物,以及一物一权主义不相符合。但是依社会观念,一建筑物区分为若干部分,各有该部分的所有权,应为常有之事,而且这样也不妨碍物权的公示,无害于交易安全。基于物权客体的独立性原则,区分所有的专有部分,需具备一定条件,才可以作为建筑物区分所有权中专有权的客体。这些条件包括:

(1) 须具有构造上的独立性,即被区分的部分在建筑物的构造上,可以加以区分并与建筑物的其他部分隔离。至于是否具有足够的独立性,应依一般的社会观念确定。例如,一个住宅单元通过固定的楼板、墙壁与其他单元相隔离,成为独立的住宅单元。内部再以屏风分隔成数个部分的,各部分则不具有构造上的独立性。

(2) 须具有使用上的独立性,即被区分的各部分,可以为居住、工作或其他目的而使用。其主要的界定标准,应为该区分的部分有无独立的出入门户。如果该区分部分必须利用相邻的门户方能出入的,即不具有使用上的独立性。

(3) 能够登记成为特定业主所有权的客体。

规划上专属于特定房屋,且建设单位销售时已经根据规划列入该特定房屋买卖合同中的露台等,应当为专有部分的组成部分。

二、建筑物区分所有权的内容

通说认为,建筑物区分所有权的内容,包括区分所有建筑物专有部分的单独所有权、共有部分的共有权,以及因区分所有权人的共同关系所生的管理权。

(一) 专有部分的单独所有权

专有部分是在一栋建筑物内区分出的独立的住宅或者经营性用房等单元。该单元须具备构造上的独立性与使用上的独立性。

业主对其专有部分享有单独所有权,即对该部分为占有、使用、收益和处分的排他性的支配权,性质上与一般的所有权并无不同。但此项专有部分与建筑物上其他专有部分有密切的关系,彼此休戚相关,具有共同的利益。因此,业主行使权利不得危及建筑物的安全,不得损害其他业主的合法权益。例如,就专有部分的改良、使用,足以影响区分所有建筑物的安全时,不得自行为之。

业主不得违反法律、法规以及管理规约,将住宅改变为经营性用房。业主将住宅改变为经营性用房的,除遵守法律、法规以及管理规约外,应当经有利害关系的业主同意。这里需要注意的是:(1) 业主将住宅改变为经营性用房,未经有利害关系的业主同意的,有利害关系的业主有权请求排除妨害、消除危险、恢复原状或者赔偿损失。(2) 将住宅改变为经营性用房的业主以多数有利害关系的业主同意其行为进行抗辩的,人民法院不予支持。(3) 业主将住宅改变为经营性用房的,本栋建筑物内的其他业主,应当认定为"有利害关系的业主"。建筑区划内,本栋建筑物之外的业主,主张与自己有利害关系的,应证明其房屋价值、生活质量受到或者可能受到不利影响。

专有部分的承租人、借用人等物业使用人,根据法律、法规、管理规约、业主大会或者业主委员会依法作出的决定,以及其与业主的约定,享有相应权利,承担相应义务。

(二) 共有部分的共有权

共有部分是指区分所有的建筑物及其附属物的共同部分,即专有部分以外的建筑物的其他部分。对于共有部分的范围,需要注意的是:(1) 共有部分既有由全体业主共同使用的部分,例如,建筑物的基础、承重结构、外墙、屋顶等基本结构部分,通道、楼梯、大堂等公共通行部分,消防、公共照明等附属设施、设备,避难层、设备层或者设备间等结构部分,也有仅为部分业主共有的部分,如各相邻专有部分之间的楼板、隔墙,部分业主共同使用的楼梯、走廊、电梯等。(2)建筑区划内的道路,属于业主共有,但属于城镇公共道路的除外。(3)建筑区划内的绿地,属于业主共有,但属于城镇公共绿地或者明示属于个人的除外。(4)建筑区划内的其他公共场所、公用设施和物业服务用房,属于业主共有。(5)建筑区划内规划用于停放汽车的车位,以及占用业主共有道路或者其他场地增设的车位,应当首先满足业主的需要。建筑区划内,规划用于停放汽车的车位、车库的归属,由当事人通过出售、附赠或者出租等方式约定。占用业主共有的道路或者其他场地用于停放汽车的车位,属于业主共有。这里的"应当首先满足业主的需要",是要求建设单位按照配置比例将车位、车库,以出售、附赠或者出租等方式处分给业主。而此处的配置比例是指规划确定的建筑区划内用于停放汽车的车位、车库与房屋套数的比例。(6)其他不属于业主专有部分,也不属于市政公用部分或者其他权利人所有的场所及设施等,应当为共有部分。

业主基于对住宅、经营性用房等专有部分特定使用功能的合理需要,无偿利用屋顶以及与其专有部分相对应的外墙面等共有部分的,不应认定为侵权。但违反法律、法规、管理规约,损害他人合法权益的除外。

改变共有部分的用途、利用共有部分从事经营性活动、处分共有部分,以及业主大会依法决定或者管理规约依法确定应由业主共同决定的事项,属于《民法典》第278条第1款第9项规定的有关共有和共同管理权利的"其他重大事项"的范围。

另外,《民法典》规定,业主对建筑物专有部分以外的共有部分,享有权利并承担义务,但不得以放弃权利不履行义务。共有部分为相关业主所共有,均不得分割,也不得单独转让。业主转让建筑物内的住宅、经营性用房的,其对建筑物共有部分享有的共有和共同管理的权利一并转让。业主依据法律规范、合同以及业主公约,对共有部分享有使用、收益、处分权,并按照其所有部分的价值,分担共有部分的修缮费以及其他负担。

(三)业主的管理权

1. 业主的管理权的范围

基于区分所有建筑物的构造,业主在建筑物的权利归属以及使用上形成了不可分离的共同关系,并基于此共同关系而享有管理权。该管理权的内容为:

第一,业主有权设立业主大会并选举业主委员会。《民法典》第277条规定,"业主可以设立业主大会,选举业主委员会。业主大会、业主委员会成立的具体条件和程序,依照法律、法规的规定。地方人民政府有关部门、居民委员会应当对设立业主大会和选举业主委员会给予指导和协助。"《物业管理条例》规定,物业管理区域内全体业主组成业主大会。业主大会应当代表和维护物业管理区域内全体业主在物业管理活动中的合法权益。一个物业管理区域成立一个业主大会。物业管理区域的划分应当考虑物业的共用设施设备、建筑物规模、社区建设等因素。具体办法由省、自治区、直辖市制定。业主委员会执行业主大会的决定事项,应当履行下列职责:召集业主大会会议,报告物业管理的实施情况;代表业主与业主大会选聘的物业服务企业签订物业服务合同;及时了解业主、物业使用人的意见和建议,监督和协助物业服务企业履行物业服务合同;监督管理规约的实施;业主大会赋予的其他职责。业主大会或者业主委员会作出的决定侵害业主合法权益或者违反法律规定的程序的,业主可以请求人民法院予以撤销。

第二,业主有权决定区分建筑物相关事项。《民法典》第278条规定:"下列事项由业主共同决定:(一)制定和修改业主大会议事规则;(二)制定和修改管理规约;(三)选举业主委员会或者更换业主委员会成员;(四)选聘和解聘物业服务企业或者其他管理人;(五)使用建筑物及其附属设施的维修资金;(六)筹集建筑物及其附属设施的维修资金;(七)改建、重建建筑物及其附属设施;(八)改变共有部分的用途或者利用共有部分从事经营活动;(九)有关共有和共同管理权利的其他重大事项。业主共同决定事项,应当由专有部分面积占比三分之二以上的业主且人数占比三分之二以上的业主参与表决。决定前款第六项至第八项规定的事项,应当经参与表决专有部分面积四分之三以上的业主且参与表决人数四分之三以上的业主同意。决定前款其他事项,应当经参与表决专有部分面积过半数的业主且参与表决人数过半数的业主同意。"

《建筑物区分所有权解释》第8条规定,专有部分面积,按照不动产登记簿记载的面积计算;尚未进行物权登记的,暂按测绘机构的实测面积计算;尚未进行实测的,暂按房屋买卖合同记载的面积计算。第9条规定,业主人数,按照专有部分的数量计算,一个专有部分按一人计算。但建设单位尚未出售和虽已出售但尚未交付的部分,以及同一买受人拥有一个以上专有部分的,按一人计算。

《民法典》第281条规定,建筑物及其附属设施的维修资金,属于业主共有。经业主共同决定,可以用于电梯、屋顶、外墙、无障碍设施等共有部分的维修、更新和改造。建筑物及其附属设施的维修资金的筹集、使用情况应当定期公布。紧急情况下需要维修建筑物及其附属设施的,业主大会或者业主委员会可以依法申请使用维修资金。《物业管理条例》第53条规定,住宅物业、住宅小区内的非住宅物业或者与单幢住宅楼结构相连的非住宅物业的业主,应当按照国家有关规定交纳专项维修资金。专项维修资金属于业主所有,专项用于物业保修期满后物业共用部位、共用设施设备的维修和更新、改造,不得挪作他用。专项维修资金收取、使用、管理的办法由国务院建设行政主管部门会同国务院财政部门制定。

建筑物及其附属设施的费用分摊、收益分配等事项,有约定的,按照约定;没有约定或者约定不明确的,按照业主专有部分占建筑物总面积的比例确定。《物业管理条例》第54条规定,利用物业共用部位、共用设施设备进行经营的,应当在征得相关业主、业主大会、物业服务企业的同意后,按照规定办理有关手续。业主所得收益应当主要用于补充专项维修资金,也可以按照业主大会的决定使用。《民法典》第282条规定:"建设单位、物业服务企业或者其他管理人等利用业主的共有部分产生的收入,在扣除合理成本之后,属于业主共有。"

第三,业主享有知情权。《建筑物区分所有权解释》第13条规定,业主请求公布、查阅下列应当向业主公开的情况和资料的,人民法院应予支持:(1)建筑物及其附属设施的维修资金的筹集、使用情况;(2)管理规约、业主大会议事规则,以及业主大会或者业主委员会的决定及会议记录;(3)物业服务合同、共有部分的使用和收益情况;(4)建筑区划内规划用于停放汽车的车位、车库的处分情况;(5)其他应当向业主公开的情况和资料。

第四,业主可以自行管理建筑物及其附属设施,也可以委托物业服务企业或者其他管理人管理。对建设单位聘请的物业服务企业或者其他管理人,业主有权依法更换。《民法典》第940条规定,建设单位依法与物业服务人订立的前期物业服务合同约定的服务期限届满前,业主委员会或者业主与新物业服务人订立的物业服务合同生效的,前期物业服务合同终止。

物业服务企业或者其他管理人根据业主的委托管理建筑区划内的建筑物及其附属设施,并接受业主的监督。业主应当遵守法律、法规以及管理规约。业主大会和业主委员会,对任意弃置垃圾、排放污染物或者噪声、违反规定饲养动物、违章搭建、侵占通道、拒付物业费等损害他人合法权益的行为,有权依照法律、法规以及管理规约,要求行为人停止侵害、消除危险、排除妨害、赔偿损失。

《民法典》第286条规定,业主应当遵守法律、法规以及管理规约,相关行为应当符合节约资源、保护生态环境的要求。对于物业服务企业或者其他管理人执行政府依法实施的应急处置措施和其他管理措施,业主应当依法配合。业主大会或者业主委员会,对任意弃置垃圾、排放污染物或者噪声、违反规定饲养动物、违章搭建、侵占通道、拒付物业费等损害他人合法权益的行为,有权依照法律、法规以及管理规约,请求行为人停止侵害、排除妨碍、消除危险、恢复原状、赔偿损失。业主或者其他行为人拒不履行相关义务的,有关当事人可以向有关行政主管部门报告或投诉,有关行政主管部门应当依法处理。

2. 物业服务合同

《民法典》第285条规定,物业服务企业或者其他管理人根据业主的委托,依照本法第三编有关物业服务合同的规定管理建筑区划内的建筑物及其附属设施,接受业主的监督,并及时答复业主对物业服务情况提出的询问。物业服务企业或者其他管理人应当执行政府依法实施的应急处置措施和其他管理措施,积极配合开展相关工作。

物业服务合同是物业服务人在物业服务区域内,为业主提供建筑物及其附属设施的维修养护、环境卫生和相关秩序的管理维护等物业服务,由业主支付物业费的合同。物业服务合同的内容一般包括服务事项、服务质量、服务费用的标准和收取办法、维修资金的使用、服务用房的管理和使用、服务期限、服务交接等条款。物业服务人公开作出的有利于业主的服务承诺,为物业服务合同的组成部分。

第四节 相邻关系

一、相邻关系的概念

相邻不动产的所有人或使用人在各自行使自己的合法权利时,都要尊重他方所有人或使用人的权利,相互间应当给予一定的方便或接受一定的限制,法律将这种相邻人之间的关系用权利义务的形式确定下来,就是相邻关系。可见,相邻关系是指两个以上相邻不动产的所有人或使用人,在行使占有、使用、收益、处分权利时因给对方提供必要便利而发生的权利义务关系。

不动产相邻关系,从本质上讲是一方所有人或者使用人的财产权利的延伸,同时又是对他方所有人或者使用人的财产权利的限制。例如,甲、乙都是土地的承包经营人,甲承包的土地处于乙承包的土地与公用通道之间,乙如果不通过甲承包的土地就不能到达公用通道,或者虽有其他通道但非常不便,乙就有权通过甲承包的土地到达公用通道或者自己承包的土地。这样,在甲、乙两个承包经营人之间就发生了相邻关系。这种相邻关系对于乙来说,是其土地使用权的合理延伸,而对甲来说,是对其土地使用权的必要限制。这种财产权利的合理延伸和必要限制,对于充分发挥财产的效用,促进社会经济的发展,稳定社会秩序,具有重要意义。

不动产相邻关系具有以下特征:第一,相邻关系发生在两个以上的不动产相邻的所有人或者使用人之间。相邻人可以是自然人,也可以是法人;可以是财产所有人,如集体组织、房屋所有人,也可以是非所有人,如承包经营人、承租人。第二,相邻关系的客体一般不是不动产和动产本身,而是由行使所有权或者使用权所引起的和邻人有关的经济利益或者其他利益,如噪音影响邻人休息,对于不动产和动产本身的归属并不发生争议。有的相邻关系的客体是物,例如,相邻竹木归属关系。第三,相邻关系的发生常与不动产的自然条件有关,即两个以上所有人或者使用人的财产应当是相邻的。如上例承包经营人乙不通过承包经营人甲承包的土地不能到达自己承包的土地。如果甲、乙之间的土地一个在河北,一个在西藏,自然就不可能发生这种通行关系。所谓"相邻",不以不动产的直接相邻接为限。例如甲、乙两村处于同一条河流的上下游,两村虽然不直接相邻,但亦可能因用水、流水、截水与排水关系,而有相邻关系适用的余地。

二、处理相邻关系的原则和具体根据

《民法典》第288条规定:"不动产的相邻权利人应当按照有利生产、方便生活、团结互助、公平合理的原则,正确处理相邻关系。"这是我国司法实践早已形成的经验的总结。

《民法典》第289条规定:"法律、法规对处理相邻关系有规定的,依照其规定;法律、法规没有规定的,可以按照当地习惯。"由于不同地区相邻各方的具体情况不同,差别较大,法律、法规不能作统一的、详细的规定,因此,法律、法规没有规定的,可以按照当地习惯。需要注意,习惯是指在长期的社会实践中逐渐形成的为人们公认的行为准则。习惯应当具有普遍性和认同性,一经国家认可适用,即具有法律效力。

三、各种相邻关系

相邻关系的范围非常广泛,情况也很复杂,以下根据《民法典》的规定和实践,介绍七类常见的相邻关系。

(一)相邻用水、流水、截水、排水关系

《民法典》第290条规定,不动产权利人应当为相邻权利人用水、排水提供必要的便利。对自然流水的利用,应当在不动产的相邻权利人之间合理分配。对自然流水的排放,应当尊重自然流向。相邻人应当尊重水的自然流向,在需要改变流向并影响相邻他方用水时,应征得他方的同意,并对由此造成的损失给予适当补偿。为了灌溉土地,需要提高上游的水位、建筑水坝,必须附着于对岸时,对岸的土地所有人或者使用人应当允许;如果对岸的土地所有人或者使用人也使用水坝及其他设施时,应按受益的大小,分担费用。

自然水流经过地的所有人或者使用人都可以使用流水,但应当共同协商、合理分配使用。如果来自高地段的自然流水,常为低地段的所有人或者使用人使用,即使高地段所有人或者使用人也需要此水,也不得全部堵截,断绝低地段的用水,以免给低地段的所有人或者使用人造成损失。低地段的所有人或者使用人应当允许高地段的自然流水流经其地,不得擅自筑坝堵截,影响高地段的排水。

相邻一方在为房屋设置管、槽或其他装置时,不得使房屋雨水直接注泻于邻人建筑物上或者土地上。

(二) 相邻通行关系

不动产权利人对相邻权利人因通行等必须利用其土地的,应当提供必要便利。《民法典》第291条规定,不动产权利人对相邻权利人因通行等必须利用其土地的,应当提供必要的便利。相邻一方的建筑物或土地,处于邻人的土地包围之中,非经过邻人的土地不能到达公用通道,或者虽有其他通道但需要较高的费用或十分不便的,可以通过邻人的土地以到达公用通道。但通行人在选择道路时,应当选择最必要、损失最少的路线,如只需小道即可,就不得开辟大道;能够在荒地上开辟道路的,就不得在耕地上开辟。通行人应当尽量避免对相邻的不动产权利人造成损害,造成损害的,应当予以赔偿。

历史上形成的通道,土地的所有人或者使用人无权任意堵塞或者改道,以免妨碍邻人通行。如果确实需要改道,应取得邻人的同意。

(三) 相邻管线安设关系

相邻人因建造、修缮建筑物以及铺设电线、电缆、水管、暖气和燃气管线等必须利用相邻土地、建筑物的,该土地、建筑物的权利人应当提供必要的便利。但相邻人应当选择损害最小的地点及方法安设,还应对所占土地及施工造成的损失给予补偿,并于事后及时清理现场。

(四) 相邻防险、排污关系

相邻一方在挖掘土地、建造建筑物、铺设管线以及安装设备等时,不得危及相邻不动产的安全,不得使邻地的地基受到危害,不得使邻地的建筑物受到危害;相邻一方的建筑物有倾倒的危险,威胁邻人的生命、财产安全的,相邻一方应当采取预防措施,如加固、拆除;相邻一方堆放易燃、易爆、剧毒、放射、恶臭物品时,应当与邻地建筑物保持一定距离,或者采取预防措施和安全装置。相邻他方在对方未尽此义务的情况下,有权要求排除妨害,赔偿损失。

相邻人,尤其是化工企业、事业单位,在生产、研究过程中,不得违反国家规定弃置固体废物,排放大气污染物、水污染物、噪声、光、电磁波辐射等有害物质。相邻他方对超标排放的,有权要求相邻人排除妨害,即按国家规定的排放标准排放、治理,而且对造成的损害还有权要求赔偿。

(五) 相邻日照、通风、采光关系

相邻人在建造建筑物时,应当与邻人的建筑物留有一定的距离,不得违反国家规定的有关工程建设标准,以免影响邻人建筑物的日照、通风和采光。可见,在建筑物相邻关系中,有关日照、通风、采光的妨碍行为的判断,是以国家有关工程建设标准的内容作为基本判断标准。建造建筑物违反国家有关工程建设标准的,应当视为超出了社会一般人的容忍限度,受害人可以主张排除妨碍和损害赔偿。

(六)相邻不可量物侵害关系

《民法典》第294条规定,不动产权利人不得违反国家规定弃置固体废物,排放大气污染物、水污染物、土壤污染物、噪声、光辐射、电磁辐射等有害物质。此即不可量物侵害关系。德国和瑞士民法上所谓"不可量物侵害",指噪声、煤烟、震动、臭气、尘埃、放射性等不可量物质侵犯邻人造成干扰、妨害或者损害的情形。相邻各方应当注意环境清洁、舒适,讲究精神文明,不得以高音、噪声、喧嚣、震动等妨碍邻人的工作、生活和休息。否则,邻人有权请求停止侵害以及损害赔偿。

(七)相邻竹木归属关系

相邻地界上的竹木、分界墙、分界沟等,如果所有权无法确定的,推定为相邻双方共有财产,其权利义务适用按份共有的原则。对于相邻他方土地的竹木根枝超越地界,并影响自己对土地的使用的,如妨碍自己土地的庄稼采光,相邻人有权请求相邻他方除去越界的竹木根枝。如果他方经过请求不予除去,相邻人可以自行除去。当然,越界竹木根枝如对相邻人的财产使用并无影响,则相邻人无权请求除去。

第五节 所有权的特别取得方法

动产所有权以动产为其标的物。与不动产所有权相比较,法律对动产所有权的内容和行使限制较少,所有人有更充分的支配权。动产具有移动性,且种类繁多,其所有权取得方法较多,是其特点。就动产所有权取得的特殊情况(例外情形下,亦适用于不动产)而言,有以下特别取得方法:

一、善意取得

善意取得亦称即时取得,是指无处分权人转让标的物给善意第三人时,善意第三人一般可取得标的物的所有权,所有权人不得请求善意第三人返还原物。根据《民法典》的规定,善意取得不限于所有权,其他物权也可以善意取得。

一般认为,善意取得制度来源于日耳曼法。在日耳曼法上,区别动产是不基于所有人的意思归他人占有还是基于所有人的意思归他人占有,而规定了不同的后果:(1)在动产不基于所有人的意思归他人占有的场合,例如被盗、遗失,所有人仍享有权利,动产无论转归何人占有,都有权请求返还。(2)在动产基于所有人的意思交于他人占有时,如租赁、寄托,所有人只有权对其契约的相对人即承租人、受托人请求返还原物、赔偿损失,对于由相对人处取得物之占有的第三人,不得为返还原物的请求。在这种情况下,第三人虽然取得物的占有权,但未取得物的所有权,所有人仍然享有所有权。在契约的相对人从第三人处又取得物的占有时,所有人还有权从其相对人处回复物之占有权。这种基于占有人的意思将物交于他人占有对于第三人即不得请求返还原物的原则,后来在传统民法中称之为"占有公信力"原则。《德国民法典》关于善意取得的规定,就是继承了日耳曼法的做法,在第 932—935 条作了详细的规定:出让人出让非属于他所有之物,善意第三人取得其所有权(第 932 条)。《德国民法典》较日耳曼法作了两点变更:其一,仿效罗马法的取得时效,以第三人的善意为条件;其二,在日耳曼法上第三人不过取得不受所有人追夺的占有,而在《德国民法典》上则由善意第三人取得所有权。

按照所有权的物权的效力,所有权人完全可以对任何占有其物的人请求返还原物。但是,如果允许所有权人在任何情况下都可以请求返还原物,则对善意第三人的保护不周,有害于交易的安全和便捷。因此,法律从保护交易的安全和便捷的角度出发,规定善意第三人在符合法律规定的情况下可以取得无处分权人转让的物的所有权。可见,善意取得制度作为所有权保护的一种例外,是无权处分的特别规定,是对所有权的效力的一种限制,它是法律在所有权的保护与交易的安全和便捷之间予以平衡的结果。

根据我国《民法典》的规定,善意取得必须具备以下的条件:

(1) 无处分权人所转让的,可以是动产,也可以是不动产。《民法典》第 311 条规定的善意取得,适用于动产、不动产,这是《民法典》物权编的一项独特的规定。

比较特殊的是货币和无记名有价证券,无论是否依所有人的意思丧失占有,也不论第三人是有偿还是无偿取得,善意第三人都受善意取得的保护。

对于动产,现代各国物权法还区分了"占有委托物"和"占有脱离物",前者是指基于租赁、保管的合同关系由承租人、保管人控制的物,即占有人对物的占有是基于所有人的意思取得的;后者则是指非基于所有人的意思而丧失占有的物,如遗失物、盗赃物。对于占有委托物,各国物权法规定原则上适用善意取得,而对于占有脱离物,各国物权法一般都规定不能由第三人善意取得。但大都规定有例外:第一,于一定期限后所有人即不得向占有人要求返还。《法国民法典》第 2279 条规定:"……但占有物如系遗失物或盗窃物时,其遗失人或被害人自遗失或被盗之日起三年内,得向占有人请求回复其物……"《日本民法典》第 193 条规定:"……占有物是盗窃的物品或者是遗失的东西,被害者或者失主自失盗或者遗失之时起得于二年内对占有者讨还失物。"《德国民法典》没有这种规定。第二,盗窃物、遗失物通过拍卖程序或在公共市场上出让的,第三人善意取得。《法国民法典》第 2280 条规定:"现实占有人如其占有的盗窃物或遗失物系由市场、公卖或贩卖同类物品的商人处买得者,其原所有人仅在偿还占有人所支付的价金时,始得请求回复其物"。《德国民法典》第 935 条规定:盗窃物或遗失物以及其他违反所有人意思而丧失占有之物,如果是"经由公设拍卖程序而出让",善意第三人取得其所有权。《日本民法典》第194条规定:"占有者是从别人拍卖或者在公共市场上与其同种物品贩卖的地方善意地购买的盗品和遗失物,占有者如果偿付了其物品的代价的,不得收回其失物"。第三,《德国民法典》第935条规定,盗窃物或遗失物以及其他违反所有人意思而丧失占有之物,如系金钱或有价证券,善意第三人取得所有权。我国《民法典》第312条也规定,所有权人或者其他权利人有权追回遗失物。该遗失物通过转让被他人占有的,权利人有权向无处分权人请求损害赔偿,或者自知道或者应当知道受让人之日起2年内向受让人请求返还原物,但是受让人通过拍卖或者向具有经营资格的经营者购得该遗失物的,权利人请求返还原物时应当支付受让人所付的费用。权利人向受让人支付所付费用后,有权向无处分权人追偿。

(2) 第三人必须是有偿地从无处分权人处取得标的物。第三人必须是从无处分权人处取得占有,就是说处分人占有动产或被登记为物权人,但他并无处分权,其处分系无权处分。如果是从代理人、寄卖人等有正当权利人处取得标的物,即使是让与人的行为能力欠缺,或其让与意思有瑕疵(如受欺诈、胁迫),以至于让与行为被撤销而不发生效力时,虽然受让人系出于善意,不知且不应知出让人行为能力欠缺或其意思表示有瑕疵,也不受善意取得的保护。

第三人必须是基于一定的法律关系取得标的物,即一方以转让所有权、设立抵押权等为目的处分标的物,他方基于相应的取得意思而取得标的物。

第三人取得标的物的民事法律行为必须有效。第三人从无处分权人处取得标的物,只是由于其出于善意,从整个社会利益考虑,才对所有人的返还请求权加以一定程度的限制,在符合法律规定的情况下由第三人取得物权,因而第三人从无处分权人处取得标的物的民事法律行为必须有效。第三人如果因无效民事法律行为取得标的物,不受善意取得的保护,不得拒绝所有人返还原物的请求。第三人存在欺诈、胁迫等法定事由而导致民事法律行为被撤销的,也不受善意取得的保护。[①]

第三人必须是有偿取得标的物。第三人如果是无偿地从无处分权人处取得标的物,则无论在何种情况下,即不论处分人是否基于所有人的意思取得动产占有,也不论第三人取得标的物时是恶意还是善意,所有人都有权请求返还,这不仅保护了所有人的权利,对于第三人的合法权益也无损害。例如甲将自行车借给乙使用,乙将其赠与丙,这里无论丙是否知道乙系无权处理,甲都有权请求其返还。在此所谓的"有偿"必须体现为"合理的价格",这应当根据转让标的物的

[①] 参见杜万华主编:《最高人民法院物权法司法解释(一)理解与适用》,人民法院出版社2016年版,第468—495页。

性质、数量以及付款方式等具体情况,参考转让时交易地市场价格以及交易习惯等因素综合认定[《物权编解释(一)》第18条]。

(3) 第三人必须是善意的。善意一词是自拉丁文 bona fides 来的,亦称不知情,指不知存在足以影响法律效力的事实的主观状态。这里所说的善意是指第三人在受让时,不知道转让人无处分权,且无重大过失。真实权利人主张受让人不构成善意的,应当承担举证证明责任[《物权编解释(一)》第14条]。

善意取得要求第三人不知并不应知处分人是无权处分,一般是误信其为所有人或其他有处分权的人。例如,错误地认为动产的承租人、借用人、受寄人、运送人是所有人或其他有处分权的人,并且依转让物当时的环境,他也不应知道占有人系非法转让,如果是对让与人的行为能力、代理权的范围、意思表示的瑕疵发生误解,不受善意取得的保护。

这里的善意,不仅不要求第三人有出让人有权处分的确信,而且是推定任何参加交易的第三人都具有这种善意。物权法对这种善意的保护,是公信原则的体现。与之相对的就是恶意第三人。恶意就是第三人依当时的情况知道或应当知道转让人无让与的权利。即根据当时的环境,依交易的一般情况,可以得出让与人无权让与的结论,则第三人应视为恶意。

依《物权编解释(一)》第15条、第16条的规定,具有下列情形之一的,应当认定不动产受让人知道转让人无处分权:(1) 登记簿上存在有效的异议登记;(2) 预告登记有效期内,未经预告登记的权利人同意;(3) 登记簿上已经记载司法机关或者行政机关依法裁定、决定查封或者以其他形式限制不动产权利的有关事项;(4) 受让人知道登记簿上记载的权利主体错误;(5) 受让人知道他人已经依法享有不动产物权。真实权利人有证据证明不动产受让人应当知道转让人无处分权的,应当认定受让人具有重大过失。受让人受让动产时,交易的对象、场所或者时机等不符合交易习惯的,应当认定受让人具有重大过失。

第三人只需在受让时为善意,如果在事后得知转让人是无处分权人的,他仍然受善意取得的保护。在此所谓的"受让",通常是指依法完成不动产物权转移登记或者动产交付之时。当事人以《民法典》第226条规定的方式交付动产的,转让动产法律行为生效时为动产交付之时;当事人以《民法典》第227条规定的方式交付动产的,转让人与受让人之间有关转让返还原物请求权的协议生效时为动产交付之时。法律对不动产、动产物权的设立另有规定的,应当按照法律规定的时间认定权利人是否为善意[《物权编解释(一)》第17条]。

善意第三人如果再将标的物转让给他人,则无论他人系恶意还是善意,也不论是有偿的还是无偿的,均由其取得所有权。这是因为,善意第三人既然符合善意取得的条件,依据法律的规定对于标的物享有所有权,那么他再将标的物作处分,属于有权处分,受让人自可取得所有权,而不问其主观状态如何。

善意取得制度，旨在解决善意第三人与所有人之间的关系，例如甲把收音机寄存于乙处，乙将其出卖于丙，丙如果是善意，则甲不能向其追回；如果是恶意，则甲得向其追回。故善意取得制度，旨在解决甲丙之间的关系，至于甲乙之间的关系、乙丙之间的关系，则非此制度解决的范围。但会发生以下效果：其一，乙丙之间的关系（即让与人与第三人的关系），仍然与继受取得有同样的效力，丙不能以其为善意取得为理由而免除其应负的义务，例如乙出让甲的收音机时，曾约定有价款，丙仍然应当支付价款；其二，甲乙之间的关系（即所有人与让与人之间的关系），依这种情形可以成立侵权行为，乙对甲应负赔偿损失的责任；如果甲乙间原有合同关系，乙违反合同义务将财产出让，如承租人、保管人将租赁物、保管物出让，亦可成立违约行为，乙应当对甲承担违约责任。

(4) 转让的不动产或者动产依照法律规定应当登记的已经登记，不需要登记的已经交付给受让人。转让人将《民法典》第 225 条规定的船舶、航空器和机动车等交付给受让人的，应当认定符合善意取得的条件[《物权编解释（一）》第 19 条]。

关于第三人基于善意受让而取得所有权，究竟是原始取得还是传来取得，有的学者认为占有的让与行为，除了占有人无处分权这一点外，其余的与有效的法律行为无异，因而如果理解为传来取得，并无不当之处；有的学者则认为从无处分权的人处取得权利，与传来取得的本质不合，因此，这种所有权的取得并非基于让与的法律行为，而是基于法律的直接规定，故应为原始取得。《德国民法典》第 936 条规定，善意取得的动产所有权，如有第三人的权利存在时，并不消灭。这是采用了继受取得的观点。《民法典》第 313 条采原始取得的见解，该条规定，善意受让人取得动产后，该动产上的原有权利消灭，但是，善意受让人在受让时知道或者应当知道该权利的除外。

二、拾得遗失物

遗失物，是所有人遗忘于某处，不为任何人占有的物。遗失物只能是动产，不动产不存在遗失的问题。遗失物也不是无主财产，只不过是所有人丧失了对于物的占有，不为任何人占有的物。所有人丧失对于物的占有的情况，有种种不同。一般是所有人自己因某种原因遗失；还有其他的情况，例如直接占有人（承租人）将物（租赁物）丢失，对于间接占有人（出租人）即所有人来讲，是为遗失物。再如无民事行为能力的所有人将物抛弃，因他欠缺意思能力，就不成立所有权的抛弃，而只是丧失占有，是为遗失物。但是，所有人为了安全的目的或其他考虑，将物品埋藏于土地之中或放置于一定的隐秘的场所，这时所有人并没有丧失对于物的占有，因此该物并不是遗失物，如果因年长日久，所有人忘其所在，则为埋藏物或者隐藏物。

拾得遗失物,应当返还失主。拾得人应当及时通知失主领取,或者送交公安等有关部门。有关部门收到遗失物,知道失主的,应当及时通知其领取;不知道的,应当及时发布招领公告。根据《民法典》第318条,遗失物自发布招领公告之日起1年内无人认领的,归国家所有。

拾得人在遗失物送交有关部门前,有关部门在遗失物被领取前,应当妥善保管遗失物。因故意或者重大过失致使遗失物毁损、灭失的,应当承担民事责任。拾得人侵占遗失物的,无权请求保管遗失物等支出的费用,也无权请求失主按照承诺履行义务。

失主领取遗失物时,应当向拾得人或者有关部门支付保管遗失物等支出的必要费用。失主悬赏寻找遗失物的,领取遗失物时应当按照承诺履行义务。

遗失物如果通过转让被第三人占有的,权利人有权向无处分权人请求损害赔偿,或者自知道或应当知道受让人(第三人)之日起2年内向第三人请求返还原物,但第三人通过拍卖或者向具有经营资格的经营者购得该遗失物的,权利人请求返还原物时应当支付第三人所付的费用。权利人向第三人支付所付费用后,有权向无处分权人追偿。

三、发现埋藏物

埋藏物,是指包藏于他物之中,不容易从外部发现的物。埋藏物以动产为限,不动产从其体积、固定性等方面讲,一般不会发生埋藏的问题。埋藏物一般都是埋藏于土地(称为包藏物)之中,但也不全是如此,例如埋藏于房屋墙壁中的物,也是埋藏物。

埋藏物是有主物,它只是所有人不明,而非无主物。就是说埋藏于土地或其他物之中,年长日久,由于人为的或自然的原因,已经不易确定或不知其归谁所有。

对于埋藏物与遗失物间的区别,学者间有不同的见解。有的学者认为不因所有人的意思丧失占有的,即为遗失物,而埋藏物必然是所有人有意埋藏的。如本来是遗失物,因自然原因被埋藏于地下的,仍然是遗失物;而埋藏于地下之物,因自然原因暴露于地面的,仍然是埋藏物。这是主观主义的区别论。有的学者则认为埋藏物与遗失物的区别,仅在于发现的时候,是否处于被埋藏于他物之状态,如果是,则为埋藏物,否则就是遗失物。遗失物如果长久埋藏于地下则为埋藏物;而埋藏物露出地面为他人拾得,则为遗失物。这是客观主义的区别论。本书作者认为,从埋藏物本身的性质来讲,法律所注重的是其埋藏于他物之中不易被发现和所有人不明的状态,至于其原始状态是否因所有人的意思而丧失占有的,不仅难于求证,而且对发现埋藏物的法律后果无甚影响,所以,从客观的方面区别埋藏物和遗失物较为适当。

根据《民法典》第319条的规定,隐藏物与埋藏物有同一法律地位。所谓隐藏物,是指放置于隐蔽的场所,不易被发现的物。如天花板上搁置的物、屏风中夹带的物,都是隐藏物。所有人不明的埋藏物与隐藏物的归属,根据该条的规定,归国家所有。但这并不是说埋藏物或隐藏物一经发现,都毫无例外地归国家所有。在埋藏物或隐藏物被发现后,如果埋藏或者隐藏该物的人或者其继承人能够证明其合法的所有权或者继承权时,应当将发现的埋藏物或者隐藏物交还给埋藏或者隐藏该物的人或者其继承人,以保护合法财产权利。只有确实查证发现的埋藏物或隐藏物的所有人不明时,才归国家所有。

《民法典》第319条规定,拾得漂流物、发现埋藏物或者隐藏物的,参照适用拾得遗失物的有关规定。法律另有规定的,依照其规定。

四、添附

添附一般是附合、混合的通称,广义的添附还包括加工在内。这三者都是动产所有权的取得方法,在法律效果上有共同点,但与前述的善意取得、拾得遗失物、发现埋藏物不同,它是指数个不同所有人的物结合成一物(合成物、混合物),或者由所有人以外的人加工而成新物(加工物)。

基于添附的事实而产生的所有权归属问题,有这样几种解决途径,即:恢复原状,各归其主;维持现状,使原物的各所有人形成共有关系;维持现状,使因添附而形成之物归某一人所有。比较这三种方法,第一种方法不仅在很多情况下不能或者难于适用,例如加工物,已无法将其恢复原状,而且一定要将合成、混合为一的物分开、恢复其原状,也会毁损该物,不利于发挥物的效用。所以,第一种方法最不足取。而第二种方法会使法律关系较为复杂,不仅给所有人行使权利带来不便,而且易于产生纠纷,故不在不得已时,不宜采用。第三种方法,不仅有经济上的实益,而且使法律关系明确,一劳永逸。从现代各国立法例来看,一般都是根据添附的事实,重新确定所有权的归属,而斟酌具体情况,以形成共有关系为补充。《民法典》第322条规定,因加工、附合、混合而产生的物的归属,有约定的,按照约定;没有约定或者约定不明确的,依照法律规定;法律没有规定的,按照充分发挥物的效用以及保护无过错当事人的原则确定。因一方当事人的过错或者确定物的归属造成另一方当事人损害的,应当给予赔偿或者补偿。

(一) 附合

附合是指两个以上不同所有人的物结合在一起而不能分离,若分离会毁损该物或者花费较大,如用他人的建筑材料建造房屋。附合有两种情况:

(1) 动产与动产的附合。这是指不同所有人的动产互相结合,非毁损不能分离或者分离的费用较大。从我国的司法实践分析,动产与动产的附合应当由原所有人按照其动产的价值,共有合成物。如果可以区别主物或从物,或者一方动产的价值显然高于他方的动产,则应当由主物或价值较高的物的原所有人取得合成物的所有权,并给对方以补偿。

(2) 动产与不动产的附合。这是指动产附合于不动产,成为不动产的组成部分。罗马法中,这种附合主要是因建筑或者种植而产生。一般的原则是建筑物或者种植物归土地所有人所有,至于双方的权利和义务,则视行为人是出于善意还是恶意而定。在我国司法实践中,动产与不动产的附合,由不动产所有人取得合成物的所有权,但应当给原动产所有人以补偿。

(二) 混合

混合,是两个以上不同所有人的动产互相混杂合并,不能识别。混合发生在动产之间,它与附合的不同之处在于:附合(指动产的附合)的数个动产在形体上可以识别、分割,只是分离后要损害附合物的价值,出于社会利益考虑不许分割;而混合则是数个动产混合于一起,在事实上不能也不易区别。但二者的法律效果却无区别规定的理由,故而各国民法大多规定混合准用附合的规定,如《德国民法典》第 948 条、《法国民法典》第 573 条、《日本民法典》第 245 条的规定。

(三) 加工

加工,是指在他人之物上附加自己的有价值的劳动,使之成为新物。对于加工物所有权的归属,《法国民法典》及《日本民法典》以加工物属于材料所有人为原则,而在加工所增加的价值远远超过材料的价值时才属于加工人为例外(《法国民法典》第 570 条至第 572 条、《日本民法典》第 246 条)。而依《德国民法典》第 950 条的规定,加工于他人动产者,以由加工人取得加工物所有权为原则,在加工的价值显然少于材料的价值时,以由材料所有人取得加工物所有权为例外。我国司法实践的一般做法是,加工物的所有权原则上归原物的所有人,并给加工人以补偿。但是当加工增加的价值大于材料的价值时,加工物可以归加工人所有,但应当给原物的所有人以补偿。

五、时效取得

时效取得,是指依取得时效的规定取得所有权。取得时效是时效的一种,它是指当事人因占有他人的物的事实状态经过一定时间,而取得该物所有权的法律制度。

我国民法只规定了诉讼时效而没有规定取得时效。过去学者不赞成规定取得时效的主要理由有二:一是认为,取得时效与我国社会主义道德观念不符,规定这种制度利少弊多,可能会对那些行为不轨的人哄抢、私占国家、集体、公民财产起到鼓励作用。二是认为,从我国财产关系的变化,尤其是土地所有权的限制,以及诉讼时效、善意取得等制度的建立和完善,使取得时效失去了适用的余地。因而我国民法只要规定诉讼时效制度,即可满足调整我国财产关系的需要。

后来学者的通说认为,从维护正常的交易秩序、建立稳定的社会主义经济秩序这样的目的出发,建立取得时效制度是必要的。

六、先占

先占是指最先占有无主财产。罗马法中即有先占制度,是万民法上的所有权取得方法。先占必须在事实上占有物,这种占有要有取得所有权的意思。

我国在立法上没有规定先占制度,学者中也有人认为没有所有人的财产直接归国家所有,而否认先占取得。本书作者认为,在我国,不能一概排斥先占原则。首先,我国法律虽然没有规定先占制度,但也未一般性地规定无主财产归国家所有。因此,认为无主财产一概属于国家并无法律依据。其次,从客观上讲,国家不可能、也没有必要去独占性地支配所有的无主财产。从我国现有法律规定看,埋藏的文物、受国家法律保护的野生动物、渔业资源等重要财产依法都属国家财产,埋藏物、遗失物、无人继承的遗产有特殊的法律规定。这样,在特定法律制度调整之外的无主财产范围很少,其价值也是有限的,主要是一些废弃物,对于这些无主财产,主要是一个废物利用的问题,国家不必去强调自己的所有权。最后,从我国的现实生活来讲,实际上存在着先占原则。对于抛弃的废旧物,先占者可以取得其所有权,物资回收企业也承认先占者的这种权利。我国法律应当从现实生活出发,确认先占制度,这样不仅有利于稳定社会经济秩序,还有利于充分发挥物的效用,促进社会经济的发展。

这里应当指出的是,先占取得只适用于法律对于无主财产的归属没有特别规定的情形。法律如果有特别的规定,如无人继承的遗产,就应当适用法律的特别规定,而不能先占取得。

第十三章 共　　有

第一节　共有的概念与特征

共有,亦称共同所有权,是两个以上的人对同一物享有所有权。共有的法律特征是:

第一,共有的主体不是单一的,而是两个以上的人,如某一所房屋属于甲、乙两人所有。它的主体是复数,而不是单一主体。

第二,共有的客体也是特定的独立物。共有物在共有关系存续期间,不能分割为各个部分由各个共有人分别享有所有权,而是由各个共有人共同享有其所有权,各个共有人的权利及于共有物的全部。

第三,共有人对共有物按照各自的份额或者平等地享有权利。但是,共有人对于自己权利的行使,并不是完全独立的,在许多情况下要体现全体共有人的意志,要受其他共有人的利益的制约。

共有和公有是两个不同的概念。共有财产的主体是两个以上的共有人,各个共有人依法律的规定或者约定享有所有权,他们是共有物的共同所有人。而公有则不同,公有财产的主体是单一的。全民所有的财产的主体是国家,集体所有的财产的主体是集体组织。

共有关系适用于非常广泛的领域,它对促进专业化协作的发展、充分发挥物的效用、便利人们的生活具有重要的作用。共有关系的产生,大致有两种原因:一是基于法律直接规定产生的,如依法律规定,若当事人无特别约定,则夫妻关系存续期间所得的财产归夫妻共有;二是基于合同约定产生的,如三人共同出资购买一辆汽车,以合同约定各人享有的权利和承担的义务。

第二节　按份共有

一、按份共有的概念与特征

按份共有,亦称分别共有,是指两个以上的人对同一项不动产或者动产按照份额享有所有权。按份共有是最常见的共有关系。

按份共有的法律特征有三:第一,各个共有人对于共有物按照份额享有所有权。份额在共有关系产生时,共有人就应当将之明确。按份共有人对共有的不动产或者动产享有的份额,没有约定或者约定不明确的,按照出资额确定;不能确定出资额的,视为等额享有。第二,各个共有人按照各自的份额对共有物分享权利、分担义务。由此可见,按份共有并不是把共有物分为若干份,由各共有人各享有一个所有权,而是共有人对共有物按各自的份额享有权利和承担义务。第三,各个共有人虽然拥有一定的份额,但共有人的权利并不仅限于共有物的某一部分上,而是及于共有物的全部。

《民法典》第308条规定,共有人对共有的不动产或者动产没有约定为按份共有或者共同共有,或者约定不明确的,除共有人具有家庭关系等外,视为按份共有。

按份共有是共有人按各自的份额对共有物共享所有权。按份共有人的份额除了受其他共有人的份额的限制外,关于其处分方法、交付或者登记、保护方式等,均适用所有权的有关规定。

二、按份共有的内部关系

(一) 共有物的占有、使用、收益

各共有人依其份额对共有物进行占有、使用、收益,这种权利的行使及于共有物的全部。例如甲、乙、丙三人共有一匹马,则该三人都得使用该马,并不是说甲有马头,乙有马腰,丙有马尾。但各共有人在行使占有、使用、收益权时,应当按其份额进行。在上例中,如果甲、乙、丙三人应有部分的比例为5:3:2,则对马的使用、收益应为5:3:2。

根据共有物的特征,全体共有人不能同时对共有物进行占有、使用、收益时,例如1匹马不能3个人同时骑乘,这时共有人应如何行使权利?有的学者认为在不妨碍其他共有人权益的前提下,不论其他共有人的意思如何,可以在其份额的范围内,对共有物进行占有、使用、收益。但是,这种做法易于引起共有人之间的纷争。最佳的方案还是应由共有人对占有、使用、收益的方法进行协商,共有人按照约定管理共有的不动产或者动产;没有约定或者约定不明确的,各共有人都有管理的权利和义务。

各共有人应当在其份额的范围内行使权利,否则,就是对其他共有人合法权益的侵害,其他共有人可要求侵害人承担民事责任。

(二) 共有物的处分

在按份共有中,共有人对共有物的处分包括两种:一是对其享有的份额的处分,二是对整个共有物的处分。

按份共有人有权处分其份额。由于共有人的份额都是抽象的,而不是具体的,因此,共有人对其份额只能进行法律上的处分,即将其份额分出或者转让。所谓分出,是指共有人将自己存于共有物上的份额分割出去。依《民法典》第

303 条的规定,若没有约定或约定不明确,按份共有人可以随时请求分割其份额。所谓转让,是指共有人将自己的份额转让给他人。由于各共有人的份额是所有权的量的部分,具有所有权的效力,所以共有人对其份额可以转让,而不必征得其他共有人的同意。值得注意的是,共有人可以在合同中对共有份额的分出和转让进行限制。共有人无合同约定的或者法律规定的正当理由要求分出或者转让其份额时,会构成对其他共有人的违约行为,要承担一定的责任。

由于共有关系一般是建立在共有人的相互信任的基础上的,为了防止某一共有人转让其份额给其他共有人所不了解或者所不信任的人,从而给其他共有人带来损害,按份共有人转让其享有的共有的不动产或者动产份额时,其他共有人在同等条件下享有优先购买的权利。也就是说,在共有人无特别约定的前提下,只要共有人向共有人之外的其他人有偿转让其份额,亦即只要共有份额的权利主体不是因继承、遗赠等原因发生变化,共有份额也不是在按份共有人之间转让的,其他按份共有人均有优先购买权。行使优先购买权的要件之一是"同等条件",对此应当综合共有份额的转让价格、价款履行方式及期限等因素确定。如果两个以上按份共有人主张优先购买且协商不成时,可按照转让时各自份额比例行使优先购买权。

应当指出的是,共有人的这种优先购买权,应当在一定期限内行使,以保护转让其份额的共有人的权益,否则,如果其他共有人无限拖延是否购买的表示,共有人转让其份额的权利就无法得到实现。共有人可以约定优先购买权的行使期间,没有约定或者约定不明的,依《物权编解释(一)》第 11 条的规定,按照下列情形确定:(1) 转让人向其他按份共有人发出的包含同等条件内容的通知中载明行使期间的,以该期间为准;(2) 通知中未载明行使期间,或者载明的期间短于通知送达之日起 15 日的,为 15 日;(3) 转让人未通知的,为其他按份共有人知道或者应当知道最终确定的同等条件之日起 15 日;(4) 转让人未通知,且无法确定其他按份共有人知道或者应当知道最终确定的同等条件的,为共有份额权属转移之日起 6 个月。一旦共有人未在上述期间内主张优先购买,或者虽主张优先购买,但提出减少转让价款、增加转让人负担等实质性变更要求的,应认为其丧失优先购买权,共有人可以将其份额转让给非共有人。

共有人在不损害社会利益和他人利益的条件下,可以抛弃其份额,这是共有人行使其处分权的一种表现。但是,国家机关和国有企业、事业单位不得抛弃其占有的国家财产,当然亦不得抛弃其在共有关系中的份额。在共有人抛弃其份额后,这些份额是否由其他共有人取得,学者间有不同的看法。持否定说的学者认为,份额仅仅是共有物所有权的量的部分,既不是他物权对所有权的限制,也不是份额相互之间的限制,共有人抛弃其份额,其他共有人的份额不会发生回复其原来的圆满状态的问题,因此,被抛弃的份额不能当然由其他共有人享有;持肯定说的学者认为,所有权具有弹力性,则份额亦应具有,一部分份额消灭,其他的份额随之扩张,因而共有人抛弃其份额后,该份额应归属于其他共有人。[①] 立法例上有明确采肯定说的,如《日本民法典》第255条规定:"共有人之一人,抛弃其应有部分时,或者无继承人而死亡时,其应有部分归属于其他共有人。"我国现行立法对此未作规定。本书作者认为,我国立法亦应采肯定说,即共有人抛弃其份额后,应由其他共有人取得。

按份共有人的处分权还包括对共有物的处分,包括:事实上的处分,如改变物的形状、毁坏;法律上的处分,如将物转让(出卖、互易、赠与)他人,在物上为他人设定租赁使用权等债权或者他物权。这种处分及于共有物的全部,涉及全体共有人的利益,因此,《民法典》第301条规定,处分共有的不动产或者动产以及对共有的不动产或者动产作重大修缮、变更性质或者用途的,应当经占份额2/3以上的按份共有人的同意。但是共有人之间另有约定的除外。

某一共有人或者某部分共有人未得到全体共有人或者拥有共有份额2/3以上的共有人的同意,擅自处分共有物的,对其他共有人构成侵权行为。如果是事实上的处分,如毁损共有物,对其他共有人应负侵权责任。如果是法律上的处分,对于其他共有人不产生法律效力。但对于第三人来说,该行为属于效力待定的行为。如果其他共有人事后追认了该行为,该行为有效;如果其他共有人事后不追认该行为,则该行为无效。但是第三人在取得该财产时是出于善意,可按善意取得处理。在共有人擅自进行的法律处分行为得不到其他共有人追认时,其他共有人可要求其承担侵权的民事责任。

(三) 共有物的管理及费用负担

参考外国立法例和根据我国实践,除了共有人之间有特别约定外,对共有物的管理,应由全体共有人共同进行。但有两项例外:(1) 保存行为。这是指保全共有物的物质上或者权利上利益的行为,如共有物的修缮。由于这种行为是为了防止共有物及其权利遭受损害,只会给其他共有人带来利益,而且保存行为往往是比较急迫的行为,所以共有人可以单独进行。(2) 改良行为。这是指在不改变共有物性质的前提下,对共有物进行的加工、修理等行为,以增加共有物的效用或者价值。这种行为不像保存行为那样急迫,而且多少会改变共有物的现状,所以不能完全由共有人单独进行,如其构成《民法典》第301条的"重大修缮",则需经占份额2/3以上的共有人同意方可进行。

共有物的管理费用,包括保存费用和改良费用,以及其他费用,如缴纳税款等,对共有物的管理费用以及其他负担,有约定的,按照约定;没有约定或者约定不明确的,由按份共有人按照其份额负担。如果某一共有人支付上述费用超过

---

① 参见郑玉波:《民法物权》,台湾三民书局1988年版,第120页。

其份额所应负担的部分,有权请求其他共有人按其份额偿还所应负担的部分。这种偿还请求权是一种债权,如果其他共有人不履行此项债务,应按债的一般规则处理。

(四) 共有人之间的物上请求权

按份共有人的份额除了受其他共有人的份额的限制外,其余的都与所有权相同。因此,共有人之间应相互尊重他人份额。如果其他共有人否认共有人的份额时,则共有人可以以该共有人为被告,提起确认其份额的诉讼。如果其他共有人妨害共有权行使的时候,共有人也可以行使物上请求权。

三、按份共有的外部关系

(一) 共有人对于第三人的权利

按份共有人的份额虽然是所有权的量的部分,但其应有部分是及于共有物的全部而非限于局部,因此,基于共有的不动产或者动产产生的债权,共有人享有连带债权,但法律另有规定或者第三人知道共有人不具有连带债权关系的除外。例如,对于无权占有人可以请求返还原物,对于妨害共有物的行为可以请求排除妨碍,等等。共有人对外行使了连带债权之后,在共有人内部关系上,除共有人另有约定外,按份共有人按照份额享有债权,行使了债权的按份共有人应当向其他共有人偿还以其各自的份额应当享有的部分。

(二) 共有人对于第三人的义务

在共有人与第三人发生的民事法律关系中,共有人的义务如何承担?传统物权法理论认为这应当依该义务的性质来确定。如果该义务是可分的,例如偿还第三人对于共有物的修缮费,则各共有人应按其份额对第三人承担义务,第三人也只能请求各共有人依其份额承担义务;如果义务的性质是不可分的,共有人应负连带义务或者承担连带责任。例如共有人甲与乙共同出资购买丙的汽车一辆,约定先交车后付款,丙交车后,甲与乙负连带交付车款的义务。再如共有人对于第三人有共同侵权行为的,则共有人之间应对第三人负连带责任,如甲、乙共有的动物给他人造成损害,甲、乙应负连带赔偿责任。但在这种连带关系中,共有人中的一人或者数人在代替其他共有人履行义务或者承担责任后,有权请求其他共有人偿还其应当承担的部分。《民法典》第307条中规定,因共有的不动产或者动产产生的债务,共有人承担连带债务,但法律另有规定或者第三人知道共有人不具有连带债务关系的除外。共有人对外承担了连带债务之后,在共有人内部关系上,除共有人另有约定外,按份共有人按照份额承担债务,偿还债务超过自己应当承担份额的按份共有人,有权向其他共有人追偿。

四、共有物的分割

按份共有因共有物的灭失、共有物归一人所有、共有人之间的协议等原因而消灭。在按份共有消灭的大多数情况下，都要进行共有物的分割。

共有人约定不得分割共有的不动产或者动产，以维持共有关系的，应当按照约定，但共有人有重大理由需要分割的，可以请求分割；没有约定或者约定不明确的，按份共有人可以随时请求分割。因分割对其他共有人造成损害的，应当给予赔偿。需要注意的是，分割请求权是按份共有人的一项重要权利，这里的赔偿请求权是以按份共有人违反不得分割的约定或者违反法律的规定进行分割而给其他共有人造成损害为前提的。

共有人可以协商确定分割方式。达不成协议的，共有物的分割依以下方式：（1）实物分割。如果共有物为可分物，分割后无损于财产的价值，这时可以按各共有人的份额对实物进行分割，使各共有人分得其应有部分。（2）变价分割。共有物如为不可分物，即不能进行实物分割。如果实物分割会减损财产的价值，如一幅古画、一头牛，或者虽然共有物为可分物，但共有人都不愿取得共有物，可以把共有物予以出卖，各共有人依各自的份额取得共有物的价款。（3）作价补偿。如果共有人中有一人或者数人愿取得共有物，可以把共有物作价，除其应得部分外，按份额补偿其他共有人，从而取得全部共有物的所有权。

共有人分割所得的不动产或者动产有瑕疵的，其他共有人应当分担损失。

第三节 共 同 共 有

一、共同共有的概念与特征

共同共有是指两个以上的人基于共同关系，共同享有一物的所有权。其法律特征有：第一，共同共有根据共同关系产生，必须以共同关系的存在为前提。这种共同关系，或者是法律直接规定的，如夫妻关系、家庭关系，或者是合同约定的，如合伙合同。没有共同关系这个前提，共同共有就不会产生，而丧失这个前提，共同共有就会解体。第二，共同共有没有共有份额。共同共有是不确定份额的共有，只要共同共有关系存在，共有人就不能划分自己对财产的份额。只有在共同共有关系消灭，对共有财产进行分割时，才能确定各个共有人应得的份额。所以，在共同共有中，各个共有人的份额是一种潜在的份额。第三，共同共有的共有人平等地享有权利和承担义务。各个共有人对于共有物，平等地享有占有、使用、收益、处分权，并平等地承担义务。但是，在合伙关系中，依法律的规定或者当事人的特别约定，合伙人可以按一定的份额享有表决权，也可以按照约定的比例分配利润。

二、共同共有的内外部关系

共同共有人的权利,及于共有物的全部。共有人按照约定管理共有的不动产或者动产;没有约定或者约定不明确的,各共有人都有管理的权利和义务。如果根据法律规定或者合同约定,某个或者某些共有人有权代表全体共有人管理共有财产时,则该共有人可以依法或者依合同对共有财产进行管理。例如家庭共有财产的管理可以由家庭成员中推举出一人为之,而不必由全体家庭成员共同进行。

处分共有的不动产或者动产以及对共有的不动产或者动产作重大修缮的,应当经全体共同共有人同意,但共有人之间另有约定的除外。

共同共有人在享有权利的同时,对于共有物的管理费用及其他费用的负担,有约定的,按照约定;没有约定或者约定不明确的,共同共有人共同负担。因共有的不动产或者动产产生的债权债务,在对外关系上,共有人享有连带债权、承担连带债务,但法律另有规定或者第三人知道共有人不具有连带债权债务关系的除外;在共有人内部关系上,除共有人另有约定外,共同共有人共同享有债权、承担债务。

在共同关系存续中,各共同共有人不得请求分割共有物。同时,由于共同共有主要是因婚姻、血缘关系而形成的,共同共有人之间存在着更密切的关系,因此,共同共有人不能像按份共有人那样转让自己的份额(这种份额是潜在的)。共有人约定不得分割共有的不动产或者动产,以维持共有关系的,应当按照约定,但共有人有重大理由需要分割的,可以请求分割①;没有约定或者约定不明确的,共同共有人在共有的基础丧失或者有重大理由需要分割时可以请求分割。因分割对其他共有人造成损害的,应当给予赔偿。需要注意的是,分割请求权是共同共有人的一项重要权利,这里的赔偿请求权是以共有人违反不得分割的约定或者违反法律的规定进行分割而给其他共有人造成损害为前提的。

共同共有的消灭主要是因共同关系的终止而引起的,例如婚姻关系终止引起夫妻共有财产关系的消灭;同时也可以因其他原因而消灭,如共有物灭失、转让给他人等。共有财产的分割,除了应当遵循前述按份共有的共有物分割原则外,还应遵守法律关于该共同共有关系的规定,如法定继承中分割共同继承的遗

---

① 如《民法典》第 1066 条规定:"婚姻关系存续期间,有下列情形之一的,夫妻一方可以向人民法院请求分割共同财产:(一) 一方有隐藏、转移、变卖、毁损、挥霍夫妻共同财产或者伪造夫妻共同债务等严重损害夫妻共同财产利益的行为;(二) 一方负有法定扶养义务的人患重大疾病需要医治,另一方不同意支付相关医疗费用。"

产,应按照法律规定的遗产分配原则进行。至于分割方法,共有人在不损害共有物价值的前提下,可以选择采取实物分割、变价分割、作价补偿等方法。

三、共同共有的类型

在我国实际生活中,常见的共同共有有三种:

(一) 夫妻共有财产

《民法典》第1062条规定,夫妻在婚姻关系存续期间所得的工资、奖金、劳务报酬等财产,为夫妻的共同财产,归夫妻共同所有。夫妻对共同财产,有平等的处理权。这是夫妻共同共有财产的法律依据。

夫妻双方对于夫妻共有财产,有平等地占有、使用、收益、处分的权利。尤其是对共有财产的处分,应当经过协商,取得一致意见后进行。夫妻一方在处分共有财产时,另一方明知其行为而不作否认表示的,视为同意,事后不得以自己未亲自参加处分为由而否认处分的法律后果。夫妻双方对共有财产的平等处分权,并不是说双方共有的任何一件物品都必须双方共同处分才有效,而是说对于那些价值较大或重要的物品必须经夫妻双方协商一致后处分才有效。

(二) 家庭共有财产

家庭共有财产就是家庭成员在家庭共同生活关系存续期间共同创造、共同所得的财产。家庭共有财产是以维持家庭成员共同生活或者生产为目的的财产,它的来源,主要是家庭成员在共同生活期间的共同收入,家庭成员交给家庭的财产以及家庭成员共同积累、购置、受赠的财产。

家庭共有财产属于家庭成员共同所有。但是,对于哪些家庭成员是财产的共有人,有两种不同的观点:一种观点认为,凡是共同生活的近亲属或其他成员,不论其是否对家庭共有财产的形成作出过贡献,都应当视为家庭共有财产的共有人。另一种观点认为,只有对家庭财产的形成有过贡献的家庭成员,才是家庭共有财产的共有人。按照这种观点,未成年子女不能享有家庭共有财产的共有权。至于子女成年以后,自己独立生活,并"分"得父母的部分财产,这是父母赠与的财产,而不是对家庭共有财产的分割。从我国固有民族习惯和现实家庭的社会职能来看,家庭共有财产一般是维持家庭共同生活所必需的,所以认为所有的家庭成员都是家庭共有财产的共有人,有利于稳定家庭关系,促进家庭的和睦团结。

每个家庭成员对于家庭共有财产都享有平等的权利。对于家庭共有财产的占有、使用、收益、处分,应当由全体家庭成员协商一致进行,但法律另有规定的除外。例如家庭成员中的未成年人,尚无民事行为能力,其父母或者家庭中的其他近亲属是其监护人,因而未成年人虽然也是家庭共有财产的共有人,但其共有权的行使要由他的父母或者其他监护人代理。

(三)共同继承的财产

这是指在继承开始以后,遗产分割以前,两个以上的继承人对之享有继承权的遗产。在分割遗产时,共同继承人应当按照法律规定的原则确定各自的份额或者按遗嘱确定各自的份额。

第四节 准 共 有

准共有,是指两个以上的人共同享有所有权以外的财产权。一般地说,现代各国物权法中关于共有的规定,是专门针对所有权的共有状态而言的。但在实际生活中,还存在着大量对所有权以外的财产权的共有,除了土地使用权、抵押权、地役权等物权外,还包括股票、著作权、矿业权、渔业权、水权、专利权、商标权、债权等。[①] 因而各国物权法除规定了共有制度之外,大都设有所有权以外的财产权准共有的有关规定。《民法典》第310条规定,两个以上组织、个人共同享有用益物权、担保物权的,参照适用有关共有的规定。

所有权以外的财产权在形成准共有时,究竟应当适用按份共有,还是共同共有的规定,应当视具体情况而定。如果是数人基于某种共同关系而共有一财产权时,应准用共同共有的有关规定,其他则应准用按份共有的有关规定。

[①] 参见〔日〕我妻荣:《新订物权法》,罗丽译,中国法制出版社2008年版,第347页。

第十四章 用益物权

第一节 用益物权的概念与特征

一、用益物权的概念

用益物权是对他人所有的物,在一定范围内进行占有、使用和收益的权利。基于不同的历史文化传统与经济制度,各国民法上的用益物权类型多有不同,体现了较为突出的固有法特征。《民法典》反映了我国经济体制改革的成果,规定了土地承包经营权、建设用地使用权、宅基地使用权、居住权和地役权。

二、用益物权的特征

与所有权、担保物权相比较,用益物权具有其独有的特征,表现在:

第一,用益物权以对标的物的使用、收益为其主要内容,并以对物的占有为前提。用益物权之"用益",顾名思义,就是对物的使用、收益,以取得物的使用价值。在这一点上用益物权与担保物权不同,也由此决定了用益物权的设立,以对标的物的占有为要件。也就是说,必须将标的物的占有移转给用益物权人,由其在实体上支配标的物。否则,用益物权的目的就无法实现。例如,不移转对土地的占有,建设用地使用权人就根本不可能在土地上营造建筑物。可见,就对标的物的支配方式而言,用益物权是对标的物的有形支配,而且这种有形支配是作为对物的利用的前提而存在的。

第二,用益物权是他物权、限制物权和有期限物权。用益物权是在他人所有物上设定的物权,是非所有人根据法律的规定或者当事人的约定,对他人所有物享有的使用、收益的权利。因而从其法律性质上讲,用益物权属于他物权。

用益物权作为他物权,其客体是他人所有之物。它是所有人为了充分发挥物的效用,将所有权与其部分权能相分离,由用益物权人享有和行使对物的一定范围的使用、收益权能的结果。因此,用益物权是由所有权派生的权利。但是,用益物权的这种派生性并不影响用益物权作为一种独立的财产权的存在。用益物权一旦产生,其权利人就在设定的范围内独立地支配其标的物,进行使用和收益。用益物权人不仅可以排除一般的人对于其行使用益物权的干涉,而且用益物权人在其权利范围内可以依据用益物权直接对抗物的所有人对其权利的非法妨害。即使是作为用益物权形态的地役权,它对需役地而言具有从属性,但这种从属性是从该权利与其主体或者需役地的关联性而言的。这种从属性并不否认地役权自身具有的独立的支配范围和支配方式,不影响它作为一种独立权利的存在。

基于用益物权的他物权性质,用益物权还是限制物权。用益物权只是在一定方面支配标的物的权利,没有完全的支配权。例如建设用地使用权、地役权只限于在特定的方面使用他人的土地,而不像所有权那样作为一种完全的权利,是一种在全面的关系上支配标的物的权利。另外,用益物权的限制物权性质还有一层含义,就是用益物权是在他人之物上设定的权利,实际上是根据所有人的意志在所有权上设定的负担,起着限制所有权的作用。因此在权利的效力范围上,用益物权比所有权具有较优的效力。例如土地所有人在自己的土地上为他人设定了建设用地使用权,则建设用地使用权人要优于土地所有人使用土地。

用益物权还是一种有期限物权,与所有权不同。所有权是没有一定存续期限的物权。用益物权则有一定的期限,在其存续期限届满时用益物权即当然归于消灭。不过,用益物权的存续期限,其表现形式可以是一个确定的期限,如30年、50年,也可以是一个不定期的期限,此时的用益物权在符合一定的条件时,可以随时由当事人的行为终止。用益物权之所以附有一定的存续期限,是因为用益物权是在他人之物上设定的权利,起着限制所有权的作用。如果允许设定永久无期的用益物权,则所有权会处于一种有名无实的境地,有损所有权的本质。[①]

第三,用益物权是不动产物权。《民法典》第323条规定:"用益物权人对他人所有的不动产或者动产,依法享有占有、使用和收益的权利。"据此,用益物权的标的物既可以是不动产,也可以是动产。但着眼于现实,用益物权的标的物限于不动产,包括土地、海域以及房屋、林木等定着物,如土地承包经营权、建设用地使用权和宅基地使用权的标的物是土地,海域使用权的标的物是海域,地役权的标的物包括土地、房屋等地上定作物。《民法典》第323条之所以规定"或者动产",主要是为将来物权类型的发展留有余地。[②] 从目前的用益物权类型来看,都是不动产物权,还没有动产用益物权。在这一点上它与所有权和担保物权都不同,所有权和担保物权的标的物既包括动产,也包括不动产。

用益物权作为不动产物权,由于不动产在财产体系中的重要地位,使得用益物权成为一类重要的财产权利。而由于不动产作为权利客体本身所具有的特殊性,法律对用益物权的确认和保护,在权利的效力范围、行使方式及限制、权利的变动程序等方面的法律思想、法律技术及具体规范都是不同于动产物权的。

[①] 有学者总结,用益物权须为定期性与有限性,否则将有害于所有权之完整性与弹力性。参见谢在全:《民法物权论》(中册),中国政法大学出版社2011年版,第425—426页。

[②] 参见王利明、尹飞、程啸:《中国物权法教程》,人民法院出版社2007年版,第284页。

第四，用益物权主要是以民法为依据，但也有以特别法为依据的。典型的用益物权是民法上的用益物权，如各国立法例上的地上权、永佃权、典权、用益权、居住权、地役权等。这些用益物权不仅地位较为重要，而且其适用范围也较为广泛。但土地法、自然资源法等特别法上也有一些用益物权形式，如海域使用权、探矿权、采矿权、狩猎权、取水权以及从事养殖和捕捞的权利等。这些用益物权在主体、客体或者效力范围等方面都具有一定的特殊性。所以在法律适用上应当首先适用特别法，只有在特别法无规定时，才适用民法。

由于用益物权的物权性质，因不动产或者动产被征收、征用致使用益物权消灭或者影响用益物权行使的，用益物权人有权依照《民法典》的规定获得相应补偿。

第二节 土地承包经营权

一、土地承包经营权的概念与特征

土地承包经营权是反映我国经济体制改革中农村承包经营关系的用益物权。土地承包经营权就是土地承包经营权人依法对其承包经营的农民集体所有或国家所有由农民集体使用的耕地、林地、草地等享有占有、使用和收益的权利，有权从事种植业、林业、畜牧业等农业生产。其特征在于：

第一，土地承包经营权是存在于农民集体所有或者国家所有由农民集体使用的耕地、林地、草地等的权利。

这就是说，承包经营权的标的，是农民集体所有或国家所有由农民集体使用的耕地、林地、草地等，而不是其他不动产。有的集体组织按承包人承包土地的数量，作价或者不作价地分给承包人部分耕畜、农具或者其他生产资料，这是附属于承包经营权的权利。

农村集体所有的土地由本集体经济组织的成员承包经营的，由发包人与承包人签订承包合同，约定双方的权利和义务。

第二，土地承包经营权是对农民集体所有或国家所有由农民集体使用的耕地、林地、草地等承包使用并收益的权利。

承包人对于承包土地等生产资料有权独立进行占有、使用、收益，进行生产经营活动，并排除包括集体组织在内的任何组织或者个人的非法干涉。

第三，土地承包经营权是为种植业、林业、畜牧业或者其他生产经营项目而承包使用、收益集体所有或者国家所有的土地的权利。

这里的种植，不仅是指种植粮食、棉花、油料等作物，也包括树木、茶叶、蔬菜等。另外，在承包的土地或者森林、山岭、草原、荒地、滩涂、水面上经营林业、牧业等,都属承包经营权的范围。

第四,土地承包经营权是有一定期限的权利。根据《民法典》第332条的规定,耕地的承包期为30年。草地的承包期为30年至50年。林地的承包期为30年至70年。承包期限届满,由土地承包经营权人依照农村土地承包的法律规定继续承包。《农村土地承包法》第21条第2款规定,耕地承包期届满后再延长30年,草地、林地承包期届满后依照其承包期相应延长。

在承包期内,发包方不得收回承包地,也不得随意调整承包地,因自然灾害严重毁损承包地等特殊情形对个别农户之间承包的耕地和草地需要适当调整的,必须经本集体经济组织成员的村民会议2/3以上成员或者2/3以上村民代表的同意,并报乡(镇)人民政府和县级人民政府农业农村、林业和草原等主管部门批准。承包合同中约定不得调整的,按照其约定。

从以上承包经营权的特征可以看出,承包经营权虽然产生于承包合同,但不是债的关系,而是一种与债权具有不同性质的物权,并且也是传统民法的物权种类所不能包括的新型物权。

二、土地承包经营权的取得

承包经营权的取得,有基于民事法律行为的,也有非基于民事法律行为的。

(1)基于民事法律行为取得土地承包经营权的,包括创设取得和转移取得两种情况。

土地承包经营权的创设取得,主要是指承包人与发包人通过订立承包经营合同而取得承包经营权。根据《农村土地承包法》第16条第1款的规定,家庭承包的承包方必须是本集体经济组织的农户。承包合同自成立之日起生效,承包方于合同生效时取得土地承包经营权。

土地承包经营权的转移取得,是指在土地承包经营权的流转过程中,受让人通过互换、转让,依法从承包人手中取得土地承包经营权。《民法典》第334条规定,土地承包经营权人依照法律规定,有权将土地承包经营权互换、转让。未经依法批准,不得将承包地用于非农建设。土地承包经营权人将土地承包经营权互换、转让,当事人要求登记的,应当向不动产登记机构申请土地承包经营权转移登记;未经登记,不得对抗善意第三人。可见,民法土地承包经营权以互换、转让方式转移的,采取了登记对抗立法模式。

(2)非基于民事法律行为而取得承包经营权。在这里主要是继承问题。《农村土地承包法》第32条第2款规定,林地承包的承包人死亡,其继承人可以在承包期内继续承包。这意味着,林地承包经营权的承包人死亡的,其继承人可以在承包期内继续承包,也即发生继承。

三、承包人的权利与义务

（一）承包人的权利

依据《农村土地承包法》第17条，承包人的主要权利有：

（1）依法享有承包地使用、收益的权利，有权自主组织生产经营和处置产品。

（2）依法互换、转让土地承包经营权。《农村土地承包法》第33条规定，承包方之间为方便耕种或者各自需要，可以对属于同一集体经济组织的土地的土地承包经营权进行互换，并向发包方备案。第34条规定，经发包方同意，承包方可以将全部或者部分的土地承包经营权转让给本集体经济组织的其他农户，由该农户同发包方确立新的承包关系，原承包方与发包方在该土地上的承包关系即行终止。

（3）依法流转土地经营权。《农村土地承包法》第9条规定，承包方承包土地后，享有土地承包经营权，可以自己经营，也可以保留土地承包权，流转其承包地的土地经营权，由他人经营。《民法典》第339条规定，土地承包经营权人可以自主决定依法采取出租、入股或者其他方式向他人流转土地经营权。《民法典》第341条规定，流转期限为5年以上的土地经营权，自流转合同生效时设立。当事人可以向登记机构申请土地经营权登记；未经登记，不得对抗善意第三人。《农村土地承包法》第47条规定，承包方可以用承包地的土地经营权向金融机构融资担保，并向发包方备案。受让方通过流转取得的土地经营权，经承包方书面同意并向发包方备案，可以向金融机构融资担保。担保物权自融资担保合同生效时设立。当事人可以向登记机构申请登记；未经登记，不得对抗善意第三人。实现担保物权时，担保物权人有权就土地经营权优先受偿。

（4）承包地被依法征收、征用、占用的，有权依法获得相应的补偿。《土地承包纠纷解释》第1条规定，承包地征收补偿费用分配纠纷，人民法院应当依法受理。法律规定土地补偿费归集体经济组织所有，但是承包方的承包地被征收后发生在集体土地所有权人和承包方之间的补偿费用纠纷属于民法调整范围，须作为民事诉讼的受理范围。

（5）法律、行政法规规定的其他权利。

（二）承包人的义务

依据《农村土地承包法》第18条，承包人的主要义务有：

（1）维持土地的农业用途，未经依法批准不得用于非农建设；

（2）依法保护和合理利用土地，不得给土地造成永久性损害；

（3）法律、行政法规规定的其他义务。

四、发包人的权利与义务

根据《农村土地承包法》第 14 条,发包人的主要权利有:
(1) 发包本集体所有的或者国家所有依法由本集体使用的农村土地;
(2) 监督承包方依照承包合同约定的用途合理利用和保护土地;
(3) 制止承包方损害承包地和农业资源的行为;
(4) 法律、行政法规规定的其他权利。

根据《农村土地承包法》第 15 条,发包人的主要义务有:
(1) 维护承包方的土地承包经营权,不得非法变更、解除承包合同;
(2) 尊重承包方的生产经营自主权,不得干涉承包方依法进行正常的生产经营活动;
(3) 依照承包合同约定为承包方提供生产、技术、信息等服务;
(4) 执行县、乡(镇)土地利用总体规划,组织本集体经济组织内的农业基础设施建设;
(5) 法律、行政法规规定的其他义务。

五、土地承包经营权的消灭

土地承包经营权消灭的原因主要有:(1) 承包经营的土地灭失;(2) 承包经营的土地被依法转为建设用地;(3) 承包经营权人丧失承包经营资格或者放弃承包经营权;(4) 法律、行政法规规定的其他情形(《不动产登记暂行条例实施细则》第 51 条)。

六、其他方式的承包

农民集体所有的土地是否可以由本集体经济组织以外的组织或个人承包?依据《土地管理法》与《农村土地承包法》的有关规定,只有符合条件的农村土地,并经法定程序,方可由本集体经济组织以外的组织或个人承包。这些条件是:(1) 只限于不宜采取家庭承包方式的荒山、荒沟、荒丘、荒滩等农村土地;(2) 只能够通过招标、拍卖、公开协商等方式承包;(3) 应当事先经本集体经济组织成员的村民会议 2/3 以上成员或者 2/3 以上村民代表的同意,并报乡(镇)人民政府批准;(4) 本集体经济组织成员未在同等条件下行使优先承包权。在承包合同签订后,承包人取得土地经营权。

依据《农村土地承包法》第 49 条,以其他方式承包农村土地的,应当签订承包合同,当事人的权利和义务、承包期限等,由双方协商确定。承包期限虽然由当事人在承包合同中加以约定,但应当根据从事承包经营事业的具体情况,确定承包经营的期限。例如开发性的承包经营(如开荒造林),由于生产周期较长,需要多年的投资,期限可以长些。这样既有利于土地的开发利用,也可以避免承包期限过长不利于对土地所有权的保护。

依《民法典》第342条、《农村土地承包法》第53条的规定,通过招标、拍卖、公开协商等方式承包农村土地,经依法登记取得权属证书的,可以依法采取出租、入股、抵押或者其他方式流转土地经营权。此外,根据《农村土地承包法》第54条,通过招标、拍卖、公开协商等方式取得土地经营权的,该承包人死亡,其应得的承包收益,依照继承法的规定继承;在承包期内,其继承人可以继续承包。

第三节 建设用地使用权

一、建设用地使用权的概念和特征

根据《民法典》第344条的规定,建设用地使用权是因建筑物或者构筑物及其他附属设施而使用国家所有的土地的权利,因其客体限定为国有土地,故可称为国有建设用地使用权。此外,在集体所有的土地上也能设立建设用地使用权,称为集体建设用地使用权。建设用地使用权具有以下特征:第一,建设用地使用权是存在于国家所有的土地上的物权。建设用地使用权的标的仅以土地为限,而且仅限于国家所有的土地。第二,建设用地使用权是以保存建筑物或者构筑物及其他附属设施为目的的权利。这里的建筑物或者构筑物及其他附属设施是指在土地上下建筑的房屋及其他设施,如桥梁、沟渠、铜像、纪念碑、地窖等,建设用地使用权即以保存此等建筑物或者工作物为目的。第三,建设用地使用权是使用他人土地的权利。建设用地使用权虽以保存建筑物或者构筑物及其他附属设施为目的,但其主要内容在于使用他人的土地。因此,上述建筑物或者构筑物及其他附属设施的有无与建设用地使用权的存续无关。也就是说,有了地上的建筑物或者构筑物及其他附属设施后,固然可以设定建设用地使用权;没有地上建筑物或者构筑物及其他附属设施的存在,也无碍于建设用地使用权的设立;即使地上建筑物或者构筑物及其他附属设施灭失,建设用地使用权也不消灭,建设用地使用权人仍有依原来的使用目的而使用土地的权利。

由于人类文明的进步,科学与建筑技术的发展,土地的利用已不再限于地面,而是向空中和地下扩展,由平面而趋向立体化。在这种情况下,理论上有主张采纳空间权制度,以促进并规范对空间的有效利用。所谓空间权或称空间利用权,是指对地上或者地下空间依法进行利用,并排除他人干涉的权利。但是,在建设用地使用权制度中,建设用地使用权人对于土地的利用,本不以地面为限,而包括土地上下之空间。因而土地所有人亦可依据建设用地使用权制度,就地面上下空间的一定范围为他人设定建设用地使用权。建设用地使用权人也可以在自己的建设用地使用权之上设定次建设用地使用权。所以,建设用地使用权制度应当能够满足土地的立体化与多层次利用的需要。我国《民法典》第345条规定,建设用地使用权可以在土地的地表、地上或者地下分别设立。

二、建设用地使用权的产生和期限

(一) 建设用地使用权的产生

建设用地使用权的产生,如果从建设用地使用权人的角度来考察,就是建设用地使用权的取得。建设用地使用权作为一种不动产物权,自然也适用不动产物权的一般取得原因(如继承)。在此只叙述建设用地使用权取得的几项特殊原因。根据承载建设用地使用权的土地法律属性,可将建设用地使用权的取得分为两大类:在国家所有的土地上设立的建设用地使用权和在集体所有的土地上设立的建设用地使用权。

1. 建设用地使用权的产生方式

第一,划拨方式。土地划拨,是土地使用人只需按照一定程序提出申请,经主管机关批准即可取得建设用地使用权,而不必向土地所有人交付租金及其他费用。《民法典》第347条第3款规定,严格限制以划拨方式设立建设用地使用权。采取划拨方式的,应当遵守法律、行政法规关于土地用途的规定。根据《土地管理法》的有关规定,可以通过划拨方式取得的建设用地包括:国家机关用地和军事用地;城市基础设施用地和公益事业用地;国家重点扶持的能源、交通、水利等基础设施用地;法律、行政法规规定的其他用地。上述以划拨方式取得建设用地,须经县级以上地方人民政府依法批准。《划拨用地目录》规定,符合划拨用地目录的建设用地项目,由建设单位提出申请,经有批准权的人民政府批准,方可以划拨方式提供土地使用权。对国家重点扶持的能源、交通、水利等基础设施用地项目,可以以划拨方式提供土地使用权。对以营利为目的,非国家重点扶持的能源、交通、水利等基础设施用地项目,应当以有偿方式提供土地使用权。以划拨方式取得土地使用权,因企业改制、土地使用权转让或者改变土地用途等不再符合该目录的,应当实行有偿使用。《划拨用地目录》对《土地管理法》规定的划拨用地名录进行了细化,明确划拨用地包括:第一大类,国家机关用地和军事用地,包括:党政机关和人民团体用地;军事用地。第二大类,城市基础设施用地和公益事业用地,包括:(1) 城市基础设施用地:供水设施、燃气供应设施、供热设施、公共交通设施、环境卫生设施、道路广场、绿地;(2) 非营利性邮政设施用地;(3) 非营利性教育设施用地:学校教学、办公、实验、科研及校内文化体育设施;高等、中等、职业学校的学生宿舍、食堂、教学实习及训练基地;托儿所、幼儿园的教学、办公、园内活动场地;特殊教育学校(盲校、聋哑学校、智障者学校)康复、技能训练设施;(4) 公益性科研机构用地;(5) 非营利性体育设施用地;

(6)非营利性公共文化设施用地：图书馆、博物馆、文化馆、青少年宫、青少年科技馆、青少年活动中心；(7)非营利性医疗卫生设施用地；(8)非营利性社会福利设施用地。第三大类，国家重点扶持的能源、交通、水利等基础设施用地，包括：石油天然气设施用地；煤炭设施用地；电力设施用地；水利设施用地；铁路交通设施用地；公路交通设施用地；水路交通设施用地；民用机场设施用地。第四大类，法律、行政法规规定的其他用地，包括：监狱；劳教所；戒毒所、看守所、治安拘留所、收容教育所。

第二，出让方式。建设用地使用权出让是国家以土地所有人身份将建设用地使用权在一定期限内让与土地使用者，并由土地使用者向国家支付建设用地使用权出让金，土地使用者取得建设用地使用权。

建设用地使用权出让有四种形式：协议、招标、拍卖和挂牌。

协议出让国有建设用地使用权，是指市、县人民政府国土资源行政主管部门代表国家作为出让方，与土地使用人按照平等、自愿、有偿的原则协商一致后，签订建设用地使用权出让合同的行为。出让国有土地使用权，除依照法律、法规和规章的规定应当采用招标、拍卖或者挂牌方式外，方可采取协议方式。协议出让国有土地使用权，应当遵循公开、公平、公正和诚实信用的原则。以协议方式出让国有土地使用权的出让金不得低于按国家规定所确定的最低价。协议出让最低价不得低于新增建设用地的土地有偿使用费、征地（拆迁）补偿费用以及按照国家规定应当缴纳的有关税费之和；有基准地价的地区，协议出让最低价不得低于出让地块所在级别基准地价的70%。低于最低价时国有土地使用权不得出让。《协议出让国有土地使用权规定》第15条规定，土地使用者按照《国有土地使用权出让合同》的约定，付清土地使用权出让金、依法办理土地登记手续后，取得国有土地使用权。第16条规定，以协议出让方式取得国有土地使用权的土地使用者，需要将土地使用权出让合同约定的土地用途改变为商业、旅游、娱乐和商品住宅等经营性用途的，应当取得出让方和市、县人民政府城市规划部门的同意，签订土地使用权出让合同变更协议或者重新签订土地使用权出让合同，按变更后的土地用途，以变更时的土地市场价格补交相应的土地使用权出让金，并依法办理土地使用权变更登记手续。

招标出让国有建设用地使用权，是指市、县人民政府国土资源行政主管部门发布招标公告，邀请特定或者不特定的自然人、法人和其他组织参加国有建设用地使用权投标，根据投标结果确定国有建设用地使用权人的行为。

拍卖出让国有建设用地使用权，是指出让人发布拍卖公告，由竞买人在指定时间、地点进行公开竞价，根据出价结果确定国有建设用地使用权人的行为。

挂牌出让国有建设用地使用权，是指出让人发布挂牌公告，按公告规定的期限将拟出让宗地的交易条件在指定的土地交易场所挂牌公布，接受竞买人的报价申请并更新挂牌价格,根据挂牌期限截止时的出价结果或者现场竞价结果确定国有建设用地使用权人的行为。

《民法典》第347条第2款规定,工业、商业、旅游、娱乐和商品住宅等经营性用地以及同一土地有两个以上意向用地者的,应当采取招标、拍卖等公开竞价的方式出让。2007年国土资源部《招标拍卖挂牌出让国有建设用地使用权规定》第4条规定,工业、商业、旅游、娱乐和商品住宅等经营性用地以及同一宗地有两个以上意向用地者的,应当以招标、拍卖或者挂牌方式出让。第24条规定,应当以招标、拍卖、挂牌方式出让国有建设用地使用权而擅自采用协议方式出让的,对直接负责的主管人员和其他直接责任人员依法给予处分;构成犯罪的,依法追究刑事责任。

招标、拍卖和挂牌出让国有建设用地使用权,市、县人民政府国土资源行政主管部门应当根据招标拍卖挂牌出让地块的情况,编制招标拍卖挂牌出让文件。招标拍卖挂牌出让文件应当包括出让公告、投标或者竞买须知、土地使用条件、标书或者竞买申请书、报价单、中标通知书或者成交确认书、国有建设用地使用权出让合同文本。并且,市、县人民政府国土资源行政主管部门应当至少在投标、拍卖或者挂牌开始日前20日,在土地有形市场或者指定的场所、媒介发布招标、拍卖或者挂牌公告,公布招标拍卖挂牌出让宗地的基本情况和招标拍卖挂牌的时间、地点。招标拍卖挂牌公告应当包括下列内容:出让人的名称和地址;出让宗地的面积、界址、空间范围、现状、使用年期、用途、规划指标要求;投标人、竞买人的资格要求以及申请取得投标、竞买资格的办法;索取招标拍卖挂牌出让文件的时间、地点和方式;招标拍卖挂牌时间、地点、投标挂牌期限、投标和竞价方式等;确定中标人、竞得人的标准和方法;投标、竞买保证金;其他需要公告的事项。

采取协议、招标、拍卖、挂牌等出让方式设立建设用地使用权的,当事人应当采取书面形式订立建设用地使用权出让合同。建设用地使用权出让合同一般包括下列条款:(1)当事人的名称和住所;(2)土地界址、面积等;(3)建筑物、构筑物及其附属设施占用的空间;(4)土地用途;(5)使用期限;(6)出让金等费用及其支付方式;(7)解决争议的方法。①

第三,流转方式。建设用地使用权流转,是指土地使用人将建设用地使用权再转移给他人,如转让、互换、出资、赠与等。建设用地使用权转让、互换、出资或者赠与的,应当向不动产登记机构申请转移登记。基于土地使用权流转的法律事实,新建设用地使用权人即取得原建设用地使用权人的建设用地使用权。《城

---

① 划拨和出让是国有建设用地使用权产生的主要方式,此外还包括国有土地租赁、作价出资(入股)、授权经营等方式,可参见《土地管理法实施条例》第17条、1999年国土资源部《规范国有土地租赁若干意见》等。

市房地产管理法》第38条规定了禁止建设用地使用权流转的情形:以出让方式取得土地使用权,不符合本法第39条规定的条件的;司法机关和行政机关依法裁定、决定查封或者以其他形式限制房地产权利的;依法收回土地使用权的;共有房地产,未经其他共有人书面同意的;权属有争议的;未依法登记领取权属证书的;法律、行政法规规定禁止转让的其他情形。第39条规定,以出让方式取得土地使用权的,转让房地产时,应当符合下列条件:按照出让合同约定已经支付全部土地使用权出让金,并取得土地使用权证书;按照出让合同约定进行投资开发,属于房屋建设工程的,完成开发投资总额的25%以上,属于成片开发土地的,形成工业用地或者其他建设用地条件。转让房地产时房屋已经建成的,还应当持有房屋所有权证书。

以划拨方式取得土地使用权的,转让房地产时,应当按照国务院规定,报有批准权的人民政府审批。有批准权的人民政府准予转让的,应当由受让方办理土地使用权出让手续,并依照国家有关规定缴纳土地使用权出让金。以划拨方式取得土地使用权的,转让房地产报批时,有批准权的人民政府按照国务院规定决定可以不办理土地使用权出让手续的,转让方应当按照国务院规定将转让房地产所获收益中的土地收益上缴国家或者作其他处理。

2. 建设用地使用权的登记

设立建设用地使用权的,应当向登记机构申请建设用地使用权登记。建设用地使用权自登记时设立。另外,依照《招标拍卖挂牌出让国有建设用地使用权规定》第23条的规定,受让人依照国有建设用地使用权出让合同的约定付清全部土地出让价款后,方可申请办理土地登记,领取国有建设用地使用权证书。未按出让合同约定缴清全部土地出让价款的,不得发放国有建设用地使用权证书,也不得按出让价款缴纳比例分割发放国有建设用地使用权证书。(1)登记申请人。以出让方式设立建设用地使用权的,登记申请人是建设用地使用权出让合同中的受让人;以划拨方式设立建设用地使用权的,登记申请人是获得政府批准使用该土地的单位或者个人。(2)登记事项。一般包括建设用地使用权人、建设用地的位置及范围等、土地用途、土地使用期限、允许建造的建筑物情形等。(3)登记效力。建设用地使用权的设立登记是建设用地使用权的法定公示方法,是建设用地使用权成功设立的法定要件。因此,仅通过签订建设用地使用权合同,或者取得政府批准的划拨用地文件,尚未完成建设用地使用权登记的,用地人不能取得建设用地使用权。

(二)建设用地使用权的期限

我国法律、法规中对于建设用地使用权的期限,是分别不同种类的建设用地使用权进行规定的。通过土地划拨及乡(镇)村建设用地程序取得的建设用地使用权,是无期限的。通过这种程序取得建设用地使用权的建设用地使用权人,除了法律规定使建设用地使用权消灭的原因外,可以无期限地使用土地。

通过建设用地使用权出让取得建设用地使用权的,根据《城镇国有土地使用权出让和转让暂行条例》第12条的规定,按照土地的不同用途,土地使用权的最高年限为:(1)居住用地70年;(2)工业用地50年;(3)教育、科技、文化、卫生、体育用地50年;(4)商业、旅游、娱乐用地40年;(5)综合或者其他用地50年。每一块土地的实际使用年限,在最高年限内,由出让方和受让方双方商定。《民法典》第354条规定,建设用地使用权转让、互换、出资、赠与或者抵押的,当事人应当采取书面形式订立相应的合同。使用期限由当事人约定,但是不得超过建设用地使用权的剩余期限。

三、建设用地使用权的内容

建设用地使用权的内容就是建设用地使用权人享有的权利和承担的义务。

(一)建设用地使用权人的权利

1. 占有和使用土地

建设用地使用权是为保存建筑物或者构筑物及其他附属设施而使用土地的权利,因此使用土地是建设用地使用权人的最主要权利。建设用地使用权人对土地的使用权,应当在划拨或者约定所限定的范围内进行。例如,限定房屋的高度或者限制房屋的用途的,建设用地使用权人使用土地时不得超出该项范围。由于建设用地使用权为使用土地的物权,建设用地使用权人为实现其权利,自然以占有土地为前提。

建设用地使用权人建造的建筑物、构筑物及其附属设施的所有权属于建设用地使用权人,但有相反证据证明的除外。

2. 权利处分

建设用地使用权人可以处分其权利。这主要有以下几种情形:

(1)建设用地使用权人有权将建设用地使用权转让、互换、出资或者赠与,但法律另有规定的除外。建设用地使用权转让,是指建设用地使用权人以建设用地使用权为出售标的,通过收取对价的方式,将建设用地使用权转移给受让人的行为。建设用地使用权互换,是指建设用地使用权人以其享有的建设用地使用权换取他人的建设用地使用权的行为。建设用地使用权出资,是指建设用地使用权人将其享有的建设用地使用权作价,作为其资本金投入企业中或者与他人合资合作开发经营的行为。建设用地使用权赠与,是指建设用地使用权人在使用期限内无偿将其依法享有的建设用地使用权转移给他人的行为。既然建设用地使用权是以保存建筑物、构筑物及其附属设施为目的,则其必须与建筑物、构筑物及其附属设施共命运,建设用地使用权转让、互换、出资或者赠与的,附着于该土地上的建筑物、构筑物及其附属设施一并处分。建筑物、构筑物及其附属设施转让、互换、出资或者赠与的,该建筑物、构筑物及其附属设施占用范围内的建设用地使用权一并处分。但是,在设定建设用地使用权时如果当事人对建设用地使用权的流转作了限制,则建设用地使用权人不得超出该限制而流转其建设用地使用权。

(2) 抵押。建设用地使用权可以作为抵押权的标的,此时,其地上的建筑物或者构筑物及其他附属设施也随之抵押。另外,当地上的建筑物或者构筑物及其他附属设施抵押时,其使用范围内的建设用地使用权也随之抵押。

(3) 出租。建设用地使用权人可以作为出租人将建设用地使用权连同地上的建筑物或者构筑物及其他附属设施租赁给他人使用并收取租金。在建设用地使用权出租后,建设用地使用权人(出租人)仍需向土地所有人履行义务。

但是,通过土地划拨取得的建设用地使用权,只有在下列几种情况下,才可以转让、抵押、出租:(1)土地使用者为公司、企业、其他经济组织和个人;(2)领有不动产权证;(3)具有地上建筑物、其他附着物合法的产权证明;(4)签订土地使用权出让合同,向当地市、县人民政府补交土地使用权出让金或者以转让、出租、抵押所获收益抵交土地使用权出让金。在其他情况下,通过划拨土地取得的建设用地使用权不得转让、出租、抵押。

3. 附属行为

建设用地使用权人可以在其地基范围内进行非保存建筑物或者构筑物及其他附属设施的附属行为,如修筑围墙、种植花木、养殖等。

(二) 建设用地使用权人的义务

(1) 建设用地使用权人应当依照法律规定以及合同约定支付出让金等费用。土地出让金是建设用地使用权人为取得建设用地使用权所必须支付的对价。以划拨方式取得建设用地使用权的,虽然无须为取得对土地的使用权而支付对价,但用地人并非不需要支付任何费用。如果划拨用地使用权人取得使用权的土地上有原用地人以及地上物,则用地人必须向国家缴纳补偿、安置等费用后,才可以取得建设用地使用权,除非国家决定无偿将土地交付其使用。

(2) 建设用地使用权人应当合理利用土地,不得改变土地用途;需要改变土地用途的,应当依法经有关行政主管部门批准。《土地管理法》第56条规定,建设单位使用国有土地的,应当按照土地使用权出让等有偿使用合同的约定或者土地使用权划拨批准文件的规定使用土地;确需改变该幅土地建设用途的,应当经有关人民政府土地行政主管部门同意,报原批准用地的人民政府批准。其中,在城市规划区内改变土地用途的,在报批前,应当先经有关城市规划行政主管部门同意。建设用地使用权人擅自改变出让合同约定的土地用途的,属于根本违约行为,出让人依法有权解除合同。

四、建设用地使用权的消灭

建设用地使用权的消灭原因主要有:(1)因为使用期限届满而未续期(住宅建设用地使用权期间届满的,自动续期)。《民法典》第359条规定,住宅建设用地使用权期间届满的,自动续期。续期费用的缴纳或减免,依照法律、行政法规的规定办理。非住宅建设用地使用权期间届满后的续期,依照法律规定办理。该土地上的房屋及其他不动产的归属,有约定的,按照约定;没有约定或者约定不明确的,依照法律、行政法规的规定办理。(2)被依法收回。《土地管理法》第58条规定:"有下列情形之一的,由有关人民政府自然资源主管部门报经原批准用地的人民政府或者有批准权的人民政府批准,可以收回国有土地使用权:(一)为实施城市规划进行旧城区改建以及其他公共利益需要,确需使用土地的;(二)土地出让等有偿使用合同约定的使用期限届满,土地使用者未申请续期或者申请续期未获批准的;(三)因单位撤销、迁移等原因,停止使用原划拨的国有土地的;(四)公路、铁路、机场、矿场等经核准报废的。依照前款第(一)项的规定收回国有土地使用权的,对土地使用权人应当给予适当补偿。"《民法典》第358条规定,建设用地使用权期限届满前,因公共利益需要提前收回该土地的,应当依法对该土地上的房屋以及其他不动产给予补偿,并退还相应的出让金。《城市房地产管理法》第26条规定,以出让方式取得土地使用权进行房地产开发,必须按照土地使用权出让合同约定的土地用途、动工开发期限开发土地。满2年未动工开发的,可以无偿收回土地使用权;但是,因不可抗力或者政府、政府有关部门的行为或者动工开发必需的前期工作造成动工开发迟延的除外。(3)土地灭失。作为权利客体的土地不存在,则建设用地使用权自然消灭。

建设用地使用权消灭的,出让人应当及时申请办理注销登记。登记机构应当收回相应的权利证书。

五、在集体所有的土地上设立的建设用地使用权

《民法典》第361规定,集体所有的土地作为建设用地的,应当依照土地管理的法律规定办理。《土地管理法》第59条规定,乡镇企业、乡(镇)村公共设施、公益事业、农村村民住宅等乡(镇)村建设,应当按照村庄和集镇规划,合理布局,综合开发,配套建设;建设用地,应当符合乡(镇)土地利用总体规划和土地利用年度计划,并依照土地管理法的相关规定办理审批手续。

在集体所有的土地上设立的建设用地使用权的主要内容有:

第一,乡(镇)村公益用地使用权。根据《土地管理法》第61条,乡(镇)村公共设施、公益事业建设,需要使用土地的,经乡(镇)人民政府审核,向县级以上地方人民政府自然资源主管部门提出申请,按照省、自治区、直辖市规定的批准权

限,由县级以上地方人民政府批准;其中,涉及占用农用地的,依照《土地管理法》的规定办理审批手续。

第二,企业建设用地使用权。根据《土地管理法》第60条,农村集体经济组织使用乡(镇)土地利用总体规划确定的建设用地兴办企业或者与其他单位、个人以土地使用权入股、联营等形式共同举办企业的,应当持有关批准文件,向县级以上地方人民政府自然资源主管部门提出申请,按照省、自治区、直辖市规定的批准权限,由县级以上地方人民政府批准;其中,涉及占用农用地的,依照《土地管理法》的规定办理审批手续。兴办企业的建设用地,必须严格控制。省、自治区、直辖市可以按照乡镇企业的不同行业和经营规模,分别规定用地标准。

第三,集体经营性建设用地使用权。根据《土地管理法》第63条,土地利用总体规划、城乡规划确定为工业、商业等经营性用途,并经依法登记的集体经营性建设用地,土地所有权人可以通过出让、出租等方式交由单位或者个人使用,并应当签订书面合同,载明土地界址、面积、动工期限、使用期限、土地用途、规划条件和双方其他权利义务。前款规定的集体经营性建设用地出让、出租等,应当经本集体经济组织成员的村民会议2/3以上成员或者2/3以上村民代表的同意。通过出让等方式取得的集体经营性建设用地使用权可以转让、互换、出资、赠与或者抵押,但法律、行政法规另有规定或者土地所有权人、土地使用权人签订的书面合同另有约定的除外。集体经营性建设用地的出租,集体建设用地使用权的出让及其最高年限、转让、互换、出资、赠与、抵押等,参照同类用途的国有建设用地执行。具体办法由国务院制定。

第四节 宅基地使用权

一、宅基地使用权的概念及特征

宅基地使用权指的是农村集体经济组织的成员依法享有的在农民集体所有的土地上建造个人住宅及其附属设施的权利。《民法典》第362条规定,宅基地使用权人依法对集体所有的土地享有占有和使用的权利,有权依法利用该土地建造住宅及其附属设施。宅基地使用权具有如下特征:

第一,宅基地使用权的主体是农村集体经济组织的成员。

第二,宅基地使用权的用途仅限于村民建造个人住宅及其附属设施,譬如厨房、院墙等。宅基地使用权人不得将宅基地使用权出卖或者转让。任何组织或者个人也不得侵占、买卖或者以其他形式非法转让宅基地使用权。不过,本农村集体成员之间转让宅基地使用权,受到法律保护,这在司法实践中得到普遍认可。而且,中央也在推动宅基地制度的改革,如中共中央办公厅、国务院办公厅于 2015 年 11 月 2 日印发《深化农村改革综合性实施方案》,提出"探索宅基地有偿使用制度和自愿有偿退出机制,探索农民住房财产权抵押、担保、转让的有效途径"。

第三,宅基地使用权实行"一户一宅"制。根据《土地管理法》第 62 条的规定,农村村民一户只能拥有一处宅基地,其宅基地的面积不得超过省、自治区、直辖市规定的标准。人均土地少,不能保障一户拥有一处宅基地的地区,县级人民政府在充分尊重农村村民意愿的基础上,可以采取措施,按照省、自治区、直辖市规定的标准保障农村村民实现户有所居。农村村民建住宅,应当符合乡(镇)土地利用总体规划、村庄规划,不得占用永久基本农田,并尽量使用原有的宅基地和村内空闲地。编制乡(镇)土地利用总体规划、村庄规划应当统筹并合理安排宅基地用地,改善农村村民居住环境和条件。农村村民住宅用地,由乡(镇)人民政府审核批准;其中,涉及占用农用地的,依照《土地管理法》的规定办理审批手续。农村村民出卖、出租、赠与住宅后,再申请宅基地的,不予批准。国家允许进城落户的农村村民依法自愿有偿退出宅基地,鼓励农村集体经济组织及其成员盘活利用闲置宅基地和闲置住宅。

二、宅基地使用权的变动

《民法典》第 363 条规定,宅基地使用权的取得和转让,适用土地管理的法律和国家有关规定。

农村村民要获得宅基地使用权,应通过申请并获得有权机关的批准。取得宅基地使用权必须具备如下条件:第一,须具备村民资格。申请人必须是无宅基地、家庭人口众多确需分户居住的,因国家或乡(镇)建设需要另行安排宅基地的或者在农村落户需建住宅而无宅基地的村民。第二,申请人提出申请。村民首先向所在地的农村集体经济组织提出申请,集体经济组织同意后将申请提交乡(镇)土地管理部门,后者接到申请后到现场查看。申请人填写建房用地申请表,经乡(镇)人民政府审核后报县级人民政府土地管理部门审批。第三,可以作为宅基地的土地,应符合乡(镇)土地利用总体规划,尽量利用原有的宅基地和村内空闲地。如果占用农用地作为宅基地,则需要依照《土地管理法》第 44 条的规定办理审批手续。宅基地使用权只能由宅基地使用权人行使,任何组织或者个人不得侵占、损毁宅基地。

宅基地使用权有效转让,必须满足下列条件:第一,转让行为应征得本集体经济组织同意;第二,受让人为同一集体经济组织内部成员;第三,受让人没有住房和宅基地,且符合宅基地使用权的分配条件。

宅基地因自然灾害等原因灭失的,宅基地使用权消灭。譬如出现地震、海啸、山洪、山体滑坡等自然灾害造成宅基地灭失的,宅基地使用权自然消灭。依

《民法典》第364条的规定,对失去宅基地的村民,应当重新分配宅基地。这里的"失去宅基地"除了因自然灾害导致宅基地灭失的情形外,还包括因集体经济组织收回宅基地或者国家征收而使农户失去宅基地的情况。

三、宅基地使用权的内容

宅基地使用权人对宅基地享有如下权利,并承担一定的义务:

(1) 占有和使用宅基地。宅基地使用权人有权占有宅基地,并在宅基地上建造个人住宅以及与居住生活相关的附属设施。

(2) 收益和处分。宅基地使用权人有权获得因使用宅基地而产生的收益,譬如在宅基地空闲处种植果树等经济作物而产生的收益。由于我国地少人多,农村社会保障体系还没有全面建立,为保护耕地和保障农民的基本生活条件,现行法律对宅基地使用权的控制比较严格。

(3) 宅基地使用权人出卖、出租住房后,再申请宅基地的,土地管理部门将不再批准。已经登记的宅基地使用权转让或者消灭的,应当及时办理变更登记或者注销登记。

第五节 居 住 权

一、居住权的概念与特征

《民法典》第366条规定,居住权人有权按照合同约定,对他人的住宅享有占有、使用的用益物权,以满足生活居住的需要。据此,居住权是指对他人住房及其附属设施占有、使用的权利。居住权是旨在满足居住需要的权利类型,具有一定限度内的社会福利和保障作用,与其他主要作为市场交易对象而存在的物权类型有所不同。在实践中,为了帮助离婚中生活困难一方,或为了通过以房养老来解决养老问题,都可以设立居住权。居住权具有如下特征:

第一,居住权是物权而非债权。在租赁合同中,承租人可以对承租的住房占有、使用,但这种权利是基于租赁合同之债而发生的。根据《民法典》第705条的规定,租赁期限不得超过20年。超过20年的,超过部分无效。而居住权是物权,相比于债权具有稳定性,使用期限可以是权利人的终身。与租赁合同相比,居住权更有利于保护权利人,居住权因此不能被租赁所替代,这正是增设居住权制度的重要原因。

第二,居住权是对他人住房占有、使用的用益物权。居住权的内容是以生活居住为目的而占有、使用他人住房。传统民法中,设立居住权的目的是为了解决具有赡养、抚养等关系的人的居住问题,不承认居住权具有"收益"权能。在我国,为了拓展居住权制度的适用空间、实现住房利用效益最大化,承认居住权人的合理用益,即在有约定时居住权人也可以"出租"住房。《民法典》第369条中规定,"设立居住权的住宅不得出租,但是当事人另有约定的除外"。

第三,居住权有强烈的人身属性。居住权是基于特定人的生活需要而设定的权利,因此取决于个人需求而与特定个人相关联,有强烈的人身属性,故而,居住权不能转让,并因居住权人的死亡而消灭,不能继承。

二、居住权的设立

居住权主要基于民事法律行为设立。首先,居住权可以基于双方法律行为设立。《民法典》第367条规定,设立居住权,当事人应当采用书面形式订立居住权合同。居住权合同一般包括下列条款:(1)当事人的姓名或者名称和住所;(2)住宅的位置;(3)居住的条件和要求;(4)居住权期间;(5)解决争议的方法。《民法典》第368条中规定,设立居住权的,应当向登记机构申请居住权登记。居住权自登记时设立。其次,居住权可以基于单方法律行为设立。《民法典》第371条规定,以遗嘱方式设立居住权的,参照适用本章的有关规定。以遗嘱方式设立居住权的,自被继承人死亡时生效。

此外,居住权也可以基于人民法院、仲裁委员会的生效法律文书设立。《民法典》第1090条规定,"离婚时,如果一方生活困难,有负担能力的另一方应当给予适当帮助。具体办法由双方协议;协议不成的,由人民法院判决"。在已经被废止的最高人民法院《关于〈适用中华人民共和国婚姻法〉若干问题的解释(一)》第27条中规定的"婚姻法第四十二条所称'一方生活困难',是指依靠个人财产和离婚时分得的财产无法维持当地基本生活水平。一方离婚后没有住处的,属于生活困难。离婚时,一方以个人财产中的住房对生活困难者进行帮助的形式,可以是房屋的居住权或者房屋的所有权"。尽管在该司法解释施行期间,我国立法层面还无物权性的居住权,但可以看出,离婚时为了帮助生活困难一方,设立居住权是实践诉求。在《民法典》颁布之后,像其他物权一样,居住权可以基于人民法院、仲裁委员会的生效法律文书而设立。

三、居住权的内容

居住权是为满足生活居住需要而使用他人住房,故而居住权人及其家庭成员均可使用住房。《德国民法典》第1093条就规定"居住权人有权将其家庭成员以及为其提供符合身份的服侍和护理的必要人员接纳入住宅中"。此外,在有约定时,居住权人可以出租住房。在占有和使用住房的同时,居住权人负有保管和维修义务,以便平衡其与房屋所有权人之间的利益。

四、居住权的消灭

民事法律行为和民事法律行为以外的原因均可导致居住权消灭。第一,基于民事法律行为消灭居住权。具体为:(1)抛弃。权利人可以抛弃居住权。抛弃是一种单方法律行为,抛弃居住权需向所有权人为之,且办理注销登记才发生效力。(2)合同。当事人约定居住权存续期间的,居住权自期间届满时消灭。虽然居住权期限未届满,但当事人协商一致解除合同的,也能消灭居住权。第二,基于民事法律行为以外的原因消灭居住权。具体为:(1)标的物灭失。因地震、火灾等导致房屋倒塌、烧毁的,标的物上的居住权随之消灭。(2)权利人死亡。由于居住权具有人身专属性,当权利人死亡时居住权消灭。(3)混同。《民法典》将居住权作为一种他物权规定,只允许在他人住房上设定居住权,当所有权人与居住权人同一时,居住权因之消灭。但是,实践中,在以房养老而设定居住权的场合,允许所有权人为自己设立居住权,然后再将设有居住权的房屋卖出,更有利于居住权制度功能的发挥,符合社会需要。《民法典》第370条规定:"居住权期限届满或者居住权人死亡的,居住权消灭。居住权消灭的,应当及时办理注销登记。"

第六节 地 役 权

一、地役权的概念与特征

通常民法学理上讲,地役权是指以他人土地供自己的土地便利而使用,以提高自己的不动产效益的权利。地役权的客体是否仅限于土地,有不同的立法例。《日本民法典》第280条将地役权客体限于土地,而《法国民法典》《德国民法典》则认为地役权的客体是不动产。因为原则上我国坚持土地使用权主体与房屋所有权主体须一致,故《民法典》第372条第1款规定:"地役权人有权按照合同约定,利用他人的不动产,以提高自己的不动产的效益。"据此,地役权是指不动产使用人为提高不动产的效益而使用他人不动产的权利。

地役权具有如下特征:

第一,地役权是使用他人土地的权利。地役权的客体主要是土地,并以该土地属于他人所有或者使用为要素。由于地役权的内容在于以此土地供彼土地之役,因而地役权的成立,必须有两块土地的存在。其一是为其便利而使用他人土地之地,称需役地;其二是为该土地便利而供其使用的土地,称供役地。由于地役权不限于需役地所有人与供役地所有人的关系,供役地的承包经营权人、建设用地使用权人等用益物权人及承租人也应当受地役权的约束,自属当然之理。

第二,地役权是为自己土地的便利的权利。使用供役地的目的,乃是为了需役地的便利。如果供役地不能提供需役地的便利,就不必设定地役权。至于所谓"便利",泛指开发、利用需役地的各种需要,其内容只要不违反法律的强制性规定,不违背社会公共利益,可以由当事人根据实际情况约定。就一般情况而论,其内容无非是以下几类:(1)以供役地供使用,如通行地役权。(2)以供役地供收益,如用水地役权。(3)避免相邻关系的任意性规范的适用。一般说来,相邻关系规定的是土地所有人之间的最主要、最基本的关系,因而也就多是从土地所有人的义务方面加以规定,多属强制性规范。但相邻关系也不乏任意性的规定,当事人可以以特别约定加以改变或排除其适用。例如,相邻关系的任意性规范有土地或者房屋所有人不得设置管、槽或其他装置使房屋雨水直接注泻于邻人的土地上或建筑物上,因此土地或者房屋所有人即负有不得安装此等装置的义务。如果邻人豁免这一义务,则土地或者房屋所有人就可以设定一个向邻地或者邻地建筑物上直接注泻雨水的地役权。(4)禁止供役地为某种使用,如禁止在邻地建高楼,以免妨碍眺望。

地役权与相邻关系均以调和不动产利用过程中的权利人冲突为目的,但是两者存在较大区别,表现在:(1)产生依据不同。相邻关系是基于法律的直接规定,而地役权则是基于合同的约定。(2)权利性质不同。相邻关系不是一项独立的民事权利,而是基于所有权内容产生的效力扩张或者限制,地役权则是一项独立的他物权。(3)对抗效力不同。相邻关系是基于土地的自然需要而且是固定或永久地附属于土地之上的,土地使用上产生的义务不因土地所有权或使用权主体的改变而改变。因此,相邻关系具有对抗第三人的天然属性。而地役权源自当事人的合同约定,只有经过公示之后,才能取得对抗第三人的效力。(4)受到损害后的救济请求不同。相邻关系遭受侵害后,不能直接以相邻关系为基础提起损害赔偿诉讼,而应该提起所有权的行使受到妨害之诉;地役权受到损害之后,受害人可以直接提起地役权受损害的请求之诉。

第三,地役权具有从属性和不可分性。地役权的成立必须是需役地与供役地同时存在,因此在法律属性上地役权与其他物权不同。地役权虽然是一种独立的权利,并非需役地所有权或者使用权的扩张,但它仍应当与供役地的所有权或者使用权共命运,这就是地役权的从属性。它主要体现在两个方面:(1)地役权必须与需役地所有权或者使用权一同转移,不能与需役地分离而让与,即需役地所有人或者使用人不得自己保留需役地所有权或者使用权,而单独将地役权让与他人,不得自己保留地役权而将需役地所有权或者使用权让与他人,也不得将需役地所有权或者使用权与地役权分别让与两个人。《民法典》第380条规定,地役权不得单独转让。土地承包经营权、建设用地使用权等转让的,地役权一并转让,但合同另有约定的除外。(2)地役权不得与需役地分离而为其他权利的标的,如果在需役地上设定其他权利,则地役权亦包括在内,例如,在需役地上设定建设用地使用权,则建设用地使用权人也得行使地役权,不能单独将地役权作为其他权利的标的,如单独以地役权抵押、出租。《民法典》第381条规定,地役权不得单独抵押。土地经营权、建设用地使用权等抵押的,在实现抵押权时,地役权一并转让。

地役权的不可分性[①]是指地役权为不可分的权利,即地役权不得被分割为两个以上的权利,也不得使其一部分消灭。在需役地分割时,地役权在分割后的地块上仍然存续。例如,甲地在乙地有通行地役权,后来甲地分割为丙、丁两地,则丙、丁两地的所有人或者使用人仍得各自从乙地通行。但如果需役地的地役权的行使,依其性质只关于需役地一部分的,则分割后地役权仅就需役地的该部分存续。依《民法典》第382条、第383条的规定,需役地以及需役地上的土地承包经营权、建设用地使用权等部分转让时,转让部分涉及地役权的,受让人同时享有地役权。供役地以及供役地上的土地承包经营权、建设用地使用权部分转让时,转让部分涉及地役权的,地役权对受让人具有约束力。例如,甲地南部的住宅与乙地毗连,在乙地上设有不得建高层建筑的地役权,后来甲地南部分割给丙,北部给丁,那么该项地役权仅能在丙地存续而与丁无关。在供役地分割时,地役权仍就分割后的各地块存续。例如,甲地在乙地上设有排水地役权,以后乙地分为丙、丁两块地,甲地仍得对丙、丁两块地行使地役权。但依地役权的性质,其行使只关系供役地一部分的,则地役权仅对该部分存续。例如,甲地在乙地有汲水地役权,以后乙地分割为丙、丁两地,只有丁地有水井时,则甲地的地役权只存在于丁地。

二、地役权的取得

地役权的取得,有基于民事法律行为的,也有基于民事法律行为以外的原因的。

(一)基于民事法律行为取得地役权

地役权大都是根据地役权合同设立的,即双方通过书面合同的方式设定地役权。设立地役权,当事人应当采取书面形式订立地役权合同。《民法典》第373条规定,地役权合同一般包括下列条款:当事人的姓名或者名称和住所;供役地和需役地的位置;利用目的和方法;地役权期限;费用及其支付方式;解决争议的方法。地役权合同具有如下特征:第一,地役权合同是双务合同,即双方当事人互为权利义务关系,供役地一方应配合地役权人对供役地使用和收益,需役

---

① 有学者将其总结为"发生之不可分性""消灭之不可分性"和"享有或负担之不可分性",参见谢在全:《民法物权论》(中册),中国政法大学出版社2011年版,第516页以下。

地一方应当按照约定目的和方法使用土地,并应履行双方约定的其他合同义务。第二,地役权合同是要式合同,必须采取书面形式签订。第三,地役权合同可以是有偿合同,也可以是无偿合同。但实践中大都是有偿合同。

地役权自地役权合同生效时设立。当事人要求登记的,可以向登记机构申请地役权登记;未经登记,不得对抗善意第三人。地役权是否登记由当事人自愿选择,如果当事人申请登记,则可以到登记机关进行登记。当事人未申请登记的,不会因此影响地役权的有效设立。地役权未经登记,不得对抗善意第三人,此处所谓善意第三人,是指支付了对价且不知道其所受让的土地为地役权的供役地的其他民事主体。

地役权的期限由当事人约定,但不得超过土地承包经营权、建设用地使用权等用益物权的剩余期限。这也是地役权从属性的表现,所谓剩余期限,是指设定地役权的供役地和需役地在设立地役权时其用益物权所剩余的期限。如果当事人约定的地役权期限超过了用益物权的剩余期限,则超过部分无效,其他部分仍然有效。

土地上已设立土地承包经营权、建设用地使用权、宅基地使用权等权利的,未经用益物权人同意,土地所有权人不得设立地役权。这样能有效保护土地承包经营权、建设用地使用权、宅基地使用权等用益物权人的合法权益,防止土地所有权人滥用所有权的权能。

另外,地役权也可以基于让与而取得。但是由于地役权的从属性,地役权的让与应与需役地的让与共同为之,并亦应有书面合同。并且,依据《民法典》第378条的规定,土地所有权人享有地役权或者负担地役权的,设立土地承包经营权、宅基地使用权等用益物权时,该用益物权人继续享有或者负担已设立的地役权。譬如集体所有的土地上,已经存在供整块土地使用的诸如引水排灌设施、道路交通设施、饮用水设施等,如果就该地块土地的一部分设立土地承包经营权、宅基地使用权,而土地承包经营权人、宅基地使用权人又有继续使用既存设施的必要时,则土地承包经营权人、宅基地使用权人当然取得使用这些设施的地役权。

(二)基于民事法律行为以外的原因取得地役权

主要是因继承取得。需役地权利人死亡时,需役地的权利既然由继承人继承,则其地役权亦当然由其继承人继承。但该通过继承取得的地役权,非经登记,不得处分。

三、地役权的内容

(一)地役权人的权利

(1)土地使用。地役权是为自己土地的便利而使用他人土地的权利,在地役权的目的范围内使用供役地,自然是地役权人的最主要的权利。《民法典》第375条规定,供役地权利人应当按照合同约定,允许地役权人利用其不动产,不得妨害地役权人行使权利。地役权的目的范围应当依设定地役权的行为所限定的目的范围确定。地役权人在目的范围内对供役地的使用,不必是独占性的使用,除了可以与供役地人共同使用外,只要不是性质不相容,同一供役地上,还可设定数个地役权,依其情形同时使用。例如,一是通行地役,一是眺望地役,可以依次使用。

(2) 为附属行为。附属行为是指地役权人为达到地役权的目的,而不得不实施的行为。地役权人为行使其权利,在供役地内可以为必要的附属行为,如汲水地役权,可以在供役地上通行;通行地役权,可以开辟道路。地役权人实施附属行为,应选择对供役地损害最小的方法进行。

(二) 地役权人的义务

(1) 地役权人对供役地的使用应当选择损害最小的地点及方法为之,这样就使得通过地役权增加需役地价值的同时,不至于过分损害供役地的效用。《民法典》第376条规定,地役权人应当按照合同约定的利用目的和方法利用供役地,尽可能减少对供役地权利人物权的限制。地役权的设定目的,是指地役权所要满足的需役地的便利。譬如通行地役权使需役地的权利人可以从供役地上通过进入需役地,从供役地上通过就是通行地役权的设定目的,那么通行地役权人则只能从供役地通行而不得取水或者排水或从事其他行为。另外,地役权人因其行使地役权的行为对供役地造成变动、损害的,应当在事后恢复原状并补偿损失。

(2) 地役权人对于为行使地役权而在供役地修建的设施,如电线、管道、道路,应当注意维修,以免供役地人因其设施损坏而受到损害。另外,地役权人对于上述设施,在不妨碍其地役权行使的限度内,应当允许供役地人使用。

四、地役权的消灭

地役权是一种不动产物权,则不动产物权的一般消灭原因,当然适用于地役权。以下是地役权消灭的几项特殊原因:

(1) 土地灭失。土地灭失是任何以土地为标的的物权消灭的原因,但地役权不但因为作为其标的物的土地(供役地)灭失而消灭,也因需役地的灭失而消灭。

(2) 目的事实不能。设定地役权的目的事实上不能实现,即供役地事实上不能再供需役地便利时,地役权消灭。例如汲水地役权因供役地水源枯竭而消灭。

(3) 供役地权利人解除地役权关系。在下列两种情形下,地役权因供役地权利人解除地役权关系而消灭;第一,地役权人违反法律规定或者合同约定,滥用地役权。地役权人滥用地役权包括多种情形:地役权人不按土地用途使用土地,并且导致了土地的永久损害,譬如供役地为耕地,而地役权人将其用途改变,使之无法耕种;地役权人不按土地的约定用途使用土地,经供役地权利人多次警告而仍不改正,譬如当事人设立通行地役权,而地役权人却在供役地上设立仓库、挖掘池塘养殖等;地役权人超越地役权合同约定的范围使用供役地,妨害供役地权利人正常的生产和生活,虽经供役地权利人多次交涉仍不改正;地役权人利用供役地从事违法犯罪活动;等等。第二,有偿利用供役地,约定的付款期间届满后在合理期限内经两次催告未支付费用。在有偿地役权合同履行中,需役地一方当事人按照地役权合同约定的数额和时间向供役地一方支付费用是其应当履行的合同义务。若交费义务人经过权利人在合理期间两次催告仍不履行支付费用的义务,则供役地一方当事人可以解除地役权关系。

(4)抛弃。地役权人如将其地役权抛弃,供役地则因之恢复其无负担的状态,地役权归于消灭。但如果是有偿的地役权,地役权人抛弃地役权后,仍应支付地役权全部期间的租金。

(5)存续期间的届满或者其他预定事由的发生。地役权如有存续期间,因期间的届满而消灭。其设定行为附有解除条件的,因条件的成就,地役权消灭。

根据《民法典》第385条的规定,已经登记的地役权变更、转让或者消灭的,应当及时办理变更登记或者注销登记。否则,若因此给第三人造成损失的,应当承担赔偿责任。

第十五章 担保物权

第一节 担保物权概述

一、担保物权的概念

担保物权,是指为确保债权的实现,在债务人或者第三人的物上设定的以直接取得或者支配其交换价值为内容的权利。

随着我国社会主义市场经济的发展,以债的形式发生的自然人、法人及其他组织之间的经济联系日益频繁,保障债尤其是合同之债的履行,对于维护社会主义商品流通秩序,保护民事主体的合法权益,至关重要。

一般地说,债务人对于自己负担的债务,应当以其全部财产负履行义务,亦即以债务人的全部财产为其债务的总担保。在债务不履行时,债权人得请求人民法院依法定程序变卖债务人的财产,以其价金清偿债权。债权不具有排他性,因而对于同一债务人,不妨有同一内容或者不同内容的数个债权并存。对于同一债务人,可能发生负债超过其财产总额的情况,而一切债权都处于平等地位,其间并不发生顺位(次序)的问题。同一债务人的数个债权人,对债务人的财产都平等享有债权,如果债务人的财产不足以清偿总债权时,就要依各债权人的债权额按比例分配,债权人的债权就会得不到完全清偿,这是一方面。另一方面,债权也不具有追及性,在债务人让与财产于他人时,该部分财产即失去担保的性质,因而可能发生债务人以让与财产的行为而致损害于债权人的结果。可见,即使债务人现时有充分的财产负担债务,但债务人可随时增加债额,又可随时让与财产于他人,债权人仍有债权得不到清偿的危险。债权人为避免这种危险,乃依靠特别担保方法保障债权。这种特别担保方法有人的担保、物的担保、金钱担保三种。人的担保就是保证,金钱担保指的是定金。物的担保,即以债务人或者第三人的特定的不动产或者动产供履行债务的担保,不论债务人是否负担其他债务,也不论债务人是否将此担保物让与他人,债权人对此担保物得优先直接行使其权利,以之供债权清偿。这即是担保物权。

我国关于担保物权的法律适用,主要包括《民法典》以及《公司法》《海商法》等特别法。

二、担保物权的特征

担保物权是传统民法上典型的物权形式。在我国社会主义市场经济条件下,担保物权制度的目的就是维护社会主义经济秩序和保护当事人的合法权益。担保物权是以确保债务履行为目的,在债务人或第三人所有的特定物上设定的一种物权,其特征在于:

第一,担保物权以确保债务的履行为目的。担保物权的设立,是为了保证主债债务的履行,使得债权人对于担保物享有优先受偿权,所以它是对主债权效力的加强和补充。

设立担保物权,应当依照《民法典》和其他法律的规定订立担保合同。担保合同包括抵押合同、质押合同和其他具有担保功能的合同。担保合同是主债权债务合同的从合同。主债权债务合同无效,担保合同无效,但法律另有规定的除外。担保合同被确认无效后,债务人、担保人、债权人有过错的,应当根据其过错各自承担相应的民事责任。

担保物权的担保范围包括主债权及其利息、违约金、损害赔偿金、保管担保物和实现担保物权的费用。当事人另有约定的,按照约定。

第二,担保物权是在债务人或者第三人的特定物上设定的权利。担保物权的标的物,必须是特定物(抵押物可以为不动产或动产,动产质权、留置权的标的物则为动产,权利质权的标的物则为财产权),否则就无从由其价值中优先受偿。这里的特定,应解释为在担保物权的实行之时是特定的,所以,于将来实行之时在特定的标的物上设定担保物权仍然有效,如动产浮动抵押。

第三人提供担保,未经其书面同意,债权人允许债务人转移全部或者部分债务的,担保人不再承担相应的担保责任。

第三,担保物权以支配担保物的价值为内容。担保物权属于物权的一种,但不是以对标的物实体的占有、使用、收益、处分为目的,而是以标的物的价值确保债权的清偿为目的,以就标的物取得一定的价值为内容。

担保期间,担保物毁损、灭失或者被征收等,担保物权人可以就获得的保险金、赔偿金或者补偿金等优先受偿。被担保债权的履行期未届满的,也可以提存该保险金、赔偿金或者补偿金等。

第四,担保物权具有从属性和不可分性。所谓从属性,是指担保物权以主债的成立为前提,随主债的转移而转移,并随主债的消灭而消灭。① 例如,抵押权人就债权的处分必须及于抵押权,抵押权人不得将抵押权让与他人而自己保留

---

① 学理上,担保物权的从属性应当包括产生上的从属性、移转上的从属性、范围上的从属性、抗辩上的从属性和消灭上的从属性,单就《民法典》关于担保物权从属性的规定而言,并不完全。参见孙宪忠主编:《中国物权法:原理释义和立法解读》,经济管理出版社 2008 年版,第 435 页以下。

债权；也不得将债权让与他人而自己保留抵押权；更不得将债权与抵押权分别让与两人。

所谓担保物权的不可分性，是指担保物权所担保的债权的债权人得就担保物的全部行使其权利。这体现在：债权一部分消灭的，如清偿、让与，债权人仍就未清偿债权部分对担保物全部行使权利；担保物一部分灭失的，残存部分仍担保债权全部；分期履行的债权，已届履行期的部分未履行时，债权人就全部担保物有优先受偿权；担保物权设定后，担保物价格上涨的，债务人无权要求减少担保物，反之，担保物价格下跌的，债务人也无提供补充担保的义务。

当事人约定的或者登记部门要求登记的担保期间，对担保物权的存续不具有法律约束力。

第二节 抵押权

一、抵押权的概念

抵押权，是指债权人以债务人或者第三人不移转占有而供担保的物或者财产权利，优先清偿其债权的权利。抵押权是抵押权人直接对抵押财产享有的权利，可以对抗财产所有人及第三人，因此抵押权是一种担保物权，其目的在于担保债的履行，而不在于对物的使用和收益。

抵押权的标的物是债务人或者第三人提供担保的物或者财产权利。抵押标的物主要是不动产，也可以是动产，还可以是权利。抵押权是就债务人或者第三人提供的抵押物上设定的，须债权人（抵押权人）与债务人或者第三人就抵押物设定抵押权进行约定。在这一点上，它与依法律规定当然地产生的留置权有所不同。

抵押权不移转标的物占有。抵押权的成立不以对标的物的占有为要件。抵押人不必将抵押物的占有移转给债权人（抵押权人），而由自己继续对抵押物进行使用、收益、处分，发挥物的效用。

抵押权是就抵押物优先受偿的权利。抵押权人在债务人不履行债务时，有权依法律以抵押物折价或者从抵押物的变卖价金中优先得到清偿，即抵押权人得排除无抵押权的债权人就抵押物优先受偿；次序在先的抵押权人比次序在后的抵押权人优先受偿。

二、抵押权的设立

抵押权依抵押行为而设立。抵押行为是当事人（主债权人和主债务人或者第三人）以意思表示设定抵押权的双方民事法律行为，其具体表现形式为抵押合同。设立抵押权,当事人应当采取书面形式订立抵押合同(《民法典》第400条第1款)。

(一)抵押合同的内容

当事人签订的抵押合同一般包括以下内容:

(1)被担保的主债权的种类和数额。

(2)债务人履行债务的期限。

(3)抵押物的名称、数量、质量、状况、所在地、所有权权属或者使用权权属。

(4)抵押担保的范围。抵押权所担保的范围包括主债权及利息、保管抵押物和抵押权实现的费用、违约金和损害赔偿金。对于抵押担保的范围,当事人可以有特别约定。

抵押合同不完全具备上述内容时,当事人可以补正。对抵押合同的补正,亦必须符合法律要求的要件方为有效。但是,抵押合同对被担保的主债权种类、数额、抵押物没有约定或者约定不明,根据主合同和抵押合同不能补正或者依法推定的,抵押合同不成立。

当事人在订立抵押合同时,约定债务人不履行到期债务时抵押财产归债权人所有的,只能依法就抵押财产优先受偿。

(二)抵押登记

由于抵押权的设立,其法律效果不仅直接涉及抵押人和抵押权人,还及于抵押人的一般债权人和其他与抵押物有利害关系的人。因此,法律对抵押权的设立,要求具备严格的形式要件。

1. 法律规定必须办理抵押登记的财产

根据《民法典》第402条的规定,下述财产的抵押,应当办理抵押登记,抵押权自登记时设立:

(1)建筑物和其他土地附着物;

(2)建设用地使用权;

(3)海域使用权;

(4)正在建造的建筑物。

在前述抵押合同依法成立后,未办理抵押登记前,债权人有权请求抵押人办理抵押登记。因抵押物灭失以及抵押物转让他人等原因不能办理抵押登记的,债权人有权请求抵押人以抵押物的价值为限承担责任,其范围不得超过抵押权有效设立时抵押人所应当承担的责任。

2. 自愿办理抵押登记的财产

当事人以法律规定必须办理抵押登记的财产之外的其他财产抵押的,可以自愿办理抵押登记。抵押权自抵押合同生效时设立;未经登记,不得对抗善意第三人。这一类的抵押物种类包括生产设备、原材料、半成品、产品、交通工具、正在建造的船舶、飞行器等动产。

同一财产向两个以上债权人抵押的,拍卖、变卖抵押财产所得的价款依照下列规定清偿:

（1）抵押权已经登记的,按照登记的时间先后确定清偿顺序;

（2）抵押权已经登记的先于未登记的受偿;

（3）抵押权未登记的,按照债权比例清偿。

根据《民法典》第416条,动产抵押担保的主债权是抵押物的价款,标的物交付后10日内办理抵押登记的,该抵押权人优先于抵押物买受人的其他担保物权人受偿,但是留置权人除外。该条规定了购置款抵押权的优先效力,目的在于保护为债务人提供资金购买动产的债权人,即在该债务人将所购动产抵押后,债权人只要在标的物交付后的10日内办理抵押登记,就能优先于该动产上的其他担保物权人而受偿。

（三）抵押权的标的

抵押权的标的,习惯上称为抵押物或抵押财产。它是指债务人或者第三人提供担保的财产。根据《民法典》第395条的规定,下列财产可以作为抵押物:

（1）建筑物和其他土地附着物;

（2）建设用地使用权;

（3）海域使用权;

（4）生产设备、原材料、半成品、产品;

（5）正在建造的建筑物、船舶、航空器;

（6）交通运输工具;

（7）法律、行政法规未禁止抵押的其他财产。例如,当事人以农作物进行抵押。

对于上述财产,抵押人既可以将其中的一项财产单独抵押,也可以将几项财产一并抵押。在将几项财产一并抵押时,抵押财产的范围应当以登记的财产为准。抵押财产的价值在抵押权实现时予以确定。

以建筑物抵押的,该建筑物占用范围内的建设用地使用权一并抵押。以建设用地使用权抵押的,该土地上的建筑物一并抵押。抵押人未依照前述规定一并抵押的,未抵押的财产视为一并抵押。

乡镇、村企业的建设用地使用权不得单独抵押。以乡镇、村企业的厂房等建筑物抵押的,其占用范围内的建设用地使用权一并抵押。

抵押权所担保的债权超出其抵押物的价值的,超出的部分不具有优先受偿的效力。

根据《民法典》第399条的规定,下列财产不得抵押:

（1）土地所有权;

（2）宅基地、自留地、自留山等集体所有的土地使用权，但是法律规定可以抵押的除外；

（3）学校、幼儿园、医疗机构等为公益目的成立的非营利法人的教育设施、医疗卫生设施和其他公益设施；

（4）所有权、使用权不明或者有争议的财产；

（5）依法被查封、扣押、监管的财产；

（6）法律、行政法规规定不得抵押的其他财产。

（四）抵押权的范围

1. 抵押权所担保的债权的范围

抵押权所担保的范围包括主债权及利息、违约金、损害赔偿金、保管抵押产和实现抵押权的费用。抵押合同另有约定的，从其约定。

主债权被分割或者部分转让的，各债权人可以就其享有的债权份额行使抵押权；主债务被分割或者部分转让的，抵押人仍以其抵押物担保数个债务人履行债务。但是，第三人提供抵押，债权人许可债务人转让债务未经抵押人书面同意的，抵押人对未经其同意转让的债务，不再承担担保责任。

在实现抵押权时，抵押物折价或者拍卖、变卖所得的价款低于抵押权设定时约定的价值的，应当按抵押物实现的价值进行清偿。不足清偿的剩余部分由债务人清偿。

在实现抵押权时，抵押物折价或者拍卖、变卖所得的价款，当事人没有约定的，按照实现抵押权的费用、主债权的利息、主债权顺序清偿。

2. 抵押物的范围

抵押权的效力及于抵押物的全部。主债权未受全部清偿的，抵押权人可以就抵押物的全部行使其抵押权。抵押物被分割或者部分转让的，抵押权人可以就分割或转让后的抵押物行使抵押权。

抵押物因附合、混合或者加工而使其所有权为第三人所有的，抵押权的效力及于补偿金；抵押物所有人为附合物、混合物或者加工物的所有人的，抵押权的效力及于附合物、混合物或者加工物；第三人与抵押物所有人为附合物、混合物或者加工物的共有人的，抵押权的效力及于抵押人对共有物享有的份额。

抵押权设定前为抵押物的从物的，抵押权的效力及于抵押物的从物。但是，抵押物与其从物为两个以上的人分别所有时，抵押权的效力不及于抵押物的从物。

债务人不履行到期债务或者发生当事人约定的实现抵押权的情形，致使抵押财产被人民法院依法扣押的，自扣押之日起抵押权人有权收取该抵押财产的天然孳息或者法定孳息，但抵押权人未通知应当清偿法定孳息的义务人的除外。孳息应当先充抵收取孳息的费用。

三、抵押权当事人的权利

(一) 抵押人的权利

抵押人在其财产上设定抵押后,仍享有对抵押物的使用、收益和处分权。但是,抵押人在行使上述权利时,必然要受到已设定的抵押权的一定影响:

(1) 抵押人收取抵押物的孳息的权利。但抵押物被人民法院扣押的,自扣押之日起,抵押权人有权收取由抵押物分离的自然孳息以及抵押人就抵押物可以收取的法定孳息。抵押权人未将扣押抵押物的事实通知应当清偿法定孳息的义务人的,抵押权的效力不及于该孳息。

自扣押之日起抵押权人收取的自然孳息,按照收取孳息的费用、主债权的利息、主债权的顺序清偿。

(2) 抵押人的处分权。由于事实上的处分往往会改变抵押物的物质形态,会涉及抵押权人的利益,因此,除了对抵押物进行有益的保存、改良行为外,抵押人一般不得对抵押物进行事实上的处分。而法律上的处分由于抵押权具有优先的性质,这种处分一般不会影响抵押权人的利益,所以抵押人仍可行使其法律上的处分权,主要有:

第一,抵押人仍可就抵押物为他人设定抵押权。

第二,抵押人仍可转让其抵押物。《民法典》第406条规定,抵押期间,抵押人可以转让抵押财产。当事人另有约定的,按照其约定。抵押财产转让的,抵押权不受影响。抵押人转让抵押财产的,应当及时通知抵押权人。抵押权人能够证明抵押财产转让可能损害抵押权的,可以请求抵押人将转让所得的价款向抵押权人提前清偿债务或者提存。转让的价款超过债权数额的部分归抵押人所有,不足部分由债务人清偿。

第三,抵押人仍可出租其抵押物。抵押权设立前,抵押财产已经出租并转移占有的,原租赁关系不受该抵押权的影响。即抵押权实现后,租赁合同在有效期内对抵押物的受让人继续有效。相反,抵押人将已抵押的财产出租的,该租赁关系不得对抗已登记的抵押权。即已登记的抵押权实现后,租赁合同对抵押物的受让人不具有约束力。

(二) 抵押权人的权利

抵押权人的权利主要有以下几项:

(1) 抵押物的保全。由于抵押权人并不直接占有抵押物,因此法律赋予抵押权人保全抵押物的权利。抵押人的行为足以使抵押财产价值减少的,抵押权人有权要求抵押人停止其行为。抵押财产价值减少的,抵押权人有权要求恢复抵押财产的价值,或者提供与减少的价值相应的担保。抵押人不恢复抵押财产的价值也不提供担保的,抵押权人有权要求债务人提前清偿债务。此外,已经设定抵押的财产被采取查封、扣押等财产保全或者执行措施的,不影响抵押权的效力。

(2) 抵押权的处分。抵押权人可以让与其抵押权,或就抵押权为他人提供担保。由于抵押权的从属性,抵押权不得与债权分离单独转让或作为其他债权的担保。《民法典》第407条规定,抵押权不得与债权分离而单独转让或者作为其他债权的担保。债权转让的,担保该债权的抵押权一并转让,但是法律另有规定或者当事人另有约定的除外。根据《民法典》第547条第2款的规定,即便受让人未办理登记,仍能取得抵押权。不过,在法律有特别规定时,抵押权不随债权而转让,例如《民法典》第421条规定,最高额抵押担保的债权确定前,部分债权转让的,最高额抵押不得转让。

抵押权人也可以放弃抵押权或者抵押权的顺位。抵押权人与抵押人可以协议变更抵押权的顺位以及被担保的债权数额等内容,但抵押权的变更,未经其他抵押权人书面同意的,不得对其他抵押权人产生不利影响。债务人以自己的财产设定抵押,抵押权人放弃该抵押权、抵押权的顺位或者变更抵押权的,其他担保人在抵押权人丧失优先受偿权益的范围内免除担保责任,但其他担保人承诺仍然提供担保的除外。

(3) 优先受偿权。在债务人不履行债务时,抵押权人可以与抵押人协议以抵押物折价或者以拍卖、变卖后的价款优先受偿;协议不成的,抵押权人可以向人民法院提起诉讼。

同一债权有两个以上抵押人,债权人放弃债务人提供的抵押担保的,其他抵押人可以请求法院减轻或者免除其应当承担的担保责任。

抵押物折价或者拍卖、变卖后,其价款超过债权数额的部分归抵押人所有,不足部分由债务人清偿。

在抵押物灭失、毁损或者被征用的情况下,抵押权人可以就该抵押物的保险金、赔偿金或者补偿金优先受偿。如果抵押物灭失、毁损或者被征用时,抵押权所担保的债权未届清偿期的,抵押权人可以请求法院对保险金、赔偿金或者补偿金等采取保全措施。

四、抵押权的实现

抵押权的实现是在债权已届清偿期而没有清偿或者发生当事人约定的实现抵押权的情形时,抵押权人就抵押物受偿的行为。抵押权的作用就在于担保债权受偿,因此,抵押权的实现是发挥抵押权的作用的方式和途径。

(一) 抵押权实现的要件

抵押权的实现,必须具备以下要件:

(1) 须抵押权有效存在。抵押权的实现,必须抵押权有效存在。如果抵押权未设立,例如法律规定应登记设立的抵押权未经登记,或者抵押权已经消灭,或者抵押权人已经抛弃抵押权,则不能实现。

(2) 须债务已届清偿期。抵押权只是担保债务履行的方法,在债务清偿期未到,债务人还不必履行债务时,抵押权人自然没有实现其抵押权的权利。如果债务已届清偿期,债务人已如期履行债务时,抵押权所担保的债权消灭,抵押权自应随之消灭。只有在债务已届清偿期,债务人不履行债务时,抵押权人才可以实现其抵押权。

(二) 抵押权实现的方法

《民法典》第410条规定,债务人不履行到期债务或者发生当事人约定的实现抵押权的情形,抵押权人可以与抵押人协议以抵押财产折价或者以拍卖、变卖该抵押财产所得的价款优先受偿。协议损害其他债权人利益的,其他债权人可以请求人民法院撤销该协议。抵押权人与抵押人未就抵押权实现方式达成协议的,抵押权人可以请求人民法院拍卖、变卖抵押财产。抵押财产折价或者变卖的,应当参照市场价格。据此,抵押权的实现方法,有以下几种:

1. 拍卖

抵押权人在债权已届清偿期而未受清偿时,可以依一定的程序拍卖抵押物,就其所卖得的价金进行受偿。

拍卖抵押物所得的价金,在扣除拍卖费用以后交给抵押权人。抵押权人就价金受偿后,其抵押权即归于消灭。如果价金超过抵押权人应受偿的债权额时,应将受偿后的剩余部分交付抵押人。当然抵押权人分配的抵押物价金不足以清偿其债权额时,债权已受清偿的部分消灭,其余部分仍存续,但抵押权却因抵押物的拍卖而消灭。

抵押物被拍卖后,抵押人对于抵押物的所有权消灭。如果抵押物是由债务人自己提供的,抵押物所有权虽然消灭,但其债务已经得到清偿,当然没有其他问题;如果抵押物是由第三人提供的,该第三人是物上保证人,在其抵押物所有权因拍卖丧失时,等于是代替债务人履行债务,那么该第三人有权依保证的规定,在其代为清偿的范围内,对债务人享有求偿权。

2. 折价

在债权清偿期届满后,抵押权人可与抵押人订立合同,由抵押权人取得抵押物的所有权,将抵押物价值高于债权额的部分,返还抵押人。

在抵押物上有数个抵押权时,如果由在先次序的抵押权人取得抵押物的所有权,应当由第三人(如会计师事务所、审计师事务所)对抵押物价值进行评估,从而确定该抵押权人应当返还给抵押人的价款数额,以免损害其他抵押权人的利益。

抵押权人实现抵押权时,可以与抵押人协议以抵押财产折价。但是,该协议损害其他债权人利益的,其他债权人可以请求人民法院撤销该协议。

3. 变卖

在抵押权人不愿意拍卖抵押物,也不愿意取得抵押物的所有权时,可以用一般的买卖方法,将抵押物出卖,以卖得价金受偿。抵押财产折价或者变卖的,应当参照市场价格。

(三) 清偿债权

抵押财产折价或者拍卖、变卖后,其价款超过债权数额的部分归抵押人所有,不足部分由债务人清偿。

建设用地使用权抵押后,该土地上新增的建筑物不属于抵押财产。该建设用地使用权实现抵押权时,应当将该土地上新增的建筑物与建设用地使用权一并处分,但新增建筑物所得的价款,抵押权人无权优先受偿。

依《民法典》第418条的规定,以集体所有土地的使用权依法抵押的,实现抵押权后,未经法定程序,不得改变土地所有权的性质和土地用途。

(四) 抵押权的实现与诉讼时效

由于抵押权是担保债权的,因此在抵押权所担保的债权的请求权因时效而消灭时,担保该债权的抵押权会产生什么样的效果,则不无疑问。如《日本民法典》第396条规定:"抵押权,除非与其担保的债权同时,不因时效而对债务人及抵押人消灭。"但是,抵押权不受消灭时效的限制,也就意味着债权人在债权消灭时效过后的任何时候都可以行使抵押权。这对于抵押人未免过于苛刻,而且,抵押权人长期怠于行使其权利,法律对之也无特别加以保护的必要。因而许多国家和地区的立法都对主债权的消灭时效过后的抵押权的行使给予了一定的限制。

这种限制主要有两种方法:一是规定抵押权得因除权判决而消灭,如《德国民法典》第1170条、第1171条规定,在宣告除权判决后,已向抵押权人交付的抵押权证书丧失其效力。二是规定抵押权的除斥期间。如我国台湾地区"民法"第880条规定:"以抵押权担保之债权,其请求权已因时效而消灭,如抵押权人于消灭时效完成后,五年间不行使其抵押权者,其抵押权消灭。"

《民法典》第419条规定,抵押权人应当在主债权诉讼时效期间行使抵押权;未行使的,人民法院不予保护。抵押权人未依法及时行使抵押权的,不仅丧失人民法院的公力保护,而且会导致抵押权的消灭。

五、抵押权的终止

出现下列情况之一的,抵押权即终止其效力:

(1) 主债权消灭。抵押权为担保主债权而存在,如果主债权因清偿、抵销、免除等原因消灭时,抵押权随之消灭。

(2) 抵押物灭失。抵押权因抵押物灭失而消灭,但因抵押物灭失所得的赔偿金等,应当作为抵押财产。

(3) 抵押权实行。抵押权人对于抵押物已经实行其抵押权的,无论其债权是否得到全部清偿,抵押权都归于消灭。

六、特殊抵押权

(一) 共同抵押权

共同抵押是为同一债权就数个物设定的抵押。共同抵押又称总括抵押,设定抵押的数个物可以属于同一个人,也可以分别属于不同的人。在共同抵押中,数个物并不是本身结合而视为一物,而是在担保同一债权的目的上互相结合担保债权。所以共同抵押与一般抵押不同,是一种特殊的抵押。

共同抵押所担保的债权已届清偿期而未受清偿时,债权人可以就供担保的抵押物进行清偿。债权人的这种受清偿的权利因是否限定各个抵押物的负担金额而有不同:

(1) 如果限定了各个抵押物的负担金额时,应当按照当事人的约定,就各个抵押物的卖得价金分别按其负担金额进行清偿。例如甲对乙享有债权20万元,在乙的房屋上设定了抵押权,约定负担12万元,同时在丙的房屋上也设定了抵押权,约定负担8万元。在抵押权实行时,尽管拍卖乙的抵押房屋就能清偿债权,但也不能仅拍卖乙的房屋,而应将乙抵押的房屋和丙抵押的房屋一同拍卖,甲就乙的房屋的拍卖价金受偿12万元,而就丙的房屋的拍卖价金受偿8万元。之所以要这样,不仅在于要保护当事人间的约定,更在于保护抵押物上后次序的抵押权人的利益。例如,上例中乙的房屋上还有后次序的抵押权人,甲如果仅就乙的房屋价金受偿,后次序的抵押权人就可能不能受偿或不能完全受偿。

这种限定各个抵押物负担金额的抵押,严格地讲,不是真正的共同抵押,因为各个抵押人间没有连带关系,各个抵押物对于同一债权是分别担保,与可分之债相似。

(2) 如果未限定各个抵押物的负担金额时,抵押权人原则上可以任意就设定共同抵押的某个抵押物的卖得价金受偿。如上例中甲既可拍卖乙抵押的房屋清偿全部债权,也可以拍卖丙抵押的房屋清偿全部债权。如果乙抵押的房屋的卖得价金不足以清偿全部债权时,甲还得拍卖丙的房屋进行清偿,反之亦然。可见这种抵押,每个不动产都担保债权的全部,这才是真正的共同抵押,亦称为连带抵押。

连带抵押加强了抵押权的效力,对抵押权人有利。但如果在不动产上有后次序的抵押权人时,就会发生不公平的结果,因为如果共同抵押权人选定了某一不动产受偿时,该不动产的后次序的抵押权就可能不能受偿或者不能完全受偿。

在我国司法实践中,同一债权有两个以上抵押人的,当事人对其提供的抵押财产所担保的债权份额没有约定或者约定不明的,抵押权人可以就其中任一或者各个财产行使抵押权。抵押人承担担保责任以后,可以向债务人追偿,也可以要求其他抵押人清偿其应当承担的份额。

《民法典》第 395 条第 1 款规定了抵押标的的范围,第 2 款规定"抵押人可以将前款所列财产一并抵押"。根据这些规定,可以认为《民法典》没有排除设定共同抵押,但是法律还没有具体规定共同抵押。

(二)动产浮动抵押权

1. 动产浮动抵押的概念

动产浮动抵押,又称为"浮动担保",是指抵押权人对抵押人提供担保的现有的以及将有的动产,在债务人不履行到期债务或者发生当事人约定的实现抵押权的情形,有权就抵押财产确定时的动产优先受偿。

浮动抵押是一种抵押权,但其有自己的特殊属性:

(1)浮动抵押的标的在抵押时是不特定的。抵押人可以以现有的或将来可能取得的生产设备、原材料、半成品、产品进行抵押,即是说,在浮动抵押设立时抵押动产只是确定了是抵押人已有或将有的动产这样一个范围,至于具体是哪些动产还没有确定,在抵押期间抵押的动产还会不断地发生变化,从其价值上来讲是浮动的。只有当约定或法定的事由发生时,抵押动产才能够特定化。

(2)在浮动抵押期间,抵押人处分抵押的动产不必经过抵押权人的同意,抵押权人对抵押人在抵押期间处分的抵押动产没有追及的权利。直到当事人约定或法定的事由发生,即抵押权人实现抵押权的条件具备的时候,抵押人的处分权才受到限制。

2. 动产浮动抵押的设立

由于浮动抵押的特殊性质,设立浮动抵押应当符合以下条件:

(1)浮动抵押的抵押人限于企业、个体工商户、农业生产经营者。在立法例上,有对浮动抵押的主体进行限制的,如英国只有公司才可以设立浮动抵押,日本则进一步限定为只有股份有限公司才有权设立浮动抵押。我国确立浮动抵押制度,主要目的是为了解决中小企业、个体工商户以及农民融资的困难,因此《民法典》规定的浮动抵押的主体范围较为宽泛。其中企业,可以是国有独资企业、个人独资企业、合伙企业、三资企业,当然还有有限责任公司和股份有限公司等。个体工商户是以个人或家庭经营并注册为个体工商户的经营单位。而农业生产经营者则主要指农村承包经营户,也可以是其他从事农业生产经营活动的组织。除此之外,国家机关、事业单位、非从事生产经营活动的自然人不得设立浮动抵押。

(2)浮动抵押的标的限于生产设备、原材料、半成品、产品,除此之外的动产、不动产均不得设立浮动抵押。

3. 动产浮动抵押的登记与效力

浮动抵押的设立,应当向登记机构办理登记。但登记只是浮动抵押的对抗要件,即浮动抵押自抵押合同生效时设立,未经登记的,不得对抗善意第三人。

浮动抵押权具有优先受偿的效力。由于在浮动抵押设立后,为保障抵押人正常进行生产经营活动,抵押期间抵押人可以正常处分抵押财产,抵押财产是处于流动之中的。为维护交易的安全和快捷,就有必要对于浮动抵押财产的买受人给予一定的保护,所以《民法典》第404条规定,以动产抵押的,不得对抗正常经营活动中已经支付合理价款并取得抵押财产的买受人。这里买受人要受到保护必须符合以下几个条件:(1) 买受的财产只限于生产设备、原材料、半成品、产品等动产。(2) 受保护的主体只限于正常生产经营活动的买受人,其中主要是通过买卖合同取得财产的人,也包括其他通过正常交易取得财产的人,例如符合财产所有权移转条件的融资租赁的承租人、互易的一方当事人。以其他方式取得财产的人,例如因赠与、遗嘱等方式取得财产的人,就不能对抗动产抵押权。(3) 必须已经支付了合理的价款。这一方面是买受人受到保护的理由,另一方面说明动产抵押人已经就抵押财产的转让获得了合理的对价,抵押财产的整体价值并没有减少,不会损害抵押权人的利益。至于是否"合理",则应当依抵押财产交易时的市场价格标准予以判断。(4) 必须已经取得了抵押财产,即买受人已经根据法律的规定取得了财产的所有权。在具备了上述条件时,动产抵押财产的买受人可以对抗动产抵押权人,即买受人取得的抵押财产不受抵押权人的追及。

4. 动产浮动抵押财产的确定

浮动抵押的标的在抵押时是不特定的,以将来可能取得的动产进行抵押在抵押时是不确定的,即使是以现有的动产抵押,在抵押期间抵押的动产由于抵押人为进行正常的生产经营活动所作的处分还会不断地发生变化,只有当约定或法定的事由发生时,抵押动产才能够得到确定。这些事由有:

(1) 债务履行期届满,债权未实现。此时已经到了浮动抵押权实现的时间,抵押财产应当予以确定,抵押人不得再处分抵押财产。

(2) 抵押人被宣告破产或者解散。此时尽管债务履行期还没有届满,但已经具备抵押权实现的条件,抵押财产随之得到确定。

(3) 当事人约定的实现抵押权的情形。例如当事人约定抵押人抵押的库存产品的总量低于一定的比例时可以提前实现抵押权。一旦发生了当事人约定的实现抵押权的情形,抵押财产即得到确定。

(4) 严重影响债权实现的其他情形。由于社会生活纷繁复杂,严重影响债权实现的情形比较广泛,难以一一列举,例如抵押人放弃其到期债权、无偿转让财产或者以明显不合理的低价转让财产致使其财产明显减少,抵押人为逃避债务隐匿、转移财产,抵押人经营状况恶化、严重亏损,等等。

(三)财团抵押权

财团抵押的标的不是某一个物,也不同于共同抵押,而是将企业现有的财产,包括动产、不动产及其他财产权利视为一个整体,于其上成立抵押权。企业财团是由众多具体财产构成的财产的集合体,这个集合体有其独立的、特殊的价值,往往高于各个财产单独价值的总和。因而,以财团为标的,往往比单独于各个财产上分别设定抵押的效益更好,这也是财团抵押的优势所在。

财团抵押与浮动抵押的主要区别是,浮动抵押成立时确定了标的物的范围,但是标的物不特定,标的物具有浮动性,包括现有的和将有的物。财团抵押成立时标的物是现有的,是特定的。

《民法典》第395条第1款规定了抵押标的的范围,第2款规定"抵押人可以将前款所列财产一并抵押"。据此可以认为《民法典》没有排除设定财团抵押,但是法律还没有具体规定财团抵押。

(四)最高额抵押权

最高额抵押权是对于一定期间内将要连续发生的债权,预先确定一最高的限度而设定的抵押权。《民法典》第420条第1款规定,为担保债务的履行,债务人或者第三人对一定期间内将要连续发生的债权提供担保财产的,债务人不履行到期债务或者发生当事人约定的实现抵押权的情形,抵押权人有权在最高债权额限度内就该担保财产优先受偿。一般的抵押是先有债权,然后再设定抵押权,而最高额抵押是为将来的债权而设定的抵押。不过将来发生的债权,有的其债权额现在已经确定,如附延缓条件的债权,为这种债权设定的抵押权本质上仍是一般抵押权。但有的将来发生的债权其债权额现在尚未确定,对这种债权的担保,是预先确定一个最高限额作为抵押物担保的范围标准,这才是最高额抵押。《民法典》规定的最高额抵押,是抵押人与抵押权人协议,在最高债权额限度内,以抵押物对一定期间连续发生的债权作担保。

最高额抵押,可以为借款合同或者债权人与债务人就某一项商品在一定期限内连续发生交易的合同而产生的债权设定。其设定需要当事人之间订立抵押合同。因为最高限额并不是实际担保的债权额,因而在实行抵押权时,应当确定实际担保的债权数额,确定该数额的时间为决算期。如果抵押合同没有约定决算期,一般是债权关系终了时确定债权额。另外,如果抵押合同中约定了最高额抵押的存续期间,该期间就是决算期。最高额抵押的设定,亦需进行登记。

最高额抵押所担保的债权,只有在决算期届满时才能确定其数额,此时如果债权额超过最高额,即以该最高额为抵押权所担保的数额,其超过部分应为无抵押担保的债权;如果决算期届满时债权额比最高额低,就以实际发生的债权额为抵押权所担保的数额。值得注意的是,最高额抵押权所担保的债权范围,不包括抵押物因财产保全或者执行程序被查封后或者债务人、抵押人破产后发生的债权。但是《民法典》第420条第2款规定,最高额抵押权设立前已经存在的债权,经当事人同意,可以转入最高额抵押担保的债权范围。

《民法典》第423条规定,最高额抵押权人的债权在下列情形下确定:(1) 约定的债权确定期间届满;(2) 没有约定债权确定期间或者约定不明确,抵押权人或者抵押人自最高额抵押权设立之日起满2年后请求确定债权;(3) 新的债权不可能发生;(4) 抵押权人知道或者应当知道抵押财产被查封、扣押;(5) 债务人、抵押人被宣告破产或者解散;(6) 法律规定确定债权的其他情形。

基于最高额抵押的一些特殊性,《民法典》第421条规定,最高额抵押担保的债权确定前,部分债权转让的,最高额抵押权不得转让,但是当事人另有约定的除外。另外,最高额抵押担保的债权确定前,抵押权人与抵押人可以通过协议变更确定债权的期间、债权范围以及最高债权额,但变更的内容不得对其他抵押权人产生不利影响(《民法典》第422条)。

最高额抵押权除了法律对其有特别规定以外,应当适用法律关于抵押权的一般规定。

第三节 质 权

一、质权的概念

质权,是指为了担保债务的履行,债务人或者第三人将其动产或者财产权利移交债权人占有,当债务人不履行债务或者发生当事人约定的实现质权的情形时,债权人有就其占有的财产优先受偿的权利。

动产质权是一种动产物权,对不动产不能设定质权。[①] 法律、行政法规禁止转让的动产也不得设定质权。另外,财产权利也可以成为质权的标的,以财产权利设立的质权称权利质权。

动产质权须移转质物的占有,动产质权以占有标的物为成立要件。在设立质权时,出质人(债务人或第三人)应当将质物的占有移交给债权人。

我国民间的当铺,亦称为典当行、典卖行,实际是专门从事质押营业的,其享有的权利称为营业质权,即债务人以一定的财物(称为当物或质物)交付于债权人(当铺)作担保,向债权人借贷一定数额的金钱,于一定期限内(回赎期限)内,债务人清偿债务后即取回担保物;于期限届满后,债务人不清偿时,由债权人以

---

① 日本民法规定有不动产质权,相关论述,参见〔日〕我妻荣:《新订担保物权法》,申政武等译,中国法制出版社2008年版,第155页以下。新修订的《法国民法典》,也认可转移不动产占有的物的担保。

当物的价值优先受清偿或者担保物即归债权人所有。可见,这种营业质不同于典权。典权虽然有担保的作用,但就其基本性质而言,属于用益物权。营业质也不同于质权。在质权中是禁止当事人约定在债务履行期届满质权人未受清偿时,质物的所有权移转为质权人所有的,而营业质则不受此限制。我国在经济体制改革中出现了典当行,2005年商务部和公安部联合发布了《典当管理办法》,其内容包括了房地产抵押典当等业务,《典当管理办法》规定的是否就是营业质权,有待研究。

二、动产质权

动产质权,是以动产为其标的物的质权。

(一) 动产质权的设立

1. 质押合同

质权的设立,通常都是以合同进行的。当事人签订的质押合同应采用书面形式,一般包括以下内容:

(1) 被担保债权的种类和数额;
(2) 债务人履行债务的期限;
(3) 质押财产的名称、数量等情况;
(4) 担保的范围;
(5) 质押财产交付的时间、方式。

质押关系的当事人是质权人和出质人。质权人即质权所担保债权的债权人;出质人,即提供质物的人,一般是债务人自己,但第三人也可以用自己的财产为他人设定质权。

在质押合同中,出质人和质权人约定债务人不履行到期债务时质押财产归债权人所有的,只能依法就质押财产优先受偿。

2. 质物及其交付

质物一般是各类动产,但债务人或者第三人将其金钱以特户、封金、保证金等形式特定化以后,移交债权人占有作为债权的担保的,债务人不履行债务时,债权人可以以该金钱优先受偿。

质权自出质人交付质押财产时设立。出质人代质权人占有质物的,质权不成立;债务人或者第三人未按质押合同约定的时间移交质物,因此给质权人造成损失的,出质人应当根据其过错承担赔偿责任。

质押合同中对出质财产约定不明,或者约定的出质财产与实际移交的财产不一致的,以实际交付占有的财产为准。

质物有隐蔽瑕疵造成质权人其他财产损害的,应由出质人承担赔偿责任。但是,质权人在质物移交时明知质物有瑕疵而予以接受的除外。

质权的效力及于质物的全部。主债权未受全部清偿的,质权人可以就质物的全部行使其质权。质物被分割或者部分转让的,质权人可以就分割或转让后的质物行使质权。

质物因附合、混合或者加工使其所有权为第三人所有的,质权的效力及于补偿金;质物所有人为附合物、混合物或者加工物的所有人的,质权的效力及于附合物、混合物或者加工物;第三人与质物所有人为附合物、混合物或者加工物的共有人的,质权的效力及于出质人对共有物享有的份额。

动产质权的效力及于质物的从物。但是,从物未随同质物交付于质权人占有的,质权的效力不及于从物。

质权人有权收取质押财产的孳息,但合同另有约定的除外。孳息应当先充抵收取孳息的费用。

3. 质权所担保的债权的范围

质权所担保的范围包括主债权及利息、违约金、损害赔偿金、质物保管费用和实现质权的费用。质押合同另有约定的,从其约定。

主债权被分割或者部分转让的,各债权人可以就其享有的债权份额行使质权;主债务被分割或者部分转让的,出质人仍以其质物担保数个债务人履行债务。但是,第三人提供质物的,债权人许可债务人转让债务未经出质人书面同意的,出质人对未经其同意转让的债务不再承担担保责任。

在实现质权时,质物折价或者拍卖、变卖所得的价款低于质权设定时约定的价值的,应当按质物实现的价值进行清偿。不足清偿的剩余部分由债务人清偿。

在实现质权时,质物折价或者拍卖、变卖所得的价款,当事人没有约定的,按照实现质权的费用、主债权的利息、主债权顺序清偿。

出质人与质权人可以协议设立最高额质权。除适用《民法典》关于动产质权的规定外,参照适用关于最高额抵押权的规定。

(二) 动产质权当事人的权利与义务

1. 质权人的权利

(1) 占有质物。对质物的占有,既是质权的成立要件,也是质权的存续要件,质权人有权在债权受清偿前占有质物,并就质物的全部行使其权利。

质权人将质物返还给出质人后,即不可以其质权对抗第三人。但是,因不可归责于质权人的事由而丧失对质物的占有的,质权人可以向不当占有人请求停止侵害、恢复原状、返还质物。

(2) 收取孳息。质权人有权收取质物的孳息,但质押合同另有约定的除外。质权人收取的孳息应当先充抵收取孳息的费用,其次用于主债权的利息、主债权的清偿。

(3) 质权的保全。因不能归责于质权人的事由可能使质押财产毁损或者价值明显减少,足以危害质权人权利的,质权人有权要求出质人提供相应的担保;出质人不提供的,质权人可以拍卖、变卖质押财产,并与出质人通过协议将拍卖、变卖所得的价款提前清偿债务或者提存。

(4) 优先受偿。债务人不履行到期债务或者发生当事人约定的实现质权的情形,质权人可以与出质人协议以质押财产折价,也可以就拍卖、变卖质押财产所得的价款优先受偿。质押财产折价或者变卖的,应当参照市场价格。

质物折价或拍卖、变卖以后,其价款超过债权数额的部分归出质人所有,不足部分由债务人清偿。

在质物灭失、毁损或者被征用的情况下,质权人可以就该质物的保险金、赔偿金或者补偿金优先受偿。如果质物灭失、毁损或者被征用时,质权所担保的债权未届清偿期的,质权人可以请求法院对保险金、赔偿金或者补偿金等采取保全措施。

(5) 转质。质权人在质权存续期间,为担保自己的债务,经出质人同意,以其所占有的质物为第三人设定质权的,应当在原质权所担保的债权范围之内,超过的部分不具有优先受偿的效力。转质权的效力优于原质权。

质权人在质权存续期间,未经出质人同意,为担保自己的债务,在其所占有的质物上为第三人设定的质权无效。质权人在质权存续期间,未经出质人同意转质,造成质押财产毁损、灭失的,应当向出质人承担赔偿责任。

(6) 放弃质权。质权人可以放弃质权。债务人以自己的财产出质,质权人放弃该质权的,其他担保人在质权人丧失优先受偿权益的范围内免除担保责任,但其他担保人承诺仍然提供担保的除外。

2. 出质人的权利

(1) 出质人在质权人因保管不善致使质物毁损灭失时,有权要求质权人承担民事责任。质权人的行为可能使质物毁损、灭失的,出质人可以要求质权人将质物提存,或者要求提前清偿债务并返还质物。在此种情况下将质物提存的,提存费用由质权人承担。同时,出质人提前清偿债权的,应当扣除未到期部分的利息。

在质权存续期间,质权人未经出质人同意,擅自使用、处分质物,因此给出质人造成损失的,出质人有权要求质权人承担赔偿责任。

(2) 出质人可以请求质权人在债务履行期届满后及时行使质权;质权人不行使的,出质人可以请求人民法院拍卖、变卖质押财产。

出质人请求质权人及时行使质权,因质权人怠于行使权利造成损害的,由质权人承担赔偿责任。

(3) 债务履行期届满,债务人履行债务的,或者出质人提前清偿所担保的债权的,出质人有权要求质权人返还质物。

(4)出质人如果是债务人以外的第三人,该第三人代为清偿债权或者因质权行使丧失质物的所有权时,有权向债务人追偿。

(5)债务履行期届满,出质人请求质权人及时行使权利,而质权人怠于行使权利致使质物价格下跌的,由此造成的损失,出质人有权要求质权人予以赔偿。

三、权利质权

权利质权是为了担保债务的履行,就债务人或者第三人所享有的财产权利设定的质权。权利质权除了一些特殊问题外,适用动产质权的规定。

权利质权的标的是财产权利,但不是说任何财产权利都可以作为权利质权的标的。能够作为权利质权的标的的权利,在性质上必须具有下列特点:(1)必须是财产权。财产权包括物权、债权及无体财产权等可以用金钱价格评估的权利。人身权不能作为权利质权的标的。(2)必须是可让与的财产权。财产权有可让与的,有不可让与的,只有可让与的财产权才可以作为权利质权的标的。设定权利质权,目的是就该权利受偿,如果该权利不能让与,不仅不能就该财产权利的变卖价金受偿,也不能由质权人取得财产权利,这样的权利质权就毫无意义。(3)必须是不违背质权性质的财产权。质权是动产质权,不动产原则上不能设定质权,因此不动产物权,如建设用地使用权,不能设定权利质权。

可以作为权利质权的标的的财产权利,具体地讲有以下几类:

(1)汇票、本票、支票、债券、存款单、仓单、提单。以该等权利出质的,质权自权利凭证交付质权人时发生效力。没有权利凭证的,质权自办理出质登记时发生效力。

以载明兑现日期或者提货日期的汇票、本票、支票、债券、存款单、仓单、提单出质,其兑现日期或者提货日期先于债务履行期的,质权人可以在债务履行期届满前兑现或者提货,并与出质人协议将兑现的价款或者提取的货物用于提前清偿所担保的债务或者向与出质人约定的第三人提存;其兑现或者提货日期后于债务履行期的,质权人只能在兑现或者提货日期届满时兑现款项或者提取货物。

以存款单出质,签发银行核押后又受理挂失并造成存款流失的,银行应当承担民事责任。

(2)依法可以转让的基金份额、股权。以依法可以转让的基金份额、股权出质的,自办理出质登记时设立。基金份额、股权出质后,不得转让,但经出质人与质权人协商同意的除外。出质人转让基金份额、股权所得的价款,应当向质权人提前清偿债务或者提存。

以依法可以转让的基金份额、股权出质的,质权的效力及于基金份额、股权的法定孳息。

(3)依法可以转让的注册商标专用权、专利权、著作权等知识产权中的财产权。以该等知识产权出质的,质权自办理出质登记时设立。

上述知识产权出质后,出质人不得转让或者许可他人使用,但经出质人与质权人协商同意的除外。出质人所得的转让费、许可费应当向质权人提前清偿所担保的债务,或者向与质权人约定的第三人提存。出质人未经质权人同意而转让或者许可他人使用已出质的权利的,不能产生预期的法律效果,因此给质权人或者第三人造成损失的,由出质人承担民事责任。

(4) 现有的以及将有的应收账款。以应收账款出质的,质权自办理出质登记时设立。应收账款出质后,不得转让,但经出质人与质权人协商同意的除外。出质人转让应收账款所得的价款,应当向质权人提前清偿债务或者提存。

(5) 法律、行政法规规定可以出质的其他权利。

第四节 留置权

一、留置权的概念

留置权是债权人合法占有债务人的动产,在债务人逾期不履行债务时,有权留置该动产以迫使债务人履行债务,并在债务人仍不履行债务时就该动产优先受偿的权利。留置权是以动产为标的物的担保物权。留置权的作用,在于担保债权受偿,而不在于对物的使用、收益,因此留置权是一种担保物权。

留置权是债权人留置债务人动产的权利。在债务人超过法定期限仍不履行债务时,债权人即可就留置物受偿,以满足其债权。

留置权是一种法定担保物权。留置权在符合一定的条件时,依法律的规定产生,而不是依当事人之间的协议设定的。

另外,留置权也具有从属性、不可分性和物上代位性等担保物权的共同属性。

二、留置权的取得

留置权的取得,是基于法律规定,并且当事人没有排除适用。只有在符合法律规定的条件下,债权人才取得留置权。这些条件可以分为积极要件和消极要件。

(一) 留置权取得的积极要件

留置权取得的积极要件,是留置权的取得所应具有的事实。这主要有以下几项:

(1) 须债权人占有债务人的动产。留置权的目的,在于担保债的履行,因此享有留置权的应当是债权人。

留置权的取得，须债权人合法占有债务人的财产，其占有方式为直接占有或间接占有。但单纯的持有，例如雇佣人操持家务，其在工作中使用家中的器具，是持有而不是占有，故不能成立留置权。债务人代债权人占有留置物的，留置权不成立。

债权人合法占有债务人交付的动产时，不知道债务人无处分该动产的权利的，债权人仍可以依法享有留置权。

（2）须债权已届清偿期。债权人虽占有债务人的动产，但在债权尚未届清偿期时，因此时尚不发生债务人不履行债务的问题，不发生留置权。只有在债权已届清偿期，债务人仍不履行债务时，债权人才可以留置债务人的动产。

债权人的债权未届清偿期，其交付占有标的物的义务已届清偿期的，不能行使留置权。但是，债权人能够证明债务人无支付能力的除外。

（3）债权人留置的动产，应当与债权属于同一法律关系，但企业之间留置的除外（《民法典》第448条）。这里说的留置的动产应当与债权属于同一法律关系，学理上通常用"牵连关系"，而不用"同一法律关系"。牵连关系比同一法律关系的范围广。例如，甲将其物交给乙保管，因物的瑕疵造成乙的损害，乙有权请求赔偿损失；甲不赔偿的，乙有权留置该保管物。这是基于保管合同产生的留置权。再如，散会后二人错拿了对方的雨伞，从而各自对对方的雨伞有留置权。这是基于纯粹的事实关系发生的留置权，二人错拿对方的雨伞之前没有法律关系存在。

企业之间的留置权，在学理上称商事留置权。企业之间留置不限于同一法律关系，目的是为了提高交易效率。但是，对于商事留置权需要有明确的界限，以免滥用商事留置权而损害相对人的权益。企业之间留置应当以在企业之间交易关系存续期间，因交易活动而占有的物为限。

由于留置权所担保的债权与留置物有牵连关系，故而与留置权有牵连关系的债权，都在留置权所担保的范围之内，包括原债权、利息（包括迟延利息）、实行留置权的费用及因留置物的瑕疵给留置权人造成的损害赔偿请求权。而留置物的范围，除了留置物本身外，还包括其从物、孳息和代位物。

（二）留置权取得的消极要件

（1）对动产的占有不是因侵权行为取得。留置权的取得，以对债务人的动产的占有为前提，但其占有必须是合法占有。如果是因侵权行为占有他人的动产，不发生留置权。例如窃贼即使对盗赃支出了必要费用，也不享有留置权。

（2）法律规定不得留置的动产，不得留置。对动产的留置不得违反公共利益或者善良风俗。如留置他人待用的殡葬物，违反善良风俗，债权人不能为之。当事人约定不得留置的动产，不得留置。

（3）对动产的留置不得与债权人的义务相抵触。债权人留置债务人的动产如果与其所承担的义务相抵触时,亦不得为之。例如承运人有将货物运送到指定地点的义务,在运送途中,不得以未付运费为由而留置货物。

三、留置权人的权利与义务

(一)留置权人的权利

(1)留置标的物。在债务人不履行债务时,债权人就可以留置标的物,拒绝债务人交付标的物的请求。留置物为不可分物的,留置权人可以就留置物的全部行使留置权;但留置物为可分物的,留置物的价值应当与债务的金额相当,即债权人只能留置与自己的债权额相当的部分,其余部分应当交付债务人。

债权人将留置物返还给债务人后,即不可以其留置权对抗第三人。但是,因不可归责于债权人的事由而丧失对留置物的占有的,债权人可以向不当占有人请求停止侵害、恢复原状、返还质物。

留置权的效力及于留置物的从物。但是,从物未随同留置物交付于债权人占有的,留置权的效力不及于从物。

(2)收取留置物的孳息。收取的孳息,应先充抵收取孳息的费用。

(3)请求偿还费用。债权人因保管留置物所支出的必要费用,有权向债务人请求返还。

(4)就留置物优先受偿。留置权所担保的范围包括主债权和利息、违约金、损害赔偿金、留置物保管费用和实现留置权的费用。

留置权人与债务人应当约定留置财产后的债务履行期限;没有约定或者约定不明确的,留置权人应当给债务人60日以上履行债务的期限,但鲜活易腐等不易保管的动产除外。债务人逾期未履行的,留置权人可以与债务人协议以留置财产折价,也可以就拍卖、变卖留置财产所得的价款优先受偿。留置财产折价或者变卖的,应当参照市场价格(《民法典》第453条)。

债务人可以请求留置权人在债务履行期届满后行使留置权;留置权人不行使的,债务人可以请求人民法院拍卖、变卖留置财产(《民法典》第454条)。

留置物折价或拍卖、变卖后,其价款超过债权数额的部分归债务人所有,不足部分由债务人清偿。

(二)留置权人的义务

(1)保管留置物。留置权人负有妥善保管留置财产的义务;因保管不善致使留置财产毁损、灭失的,应当承担赔偿责任。

在留置权存续期间,债权人未经债务人同意,擅自使用、出租、处分留置物,因此给债务人造成损失的,债权人应当承担赔偿责任。

(2)返还留置物。在留置权所担保的债权消灭,或者债权虽未消灭,债务人另行提供担保时,债权人应当返还留置物给债务人。

四、留置权的消灭

留置权消灭的原因主要有:
(1) 主债权消灭;
(2) 留置权实现;
(3) 留置物灭失;
(4) 债务人另行提供担保并被债权人接受;
(5) 留置权人对留置财产丧失占有。

第五节 担保物权的竞合以及物的担保和人的担保的并存

一、担保物权的竞合的概念与成立条件

(一) 担保物权的竞合的概念

担保物权的竞合,亦称为物的担保的竞合,是指在同一标的物上存在不同种类的担保物权,担保物权人不为同一人,此时应以何类担保物权的效力优先的问题。物的担保的竞合不同于一般的请求权竞合。在因同一法律事实而产生数个请求权竞合时,权利人为同一人,也正因为权利人为同一人,权利的目的是同一的,权利的行使仅能择一为之。权利人若行使了其中一项请求权,则不能再行使另一请求权。而在物的担保的竞合,享有担保权的权利人并非为同一人,而是不同的人,各个担保权人均行使自己的权利,由于权利的标的物是同一的,这就发生何种权利人先行使权利的问题。正是从这个意义上说,物的担保的竞合乃为物上担保权的冲突。

(二) 担保物权的竞合的成立条件

从上述担保物权的竞合的含义,可知担保物权的竞合须具备以下条件:
(1) 须同一标的物上同时存在数个不同种的物上担保权。

只有在同一标的物即用于设定物上担保的同一项财产上,存在数个不同种类的物上担保时,才会发生担保物权的竞合。至于该标的物为一物或数物还是整体财产,则在所不问。如上所述,同一物上也可存在数个同一种的担保物权,如数个抵押权,此属于广义物上担保的竞合,也可以看作是物的担保的并存,不属于狭义物上担保的竞合。

所谓同时存在数个担保物权,是指在实现物上担保时,在标的物上存在着不同种类的担保物权,而不是指标的物上曾先后存在过数个担保物权。若虽同一标的物上存在过不同种担保物权,但于实现物上担保权时,其他担保物权已经消

灭而仅存有一个,当然也就不发生物上担保的竞合。因此,物上担保的竞合,与各个物上担保的成立时间无关。

(2) 须各个担保物权人不为同一人。

担保物权的竞合不仅须为担保权客体的竞合,而且其权利主体须不为同一人。所谓权利主体不为同一人,是指数个不同的担保物权所担保的并非同一个债权。因为在同一权利主体有不同的担保物权时,则属于数个担保物权担保同一债权,而不是不同的担保物权担保不同的债权。也正因为如此,虽然在同一债权人就同一标的物有两项以上担保物权时,也属于同一标的物同时为数个不同的法律关系的客体,但并不是我们这里所说的物上担保的竞合。

二、动产抵押权与动产质权的竞合

因动产抵押权是不移转标的物占有的,而动产质权是以移转标的物占有为成立要件的,所以在设定抵押权后,抵押人得将标的物再用于质押,成立质权,因为于此情形下,后设定的质权无害于抵押权。此时当发生抵押权与质权的竞合。根据《民法典》第415条,若该抵押权属于可不予登记即成立而当事人又未为抵押权登记的,则因未登记的抵押权不具有对抗第三人的效力,未登记的抵押权虽成立在前,质权的效力也应优先于抵押权。若当事人将该抵押权进行了登记,该抵押权的效力自然优先于质权的效力。

出质人于设定质权后可否再设定抵押权呢,即能否先质后押呢? 对此有不同的立法例和观点。有的认为,在同一动产上先设定质权后又设定抵押权的,因为质权因占有标的物而生效力,而抵押权人于债务人不履行债务时也得占有抵押物以行使抵押权,这样如抵押权人的债权清偿期先行届至,则抵押权人实行其占有就与质权人的占有效力发生冲突,所以基于先设定质权后设定抵押权会发生实行上的困难,于设定质权后不可再设定抵押权。有的认为,在同一动产上设定质权后可再设定抵押权,因为尽管若抵押权实现在前时,抵押权人为实现抵押权而占有标的物时会与质权人的占有发生冲突,但这也是可以解决的,可以于抵押权实现所得的价款中先提取质权担保额,或者先行清偿质权人债权,或者将其提存。若当事人同意于出质的财产上再设定抵押权时,抵押权与质权竞合,于此情形下,质权的效力应优先于抵押权,不问该抵押权是否办理抵押权的登记。根据《民法典》第415条,应采用质权优先于抵押权的观点。

三、动产抵押权与留置权的竞合

留置权的标的物为动产,因此只有动产抵押权才可能与留置权发生竞合。动产抵押权与留置权竞合的发生有两种情况:

其一,先设定抵押权而后成立留置权。因为先设定抵押权后因标的物不移转占有，所以在抵押人将抵押物交由他人占有时，在具备留置权的成立条件下可在抵押物上再成立留置权。此种情形下发生的抵押权与留置权的竞合效力如何？根据《民法典》第456条，留置权优先于抵押权，因为留置权的产生，一般是留置权人为留置物提供了劳务或者材料而未得到适当的补偿，因此留置权优先于抵押权比较公平。

其二，先成立留置权而后设定抵押权。这有两种可能：一是留置物所有人将留置物抵押，此时在留置物上又成立抵押权，抵押权与留置权竞合，因留置权成立在先，留置权的效力当然优先于抵押权。二是留置权人将留置物抵押，于此情形下，因为留置权人非为标的物所有人，在不满足善意取得的条件时，抵押权不能设立，不发生抵押权与留置权的竞合。但是若经留置物所有人同意，留置权人为自己的债务履行为其债权设定抵押权的，抵押权有效设立，发生抵押权与留置权的竞合。不过于此情形下，抵押权的效力应优先于留置权，因为留置权人是抵押权所担保债权的债务人，债务人的权利不能优于债权人的权利。

四、留置权与动产质权的竞合

留置权与动产质权都是以占有标的物为其存续要件的，留置权得因占有的丧失而消灭，动产质权在占有丧失而又不能回复时也消灭。但因占有不以直接占有为限，因此在同一标的物上可以发生留置权与动产质权的竞合。就其发生而言，有以下两种情况：

其一，先成立留置权后成立质权。留置权人以其占有的留置物再设定质权的，如经所有人同意，质权成立；如未经所有人同意，在满足善意取得的条件下，善意第三人可取得质权。在第三人取得质权时，留置权与质权竞合，后设定的质权效力应优先于留置权。因为在此种情形下，标的物为质权人实际直接占有，而留置权人仅为间接占有人。但如果在留置期间经留置权人同意，且质权人明知标的物上有留置权，标的物所有人以留置物设定质权的，则因留置权成立在前，质权成立在后，留置权的效力应当优先于质权。

其二，先成立质权后成立留置权。在质物由质权人占有期间，质权人将质物交由第三人直接占有，而自己间接占有时，第三人得基于留置权的成立事由而取得留置权。例如，质权人将质物交由第三人保管，保管人得于具备留置权条件下取得留置权。于此情形下，因质权人的质权并不消灭，发生留置权与质权的竞合，留置权的效力优先于质权。因为留置权是担保基于维护或者保存标的物的价值的行为而发生的债权，并且标的物由留置权人直接占有，质权人仅为间接占有人。

五、物的担保与人的担保的并存

物的担保与人的担保的并存,是指同一债权既有以担保物权的形式担保债权(即物保),又有以第三人与债权人订立保证合同的形式担保债权(即人保)。对这种物保与人保并存的情况,在理论上称混合共同担保。混合共同担保的特点有二:一是被担保的债权为同一债权;二是既有物保,又有人保。

在物保与人保并存的情况下,应当如何处理?《民法典》第392条区分了两种类型三种情况,分别作了不同的规定。第一种类型,被担保的债权既有物的担保又有人的担保的,债务人不履行到期债务或者发生当事人约定的实现担保物权的情形,债权人应当按照约定实现债权。这样规定体现了尊重当事人意思自治原则。第二种类型,没有约定或者约定不明确的,又分为两种情况:一种情况是,债务人自己提供物的担保的,债权人应当先就该物的担保实现债权。这样规定可以避免保证人履行保证义务后,再向债务人追偿的程序,有利于提高经济效益,减少社会成本。另一种情况是,第三人提供物的担保的,债权人可以就物的担保实现债权,也可以要求保证人承担保证责任。这样规定使提供物保的人与保证人处于平等地位,由债权人行使选择权,比较公平。另外,提供担保的第三人承担担保责任后,有权向债务人追偿。

第十六章 占　　有

第一节　占有的概念和种类

一、占有的概念

占有是对物在事实上的占领、控制。占有的标的以物为限，因而物之外的财产权（如专利权），只能成立准占有，而不能成立占有。

在现代民法上，占有成为独立于所有权及他物权的一项制度，无论所有权人的占有，还是非所有权人的合法占有、非法占有等，均受到占有制度的保护。占有制度的主要功能是维护物的事实秩序，禁止他人以私力加以破坏。关于占有的性质，理论界有事实说、权利说等不同观点。《民法典》认为占有是一种事实而不是权利[①]，其目的在于更好地保护和支持占有。将占有认定为事实，则占有人只需证明占有的存在，而无须证明自己是否有权占有，即可受到占有制度的保护。

由于占有是在事实上对物的管领、控制，因此它不要求占有人有占有物的权利。至于根据什么标准确认占有人在事实上对物的管领、控制，应当从人对物的空间、时间的支配来具体确认。在空间上，物应当处于人的力量作用的范围内始得谓占有，如房屋、土地因使用而占有，放置在家中的衣物、家具等物属于主人占有；在时间上，人对物的某种支配应当持续一定的时间方为占有，如仅是暂时的接触，就只是持有而不是占有，例如主人请客，客人对餐具虽有使用，但不能认为是占有。持有在法律上不能得到占有的保护，它不能如同占有移转或者继承，也不得如同间接占有依抽象状态而成立。

占有人的占有，并不以占有人对于物的亲自支配为必要。占有人基于某种法律关系，通过他人为媒介，也可以成立占有。这主要有两种情况：一种情况是占有人依辅助人而成立的占有，例如，雇主依雇员占有机器；另一种情况是间接占有，例如承租人直接占有租赁物，对于出租人构成间接占有。

[①] 学者也多持相同观点，见孙宪忠主编：《中国物权法：原理释义和立法解读》，经济管理出版社2008年版，第551页；崔建远：《物权：规范与学说——以中国物权法的解释论为中心》（上册），清华大学出版社2011年版，第330页。

二、占有的种类

依占有的不同状态,可以将占有分为不同的种类:

(一)自主占有与他主占有

这是以占有人的意思为标准进行的分类。自主占有是指以物属于自己所有(所有的意思)的占有;无所有的意思,仅于某种特定关系支配物的意思的占有是他主占有。

自主占有中的"所有的意思",是指具备所有人占有的意思,不必是真正的所有人或者要求其自信为所有人。因此,所有人对其物的占有为自主占有,盗贼对盗赃的占有亦为自主占有。至于他主占有,则包括典权人对典物的占有、承租人对租赁物的占有、质权人对质物的占有等。

自主占有与他主占有区别的意义在于,作为所有权取得的时效要件的占有和先占要件的占有,应当是自主占有。另外,在占有物毁损、灭失时,自主占有人与他主占有人的责任范围不同。

(二)直接占有与间接占有

这是以占有人在事实上是否占有物为标准进行的分类。直接占有是指在事实上对物的占有,如居住房屋、穿着衣服,都是直接占有;间接占有是指基于一定法律关系,对于事实上占有物的人(即直接占有人)有返还请求权,因而间接对物管领的占有。[①] 间接占有的特点在于间接占有人与直接占有人间存在特定的法律关系,基于这种法律关系,间接占有人对于直接占有人有返还请求权。例如质权人、承租人、保管人基于质权、租赁、保管法律关系,占有标的物,是直接占有人,而享有返还请求权的出质人、出租人、寄存人为间接占有人。

直接占有与间接占有区别的意义在于这两种占有的取得手段不同,保护方法也不一样。

(三)有权占有与无权占有

这是以是否依据本权进行占有为标准所作的分类。所谓本权,是指基于法律上的原因,可对物进行占有的权利,如所有权、建设用地使用权、质权、留置权等。有权占有即指有本权的占有,如建设用地使用权人依建设用地使用权对土地的占有。基于合同关系产生的占有是有权占有,《民法典》第 458 条规定,基于合同关系等产生的占有,有关不动产或者动产的使用、收益、违约责任等,按照合同约定;合同没有约定或者约定不明确的,依照有关法律规定。无权占有是指无本权的占有,如拾得人对于遗失物的占有。

---

① 《民法典》第二编第二十章并未明确规定间接占有,仅得于该法第 226—228 条规定的交付替代形式中推出。

有权占有与无权占有区别的意义在于：无权占有人在本权人请求返还原物时，有返还的义务；另外，作为留置权要件的占有，限于有权占有。

（四）善意占有与恶意占有

这是对无权占有依占有人的主观心理状态的不同所作的分类。善意占有是占有人不知其无占有权利的占有，恶意占有是占有人知道其无占有权利的占有。善意占有也可能转变为恶意占有，即当无权占有人知道或者应当知道其占有没有合法根据之时。譬如占有人取得占有后被告知其占有物是赃物时，占有人的占有即转变为恶意占有。判断占有人善意占有或恶意占有的时点，应以占有的不动产或者动产受到损害时为标准。

善意占有与恶意占有区别的意义在于：取得时效中善意占有与恶意占有的期间不同；即时取得以善意占有为要件；善意占有与恶意占有受保护的程度不同；善意占有人和恶意占有人对损害后果承担的责任不同。《民法典》第459条规定，占有人因使用占有的不动产或者动产，致使该不动产或者动产受到损害的，恶意占有人应当承担赔偿责任。因此，在无权占有情况下，除有相反证据证明外，应推定占有人为善意占有，对因其使用占有物所致的损害不承担赔偿责任。

（五）无过失占有与有过失占有

这是对善意占有的再分类，以占有人不知其无占有的权利有无过失为区分标准。无过失占有是占有人不知且不应知其无占有权利的占有，有过失占有是占有人应当知道但因过失不知其无占有权利的占有。无过失占有与有过失占有区别的意义在于：不动产的取得时效期间不同，在占有效力上也有重大不同。

（六）无瑕疵占有与有瑕疵占有

无瑕疵占有是指善意且无过失、和平、公然、继续的占有；有瑕疵占有是指恶意且有过失、暴力、隐秘、不继续的占有。无瑕疵占有与有瑕疵占有区别的意义在于：时效取得中的占有必须是无瑕疵的占有。

第二节　占有的效力和保护

一、占有的推定

（一）事实的推定

依据证据法的原则，任何人为了自己的利益主张事实存在的，须负举证责任。但对于占有，各国法律规定了一些事实推定，免除占有人的举证责任。首先是推定占有人是以所有的意思或者为自己而占有；其次，在占有前后两个时期，有占有证据的，推定其为继续占有。

占有的状态不同,其效力各异。但如果要对占有的各种状态一一证明,不仅事实上做起来困难,而且与将占有与本权分离受独立保护的意旨相矛盾。所以从保护占有人起见,法律应基于社会生活的一般情况,为占有人设数项推定,免除其举证责任。这种推定应当包括:推定占有人以所有的意思,善意、和平及公然占有;在占有的前后有占有的证据时,推定其为继续占有。

(二) 权利的推定

占有制度的目的,在于通过对外形的占有事实的保护,确保交易安全。因此,占有的效力必有权利的推定,即推定占有人对占有物行使的权利合法。当然这种法律的推定也有其事实的基础,即依一般情形而论,占有人是基于本权而占有,没有权利而进行占有的只是例外。占有人既有占有的事实,一般也有占有的权利,故权利的推定是法律就一般情形而为的推定。

因占有所推定的权利,其范围有多大?由于不动产以登记为物权公示方法,登记的效力自然要强于占有的推定,所以就不动产而言,这种权利的推定没有什么实际意义。就动产而言,这种推定的权利范围限定为所有权,即占有动产之人被推定为动产所有权人,因为占有不像不动产登记那样有丰富的公示效能,为了明确起见,占有人只宜被推定为所有权人。当然,在质押合同、借用合同等基础关系的证明下,动产占有人可以是质权人或借用人,但这已经超出权利推定的范畴了。

权利推定的效力,可以分为以下几点来说明:(1) 受权利推定的占有人,免除主动的举证责任,即在其有无实体权利发生争议时,占有人可以直接援用该推定对抗相对人,无须证明自己是权利人。当然在相对人提出反证时,占有人为推翻该反证,仍需举证。(2) 权利的推定,不仅权利人自己可以援用,第三人也可以援用。例如从占有人处借用物的人,在物的真正所有人要求其返还时,该借用人也可援用借用人以占有人身份所受的所有人推定,此时所有人要求返还原物,必须证明自己的所有权方可。(3) 权利的推定,一般是为占有人的利益,如《德国民法典》第 1006 条明确规定是为占有人的利益。但在特定情况下为其不利益时也可以援用,例如推定物的占有人为物的所有人时,则物上负担,如税收,亦应由占有人负担。(4) 权利的推定属于消极性的,占有人不得利用此项推定作为其行使权利的积极证明。例如,除非符合取得时效的构成要件,占有人不得仅仅依其占有请求所有权或者他物权的登记。

二、占有人与返还请求权人的关系

占有人与返还请求权人的关系,是指无权占有在有请求人要求返还占有物时所发生的权利和义务关系。这种关系经常会与无因管理、侵权行为、合同解除等制度发生竞合,这时应适用何种规定,当事人可以自由选择。至于基于某种法律关系或者法律规定而发生返还关系，例如基于质权、留置权等物权关系，或者基于租赁、借用等债的关系，或者基于无因管理、不当得利、侵权行为等法律规定而将占有物返还于权利人的关系，应当依其基本法律关系或者法律规定进行，不需要另行规定，所以不在此处说明。

（一）占有人对物的使用、收益

善意占有人对于占有物的使用、收益，应依其推定的权利进行。这种推定的权利种类，应视占有人对于占有物所行使的权利种类为限。例如，所行使的是租赁使用权，即推定其有租赁使用权。善意占有人即以其受推定的权利，对占有物使用、收益。但是，善意占有人的这种使用、收益权，必须是其受推定的权利在内容上具有使用、收益的权能。如果受推定的权利不具有使用、收益权能，如质权、留置权，占有人即无使用、收益权。

善意占有人对于占有物的使用、收益，应当依物的用途，按法律所不禁止的方法进行。基于合同关系等产生的占有，有关不动产或者动产的使用、收益、违约责任等，按照合同约定；合同没有约定或者约定不明确的，依照法律规定。《民法典》第460条规定，不动产或者动产被占有人占有的，权利人可以请求返还原物及其孳息，但是，应当支付善意占有人因维护该不动产或者动产支出的必要费用。所谓必要费用，是指因保存或管理占有物通常所需要支出的费用，譬如修缮费、饲养费、保养费等。

恶意占有人在返还占有物时应返还占有物的孳息。如果孳息被消费了或因过失而损失了或者应当收取而没有收取时，应当赔偿损失。可见，占有人不论是善意或者恶意，均不享有占有物的收益权，故在返还原物时同时负有返还全部孳息的义务。

（二）占有人在占有物毁损、灭失时的赔偿责任

在占有物毁损、灭失的时候，占有人对于返还请求人负有赔偿责任。这种责任的范围因占有人是善意的还是恶意的有所不同。善意占有人因使用占有的不动产或者动产，致使该不动产或者动产受到损害的，善意占有人不承担赔偿责任；恶意占有人应当承担赔偿责任。《民法典》第461条规定，占有的不动产或者动产毁损、灭失，该不动产或者动产的权利人请求赔偿的，占有人应当将因毁损、灭失取得的保险金、赔偿金或者补偿金等返还给权利人；权利人的损害未得到足够弥补的，恶意占有人还应当赔偿损失。可见，权利人请求赔偿的前提是占有物的毁损、灭失，而不论该毁损、灭失是否因占有人的原因导致。并且，善意占有人承担的是返还责任，而不是赔偿责任。恶意占有人对于占有物的毁损、灭失，不仅要承担占有物本身价值的赔偿，还要承担权利人因不动产或者动产毁损、灭失所遭受的利益损害。

(三) 占有人请求偿还费用的权利

占有人在占有标的物期间对物支出了费用的,依其性质为必要费用还是有益费用,以及占有是恶意还是善意,其请求偿还费用的范围也不一样。

在传统民法中,善意占有人对于因保存物所支出的必要费用,即为维持物的现有状态,预防其毁损、灭失的费用,有权请求偿还。善意占有人还可请求偿还有益费用,即为改善占有物所支出的费用。但只能在占有物现存价值的范围内请求偿还;如果增加的价值已不存在了,就不能请求偿还。这是因为有益费用不同于必要费用,并不是一种不得已的支出,而是取决于占有人的意志,因此这种费用完全由返还请求人承担是不公平的。恶意占有人则只能请求偿还必要费用,对于有益费用不能请求偿还。

《民法典》第 460 条规定:"不动产或者动产被占有人占有的,权利人可以请求返还原物及其孳息;但是,应当支付善意占有人因维护该不动产或者动产支出的必要费用。"可见《民法典》只是规定了善意占有人有必要费用偿还请求权,对善意占有人的有益费用偿还请求权以及恶意占有人的必要费用偿还请求权都未作明确规定。

三、占有的保护

占有为一种既成的事实,即使这种事实与其他当事人的权利相抵触,也不应再受到非法行为的侵害。例如甲侵占(如偷窃)了乙的电视机,丙不能因甲是无权占有再去侵夺。因此,对占有的保护,就是对社会安宁、稳定的保护。

占有人对于非法行为的侵害,有自力救济权和占有保护请求权。

(一) 占有人的自力救济权

占有人在其占有受到侵害时,如果侵害人没有比占有人更强的权利,则占有人有权依其占有进行自力救济。

占有人的自力救济权包括:(1) 自力防御权。占有人对于侵夺或者妨害其占有的行为,例如侵入占有人的房屋,可以以自己的力量进行防御,例如将侵入者驱逐出房屋。自力防御权的行使,重在占有的事实状态,因此只有直接占有人可以行使,间接占有人无此权利。(2) 自力取回权。即占有人对于被他人侵夺的占有物,有权取回。例如占有人的动产被他人非法侵夺时,占有人可以当场或者追踪取回。

(二) 占有人的占有保护请求权

占有保护请求权是占有人的占有被非法侵害时,占有人可直接对侵害人,也可向法院提起保护其占有的请求权。该请求权主要有以下四项:(1) 占有物返还请求权。占有人在其占有被侵夺时,有权请求返还其占有物。依《民法典》第 462 条第 2 款的规定,占有人返还原物的请求权,自侵占发生之日起 1 年内未行使的,该请求权消灭。该1年的期间仅适用于占有物返还请求权。(2)占有妨害排除请求权。在占有人的占有受到妨害使其无法完全支配占有物时,占有人有权请求排除妨害。(3)占有妨害防止请求权。在他人的行为还没有对占有人造成现实的妨害,只是有妨害的可能时,占有人也可以请求预防这种妨害的发生,请求消除危险。对于占有妨害排除请求权和占有妨害防止请求权而言,只要妨害占有的行为或危险存在,法律允许占有人在任何时候提出请求,故没有设置期间限制的必要。(4)损害赔偿请求权。因侵占占有物或者妨害占有造成损害的,占有人有权请求损害赔偿。对于损害赔偿请求权,适用一般诉讼时效。此处的损害是指对占有利益的损害。可以行使损害赔偿请求权保护的主体,仅限于有权占有人和善意的物权占有人,恶意占有人不享有此项权利。前三项属于占有保护的物权保护方法,第四项属于占有保护的债权保护方法。

占有保护请求权与物权请求权存在一定区别:(1)物权请求权是基于物权的绝对性、支配性、排他性衍生出来的一种防卫性请求权;而占有保护请求权的基础是占有事实,而非基于确定的权利。(2)物权请求权的功能表现为物权圆满状态的恢复,物权效力获得维护;而占有保护请求权的功能仅仅在于恢复占有人对物的占有,以使物的现实占有人能够继续保持其占有状态,维护社会平稳秩序。(3)物权请求权人必须举证证明其享有物权;占有保护请求权人仅需证明其原本占有的事实即可,而不考虑其是否具有正当权源。

占有人依据其占有保护请求权提起的诉讼称为占有之诉,它以维护占有人对物的事实的支配为目的。与占有之诉不同,本权之诉则以确定权利、义务关系为目的。因此占有之诉与本权之诉两不相妨,即占有人如果是有权占有,可以提起占有之诉,也可以提起本权之诉。二者可以分别提起,也可以同时提起。但本权之诉属于终局的保护,它在某种情况下具有决定性的作用。例如在本权之诉中,已经确认了他人对物的占有权,占有人就不能再提起占有之诉。

第三节 占有的取得和消灭

一、占有的取得

占有的取得,从占有的事实状态而言,即为占有的发生。占有的取得方式,因占有是直接占有还是间接占有而不同。

(一)直接占有的取得

1. 直接占有的原始取得

直接占有是事实上对物的管领、控制,因此,只要并非是继受他人的占有而对物具有事实上的支配力时,就是直接占有的原始取得,例如对无主物的先占,对遗失物的拾得。

由于直接占有的原始取得纯属于事实行为,不是民事法律行为,因此不要求取得这种占有的人具有相应的行为能力,无民事行为能力人也可以依其行为直接取得对物的占有。另外,这种占有的取得方法并不一定要求对物直接施加自己的力量,只要将物置于自己的控制范围内,即可认为取得了对物的占有。例如对于房屋并不是要使用才为占有,只要上锁不使他人擅自进入,就是占有了房屋。再如将物品放在家中,或者搁置在隐蔽的场所,都是占有了该物品。

2. 直接占有的继受取得

直接占有的继受取得是指由他人的转移而取得的占有。其主要原因有让与和继承。

让与是依当事人转移占有的行为而取得的占有。占有的让与,当事人须有让与占有的意思,而且经常伴有其他法律关系,即经常与所有权或者其他应占有物的权利(如质权)的设定或者让与同时进行。占有的让与,还必须有占有物的交付,主要是现实交付,也可以是简易交付、占有改定。由于占有是对物的事实的支配,因此不论是动产还是不动产,都是依交付而移转占有,不动产占有的移转不存在登记的问题。

占有可以依继承关系由被继承人移转于继承人。依继承取得的占有,是权利义务概括继承的结果,因此继承人取得的占有,在种类、状态、瑕疵等方面,都与被继承人的占有相同。

(二) 间接占有的取得

1. 间接占有的原始取得

间接占有的原始取得是指创设取得间接占有。创设方法有以下几种:

(1) 直接占有人为自己创设间接占有。直接占有人可以将其占有转移给他人,从而为自己创设间接占有。例如所有人为他人设定质权、租赁使用权,由质权人、承租人取得对物的直接占有,而所有人自己享有对物的返还请求权,成为间接占有人。

(2) 直接占有人为他人创设间接占有。这种创设的间接占有,多是依占有改定的方式进行的,例如甲把自己的自行车卖给乙,但甲还需要使用该自行车,于是与乙订立借用或租赁合同,使乙取得对自行车的间接占有。

2. 间接占有的继受取得

间接占有的继受取得是指基于他人的转移而取得的占有,主要亦有让与和继承两种方式。

间接占有的让与是依指示交付的方式,将其间接占有让与他人。例如出借人(间接占有人)将借用物的所有权转让给他人时,不需要将物取回后再将物交付于受让人,只要将对于借用人的返还请求权让与受让人即可,这时受让人就继受取得其间接占有。

间接占有是一种占有,自然也可以依继承取得,但继承人同时应继承占有的瑕疵。

二、占有的消灭

占有的消灭,是占有人丧失了对物的事实上的管领、控制。但这里的消灭,应指确定地丧失了对物的占有。如果仅仅是一时不能实行其管领、控制,如物被他人侵夺,占有并不丧失。

占有的消灭,应当以占有人是否仍有事实上的管领、控制为依据。所以,如果基于占有人的意思,例如将物交付给他人、抛弃对物的占有,或者非基于占有人的意思,例如占有物被盗、遗失,占有人丧失了对物的管领、控制的,占有即归于消灭。

占有物灭失的,占有人事实上的支配已无所凭借,占有亦消灭。

至于间接占有,在占有人丧失了对物的返还请求权时,其占有消灭。

本编参考书目

1. 钱明星:《物权法原理》,北京大学出版社1994年版。
2. 孙宪忠:《德国当代物权法》,法律出版社1997年版。
3. 尹田:《法国物权法》,法律出版社1998年版。
4. 郭明瑞:《担保法》,法律出版社2010年版。
5. 〔德〕鲍尔、施蒂尔纳:《德国物权法》(上册),张双根译,法律出版社2004年版。
6. 全国人民代表大会常务委员会法制工作委员会民法室编著:《物权法:立法背景与观点全集》,法律出版社2007年版。
7. 胡康生主编:《中华人民共和国物权法释义》,法律出版社2007年版。
8. 江平主编:《中国物权法教程》,知识产权出版社2007年版。
9. 王利明、尹飞、程啸:《中国物权法教程》,人民法院出版社2007年版。
10. 〔日〕我妻荣:《新订物权法》,罗丽译,中国法制出版社2008年版。
11. 〔日〕我妻荣:《新订担保物权法》,申政武等译,中国法制出版社2008年版。
12. 孙宪忠主编:《中国物权法:原理释义和立法解读》,经济管理出版社2008年版。
13. 〔德〕Baur/Stürner, Sachenrecht, München, 2009.
14. 谢在全:《民法物权论》(上册),中国政法大学出版社2011年版。
15. 谢在全:《民法物权论》(中册),中国政法大学出版社2011年版。
16. 崔建远:《物权:规范与学说——以中国物权法的解释论为中心》(上册),清华大学出版社2011年版。
17. 杜万华主编,最高人民法院民事审判第一庭编著:《最高人民法院物权法司法解释(一)理解与适用》,人民法院出版社2016年版。

第三编 债 权

第一分编 债 权 总 论

第十七章 债 的 概 述

第一节 债的概念、性质与要素

一、债的概念

债是按照合同的约定或者依照法律的规定,在当事人之间产生的特定的权利和义务关系。享有权利的人是债权人,负有义务的人是债务人。

这种特定的权利义务关系就是债的关系,可分为狭义的债的关系和广义的债的关系。前者是指个别的给付关系。以房屋买卖合同(买卖之债)为例,出卖人交付房屋、转移房屋的所有权,买受人受领房屋,属于一种狭义债的关系。买受人支付价款,出卖人受领价款,属于另一狭义的债的关系。此外,还有告知义务、瑕疵担保义务,甚至有费用偿还、利息支付等项义务。这些狭义债的关系的总和,构成买卖合同关系这种广义的债的关系。在该买卖房屋合同关系中,出卖人交付了房屋且转移所有权,其债的关系(狭义)消灭了,但是支付价款的狭义债的关系仍继续存在,当买卖双方都履行了各自的全部义务后,买卖之债的关系(广义)才消灭。本书债的分论讲的买卖、租赁等各种债的关系,属于广义的债的关系。

相较于狭义债的关系,广义债的关系至少具有两个特点:第一,它是一个极其复杂的架构,由众多的债权债务以及权能、限制等组成。第二,它并非静态地凝固于一成不变的状态之中,而是随着时间的推移不断地以多种形态发生变化。它犹如一个"有机体",存在着出生、成长、衰老,直至最后死亡的现象。广义的债的概念,对于债法理论的发展,具有重大的影响。①

民法上债的概念源自罗马法。罗马法上的债(oblitio),既指债权、债务,也指债权债务关系,有时并称为"法锁"(juris vinculum)。

民法上债的概念不同于民间所谓的债,也不同于我国固有法上的债。我国民间所称之债,专指债务,且专指金钱债务,如借债、欠债、还债等。在我国固有法上,债的含义也很狭窄,指借贷等。自汉律以来,债的概念一直未见扩大,仍仅指欠人财物。至清末《大清民律草案》,西方民法中债的概念才首次被引入我国。② 在我国现行法上,债的概念不仅指债务,而且包括债权,表示的是以债权债务为内容的民事法律关系。

二、债的性质

(一) 债为特定当事人之间的民事法律关系

债的当事人双方都是特定的人。《民法典》第 118 条第 2 款规定:"债权是因合同、侵权行为、无因管理、不当得利以及法律的其他规定,权利人请求特定义务人为或者不为一定行为的权利。"因为债权具有依附或者归属于某一特定当事人的固有性质,当它归属于某一当事人时,势必使该人特定化。又债权乃一种对人的请求权,请求必须有对象才不至于落空,这就要求债务人必须特定。尤其是债权的实现一般须有债务人履行债务的积极行为,债务履行的结果是使债务人蒙受不利益,因此,唯有与债权人有特别结合关系的特定之人,才能成为向债权人履行义务的债务人。其他人因与债权人无上述关系,不对债权人负担义务,被排除于债的关系之外。

在物权关系、人身权关系和知识产权关系中,权利人虽然特定,但义务人却是不特定的人。在这些民事法律关系中,因权利人的权利只需要他人消极地不加侵害即可实现,而且立法者也难以预料权利人的权利在何时、何种情况下会受到侵犯,所以法律赋予这些权利以排除他人侵害的效力,使不特定的一切他人负担消极义务。这明显地与债务人须特定化这一债的特征不同。虽然现代法已经有条件地承认行为人在特定场合下负有社会安全义务,或曰安全保障义务,使人格权、物权等绝对权于特定场合具有要求行为人负有积极作为的义务之效力,但这毕竟属于特例,尚未从根本上动摇绝对权与相对权的分类。

当然,债的当事人特定化不是债权人和债务人的僵化,仅具有债权人和债务人之间形成相对关系的意义。债权人的更换,债务人的替代,并不与债的当事人特定化相矛盾。

---

① 〔德〕迪特尔·梅迪库斯:《德国债法总论》,杜景林、卢谌译,法律出版社 2004 年版,第 9 页;王泽鉴:《民法债编总论·基本理论·债之发生》(总第 1 册),台湾三民书局 1993 年版,第 4 页。

② 佟柔主编:《民法原理》,法律出版社 1983 年版,第 179—182 页。

(二) 债为当事人之间的特别结合关系

债权人和债务人结合在一起形成债的关系,或者是基于彼此间的信赖,或者是立法者出于某种社会政策的考虑。在债的关系中,当事人双方之间结合密切,任何一方的疏忽或者不注意,都易于给他方造成损害,因此法律对当事人课以的注意义务高于物权关系、人身权关系中的注意义务。在物权关系、人身权关系中,一般情况下义务人只要不作为就算尽到了注意义务;而在债的关系中,当事人仅仅停留于不作为的状态并不足够,还需履行通知、协助、保密等项义务,才算达到要求。

(三) 债是有存续期限的民事法律关系

与所有权具有永久性不同,债的关系自始即以完全满足债权人的给付利益为目的,"债权系法律世界中的动态因素,含有死亡的基因,目的已达,即归消灭"[①]。可见,债是有存续期限的民事法律关系。

三、债的要素

债的要素,是指构成债所必须具备的因素,包括债的主体、债的内容和债的客体。

(一) 债的主体

债的主体,是指参与债的关系的当事人。其中,享有债权的主体称为债权人,负有债务的主体称为债务人。在某些债中,一方当事人仅享有债权而不负有债务,另一方当事人仅负担债务而不享有债权。而在多数情况下,双方当事人都既享有债权又负有债务。债权人和债务人是相互对立、相互依存的,缺少任何一方,债的关系就不能成立和存续。

(二) 债的内容

债的内容,由债权、债务以及权能、限制或者法律约束等构成[②],不过,债权和债务是主要的,此处仅介绍它们。

1. 债权

债权是指债权人得请求债务人为给付的权利。除少数债权以外,债权为财产权,能用货币衡量和评价。债权有以下特点:

(1) 债权为请求权。据该权,债权人得请求债务人为一定给付。当然,债权与请求权并不相等。就请求权而言,除债权请求权外,尚有绝对权的请求权;就债权来说,除请求权外,尚有受领、选择、解除、终止等权能。

(2) 债权为相对权。债权人只能向债务人主张债权,请求债务人向自己

[①] Radbruch, *Rechtsphilosophie*, 1963, S. 243.
[②] 参见〔德〕卡尔·拉伦茨:《德国民法通论》(上册),王晓晔、邵建东、程建英、徐国建、谢怀栻译,谢怀栻校,法律出版社 2003 年版,第 263—271 页。

履行债务。债务人以外的其他一切人,对债权人不负有履行义务,除非依法构成债权侵害或者依法定或者约定由债务人以外的第三人负赔偿责任或者给付义务。

(3) 债权具有相容性和平等性。在同一标的上可同时并存数个债权。数个债权人对同一个债务人先后发生数个普通债权时,其效力一律平等,不因其成立先后而有效力上的优劣之分。如在债务人破产时,其财产不足以清偿全部债权人的债权的,无论这些债权成立顺序如何,均依其数额比例平均受偿。

债权的权能,即债权人依其债权得为的行为,包括以下四项:(1) 给付请求权。债权人的利益实现并非基于其直接支配他人的人身、给付行为及给付的标的物,而是要通过债务人实现给付的行为方能达到。因此,给付请求权为债权的第一权能,包括债权人直接向债务人请求和通过诉讼的方式请求。从效力角度着眼,为债权的请求力。(2) 给付受领权。债务人履行其债务时,债权人有权予以接受,并永久保持因债务人的履行所得的利益。有效地受领该给付,乃债权的本质所在,也是债权人所追求的最终结果。给付受领权体现在债的效力上,构成保持力。(3) 债权保护请求权。债务人不履行债务时,债权人可依据该项权能请求国家机关给予保护,强制债务人履行。它表现在债权的效力上就是强制执行力。(4) 处分权能。债权人可以抵销、免除、让与债权等。债权具备上述请求力、保持力、强制执行力、处分权能时,就是效力齐备的债权,亦叫完全债权。如果欠缺某项效力,则该债权沦为不完全债权。不过,债权不得欠缺保持力,否则,便不再是债权。完全债权和不完全债权在受法律保护的强弱上、带给债权人的利益多寡上,是不同的。

2. 债务

债务,是指债务人依约定或者法定应为给付的义务。其内容包括实施积极的特定行为,也包括不实施特定的行为。债务就其本质来说是债务人负担不利益。债务履行的结果,一方面使债权人的利益得以实现,另一方面又使债务人失去既有利益,处于不利益的状态。

(1) 债务的特点。债务的内容具有特定性,由当事人协商确定,或者由法律规定。每一个具体的债务,都有具体和确定的标的及其质量、数量、履行期限等内容,使之特定化。此处所谓特定包括已经特定和可得特定。

(2) 债务的分类。债务有完全债务与不完全债务之分。相对于完全债务而言,不完全债务是不能依诉请求的,这对债权人的利益实现显然有影响。

债务包括给付义务和附随义务。给付义务包括主给付义务与从给付义务。在现行法上,债的关系是建立在主给付义务之上的。所谓主给付义务,简称为主义务,是指债的关系所固有、必备,并用以决定债的类型的基本义务。例如,在买卖合同中,出卖人负交付出卖物及转移其所有权的义务,买受人负支付价款的义务,均属主给付义务。就双务合同而言,此类主给付义务,构成对待给付义务,在对方未为对待给付前,得拒绝履行自己的给付,因不可归责于双方当事人的原因致一部或者全部不能履行时,当事人一方减为或者免为对待给付义务。发生不能履行、逾期履行、不完全履行时,如不具有免责事由,债务人便应承担违约责任。[①] 所谓从给付义务,简称为从义务,是不具有独立的意义,仅具有补助主给付义务功能的义务。其存在的目的,不在于决定债的类型,而在于确保债权人的利益能够获得最大满足。从给付义务发生的原因有:(1) 基于法律的明文规定。(2) 基于当事人的约定。如甲企业兼并乙企业,约定乙企业应提供全部客户关系名单。(3) 基于诚信原则及补充的合同解释。如汽车的出卖人应交付必要的文件,名马的出卖人应交付血统证明书。[②] 应予指出,房屋出卖人未办理房屋所有权过户登记手续而不交付房屋所有权证,系不履行主给付义务,而非不履行从给付义务;但若已经办理完毕过户登记手续而未交付不动产权证,则为不履行从给付义务。

附随义务,是以诚信原则为依据,根据债的性质、目的和交易习惯,随着债的关系的发展逐渐产生的(《民法典》第509条第2款)。例如出租车车主应为其所雇司机投保人身险(照顾义务);出卖人在出卖物交付前应妥善保管该物(保管义务);技术受让方应提供安装设备所必要的物质条件(协助义务);工程技术人员不得泄露公司开发新产品的秘密(保密义务);医生手术时不得把纱布遗留在病人体内(保护义务)等。附随义务与主给付义务的区别有三:(1) 主给付义务自始确定,并决定债的类型。附随义务则是随着债的关系的发展而不断形成的。它在任何债的关系中均可发生,不受特定债的类型的限制。(2) 主给付义务构成双务合同的对待给付,一方在对方未为对待给付前,得拒绝自己的给付。附随义务原则上不属于对待给付义务,不能发生同时履行抗辩权。(3) 不履行给付义务,债权人得解除合同。反之,不履行附随义务,债权人原则上不得解除合同,但可就其所受损害,依不完全履行的规定请求损害赔偿。

除给付义务及附随义务之外,债的关系上还有不真正义务,或称间接义务。其主要特征在于权利人通常不得请求履行,违反它也不发生损害赔偿责任,仅使负担该义务的一方遭受权利减损或者丧失的不利益。《民法典》第591条规定的一方应及时采取措施防止损失扩大的义务,就是不真正义务。当事人在法律上本不负有不损害自己权益的义务,但因自己的过失造成损失扩大,则按公平原则要求,应依其程度承受减免赔偿额的不利益。

从整个合同法而言,还有先合同义务和后合同义务。先合同义务,是指当事

---

① 参见王泽鉴:《民法债编总论·基本理论·债之发生》(总第1册),台湾三民书局1993年版,第26—27页。

② 参见同上书,第27—28页。

人为缔约而接触时,基于诚信原则而发生的说明、告知、注意及保护等义务,违反它即构成缔约过失责任。合同关系消灭后,当事人依诚信原则应负有某种作为或者不作为的义务,以维护给付效果,或者协助对方处理合同终了善后事务(《民法典》第558条)。学说上称该义务为后合同义务。司法实务中认为,违反后合同义务,与违反一般合同义务相同,产生债务不履行责任。

上述各种义务构成债的义务群,它是债法的核心问题。处理债的问题,首先需考虑的是债务人负何种义务,可否请求履行,违反义务时的法律效果如何。现行民法以主给付义务为规范对象,基于诚实信用原则,由近而远,逐渐发生从给付义务,以及其他辅助实现给付利益及维护对方人身和财产上利益为目的的附随义务,组成了义务体系。现代民法的发展,在一定意义上可以说是债的关系上义务群的发展。①

(三) 债的客体

债的客体又称债的标的,是指债权债务所指向的事物。从债权人方面观察,债权是一种能够请求债务人为一定给付的权利;自债务人方面而言,债务系应债权人请求而为一定给付的义务。可见,债权债务指向的是给付。

给付与履行在含义上有所区别。前者是指债务人应为行为的抽象,其行为的具体内容如何,在所不问。例如,甲与乙签订买卖一辆凤凰牌自行车的合同,规定甲应向乙交付该自行车,即为给付。后者则是指债务人实施其应为的行为,其行为的具体内容,依各个具体的债的要求而不相同,从而判断债务人是否完全及适当履行应以该具体的债的要求为标准。在上例中,实际交付给乙凤凰牌自行车,才是履行;如交付的凤凰牌自行车有缺陷,则不是履行,而是违约。此外,给付是从静态的角度描述债的关系所赖以存在的基础,而履行则是从动态的角度描述债的效力以及债消灭的过程。②

债的标的与标的物不相同。前者是从债的关系的构成要素而言,指给付本身;而后者则是从债务人的行为所及于的物而言,指给付的对象。故在单纯提供劳务的债,其本身即足以完成给付,不必再另有标的物。③ 在交付财物、交付金钱的债,则有标的物的存在。

给付必须合法、确定和适格。以违法行为作给付在当事人之间不得发生债。给付不确定将使债权债务无法实现,故给付不确定的,债的关系不成立。所谓适格,是指依事物的性质,适于作为债的标的。

给付的形态可以表现为交付财物、支付金钱、转移权利、提供劳务、提交成果

---

① 参见王泽鉴:《民法债编总论·基本理论·债之发生》(总第1册),台湾三民书局1993年版,第36页。

② 参见张广兴:《债法总论》,法律出版社1997年版,第113页。

③ 参见同上。

及不作为等。

第二节　债的发生原因

债的发生原因,是指引起债产生的法律事实。它包括以下几种:

一、合同

合同是当事人之间设立、变更、终止债权债务关系的协议。基于合同产生的债的关系,是合同债。合同是产生债的最常见、最重要的原因。《民法典》第464条第1款将合同界定为民事主体之间设立、变更、终止民事法律关系的协议,但同条第2款将婚姻、收养、监护等有关身份关系的协议排除在外。

二、缔约上的过错

缔约上的过错,是指当事人在缔约过程中具有过错,从而导致合同不成立、无效、被撤销或者不被追认等,使他方当事人受到损害的情况。于此场合,具有过错的一方应赔偿对方由此受到的损失,由此产生缔约上的过失责任。该责任成立,使过错的一方负有向受害的一方赔偿的义务,受害的一方享有请求过错的一方赔偿的权利,形成债的关系(《民法典》第157条,《合同编通则解释》第24条第2款)。

三、单独行为

单独行为又称单务约束,是指表意人向相对人作出的为自己设定某种义务,使相对人取得某种权利的意思表示。它之所以可以引起债的关系的发生,在于依当事人意思自治原则,当事人可基于某种物质或者精神上的需要,为自己设定单方义务,同时放弃对于相对人给付代价的请求。第三人向债权人表示愿意清偿债务人尚欠债权人的借款,属于单方允诺,对此无不同意见。但悬赏广告究竟为单独行为还是要约,则存在着争论。

四、侵权行为

侵权行为,是指不法侵害他人的民事权益,应承担民事责任的行为。通常认为,侵权行为发生,侵权人应依法承担侵权责任,被侵权人有权请求侵权人承担民事责任,这种责任关系也形成债的关系。

五、无因管理

无因管理,是指没有法定或者约定的义务而为他人管理事务。管理他人事务的人叫管理人,负有将开始管理事务通知本人、适当管理、继续管理、报告及计算等项义务,本人负有偿还必要费用、赔偿损失等项义务,管理人与本人之间形成债的关系。

六、不当得利

不当得利,是指没有合法根据,致使他人受到损失而取得的利益。由于该项利益没有法律上的根据,应返还给受害人,从而形成以不当得利返还为内容的债的关系。

七、其他

除上述事实外,其他法律事实也可引起债的产生,如拾得遗失物的保管和交还、遗嘱执行人与受遗赠人之间的保管和交付遗产等。

第三节 债法在民法中的地位及其体系

一、债法在民法中的地位

民法以人身关系法和财产关系法为其主要内容。财产关系法以物权法和债法为其主要组成部分。物权法因其体现着一个国家的所有制、系一个社会中的生产和生活的法律前提、旨在维护财产的"静的安全"乃至一定程度的"动的安全"而不可或缺;债法作为规范、保护和促进财产流转,维护财产的"动的安全"的法,在近代法和现代法中更显出优越地位。其原因在于,人类在仅依物权形成财产关系、仅以物权作为财产客体的时代,可以说只能生活在过去和现在。但是,承认了债权制度,就可以使将来的给付预约,变为现在的给付对价价值。人类在经济生活中,除了过去和现在的财产外,还可以增加将来的财产。[①] 在现代社会,债权财产化,不动产因抵押权具有流通性和与证券的结合而债权化,动产借助于让与担保等制度也债权化了,通过债权达到对经济组织的维持。[②] "债权的权利及利息的享益如今是所有经济的目的。债权不复是旨在物权和物之享益的手段,而本身就是法律生活的目的。""经济价值在从一个债权向另一个债权转移中始终存在,而在物权法中任何时候都不会有较久的平静。"[③]

---

① 参见〔日〕我妻荣:《债权在近代法中的优越地位》,王书江、张雷译,谢怀栻校,中国大百科全书出版社1999年版,第6页。
② 参见同上书,第20—216页。
③ 〔德〕拉德布鲁赫:《法学导论》,米健、朱林译,中国大百科全书出版社1997年版,第64页。

二、债法的体系

债法作为民法中相对独立的部分,就其实质而言,应当包含债法总则、合同法、侵权责任法、不当得利法和无因管理制度,以及单方允诺等制度;就其形式来讲,上述各个债法分支不一定全部集中在一编当中,合同法和侵权责任法因其内容丰富,在我国《民法典》中已经独立成编。

第十八章 债 的 类 型

第一节 种 类 之 债

一、种类之债的概念

根据债的标的物属性的不同,债可以分为特定之债和种类之债。给付以其种类中的一定数量指示的债,称为种类之债。以特定给付为标的的债为特定之债。例如,债务人负担交付某种品牌、规格的电视机若干台的债务,即为种类之债;债务人负担交付某台特定的电视机的债务,即为特定之债。种类之债虽以种类物的买卖最为常见,但并不以之为限,种类租赁合同(如甲向乙租车公司租赁一部奔驰车)、种类雇佣合同(如代觅服务员三名)、种类承揽合同(如约定使用印刷厂预先制版的邀请卡型印制空白邀请卡200张),均属可能。①

二、种类之债的法律意义

种类之债和特定之债的区分具有如下法律意义:

(1)对债务人给付的约束程度不同。种类之债对债务人给付的约束程度,较特定之债为低。特定之债的债务人只有为特定的给付,才构成债的履行;而种类之债的债务人可以在一定范围内选择具体的给付,其不同选择,均可以构成债的履行。如甲到乙电器城购买冰箱,甲测试了某品牌、型号的一台冰箱后,双方约定购买该台冰箱,并于次日提货。此为特定之债,乙于次日只能交付该台冰箱,不得以同品牌、同型号的其他冰箱替代。如果甲仅决定购买某品牌、型号的一台冰箱,但双方对具体哪台没有约定,则为种类之债,乙可以交付任何一台该品牌、该型号的冰箱,作为债的履行。

(2)标的物因不可抗力灭失,债务人能否免除给付义务不同。法谚有谓:"种类之债永不灭失。"在特定之债中,标的物因不可抗力而灭失的,债务人可以免除给付义务;但在种类之债中,标的物因不可抗力而灭失的,债务人的给付义务仍旧存在,除非同种类物全部灭失,其义务才能免除。例如,甲乙两公司订立买卖合同,约定甲向乙购买今年新收获的东北大米 X 吨,价款 Y 元,11月1日交货。约定的交货日前,发生特大洪水,乙公司被淹,全部存货灭失。如果该约

---

① Heinrichs/Emmerich, Muenchener Kommentar, Rz.3 zu s243. 转引自黄立:《民法债编总论》,中国政法大学出版社2002年版,第340页。

定为特定之债,乙将免除交付大米的义务,虽然依据风险负担的规则,甲也不用支付价款,但乙不需承担违约责任(如支付违约金、赔偿损失等)。反之,如果该约定为种类之债,原则上[①]乙的给付义务不能免除,乙应当另行外购今年新收获的东北大米 X 吨,交付于甲,否则乙应当承担违约责任。

关于以上两点实益,需要特别说明的是"限制种类之债"。"限制种类之债",是一种特殊的种类之债,其给付除以种类指示外,又以某种特殊范围进行限制。限制种类之债最常见的情形是,以某主体的存货范围作为限制范围,因而也称为存货之债。上述冰箱之例,如以乙的存货为范围,约定为限制种类之债,则乙只能交付其存货范围内任意一台该品牌、该型号的冰箱。上述大米之例,如以乙的存货为范围,约定为限制种类之债,交货前全部存货灭失的,乙可以免除给付义务。

三、种类之债的特定

(一) 种类之债特定的概念

债的标的须特定,这是债之关系的本质要求。种类之债的标的物,系以种类方式指示,并不明确、具体,须经特定,才可以履行。所谓特定,是种类之债向特定之债的转化,在性质上,属于债的内容变更。[②] 种类之债一经特定,即成为特定之债,此后应适用特定之债的相关规则。

从比较法上看,种类之债特定的方法有下列两种:

(1) 债务人交付其物之必要行为完结。

债务人交付其物之必要行为完结,通说解释为"履行行为之着手",具体因债的性质有所不同:第一,赴偿之债,债务人将标的物送至债权人处,在实际交付前的一个瞬间特定。第二,往取之债,债务人将用于履行的标的物从其他种类物中分离出来,并将分离的事实通知债权人,或者要求债权人前来受领,即发生特定的效果。[③]

(2) 基于当事人的约定,经当事人或者第三人的指定。

如债务人在种类范围之内对特定给付的指定,并事先、事后得到了债权人的同意;如约定当事人一方或者第三人有指定权,该指定权人的指定等。指定在性

[①] 例外有两种情形:(1) 乙举证证明"今年新收获的东北大米"整个种类物已经全部灭失,市场上已经无法购得。本案中此种情形可能性不大,但如果双方约定的是产于某县、某乡的今年新收获的东北大米 X 吨,该乡遇洪水,颗粒无收,即属此种情形。(2) 乙主张因不可抗力导致合同履行十分困难,请求法院或者仲裁机构依据情事变更原则,变更或者解除合同。参见崔建远主编:《合同法》,法律出版社 2003 年版,第 94 页。

[②] 参见郑玉波:《民法债编总论》(修订二版),陈荣隆修订,中国政法大学出版社 2004 年版,第 200 页;史尚宽:《债法总论》,中国政法大学出版社 2000 年版,第 240 页。

[③] 参见黄立:《民法债编总论》,中国政法大学出版社 2002 年版,第 344 页。

质上为意思表示，该意思表示生效时，债发生特定的效果。

（二）种类之债特定的效力

1. 种类之债变更为特定之债

种类之债经特定就变为特定之债，债务人对经特定的给付物，负有善良管理人之注意义务，如未尽此义务，致使给付物毁损或者灭失的，原则上发生债务不履行的效果，债务人应当承担赔偿损失责任。

2. 种类之债特定后的变更权

通说认为，种类之债依据债务人的行为而特定，或者债务人有指定权的场合，经特定后，债务人原则上不得再进行变更。

第二节 货币之债

一、货币之债的概念

货币之债，是以给付一定数额的货币为标的的债，也称金钱之债。货币之债在现实中较为常见，是债的一种重要类型。在有偿合同中，对价往往以货币形式支付；在无偿合同中，货币常成为赠与等的标的物。在法定之债中，其债的标的以支付货币为常见。

二、货币之债的种类

（一）金额货币之债（金额之债）

金额货币之债，是以给付一定金额的通用货币为标的的债。当事人只注重货币的金额，而不注重其种类，债务人可以自由选择任何种类的通用货币进行支付。如甲自商店购买服装，支付价款500元。甲支付100元面值的货币5张，或者支付50元面值的货币10张，并无不同。

金额货币之债为货币之债的典型，其法律上的特征是不存在履行不能的问题，不发生因不可抗力免责的问题。

（二）特定货币之债

特定货币之债，是以给付作为特定物的货币为标的的债。货币通常视为种类物，但在当事人有特别意思表示的情况下，可以经由特定化，而成为特定物。货币特定化最常见的方式是"封金"，即将一定数额的货币以包装物封存或者运送。特定货币之债在本质上，不具备通常货币之债的特征，因而是一种特定物之债。①

（三）特种货币之债（金种之债）

相对的特种货币之债，是以给付一定金额的特种货币为标的的债。当事人关于币种的约定，称为"金约款"，其通常目的在于确保货币不发生贬值。在一些纸币与金属货币并存的国家和地区，在通货膨胀严重的时期，"金约款"确有重大实益。目前在我国，人民币是唯一的通用货币，实践中，"金约款"通常体现为对以外国货币支付的约定（具体情形要受到国务院发布的《中华人民共和国外汇管理条例》的限制）。《票据法》第59条规定："汇票金额为外币的，按照付款日的市场汇价，以人民币支付。汇票当事人对汇票支付的货币种类另有约定的，从其约定"，承认了特种货币之债。有金约款存在的债，债务人应当以所约定的货币支付，其余法律特征与金额货币之债相同。如果该类货币失去通用效力，其金约款随之失效，而变为金额货币之债。《民法典》第514条规定，以支付金钱为内容的债，除法律另有规定或者当事人另有约定外，债权人可以请求债务人以实际履行地的法定货币履行。

绝对的特种货币之债是一种特殊的特种货币之债，在货币收藏领域较为常见，如双方约定债的标的物为"袁大头"银圆10枚、1953年版的拾元纸币5张等。此种情形并不具备金额货币之债的法律特征，而与通常的种类之债在性质上无异，应当依照有关种类之债的规则处理。

第三节 利息之债

一、利息之债的概念

利息，从权利客体的角度看，与原物相对，是原物的一种法定孳息；从法律关系的角度看，是债务人使用或者占有债权人的金钱或者其他代替物所应给付的对价或者补偿。与利息相对的原物以及利息本身，均不限于金钱，还包括其他的代替物。利息之债是以给付一定利息为标的的债，以原本之债的存在为前提，性质上是原本之债的从债。

二、利率

利率是利息与本金之间的比例，通常以百分数表示。依据确定标准的不同，利率有约定利率和法定利率之分，前者由当事人的意思表示决定，后者直接由法

---

① 参见郑玉波：《民法债编总论》（修订二版），陈荣隆修订，中国政法大学出版社2004年版，第203页。

律规定。

约定利率通常受到法律规定的限制,《民法典》第680条规定,禁止高利放贷,借款的利率不得违反国家有关规定(第1款)。借款合同对支付利息没有约定的,视为没有利息(第2款)。借款合同对支付利息约定不明确,当事人不能达成补充协议的,按照当地或者当事人的交易方式、交易习惯、市场利率等因素确定利息;自然人之间借款的,视为没有利息(第3款)。民间借贷关系中,借贷双方约定的利率未超过合同成立时1年期贷款市场报价利率4倍,出借人请求借款人按照约定的利率支付利息的,人民法院应予支持。(《民间借贷的规定》第25条)。

三、利息之债的种类

(一) 约定利息之债与法定利息之债

约定利息之债,是由当事人的民事法律行为而创设的利息之债,通常构成债务人使用原物的对价关系,其典型形式为有偿的消费借贷。法定利息之债,是依据法律规定而发生的利息之债,通常构成债务人占有原物或者相应利益的补偿关系,如《民法典》第921条规定的垫费利息之债,《票据法》第70条第1款第2项、第71条第1款第2项规定的迟延利息之债等。

(二) 基本权利息之债与支分权利息之债

基本权利息之债,是指由原本之债产生,而未届清偿期的利息之债;支分权利息之债,是指由原本之债产生,并已届清偿期的利息之债。① 例如,2004年1月1日甲贷款人民币1万元予乙,约定期限5年,年利率5%,利息按年分期支付,每年12月31日为利息支付时间,最后一年利息连同本金一并支付。到2005年6月30日,乙未支付任何利息。其中,2004年度发生的利息之债(500元)已届清偿期,为支分权利息之债;2005年上半年发生的利息之债(250元)未届清偿期,为基本权利息之债。

基本权利息之债和支分权利息之债,均以原本之债的存在为前提,原本之债不成立、无效或者被撤销的,二者均不发生效力;对原本之债的担保,原则上二者均在担保范围之内。但二者的从属程度不同,比较而言,前者的从属性强于后者:(1)债权转移的,前者不能与原本之债分离而独立让与;后者可以独立让与。在原本之债转移时,前者须与原本之债一并转移;后者仅推定为一并转移,即允许当事人举证证明存在后者不随同转移的合意。(2)清偿时,后者有较原本之债优先受偿的效力,前者无此优先效力。(3)诉讼时效上,前者须与原本之债的

---

① 参见郑玉波:《民法债编总论》(修订二版),陈荣隆修订,中国政法大学出版社2004年版,第207页。

诉讼时效同时起算，后者的诉讼时效则单独起算。

（三）单利之债与复利之债

单利之债，是独立计算每一期利息，不将上期利息计入下期本金再生利息的利息之债。复利之债，是将每一期所生利息，计入下期的本金，再生利息的利息之债。

在相同利率水平下，复利之债较单利之债对债务人更不利，多数立法例为了平衡债权人与债务人之间的利益，对复利之债均作原则上的禁止，而仅于例外情形允许其存在。其例外情形主要有两类：(1) 符合法定条件的复利之债，如一些立法规定，迟延利息在一定条件下可以适用复利；(2) 符合商事惯例的复利之债，如银行的活期存款，通常是按年计算复利。我国在法律层面上对复利未有明确规定。依据《民间借贷的规定》第 27 条的规定，借贷双方对前期借款本息结算后将利息计入后期借款本金并重新出具债权凭证，如果前期利率没有超过合同成立时 1 年期贷款市场报价利率 4 倍，重新出具的债权凭证载明的金额可以认定为后期借款本金；超过部分的利息，不应当认定为后期借款本金。这表明，在最高利率限制范围内，并不禁止复利，此规定与《日本民法典》第 405 条的规定相仿。

第四节 选择之债

一、选择之债的概念

根据债的标的有无选择性，债可分为简单之债（又称单纯之债或者单一之债）和选择之债。所谓简单之债，是指债的标的是单一的，债务人只能就该项标的给付，债权人也只能受领该项标的的给付，双方均无选择余地的债，又称不可选择之债。选择之债，是指债的客体或者其构成因素为两项以上，当事人可以选择其一进行履行的债。例如，甲号大米 10 吨或者乙号大米 10 吨，汽车运货或者火车运货，现金支付或者支票支付等。再如，根据《民法典》第 582 条的规定，在出售的商品不符合质量要求时，买受人与出卖人之间就会发生选择之债，或者修理，或者更换，或者退货，选择权人须从中选择一种履行。

选择之债以民事法律行为为发生原因的，为意定选择之债；由法律直接规定而发生的，为法定选择之债。

二、选择之债的特定

(一) 选择之债特定的概念

选择之债的特点在于,债成立时存在着两种以上类型的给付,但履行债务时仅由债务人给付其中之一。这就需要在履行债务前将两种以上的给付特定为一种,也就是将选择之债转变为简单之债,此即所谓选择之债的特定。特定以后,履行债务则完全遵循简单之债的履行原则、规则及方法。

(二) 选择之债特定的方法

1. 选择

(1) 选择权的归属。

选择权在性质上为形成权,其归属,在意定选择之债中,通常由双方约定;在法定选择之债中,通常法律有明确规定(《民法典》第515条第1款)。在当事人无约定,法律亦无规定的情况下,原则上选择权归属于债务人(《民法典》第515条第1款),这是因为选择和债的履行有关,由债务人选择比较方便。

(2) 选择权的移属。

选择之债,客体不经特定,无法履行。选择权人行使选择权,可以使债的客体特定;但如果享有选择权的当事人在约定期限内或者履行期限届满未作选择,经催告后在合理期限内仍未选择的,选择权转移至对方(《民法典》第515条第2款)。

(3) 选择权的行使。

行使选择权的行为即为选择,在性质上系有相对人的单独行为,须选择权人以意思表示的方式为之。《民法典》第516条规定:当事人行使选择权应当及时通知对方,通知到达对方时,标的确定(第1款前段)。可选择的标的发生不能履行情形的,享有选择权的当事人不得选择不能履行的标的,但是该不能履行的情形是由对方造成的除外(第2款)。

(4) 选择的效力。

选择之债因选择权人的选择而转变为单一之债。选择之债经特定可能变为特定之债,例如甲车或者乙车,选择甲车;但是不必然变为特定之债,例如选定的物为种类物,履行时需要将种类之债特定,才成为特定之债。

2. 给付不能

可选择的标的发生不能履行情形的,享有选择权的当事人不得选择不能履行的标的,但是该不能履行的情形是由对方造成的除外(《民法典》第516条第2款)。例如,选择的标的物为甲车或者乙车,选择权归出卖人,因买受人过失撞毁甲车,出卖人有权选择甲车,不能因为无选择权人的过失而剥夺选择权人的权利。①

第五节 连带之债

一、连带之债的概念

连带之债是多数主体之债的一种。所谓多数主体之债,是指债的双方主体均为2人以上或者其中一方为2人以上的债。多数主体之债,当事人之间的法律关系较为复杂,不仅有债权人和债务人之间的权利义务关系,即所谓外部关系,还存在多数债权人之间、多数债务人之间的权利义务关系,即所谓内部关系。

依据《民法典》第517条以下的规定,多数主体之债分为按份之债和连带之债。

按照《民法典》第517条的规定,所谓按份之债,是指债的一方主体为多数,各自按照一定的份额享有权利或者承担义务的债。债权主体一方为多数人,标的可分,各债权人按一定份额分享权利的,为按份债权;债务主体一方为多数人,标的可分,各债务人按一定份额分担义务的,为按份债务。如甲乙各出资1/2购买一房屋,出租于丙,甲乙对丙各收1/2的租金债权,为按份债权;反之,甲乙共同承租丙所有之房屋,甲乙对丙各承担1/2的租金债务,为按份债务。按份债权人或者按份债务人的份额难以确定的,视为份额相同(《民法典》第517条第2款)。

根据《民法典》第518条第1款的规定,所谓连带之债,是指债的主体一方为多数人,多数人一方的各个当事人之间存有连带关系的债。所谓连带关系,是指当事人各自的债务或者债权具有共同目的,从而在债的效力、债的消灭上相互发生牵连。连带之债包括连带债权和连带债务。债权人为二人以上,部分或者全部债权人均可以请求债务人履行债务的,为连带债权。例如,乙和丙将其共有的拖拉机一台,以6000元卖给甲,乙和丙各自都有请求甲支付6000元的权利。债务人为二人以上,债权人可以请求部分或者全部债务人履行全部债务的,为连带债务。例如,甲将其拖拉机一台以价款6000元卖给乙、丙二人,乙和丙各自都有对甲支付6000元的义务。

二、连带之债的发生原因

连带之债,因当事人的民事法律行为而发生的,为意定的连带之债;因法律

---

① 参见郑玉波:《民法债编总论》(修订二版),陈荣隆修订,中国政法大学出版社2004年版,第213页。

的直接规定而发生的,为法定的连带之债(《民法典》第518条第2款)。相应地,也存在意定连带债权和法定连带债权、意定连带债务和法定连带债务。

作为意定连带之债发生原因的民事法律行为,可以是合同,也可以是单独行为,但以合同为常见。《民法典》第595条以下规定的各种有名合同,大多可以由当事人约定为连带之债。一些立法例要求约定连带之债,尤其是连带债务的意思表示,须以明示为限,而不许以默示推定(《法国民法典》第1202条),因为连带债务加重了债务人的负担,所以在法律上限制其成立的方式,值得中国立法借鉴。

法定连带债务,通常体现对债权人特别保护的立法政策,必须有法律的明文规定,如共同侵权行为人对受害人的连带债务(《民法典》第1168条)、代理人和相对人恶意串通对被代理人的连带债务(《民法典》第164条第2款)、票据债务人的连带债务(《票据法》第68条第1款)、股份有限公司发起人的连带债务(《公司法》第99条)等。

因连带债权对各债权人较为不利,较为罕见。因此,本节下文着重介绍连带债务的有关问题。

三、连带债务的效力

多数主体之债较单一主体之债复杂之处,主要在于债的效力,具体表现在三个方面,即对外效力、就当事人一人所生事项的效力、对内效力。[①]

(一)对外效力

对外效力是债权人与债务人之间的关系问题,其核心是债权人的请求权。连带债务对外效力的核心,是债权人对连带债务人的请求权。

连带债务的债权人请求权的行使,较为自由,可以向债务人一人、数人或者全体请求履行,可以向不同债务人同时或者先后请求履行,可以请求全部或者部分履行。

(二)就当事人一人所生事项的效力

《民法典》第520条规定:部分连带债务人履行、抵销债务或者提存标的物的,其他债务人对债权人的债务在相应范围内消灭;该债务人可以依据前条规定向其他债务人追偿(第1款)。部分连带债务人的债务被债权人免除的,在该连带债务人应当承担的份额范围内,其他债务人对债权人的债务消灭(第2款)。部分连带债务人的债务与债权人的债权同归于一人的,在扣除该债务人应当承担的份额后,债权人对其他债务人的债权继续存在(第3款)。债权人对部分连

[①] 参见郑玉波:《民法债编总论》(修订二版),陈荣隆修订,中国政法大学出版社2004年版,第381页。

带债务人的给付受领迟延的,对其他连带债务人发生效力(第4款)。

(三) 对内效力

对内效力是各债权人之间或者各债务人之间的内部关系问题,连带债务的对内效力体现在:其一,各连带债务人之间所负债务已经或将要划分为份额,份额难以确定的,视为份额相同(《民法典》第519条第1款);其二,实际承担债务超过自己份额的连带债务人,有权就超出部分在其他连带债务人未履行的份额范围内向其追偿,并相应地享有债权人的权利,但是不得损害债权人的利益。其他连带债务人对债权人的抗辩,可以向该债务人主张(《民法典》第519条第2款)。被追偿的连带债务人不能履行其应分担份额的,其他连带债务人应当在相应范围内按比例分担(《民法典》第519条第3款)。

第十九章 债 的 履 行

第一节 债的履行的概念与原则

一、债的履行的概念

债的履行，是指实现债的内容的行为，也就是债务人全面地、适当地完成其债务，使债权人的债权得到完全实现。

债的履行是债务人完成债务的行为，即债务人为给付行为。这是债的目的的起码要求。没有债务人完成债务的行为，就不会有债权人达到成立债的目的的结果。但是，债务人履行债务的行为未必总能使债权人达到成立债的目的，未必总能使债权人实现其债权。

由此看来，债的履行应是债务人全面地、适当地完成债务，使债权人实现其债权的给付行为和给付结果的统一。因为债存在的法律目的，乃是将债权转变成物权或者与物权具有相等价值的权利，乃是债务人按约定给付使债权人获得满足、获得给付结果。

二、债的履行的原则

债的履行的原则，是当事人在履行债务时所应遵循的基本准则。这些基本准则，有的是民法的基本原则，例如诚信原则、公平原则、平等原则等；有的是专属于债的履行的原则，例如适当履行原则、协作履行原则、经济合理原则、情事变更原则等。对于民法的基本原则，此处不赘。

（一）适当履行原则

适当履行原则，又称正确履行原则或者全面履行原则，是指当事人按照法律规定或者合同约定的标的及其质量、数量，由适当的主体在适当的履行期限、履行地点，以适当的履行方式，全面完成债务的履行原则。《民法典》第509条第1款表述为："当事人应当按照约定全面履行自己的义务。"

适当履行与实际履行既有区别又有联系。实际履行强调债务人按照合同约定交付标的物或者提供服务，至于交付的标的物或者提供的服务是否适当，则无力顾及。适当履行既要求债务人实际履行，交付标的物或者提供服务，也要求交付的标的物、提供的服务符合法律和合同的规定。可见，适当履行必然是实际履行，而实际履行未必是适当履行。适当履行原则所要求的履行主体适当、履行标的适当、履行期限适当、履行方式适当等,将在第二节中详述。

(二) 协作履行原则

协作履行原则,是指当事人不仅应当适当履行自己的债务,而且应当基于诚信原则的要求,在必要的限度内,协助对方当事人履行债务的履行原则。《民法典》第509条第2款关于"当事人应当遵循诚信原则,根据合同的性质、目的和交易习惯履行通知、协助、保密等义务"的规定,包含有协作履行原则的内容。

债的履行,只有债务人的给付行为,没有债权人的受领给付的,债的内容仍难实现。不仅如此,在建设工程合同、技术开发合同、技术转让合同、提供服务合同等场合,债务人实施给付行为也需要债权人的积极配合,否则,合同的内容也难以实现。因此,履行债务,不仅是债务人的事,也是债权人的事,协助履行往往是债权人的义务,只不过该义务有时表现为给付义务,有时表现为不真正义务。只有双方当事人在履行过程中相互配合、相互协作,债才会得到适当履行。

协作履行是诚信原则在债的履行方面的具体体现。一方面需要双方当事人之间相互协助,另一方面也表明协助不是无限度的。一般认为,协作履行原则含有如下内容:(1)债务人履行债务,债权人应适当受领给付;(2)债务人履行债务,时常要求债权人创造必要的条件,提供方便;(3)债务人因故不能履行或者不能完全履行时,债权人应积极采取措施,避免或者减少损失,否则要就扩大的损失自负其责。

协作履行原则并不漠视当事人的各自独立的利益,不降低债务人所负债务的力度。那种以协作履行为借口,加重债权人负担,逃避自己义务的行为,是与协作履行原则相悖的。

(三) 经济合理原则

经济合理原则要求履行债务时,讲求经济效益,付出最小的成本,取得最佳的利益。

在履行债务中贯彻经济合理原则,表现在许多方面:(1)债务人应选择最经济合理的运输方式;(2)选择履行期应体现经济合理原则;(3)选用设备应体现经济合理原则;(4)变更合同应体现经济合理原则,我国法律允许变更到货地点、收货人,即为例证;(5)在可能的范围内,减轻债权人的损失;(6)履行过程中应避免浪费资源、污染环境和破坏生态。

(四) 情事变更原则

情事变更原则,是合同成立后,合同的基础条件发生了当事人在订立合同时无法预见的、不属于商业风险的重大变化,继续履行合同对于当事人一方明显不公平,受不利影响的当事人可以与对方重新协商;在合理期限内协商不成的,当事人可以请求人民法院或者仲裁机构变更或者解除合同的原则(《民法典》第533条第1款)。

情事变更原则的适用条件有如下几项：(1) 须有情事变更的事实。所谓情事，泛指作为合同成立基础或者环境的客观情况。例如合同订立时的供求关系。这里的变更，是指上述客观情况发生了异常变动。例如，新冠肺炎疫情使餐馆无人光顾，只得暂停经营，使餐馆租赁合同赖以确定租金标准的基础发生了异常变动。具体判断是否构成情事变更，应以是否导致合同基础丧失，是否致使目的落空，是否造成对价关系障碍，作为判断标准。① (2) 情事变更须发生在合同成立以后，履行完毕之前。之所以要求情事变更须发生在合同成立以后，是因为若情事变更在合同订立时即已发生，应认为当事人已经认识到发生的事实，合同的成立是以已经变更的事实为基础的，不允许事后调整，只能令明知之当事人自担风险。② 如果情事变更发生于合同成立以前，当事人对此不知晓，仍不构成情事变更，而应依据意思表示错误的规则处理。之所以适用情事变更原则要求情事变更发生在履行完毕前，是因为合同因履行完毕而消灭，其后发生情事变更与合同无关。(3) 须情事变更的发生不可归责于当事人。若可归责于当事人，则应由其承担风险或者违约责任，而不适用情事变更原则。(4) 须情事变更是当事人所不可预见的。如果当事人在缔约时能够预见情事变更，则表明他承担了该风险，不再适用情事变更原则。(5) 须情事变更使履行原合同显失公平。该显失公平应依理性人的看法加以判断，包括履行特别困难、债权人受领严重不足、履行对债权人无利益。

情事变更不同于商业风险。其一，商业风险属于从事商业活动所固有的风险，存在于商业规律之中，如市场属性活跃、长期以来价格波动较大的大宗商品以及股票、期货等风险投资型金融产品的交易风险(《合同编通则解释》第 32 条第 1 款但书)属于此类；而情事变更则是作为合同成立基础的环境发生了异常的变动，该环境处于合同关系外部，非属合同关系本身。其二，对商业风险，法律推定当事人有所预见，能预见；对情事变更，当事人未预见到，也不能预见。其三，商业风险带给当事人的损失，从法律的观点看可归责于当事人；而情事变更的酝酿、形成则不可归责于当事人。《合同编通则解释》第 32 条第 1 款正文规定，"合同成立后，因政策调整或者市场供求关系异常变动等原因导致价格发生当事人在订立合同时无法预见的、不属于商业风险的涨跌"，属于《民法典》第 533 条第 1 款所说的重大变化。

情事变更原则与不可抗力之间的关系在于，不可抗力的发生未影响到合同履行时，不适用情事变更原则；不可抗力致使合同不能履行时，在德国法上由风险负担规则解决，在我国合同法上发生合同解除，也不排斥风险负担，亦不适用

---

① 参见梁慧星：《中国民法经济法诸问题》，法律出版社 1991 年版，第 226 页。
② 参见王利明、崔建远：《合同法新论·总则》，中国政法大学出版社 1997 年版，第 325—335 页。

情事变更原则；不可抗力导致合同履行十分困难，但尚未达到不能的程度，若按合同规定履行就显失公平，方适用情事变更原则。

情事变更原则在实体法上的效果，体现在三个方面：(1)"再交涉义务"。在适用情事变更原则时，受不利影响的当事人可以与对方就合同内容重新协商。在合理期限内协商不成的，当事人可以请求人民法院或者仲裁机构变更或者解除合同。(2)变更合同，使合同的履行公平合理。变更合同可表现为增减标的数额、延期或者分期履行、拒绝先为履行、变更标的物。(3)解除合同。如果变更合同仍不能消除显失公平的结果，就允许解除合同。在这里，当事人请求变更合同的，人民法院不得解除合同；当事人一方请求变更合同，对方请求解除合同的，或者当事人一方请求解除合同，对方请求变更合同的，人民法院应当结合案件的实际情况，根据公平原则判决变更或解除合同。判决变更或解除合同的，应当综合考虑合同基础条件发生重大变化的时间、当事人重新协商的情况以及因合同变更或解除给当事人造成的损失等因素，在判项中明确合同变更或解除的时间（《合同编通则解释》第32条第2款、第3款）。

需要注意，当事人事前约定排除《民法典》第533条适用的，人民法院应当认定该约定无效（《合同编通则解释》第32条第4款）。[①]

第二节　债的适当履行

一、履行主体

债的履行主体，首先为债务人，包括单独债务人、连带债务人、不可分债务人、保证债务人。债务人履行时是否必须有行为能力，依履行行为的性质而定。履行行为系事实行为时，不要求债务人有行为能力；履行行为是民事法律行为时，需要债务人有行为能力。此外，如果债务人通过转移财产权利来履行时，需要有对财产的处分权。

除法律规定、当事人约定、性质上必须由债务人本人履行的债务以外，履行可由债务人的代理人进行。但代理规则只有在履行行为是民事法律行为时方可适用。

合同约定由第三人履行债务的，法律保护这种约定（参见《民法典》第523条）。债权人接受第三人履行后，其对债务人的债权在第三人代为清偿的范围内转让给第三人，但是债务人和第三人另有约定的除外（《民法典》第524条第2

[①] 关于当事人事先约定排除解除权的法律效力及其机理，崔建远曾经作过较为详细的分析和阐释，请见崔建远：《合同法总论》（中卷）（第2版），中国人民大学出版社2016年版，第717—720页。其中所谈道理，同样适用于对《合同编通则解释》第32条第4款的释评。

款),且不得损害债权人的利益(《合同编通则解释》第30条第2款)。

履行债务只有在债权人受领时才能顺利进行和完成。债权人享有给付请求权及受领权,当然有权受领履行,但有如下例外:(1)债权人的债权经强制执行,禁止向债权人为履行的;(2)债权人受破产宣告的;(3)债权人无民事行为能力或者限制民事行为能力,履行行为系民事法律行为的。

债权人的代理人可以代为受领履行。持有债权人签名的收据的人也可以受领履行。债权的准占有人有足以使人认其为真实的债权人的表征时,也可以受领履行。合同约定由第三人受领履行的,依其约定(《民法典》第522条)。

二、履行标的

履行标的,是指债务人实施一定的行为,包括交付标的物、转移权利、提供劳务、完成工作等。履行标的应具体确定。

履行必须依债务的本旨进行。因而在仅为一部履行,或者不以原定给付为履行,或者因履行而负新债务,均非依债务本旨而为履行,不发生清偿使债的关系消灭的效力。但若绝对贯彻这一思想,会产生不适当的结果,故应予以适当调整。给付为可分时,债务人分期履行或者延缓履行,按诚信原则衡量,综合周围环境,对债权人并无不利或者不便时,债权人不得拒绝受领。给付为不可分时,若符合上述精神,债务人也可延缓履行,债权人不得拒绝受领。当事人之间有约定,允许债务人一部履行的,法律应予允许。

履行标的的质量约定明确的,按约定履行。约定不明确的,可以协议补充;不能达成补充协议的,按照合同相关条款或者交易习惯确定(《民法典》第510条)。据此仍不能确定的,按照强制性国家标准履行;没有强制性国家标准的,按照推荐性国家标准履行;没有推荐性国家标准的,按照行业标准履行;没有国家标准、行业标准的,按照通常标准或者符合合同目的的特定标准履行(《民法典》第511条第1项)。

履行标的的价款或者报酬约定明确的,按约定履行。约定不明确的,可以协议补充;不能达成补充协议的,按照合同相关条款或者交易习惯确定(《民法典》第510条)。据此仍不能确定的,按照订立合同时履行地的市场价格履行;依法应当执行政府定价或者政府指导价的,按照规定履行(《民法典》第511条第2项)。

三、代物清偿

代物清偿,是指债权人受领他种给付以代原定给付而使债的关系消灭的现象。例如,甲欠乙技术转让费20万元,本应以现金支付,现依双方合意,甲向乙交付了价值20万元之产品,使债之关系消灭,此即为代物清偿。再如,甲购买古董商乙一个花瓶,交付前花瓶灭失,乙经甲同意以一幅字画替代之,并为实际交付,从而消灭债之关系,亦为代物清偿。

代物清偿的要件如下:(1)必须有原债务存在;(2)必须以他种给付代替原定给付,两种给付在价值上可以有差额,但须经双方当事人约定;(3)必须有双方当事人关于代物清偿的合意;(4)必须债权人等有受领权的人现实地受领给付。

代物清偿具有消灭债的关系的效力。连带债务人、不可分债务人一人所为的代物清偿,使其他债务人一同免责。保证因保证人或者主债务人为代物清偿而使两个债务一同消灭。

四、履行地点

履行地点,是指债务人应为履行行为的地点。在履行地点为履行,只要适当,即发生债的消灭的效力。在其他地点为履行则否。

当事人在合同中明确约定履行地点时,依其约定。合同对履行地点没有约定或者约定不明确的,可以协议补充;不能达成补充协议的,按照合同有关条款或者交易习惯确定(《民法典》第510条)。

当事人为多数人时,可以各自约定不同的履行地点。同一个合同中的数个给付不必约定相同的履行地点,尤其是双务合同中的两个债务,可以有两个履行地点。即使是一个债务,也可以约定数个履行地点,供当事人选择。

履行地点在法律有特别规定时,依其规定。例如,《票据法》第23条第3款规定:"汇票上未记载付款地的,付款人的营业场所、住所或者经常居住地为付款地。"

履行地点可由交易习惯确定(参见《民法典》第510条)。如果存在关于履行地点的交易习惯时,应遵从习惯,除非当事人之间另有约定。如车站、码头的物品寄存,应在该寄存场所履行债务。

履行地点可由债务的性质确定。例如,不作为债务的履行地点应在债权人的所在地。

在按上述规则仍不能确定履行地点时,应按照《民法典》第511条第3项关于"履行地点不明确,给付货币的,在接受货币一方所在地履行;交付不动产的,在不动产所在地履行;其他标的,在履行义务一方所在地履行"的规定解决。

五、履行期限

履行期限,合同有约定时,依其约定。当事人在合同中可以约定一宗债务划分为各个部分,每个部分各有一履行期限;还可以约定数个履行期限,届时可以选择确定;在双务合同中可分别约定两个对立债务的履行期限。

履行期限,法律、法规有规定时,依其规定。例如,《深圳经济特区土地使用权出让办法》第27条第1款中规定:"中标者应在合同生效之日起六十日内付清全部地价款。"履行期限,还可由债务的性质确定。例如,节日用品应在节日之前交付。

依上述规则不能确定履行期限时,应按照《民法典》第510条及第511条第4项关于"履行期限不明确的,债务人可以随时履行,债权人也可以随时请求履行,但是应当给对方必要的准备时间"的规定加以确定。

履行期限有为债务人利益的,有为债权人利益的,也有为双方当事人利益的。对于前者,债权人不得随意请求履行,但债务人可以抛弃其期限利益,在履行期前为履行。对于第二种情况,债权人可以在履行期限前请求债务人为履行,但债务人无权强行要求他于期前受领给付。对于第三种情况,债务人无权强行要求债权人于期前受领,同时债权人亦无权请求债务人于期前履行。《民法典》第530条规定:"债权人可以拒绝债务人提前履行债务,但是提前履行不损害债权人利益的除外"(第1款)。"债务人提前履行债务给债权人增加的费用,由债务人负担"(第2款)。

六、履行方式

履行方式,是完成债务的方法。如标的物的交付方法,价款或者酬金的支付方法等。履行方式与当事人的权益有密切关系,履行方式不符合要求,有可能造成标的物缺陷、费用增加、迟延履行等后果。①

合同有关于履行方式的约定时,依其约定。没有约定或者约定不明确的,依《民法典》第510条的规定及第511条第5项关于"履行方式不明确的,按照有利于实现合同目的的方式履行"的规定予以确定。

《美国统一商法典》第2-307条规定,除非另有协议,买卖合同项下的所有货物必须一次全部提示交付,且只有卖方作此种提示交付,买方才有义务支付价款。但是,如果客观情况使卖方有权分批交货或者使买方有权分批提货,则在价款可按比例分开计算时,卖方可以要求在每次交货后取得相应价款。显然,它是以一次全部履行为原则,也不排除在特定条件下的分批履行。这可作借鉴。

七、履行费用

债的履行的费用,是指履行债务的必要费用,但是不包括债的标的物本身的价值。在通常情况下,履行费用有运送费、包装费、汇费、登记费、通知费等。对于履行费用负担,当事人有约定的依其约定;如无约定或者约定不明确的,按《民法典》第510条的规定,双方当事人可协议补充;不能达成补充协议的,按照有关条款或者交易习惯确定。如此仍不能确定的,依《民法典》第511条第6项的规定确定,即履行费用的负担不明确的,由履行义务一方负担。另外,因债权人变更住所或者其他行为而导致履行费用增加时,增加的费用应由债权人负担。

---

① 参见隋彭生:《合同法论》,法律出版社1997年版,第309页。

第二十章 债的保全与担保

第一节 债 的 保 全

一、债的保全的概念

债的保全,是指法律为防止因债务人的财产不当减少给债权人的债权带来危害,允许债权人代债务人之位向第三人行使债务人的权利,或者请求法院撤销债务人与第三人的民事法律行为的法律制度。其中,债权人代债务人之位,以自己的名义向第三人行使债务人的权利的法律制度,叫作债权人的代位权制度;债权人请求法院撤销债务人与第三人的民事法律行为的法律制度,称为债权人的撤销权制度。

债本以相对性为原则,而债的保全涉及第三人,其效力属于债的对外效力。法律设置债的保全制度的原因在于,债权需要债务的适当履行才能实现,债务的履行多体现为从债务人的总财产中分离出一定的财产给债权人。因此,债务人的总财产即"责任财产"的状况如何,直接关系着债权人的债权实现情况。由于责任财产不仅是某一债权的一般担保,而且是债务人的全部债权人的债权的共同担保,因此,责任财产的减少往往危及债权人的债权的实现。为防止这种情况,固然可以通过担保制度达到目的,但担保制度亦有其弱点,例如,抵押等的设立需要当事人办理登记手续,留置权则限于特定的债权债务,保证既需要保证人的同意,又难逃责任财产减少危及债权实现的命运。有鉴于此,法律在担保制度和民事责任之外,设置了债的保全制度。其中的代位权系为保持债务人的财产而设,撤销权系为恢复债务人的财产而立。它们对债权的实现起着积极的保障作用,能防范债权不能实现于未然。

二、债权人的代位权

(一)债权人的代位权的概念

债权人的代位权,是指因债务人怠于行使其债权或者与该债权有关的从权利,影响债权人的到期债权实现的,债权人可以向人民法院请求以自己的名义代位行使债务人对相对人的权利(《民法典》第535条第1款)。

债权人的代位权是债权人为保全其债权而代债务人行使其权利,而非扣押债务人的财产权利或者就收取的财产有优先受偿权,因而是实体法上的权利而非诉讼法上的权利。

债权人的代位权,不是债权人对于债务人或者第三人的请求权。它不同于请求权的原因在于,它在内容上是为了保全债权,而且在履行期到来之前,债权人为了保持债务人的财产也可以行使代位权。

债权人的代位权不是固有意义上的形成权。它行使的效果,是使债务人与第三人之间的法律关系发生变更,与形成权相类似,但不是依权利人一方的意思表示而形成法律上的效力,只是依赖债务人的权利而行使。所以它不是固有意义上的形成权,而是以行使他人权利为内容的法定权能,因而,债权人在行使代位权时应尽善良管理人的注意。

债权人的代位权属于债权的对外效力,是从属于债权的特别权利,或者说,是债权的一种法定权能。无论当事人是否约定,债权人都享有它。作为债权人的固有权利,学者通说认为它属于广义的管理权。①

(二) 债权人的代位权的成立要件

1. 债务人享有对第三人的债权或者与该债权有关的从权利

此处所谓债权,包括基于合同产生的债权、缔约过失场合的损害赔偿请求权、不当得利返还请求权、基于无因管理产生的债权、基于单方允诺产生的债权、可由他人代为行使的侵权损害赔偿请求权、相邻关系中的损害赔偿请求权、违约等不履行债务产生的损害赔偿请求权以及违约金支付请求权。此其一。效力齐备的债权,固不待言,就是已经罹于时效的债权也应被允许,此其二。所有这些,按照《民法典》第535条第1款前段的规定,债务人的债权人都有权代位行使之。

此处所谓债权的从权利,如该债权所生的利息债权和担保权。此处的担保权,诸如抵押权、质权、留置权、请求保证人承担保证责任以及实现定金、押金、保证金等担保的权利,均属此类。按照《民法典》第535条第1款前段的规定,债务人的债权人也有权代位行使之。

抗辩权从属于债权,可以比照《民法典》第535条第1款关于债权与其从权利的思路,允许债权人援用债务人享有的时效完成的抗辩。

但须注意,《民法典》第535条第1款但书明确规定:专属于债务人自身的权利不得由债权人代位行使。所谓"专属于债务人自身的权利",《合同编通则解释》列举如下:抚养费、赡养费或扶养费请求权;人身损害赔偿请求权;劳动报酬请求权,但是超过债务人及其所扶养家属的生活必需费用的部分除外;请求支付基本养老保险金、失业保险金、最低生活保障金等保障当事人基本生活的权利;其他专属于债务人自身的权利(第34条)。其他专属于债务人自身的权利,如不

---

① 〔日〕於保不二雄:《债权总论》(新版),日本有斐阁1972年版,第162页;〔日〕奥田昌道:《债权总论》(增补版),日本悠悠社2000年版,第256页;史尚宽:《债法总论》,中国政法大学出版社2000年版,第445页。

作为债权、技能债权等,这些权利的实现与债务人的资力无关,债权人代位行使也起不到维持债务人责任财产的作用,故不得作为债权人代位权的标的。

2. 债务人怠于行使其权利

怠于行使其权利,是指应行使并且能行使而不行使其权利。所谓应行使,是指若不及时行使,则权利将有消灭或者丧失的可能。例如,请求权将因时效完成而消灭,受偿权将因不申报破产债权而丧失。所谓能行使,是指不存在行使权利的任何障碍,债务人在客观上有能力行使其权利。所谓不行使,即消极地不作为,是否出于债务人的过错,其原因如何,都在所不问。①

怠于行使其权利,主要表现为根本不主张权利或者迟延行使权利。只要债务人自己行使了该权利,则不论其行使的方法及结果对债权人是否不利,债权人均不得行使代位权。② 否则,构成对债务人行使权利的不当干涉。

应当承认,《民法典》第535条第1款关于"因债务人怠于行使其债权以及与该债权有关的从权利,影响债权人的到期债权实现"的规定适用范围较为狭窄,可将《合同编通则解释》第33条关于"债务人不履行其对债权人的到期债务,又不以诉讼或者仲裁方式向相对人主张其享有的债权或者与该债权有关的从权利,致使债权人的到期债权未能实现的"情形,作为《民法典》第535条第1款正文规定的类型,认为其中包含了客观上无法行使其权利的案型,从而抑制适用范围狭窄的负面效果,张扬其正面作用。

债务人的相对人,也可称为次债务人,次债务人不认为债务人有怠于行使到期债权情况的,应当承担举证责任。举证成功,就可以对抗债权人行使的债权人代位权。

3. 债务人已陷于迟延

在债务人迟延履行以前,债权人的债权能否实现,难以预料,若允许债权人行使代位权,则对于债务人的干预实属过分。反之,若债务人已陷于迟延,而怠于行使其权利,且又无资力清偿其债务,则债权人的债权已经有不能实现的现实危险,此时已发生保全债权的必要。故债权人的代位权应以债务人陷于迟延为成立要件。但对专为保存债务人权利的行为(保存行为),如中断诉讼时效、申报破产债权等,虽然债务未届履行期,可例外地不需等到债务人迟延履行即可代位行使。因为此时行使债权人的代位权的目的在于,防止债务人权利的变更或者消灭;若不及时行使该代位权,等到债务人迟延履行时债务人的权利已经消灭,则无代位之可能。况且,这种保存行为不同于实行行为,其行使不构成对债务人行为的干涉,而有利于债务人。

---

① 参见欧阳经宇:《民法债编通则实用》,台湾汉林出版社1977年版,第224页。
② 此为日本判例见解,最判昭28·12·14民集7·12·1386。参见〔日〕奥田昌道:《债权总论》(增补版),日本悠悠社2000年版,第258页;〔日〕田山辉明:《债权总论》,日本成文堂1993年版,第70页。

4. 影响债权人的到期债权实现

债权人的债权,有不能依债的内容获得满足的危险,才有代位行使债务人的权利以便实现债权的必要。有鉴于此,《民法典》规定,因债务人怠于行使其债权或者与该债权有关的从权利,影响债权人的到期债权实现的,债权人可以行使代位权(第535条第1款)。

关于影响债权人的到期债权实现,宜采用"无资力说"和"特定物债权说"并存、各有其适用领域的模式,即在不特定物债权及金钱债权的场合,对债权有无保全必要的判断,运用"无资力说";在特定物债权的情况下,债权人代位请求债务人的相对人实际履行的,则采用"特定物债权说"。不过,债权人代位请求债务人的相对人承担损害赔偿责任或支付违约金的,依然奉行"无资力说"。[1] 但在《民法典》上对此应稍加修正,即判断债务人是否陷入无资力,不宜简单地以债务人的责任财产额与债务人所负债务的总额的比较结果为依据,而应采取这样的思路:以债务人现时可直接控制的财产为限,来认定其有无清偿债权的资力。在债务人现时可直接控制的财产不能清偿债权人的债权时,即认定债务人无资力。其道理在于:(1)债务人的责任财产,包括债务人对其相对人的债权在内,而债权并非都能得到实现。一旦债权不能实现,债务人就可能或必然无力清偿债权人的债权,致使债权人受到损害。这已经具备了债权人代位权的一个构成要件。(2)债权人代位权就是要代债务人行使其债权,债务人对其相对人的债权是债权人代位权的对象,是需要借助于债权人代位权制度实现的权利。既然如此,把债务人对其相对人的债权作为债务人有资力的证明,就违背了债权人代位权制度的目的及功能,使之总也不具备构成要件。有鉴于此,对于无资力的判断,应当另辟蹊径。笔者认为,应当以债务人现时可直接控制的财产为限,来认定其有无清偿债权的资力;在债务人现时可直接控制的财产不能清偿债权人的债权时,即认定债务人无资力。

(三)债权人的代位权的行使

债权人的代位权的行使主体是债权人,债务人的各个债权人在符合法律规定的条件下均可以行使代位权。于此场合,这些债权人是共同原告。两个或者两个以上债权人以同一次债务人为被告提起代位权诉讼的,人民法院可以合并审理。债权人以次债务人为被告向人民法院提起代位权诉讼,未将债务人列为第三人的,人民法院可以追加债务人为第三人(《合同编通则解释》第37条第1款)。

债权人依照《民法典》第535条的规定提起代位权诉讼的,由被告住所地人

---

[1] 对于"无资力说"和"特定物债权说"的机理阐释,见崔建远:《债权人代位权的新解说》,载《法学》2011年第7期。

民法院管辖,除非依据《民事诉讼法》第34条关于适用专属管辖的规定。债务人与相对人之间就其债权债务关系订有管辖协议的不得违反《民事诉讼法》第34条的规定(《民事诉讼法》第35条但书,《合同编通则解释》第35条)。债权人以境外当事人为被告提起代位权诉讼的,人民法院根据《民事诉讼法》第276条的规定确定管辖。两个或两个以上债权人以同一相对人为被告提起代位权诉讼的,人民法院可以合并审理。

债权人向人民法院起诉债务人后,又向同一人民法院对债务人的相对人提起代位权诉讼,属于该人民法院管辖的,可以合并审理。不属于该人民法院管辖的,应当告知其向有管辖权的人民法院另行起诉;在起诉债务人的诉讼终结前,代位权诉讼应当中止(《合同编通则解释》第38条)。

在代位权诉讼中,债务人对超过债权人代位请求数额的债权部分起诉相对人,属于同一人民法院管辖的,可以合并审理。不属于同一人民法院管辖的,应当告知其向有管辖权的人民法院另行起诉;在代位权诉讼终结前,债务人对相对人的诉讼应当中止(《合同编通则解释》第39条)。

代位权诉讼中,人民法院经审理认为债权人的主张不符合代位权行使条件的,应当驳回诉讼请求,但是不影响债权人根据新的事实再次起诉。债务人的相对人仅以债权人提起代位权诉讼时债权人与债务人之间的债权债务关系未经生效法律文书确认为由,主张债权人提起的诉讼不符合代位权行使条件的,人民法院不予支持(《合同编通则解释》第40条),因为法律文书不是债权债务关系发生和存续的法律事实,债权人据此客观事实提起代位权诉讼,具有法律上的依据。当然,一旦生效的法律文书否认了该债权债务关系,代位权诉讼便失去了事实依据和法律依据,债权人不能胜诉。

债务人与其相对人之间的合同载有仲裁条款的,依合同相对性原则,不能约束债务人的债权人,就此说来,债权人可以置仲裁条款于不顾,提起债权人代位权诉讼。但这只是问题的一方面,另一方面是,完全放任债权人提起代位权诉讼,有时会牺牲债务人的相对人甚至债务人的权益,等于变相地规避了《民事诉讼法》第127条第2项关于"双方当事人达成书面仲裁协议申请仲裁、不得向人民法院起诉"的规定。究竟如何处理,见仁见智,《合同编通则解释》采取了一种折中方案:"债权人提起代位权诉讼后,债务人或者相对人以双方之间的债权债务关系订有仲裁协议为由对法院主管提出异议的,人民法院不予支持。但是,债务人或者相对人在首次开庭前就债务人与相对人之间的债权债务关系申请仲裁的,人民法院可以依法中止代位权诉讼。"(第36条)自此,任务开始摆在法律人的面前:归纳、整理出债务人与其相对人享有哪些抗辩权。

在代位权诉讼中,次债务人对债务人的抗辩,可以向债权人主张(《民法典》第535条第3款)。债权人提起代位权诉讼后,债务人无正当理由减免相对人的债务或延长相对人的履行期限,这已经或将要损害债权人的正当权益,故不能允许相对人以此向债权人抗辩(《合同编通则解释》第41条),在债务人与其相对人恶意串通如此行事的情况下,尤应如此。

债权人应以自己的名义行使代位权,并须尽到善良管理人的注意。如违反该项义务给债务人造成损失的,债权人应负赔偿责任。

债权人代位权的行使范围以债权人的债权为限(《民法典》第535条第2款前段)。债务人对相对人享有的债权不足以清偿其对两个以上债权人负担的债务的,人民法院应当按照债权人享有的债权比例确定相对人的履行份额,但是法律另有规定的除外(《合同编通则解释》第37条第2款)。

(四)债权人的代位权行使的效果

1. 代位权行使的效力

(1)债务人的处分权的限制

债权人行使代位权后,对于被代位行使的权利,债务人的处分权能受到限制。因为如果对于债务人的处分权能不加以限制,允许债务人任意处分其财产,则势必使债权人代位权制度的目的落空。

不过,对于超过债权人代位请求数额的债权部分,债务人仍有处分的权能,债务人还可以另行提起诉讼,只是在代位权诉讼裁决发生法律效力以前,债务人提起的诉讼应当依法中止。

(2)时效的中断

债权人提起代位权诉讼,一方面可以发生债权人的债权的诉讼时效中断的效果(参照《民法典》第195条),另一方面,也发生债务人的债权的诉讼时效中断的效果(《诉讼时效若干规定》第18条)。

2. 效果的归属

有观点认为,债权人向次债务人提起的代位权诉讼经人民法院审理后认定代位权成立的,由次债务人向债权人履行清偿义务,债权人与债务人、债务人与次债务人之间相应的债权债务关系即予消灭。就次债务人(债务人的相对人)的清偿由提起代位权诉讼的债权人受偿,因未规定例外,故胜诉的债权人享有了优先受偿权。

《民法典》第537条前段即作了上述规定,同时特设后段"债务人对相对人的债权或者与该债权有关的从权利被采取保全、执行措施,或者债务人破产的,依照相关法律的规定处理",以矫正债权人一律优先受偿规则所引发的缺陷。

此处所谓保全、执行的措施,包括扣押、冻结、划拨、变价被执行人的财产,扣留、提取被执行人应当履行义务的部分收入,查封、扣押、冻结、拍卖、变卖被执行人应当履行义务部分的财产(《民事诉讼法》第253—255条)。如果是提起代位权诉讼的债权人已就债务人的相对人的责任财产申请了保全、执行的措施,那么,遵循民事诉讼法"先下手为强"的规则,债权人有权就这些财产的提取收入、划拨或变价直接受偿,这在实质上等于提起代位权诉讼的债权人享有优先受偿权了。与此不同,如果是债务人的其他债权人就债务人的相对人的责任财产申请了保全、执行的措施,则同样遵循民事诉讼法"先下手为强"的规则,由这些未提起代位权诉讼的债权人就这些财产的提取收入、划拨或变价受偿,只要受偿之后无剩余的财产,提起代位权诉讼的债权人对这部分已由他人申请保全措施、执行措施的财产便无优先受偿权。由此体现出《民法典》第 537 条后段限制了债权人代位权在优先受偿方面的效力。

《民法典》第 537 条后段暗含着这样的意思:债务人破产的,依据《企业破产法》的规定处理。结合《民法典》第 536 条的规定分析,可知此处所谓依据《企业破产法》的规定处理,包括债权人向破产管理人或人民法院申报破产债权、人民法院受理、债务人的债权人主张抵销、人民法院对该债权的处理等(《企业破产法》第 7 条第 2 款、第 16 条、第 17 条、第 18 条、第 40 条、第 44 条等)。《民法典》第 536 条规定的"债权人可以代位……向破产管理人申报",所指债务人即为破产人,所指债务人的相对人就是破产人的相对人,于此场合所谓债权人代位申报的破产债权,就是债务人对其相对人的债权,这正是债权人代位权行使的表现。

《民法典》第 537 条前段关于"由债务人的相对人向债权人履行义务"的规定,可被解读为:在无其他共同债权人主张或依债务人的指令所为诸种情况下,相对人交付标的物或提供劳务的中性的路线图。因为"由债务人的相对人向债权人履行义务"的依据可以有几种:债务人的指令,或债权人、债务人和相对人之间的约定,或法律的直接规定,甚至是债权人的请求。在依债务人的指令、债务人的共同债权人都在债权上睡眠等情况下,所谓"由债务人的相对人向债权人履行义务",并不表明债权人代位权具有使债权人直接请求债务人的相对人清偿并使自己的债权优先受偿的效力。

在没有抵销的场合,如债务人未为任意履行,债权人欲实现其债权,则依据《民事诉讼法》第 235 条、第 247 条、第 253 条、第 254 条、第 255 条和第 265 条的规定,以及《民事诉讼法解释》(对 2017 年修订的《民事诉讼法》的解释)第 463 条、第 488 条、第 489 条、第 491 条、第 492 条、第 508 条、第 510 条等规定,强制执行债务人的相对人的财产。

3. 费用的负担

债权人行使代位权的必要费用,由债务人负担(《民法典》第 535 条第 2 款后段)。此所谓必要费用,可包括律师代理费、差旅费等。另外,依相关理论,在代位权诉讼中,债权人胜诉的,诉讼费由次债务人负担,从实现的债权中优先支付。

三、债权人的撤销权

(一) 债权人的撤销权的概念与性质

债权人的撤销权,是指债权人对于债务人所为的危害债权的行为,可请求法院予以撤销的权利(《民法典》第538条、第539条)。

关于撤销权的性质,主要有形成权说、请求权说、折中说、责任说。我国学者多认为债权人的撤销权兼具请求权与形成权的性质。债权人撤销权的行使,一方面使债务人与第三人的民事法律行为归于无效,另一方面又使债务人的责任财产回复至行为前的状态。

(二) 债权人的撤销权的成立要件

债权人的撤销权的成立要件,因债务人所为的行为系无偿行为抑或有偿行为而有不同。在无偿行为场合,只需具备客观要件;而在有偿行为的情况下,则必须同时具备客观要件与主观要件。

应该注意的是,在具体判断是否构成诈害行为时,通常理论上所说的客观要件与主观要件仅应作为一般论,不应机械地套用。近年来学说发展的结论是,应当对行为的主观状态、客观状态以及行为的效果等因素全面把握,进行有机的综合的判断。[①]

1. 客观要件

(1) 须有债务人的行为。依《民法典》第538条、第539条的规定,债权人可以撤销的债务人的行为,包括以放弃其债权、放弃债权担保、无偿转让财产等方式无偿处分财产权益,恶意延长其到期债权的履行期限,以明显不合理的低价转让财产、以明显不合理的高价受让他人财产或者为他人的债务提供担保的行为。对于"明显不合理的低价"的判断和认定,人民法院应当以交易当地一般经营者的判断,并参考交易当时交易地的物价部门指导价或者市场交易价,结合其他相关因素综合考虑予以确认。转让价格达不到交易时交易地的指导价或者市场交易价70%的,一般可视为明显不合理的低价;对转让价格高于当地指导价或市场交易价30%的,一般可视为明显不合理的高价。

(2) 债务人的行为必须以财产为标的。所谓以财产为标的的行为,是指财产上受直接影响的行为。债务人的行为,非以财产为标的者不得予以撤销。例如结婚、收养或者终止收养等,不得撤销。以不作为债务的发生为目的的民事法律行为,以提供劳务为目的的民事法律行为,财产上利益的拒绝行为,以不得扣

[①] 参见〔日〕下森定:《对债权人撤销权的成立要件的研究序说》,载川岛武宜先生还历纪念《民法学的现代课题》,日本岩波书店1972年版,第225页以下;〔日〕於保不二雄、奥田昌道编:《注释民法(10)》(下森定执笔),日本有斐阁1987年版,第795页以下;〔日〕奥田昌道:《债权总论》(增补版),日本悠悠社2000年版,第286页;〔日〕铃木禄弥:《债权法讲义》(三订版),日本创文社1997年版,第183页。

押的财产权为标的的行为,均不得作为债权人的撤销权的标的。

拒绝赠与要约、拒绝第三人承担债务、抛弃继承权或者遗赠等行为虽然以财产为标的,但它们均属未增加债务人财产的行为,并未减少债务人的责任财产,依债权人的撤销权制度的立法目的衡量,它们不宜列入债权人的撤销权制度的势力范围。换言之,这些财产上的拒绝行为不得被债权人撤销。

(3)债务人的行为影响债权人的债权实现(《民法典》第538条、第539条)。所谓影响债权人的债权实现,是指债务人减少其清偿资力,不能使债权人依债权本旨得到满足。债务人减少清偿资力包括两种情况:一为减少积极财产,例如让与所有权、设定他物权、免除债务;二为增加消极财产,例如债务人新负担债务。现存财产的变形,例如买卖、互易等,不一定导致减少资力的结果,只要有相当的对价,就不属于有害债权的行为。

有害债权不仅指债权受到现实的损害,将来受到的损害也包括在内。当然后者场合应由债权人负举证责任。

2. 主观要件

《民法典》对债务人以明显不合理的低价转让财产、以明显不合理的高价受让他人财产或者为他人的债务提供担保,影响债权人的债权实现,成立债权人的撤销权的,要求债务人的相对人知道或者应当知道该情形(第539条)。而第538条对债务人以放弃其债权、放弃债权担保、无偿转让财产等方式无偿处分财产权益,或者恶意延长其到期债权的履行期限,影响债权人的债权实现,成立债权人的撤销权的,则无此主观要件的要求。

人民法院应当按照交易当地一般经营者的判断,并参考交易时交易地的市场交易价或者物价部门指导价予以认定(《合同编通则解释》第42条第1款)。转让价格未达到交易时交易地的市场交易价或者指导价70%的,一般可以认定为"明显不合理的低价";受让价格高于交易时交易地的市场交易价或者指导价30%的,一般可以认定为"明显不合理的高价"(《合同编通则解释》第42条第2款)。

再者,债务人实施将其财产作价低,与相对人互易、以物抵债,出租财产时租金明显偏低,承租财产时租金明显偏高,许可他人廉价地使用其知识产权,以及其他降低其责任财产的交易的行为,影响债权人的债权实现的,应当适用《合同编通则解释》第43条的规定,支持债权人行使撤销权。反之,债务人实施将其财产作价高,与相对人互易、以物抵债,出租财产时租金高,承租财产时租金低,许可他人使用其知识产权时高收费,以及其他增值责任财产的交易的行为,都不影响债权人的债权实现,就不得适用《合同编通则解释》第43条的规定,不支持债权人行使撤销权。

解读上述规定,可知其要求债务人实施诈害行为时处于明知的主观状态,债务人的相对人处于知道或者应当知道的主观状态。在有些立法例上,规定有转得人(如《日本民法典》第424条第1项)。所谓转得人,指由受益人取得权利的人。《民法典》虽未规定转得人,但在债权人对转得人主张撤销权的场合,应以转得人受让财产时有恶意(即知道对债权人造成损害)为其行使要件,如果转得人受让财产属善意,且价格合理,已经交付或登记,自然可以对抗债权人(其善意构成撤销权行使的阻止事由),这是善意取得法理的当然要求。转得人对于"不知"是否具有过失,在所不问;纵然事后知道,其受让时属善意之事实亦不因此而改变。相应的举证责任问题,宜由转得人就自己善意进行举证。

值得注意,《合同编通则解释》承认例外,即"债务人与相对人存在亲属关系、关联关系的,不受前款规定的百分之七十、百分之三十的限制"(第42条第3款)。

(三) 债权人的撤销权的主体

债权人的撤销权的主体,是因债务人的行为而使债权受到损害的债权人。如果债权人为多数人,可以共同享有并行使债权人的撤销权,也可由每个债权人独立行使。不过,因债权人的撤销权行使的目的在于保障全体债权人的共同利益,所以,每个债权人行使债权人的撤销权将对全体债权人的利益发生效力。为了便捷、经济、全面查清案情,两个或两个以上债权人就债务人的同一行为提起撤销权诉讼的,人民法院可以合并审理(《合同编通则解释》第44条第2款)。

确定债权人的撤销权的主体是否合格,关键在于确定哪些债权适合于保全。一般认为,可通过债权人的撤销权方式保全的债权须具备三个条件:(1) 以财产给付为标的的债权;(2) 因共同担保的减少而受损害的债权;(3) 在债务人实施民事法律行为前产生的债权。

(四) 债权人的撤销权的行使

债权人的撤销权由债权人以自己的名义在诉讼中行使。之所以要求以诉讼的形式行使,是因为债权人的撤销权对于第三人的利害关系重大,应由法院审查该撤销权的主体和成立要件,以避免滥用撤销权,达到债权人的撤销权制度的立法目的。

无论债权是否连带,债权人提起撤销权诉讼的,应当以债务人与其相对人为共同被告《合同编通则解释》第44条第1款前半句)。债权人撤销权诉讼,由被告住所地人民法院管辖,除非依法应当适用专属管辖的规定。两个或两个以上债权人以同一债务人为被告,就同一行为提起撤销权诉讼的,人民法院可以合并审理(《合同编通则解释》第44条)。

撤销权的行使范围以债权人的债权为限(《民法典》第540条前段)。被撤销行为的标的可分,当事人主张在受影响的债权范围内撤销债务人的行为的,人民法院应予支持;被撤销行为的标的不可分,债权人主张将债务人的行为全部撤销的,人民法院应予支持(《合同编通则解释》第 45 条第 1 款)。

撤销权自债权人知道或者应当知道撤销事由之日起 1 年内行使。自债务人的行为发生之日起 5 年内没有行使撤销权的,该撤销权消灭(《民法典》第 541 条)。

(五)债权人的撤销权行使的效果

1. 撤销权行使的效力

债权人的撤销权行使的效力依判决的确定而产生,对债权人、债务人、第三人产生效力。

债权人依照《民法典》第 538 条以下的规定提起撤销权诉讼,请求人民法院撤销债务人实施的放弃债权,以不合理的低价转让财产,为他人的债务提供担保等行为,或者债务人以明显不合理的价格,实施的互易财产、以物抵债、出租或承租财产、知识产权许可使用等行为,人民法院应当就债权人主张的部分进行审理,依法撤销的,该行为自始没有法律约束力(《民法典》第 542 条)。

债权人撤销权的目的既在于确保债务人一般责任财产的担保,那么,因行使撤销权而取回的财产或代替原来利益的损害赔偿,均归属于债务人的责任财产,属于全体债权人的共同担保,应按债权数额比例分别受清偿,行使撤销权的债权人对之并无优先受偿的权利,于是,《合同编通则解释》规定:"债权人在撤销权诉讼中同时请求债务人的相对人向债务人承担返还财产、折价补偿、履行到期债务等法律后果的,人民法院依法予以支持"(第 46 条第 1 款)。债权人行使撤销权所支付的合理的律师代理费、差旅费等费用由债务人负担(《民法典》第 540 条后段,《合同编通则解释》第 45 条第 2 款)。

2. 费用的负担

债权人行使撤销权的必要费用,由债务人负担(《民法典》第 540 条后段)。另依相关理论,债权人行使撤销权所支付的律师代理费、差旅费等必要费用,由债务人负担;第三人有过错的,应当适当分担。自债权人行使撤销权属于对全体债权人的共同担保进行保全而言,此种费用可以作为共益费用,使之在债务人的总财产上具有优先受偿效力;在行使撤销权的债权人受领标的物并因保管而支出费用的场合,对于该费用的偿还请求权,还可以在标的物上发生留置权。而在债权人事实上优先受偿的场合,其行使撤销权的必要费用则不再构成共益费用,因而不应当再发生上述优先受偿权。①

3. 撤销之诉判决的效力

为撤销之诉的当事人应受判决效力的拘束。应受该判决效力拘束的特定继承人、标的物占有人或其他第三人,均不得再就该法律关系有所争执。可申请强

---

① 参见韩世远:《合同法总论》,法律出版社 2004 年版,第 418—419 页。

制执行者亦限于行使撤销权的债权人,因此,《合同编通则解释》规定:"债权人依据其与债务人的诉讼、撤销权诉讼产生的生效法律文书申请强制执行的,人民法院可以就债务人对相对人享有的权利采取强制执行措施以实现债权人的债权。债权人在撤销权诉讼中,申请对相对人的财产采取保全措施的,人民法院依法予以准许"(第46条第3款)。至于其他债权人,既非判决效力所及,则不得依该判决申请强制执行。而且,即使债权人于撤销之诉受败诉判决确定后,其他债权人仍可就同一诈害行为再行提起诉讼,请求撤销。还有,其他债权人可就撤销之诉确定的债务人的权利,申请执行法院对之强制执行。例如,若撤销判决系撤销债务人赠与合同,则赠与物所有权即回复为债务人所有,其他债权人可申请对该赠与物为强制执行。①

第二节 债 的 担 保

一、债的担保概述

(一)债的担保的概念

债的担保,是促使债务人履行其债务,保障债权人的债权得以实现的法律措施。

债的担保有一般担保与特别担保之分。一般担保,是债务人必须以其全部财产作为履行债务的总担保。它不是特别针对某一项债的,而是面向债务人成立的全部债的。如此,它在保障债权实现方面显现出了弱点,即在债务人没有责任财产或者责任财产不足的情况下,债权人的债权便全部不能或者不能全部实现。在担保债权实现上具有优势的,当属特别担保。所谓特别担保,即通常所言之担保,是指以第三人的信用或者特定财产担保债权实现的制度。

(二)债的担保与反担保

债的担保包括人的担保、物的担保和金钱担保。人的担保为保证,物的担保典型的是抵押权、质权和留置权,金钱担保是定金。担保人为了自己的利益,可以要求债务人提供反担保(《民法典》第387条第2款前段)。该债务人向担保人提供的担保相对于担保人提供的原担保而言被称为反担保。由于反担保的设立为民事法律行为,故其设立必须符合《民法典》第143条规定的条件。反担保可以采用保证、抵押、质押的方式,每种反担保方式又各有其特定的成立要件,需符合《民法典》于相应条款规定的特定成立要件。

基于本书的体例安排,本节仅介绍和讨论保证(不包括保证合同)和定金这

---

① 参见韩世远:《合同法总论》,法律出版社2004年版,第418—419页。

两种担保方式。

二、保证

(一) 保证的概念和性质

1. 保证的概念

保证,是指第三人和债权人约定,当债务人不履行其债务时,该第三人按照约定履行债务或者承担责任的担保方式。这里的第三人叫作保证人;这里的债权人既是主债的债权人,又是保证合同中的债权人;这里的"按照约定履行债务或者承担责任"称为保证债务,也有人称作保证责任。

2. 保证的性质

(1) 保证具有附从性。保证的附从性,具体表现在以下几个方面:

首先,成立上的附从性。保证以主债的成立为前提,于其存续中附从于主债。保证虽对于将来或者附条件的债也可成立,但这并非附从性原则的例外。

其次,范围和强度上的附从性。由保证的目的所决定,保证的范围和强度原则上与主债务相同,不得大于或者强于主债务。保证债务与主债务毕竟属于两个债务,它们的范围和强度当然可以有差异。但是,因保证债务具有附从性,故不得超过主债务的范围和强度。如有超过,应缩减至主债务的程度。例如保证债务的数额不得大于主债务的数额,应随着主债务数额的降低而降低。在对附条件的主债务为无条件保证的场合,只成立附有与主债务同一条件的保证债务。约定保证债务的履行期早于主债务的履行期的,该约定的期限无效。约定保证债务的利息高于主债务的利息的,应缩减至主债务的利息。约定主债务人仅就其重大过失负责的,保证人也只就其重大过失负责。[①]

再次,转移上的附从性。主债权转移时,对于保证人的保证债权,原则上也随之转移。

最后,变更、消灭上的附从性。主债务消灭时,保证债务也随之消灭。例如,主债务因主合同解除而消灭、因适当履行而消灭时,保证债务也随之消灭。主债务变更时,保证债务一般随之变更,但不得增加其范围和强度。

(2) 保证具有独立性。保证债务虽附从于主债务,但并非成为主债务的一部分,而是另一个独立的债务,在附从主债务的范围内有独立性。因此,保证合同可以约定保证债务仅担保主债务的一部分,保证债务的范围和强度可以不同于主债务,可以有自己独立的变更或者消灭原因。此外,保证合同还可以单就保证债务约定违约金,保证人可以单就部分债务提供担保。关于保证合同所发生的抗辩权,保证人可以单独行使。

---

① 参见史尚宽:《债法总论》,台湾荣泰印书馆股份有限公司1978年版,第830页。

需要指出的是,在国际贸易等场合中运用的诸如"不可撤销的保函""见索即付的保函""见单即付的保函"等,独立于主债关系,不因主债的不成立、无效、被撤销等而归于消灭,保证人不享有和无权行使债务人对债权人所拥有的抗辩权,债权人许可债务人转让债务和债权人与债务人修改主合同,不构成保证人不负保证责任的原因,因而被称为独立保证。在票据法上,票据保证为单方法律行为,具有独立性。

(3) 保证具有补充性。只有在主债务人不履行主债务时,债权人才可以请求保证人承担保证责任。

(二) 债权人与保证人之间的关系

1. 债权人的权利

债权人对保证人享有请求承担保证责任(履行保证债务)的权利。该权利的行使以主债务人不履行其债务为前提,以保证责任已届承担期为必要。在一般保证中,保证责任已届承担期时,虽然债权人有权行使上述请求权,但在主债务人已经适当给付或者承担应负责任的情况下,或者对主债务人的财产依法强制执行有效果的情况下,保证人有权主张先诉抗辩权,拒绝承担保证责任。如果保证人不行使抗辩权,债权人可以对主债务人和保证人有效地行使两个请求权,并可以同时或者先后请求全部或者部分履行。当然,任何一方为部分或者全部清偿时,其债务(责任)因而缩减或者消灭。在连带责任保证中,保证责任已届承担期,债权人请求保证人实际承担保证责任时,保证人无先诉抗辩权,但有主债务已适当履行或者相应责任已经承担的抗辩权。

债权人请求保证人承担保证责任的期间:(1) 有约定的依约定,但约定的期间不得早于或者等于主债务的履行期限;(2) 当事人无约定,或者约定的期间早于或者等于主债务的履行期限的,债权人请求保证人承担保证责任的期间,应当自主债务履行期届满之日始,至6个月届满时止;保证合同约定保证人承担保证责任直至主债务本息还清时为止等类似内容的,自主债务履行期届满之日起2年;(3) 在保证人有权行使先诉抗辩权的情况下,保证人不负迟延责任,于此期间,债权人不得以保证责任与他对保证人的债务加以抵销;(4) 债权人就申报债权后在破产程序中未受清偿的部分,要求保证人承担保证责任的,应当在破产程序终结后6个月内提出;(5) 最高额保证合同对保证期间没有约定或者约定不明的,如最高额保证合同约定有保证人清偿债务期限的,保证期间为自清偿期限届满之日起6个月。没有约定债务清偿期限的,保证期间为自最高额保证终止之日或者自债权人收到保证人终止保证合同的书面通知到达之日起6个月。

2. 保证人的权利

保证人对债权人不享有请求给付的权利,所享有的只是抗辩权或者其他防御性的权利。

(1) 主张债务人权利的权利

保证具有附从性,因而主债务人对于债权人所有的抗辩或者其他类似的权利,保证人均可主张。

第一,关于主债务人的抗辩权。该抗辩权主要有三类:其一,权利未发生的抗辩权。例如,主合同未成立,保证人对此也不知情,于此场合,保证人可对债权人主张主债权未成立的抗辩。其二,权利已消灭的抗辩权。例如,主债权因适当履行而消灭。保证人可对债权人主张权利已消灭,拒绝债权人的履行请求。其三,拒绝履行的抗辩权。例如,时效完成的抗辩权、同时履行抗辩权、不安抗辩权、先履行抗辩权等。即使债务人放弃上述抗辩权,保证人也有权主张,因为保证人主张主债务人的抗辩权并非代为主张,而是基于保证人的地位而独立行使。

第二,关于主债务人的其他类似权利。这里的其他类似权利有撤销权和抵销权。在撤销权方面,例如,主债务人对其主合同有撤销权时,保证人对债权人可以拒绝履行,也就是保证人可以将主债务人的撤销权引为自己抗辩的事由。

(2) 基于保证人的地位特有的抗辩权

基于保证人的地位而特有的抗辩权,在实体法上,就是先诉抗辩权,一般保证的保证人享有此权。

先诉抗辩权既可通过诉讼行使,也可以在诉讼外行使。但是,一般保证的保证人丧失先诉抗辩权的,则不得再行使。

(3) 基于一般债务人的地位应有的权利

在保证关系中,保证人是债务人,因而一般债务人应有的权利,保证人也应享有。例如,保证债务已经单独消灭时,保证人有权主张;保证债务未届清偿期的场合,保证人有权抗辩;保证合同不成立、无效或者被撤销致使保证债务不存在时,保证人有权拒绝履行保证债务;保证债务罹于诉讼时效时,保证人亦可拒绝负责。

(三) 保证人与主债务人之间的关系

保证本为保证人与债权人之间的关系,其效力原本不包含保证人与主债务人之间的关系,但保证人与主债务人之间毕竟存在着追偿权、代位权和保证责任除去请求权等内容,故有必要讨论。

1. 保证人的追偿权

保证人的追偿权,又称保证人的求偿权,是指保证人承担保证责任后,可以向主债务人请求偿还的权利。保证人承担保证责任,对债权人与保证人之间的关系来说,形式上属于清偿自己的债务,但对主债务人与保证人之间的关系而言,实质上仍然属于清偿他人(主债务人)的债务。于是,自然有"保证人承担保证责任后,有权向债务人追偿"的必要。

保证人追偿权的产生必须具备以下要件:(1)必须是保证人已经对债权人

承担了保证责任。（2）必须使主债务人对债权人因保证而免责。如果主债务人的免责不是由保证人承担保证责任的行为引起的，保证人就没有追偿权。（3）必须是保证人没有赠与的意思。

如果保证人系基于主债务人的委托而产生的，那么保证人与主债务人之间的关系属于委托合同关系，应适用委托合同规范处理。具体而言，保证人为受托人，他承担保证责任而使主债务人（委托人）免去对债权人的责任，属于处理委托事务。于是，保证人承担保证责任所支付的本金、利息和必要费用均可向主债务人追偿；如有损害，尚可请求损害赔偿。

如果保证人与主债务人之间为无因管理关系，保证人承担保证责任符合法律规定、社会常理及主债务人的正确意见，那么，保证人就此支付的本金、利息和必要费用可请求主债务人偿还，如有损害尚可请求赔偿。假如保证人承担保证责任违反法律规定、社会常理、主债务人的正确意见，那么，保证人就此支付的本金、利息和必要费用虽可向主债务人追偿，也只能在主债务人获得利益的限度内主张。

保证人的追偿权为一新成立的权利，应适用《民法典》第188条规定的3年时效期间，并从保证人承担保证责任之日起开始计算。

在主债务人不主动偿还债务的情况下，保证人既可以通过一般途径请求债务人偿还，也可以依靠司法途径主张。人民法院判决保证人承担保证责任或者赔偿责任的，应当在判决书主文中明确保证人享有追偿权。判决书未予明确追偿权的，保证人只能按照承担责任的事实，另行提起诉讼。

关于共同保证人的追偿权问题，也应分别情况予以对待：其一，如果保证人之间按份对主债务承担保证责任，各个保证人则按份向债权人履行保证债务。按份共同保证的保证人按照保证合同约定的保证份额承担保证责任后，在其履行保证责任的范围内对债务人行使追偿。如果保证人履行的债务大于其保证债务的，其大于部分无权向主债务人主张追偿。其二，如果各共同保证人对债务负连带保证责任，则每一个保证人都有义务向债权人履行全部保证债务。各保证人履行保证债务后，有权就该债务向主债务人追偿。不能向主债务人追偿的部分，由各连带保证人按其内部约定的比例分担。没有约定的，平均分担。其三，人民法院受理债务人破产案件后，债权人未申报债权的，各连带共同保证的保证人应当作为一个主体申报债权，预先行使追偿权。

实务中认为，人民法院受理债务人破产案件后，债权人未申报债权的，保证人可以参加破产财产分配，预先行使追偿权。这包括两种情况：(1) 主债务人破产时，已经履行保证债务的保证人可以其追偿权作为破产债权，参加破产程序。保证人履行了自己承担的保证债务的，即从债权人处取得代位权和向主债务人的追偿权。如果主债务人破产，那么保证人可以破产财产的债权人的身份参加破产程序,并以其对主债务人的追偿权作为破产债权,从破产财产中得以清偿。(2) 主债务人破产时,保证人并未实际履行保证债务的,亦可以将来的追偿权作为破产债权,参加破产程序。保证人虽尚未实际履行保证债务,但主债务人既然已经破产,自然不能履行其与债权人之间的主债务,债权人要求保证人履行保证债务几乎是必然的。因此,应当允许保证人以将来的追偿权作为破产债权,参加破产程序。

2. 保证人依法受让债权人对债务人的权利

《民法典》第 700 条规定,保证人承担保证责任后,享有债权人对债务人的权利。《担保制度解释》第 18 条第 2 款规定:同一债权既有债务人自己提供的物的担保,又有第三人提供的担保,承担了担保责任或赔偿责任的第三人,在其承担责任的范围内有权主张行使债权人对债务人享有的担保物权。所谓保证人承担保证责任后,享有债权人对债务人的权利,应是一经保证人承担保证责任,债权人对债务人的权利便立即转移给保证人。此种转移是基于《民法典》第 700 条的规定发生的,故谓法定债权转移。①

保证人依法受让债权人对债务人的权利,必须符合下列要件:(1) 必须是保证人已经向债权人承担了保证责任。此处所谓向债权人承担保证责任,固然指保证人代债务人向债权人为主债关系中的给付义务的清偿,或向债权人承担损害赔偿责任,即保证人向债权人为代物清偿或以物抵债,或抵销,或提存,只要能够消灭主债关系,均属向债权人承担保证责任。② (2) 必须是保证人对主债务人享有追偿权。《民法典》第 700 条关于"保证人承担保证责任后,……享有债权人对债务人的权利"的规定,系为确保其追偿权而设,所以保证人只有对债务人享有追偿权,才会"享有债权人对债务人的权利"。这也决定了保证人"享有债权人对债务人的权利"的范围,不得超过保证人追偿权的范围,亦即不得超过保证人承担保证责任的限度。③

保证人依法受让债权人对债务人的权利,具体表现为下列几个方面:(1) 保证人取得债权人对于主债务人的债权,或者说,债权人对于债务人的债权在保证人承担保证责任的限度内移转给保证人。此种取得、移转,属于法定取得、移转,保证人一经承担保证责任,便当然地取得债权人对于债务人的债权,或者说债权人对于债务人的债权当然地移转给保证人,无须当事人的意思表示。④ 因为这种依法律规定而当然发生的债权移转,其效果与按照法律行为成立的债权让与

---

① 详细阐释,请见崔建远:《混合共同担保人相互间无追偿权论》,载《法学研究》2020 年第 1 期;崔建远:《补论混合共同担保人相互间不享有追偿权》,载《清华法学》2021 年第 1 期。
② 刘春堂:《民法债编各论》(下),台湾三民书局 2008 年版,第 369 页。
③ 参见同上。
④ 参见同上书,第 369—370 页。

无异,所以,不但原本债权,而且该债权的担保,如抵押权、质权、留置权或保证等,以及该债权的其他从属权利及瑕疵,如利息、违约金、主债务人对债权人的抗辩等,也一同移转给保证人,保证人代位取得的债权,与原债权相同。①

保证人的追偿权系保证人对债务人的权利,为新成立的权利;保证人"享有债权人对债务人的权利"系保证人取得债权人对于债务人的债权,且为债权人原有的权利,并非新成立的权利。这两种权利可以并存,保证人可以选择行使,也可一并行使,唯其中任一权利因行使而达到目的时,另一权利即归消灭。②

三、定金

(一) 定金的概念

定金,是指合同当事人为了确保合同的履行,依据法律规定或者当事人双方的约定,由当事人一方在合同订立时,或者订立后、履行前,按合同标的额的一定比例,预先给付对方当事人的金钱或者其他代替物。

定金是通过一方当事人向对方当事人交付一定数量的金钱或者其他代替物,履行与否与该特定数额的金钱或者其他代替物的得失挂钩,使当事人心理产生压力,从而积极而适当地履行债务,以发挥担保作用。可见,它与人的担保和物的担保不同,属于金钱担保。

定金的成立,不仅须有双方当事人的合意,而且应有定金的现实交付,具有实践性。若无定金的实际交付,定金不成立(《民法典》第586条第1款后段)。

定金的有效以主合同的有效成立为前提,定金合同是主合同的从合同。主合同无效时,定金合同亦无效,除非担保合同另有约定(准用《民法典》第388条第1款后段)。这表明定金合同具有从属性。

定金与预付款虽然都可以是一方向另一方交付一定的金钱,但二者的法律性质和效力却存在很大差别。其一,定金是一种担保方式,不属于债务的履行范畴;而预付款属于价金支付义务的一部分,并且是提前履行部分债务,其作用在于使接受预付款的一方获得期限利益。其二,定金的交付形成一个定金合同,独立于也从属于主债关系;而预付款的交付属于履行主债的一部分,不构成一个独立的合同。其三,定金一般是一次性交付,预付款可以分期支付。③ 其四,定金的类型较多,作用也有差异。有的是合同的成立要件,有的起证明合同的存在的作用,有的是解除合同的代价。预付款原则上没有这些性质和作用,但实务中出现了把预付款作为合同生效的先决条件和解除条件的现象。其五,当事人一方

---

① 郑玉波:《民法债编各论》(下),台湾三民书局1981年版,第852页;刘春堂:《民法债编各论》(下),台湾三民书局2008年版,第369—370页。
② 刘春堂:《民法债编各论》(下),台湾三民书局2008年版,第371—372页。
③ 参见苏惠祥主编:《中国当代合同法论》,吉林大学出版社1992年版,第204页。

不履行合同并达到严重程度的,适用定金罚则。而预付款无此效力,在标的物正常交付的情况下,交付预付款的一方再补交剩余的价款即可;在交付标的物的一方违约的情况下,如果交付预付款的一方解除合同,他有权请求返还预付款;如果他不解除,则有义务继续交付剩余的价款。

定金与押金均属于金钱担保的范畴,都是当事人一方按约定给付对方金钱或者其他代替物,在合同适当履行后,都发生返还的法律后果。但它们仍为不同的担保方式。其一,定金的交付通常是在合同订立时或者履行前,具有预先给付的特点;押金的交付,或者与履行主合同同时,或者与履行主合同相继进行,不是预付。其二,定金担保的对象是主合同的主给付,押金担保的对象往往是主合同的从给付。其三,定金的数额低于合同标的额,且不得超过法定的比例;押金的数额往往高于或者等于被担保的债权额。其四,定金具有在一方违约时发生定金丧失或者双倍返还的效力,押金没有双倍返还的法律效果。

在期货交易、国有土地使用权出让、建设工程等合同或者法律关系中,时常出现保证金的担保方式。其种类和性质复杂,对于债权的保障作用也多种多样,需要具体分析。(1)有的保证金无定金罚则的效力,只是作为当事人一方履行付款义务的备用金,并且存储于双方当事人指定的账户上或者债权人的账户上,该当事人未及时或者如数地交付应付款额的,对方当事人就从保证金中提取相应的保证金。这种保证金对于债权人的债权而言具有较强的保障作用。(2)有的是名为保证金,实为预付款。它使债权提前全部或者部分地得到实现。就这部分债权来说,保证金实际上起到了保障债权的作用,但就尚未清偿的债权部分而论,保证金无任何保障作用。(3)根据当事人的意思和合同全部条款的联系性,有的保证金属于定金。(4)有的保证金,交付保证金的一方当事人不履行债务,保证金归接受它的一方当事人享有;接受保证金的一方当事人不履行债务,不负双倍返还的责任。

当事人交付留置金、担保金、保证金、订约金、押金或者订金等,但是没有约定定金性质的,不被认定为定金,不得适用《民法典》第587条关于定金罚则的规定(《合同编通则解释》第67条第1款第1句)。

(二)定金的种类

定金制度,古已有之,中外皆用。但因时代、场所及交付阶段的不同,其性质和效力也不尽一致。定金主要有如下五类。

1. 成约定金

成约定金,是指作为合同成立要件的定金,因定金的交付,合同才成立。成约定金是德国固有法的制度,称为手金(Handgold)。德国的现行法未规定这种制度,但因其奉行合同自由原则,所以允许当事人约定成约定金。我国实务中允许当事人约定以交付定金作为主合同成立或者生效要件的情形。不过,在主合同已经履行或者已经履行主要部分的情况下,即使给付定金的一方尚未交付定金,主合同仍然成立或者生效。

2. 证约定金

证约定金,是指以定金为订立合同的证据。这种定金不是合同的成立要件,仅以证明合同成立为目的。在罗马法,定金通常有证约定金的性质。德国普通法及近代多数国家的立法,多承认这种定金。对于此类定金,我国现行法虽然无明确的条文,但学说大多认为,定金的交付一般都标志着合同的存在,所以,有证明合同成立的作用。对方当事人若否认合同成立,须举证定金的交付另有原因和作用,而非主合同成立的标志。此外,在合同存在着无效、撤销或者效力未定的原因时,合同被确认为无效、被撤销、不被追认的,定金的交付,只能证明合同成立,不能使合同有效。

3. 违约定金

违约定金,是指交付定金的当事人若不履行债务,接受定金的当事人可以没收定金(《民法典》第587条)。当事人约定了定金性质,只是对于定金的类型约定不明甚至干脆未约定类型的,推定其为违约定金(《合同编通则解释》第67条第1款第2句)。这种定金和违约金都具有间接强制债务履行的效力。违约定金通常兼有证约定金的作用。

4. 解约定金

解约定金,是指以定金为保留合同解除权的代价,也就是交付定金的当事人可以抛弃定金以解除合同,而接受定金的当事人也可以通过双倍返还定金来解除合同(《合同编通则解释》第67条第4款)。

5. 立约定金

立约定金,是指为保证正式缔约的定金。我国在1949年以前,即有出卖土地先成立押议后订立正式合同的习俗。实务中认为,当事人约定以交付定金作为订立主合同的担保,给付定金的一方拒绝订立主合同的,无权要求返还定金;收受定金的一方拒绝订立主合同的,应当双倍返还定金。这些都是承认立约定金的表现。立约定金在实务上已经出现。[①]

(三) 定金的成立

定金合同不仅需要当事人双方的意思表示一致,而且需要现实交付定金。定金合同从实际交付定金之日起成立(《民法典》第586条第1款后段)。关于定金交付的时间,存在着带有约束性的规则:立约定金必须在主合同订立之前交付,否则,起不到担保主合同订立的作用;成约定金原则上在主合同订立之前或者成立之时交付,这是由此类定金为主合同的成立要件的性质和功能所决定的,

---

① 参见苏文能、黄毅:《本案应否双倍返还定金》,载《人民法院报》2003年1月12日,第3版。

不过存在例外,即主合同已经履行或者已经履行主要部分;证约定金通常与主合同成立同时交付,以确实起到证明合同成立的作用;违约定金和解约定金既可以在主合同成立同时交付,也可以在主合同成立后、履行前交付,因为在这段期限内的任何时刻交付,违约定金的功效都是同样的。当事人约定以交付定金作为合同成立或生效条件,应当交付定金的一方虽未交付定金,但是合同主要义务已经履行完毕并为对方所接受的,合同自对方接受履行时成立或生效(《合同编通则解释》第 67 条第 3 款)。

定金的标的,一般为金钱,少数情况下是其他代替物。在金钱以外的物作定金标的的场合,之所以要求为代替物,是因为接受定金的当事人不履行债务时,必须双倍返还,而不代替物为定金标的时无法双倍返还。定金的数额由当事人约定,但不得超过主合同标的额的 20%。实际交付的定金数额多于或者少于约定数额的,视为变更约定的定金数额(《民法典》第 586 条第 2 款前段)。

因法谚有"货币属于其占有者"之说,所以定金的交付便转移了定金的所有权。[①] 定金由接受者收取后可任意处分的事实也证明了上述结论的正确性。这一结论也适用于代替物为定金标的的场合,因为代替物由接受定金的当事人收取后,可以任意消费和为法律上的处分,显现出所有权的性质和效力。

(四) 定金的效力

定金的效力因定金的种类不同而不同。成约定金的效力是,定金的交付使主合同成立,不交付则原则上主合同不成立,不发生定金罚则的效力。证约定金的效力在于证明合同成立,也不具有罚则的效力。解约定金具有解除合同的效力,该效力的发生以定金的丧失或者双倍返还为条件:交付定金的一方丧失定金返还请求权,将合同解除;收受定金的一方双倍返还定金,将合同解除。立约定金的效力在于,给付定金的一方丧失定金的返还请求权才可以拒绝订立主合同,若保有该请求权则必须订立主合同;收受定金的一方若保有定金就必须订立主合同,只有双倍返还定金才可以拒绝订立主合同。违约定金的情况相对复杂,需要多作些解释、说明。

违约定金具有预付违约金的性质,它是为制裁债务不履行而交付的。正因为如此,所以,定金罚则的生效以存在着可归责于当事人的事由为要件。当合同因不可归责于当事人的事由而不能履行时,任何当事人都不应受到制裁,定金应当返还。《合同编通则解释》第 68 条第 3 款规定,因不可抗力致使合同不能履行的,不适用定金罚则。不止如此,该解释第 67 条第 2 款还规定:当事人约定以交付定金作为订立合同的担保,一方拒绝订立合同或者在磋商订立合同时违背诚信原则导致未能订立合同,对方主张适用《民法典》第 587 条规定的定金罚则的,

---

① 参见郑玉波:《民法物权》,台湾三民书局 1988 年版,第 417—418 页。

人民法院应予支持。

双方当事人均具有致使不能实现合同目的的违约行为,其中一方请求适用定金罚则的,人民法院不予支持。但是,当事人一方仅有轻微违约,对方具有致使不能实现合同目的的违约行为,轻微违约方主张适用定金罚则,对方以轻微违约方也构成违约为由抗辩的,人民法院对该抗辩不予支持(《合同编通则解释》第68条第1款)。

当事人一方已经部分履行合同,对方接受并主张按照未履行部分所占比例适用定金罚则的,人民法院应予支持。对方主张按照合同整体适用定金罚则的,人民法院不予支持,但是部分未履行致使不能实现合同目的的除外(《合同编通则解释》第68条第2款)。

违约定金必须在因可归责于当事人一方的事由而不履行债务时才发生制裁效力,或者说定金罚则生效,其具体内容如下:给付定金的一方不履行债务或者履行债务不符合约定,致使不能实现合同目的的,无权请求返还定金;收受定金的一方不履行债务的或者履行债务不符合约定,致使不能实现合同目的的,应当双倍返还定金(《民法典》第587条后段)。

违约定金在债务人拒绝履行和不能履行两种情况下发生罚则效力,这为司法解释和学说共同承认。但在逾期履行、不完全履行的情况下,应当按照下述规则处理:因当事人一方迟延履行或者其他违约行为,致使合同目的不能实现的,可以适用定金罚则。但法律另有规定或者当事人另有约定的除外。当事人一方不完全履行合同的,应当按照未履行部分所占合同约定内容的比例,适用定金罚则。

第二十一章　债的转移与消灭

第一节　债　的　转　移

一、债的转移的概念与特征

债的转移,是指债的关系不失其同一性,而其主体有所变更的现象,或者说,在债的关系不失其同一性的前提下,债的关系的一方当事人依法将其债权、债务全部或者部分地转让给第三人的现象。

债的转移属于债的变更,是债的主体发生变更,即由新的主体代替旧的主体,或者是债权转移,或者是债务转移,或者是债权债务转移。无论是债权转移还是债务转移,都可以是全部的,也可以是部分的。

债的转移,有基于法律的直接规定发生的,称为法律上的转移,如依继承法规定,被继承人死亡,其包括合同权利义务在内的遗产即转移于继承人;有基于法院的裁决发生的,称作裁判上的转移;有基于民事法律行为发生的,名为民事法律行为上的转让,如遗嘱人以遗嘱将其合同权利转让给继承人或者受遗赠人,或者转让人与受让人订立转让合同而将合同权利、义务转让。其中,通过转让合同而转移合同权利,属于债权让与,《民法典》叫作债权转让;通过转让合同而转移合同义务,称为债务承担,《民法典》称作债务转让。本章重点介绍债权让与、债务承担和债权债务的概括转让。除非另有说明,债权让与限于合同权利的让与,债务承担单指合同义务的承担,债权债务的概括转让仅指合同权利义务的概括转让。

债转移时,债的关系不失其同一性。所谓债的关系不失其同一性,是指债的效力依旧不变,不仅其原有的利益(如时效利益)和瑕疵(如各种抗辩)均不受转移的影响,而且其从属的权利(如担保)原则上亦仍然继续存在。因而,债的转移与债的更改大不相同,因为后者乃消灭旧债的关系,成立新债的关系,所有旧债的关系上的利益和瑕疵及从权利均随之消灭。[①]

二、债权让与

（一）债权让与的概念

债权让与,是指债的关系不失其同一性,债权人通过让与合同将其债权转移

[①] 郑玉波:《民法债编总论》(修订二版),陈荣隆修订,中国政法大学出版社2004年版,第431页。

给第三人所有的现象。其中的债权人称为让与人,第三人称为受让人。例如,甲公司向乙公司购买苹果 2000 斤,甲公司有请求乙公司给付苹果 2000 斤的债权,后来甲公司和乙公司约定,甲公司将其请求乙公司给付苹果 2000 斤的债权让与丙公司,丙公司就成为债权人,有权请求乙公司给付苹果 2000 斤,这就是债权让与。

债权让与合同成立并生效,债权就发生让与的效果,不需要履行行为,至少不需要履行主给付义务,但有时需要履行诸如交付债权凭证等从给付义务。这是债权让与合同与有体物买卖合同的明显不同点。

债权让与不同于物权变动,这不仅是因为债权不同于物权,而且表现在对于公示的要求不同。物权变动必须通过转移占有、登记等公示形式对外表现出来。除票据债权等以外,债权让与并无登记、占有转移的要求。至多对已经做成债权证书的债权进行让与时,必须交付债权证书。这属于履行从给付义务。

(二) 债权让与合同的有效条件

在德国民法和我国台湾地区"民法"上,债权让与系准物权行为,属于处分行为,而处分行为以处分人具有处分权为生效条件,无处分权人从事债权让与,无效。① 与此不同,在我国民法上,债权让与为债权让与合同生效的结果,它完全是债权让与合同这个债权合同的效力表现。

1. 须存在有效的债权

根据《民法典》第 545 条的规定,债权让与合同需要让与人拥有有效的债权,具有处分该债权的权限。

对有效的合同债权应从宽解释,不要求它必须是效力齐备的债权。已罹诉讼时效的合同债权、可撤销的合同所生债权、享有选择权的合同债权等内容不确定的合同债权、成为权利质权标的的合同债权,都可为让与的标的。甚至有学者认为,附停止条件或者附始期的合同所生债权,已有基础法律关系存在、但必须在将来有特定事实的添加才能发生的债权等,也可成为让与的标的。②

作为标的物的债权虽然不存在,但债务人向受让人确认债权存在,受让人信以为真,据此订立让与合同的,受让人有权请求债务人向自己为清偿,债务人无权以债权不存在为由对抗受让人的请求。债务人无法实际履行的,应向受让人承担违约责任。受让人知道或应当知道作为标的物的债权确实不存在的,债务人有权拒绝受让人的给付请求(《合同编通则解释》第 49 条第 2 款)。

---

① 参见郑玉波:《民法债编总论》(修订二版),陈荣隆修订,中国政法大学出版社 2004 年版,第 431 页。

② 参见刘绍猷:《"将来之债权"的让与》,载郑玉波主编:《民法债编论文选辑》(中),台湾五南图书出版公司 1984 年版,第 883 页以下。

2. 被让与的债权须具有可让与性

债权让与得以成为现实,债权具有让与性是必要条件。从鼓励交易,减少乃至消除财产流转的障碍,增加社会财富的角度出发,应当允许绝大多数合同债权能够被转让。但问题还有另一面,即债权毕竟是特定人之间自由创设的权利,终究不能完全脱离个人色彩,例如人格的信赖关系等。所以为了尊重此等关系,债权仍有不适于让与的。同时,基于社会政策和保护社会公共秩序的需要,债权的让与范围也应受到一定的限制。《民法典》第545条第1款明确规定了以下三类债权不得转让:

(1) 根据债权性质不得转让(让与)的债权。第一,债权人变更会使给付内容完全改变的债权。例如,专门教授特定人外语的合同,专门为特定人绘肖像画的合同等,基于此类合同而产生的债权如果发生让与,将导致给付内容的变化,从而使债的关系丧失了同一性或者不能达成债的目的,因而此类债权不得让与。[①] 第二,债权人变更会使债权的行使方法发生显著差异。雇佣、委托、租赁、借用等合同,均以特定当事人之间的信赖关系为基础,债务人只对该债权人才愿意承担给付义务,其缔约目的就是对该债权人为给付。如果债权人变更,则债权的行使方法势必发生变更。例如借用人怠于注意致使借用物毁损或者有毁损的巨大危险,出借人可以解除合同,而借用人是否怠于注意,出借人是否解除合同,则因人而异。[②] 所以此类债权不得让与,让与时常构成合同解除的原因。第三,某些不作为债权。一般来说,不作为债权只是为了特定债权人的利益而存在,如果允许债权人让与不作为债权,无异于为债务人新设义务,显然于债务人不公,所以原则上不允许让与不作为债权。但有时不作为债权可以附属于其他法律关系一同让与,如竞业禁止的债权可以与营业一同让与。[③] 再如,在企业兼并场合,被兼并企业所享有的不作为债权应当转移给兼并企业。第四,某些属于从权利的债权。从权利一般随着主权利的让与而让与,原则上不得与主权利相分离而单独让与。例如,保证债权系为担保主债权而存在,它若与主债权分离,将失去担保性质,所以不得单独让与,但可以随同被担保的主债权的让与而让与。如果从权利可与主权利分离而单独存在的,则可以单独转让。例如,已经产生的利息债权可以与本金债权相分离而单独让与。

(2) 按照当事人的约定不得转让(让与)的债权。基于合同自由原则,允许当事人在不违反法律的强制性规定、社会秩序和公共道德的前提下,特别地约定禁止债权人让与债权的内容。禁止债权让与的约定具有何种法律效力?依《民

[①] 参见郑玉波:《民法债编总论》(修订二版),陈荣隆修订,中国政法大学出版社2004年版,第435页;黄立:《民法债编总论》,中国政法大学出版社2002年版,第613页。

[②] 参见孙森焱:《民法债编总论》,台湾三民书局1997年版,第699页。

[③] 参见史尚宽:《债法总论》,台湾荣泰印书馆股份有限公司1978年版,第680页。

法典》第545条第2款的规定,当事人约定非金钱债权不得转让的,不得对抗善意第三人;当事人约定金钱债权不得转让的,不得对抗第三人。

(3) 依照法律规定不得转让(让与)的债权。如果让与以禁止流通物为标的物的债权,让与该债权的合同无效。于此场合,债务人有权拒绝向受让人履行债务。

3. 让与人和受让人须就债权的转让意思表示一致

依据《民法典》"第三编 合同"之"第一分编"下辖第二章关于合同的订立的规定以及"第一编 总则"之第六章关于意思表示和民事法律行为的规定,债权让与合同的成立,须让与人和受让人就债权的转让意思表示一致。

(三) 债权让与合同的效力

1. 债权让与合同的生效

债权实际上发生让与,需要成立的债权让与合同生效。债权让与合同的生效,适用《民法典》"第三编 合同"之"第一分编"下辖第三章关于合同的效力的规定。

2. 债权让与合同的生效在让与人和受让人之间产生的效果

债权让与合同的生效,在让与人和受让人之间形成如下法律后果:

(1) 法律地位的取代。债权让与合同生效后,在债权全部让与场合,该债权即由原债权人(让与人)转移于受让人,让与人脱离原债的关系,受让人取代让与人的法律地位而成为新的债权人。但在债权部分让与时,让与人和受让人共同享有债权。

(2) 从权利随之转移。《民法典》第547条第1款规定:"债权人转让债权的,受让人取得与债权有关的从权利,但是该从权利专属于债权人自身的除外。"所谓从权利,包括担保物权、保证债权、定金债权、利息债权、违约金债权和损害赔偿请求权等。"受让人取得从权利不因该从权利未办理转移登记手续或者未转移占有而受到影响"(《民法典》第547条第2款)。

(3) 让与人应将债权证明文件全部交付受让人,并告知受让人行使债权所必要的一切情况。

(四) 债权让与对债务人的效力

所谓债权让与对债务人的效力,是指债权转移给受让人的结果与债务人之间的关系。

应该说,对债务人的保护和促进债权的自由流转,是债权让与制度的一个问题的两个方面。所以,债权的自由转让必须在不损害债务人现存利益的前提下进行,债务人不应因债权的让与而增加自己的负担或者丧失应有的权利。例如,因债权转让增加的履行费用,由让与人负担(《民法典》第550条)。债权让与对于债务人的效力,主要是从保护债务人利益的角度出发而规定的,具体涉及对债务人的债权让与通知,及由此引起的权利义务。

1. 对债务人的债权让与通知

由于债权让与合同不具有公示性,债务人可能不知道债权让与的事实,于是仍然有权向原债权人履行合同债务。如果允许债权让与合同自成立时对债务人也同时生效,那么,债务人因不知债权让与的事实而为给付却不发生清偿的效果,同时对新债权人(受让人)负有债务不履行的责任,对债务人显然不公平。因此,为了保护债务人的合法权益,《民法典》第546条第1款规定:"债权人转让债权,未通知债务人的,该转让对债务人不发生效力。"

债务人在接到债权转让通知前已经向让与人履行,受让人请求债务人履行的,人民法院不予支持;债务人接到债权转让通知后仍然向让与人履行,受让人请求债务人履行的,人民法院应予支持(《合同编通则解释》第48条第1款)。让与人未通知债务人,受让人直接起诉债务人请求履行债务,人民法院经审理确认债权转让事实的,应当认定债权转让自起诉状副本送达时对债务人发生效力。债务人主张因未通知而给其增加的费用或者造成的损失从认定的债权数额中扣除的,人民法院依法予以支持(《合同编通则解释》第48条第2款)。债务人接到债权转让通知后,让与人以债权转让合同不成立、无效、被撤销或者确定不发生效力为由请求债务人向其履行的,人民法院不予支持。但是,该债权转让通知被依法撤销的除外(《合同编通则解释》第49条第1款)。受让人基于债务人对债权真实存在的确认受让债权后,债务人又以该债权不存在为由拒绝向受让人履行的,人民法院不予支持。但是,受让人知道或者应当知道该债权不存在的除外(《合同编通则解释》第49条第2款)。

债权让与通知的时间不得晚于债务履行的时间,否则,债权让与对债务人原则上不发生效力。在债务人收到债权让与通知之前,对让与人(原债权人)所为的给付有效,即债务人仍以让与人为债权人而为履行,同样可以免除其债务,受让人不得以债权已经让与为由,要求债务人继续履行,而只能要求让与人返还所受领的债务人的履行。但债务人在收到债权让与的通知后,即应当将受让人作为债权人而履行债务。其对让与人的履行不能构成债的清偿,债务不能免除,仍需向受让人履行债务。让与人如果仍然受领债务人的给付,属非债清偿,债务人可以请求返还。

让与通知存在无效的原因时,当然无效,债权让与对债务人不发生效力。再者,债权人转让权利的通知不得撤销,但是经受让人同意的除外(《民法典》第546条第2款)。

应当指出,债权让与必须通知债务人的原则还存在一些例外情况,主要表现为以下几点:(1)证券化债权让与不以通知债务人为要件。例如指示证券,以背书和票据的交付而转移;无记名证券,如电影票等,则仅以证券的交付而转移债权,均不需通知债务人。票据债务人负有按照票据上载明的权利绝对履行的义务,而不得以未收到让与通知为由拒绝履行。(2)特殊债权的转移必须办理登记手续,例如电话使用权的过户。(3)当事人之间特别约定债权不得让与,债权人欲让与债权的,必须征得债务人的同意。

关于何人为债权让与通知,在兼顾各方利益的层面,让与人和受让人都可以通知。但从保护债务人履行安全的角度考虑,受让人为让与通知时,必须提供取得债权的证据,例如债权让与合同、让与公证书等,否则债务人可以拒绝履行。

单从《民法典》第546条第1款的文义看,似采未将债权让与的事实通知债务人时,对债务人不产生让与的效力。但是,如果有证据证明该债务人已经知道债权让与的事实,仍向让与人履行债务的,则显然有违于诚信原则。于此情形,不能免除其对受让人的债务。当然,对此应由受让人负责举证。

2. 表见让与的效力

让与人将同一债权转让给两个以上受让人,债务人以已经向最先通知的受让人履行为由主张其不再履行债务的,人民法院应予支持。债务人明知接受履行的受让人不是最先通知的受让人,最先通知的受让人请求债务人继续履行债务或者依据债权转让协议请求让与人承担违约责任的,人民法院应予支持;最先通知的受让人请求接受履行的受让人返还其接受的财产的,人民法院不予支持,但是接受履行的受让人明知该债权在其受让前已经转让给其他受让人的除外(《合同编通则解释》第50条第1款)。前款所称最先通知的受让人,是指最先到达债务人的转让通知中载明的受让人。当事人之间对通知到达时间有争议的,人民法院应当结合通知的方式等因素综合判断,而不能仅根据债务人认可的通知时间或者通知记载的时间予以认定。当事人采用邮寄、通讯电子系统等方式发出通知的,人民法院应当以邮戳时间或者通讯电子系统记载的时间等作为认定通知到达时间的依据(《合同编通则解释》第50条第2款)。

3. 抗辩权的援引

根据《民法典》第548条的规定,债务人接到债权转让通知后,债务人对让与人的抗辩,可以向受让人主张。该对抗受让人的抗辩权制度,正是"债务人不能因债权让与而受到损害"原则的体现。例如,合同不成立以及无效的抗辩权,履行期尚未届至的抗辩权,合同已经消灭的抗辩权等,债务人均可向受让人主张。

在程序安排上,债权转让后,债务人向受让人主张其对让与人的抗辩的,人民法院可以追加让与人为第三人(《合同编通则解释》第47条第1款)。这便于厘清事实,判断所主张的抗辩能否得到支持。

4. 抵销的主张

《民法典》第549条第1项规定:"债务人接到债权转让通知时,债务人对让与人享有债权,且债务人的债权先于转让的债权到期或者同时到期"的,债务人可以向受让人主张抵销。这具有合理性：债务人乙和债权人甲之间可能存在若干交易关系，可能存在着信赖、抗辩及抗辩权和抵销权等法律手段，形成制衡态势，这样，乙的合法权益就较有保障，抵销权系有效的保障手段之一。但是，甲将其对乙的债权转让给丙之后，乙可能失去对于甲的上述制约手段，对丙却无其他交易关系来制约，自己的利益不保。一句话，无论是对甲还是对丙，乙均无抵销权这种有效保障自己权益的法律手段，处于不利的境地。为改变乙所处的这种不利格局，《民法典》设置特则即第549条第1项，赋权乙对丙享有抵销权，以达利益平衡，是正当的。关于这种制度安排，换个角度说，乙本来拥有的抵销权不得因其债权人转让债权而消失，而是继续保有。

至于受让人的权益保护，可通过受让人的尽职调查、适度调整转让款的数额、转让人和受让人之间的抗辩及抗辩权、民事责任制度、借助其他法律关系的牵制等途径来解决。

《民法典》第549条第2项规定："债务人的债权与转让的债权是基于同一合同产生"的，债务人可以向受让人主张抵销。这同样具有合理性：本来，债务人和债权人之间的两项债权在产生和存续上均有牵连性。由此牵连性带来了履行抗辩权、时效完成的抗辩权以及有关抗辩，甚至抵销权，使债务人的债权及其利益较有实现的法律保障。但是，债权人将其债权转让给他人，债务人与该他人之间不见得存在前述有关保障措施，只得"乖乖地"满足该他人关于清偿债务的请求。更为糟糕的是，当债务人请求转让人（原债权人）履行债务时，转让人却无足够的责任财产予以清偿，使得债务人在财产上只"出"不"进"。《民法典》第549条第2项的规定就可避免这样的结果。

至于受让人的权益保护，同样是通过受让人的尽职调查、适度调整转让款的数额、转让人和受让人之间的抗辩及抗辩权、民事责任制度、借助其他法律关系的牵制等途径来解决。

专就债权转让领域的抵销而言，《民法典》第568条第1款为一般法，《民法典》第549条为特别法，后者优先于前者适用。

三、债务承担

（一）债务承担的概念

所谓债务承担，指债的关系不失其同一性，债权人或者债务人通过与第三人订立债务承担合同，将债务全部或者部分地转移给第三人承担的现象。该第三人叫作承担人。

债务承担合同成立并生效，债务就发生转让的效果，不需要履行行为。这是债务承担合同与有体物买卖合同的明显不同点。

(二) 免责的债务承担

债务承担，按照承担后原债务人是否免责为标准，可以分为免责的债务承担和并存的债务承担。其中，免责的债务承担，是指第三人取代原债务人的地位而承担全部债务，使债务人脱离债的关系的债务承担方式。并存的债务承担，将在下文讨论。

1. 免责的债务承担的条件

(1) 当事人签订债务承担合同。这可分为以下两种情况：

其一，承担人与债权人之间签订债务承担合同。按照《民法典》第551条第1款关于"债务人将债务的全部或者部分转移给第三人的，应当经债权人同意"的字面理解，似乎只有债务人才有权转移债务，并未规定债权人对债务进行转移的权利。不过，由于债务是为了债权人的利益而设，在债务的转移问题上，债权人拥有比债务人更为优越的地位，根据"举重明轻"的解释规则，应当认为既然债务人可以转移债务，债权人当然也可以与第三人订立合同转移债务。

承担人与债权人订立的债务承担合同，自双方达成合意时成立。该合同的订立应依据《民法典》"第三编 合同"之"第一分编 通则"下辖第二章关于合同的订立的规定以及"第一编 总则"之第六章关于意思表示和民事法律行为的规定，债权让与合同的成立，须让与人和受让人就债权的转让意思表示一致。

承担人与债权人订立债务承担合同，是否需要取得债务人的同意？在一般情况下，承担人代债务人履行债务，对债务人并无不利，债务人一般不会反对，即使债务人反对，而承担人自愿代其履行，债权人又愿意接受承担人的履行的，自无使债务承担合同归于无效的必要，所以承担人与债权人订立的债务承担合同，不必经债务人同意即可生效。[①] 对此，必须指出三点：一是，承担人代债务人清偿债务之后，他和债务人之间是否形成无因管理关系，主张偿还必要费用是否得到支持，取决于是否符合无因管理的构成要件。实务中，有的承担人为坑害债务人而自愿替债务人清偿债务，不得依据无因管理主张费用的偿还。二是，必须承认以下例外：有偿债务承担须经债务人同意；债务人与债权人事先订有禁止债务转移特约的，须经债务人同意；债务承担给债务人增加负担时，须经债务人同意。[②] 三是，承担人违背债务人的意思承担债务的，债务人可以拒绝承担人的追偿，因为这不符合无因管理的构成要件。虽然承担人与债权人订立债务承担合同一般不必经债务人同意即可成立，但应通知债务人，否则对债务人不生效力。在通知之前债务人向债权人所为的履行有效。

其二，承担人与债务人之间签订债务承担合同。债务承担要求承担人须就

[①] 参见张广兴：《债法总论》，法律出版社1997年版，第244页；〔德〕迪特尔·梅迪库斯：《德国债法总论》，杜景林、卢谌译，法律出版社2004年版，第566页。

[②] 参见崔建远主编：《合同法》（第3版），法律出版社2003年版，第184页。

债务承担与债务人意思表示一致。债务承担合同，其订立及效力应依《民法典》"第三编 合同"之"第一分编"下辖第二章关于合同的订立的规定以及"第一编 总则"之第六章关于意思表示和民事法律行为的规定，债权让与合同的成立，须让与人和受让人就债权的转让意思表示一致。承担人与债务人签订债务承担合同的，须经债权人同意（《民法典》第551条第1款）。债权人同意是债务承担合同对于债权人的生效要件。因为债的关系建立在债权人对债务人的履行能力的了解和信任的基础上，债务人的支付能力，对于债权人权利的实现至关重要。如果债务人未经债权人同意而将债务转移予承担人，该人无足够的资力和信用履行债务时，债权人的利益将毫无保障。关于债权人同意的方式，明示或者默示均可，也不要求必须采取一定方式。债权人即使未明确表示，但如果向承担人请求履行或者受领承担人的履行，亦表明同意。

债权人拒绝债务承担的，可以明示亦可默示。在债权人同意之前，承担人与债务人的债务承担合同属于效力未定的民事法律行为，为了避免债务承担合同的效力久悬不决，债务人或者第三人可以催告债权人在合理期限内予以同意，债权人未作表示的，视为不同意（《民法典》第551条第2款）。

(2) 须存在有效的债务。债务有效存在是债务承担的前提。就不完全的债务，可以成立债务承担合同。将来发生的债务也可以设立债务承担，只不过只有在该债务成立时，才能发生转移的效果。诉讼中的债务也可以由第三人承担，原债务人在诉讼中的判决对免责的债务承担人有效。

(3) 被转移的债务应具有可转移性。不具有可转移性的债务，若成为债务承担合同的标的，合同的效力必受影响，要么无效，要么效力待定。以下债务不具有可转移性，但其程度有所不同，对于债务承担合同效力的影响也有差异：

一是性质上不可转移的债务。这种债务一般是以特定债务人的特殊技能或者特别的人身信任关系为基础而产生的。前者如以某著名演员的表演为标的的合同义务，以某画家绘画为标的的合同义务等，因其与特定债务人的人身具有密切联系，需要债务人亲自履行，因而不得转移；后者如以对某人的特别信任为基础而成立的委托合同等，此类债务一般不能发生转移，否则会使债权人的预期目的落空，但是，如果债权人同意此类债务由他人承担，就是承认承担人的给付是在履行原债务，自然应予允许。[1]

二是当事人特别约定不得转移的债务。债务人违反该约定，将该债务转让给受让人的，在债务承担合同成立并生效之时，就代表债务人和债权人将他们原来的禁止转让的约定废止，承认该债务可以转移，因而债务承担合同有效。[2] 这

---

[1] 参见史尚宽：《债法总论》，台湾荣泰印书馆股份有限公司1978年版，第706页。

[2] 参见同上。

符合意思自治的精神，可以赞同。当然，债务人或债权人的任何一方坚持原约定，都会影响到债务承担合同的效力。

三是强制性法律规范规定不得转让的债务。债务承担合同以此类债务作为标的物的，构成自始客观不能，合同无效，不发生债务承担的结果。

2. 债务承担合同的效力

（1）承担人成为债务人。免责的债务承担合同一经生效，承担人就取代原债务人，成为新债务人；原债务人脱离狭义债的关系，由承担人直接向债权人承担债务，嗣后承担人不履行债务的，应当承担债务不履行责任，原债务人不再承担责任。原债务人对承担人的偿还能力并不负担保义务。

（2）抗辩权随之转移。根据《民法典》第553条前段的规定，债务人转移债务的，新债务人可以主张原债务人对债权人的抗辩。《合同编通则解释》第47条第2款规定："债务转移后，新债务人主张原债务人对债权人的抗辩的，人民法院可以追加原债务人为第三人。"这便于查清事实，判断所主张的抗辩能否得到支持。

（3）从债务一并随之转移。《民法典》第554条前段规定，债务人转移债务的，新债务人应当承担与主债务有关的从债务。例如，附随于主债务的利息债务，随着主债务的转移而转移于承担人。但该条后段规定，从债务专属于原债务人自身的除外。

（4）抵销权行使之禁止。《民法典》第553条后段规定，原债务人对债权人享有债权的，新债务人不得向债权人主张抵销。

（三）并存的债务承担

并存的债务承担，又称附加的债务承担，或者重叠的债务承担，或者债务加入，是指第三人（承担人）加入债的关系之中，与原债务人一起向债权人承担债务的现象。

1. 并存的债务承担的成立条件

第三人与债务人约定加入债务并通知债权人，或者第三人向债权人表示愿意加入债务，债权人未在合理期限内明确拒绝的，并存的债务承担成立（《民法典》第552条）。

2. 并存的债务承担合同的效果

并存的债务承担合同生效，第三人（承担人）加入到债的关系中来，成为另一债务人，与原债务人一起向债权人负担债务（《民法典》第552条后段）。在这里，存在的疑问是，承担人与原债务人之间的关系，以及他们与债权人之间的关系如何？因我国现行法缺乏规定，需要探讨。

（1）当事人之间无约定时，承担人与债务人负同一债务。所谓承担人与债务人负同一债务,其含义如何?多数说赞同连带责任的观点①,《民法典》第552条采纳此说,规定"债权人可以请求第三人在其愿意承担的债务范围内和债务人承担连带债务"。

(2)当事人之间有约定时,依其约定。如约定承担人与债务人负担按份责任的,依其约定。由于此类约定可能损害债权人的利益,此类并存的债务承担应当征得债权人的同意,若债权人不同意,原债务人仍须承担全部债务。如果约定承担人与债务人负担连带债务,则债权人可以请求任何一位债务人履行全部债务。

(3)从债务和从权利。由于债务人的债务未因承担人的加入而免除,一切权利义务关系均应维持原状②,从属于债务的从权利和从义务不发生转移或者消灭的问题。不过,如果三方当事人均同意发生转移,应当依其约定。

(4)对债权人的抗辩、抵销。《民法典》第553条规定:"债务人转移债务的,新债务人可以主张原债务人对债权人的抗辩;原债务人对债权人享有债权的,新债务人不得向债权人主张抵销。"

(5)债务人就其对债权人享有的抗辩,也有权向加入债务的第三人主张(《合同编通则解释》第51条第2款)。这可防止加入者故意或过失地增大债务人对债权人的负担,更遑论加入者与债权人恶意串通损害债务人的权益了。

(6)如果债务加入者与债务人约定有追偿权,那么,债务加入者向债权人履行债务后有权向债务人追偿;即使没有约定追偿权,第三人也有权依照《民法典》关于不当得利(第985条以下)等的规定,在其已经向债权人履行债务的范围内请求债务人向其履行,但是债务加入者知道或应当知道加入债务会损害债务人利益的除外(《合同编通则解释》第51条第1款)。

此处所谓"等的规定",如《民法典》关于无因管理的规定(第979条以下)。所谓债务加入者知道或应当知道加入债务会损害债务人利益的除外,就是债务加入者欠缺管理意思,其加入债务实则为侵权行为,应当成立侵权责任。但问题在于,该侵权责任与债务加入者实际履行债务在范围方面未必一致,不是多就是少。由此可见,《合同编通则解释》第51条第1款但书不够精细,不总能保障债务人与加入者之间的利益平衡。

四、债的概括承受

(一)债的概括承受概述

所谓债的概括承受,是指债的一方当事人将其债权债务一并转移给第三人,

---

① 参见王家福主编:《中国民法学·民法债权》,法律出版社1991年版,第87页;张广兴:《债法总论》,法律出版社1997年版,第249页;王利明:《合同法研究》(第2卷),中国人民大学出版社2003年版,第254页。
② 参见郑玉波:《民法债编总论》(修订二版),陈荣隆修订,中国政法大学出版社2004年版,第455页。

由第三人概括地继受这些权利义务的法律现象。

债的概括承受，可以是基于当事人之间的民事法律行为产生的(《民法典》第555条)，称为意定概括转移；也可以是基于法律的规定产生的(《民法典》第67条)，称为法定概括转移。

债的概括承受，可以是债权债务全部由出让人转移至承受人，即全部转移。全部转移将使承受人取代出让人的法律地位，成为债的关系中新的当事人；也可以是债权债务的一部分由出让人转移至承受人，即一部转移。一部转移时出让人和承受人应确定各自享有的债权和承担的债务的份额和性质，如果没有约定或者约定不明确，则视为连带之债。

(二) 债权债务概括转移的类型

1. 合同承受

合同承受，又称合同承担，是指合同关系一方当事人将其合同上的权利和义务全部地转移给该第三人，由其在转移范围内承受自己在合同上的地位，享受合同权利并负担合同义务。

合同承受一般是基于当事人与第三人之间的合同而发生。《民法典》第555条对此作了规定，当事人一方经对方同意，可以将自己在合同中的权利和义务一并转让给第三人。合同承受有时也可以基于法律的直接规定而发生。例如，《民法典》第725条规定："租赁物在承租人按照租赁合同占有期限内发生所有权变动的，不影响租赁合同的效力。"据此可知，当买卖租赁物时，基于"买卖不破租赁"的原则，买受人除可取得物的所有权外，还承受该租赁物上原已存在的租赁合同关系的出租人的义务。此种合同权利义务的概括转移并非基于当事人的意志，而是基于法律的直接规定，因而属于法定转移。

根据《民法典》第556条、第551条第1款的规定，合同承受必须经对方当事人的同意才能生效。因为合同承受不仅包括合同权利的转移，还包括合同义务的转移，所以合同一方通过合同承受对合同权利和义务进行概括转移时，必须取得对方的同意。合同承受，在德国民法上是一种无因行为，因而承受人得对抗出让人的事由，不得用以对抗对方当事人；但在我国法上，时常为有因行为，在有承受合同无效、被撤销等情况发生时，承受人可以之对抗对方当事人。

2. 企业的合并与分立

企业合并，是指两个以上的企业合并为一个企业。企业分立则是指一个企业分立为两个以上的企业。为了保证相对人和合并、分立企业的利益，根据主体的承继性原则，企业合并或者分立之前的债权和债务应由合并或者分立后的企业承担。对此，《民法典》第67条第2款明确规定："法人分立的，其权利和义务由分立后的法人享有连带债权，承担连带债务，但是债权人和债务人另有约定的除外。"企业合并或者分立后，原企业的债权债务的转移，属于法定转移，因而不需取得相对人的同意,依合并或者分立后企业的通知或者公告发生效力。通知的方式可以是单独通知,也可以是公告通知。公告通知的,应当保证在一般情形下能为相对人所知悉。通知到达相对人或者公告期满时,原债权债务即转移于合并或者分立的新企业,该企业成为合同关系的当事人,享有一切债权,承担一切债务。当然,如果此时新设企业尚未办完设立登记手续,则债务须待设立登记完毕时才实际转移。

(三) 债权债务概括转移的效力

债权债务的概括转移,按照《民法典》第 556 条的规定,应当适用《民法典》第 545—554 条的规定。在程序上,当事人一方将合同权利义务一并转让后,对方就合同权利义务向受让人主张抗辩或受让人就合同权利义务向对方主张抗辩的,人民法院可以追加让与人为第三人(《合同编通则解释》第 47 条第 3 款),以利于查清事实,判断所主张的抗辩能否得到支持。

第二节 债 的 消 灭

一、债的消灭的概念

债的消灭,是指债的关系在客观上不复存在,债权债务归于消灭。

债的消灭原因大致有三类:一是基于当事人的意思,如免除、解除;二是由于债的目的消灭,如不能履行、清偿;三是基于法律的直接规定。

债的消灭,同时使债的担保及其他权利义务也归于消灭。债的担保,包括抵押权、质权、留置权等;其他权利义务,包括违约金债权、利息债权等。

债消灭后,债权人应将负债字据返还于债务人,因为负债字据为债权债务的证明。债权人如证明字据灭失,不能返还,应向债务人出具债务消灭的字据。

债消灭后,当事人应当遵循诚信原则,根据交易习惯,履行通知、协助、保密、旧物回收等义务(《民法典》第 558 条)。例如,离职的受雇人仍应为厂家或者其他雇主保守营业秘密;房屋的出租人在租赁合同终止后仍应允许承租人在适当位置张贴移居启事等。当事人违反上述合同终止后的义务(后合同义务)的,应赔偿实际损失。

二、清偿

(一) 清偿的概念

清偿,指按债的约定实现其目的的行为。清偿与履行的意义相同,只不过履行是从债的效力、债的动态方面讲的,而清偿则是从债的消灭的角度讲的。

当事人利益的实现为债的本来目的。债务一经清偿,债权即因其达到目的而消灭。因此,清偿为债消灭的原因。

从债权实现方面看,债务人履行债务固属清偿,第三人为满足债权人的目的而为给付,也属清偿。即使依强制执行或者实行担保权而获得满足,也应为清偿。

清偿为发生私法上效果的合法行为,应为民事法律行为或者事实行为,从而关于民事法律行为的规定不当然地适用于清偿,只是在其性质所允许的范围内准用关于民事法律行为的规定。例如,关于行为能力的规定,不当然适用于清偿,只是在必须以民事法律行为实行给付时,才适用行为能力规范。在以事实行为为给付时,无民事行为能力人或者限制民事行为能力人也完全可以清偿。再如,关于代理的规定,也不当然适用于清偿,仅在给付行为是民事法律行为、并由代理人为给付的实行时,始得适用代理规范。

(二) 代为清偿

清偿可由第三人代而为之,这就是代为清偿制度。鉴于债务人亲自清偿往往是债权人的意愿或者法律的规定,故代为清偿只有在符合下述条件时才被允许:(1)依债的性质,可以由第三人代为清偿。如债务属于专属性的,则性质上不许代为清偿。(2)债权人与债务人之间无不得由第三人代为清偿的约定,即使有约定,也必须在代为清偿前为之,否则无效。(3)债权人没有拒绝代为清偿的特别理由,债务人也无提出异议的正当理由。如果代为清偿有违社会公共利益、社会公德或者诚实信用,对债权人、债务人或者社会有不利的影响,或者代为清偿违背其他强制性规范,债权人就有权拒绝受领代为清偿,债务人也有权提出异议,不发生清偿的效力。(4)代为清偿的第三人必须有为债务人清偿的意思。在这点上,代为清偿与债务承担不同:第一,若因清偿人的错误,误信为自己的债务而为清偿时,不成立代为清偿。第二,连带债务人、不可分债务人,仅在其超过自己本来负担的给付义务而为清偿的范围内,始构成代为清偿。

对于已经成立的代为清偿,还存在效力问题。对此,应区分情况加以考察:

1. 从债权人与债务人之间的关系考察

由于代为清偿系因第三人以为债务人的意思而为清偿,在债权人与债务人之间,合同关系归于消灭,债务人免除义务。但在双务合同中,须双方的债务均获清偿,合同关系才消灭。此时除非第三人得代位债权人,否则债务人有债权证书的返还请求权。如果债权人无正当理由而拒绝受领代为清偿时,应负受领迟延责任。对此,债务人也可主张。

2. 从债权人与第三人之间的关系考察

如果第三人系就债务履行有利害关系的第三人,则依清偿代位制度,在其可得求偿的范围内,债权人所享有的权利当然转移于第三人;如果为其他第三人,也可依约定而在其求偿权的范围内代位债权人。此时应注意以下几点:(1)如果仅为一部分的清偿代位,则第三人所取得部分担保权的位序,应后于债权人剩余部分债权的担保权。(2) 债权人对于第三人不负瑕疵担保责任,此点与债权让与有明显区别。债权让与视同买卖,为有偿合同。为增进交易信用,保护交易安全,让与人(债权人)应对受让人(第三人)负瑕疵担保责任。但在清偿代位场合,则多有不同。法定清偿代位,第三人取代债权人的地位系直接基于法律规定,故债权人对于第三人当然不负瑕疵担保责任。任意清偿代位,第三人取代债权人的地位无论是由于债务人抑或债权人的同意,都是为了保证第三人的求偿权得以实现,根本不可视同买卖,故债权人对于第三人也无瑕疵担保责任可言。(3) 第三人对于债权人有债权证书的返还请求权。如果仅为一部清偿代位,第三人可请求于债权证书中记入代位。我国目前可由第三人请求在负债字据上附记代位或者请求给予代位的确认证书(或者确认字据)。(4) 代为清偿的第三人有权指定清偿的抵充。(5) 对于选择债务,在符合公平原则的情况下,第三人有选择权。①

如果第三人系依债权人的委托而代为清偿时,对于债权人可依委托合同约定请求费用的偿还或者报酬的支付。

3. 从第三人与债务人之间的关系考察

如果第三人与债务人之间有委托合同,则适用委托合同的规范,第三人有求偿权。如果第三人与债务人之间既无委托合同又无其他履行上的利害关系,第三人可依无因管理或者不当得利的规定求偿。于此场合,第三人负有及时通知债务人其清偿事实的义务。若怠于通知,导致债务人为二重清偿时,应对债务人负赔偿责任。不过,该赔偿债务不妨和第三人(清偿人)的求偿权相抵销。

第三人以赠与的意思为清偿的,不发生求偿权。

第三人因代为清偿而有代位权的:(1) 在其求偿权的范围内,得对债务人行使债权人的一切权利;(2) 债务人对于债权人有可得抗辩的事由,有可供抵销的债权的,对于代位后的第三人也可主张;(3) 第三人因代为清偿而享有的求偿权与代位权,为请求权的并存,因一权利的行使而得满足时,其他权利即归消灭。②

(三) 清偿费用

清偿费用,是指清偿所需要的必要费用。例如物品交付的费用,运送物品的费用,金钱邮汇的邮费,但不包括标的物本身的价值。通常情况下,清偿费用有运送费、包装费、汇费、登记费、通知费等。

对于清偿费用,法律无明文规定、当事人又无约定时,由债务人负担。但因债权人变更住所或者其他行为而致增加清偿费用时,增加的费用由债权人负担。

---

① 参见王轶:《代为清偿制度论纲》,载《法学评论》1995 年第 1 期。
② 参见史尚宽:《债法总论》,台湾荣泰印书馆股份有限公司 1978 年版,第 780 页。

例如,债权人受领迟延而增加费用,债权人请求对物品特别包装而增加费用,债权人请求将物品送往清偿地以外的地点而增加费用,因债权转移而增加费用,均由债权人负担。

(四) 清偿的抵充

清偿抵充,是指债务人对同一债权人负担数宗同种类债务,而债务人的履行不足以清偿全部债务时,决定该履行抵充某宗或者某几宗债务的现象。

清偿抵充必须具备如下要件:(1) 必须是债务人对同一债权人负担数宗债务。此数宗债务,不论是自始发生在债务人与债权人之间,还是嗣后由他人之处承担而来,也不论此数宗债务是否均届清偿期。(2) 数宗债务的种类相同。种类不同者,自可依给付的种类确定系清偿何宗债务。例如,债务人借米、面各50斤,债务人如提出偿还50斤米时,不发生抵充问题。若债权人先订购某种书籍100册,后又追加50册,此时债务人只送交50册,即发生抵充的效果。(3) 必须是债务人的给付不足以清偿全部债务,但至少是足以清偿一宗债务,否则,债权人可以拒绝其为部分清偿,也不发生抵充问题。

清偿抵充的方法可分为三种:(1) 合同上的抵充。当事人之间就债务人的给付系抵充何宗债务有约定时,从其约定。抵充合同既可为明示,也可以为默示。抵充合同订立的时间既可在给付时,也可以在给付前。(2) 清偿人指定的抵充。如果当事人之间没有约定,则清偿人有权单方面指定其给付系清偿何宗债务。这种指定为形成权的行使,应向清偿受领人以意思表示为之,一经指定后,清偿人不得撤销。指定应在清偿时提出。(3) 法定抵充。清偿人不为指定或未为指定时,依《民法典》第560条第2款的规定,应当优先履行已经到期的债务;数项债务均到期的,优先履行对债权人缺乏担保或担保最少的债务;均无担保或者担保相等的,优先履行债务人负担较重的债务;负担相同的,按照债务到期的先后顺序履行;到期时间相同的,按照债务比例履行。债务人在履行主债务外还应当支付利息和实现债权的有关费用,其给付不足以清偿全部债务的,除当事人另有约定外,应当按照下列顺序履行:(1) 实现债权的有关费用;(2) 利息;(3) 主债务(《民法典》第561条)。

主张一定给付抵充一定债务的清偿者,应由债务人举证证明所抵充债务已消灭。债权人对于债务人有数宗同种内容的债权,如债务人证明为履行目的已对债权人为给付,则债权人主张其抵充其他同种债权的,应举证其他同种债权的存在。

三、抵销

(一) 抵销概述

抵销,是指二人互负债务时,各以其债权充当债务之清偿,而使其债务与对方的债务在对等额内相互消灭。主张抵销的债权,称为主动债权(也叫自动债权,或者能动债权)。被抵销的债权,叫作被动债权(也叫受动债权,或者反对债权)。

抵销依其产生的根据不同,可分为法定抵销与合意抵销两种。法定抵销由法律规定其构成要件,当要件具备时,依当事人一方的意思表示即可发生抵销的效力。依当事人一方的意思表示即可发生抵销效力的权利,称为抵销权,属于形成权。合意抵销是指按照当事人双方的合意所为的抵销。它重视当事人的意思自由,可不受法律规定的构成要件的限制。当事人订立的这种合同叫作抵销合同,其成立应依《民法典》关于合同订立的规定。《民法典》第 569 条规定了合意抵销。抵销合同的性质,有人认为属于清偿或者拟制清偿,有人认为属于代物清偿,有人认为系两个互无关系的无因免除合同,有人认为系一个双务的免除合同,有人认为系独立种类的合同。[①] 抵销合同的效力是消灭当事人之间同等数额之内的合同关系。此处仅介绍法定抵销。

抵销的功能,一是节省给付的交换,降低交易成本;二是确保债权的效力,具有一定的担保功能。在双方当事人互负债务时,如当事人一方只行使自己的债权而不履行自己的债务,那么对方当事人就会受损害,抵销则能克服这一弊端。如甲对乙享有 200 万元债权、乙对甲享有 100 万元债权,乙陷于破产时,甲得主张其债权在 100 万元内为抵销。甲被抵销的这部分债权,事实上较其他债权人之债权受到了优先清偿,与设定担保别无二致。

(二) 抵销的要件

按照《民法典》第 568 条第 1 款的规定,抵销必须具备以下要件才能生效。

1. 必须是双方当事人互负债务、互享债权

抵销系以在对等额内使双方债权消灭为目的,故以双方债权的存在为必要前提。抵销权的产生,在于当事人对于对方既负有债务,同时又享有债权。只有债务而无债权或者只有债权而无债务,均不发生抵销问题。

当事人双方存在的两个债权债务,必须合法有效。任何一个债权债务不能有效存在的,就当然不能抵销。

在附条件的债权中,如所附条件为停止条件,在条件成就前,债权尚不发生效力,自不得为抵销。如其为解除条件,则条件成就前债权为有效存在,故得为抵销;且条件成就并无溯及力,因而行使抵销权后条件成就时,抵销仍为有效。[②]

超过诉讼时效期间的债权,作为主动债权而主张抵销时,对方有权援用时效完成的抗辩,阻却抵销(《合同编通则解释》第 58 条第 1 句)。这在实质上相当于

---

① 参见史尚宽:《债法总论》,台湾荣泰印书馆股份有限公司 1978 年版,第 846 页。
② 参见王家福主编:《中国民法学·民法债权》,法律出版社 1991 年版,第 203 页。

此种债权不得作为主动债权而主张抵销。不过,此类债权若为被动债权的,则可用作抵销(《合同编通则解释》第58条第2句)。于此场合,可认为债务人抛弃了时效利益。①

附有同时履行抗辩权的债权,不得以之为主动债权而主张抵销,否则即为剥夺对方的抗辩权。但如其作为被动债权,则可认为抵销权人已抛弃同时履行抗辩权,此时以之为抵销,当无不可。②

第三人的债权,即使取得该第三人的同意,也不能以之为抵销。因为,一方面,此时仅一方当事人能够主张抵销,而对方则无此权利,有失公平;另一方面,第三人的债权对其债权人关系甚大,如允许用作抵销,则可能害及第三人的债权人的利益。可作为例外的是,连带债务人以其他连带债务人对于债权人的债权,就其应分担部分为限,得主张抵销。在债权让与的情况下,债务人对原债权人享有债权的,得向债权受让人主张抵销(《民法典》第549条)。主债务人对债权人享有债权的,保证人得主张抵销。

2. 双方互负债务,必须标的物的种类、品质相同

正因要求标的物的种类、品质相同,故抵销通常在金钱债务或者代替物债务以及其他种类的债务中适用较多。双方当事人的给付物的种类虽然相同,但品质不同时,例如甲级刀鱼和乙级刀鱼,原则上不允许抵销,但允许以甲级刀鱼的给付抵销乙级刀鱼的给付。以特定物为给付物时,即使双方的给付物属于同一种类,也不允许抵销。但是,在双方当事人均以同一物为给付物时,仍属同一种类的给付,可以抵销。例如,甲有向乙请求交付某特定物的债权,同时对于丙负有交付该物的债务,嗣后在乙继承丙的遗产场合,就发生这种抵销。当事人一方的给付物为特定物,对方的给付物为同种类的不特定物,因二者不是同种类的给付,不允许以种类债权对特定债权抵销,但允许以特定债权抵销种类债权。在双方当事人的债权皆为种类债权,但种类的范围有广有狭时,范围狭的种类债权对范围广的种类债权可以抵销;范围广的种类债权对于范围狭的种类债权,则不允许抵销。因为在后者,其给付的种类不同一。在双方的债权或者一方的债权为选择债权场合,如果依选择权行使的结果是给付种类相同,就允许抵销。③《民法典》第569条规定,标的物的种类、品质不相同的,经双方当事人协商一致,也可以抵销。但这属于合意抵销。

3. 必须是主动债权已届清偿期

债权人通常仅在清偿期届至时,才可以现实地请求清偿,若未届清偿期,也

---

① 参见王家福主编:《中国民法学·民法债权》,法律出版社1991年版,第203页。
② 参见同上。
③ 参见胡长清:《中国民法债编总论》(下册),商务印书馆1947年版,第585页;诸葛鲁:《债之抵销》,载台湾《法令月刊》第19卷第1期。

允许抵销的话,就等于在清偿期前强制债务人清偿,牺牲其期限利益,明显不合理。所以,主动债权已届清偿期才允许抵销,除非当事人有相反的约定。主动债权未定清偿期的,只要债权人给债务人以宽限期,宽限期满即可抵销。虽然《民法典》规定双方债权均届履行期(第568条第1款),但因债务人有权抛弃期限利益,在无相反的规定或者约定时,债务人可以在清偿期前清偿。所以,被动债权即使未届清偿期,也应允许抵销。

应该指出,在破产程序中,破产债权人对其享有的债权,无论是否已届清偿期,无论是否附有期限或者解除条件,均可抵销。

4. 必须是非依债的性质不能抵销

所谓依债的性质不能抵销,是指依给付的性质,如果允许抵销,就不能达到债的目的。《合同编通则解释》第57条规定:"因侵害自然人人身权益,或者故意、重大过失侵害他人财产权益产生的损害赔偿债务,侵权人主张抵销的,人民法院不予支持。"

法律规定不得抵销的债务不得抵销。例如,法院决定扣留、提取劳动收入时,应保留被执行人及其所供养的家属的必需生活费用。查封、扣押、冻结、拍卖、变卖被执行人的财产,应当保留被执行人本人及其所供养家属的生活必需品。再如,故意实施侵权行为的债务人,不得主张抵销侵权损害赔偿债权。违约金债务不得自行以扣发货物或者扣付货款等方式作为充抵。[①]

当事人之间有禁止抵销的约定时,债务不得抵销。从意思自治原则的要求着眼,这是当然的结论。但是,如果该约定损害第三人的合法权益,有害交易安全,则应当认定为无效。[②]

(三) 抵销的方法

《民法典》规定,当事人主张抵销的,应当通知对方(第568条第2款前段)。这表明,抵销为单独行为,应适用法律关于民事法律行为及意思表示的规定。并且,未要求采取诉讼的方式。当然,如果抵销权人选择以诉讼的方式为抵销,法律也无禁止的必要。

当事人对抵销有异议的,应当及时提出,在约定的异议期间届满才提出并向人民法院起诉的,人民法院不予支持;当事人没有约定异议期间,在抵销通知到达之日起3个月以后才向人民法院起诉的,人民法院不予支持。

抵销的意思表示,不得附有条件或者期限(《民法典》第568条第2款后段),因为附有条件或者期限,使其效力不确定,与抵销的本旨相悖,并且有害于他人的利益。[③]

---

① 参见王家福主编:《中国民法学·民法债权》,法律出版社1991年版,第205页。
② 参见黄立:《民法债编总论》,中国政法大学出版社2002年版,第713页。
③ 参见诸葛鲁:《债之抵销》,载台湾《法令月刊》第19卷第1期。

（四）抵销的效力

抵销为处分债权的行为，故抵销人应有行为能力，并需要对债权有处分权。抵销应由抵销权人以意思表示向被动债权人为之，该抵销的通知到达被动债权人处发生效力（《民法典》第568条第2款中段）。《合同编通则解释》第55条中进一步明确，"人民法院经审理认为抵销权成立的，应当认定通知到达对方时双方互负的主债务、利息、违约金或者损害赔偿金等债务在同等数额内消灭"。被动债权人为无民事行为能力人或者限制民事行为能力人时，自通知到达其法定代理人处时发生效力。

抵销使双方债权按照抵销数额而消灭。之所以如此，是因为从主动债权方面看，不能超过自己的债权额获得满足；从被动债权方面看，也仅于得获满足的范围，即仅就主动债权额消灭其债权。由此决定，抵销，因主动债权不足抵销数宗被动债权的全部债权额时，究竟应该先抵销何者？这应与清偿的抵充问题作相同处理。① 首先，在主动债权的数额少于被动债权的数额的场合，主动债权消灭，被动债权在主动债权的数额范围内消灭。被动债权有数项且种类相同，主动债权不足以抵销全部被动债权，因抵销的顺序发生争议的，由主动债权人指定因抵销而消灭哪个或哪些被动债权，主动债权人未作指定的，应当优先消灭已经到期的被动债权。被动债权由主债权、利息、实现债权的有关费用构成，主动债权不足以抵销全部被动债权，因抵销的顺序发生争议的，被动债权消灭的顺序依次为实现被动债权的有关费用、利息、被动债权本体（《合同编通则解释》第56条，《民法典》第560条、第561条）。其次，在主动债权的数额多于被动债权的数额的情况下，被动债权全部消灭，在主动债权方面，应适用《民法典》第561条的规定，予以确定。

抵销为债权的行使，依据《民法典》第195条的规定，诉讼时效中断，从中断、有关程序终结时起，诉讼时效期间重新计算。

四、提存

（一）提存的概念

在我国现行法上，有一般的提存制度和特殊的提存制度。前者由《民法典》第570条至第574条加以规定；后者则散落在有关制度之中，如《民法典》第406条第2款规定，抵押人转让抵押财产的，应当及时通知抵押权人。抵押权人能够证明抵押财产转让可能损害抵押权的，可以请求抵押人将转让所得的价款向抵押权人提前清偿债务或者提存。转让的价款超过债权数额的部分归抵押人所

---

① 孙森焱：《民法债编总论》（下册），法律出版社2006年版，第916—917页；邱聪智：《新订民法债编通则》（下），中国人民大学出版社2004年版，第478页；林诚二：《民法债编总论——体系化解说》，中国人民大学出版社2003年版，第564页。

有,不足部分由债务人清偿。这种提存制度不要求具备债务人因债权人的原因而难以履行债务这一原因。而一般的提存则是指由于债权人的原因而无法向其交付合同标的物时,债务人将该标的物交给提存部门而消灭合同的制度。

提存涉及三方当事人,即提存人(债务人)、提存部门和债权人,因而发生提存人与提存部门、提存部门与债权人、提存人与债权人的三方法律关系。就提存人与债权人之间的关系而言,为私法上的法律关系,且提存的目的也在于消灭既存于债务人与债权人之间的合同关系,因而提存具有私法关系的因素。但提存部门为国家所设机关,接受提存标的物并为保管以及将提存物发还债权人,系公法上的义务,而且债权人与提存人之间的法律关系,系以提存部门的行为为中介,始生消灭效果,故提存又具有公法上的法律关系的因素。这两种法律关系在提存中因当事人之间的不同关系而分别存在,提存人与债权人的关系为私法关系,他们与提存部门的关系为公法关系。[①] 另一种观点认为,提存人与提存部门间的关系也仅为私法关系。

(二)提存的原因

1. 债权人迟延受领

债权人迟延受领,是指债权人无正当理由未按清偿期受领或者拒绝受领。对此,《民法典》第570条第1款第1项使用的术语是"债权人无正当理由拒绝受领",《提存公证规则》第5条第1项的表述为"债权人无正当理由拒绝或延迟受领债之标的的"。构成该提存的原因,必须是债务人现实地提出了给付,个别情况下是以言词提出给付。如果债务人未现实地提出给付(包括以言词提出给付),则不构成提存原因。

债权人迟延受领,使债务人无法履行的,为保护其合法权益,尽早摆脱不合理的拘束,《民法典》允许债务人提存(第570条第1款第1项)。

2. 债权人下落不明

债权人下落不明包括债权人不清、地址不详、债权人失踪又无代管人等情况。此处下落不明的程度,比《民法典》在宣告失踪和宣告死亡制度中的要求为宽松。

债权人下落不明使债务人无法履行,即使履行也达不到合同目的,故《民法典》允许债务人提存,以保护其合法权益(第570条第1款第2项)。

3. 债权人死亡或者丧失行为能力,又未确定继承人、遗产管理人或者监护人

在债权人死亡或者丧失行为能力,又未确定继承人、遗产管理人或者监护人的情况下,债务人失去给付受领人,或者即使履行也达不到合同目的,为使债务

[①] 参见王家福主编:《中国民法学·民法债权》,法律出版社1991年版,第208—209页。

人从这一困境中解脱出来，《民法典》允许提存（第570条第1款第3项）。

4. 法律规定的其他情形

《提存公证规则》第5条第2项规定，债权人不在债务履行地又不能到履行地受领的，债务人可以申请提存。当然，这是为实现担保目的所为的提存，与直接为清偿债务而实施的提存不同。

（三）提存的主体

提存的主体，又称提存的当事人，包括提存人、债权人或其继承人、遗产管理人、监护人、财产代管人（提存受领人）、提存部门。提存人，是指为履行清偿义务或者担保义务而向提存部门申请提存的人，是提存之债的债务人。因为提存是一种民事法律行为，所以需要提存人在提存时具有民事行为能力，并且此时所为的提存意思表示必须真实。提存受领人，是指提存之债的债权人或其继承人、遗产管理人、监护人、财产代管人。提存部门，《提存公证规则》规定为公证处（第2条），债务履行地的公证处办理提存公证（第4条第1款）。公证处应当指定银行设立提存账户，并置备保管有价证券、贵重物品的专用设备或租用银行的保险箱（《提存公证规则》第8条）。

（四）提存的标的

提存的标的，为债务人依约定应当交付的标的物。提存应依债务的本旨进行，否则不发生合同权利义务终止的效力。因此，债务人为提存时，不得将与合同内容不相符的标的物交付提存部门，换言之，提存标的必须与合同标的物相符。否则，就是违约，而非提存。《提存公证规则》规定，提存标的与债的标的不符或者在提存时难以判明两者是否相符的，公证处应告知提存人，如提存受领人因此原因拒绝受领提存标的物，则不能产生提存的效力。提存人仍要求提存的，公证处可以办理提存公证，并记载上述情况（第13条第2款）。

提存的标的物，以适于提存者为限。适于提存的标的物，包括：货币；有价证券、票据、提单、权利证书；贵重物品；担保物（金）或者其替代物；其他适于提存的标的物（《提存公证规则》第7条）。

标的物不适于提存或者提存费用过高的，债务人依法可以拍卖或者变卖标的物，提存所得的价款（《民法典》第570条第2款）。所谓不适于提存的标的物，例如，标的物为不动产的，在债权人受领迟延时，债务人可抛弃占有，且不动产在性质上也不适于提存，故不得作为提存的标的物。再如，水果、生鲜食品、爆炸物、化学品、药品等容易毁损、灭失，也不适于提存。所谓提存费用过高的标的物，例如，需要特殊设备存放的物品或者需要人工照顾的动物等。[①]

---

① 参见黄立：《民法债编总论》，中国政法大学出版社2002年版，第698—699页。

(五) 提存的方法

提存人应在交付提存标的物的同时,提交提存申请书。提存申请书上应载明提存人的姓名(名称),提存物的名称、种类、数量以及债权人的姓名、住址等基本内容。此外,提存人应提交债务证据,以证明其所提存之物确系所负债务的标的物;提存人还应提交债权人受领迟延或者下落不明等致使债务人无法履行的证据。如有法院或者仲裁机构的裁决书,也应一并提出。其目的在于证明其债务已符合提存要件,以便提存部门判定是否准予提存。

依据《提存公证规则》的相关规定,提存部门应当在收到申请之日起3日内作出受理或者不予受理的决定。不予受理的,提存部门应当告知申请人对不予受理不服的复议程序。提存部门通过审查确定提存人具有民事行为能力,意思表示真实,提存之债真实、合法,具备提存的原因,提存标的与债的标的相符,符合管辖规则时,应当准予提存。提存部门应当验收提存标的物并登记存档。对不能提交提存部门的标的物,提存部门应当派人到现场实地验收。验收时,提存申请人或者其代理人应当在场,提存部门的工作人员应制作验收笔录。验收笔录应当记录验收的时间、地点、方式、参加人员,物品的数量、种类、规格、价值以及存放地点、保管环境等内容。验收笔录应当交提存人核对。提存部门的工作人员、提存人等有关人员应当在验收笔录上签字。对难以验收的提存标的物,提存部门可予以证据保全,并在笔录和公证书中注明。经验收的提存标的物应采用封存、委托代管等必要的保管措施。对易腐烂、易燃、易爆等物品,提存部门应在保全证据后,由债务人拍卖或者变卖,提存其价款。

提存人应将提存事实及时通知提存受领人。以清偿为目的的提存或者提存人通知有困难的,提存部门应在适当时间内以书面形式通知提存受领人,告知其领取提存物的时间、期限、地点和方法。提存受领人不清或下落不明、地址不详无法送达通知的,提存部门应当以适时公告的方式通知。公告应刊登在国家或债权人在国内住所地的有关报刊上。

(六) 提存的效力

关于提存的效力,应分提存人(债务人)与提存受领人(债权人)之间、提存人与提存部门之间和提存受领人(债权人)与提存部门之间的效力三个方面。

1. 提存人(债务人)与提存受领人(债权人或其继承人、遗产管理人、监护人、财产代管人)之间的效力

提存货币的,以现金、支票交付提存部门的日期或者提存款划入提存账户的日期,为提存日期。提存的物品需要验收的,以提存部门验收合格的日期为提存日期。提存的有价证券、提单、权利证书或者无须验收的物品,以实际交付提存部门的日期为提存日期(参见《提存公证规则》第16条)。

自提存之日起,提存人(债务人)的债务归于消灭(《提存公证规则》第17条

后段),使提存受领人(债权人)的债权得到清偿,标的物所有权自受领人(债权人)表示受取或者径直请求交付时转移,标的物毁损、灭失的风险也转移归提存受领人(债权人)负担(《民法典》第573条前段)。

提存物在提存期间所产生的孳息归提存受领人(债权人)所有。提存人(债务人)取回提存物的,孳息归提存人(债务人)所有(《提存公证规则》第22条第1款)。

提存的标的物的收益,除用于维护费用外,剩余部分应当存入提存账户(《提存公证规则》第22条第4款)。

2. 提存人(债务人)与提存部门之间的效力

在符合提存条件的情况下,提存人(债务人)有权利请求提存部门办理提存业务,提存部门有义务为提存。

提存人(债务人)可以凭人民法院生效的判决、裁定或者提存之债已经清偿的公证证明取回提存物。提存受领人(债权人)以书面形式向提存部门表示抛弃提存受领权的,提存人(债务人)得取回提存物。提存人(债务人)取回提存物的,视为未提存。因此产生的费用由提存人(债务人)承担。提存人(债务人)未支付提存费用前,提存部门有权留置价值相当的提存标的(《提存公证规则》第26条)。

3. 提存受领人(债权人)与提存部门之间的效力

提存受领人(债权人)可以随时领取提存物,但提存受领人(债权人)对债务人负有到期债务的,在提存受领人(债权人)未履行债务或者提供担保之前,提存部门根据提存人(债务人)的要求应当拒绝其领取提存物(《民法典》第574条第1款)。债权人领取提存物的权利,自提存之日起5年内不行使而消灭,提存物扣除提存费用后归国家所有(《民法典》第574条第2款前段)。

提存受领人(债权人)领取提存标的物时,应提供身份证明、提存通知书或者公告,以及有关债权的证明,并承担因提存所支出的费用,除非当事人另有约定。提存受领人(债权人)负有对待给付义务的,应提供履行对待给付义务的证明。委托他人代领的,还应提供有效的授权委托书。由其继承人领取的,应当提交继承公证书或者其他有效的法律文书(《提存公证规则》第23条)。

提存期间,提存标的物毁损灭失的风险责任由提存受领人负担(《提存公证规则》第27条第2款前段)。

提存部门有保管提存标的物的权利和义务。提存部门应当采取适当的方法妥善保管提存标的物,以防毁损、变质或者灭失。因提存部门过错造成毁损、灭失的,提存部门负有赔偿责任(《提存公证规则》第27条第2款)。

对不宜保存的,提存受领人(债权人)到期不领取或者超过保管期限的提存物品,提存部门可以拍卖,保存其价款。下列物品的保管期限为6个月:(1)不适于长期保管或者长期保管将损害其价值的;(2) 6个月的保管费用超过物品价值5%的(《提存公证规则》第19条、第20条)。

提存的存款单、有价证券、奖券需要领息、承兑、领奖的,提存部门应当代为承兑或者领取,所获得的本金和孳息在不改变用途的前提下,按不损害提存受领人(债权人)利益的原则处理。无法按原用途使用的,应以货币形式存入提存账户。定期存款到期的,原则上按原来期限将本金和利息一并转存。股息红利除用于支付有关的费用外,剩余部分应当存入提存专用账户(《提存公证规则》第22条第2款、第3款)。

除当事人另有约定外,提存费用由提存受领人(债权人)负担(《民法典》第573条后段)。提存费用包括:提存公证费、公告费、邮电费、保管费、评估鉴定费、代管费、拍卖变卖费、保险费,以及为保管、处理、运输提存标的物所支出的其他费用。提存受领人(债权人)未支付提存费用前,提存部门有权留置价值相当的提存标的物(《提存公证规则》第25条第2款、第3款)。

提存部门不得挪用提存标的,提存部门及其工作人员挪用提存标的的,除应负担相应的责任外,对直接责任人员要追究行政或者刑事责任(参见《提存公证规则》第27条第1款)。

提存部门未按法定或者当事人约定条件给付提存标的给当事人造成损失的,提存部门负有连带赔偿责任(《提存公证规则》第27条第4款)。但应指出,此处连带赔偿责任的法理依据似乎存在问题。

符合法定或者当事人约定的给付条件,提存部门拒绝给付的,由其主管的司法行政机关责令限期给付;给当事人造成损失的,提存部门负有赔偿责任(参见《提存公证规则》第28条第1款)。

五、免除

(一)免除概说

免除,是指债权人抛弃债权,从而全部或者部分终止债的关系的单方行为。

免除仅依债权人表示免除债务的意思而发生效力,其原因如何,在所不问。所以,免除为无因行为。

虽然免除的原因可以是有偿的,也可以是无偿的,如有的为赠与,有的为对待给付,也有的为和解,但免除本身是无偿的。即使为使债权人免除债务而约定对待给付,也不因此而使免除具有有偿性。

免除的意思表示不需特定方式,无论以书面或者言词为之,或者以明示或者默示为之,均无不可。所以,免除为非要式行为。

免除为债权人处分债权的行为,因而需要债权人具有处分该债权的能力。无民事行为能力人或者限制民事行为能力人不得为免除行为,应由其法定代理人代为免除或者征得其同意。债权人若丧失处分权时,如受破产宣告,或者其债权被法院裁定扣押,或者为质权的标的,债权人均不得任意免除。①

(二) 免除的方法

免除应由债权人向债务人以意思表示为之。向第三人为免除的意思表示,不发生免除的法律效力。

免除的意思表示构成民事法律行为。因此,《民法典》关于民事法律行为的规定适用于免除。免除得由债权人的代理人为之。

关于免除是否可以附条件或者期限,存在争议。在我国台湾地区,免除为单独行为,通说认为,免除可以附停止条件、始期。例如,债务人于1年内结婚的,借款不需返还,为附停止条件的免除。如果约定债务于1个月后免除,则为附始期的免除。②

免除为单独行为,自向债务人或者其代理人表示后,即产生债务消灭的效果。因而,一旦债权人作出免除的意思表示,即不得撤回。

(三) 免除的效力

免除发生债务绝对消灭的效力。因免除使债权消灭,故债权的从权利,如利息债权、担保权等,也同时归于消灭。仅免除部分债务的,债的关系仅部分终止(《民法典》第575条)。

免除为处分行为,仅就各个债务成立免除。因合同所生的全部债务,如两个对立的债务,只有将它们一一免除时,才发生全部免除的效力,即合同关系消灭的效果。

将来之债的免除,可以视为附停止条件之债的免除,应该承认。只是不得抛弃的请求权的免除,不发生免除的效力,例如,法定抚养请求权的债权人,不得免除债务人将来的债务。③

免除不得损害第三人的合法权益。例如,已就债权设定质权的债权人不得免除债务人的债务,而以之对抗质权人。

保证债务的免除不影响被担保债务的存在,被担保债务的免除则使保证债务消灭。这是由主从关系所决定的。

在债务被全部免除的情况下,有债权证书的,债务人可以请求返还债权证书。

---

① 参见黄立:《民法债编总论》,中国政法大学出版社2002年版,第721页。
② 参见同上。
③ 参见同上书,第722页。

六、混同

(一) 混同的概念

混同,是指债权和债务同归一人,原则上致使债的关系消灭的事实。债权人与债务人系处于对立状态,法律乃在于规范此类对立的主体之间的财产关系,债权因混同而消灭,并非逻辑的必然,仅仅是在通常情况下,处于这种状态下的债权继续存续,已经没有法律上的需要,法律规定它因混同而消灭,效果更佳。[①]

(二) 混同的成立

债权债务的混同,由债权或者债务的承受而产生。其承受包括概括承受与特定承受两种。

概括承受是发生混同的主要原因,例如债权人继承债务人的财产、债务人继承债权人的财产、企业合并、营业的概括承受等。在企业合并场合,合并前的两个企业之间有债权债务时,企业合并后,债权债务因同归一个企业而消灭。

特定承受,系指债务人自债权人处受让债权或者债权人承担债务人的债务时发生的混同。

(三) 混同的效力

概括承受使合同关系及其他债之关系绝对地消灭。在特定承受的情况下,狭义债的关系消灭,未让与的债权和与之相对应的债务继续存在,未转让的债务和与之相对应的债权亦然。债权的消灭,也使从权利如利息债权、违约金债权、担保权等归于消灭。

债权系他人权利的标的时,从保护第三人的合法权益出发,债权不消灭。例如,债权为他人质权的标的,为了保护质权人的利益,不使债权因混同而消灭。因为质权人对于第三债务人有直接收取权,尤其在入质债权附有担保权时,质权人就债权的继续存在享有更大的利益。《民法典》第 576 条规定,混同损害第三人利益的,债权债务不终止。

法律为贯彻债权的流通性,可以设有例外规定,在债权债务归于一人时,不发生混同的效力。例如,票据法为促进票据的流转,规定票据债权人、债务人为一人的,债不消灭,票据在到期前仍可以转让。

[①] 参见黄立:《民法债编总论》,中国政法大学出版社 2002 年版,第 723 页。

第二分编 债权分论

第二十二章 合同概述

第一节 合同的概念与特征

一、合同的概念

合同的含义十分广泛,例如有劳动法上的合同、行政法上的合同、民法上的合同等。民法上的合同也多种多样,例如有物权合同、债权合同、身份合同等。《民法典》规定的合同,是民事主体之间设立、变更、终止民事法律关系的协议(《民法典》第464条第1款)。

在民法及其学说史上,曾有合同和契约的区别。有一种观点认为,前者为当事人的目的相同,意思表示的方向也一致的共同行为;后者系当事人双方的目的对立,意思表示的方向相反的法律行为。我国现行法已不再作这样的区分,把二者均称作合同。

二、合同的特征

合同具有如下法律特征:

其一,合同是一种民事法律行为。合同以意思表示为要素,并且按意思表示的内容赋予法律效果,故为民事法律行为,而非事实行为。

其二,合同是两方以上当事人的意思表示一致的民事法律行为。合同的成立必须有两方以上的当事人,他们相互为意思表示,并且意思表示相一致。这是合同区别于单方民事法律行为的重要标志。

其三,合同是以设立、变更、终止民事权利义务关系为目的的民事法律行为。任何民事法律行为均有目的性,合同的目的性在于设立、变更、终止民事权利义务关系。所谓设立民事权利义务关系,是指当事人依法成立合同后,便在他们之间产生民事权利义务关系。所谓变更民事权利义务关系,是指当事人依法成立合同后,便使他们之间原有的民事权利义务关系发生变化,形成新的关系。所谓终止民事权利义务关系,是指当事人依法成立合同后,便使他们之间既有的民事权利义务关系归于消灭。

其四,合同是当事人各方在平等、自愿的基础上实施的民事法律行为。在民法上,当事人各方在订立合同时的法律地位是平等的,所作的意思表示是自主自愿的。当然,在现代法上,为实践合同正义,自愿或曰自由受到一定的限制,如强制缔约、定式合同、劳动合同的社会化等,为其著例。

第二节 合同的分类

一、双务合同与单务合同

以给付义务是否由双方当事人互负为标准,合同分为双务合同与单务合同。双务合同,是双方当事人互负对待给付义务的合同,即一方当事人之所以负给付义务,在于取得对待给付。买卖、租赁、承揽等合同均属此类。

单务合同,是仅有一方当事人负给付义务的合同。赠与、借用等合同为其代表。一方当事人虽不负对待给付义务,但承担一定义务的(如附义务的赠与),亦为单务合同。

区分双务合同与单务合同的法律意义在于:其一,双务合同适用同时履行抗辩、先履行抗辩和不安抗辩,而单务合同则否。其二,双务合同因不可归责于双方当事人的原因而不能履行时,发生风险负担问题。而在单务合同中,因不可归责于双方当事人的原因而不能履行时,风险一律由债务人负担,不发生双务合同中的复杂问题。其三,在双务合同中,当事人一方违约时,另一方若已履行合同,则可以请求强制违约方实际履行或者承担其他违约责任,条件具备时还可以解除合同;解除合同并溯及既往时,另一方有权请求违约方返还受领的给付。而单务合同在某些立法例上不适用解除制度,在我国虽然适用解除制度,但主要适用于《民法典》第563条第1款第1项规定的情形,适用违约解除制度的情形极为罕见,即使因违约而解除,也不发生违约方返还受领给付的后果,只能是守约方负担返还义务。

二、有偿合同与无偿合同

以当事人取得权益是否须付相应代价为标准,合同分为有偿合同与无偿合同。

有偿合同,是指当事人一方享有合同规定的权益,须向对方当事人偿付相应代价的合同。买卖、租赁、保险等合同是其典型。

无偿合同,是指当事人一方享有合同规定的权益,不必向对方当事人偿付相应代价的合同。赠与、借用等合同为其代表。

有偿合同与无偿合同的划分,同双务合同与单务合同的划分,并非完全等同。一般来说,双务合同是有偿合同;单务合同大多为无偿合同,也有有偿合同。对此,以借款合同为例加以说明。金融机构作为贷款人的借款合同,按照《民法典》第667条以下的规定,为诺成性合同,于是,贷款人负有交付借款的义务,借款人负有返还本息的义务,构成双务合同;同时,因借款人须向贷款人偿付利息,此类合同又是有偿合同。但是,如果此类合同中,当事人约定贷款人交付借款为合同的成立要件,那么,该借款合同虽然仍为有偿合同,却是单务合同。

区分有偿合同与无偿合同的法律意义在于:其一,责任的轻重不同。在无偿合同中,债务人所负的注意义务程度较低;在有偿合同中,则较高。例如,保管人因其一般过失致保管物毁损灭失,若为有偿保管,就应全部赔偿;若为无偿保管,则宜酌情减轻,保管人证明自己没有故意或者重大过失的,不承担赔偿责任(《民法典》第897条)。其二,主体要求不同。订立有偿合同的当事人原则上应为完全民事行为能力人,限制民事行为能力人非经其法定代理人同意不得订立重大的有偿合同。对纯获利益的无偿合同,如接受赠与等,限制民事行为能力人和无民事行为能力人即使未取得法定代理人的同意,也可以订立;但在负返还原物义务的无偿合同中,仍然须取得法定代理人的同意。其三,可否行使撤销权不同。如果债务人将其财产无偿转让给第三人,严重减少债务人的责任财产,害及债权人的债权,债权人可以直接请求撤销该无偿行为。但对于以明显不合理的低价转让财产、以明显不合理的高价受让他人财产,或者为他人的债务提供担保的行为,只有在债务人及其第三人在实施交易行为时有加害于债权人的恶意时,债权人方可行使撤销权(《民法典》第539条)。其四,有无返还义务不同。一种学说认为,如果无权处分人通过有偿合同将财物转让给第三人,第三人若为善意时,一般不负返还原物的义务;若通过无偿合同将财物转让给第三人,在原物存在时,第三人负返还原物的义务。

三、诺成性合同与实践性合同

以合同的成立是否须交付标的物或者完成其他给付为标准,合同分为诺成性合同与实践性合同。

诺成性合同,是指当事人各方的意思表示一致即成立的合同。实践性合同,又称要物合同,是指除双方当事人的意思表示一致以外,尚需交付标的物或者完成其他给付才能成立的合同。

在传统民法中,借用、借贷、保管、运送、赠与等属于实践性合同。随着现代经济生活的发展,尤其是银行业、运输业的发展,若仍坚持在双方当事人达成合意之外还需以物之交付为合同成立要件,则不利于保障营业者一方的利益。因而赠与合同、信贷合同中的银行借款合同和运送合同中的铁路、航空等客运、货运合同,在我国合同法上均已脱离实践性合同的范围,而成为诺成性合同。但保管合同等仍为实践性合同(《民法典》第890条)。

区分诺成性合同与实践性合同的法律意义在于,二者成立的要件与当事人义务的确定不同。所谓合同成立的要件不同,是指诺成性合同仅以合意为成立要件,而实践性合同以合意和交付标的物或者完成其他给付为成立要件。所谓当事人义务的确定不同,是指在诺成性合同中,交付标的物或者完成其他给付系当事人的给付义务,违反该义务便产生违约责任;而在实践性合同中,交付标的物或者完成其他给付,不是当事人的给付义务,只是先合同义务,违反它不产生违约责任,可构成缔约过失责任。

四、要式合同与不要式合同

见本书第八章第一节中的"要式行为与不要式行为"。

五、为订约人自己利益订立的合同与为第三人利益订立的合同

以是否为订约人自己的利益订立合同为标准,合同分为为订约人自己利益订立的合同与为第三人利益订立的合同。

为订约人自己利益订立的合同,是指合同当事人为自己约定并享受利益,第三人与合同当事人之间不得主张合同权利和追究合同责任的合同。

为第三人利益订立的合同,是指当事人为第三人设定了合同权利,由第三人取得利益的合同。它具有如下特征:(1) 第三人不是缔约人;(2) 合同只能为第三人设定权利,而不得约定义务;(3) 合同生效后,第三人可以接受该合同权利,也可以拒绝接受该项权利。

第三人基于为第三人利益的合同请求债务人向自己履行债务的,人民法院应予支持;请求行使撤销权、解除权等民事权利的,人民法院不予支持,但是法律另有规定的除外。合同依法被撤销或者被解除,债务人请求债权人返还财产的,人民法院应予支持。债务人按照约定向第三人履行债务,第三人拒绝受领,债权人请求债务人向自己履行债务的,人民法院应予支持,但是债务人已经采取提存等方式消灭债务的除外。第三人拒绝受领或者受领迟延,债务人请求债权人赔偿因此造成的损失的,人民法院依法予以支持(《合同编通则解释》第29条)。

这种分类的法律意义在于:一是明确缔约目的不同,二是合同的效力范围不同。

六、实定合同与射幸合同

以合同的效果在缔约时是否确定为标准,合同分为实定合同与射幸合同。

实定合同,是指合同的法律效果在缔约时已经确定的合同。绝大多数合同都是实定合同。射幸合同,是指合同的法律效果在缔约时不能确定的合同,保险合同、彩票合同均属此类。

区分实定合同与射幸合同的法律意义在于,实定合同一般要求等价有偿,若不等价则可能被撤销乃至无效。射幸合同一般不能从等价与否的角度来衡量合同是否公平。

七、本约与预约

预约,是指当事人约定在将来一定期限内订立合同的认购书、订购书、预订书等内容的合意(《民法典》第495条第1款)。当事人为担保在将来一定期限内订立合同交付了定金,能够确定将来所要订立合同的主体、标的等内容的约定,构成预约。不过,当事人通过签订意向书或者备忘录等方式,仅表达交易的意向,未约定在将来一定期限内订立合同,或者虽然有约定但是难以确定将来所要订立合同的主体、标的等内容的,不构成预约(《合同编通则解释》第6条第1款、第2款)。

应予重视并有必要辨析的是《合同编通则解释》第6条第3款的规定。它体现的精神之一是,认定一份文件所载的合意究为预约抑或本约,应当以意思表示的实质内容为准,而不可一律望文生义,不得一见认购书等文本名称就将之认定为预约;只要名为认购书等文本所载内容具备了本约的成立要件,即使没有明确约定将于未来订立本约,也应以本约论。它体现的精神之二是,认购书等文本中约定有将要订立本约的内容,实际上却未订立,但其已经含有本约的成立要件,并且当事人一方已实施履行行为且被对方接受的,本约成立。该条款所谓"当事人一方已实施履行行为且对方接受的,人民法院应当认定本约合同成立",不完全相同于《民法典》第490条规定的"一方已经履行主要义务,对方接受时,该合同成立",因为《民法典》第490条要求"已经履行主要义务",而《合同编通则解释》第6条第3款要求的门槛低,"已实施履行行为"足矣,不必是"已实施履行主要义务的行为"。

预约的债务人有订立本约的义务,违反预约不订立本约的,应承担违约责任(《民法典》第495条第2款)。当事人有约定的,按照约定;没有约定的,应当综合考虑预约合同在内容上的完备程度以及订立本约合同的条件的成就程度等因素酌定损害赔偿数额(《合同编通则解释》第8条第2款)。当事人一方在磋商订立本约合同时是否违背诚信原则,应当综合考虑该当事人在磋商时提出的条件是否明显背离预约合同约定的内容以及是否已尽合理努力进行协商等因素,加以认定(《合同编通则解释》第7条第2款)。①

---

① 较为详细的辨析和阐释,请见崔建远:《合同解释与合同订立之司法解释及其评论》,载《中国法律评论》2023年第6期。

八、有名合同与无名合同

以法律是否设有规范并赋予一个特定名称为标准,合同分为有名合同与无名合同。

有名合同,又称典型合同,是指法律设有规范,并赋予一定名称的合同。《民法典》规定的买卖、借款、租赁等合同均为有名合同。无名合同,又称非典型合同,是指法律尚未特别规定,亦未赋予一定名称的合同。

合同法奉行合同自由原则,在不违反社会公德和社会公共利益以及强制性规范的前提下,允许当事人订立任何内容的合同。这就是合同类型自由原则。据此,当事人订立法律未规定的非典型合同系自然之事。何况社会在不断发展变化,交易活动日益复杂,当事人不得不在法定合同类型之外,另创新形态的合同,以满足不同需要。但这并不意味着典型合同无存在的必要。因为:其一,当事人往往不是法律家,所拟合同不周全、未达利益平衡系常有之事,而典型合同规范是立法者就实际存在的具有成熟性和典型性的交易形式,斟酌当事人的利益状态和各种冲突的可能性,以主给付义务为出发点所作的规定,一般都体现公平正义,符合当事人的利益。以典型合同规范补充当事人约定的疏漏,使合同内容臻于完备,十分必要。其二,典型合同规范中可设有强制性规范,在当事人的约定损害社会公共利益、国家利益,或者使当事人之间的利益状态严重失衡时,可以用该强制性规范矫正,从而保护社会公共利益、国家利益以及当事人的合法权益。正因为如此,在合同类型自由的原则下规定典型合同,仍有必要。非典型合同产生以后,经过一定的发展阶段,具有成熟性和典型性时,合同立法应适时地规范,使之成为典型合同。从这种意义上说,合同法的历史是非典型合同不断地变成典型合同的过程。

非典型合同的主要难题,在于当事人的意思不完备时如何适用法律。首先须强调的是,《民法典》关于民事法律行为的规定和"第三编 合同"之"第一分编 通则",对非典型合同均有适用余地;其次应说明的是,不同类型的非典型合同,适用法律的规则不同。其中有的参照《民法典》"第三编 合同"之"第二分编 典型合同"或者其他法律最相类似的规定(《民法典》第 467 条),即类推适用,有的则采用结合说或者吸收说,等等。具体可分为以下情况:

其一,纯粹非典型合同的法律适用。所谓纯粹非典型合同,是指以法律全无规定的事项为内容,即其内容不符合任何典型合同要件的合同。广告使用他人肖像或者姓名的合同,属于此类。其法律关系应依合同约定、诚实信用原则,并斟酌交易惯例加以确定。

其二,合同联立的法律适用。所谓合同联立,是指数个合同具有互相结合的关系。一种情况是单纯外观的结合,即数个独立的合同仅因缔约行为而结合,相互之间不具有依存关系。于此场合，应分别适用各自的合同规范。如甲在某景点旅游，相机发生故障，送乙处维修，同时为不耽误游览，向乙另租相机一部使用。关于相机的修理，适用承揽合同的规则；关于相机的租赁，适用租赁合同的规则。另一种情况是依当事人的意思，一个合同的效力或者存在依存于另一个合同的效力或者存在。如某造纸公司向某家具制造公司出租自己的部分厂房，并收购后者的下脚料，作为造纸原料。二公司间的租赁合同、买卖合同存在依存关系。各个合同是否有效成立需分别判断，但在效力上，一合同不成立、无效、撤销或者解除时，另一合同应同其命运。

其三，混合合同的法律适用。所谓混合合同，是指由数个合同的部分而构成的合同。它在性质上属于一个合同，有四种类型：(1) 典型合同附有其他种类的从给付，即双方当事人所提出的给付符合典型合同特征，但一方当事人尚附带负有其他种类的从给付义务。例如，甲商店向乙酒厂购买散装酒，约定使用后返还酒桶，属于买卖合同附带借用合同的构成部分类型。对此，原则上仅适用主要部分的合同规范，非主要部分被主要部分吸收。(2) 类型结合合同，即一方当事人所负的数个给付义务属于不同的合同类型，彼此间居于同值的地位，而对方当事人仅负单一的对待给付或者不负任何对待给付的合同。例如，甲律师事务所与乙饭店订立"包租"10个房间的合同，乙负有提供办公房间、午餐、清扫房间等义务，甲负有支付一定对价的义务。其中乙的给付义务分别属于租赁、买卖、雇佣诸典型合同的构成部分。对此，应分解各构成部分，分别适用各部分的典型合同规范，并依当事人可推知的意思调和其歧异。(3) 二重典型合同，即双方当事人互负的给付义务分属于不同的合同类型的合同。例如，甲担任乙所有的大厦的管理员，乙为其免费提供住房。其中，甲的给付义务为雇佣合同的组成部分，乙的给付义务归属于借用合同。对此，应分别适用各个典型合同的规定。(4) 类型融合合同，即一个合同中所含构成部分同时属于不同的合同类型的合同。例如，甲以半赠与的意思，将其价值50万元的图书以25万元的价款出售给乙图书馆。甲的给付同时属于买卖和赠与。对此，原则上适用两种典型合同规范：关于物的瑕疵，依买卖合同的规定；关于乙的不当行为则按赠与的规定处理。

第二十三章 合同的订立

第一节 合同订立的程序

一、合同订立的概念

合同的订立,是指缔约人为意思表示并达成合意的状态。它描述的是缔约各方自接触、洽商直至达成合意的过程,是动态行为与静态协议的统一体。该动态行为包括缔约各方的接触和洽商,由要约邀请、要约、反要约诸制度规范和约束,产生先合同义务及缔约过失责任。静态协议是指达成合意,合同条款至少是合同的主要条款已经确定,各方享有的权利义务得以固定,其中,承诺、合同成立要件和合同条款等制度发挥作用。

合同的订立是当事人的意志的结果,是否发生法律效力取决于法律的评价,若法律认可这种合意,合同就生效。可见,合同的订立也不同于合同的生效。

二、合同订立的一般程序

(一)要约

1. 要约的概念

要约,是一方当事人以缔结合同为目的,向对方当事人提出合同条件,希望对方当事人接受的意思表示。在商业活动及对外贸易中,要约常被称作发价、发盘、出盘、报价等。

2. 要约的要件

要约须具备以下条件:

(1)要约必须是特定人所为的意思表示。要约是要约人(发出要约之人)向相对人(受要约人或称受约人)所作出的含有合同条件的意思表示,旨在得到受约人的承诺并成立合同,只有要约人是特定的人,受要约人才能对之承诺。因此,要约人必须是特定人。所谓特定人,是指能为外界客观确定的人。自动售货机之所以可视为一种要约,原因就在于自动售货机的设置,必为特定的人所为。

(2)要约必须向相对人发生。要约必须经过相对人的承诺才能成立合同,因此,要约必须是要约人向相对人发出的意思表示。相对人一般为特定的人,但在特殊情况下,对不特定的人作出又无碍要约所达目的时,相对人亦可为不特定人。

(3) 要约必须具有缔结合同的目的。要约必须以缔结合同为目的(《民法典》第 472 条),凡不是以缔结合同为目的的行为,例如邀请参加典礼的请柬,尽管表达了当事人的真实意愿,也不是要约。是否以缔结合同为目的,是要约与要约邀请的主要区别。要约邀请,又称要约引诱,是指一方当事人邀请对方当事人向自己发出要约(《民法典》第 473 条第 1 款)。其目的不是订立合同,而是邀请对方当事人向其为要约的意思表示。所以,要约邀请只是当事人订立合同的预备行为,其本身并不发生法律效果。《民法典》第 473 条规定,拍卖公告、招标公告、招股说明书、债券募集办法、基金招募说明书、商业广告和宣传、寄送的价目表等均为要约邀请(第 1 款)。但商业广告和宣传的内容符合要约条件的,构成要约(第 2 款)。投标、拍卖、自动售货机等则一般为要约。《商品房买卖合同纠纷解释》第 3 条规定,房地产开发企业所作的商品房销售广告和宣传材料,就商品房开发规划范围内的房屋及相关设施所作的说明和允诺具体确定,并对商品房买卖合同的订立以及房屋价格的确定有重大影响的,应当视为要约。该说明和允诺即使未载入商品房买卖合同,亦应当视为合同内容,当事人违反的,应当承担违约责任。对商品标价陈列,瑞士等国家的法律认为是要约,英美普通法认为是要约邀请。我国合同法理论赞成前一种观点。对未经定购而邮寄或者投递商品,一种观点认为系现物要约①,另一种意见则主张为要约邀请②。

(4) 要约的内容必须具体确定和完整。要约的内容必须具体确定(《民法典》第 472 条第 1 项),是指要约的内容必须明确,而非含糊不清。不如此,受约人便不能了解要约的真实含义,难以承诺。要约的内容必须完整,是指要约的内容必须具有合同的条件,至少是主要条件,得因受要约人的承诺而使合同成立。这一要件也是要约区别于要约邀请的主要之点,因为要约邀请不具有合同的全部条件。

(5) 要约必须表明要约人在得到承诺时即受其约束的意旨,也就是说,要约人必须向受要约人表明,要约一经受要约人同意,合同即告成立,要约人就要受到约束(《民法典》第 472 条第 2 项)。

3. 要约的法律效力

要约的法律效力,又称要约的拘束力,是指要约的生效及对要约人、受要约人的拘束力。它包含如下内容:

(1) 要约生效的时间。要约到达受约人时生效。以对话方式作出的意思表示,受要约人知道其内容时生效。以非对话方式作出的意思表示,到达受要约人时生效。以非对话方式作出的采用数据电文形式的意思表示,受要约人指定特

---

① 参见王泽鉴:《民法债编总论·基本理论·债之发生》(总第 1 册),台湾三民书局 1994 年版,第 124 页。

② 参见王利明、崔建远:《合同法新论·总则》,中国政法大学出版社 1996 年版,第 157 页。

定系统接收数据电文的,该数据电文进入该特定系统时生效;未指定特定系统的,受要约人知道或者应当知道该数据电文进入其系统时生效。当事人对采用数据电文形式的意思表示的生效时间另有约定的,按照其约定(《民法典》第474条、第137条)。

(2) 要约对要约人的拘束力。要约对要约人的拘束力,是指要约一经生效,要约人即受到要约的拘束,不得撤回、随意撤销或者对要约加以限制、变更和扩张。法律赋予要约这种效力,目的在于保护受要约人的合法权益,维护交易安全。

(3) 要约对受要约人的拘束力。要约对受要约人的拘束力,是指受要约人在要约生效时即取得承诺的权利,或者说取得依其承诺而成立合同的法律地位。正因为这是一种权利,所以受要约人可以承诺,也可以不予承诺。正因为这是一种法律地位,所以它不能作为继承的标的[①],也不得随意转让。应该指出,在强制缔约的情况下,承诺也是一种法定义务。

(4) 要约的存续期间。要约的存续期间,是指要约发生法律效力的期间,亦即受要约人得以承诺的期间,简称为承诺期间。它分为定有存续期间和未定有存续期间两种情形;要约人在要约中定有存续期间的,受要约人须在此期间内承诺,才对要约人有拘束力。要约未定有存续期间的,在对话人之间,只有受要约人立即承诺才对要约人有拘束力;在非对话人之间,依通常情形能够收到承诺所需的合理期间即为承诺期间。所谓合理期间,通常考虑以下因素加以确定:要约到达受要约人所必需的时间、受要约人考虑是否承诺所必需的时间、承诺发出到达要约人所必需的时间。只有在合理期间承诺,才对要约人有拘束力。

4. 要约的撤回和撤销

要约的撤回,是指在要约生效之前,要约人使要约不发生法律效力的行为。为了尊重要约人的意志和保护要约人的利益,只要要约撤回的通知先于或者同时与要约到达受要约人,就可产生撤回的效力(《民法典》第475条、第141条),这也不损害受要约人的利益。要约的撤销,是指要约人在要约生效以后,将该项要约取消,使要约的法律效力归于消灭的意思表示。因要约的撤销往往不利于受要约人,所以只有在符合一定条件时才被允许。《民法典》第477条规定,撤销要约的意思表示以对话方式作出的,该意思表示的内容应当在受要约人作出承诺之前为受要约人所知道;撤销要约的意思表示以非对话方式作出的,应当在受要约人作出承诺之前到达受要约人。依《民法典》第476条的规定,在下列情况下,要约不得撤销:(1) 要约人以确定承诺期限或者其他形式明示要约不可撤

[①] 有反对意见,见 Schluter,Erbrecht,12 Aufl. 1986,S. 36. 转引自郑玉波:《民法债编总论》,台湾三民书局1962年版,第51页。

销;(2)受要约人有理由认为要约是不可撤销的,并已经为履行合同做了合理准备工作。

5. 要约的失效

要约的失效指要约丧失其法律效力,要约人和受要约人均不再受其约束。要约失效的原因主要有以下几种:

(1) 要约存续期间(承诺期间)届满。要约中规定了承诺期间,受要约人未于此期间承诺的,该期间届满时要约即失去效力(《民法典》第478条第3项)。要约中未规定承诺期间,要约以对话方式作出的,受要约人未立即承诺,要约即失去效力;要约以非对话方式作出的,依通常情况在合理期间内未收到承诺时,要约即失去效力。

(2) 受要约人拒绝要约(《民法典》第478条第1项)。拒绝要约,是指受要约人没有接受要约所定条件,属单方行为。其方式可以是明确表示拒绝,也可以在承诺期间不作答复而拒绝。

要约因拒绝而消灭,一般发生于要约向特定人发出的场合。对不特定人发出的要约,如商品标价陈列出售,并不因特定的人表示拒绝而归于消灭。

(3) 要约人依法撤销要约(《民法典》第478条第2项)。

(4) 对要约的实质性变更。承诺对要约的内容作出实质性变更的,视为新要约(《民法典》第478条第4项)。

(5) 要约人或者受要约人死亡。如果未来的合同需要由要约人或者受要约人本人履行,要约人或者受要约人死亡,就使要约消灭;反之,不影响要约的法律效力。在要约人或者受要约人为法人时,只要法人终止,要约便随之失去效力。

(二) 承诺

1. 承诺的概念

承诺,是受要约人作出的同意要约以成立合同的意思表示(《民法典》第479条)。在商业交易中,承诺又称为接盘。

2. 承诺的要件

承诺须具备以下要件:

(1) 承诺必须由受要约人作出。要约和承诺是一种相对人的行为,只有受要约人享有承诺的资格,因此,承诺须由受要约人作出。受要约人为特定人时,承诺由该特定人作出;受要约人为不特定人时,承诺由该不特定人中的任何人作出。受要约人的代理人可代为承诺。受要约人以外的第三人即使知晓要约内容并作出同意的意思表示,也不以承诺论。

(2) 承诺必须向要约人作出。受要约人承诺的目的在于同要约人订立合同,故承诺只有向要约人作出才有意义。向要约人的代理人作出承诺的,有同样的意义。在要约人死亡,合同不需要要约人亲自履行的情况下,受要约人可以向要约人的继承人作出承诺。

(3) 承诺的内容应当与要约内容一致。承诺是受要约人愿意按照要约的内容与要约人订立合同的意思表示，所以欲取得成立合同的法律效果，承诺就必须在内容上与要约的内容一致。如果受要约人在承诺中对要约的内容加以扩张、限制或者变更，便不构成承诺，应视为对要约拒绝而构成反要约。

随着交易的发展，要求承诺与要约内容绝对一致，确实不利于鼓励交易，于是立法开始采取灵活的态度。依《民法典》第489条的规定，承诺对要约的内容作出非实质性变更的，除要约人及时表示反对或者要约表明承诺不得对要约的内容作出任何变更外，该承诺有效，合同的内容以承诺的内容为准。

关于是否构成实质性变更的判断，难以抽象确定，必须视每一交易的具体情况而定。有关合同标的、数量、质量、价款或者报酬、履行期限、履行地点和方式、违约责任和解决争议方法等的变更，构成对要约的实质性变更(《民法典》第488条)。

(4) 承诺必须在要约确定的期限内到达要约人。要约没有确定承诺期限的，承诺应当依照下列规定到达：① 要约以对话方式作出的，应当即时作出承诺；② 要约以非对话方式作出的，承诺应当在合理期限内到达(《民法典》第481条)。受要约人超过承诺期限发出承诺，或者在承诺期限内发出承诺，按照通常情形不能及时到达要约人的，为新要约；但是，要约人及时通知受要约人该承诺有效的除外(《民法典》第486条)。受要约人在承诺期限内发出承诺，按照通常情形能够及时到达要约人，但是因其他原因致使承诺到达要约人时超过承诺期限，除要约人及时通知受要约人因承诺超过期限不接受该承诺外，该承诺有效(《民法典》第487条)。该承诺迟到的通知，属于一种事实通知，以要约人将迟到的事实通知承诺人即足够，并且依发送而生效力，不到达的风险由承诺人负担。如甲向乙为要约，乙的承诺发生特殊的迟到。甲不依法向乙为承诺迟到的通知的，合同成立；甲向乙发送承诺迟到的通知，但因传达故障乙并未收到的，合同不成立。所谓及时发出，指依善良管理人的注意，在情事所允许的范围内，不迟延而为发送。在承诺使用快速的传达工具时，承诺迟到的通知原则上亦须使用相当的通知方法。承诺迟到的通知义务，不是法律上真正的义务，而是非真正义务，违反它不产生损害赔偿责任。

承诺应当以通知的方式作出，但根据交易习惯或者要约表明可以通过行为作出承诺的除外(《民法典》第484条)。这里所说的行为，通常是指履行行为，如预付价款、装运货物或者在工地上开工等。

3. 承诺的效力

承诺通知到达要约人时生效。以对话方式作出的意思表示，要约人知道其内容时生效。以非对话方式作出的意思表示，承诺到达要约人时生效。以非对话方式作出的采用数据电文形式的意思表示,要约人指定特定系统接收数据电文的,该数据电文进入该特定系统时生效;未指定特定系统的,要约人知道或者应当知道该数据电文进入其系统时生效。当事人对采用数据电文形式的意思表示的生效时间另有约定的,按照其约定(《民法典》第484条、第137条)。承诺不需要通知的,根据交易习惯或者要约的要求作出承诺的行为时生效(《民法典》第484条第2款)。所谓根据交易习惯,如旅馆之订房间、餐厅之订酒席,承诺即不需通知,而以行为作出;自动售货机之售货,是依事情性质决定承诺不需通知。所谓根据要约的要求,如甲向乙紧急订货,通知即刻发货,就是要求承诺以行为作出。

承诺生效,在诺成性合同场合使合同成立(《民法典》第483条);在实践性合同场合,若交付标的物先于承诺生效,同样使合同成立,若交付标的物后于承诺生效,则合同自交付标的物时成立;在以登记、公证、鉴证、审批为生效要件的合同场合,承诺生效亦为合同成立的时间。正因为承诺生效在合同法中具有如此重要的意义,所以确定承诺生效的时间便成为各国立法十分重视的问题。

4. 承诺的撤回与迟到

承诺的撤回,是承诺人阻止承诺发生法律效力的行为。撤回的通知必须先于或者同时与承诺到达要约人,才发生阻止承诺生效的效力。撤回的通知如果迟于承诺到达要约人,因承诺已经生效,则不发生承诺撤回的效果(《民法典》第485条、第141条)。

三、几种特殊的合同订立方式

(一) 广告

以广告方式订立合同的,其广告多指悬赏广告。所谓悬赏广告,是指以广告的方式公开表示对于完成一定行为之人,给予报酬。对于悬赏广告的性质,有不同的观点。一种观点为单方民事法律行为说,另一种观点为合同说。按照合同说,它属于要约;完成悬赏广告指定行为则属于承诺,合同成立。本书认为,普通广告在性质上为要约邀请,对方当事人即使回应也属于要约,在这一阶段,尚无合同的订立。但商品广告的内容符合要约条件的,视为要约,对方的同意为承诺,合同成立。

(二) 招标投标

招标投标,是由招标人向数人或者公众发出招标通知或者公告,在诸多投标人中选择自己最满意者并与之订立合同的方式。按照《招标投标法》的规定,在我国境内进行下列工程建设项目,包括项目的勘察、设计、施工、监理以及与工程建设有关的重要设备、材料等的采购,必须进行招标:(1) 大型基础设施、公益事业等关系社会公共利益、公众安全的项目;(2) 全部或者部分使用国有资金或者国家融资的项目;(3)使用国际组织或者外国政府贷款、援助资金的项目(第3条第1款)。招标投标包括招标阶段、投标阶段、开标、评标、定标阶段。中标通知书到达中标人时合同成立。合同成立后,当事人拒绝签订书面合同的,人民法院应当依据招标文件、投标文件和中标通知书等确定合同内容(《合同编通则解释》第4条第1款)。

(三)拍卖

拍卖,是指以公开竞价的形式,将特定物品或者财产权利转让给最高应价者的买卖方式。拍卖必须有拍卖标的,该标的应当是委托人所有或者依法可以处分的物品或者财产权利。依照法律或者按照国务院规定需经审批才能转让的物品或者财产权利,在拍卖前,应当依法办理审批手续。委托拍卖的文物,在拍卖前,应当经拍卖人住所地的文物行政管理部门依法鉴定、许可(《拍卖法》第3条、第6条、第8条)。

拍卖当事人包括拍卖人、委托人、竞买人和买受人。拍卖人是指依照《拍卖法》和《公司法》设立的从事拍卖活动的企业法人。企业取得从事拍卖业务的许可必须经所在地的省、自治区、直辖市人民政府负责管理拍卖业的部门审核批准(《拍卖法》第11条)。委托人是指委托拍卖人拍卖物品或者财产权利的公民、法人或者其他组织。买受人是指以最高应价购得拍卖标的的竞买人。

采取现场拍卖方式订立合同的,合同自拍卖师落槌时成立。合同成立后,当事人拒绝签订成交确认书的,人民法院应当依据拍卖公告、竞买人的报价等确定合同内容(《合同编通则解释》第4条第2款)。

采取网络拍卖的方式订立合同,合同自电子交易系统确认成交时成立。合同成立后,当事人拒绝签订成交确认书的,人民法院应当依据拍卖公告、竞买人的报价等确定合同内容(《合同编通则解释》第4条第2款)。

产权交易所等机构主持拍卖、挂牌交易,其公布的拍卖公告、交易规则等文件公开确定了合同成立需要具备的条件的,合同自该条件具备时成立(《合同编通则解释》第4条第3款)。

(四)强制缔约

强制缔约,是指个人或者企业负有应对方的请求与其订立合同的义务,换句话说,是指对对方的要约非有正当理由不得拒绝承诺。强制缔约仍采用要约和承诺的程序,只是一方当事人负有必须承诺的义务。

国家根据抢险救灾、疫情防控或者其他需要下达国家订货任务、指令性任务的,有关民事主体之间应当依照有关法律、行政法规规定的权利和义务订立合同。依照法律、行政法规的规定负有发出要约义务的当事人,应当及时发出合理的要约。依照法律、行政法规的规定负有作出承诺义务的当事人,不得拒绝对方合理的订立合同要求(《民法典》第494条)。

邮政、电信、电业、煤气、天然气、自来水、铁路、公路等公用事业单位负有缔约义务,非有正当理由不得拒绝用户缔约的请求(《民法典》第 648 条第 2 款、第 656 条)。这是保障用户和消费者的日常必需所不可少的法律措施。

医院及医生非有正当理由不得拒绝诊疗、检验或者调剂处方。这为救死扶伤所必需。

出租车司机负有缔约义务,非有正当理由,不得拒载。

在强制缔约的情况下,缔约义务人对要约的沉默通常可理解为默示承诺。关于缔约的内容,有国家或者行业标准的,依该标准确定;无此标准的,按合理的标准确定。假若允许负担缔约义务人任意要价,对用户和消费者过苛,强制缔约会失去意义。

缔约义务人在无正当理由的情况下拒绝缔约,致对方以损害的,应负损害赔偿责任。

(五)附合缔约

附合缔约,是指合同条款由当事人一方预先拟定,对方只有附合该条款(意思)方能成立合同的缔约方式。

在附合缔约的情况下,一方所提供的合同条款,是格式合同条款,简称格式合同,或者格式条款,又称定型化契约或者定型化契约条款,或者叫标准合同或者标准合同条款,法国称为附合合同,德国债法现代化法取名为一般交易条件。

格式条款的重要特征是重复使用性,不过,它重在条款制作者在目的上是为了重复使用,而不强求实际使用的次数(《民法典》第 496 条第 1 款,《合同编通则解释》第 9 条第 2 款)。对格式条款的认定标准是法定的,当事人对此不得排除、改变(《合同编通则解释》第 9 条第 1 款)。①

从实际运作看,提供格式条款的一方往往利用其优越的经济地位,制定有利于自己而不利于消费者的条款。《民法典》第 496 条第 2 款规定,采用格式条款订立合同的,提供格式条款的一方应当遵循公平原则确定当事人之间的权利和义务,并采取合理的方式提示对方注意免除或者减轻其责任等与对方有重大利害关系的条款,按照对方的要求,对该条款予以说明。提供格式条款的一方未履行提示或者说明义务,致使对方没有注意或者理解与其有重大利害关系的条款的,对方可以主张该条款不成为合同的内容。提供格式条款的一方按照对方的要求,就与对方有重大利害关系的异常条款的概念、内容及其法律后果以书面或者口头形式向对方作出通常能够理解的解释说明的,方可算作履行了说明义务

---

① 较为详细的辨析和阐释,请见崔建远:《合同解释与合同订立之司法解释及其评论》,载《中国法律评论》2023 年第 6 期。

(《合同编通则解释》第 10 条第 2 款)。对于通过互联网等信息网络订立的电子合同,提供格式条款的一方仅仅采取了设置勾选、弹窗等方式予以提请注意或者说明的,原则上不视为已经履行了提示义务或者说明义务(《合同编通则解释》第 10 条第 3 款第 2 句)。①

四、合同的成立

按照《民法典》的规定,承诺生效,为合同成立(第 483 条)。当事人采用合同书形式订立合同的,自当事人均签名、盖章或者按指印时合同成立。在签名、盖章或者按指印之前,当事人一方已经履行主要义务,对方接受时,该合同成立。法律、行政法规规定或者当事人约定合同应当采用书面形式订立,当事人未采用书面形式但是一方已经履行主要义务,对方接受时,该合同成立(第 490 条)。当事人采用信件、数据电文等形式订立合同要求签订确认书的,签订确认书时合同成立。当事人一方通过互联网等信息网络发布的商品或者服务信息符合要约条件的,对方选择该商品或者服务并提交订单成功时合同成立,但是当事人另有约定的除外(第 491 条)。所谓当事人另有约定,主要指当事人约定买受人提交订单为要约,出卖人确定有货并且发货时视为承诺。网上订购机票为要约较为常见。电商于其商品宣传中声明买受人提交订单为要约,也属于这种情形。② 实务中,当事人对合同是否成立存在争议,人民法院能够确定当事人名称或者姓名、标的和数量的,一般应当认定合同成立。但法律另有规定或者当事人另有约定的除外(《合同编通则解释》第 3 条)。当事人之间没有书面合同,一方以送货单、收货单、结算单、发票等主张存在买卖合同关系的,人民法院应当结合当事人之间的交易方式、交易习惯以及其他相关证据,对买卖合同是否成立作出认定。对账确认函、债权确认书等函件、凭证没有记载债权人名称,买卖合同当事人一方以此证明存在买卖合同关系的,人民法院应予支持,但有相反证据足以推翻的除外。

按照《民法典》的规定,承诺生效的地点为合同成立的地点(第 492 条第 1 款)。采用数据电文形式订立合同的,收件人的主营业地为合同成立的地点;没有主营业地的,其住所地为合同成立的地点。当事人另有约定的,按照其约定(第 492 条第 2 款)。当事人采用合同书形式订立合同,没有约定合同签订地的,最后签名、盖章或者按指印的地点为合同成立的地点(第 493 条)。

---

① 详细些的阐释,请见崔建远:《合同解释与合同订立之司法解释及其评论》,载《中国法律评论》2023 年第 6 期,第 14—15 页。

② 对《民法典》第 491 条第 2 款的解读,请参见王利明主编、朱虎副主编:《中国民法典释评·合同编·通则》,北京,中国人民大学出版社 2020 年版,第 124—126 页;黄薇主编:《中华人民共和国民法典合同编释义》,北京,法律出版社 2020 年版,第 70—71 页。

第二节 合同的内容与解释

一、合同的内容

合同,作为民事法律行为,其内容就是合同条款;作为债的关系,其内容为合同权利义务,它们也由合同条款固定。由此可见合同条款的重要性。但不同的合同条款在合同中所处的地位、所起的作用和所表现的形式不尽相同。

为了示范较完备的合同条款,《民法典》第470条规定了如下条款,提示缔约人:

1. 当事人的姓名或者名称和住所

当事人是合同权利义务的承受者,没有当事人,合同权利义务就失去了存在的意义,给付和受领给付便无从谈起,因此,合同须有当事人这一条款。当事人由其姓名或者名称及住所加以特定化、固定化,具体合同条款的草拟必须写清当事人的姓名或者名称和住所。

2. 标的

标的是合同权利义务指向的对象。合同不规定标的,就会失去目的,失去意义。可见,标的是一切合同的主要条款。目前,多数说认为合同关系的标的为给付行为,而《民法典》第470条所谓标的,主要指标的物,因而规定有所谓标的的质量、标的的数量。所以,对于《民法典》及有关司法解释所说的标的,时常需要按标的物理解。

标的条款必须清楚地写明标的名称,以使标的特定化,能够界定权利义务。

3. 质量与数量

标的(物)的质量和数量是确定合同标的(物)的具体条件,是这一标的(物)区别于同类另一标的(物)的具体特征。标的(物)的质量需订得详细具体,如标的(物)的技术指标、质量要求、规格、型号等都要明确。标的(物)的数量要确切。首先应选择双方共同接受的计量单位;其次要确定双方认可的计量方法;最后应允许规定合理的磅差或者尾差。标的物的数量为主要条款;标的物的质量若能通过有关规则及方式推定出来,则合同欠缺这样的条款也不影响成立。

4. 价款或者报酬

价款是取得标的物所应支付的代价,报酬是获得服务所应支付的代价。价款,通常指标的物本身的价款,但因商业上的大宗买卖一般是异地交货,便产生了运费、保险费、装卸费、保管费、报关费等一系列额外费用。它们由哪一方支付,需在价款条款中写明。

5. 履行期限、地点、方式

履行期限直接关系到合同义务完成的时间,涉及当事人的期限利益,也是确定违约与否的因素之一,十分重要。履行期限可以规定为即时履行,也可以规定为定时履行,还可以规定为在一定期限内履行。如果是分期履行,尚应写明每期的准确时间。

履行地点是确定验收地点的依据,也是确定运输费用由谁负担、风险由谁承受的依据,有时是确定标的物所有权是否转移、何时转移的依据,还是确定诉讼管辖的依据之一,对于涉外合同纠纷,它是确定法律适用的一项依据,十分重要。

履行方式,例如是一次交付还是分期分批交付,是交付实物还是交付标的物的所有权凭证,是铁路运输还是空运、水运等,同样事关当事人的物质利益,合同应写明,但对于大多数合同来说,它不是主要条款。

履行期限、地点、方式若能通过有关方式推定,则合同即使欠缺它们也不影响成立。

6. 违约责任

违约责任条款包括违约金条款、赔偿损失的计算方法的条款等。当然,违约责任是法定责任,合同无此条款时可依法律的规定确定之。

7. 解决争议的方法

解决争议的方法,是指有关解决争议运用什么程序、适用何种法律、选择哪家检验或者鉴定的机构等内容。当事人双方在合同中约定的仲裁条款、选择诉讼法院的条款、选择检验或者鉴定机构的条款及涉外合同中的法律适用条款、协商解决争议的条款等,均属解决争议的方法的条款。

合同条款依其作用可分为合同的主要条款和普通条款。

二、合同的主要条款与普通条款

(一) 合同的主要条款

合同的主要条款,是合同必须具备的条款,若欠缺则合同不成立。《民法典》第470条第1项规定的当事人条款和第2项规定的标的条款属于主要条款。

合同的主要条款,有时是法律直接规定的。当法律直接规定某种合同应当具备某些条款时,这些条款就是主要条款。例如,《民法典》要求借款合同应有币种的条款(第668条第2款),该条款即为合同的主要条款。

合同的主要条款当然由合同的类型和性质决定。按照合同的类型和性质的要求,应当具备的条款就是合同的主要条款。例如,价款条款是买卖合同的主要条款,却不是赠与合同的主要条款。

合同的主要条款可以由当事人约定产生。例如,买卖合同中关于交货地点的条款,如一方提出必须就该条款达成协议,它就是主要条款;若双方均未提出必须在某地交货,则该条款不是主要条款。

(二)合同的普通条款

合同的普通条款,是指合同主要条款以外的条款,包括以下类型:

其一,法律未直接规定,亦非合同的类型和性质要求必须具备的,当事人无意使之成为主要条款的合同条款。例如,关于包装物返还的约定和免责条款等均属此类。

其二,当事人未写入合同中,甚至从未协商过,但基于当事人的行为,或者基于合同的明示条款,理应存在的合同条款。英美合同法称之为默示条款。它包括以下内容:(1)该条款是实现合同目的及作用所必不可少的,只有推定其存在,合同才能达到目的及实现其功能;(2)该条款对于经营习惯来说是不言而喻的,即它的内容实际上是公认的商业习惯或者经营习惯;(3)该条款是当事人系列交易的惯有规则;(4)该条款实际上是某种特定的行业规则,即明示或者约定俗成的交易规则,在行业内具有不言自明的默示效力;(5)直接根据法律规定而成为合同条款。

其三,特意待定条款。这是当事人有意将其留待以后谈判商定的,或者由第三人确定,或者根据具体情况加以确定的合同条款。它不妨碍合同的成立。

三、合同的解释

(一)合同解释的概念

合同解释,是对合同及其相关资料的含义所作的分析和说明。受理合同纠纷的法院或者仲裁机构所作的上述分析和说明,具有法律约束力,为有权解释,属于狭义的合同解释。

(二)合同解释的原则

1. 以合同文义为出发点,客观主义结合主观主义原则

合同条款系由语言文字所构成。欲确定合同条款的含义,必须先了解其所用词句,确定词句的通常含义,在各方当事人无不同于该通常含义的共同理解的背景下,应依词句的通常含义确定合同条款的意思。因此,解释合同必先由文义解释入手。《民法典》第142条第1款关于"应当按照所使用的词句"解释的规定,系对这一原则的确认。

所谓"词句的通常含义",在操作的层面,首选查阅词典来确定合同词句的通常含义。不过,在社会发展日新月异,人们的认识不断发展、更新的背景下,词典所释已非正确时,就不得再依词典所释而应采取正确的新认识来确定合同词句的含义。再就是,合同词句的通常含义,在不少的情况下仅靠查阅包括法学词典在内的词典尚不足够,法律等规范性文件的有关规定,法学理论甚至其他学科的有关理论,也为揭示合同词句的含义所必需。还有,对于词句、条款的解释是以

其字面意思为准还是注重其实质？应当区分情况而有结论。最后，词句的通常含义有时会因某词句处于单一的合同关系抑或复杂的交易安排中而有不同。有必要提及，依《合同编通则解释》第 1 条的文义和规范意旨，"词句的通常含义"仅为合同解释的"基础"，而非最终的结论。如果各方当事人都承认他们对合同词句、条款存在共同的理解，且不同于"词句的通常含义"，那么，该种理解不违反法律、行政法规的强制性规定，不违背公序良俗的，就应以各方当事人的共同理解为准，而不得奉行"词句的通常含义"规则。此其一。尽管发生纠纷时各方当事人对某合同词句或条款的含义各执一词，但是，如果合同整体、合同性质、合同目的和依诚信原则能够清楚地确定出各方当事人于缔约时共同赋予了合同词句的含义，且不同于"词句的通常含义"，那么，也不应依"词句的通常含义"规则来确定争议条款的含义。此其二。

当事人在签订合同时采用的含义，是指其内心的意思，还是表示出来的意思？现代法奉行表示主义，认为应按当事人表示出来的意思加以解释。所谓当事人之真意，不是指当事人主观内心之意思，而是从意思表示受领人立场去认定之"客观表示价值"。①

不过，在合同因欺诈、胁迫、乘人之危、错误等原因而订立的情况下，如果不考虑受欺诈人、受胁迫人、处于困难境地的人、重大误解人的内心真意，片面强调他们表示于外部的意思，反倒不利于受欺诈人等，甚至是怂恿欺诈等违法行为的发生。于此场合，尚应采取主观主义的解释原则。

总之，客观主义为主，主观主义为辅，是我国立法应采取的合同解释的原则之一。客观主义在具体运作时，应把握以下要点：在双方对合同用语理解不同的场合，法院应以一个理性人处于缔约环境中对合同用语的理解为准，来探寻合同用语的含义，支持一方对合同用语的理解，漠视另一方对合同用语的理解；在双方对某合同用语并未赋予特定含义的情况下，法院可以合理的客观标准（objective standard of reasonableness）来揭示合同用语的含义，而无须根据双方的内心意图。

2. 体系解释原则

体系解释，又称整体解释，是指把全部合同条款和构成部分看作一个统一的整体，从各个合同条款及构成部分的相互关联、所处的地位和总体联系上阐明当事人有争议的合同用语的含义。《民法典》第 142 条第 1 款关于应当结合相关条款解释、第 510 条关于按照合同相关条款补充合同漏洞的规定，以及《合同编通则解释》第 1 条第 1 款的规定，是对这一原则的确认。

关于合同解释应贯彻体系解释原则的理由在于：首先，合同条款经双方当事

---

① 参见金勇军：《一般交易条款的解释》，载《法学》1997 年第 5 期。

人协商议定,自然需平等对待,视同一体[①];其次,表达和传递当事人合同意图所使用的语言文字,在合同的整个内容中是有组织的,而不是毫无联系、彼此分离的词语排列,因而,如果不把争议的条款或者词语与其上下文所使用的其他词语联系起来,而是孤立地去探究它的一般意思或者可能具有的意思,就很难正确、合理地确定当事人的实际意图,相反,还会产生不该有的误解;最后,合同内容通常是单纯的合同文本所难以完全涵盖的,而是由诸多的其他行为和书面材料所组成,诸如双方的初步谈判、要约、反要约、信件、电报、电传等,其中可能包含双方对合同文本内容的修改或者其他问题的补充、说明,也可能包含合同的担保、特殊信用要求等。因此,在确定某一条款或者词语的意思过程中,应该把这些材料都放在一起进行解释,以便通过其他合同成分或者证据材料的帮助,明确争议内容所具有的意义。

3. 历史解释原则

《民法典》第142条、第466条与意思表示的规定,仅就其字面含义而言,没有明确历史解释。但是,《合同编通则解释》第1条第1款关于参考缔约背景、磋商过程、履行行为等因素确定争议条款的含义的规定,体现了历史解释的思想。

4. 基于合同性质解释原则

不同种类的合同,其项下的权利义务存在差别,这决定了合同词句的含义受制于合同的种类;合同种类不同,合同的法律性质有异,故可说合同性质乃决定合同词句的含义的重要因素。这已被《民法典》第142条第1款、第466条以及《合同编通则解释》第1条所确定。基于合同性质确定合同条款的含义,可被广泛运用。例如,在间接代理的场合,相对人于缔约时知晓被代理人,合同却未明确合同项下的权利义务是否由间接代理人承受的,可基于代理关系的基本属性得出否定的结论。

5. 符合合同目的原则

当事人订立合同均为达到一定目的,合同的各项条款及其用语均是达到该目的的手段。因此,确定合同用语的含义乃至整个合同内容自然须符合合同目的。如果说"立法旨趣之探求,是阐释法律疑义之钥匙",那么合同目的之探寻,亦有如此重要性。《民法典》第142条第1款以及《合同编通则解释》第1条第1款确认了目的解释原则。

合同目的,首先是合同的典型交易目的,即给予所欲实现的法律效果。这种典型交易目的在每一类合同中是相同的,不因当事人订立某一具体合同的动机不同而改变。例如,在买卖合同中,买受人的典型交易目的是取得标的物的所有

---

① 参见王泽鉴:《民法债编总论·基本理论·债之发生》(总第1册),台湾三民书局1994年版,第179页。

权,出卖人的典型交易目的是获得价款。在赠与合同中,典型交易目的是转移赠与物的所有权。因该典型交易目的决定了给予的法律性质及对其所适用的法规①,所以,依据符合合同目的原则解释,首先确定被解释合同的典型交易目的,就可以锁定合同的性质、种类,进而确定出适用于被解释合同的法律规范。

不过,依据典型交易目的解释合同,尽管在某些个案中可能一揽子地解决了问题,但由于它在许多情况下还只是确定了解释的大方向,对于不少合同用语和条款的含义尚无力界定,只有根据特定的当事人订立特定合同的主观目的,才能完成明确合同用语、条款的含义的任务。所以,依据合同目的解释原则,还需要根据当事人的主观目的解释合同。所谓当事人的主观目的,就是当事人订立合同的动机。② 动机乃为民事法律行为之缘由,此一缘由实则指给付目的,与债务目的在于清偿实现债权不同。③ 也应注意,目的无有不存在于意欲之内,动机虽大多存在于意欲之外,但偶亦可存在于意欲之内。在此情形,动机与目的可能为同一之意欲,既为发动意思之力量,又为将来希望之事由。于是,目的与动机可能并无分别。但此时影响行为之效力者仍为目的而非动机。④

符合合同目的原则的功能是,其解释结果可以用来印证文义解释、体系解释、习惯解释的结果是否正确。合同目的应被认为是当事人真意的核心,是决定合同条款内容的指针。⑤ 如果文义解释、体系解释、习惯解释的结果与依合同目的解释的结果不一致,应取后者,即认为当事人缔约时不愿依文字的通常含义或者习惯确定合同用语的含义。不过,如果合同目的模糊,通常会寻求文义解释等方法;合同目的违法,更不得依合同目的解释;适用情事变更原则,也不依合同目的的解释合同条款。还有,由于一方所追求的目的,并非也是另一方所追求的目的,所以,目的并不能直接决定民事法律行为的内容。⑥

6. 参照习惯或者惯例原则

参照习惯或者惯例原则,是指在合同文字或者条款的含义发生歧义时,按照习惯或者惯例的含义予以明确;在合同存在漏洞,致使当事人的权利义务不明确时,参照习惯或者惯例加以补充。《民法典》第142条第1款第1款以及《合同编通则解释》第1条第1款都规定按照习惯确定争议条款的含义。

《合同编通则解释》第2条规定,下列情形,不违反法律、行政法规的强制性规定且不违背公序良俗的,人民法院可认定为《民法典》所称"交易习惯":(1) 当

---

① 参见王泽鉴:《民法学说与判例研究》(第1册),台湾三民书局1980年版,第279页。
② 同上。
③ 林诚:《民法理论与问题研究》,中国政法大学出版社2000年版,第198页。
④ 王伯琦:《法律行为之标的及目的》,载《王伯琦法学论著集》,台湾三民书局1999年版,第247页以下。
⑤ 杨仁寿:《法学方法论》,台湾三民书局1989年版,第221页。
⑥ 〔德〕迪特尔·梅迪库斯:《德国债法总论》,杜景林、卢谌译,法律出版社2004年版,第233页。

事人之间在交易活动中的惯常做法;(2)在交易行为当地或者某一领域、某一行业通常采用并为交易对方订立合同时所知道或者应当知道的做法。对于交易习惯,由提出主张的一方当事人承担举证责任。

7. 参考缔约背景确定争议词句、条款的含义

缔约背景,缘起着交易,蕴含着当事人缔约的动机甚至合同目的,或明或暗地映衬着各方当事人的谈判地位,或多或少地影响着各方当事人的合同权利义务,由此决定了它在解释合同中的位置。不过,应当注意,如果合同的词句足够明确无误,则该条款/词句的一般性解释还是应被接受,而不应该受缔约背景/语境的扭曲。① 看来,《合同编通则解释》第1条第1款关于参考缔约背景确定争议条款的含义的表述,而不规定必须根据缔约背景确定争议条款的含义,是周延的。

8. 参考磋商过程确定争议词句、条款的含义

合同的成立大多不是一蹴而就的,而是几经讨价还价,方才妥协而成。如果合同条款明确无误,就意味着各方当事人抛弃了与此有异的磋商过程中出现的意见,任何人都不得以磋商过程中的意见取代明确无误的合同条款。不过,如果某个或某些合同词句、条款模糊不清,存在歧义,或者存在合同漏洞,那么,磋商过程中的意见至少有助于澄清合同词句、条款的含义,帮助补充合同漏洞。

以上所论,表明了磋商过程只是作为确定争议条款的含义的参考,而非必须基于磋商过程确定争议条款的含义,故《合同编通则解释》第1条第1款使用了"参考""磋商过程""确定争议条款的含义"的措辞,这值得肯定。

9. 参考履行行为确定争议词句、条款的含义

依合同约定为给付方为适当履行,消灭相应的义务。假如偏离合同约定为给付,则产生违约责任。当然,这些断语是以合同条款明确无误为前提的,在合同条款模糊不清时就难以"依合同约定"为给付。不过,尽管合同条款存在歧义,但因种种原因债务人还是履行了合同,此情此景反过来倒是确定争议条款的"参照物",至少在有些情况下是这样。如果债权人受领了给付,对债务人的给付不具异议,则可以将此视为双方当事人澄清了、印证了、践行了合同条款的含义,或者变更了合同约定。遇有此类情形,参考履行行为确定争议条款的含义,就有其道理。总之,《合同编通则解释》第1条第1款使用"参考""履行行为""确定争议条款的含义"的措辞,是周延的、合适的。

---

① Mannai Investment Co. Ltd. (1997) AC 749. 转引自杨良宜:《合约的解释》,法律出版社2007年版,第279页。

10. 何为确定争议词句、条款的含义所参考的"等因素"？

对于确定争议条款的含义所参考的因素，《合同编通则解释》第1条第1款规定有"兜底条款"，除缔约背景、磋商过程、履行行为之外的因素——"等因素"，也是确定争议条款的含义时所参考的。此处"等因素"固然需要在个案中才会较为恰当地被选取，但也有些是不应被忽视的。例如，先前的交易这种"等因素"，经常帮助确定合同当事人各方是否已经形成了一个对其关系的不同寻常完美的共同理解，包括助其作出明智判断的阅历、知识和经验的进程。① 再如，在缔约时，一方当事人向另一方当事人提供广告单、产品目录和价目表，实际上在表达其期望的权利义务；一方当事人在作出表示时所体现出来的那些个人情况。②

除上述解释原则而外，诚信原则也当然是合同解释的原则（《合同编通则解释》第1条第1款），它们已在民法的基本原则中阐述，此处不赘。

（三）合同解释的规则

合同解释的规则，也属于合同解释的方法。以下一些方法是结合我国实践，参考普通法系的若干规则得出的。

（1）推定不违法。如果一份合同或者一个条款可能有两种合理的解释，其中一种解释与法律相一致，另一种解释则相反，则将该合同或者该条款解释为合法。《合同编通则解释》第1条第3款承认了该项规则，只不过有些绝对，如果合同条款违反《民法典》第144条、第146条第1款、第153条第1款正文和第2款、第154条、第497条及第502条的规定，就应当是绝对无效的。

（2）如果适用其他规则也不能解决疑义，那么，合同必须作不利于特定债的关系中的债权人而有利于债务人的解释。《合同编通则解释》将之限缩为"属于无偿合同的，应当选择对债务人负担较轻的解释"（第1条第3款后段）。对此如何评价？一方面该解释有其道理：在双务合同关系中，双方当事人的主给付义务立于对价关系，在合同条款存在两种解释可能的情况下，若解释合同条款时选取对一方当事人负担较轻的方案，则意味着加重了另一方当事人的负担，这违反了合同正义，不足取。与此有别，在无偿合同中，双方当事人之间不存在给付等值关系，于此场合，若合同条款存在两种解释可能，则选取对债务人负担较轻的解释，无违背合同正义之嫌，倒符合债务人主义。另一方面也要看到该解释没有承认例外，这有些绝对。例如，在借用合同关系中，若着眼于借用人返还借用物的义务，选择对借用人负担较轻的解释，就未必妥当，因为借用人这个债务人无对

---

① K. M. Sharma, *Fairness: From "sanctity" to "Fairness": An Uneasy Transition in the Law of Contracts*? 18 N. Y. L. Sch. J. Int'l & Comp. L. 95.

② 〔德〕维尔纳·弗卢梅：《法律行为论》，迟颖译，法律出版社2013年版，第365页。

价地享尽了合同利益,应当承受与此相应的负担,而不是认定其负较轻的责任。①

（3）有异议时作不利于草拟人的解释。如果一方提供的用语可合理地得出两种解释时,应选择不利于用语提供人的解释,在格式条款中,作不利于条款草拟人的解释。

---

① 在 2023 年 11 月 5 日举行的由中国法学会民法学研究会主办,大连海事大学民商法学研究中心、大连海事大学法学院等单位承办的"《民法典》合同编通则分编解释与适用大家论坛"上,上海交通大学法学院副教授沈健州博士认为,在赠与合同中,应当选择对债务人负担较轻的解释;但在借用合同中则不宜选择对债务人负担较轻的解释。特此致谢!

第二十四章　双务合同履行中的抗辩权

第一节　双务合同履行中的抗辩权概述

双务合同履行中的抗辩权,是在符合法定条件时,当事人一方对抗对方当事人的履行请求权,暂时拒绝履行其债务的权利。它包括同时履行抗辩权、先履行抗辩权和不安抗辩权。

双务合同履行中的抗辩权,是合同效力的表现。它们的行使,只是在一定期限内中止履行合同,并不消灭合同的履行效力。产生抗辩权的原因消失后,债务人仍应履行其债务。所以,双务合同履行中的抗辩权为一时的抗辩权、延缓的抗辩权。

双务合同履行中的抗辩权,对抗辩权人是一种保护手段,免去自己履行后得不到对方履行的风险;使对方当事人产生及时履行、提供担保等压力,所以它们是债权保障的法律制度,就其防患于未然这点来讲,作用较违约责任还积极,比债的担保亦不逊色。

行使同时履行抗辩权、先履行抗辩权和不安抗辩权,是权利的正当行使,而非违约;应受法律保护,而不得令权利人承担违约责任。在审判实务中,有些裁决误把不安抗辩权、同时履行抗辩权的行使当作"双方违约"处理,应予纠正。

第二节　同时履行抗辩权

一、同时履行抗辩权概述

同时履行抗辩权,是指双务合同的当事人互负债务,没有先后履行顺序的,一方在对方未为对待给付以前,可拒绝其相应的履行请求之权(《民法典》第525条)。

同时履行抗辩权存在的基础在于双务合同的牵连性。所谓双务合同的牵连性,是指给付与对待给付具有不可分离的关系,分为发生上的牵连性、存续上的牵连性和功能上的牵连性。所谓发生上的牵连性,是指一方的给付与对方的对待给付在发生上互相牵连,即一方的给付义务不发生时,对方的对待给付义务也不发生。所谓存续上的牵连性,是指双务合同的一方当事人的债务因不可归责于双方当事人的事由,致不能履行时,债务人免给付义务,债权人亦免对待给付义务。所谓功能上的牵连性,又称履行上的牵连性,是指双务合同的当事人一方所负给付与对方当事人所负对待给付互为前提,一方不履行其义务,对方原则上亦可不履行。只有如此,才能维持双方当事人之间的利益平衡。同时履行抗辩权正是这种功能上的牵连性的反映。

上述思想为诚信原则的应有之义,所以,同时履行抗辩权也是诚信原则所要求的。当然,诚信原则同时也限制了同时履行抗辩权的滥用。在当事人一方已为部分给付时,对方当事人若拒绝其给付有违诚信原则,则不得拒绝自己的给付。

二、同时履行抗辩权的构成要件

(一)须因同一双务合同互负债务

同时履行抗辩权的根据在于双务合同功能上的牵连性,因而它适用于双务合同,而不适用于单务合同和不真正的双务合同。

可主张同时履行抗辩权的,系基于同一双务合同而生的对待给付。如果双方当事人的债务不是基于同一双务合同而发生,即使在事实上有密切关系,也不得主张同时履行抗辩权。因此,成立同时履行抗辩权,必须有双方当事人基于同一双务合同互负债务这一要件。

这里的债务,首先应为主给付义务。一方没有履行非主要债务的,对方不得主张同时履行抗辩权。但是,不履行非主要债务致使不能实现合同目的或者当事人另有约定的,则产生同时履行抗辩权(《合同编通则解释》第31条第1款)。

双方互负的债务应具有对价关系。该对价关系不强调客观上等值,只要双方当事人主观上认为等值即可。

(二)须双方互负的债务均已届清偿期

同时履行抗辩权制度,目的之一是使双方当事人所负的债务同时履行,所以,只有双方的债务同时届期时,才能行使同时履行抗辩权。如果一方当事人负有先履行的义务,就不由同时履行抗辩权制度管辖,而让位于先履行抗辩权或者不安抗辩权。

(三)须对方未履行债务或者未提出履行债务

原告向被告请求履行债务时,须自己已为履行或者已提出履行,否则,被告可行使同时履行抗辩权,拒绝履行自己的债务。不过,原告未履行的债务或者未提出履行的债务,与被告所负的债务无对价关系时,被告仍不得主张同时履行抗辩权。原告的履行不适当时,被告可行使同时履行抗辩权,但在原告已为部分履行,依其情形,被告若拒绝履行自己的债务违背诚实信用原则时,不得主张同时履行抗辩权。如甲雇用乙为其修剪园林内之树木,并清理垃圾,甲支付相应报酬。如仅因墙角一隅之垃圾未为清理,或者一处树木援墙生长于高处不易修剪,而以同时履行抗辩权为由,拒绝给付全部之报酬,即属不可。

(四)须对方的对待给付是可能履行的

同时履行抗辩权制度旨在促使双方当事人同时履行其债务。对方当事人的对待给付已不可能时,则同时履行的目的已不可能达到,不发生同时履行抗辩权问题,由合同解除制度解决。

三、同时履行抗辩权制度的适用范围

同时履行抗辩权制度主要适用于双务合同,如买卖、互易、租赁、承揽、有偿委托、保险、雇佣、劳动等合同。有疑问的是,合伙合同是否为双务合同。就互约出资而言,具有对待性,故通说认为合伙合同属于双务合同。但因它是以经营事业为目的,与买卖合同等以交换给付为主要目的的双务合同毕竟不同,所以,在二人合伙场合,同时履行抗辩权可以适用,但在三人以上合伙的情况下,则不适用。[①]

上述立于对待关系的双方债务,尚应包括原给付义务的延长或者变形,尤其是债务不履行的损害赔偿或者让与请求权。例如,甲以 A 物与乙的 B 物互易,因甲的过失致 A 物灭失时,甲应负债务不履行的损害赔偿责任。于此场合,乙对甲的损害赔偿请求权与甲对乙给付 B 物的请求权,可发生同时履行抗辩权。[②]

同时履行抗辩权在为第三人利益的合同中有适用余地。例如,甲、乙约定,甲向乙购买钢材,价款 500 万元,丙对乙有直接请求交付该钢材之权,若甲届期不支付货款,则乙可以拒绝丙的交付钢材的请求。

在债权让与的情况下,可成立同时履行抗辩权。例如,甲将 A 车出卖给乙,价款 75 万元,而乙将其对甲请求交付 A 车并转移所有权的债权让与丙。在丙向甲请求履行时,甲可以乙未给付价款为由拒绝自己的履行。

在债务承担的情况下,同时履行抗辩权亦可以适用。例如,甲将 A 画卖给乙,价款 30 万元,由丙承担乙的债务,当甲向丙请求支付价款时,丙可以甲未对乙交画为由拒绝自己的履行。

在可分之债中,各债务对各债权各自独立,从而其发生原因即使为一个合同,除非其一方的对待给付为不可分,也应各得就自己的部分独立为同时履行抗辩。[③]

同时履行抗辩权也可以适用于连带之债。例如,甲乙向丙丁购买 1000 千克乌龙茶,价款 10 万元,约定甲乙和丙丁均应负连带责任。当甲向丙请求交付

---

① 参见王泽鉴:《民法学说与判例研究》(第 6 册),中国政法大学出版社 1998 年版,第 142 页、第 144 页。

② 同上。

③ 参见郑玉波:《民法债编总论》,台湾三民书局 1996 年版,第 409 页。

1000千克乌龙茶时,丙可主张甲应支付全部价款的同时履行抗辩权。

当事人因合同不成立、无效、被撤销或者解除而产生的相互义务,若立于对价关系,可主张同时履行抗辩权。

四、当事人一方违约与同时履行抗辩权

(一)迟延履行与同时履行抗辩权

关于迟延履行与同时履行抗辩权之间的关系,存在两种对立的学说。一种学说认为,同时履行抗辩权的存在本身即足以排除迟延责任。对此,有人从抗辩权排除债务之届期的角度加以论证,有人以下述理由加以阐释:因有抗辩权之存在,迟延履行系非可归责于债务人的原因。另一种学说主张,同时履行抗辩权须经行使才能排除迟延责任。它有两种见解:其一,抗辩权之行使,溯及地排除已发生的迟延效果;其二,已发生的迟延责任,不因抗辩权的行使而受影响。①

(二)受领迟延与同时履行抗辩权

在双务合同中,债权人受领迟延,其原有的同时履行抗辩权不因此而消灭。所以,债务人在债权人受领迟延后请求为对待给付,债权人仍可主张同时履行抗辩权。

(三)部分履行与同时履行抗辩权

债务人原则上无部分履行的权利,因此,双务合同的一方当事人提出部分履行时,对方当事人有权拒绝受领,但若拒绝受领违反诚实信用原则时,比如《民法典》第531条第1款所称"部分履行不损害债权人利益"的情形,不在此限;若受领部分给付,可以提出相当部分的对待给付,也可以主张同时履行抗辩权,拒绝自己的给付,除非如此违背诚实信用原则。

(四)瑕疵履行与同时履行抗辩权

债务人瑕疵履行,债权人可请求其消除缺陷或者另行给付,在债务人未消除缺陷或者另行给付时,债权人有权行使同时履行抗辩权,拒绝支付价款。

应注意,《民法典》承认了物的瑕疵担保责任为独立的制度(第582条、第617条等),债务人交付的标的物有瑕疵的,债权人是否有同时履行抗辩权则需要具体分析。在种类物买卖中,出卖人负有交付无瑕疵之物的义务,于其未为此给付前,买受人有权主张同时履行抗辩权,拒绝支付价款。在特定物买卖中,如果承认出卖人同样负有交付无瑕疵物的义务,于其未消除缺陷或者另行给付时,买受人有权主张同时履行抗辩权,拒绝支付价款。如果不承认出卖人负有交付无瑕疵之物的义务,出卖人无修补的责任,那么,在风险业已转移的情况下,买受

---

① Larenz, *Lehrbuch des Schuldrechts*, Band I, *Allgemeiner Teil*, 14. Aufl. 1986, S. 349f. 转引自王泽鉴:《民法学说与判例研究》(第6册),中国政法大学出版社1998年版,第165页。

人就合同成立后发生的瑕疵,不得行使同时履行抗辩权;在风险尚未转移的情况下,在物的交付与减少价款的支付关系上,应成立同时履行抗辩权。在承揽合同中,承揽人负有完成无瑕疵工作的义务,有修补工作成果的缺陷的责任,承揽人违反该义务及未承担该责任时,定作人有权主张同时履行抗辩权,拒绝支付其价款。

最后应说明,同时履行抗辩权的行使不影响向违约方主张违约责任。

五、同时履行抗辩权与交换给付判决

《民法典》和《民事诉讼法》对于同时履行抗辩权行使的判决及其方式未作明文规定,实务中的做法不尽一致,《合同编通则解释》第31条第2款关于"当事人一方起诉请求对方履行债务,被告依据民法典第五百二十五条的规定主张双方同时履行的抗辩且抗辩成立,被告未提起反诉的,人民法院应当判决被告在原告履行债务的同时履行自己的债务,并在判项中明确原告申请强制执行的,人民法院应当在原告履行自己的债务后对被告采取执行行为;被告提起反诉的,人民法院应当判决双方同时履行自己的债务,并在判项中明确任何一方申请强制执行的,人民法院应当在该当事人履行自己的债务后对对方采取执行行为"的规定,确立了交换给付判决规则。

第三节 先履行抗辩权

一、先履行抗辩权的概念

先履行抗辩权,是指当事人互负债务,有先后履行顺序,应当先履行债务一方未履行的,后履行一方有权拒绝其履行请求。先履行一方履行债务不符合约定的,后履行一方有权拒绝其相应的履行请求(《民法典》第526条)。

在传统民法上,有同时履行抗辩权和不安抗辩权的理论,却无先履行抗辩权的概念。相当于先履行抗辩权的观念被认为包含在同时履行抗辩权之中,作为一种特殊情形处理。《民法典》明确地单独规定了这一抗辩权。先履行抗辩权发生于有先后履行顺序的双务合同中,基本上适用于先履行一方违约的场合,这是它不同于同时履行抗辩权之处。

二、先履行抗辩权的成立要件

按照《民法典》第526条的规定,构成先履行抗辩权须符合以下要件:

(一)须双方当事人互负债务

关于互负债务是否指两个债务处于互为对待给付的地位,有肯定说与否定说之争。

(二) 两个债务须有先后履行顺序

至于该顺序是当事人约定的,还是法律直接规定的,在所不问。如果两个对立的债务无先后履行顺序,就适用同时履行抗辩权,而不成立先履行抗辩权。

(三) 先履行一方未履行或其履行不符合债的本旨

先履行一方未履行,既包括先履行一方在履行期限届至或者届满前未予履行的状态(未构成违约),又包含先履行一方于履行期限届满时尚未履行的现象(已经构成违约)。先履行一方的履行不符合债的本旨,是指先履行一方虽然履行了债务,但其履行不符合当事人约定或者法定的标准要求,应予补救。履行债务不符合债的本旨,在这里指迟延履行、不完全履行(包括加害给付)和部分履行等形态。

三、先履行抗辩权的行使

先履行抗辩权的行使是否需要明示,应区分情况而定。在先履行一方未构成违约的情况下,先履行一方未请求后履行一方履行的,先履行抗辩权的行使不需要明示(于此场合,后履行一方可行使债务履行期尚未届至的抗辩权);先履行一方请求后履行一方履行的,后履行一方拒绝履行需要明示。在先履行一方已构成违约并请求后履行一方履行时,先履行抗辩权的行使需要明示。在先履行一方构成不能履行、拒绝履行、迟延履行、不完全履行但未请求后履行一方履行时,先履行抗辩权的行使不需要明示。

四、先履行抗辩权的效力

先履行抗辩权的成立并行使,产生后履行一方可一时中止履行自己债务的效力,对抗先履行一方的履行请求,以此保护自己的期限利益、顺序利益。在先履行一方采取了补救措施、变违约为适当履行的情况下,先履行抗辩权消失,后履行一方须履行其债务。可见,先履行抗辩权亦属一时的抗辩权。先履行抗辩权的行使不影响后履行一方主张违约责任。

第四节 不安抗辩权

一、不安抗辩权的概念

不安抗辩权是民法法系的制度。按照《德国民法典》的规定,因双务合同负担债务并向他方先为给付者,如他方的财产于订约后明显减少,有难为对待给付之虞时,在他方未为对待给付或者提出担保之前,得拒绝自己的给付(第321

条)。该权就是所谓不安抗辩权。在后给付义务人订约后财产状况恶化,危及先给付义务人的债权实现的情况下,该制度能保护先给付义务人的合法权益,体现出实质正义。但比起普通法系的先期违约(anticipatory breach)制度来,在保护先给付义务人方面稍逊一筹:(1)不安抗辩权行使的条件为后给付义务人的财产于订约后明显减少,有难为对待给付之虞;而先期违约成立的条件有拒绝履行(repudiation)、债务人的经济状况不佳、商业信誉不好、债务人在准备履行及履行过程中的行为或者债务人的实际状况表明债务人有违约的危险等。(2)不安抗辩权以先给付义务人可中止自己的给付为救济方法,迫使后给付义务人为对待给付或者提供担保。但为对待给付或者提供担保并非后给付义务人的义务,仅为一时对抗辩的再抗辩权的运用,后给付义务人不为对待给付或者提供担保的,先给付义务人是否有权解除合同,在许多国家的法律上比较模糊。而依先期违约制度,债权人享有积极主动的救济手段。在拒绝履行的情况下,债权人有选择权:承认先期违约,立即诉请损害赔偿并解除合同;或者拒绝承认先期违约,使合同继续有效,拘束着双方当事人。在预期不能履行(prospective inability to perform)场合,债权人有权中止自己的履行,请求先期违约人提供担保。该担保未在合理的期限内提供,债权人有权诉请损害赔偿并解除合同。

有鉴于此,《民法典》改造了民法法系的不安抗辩制度,适当吸收了普通法系先期违约制度的合理成分,于第 527 条规定:"应当先履行债务的当事人,有确切证据证明对方有下列情形之一的,可以中止履行:(一)经营状况严重恶化;(二)转移财产、抽逃资金,以逃避债务;(三)丧失商业信誉;(四)有丧失或者可能丧失履行债务能力的其他情形。当事人没有确切证据中止履行的,应当承担违约责任。"第 528 条规定:"当事人依据前条规定中止履行的,应当及时通知对方。对方提供适当担保的,应当恢复履行。中止履行后,对方在合理期限内未恢复履行能力且未提供适当担保的,视为以自己的行为表明不履行主要债务,中止履行的一方可以解除合同并可以请求对方承担违约责任。"

二、不安抗辩权成立的条件

不安抗辩权制度保护先履行义务人是有条件的,不允许先履行义务人在后履行义务人有履行能力的情况下行使不安抗辩权。只有在有不能为对待给付的现实危险,害及先履行义务人的债权实现时,先履行义务人才能行使不安抗辩权。

《民法典》第 527 条列举了三种典型的财产状况恶化的情形:其一,经营状况严重恶化;其二,转移财产、抽逃资金,以逃避债务;其三,丧失商业信誉。同时,抽象地规定"有丧失或者可能丧失履行债务能力的其他情形",以防止出现法律漏洞。前三项情形就其字面含义来说,无须达到"丧失或者可能丧失履行债务能力"的结果,但从立法目的和体系解释的层面考虑,须以达到"有丧失或者可能丧失履行债务能力"为构成要素。

另外,上述不能为对待给付的现实危险须发生在合同成立以后,如果在订立合同时即已存在,先履行义务人明知此情却仍然缔约,法律则无必要予以特别保护;若不知此情,还可以通过合同无效制度解决。

三、不安抗辩权的行使

为了兼顾后履行义务人的利益,也便于他能及时提供适当担保,《民法典》明确地规定了不安抗辩权人的通知义务,即第528条的规定:"当事人依据前条规定中止履行的,应当及时通知对方"。另外,《民法典》第527条第2款规定:"当事人没有证据中止履行的,应当承担违约责任。"这一规定是为了防止不安抗辩权被滥用,故规定了不安抗辩权人的举证责任,使之举出对方丧失或者可能丧失履约能力的证据。

四、不安抗辩权的效力

在不安抗辩权具备其成立要件时,首先,在后履行义务人提供适当担保前,先履行义务人可以中止履行合同;其次,如果后履行义务人对履行合同提供了适当担保,不安抗辩权即归于消灭,先履行义务人应恢复履行;最后,根据《民法典》第528条的规定,在先履行义务人中止履行后,如果对方在合理期限内未恢复履行能力,也未提供适当担保的,中止履行的一方可以解除合同。

第二十五章　合同的变更与解除

第一节　合同变更与解除的概念和条件

一、合同的变更与解除的概念

合同的变更,是指在合同有效成立后,合同当事人不变,仅改变合同的权利义务。

合同的解除,是指在合同有效成立以后,当解除的条件具备时,因当事人一方或者双方的意思表示,使合同关系自始或者仅向将来消灭的行为。

合同解除有单方解除与协议解除之分。前者指解除权人行使解除权将合同解除的行为,不必经对方当事人同意(《民法典》第565条等);后者是当事人双方协商一致将合同解除的行为(《民法典》第562条第1款),它不以解除权的存在为必要。所谓协商一致,也就是在双方之间重新成立一个合同,其内容主要是把原来的合同废弃,使基于原合同发生的债权债务归于消灭。

合同解除还有法定解除与约定解除之分。合同解除的条件由法律直接加以规定者,其解除为法定解除。在法定解除中,有的以适用于所有合同的条件为解除条件,有的则仅以适用于特定合同的条件为解除条件。前者叫一般法定解除,后者称为特别法定解除。我国法律普遍承认法定解除,不但有关于一般法定解除的规定,而且有关于特别法定解除的规定(《民法典》第563条、第564条、第565条、第631条、第632条等)。

约定解除,是当事人以合同形式,约定为一方或者双方保留解除权的解除。其中,保留解除权的合意,称为解约条款。解除权可以保留给当事人一方,也可以保留给当事人双方。保留解除权,当事人可以在订立合同时约定,也可以以后另外订立保留解除权的合同。在用合同形式把原订的合同加以解除这点上,约定解除与协议解除相似,但二者更有不同:约定解除是以合同来规定当事人一方或者双方有解除权,而协议解除是以一个新合同来解除原合同,与解除权无关。约定解除是根据当事人的意思表示产生的,其本身具有较大的灵活性,在复杂的事务面前,它可以更确切地适应当事人的需要。当事人采取约定解除的目的虽然有所不同,但主要是考虑到在各种客观上的障碍出现时,可以从合同的拘束下解脱出来,给终止合同留有余地,以维护自己的合法权益。作为一个市场主体,为了适应复杂多变的市场情况,有必要把合同条款规定得更细致、更灵活、更有策略性,其中应包括保留解除权的条款,使自己处于主动而有利的地位。

这里所说的合同变更、合同解除均以有效成立的合同为对象。不过,存在着可撤销原因的合同在未行使撤销权的情况下,也可以成为解除的对象。合同变更需要具备变更的条件,合同解除需要具备解除的条件;合同变更需双方当事人协商一致,合同解除需有解除行为。

二、合同变更与解除的条件

(一) 合同变更的条件

第一,原已存在着有效的合同关系。

第二,合同内容发生变化,如标的物数量的增减、标的物品质的改变、价格或者酬金的增减以及履行期限的改变等。

第三,须经当事人协商一致(《民法典》第543条第1款)。该协商一致实际上是一合同,故它须适用《民法典》"第三编 合同"之"第一分编 通则"中"第二章 合同的订立"的规定。

(二) 合同解除的条件

合同解除的条件,因解除有法定解除与约定解除之分,故有法定解除的条件和约定解除的条件之别,法定解除的条件又有一般法定解除和特别法定解除的条件之分。特别法定解除的条件因合同的种类和性质而千差万别,难以在此一一详察,这里仅讨论一般法定解除的条件。

1. 因不可抗力致使合同不能达到目的

不可抗力造成合同不能达到目的的,该合同应该消灭。但通过什么途径消灭,各国立法并不一致。德国法系是采取合同当然且自动消灭的原则,基本上由债务人承担风险,而不是通过合同解除的方式。这种立法表面上看不拖泥带水,解决问题干脆利落,但实际上却没有顾及当事人如何采取救济措施把损失降低到最低限度,有将复杂问题简单化之嫌。普通法系用合同落空原则解决不可抗力及其他意外事件致使合同不履行的问题,确认合同解除。但这种解除不经过固有意义上的程序,即不是通过当事人的解除行为,而是由法官裁决。我国《民法典》允许当事人通过行使解除权的方式将合同解除。由于有了解除程序,当事人双方能够互通情况,互相配合,积极采取救济措施,因此具有优点(第563条第1款第1项、第565条)。

2. 迟延履行

迟延履行,又称债务人迟延,是指债务人能够履行,但在履行期限届满时却未履行债务的现象。它作为合同解除的条件,因合同的性质不同而有不同的限定。

(1) 根据合同的性质和当事人的意思表示,履行期限在合同的内容上不特别重要时,即使债务人在履行期限届满后履行,也不至于使合同目的落空的,原则上不允许在迟延履行时债权人立即解除合同,而由债权人向债务人发出履行催告,给债务人规定一个宽限期。债务人在该宽限期届满时仍未履行的,债权人有权解除合同(《民法典》第563条第3项)。

(2)根据合同的性质和当事人的意思表示,履行期限在合同的内容上特别重要,债务人不于此期限内履行,就达不到合同目的,债务人未在履行期限内履行的,债权人可以不经催告而径直解除合同(《民法典》第563条第4项前段)。如甲为庆祝其母六十大寿,向乙蛋糕店定制蛋糕一份,约定于寿筵开始时交付。该履行期限即属特别重要,届时乙未能履行,甲得不经催告而径行解除合同。

3. 拒绝履行

拒绝履行,又称毁约,是指债务人能够履行却不法地对债权人表示不履行。拒绝履行一般表现为债务人明确表示不履行其债务,有时也以其行为表示不履行债务的意思,如债务人将应交付的特定的出卖物又转卖他人。它作为合同解除的条件,一是要求债务人有过错;二是债务人拒绝履行为违法;三是债务人有履行能力。

债务人拒绝履行,债权人可否不经催告而径直解除合同?对此意见不一致。《民法典》不要求债权人为履行催告,可径直解除合同(第563条第2项)。

4. 不完全履行

不完全履行,是指债务人虽然以适当履行的意思进行了履行,但其履行不符合法律的规定或者合同的约定。不完全履行可分为量的不完全履行和质的不完全履行。债务人以适当履行的意思提供标的物,而标的物的数量有所短缺的,属于量的不完全履行。它可以由债务人补充履行,使之符合合同目的,但在某些情况下,如果债务人不进行补充履行,或者补充履行也不能达到合同目的,债权人就有权解除合同。债务人以适当履行的意思提供标的物,但标的物在品种、规格、型号等质量方面不符合法律的规定或者合同的约定,或者标的物有隐蔽缺陷,或者提供的劳务达不到合同规定的水平,都属于质的不完全履行。于此场合,多由债权人或者法律给债务人一定宽限期,使之消除缺陷或者另行给付。如果在此期限内未能消除缺陷或者另行给付,解除权产生,债权人可解除合同(《民法典》第563条第4项后段)。

5. 债务人的过错造成合同不能履行

自始不能履行为合同的无效原因,嗣后不能履行是合同解除的条件。不可抗力或者其他意外事件造成合同不能履行的,为合同解除的条件;债务人的过错造成合同不能履行的,亦应如此。《民法典》第563条第4项后段关于"有其他违约行为致使不能实现合同目的"的规定,可解释为包含了债务人的过错造成合同不能履行这一条件。

6. 不定期的继续性合同的解除

不定期的继续性合同的解除,不要求具备《民法典》第563条第1款规定的解除条件,当事人可以随时解除合同,但是应当在合理期限之前通知对方(《民法典》第563条第2款)。

7. 合同僵局之破解

在合同已经成为法律上或者事实上不能履行,或者债务的标的不适于强制履行或履行费用过高,或者债权人在合理期限内未请求履行的情况下,合同继续存在已经不能实现合同目的,人民法院或者仲裁机构可以根据当事人的请求终止合同权利义务关系,但是不影响违约责任的承担(《民法典》第580条第2款)。此处所谓当事人包括违约的一方,即违约方也可以请求人民法院或者仲裁机构终止合同权利义务关系。

第二节 合同变更与解除的程序与法律后果

一、合同变更与解除的程序

合同变更的程序,就是双方当事人对合同变更协商一致(《民法典》第543条)。

合同解除的条件只是解除的前提,条件具备时,合同并不当然且自动地解除。欲使合同解除,还必须经过一定的程序。解除的程序应有两种,即协议解除的程序和行使解除权的程序。

(一) 协议解除的程序

协议解除的程序,是当事人双方经过协商同意将合同解除的程序。其特点是,合同的解除取决于当事人双方意思表示一致,而不是基于当事人一方的意思表示,也不需要有解除权,完全是以一个新的合同解除原合同,它适用于协议解除类型。在单方解除中,只要解除权人愿意采取这种程序,法律也允许并加以提倡。

由于协议解除的程序是采取合同的方式,所以要使合同解除有效成立,也必须有要约和承诺,这里的要约,是解除合同的要约,其内容是要消灭既存合同关系。这里的承诺,是解除合同的承诺,是完全同意上述要约的意思表示。

采取协议解除的程序,何时发生解除的效力?在合同解除需经有关部门批准时,有关部门批准解除的日期即为合同解除的日期;在合同解除不需有关部门批准时,双方当事人协商一致之时就是合同解除的生效之时,或者由双方当事人商定解除生效的日期。

(二) 行使解除权的程序

行使解除权的程序必须以当事人享有解除权为前提。所谓解除权,是合同当事人可以单方意思表示将合同解除的权利。它的行使,发生合同解除的法律效果,因而它是一种形成权。解除权按其性质来讲,不需要对方当事人的同意,只需解除权人单方的意思表示,就可以把合同解除。

法律规定或者当事人约定解除权行使期限,期限届满当事人不行使的,该权利消灭。法律没有规定或者当事人没有约定解除权行使期限,自解除权人知道或者应当知道解除事由之日起1年内不行使,或者经对方催告后在合理期限内不行使的,该权利消灭(《民法典》第564条)。

当事人一方依法主张解除合同的,应当通知对方。合同自通知到达对方时解除;通知载明债务人在一定期限内不履行债务则合同自动解除,债务人在该期限内未履行债务的,合同自通知载明的期限届满时解除。对方对解除合同有异议的,任何一方当事人均可以请求人民法院或者仲裁机构确认解除行为的效力。当事人一方未通知对方,直接以提起诉讼或者申请仲裁的方式依法主张解除合同,人民法院或者仲裁机构确认该主张的,合同自起诉状副本或者仲裁申请书副本送达对方时解除(《民法典》第565条)。

在解除权人未请求人民法院或者仲裁机构确认解除合同的效力的情况下,是否发生合同解除的效力?本书作者认为,如果解除权确实已经产生,并具备行使的条件,那么,合同自解除合同的意思表示到达对方当事人时解除,不因对方当事人的异议而受影响。这样,可以防止违约方故意提出异议阻碍合同的解除。在举证责任的配置上,应由解除权人举证证明其享有解除权且符合解除权行使的条件。

二、合同变更与解除的法律后果

(一)合同变更的法律后果

合同的变更原则上向将来发生效力,未变更的权利义务继续有效,已经履行的债务不因合同的变更而失去法律依据。合同的变更不影响当事人要求赔偿损失的权利。

(二)合同解除的法律后果

合同解除的法律后果依合同解除有无溯及力而不同。合同解除有溯及力,是指解除使合同关系溯及既往地消灭,合同如同自始未成立。合同解除无溯及力,是指合同解除仅仅使合同关系向将来消灭,解除之前的合同关系仍然有效。合同解除有无溯及力应视具体情况而定。

《民法典》第566条规定:"合同解除后,尚未履行的,终止履行;已经履行的,根据履行情况和合同性质,当事人可以请求恢复原状或者采取其他补救措施,并有权请求赔偿损失"(第1款)。"合同因违约解除的,解除权人可以请求违约方承担违约责任,但是当事人另有约定的除外"(第2款)。"主合同解除后,担保人对债务人应当承担的民事责任仍应当承担担保责任,但是担保合同另有约定的除外"(第3款)。此外,"合同的权利义务关系终止,不影响合同中结算和清理条款的效力"(《民法典》第567条)。

第二十六章　缔约过失责任与违约责任

第一节　缔约过失责任

一、缔约过失责任的概念

合同不成立、无效、被撤销或者不被追认,当事人一方因此受有损失,对方当事人对此有过错时,应赔偿受害人的损失。这种责任就是缔约过失责任(culpa in contrahendo)。

二、缔约过失责任的地位与性质

缔约过失责任在历史发展过程中,曾被归入违约责任中,也曾被纳入侵权责任体系内,但在我国法上宜为独立的制度。理由如下:缔约过失责任以先合同义务为成立前提,违约责任以合同债务为成立前提;先合同义务是法定义务,合同债务主要为约定义务,核心是给付义务;缔约过失责任以过错为要件,违约责任往往不以过错为成立的要件;缔约过失责任赔偿的范围是信赖利益的损失,违约责任赔偿的是履行利益的损失。故两者不同。缔约过失责任也不同于侵权责任,因为侵权行为法所加于人们的义务,是不得侵害权益。只要人们未以其积极的行为去侵害他人的财产、人身,原则上就不负责任。换个角度说,侵权行为法所要求的注意,是社会一般人能做到的注意,其程度不是太高,否则,便会阻碍人们充分发挥其聪明才智,不利于其积极进取。但在缔约阶段,当事人已由原来的一般关系进入到特殊的信赖关系。基于该信赖关系,双方当事人都为成立乃至履行合同做了程度不同的准备工作。由于当事人双方的联系在信赖关系中比在普通关系中更为密切,因而任何一方的不注意都容易给对方造成损害。为了使当事人都极为审慎地缔约,法律对他们课以的注意要求应该高些,当事人仅停留于不作为的状态并不足够,只有负有作为的义务才算达到要求,即应负互相协助、互相照顾、互通情况、保护对方等项义务。就是说,应以有别于侵权责任的制度保护缔约阶段的信赖关系,这个制度就是缔约过失责任制度。应该承认,在法国、德国等的现代侵权行为法上,在特殊情况下,加重了行为人的注意义务,在缔约过失场合也可以构成侵权责任。

缔约过失责任作为独立制度,不仅因为上述合同法和侵权行为法功能上的欠缺,仅靠它们不能周到地保护缔约人,而且有以下深层原因:交易是个过程,起初是双方当事人开始接触,尔后是相互洽商,最后是成交。法律保护交易,应该是对整个过程加以全面规制:对成交的保护通过赋予合同关系并配置违约责任的途径达到目的;对接触磋商的保护通过赋予无主给付义务的法定债之关系并配置缔约过失责任的方式完成任务。耶林早在1861年首次系统、周密且深刻阐述缔约过失责任时的道理至今仍未过时:法律所保护的,并非仅是一个业已存在的合同关系,正在发生中的合同关系亦应包括在内,否则,合同交易将暴露于外,不受保护,缔约一方当事人不免成为他方疏忽或者不注意的牺牲品!合同的缔结产生了一种履行义务,若此种效力因法律上的障碍而被排除时,则会产生一种损害赔偿责任,因此,所谓合同无效者,仅指不发生履行效力,非谓不发生任何效力。简言之,当事人因自己过失致使合同不成立者,对信其合同有效成立的相对人,应赔偿基于此项信赖而生的损害。[①]

三、缔约过失责任的构成要件

缔约过失责任的成立,需要具备以下要件:

(一)缔约人一方违反先合同义务

所谓先合同义务,是自缔约双方为签订合同而互相接触磋商开始逐渐产生的注意义务,而非合同有效成立而产生的给付义务,包括互相协助、互相照顾、互相保护、互相通知、诚实信用等义务。由于这些义务系以诚实信用原则为基础,随着债的关系的发展而逐渐产生的,因而在学说上又称附随义务。它自要约生效开始产生。

(二)对方当事人受有损失

该损失仅为财产损失,不包括精神损害。该损失为信赖利益的损失,而非履行利益的损失。

(三)违反先合同义务与该损失之间有因果联系

即对方当事人的损失是由一方当事人违反先合同义务引起的。

(四)违反先合同义务者有过错

这里的过错是对导致合同无效、被撤销、不被追认、不成立的原因的过错。

四、缔约过失责任的类型

(一)《民法典》第500条规定的缔约过失责任

(1)恶意缔约,即假借订立合同,恶意进行磋商。

(2)欺诈缔约,即故意隐瞒与订立合同有关的重要事实或者提供虚假情况,

---

① Jherings Jb. 41(1961), S. If. 参见王泽鉴:《民法学说与判例研究》(第1册),台湾三民书局1980年版,第79页。

签订合同。

(3) 违反人格和尊严等其他违背诚信原则的缔约。实务中认为,依照法律、行政法规的规定经批准或者登记才能生效的合同成立后,有义务办理申请批准或者申请登记等手续的一方当事人未按照法律规定或者合同约定办理申请批准或者未申请登记的,属于《民法典》第500条第3项规定的"其他违背诚信原则的行为"。

(二) 我国《民法典》第501条规定的缔约过失责任

当事人在缔约过程中泄露或者不正当地使用对方当事人的商业秘密或者其他应当保密的信息,给对方当事人造成损失的,应当承担损害赔偿责任。

(三) 其他类型的缔约过失责任

(1) 擅自撤销要约时的缔约过失责任。

(2) 缔约之际未尽通知、保密等项义务给对方造成损失时的缔约过失责任。

(3) 缔约之际未尽保护义务侵害对方的人身权、物权时的缔约过失责任。其请求权基础可以定为侵权行为。

(4) 合同不成立时的缔约过失责任。对此,我国现行法虽然尚无明文规定,但在当事人之间不存在合同、当事人对此具有过失等方面,合同不成立与合同无效、合同被撤销具有共性,且在缔约过失制度中处于重要地位,故可以类推《民法典》第157条的规定。况且,境外的若干立法例都承认合同不成立场合的缔约过失责任。

(5) 合同无效时的缔约过失责任(《民法典》第157条)。

(6) 合同被撤销时的缔约过失责任(《民法典》第157条)。

(7) 合同不被追认时的缔约过失责任。于此场合,类推适用《民法典》第157条的规定,理由如同合同不成立场合的缔约过失责任。

(8) 无权代理情况下的缔约过失责任(《民法典》第171条第3款、第4款)。

五、缔约过失责任的方式及赔偿范围

缔约过失责任的方式为赔偿损失。其赔偿范围为当事人由此产生的费用和造成的实际损失,多为信赖利益的损失。所谓信赖利益,是指缔约人信赖合同有效成立,但因法定事由发生,致使合同不成立、无效、不被追认或者被撤销等而遭受的损失。其范围一般为直接损失,计有:(1) 缔约费用,包括邮电费用、赶赴缔约地或者察看标的物等所支出的合理费用;(2) 准备履行所支出的费用,包括为运送标的物或者受领对方给付所支付的合理费用;(3) 受害人支出上述费用所失去的利息。在某些情况下为丧失与第三人另订合同的机会所产生的损失。

第二节 违约责任

一、违约行为

违约责任以违约行为为成立要件,没有违约行为便不会产生违约责任。有鉴于此,首先介绍违约行为。

(一)违约行为的概念

违约行为,简称为违约,指债务人不履行合同义务的行为。①《民法典》的用语是"不履行合同义务或者履行合同义务不符合约定"(第577条)。

(二)违约行为的构成

违约行为的主体通常是债务人,但在受领迟延场合,违约行为的主体为债权人。不过,由于受领迟延同样是对合同义务(受领义务)的违反,将其主体命名为债务人,亦未尝不可。

二、违约形态

(一)不能履行

不能履行,又叫给付不能,是指债务人在客观上已经没有履行能力,或者法律禁止债务的履行。在以提供劳务为标的的合同中,债务人丧失工作能力,为不能履行。在以特定物为标的物的合同中,该特定物毁损灭失,为不能履行。在以种类物为标的物的合同中,种类物全部毁损灭失,构成不能履行。不过,在我国法律上,农户与粮棉收购单位签订的粮棉购销合同等有特殊性,只要粮棉歉收,当年的产量扣除农户的基本生活所需部分后,无粮棉向收购单位交付,即视为不能履行。

(二)迟延履行

迟延履行,又称债务人迟延或者逾期履行,指债务人能够履行,但在履行期限届满时却未履行债务的现象。是否构成迟延履行,履行期限具有重要意义。

合同明确规定有履行期限时,采"期限代人催告"原则,如期限徒过,债务人便当然陷于迟延履行。如果约定的是一段期间,则期间的末尾具有确定期限的意义。上述原则,存在例外。首先,关于往取债务,即由债权人到债务人的住所请求债务履行的债务。债权人不去催收的,债务人并不因履行期限的经过而陷

---

① 近年来履行障碍理论和制度已经得到发展。履行障碍,即合同履行遇有障碍,也就是合同的履行存在着不正常的现象。它涉及的范围非常广泛,其中最主要的是债务不履行,另外还包括担保责任、风险负担以及情事变更等。参见韩世远:《中国的履行障碍法》,载《私法研究》创刊号,中国政法大学出版社2002年版,第183页。

于迟延履行。其次,其他以债权人的协助为必要的债务,比如债务人交付标的物需要债权人受领的情形。对于此类债务,即使存在确定的期限,倘若债权人未作出必要的协助,债务履行期限的经过,亦不使债务人陷于迟延履行。最后,票据债权人行使票据债权只有一种法定的方式,即向债务人"提示"票据。持票人对票据债务人行使票据权利,应当在票据当事人的营业场所或者其住所进行(《票据法》第16条)。债权到期而债权人不提示的,不产生债务人迟延问题。

合同履行期限不明确的,按照《民法典》第510条、第511条的规定予以确定。

(三) 不完全履行

不完全履行,是指债务人虽然履行了债务,但其履行不符合债务的本旨,包括标的物的品种、规格、型号、数量、质量、运输的方法、包装方法等不符合合同约定等。① 不完全履行与否,以何时为确定标准?应以履行期限届满仍未消除缺陷或者另行给付时为准。如果债权人同意给债务人一定的宽限期消除缺陷或者另行给付,那么在该宽限期届满时仍未消除缺陷或者另行给付的,则构成不完全履行。

(四) 拒绝履行

拒绝履行,是指债务人对债权人表示不履行合同。这种表示一般为明示的,也可以是默示的。例如,债务人将应交付的标的物处分给第三人,即可视为拒绝履行。《民法典》第578条关于当事人一方明确表示或者以自己的行为表明不履行合同义务的规定,即指此类违约行为。

(五) 债权人迟延

债权人迟延,或者称受领迟延,是指债权人对于已提供的给付,未为受领或者未为其他完成给付所必要的协力的事实。

债务的履行,因作为债务内容的给付的性质不同,有时无须债权人的协助配合,仅债务人单方即可以完成,比如不作为债务。然而更多的情形则会是要求债权人积极配合,债务人才能够完成债务的履行。比如,承揽场合债权人对材料的提供,居室装潢作业期间,债权人应容许债务人进入其居室;诊疗债务场合患者应配合医生的医疗检查并按医生的指示行为;依买卖或者承揽合同债权人交付标的物或者完成作业时买受人或者定作人的受领;等等。如果债权人不予协助或者配合,债务人将无法完成履行。这时,如不为债务人提供某种债务解决的途径,又使债务人不得不承担迟延履行所发生的负担或者不利益,对于债务人而言,未免过于苛刻。故对债务人有必要创设合理的救济制度,这便是债权人迟延制度。

---

① 参见〔日〕奥田昌道:《债权总论》(增补版),日本悠悠社2000年版,第152页。

债权人迟延的构成，需要具备以下要件：(1) 债务内容的实现以债权人的受领或者其他协助为必要；(2) 债务人依债务本旨提供了履行；(3) 债权人受领拒绝或者受领不能。所谓受领拒绝，是指对于已提供的给付，债权人无理由地拒绝受领。所谓受领不能，是指债权人不能为给付完成所必需的协助的事实，包括受领行为不能及受领行为以外的协助行为不能，系属债权人不为受领或者协助的消极状态，是否基于债权人的意思，在所不问。比如债权人于给付提出时不在家或者出外旅行或者患病，无民事行为能力人因欠缺法定代理人不能受领，纵令债权人于其他时刻或者在其他条件下得受领该给付，仍不失为不能受领。

三、违约责任的概念与性质

违约责任，是合同当事人不履行合同义务时，依法产生的法律责任。在现代合同法上，违约责任仅指违约方向守约方承担的财产责任，与行政责任和刑事责任完全分离，属于民事责任的一种。

违约责任基本上是一种财产责任。违约责任通常是补偿性的，在特定情况下，违约责任也有惩罚性。

四、违约责任的归责原则

《民法典》第 577 条规定："当事人一方不履行合同义务或者履行合同义务不符合约定的，应当承担继续履行、采取补救措施或者赔偿损失等违约责任。"这个条文中并没有出现"但当事人能够证明自己没有过错的除外"的字样，被认为是采取了严格责任原则。[①] 当然，对于是否应当采严格责任原则，在立法论上有不同意见。[②]

在合同法上，过错责任原则不会被无过错责任原则完全取代的原因之一，是分配风险的理念没有全面占据道德伦理统治的领域，区分善恶而决定违约责任的有无，仍然具有合理性和正当性。灿烂星空和道德律令这两个令先哲康德敬畏之物（事）仍未过时。

应予指出，《民法典》同时也规定了若干过错责任，如供电人责任（第 651 条、

---

① 参见梁慧星：《从过错责任到严格责任》，载《民商法论丛》（第 8 卷），法律出版社 1997 年版，第 1—7 页。

② 参见崔建远：《严格责任？过错责任？——中国合同法归责原则的立法论》，载《民商法论丛》（第 11 卷），法律出版社 1999 年版，第 190 页以下；韩世远：《违约损害赔偿研究》，法律出版社 1999 年版，第 88 页以下。

需要说明的是，严格责任原则是存在着法定免责事由的归责原则，只不过免责事由不包括过错。此外，还有不存在法定免责事由的归责原则，即绝对责任原则。就外延而言，无过错责任原则涵盖严格责任原则和绝对责任原则，即有的无过错责任存在着法定的免责事由，有的则无法定免责事由。鉴于在归责原则上，我国的通说使用无过错责任原则的称谓，故本书遵循通说。

第 652 条、第 653 条、第 654 条);承租人的保管责任(第 714 条);承揽人责任(第 781 条、第 784 条);建设工程合同中的承包人的过错责任(第 800 条、第 801 条、第 822 条、第 823 条、第 824 条);寄存人未履行告知义务的责任(第 893 条);保管人责任(第 894 条第 2 款、第 897 条)等。[①] 一种观点认为,它们只是作为无过错责任原则的例外而存在的;另一种意见则主张,这已经形成了过错责任原则。

五、免责条件与免责条款

(一) 免责条件

《民法典》虽然采取了无过错责任原则,但并不意味着违约方在任何情况下均须对其违约行为负责。在法律规定有免责条件的情况下,当事人不承担违约责任;在当事人以约定排除或者限制其未来责任的情况下,也可能不承担违约责任或者只承担一部分违约责任。

所谓免责条件,是指法律明文规定的当事人对其不履行合同不承担违约责任的条件。《民法典》规定的免责条件,主要有不可抗力、货物本身的自然性质、货物的合理损耗、债权人的过错等。其中,不可抗力是普遍适用的免责条件,其他则仅适用于个别场合。

1. 不可抗力

依《民法典》第 180 条第 2 款的规定,不可抗力是指不能预见、不能避免且不能克服的客观情况。可见,《民法典》对不可抗力的理解采取了折中说。

2. 货物本身的自然性质、货物的合理损耗

《民法典》第 832 条后段规定,承运人能证明运输过程中货物的毁损、灭失是因不可抗力、货物本身的自然性质或者合理损耗造成的,不承担赔偿责任。这一免责条件的理论依据主要是衡平思想,即平衡承运人与货主之间的利益关系,由货主负担货物本身的自然性质、货物的合理损耗所造成的损失。

3. 债权人的过错

因债权人的过错致使债务人不履行合同的,债务人不承担违约责任,《民法典》第 832 条等对此作了明文规定。该条后段规定,由于托运人、收货人的过错造成运输过程中的货物毁损、灭失的,承运人不负损害赔偿责任。

因债权人的过错造成的损失,不由债务人负责赔偿,在保管合同中也有适用。《民法典》第 893 条规定,寄存人交付的保管物有瑕疵或者根据保管物的性质需要采取特殊保管措施,但未将该情况告知保管人的,保管人不承担由此而产生的赔偿责任。在这里,不知有关情况属于寄存人有过错,是保管人不负责任的

[①] 参见崔建远:《海峡两岸合同责任制度的比较研究——海峡两岸合同法的比较研究之一》,载《清华大学学报(哲学社会科学版)》2000 年第 2 期。

条件。

债权人的过错这一免责条件的主要理论依据,是履行障碍的风险由造成障碍者承担的思想。也就是说,债权人制造了履行障碍,即债权人因其过错致使债务人履行不了合同,因而应由债权人自负其责。

(二)免责条款

1. 免责条款的概念

免责条款,是当事人以协议排除或者限制其未来责任的合同条款。这表明:其一,免责条款是合同的组成部分,是一种合同条款。它既然是一种合同条款,就必须是经当事人双方同意的,具有约定性。其二,免责条款的提出必须是明示的,不允许以默示方式作出,也不允许法官推定免责条款的存在。其三,免责条款旨在排除或者限制未来的民事责任,具有免责功能,这是免责条款最重要的属性,是区别于其他合同条款的明显特征。

"免责"只是一种概括的命名。在不同的免责条款中,免责的范围不尽相同。有的条款之免责,是完全排除当事人未来的民事责任,有的不完全排除当事人未来的民事责任。免责条款并非一律有效,有的免责条款是无效的,不能发挥免责的作用。这样,免责条款又有无效的免责条款和有效的免责条款之分。

2. 免责条款有效的前提

免责条款有效以它成为合同的组成部分为前提,或者说以它成为合同条款为先决条件。只有免责条款成了合同的组成部分,才谈得上免责条款的控制及解释。

判断免责条款是否成为合同的组成部分,适用《民法典》"第三编 合同"下辖"第一分编 通则"之"第二章 合同的订立"的规定和"第一编 总则"下辖"第六章 民事法律行为"中关于民事法律行为的效力的规定。免责条款以格式条款的形式表现时,判断它是否成为合同条款,适用格式条款成为合同的组成部分的规则。

3. 免责条款的有效与无效

免责条款成为合同的组成部分,并不意味着它一定有效。确定免责条款是否有效,是立法控制、行政控制和司法控制的重要任务,也是理论研究的重要课题。

在我国法律上,确定免责条款有效和无效的最根本的法律依据,是《民法典》第8条等规定的基本原则。就是说,如果民事责任的成立及其实现为保护社会公共利益、稳定社会秩序、满足社会公德的要求所必需,是法律坚决谴责和否定侵权或者违约的表现,那么免除这类民事责任的条款无效。如果民事责任的成立及实现主要关系到当事人之间的利益分配,对保护社会公共利益、稳定社会秩序、维护社会公德来说虽然需要,但作用相对小些,即使允许当事人以协议排除或者限制,也无碍大局,甚至是必要的风险分配,那么法律就可以承认这类免责条款有效。当然,免责条款的类型和性质不尽相同,确定免责条款有效抑或者无效的根据及标准也有差异,需要具体分析。

六、为第三人承担违约责任

《民法典》第523条规定:"当事人约定由第三人向债权人履行债务,第三人不履行债务或者履行债务不符合约定的,债务人应当向债权人承担违约责任。"第593条规定:"当事人一方因第三人的原因造成违约的,应当依法向对方承担违约责任。当事人一方和第三人之间的纠纷,依照法律规定或者按照约定处理。"这些规定,实际上是让债务人对以履行辅助人为典型代表的第三人的原因造成的违约负责,可以称为"为第三人负责"。

为第三人负责,其中第三人的范围是一个问题。在民法法系立法例中,由于采过错责任原则,这一问题主要是在"履行辅助人"的范围内展开的。在我国合同法上,由于采纳了无过错责任原则,为第三人负责场合的"第三人"便不局限于履行辅助人,尚包括其他的第三人,亦即民法法系传统理论上所说的通常事变的情形亦由债务人负责,《民法典》第593条的规定实即如此。

七、强制履行

(一)强制履行的概念分析

强制履行,《民法典》也叫继续履行,学说上又称强制实际履行或者依约履行,指在违约方不履行合同时,由法院强制违约方继续履行合同债务的违约责任方式。

《民法典》中的强制履行,其方式因债务的具体内容的不同而有差异,其通常适用的对象是交付金钱、财物、票证、房屋、土地等。

强制履行虽然是合同履行的继续,仍然是履行原合同债务,但它同一般的履行合同债务不同:一是履行时间不一致,强制履行的时间晚于履行原合同债务的时间;二是作为法律规定的对违约方的一种强制形式,强制履行比正常的合同履行增加了一层国家强制,在违约方过错违约的情况下,多了一种道德和法律对过错违约的否定性评价。强制履行属于违约责任的方式,而不是单纯的合同债务的履行。

强制履行是同解除合同完全对立的补救方法,主张强制履行就不能请求解除合同,主张解除合同就不能请求强制履行。

(二)强制履行的构成要件

1. 存在违约行为

如果没有违约行为发生,那么此时仅为债务履行问题,债权人有履行请求权,债务人有履行债务的义务,尚属第一次义务阶段,谈不上作为第二次义务的强制履行问题。就违约形态而言,通常是迟延履行、不完全履行以及拒绝履行,如果将债权人迟延作为一种债务不履行看待,尚包括债权人迟延;而履行不能场合,则不会发生强制履行责任。

2. 须有守约方请求违约方继续履行合同债务的行为

如果守约方不请求违约方继续履行,而是将合同解除,便不可成立强制履行责任。另外,强制履行责任要求须由守约方选择,取决于其意思,而法院不能以职权代当事人作出此种选择。

3. 须违约方能够继续履行合同

如果合同已经不能履行,则无论是事实上的不能,还是法律上的不能,都不应再有强制履行责任的发生。否则,无异于强债务人所难,于理于法,均有不合。

(三) 强制履行的表现形态

1. 限期履行应履行的债务

在拒绝履行、迟延履行、不完全履行诸情况下,守约方可以提出一个新的履行期限,即宽限期或者称延展期,要求违约方在该履行期限内履行合同债务。

2. 修理、重作、更换

如果债务人交付的标的物或者提供的工作成果不合格,而债权人仍需要的,则可以适用修理、更换或者重作(参照《民法典》第582条),属于《民法典》第577条规定的"采取补救措施"的一个组成部分,并属于强制履行范畴。修理,指交付的合同标的物不合格,有修理可能并为债权人所需要时,债务人消除标的物的缺陷的补救措施。更换,指交付的合同标的物不合格,无修理可能,或者修理所需要的费用过高,或者修理所需要的时间过长时,债务人交付同种类同质量同数量的标的物的补救措施。重作,指在承揽、建设工程等合同中,债务人交付的工作成果不合格,不能修理或者修理所需要的费用过高时,由债务人重新制作工作成果的补救措施。在合同法理论上,更换和重作又叫另行给付,修理又称消除缺陷。

(四) 不适用强制履行的情形

对于金钱债务,不生不能履行问题,是为各国通例,故理论上总能适用强制履行责任。而对于非金钱债务,依《民法典》第580条第1款的规定,以下几种情形不适用强制履行。

(1) 法律上或事实上不能履行

不能履行,使合同失去标的,失去意义,应当消灭,而不是也不能强制履行。

(2) 债务的标的不适于强制履行或者履行费用过高

所谓债务的标的不适于强制履行,指债务的性质不宜强制履行,比如委托合同、技术开发合同、演出合同、出版合同等。这些合同通常具有人身专属性,不能够由其他人代替履行,在性质上决定了不适于强制履行。

所谓履行费用过高,是指对标的物若要强制履行,代价太大。比如为履行合同专门进口一台设备,花的代价远远超过合同上的利润。

(3) 债权人在合理期限内未要求履行

之所以规定此种情形,实际上是想以此督促债权人及时主张权利,行使其履行请求权。如果债权人并不积极行使其履行请求权,主张强制履行,待一段很长的时间后始主张强制履行,则对于债务人未免不公。

所谓"合理期限",是一个不确定概念,最终要由法院在个案中具体地加以判断回答。

除以上由《民法典》明文规定的不适用强制履行的情形外,我国学说解释上认为,还有一些情形不适用强制履行,具体包括:(1) 法律明文规定不适用强制履行而责令违约方只承担违约金责任或者赔偿损失责任。比如货运合同场合,承运人对运输过程中货物的毁损、灭失承担损害赔偿责任(参照《民法典》第832条前段),而不负强制履行责任。(2) 因不可归责于当事人双方的原因致使合同履行实在困难,如果实际履行则显失公平。比如适用情事变更原则场合,当然,情事变更原则的效力可分为两类,其第一效力是增减给付,分期或者延期履行,拒绝先为给付等;第二效力是解除合同。其中,除分期履行和延期履行属于强制履行范畴,其他效力均不是或者排斥强制履行。总之,适用情事变更原则时,往往不成立强制履行。

八、赔偿损失

(一) 赔偿损失的概念与方法

这里的赔偿损失,亦称违约损害赔偿,是指债务人不履行合同义务时依法赔偿债权人所受损失的责任。

损害赔偿的方法,在立法上可采取两种立法主义,一为回复原状主义,一为金钱赔偿主义。

《民法典》上的赔偿损失,指金钱赔偿,即使包括实物赔偿,也限于以合同标的物以外的物品予以赔偿。这样认定的理由在于,《民法典》第179条第1款规定的返还财产,恢复原状、修理、重作、更换等责任方式,是作为不同于赔偿损失的责任方式而独立存在的。

(二) 违约损害赔偿责任的构成

违约损害赔偿责任的构成要件包括以下几点:违约行为、受害人受有损害、违约行为与损害之间有因果关系、违约人没有免责事由。关于违约行为及免责事由,已作论述,以下仅就损害及因果关系问题加以论述。

1. 损害的种类

(1) 财产上损害与非财产上损害。财产上损害是指于赔偿权利人财产上所发生的损害,凡一切财产上不利的变动均属之,它不但包括财产的积极减少,亦包括财产的消极不增加在内。反之,非财产上损害是指赔偿权利人财产外所受的损害。

我国对违约得否请求非财产损害赔偿或曰精神损害赔偿,原来的通说持否定态度,当然也有不同见解。学说上的不统一,乃因我国立法在此问题上规定不明确所致。在司法实践上,有的判决似乎应该说承认了债务不履行时的非财产损害赔偿,或者说至少可以自客观立场作这样的解释。[①] 如此,我们实应勇敢地突破原有成见,在学说上承认对违约场合非财产上损害的赔偿,并进而在理论上对其谋求正当化和系统化。[②] 我们也应该注意到,在一些国际性的立法文件中,明确承认了违约责任上对非财产损害的赔偿。[③]

《民法典》中虽然没有明确使用非财产损害或者精神损害的用语,但有的条文规定已为此留有解释的余地(参见第583条)。另外,第186条肯定了违约责任与侵权责任的竞合。这些规定并没有排斥对非财产上损害的赔偿。

(2) 履行利益、信赖利益与维持利益。履行利益,是指民事法律行为(尤其是合同)有效成立,但因债务不履行而发生的损失,又称为积极利益或者积极的合同利益。例如买卖合同订立后,出卖人履行合同,买受人因而所可获得的利益。积极利益赔偿的结果,合同即如同被履行一样。

信赖利益,是指民事法律行为为无效或者可得撤销,相对人信赖其为有效,却因无效或者撤销的结果所蒙受的不利益,又称为消极利益或者消极合同利益。消极利益赔偿的结果,即如同合同未曾发生一样。不过,在德国法上,其赔偿以履行利益为最高限额。[④]

维持利益,亦称固有利益或者完全性利益,指因违反保护义务,侵害相对人的身体健康或者所有权,而此种情形亦可认为得构成合同上过错责任时,则加害人所应赔偿的,系受害人于其健康或者所有权所受的一切损害,此类损害可能远逾履行合同所生的利益,却并不发生以履行利益为界限的问题。[⑤] 另外应注意

---

① 参见"艾新民诉青山殡仪馆丢失寄存的骨灰损害赔偿纠纷案",载《人民法院案例选》(总第5辑),人民法院出版社1993年版,第83—86页;"马立涛诉鞍山市铁东区服务公司梦真美容院美容损害赔偿纠纷案",载《人民法院案例选》(总第7辑),人民法院出版社1994年版,第89—90页。

② 参见韩世远:《非财产上损害与合同责任》,载《法学》1998年第6期。

③ 比如,《国际商事合同通则》第7.4.2条,《欧洲合同法原则》第9:501条。

④ 参照《德国民法典》第122条及第179条,原第307条亦有相似限制,不过,该条已被2002年1月1日生效的《德国债法现代化法》修正;另外值得注意的是,新修正的第284条(虚掷费用之赔偿)对于信赖利益的赔偿,未再作上述限制。

⑤ 参见王泽鉴:《民法学说与判例研究》(第1册),台湾三民书局1980年版,第89页。

的是,积极利益、消极利益与积极损害和消极损害的不同。积极损害是既存利益灭失的现象,消极损害则是指因妨碍将来财产的增加而遭受的损失,又称可得利益,可表现为物的使用利益、转卖利益、营业利益等。

(3) 所受损害与所失利益。所受损害,亦称积极损害,是指因损害事故的发生赔偿权利人现有财产所减少的数额。所失利益,亦称消极损害,指因损害事故的发生赔偿权利人财产应增加而未增加的数额。这种分类具有一般适用性。特别于法律明文限制仅赔偿客观损害时,所受损害与所失利益,应严予分别。此情形下,仅所受损害始可获得填补。所失利益,纵实际上应予填补,但形式上已丧失原有所失利益的性质而被所受损害吸收。①

(4) 直接损害与间接损害。直接损害与间接损害的区别,学说见解大致分成两类。一类着眼于损害的引发,认为损害事故直接引发的损害为直接损害,非直接引发而系因其他媒介因素的介入所引发的损害则为间接损害。另一类则着眼于损害的标的,认为损害事故直接损及标的的,其损害即直接损害;其他的损害,则为间接损害。第一说实即借助因果关系观念所作的区分,第二说无异以损害是否在相近的时间呈现于赔偿权利人的特定财物上而分其为直接损害或者间接损害。②

在我国学说上,直接损害与间接损害是最为常见的一种分类,其具体含义多被等同于所受损失与所失利益。

2. 因果关系

因果关系问题在民法上的存在价值大体上体现在两个方面:一是体现在责任的成立与否上,二是体现在责任的范围上。针对合同法而言,同样如此。然而合同法上的因果关系问题的意义与侵权行为法上因果关系问题的意义,又表现出不同的侧重点。可以说,在合同法上其存在意义更多地反映在责任范围上,而在侵权行为法上因果关系问题的存在意义更多地体现在责任的成立上。

在德国民法学上,将民法上的因果关系区分为两种,即责任根据因果关系和责任充足因果关系。③ 前者是指责任构成的因果关系,而后者则是指损害赔偿范围的因果关系。④ 在我国民法学说上,一般并不区分责任成立的因果关系和

---

① 参见曾世雄:《损害赔偿法原理》,中国政法大学出版社 2001 年版,第 136 页。
② 参见同上书,第 137 页。
③ 参见〔日〕平井宜雄:《损害赔偿法の理论》,日本东京大学出版社 1971 年版,第 27 页。
④ 尽管二分法已被广泛接受,但也绝非没有异见。法国学者,除了少数例外,多数持一元说(a unitary approach)。纵为接受二分法者,也并非所有的学说均赞成第二方面的考察与第一方面的考察必然面临根本上不同的问题。比如在 Malone 看来,政策在认定第一方面的考察时与其在第二方面的考察中同样是重要的,差别仅在程度(degree)而非种类(kind)。W. S. Malone, "Ruminations on Cause-in-Fact", 9 Stan. L. Rev. (1956—57), 60. 的确存有此种情况,比如在侵权法中,二人同时开枪,唯有一弹致人死伤,在无法证明何者为发生伤害的唯一原因时,令二人均承担责任。这种做法的确是出于政策性的考虑。

责任范围的因果关系。近年来已经开始有学者注意到了这种二分法。我们认为因果关系二分法的提出意义重大,殊值重视。德国通说认为在判断"责任成立"因果关系时尺度可以较为宽松,以条件说来判断,亦即将损害发生的所有原因事实都列为与"责任成立"有因果关系;至于后者则需以较严苛的标准来判断,例如相当因果关系、规范保护目的等,因为若将所有具有因果关系的损害皆归由加害人负担的话,将使损害赔偿责任过于泛滥,故在此应探求加害人的行为对所发生的损害有无客观可归责处,以合理地限制其责任范围。因果关系二分法,使得原来混淆在一起的因果关系问题区别开来,各自有着不同的职能。事实因果关系或者责任成立的因果关系,主要解决的是责任的"定性"问题,亦即责任是否成立;法的因果关系或者责任范围的因果关系,主要解决的则是责任的"定量"问题,亦即责任人在多大程度上承担责任。这的确有其道理,值得我们在分析因果关系问题时加以借鉴。

(三) 违约损害赔偿责任的范围

1. 概说

《民法典》第584条规定:"当事人一方不履行合同义务或者履行合同义务不符合约定,造成对方损失的,损失赔偿额应当相当于因违约所造成的损失,包括合同履行后可以获得的利益;但是,不得超过违约一方订立合同时预见到或者应当预见到的因违约可能造成的损失。"这是我国法对损害赔偿的一般法定赔偿范围所作的原则性规定。除此之外,我国的特别法上对损害赔偿范围还设有一些特别规定。

赔偿损失的范围,就是赔偿损失的数额为多少。原则上说,一方面,通过赔偿损失,应使受害人处于如同合同已经履行的状态。另一方面,任何法律体系在处理损害赔偿问题时,又都要面对如何限定赔偿范围的问题,以防赔偿范围漫无边际。从理论上和比较法上来看,损害赔偿范围的限制标准多种多样,除了以因果关系为限制标准外,其余的尚可大致分为从责任原因出发的方式、从分别的损害概念出发的方式以及援用一般条款的方式几类。具体地说,有相当因果关系、规范保护目的、区分故意或过失的过错程度、以英国普通法为典型的一般损害和特别损害、抽象的损害和具体的损害、损害的可预见性、利益和"物的价值"的区分,还有损害的直接性、间接性以及一般条款等诸种。我国《民法典》采纳了可预见性标准(第584条)、与有过失规则(第592条第2款)、减轻损害规则(第591条)等来限制赔偿范围。

2. 可预见性规则

(1) 预见的主体。《民法典》第584条明确规定可得利益的赔偿"不得超过违约一方订立合同时预见到或者应当预见到的因违约可能造成的损失",确定了预见的主体为违约方,比较合理。

（2）预见的时间。就此存有"合同缔结时说"与"债务不履行时说"的对立。英美法采合同缔结时说，日本判例及通说赞同债务不履行时说。我国《民法典》第584条确定了预见的时间为"订立合同时"，较具合理性，因为合同的缔结是当事人以当时了解的情况为基础对日后的风险所作的一种分配，而且是在这种分配的基础上讨价还价形成了合同的对价关系，如果以日后的情况加之于违约方，且又未使之有机会通过提升价格或者作其他适当安排防范风险，对他来说则是不公平的。至于日后出现的为双方了解到的新的情况，双方本可以通过合同变更的方式加以解决，而在合同变更之前，随意地确立规则使违约方单方承受不利的风险，则未免武断。

（3）预见的内容。《民法典》第584条未特别言明是否要求预见到损害的程度或者数额，解释上宜将预见的内容确定为，只要求预见损害的类型而无须预见损害的程度。

（4）判断可预见性的标准。可预见性的判断通常是以客观标准进行的，也就是说以一个抽象的"理性人""常人""善良家父"等之类的标准进行判断。对于抽象的损害，法律推定是属于违约方可得预见范围之内的；对于具体的损害，应由受害人对具体的情事进行举证，在此基础上，法院再依此一抽象的"理性人"标准进行判断，以确定是否属于当事人应当预见范围之内的损害。

此种判断是一个法律问题而不是一个事实问题，其中涉及法律的价值判断，最终是要确定归责与否及责任的公平分摊，作为一个法律问题可以由当事人上诉。

3. 与有过失规则

与有过失，也称过失相抵，通常指就损害的发生或者扩大赔偿权利人有过失时，法院可以减轻或者免除赔偿责任。

与有过失的要件包括：

（1）受害人或者赔偿权利人须有过失。赔偿权利人的行为虽然是损害发生的共同原因，如果赔偿权利人没有过失，仍不得减免责任。就受害人或者赔偿权利人的过失而言，一般说来，赔偿权利人的行为虽无须为违法，然就其为自己的利益或者在伦理观点上，应为不当的行为。故阻却违法的行为（如正当防卫、紧急避险），应不适用与有过失。此外，受害人与有过失并不限于积极作为，也可包括消极的不作为。

适用与有过失规则，与加害人过失进行比较的通常是受害人的过失，固无疑问，成为问题的是受害人之外的他人与有过失场合能否适用与有过失规则？依《民法典》第592条第2款的规定，"当事人一方违约造成对方损失，对方对损失的发生有过错的，可以减少相应的损失赔偿额。"将与有过失规则限定于受害人的过错固然有其道理，它体现了在过失责任主义下行为人仅对自己的行为负责的基本思想,但是,如果绝对贯彻此种思想,实践上则难免有失公平,因此,在若干特殊情形,宜权衡当事人的利益状态,将第三人的过失视为受害人自己的过失,使受害人就第三人的与有过失负责,为学说上的通常见解,称"受害人侧的过失"。如甲与乙订立运输合同,由乙用其车辆运送甲之货物50件至某地,甲委托丙随车看管。途中两件货物遗失,于此,乙、丙均有过失。甲以乙违反运输合同为由,请求赔偿时,乙得以丙之过失,对甲主张过失相抵。

(2) 赔偿权利人的行为须助成损害的发生或者扩大。所谓助成,是指赔偿权利人的过失行为须是损害发生或者扩大的共同原因,至于哪个在先,哪个在后,抑或同时存在,则在所不问。举例来说,尽管受害人存有过失,在其过失对损害的发生未予任何影响的场合,受害人仍得请求全额的损害赔偿。相反,如果受害人的过失是唯一的原因,由于赔偿义务人的行为和结果间欠缺因果关系,故并不发生赔偿责任。① 所谓受害人与有过失,应包括助成损害原因事实的成立在内,并非仅以损害本身的发生或者扩大为限。

与有过失要件具备时,法院对债务人的过失与债权人的过失进行比较衡量,在债权人的过失过大时,既可以使债务人免责,也可以减轻债务人的赔偿额。另外,与有过失具备要件时,法院得不待当事人主张,以职权减轻或者免除赔偿额。因为基于与有过失的责任减轻或者免除,非为抗辩,而为请求权一部或者全部的消灭,所以裁判上可依职权加以斟酌。债务人可就此提起确认之诉。

应予指出,在货物运输的承运人责任场合等,受害人的过错系承运人的免责事由,而不适用与有过失的一般规则。

4. 减轻损失规则

减轻损失规则(以下简称为减损规则)最先是从英国普通法上发展出来的。在美国,《法律重述·合同》(第二版)第350条规定了该规则。在这方面,我国《民法典》第591条的表述是:"当事人一方违约后,对方应当采取适当措施防止损失的扩大;没有采取适当措施致使损失扩大的,不得就扩大的损失请求赔偿"(第1款)。"当事人因防止损失扩大而支出的合理费用,由违约方负担"(第2款)。减损规则和与有过失规则之间的关系是,减损规则的运作逻辑是"要么全有,要么全无"(all or nothing),而现代的与有过失规则的运作逻辑则是按过错程度及原因力确定责任的大小范围并在当事人之间进行分摊。另外,"在区别与有过错和减轻损失时,记住下面一条是会有帮助的,即原告的减损义务的产生系后于违约而且后于原告意识到被告的不法行为已造成了损失;原告的与有过错的发生系先于或者同于损失的发生。关键的区分事实是时间"。② 减损规则直

---

① 参见〔日〕椿寿夫、右近健男:《德国债权法总论》,日本评论社1988年版,第64页。
② Harvin D. Pitch, *Damages for Breach of Contract*, The Carswell Company Limited, Toronto, Canada, 150 (1985).

接影响到受害人所可获得的损害赔偿的范围,而该规则的适用则要看受害人是否及时采取了减损措施,其核心就是要看受害人是否已合理地作为或者不作为,因而我们可以说减损规则的关键在于判断受害人行为的"合理性"上。《民法典》第591条第1款规定为"采取适当措施",此类"适当措施"或者"合理措施"均属不确定概念,其内涵不确定,但外延是开放的,在适用于具体案件之前,须由法官作价值补充,使其具体化。

减轻损失的措施可以类型化为停止工作、替代安排、变更合同和继续履行。

5. 损益相抵规则

损益相抵,又称损益同销,指赔偿权利人基于损害发生的同一赔偿原因获得利益时,应将所受利益由所受损害中扣除以确定损害赔偿范围的规则。它属于赔偿责任的范围确定问题,而不是两个债权的相互抵销,因此不适用债的抵销规则,而有自己独特的规则。它是确定受害人因对方违约而遭受的"净损失"的规则,是计算受害人所受"真实损失"的法则,而不是减轻违约方本应承担的责任的规则。

损益相抵的法理依据在于,赔偿责任制度的目的,在于补偿受害人因违约而遭受的损失,受害人不得因损害赔偿而较损害事故发生前更为优越。

损益相抵的要件应包括损害赔偿之债的成立、受害人受有利益以及损害事实与利益之间存在因果关系三点,前两者系前提,而因果关系则为关键。

在《民法典》上,适用损益相抵规则也要求利益与违约行为之间有因果关系。一种观点认为,"条件"的某些因素带来的利益不应从损失中扣除。当然,对"条件"的解释不宜过宽,以避免不合理地缩小损益相抵规则的适用范围。例如,受托人代委托人出售有价证券,因逾期抛售而使委托人遭受了交易所增费用的损失,但该有价证券的价格在后来出售时上涨,使委托人获得利益。该利益与逾期抛售之间就有因果关系。

应予扣除的利益种类繁多,情况复杂,需分别考察:(1)中间利息。在受害人本应陆续获得而加害人一次性支付赔偿总额的场合,应扣除依法定利率计算的中间利息,再以各时期的总额由加害人一次性支付。(2)所得税。计算损害赔偿额应否扣除所得税,有扣除说与不扣除说两种。从前学说多采不扣除说,现今若干学说则有转向扣除说的趋势。(3)房屋及地价税。行为人若为其占有的房屋缴纳房屋及地价税时,亦可就此部分在受害人请求损害赔偿时,予以扣抵。(4)土地增值税。甲乙签订合建合同,明定由甲负担土地增值税,后该合同因情事变更而不得履行,甲对乙请求损害赔偿,由于该合建所用土地经法院拍卖,而使甲无须支付土地增值税,乃受有利益,自应就其所受相当于土地价值损害内予以扣除。(5)营利事业所得税。甲承租乙的小吃店,出租人乙阻挠甲的营业,甲请求乙赔偿此间无法营业的损害,法院允准甲就营业利益损失而请求,但必须扣除成本及税金。(6)商业保险金。损害赔偿权利人若事先为受到毁损之物缔结保险合同,则该保险给付请求权与所发生的损害事故并非出于同一原因,故赔偿义务应不得请求扣减。① 然而损害赔偿请求权人请求保险公司理赔后将产生保险人的代位请求权,这时义务人可以主张依损益相抵而扣除保险金。(7)关于有缺陷的标的物的价值。在债务人给付的标的物有缺陷,却被债权人受领的情况下,债权人请求赔偿损失时应扣除该标的物的价值,除非他已按质论价地支付了标的物的价款。(8)第三人给付。丙所有的房屋被债权人乙误认为债务人的财产而予以拍卖,并由甲拍得,今所有人提出异议之诉而使标的无效,甲对乙请求损害赔偿,法院以为甲受有支付价金的损害,但执行法院曾将该拍得之屋交付于甲,并接管完毕,故今自应斟酌甲的损益情形加以计算。②

违约损害赔偿的计算分为抽象的计算与具体的计算。前者的特点在于抛开一切有关请求权人个人具体情事的考虑,因特别情事造成的利益同样不予考虑。如此,有人认为运用抽象的方法计算损害赔偿时,不适用损益相抵。但事情并非如此简单,损益相抵既为损害赔偿上的课题,在以抽象的方法计算损害赔偿时仍有其适用的余地,只不过是要受有特别的限制:一则以利益因普通因素构成为必要,再则须与法规意旨相符合。如果利益系因特别因素构成,或者其扣减与法规意旨有违,则不应构成损益相抵。③

(四) 赔偿损失的计算

损害赔偿的目的既然在于填补受害人所遭受的损害,损害赔偿的计算就应依损害的性质加以决定,单一的一以贯之的计算方法并不存在。由于损害的性质的差异,损害赔偿的计算方法也会表现出不同。

损害的构成因素影响计算的方法,损害的构成因素可区分为普通因素(客观因素)与特别因素(主观因素)。前者是指某类损害共同存在的因素,不因受害人的不同而有差别。后者则指因受害人的不同而会存在差异的因素。这一区分的意义在于,便于探讨构成损害的特别因素可否影响损害赔偿的计算。

损害赔偿的计算方法得分为具体的计算方法(concrete assessment)与抽象的计算方法(abstract assessment),又可称为主观的计算方法与客观的计算方法。计算损害时,如仅斟酌普通因素,其计算方法称为客观的计算方法;如兼而斟酌普通因素及特别因素,其计算方法称为损害的主观的计算方法。主观的计

---

① 参见史尚宽:《债法总论》,中国政法大学出版社 2000 年版,第 302 页;曾世雄:《损害赔偿法原理》,中国政法大学出版社 2001 年版,第 252 页。
② 参见韩世远:《合同法总论》,法律出版社 2004 年版,第 760—762 页。
③ 参见曾世雄:《损害赔偿法原理》,中国政法大学出版社 2001 年版,第 246 页;韩世远:《合同法总论》,法律出版社 2004 年版,第 762 页。

算方法旨在恢复权利人实际遭受的全部损失,它着眼于具体的实际情况,也就是以合同未违反情况下受害人所应得到的全部利益为其损害额。客观的计算方法并不注重受害人的特定损失,但却要给当事人以一种合理的赔偿。

抽象计算法的一个前提条件乃在于抽象计算的依据标准的存在,而这一客观存在的标准通常表现为市场价格。因而抽象计算法的普遍适用应该说是以市场以及市场价格的存在为基础的。就我国实际情况而言,我们正在致力于市场经济建设,这可以说为抽象计算方法的选择提供了基础。①

存在市场的场合,损失首先是要参照市场加以算定,但是也有一些其他的因素需要加以考虑,如不交付、迟延交付、瑕疵交付、拒绝接收与拒付价款等。在不存在市场的场合,损失的计算须通过其他有时是推测性的方式进行:(1)没有交付。如果运输人或者出卖人没有交付无法从市场上作替代性购买的物品,法官应尽可能地根据其占有的证据计算损失,相关的事实包括物品的成本、运输费以及合理的利润。在货物实际被转卖场合,转卖的价格则是其价值的证据,但并非终局性的证据。(2)没有接收和支付价款。如果不存在市场,出卖人对没有接收的损害赔偿,显然是要根据参考替代销售的实际过程加以计算,只要交易是合理的。如同在没有交付的场合,替代交易只能是在断定违约时,或者与之比较接近的时期完成时,始得作为证明货物价值的证据。如果出卖人没有转卖,留在他手上的货物的价值的计算则要根据上述的一般原则进行,而他的损害赔偿显然会是合同价格超过它的部分。②

损害赔偿除了依照什么标准衡量的问题外,应依什么时点的价格为标准进行金钱评价,便是问题之所在。③ 换言之,从损害原因发生时起,经由诉讼提起、审理而至判决时止,因有社会经济状况、物价、货币价值的变动,发生损害等的扩大或者缩小,至口头辩论终结时,应对诸此事情加以考虑,对为实现如合同不履行、侵权行为未发生所应存在的状态所需赔偿金加以计算,裁判上必然要依一定的时点对原告的损害进行此种计算,此种时点便是损害赔偿计算的标准时。④ 在成本和价值波动时期,知道根据什么时点进行损害赔偿的计算,实在是一件重要的事情。法院计算违约损害赔偿的标准时有四类可能的选择:一是缔约日,二是违约日,三是裁判日,四是违约和裁判之间的某一时日。

---

① 参见韩世远:《违约损害赔偿计算方法之研究》,载《法学前沿》(第 2 辑),法律出版社 1998 年版;韩世远:《违约损害赔偿研究》,法律出版社 1999 年版,第 445 页以下。
② 参见韩世远:《合同法总论》,法律出版社 2004 年版,第 767—768 页。
③ 参见〔日〕奥田昌道:《债权总论》(增补版),日本悠悠社 1992 年版,第 182 页。
④ 参见〔日〕谷口知平:《损害赔偿决定的基准时》,载加滕一郎、米仓明编集:《民法的争点Ⅱ》,日本有斐阁 1985 年版。

九、违约金

(一) 违约金的概念

违约金,是由当事人约定的或者法律直接规定的,在一方当事人不履行或者不完全履行合同时向另一方当事人支付一定数额的金钱或者其他给付。违约金的客体通常是金钱,但也有约定以金钱以外的其他给付充当的[①],例如以物、权利、行为充当。

违约金须于违约时支付。然违约包括履行不能、拒绝履行、履行迟延、不完全履行等情形,违约金究竟是针对何种违约类型约定或者规定的,应当通过解释当事人的意思或者法规目的而定。

支付违约金的是债务人,此点与定金有差异,因为交付定金者既可以是债权人,又可以是债务人。违约金通常是向债权人支付,但也不排除当事人可以特别约定,一方违约时向第三人支付违约金,比如约定向慈善机构支付。

(二) 违约金的种类

1. 惩罚性违约金与赔偿性违约金

(1) 惩罚性违约金。惩罚性违约金,是固有意义上的违约金,又称违约罚。此种违约金于违约时,债务人除须支付违约金外,其他因债之关系所应负的一切责任,均不因之而受影响。债权人除得请求违约金外,还可以请求债务履行或者不履行所生之损害赔偿。[②]

(2) 赔偿性违约金。赔偿性违约金,是当事人双方预先估计的损害赔偿总额,又叫作损害赔偿额的预定。由于债权人于对方违约而请求损害赔偿时,须证明损害及因果关系。而此类举证,不但困难,而且易产生纠纷,因而当事人为避免上述困难及纠纷,预先约定损害赔偿额或者其计算方法,不失为良策,一方面可以激励债务人履行债务,另一方面,如发生违约,则其责任承担简单明了。此种损害赔偿额的预定,也是一种违约金。此种违约金,如相当于履行之替代,则请求此种违约金之后,便不能够再请求债务履行或者不履行的损害赔偿。

《民法典》第585条规定的违约金,属于赔偿性违约金。如此解释,并不等于否定惩罚性违约金在我国法上的地位。由于《民法典》奉行自愿原则(第5条),当事人仍然可以明确约定惩罚性违约金,只要此种约定不违反法律的强制性规定,便仍属有效。当然,如果当事人的约定不明确,原则上推定为赔偿性违约金。

[①] 比如,我国台湾地区"民法"(第253条)中,于约定违约时应为金钱以外的给付的,准用违约金的有关规定,称为"准违约金"。

[②] 参见郑玉波:《民法债编总论》(修订二版),陈荣隆修订,中国政法大学出版社2004年版,第341页;孙森焱:《民法债编总论》,台湾三民书局1997年版,第505页。

2. 约定违约金与法定违约金

依据违约金的发生原因不同，可以将其分为约定违约金和法定违约金。约定违约金，是指由当事人在合同中约定的违约金（参见《民法典》第 585 条第 1 款）。法定违约金，是由法律法规直接规定固定比率或者数额的违约金。①

（三）违约金责任的成立

首先，违约金责任，作为一种从债务，成立的前提是存在着有效的合同关系，如果主债务不成立、无效、不被追认或者被撤销时，违约金债务也就不成立或者无效。不过，应当注意的是，在因违约而解除合同场合，合同中的违约金条款，仍然可以援用。其道理在于，这类条款性质上属于"合同中结算和清理条款"，依《民法典》第 567 条，并不因合同的权利义务终止而影响其效力。

其次，要有违约行为的存在，至于违约行为的类型，应视当事人的约定或者法律的直接规定。

再次，违约金责任的构成是否要求违约人具有过错？应当区分类型，作具体分析：（1）如果当事人约定违约金责任的成立以一方当事人有过错为要件的，依其约定；（2）在《民法典》分则以及单行法规中特别规定违约责任为过错责任场合，违约金责任的成立应当要求过错要件；（3）在惩罚性违约金场合，由于其目的在于给债务人心理上制造压力，促使其积极履行债务，同时，在债务不履行场合，表现为对过错的惩罚，因而，应当要求以债务人的过错作为其承担惩罚性违约金的要件②；（4）在赔偿性违约金场合，除前述特别情形外，不要求以过错为成立要件。原因在于，其性质上是作为损害赔偿额的预定，强调的是对因违约造成的损害的补偿，不必要求过错的归责事由，这也符合《民法典》采纳的无过错责任原则。

最后，是否要求证明损害的存在及其大小？就惩罚性违约金而言，由于非为损害赔偿，所以违约金的发生不以损害的发生为必要③，不成问题。容易发生争论的是赔偿性违约金的构成要否以损害为要件。如果单纯自逻辑推理来看，既然赔偿性违约金性质上为损害赔偿额的预定，当然要求有损害的存在，即使不必证明其大小，至少也应证明其存在。不过，当事人约定违约金的目的之一即在于

---

① 比如《中华人民共和国电信条例》第 31 条规定："电信用户申请安装、移装电信终端设备的，电信业务经营者应当在其公布的时限内保证装机开通；由于电信业务经营者的原因逾期未能装机开通的，应当每日按照收取的安装费、移装费或者其他费用数额 1‰ 的比例，向电信用户支付违约金。"第 34 条第 1 款规定："电信用户应当按照约定的时间和方式及时、足额地向电信业务经营者交纳电信费用；电信用户逾期不交纳电信费用的，电信业务经营者有权要求补交电信费用，并可以按照所欠费用每日加收 3‰ 的违约金。"

② 韩世远：《中国的履行障碍法》，载《私法研究》（创刊号），中国政法大学出版社 2002 年版，第 173 页。

③ 史尚宽：《债法总论》，中国政法大学出版社 2000 年版，第 499 页。

避免证明损害的麻烦,因而,在解释上不应当以损害的存在及其大小的证明为要件。

(四)违约金数额的调整

就当事人约定的违约金,无论是赔偿性违约金还是惩罚性违约金,都应当严格遵守,这是合同严守原则(《民法典》第465条第1款)的当然要求。但过分的合同自由,也会带来不适当的结果,会使违约金条款异化成为一方压榨另一方的工具,因而,对于违约金的数额,不应当完全放任,《民法典》第585条第2款正是这种精神的体现。

1. 赔偿性违约金的调整

赔偿性违约金作为赔偿损失额的预定,虽然不要求其数额与损失额完全一致,但也不宜使两者相差悬殊,否则,会使违约金责任与赔偿损失的一致性减弱乃至丧失,而使两者的差别性增大,以致成为完全不同的东西。因此,违约金的数额过高或者过低时允许调整是适宜的。再者,违约金的数额与损失额应大体一致,这是商品交换的等价原则的要求在法律责任上的反映,是合同正义的内容之一,是合同法追求的理想之一。既然如此,违约金的数额过高或者过低时予以调整,就有其根据。

(1)违约金高低的比较标准。《民法典》第585条所规定的比较标准,是因违约"造成的损失"。

(2)违约金的增加。赔偿性违约金既属损害赔偿额的预定,理应是在充分估计因违约所会造成的实际损失的基础上确定的。如果违约金低于因违约造成的实际损失,该违约金在实际效果上就相当于限责条款。

《民法典》第585条第2款前段的规定,字面上只是限定为"低于",而没有像该款后段那样使用"过分"低于这样的措辞。立法者的意图暂时无从探知,但它很容易让人认为,只要违约金比违约造成的损失低,法院或者仲裁机构就应当予以增加。其实,债权人虽有增额请求权,但是否增额,最终要取决于人民法院或者仲裁机构的裁量权。而这种裁量权的行使,应有所节制。实务中认为,增加后的违约金数额以不超过实际损失额为限。增加违约金以后,当事人又请求对方赔偿损失的,人民法院不予支持。

(3)违约金的适当减少。约定的违约金过分高于造成的损失的,当事人可以请求人民法院或者仲裁机构予以适当减少。在实务中,当事人主张约定的违约金过高请求予以适当减少的,人民法院应当以实际损失为基础,兼顾合同的履行情况、当事人的过错程度以及预期利益等综合因素,根据公平原则和诚实信用原则予以衡量,并作出裁决。当事人约定的违约金超过造成损失的30%的,一般可以认定为《民法典》第585条第2款规定的"过分高于造成的损失"。对于因违约所造成的实际损失,应当由请求减额的债务人负举证责任。

2. 惩罚性违约金的规制

在我国,惩罚性违约金原则上可由当事人自由约定。依通常学理见解,此种违约金于债务不履行时,债务人除须支付违约金外,其他因债之关系所应负之一切责任,均不因之而受影响。此类条款,属于"私人之间的惩罚",我国法律虽未禁止,但绝非意味着完全放任。就我国法而言,可以援用的法律规范至少包括《民法典》第146条至第154条,通过无效或者可撤销等制度规范此类条款的效力。

3. 违约金可否免除

违约金责任能否由法院或者仲裁机构决定免除?在惩罚性违约金场合,该违约金不以损失的发生为必要,因而不管有无损失发生,违约金都不得被免除。而作为赔偿损失额预定的违约金,有推定损失发生的效力,因而如果没有损失发生,或者损益相抵,违约方又非故意违约时,就可以免除违约金责任。

4. 违约金的调整方式

违约金的调整方式,《民法典》明文规定了由当事人请求,这一规定是合理的。

(五)违约金与其他违约救济方式

1. 违约金与强制履行

惩罚性违约金可以与其他的因债务不履行所发生的责任并用,强制履行自不例外。以下主要探讨赔偿性违约金能否与强制履行并用。

如果违约金是针对履行不能、履行拒绝这种完全不履行的情形约定的,是作为替代债务不履行的损害赔偿(填补赔偿)的赔偿额预定,违约金的约定并不使履行请求权消灭。在实际发生履行不能的场合,履行请求权归于消灭,只能请求违约金赔偿。在履行拒绝场合,则出现履行请求权与违约金请求权并存的局面。由于这时两项请求权实际指向的对象是相同或者相当的,故只应由债权人选择一种主张,不能二者兼得,否则,就等于让债权人获取双份的利益。

如果违约金是针对迟延履行约定的,只要当事人没有特别表明其属于惩罚性违约金,即应推定为对于因迟延履行所生损害的赔偿额预定,换言之,是迟延履行的赔偿额预定。在债务人迟延履行场合,一方面债权人仍享有履行请求权,另一方面,债权人又享有违约金请求权,由于两项请求权指向的对象并不相同,因而可以同时主张,并行不悖。《民法典》第585条第3款的规定,正是这种精神的体现。需要强调指出的是,这时的违约金尽管与强制履行并用,或者与填补赔偿并用,由于该违约金推定为是对迟延履行的赔偿额预定,故不属于惩罚性违约金,仍应看作是赔偿性违约金。

如果违约金是针对不完全履行约定的,只要当事人未特别言明,宜推定为对于因不完全履行所造成的损害的赔偿额预定。具体地讲,在不完全履行的债务尚属可能履行的场合,可以比照迟延履行处理,此时的违约金可推定为对迟延损害的赔偿额预定,甚至更进一步,推定为对迟延损害、因不完全履行(加害给付)造成的债权人固有利益遭受的损害的概括的赔偿额预定。债权人在主张违约金的同时,仍不妨请求继续履行,《民法典》第582条所规定的修理、更换、重作均属于强制履行范畴,可与此处的违约金并用。在不完全履行的债务已经不能履行,或者其履行对于债权人而言已失去意义的场合,当事人不再主张继续履行,其所约定的违约金如果推定为此部分填补赔偿的赔偿额预定,结果就会是只能请求违约金,不能再请求损害赔偿,与前一情形相较,尽管二者利益状态相当,处理结果却有实质差异,难谓公平合理。所以,应该比照前种情形,将违约金推定为对于给付本身之外的其他合法利益遭受损害的概括的赔偿额预定,可以与不完全履行部分的填补赔偿一并请求;在部分履行对债权人无意义场合,则可以与全部的填补赔偿一并请求。

2. 违约金与损害赔偿

惩罚性违约金可以与损害赔偿并用,赔偿性违约金与损害赔偿在本质上具有同一性,原则上不宜并用。

3. 违约金与定金

我国法律中的定金(《民法典》第586条),兼具证约定金与违约定金双重功能。[①] 另外,实务中还承认了立约定金、成约定金和解约定金。

《民法典》第588条规定:"当事人既约定违约金,又约定定金的,一方违约时,对方可以选择适用违约金或者定金条款"(第1款)。"定金不足以弥补一方违约造成的损失的,对方可以请求赔偿超过定金数额的损失"(第2款)。

---

① 参见王家福主编:《中国民法学·民法债权》,法律出版社1991年版,第125页;佟柔主编:《中国民法》,法律出版社1990年版,第331—332页。

第二十七章　典型合同

第一节　买卖合同

一、买卖合同的概念与特征

依《民法典》第595条的规定,买卖合同是出卖人转移标的物的所有权于买受人,买受人支付价款的合同。

广义的买卖包括各种以支付价款取得财产权的情形,可以买卖的财产权包括物权、知识产权、债权以及股票(股权)等。这里的买卖为狭义的买卖,仅指以有体物为标的物即转移所有权的买卖,而不包括其他财产权利的买卖。买卖合同具有以下特征:

(1) 买卖合同是出卖人转移财产所有权的合同。

买受人订立合同的根本目的在于取得标的物的所有权。出卖人须转移标的物所有权,这是买卖合同与当事人一方应交付财物给另一方的其他合同(如租赁合同、借用合同、保管合同)的主要区别。

(2) 买卖合同是买受人支付价款的合同。

出卖人出卖标的物以取得价款为目的,买受人须向出卖人支付价款方能取得标的物的所有权,支付价款是转移所有权的对待给付。买卖合同的这一特征区别于其他转移标的物的所有权的合同(如赠与合同、互易合同)。

(3) 买卖合同为诺成性合同、有偿合同、双务合同、不要式合同、要因合同。

买卖合同自双方意思表示一致时即可成立,并不以标的物的实际交付为成立要件,一般也无须以特定方式作成。买卖合同的出卖人负有转移标的物所有权的义务,买受人负有支付价款的义务,双方的义务有对价关系,任何一方取得权益均须支付相应代价。买卖合同以一方取得标的物的所有权及另一方取得价款为原因,若无此原因则不能成立。

买卖合同是典型的有偿合同,《民法典》第646条规定:"法律对其他有偿合同有规定的,依照其规定;没有规定的,参照适用买卖合同的有关规定。"

二、买卖合同当事人的权利义务

(一) 出卖人的义务

1. 交付标的物

因买受人的目的是取得标的物的所有权,不论所有权的取得是否以占有为要件,出卖人均应按照合同的约定或者法律的规定交付标的物给买受人。

出卖人应当按照约定的期限交付标的物。合同中约定交付期间的,出卖人可以在该交付期间内的任何时间交付(《民法典》第601条)。合同中未约定交付期限或者约定不明确的,当事人就交付时间又不能达成补充协议,按照合同有关条款或者交易习惯又不能确定的,出卖人可随时交付,在买受人要求其交付时,应在买受人所给予的必要准备时间届满前交付(《民法典》第602条)。标的物在订立合同之前已为买受人占有的,依简易交付,合同生效时间即为交付时间。

依《民法典》第603条的规定,出卖人应当按照约定的地点交付标的物。当事人在合同中未约定交付地点或者约定不明确的,当事人就此没有达成补充协议又不能依合同有关条款或者交易习惯确定时,适用下列规定:(1)标的物需要运输的,出卖人应当将标的物交付给第一承运人以运交给买受人;(2)标的物不需要运输,出卖人和买受人订立合同时知道标的物在某一地点的,出卖人应当在该地点交付标的物;不知道标的物在某一地点的,应当在出卖人订立合同时的营业地交付标的物。

标的物有从物的,除当事人另有约定外,出卖人于交付标的物时应一并交付从物。出卖人在交付标的物时,应当按照约定或者交易习惯向买受人交付提取标的物单证以外的有关单证和资料(《民法典》第599条),这主要应当包括保险单、保修单、普通发票、增值税专用发票、产品合格证、质量保证书、质量鉴定书、品质检验证书、产品进出口检疫书、原产地证明书、使用说明书、装箱单等(《买卖合同解释》第4条)。出卖人应保证单证和资料的完整性并符合买卖合同的约定。①

出卖人交付的标的物应符合合同约定的数量。出卖人多交标的物的,买受人有权拒收多交的部分,但应当及时通知出卖人;也可以接受多交的部分并按合同约定的价格支付价款(《民法典》第629条)。买受人拒绝接受多交部分标的物的,可以代为保管多交部分标的物,出卖人应负担代为保管期间的合理费用并承担代为保管期间非因买受人故意或重大过失造成的损失。出卖人少交标的物的,买受人可以要求出卖人继续交足,也可以拒绝接受。

出卖人应当按照约定的包装方式交付标的物。对包装方式没有约定或者约定不明确又没有达成补充协议,依合同有关条款或者交易习惯不能确定的,出卖人应当按照通用的方式包装;没有通用方式的,应当采取足以保护标的物且有利于节约资源、保护生态环境的包装方式(《民法典》第619条)。

出卖人就交付的标的物本身所存在的瑕疵对于买受人负担保义务。依《民法典》第615条的规定,出卖人交付的标的物应当符合约定的质量要求;出卖人

---

① 参见石静遐:《买卖合同》,中国法制出版社1999年版,第87页。

提供有关标的物质量说明的，交付的标的物应当符合该说明的质量要求。当事人对标的物的质量要求没有约定或者约定不明确的，出卖人交付的标的物应当具有同种物的通常标准或者为了实现合同目的该物应当具有的特定标准（《民法典》第616条）。出卖人交付的标的物不符合质量标准的，标的物即为有瑕疵。依《民法典》第621条的规定，买受人在发现标的物质量不符合标准时应当于约定的检验期间内通知出卖人，买受人怠于通知的，视为标的物的质量符合约定。当事人没有约定检验期间的，买受人应当在发现标的物质量不符合标准的合理期间内通知出卖人；对于"合理期间"的认定，应当综合当事人之间的交易性质、交易目的、交易方式、交易习惯，标的物的种类、数量、性质、安装和使用情况，瑕疵的性质，买受人应尽的合理注意义务，检验方法和难易程度，买受人或者检验人所处的具体环境、自身技能以及其他合理因素，依据诚实信用原则进行判断（《买卖合同解释》第12条）。买受人在合理期间内未通知或者自标的物收到之日起2年内未通知出卖人的，视为标的物的质量符合约定；但对标的物有质量保证期的，不适用该2年的规定；买受人未在质量保证期内通知出卖人的，视为标的物质量符合约定。但出卖人知道或者应当知道提供的标的物不符合约定的，买受人不受规定的通知时间的限制。

出卖人违反物的瑕疵担保义务的，应当根据约定承担违约责任。当事人没有约定或者约定不明确又不能依其他方式确定的，买受人根据情况得要求减少价款，或者要求修理、更换，对方有其他损失的，应当赔偿损失（《民法典》第617条）；因标的物质量不符合质量要求，致使不能实现合同目的的，买受人有权拒绝接受标的物或者解除合同（《民法典》第610条）。买受人因标的物的主物不符合约定而解除合同的，解除合同的效力及于从物；但因从物不符合约定的，买受人只能就从物部分解除合同，解除的效力不能及于主物（《民法典》第631条）。如从物与主物是一总价金购买的，买受人得要求从价款中减去与从物价格相当的部分。标的物为数物，其中一物不符合约定的，买受人可以就该物解除合同，而不能就数物全部解除，但若该物与他物分离使标的物的价值显受损害的，当事人可以就数物解除合同（《民法典》第632条）。

2. 转移标的物的所有权

买卖合同以转移标的物所有权为目的，因此出卖人负有转移标的物所有权归买受人的义务。为保证出卖人能转移标的物的所有权归买受人，出卖人出卖的标的物应当属于出卖人所有或者出卖人有权处分之物；法律、行政法规禁止或者限制转让的标的物，依照其规定（《民法典》第597条第2款）。但当事人一方以出卖人在缔约时对标的物没有所有权或者处分权为由主张合同无效的，人民法院不予支持。因出卖人未取得处分权致使标的物所有权不能转移的，买受人可以解除合同并请求出卖人承担违约责任（《民法典》第597条第1款）。

在一般情形下,出卖人交付标的物即可转移物的所有权。但对于法律有特别规定的动产和不动产,因其所有权的转移须办理特别的手续,出卖人应依约定协助买受人办理所有权转移的登记、过户等有关手续,并交付相关的产权证明给买受人。《民法典》第600条规定:"出卖具有知识产权的标的物的,除法律另有规定或者当事人另有约定外,该标的物的知识产权不属于买受人。"因此,在买卖的标的物为知识产权的载体时,除法律另有规定或者当事人另有约定外,出卖人仅负有转移标的物所有权的义务,而不负有转移知识产权的义务,买受人也不能取得标的物的知识产权。

为保障买受人取得所有权,出卖人应担保其出卖的标的物的所有权完全转移于买受人,第三人不能对标的物主张任何权利。除法律另有规定外,出卖人就交付的标的物,负有保证第三人对该标的物不享有任何权利的义务(《民法典》第612条),这就是出卖人的权利瑕疵担保义务。但买受人在订立合同时知道或者应当知道第三人对买卖的标的物享有权利的,则出卖人不负权利瑕疵担保义务(《民法典》第613条)。

除法律另有规定外,出卖人交付的标的物上有权利瑕疵,不能完全转移所有权于买受人的,买受人有权请求减少价款或者解除合同。在买受人未支付价款时,其有确切证据证明第三人享有权利的,买受人有权中止支付相应的价款,除非出卖人提供适当的担保(《民法典》第614条)。

3. 回收标的物的义务

依《民法典》第625条的规定,依照法律、行政法规的规定或者按照当事人的约定,标的物在有效使用年限届满后应予回收的,出卖人负有回收的义务。出卖人可以自行回收标的物,也可以委托第三人予以回收。

(二)买受人的义务

1. 支付价款

依照《民法典》第626条的规定,买受人应当按照约定的数额和支付方式支付价款。对价款的数额和支付方式没有约定或者约定不明确,又不能达成协议的,应当按照合同订立时履行地的市场价格确定价款,依法应当执行政府定价或者政府指导价的,按照规定履行;价款的支付方式,按照有利于合同目的的方式确定。依《民法典》第513条的规定,执行政府定价或者政府指导价的,在合同约定的交付期限内政府价格调整时,按照交付时的价格计价。逾期交付标的物的,遇价格上涨时,按照原价格执行;价格下降时,按照新价格执行。逾期提取标的物或者逾期付款的,遇价格上涨时,按照新价格执行;价格下降时,按照原价格执行。

买受人应当按照约定的地点支付价款。当事人对价款的支付地点没有约定或者约定不明确又协议不成时,买受人应当在出卖人的营业地支付价款,但约定支付价款以交付标的物或者交付提取标的物单证为条件的,在交付标的物或者交付提取标的物单证的所在地支付(《民法典》第627条)。

买受人应当按照约定的时间支付价款。当事人对价款的支付时间没有约定或者约定不明确又不能协商一致,依据合同的其他条款或者交易习惯仍不能确定的,买受人应当在收到标的物或者提取标的物的单证的同时支付(《民法典》第628条)。

买受人在约定的期间内未按照约定支付价款的,应当承担迟延履行的违约责任。

2. 受领并检验标的物

买受人对于出卖人按照约定条件交付的标的物负有受领的义务。买受人拒绝受领出卖人交付的标的物的,应负受领迟延的违约责任。对于出卖人多交的标的物,买受人拒绝受领的,应当及时通知出卖人,否则买受人应当承担因此而产生的赔偿责任。

依《民法典》第620条的规定,买受人收到标的物时应当在约定的检验期限内检验。没有约定检验期限的,应当及时检验。依《民法典》第621条的规定,买受人受领标的物后,应当在约定的检验期限内,将标的物的数量或者质量不符合约定的情形,通知出卖人。买受人怠于通知的,视为标的物的数量或者质量符合约定。当事人没有约定检验期限的,买受人应当在发现或者应当发现标的物的数量或者质量不符合约定的合理期限内通知出卖人。买受人在合理期限内未通知或者自收到标的物之日起2年内未通知出卖人的,视为标的物的数量或者质量符合约定;但是,对标的物有质量保证期的,适用质量保证期,不适用该2年的规定。买受人签收的送货单、确认单等载明标的物数量、型号、规格的,认定买受人已对数量和外观瑕疵进行了检验,但有相反证据足以推翻的除外。出卖人知道或者应当知道提供的标的物不符合约定的,买受人不受约定的或规定的通知时间的限制。

三、标的物意外毁损灭失的风险负担与利益承受

(一) 风险负担

买卖标的物的风险负担又称风险承担,是指在合同订立后标的物因不可归责于任何一方的事由而发生的毁损、灭失的损失由何方负担。对于标的物风险的负担,可由当事人约定。当事人没有特别约定的,依以下原则确定:(1) 除法律另有规定外,标的物毁损、灭失的风险依标的物的交付而转移,即在交付之前由出卖人承担,交付之后由买受人承担;出卖人按照约定将标的物送到买受人指定地点并交付给承运人后,标的物的风险由买受人承担(《民法典》第604条);(2) 因买受人的原因致使标的物不能按照约定的期限交付的,自约定交付之日

起标的物毁损、灭失的风险由买受人承担（《民法典》第 605 条）；(3) 出卖人出卖交由承运人运输的在途标的物的，标的物毁损、灭失的风险自合同成立时起由买受人承担（《民法典》第 606 条），但出卖人在合同成立时知道或者应当知道标的物已经毁损、灭失却未告知买受人的，出卖人应承担风险；(4) 当事人未明确约定交付地点或者约定不明确的，按照规定标的物需要运输的，自出卖人将标的物交付给第一承运人后，标的物毁损、灭失的风险由买受人承担（《民法典》第 607 条）；(5) 按照约定或者规定出卖人应于特定地点交付标的物的，出卖人将标的物置于交付地点，买受人违反约定没有收取的，自买受人违反约定之日起标的物的毁损、灭失的风险转移给买受人（《民法典》第 608 条）；(6) 因标的物不符合质量要求致使不能实现合同目的，买受人拒绝接受标的物或者解除合同的，标的物毁损、灭失的风险由出卖人承担（《民法典》第 610 条）；(7) 标的物为种类物，出卖人未以装运单据、加盖标记、通知买受人等可识别的方式清楚地将标的物特定于买卖合同的，买受人可以主张不负担标的物毁损、灭失的风险。

标的物毁损、灭失的风险转移给买受人承担，并不意味着出卖人的给付符合法律的规定或者合同的约定。若出卖人履行债务不符合约定，买受人虽承担标的物毁损、灭失的风险，但仍有权请求出卖人承担违约责任（《民法典》第 611 条）。如依《民法典》第 609 条的规定，出卖人交付标的物而未按照约定交付有关标的物的单证和资料，标的物毁损、灭失的风险虽由买受人承担，但出卖人仍应负债务不履行的违约责任。

（二）利益承受

利益承受，是指于合同订立后标的物所生的孳息的归属。这里所谓的利益也就是标的物的孳息，包括天然孳息和法定孳息。《民法典》第 630 条规定："标的物在交付之前产生的孳息，归出卖人所有；交付之后产生的孳息，归买受人所有。但是，当事人另有约定的除外。"

四、分批交付的买卖与分期付款买卖

（一）分批交付的买卖

分批交付的买卖是指出卖人应按照一定的期限分批向买受人交付标的物的买卖。分批交付买卖的特殊性在于出卖人不是一次性而是分批交付标的物，同时，出卖人分批交付的各批标的物又是可以相互依存的，共同保障合同目的的实现。因此，法律对于分批交付的买卖合同的解除予以特别限制。依《民法典》第 633 条的规定，出卖人分批交付标的物的，出卖人对其中一批标的物不交付或者交付不符合约定，致使该批标的物不能实现合同目的的，买受人可以就该批标的物解除；出卖人不交付其中一批标的物或者交付不符合约定，致使之后其他各批标的物的交付不能实现合同目的的，买受人可以就该批及之后其他各批标的物解除;买受人如果就其中一批标的物解除,该批标的物与其他各批标的物相互依存的,可以就已经交付和未交付的各批标的物解除。

(二) 分期付款买卖

分期付款买卖,是指买受人应按照一定期限分批向出卖人支付价款的买卖。其特殊性表现在买受人将应付的总价款在一定期间内至少分三次向出卖人支付(《买卖合同解释》第27条第1款)。为保护出卖人和买受人双方的利益,法律对于分期付款的约款予以一定限制。主要包括以下两项:

1. 丧失分期利益和解除合同的限制

分期付款是买受人享有的一种期限利益,为保障买受人的期限利益不因出卖人的规定而丧失,依《民法典》第634条第1款的规定,买受人未支付到期价款的金额只有达到全部价款的1/5,经催告买受人在合理期限内仍未支付到期价款的,出卖人才可以请求买受人支付全部价款或者解除合同。当事人在合同中的约定违反该规定,损害买受人利益的,买受人主张该约定无效的,人民法院应予支持(《买卖合同解释》第27条第2款)。

2. 解除合同损害赔偿金额的限制

分期付款买卖的出卖人解除合同的,有权向买受人要求支付该标的物的使用费(《民法典》第634条第2款)。当事人对使用费没有约定的,人民法院可以参照当地同类标的物的租金标准确定(《买卖合同解释》第28条第2款)。为保护买受人的利益,出卖人已收受价款的,只可以从其收受的价款中扣除该使用费而将余额返还之,若标的物受有损害时,出卖人得要求赔偿;但若双方约定于出卖人解除合同时对其已收受的价款不予返还的,则该约定应无效。

五、凭样品买卖

凭样品买卖,又称货样买卖、样品买卖,是指以约定的样品来决定标的物质量的买卖。凭样品买卖的特殊性就在于买卖双方以确定的样品质量来决定买卖标的物的质量。《民法典》第635条规定:"凭样品买卖的当事人应当封存样品,并可以对样品质量予以说明。出卖人交付的标的物应当与样品及其说明的质量相同。"依此规定,出卖人交付的标的物与样品及其说明的质量不相同的,应承担瑕疵担保责任。但是,若凭样品买卖的样品有隐蔽瑕疵而买受人又不知道的,则即使交付的标的物与样品相同,出卖人交付的标的物的质量仍然应当符合同种物的通常标准(《民法典》第636条);否则,也应承担瑕疵担保责任。至于交付的标的物是否符合样品的判断,合同约定的样品质量与文字说明不一致且发生纠纷时当事人不能达成合意的,样品封存后外观和内在品质没有发生变化的,应当以样品为准;外观和内在品质发生变化,或者当事人对是否发生变化有争议而又无法查明的,应当以文字为准(《买卖合同解释》第29条)。

六、试用买卖

试用买卖,又称试验买卖,是指以买受人认可标的物为条件的买卖。试用买卖的特殊性在于,由买受人试用标的物并以买受人对标的物经试用后的认可为合同的生效条件。买卖合同存在下列约定内容之一的,不属于试用买卖:(1)约定标的物经过试用或者检验符合一定要求时,买受人应当购买标的物;(2)约定第三人经试验对标的物认可时,买受人应当购买标的物;(3)约定买受人在一定期间内可以调换标的物;(4)约定买受人在一定期间内可以退还标的物(《买卖合同解释》第30条)。

试用买卖合同自双方意思表示一致时成立,但买受人试用后认可标的物的,买卖合同才生效;买受人不认可标的物的,则买卖合同不发生法律效力。依《民法典》第637条的规定,试用买卖的当事人可以约定标的物的试用期限;当事人对试用期限没有约定或者约定不明确,依其他办法仍不能确定试用期限的,由出卖人确定。在试用期内买受人可以作出购买标的物的意思表示,也可以作出拒绝购买的意思表示。试用期限届满,买受人对是否购买标的物未作表示的,视为购买。试用买卖的买受人在试用期内已经支付部分价款或者对标的物实施出卖、出租、设立担保物权等行为的,视为同意购买(《民法典》第638条)。《民法典》第639条规定,试用买卖的当事人对标的物的使用费没有约定或者约定不明确的,出卖人无权请求买受人支付。试用买卖的标的物在试用期限内毁损、灭失的风险由出卖人承担(《民法典》第640条)。

七、保留所有权买卖

保留所有权的买卖,是指当事人特别约定在买受人未履行支付价款或者其他义务时,标的物虽交付给买受人,标的物所有权仍属于出卖人,而不为买受人取得;只有在买受人按约定履行了支付价款或者其他义务时,标的物的所有权才属于买受人的特殊买卖。保留所有权实际上是出卖人采取的保障其取得价款的担保措施。正是从这一意义上,所有权保留也被视为一种担保方式。依《民法典》第641条第2款规定,出卖人对标的物保留的所有权,未经登记,不得对抗善意第三人。因此,出卖标的物为以登记为对抗要件的动产的,出卖人在交付标的物后应就保留所有权予以登记,否则其保留的所有权不能对抗善意第三人。

依《民法典》第642条的规定,当事人约定出卖人保留出卖的标的物所有权,在标的物所有权转移前,买受人有下列情形之一,造成出卖人损害的,除当事人另有约定外,出卖人有权取回标的物:(1)未按约定支付价款,经催告后在合理期限内仍未支付;(2)未按约定完成特定条件;(3)将标的物出卖、出质或者作出其他不当处分。出卖人可以与买受人协商取回标的物;协商不成,出卖人可以参照适用担保物权的实现程序。于此情形下,当事人请求参照民事诉讼法"实现担保物权案件"的有关规定,拍卖、变卖标的物的,人民法院应予准许。取回标的物的价值显著减少的,出卖人有权要求买受人赔偿损失。但是,买受人将标的物作不当处分而第三人依善意取得规则取得权利的,出卖人不能取回标的物。

依《民法典》第643条的规定,保留所有权买卖的出卖人取回标的物后,买受人在双方约定或者出卖人指定的合理回赎期限内,消除出卖人取回标的物的事由的,可以请求回赎标的物。买受人在回赎期限内没有回赎标的物,出卖人可以以合理价格出卖标的物于第三人。出卖人另行出卖所得价款扣除原买受人未支付的价款及必要费用后(如标的物取回和保管费用、再交易费用、利息等)仍有剩余的,应当返还原买受人;如有不足,出卖人有权要求原买受人清偿,但原买受人有证据证明出卖人另行出卖的价格明显低于市场价格的除外。

八、招标投标买卖和拍卖

招标投标买卖是通过招标投标订立的买卖合同。拍卖是依拍卖程序订立的买卖合同。招标投标买卖和拍卖均为特殊买卖,当事人的权利和义务以及合同订立程序等,依照有关法律、行政法规的规定(《民法典》第644条、第645条)。

九、互易合同

互易合同,又称以物换物合同、易货贸易或易货交易合同,是当事人双方约定以货币以外的标的物进行交换的协议。

《民法典》第647条规定:"当事人约定易货交易,转移标的物的所有权的,参照适用买卖合同的有关规定。"

第二节 供用电、水、气、热力合同

一、供用电、水、气、热力合同的概念与特征

供用电、水、气、热力合同,是指供方向用方供电、水、气、热力,用方为此支付价款的合同。这类合同也可以看作是一种特殊的买卖合同。除具有买卖合同的一般特征外,主要具有以下特征:

(1)合同的标的物是特殊的商品。

供用电、水、气、热力合同的标的物为电、水、气、热力。这类商品既是生产、生活中的必需品,又是由有关单位垄断供应的,因此,为保障人们生产和生活的需要,法律不能不予以特别规制。

(2) 属于格式合同。

这类合同一般采用定型化的合同，合同条款是由供方单方拟定的，用方只能决定是否同意订立合同，而一般不能决定合同的相关内容。尽管用方在标的物的用量、用时上可以提出自己的要求，但最终的决定权完全在供方。所以，这类合同属于格式合同。

(3) 合同的履行具有连续性。

由于电、水、气、热力的供应和使用具有连续性，因而合同的履行具有连续性。在合同规定的期间内，正常情况下，供方须连续地供电、水、气、热力，用方须按期支付相应的价款。

二、供用电、水、气、热力合同当事人双方的权利义务

我国《民法典》中仅对供用电合同作了明确规定，并于第 656 条规定，"供用水、供用气、供用热力合同，参照适用供用电合同的有关规定"。因此，这里仅以供用电合同双方的权利义务来说明供用电、水、气、热力合同当事人双方的权利义务。

(一) 供电人的主要义务

1. 安全供电的义务

按照国家规定的供电质量标准和合同约定向用电人安全供电，是供电人的主要义务。

供电人的供电质量包括电压频率、电压、供电可靠性须符合国家规定和约定的标准，供电的方式、时间、地址和电量等须符合合同的约定。《民法典》第 650 条规定："供用电合同的履行地点，按照当事人约定；当事人没有约定或者约定不明确的，供电设施的产权分界处为履行地点。"供电人未按照国家规定的供电质量标准和约定安全供电，造成用电人损失的，应当承担赔偿责任(《民法典》第 651 条)。

2. 因故中断供电的通知义务

供电人因供电设施计划检修、临时检修、依法限电或者用电人违法用电等原因，需要中断供电时，应当按照国家有关规定事先通知用电人。供电人未事先通知用电人而中断供电，造成用电人损失的，应当承担赔偿责任(《民法典》第 652 条)。

3. 因不可抗力断电的抢修义务

依《民法典》第 653 条的规定，因自然灾害等原因断电时，供电人应当按照国家有关规定及时抢修，以尽早恢复供电。供电人未及时抢修，造成用电人损失的，应当承担赔偿责任。

(二) 用电人的主要义务

1. 安全用电的义务

由于电力系统具有网络性,任何一个用电人的安全合理用电都关系到整个供电系统的安全,关系到社会的公共安全,所以,用电人应当严格按规定安全合理用电,不得违章用电、违约用电,以免造成重大损害。用电人未按照国家有关规定和当事人的约定安全用电,造成供电人损失的,应当承担赔偿责任(《民法典》第 655 条)。

2. 交付电费的义务

《民法典》第 654 条规定,用电人应当按照国家有关规定和当事人的约定及时支付电费。用电人逾期不支付电费的,应当按照约定支付违约金。经催告用电人在合理期限内仍不支付电费和违约金的,供电人有权按照国家规定的程序中止供电。

第三节 赠 与 合 同

一、赠与合同的概念与特征

依《民法典》第 657 条的规定,赠与合同是赠与人将自己的财产无偿地给予受赠人,受赠人表示接受赠与的合同。

赠与合同具有以下特征:

(1) 赠与合同为转移财产权利的合同。

赠与合同以赠与人将其财产给予受赠人,受赠人接受赠与的财产为内容。赠与的财产权利可以是物权、知识产权、债权、股票等,也可以是总体财产。赠与合同的履行结果发生赠与物的财产权利的转移,这是赠与合同与买卖合同的相同之处。同时赠与合同为合同,又不同于能够发生所有权转移后果的遗赠、捐赠等单方法律行为。遗赠、捐赠,只要有遗赠人、捐赠人一方的意思表示就可以成立;而赠与合同只有在赠与人与受赠人双方意思表示一致时才能成立。

(2) 赠与合同为单务、无偿合同。

赠与合同的当事人中仅赠与人负担将财产权利转移给受赠人的义务,而受赠人并不负担对待给付义务。受赠人取得赠与物无须偿付任何代价。这是赠与合同与买卖合同等的根本区别。赠与合同是典型的无偿合同,法律对其他无偿合同没有规定的,除合同性质不允许者外,得准用关于赠与合同的有关规定。

二、赠与合同的成立与效力

(一) 赠与合同的成立

赠与合同自当事人双方意思表示一致时成立,其生效时间依赠与为现实赠与还是非现实赠与而有所不同。

现实赠与,又称即时赠与,是指于合同成立之时,赠与人即将赠与物交付给受赠人的赠与。现实赠与自赠与物交付时起生效,赠与人未将赠与物交付的,合同不生效。但对于需办理产权过户手续的赠与物,若办理了过户手续,赠与人虽未将赠与物实际交付给受赠人,赠与合同也应生效。

非现实赠与,是指合同成立后赠与人才按照合同的约定将标的物交付受赠人的赠与。非现实赠与,合同自成立时起生效,但除具有救灾、扶贫、助残等公益、道德义务性质的赠与合同或者经过公证的赠与合同外,赠与人在赠与财产的权利转移之前可以任意撤销赠与,赠与合同一经撤销也就不发生效力。

(二) 一般赠与合同的效力

1. 赠与人的义务

赠与人的义务主要是依照合同的约定交付并转移赠与物的财产权利给受赠人。赠与合同生效后,赠与人应当按照合同的约定将赠与物交付给受赠人,并将赠与物的权利转移于受赠人。赠与的财产依法需要办理登记或者其他手续的,应当办理有关手续,未办理有关手续的,不能对抗善意第三人。

由于赠与人在赠与财产的权利转移之前可以撤销赠与。因此,赠与人在赠与财产的权利转移之前撤销赠与的,赠与人不交付赠与的财产时,受赠人不能要求赠与人交付。但是依法不得撤销的具有救灾、扶贫、助残等公益、道德义务性质的赠与合同或者经过公证的赠与合同,赠与人不得任意撤销。依《民法典》第660条的规定,经过公证的赠与合同或者依法不得撤销的具有救灾、扶贫、助残等社会公益、道德义务性质的赠与合同,赠与人不交付赠与的财产的,受赠人有权请求交付。因赠与人的故意或者重大过失致使应交付的赠与财产毁损、灭失的,赠与人应当承担赔偿责任。

赠与人对赠与物的瑕疵一般不负担保责任。但赠与人故意不告知瑕疵或者保证无瑕疵,造成受赠人损失的,应当承担赔偿责任(《民法典》第662条第2款)。

2. 受赠人的权利

受赠人的权利主要包括接受赠与物并取得赠与财产的权利。

(三) 附义务赠与合同的特别效力

赠与可以附义务(《民法典》第661条第1款)。附义务赠与又称为附负担赠与,是指以受赠人为一定给付为条件,亦即使受赠人于接受赠与后负担一定义务的赠与。附义务赠与的根本特点在于使受赠人负担一定的给付义务,赠与所附的义务是赠与合同的内容而不是另一合同的内容。赠与所附的义务不是赠与的对价,因此,除当事人有另外的特别约定外,只有在赠与人履行给付义务后,受赠人才应履行其负担的义务。附义务赠与合同的特别效力主要为以下两点:

1. 受赠人所附义务的履行

在附义务赠与中,受赠人取得赠与物虽不以向赠与人履行某项义务为代价,但却是以履行所附义务为条件的,因此,受赠人应当按照约定履行所附的义务。受赠人履行所附义务,仅于受赠财产的价值限度内为之,若赠与所附义务超出赠与财产的价值,则对于超出部分,受赠人不负履行的责任。受赠人不履行赠与所附义务的,赠与人或者所附义务的受益人有权要求受赠人履行。

2. 赠与人的瑕疵担保责任

因在附义务赠与中受赠人有履行所附义务的义务,就其履行义务而言,如同买受人,赠与人则有如同出卖人的地位。所以,《民法典》第662条第1款中规定,"附义务的赠与,赠与的财产有瑕疵的,赠与人在附义务的限度内承担与出卖人相同的责任"。

三、赠与的撤销

赠与的撤销有任意撤销与法定撤销之分。任意撤销是指赠与人不论何种理由均可撤销赠与。如前所述,依《民法典》第658条的规定,除法律规定的赠与合同外,赠与人在赠与财产的权利转移之前可以撤销赠与,此即为任意撤销。所谓法定撤销,是指赠与合同生效后,发生法定事由,赠与人或者赠与人的继承人或法定代理人有权撤销赠与时,因撤销权的行使而撤销赠与。我们这里说的赠与的撤销是指赠与的法定撤销。

(一)赠与人撤销赠与

依《民法典》第663条的规定,受赠人有下列情形之一的,赠与人可以撤销赠与:(1)严重侵害赠与人或者赠与人近亲属的合法权益。若受赠人的侵害行为所侵害的不是赠与人或者赠与人近亲属的合法权益,或者侵害行为并不严重,则不发生赠与人的撤销权。(2)对赠与人有扶养义务而不履行。但受赠人有扶养义务却因无扶养能力不能履行的,赠与人无权撤销赠与。(3)不履行赠与合同约定的义务。附义务赠与的受赠人不履行合同中约定的义务,赠与人可以请求其履行,也可以撤销赠与。

赠与人的撤销权自知道或者应当知道撤销事由之日起1年内不行使的,撤销权消灭。

另外,依《民法典》第666条的规定,赠与合同生效后赠与人的经济状况显著恶化,严重影响其生产经营或者家庭生活的,赠与人可以不再履行赠与义务。此种情形有的也认为属于赠与的法定解除。

(二)赠与人的继承人或者法定代理人撤销赠与

依《民法典》第664条的规定,因受赠人的违法行为致使赠与人死亡或者丧失民事行为能力的,赠与人的继承人或者法定代理人可以撤销赠与。但非因受赠人的违法行为而使赠与人死亡或者丧失民事行为能力的,不发生赠与的撤销。

赠与人的继承人或者法定代理人的撤销权,自知道或者应当知道撤销事由之日起6个月内不行使的,撤销权消灭。

(三)撤销权的行使方法及效力

撤销权人行使赠与的撤销权,应向受赠人为撤销的意思通知,自撤销的意思通知到达受赠人时生效。《民法典》第665条规定:"撤销权人撤销赠与的,可以向受赠人请求返还赠与的财产。"

第四节 借款合同

一、借款合同的概念与特征

依《民法典》第667条的规定,借款合同是借款人向贷款人(出借人)借款,到期返还借款并支付利息的合同。

借款合同因贷款人(出借人)是金融机构还是非金融机构或是自然人[①],有不同的特点。总的说来,借款合同有以下法律特征:

(1)借款合同是以转让货币所有权为目的的合同。

因为借款合同是以货币为标的物的,货币是典型的代替物、消耗物,在任何情形下货币的交付均发生所有权的转移,所以借款合同是以转移所有权为目的的合同。

(2)借款合同的标的物为货币。

借款合同不同于传统民法中的借贷合同。借贷合同的标的物为可消耗物,包括金钱和其他消耗物。而借款合同的标的物仅限于货币。由于我国《民法典》未规定借贷合同,仅规定了借款合同,因此对于以货币以外的其他消耗物为标的物的借贷关系可以参照适用关于借款合同的规定。

(3)借款合同原则上为有偿合同,也可以为无偿合同。

在我国,借款合同主要发生在金融机构与其他人之间,也就是说贷款人主要是金融机构,而依法可办理贷款业务的金融机构是以发放贷款为营业的,其贷款总是有利息的。民间借贷的出借人一般也是以取得利息为目的,因此,借款合同为有偿合同。《民法典》第680条第2款、第3款规定:"借款合同对支付利息没有约定的,视为没有利息。借款合同对支付利息约定不明确,当事人不能达成补充协议的,按照当地或者当事人的交易方式、交易习惯、市场利率等因素确定利息;自然人之间借款的,视为没有利息。"据此,借款合同当事人没有约定利息的,

---

① 贷款人不是金融机构的借款,称为民间借贷。依《民间借贷的规定》第1条第1款的规定,民间借贷,"是指自然人、法人和非法人组织之间进行资金融通的行为。"

该合同则为无偿合同。自然人之间借款合同对支付利息约定不明确的,也视为无偿合同。

(4) 借款合同为诺成性合同,但自然人之间的借款合同为实践性合同。

在现代社会中以银行出借货币为内容的借贷合同已成为诺成性合同,自当事人达成合意即成立。民间借贷合同,除自然人之间的借款合同外,也为诺成性合同。将借款合同规定为诺成性合同,有利于保护借款人的利益,使借款人能够根据借款合同所可取得的款项组织生产经营活动。

自然人之间的借款合同为实践性合同,自贷款人提供借款时成立(《民法典》第679条)。依《民间借贷的规定》第9条的规定,具有下列情形之一,可以视为合同成立:① 以现金支付的,自借款人收到借款时;② 以银行转账、网上电子汇款等形式支付的,自资金到达借款人账户时;③ 以票据支付的,自借款人依法取得票据权利时;④ 出借人将特定资金账户支配权授权给借款人的,自借款人取得对该账户实际支配权时;⑤ 出借人以与借款人约定的其他方式提供借款并实际履行完成时。

(5) 借款合同为双务合同,但自然人之间的借款合同原则上为单务合同。

借款合同自双方达成合意时成立生效,自合同成立后,贷款人负有按合同的约定交付借款的义务,借款人负有按期偿还借款和支付利息的义务。因此,借款合同应为双务合同,而并非单务合同。但是,由于依法律规定自然人之间的借款合同为实践性合同,只有出借人将借款提供给借款人,合同才成立生效,而于合同生效后出借人不再负担义务,仅有借款人一方负担返还借款的义务,所以,自然人之间的借款合同原则上为单务合同。

(6) 借款合同为要式合同,但自然人之间的借款合同为不要式合同。

《民法典》第668条第1款规定:"借款合同应当采用书面形式,但是自然人之间借款另有约定的除外。"因此,除自然人之间借款当事人自由选择合同的形式外,其他借款合同应当采用书面形式。贷款人提供的借款人出具的借据、收据、欠条等债权凭证也为借款合同的书面表现形式。

二、借款合同当事人的权利义务

(一) 贷款人的主要义务

由于自然人之间的借款合同只有在出借人将借款交付给借款人时合同才成立生效,所以如上所述,自然人之间的借款合同为单务合同,在借款合同生效后,出借人并不负担义务。而其他借款合同为诺成性合同、双务合同,自合同成立生效后,贷款人也负担义务。

贷款人的主要义务就是按照合同的约定按时向借款人提供借款。因为借款合同订立后,借款人就会按照借款合同中约定的借款时间和数额来安排其用款计划。如果贷款人不能按照约定的时间和数额提供借款,就会打乱借款人的用款计划,会影响借款人的生产经营活动,甚至会影响其整个资金的良性周转。因此,《民法典》第671条第1款规定:"贷款人未按照约定的日期、数额提供借款,造成借款人损失的,应当赔偿损失。"

按照《民法典》第670条的规定,贷款人提供给借款人的借款金额应当符合合同中约定的数额,而不得从中预先扣除借款利息、违约金、保证金。利息预先在本金中扣除的,应当按照实际借款数额返还借款并计算利息。

(二)借款人的主要义务

1. 按照合同约定的时间和数额收取借款

借款人有义务按照合同中约定的时间和数额收取借款。《民法典》第671条第2款规定:"借款人未按照约定的日期、数额收取借款的,应当按照约定的日期、数额支付利息。"也就是说,不论借款人是否按照约定的日期和数额收取借款,都应当按照合同中约定的借款日期和数额计算利息。

2. 接受贷款人的用款监督,向贷款人提供必要的资料

金融机构为贷款人的,贷款人一般要求借款人向其及时提供财务会计报表等资料,以便其能对借款人的生产经营和资信状况作出准确的判断,并协助借款人发现和解决借款使用中出现的问题,以提高借款的使用效益,保障借款能够按时收回。《民法典》第672条规定:"贷款人按照约定可以检查、监督借款的使用情况。借款人应当按照约定向贷款人定期提供有关财务会计报表或者其他资料。"

3. 按照合同约定的贷款用途使用借款

借款人须按照合同约定的借款的用途使用借款,不得挪作他用。《民法典》第673条规定:"借款人未按照约定的借款用途使用借款的,贷款人可以停止发放借款、提前收回借款或者解除合同。"

4. 按合同约定的还款期限和方式及时偿还借款

《民法典》第675条规定:"借款人应当按照约定的期限返还借款。对借款期限没有约定或者约定不明确,依据本法第五百一十条的规定仍不能确定的,借款人可以随时返还;贷款人可以催告借款人在合理期限内返还。"

借款合同明确约定借款期限时,借款人未按照约定的期限偿还借款的,有两种情形。其一是迟延还款,即借款人在约定的还款期限届满时未还款。《民法典》第676条规定:"借款人未按照约定的期限返还借款的,应当按照约定或者国家有关规定支付逾期利息。"其二是提前还款,即借款人在约定的偿还借款的期限到来前就返还借款。借款人在还款期限未至前可否提前偿还借款呢?对此有不同的看法。《民法典》既考虑到贷款人的利益,也考虑到借款人的利益,规定"借款人提前返还借款的,除当事人另有约定外,应当按照实际借款的期间计算利息"(第677条)。

5. 按照合同约定的利率和期限支付利息

借款人的主要义务是向贷款人支付利息。借款人不仅应按照约定的数额支付利息,而且应在约定的期限支付利息。《民法典》第 674 条规定:"借款人应当按照约定的期限支付利息。对支付利息的期限没有约定或者约定不明确,依据本法第五百一十条的规定仍不能确定,借款期间不满一年的,应当在返还借款时一并支付;借款期间一年以上的,应当在每届满一年时支付,剩余期间不满一年的,应当在返还借款时一并支付。"借款人未按规定期限支付利息的,应负违约责任。

当然,无息借款的借款人无支付利息的义务。

《民法典》第 680 条第 1 款规定:"禁止高利放贷,借款的利率不得违反国家有关规定。"依此,借款合同约定利息的,只有约定的利率不违反国家的限制规定时,借款人才负按约定支付利息的义务。如果当事人约定的利率违反国家有关限制借款利率的规定,超过国家限制规定部分的利息不受法律保护。

第五节 保证合同

一、保证合同的概念和特征

依《民法典》第 681 条的规定,保证合同是为保障债权的实现,保证人和债权人约定,当债务人不履行到期债务或者发生当事人约定的情形时,保证人履行债务或者承担责任的合同。

保证合同具有以下法律特征:

(1) 保证合同具有从属性。

主债权债务合同与保证合同形成主从关系。主债权债务合同为主合同,保证合同是主债权债务合同的从合同(《民法典》第 682 条第 1 款第 1 句)。保证合同以主债权债务合同有效存在为前提,主债权债务合同不存在或者无效的,保证合同也不能存在或有效。但是,法律规定的独立保证具有独立效力,独立保证的保证合同的效力不受主债权债务合同的影响。因保证合同为从合同,保证合同的无效不影响主债权债务合同的效力。依《民法典》第 682 条第 2 款的规定,保证合同被确认无效后,债务人、保证人、债权人有过错的,应当根据其过错各自承担相应的民事责任。

(2) 保证合同主体具有限定性。

保证合同是保证人向债权人提供债权担保的合同,因此,保证合同的债权人只能是主债权债务关系中的债权人,而不能是其他人。又因为在债务人不履行到期债务或者发生其他情形时,保证人履行债务或者承担责任,所以,保证人须具有担保能力。依《民法典》第 683 条的规定,机关法人不得为保证人,但是经国务院批准为使用外国政府或者国际经济组织贷款进行转贷的除外。以公益为目的的非营利法人、非法人组织不得为保证人。

(3) 保证合同具有诺成性、单务性、无偿性。

保证合同自债权人与保证人达成协议时起即可成立生效,因此,保证合同为诺成性合同。保证合同当事人双方仅有保证人负担义务,而债权人仅享有权利而不负担义务,因此,保证合同为单务合同。保证合同的债权人请求保证人履行保证债务无须支付任何代价,保证人履行保证债务也不能从债权人得到利益,因此,保证合同为无偿合同。

二、保证合同的内容和形式

保证合同由保证人与债权人订立。一般情况下,保证人是应债务人的请求与债权人订立保证合同。因保证人承担保证责任后,除当事人另有约定外,只要不损害债权人的利益,保证人有权在其承担的范围内向债务人追偿,享有债权人对债务人的权利(《民法典》第 700 条)。因此,保证人为保证自己履行保证合同后能够实现其代位追偿权,可以要求债务人提供反担保。但保证人与债务人间是否有反担保协议,不影响保证合同的成立。

(一) 保证合同的内容

依《民法典》第 684 条的规定,保证合同的内容一般包括以下条款:

(1) 被担保的主债权的种类、数额。被担保的主债权种类与保证人承担的保证债务性质有关。被担保的主债权为非金钱债权的,保证人可以按约定承担履行责任,即在主债务人不履行债务时,债权人可按约定要求保证人履行,保证人不履行的,应当承担责任。此时保证人承担的是债务不履行的赔偿责任。

被担保的债权应是在订立保证合同时已经存在的债权。但是保证合同所担保的债权也可以是将来发生的债权。《民法典》第 690 条第 1 款规定:"保证人与债权人可以协商订立最高额保证的合同,约定在最高债权额限度内就一定期间连续发生的债权提供保证。"最高额保证合同被担保的债权就是在订立合同时尚未发生的债权。

(2) 债务人履行债务的期限。因为保证人一般只在债务人到期不履行债务时才承担保证责任,债务人履行债务的期限决定保证人保证责任生效的期限,因此当事人应约定债务人履行债务的期限。

(3) 保证的方式。保证方式是保证人承担保证责任的方式。保证方式包括一般保证和连带责任保证。当事人在保证合同中对保证方式没有约定或者约定不明确的,按照一般保证承担保证责任(《民法典》第 686 条)。依《担保制度解释》第 25 条的规定,当事人在保证合同中约定了保证人在债务人不能履行债务或者无力偿还债务时才承担保证责任等类似内容,具有债务人应当先承担责任的意见表示的,人民法院应当将其认定为一般保证。当事人在保证合同中约定了保证人在债务人不履行债务或者未偿还债务时即承担保证责任、无条件承担保证责任等类似内容,不具有债务人应当先承担责任的意见表示的,人民法院应将其认定为连带责任保证。

一般保证是指当事人约定,债务人不能履行债务时,由保证人承担保证责任的保证方式。一般保证的保证人享有先诉抗辩权。债权人要求保证人承担保证责任不仅需证明债务人不履行债务,而且需证明债务人不能履行债务。《民法典》第687条第2款规定,一般保证的保证人在就债务人的财产依法强制执行仍不能履行债务前,有权拒绝向债权人承担保证责任,但是有下列情形之一的除外:① 债务人下落不明,且无财产可供执行;② 人民法院已经受理债务人破产案件;③ 债权人有证据证明债务人的财产不足以履行全部债务或者丧失履行债务能力;④ 保证人书面表示放弃先诉抗辩的权利。

连带责任保证是指当事人约定保证人和债务人承担连带责任的保证方式。连带责任保证必须在合同中明确约定。《民法典》第688条第2款规定,"连带责任保证的债务人不履行到期债务或者发生当事人约定的情形时,债权人可以请求债务人履行债务,也可以请求保证人在其保证范围内承担保证责任。"

(4) 保证范围。保证范围是指保证人承担保证责任的范围。保证合同没有明确约定保证范围的,保证的范围包括主债权及其利息、违约金、损害赔偿金和实现债权的费用(《民法典》第691条)。

(5) 保证期间。保证期间是指保证人承担保证责任的期间,债权人未在保证期间内按要求请求保证人承担保证责任的,保证期间届满后,保证人可不承担保证责任。

(二) 保证合同的形式

保证合同应当采用书面形式。依《民法典》第685条的规定,保证合同可以是单独订立的书面合同,也可以是主债权债务合同中的保证条款。第三人单方以书面形式向债权人作出保证,债权人接受且未提出异议的,保证合同成立。

三、保证合同的效力

保证合同的效力为债权人享有的权利和保证人负担的义务。

债权人的权利是在债务人不履行到期债务或者发生约定的其他情形时,请求保证人承担保证责任。保证人的义务是应债权人的请求承担保证责任,承担保证责任也就是履行保证债务。

在有下列事由时,保证人可以不承担保证责任:

(1) 保证期限届满,债权人未为请求。保证期间由债权人与保证人在保证合同中约定。约定的保证期间只能从主债务履行期限届满时起算。依《民法典》第692条的规定,约定的保证期间早于主债务履行期限或者与主债务履行期限同时届满的,视为没有约定;没有约定或者约定不明确的,保证期间为主债务履行期限届满之日起6个月。债权人与债务人对主债务履行期限没有约定或者约定不明确的,保证期间自债权人请求债务人履行债务的宽限期届满之日起计算。

依《民法典》第693条的规定,一般保证的债权人未在保证期间内对债务人提起诉讼或者申请仲裁的,保证人不再承担保证责任。连带责任保证的债权人未在保证期间内对保证人主张承担保证责任的,保证人不再承担保证责任。

(2) 保证债务诉讼时效期间届满。债权人在保证期间内向保证人主张承担保证责任的,保证人的保证债务发生效力,保证债务诉讼期间届满的,保证人可不承担保证责任。保证债务的诉讼时效自债权人在保证期间内向保证人请求保证人承担保证责任,保证人拒绝承担保证责任的权利消灭之日起开始计算(《民法典》第694条)。依《担保制度解释》第28条的规定,一般保证中,债权人依据生效法律文书对债务人的财产依法申请强制执行,保证债务诉讼时效的起算时间按照下列规则确定:其一,人民法院作出终结本次执行程序裁定,或者依照《民事诉讼法》第257条第3项、第5项的规定作出终结执行裁定的,自裁定送达债权人之日起开始计算;其二,人民法院自收到申请执行书之日起1年内未作出前项裁定的,自人民法院收到申请执行书满1年之日起开始计算,但是保证人有证据证明债务人仍有财产可供执行的除外。一般保证的债权人在保证期间届满前对债务人提起诉讼或者申请仲裁,债权人举证证明存在《民法典》第687条第2款但书规定情形的,保证债务的诉讼时效自债权人知道或者应当知道该情形之日起开始计算。

(3) 未经保证人同意,债权人和债务人更新合同。债权人与债务人未经保证人同意更新合同的,因原合同债权债务被更新后的合同债权债务替代,保证人未担保新债务,因而保证人对债权人也就不再承担保证责任。但是,债权人与债务人不是更新合同,而是变更合同的,则保证人的保证责任不消灭。依《民法典》第695条的规定,债权人和债务人未经保证人书面同意,协商变更主债权债务合同内容,减轻债务的,保证人仍对变更后的债务承担保证责任;加重债务的,保证人对加重的部分不承担保证责任。债权人与债务人对主债权债务合同履行期限作了变更,未经保证人书面同意,保证期间不受影响。

(4) 保证人与债权人约定仅对特定债权人担保或者禁止债权转让,债权人未经保证人同意转让债权。保证人与债权人约定仅对特定债权人承担保证责任的,债权转让后的受让债权人并不是保证债权人。当事人约定禁止债权转让的,也意味着保证人仅对特定债权人承担保证责任。因此,《民法典》第696条第2款规定:"保证人与债权人约定禁止债权转让,债权人未经保证人书面同意转让债权的,保证人对受让人不再承担保证责任。"

当然,在一般情形下,因为保证合同为从合同,保证债务为从债务,保证债务随主债权的转移而转移。债权人转让债权,只要通知保证人就对保证人发生效力。但是,债权人将全部或者部分债权转让给第三人,未通知保证人的,该转让对保证人不发生效力(《民法典》第696条第1款)。

(5) 债权人未经保证人同意,允许债务人转移债务。债务人将债务全部或部分转移给第三人,债务人将免除全部或部分清偿责任,受让第三人成为债务人。而保证人是基于特定债务人的信用而与债权人订立保证合同的,债务转移后,保证人可决定是否为新债务人提供担保。因此,除债权人和保证人另有约定外,债权人未经保证人书面同意,允许债务人转移全部或者部分债务,保证人对未经其同意转移的债务不再承担保证责任(《民法典》第697条第1款)。因为第三人加入债务,原债务人并不退出债权债务关系,第三人与债务人连带地向债权人负清偿责任,这有利于保证人,因此,《民法典》第697条第2款规定:"第三人加入债务的,保证人的保证责任不受影响。"

(6) 债权人放弃或怠于行使权利。《民法典》第698条规定:"一般保证的保证人在主债务履行期限届满后,向债权人提供债务人可供执行财产的真实情况,债权人放弃或者怠于行使权利致使该财产不能被执行的,保证人在其提供可供执行财产的价值范围内不再承担保证责任。"因为一般保证人仅对债务人不能履行的部分承担保证责任,保证人向债权人提供了债务人可供执行的财产的真实情况,债权人应先就债务人可执行的财产请求法院予以执行,债权人放弃权利,怠于行使执行权利,由此致使本可得到的清偿不能得到,所造成的损失自应由自己承担。而保证人仅就对债务人的财产予以强制执行尚不能清偿的部分承担保证责任。

(7) 保证人有权行使可以不承担保证责任的抗辩。《民法典》第701条规定:"保证人可以主张债务人对债权人的抗辩。债务人放弃抗辩的,保证人仍有权向债权人主张抗辩。"据此,保证人不仅可以主张保证合同无效或可撤销、时效期间届满等抗辩,而且可以独立主张债务人对债权人的抗辩。若保证人有效行使抗辩权,确认主债权债务合同无效、被撤销以及债务诉讼时效期间届满等,保证人当然也无须承担保证责任。

保证人可以主张债务人享有的抵销权或者撤销权。《民法典》第702条规定:"债务人对债权人享有抵销权或者撤销权的,保证人可以在相应范围内拒绝承担保证责任。"

第六节 租赁合同

一、租赁合同的概念与特征

《民法典》第 703 条规定:"租赁合同是出租人将租赁物交付承租人使用、收益,承租人支付租金的合同。"租赁合同具有以下法律特征:

(1)租赁合同是转移财产使用权的合同。

租赁合同是以承租人一方取得在一定期限内对租赁物的使用收益权而不是对物的所有权为目的的,因而租赁合同仅转移标的物的使用、收益权,而不转移标的物的所有权。这是租赁合同区别于买卖合同等转移财产所有权合同的根本特征。

由于租赁合同转移的仅是对标的物的使用、收益权,因此承租人对租赁物仅有使用及收益的权利,而无处分权。这是租赁合同与借贷合同的主要区别。

租赁合同以承租人取得对物的使用收益权为目的。在一般情况下,承租人重视的是取得物的使用。在有些情况下,承租人不仅重视物的使用,而且重视取得收益,亦即使用的目的在于有收益。而在有些情况下,承租人的直接目的就是为了取得收益。因此,在当事人无特别约定时,承租人承租权的内容包括使用和收益。

租赁合同既以物的使用收益为目的,出租人就负有将租赁物交付承租人使用收益的义务。因此,租赁合同的出租人应为租赁物的所有权人或者使用权人。但出租人是否为租赁物的所有权人或者使用权人,不应影响租赁合同的效力。以他人之物出租的,租赁合同仍可有效。当然,出租人以他人之物出租,对标的物的所有人构成侵权或者不当得利,应向标的物的所有人或者合法使用权人负侵权的民事责任或者返还不当得利的责任。若承租人明知租赁物非为出租人所有,仍与出租人订立租赁合同,以故意侵害标的物所有人或者使用权人利益的,则会与出租人构成共同侵权行为。但出租人以法律禁止租赁的财产出租的,租赁合同为无效。

租赁合同既以承租人对租赁物的使用收益为目的,则凡可为多次使用而并不改变其形态和价值的物均可为租赁物,并且出租人应使租赁物处于宜于依约定使用的状态。

租赁合同以转移标的物的使用收益权为特征,因此,只有承租人自己独立使用租赁物的,才为租赁。如出租人一方仍对标的物为占有使用,而承租人不占有使用标的物,则该种关系不为租赁。但在出租人的占有使用与承租人的占有使用并不矛盾的情况下,则出租人虽仍占有使用其物,也可以成立租赁关系。例如，公交公司将公交线路上的站牌出租给广告公司张贴广告即是。

(2) 租赁合同是承租人须交付租金的合同。

租赁合同的承租人取得标的物的使用收益权，以支付租金为代价。因为出租人是通过租赁来实现租赁物的价值并取得收益的。当事人一方取得标的物的使用权是否须交付租金，是租赁合同与借用合同的根本区别。

租金一般以货币计算。当事人也可以约定以实物为租金。但以法律禁止流通的物为租金的，应为无效。

(3) 租赁合同为诺成性合同、双务合同、有偿合同。

租赁合同自当事人双方意思表示一致时起就成立，而不以租赁物的实际交付为合同的成立生效要件，故为诺成性合同。租赁合同当事人双方都既负有一定义务，也享有一定权利，双方的权利义务具有对应性、对价性，所以租赁合同为双务合同。租赁合同当事人的任何一方从对方取得利益，均须支付一定的代价，因此租赁合同为有偿合同。

(4) 租赁合同是有期限限制的合同。

租赁让渡的是租赁物的使用和收益权，于使用完毕后承租人须返还原物，而物的使用价值是有一定期限的，如果当事人之间约定的租赁期过长，这既与让渡物的使用收益的目的不符合，也容易就物的返还状态发生争议，甚至使物的价值使用殆尽。因此，各国的法律大都规定了租赁合同的最长期限，如《民法典》第705条第1款明确规定："租赁期限不得超过二十年。超过二十年的，超过部分无效。"当事人约定的租赁期限超过最长期限的，应缩短为法定的最长期限。

租赁可以是定期的，也可以是不定期的。但依《民法典》第707条的规定，"租赁期限六个月以上的，应当采用书面形式。当事人未采用书面形式，无法确定租赁期限的，视为不定期租赁。"不定期租赁的当事人可以随时终止合同。

(5) 租赁合同终止后承租人须返还原物。

租赁合同的承租人于租赁合同终止后须将原物返还给出租人，承租人对租赁物基于使用收益的需要有权占有，但无权处分。因承租人须返还原物，而不能以其他物代替原物返还，因此，租赁的标的物一般只能是特定的非消耗物。以消耗物为标的物的，则必须用于非消费性使用。租赁合同的这一特征也是其与借贷合同的主要区别。

二、租赁合同当事人的权利义务

(一) 出租人的义务

1. 交付租赁物及维持租赁物合于约定的使用收益的状态

《民法典》第708条规定："出租人应当按照约定将租赁物交付承租人，并在租赁期限内保持租赁物符合约定的用途。"出租人的这一义务包括以下内容：

（1）依合同约定交付租赁物。出租人交付的租赁物应符合约定的名称、数量，并以合同中约定的交付方式、时间、地点为之。如于合同成立时，租赁物已为承租人直接占有的，则于合同约定的交付时间起承租人即得对租赁物为使用收益。如果依合同约定的使用性质，不以标的物的交付为必要，则出租人应将租赁物作成适于承租人使用的状态。例如，出租房屋的墙壁张贴广告的，出租人虽不必交付房屋由承租人占有，但应将墙壁作成适于张贴广告的状态。租赁物有从物的，出租人于交付租赁物的同时应交付从物。出租人交付的标的物须合于约定的使用收益目的。

出租人不能按时交付标的物或者交付的标的物不适合于约定的使用收益目的的状态的，应负违约责任；同时承租人得主张对待履行的抗辩权，拒绝支付租金。

（2）保持租赁物符合约定的用途。出租人在租赁期间保持租赁物符合约定用途的义务，也就是出租人的瑕疵担保义务，包括物的瑕疵担保义务与权利瑕疵担保义务。

所谓物的瑕疵担保，是指出租人应担保所交付的租赁物符合约定的用途，能够为承租人依约正常使用收益。如租赁物有不能使承租人为正常使用收益的瑕疵，出租人即应承担责任，承租人得解除合同或者请求减少租金。《民法典》第729条明确规定："因不可归责于承租人的事由，致使租赁物部分或者全部毁损、灭失的，承租人可以请求减少租金或者不支付租金；因租赁物部分或者全部毁损、灭失，致使不能实现合同目的的，承租人可以解除合同。"承租人于订立合同时明知租赁物有瑕疵的，出租人不负瑕疵担保义务；出租人未对租赁物的品质作特别保证而双方又有关于瑕疵担保责任免除的特约，出租人并非故意或者重大过失不告知租赁物的瑕疵的，出租人可免除瑕疵担保义务。但是，为保证承租人一方的人身安全与健康，《民法典》第731条规定："租赁物危及承租人的安全或者健康的，即使承租人订立合同时明知该租赁物质量不合格，承租人仍然可以随时解除合同。"

所谓出租人的权利瑕疵担保，是指出租人应担保不因第三人主张权利而使承租人不能依约为使用收益。在第三人主张权利致使承租人不能依约定为租赁物的使用收益时，承租人可以要求减少租金或者解除合同，并可要求出租人赔偿因此所受到的损失。《民法典》第723条规定："因第三人主张权利，致使承租人不能对租赁物使用、收益的，承租人可以请求减少租金或者不支付租金。第三人主张权利的，承租人应当及时通知出租人。"

即使当事人在租赁合同中以特约免除权利瑕疵担保责任，若出租人故意或者重大过失不告知承租人权利瑕疵的，则因该特约无效，出租人仍应承担权利瑕疵担保责任。

依《民法典》第724条的规定,有下列情形之一,非因承租人原因致使租赁物无法使用的,承租人可以解除合同:① 租赁物被司法机关或者行政机关依法查封、扣押;② 租赁物权属有争议;③ 租赁物具有违反法律、行政法规关于使用条件的强制性规定情形。

2. 租赁物的维修

《民法典》第712条规定:"出租人应当履行租赁物的维修义务,但是当事人另有约定的除外。"所谓维修,是指于租赁物不符合约定的使用收益状态时,对租赁物进行修理和维护,以使承租人得以按照约定对租赁物为正常使用收益。出租人的维修义务的构成须具备以下条件:

(1) 租赁物有维修的必要。所谓维修的必要,是指租赁物出现影响正常使用收益的情况,必须对其进行维修方能满足承租人依约定对租赁物为使用收益,否则就不能对租赁物为正常的使用、收益,不能发挥租赁物应有的效用。

(2) 有维修的可能。所谓维修的可能是指损坏的租赁物在事实上经过维修能够恢复并达到损坏前的状态,并且在经济上是合理的。

(3) 在租赁期间承租人已为维修的通知。在租赁关系存续期间,租赁物发生损坏需要维修的,承租人应通知出租人。承租人应为通知而未通知的,出租人维修租赁物的义务不发生。

(4) 当事人无另外的约定。当事人约定或者依习惯租赁物应由承租人负责维修的,出租人不负维修的义务。

《民法典》第713条规定:"承租人在租赁物需要维修时可以请求出租人在合理期限内维修。出租人未履行维修义务的,承租人可以自行维修,维修费用由出租人负担。因维修租赁物影响承租人使用的,应当相应减少租金或者延长租期。因承租人的过错致使租赁物需要维修的,出租人不承担前款规定的维修义务。"

3. 负担税负及费用的返还

租赁物有税捐等负担时,除当事人另有约定外,出租人应当负担。因为这些负担是由租赁物发生的,而在租赁中租赁物的所有权并不转移。

出租人对于承租人为租赁物支出的费用有偿还的义务。出租人应当偿还的费用包括有益费用和必要费用两部分。

所谓有益费用,是指承租人支出而使租赁物价值增加的费用。我国通说认为,构成有益费用偿还须具备以下条件:(1) 该费用须为对租赁物进行改善或者在租赁物上增设他物而支出的。(2) 须因该费用的支出而使租赁物的价值增加。(3) 须承租人所为的改善或者增设行为已经出租人同意。《民法典》第715条第2款规定:"承租人未经出租人同意,对租赁物进行改善或者增设他物的,出租人可以请求承租人恢复原状或者赔偿损失。"从其反面解释,出租人也可以不请求承租人恢复原状或者赔偿损失。因此，这里的同意，不应仅限于承租人实施行为时出租人的明示同意，出租人知道承租人的行为而不表示反对的，也应包括在内。出租人返还的有益费用的范围仅限于租赁合同终止时租赁物增加的价值额，而不能以承租人支出的数额为准。当然，承租人所增设的物能够拆除的，承租人也可以拆除，而不要求出租人偿还有益费用，但承租人拆除时应恢复租赁物的原状。承租人拆除增设物的权利，在学说上称为工作物取回权。

所谓必要费用，是指为维护租赁物所不可缺少的费用。例如，机器的养护费用、动物的饲养费用等等。必要费用可分为两部分：一部分是维持租赁物为承租人使用收益所支出的必要费用，一般应由承租人承担；一部分是为维持租赁物的使用收益状态所支出的必要费用，应由出租人负担，如此项费用已为承租人支出，则出租人有偿还的义务。当然关于必要费用的负担，得由当事人自行约定。

4. 在合同终止时接受租赁物和返还押金或者担保物

在租赁合同终止，承租人返还租赁物时，出租人应当及时接受租赁物。出租人收有押金或者其他担保物的，应当返还押金或者担保物；出租人不及时返还的，其占有为非法占有，应承担相应的民事责任。

(二) 承租人的义务

1. 按照约定的方式和范围对租赁物为使用收益

依《民法典》第709条的规定，承租人对租赁物的使用，有约定的，应按约定的方法使用；当事人没有约定或者约定不明确的，当事人双方应就租赁物的使用方法进行协商，协商不成的，应依习惯的方法使用，例如租赁汽车的，依习惯应用于交通运输；依习惯也不能确定的，承租人应依租赁物的用途和性质所定的方法使用收益。

承租人是否依约定的方法使用租赁物，是确定租赁物的损耗是否为正常的标准。《民法典》第710条明确规定："承租人按照约定的方法或者根据租赁物的性质使用租赁物，致使租赁物受到损耗的，不承担赔偿责任。"第711条规定："承租人未按照约定的方法或者未根据租赁物的性质使用租赁物，致使租赁物受到损失的，出租人可以解除合同并请求赔偿损失。"因为承租人未按约定方法或者未根据租赁物的性质使用租赁物而致租赁物毁损灭失的，不属于租赁物的正常损耗，所以承租人应承担责任。

2. 妥善保管租赁物

《民法典》第714条规定："承租人应当妥善保管租赁物，因保管不善造成租赁物毁损、灭失的，应当承担赔偿责任。"承租人保管租赁物，合同中约定有保管方法的，应依约定的方法保管；没有约定保管方法的，应依租赁物的性质所要求的方法保管。承租人对租赁物的保管，既包括对租赁物的保存，也包括对租赁物的正常维护和维持。例如，租赁物需要日常维护的，要予以正常的维护；租赁物有生产能力的,要维持其生产能力。

承租人违反其妥善保管义务致使租赁物毁损、灭失的,应赔偿出租人的损失。因承租人的同居人和经承租人允许使用租赁物的第三人的原因造成租赁物毁损、灭失的,也为因承租人未尽妥善保管义务造成的损失,承租人同样应负赔偿责任。

3. 有关事项的通知

在租赁关系存续期间,出现应及时通知出租人的情况时,承租人有及时通知的义务。承租人的这一义务须具备以下条件才能成立:

第一,出现应为通知的事项。应为通知的事项包括:(1)租赁物有修理、防止危害之必要;(2)第三人就租赁物主张权利;(3)其他依诚实信用原则应当通知的事由。例如,租赁物因不可抗力损毁灭失,因第三人的侵害受损等,承租人也应及时通知出租人。

第二,须为出租人不知的事项。若出租人已知该事项出现,则承租人不负通知的义务。出租人是否为已知,应由承租人负举证责任。

4. 支付租金

《民法典》第721条规定:"承租人应当按照约定的期限支付租金。对支付租金的期限没有约定或者约定不明确,依据本法第五百一十条的规定仍不能确定,租赁期限不满一年的,应当在租赁期限届满时支付;租赁期限一年以上的,应当在每届满一年时支付,剩余期限不满一年的,应当在租赁期限届满时支付。"

当事人约定以租赁物的孳息或者其他物充当租金的,也无不可,但不得以承租人的劳务代租金。约定以一方付出一定劳务为对物的使用收益的代价的,当事人之间的关系不为租赁关系。

租金的数额得由当事人自行约定,但法律对租金数额有特别规定者,当事人应依法律的规定约定;当事人约定的租金高于法律规定的最高限额的,其超过部分应为无效。承租人交付租金,应依当事人依法约定的数额交付。租金虽为租赁物使用收益的代价,但在因承租人自己的事由而致不能对租赁物的全部或者一部为使用收益时,承租人不能免除或者部分免除交付租金的义务,仍应按约定的数额交付租金。①依《民法典》第729条的规定,在租赁物因不可归责于承租人的原因而部分灭失时,因承租人对租赁物的部分不能为使用收益,承租人可就灭失部分请求减少租金;若租赁物剩余部分不能实现租赁的目的,承租人可解除合同,从而免除交付租金的义务。

承租人交付租金,应当如数一次性交足,不能仅交应交租金的一部分,而拖

---

① 因承租人原因致租赁物损毁的,承租人应负赔偿责任,承租人不能因此而请求减少租金;如因承租人的原因而使租赁物全部毁损灭失时,因当事人之间的租赁合同只能终止,承租人虽应负赔偿责任,但其交付租金的义务自然也就终止。

欠一部分。承租人迟延交付租金的,自应负债务迟延履行的责任。《民法典》第722条规定:"承租人无正当理由未支付或者迟延支付租金的,出租人可以请求承租人在合理期限内支付;承租人逾期不支付的,出租人可以解除合同。"

5. 不得随意转租和转让租赁权

(1) 转租。转租可分为合法转租与不合法转租两种情况。

合法转租,是经出租人同意的转租。《民法典》第716条第1款规定:"承租人经出租人同意,可以将租赁物转租给第三人。承租人转租的,承租人与出租人之间的租赁合同继续有效;第三人造成租赁物损失的,承租人应当赔偿损失。"出租人知道或者应当知道承租人转租,但是6个月内未提出异议的,视为出租人同意转租(《民法典》第718条)。在合法转租时,当事人之间发生如下法律后果:首先,出租人与承租人之间的关系不因转租而受影响,承租人并应就因次承租人应负责的事由所产生的损害向出租人负赔偿责任。其次,承租人为转租人,其与次承租人之间的关系与一般租赁关系并无区别。再次,在出租人与次承租人之间虽不存在直接的法律关系,但次承租人得直接向出租人履行承租人应当履行的义务,出租人也得直接向次承租人行使转租人得行使的权利。依《民法典》第719条的规定,承租人拖欠租金的,次承租人可以代承租人支付其欠付的租金和违约金。次承租人代为支付的租金和违约金,可以折抵次承租人应当向承租人支付的租金;超出其应付的租金数额的,可以向承租人追偿。在这些情况下发生债的第三人履行问题。最后,转租是以承租人存有租赁权为基础的,在承租人的租赁权因合同解除等原因消灭时,次承租人不能向出租人主张租赁权。如次承租人因此不能取得租赁权而受有损害时,次承租人也只能向转租人请求赔偿。

不合法转租,是指未经出租人同意的转租。《民法典》第716条第2款规定:"承租人未经出租人同意转租的,出租人可以解除合同。"不合法转租发生以下法律后果:① 就转租人与次承租人之间的关系而言,双方之间的租赁合同可以有效,转租人负有使次承租人取得对租赁物为使用收益权利的义务,因转租人不能使次承租人取得使用收益的权利的,次承租人得向转租人请求损害赔偿。② 就出租人与承租人之间的关系而言,承租人转租为严重违约行为,出租人有权解除合同。出租人解除合同的,并得请求损害赔偿;出租人不解除合同的,租赁关系仍然有效,不因承租人的转租而受影响。③ 就出租人与次承租人之间的关系而言,次承租人的租赁权不能对抗出租人。在出租人终止租赁关系时,出租人自得直接向次承租人请求返还租赁物。

(2) 租赁权转让。租赁权为一种债权,所以租赁权的转让属于债权转让问题。但租赁权的转让并不仅仅为权利的转让,而且是包括义务在内的一种法律地位的转让,实际上是合同债权债务的一并转让。因此,租赁权的转让须经合同另一方即出租人的同意。只有在当事人有可转让租赁权的特别约定或者其后经出租人同意时，承租人才得转让租赁权，此为合法转让；否则，承租人转让租赁权为不合法转让。租赁权转让后，受让人成为承租人。

6. 返还租赁物

《民法典》第733条规定："租赁期限届满，承租人应当返还租赁物。返还的租赁物应当符合按照约定或者根据租赁物的性质使用后的状态。"这实际上规定的是租赁关系终止时承租人的返还义务。

租赁关系终止时，只要租赁物存在，承租人就应返还租赁物；只有在租赁物已不存在时，承租人才不负返还义务。例如，在租赁物灭失时，租赁关系当然也终止，但承租人无返还租赁物的义务，如租赁物系因承租人的原因灭失的，承租人自应负赔偿责任；若租赁物非因承租人的原因灭失，则承租人不负责任。

承租人返还的租赁物应当符合依约定方法或者根据租赁物的性质所确定的方法为使用收益致租赁物发生变更或者损耗后的状态。

承租人不及时返还租赁物的，应当负违约责任。出租人既可基于租赁关系要求承租人返还，也可基于所有权要求承租人返还。承租人不仅应当交付逾期返还租赁物的租金、偿付违约金或者赔偿损失，而且还应承担租赁物于逾期返还期间意外灭失的风险。

依《民法典》第734条第1款的规定，租赁期间届满，承租人继续使用租赁物，出租人没有提出异议的，原租赁合同继续有效，但是租赁期限为不定期。

三、租赁物转让后租赁合同的效力

在租赁期间，出租人转让租赁物的，也就发生租赁物的所有权变动。按照一般的合同相对性原则，租赁物的所有权变动后，因出租人已经不是租赁物的所有权人，租赁合同的效力会受影响。但是，《民法典》第725条规定："租赁物在承租人按照租赁合同占有期限内发生所有权变动的，不影响租赁合同的效力。"依此，租赁物的所有权变动后，租赁合同对租赁物的新所有权人仍然有效，承租人的租赁权可以对抗租赁物所有权人的权利，租赁物的新所有权人不得解除租赁合同。这就是所谓"买卖不破租赁"规则。适用买卖不破租赁规则应具备以下几个要件：其一，租赁合同有效存在；其二，出租人已经将租赁物交付承租人占有；其三，出租人将租赁物转让给第三人。

四、房屋租赁合同的特殊效力

因为房屋租赁是解决承租人居住权的重要手段，为保障承租人的居住需求，保持租赁物所有权人与使用收益权人的一致，以避免或减少权利冲突，法律赋予房屋承租人以优先购买权、优先承租权以及同居人的承租权。

（一）房屋承租人的优先购买权

房屋承租人的优先购买权是指房屋出租人出卖出租房屋时，承租人享有的优先购买的权利。依《民法典》第726条的规定，须具备以下条件才能成立承租人的优先购买权：(1)须出租人出卖出租的房屋。如果出租人不是出卖房屋，而是依其他方式转让出租房屋的（例如赠与），则不发生承租人的优先购买权。(2)须承租人以同等条件购买。如果承租人没有购买的意愿，或者不愿意以与其他意欲购买的人的同等条件购买，也不成立承租人的优先购买权。关于同等条件的断定标准，历来有绝对同等说与相对同等说两种观点。绝对同等说认为，承租人提出的购买条件应与其他购买人提的条件绝对相同；相对同等说认为，承租人提出的购买条件与其他人提出的条件大致相同即为同等条件。实际上，所谓的同等条件主要是指购买价格、付款方式、付款期限等方面的条件相同。(3)不存在其他人的更优先的权利。房屋共有人、出租人的近亲属享有先于承租人购买的权利。

承租人应于规定的期间内行使优先购买权。出租人出卖出租的房屋时，应当在合理期间内通知承租人，以使承租人行使优先购买权。出租人履行通知义务后，承租人在15日内未明确表示购买的，视为承租人放弃优先购买权。出租人委托拍卖租赁房屋的，应当在拍卖5日前通知承租人。承租人未参加拍卖的，视为放弃优先购买权（《民法典》第727条）。

关于承租人优先购买权的性质，有请求权说、债权效力说、物权取得权说等不同观点。《民法典》第728条规定："出租人未通知承租人或者有其他妨害承租人行使优先购买权情形的，承租人可以请求出租人承担赔偿责任。但是，出租人与第三人订立的房屋买卖合同的效力不受影响。"据此，承租人优先购买权仅具有形成权性质。

（二）房屋承租人的优先承租权

房屋承租人的优先承租权，是指租赁期间届满后，出租人继续出租房屋的，承租人享有以同等条件优先承租的权利。《民法典》第734条第2款明确规定："租赁期限届满，房屋承租人享有以同等条件优先承租的权利。"

（三）同居人的承租权

这里的同居人包括与承租人共同居住或者共同经营的人。同居人的承租权是指同居人享有按照原租赁合同承租房屋的权利。《民法典》第732条规定："承租人在房屋租赁期限内死亡的，与其生前共同居住的人或者共同经营人可以按照原租赁合同租赁该房屋。"

第七节　融资租赁合同

一、融资租赁合同的概念与特征

(一) 融资租赁合同的概念

依《民法典》第735条的规定,融资租赁合同是出租人根据承租人对出卖人、租赁物的选择,向出卖人购买租赁物,提供给承租人使用,承租人支付租金的合同。

融资租赁合同具有以下三方面的含义:

第一,出租人须按照承租人的要求出资购买租赁物。这是其不同于租赁合同的一个重要特点。融资租赁合同的出租人依承租人的要求购买租赁物,使承租人得以不必付出租赁物的价值即可取得对租赁物的使用收益,从而可达到融资的效果。正是在这一意义上,这种合同被冠以"融资"的称号。

第二,出租人须将购买的租赁物交付承租人使用收益。在融资租赁合同中,出租人虽需向第三人购买租赁物,但其购买的直接目的是交付给承租人为使用收益,而不是自己使用。这是融资租赁合同中出租人的买卖行为不同于买卖合同之处。

第三,承租人须向出租人支付租金。融资租赁合同的承租人对出租人购买的租赁物为使用收益,并须支付租金。也正是在这个意义上,该种合同的名称中含有"租赁"一词。

(二) 融资租赁合同的特征

融资租赁合同是一种新型的不同于租赁合同的独立合同,除具有租赁合同的诺成性合同、双务合同、有偿合同等特征外,还具有自己的一些特征。总的说来,融资租赁合同主要有以下不同于租赁合同的特征:

(1) 租赁标的物是由出租人依照承租人的要求购买的。

这是融资租赁合同不同于租赁合同的重要特征,也是融资租赁合同与买卖、借贷等合同的区别之一。在租赁合同中,出租人购置物件与出租无关;而在融资租赁合同中,出租人必须按照承租人的要求购买标的物,出租人购置物件的行为与出租物件的行为是联系在一起的,共同构成融资租赁关系的内容。融资租赁合同的承租人通过由出租人购买所需的标的物,以解决自己一次性购买标的物所需资金的不足,从而达到融资的目的。从这一点上说,承租人等于向出租人借贷。

(2) 出租人须将为承租人购买的标的物交付承租人使用收益。

在融资租赁中,出租人虽为承租人的使用而购买租赁物,但出租人所购买的物件却是归出租人所有的,出租人仅将所购置的物件交付承租人使用收益,在整个租赁期间,承租人对出租人依其要求购买并交付其使用的物件仅享有使用收益权,而不能享有所有权。融资租赁的这一特征不同于委托采购。

(3) 出租人对租赁标的物无瑕疵担保责任。

在融资租赁合同中,由于出租人仅是依承租人的指示和要求去筹措资金购买物件,因此,除承租人依赖出租人的技能确定租赁物或者出租人干预选择租赁物的情况外,出租人对租赁标的物不符合约定或者不符合使用目的不承担责任。

(4) 承租人向出租人支付的租金非仅为使用租赁物的代价。

在融资租赁合同中,因其也为"租赁"而非买卖,所以承租人也需支付"租金",但因其为"融资"租赁,所以承租人支付的代价并非对租赁物为使用收益的代价,而是"融资"的代价,租金实际上是承租人对出租人购买租赁物件的价金的本息和其应获取的利润等费用的分期偿还。

(5) 承租人于租赁关系终止后享有选择权。

在融资租赁中,于租赁关系终止后,承租人有选择权,可以按照约定支付租赁物残余的价值购买租赁物而取得其所有权。

(6) 出租人为专营融资租赁业务的租赁公司。

融资租赁合同主体上的特征就是出租人的限定性,出租人只能为经营融资租赁业务的法人。这是由融资租赁合同的融资性所决定的。

(7) 融资租赁合同涉及三方当事人。

融资租赁合同的当事人包括出租人、承租人和出卖人。出租人需与出卖人订立买卖合同;出卖人须履行买卖合同,交付出卖物给承租人,出卖物即为租赁物。

二、融资租赁合同当事人的权利义务

(一) 出租人的主要义务

1. 按照承租人的要求订立买卖合同购买租赁物

出租人应当根据承租人对出卖人、租赁物的选择订立买卖合同,购买租赁物出租。《民法典》第744条规定:"出租人根据承租人对出卖人、租赁物的选择订立的买卖合同,未经承租人同意,出租人不得变更与承租人有关的合同内容。"这是因为尽管买卖合同的当事人双方为出租人与出卖人,但购买标的物的目的是为提供给承租人使用的,合同中的有关内容与承租人有着直接的利害关系。一般说来,与承租人有关的买卖合同的变更包括主体的变更、标的物的变更以及标的物交付的变更。买卖合同的主体为出租人与出卖人,由于出卖人是根据承租人的选择确定的,是由承租人在融资租赁合同中指定的,承租人对出卖人的选择决定于其对出卖人的产品的信赖,所以,未经承租人同意,出租人不得擅自变更买卖合同的主体,而将出卖人变更为其他人。买卖合同中的标的物也就是融资租赁合同中的标的物,是根据承租人的选择在融资租赁合同中确定的,出租人只能根据承租人的要求购买承租人需要的租赁物,如果出租人变更买卖合同中的标的物,也就等于变更了租赁的标的物,不仅不能满足承租人的需要,不能实现融资租赁合同的目的,而且出租人也不能履行其保证承租人对租赁物为使用收益的义务,因此,未经承租人同意,出租人不得擅自将买卖的标的物变更为他物。买卖合同的当事人双方虽为出卖人与出租人,但因融资租赁而发生的买卖,出卖人是直接向承租人履行交付标的物的义务的,出卖人交付标的物的时间直接决定承租人起租的时间,能否按约定交付标的物关系到承租人能否按约定对租赁物为使用收益,故未经承租人同意,出租人不得擅自变更标的物的交付时间、地点和方式等。

出租人未经承租人同意,擅自变更与承租人有关的买卖合同内容的,其行为构成对融资租赁合同的违反,应向承租人承担违约责任,承租人有权拒收标的物,解除合同,并有权要求出租人赔偿损失。

2. 保证承租人对租赁物的占有和使用

《民法典》第748条第1款规定:"出租人应当保证承租人对租赁物的占有和使用。"出租人的这一义务包括以下内容:

(1) 保证出卖人将标的物交付给承租人占有。因为在融资租赁中是由出卖人将租赁物现实交付给承租人的,而承租人于受领租赁物后应将受领的事实通知出租人。因此,只要承租人向出租人发出受领标的物的通知,则不论承租人是否确实受领了租赁物,出租人均为履行了保证交付义务。

(2) 保证承租人在租赁期间对租赁物的占有使用。尽管承租人是通过融资租赁公司融通资金的,但承租人订立融资租赁合同的根本目的是要取得租赁物的使用权。所以,承租人接受出卖人交付的标的物后,在租赁期间对租赁物享有独占的使用权,对使用租赁物所取得的收益得独立处分。为保证承租人的使用收益权,出租人须保证承租人对租赁物独自占有使用。承租人对租赁物的使用收益权,不仅得对抗出租人的所有权,而且得对抗他物权人的他物权。

(3) 不得妨碍承租人对租赁物的使用收益并排除他人的妨碍。出租人妨碍承租人对租赁物为使用收益或者擅自变更承租条件的,应承担违约责任。在第三人妨碍承租人对租赁物的占有、使用、收益权时,出租人也应予以排除。

(4) 向出卖人支付货款。出租人不按照合同约定向出卖人支付货款,致使承租人不能依照约定使用租赁物时,应向承租人承担违约责任,承租人得解除合同,或者请求减少租金,或者相应地延长租期。

依《民法典》第748条第2款的规定,出租人有下列情形之一的,承租人有权请求其赔偿损失:① 无正当理由收回租赁物;② 无正当理由妨碍、干扰承租人对租赁物的占有和使用;③ 因出租人的原因致使第三人对租赁物主张权利;④ 不当影响承租人对租赁物占有和使用的其他情形。

3. 协助承租人向出卖人索赔

《民法典》第741条规定:"出租人、出卖人、承租人可以约定,出卖人不履行买卖合同义务的,由承租人行使索赔的权利。承租人行使索赔权利的,出租人应当协助。"依此规定,融资租赁合同涉及的三方当事人可以约定承租人行使对出卖人的索赔权,出租人有义务协助承租人索赔。承租人对出卖人行使索赔权利,不影响其履行支付租金的义务。但是,承租人依赖出租人的技能确定租赁物或者出租人干预选择租赁物的,承租人可以请求减免相应租金(《民法典》第742条)。

出租人、出卖人、承租人没有约定由承租人行使索赔权利的,出租人在出卖人交付的标的物不符合约定时有向出卖人索赔的权利和义务。

依《民法典》第743条的规定,出租人有下列情形之一,致使承租人对出卖人行使索赔权利失败的,承租人有权请求出租人承担相应的责任:(1)明知租赁物有瑕疵而不告知承租人;(2)承租人行使索赔权利时,未及时提供必要协助。出租人怠于行使只能由其行使的对出卖人的索赔权利,造成承租人损失的,承租人有权请求出租人承担赔偿责任。

4. 例外情况下的瑕疵担保义务

《民法典》第747条规定:"租赁物不符合约定或者不符合使用目的的,出租人不承担责任。但是,承租人依赖出租人的技能确定租赁物或者出租人干预选择租赁物的除外。"据此,在例外的情形下,出租人的瑕疵担保义务不能免除,即使当事人之间有此特约也是无效的。

出租人应负瑕疵担保义务的情形包括:(1)承租人依赖出租人的技能确定租赁物,如由出租人决定标的物的种类、规格、型号、商标、出卖人等;(2)出租人干预选择租赁物,如出租人迫使承租人选择出卖人、标的物,出租人擅自变更标的物等。依《融资租赁合同解释》第8条的规定,租赁物不符合合同的约定且出租人实施了下列行为之一,承租人要求出租人承担相应责任的,人民法院应予支持:(1)在承租人选择出卖人、租赁物时,对租赁物的选定起决定作用的;(2)干预或者要求承租人按照出租人意愿选择出卖人或者租赁物的;(3)擅自变更承租人已经选定的出卖人或者租赁物的。

(二)承租人的主要义务

1. 按时接受出卖人交付的标的物

融资租赁合同的承租人负有按照合同的约定及时接受出卖人交付的标的物的义务。承租人在接受标的物时应按照合同的约定对标的物验收。承租人于接受标的物并经验收后应将收到标的物的结果通知出租人。

在融资租赁中,承租人通知出租人收到标的物是其租金义务发生的唯一的要件。只要承租人已为通知,就须负交付租金的义务。即使承租人通知出租人收到标的物,但实际上并未收到标的物的,也不得拒付租金或者请求返还已交的租金。

由于受领标的物在融资租赁中直接决定着租金的支付,所以承租人无正当理由不接受出卖人按合同约定交付的标的物的,应当承担迟延履行的违约责任。

2. 按照约定支付租金

承租人支付租金的义务有以下主要特点:

(1) 在租赁标的物存有瑕疵时,承租人不得拒付租金。

(2) 在租赁期间,租赁物毁损、灭失的,承租人仍应支付租金。《民法典》第751条规定:"承租人占有租赁物期间,租赁物毁损、灭失的,出租人有权请求承租人继续支付租金,但是法律另有规定或者当事人另有约定的除外。"

(3) 因承租人违约而由出租人收回标的物时,承租人不能以标的物的收回而拒绝履行支付租金的义务。

《民法典》第752条规定:"承租人应当按照约定支付租金。承租人经催告后在合理期限内仍不支付租金的,出租人可以请求支付全部租金;也可以解除合同,收回租赁物。"依《担保制度解释》第65条的规定,在融资租赁合同中,承租人未按照约定支付租金,经催告后在合理期限内仍不支付,出租人请求承租人支付全部剩余租金,并以拍卖、变卖租赁物所得的价款受偿的,人民法院应予支持;当事人请求参照《民事诉讼法》"实现担保物权案件"的有关规定,以拍卖、变卖租赁物所得价款支付租金的,人民法院应予准许。出租人请求解除融资租赁合同并收回租赁物,承租人以抗辩或者反对的方式主张返还租赁物价值超过支付租金以及其他费用的,人民法院应当一并处理。当事人对租赁物的价值有争议的,按照下列规则确定租赁物的价值:(1) 融资租赁合同有约定的,按照其约定;(2) 融资租赁合同未约定或者约定不明的,根据约定的租赁物折旧以及合同到期后租赁物的残值来确定;(3) 根据前两项规定的方法仍难确定,或当事人认为据前两项规定的方法确定的价值严重偏离租赁物实际价值的,根据当事人的申请委托有资质的机构评估。

3. 保管、维修标的物

《民法典》第750条规定:"承租人应当妥善保管、使用租赁物。承租人应当履行占有租赁物期间的维修义务。"据此,承租人不仅负有妥善保管、使用租赁物的义务,而且负有维修租赁物的义务。

融资租赁合同的目的是承租人取得出租人购买的租赁物的使用收益权,因此一方面承租人得对租赁物为使用收益,出租人须容忍承租人为使用收益;另一方面租赁物虽为承租人选定的,但为出租人购买、归出租人所有。承租人在租赁期间只得自己对租赁物为使用收益,而不得擅自将租赁物用于设立担保物权,更不得处分租赁物。《民法典》第753条规定:"承租人未经出租人同意,将租赁物转让、抵押、质押、投资入股或者以其他方式处分的,出租人可以解除融资租赁合同。"承租人擅自处分租赁物的,为对他人财产的无权处分,善意第三人可以善意取得。《民法典》第745条规定:"出租人对租赁物享有的所有权,未经登记,不得对抗善意第三人。"租赁物为第三人取得时,出租人得请求承租人赔偿。

在融资租赁中,出租人对租赁物无维修的义务,但享有于租赁期限届满后收回标的物加以使用或者处分的期待利益,因此,承租人不仅须妥善保管标的物,而且负有维修标的物的义务。

4. 因租赁物致人损害的赔偿责任

《民法典》第749条规定:"承租人占有租赁物期间,租赁物造成第三人人身损害或者财产损失的,出租人不承担责任。"根据该条的反面解释,因租赁物造成第三人损害的,承租人应承担民事责任。

5. 合同终止时返还标的物

《民法典》第757条规定:"出租人和承租人可以约定租赁期限届满租赁物的归属。对租赁物的归属没有约定或者约定不明确,依据本法第五百一十条的规定仍不能确定的,租赁物的所有权归出租人。"融资租赁合同中一般都会约定在租赁期限届满后,承租人得请求以一定的价格买下租赁物(即留购),也可以请求继续租赁(即续租)。承租人要求留购的,其有优先购买权,得支付一定的价格买下租赁物。当事人也可以约定租赁期限届满租赁物即归承租人所有。《民法典》第758条第1款规定:"当事人约定租赁期限届满租赁物归承租人所有,承租人已经支付大部分租金,但是无力支付剩余租金,出租人因此解除合同收回租赁物,收回的租赁物的价值超过承租人欠付的租金以及其他费用的,承租人可以请求相应返还。"依《民法典》第759条的规定,当事人约定租赁期限届满,承租人仅需向出租人支付象征性价款的,视为约定的租金义务履行完毕后租赁物的所有权归承租人。承租人请求续租的,当事人双方应当更新租赁合同。在继续租赁时,租金的标准应以预计的租赁物残存的价值为基础来确定,而不应适用原来的租金标准。

如果合同中没有约定承租人得选择购买或者续租的权利,或者虽有约定而承租人不购买也不继续租赁的,于租赁期限届满时,因租赁物归出租人所有,承租人有义务将租赁物返还给出租人。《民法典》第758条第2款规定:"当事人约定租赁期限届满租赁物归出租人所有,因租赁物毁损、灭失或者附合、混合于他物致使承租人不能返还的,出租人有权请求承租人给予合理补偿。"

(三) 出卖人的主要义务

1. 按约定向承租人交付标的物

在出卖人与出租人订立的买卖合同关系中,承租人享有与受领标的物有关的买受人的权利。出卖人应当按照约定向承租人交付标的物。出卖人未按约定向承租人交付标的物的,为违约行为,应负违约责任。出卖人未按期交付的,承租人可以要求出卖人继续履行交付义务。依《民法典》第740条的规定,出卖人违反向承租人交付标的物的义务,有下列情形之一的,承租人可以拒绝受领出卖人向其交付的租赁物:(1) 租赁物严重不符合约定;(2) 未按照约定交付租赁物,经承租人或者出租人催告在合理期限内仍未交付。承租人拒绝受领租赁物的,应当及时通知出租人。

2. 按约定向承租人赔偿

出卖人违反买卖合同,依当事人约定,由承租人行使索赔权利的,出卖人应当依约定向承租人赔偿。

三、融资租赁合同解除

(一) 融资租赁合同解除的事由

除一方违约另一方有权解除合同外,依据《民法典》第754条的规定,有下列情形之一的,出租人或者承租人可以解除融资租赁合同:(1) 出租人与出卖人订立的买卖合同解除、被确认无效或者被撤销,且未能重新订立买卖合同;(2) 租赁物因不可归责于当事人的原因毁损、灭失,且不能修复或者确定代替物;(3) 因出卖人的原因致使融资租赁合同的目的不能实现。《融资租赁合同解释》第5条规定:"有下列情形之一,出租人请求解除融资租赁合同的,人民法院应予支持:(一) 承租人未按照合同约定的期限和数额支付租金,符合合同约定的解除条件,经出租人催告后在合理期限内仍不支付的;(二) 合同对于欠付租金解除的情形没有明确约定,但承租人欠付租金达到两期以上,或者数额达到全部租金百分之十五以上,经出租人催告在合理期限内仍不支付的;(三) 承租人违反合同约定,致使合同目的不能实现的其他情形。"第6条规定:"因出租人的原因致使承租人无法占有、使用租赁物,承租人请求解除融资租赁合同的,人民法院应予支持。"

(二) 融资租赁合同解除后的后果

(1) 融资租赁合同因买卖合同解除、被确认无效或者被撤销而解除,出卖人及租赁物系由承租人选择的,出租人有权请求承租人赔偿相应损失。但出租人的损失已经从出卖人得到赔偿的,承租人不再承担相应的赔偿责任(《民法典》第755条)。

(2) 融资租赁合同因租赁物交付承租人后意外毁损、灭失等不可归责于当事人的原因解除的,出租人可以请求承租人按照租赁物折旧情况给予补偿(《民法典》第756条)。

第八节 保理合同

一、保理合同的概念和特征

依《民法典》第761条的规定,保理合同是应收账款债权人将现有的或者将有的应收账款转让给保理人,保理人提供资金融通、应收账款管理或者催收、应收账款债务人付款担保等服务的合同。

保理合同具有以下特征:

(1)保理合同包含应收账款债权转让和保理服务两方面内容,涉及三方当事人。

保理合同包含一方将应收账款债权转让给另一方,另一方提供保理服务两方面内容。保理一方的保理服务包括提供资金融通、应收账款管理或者催收、应收账款债务人付款担保等。应收账款债务人与债权人关系构成保理合同的基础关系,因此,保理合同涉及债权人、保理人及应收账款债务人三方当事人,应收账款债务人为利害关系人。

(2)保理合同的主体具有限定性。

保理合同中的债权人只能是应收账款即金钱债权的债权人,非金钱债权不能成为保理合同中债权转让的标的。保理合同中的债权受让人即保理人只能是经办保理业务的法人。保理人须提供支付价款、应收账款管理、催收、债务人付款保证等保理业务中的至少两项服务。

(3)保理合同为诺成性、双务、有偿、要式合同。

保理合同为诺成性合同,自双方达成协议时成立,并不以办理特殊手续为成立生效要件,登记仅具有对抗效力,而不具有生效效力。保理合同为双务有偿合同,当事人双方均负有义务;任何一方从另一方取得利益都须偿付一定代价。保理合同为要式合同,应当采用书面形式。

二、保理合同对应收账款债务人的效力

应收账款债务人是负有到期向债权人付款义务的基础交易合同的当事人。因我国法上债权转让对债务人的效力以通知为要件,因此,保理合同对应收账款债务人的效力分为两种情形:

其一,应收账款债权人、债务人与保理人共同订立保理合同。于此情形下,因债务人已知债权转让,则无须通知,保理合同的应收账款转让即对债务人发生效力。依《民法典》第763条的规定,应收账款债权人与债务人虚构应收账款作为转让标的,与保理人订立保理合同的,应收账款债务人不得以应收账款不存在为由对抗保理人,但是保理人明知虚构的除外。也就是说,除了保理人知道应收账款为虚构者外,债务人仍应向保理人负担合同转让的应收账款债权。

其二,应收账款债权人与保理人订立保理合同。于此情形下,须通知债务人,应收账款债权转让才对债务人发生效力。《民法典》第764条规定:"保理人向应收账款债务人发出应收账款转让通知的,应当表明保理人身份并附有必要凭证。"转让通知一经送达债务人,保理合同的债权转让即对债务人发生效力,债务人不得擅自再向债权人清偿。依《民法典》第765条的规定,应收账款债务人接到应收账款转让通知后,应收账款债权人和债务人无正当理由协商变更或者终止基础交易合同,对保理人产生不利影响的,对保理人不发生效力。

三、保理合同当事人的权利义务

(一)保理人的权利义务

保理人的权利是依照合同约定获得受让的应收账款债权及收益。保理人的义务是按照约定提供保理服务。

按照《民法典》第766条、第767条的规定,当事人约定有追索权保理的,保理人可以向应收账款债权人主张返还保理融资款本息或者回购应收账款债权,也可以向应收账款债务人主张应收账款债权。保理人向应收账款债务人主张应收账款债权,在扣除保理融资款本息和相关费用后有剩余的,剩余部分应当返还给应收账款债权人。当事人约定无追索权保理的,保理人应当向应收账款债务人主张应收账款债权,保理人取得超过保理融资款本息和相关费用的部分,无需向应收账款债权人返还。所谓有追索权的保理,是指保理人担保取得应收账款,债权人可以按照约定回购应收账款。

(二)应收账款债权人的权利义务

应收账款债权人的主要权利是取得转让应收账款债权的价款并在有约定时按照约定回购应收账款。应收账款债权人的主要义务是有效转让债权。应收账款债权人应按照合同约定将现有或将有的应收账款债权转让给保理人,保证其转让的债权是真实、有效合法的。除当事人另有约定外,应收账款债权人对应收账款债务人的付款能力不承担责任。

依《担保制度解释》第66条第3款的规定,应收账款债权人向保理人返还保理融资款本息或者回购应收账款债权后,请求应收账款债务人向其履行应收账款债务的,人民法院应予支持。

应收账款债权人将同一应收账款多次转让的,应如何认定保理合同的效力呢?依《民法典》第768条的规定,应收账款债权人就同一应收账款订立多个保理合同,致使多个保理人主张权利的,应收账款到期时按照以下顺序清偿:(1)已登记的先于未登记的受偿;(2)均已登记的,按照登记时间的先后顺序受偿;(3)均未登记的,由最先到达应收账款债务人的转让通知中载明的保理人受偿;(4)既未登记也未通知的,按照保理融资款或者服务报酬的比例受偿。

四、债权转让规定的适用

依《民法典》第769条的规定,保理合同章没有规定的,适用债权转让的有关规定。

第九节 承揽合同

一、承揽合同的概念与特征

《民法典》第770条规定:"承揽合同是承揽人按照定作人的要求完成工作,交付工作成果,定作人支付报酬的合同。承揽包括加工、定作、修理、复制、测试、检验等工作。"

承揽合同具有以下法律特征:

(1)承揽合同以一定工作的完成为目的。

承揽合同的承揽人须依照定作人的要求完成一定的工作,定作人订立合同的目的是取得承揽人完成的一定工作成果。虽然承揽人进行工作须提供劳务,但是承揽合同的定作人所需要的并非承揽人完成工作的过程,而是承揽人完成的工作成果。承揽人完成工作的劳务只有体现在其完成的工作成果上,只有与工作成果相结合,才能满足定作人的需要。这是承揽合同与保管合同、运输合同等提供劳务的合同的重要区别。

(2)承揽合同的承揽标的具有特定性。

承揽合同的承揽标的是承揽人按照定作人的要求完成并交付的工作成果。这一工作成果须具有特定性,是按照定作人的特定要求,为满足定作人的特殊需要由承揽人完成的。这是承揽合同与买卖合同的主要区别。

(3)承揽合同的承揽人自己承担风险独立完成工作。

承揽合同的定作人需要的是具有特定性的标的物。这种特定的标的物只能通过承揽人完成工作来取得。所以,承揽人需要以自己的人力、设备和技术力量等条件独立地完成工作。因为定作人最终需要的是承揽人的工作成果,所以,承揽人应承担取得该工作成果的风险,对工作成果的完成负全部责任。这是承揽合同与雇用合同、劳动合同的重要区别。

(4)承揽合同是诺成性合同、有偿合同、双务合同、不要式合同。

承揽合同自当事人双方意思表示一致即可成立生效,而不以当事人一方实际交付标的物为合同的成立生效要件。承揽合同一经成立,当事人双方均负有一定义务,双方的义务具有对应性,一方的义务也即为他方的权利。承揽合同的定作人须为工作成果的取得支付报酬,任何一方从另一方取得利益均应支付对价。承揽合同的形式可由当事人约定,法律并无特别要求。

二、承揽合同当事人的权利义务

(一)承揽人的主要义务

1.完成工作

按照合同的约定完成承揽的工作,是承揽人的首要的基本义务。这一义务包括以下三个方面的内容:

(1)承揽人应当按照合同约定的时间着手进行工作,并在规定的期限内完成工作。

(2)承揽人应当按照定作人的要求按质按量地完成工作。承揽人在工作中应当遵守定作人提出的标准和要求,以保证完成工作的质量。在完成工作过程中,遇有下列情形时应当通知定作人:其一,定作人提供的图纸或者技术要求不合理(《民法典》第776条);其二,定作人提供的材料不符合约定(《民法典》第775条);其三,可能影响工作质量或者履行期限的其他不可归责于承揽人的情形。承揽人怠于通知或者未经定作人同意擅自修改定作人的技术要求或者调换定作人提供的材料的,对因此而造成的损失仍应承担责任。

(3)承揽人应当以自己的设备、技术、劳力完成工作的主要部分。《民法典》第772条第1款规定:"承揽人应当以自己的设备、技术和劳力,完成主要工作,但是当事人另有约定的除外。"依此,除当事人另有约定外,承揽人必须亲自完成主要工作,若承揽人擅自将承揽的主要工作交由第三人完成,定作人可以解除合同。如当事人之间有特别约定,承揽人也可以将承揽的主要工作交由第三人完成,但于此情形下第三人也仅为履行主体,所以《民法典》第772条第2款中规定:承揽人将其承揽的主要工作交由第三人完成的,应当就该第三人完成的工作成果向定作人负责。

《民法典》第773条规定:"承揽人可以将其承揽的辅助工作交由第三人完成。承揽人将其承揽的辅助工作交由第三人完成的,应当就该第三人完成的工作成果向定作人负责。"所谓"辅助工作",是指主要工作以外的部分。承揽人将其承揽的辅助工作交由第三人完成时,第三人也仅为履行主体而非承揽的义务主体,承揽人与定作人之间的关系并未改变,承揽人应当就该第三人完成的工作成果向定作人负责。在一般情况下,承揽人与接受辅助工作的第三人之间成立一个新的承揽关系,即"次承揽",也有的称为"转包"。但承揽人与第三人之间的关系是否为承揽,是否有效,均不影响承揽人对定作人所负担的义务。

2. 按合同约定提供原材料或者接受并妥善保管定作人提供的材料

(1) 合同约定由承揽人提供材料的,承揽人应当按照约定的时间、地点、数量和质量提供材料。合同中没有约定材料的质量标准的,承揽人应当选用符合定作物使用目的的材料,而不能以次充好。承揽人选用材料,应当接受定作人检验(《民法典》第774条)。定作人对承揽人选用的材料质量提出异议的,承揽人应当调换。

(2) 合同约定由定作人提供原材料的,承揽人应当及时接受并检验定作人交付的材料。承揽人经验收发现定作人提供的材料不符合合同约定的,应及时通知定作人更换、补齐或者采取其他补救措施。承揽人对定作人提供的材料不得擅自更换,对定作人提供的承揽工作物的基础(称为工作基底)不得更换不需要修理的零部件(《民法典》第775条)。

承揽人对于定作人提供的材料负有保管的义务,因其保管不善造成定作人交来的材料毁损、灭失的,承揽人应承担损害赔偿责任(《民法典》第784条)。承揽人使用定作人的材料应符合合同中约定的损耗量,因承揽人的原因造成浪费的,承揽人应当予以赔偿。

3. 对承揽的工作保密

《民法典》第785条规定:"承揽人应当按照定作人的要求保守秘密,未经定作人许可,不得留存复制品或者技术资料。"

4. 接受定作人必要的监督、检验

承揽人在工作期间,应当接受定作人必要的监督检验(《民法典》第779条)。承揽人应当如实地向定作人反映工作情况,不得故意隐瞒工作中存在的问题。对于定作人对工作所作的指示,提出的技术要求的变更,承揽人应当接受并按定作人的指示改进自己的工作。

5. 交付所完成的工作成果

《民法典》第780条规定:"承揽人完成工作的,应当向定作人交付工作成果,并提交必要的技术资料和有关质量证明。定作人应当验收该工作成果。"

承揽人按期将所完成的工作成果交付给定作人,并转移定作物的权利,是其基本义务。承揽人完成的工作成果应当按照合同中约定的方式和地点将工作成果移交定作人占有。交付可以是由承揽人送交,也可以是由定作人自提,还可以是通过运输部门或者邮政部门代运送。按照合同约定的承揽工作的性质无须为特别交付的,例如,房屋的维修、墙壁的粉刷等,则承揽人完成工作之日即为交付。

承揽合同的定作人定作的目的是要取得工作成果的所有权,因此承揽人在完成工作后应将工作成果的所有权转移给定作人。工作成果附有所有权凭证的,承揽人在交付工作成果的同时应一并交付所有权凭证。

为便于定作人的验收和检验,承揽人交付工作成果的同时,应当提交必要的技术资料和有关质量证明。

6. 工作成果的瑕疵担保义务

承揽人应当保证其所完成的工作成果符合合同约定的质量要求。承揽人所完成的工作成果不符合合同中约定的质量标准和要求的,定作人有权要求承揽人承担违约责任。《民法典》第781条规定:"承揽人交付的工作成果不符合质量要求的,定作人可以合理选择请求承揽人承担修理、重作、减少报酬、赔偿损失等违约责任。"

7. 共同承揽人的责任

承揽人为二人以上的为共同承揽。依《民法典》第786条的规定,共同承揽人对定作人承担连带责任,但是当事人另有约定的除外。

(二) 定作人的主要义务

1. 协助承揽人完成工作

《民法典》第778条规定:"承揽工作需要定作人协助的,定作人有协助的义务。定作人不履行协助义务致使承揽工作不能完成的,承揽人可以催告定作人在合理期限内履行义务,并可以顺延履行期限;定作人逾期不履行的,承揽人可以解除合同。"定作人是否有协助的义务,依合同的约定和承揽工作的性质决定。协助的内容既包括完成工作所需要的材料、技术方面的,也包括完成工作所需要的生活条件和生产环境方面的。

定作人提供的材料不符合合同约定的,在收到承揽人关于材料不合约定的通知时,应当及时予以更换、补齐或者采取其他补救措施。定作人提供的图纸或者技术要求不合理的,在接到承揽人的通知后应当及时答复并采取相应的措施;因定作人怠于答复等原因造成承揽人损失的,应当赔偿损失。

2. 受领并验收承揽人完成的工作成果

通说认为,定作人有受领承揽人所完成的工作成果的义务。承揽工作的完成,如以承揽人的个人技能为要素,因承揽人不能完成而终止承揽时,若已完成的工作部分对于定作人是有用的,依诚实信用原则,定作人亦应受领承揽人已完成的工作部分。定作人的受领,既包括定作人接受承揽人交付的工作成果,也包括在承揽人无须实际交付时定作人对承揽人所完成的工作成果的承认。但定作人受领义务的履行是以承揽人完成的工作成果符合合同约定的标准或者条件为前提的,若因承揽人完成的工作成果不符合合同的约定而被定作人拒收的,则不为定作人受领义务的不履行。

定作人在受领工作成果时应当验收该工作成果。定作人发现工作成果的质量不符合要求的,应当及时通知承揽人。只要定作人已为工作成果瑕疵的通知,定作人虽受领该成果,也不影响其对工作成果的瑕疵担保责任的请求权。

定作人无正当理由拒绝受领工作成果的,承揽人得请求定作人受领并支付报酬。定作人超过约定的期限受领工作成果的,不仅应负违约责任并应承担承揽人所支付的保管、保养费用,而且应当承担应受领的工作成果意外毁损灭失的风险。

3. 支付报酬等费用

定作人需支付的报酬和材料费等费用的标准,合同中有约定的,按照约定的数额支付;如合同中没有约定或者约定不明确,则依通常标准支付。所谓通常标准,应为工作成果交付的当地当时的同种类工作成果的一般报酬标准。

定作人应当按照合同约定的期限支付报酬。对支付报酬期限没有约定或者约定不明确的,依照合同的其他条款、补充协议或者交易习惯;仍不能确定的,定作人应当在承揽人交付工作成果的同时支付;工作成果部分交付的,定作人应当相应支付(《民法典》第782条)。如果承揽人完成的工作成果无须交付,例如,为定作人粉刷墙壁的,则定作人应于工作完成之时支付报酬。定作人延期支付报酬的,应当承担逾期支付的利息。

按照《民法典》第783条的规定,除当事人另有约定外,定作人未向承揽人支付报酬或者材料费等价款的,承揽人对完成的工作成果享有留置权或者有权拒绝交付。

定作人应向承揽人支付报酬及材料费等费用,而因承揽人一方的原因无法支付时,定作人可以将报酬或者材料费等价款提存。

三、承揽中的风险负担

承揽中的风险负担,是指在承揽工作完成中,工作成果因不可归责于当事人任何一方的原因而毁损、灭失时,应由何方负担损失。承揽中的风险负担应分以下几种情况:

其一,工作成果须实际交付,在工作成果交付前发生风险的,由承揽人负担;交付后发生风险的,由定作人负担。但工作成果的毁损、灭失于定作人受领迟延时发生的,则应由定作人承担该风险。

其二,工作成果无须实际交付,在工作成果完成前发生的风险由承揽人负担;在工作成果完成后发生的风险,则由定作人负担。例如,维修房屋,在完成维修工作前房屋因意外风险毁损、灭失的,不论承揽人已完成多少工作,均不能请求定作人支付报酬;若于完成维修任务后房屋发生意外毁损、灭失,则定作人仍应向承揽人支付报酬。

其三,定作人提供的材料意外毁损、灭失的风险。定作人提供的材料在承揽人占有下意外毁损、灭失的,应由何方承担责任?对此有不同的观点。本书作者认为,定作人提供的原材料意外毁损灭失的,若当事人约定由定作人提供材料而承揽人付给费用或者价款时,则材料的所有权自交付给承揽人时起转移归承揽人,承揽人应当负担风险,仍应向定作人支付约定的材料费用或者价款;若当事人未约定承揽人就定作人提供的材料支付费用或者价款时,则承揽人不承担责任,该材料意外毁损灭失的风险应由定作人自己承担。[①]

四、承揽合同的终止

(一)承揽合同因一方行使解除权而终止

承揽合同在一方当事人严重违约致使合同不能继续履行时,另一方有权解除合同。例如,如前所述,在定作人不履行协助义务致使承揽工作不能完成时,承揽人有权解除合同;在承揽人违反义务显然不能按期完成工作时,定作人有权解除合同。在有解除权的当事人一方行使解除权时,则承揽合同因解除而终止。

承揽合同可否因当事人一方的意愿而任意解除呢?对此有不同的看法,各国法上规定也不一致。我国法原则上承认定作人可以变更承揽工作的要求,并规定定作人可以解除合同。《民法典》第777条规定:"定作人中途变更承揽工作的要求,造成承揽人损失的,应当赔偿损失。"第787条规定:"定作人在承揽人完成工作前可以随时解除合同,造成承揽人损失的,应当赔偿损失。"定作人变更、解除合同的,应符合以下要求:(1)应在合同成立生效后承揽工作完成前提出变更或者解除的请求;(2)应及时通知承揽人,定作人不对承揽人为变更、解除通知的,不能发生变更、解除的效力;(3)对承揽人造成损失的,应负赔偿责任。

(二)承揽合同因当事人协议而终止

承揽合同因当事人双方的合意而成立,也可以因双方的合意而解除。在当事人双方协议解除合同时,承揽合同也即因解除而终止。

(三)承揽合同的法定终止

根据承揽合同的性质,承揽合同可因下列事由而终止:

(1)承揽人死亡或者失去工作能力。

(2)定作人死亡,并且其继承人不需要该项工作。

因前述事由而终止合同时,如果承揽人已经完成了部分工作,并且该部分工作对定作人或者定作人的继承人有用,则定作人或者其继承人应当验收承揽人已完成的工作部分并支付相应的报酬。

(3)承揽人或者定作人被宣告破产。

[①] 参见郭明瑞、王轶:《合同法新论·分则》,中国政法大学出版社1996年版,第234页。

第十节 建设工程合同

一、建设工程合同的概念与特征

依《民法典》第 788 条第 1 款的规定,建设工程合同是承包人进行工程建设,发包人支付价款的合同。

这里的工程是指土木建筑工程和建筑业范围内的线路、管道、设备安装工程的新建、扩建、改建及大型的建筑装饰活动。因为一项工程的建设需要经过勘察、设计、建筑、安装等若干过程才能最终完成,所以,《民法典》第 788 条第 2 款规定,建设工程合同包括工程勘察、设计、施工合同。

建设工程合同除具有与一般承揽合同相同的特征外,更具有与一般承揽合同不同的一些特点,因此《民法典》将建设工程合同规定为不同于承揽合同的一类独立的有名合同。"建设工程合同"一章没有规定的,适用承揽合同的有关规定(《民法典》第 808 条)。

建设工程合同主要具有以下特别的法律特征:

(1) 合同主体的限定性。

建设工程合同的主体即发包人和承包人是有限制的。建设工程合同的发包人一般为建设工程的建设单位,即投资建设该项工程的单位。建设工程合同的承包人只能是具有从事勘察、设计、建筑、安装任务资格的法人,并且承包人是按照其拥有的注册资本、专业技术人员、技术装备和完成的建筑工程业绩等资质条件,分为不同的资质等级,只有取得相应的资质等级,才能在其资质等级许可的范围内承包相应的工程。自然人个人既不能为发包人,也不能为承包人。建设工程施工合同的承包人未取得建筑施工企业资质或者超越资质等级的,或者没有资质的实际施工人借用有资质的建筑企业名义的,建设工程合同无效。

(2) 合同标的的限定性。

建设工程合同承包人承包建设的标的只能是属于基本建设的工程而不能是其他的工作。

(3) 合同管理的特殊性。

建设工程合同,从签订到履行,从资金的投放到最终的成果验收,都受到国家的严格管理和监督,法律都有特别的要求。如,建设工程合同的签订一般应通过招标投标程序;合同的履行一般要由监理人监理。《民法典》第 796 条中特别规定:"建设工程实行监理的,发包人应当与监理人采用书面形式订立委托监理合同。"建设工程应招标而未经招标或者中标无效而订立的建设工程合同无效。

(4) 合同订立的计划性和程序性。

对基建项目实行计划控制,是实现国民经济高速、有效、稳定发展的重要措施。所以,建设工程合同应受国家计划的约束。《民法典》第792条强调:"国家重大建设工程合同,应当按照国家规定的程序和国家批准的投资计划、可行性研究报告等文件订立。"

由于基本建设工程建设周期长、质量要求高、涉及的方面广,各阶段的工作之间有一定的严密程序,因此,建设工程合同也就具有程序性的特点。

(5) 合同形式的要式性。

《民法典》第789条规定:"建设工程合同应当采用书面形式。"法律对建设工程合同的形式作如此的规定,既是国家对基本建设进行监督管理的需要,也是由建设工程合同履行的特点所决定的。

二、建设工程合同的订立

首先,建设工程合同的订立须遵守国家规定的程序。各种建设工程合同的订立都要有一定的依据。例如,一个工程项目的确定,首先要立项,即由有关业务主管部门和建设单位提出项目建议书,报经有关的计划机关批准。立项后进行可行性研究,编制计划任务书,选定工程地址。只有在计划任务书批准后,才能根据计划任务书签订勘察、设计合同。只有在勘察、设计合同履行后,才能根据批准的初步设计、技术设计、施工图和总概算等签订施工合同。其次,建设工程合同的订立一般应采取招标投标的方式。《民法典》第790条规定:"建设工程的招标投标活动,应当依照有关法律的规定公开、公平、公正进行。"

根据《民法典》第791条的规定,建设工程合同的订立可采用以下两种方式:

其一,总承包合同与分承包合同。

这种承包方式适用于发包人将建设工程任务总体承包给一个总承包人的场合。总承包,又称为"交钥匙承包",亦即发包人将建设工程的勘察、设计、施工等工程建设的全部任务一并发包给一个具备相应的总承包资质条件的承包人。总承包合同是发包人与总承包人签订的由承包人负责工程的全部建设工作的合同。分承包合同是指总承包人就工程的勘察、设计、建筑安装任务分别与勘察人、设计人、施工人订立的勘察、设计、施工承包合同。

在这种承包方式中,发包人仅直接与总承包人订立建设工程合同,发生债权债务关系。发包人应当依合同的约定向总承包人提供必要的技术文件、资料和其他工作条件,总承包人应当按照合同的约定按期保质保量地完成工程建设工作。总承包人分别与勘察人、设计人、施工人订立分包合同,相互间发生直接的关系,总承包人就工程建设全过程向发包人负责,须对勘察人、设计人、施工人完成的工作成果向发包人承担责任。总承包人与勘察人、设计人、施工人签订合同时应征得发包人的同意。分承包合同的勘察人、设计人、施工人就其完成的工作成果向总承包人负责,并与总承包人一同向发包人负连带责任。

其二,承包合同与分包合同。

承包合同,又称单任务承包合同,是指发包人将建设工程中的勘察、设计、施工等不同的工作任务分别发包给某一勘察人、设计人、施工人,并与其签订相应的承包合同。承包人就其承包的工程建设中的勘察、设计、建筑、安装工作的完成向发包人负责。发包人与承包人订立单项任务承包合同时,不得将应由一个承包人完成的建设工程肢解成若干部分发包给几个承包人。分包合同则是由勘察、设计、施工承包人就其承包的工程建设任务部分的完成与第三人签订的合同,这里的第三人亦即分承包人。

在这种承包方式中,各个承包勘察、设计、施工工作任务的承包合同完全是独立的,各个承包人之间不发生联系。而承包合同与分包合同虽是两个合同,合同的当事人不一致,但两个合同的承包标的有联系,即分包合同的承包标的是承包合同承包标的的一部分,所以承包人订立分包合同时,也应经发包人同意。发包人与承包人、分包人之间形成一个复杂的联系体系。第三人就其完成的工作不仅应向勘察、设计、施工承包人负责,而且与承包人一同向发包人负连带责任。

按照法律规定,无论是总承包人还是单项任务的承包人,在与第三人订立分包合同,将其承包的工程建设任务的部分交由第三人完成时,应当符合以下三个条件:第一,只能将部分工程分包给具有相应资质条件的分包人,不具有相应资质条件的,不能成为分包人;第二,须经发包人同意,未经发包人同意,分承包合同应无效;第三,分包的标的不是建设工程主体结构的施工,对于建设工程主体结构的施工,不得由分承包人完成。

《民法典》第791条中明确规定,承包人不得将其承包的全部建设工程转包给第三人或者将其承包的全部建设工程支解后以分包的名义分别转包给第三人;禁止承包人将工程分包给不具备相应资质条件的单位;禁止分包单位将其承包的工程再分包。

承包人将建设工程转包、违法分包的,发包人可以解除合同(《民法典》第806条第1款)。

三、建设工程合同当事人的权利义务

(一)勘察、设计合同当事人的权利义务

1. 发包人的主要义务

(1)按照合同约定提供开展勘察设计工作所需要的基础资料、技术要求,并对提供的时间、进度和资料的可靠性负责;按照合同的约定提供必要的协作条件。

依《民法典》第805条的规定,因发包人变更计划,提供的资料不准确,或者未按照期限提供必需的勘察、设计工作条件而造成勘察、设计的返工、停工或者修改设计,发包人应当按照勘察人、设计人实际消耗的工作量增付费用。

(2) 按合同约定向勘察、设计人支付勘察、设计费。发包人未按合同约定的方式、标准和期限支付勘察、设计费的,应当负延期付款的违约责任。

(3) 维护勘察成果、设计成果。发包人对于勘察人、设计人交付的勘察成果、设计成果,不得擅自修改,也不得擅自转让给第三人重复使用。发包人擅自修改勘察、设计成果的,对由此引起的工程质量责任,应由发包人自己承担;擅自转让成果给第三人使用的,应向勘察人、设计人负赔偿责任。

2. 承包人的主要义务

(1) 按照合同约定按期完成勘察、设计工作,并向发包人提交勘察成果、设计成果;对勘察、设计成果负瑕疵担保责任。

勘察人、设计人应按照合同规定的进度完成勘察、设计任务,并在约定的期限内将勘察成果、设计图纸及说明和材料设备清单、概预算等设计成果按约定的方式交付给发包人。勘察人、设计人未按期完成工作并交付成果的,应承担违约责任。

勘察人、设计人完成和交付的工作成果应符合法律、行政法规的规定,符合建设工程质量、安全标准,符合建设工程勘察、设计的技术规范,符合合同的约定,否则勘察人、设计人应负瑕疵担保责任。即使在勘察合同、设计合同履行后,于工程建设中发现勘察质量问题、设计问题的,勘察人、设计人亦应负责。

《民法典》第800条规定:"勘察、设计的质量不符合要求或者未按照期限提交勘察、设计文件拖延工期,造成发包人损失的,勘察人、设计人应当继续完善勘察、设计,减收或者免收勘察、设计费并赔偿损失。"继续完善勘察、设计,可由原承包人完成,也可由发包人另行承包给第三人完成,而由原承包人负担有关的费用。

(2) 按合同约定完成协作的事项。

(二) 施工合同当事人的权利义务

1. 发包人的主要义务

(1) 做好施工前的准备工作,按照合同约定提供材料、设备、技术资料等。合同中约定由发包人提供材料和设备的,发包人应按照约定的范围和时间向承包人提供材料和设备。依《民法典》第803条的规定,发包人未按照约定的时间和要求提供原材料、设备、场地、资金、技术资料的,承包人可以顺延工程日期,并有权要求赔偿停工、窝工等损失。发包人提供的主要建筑材料、建筑构件和设备不符合强制性标准或者不履行协助义务,致使承包人无法施工,经催告后在合理期限内仍未履行相应义务的,承包人可以解除合同(《民法典》第806条第2款)。

(2) 为承包人提供必要的条件,保证工程建设顺利进行。《民法典》第804条规定:"因发包人的原因致使工程中途停建、缓建的,发包人应当采取措施弥补或者减少损失,赔偿承包人因此造成的停工、窝工、倒运、机械设备调迁、材料和构件积压等损失和实际费用。"

(3) 组织工程验收,包括隐蔽工程的验收和工程竣工的验收。《民法典》第798条规定:"隐蔽工程在隐蔽以前,承包人应当通知发包人检查。发包人没有及时检查的,承包人可以顺延工程日期,并有权请求赔偿停工、窝工等损失。"

《民法典》第799条中规定:"建设工程竣工后,发包人应当根据施工图纸及说明书、国家颁发的施工验收规范和质量检验标准及时进行验收。"因此,组织工程竣工验收,也是发包人的主要义务之一。发包人对未经验收的工程,提前使用或者擅自动用的,对发现的质量问题由发包人自行承担责任。

(4) 接受建设工程并按约定支付工程价款。发包人未按合同约定的期限支付价款的,应当负逾期付款的违约责任。当事人对欠付工程价款利息计付标准有约定的,按照约定处理;没有约定的,按照中国人民银行发布的同期同类贷款利率计息。利息从应付工程价款之日计付。当事人对付款时间没有约定或者约定不明,下列时间为应付款时间:建设工程已实际交付的,为交付之日;建设工程没有交付的,为提交竣工结算文件之日;建设工程未交付,工程价款也未结算的,为当事人起诉之日[《施工合同解释(一)》第27条]。

《民法典》第807条规定:"发包人未按照约定支付价款的,承包人可以催告发包人在合理期限内支付价款。发包人逾期不支付的,除根据建设工程的性质不宜折价、拍卖外,承包人可以与发包人协议将该工程折价,也可以请求人民法院将该工程依法拍卖。建设工程的价款就该工程折价或者拍卖的价款优先受偿。"依此规定,在发包人不按约定支付价款时,承包人可催告发包人在合理期限内支付,发包人经催告在合理期限内仍不支付的,承包人有权从该建设工程的价款中优先受偿。依《施工合同解释(一)》第41条的规定,承包人应在合理期限内行使建设工程价款优先受偿权,但最长不得超过18个月,自发包人应当给付建设工程价款之日起算。

2. 承包人的主要义务

(1) 按时开工和按要求施工。承包人应按照合同约定的开工日期按时开工。在施工中,承包人须严格按照施工图及说明书进行施工。承包人对于发包人提供的施工图和其他技术资料,不得擅自修改。

(2) 接受发包人的必要监督。《民法典》第797条规定:"发包人在不妨碍承包人正常作业的情况下,可以随时对作业进度、质量进行检查。"因此,承包人有义务接受发包人(包括发包人委托的监理人)对工程进度和工程质量的必要监督,对于发包人或者工程监理人不影响其工作的必要监督、检查应予以支持和协助,而不得拒绝。

(3) 按期按质完工并交付工程。承包人应当按照合同约定的期限完成工程建设并交付工程。承包人于工程竣工后、交工前应负责保管完成的工程并清理施工现场;按照合同的约定和有关规定提出竣工验收技术资料,通知发包人验收工程并办理工程竣工结算和参加竣工验收。对未经验收或者验收不合格的工程,承包人不得交付发包人使用。

承包人完成的工程质量应当符合合同的约定,《民法典》第801条规定:"因施工人的原因致使建设工程质量不符合约定的,发包人有权请求施工人在合理期限内无偿修理或者返工、改建。经过修理或者返工、改建后,造成逾期交付的,施工人应当承担违约责任。"

(4) 对建设的工程负瑕疵担保责任。承包人对其施工建设的工程质量负有瑕疵担保责任。在工程质量保证期内,工程所有人或者使用人发现工程瑕疵的,有权直接请求承包人修理或者返工、改建。

关于质量保证期限,当事人可以在承包合同中约定,也可以在单独的保修合同中约定。保证期限应当自发包人在最终验收记录上签字之日起算,分单项验收的工程应分别计算质量保证期限。

(5) 对建设工程合理使用期限内的质量安全负担保责任。承包人不仅对建设工程保证期内的工程质量瑕疵负担保责任,而且应担保建设工程在合理的使用期限内不会因其质量造成人身和财产损失事故。依《民法典》第802条的规定,"因承包人的原因致使建设工程在合理使用期限内造成人身损害和财产损失的,承包人应当承担赔偿责任"。

(三) 施工合同无效的工程款处理

依《民法典》第793条的规定,建设工程施工合同无效,但是建设工程经验收合格的,可以参照合同关于工程价款的约定折价补偿承包人。施工合同无效且建设工程经验收不合格的,按照以下情形处理:(1) 修复后的建设工程经验收合格的,发包人可以请求承包人承担修复费用;(2) 修复后的建设工程经验收不合格的,承包人不能请求参照合同关于工程价款的约定补偿。发包人对因建设工程不合格造成的损失有过错的,应当承担相应的责任。

第十一节 运输合同

一、运输合同的概念与特征

运输合同是承运人将旅客或者货物从起运地点运输到约定地点,旅客、托运人或者收货人支付票款或者运输费用的合同(《民法典》第809条)。

运输合同具有以下特征：

(1) 运输合同以运送旅客或者货物为直接目的，以运输行为为标的。

运输合同的主体是承运人和旅客、托运人，当事人订立合同的目的是直接将旅客或者货物运送到约定的地点，因而运输合同不同于承揽合同。运输合同的旅客、托运人所需要的并非承运人的物化的工作成果，而是其运输行为。

(2) 运输合同为双务合同、有偿合同。

运输合同的双方当事人互负对待给付义务，承运人应将旅客或者货物以约定的或者通常的运输路线在约定期间或者合理期间内安全运送到约定的地点（《民法典》第 811 条、第 812 条），旅客、托运人或者收货人应支付票款或者运输费用（《民法典》第 813 条）。任何一方当事人取得利益均须支付相应的财产代价。

(3) 运输合同具有社会性、公益性。

运输合同不仅适用范围广，而且为人们的生活、生产所必需。特别是公共运输，是面向社会公众的运输，承运人的运输行为不仅有商业性，而且具有公益性，还具有一定的垄断性，为满足人们生活、生产的需要，法律不能不予以特别规制，以保护广大旅客和托运人的利益。《民法典》第 810 条规定："从事公共运输的承运人不得拒绝旅客、托运人通常、合理的运输要求。"依此规定，在正常情况下，从事公共运输的承运人不享有是否订约和选择订约当事人的自由。

(4) 运输合同一般为诺成性合同、格式合同。

运输合同原则上应为诺成性合同。除当事人另有约定或者另有交易习惯外，旅客运输合同自承运人向旅客交付客票时成立，货物运输合同自托运人与承运人达成运输协议时成立。运输合同一般为格式合同，合同条款一般是由承运人一方事先拟订好的格式条款。

(5) 运输工具的多样性。

运输合同依据运输手段的不同，可分为铁路运输合同、公路运输合同、水路运输合同、海上运输合同以及航空运输合同、管道运输合同等。各种运输合同除受合同法的规制外，还受相应的单行法的调整。

二、客运合同

（一）客运合同的概念与特征

客运合同即旅客运输合同，是指当事人双方约定承运人将旅客及其行李安全运送到目的地，旅客为此支付运费的合同。

客运合同除具有运输合同的一般特征外，还具有以下特征：

(1) 客运合同以将旅客安全运送到约定的地点为目的。

客运合同的标的是承运人运送旅客的行为，旅客既是承运人运输的对象，同时又是合同的当事人。客运合同的这一特征决定了客运合同的主体只能是承运人与旅客。

(2) 客运合同采用票证形式。

客运合同采票证形式。客票既是旅客运输合同的形式，又是有价证券。《民法典》第814条规定："客运合同自承运人向旅客出具客票时成立，但是当事人另有约定或者另有交易习惯的除外。"因此，在一般情况下，客运合同自承运人交付客票时成立；在有特别约定时，合同自约定的成立时间成立；在另有交易习惯时，依交易习惯确定合同成立的时间，如在先乘车后买票的情形下，合同自旅客乘车时起成立(如乘坐出租车)。一般情况下，客运合同一经成立，旅客也就履行了支付票款的主要义务。因客票为有价证券，旅客行使权利须提示客票。在承运人开始履行义务前，客票得依法转让。

(3) 客运合同包括运送旅客行李的内容。

承运人在运输旅客的同时，必须按照公告的规定，随同运输旅客的一定数量的行李；对于超过规定数量的旅客的行李，旅客得凭客票办理托运。

(二) 客运合同当事人的权利义务

1. 承运人的义务

承运人的主要义务是按照约定的或者通常的运输路线在约定期间或者合理期间内将旅客及其行李安全运送到目的地。

(1) 重要事项的告知义务。对于运输中出现的不能正常进行运输的异常情况，以及有关运输安全应当注意的事项，承运人应当向旅客及时告知并采取必要的安置措施(《民法典》第819条)。

(2) 按照客票运输的义务。承运人应当按照有效客票载明的时间以及班次和座位号运输旅客。承运人迟延运输的，应当履行告知和提醒义务，并根据旅客的要求安排改乘其他班次或者退票；由此造成旅客损失的，承运人应承担赔偿责任，但是不可归责于承运人的除外(《民法典》第820条)。

(3) 按照约定的服务标准运输的义务。承运人应当按照合同中约定的运输服务标准向旅客提供运输服务，不得擅自变更服务标准。按照《民法典》第821条的规定，承运人擅自降低服务标准的，应当根据旅客的要求退票或者减收票款；提高服务标准的，不应当加收票款。

(4) 尽力救助旅客的义务。依《民法典》第822条的规定，承运人在运输过程中，应当尽力救助患有急病、分娩、遇险的旅客。

(5) 保证旅客人身安全的义务。依《民法典》第823条的规定，在运输过程中旅客伤亡的，不论其是持正常票的旅客还是按规定免票、持优待票或者经承运人许可搭乘的无票旅客，除承运人能够证明伤亡是旅客故意、重大过失造成的或者是旅客自身健康原因造成的外，承运人均应当承担赔偿责任。

（6）保证旅客行李安全的义务。依《民法典》第 824 条的规定，在运输过程中旅客随身携带物品毁损、灭失，承运人有过错的，应当承担赔偿责任。可见，承运人对于旅客自带行李的毁损、灭失的责任为过错责任，如果承运人对此没有过错则不承担责任。

2. 旅客的义务

旅客的主要义务是支付运费和按约定乘坐运输工具。

（1）支付票款和持有效客票乘运的义务。票款是承运人承运的代价，支付票款是旅客的基本义务。但由于旅客是于购买客票时就支付票款的，因此在一般情况下，于合同成立时旅客就已经履行完支付票款的义务。

旅客应当持有效客票乘运，按照有效客票记载的时间、班次和座位号乘坐。旅客无票乘坐、超程乘坐、越级乘坐或者持失效客票乘坐的，应当补交票款，承运人有权按照规定加收票款；旅客不交付票款的，承运人可以拒绝运输。实名制客运合同的旅客丢失客票的，可以请求承运人挂失补办，承运人不得再次收取票款和其他不合理费用（《民法典》第 815 条）。

（2）按客票记载的时间乘运的义务。依《民法典》第 816 条的规定，旅客因自己的原因不能按照客票记载的时间乘坐的，应当在约定的时间内办理退票或者变更手续；逾期办理的，承运人可以不退票款，并不再承担运输义务。

（3）遵守承运人告知的安全事项，按限量携带行李的义务。旅客在运输过程中应当遵守承运人告知的安全事项，维护承运人的运输工具和有关设施，旅客过错损坏运输工具和设施的，应负赔偿责任。旅客在运输中，超过限量携带行李的，应当办理托运手续（《民法典》第 817 条）。旅客超过约定的限量随身携带行李，经承运人要求托运而拒不办理托运手续的，承运人可以拒绝运输。

（4）不得携带危险或者违禁物品的义务。依《民法典》第 818 条的规定，旅客不得随身携带或者在行李中夹带易燃、易爆、有毒、有腐蚀性、有放射性以及有可能危及运输工具上人身和财产安全的危险物品或者违禁物品。旅客违反规定携带或者夹带违禁物品的，承运人有权将违禁物品卸下、销毁或者送交有关部门；旅客坚持携带或者夹带违禁物品的，承运人有权也应当拒绝运输。

三、货运合同

(一) 货运合同的概念与特征

货运合同即货物运输合同，是承运人按照约定的方式、时间将托运人托运的货物安全送达约定的地点，托运人或者收货人为此支付运费的合同。货运合同除具有运输合同的一般特征外，还具有以下不同于客运合同的显著特征：

（1）货运合同往往涉及第三人。

货运合同的订约当事人为承运人与托运人。但托运人是为收货人订立运输合同的，托运人既可以自己为收货人，也可以第三人为收货人。若托运人与收货人不为同一人，则该运输合同就属于为第三人利益订立的合同，合同涉及第三人。

(2) 货运合同以承运人将承运的货物交付给收货人为履行终点。

货运合同的标的虽是承运人的运输行为，但货运合同的承运人若仅将货物送达目的地，其义务的履行并不能完结。只有在将承运的货物送交收货人后，承运人的运送义务才为履行完毕。

(二) 货运合同当事人的权利义务

1. 托运人的主要义务

托运人的主要义务是按照合同的约定托运货物。

(1) 如实申报托运的货物。依《民法典》第825条第1款的规定，托运人办理货物运输，应当向承运人准确表明收货人的姓名或者名称或者凭指示的收货人，货物的名称、性质、重量、数量、收货地点等有关货物运输的必要情况。承运人要求填写托运单的，托运人应当按照要求填写托运单。依《民法典》第825条第2款的规定，因托运人申报不实或者遗漏重要情况，造成承运人损失的，托运人应当承担赔偿责任。承运人按照托运人申报的情况进行运输而使托运人受到损失的，托运人应自己承担损失，承运人可不承担责任。

(2) 按照约定交付托运的货物。托运人应当按照合同约定的时间将货物交付承运人托运。货物运输需要办理审批、检验等手续的，托运人应将办理完有关手续的文件提交承运人(《民法典》第826条)。因托运人办理各种有关手续和向承运人提交有关文件不及时、不完备、不正确而造成承运人损失的，托运人应当负赔偿责任。

托运人对托运的货物应当按照约定的方式包装；对包装方式没有约定或者约定不明确的，应当按照通用的方式或者足以保护标的物且节约资源的方式包装；托运人不按照要求包装货物的，承运人可以拒绝运输(《民法典》第827条)，因此而给承运人造成损失的，托运人还应负责赔偿损失。

托运人托运易燃、易爆、有毒、有腐蚀性、有放射性等危险物品的，应当按照国家有关危险物品运输的规定妥善包装，作出危险物标志和标签，并将有关危险物品的名称、性质和防范措施的书面材料提交承运人，否则承运人有权拒绝运输，也可以采取相应的措施以避免损害的发生，因此产生的费用由托运人承担。托运人未对危险物品妥善包装或者没有对危险物品作出标志和标签或者没有将有关材料及时提交承运人，承运人可以拒绝运输，也可以采取相应措施以避免损失的发生，因此产生的费用由托运人负担(《民法典》第828条)。

(3) 按照规定支付运费等费用。按照《民法典》第836条的规定，托运人或者收货人不支付运费、保管费以及其他运输费用的，除当事人另有约定外，承运人对相应的运输货物享有留置权。当然,依《民法典》第835条的规定,货物在运输过程中因不可抗力灭失的,未收取运费的,承运人不得请求支付运费;已经收取运费的,托运人可以请求返还。法律另有规定的,依照其规定。

2. 承运人的主要义务

承运人的主要义务,是将承运的货物按时安全地运送到目的地,并交付给收货人。

(1) 按照合同约定接受托运人托运的货物并交付运输单证。承运人按约定接受托运人交付的承运货物的,应按照规定向托运人填发提单或者其他运输单证。

(2) 遵从托运人的中止运输等要求。《民法典》第829条规定:"在承运人将货物交付收货人之前,托运人可以要求承运人中止运输、返还货物、变更到达地或者将货物交给其他收货人,但是应当赔偿承运人因此受到的损失。"

(3) 通知收货人或者托运人并交付货物。依《民法典》第830条的规定,货物运输到达后,承运人知道收货人的,应当及时通知收货人,以便于收货人及时提货。承运人不知道收货人的,在货物到达目的地后,承运人应当通知托运人在合理期限内就运输货物的处分作出指示,只有在托运人未在合理的期限内给予指示或者其指示事实上不能执行时,承运人才可按规定提存货物。在收货人出示提单或者其他提货凭证时,承运人应将货物交付给收货人。

(4) 安全运送货物。按照《民法典》第832条的规定,承运人对运输过程中货物的毁损、灭失承担赔偿责任。承运人的这一责任属于无过错责任,承运人不能以证明自己无过错而免责,承运人只有能够证明货物的毁损、灭失是由于不可抗力、货物本身的自然属性或者合理损耗以及托运人、收货人的过错造成的,才可不承担赔偿责任。

依《民法典》第833条的规定,"货物的毁损、灭失的赔偿额,当事人有约定的,按照其约定;没有约定或者约定不明确,依照本法第五百一十条的规定仍不能确定的,按照交付或者应当交付时货物到达地的市场价格计算。法律、行政法规对赔偿额的计算方法和赔偿限额另有规定的,依照其规定。"

依《民法典》第834条的规定,两个以上承运人以同一运输方式联运的,与托运人订立合同的承运人应当对全程运输承担责任;损失发生在某一运输区段的,与托运人订立合同的承运人和该区段的承运人承担连带责任。

3. 收货人的权利的取得和行使

货物运送到目的地,经承运人通知后,收货人即取得货运合同所产生的提取和受领货物的权利。同时,收货人在行使权利时也须履行与权利行使有关的相应义务。按照《民法典》第831条的规定,收货人提货时应当按照约定的期限检验货物。对验货的期限没有约定或者约定不明确,又不能协商或者根据习惯确定的,收货人应在合理期限内检验货物。收货人在约定的期限或者合理期限内对货物的数量、毁损等未提出异议的,视为承运人已经按照运输单证的记载交付的初步证据。

依《民法典》第837条的规定,收货人不明或者收货人无正当理由拒绝受领货物的,承运人依法可以提存货物。如果运输的货物不适于提存,承运人依法可以拍卖或者变卖货物,提存所得的价款。

四、多式联运合同

(一) 多式联运合同的概念与特征

多式联运合同,是指多式联运经营人负责以两种以上的不同运输方式,将托运人托运的货物运输到目的地交付收货人,并收取全程运输费用的合同。[①] 多式联运合同是随着集装箱运输而发展起来的运输合同,除具有运输合同的一般特征外,还具有以下重要特征:

(1) 多式联运合同由两种以上的不同运输方式的承运人相继履行运输义务。

运输方式包括航空运输、铁路运输、公路运输和海上运输等。多式联运合同是需用以上所说的运输方式中的两种以上不同方式承运的合同。由于不同的运输方式的承运人的责任有所不同,多式联运合同又是由不同区段的承运人相继履行运送义务的,因此,在多式联运合同中不仅会发生联运经营人与托运人、收货人之间的权利义务关系,而且发生以不同运输方式承担运输任务的各区段的承运当事人与联运经营人之间的权利义务关系。

(2) 托运人一次交费并使用同一运输凭证。

在多式联运中,虽然是由不同的承运人以不同的运输方式来承担运输任务的,但托运人仅与联运经营人订立合同,并向联运经营人交付全程运费,在运输中货物虽由一承运人转交另一承运人运送,但不需另行交费和办理托运手续。

(3) 合同的当事人是托运人与联运经营人。

联运合同是由联运经营人与托运人订立的,联运经营人为运输合同的一方当事人,不是各区段承运人的代理人或者代表人。多式联运尽管在不同的区段由不同的承运人履行运输货物的义务,但各区段的承运人并非合同的当事人。所以,《民法典》第838条规定:"多式联运经营人负责履行或者组织履行多式联

[①] 关于联运合同的概念,有不同的观点。有的认为,联运合同既包括数个承运人以同一种运输方式运送旅客或货物的合同,也包括承运人以不同的运输方式运送旅客或货物的合同。但是数个承运人以同一种运输方式相继运输的,各个承运人的运输是不可分割的同一项运输,各承运人承担连带责任。如《民用航空法》第108条规定:"航空运输合同各方认为几个连续的航空运输承运人办理的运输是一项单一业务活动,无论其形式是以一个合同订立或者数个合同订立,应当视为一项不可分割的运输。"我们这里所说的,仅是指以不同运输方式运送旅客或货物的联运即多式联运。

运合同,对全程运输享有承运人的权利,承担承运人的义务。"

(二) 多式联运合同联运经营人的权利、义务与责任

1. 联运经营人负责履行或者组织履行多式联运合同

联运经营人对全程运输享有承运人的权利,承担承运人的义务。按照《民法典》第 839 条的规定,多式联运经营人可以与参加多式联运的各区段的承运人就多式联运合同的各区段运输约定相互之间的责任;但是,该约定不影响多式联运经营人对全程运输承担的义务,不具有对抗第三人的效力。

2. 联运经营人收到托运人交付的货物时,应当签发多式联运单据

根据《民法典》第 840 条的规定,多式联运经营人收到托运人交付的货物时,应当按照托运人的要求,或签发可转让的多式联运单据,或签发不可转让的多式联运单据。所谓多式联运单据,是指证明多式联运合同存在及多式联运经营人接管货物并按合同条款提交货物的证据。可转让的多式联运单据可以转让,一经合法转让,受让人即取得托运人的权利义务。但是,依《民法典》第 841 条的规定,因托运人托运货物时的过错造成多式联运经营人损失的,即使托运人已经转让多式联运单据,托运人仍然应当向联运经营人承担赔偿责任。

3. 联运经营人对货物的毁损、灭失承担赔偿责任

依我国《民法典》的规定,多式联运经营人就运输过程中货物的毁损、灭失统一承担赔偿责任。关于联运经营人的责任内容,按照《民法典》第 842 条的规定,若能够确定货物的毁损、灭失发生于多式联运的某一运输区段,则多式联运经营人的赔偿责任和责任限额,适用调整该区段运输方式的有关法律规定;若货物毁损、灭失发生的运输区段不能确定,则多式联运经营人依照单式运输的规定承担赔偿责任。当然,多式联运经营人在承担赔偿责任后,可以按照其与各区段的承运人约定的各区段运输相互间的责任,向应承担责任的承运人追偿。

第十二节 技 术 合 同

一、技术合同概述

(一) 技术合同的概念与特征

《民法典》第 843 条规定:"技术合同是当事人就技术开发、转让、许可、咨询或者服务订立的确立相互之间权利和义务的合同。"技术合同的当事人,一方须进行技术开发、技术转让、技术许可、提供技术咨询或者服务,另一方须支付报酬或者价款。

技术合同具有以下特征:

(1) 技术合同的标的是与技术成果相关的行为。

技术合同中债务人所应为的给付总是与技术有关。所谓技术,是根据生产实践和科学原理而形成的,作用于自然界一切物资设备的操作方法与技能。《技术合同解释》第1条规定:"技术成果,是指利用科学技术知识、信息和经验作出的涉及产品、工艺、材料及其改进等的技术方案,包括专利、专利申请、技术秘密、计算机软件、集成电路布图设计、植物新品种等。技术秘密,是指不为公众所知悉,具有商业价值并经权利人采取相应保密措施的技术信息。"技术成果具有无形性、可同时为多人利用等特点。正因为技术合同的标的是与技术成果相关的行为,《民法典》第844条特别规定订立技术合同应特别遵循的原则,即:"订立技术合同,应当有利于知识产权的保护和科学技术的进步,促进科学技术成果的研发、转化、应用和推广。"

(2) 技术合同的主体具有特殊性。

技术合同的主体依合同的种类不同而有不同的要求。例如,技术开发合同中的研究开发人须是具有研究开发能力的人,技术转让合同中的转让人须是对技术成果享有使用权、转让权的人。在我国,技术成果有职务技术成果与非职务技术成果之分。依《民法典》第847条的规定,职务技术成果是执行法人或者非法人组织的工作任务,或者主要是利用法人或者非法人组织的物质技术条件所完成的技术成果。职务技术成果的使用权、转让权属于法人或者非法人组织。法人或者非法人组织可以就该项职务技术成果订立技术合同。法人或者非法人组织订立技术合同转让职务技术成果时,职务技术成果的完成人享有以同等条件优先受让的权利。依《民法典》第848条的规定,非职务技术成果的使用权、转让权属于完成技术成果的个人,完成技术成果的个人可以就该项非职务技术成果订立技术合同。

(3) 技术合同为双务合同、有偿合同。

技术合同当事人双方互负对待给付义务,故为双务合同。技术合同当事人一方从对方取得利益的,须向对方支付相应的财产代价,所以技术合同为有偿合同。依《民法典》第846条的规定,技术合同价款、报酬或者使用费的支付方式由当事人约定,可以采取一次总算、一次总付或者一次总算、分期支付,也可以采取提成支付或者提成支付附加预付入门费的方式。约定提成支付的,可以按照产品价格、实施专利和使用技术秘密后新增的产值、利润或者产品销售额的一定比例提成,也可以按照约定的其他方式计算;提成支付的比例可以采取固定比例、逐年递增比例或者逐年递减比例。约定提成支付的,当事人可以在合同中约定查阅有关会计账目的办法。

(二) 技术合同的形式和内容

技术合同一般应当采用书面形式。

依《民法典》第 845 条的规定,技术合同的内容一般包括项目的名称,标的的内容、范围和要求,履行的计划、地点和方式,技术信息和资料的保密,技术成果的归属和收益的分配办法,验收标准和方法,名词和术语的解释等条款。与履行合同有关的技术背景资料、可行性论证和技术评价报告、项目任务书和计划书、技术标准、技术规范、原始设计和工艺文件,以及其他技术档案,按照当事人的约定可以作为合同的组成部分。技术合同涉及专利的,应当注明发明创造的名称、专利申请人和专利权人、申请日期、申请号、专利号以及专利权的有效期限。

为促进技术进步和保护知识产权,依《民法典》第 850 条的规定,技术合同除因合同无效的一般原因无效外,还因非法垄断技术、妨碍技术进步或者侵害他人技术成果而无效。所谓非法垄断技术、妨碍技术进步,是指合同当事人一方在合同条款中限制另一方在合同标的技术的基础上进行新的研究开发,限制另一方以其他方式吸收技术,或者限制另一方按照合理的方式根据需要充分实施专利和使用技术秘密等。依《技术合同解释》第 10 条的规定,非法垄断技术、妨碍技术进步包括下列情形:(1) 限制当事人一方在合同标的技术基础上进行新的研究开发或者限制其使用所改进的技术,或者双方交换改进技术的条件不对等,包括要求一方将其自行改进的技术无偿提供给对方、非互惠性转让给对方、无偿独占或者共享该改进技术的知识产权;(2) 限制当事人一方从其他来源获得与技术提供方类似技术或者与其竞争的技术;(3) 阻碍当事人一方根据市场需求,按照合理方式充分实施合同标的的技术,包括明显不合理地限制技术接受方实施合同标的的技术生产产品或者提供服务的数量、品种、价格、销售渠道和出口市场;(4) 要求技术接受方接受并非实施技术必不可少的附带条件,包括购买非必需的技术、原材料、产品、设备、服务以及接收非必需的人员等;(5) 不合理地限制技术接受方购买原材料、零部件、产品或者设备等的渠道或者来源;(6) 禁止技术接受方对合同标的的技术知识产权的有效性提出异议或者对提出异议附加条件。所谓侵害他人的技术成果,是指当事人订立的合同内容侵害了其中一方或者第三人的技术成果权。依《技术合同解释》第 12 条第 1 款的规定,侵害他人技术秘密的技术合同被确认无效后,除法律、行政法规另有规定外,善意取得该技术秘密的一方当事人可以在其取得时的范围内继续使用该技术秘密,但应当向权利人支付合理的使用费并承担保密义务。

二、技术开发合同

(一) 技术开发合同的概念与特征

依《民法典》第851条的规定,技术开发合同是指当事人之间就新技术、新产品、新工艺、新品种或者新材料及其系统的研究开发所订立的合同。

技术开发合同包括委托开发合同和合作开发合同。委托开发合同是当事人一方即委托人委托另一方当事人即研究开发人研究开发新技术成果的合同。合作开发合同是当事人各方共同进行新技术成果研究开发的合同。当事人之间就具有实用价值的科技成果实施转化订立的合同,参照适用技术开发合同的有关规定。

技术开发合同具有以下特征:

(1) 技术开发合同的标的是研究开发具有创造性的新技术成果。

技术开发合同的目的是研究开发出新技术、新产品、新工艺、新品种、新材料及其系统。[①] 这种技术成果是当事人在订立合同时尚不存在、不掌握的。因此,《民法典》第857条规定:"作为技术开发合同标的的技术已经由他人公开,致使技术开发合同的履行没有意义的,当事人可以解除合同。"

(2) 技术开发合同的主体应具备相应的条件。

技术开发合同的主体应具备技术开发所必需的相应条件。委托人须具备委托开发所必要的物力、财力;研究开发人应具备相应的研究开发能力,有进行研究开发的人力、物力、基础设施、技术信息和资料等。

(3) 技术开发合同是诺成性合同、双务合同、有偿合同。

技术开发合同自当事人双方意思表示一致即可成立,不以标的物的交付或者实际履行行为为成立要件。技术开发合同的各方均负有相应的义务,享有相应的权利,任何一方从对方取得利益都须支付一定的财产代价。

(4) 技术开发合同的当事人须承担风险。

这里的所谓风险,是指因在研究开发中遇到虽研究开发人已尽最大努力也无法克服的技术难关,导致开发工作全部或者部分失败。因技术开发合同的标的是取得尚未掌握的具有创造性的新技术成果的行为,技术开发工作本身就是具有风险性的。依《民法典》第858条的规定,在技术开发合同履行过程中,因出现无法克服的困难,致使研究开发失败或者部分失败的,该风险由当事人约定。当事人对技术开发的风险没有约定或者约定不明确,又不能协商确定的,风险由各方当事人合理分担。

[①] 依《技术合同解释》第17条的规定,所称"新技术、新产品、新工艺、新品种或者新材料及其系统",包括当事人在订立技术合同时尚未掌握的产品、工艺、材料及其系统等技术方案,但对技术上没有创新的现有产品的改型、工艺变更、材料配方调整以及对技术成果的验证、测试和使用除外。

(二) 委托开发合同当事人的权利义务

1. 委托人的主要义务

(1) 按照合同的约定,支付研究开发经费和报酬。

(2) 按照合同的约定,提供技术资料、原始数据、完成协作事项。

(3) 按期接受研究开发成果。委托人应按照合同约定的期限接受研究开发成果,并及时依约定对成果进行鉴定和验收。

委托人违反约定造成研究开发工作停滞、延误或者失败的,应当承担违约责任。

2. 研究开发人的主要义务

(1) 按照约定制定和实施研究开发计划。

(2) 合理使用研究开发经费。

(3) 按期完成研究开发工作,交付研究开发成果。在交付技术成果后,研究开发人应当履行后续的义务,向委托人提供有关的技术资料和必要的技术指导,帮助委托人掌握研究开发成果。

研究开发人违反约定造成研究开发工作停滞、延误或者失败的,应当承担违约责任。

3. 研究开发的技术成果归属

根据《民法典》第859条的规定,委托开发完成的发明创造,除法律另有规定或者当事人另有约定外,申请专利的权利属于研究开发人。研究开发人取得专利权的,委托人可以依法实施该专利。研究开发人转让专利申请权的,委托人享有以同等条件优先受让的权利。

依《民法典》第861条的规定,委托开发完成的技术秘密成果的使用权、转让权及利益的分配办法,由当事人约定;当事人没有明确约定,依照习惯又不能确定的,在没有相同技术方案被授予专利前,各方均有使用和转让的权利。但是,研究开发人不得在向委托人交付研究开发成果之前,将研究开发成果转让给第三人。

(三) 合作开发合同当事人的权利义务

1. 当事人的义务

(1) 按照约定进行投资。所谓投资,是指以资金、设备、材料、场地、试验条件、技术情报资料,以及专利权、非专利技术成果等方式对研究开发项目的投入。当事人以资金以外的形式投资的,应当折算成相应的金额,并应明确当事人在投资中所占的投资比例。

(2) 按照约定的分工参与研究开发。"分工参与研究开发工作",包括当事人按照约定的计划和分工,共同或者分别承担设计、工艺、试验、试制等工作。当事人若不参与研究开发工作,仅提供资金等物质条件或者承担辅助协作事项,则不为合作开发合同的当事人,只能属于委托开发合同的委托人。

(3) 协作配合研究开发工作。

依《民法典》第856条的规定,合作开发合同的当事人违反约定造成研究开发工作停滞、延误或者失败的,应当承担违约责任。

2. 合作研究开发的成果归属

按照《民法典》第860条的规定,合作开发完成的发明创造,除当事人另有约定外,申请专利的权利属于合作开发的当事人共有。当事人一方转让其共有的专利申请权的,其他各方享有以同等条件优先受让的权利。当事人一方声明放弃其共有的专利申请权的,可以由另一方单独申请或者由其他各方共同申请。申请人取得专利权的,放弃专利申请权的一方有权免费实施该专利。合作开发的当事人一方不同意申请专利权的,另一方或者其他各方不得申请专利。

依《民法典》第861条的规定,合作开发完成的非专利的技术秘密成果的使用权、转让权以及利益的分配办法,由当事人约定;没有约定或者约定不明确又不能依习惯确定的,在没有相同的技术方案被授予专利前,当事人均有使用和转让的权利。

三、技术转让合同和技术许可合同

(一) 技术转让合同和技术许可合同的概念与特征

1. 技术转让合同和技术许可合同的概念

技术转让合同是合法拥有技术的权利人,将现有特定的专利、专利申请、技术秘密的相关权利让与他人所订立的合同(《民法典》第862条第1款)。技术转让合同包括:(1) 专利权转让合同。指的是专利权人作为转让人将其发明创造的专利的所有权或者持有权转让给受让人,受让人为此支付价款的合同。(2) 专利申请权转让合同。指的是转让人将其就特定的发明创造申请专利的权利转让给受让人,受让人为此支付价款的合同。(3) 技术秘密转让合同,是指转让人将其拥有的非专利的技术秘密成果转让给受让人使用,受让人为此支付使用费的合同。

技术许可合同是合法拥有技术的权利人,将现有特定的专利、技术秘密的相关权利许可他人实施、使用所订立的合同(《民法典》第862条第2款)。技术许可合同包括:(1) 专利实施许可合同。指的是专利权人或者其授权的人作为许可人许可被许可人在约定的范围内实施专利,被许可人为此支付约定的使用费的合同。(2) 技术秘密使用许可合同。指的是技术秘密的权利人许可他人在约定范围内实施其技术秘密,被许可人支付使用费的合同。

2. 技术转让合同和技术许可合同的特征

技术转让合同和技术许可合同具有以下特征：

(1) 合同交易的对象是特定的现有的技术成果。

以技术转让、技术许可合同进行交易的技术成果必须是现有的，能够为某人独占的或者不具有公开性，能够在生产经营中使用并产生经济效益的技术。尚未研究开发出的技术成果，或者不涉及专利、专利申请或者技术秘密成果权属的知识、技术、经验和信息，不能成为技术转让、许可合同交易的对象。

(2) 合同所转移的是技术成果的使用权。

技术转让、技术许可合同的目的是受让人取得受让技术的使用权。技术转让合同转让技术后，让与人对转让的技术成果不再享有任何权利，受让人享有处分的权利。技术许可合同的权利人许可他人实施技术后，权利人并不失去对技术成果享有的权利，被许可人仅是取得在一定范围内技术成果的使用权。

《民法典》第864条规定："技术转让合同和技术许可合同可以约定实施专利或者使用技术秘密的范围，但是不得限制技术竞争和技术发展。"

(3) 当事人的权利义务具有延续性。

技术转让、许可合同当事人的权利义务关系不仅于合同生效时起即产生，而且延续到合同的整个有效期间以及合同终止后的一定期间。这是由技术成果的无形性、可复制性所决定的。

(二) 技术转让、技术许可合同当事人的权利义务

1. 让与人、许可人的主要义务

技术转让合同、技术许可合同的让与人、许可人的主要义务是按照约定将转让的技术转让给受让人、被许可人使用。

依《民法典》第870条的规定，让与人、许可人应当保证自己是所提供的技术的合法拥有者，并且保证所提供的技术完整、无误、有效，能够达到约定的目标。

专利实施许可合同只在该专利权的存续期间内有效，专利权有效期限届满或者专利权被宣告无效的，专利权人不得就该专利与他人订立专利实施许可合同(《民法典》第865条)，因为此时专利权人已无专利权。

专利实施许可合同的许可人应当按照约定许可被许可人实施专利，交付实施专利有关的技术资料，提供必要的技术指导(《民法典》第866条)。

技术秘密转让合同的让与人和技术秘密的许可人应当按照约定提供技术资料，进行技术指导，保证技术的实用性、可靠性，承担保密义务。

让与人和许可人就所转让或许可使用的技术承担权利瑕疵或者质量瑕疵担保责任，应就技术瑕疵向受让人承担责任。《民法典》第874条规定，受让人或者被许可人按照约定实施专利、使用技术秘密侵害他人合法权益的，除当事人另有约定外，由让与人或者许可人承担责任。

按照《民法典》第 872 条的规定,让与人、许可人未按照约定许可技术、提供技术的,应当返还部分或者全部使用费,并应承担违约责任;实施专利或者使用技术秘密超越约定的范围的,违反约定擅自许可第三人实施该项专利或者该项技术秘密的,应当停止违约行为,承担违约责任;违反约定的保密义务的,应当承担违约责任。

2. 受让人、被许可人的主要义务

技术转让合同、技术许可合同的受让人、被许可人的主要义务是按照约定受让技术,在约定的范围使用技术,支付技术使用费。

专利实施许可合同的受让人应当按照约定实施专利,不得超越合同的约定,不得擅自许可约定以外的第三人实施该专利,并按照约定支付使用费(《民法典》第 867 条)。① 技术秘密转让合同的受让人和技术秘密使用许可合同的被许可人应当按照约定使用技术,支付转让费、使用费,承担保密义务(《民法典》第 869 条)。

技术转让合同的受让人应当按照约定的范围和期限,对让与人提供的技术中尚未公开的秘密部分,承担保密义务(《民法典》第 871 条)。

按照《民法典》第 873 条的规定,受让人、被许可人未按照约定支付使用费的,应当补交使用费并按照约定支付违约金;不补交使用费或者支付违约金的,应当停止实施专利或者使用技术秘密,交还技术资料,承担违约责任;实施专利或者使用技术秘密超越约定的范围的,未经让与人、许可人同意擅自许可第三人实施该专利或者使用该技术秘密的,应当停止违约行为,承担违约责任;违反约定的保密义务的,应当承担违约责任。

3. 后续改进的技术成果的分享

依《民法典》第 875 条的规定,技术转让合同、技术许可合同的当事人可以按照互利原则,在合同中约定实施专利、使用技术秘密后续改进的技术成果的分享办法。合同中没有约定或者约定不明确,又不能依合同的其他条款或者习惯确定的,后续改进的技术成果归属于取得该成果的一方,任何他方无权分享一方后续改进的技术成果。

四、技术咨询合同和技术服务合同

(一) 技术咨询合同和技术服务合同的概念与特征

依《民法典》第 878 条的规定,技术咨询合同是当事人一方以技术知识为对

---

① 专利实施许可可包括以下方式:(1) 独占实施许可,是指让与人在约定许可实施专利的范围内,将该专利仅许可一个受让人实施,让与人依约定不得实施该专利;(2) 排他实施许可,是指让与人在约定许可实施专利的范围内,将该专利仅许可一个受让人实施,但让与人依约定可以自行实施该专利;(3) 普通实施许可,是指让与人在约定许可实施专利的范围内许可他人实施该专利,并且可以自行实施该专利。当事人对专利实施许可方式没有约定或者约定不明确的,认定为普通实施许可。专利实施许可合同约定受让人可以再许可他人实施专利的,认定该再许可为普通实施许可,但当事人另有约定的除外。

方就特定技术项目提供可行性论证、技术预测、专题技术调查、分析评价报告等所订立的合同。技术服务合同是当事人一方以技术知识为对方解决特定技术问题所订立的合同，不包括承揽合同和建设工程合同。

技术咨询合同和技术服务合同中以技术知识提供技术咨询意见或者解决技术问题的一方为受托人，另一方为委托人。

技术咨询合同和技术服务合同主要具有以下特征：

（1）技术咨询合同和技术服务合同的标的是技术性劳务。

技术咨询合同的标的是技术性的咨询服务，技术服务合同的标的是解决特定技术问题的行为。这两种合同的委托人所需要的仅是受托人所提供的技术性劳务。

（2）技术咨询合同和技术服务合同为诺成性合同、双务合同、有偿合同。

技术咨询合同和技术服务合同，自当事人双方意思表示一致即可成立；受托人须为委托人提供技术性服务，委托人须支付报酬，任何一方的利益取得都须向对方给付相应的对价。

（二）技术咨询合同和技术服务合同当事人的权利义务

1. 技术咨询合同当事人的权利义务

（1）委托人的义务。依《民法典》第879条的规定，技术咨询合同委托人的主要义务是按照约定阐明咨询的问题，提供技术背景材料及有关技术资料；为受托人进行调查论证提供必要的工作条件；按期接受受托人的工作成果，支付报酬。

按照《民法典》第881条第1款的规定，委托人未按照约定提供必要的资料和数据，影响工作进度和质量，不接受或者逾期接受工作成果的，支付的报酬不得追回，未支付的报酬应当如数支付。

（2）受托人的义务。依《民法典》第880条的规定，技术咨询合同受托人的主要义务是按照约定的期限完成咨询报告或者解答问题；提出的咨询报告应当达到约定的要求。除另有约定外，受托人负担完成工作所需的费用。

按照《民法典》第881条第2款、第3款的规定，受托人未按期提出咨询报告或者提出的咨询报告不符合约定的，应当承担减收或者免收报酬等违约责任。[①]但是，除当事人另有约定外，受托人不对委托人按咨询报告和意见的决策结果负责，委托人按照受托人符合约定要求的咨询报告和意见作出决策所造成的损失，由委托人自行承担。

[①] 依《技术合同解释》第32条的规定，技术咨询合同受托人发现委托人提供的资料、数据等有明显错误或者缺陷，未在合理期限内通知委托人的，视为其对委托人提供的技术资料、数据等予以认可。委托人在接到受托人的补正通知后未在合理期限内答复并予补正的，发生的损失由委托人承担。

2. 技术服务合同当事人的权利义务

(1) 委托人的义务。依《民法典》第 882 条的规定,技术服务合同的委托人的主要义务是按照约定提供工作条件,完成配合事项;接受工作成果并支付报酬。

委托人不履行合同义务或者履行合同义务不符合约定,影响工作进度和质量,不接受或者逾期接受工作成果的,支付的报酬不得追回,未支付的报酬应当支付(《民法典》第 884 条第 1 款)。

(2) 受托人的义务。依《民法典》第 883 条的规定,受托人的主要义务是按照约定完成服务项目,解决技术问题,保证工作质量,并传授解决技术问题的知识。除当事人另有约定外,受托人自行承担完成工作所需费用。

受托人未按照合同约定完成服务工作的,应当承担免收报酬等违约责任(《民法典》第 884 条第 2 款)。

3. 技术咨询合同与技术服务合同履行中取得新技术成果的归属

按照《民法典》第 885 条的规定,技术咨询合同、技术服务合同履行过程中,受托人利用委托人提供的技术资料和工作条件完成的新的技术成果,属于受托人;委托人利用受托人的工作成果完成的新的工作成果,属于委托人;当事人另有约定的,按照其约定。

(三) 技术培训合同、技术中介合同的法律适用

《民法典》第 887 条规定:"法律、行政法规对技术中介合同、技术培训合同另有规定的,依照其规定。"依此,法律、行政法规没有另外规定的,对技术中介合同、技术培训合同适用关于技术服务合同的规定。

技术培训合同,是指当事人一方委托另一方对指定的学员进行特定项目的专业技术训练和技术指导所订立的合同,不包括职业培训、文化学习和按照行业、法人或者非法人组织的计划进行的职工业余教育。当事人对技术培训必需的场地、设施和试验条件等工作条件的提供和管理责任没有约定或者约定不明确的,由委托人负责提供和管理。委托人派出的学员不符合约定条件,影响培训质量的,由委托人按照约定支付报酬;受托人配备的教员不符合约定条件,影响培训质量,或者受托人未按照计划和项目进行培训,导致不能实现约定培训目标的,应当减收或者免收报酬。受托人发现学员不符合约定条件或者委托人发现教员不符合约定条件,未在合理期限内通知对方,或者接到通知的一方未在合理期限内按约定改派的,应当由负有履行义务的当事人承担相应的民事责任。

技术中介合同,是指当事人一方以知识、技术、经验和信息为另一方与第三人订立技术合同进行联系、介绍以及对履行合同提供专门服务所订立的合同。当事人对中介人从事中介活动的费用负担没有约定或者约定不明确的,由中介人承担;当事人约定该费用由委托人承担但未约定具体数额的,由委托人支付中

介人从事中介活动支出的必要费用。当事人对中介人的报酬没有约定或者约定不明确的,应当根据中介人所进行的劳务合理确定,并由委托人承担;仅在委托人与第三人订立的技术合同中约定中介条款,但未约定给付中介人报酬或者约定不明确的,应当支付的报酬由委托人和第三人平均承担。中介人未促成委托人与第三人之间的技术合同成立的,不能要求支付报酬,但当事人另有约定除外,可以要求委托人支付其从事中介活动的必要费用;中介人隐瞒与订立技术合同有关的重要事实或者提供虚假情况,侵害委托人利益的,应当根据情况免收报酬并承担赔偿责任。

第十三节 保管合同

一、保管合同的概念与特征

《民法典》第888条第1款规定:"保管合同是保管人保管寄存人交付的保管物,并返还该物的合同。"依此规定,保管合同的一方须将物品交付另一方保管。保管物品的一方为保管人,或者称受寄托人,其所保管的物品为保管物,交付物品保管的一方为寄存人或者寄托人。如不是一方将物品交付另一方保管,则不为保管合同。保管合同中保管人接受寄存人交付的物品的目的只能是为了保管该物,若当事人一方为其他目的而接受一方交付的物品,则该合同也不为保管合同。寄存人到保管人处从事购物、就餐、住宿等活动,将物品存放在指定场所的,视为保管,但是当事人另有约定或者另有交易习惯的除外。保管合同的保管人于保管终止时应返还寄存人交付的物品。若合同终止时,保管人可不返还寄存人交付的物品,则即使是以保管为目的的合同,也属于特殊的保管合同(消费保管合同)。

保管合同具有以下法律特征:

(1) 保管合同原则上为实践性合同。

保管合同原则上应为实践性合同,自寄存人将物品交付于保管人时成立。但是,若当事人约定保管自双方达成合意时成立,法律也应予以承认。所以,《民法典》第890条规定:"保管合同自保管物交付时成立,但是当事人另有约定的除外。"

(2) 保管合同可以为无偿合同,也可以为有偿合同。

从实务上看,当事人可以约定为保管而给付保管费,但当事人没有约定保管费时,寄存人并不支付保管费。可见,在当事人约定保管费时,保管合同为有偿合同;但也只有在当事人有特别约定或者交易习惯有特别规定时,保管合同才为有偿合同,否则保管合同就为无偿合同。《民法典》第889条第2款规定:"当事人对保管费没有约定或者约定不明确,依照本法第五百一十条的规定仍不能确定的,视为无偿保管。"

(3) 保管合同原则上为不要式合同、双务合同。

除当事人另有约定外,保管合同仅以寄存人对保管物的实际交付为成立生效要件,并不要求当事人必须采取特定形式,因此,保管合同为不要式合同。

保管合同原则上为双务合同。因为即使在无偿的保管中,寄存人也负有偿还保管费用的义务(寄存人仅是不支付报酬),而这一义务与保管人的保管义务是有对待给付性的。在有偿保管中,保管人的保管费有时包含报酬和保管费用,而在无偿保管中寄存人则仅负担支付保管费用的义务。当然,若寄存人无须负担任何保管费用,则保管合同为单务合同。

(4) 保管合同以物品的保管为目的,以保管行为为标的。

保管合同订立的直接目的是由保管人保管物品,而非以保管人获得保管物品的所有权或者处分权为目的。因此,保管合同的标的是保管人的保管行为,保管人的主要义务是保管寄存人交付其保管的物品。保管合同的这一特征使其与借用、租赁、承揽、运输等合同得以区分。

(5) 保管合同转移标的物的占有。

保管合同不是以保管人获得物品的所有权或者使用权为目的,并不发生保管物的所有权或者使用权转移,所以,除当事人另有约定外,保管人不得使用或者许可第三人使用保管物。但因寄存人的物品为保管人保管,保管人得取得保管物的占有。不转移标的物的占有,保管人无法履行保管义务。

二、保管合同当事人的权利义务

(一) 保管人的义务

1. 保管凭证的给付义务

《民法典》第891条规定:"寄存人向保管人交付保管物的,保管人应当出具保管凭证,但是另有交易习惯的除外。"保管凭证既为保管合同存在的证据,也是寄存人领取保管物时的有效单据。所以,除当事人另有约定或者另有交易习惯外,保管人于接受保管物后应向寄存人给付保管凭证。

2. 妥善保管保管物的义务

《民法典》第892条第1款明确规定:"保管人应当妥善保管保管物。"妥善保管寄存人交付的保管物是保管人依保管合同应负的主要义务。保管人对保管物的保管应遵循以下要求:

(1) 按照约定的保管方法和场所保管。《民法典》第892条第2款规定:"当事人可以约定保管场所或者方法。除紧急情况或者为维护寄存人利益外,不得擅自改变保管场所或者方法。"这也就是说,在当事人约定了保管场所和保管方法时,只有在紧急情况或者为维护寄存人利益所必需的情况下,才可以改变保管场所或者保管方法。在当事人没有约定保管场所和保管方法时,保管场所和保管方法应依保管物的性质、种类、保管的目的等情事按照诚实信用原则确定。

(2) 保管人不得使用保管物。《民法典》第895条规定:"保管人不得使用或者许可第三人使用保管物,但是当事人另有约定的除外。"因此,只有经寄存人同意,或者基于保管物的性质必须使用(亦即保管物的使用属于保管方法的一部分)的情形下,保管人才可使用保管物。如果保管人未经寄存人同意,其使用也不为保管物的性质所必需,而擅自使用保管物,或者许可第三人使用保管物,则保管人无论其主观上有无过错,均应向寄存人支付相当的使用报酬,以资补偿。报酬的数额可比照租金标准计算。

(3) 保管人应亲自为保管行为。《民法典》第894条第1款规定:"保管人不得将保管物转交第三人保管,但是当事人另有约定的除外。"依此规定,保管人须亲自为保管行为。所谓亲自保管,包括保管人自己保管,也包括使用履行辅助人辅助保管。保管人擅自将保管物转交第三人保管的,为违法的转保管,因此对保管物造成损失的,保管人应当承担赔偿责任(《民法典》第894条第2款)。

保管人对保管物的保管应尽相当的注意。但在关于保管人应尽何种注意上,有不同的观点。《民法典》第897条规定:"保管期内,因保管人保管不善造成保管物毁损、灭失的,保管人应当承担赔偿责任。但是,无偿保管人证明自己没有故意或者重大过失的,不承担赔偿责任。"依此规定,保管人对于保管物在保管期间的毁损、灭失的责任,依其保管是否有偿而有所不同:有偿保管的保管人只有在证明自己没有过错时才可不承担责任;无偿保管的保管人只要证明自己没有故意或者重大过失就可不承担责任。

依《民法典》第898条的规定,"寄存人寄存货币、有价证券或者其他贵重物品的,应当向保管人声明,由保管人验收或者封存;寄存人未声明的,该物品毁损、灭失后,保管人可以按照一般物品予以赔偿"。

3. 危险通知义务

这里的所谓危险通知义务,是指在第三人对保管物主张权利有使保管人不能返还保管物的危险时,保管人应将有关情事及时通知寄存人,以使寄存人及时采取措施维护其利益。《民法典》第896条第1款规定:"第三人对保管物主张权利的,除依法对保管物采取保全或者执行措施外,保管人应当履行向寄存人返还保管物的义务。"该条第2款规定:"第三人对保管人提起诉讼或者对保管物申请扣押的,保管人应当及时通知寄存人。"该条虽未规定在保管物被依法采取保全或者执行措施时保管人的通知义务,但从解释上说,于此情形下保管人也应通知寄存人,以使寄存人及时行使其权利。

4. 返还保管物的义务

(1) 返还保管物的时间。依《民法典》第 899 条的规定，寄存人可以随时领取保管物。寄存人提出领取保管物时，保管人即应将保管物返还寄存人。保管合同没有约定保管期间或者约定不明确的，保管人也可以随时请求寄存人领取保管物，但保管人应给予寄存人领取保管物的一定准备时间；如果保管合同明确约定了保管期间，则保管人没有特别事由不得要求寄存人提前领取保管物。所谓特别事由，是指依诚实信用原则仍要求继续由保管人保管保管物不公平或者不妥当的事由。

(2) 返还的物品和地点。保管人返还的物品应为原物，原物生有孳息的，保管人还应返还保管期间的原物孳息(《民法典》第 900 条)。若保管物为不动产，保管人应在不动产所在地返还；若保管物为动产，返还地点一般应为保管地，保管人并无送交的义务，但当事人另有约定的除外。

需要说明的是，依《民法典》第 901 条的规定，"保管人保管货币的，可以返还相同种类、数量的货币；保管其他可替代物的，可以按照约定返还相同种类、品质、数量的物品"。这是对消费保管合同保管人返还义务的特别规定。所谓消费保管合同，又称不规则保管合同，是指保管物为种类物，双方约定保管人得取得保管物的所有权(或者处分权)，而仅负以种类、品质、数量相同的物返还寄存人的义务的合同。

(3) 受返还的相对人。保管人返还保管物原则上应返还给寄存人。但在为第三人寄存时，保管人也可直接将保管物返还给第三人。寄存人为共有人之一的，返还义务的相对人为寄存人，保管人向其他无合同关系的共有人返还的，也无不可。

(二) 寄存人的义务

1. 负担必要费用和支付保管费

(1) 寄存人支付的费用的范围。寄存人应支付的费用包括保管费和其他费用。这里的保管费是指当事人约定的保管人应收取的报酬和保管费用。只有在当事人有特别约定或者依交易习惯能够确定时，寄存人才负有支付保管费的义务。这里的所谓其他费用是指保管保管物所付出的必要费用。因为该费用是为保管物支出的，自应由寄存人负担。因此，即使是无偿保管，寄存人虽不必向保管人支付报酬，却也应向保管人偿付保管人为保管保管物所支出的必要费用。所谓必要费用，以能维持保管物的原状为准，包括重新包装、防腐、防火等项费用。

(2) 费用的支付时间。有偿的保管合同，寄存人应当按照约定的期限向保管人支付保管费。当事人对支付期限没有约定或者约定不明确，依照交易习惯等仍不能确定的，应当在领取保管物的同时支付(《民法典》第 902 条)。无偿保管的必要保管费用的支付也应按此办理。

（3）不支付保管费用的后果。无偿保管合同寄存人不偿还必要的保管费用，有偿保管合同的寄存人不支付保管费的，应当承担债务不履行的责任。《民法典》第 903 条规定，"寄存人未按照约定支付保管费或者其他费用的，保管人对保管物享有留置权，但是当事人另有约定的除外"。

2. 有关情况的告知义务

《民法典》第 893 条规定："寄存人交付的保管物有瑕疵或者根据保管物的性质需要采取特殊保管措施的，寄存人应当将有关情况告知保管人。寄存人未告知，致使保管物受损失的，保管人不承担赔偿责任；保管人因此受损失的，除保管人知道或者应当知道且未采取补救措施外，寄存人应当承担赔偿责任。"依此规定，由于保管物本身的性质或者瑕疵使保管人受到损害的，寄存人应当承担赔偿责任。寄存人交付保管物时告知了有关情况的，因保管人已知保管物有发生危险的性质或者瑕疵而仍未采取特殊措施，寄存人得免除赔偿责任。寄存人于交付保管物时未告知有关情况，不仅应自己负担保管物的损失，而且对保管人因此受到的损失，应负赔偿责任。但保管人知道或者应当知道保管物有发生危险的性质或者瑕疵而未采取补救措施的，寄存人可不承担赔偿责任。

3. 领取保管物的义务

保管期间届满，寄存人应及时领取保管物。保管合同中未明确约定保管期间，保管人要求寄存人领取保管物的，寄存人应于合理的期间内及时领取。寄存人未及时领取保管物的，应负延期受领的违约责任。

第十四节　仓　储　合　同

一、仓储合同的概念与特征

《民法典》第 904 条规定："仓储合同是保管人储存存货人交付的仓储物，存货人支付仓储费的合同。"依此规定，只有当事人双方约定由仓库营业人作为保管人为存货人储存、保管货物，存货人为此支付仓储费的协议，才为仓储合同。所谓仓储物也就是存货人交付保管人储存的物品。

各国对于仓库营业和仓储合同的立法例有所不同。但在各国法上仓储合同基本都是不同于保管合同的一类独立的合同。然而，仓储合同与保管合同虽为性质不同的两类合同（如仓储合同为诺成性合同，而保管合同原则上为实践性合同），但毕竟都是以保管行为为标的的，所以《民法典》第 918 条规定："本章没有规定的，适用保管合同的有关规定。"

仓储合同具有以下法律特征：

(1) 仓储合同的保管人须为有仓储设备并专事仓储保管业务的人。

这是仓储合同主体上的重要特征。在仓储合同,作为保管存货人货物的保管人一方,只能是仓库营业人,而不能是其他人。若为他人保管货物的一方不是仓库营业人,则该合同不为仓储合同。仓库营业人应具备以下两个基本条件:其一,须有仓储设备;其二,须经营仓储保管业务。所谓经营仓储保管业务,是指经过工商登记可以专营或者兼营仓储保管业务,为他人储存和保管货物。

(2) 仓储合同中保管的仓储物须为动产。

因为仓储合同是储存货物的合同,只有适于堆放储藏的物品才可为仓库储存保管,因此,存货人交付保管人保管储存的货物只能是动产。

(3) 仓储合同为诺成性合同。

仓储合同并不以存货方实际交付存储的货物为成立生效要件。存货人将货物交付仓库营业人保管,属于合同的履行行为,而不是合同的成立生效要件。

(4) 仓储合同为双务合同、有偿合同、不要式合同。

仓储合同的当事人于合同成立后,双方互负对待给付义务。保管人须提供仓储服务,存货人须给付仓储费和其他费用,双方的义务具有对应性和对价性。

关于仓储合同是否为不要式合同,有不同看法。有的认为仓储合同为要式合同,必须采取书面形式。本书作者认为,认定仓储合同为要式合同并没有根据,法律并未规定仓储合同应采用书面形式,否则合同无效。虽然仓储合同的保管人于接受存货人交付的仓储物时应当给付仓单,在某些情况下,仓单即为合同,但仓单并非合同的成立要件。

(5) 仓储合同的存货人主张货物已交付或者行使返还请求权以仓单为凭证。

这是仓储合同不同于保管合同的重要特征。保管合同中保管人给付寄存人的保管凭证,虽也是寄存人领取保管物的有效凭证,但保管凭证仅是当事人之间存在保管关系的证据,不属于有价证券,寄存人仍得以其他的证据证明其已交付寄存物和要求领取保管物。而仓储合同的保管人给付存货人的仓单为有价证券,代表着当事人享有的权利,存货人须以仓单证明仓储物已交付,并凭仓单提取储存的货物,只有持有仓单才能主张仓单上载明的权利。

二、仓单

(一) 仓单的概念

仓单,是仓储合同的保管人于接受存货人交付的仓储物时填发给存货人的收据。仓单既是保管人收货的证明,又是存货人提取货物的有效凭证。

(二) 仓单的填发

依《民法典》第 909 条的规定,保管人应当在仓单上签字或者盖章,仓单包括下列事项:(1) 存货人的姓名或者名称和住所;(2) 仓储物的品种、数量、质量、包装及其件数和标记;(3) 仓储物的损耗标准;(4) 储存场所;(5) 储存期限;(6) 仓储费;(7) 仓储物已经办理保险的,其保险金额、期间以及保险人的名称;(8) 填发人、填发地和填发日期。

仓单未经保管人签字或者盖章的,自不能生效。但仓单中未完全记载上述事项的是否有效呢?换言之,上述事项是否均为仓单绝对必要记载事项呢?法律未作明确规定。本书作者认为,既然法律未作明确规定,只要其记载能够标明存货人的基本权利,仓单就为有效;反之,记载欠缺标明存货人基本权利的事项的仓单,应为无效。因此,上述事项中关于标明物品和储存场所的事项,应为绝对必要记载事项。

(三) 仓单的性质

《民法典》第910条规定:"仓单是提取仓储物的凭证。存货人或者仓单持有人在仓单上背书并经保管人签字或者盖章的,可以转让提取仓储物的权利。"①依此规定,仓单具有以下性质:

(1) 仓单为有价证券。

仓单上所载明的仓储物的返还请求权利与仓单是不可分离的,因此仓单为有价证券。仓单具有以下两方面的效力:

第一,受领仓储物的效力。保管人一经填发并给付仓单,则有效仓单的持单人对于保管人得请求仓储合同债务的履行,得据以请求提取仓储物。同时,仓单持有人对于仓储物的受领,不仅应提示仓单,而且还应缴回仓单。

第二,转移仓储物的效力。存货人将仓储物储存于仓库而收到仓单后,将仓单交付于有受领仓储物权利的人时,仓单的交付与转移物的所有权时的标的物的交付,具有同样的效力。存货人转移仓储物所有权的,须有效地转移仓单;有效转移仓单,也就转移了仓储物的所有权。不仅在所有权转移上,仓单的交付与物品的交付有同样效力;就是在设定担保权上,仓单的交付也与标的物的交付即占有的转移发生同样的效力。

依《民法典》第910条规定的反面解释,仓单上所记载的仓储物,非由存货人或者仓单持有人在仓单上背书,并经保管人签字或者盖章,不发生所有权转移的效力。

(2) 仓单为物品证券、物权证券、要式证券、文义证券、自付证券。

由于仓单是以给付一定的物品为标的的,故为物品证券。由于仓单上所载仓储物的转移,必须转移仓单始生所有权转移的效力,故仓单又为物权证券或者处分证券。因为仓单上记载的事项,须依法律的规定作成,故仓单为要式证券。

---

① 从理论上说,转让仓单是存货人的权利,不应以保管人的签字或者盖章为条件;从实务上看,转让仓单要经保管人签字或者盖章也有许多不便,不利于仓单的流通。但法律既然作如此规定,就应当依法律规定办理。

仓单的记载事项决定当事人的权利义务，当事人须依仓单上的记载主张权利义务，仓单的善意取得人依仓单上所记载的文义取得权利，保管人不能以仓单上未记载的事项以其对于前权利人的抗辩对抗，故仓单为文义证券。因为仓单是由保管人自己填发的，由自己负担给付的义务，所以仓单为自付证券。

三、仓储合同当事人的权利义务

(一) 保管人的义务

1. 接受和验收存货人的仓储物入库的义务

保管人应按合同的约定，接受和验收存货人交付储存的仓储物。保管人不能按合同约定的时间、品名(品类)、数量接受仓储物入库的，应承担违约责任。

《民法典》第907条规定："保管人应当按照约定对入库仓储物进行验收。保管人验收时发现入库仓储物与约定不符合的，应当及时通知存货人。保管人验收后，发生仓储物的品种、数量、质量不符合约定的，保管人应当承担赔偿责任。"入库仓储物的验收，包括实物验查和样本验查。仓储物有包装的，验收时应以外包装或者货物标记为准；无标记的，以存货人提供的验收资料为准。保管人未按规定的项目、方法、期限验收或者验收不准确的，应负责承担由此造成的损失。在双方交接货物中保管人验收发现问题的，存货人为同一城镇的，保管人可以拒收；外埠或者本埠港、站、机场、邮局到货的，依诚实信用原则，保管人应予接货，妥善暂存，并在有效验收期间内通知存货人处理；暂存期间所发生的一切损失和费用由存货人负担。仓储验收时保管人未提出异议的，视为存货人交付的仓储物符合合同约定的条件，此后发生仓储物的品种、数量、质量不符合约定的，保管人应当承担赔偿责任。

2. 填发和交付仓单的义务

依《民法典》第908条的规定，保管人于接受并验收存货人交付的仓储物后，不仅应于仓库簿册中记载仓储物的有关事项，并且应当出具仓单、入库单等凭证。仓单上的记载事项应与仓单存根上的有关记载相一致。

3. 妥善保管仓储物的义务

保管人应当按照合同约定的储存条件和保管要求，妥善保管仓储物。非有特别事由，保管人不得改变储存的场所和保管方法。保管人储存保管危险物品和易腐货物的，应当具备相应的保管条件，按照国家或者合同规定的要求操作和储存。保管人在储存保管过程中不得损坏货物的包装物，如因保管或者操作不当使包装发生毁损的，保管人应当负责修复或者按价赔偿。

《民法典》第917条规定："储存期内，因保管不善造成仓储物毁损、灭失的，保管人应当承担赔偿责任。因仓储物本身的自然性质、包装不符合约定或者超过有效储存期造成仓储物变质、损坏的，保管人不承担赔偿责任。"依此规定，凡在储存期内发生仓储物灭失、短少、变质、损坏、污染的,只要保管人不能证明系因仓储物的性质、包装不符合约定或者超过有效储存期造成的,保管人就应承担保管不善的赔偿责任。

4. 危险通知的义务

在仓储物出现危险时,保管人应当及时通知存货人。这包括以下情况:

(1) 遇有第三人就仓储物对保管人提起诉讼或者对仓储物申请扣押时,保管人应当及时通知存货人或者仓单持有人(《民法典》第896条)。

(2) 发现入库仓储物有变质或者其他损坏的,应当及时通知存货人或者仓单持有人(《民法典》第912条)。

(3) 发现入库仓储物有变质或者其他损坏,危及其他仓储物的安全和正常保管的,应当催告存货人或者仓单持有人作出必要的处置。因情况紧急,保管人可以作出必要的处置,但事后应当将该情况及时通知存货人或者仓单持有人(《民法典》第913条)。

(4) 对于外包装或者货物标记上标明或者合同中申明了有效期的货物,依诚实信用原则保管人应当于仓储物临近失效期前通知存货人或者仓单持有人。

5. 同意仓单持有人检查仓储物或提取样品的义务

《民法典》第911条规定:"保管人根据存货人或者仓单持有人的要求,应当同意其检查仓储物或者提取样品。"存货人或者仓单持有人检查仓储物或提取样品,或为了出卖仓储物,或为了考察仓储的方法是否有利于仓储物的保存,但不论其目的如何,只要存货人或者仓单持有人提出检查或者提取样品的要求,保管人就应当同意其检查或者提取样品。

6. 返还仓储物的义务

在合同约定的储存期限届满或者因其他事由终止合同时,保管人应将仓储物返还给存货人或者仓单持有人,保管人不得无故扣押仓储物。保管人未按合同约定的时间、数量交还仓储物的,应当承担违约责任。

合同中约定有储存期间的,在仓储合同规定的储存期间届满前,保管人不得要求返还或者要求由存货人取回仓储物。但是,在存货人或者仓单持有人要求提取货物时,保管人不得拒绝返还。存货人或者仓单持有人提前提取仓储物的,不减收仓储费(《民法典》第915条)。

依《民法典》第914条的规定,当事人对储存期间没有约定或者约定不明确的,存货人或者仓单持有人可以随时提取仓储物,于存货人或者仓单持有人提出提货要求时,保管人应当及时返还仓储物。保管人也可以随时要求存货人或者仓单持有人提取仓储物以履行返还仓储物的义务,但应当提前通知对方,给予存货人或者仓单持有人以提取仓储物的必要的准备时间。

(二) 存货人的义务

1. 按照合同的约定交存仓储物入库的义务

存货人应当按照合同约定的时间和约定的储存货物的品种、数量、质量交付仓储物给保管人入库,并在验收期间向保管人提供验收资料。存货人未按照约定全部入库仓储物的,应当承担违约责任。因存货人未提供验收资料或者提供的资料不齐全、不及时而造成验收差错及其他损失的,由存货人负责。

存货人应按照合同的约定负责仓储物的包装,因包装不符合要求而造成仓储物毁损、灭失的,由存货人自己承担。

2. 告知义务和处置危险物品的义务

依《民法典》第 906 条的规定,储存易燃、易爆、有毒、有腐蚀性、有放射性等危险物品或者易变质物品的,存货人应当说明该物品的性质,提供有关的保管、运输等技术资料。存货人不说明危险物品或者易变质物品的性质,不提供有关资料的,保管人可以拒收该仓储物;保管人也可以采取相应措施以避免损失的发生,但因此发生的费用由存货人承担。当然,保管人储存危险物品的,应当具备相应的保管条件。

依《民法典》第 913 条的规定,存货人或者仓单持有人收到保管人有关仓储物有会危及其他仓储物安全和正常保管的变质或者其他损坏的情况的通知的,应当及时采取必要的处置措施;收到保管人因情况紧急对变质或者损坏的物品已作出必要的处置的通知的,应当承担对危险物品作必要处置的费用。

3. 支付仓储费和偿付其他必要费用的义务

仓储费的数额、支付方式、支付时间和地点,均由双方当事人约定,存货人应当依约履行。

其他必要费用,是指保管人因储存、保管货物所支出的必要费用。这一必要费用包括运费、修缮费、保险费、转仓费等。合同中约定的仓储费已经包括必要费用的,存货人自不必再另行支付。

仓储合同中对仓储费的支付时间没有约定或者约定不明确的,存货人或仓单持有人应于提取仓储物时支付。依《民法典》第 915 条的规定,当事人约定有储存期限,存货人或者仓单持有人提前提取仓储物的,不减收仓储费;逾期提取的,应当加收仓储费。

存货人不支付仓储费和其他必要费用的,除当事人另有约定外,保管人对仓储物享有留置权。

4. 及时提取仓储物的义务

仓储合同约定有储存期限的,于储存期限届满时,存货人或者仓单持有人应及时凭仓单提取仓储物。存货人或者仓单持有人提取货物时须向保管人提示仓单并缴回仓单,并应提交仓储物验收资料和验收仓储物。仓单持有人逾期提仓储物致使仓储物不能如期出库而造成压库时,应当加收仓储费。

依《民法典》第916条的规定,储存期限届满,存货人或者仓单持有人不提取仓储物的,保管人可以催告其在合理期限内提取,逾期不提取的,保管人可以提存仓储物。

当事人对储存期限没有约定或者约定不明确,保管人要求存货人或者仓单持有人提取仓储物的,存货人或者仓单持有人也应依保管人的要求在合理的期限内提取仓储物。

第十五节 委托合同

一、委托合同的概念与特征

委托合同,又称委任合同,是委托人和受托人约定,由受托人处理委托人事务的合同(《民法典》第919条)。

委托合同具有以下法律特征:

(1) 委托合同以当事人之间的相互信任为前提。

没有当事人之间的相互信任,不能建立委托关系;委托合同的任何一方失去对对方的信任,都可以随时解除委托关系。

(2) 委托合同的目的,是由受托人处理委托人的事务。

委托合同是典型的提供劳务的合同,合同的标的是受托人处理委托人事务的行为,即受托人提供劳务。受托人为委托人处理的事务可以是事实行为,也可以是法律行为,但不能是违反公序良俗、违法的行为,也不能是须由委托人亲自处理的事务。

由于受托人是为委托人处理事务的,因此,事务处理的费用和后果均应归属委托人。一般说来,委托合同成立后,受托人按照委托人的委托以委托人的名义处理委托人的事务,受托人在委托权限范围内的行为视为委托人的行为,但是受托人也可以以自己的名义在委托人的授权范围内处理委托的事务。

(3) 委托合同为诺成性合同、不要式合同、双务合同。

委托合同自当事人双方意思表示一致时即可成立,并不以标的物的交付或者当事人的实际履行为合同的成立要件。委托合同可由当事人自由决定合同的形式,法律并未规定不作成特定的形式即为无效。委托合同成立后,当事人双方负有对待给付的义务,即使在无偿委托合同中,委托人也须负担支付处理委托事务的费用的义务。

(4) 委托合同可以是有偿合同,也可以是无偿合同。

委托合同是否有偿,决定于受托人处理委托人的事务是否收取报酬。如果当事人约定,委托人应向受托人支付报酬,则委托为有偿的;否则,委托就是无偿的。

二、委托合同当事人的权利义务

(一)委托人的主要义务与责任

1. 费用偿付以及按约定支付报酬的义务

受托人处理委托事务的费用由委托人负担。委托人支付费用的方式有两种:一是预付费用;二是偿还费用。《民法典》第921条规定:"委托人应当预付处理委托事务的费用。受托人为处理委托事务垫付的必要费用,委托人应当偿还该费用并支付利息。"

预付处理委托事务的费用,是委托人的义务。委托人预付费用的数额、地点、时间和方式,应依委托事务的性质和处理的具体情况而定。预付费用是用于处理委托事务的,即为委托人的利益而使用,与委托事务的处理并不成立对价关系。除当事人有特别约定外,受托人并无为委托人垫付费用的义务,所以若经受托人的请求,委托人不预付费用时,即使受托人因此不履行处理委托事务的义务,受托人也不负迟延履行或者拒绝履行的责任。

受托人虽无垫付费用的义务,但其若在处理事务中为委托人垫付了费用,则有要求委托人返还的权利,即委托人有偿还受托人垫付的必要费用的义务。这里的所谓必要费用,是指为处理委托事务在处理当时不可缺少的费用,如交通费、手续费等。因受托人并无支付该费用的义务,因此委托人不仅应偿还该费用,而且还应支付其利息。

当事人约定报酬或者依交易习惯或者处理委托事务的性质委托人应支付报酬的,委托人应当向受托人支付报酬。关于报酬的支付时间和数额,当事人有约定的,自应依其约定。当事人没有明确约定支付时间的,委托人应当于受托人完成委托事务后向其支付报酬。依《民法典》第928条的规定,受托人完成委托事务的,委托人应当按照约定向其支付报酬;因不可归责于受托人的事由,委托合同解除或者委托事务不能完成的,除当事人另有约定应依其约定外,委托人应当向受托人支付相应的报酬。

2. 清偿债务的义务

因受托人是为委托人处理事务的,因此,对于受托人处理委托事务所产生的债务,委托人有清偿的义务。

3. 赔偿损失的责任

依《民法典》第930条的规定,受托人处理委托事务时,因不可归责于自己的事由受到损失的,可以向委托人请求赔偿损失。委托人应赔偿的这种损失的造成有以下几种情形:一是因委托人的过错造成的,如因委托人指示不当致使受托人受到损失，对此损失当然应由委托人赔偿。二是若该损失系因第三人加害造成的，于此情形下，受托人可以要求加害的第三人赔偿，也可以要求委托人赔偿。受托人要求委托人赔偿的，委托人在向受托人承担赔偿责任后，得请求受托人让与其对第三人的损害赔偿请求权。三是因其他非因委托人的过错也非因第三人的加害而造成的损失，于此情形下，因委托人承受处理委托事务的利益，也就应承担处理事务中的风险，对受托人受到的损失负赔偿责任。此外，委托人因自己的事由解除委托合同而给受托人造成损失的，应当赔偿损失。依《民法典》第931条的规定，委托人经受托人同意在受托人之外委托第三人处理委托事务的，也应当由委托人赔偿因此而给受托人造成的损失。

（二）受托人的主要义务与责任

1. 处理委托事务的义务

按照委托人的委托处理委托事务，是受托人的基本义务。

（1）受托人应当在委托的权限范围内处理事务。依《民法典》第920条的规定，委托人可以特别委托受托人处理一项或者数项事务，也可以概括委托受托人处理一切事务。不论委托人是特别委托还是概括委托，受托人处理委托事务均不能超出受委托的事务范围。受托人超越权限处理事务给委托人造成损失的，应当赔偿损失。

（2）按照委托人的指示处理事务。《民法典》第922条规定："受托人应当按照委托人的指示处理委托事务。需要变更委托人指示的，应当经委托人同意；因情况紧急，难以和委托人取得联系的，受托人应当妥善处理委托事务，但是事后应当将该情况及时报告委托人。"所谓情况紧急，是指若不及时变更委托人的指示就会给委托人造成损失的情况。除紧急情况外，受托人擅自变更委托人指示的，应对委托人因此所受的损失负赔偿责任。

（3）受托人应当亲自处理委托事务。《民法典》第923条规定："受托人应当亲自处理委托事务。经委托人同意，受托人可以转委托。转委托经同意或者追认的，委托人可以就委托事务直接指示转委托的第三人，受托人仅就第三人的选任及其对第三人的指示承担责任。转委托未经同意或者追认的，受托人应当对转委托的第三人的行为承担责任；但是，在紧急情况下受托人为了维护委托人的利益需要转委托第三人的除外。"这说明经委托人同意转委托的，只有在受托人对第三人的选任及其对第三人的指示上有过错时，受托人才对转委托的第三人处理转委托事务向委托人承担责任。转委托未经同意的，除紧急情况下受托人为保护委托人利益需要转委托的以外，受托人均应当对转委托的第三人的行为承担责任。是否是在紧急情况下为保护委托人利益需要转委托的，由受托人负举证责任。但不论是否经委托人同意转委托，委托人都可以直接请求转委托的第三人履行处理委托事务的义务。

2. 报告义务

《民法典》第 924 条规定："受托人应当按照委托人的要求,报告委托事务的处理情况。委托合同终止时,受托人应当报告委托事务的结果。"受托人向委托人报告委托事务的结果时,不论委托人是否要求,均应一并提交必要的证明文件。

3. 交付财产和转移权利的义务

因受托人是为委托人的利益处理委托事务的,因此,受托人处理委托事务取得财物的,应当转交给委托人(《民法典》第 927 条)。当事人未约定转交时间的,经委托人催告仍未在合理期限内交付的,受托人应负给付迟延的责任。受托人擅自使用属于委托人的财物的,应当自使用时起支付利息。

受托人以自己的名义处理委托事务从第三人取得权利的,应当将其移交给委托人。

4. 忠诚和勤勉义务

受托人在处理委托事务中应忠诚于委托人,忠实地处理委托事务,为委托人的利益计算,而不得利用委托人的地位为自己谋利。受托人违反忠诚义务,未尽相应的注意义务给委托人造成损害的,应负赔偿责任。《民法典》第 929 条第 1 款规定："有偿的委托合同,因受托人的过错造成委托人损失的,委托人可以请求赔偿损失。无偿的委托合同,因受托人的故意或者重大过失造成委托人损失的,委托人可以请求赔偿损失。"但是,依该条第 2 款的规定,受托人超越权限给委托人造成损失的,不论其是否有过错和有何种程度的过错,均应当赔偿损失。

5. 共同受托人的连带责任

依《民法典》第 932 条的规定,"两个以上的受托人共同处理委托事务的,对委托人承担连带责任"。但是,共同受托人中一人未经他受托人同意擅自处理委托事务的,则因其应对自己的单独行为承担责任,其他受托人在向委托人承担责任后有权向其追偿。如果当事人在委托合同中明确约定了各受托人负按份责任,在某受托人擅自单独处理委托事务给委托人造成损失时,则应依其约定。

三、委托合同的当事人和第三人之间的关系

(一)第三人在订立合同时知道受托人与委托人之间的代理关系

《民法典》第 925 条规定："受托人以自己的名义,在委托人的授权范围内与第三人订立的合同,第三人在订立合同时知道受托人与委托人之间的代理关系的,该合同直接约束委托人和第三人;但是,有确切证据证明该合同只约束受托人和第三人的除外。"依此规定,在受托人以自己的名义在委托人授权的范围内与第三人订立合同时,只要符合以下三个条件,该合同就直接约束委托人和第三人:第一,第三人知道受托人和委托人之间的代理关系;第二,第三人在订立合同

时就知道受托人是委托人的代理人;第三,没有该合同只约束受托人和第三人的确切证据。若有确切证据证明该合同仅约束受托人和第三人,则委托人不直接承受受托人与第三人之间的权利义务,应由受托人直接承受其与第三人之间的权利义务。

在符合上述条件的情况下,委托人可以直接取代受托人的地位,承受受托人与第三人之间的权利义务。委托人直接取代受托人的地位以后,受托人仍然有权请求委托人支付报酬。

(二) 第三人不知道受托人与委托人之间的代理关系

依《民法典》第926条的规定,受托人以自己的名义与第三人订立合同时,第三人不知道受托人与委托人之间的代理关系的,在委托人、受托人和第三人之间发生以下两方面的关系。

1. 受托人因第三人的原因对委托人不履行义务

受托人因第三人的原因对委托人不履行义务时,受托人应当向委托人披露第三人。

在受托人向委托人披露第三人以后,委托人有介入权。委托人的介入权,是指在受托人与第三人的合同关系中,委托人取代受托人的地位,介入到本来是受托人与第三人之间的合同关系中,行使受托人对第三人的权利。

委托人在受托人向其披露第三人后行使介入权的,应当通知受托人和第三人,在通知到达第三人后,委托人取代受托人在受托人与第三人的合同关系中的地位,可行使受托人对第三人的权利。委托人不行使介入权的,当然应仍由受托人行使对第三人的权利。在第三人与受托人订立合同时如果知道该委托人就不会订立合同,则委托人不能享有介入权,仍由受托人行使对第三人的权利。

2. 受托人因委托人的原因对第三人不履行义务

在受托人因委托人的原因对第三人不履行义务时,受托人应当向第三人披露委托人。

在受托人向第三人披露委托人以后,第三人有选择权,第三人可以选择受托人或者委托人作为相对人主张权利。若第三人选择了委托人作为相对人主张权利,则第三人不得变更选定的相对人,委托人应当履行相应的义务,当然委托人可以向第三人主张其对受托人的抗辩以及受托人对第三人的抗辩。

四、委托合同的终止

委托合同除可因合同终止的一般原因而终止外,还可因下列原因终止:

(一) 当事人一方任意解除合同

委托人或者受托人可以随时解除委托合同,而无须有任何理由。这是因为委托合同是以双方相互信任为前提的,任何一方不信任对方时都可解除合同。

当事人一方解除合同时，只要将其解除合同的意思通知对方，委托合同即可解除。《民法典》第933条规定："委托人或者受托人可以随时解除委托合同。因解除合同造成对方损失的，除不可归责于该当事人的事由外，无偿委托合同的解除方应当赔偿因解除时间不当造成的直接损失，有偿委托合同的解除方应当赔偿对方的直接损失和合同履行后可以获得的利益。"

（二）委托人或者受托人死亡、丧失民事行为能力或者终止

《民法典》第934条规定："委托人死亡、终止或者受托人死亡、丧失民事行为能力、终止的，委托合同终止；但是，当事人另有约定或者根据委托事务的性质不宜终止的除外。"

依《民法典》第935条的规定，因委托人死亡或者被宣告破产、解散，致使委托合同终止将损害委托人利益的，在委托人的继承人、遗产管理人或者清算人承受委托事务之前，受托人应当继续处理委托事务。

依《民法典》第936条的规定，因受托人死亡、丧失民事行为能力或者被宣告破产、解散，致使委托合同终止的，受托人的继承人、遗产管理人、法定代理人或者清算人应当及时通知委托人。因委托合同终止将损害委托人利益的，在委托人作出善后处理之前，受托人的继承人、遗产管理人、法定代理人或者清算人应当采取必要的措施。

第十六节 物业服务合同

一、物业服务合同的概念和特征

依《民法典》第937条的规定，物业服务合同是物业服务人在物业服务区域内，为业主提供建筑物及其附属设施的维修养护、环境卫生和相关秩序的管理维护等物业服务，业主支付物业费的合同。这里的物业服务人包括物业服务企业和其他管理人。

物业服务合同具有以下法律特征：

（1）物业服务合同是由物业服务人提供物业服务的合同。

物业服务合同的标的为物业服务人提供的物业服务，物业服务也属于劳务，因此，物业服务合同也属于提供劳务类的合同。但是，物业服务合同的标的劳务不同于其他劳务类合同的标的劳务，具有综合性。物业服务不仅包括对服务区域内的建筑物及其设施的维修养护，环境卫生的维护，还包括相关秩序的管理维护等。

（2）物业服务合同具有衔接性和履行的连续性、延续性。

因为自建筑物建成交付时起就会发生物业管理，建设单位与物业服务人订

立的前期物业服务合同与业主与物业人订立的物业服务合同需相互衔接。依《民法典》第939条的规定,建设单位依法与物业服务人订立的前期物业服务合同,以及业主委员会与业主大会依法选聘的物业服务人订立的物业服务合同,对业主具有同样的法律约束力。前期物业服务合同约定的服务期限届满,业主委员会或者业主与新物业服务人订立的物业服务合同生效的,前期物业服务合同终止(《民法典》第940条)。物业服务人不仅在合同有效期间内应连续不间断地提供物业管理服务,而且在合同终止后新物业服务人接管前原物业服务人仍应延续履行服务义务。《民法典》第950条明确规定:"物业服务合同终止后,在业主或者业主大会选聘的新物业服务人或者决定自行管理的业主接管之前,原物业服务人应当继续处理物业服务事项,并可以请求业主支付该期间的物业费。"

(3) 物业服务合同为诺成性合同、双务合同、有偿合同、要式合同。

物业服务合同自双方意思表示一致时即可成立,而不以交付或办理特定手续为成立要件。物业服务合同生效后,双方都负担义务,双方义务具有一定对待给付性。物业服务合同的任何一方从对方取得利益,均须支付一定代价,而不能无偿取得利益。物业服务合同的内容一般包括服务事项、服务质量、服务费用的标准和收取办法、维修资金的使用、服务用房的管理和使用、服务期限、服务交接等条款,具有多元化、多样性特点,因此,物业服务合同应当采用书面形式(《民法典》第938条)。

二、物业服务合同当事人的权利义务

(一) 物业服务人的主要义务

(1) 物业服务人应亲自提供物业服务。因为物业服务人是业主基于对其服务能力、服务条件等的信用选定的,物业服务人应当亲自提供物业服务。物业服务人可以将物业服务区域内的部分专项服务事项委托给专业性服务组织或者其他人,于此情形下物业服务人应当就第三人对该部分专项服务事项的完成向业主承担责任。但是,物业服务人不得将其应当提供的全部物业服务转委托给第三人或者将全部物业服务支解后分别转委托给第三人(《民法典》第941条)。

(2) 按照约定提供物业服务。依《民法典》第942条第1款的规定,物业服务人应当按照约定和物业的使用性质,妥善维修、养护、清洁、绿化和经营管理物业服务区域内的业主共有部分,维护物业服务区域内的基本秩序,采取合理措施保护业主的人身、财产安全。

(3) 制止违法行为。对于物业服务区域内发生的违反有关治安、环保、消防等法律法规的行为,物业服务人应当及时采取合理措施制止、向有关行政主管部门报告并协助处理(《民法典》第942条第2款)。

(4) 有关事项的公开及报告义务。《民法典》第943条规定,物业服务人应当定期将服务的事项、负责人员、质量要求、收费项目、收费标准、履行情况,以及维修资金使用情况、业主共有部分的经营与收益情况等以合理方式向业主公开并向业主大会、业主委员会报告。

(5) 合同终止后的善后处理。依《民法典》第949条的规定,物业服务合同终止的,原物业服务人应当在约定期限或者合理期限内退出物业服务区域,将物业服务用房、相关设施、物业服务所必需的相关资料等交还给业主委员会、决定自行管理的业主或者其指定的人,配合新物业服务人做好交接工作,并如实告知物业的使用和管理状况。原物业服务人违反上述要求的,不得请求业主支付物业服务合同终止后的物业费,造成业主损失的,应当赔偿损失。

(二) 业主的主要义务

(1) 支付物业费。物业费是物业服务人提供物业服务的代价,支付物业费,是业主的基本义务。依《民法典》第944条的规定,业主应当按照约定支付物业费。物业服务人已经按照约定和有关规定提供服务的,业主不得以未接受或者无须接受相关物业服务为由拒绝支付物业费。业主逾期不支付物业费的,物业服务人可以催告其在合理期限内支付;逾期仍不支付的,物业服务人可以提起诉讼或者申请仲裁。但物业服务人不得以停止供电、水、热、燃气等方式催交物业费。

(2) 遵守物业管理的合理要求,按要求告知有关事项。业主应遵守物业服务人提出的物业管理的合理要求,并按照要求告知物业服务人有关事项。依《民法典》第945条规定,业主装饰装修房屋的,应当事先告知物业服务人,遵守物业服务人提示的合理注意事项,并配合其进行必要的现场检查。业主转让、出租物业专有部分、设立居住权或者依法改变共有部分用途的,应当及时将相关情况告知物业服务人。

三、物业服务合同的解除和续订

(一) 物业服务合同的解除

物业服务合同的解除,是指因业主决定解聘物业服务人而解除物业服务合同。依《民法典》第946条的规定,物业服务合同解除应符合以下条件:其一,须业主依照法定程序共同决定解聘物业服务人;其二,业主决定解聘的,除合同另有约定外,应提前60日书面通知物业服务人。物业服务合同解除造成物业服务人损失的,除不可归责于业主的事由外,业主应赔偿损失。

(二) 物业服务合同的续订

物业服务合同的续订,又称物业服务合同的更新,是指物业服务期限届满前,双方又继续订立物业服务合同。依《民法典》第947条的规定,物业服务期限届满前,业主依法共同决定续聘的,应当与物业服务人在合同期限届满前续订物业服务合同。物业服务期限届满,物业服务人不同意续聘的,除合同对通知期限另有约定外,应当在合同期限届满前90日书面通知业主或者业主委员会。

物业服务期限届满后,业主没有依法作出续聘或者另聘物业服务人的决定,物业服务人继续提供物业服务的,原物业服务合同继续有效,但是服务期限为不定期。当事人可以随时解除不定期物业服务合同,但是应当提前60日书面通知对方(《民法典》第948条)。

第十七节 行 纪 合 同

一、行纪合同的概念和特征

行纪合同,是指行纪人以自己的名义为委托人从事贸易活动,委托人支付报酬的合同(《民法典》第951条)。

行纪合同就其内部关系而言也是一种委托,所以《民法典》第960条规定:"本章没有规定的,参照适用委托合同的有关规定。"但行纪合同是与委托合同不同的独立的一类合同。委托合同重在规制委托人与受托人之间的关系,而行纪合同重在规范受托人的行纪行为。

行纪人以自己的名义为委托人进行交易,直接与第三人发生合同关系,然后将交易的后果转移给委托人,对此在学理上称为间接代理。[①]

行纪合同具有以下法律特征:

(1) 行纪合同是行纪人以自己的名义为委托人从事交易活动。

依行纪合同,行纪人只能是以自己的名义办理行纪事务。行纪人在处理委托事务中与第三人发生的交易关系,直接由行纪人承受权利义务,行纪人就自己的行为向第三人负责。

(2) 行纪合同的行纪人是为委托人从事交易活动。

行纪人虽以自己的名义从事交易,但其是为了委托人的利益,办理的是委托人委托的事务,行纪人在与第三人发生的法律关系中的权利义务最终归属于委托人。并且行纪人为委托人办理的事务具有特定性,仅限于代购、代销物品等交易活动,而不能是事实行为。行纪人所提供的劳务并非一般的劳务,而是与第三人为民事法律行为,所以行纪合同的标的是行纪人与第三人实施民事法律行为的劳务。

[①] 郑玉波:《民法总则》,台湾三民书局1995年版,第299页。

(3) 行纪合同是双务合同、有偿合同、诺成性合同、不要式合同。

行纪合同中的行纪人负有为委托人从事贸易活动的义务,委托人负有给付报酬等义务,双方的义务为对待给付关系。并且,行纪人以从事行纪为营业,是有偿地为委托人办理事务的,故行纪合同只能是有偿合同。行纪合同只需当事人双方意思表示一致即可成立,不以标的物的交付或者实际履行行为为成立要件,也不需作成特定的形式。

(4) 行纪合同中的行纪人具有限定性。

行纪合同中的行纪人是专门从事贸易活动的,其以行纪为营业,所以行纪人有资格上的限制,只能是经过审查、登记可从事贸易活动的民事主体。

二、行纪合同当事人的权利义务

(一) 行纪人的义务

1. 依委托人的指示从事交易活动

行纪人是为委托人的利益从事交易活动的,因此,行纪人应当按照委托人的指示进行交易。若委托人对于行纪人所为的交易指定了一定的价格,行纪人应按委托人指定的价格进行买卖。依《民法典》第 955 条的规定,行纪人以低于委托人指定的价格卖出或者高于委托人指定的价格买入的,应当经委托人同意;未经委托人同意,行纪人补偿其差额的,该买卖对委托人发生效力。如果行纪人不补偿其差额,则委托人可以不承认该买卖对其发生效力。行纪人以高于委托人指定的价格卖出或者低于委托人指定的价格买入的,可以按照约定增加报酬;当事人没有约定或者约定不明确又不能依合同的其他条款或者交易习惯确定的,该交易利益属于委托人。委托人对价格有特别指示的,行纪人只能依特别指示的价格交易,不得违背该指示卖出或者买入,否则应承担违约责任。

2. 负担交易费用义务

因为行纪合同为有偿合同,行纪人以从事行纪活动为营业,自应承担营业中的风险。行纪人的营业风险也就是不能收回开展行纪业务的成本。因为行纪人收取的报酬中一般包括行纪人处理委托事务支出的费用,但行纪人只有在处理好委托的事务后才能收取报酬,如果其未能完成委托的事务,也就不能得到相应的报酬,其为从事行纪营业所支出的费用即成本也就不能收回,只能自己负担。但若当事人约定,不论行纪人为委托人办理的事务是否成功,委托人均应偿还行纪人支出的必要费用,则行纪人不必负担交易费用。所以,《民法典》第 952 条规定:"行纪人处理委托事务支出的费用,由行纪人负担,但是当事人另有约定的除外。"

3. 直接履行与第三人的合同所发生的义务

《民法典》第 958 条第 1 款规定:"行纪人与第三人订立合同的,行纪人对该合同直接享有权利、承担义务。"行纪人负有直接向第三人履行和接受第三人履行的义务。行纪人与第三人约定,行纪人履行的义务附条件的,按照其约定。依《民法典》第958条第2款的规定,第三人不履行义务致使委托人受到损害的,除行纪人与委托人另有约定外,行纪人应当承担赔偿责任,委托人不能直接向第三人追究违约责任。

4. 保管的义务

《民法典》第953条规定:"行纪人占有委托物的,应当妥善保管委托物。"因行纪人保管不善造成委托物损毁的,行纪人应负赔偿责任。若行纪人证明自己尽了善良管理人的注意,则行纪人不承担责任。如果委托人指示行纪人为保管的委托物办理保险,行纪人未予办理保险,则因行纪人违反了委托人的指示,应对委托物意外毁损、灭失不能得到保险赔偿的损失负赔偿责任。

5. 合理处分委托物的义务

《民法典》第954条规定:"委托物交付给行纪人时有瑕疵或者容易腐烂、变质的,经委托人同意,行纪人可以处分该物;不能与委托人及时取得联系的,行纪人可以合理处分。"这既是行纪人的权利,也为行纪人的义务。行纪人的处分是否合理,应视行纪人处分该委托物时的具体情况而定。

行纪人未尽必要的注意义务,发现委托物有瑕疵或者将腐烂、变质,而怠于通知委托人,又不采取必要措施作出合理处置的,对因此而给委托人造成的扩大损失,行纪人应负赔偿责任。行纪人对出卖或购入的委托物未按照规定检验,或者虽经检验而未对委托物的瑕疵提出异议的,行纪人对委托物的瑕疵或者毁损、灭失应承担责任。

6. 报告和移交交易所得的义务

行纪人应按照约定及时向委托人报告委托事务的处理情况。行纪合同终止时,行纪人应当报告事务处理的结果,并将处理委托事务所得的财产移交给委托人。

(二) 委托人的主要义务

1. 接受或者取回委托物的义务

依《民法典》第957条的规定,对于行纪人按照约定买入的委托物,委托人应当及时受领;经行纪人催告,委托人无正当理由拒绝受领的,行纪人可以提存委托物。委托人委托行纪人出卖物品,委托物不能卖出或者委托人撤回出卖的,委托人应当及时取回或者处分该物,经行纪人催告不取回或者不处分该物的,行纪人可以提存委托物。行纪人的提存权的行使,以委托人违反其接受或者取回委托物的义务为前提,其条件为:第一,委托人对于行纪人按照委托人指示和要求买入的物品不及时领取,或者委托人不及时取回或者不处分不能出卖的物品;第二,行纪人催告委托人受领买入的物品,或者催告委托人取回或者处分不能出卖的物品;第三,经催告后在合理期限内委托人无正当理由仍拒绝接受买入的物品,或者不取回、不处分不能出卖的物品。

2. 支付报酬

依《民法典》第 959 条的规定,行纪人完成或者部分完成委托事务的,委托人应当向其支付相应的报酬。委托人支付报酬的标准,有约定的依约定,无约定的依习惯确定。委托人逾期不支付报酬的,除当事人另有约定外,行纪人对委托物享有留置权。

委托人支付报酬的义务,以行纪人完成委托事务为对价,行纪人未完成委托事务的,无权请求报酬。

三、行纪人的介入权

行纪人在办理委托事务中享有介入权,即行纪人有权作为买受人或者出卖人买进或者卖出委托物,直接与委托人成立买卖合同,而无须委托人的承诺。《民法典》第 956 条第 1 款规定:"行纪人卖出或者买入具有市场定价的商品,除委托人有相反的意思表示外,行纪人自己可以作为买受人或者出卖人。"因此,行纪人介入权的行使,需具备两个条件:其一,委托人委托卖出或者买入的商品是具有市场定价的商品;其二,委托人没有不许行纪人自己买入或卖出的意思表示。行纪人一经行使介入权,行纪人与委托人之间就成立买卖关系。此时,行纪人的行为已达到其接受委托的目的,完成了委托事务,委托人仍应当向行纪人支付报酬。

第十八节 中 介 合 同

一、中介合同的概念与特征

依《民法典》第 961 条的规定,中介合同是中介人向委托人报告订立合同的机会或者提供订立合同的媒介服务,委托人支付报酬的合同。

中介人是受委托人的委托促成委托人订立合同的。依委托的内容,中介可区分为指示中介和媒介中介。指示中介又称报告中介,是指中介人仅为委托人报告订约机会的中介;媒介中介,是指中介人仅为委托人提供订约媒介服务的中介。总的说来,中介合同主要具有以下特征:

(1) 中介合同是一方为他方报告订约机会或者为订约媒介的合同。

中介合同中的中介人是为委托人提供服务的,但这种服务的内容是为委托人报告订约的机会或者为订约的媒介服务。所谓报告订约的机会,是指受委托人的委托,寻觅及指示可与委托人订立合同的相对人,从而为委托人提供订约的机会;所谓为订约媒介服务,是指使双方当事人订立合同,中介人不仅要为委托人提供相关的信息,而且要斡旋于交易双方之间,从而促成双方订立合同。中介人为委托人服务仅是提供有关信息以促成委托人与第三人之间的交易,自己本身并不参与订立合同。

(2) 中介合同为有偿合同。

中介人促成委托人与第三人之间订立合同,委托人须为此支付报酬。因为中介人是以中介为营业的,中介人进行中介活动的目的就是要取得报酬。

(3) 中介合同为诺成性合同、不要式合同。

尽管中介人要求委托人支付报酬是以其促成合同成立为条件的,但中介合同自当事人双方意思表示一致时起即可成立,并不以中介人促成交易为成立要件。因为只要中介人与委托人的意思表示一致,中介人就负有依委托人的指示进行中介服务的义务。同时,法律未规定中介合同须采取特定形式,当事人采取口头形式或者书面形式均无不可。

(4) 中介合同中委托人的给付义务的履行具有不确定性。

中介合同中的委托人虽负有给付报酬的义务,但是中介人只有促成合同成立后才可要求委托人支付报酬。中介人的中介活动若无效果,没有促成委托人与第三人订立合同,则无权收取报酬。因中介人的中介是否成功具有不确定性,从而委托人的给付报酬义务是否需履行也就具有不确定性。

二、中介合同当事人的权利义务

(一) 中介人的义务

1. 如实报告义务

《民法典》第 962 条第 1 款规定:"中介人应当就有关订立合同的事项向委托人如实报告。"这是中介人的基本义务。

在指示中介中,中介人对于订约的有关事项,诸如相对人的信用状况、相对人用于交易的标的物的存续状态等,都应如实向委托人报告。中介人对于对订约有影响的事项并不负有积极调查的义务,但负有就其所知的事项向委托人报告的义务。中介人对于订约的相对人不负有报告委托人有关情况的义务。

在媒介中介中,中介人应将有关订约的事项据实报告给各方当事人。即中介人不仅应将相对人的有关情况如实报告给委托人,而且也应将委托人的有关情况如实报告给相对人。无论中介人是否同时也受相对人的委托,中介人都应如实向双方报告有关情况。

依《民法典》第 962 条第 2 款的规定,中介人故意隐瞒与订立合同有关的重要事实或者提供虚假情况,损害委托人利益的,不得要求支付报酬并应当承担赔偿责任。

2. 隐名和保密义务

在媒介中介中，委托人或者其交易的相对人指定中介人不得将其姓名或者名称告知对方的，中介人则负有隐名义务，不得将委托人的姓名或者名称告知对方。这种中介被称为隐名中介或者隐名媒介。在隐名中介中，为保证隐名当事人保持交易秘密的目的的实现，中介人有介入的义务，即对于隐名当事人依据合同所应承担的义务，于一定情形下中介人应作为履行辅助人负责履行，并由中介人受领对方当事人所为的给付。

中介人在中介活动中获悉委托人的有关商业秘密以及委托人提供的不宜公开的其他信息的，应当依照合同的约定保守秘密。

中介人违反隐名和保密义务，给委托人造成损失的，也应当承担赔偿责任。

3. 尽力的义务

一般说来，中介人接受了委托人的委托，就应当从维护委托人的利益出发，尽力地促成委托人与第三人的交易。中介人未履行尽力义务的，不能要求委托人支付中介活动的费用。

（二）委托人的主要义务

1. 报酬支付义务

委托人的主要义务，是在中介人促成合同成立后向中介人支付报酬。依《民法典》第963条第1款的规定，中介人促成合同成立的，委托人应当按照约定支付报酬。对中介人的报酬没有约定或者约定不明确，当事人又协商不成，依交易习惯确定；依交易习惯也不能确定的，根据中介人的劳务合理确定。所谓合理，是指应考虑中介事务的难易程度，根据中介人付出的时间、精力、人力、物力、财力，依据一般标准而定。在媒介中介中，因为中介人的媒介服务促成合同的成立，使合同当事人双方都受益，因此，除当事人另有约定外，应由该合同的当事人双方平均负担中介人的报酬。

依《民法典》第965条的规定，委托人在接受中介人服务后，利用中介人提供的交易机会或者媒介服务，绕开中介订立合同的，应当向中介人支付报酬。因为这种情形合同的订立实际上也是中介人促成的，委托人的行为也有违诚信原则。

2. 费用返还的义务

中介活动的费用通常包括在报酬中，中介人促成合同成立的，因中介人取得报酬，中介活动的费用也就由中介人负担（《民法典》第963条第2款）。如果中介人未促成合同成立，则委托人不负支付报酬的义务。尽管中介人未促成合同成立，中介人进行中介活动也需支出一定的费用，而该费用是为委托人的利益支出的，自应由委托人负担。所以，《民法典》第964条规定："中介人未促成合同成立的，不得请求支付报酬；但是，可以按照约定请求委托人支付从事中介活动支出的必要费用。"所谓必要费用，是指依据中介人从事中介活动的当时情况必不可少的支出。但若中介人违反其义务使委托人受损失的,则其无权请求委托人偿还支出的费用,委托人不负偿还该费用的义务。

第十九节 合伙合同

一、合伙合同的概念和特征

合伙合同是两个以上合伙人为了共同的事业目的,订立的共享利益、共担风险的协议(《民法典》第967条)。

合伙合同是与合伙相联系又不相同的概念:合伙合同是合伙成立的基础和前提,没有合伙合同不能成立合伙;合伙是合伙合同订立的结果。但是,合伙属于非法人组织,有合伙合同未必就成立合伙,合伙合同并不都以设立合伙为目的。

合伙合同具有以下法律特征:

(1) 合伙人具有共同的事业目的。

合伙人是为了共同事业目的订立合伙合同的,因此合伙人所追求的目的是相同的。这是合伙合同与当事人追求的经济目的正相反的其他合同的重要区别。

(2) 合伙人的权利义务具有共同性。

因为合伙人有共同的目的,共享利益、共担风险,因此,合伙合同当事人的权利义务也就具有共同性,在合伙事务处理上有相同的权利义务。

(3) 合伙合同为诺成性合同、双务合同、有偿合同、不要式合同。

合伙合同自当事人各方意思表示一致时即可成立,不以当事人实际交付出资为合同成立条件。合伙合同当事人各方都享有相应的权利、负担相应的义务。合伙合同当事人享有权利,以履行相应的义务为代价,各合伙人的出资义务互为对价关系。合伙合同一般采用书面形式,但是否采用书面形式并不是合伙合同成立生效的必要条件。

二、合伙合同当事人的权利义务

1. 出资义务

按照约定出资,是合伙人的主要义务。《民法典》第968条规定:"合伙人应当按照约定的出资方式、数额和缴付期限,履行出资义务。"合伙人未按约定出资的,其他合伙人可以请求其缴付出资。

2. 维护合伙财产的义务

《民法典》第969条第1款规定:"合伙人的出资、因合伙事务依法取得的收益和其他财产,属于合伙财产。"合伙财产为合伙人的共有财产,也是执行合伙事务的财产基础,因此,合伙人有义务维护合伙财产的统一。合伙合同终止前,合伙人不得请求分割合伙财产(《民法典》第969条第2款)。

3. 合伙事务的执行权、决定权、监督权

合伙人对合伙事务有执行的权利。依《民法典》第970条的规定,合伙事务由全体合伙人共同执行。合伙人就合伙事务作出决定的,除合伙合同另有约定外,应经全体合伙人一致同意。按照合同的约定或者全体合伙人的决定,可以委托一个或者数个合伙人执行合伙事务;其他合伙人不再执行合伙事务,但是有权监督执行情况。合伙人分别执行合伙事务的,执行合伙事务合伙人可以对其他合伙人执行的事务提出异议;提出异议后,其他合伙人应当暂停该事务的执行。

合伙人执行的合伙事务也是自己的事务。除合伙合同另有约定外,合伙人不得因执行合伙事务而请求支付报酬(《民法典》第971条)。

合伙事务的执行权、决定权、监督权等为合伙人专有的权利,具有人身专属性,不能成为债权人代位权的标的。《民法典》第975条特别规定:"合伙人的债权人不得代位行使合伙人依照本章规定和合伙合同享有的权利,但是合伙人享有的利益分配请求权除外。"

4. 合伙收益的分配权和合伙亏损的负担

合伙人对合伙事务的执行结果是共享利益、共担风险的,因此,合伙人有权分配合伙的收益,也有义务分担合伙的亏损。依《民法典》第972条的规定,合伙的利润分配和亏损负担,按照合伙合同的约定办理。合伙合同没有约定或者约定不明确的,由合伙人协商确定;协商不成的,由合伙人按照实缴出资比例分配、分担;无法确定出资比例的,由合伙人平均分配、分担。

合伙人虽按照比例分担亏损,但是就外部关系上说,合伙人对合伙债务承担连带责任。清偿合伙债务超过自己应当承担份额的合伙人,有权向其他合伙人追偿(《民法典》第973条)。

5. 合伙财产份额的转让权

合伙人对合伙财产份额享有独立的权利,因此,除合伙合同另有约定外,合伙人可以向合伙人以外的人转让其全部或者部分财产份额。但因合伙人之间以相互信任为条件,所以,合伙人转让合伙财产份额须经其他合伙人一致同意(《民法典》第974条)。

三、合伙合同的终止

(一) 合伙合同终止的原因

合伙合同终止的原因主要有三:

其一，合伙期限届满。合伙期限届满，合伙人未继续合伙事务的，合同也就终止。合伙期限由合伙人约定。合伙合同对合伙期限没有约定或者约定不明确，依照合同其他条款或者交易习惯仍不能确定的，视为不定期合伙。合伙期限届满，合伙人继续执行合伙事务，其他合伙人没有提出异议的，原合伙合同继续有效，但是合伙期限为不定期(《民法典》第976条第1、2款)。

其二，解除合同。合伙人在有约定的或者法律规定的事由时，可以解除合同。合伙人解除合伙合同，合伙合同即终止。依《民法典》第976条第3款的规定，"合伙人可以随时解除不定期合伙合同，但是应当在合理期限之前通知其他合伙人"。

其三，合伙人失去主体资格。合伙人死亡、丧失民事行为能力或者终止的，合伙合同终止；但是，合伙合同另有约定或者根据合伙事务的性质不宜终止的除外(《民法典》第977条)。

(二) 合伙合同终止的后果

合伙合同终止后，应当对合伙财产进行清算。依《民法典》第978条的规定，合伙合同终止后，合伙财产在支付因终止而产生的费用以及清偿合伙债务后有剩余的，由合伙人按照合伙收益分配比例进行分配。

第二十八章 无因管理之债

第一节 无因管理概述

一、无因管理的概念与性质

无因管理作为债的一种发生根据,是指没有法定的或者约定的义务,为避免他人利益受损失而对他人进行事务的管理或者服务的事实行为。进行管理或者服务的当事人称为管理人,受事务管理或者服务的一方称为本人。因本人一般从管理人的管理或者服务中受益,所以又称为受益人。

作为法律事实,无因管理属于合法的事实行为。首先,无因管理与人的意志有关,不属于事件,而属于行为。其次,因无因管理的管理人并不是以发生一定民事法律后果为目的而实施管理的,并不以行为人的意思表示为要素,因此,无因管理不属于民事法律行为,而只能属于事实行为。最后,无因管理是一种合法行为。事实行为有合法的,也有不合法的。无因管理属于合法的事实行为。因为在社会生活中,对他人事务的管理,应有法律规定的或者与他人约定的义务,否则对他人的事务管理就会构成对他人事务的干涉,侵害他人的权利;但同时在社会生活中由于各种原因又要求人们能够主动地相互扶助,主动地保护他人的利益免受损失,而不能对他人事务一概漠不关心、不管不问。无因管理制度正是基于这两方面的考虑而设立的制度。法律确立无因管理制度的直接目的,是赋予无因管理行为以合法性,而对于不合无因管理要件的对他人事务的干涉行为则不承认其合法性。所以,无因管理实质上是法律赋予没有根据地管理他人事务的某些行为以阻却违法性。

二、无因管理与相关制度的区别

(一)无因管理与合同、不当得利、侵权行为的区别

《民法典》将无因管理作为准合同予以规制,表明无因管理不同于合同。无因管理与合同的主要区别在于:无因管理属于事实行为,合同为民事法律行为。合同须有各方的意思表示的一致才能成立,并且当事人应有相应的民事行为能力。而无因管理是单方实施的事实行为,不以意思表示为要素,不要求当事人有行为能力。由于合同当事人依据合同享有权利和义务,而无因管理以管理人无约定的或者法定的管理义务为前提,若当事人依合同约定有管理他人事务的义

务,其管理也就不会构成无因管理。所以,从法律适用上说,合同关系的存在排除无因管理的成立。

无因管理与不当得利的区别主要在于,无因管理属于行为,管理人的意志内容有意义,其是否有为他人利益管理的意思是能否成立无因管理的重要条件;而不当得利属于事件,不论当事人的意志内容如何,均不会影响不当得利的成立。由于不当得利是无法律根据地得到利益,而无因管理是本人得到利益的法律根据,所以在法律适用上,无因管理排斥不当得利。就同一现象来说,应首先分析其是否为无因管理,若不成立无因管理,再分析其是否构成不当得利。

无因管理与侵权行为的区别主要在于,无因管理是合法的事实行为,而侵权行为属于不法的事实行为;无因管理阻却违法性,而侵权行为具有违法性。因此,在适用上,无因管理排斥侵权行为。对他人事务的某一"干涉"行为,若为无因管理,则不属于侵权行为。

(二) 无因管理与代理、无权代理的区别

由于无因管理的管理人是为本人的利益管理本人事务的,因而无因管理与代理相类似,但二者的性质根本不同。代理中的代理人有管理被代理人事务的义务,并且代理人与第三人所为的行为为民事法律行为;而无因管理的管理人本无管理他人事务的义务,管理人的管理行为也不限于民事法律行为。因此,代理当然排斥无因管理的适用。

无因管理也不同于无权代理:第一,在无权代理,行为人是以本人的名义进行活动的;而在无因管理,管理人并不必以本人的名义实施管理行为。第二,无权代理行为属于民事法律行为,行为人须有相应的民事行为能力;而无因管理行为属于事实行为,不要求管理人有完全民事行为能力。第三,无权代理发生本人的追认,经本人追认的无权代理为有效代理,对本人发生法律效力,而未经本人追认的无权代理为无效代理,对本人不发生法律效力;而在无因管理,不发生本人的追认,本人是否接受无因管理的后果不影响无因管理的效力。第四,无权代理中行为人与第三人发生关系;而在无因管理中,管理人并不一定与第三人发生关系。第五,无权代理人实施行为的后果可能是有利于本人的,也可能是不利于本人的,行为人是否有为本人利益实施行为的意思并不是其成立要件;而在无因管理中,管理行为的后果从根本上说应是有利于本人的,管理人有为本人利益管理的意思是其成立条件。

第二节 无因管理的成立要件

关于成立无因管理的条件,学者中表述不一。如有的认为,无因管理的成立条件为:管理事务、管理他人事务、为他人管理事务、无法律上的义务。根据《民法典》第979条的规定,无因管理的成立须具备以下三个条件:

一、管理他人事务

管理他人事务,是无因管理成立的前提条件。没有对他人事务的管理,当然不会成立无因管理。管理他人事务既包括对他人的事务的管理行为,如对他人财物的保存、利用、改良、管领、处分等;也包括对他人提供服务,如为他人提供劳务帮助。

首先,管理人须管理事务。所谓事务,是指有关人们生活利益的一切事项,可以是有关财产的,也可以是非财产性的。管理事务可以是事实行为,如将危急病人送往医院;也可以是民事法律行为,如雇人修缮房屋。在实施民事法律行为时,管理人可以以自己的名义,也可以以本人的名义。但因无因管理在管理人与本人之间产生债权债务关系,对不能在当事人之间发生债权债务的事项的管理不能构成无因管理。所以,管理下列事务的,一般不发生无因管理:(1)违法的或者违背社会公德的行为,如为他人看管赃物;(2)不足以发生民事法律后果的纯粹道义上的、宗教上的或者其他一般性的生活事务,如接待他人的朋友;(3)单纯的不作为行为;(4)依照法律规定须由本人实施或者须经本人授权才能实施的行为,如放弃继承权的事务。

其次,管理人所管理的事务须为他人的事务。管理人所管理的事务是否为他人的事务,应依事务的性质和管理人的证明来确定。就事务的性质从外部形式上即可断定为他人事务的,无须管理人证明。就事务的性质从外部形式上不能断定为他人事务的,若管理人主张无因管理,则由管理人负证明该事务为他人事务的举证责任;如管理人不能证明其所管理的事务为他人的事务,则应当推定该事务属于管理人自己的事务,其管理不能构成无因管理。但管理人是否明确所管理的事务为何人的事务,一般并不影响无因管理的成立。

二、为避免他人利益受损失而为管理

管理人主观上有为避免他人利益受损失管理的意思,亦即是为他人谋利益的。这是无因管理成立的主观要件,也是无因管理阻却违法性的根本原因。

管理人是否是为他人谋利益而为管理的,应由管理人负举证责任。管理人应从自己的主观愿望、事务的性质、管理的必要性以及管理的后果诸方面来证明自己的管理是为他人谋利益的。虽然无因管理的管理人须为避免他人利益受损失而为管理,但并不要求管理人须有为避免他人利益受损失的明确表示。只要管理人的管理在客观上确实避免了他人利益的损失,即使其未有明确的为他人利益管理的目的,而又不单纯是为自己利益管理事务的"利己"行为,就可以构成无因管理。管理人主观上同时既有为他人的目的又有为自己的动机,客观上自己也同时受益的,仍可成立无因管理。例如,为避免邻居的房屋倒塌而为之修缮,管理人同时有为避免自己遭受危险的动机,而且也使自己有免受危险的利益,仍不影响无因管理的成立。但是,如果管理人纯粹为自己的利益而管理他人的事务,即使本人从其管理中受有利益,也不能构成无因管理。管理人将他人的事务作为自己的事务进行管理的,如符合不当得利的要件,可成立不当得利;如构成对他人事务的不法干涉和侵犯,则会构成侵权行为。

三、无法律上的义务

无因管理的"无因"是指无法律上的原因,也就是无法律上的根据。在社会生活中,管理他人事务的法律根据,无非或是有权利管理,或是有义务管理。而管理他人事务的权利和义务是相一致的,没有法律上的义务也就没有法律上的权利。因此,管理人无法律上的义务或者无法律上的权利而为管理,是无因管理成立的又一要件。

法律上的义务包括法定的义务和约定的义务。所谓法定的义务,是指法律直接规定的义务。这里的法律不限于民法,也包括其他法律。例如,父母管理未成年子女的事务,失踪人的财产代管人管理失踪人的财产,是民法上直接规定的义务;消防队员抢救遭受火灾的他人财物,警察收留走失的儿童,是行政法上直接规定的义务。所谓约定的义务,是指当事人双方约定的义务,也就是基于当事人双方的合同而产生的义务。如受托人管理委托人的事务即是基于双方的委托合同而产生的义务。

管理人有无法定的或者约定的义务,应以管理人着手管理时的客观事实而定,而不能以管理人主观的判断为标准。管理人原无管理的义务,但于管理时有义务的,不能成立无因管理;反之,管理人原有管理的义务,但于管理时已没有义务的,则自没有义务之时起可成立无因管理。管理人事实上没有管理的义务,而管理人主观上认为有义务的,可以成立无因管理;管理人事实上有管理的义务,而其主观上误认为无义务的,则不能成立无因管理。管理人于着手管理后,其基于无因管理产生管理的义务,这属于无因管理之债的内容,而不属于无因管理构成条件上所指的"义务"。

第三节 无因管理的效力

无因管理的效力即无因管理成立的法律后果。无因管理一经成立,一方面管理人的管理行为为合法行为,不能构成侵权行为;另一方面管理人与受益人(本人)之间产生债权债务关系即无因管理之债。无因管理是无因管理之债的发生根据,无因管理之债是无因管理的法律后果。无因管理之债的内容也就是管理人与受益人(本人)双方当事人享有的权利和负担的义务,管理人义务的履行是其享有权利的前提,管理人的权利对应的是受益人的义务。

一、管理人的义务

管理人的义务,是指管理人着手管理后依法承担的义务。无因管理的管理人原本无管理的义务,但因无因管理的成立,管理人也就承担了一定的义务。

(一) 适当管理义务

符合受益人的真实意思,以有利于受益人的方法为适当管理,是管理人的基本义务。

所谓符合受益人的真实意思,是指管理人的管理与受益人的意思或者真实利益不相悖。受益人的意思包括明示的或者可推知的意思。例如,受益人明确表示过要修理自己的危房,则为有明示的意思;受益人于路途中发病,虽未明确表示要去医院治疗,但从受益人所处的情形可推知其有去医院治疗的意思。受益人的意思与其根本利益不一致的,管理人则应依其根本利益而为管理。例如,路遇自杀者而予以抢救,管理人的管理虽与本人的意思相反,但与其根本利益相一致,管理人的管理也为适当管理。

所谓有利于受益人的方法,是指管理人对事务管理的方式、管理的结果有利于受益人,而不损害受益人的利益。管理方法是否有利于受益人,应以管理人管理事务当时的具体情况确定,而不能以管理人的主观意识为标准。管理人虽主观上认为其管理方法有利于受益人,而客观上并不利于甚至反而使其利益受损失的,则管理人的管理是不适当的。反之,受益人主观上认为管理人的管理方法不利于自己,但从当时的情况看,管理人的管理是有利于受益人的,则管理人的管理是适当的。管理人所管理的事务如是受益人应尽的法定义务或者公益义务,则管理的结果虽不利于受益人,管理人的管理也是适当的。

管理人一经着手管理,如果中断管理不利于受益人,则无正当理由不得中断管理(《民法典》第981条后段)。管理人无正当理由中断管理的,为未采取有利于受益人的方法管理。

管理人未尽适当管理义务的,发生债务不履行的法律后果,应当依法承担相应的民事责任。若管理人能证明自己是没有过错的,则可以不承担民事责任。为鼓励无因管理行为,对管理人的注意义务不能要求过高,应当要求管理人对所管理的事务给予如同管理自己事务一样的注意。因此,如果管理人对所管理的事务尽到了如同管理自己事务一样的注意,则其管理虽为不适当的,也不为有过错,管理人不应当承担债务不履行的责任;如果管理人在管理事务中未尽到如同管理自己事务一样的注意,则其不适当管理为有过错的,应当承担债务不履行的责任。管理人所管理的事务如处于紧迫状态,不迅速处理就会使受益人遭受损失时,除有恶意或者重大过失外,对于不适当管理的损害,管理人不应承担责任。

一般说来,管理人对因不适当管理所承担的赔偿责任,应当限于管理人不管理就不会发生的损害,而不能包括其他损失。

当然,管理人在管理中过错地侵害了本人的权利的,也可构成侵权行为。于此情形下,会发生债务不履行责任与侵权责任的竞合,根据本人的请求,管理人就其中的一种承担民事责任。

（二）通知义务

《民法典》第982条规定:"管理人管理他人事务,能够通知受益人的,应当及时通知受益人。管理的事务不需要紧急处理的,应当等待受益人的指示。"管理人的通知义务以能够通知和有必要通知为限。如果管理人无法通知,例如,不知受益人的住址,则不负通知义务;受益人已知管理事实的,管理人则没有必要通知。管理人通知受益人后,管理的事务需要紧急处理,继续管理可避免受益人利益损失的,应当继续管理;否则,应当听候本人的处理。管理人未履行通知义务的,对因其不通知所造成的损失应负赔偿责任。

（三）报告与计算义务

管理人开始管理后应及时地将管理的有关情况报告给本人,该报告义务也应以管理人能够报告为限。管理结束后,管理人应向受益人报告管理事务的情况,并将管理事务所取得的财产及时转交给受益人(《民法典》第983条)。管理人为自己利益使用了受益人的财产的,应自使用之日起计付利息。

二、管理人的权利

管理人的权利正是受益人应当承担的义务。《民法典》第984条规定:"管理人管理事务经受益人事后追认的,从管理事务开始时起,适用委托合同的有关规定,但是管理人另有意思表示的除外。"在管理人与受益人之间的关系不能适用委托合同有关规定的情形下,管理人的权利主要是得请求受益人偿付因管理事务所支出的必要费用。管理人的这一权利也称为求偿请求权。

管理人有权请求受益人偿还的必要费用包括两部分:一是管理人在管理事务中直接支出的费用,二是管理人在事务管理中受到的实际损失。

管理人在管理中所直接支出的费用,只有为管理所必要者,管理人才有权要求偿还。管理人所支出的费用是否为必要,应以管理活动当时的客观情况而定。如果依当时的情况,该项费用的支出是必要的,即使其后看是不必要的,也应为必要费用。反之,如依管理事务的当时情况,该项费用的支出是不必要的,即使其后看为必要的,一般也不应视为必要的费用。

管理人在管理中受到的实际损失,并非全部应由受益人偿付。除管理人处于急迫危险的状况下以外,管理人对该损失的造成有过错时,应适当减轻受益人的责任。① 如果管理人对损失的发生也没有过错,而该损失又大于受益人因管理所受的利益,则应从公平原则出发,由双方分担责任。

依《民法典》第 980 条的规定,管理人管理事务不符合受益人真实意思但受益人享有管理利益的,受益人在其获得的利益范围内承担偿付管理人支出的必要费用和受到的损失的义务。

管理人除享有必要费用偿还请求权外,还享有负债清偿请求权。即,管理人在事务管理中以自己的名义为管理事务负担债务时,有权要求受益人直接向债权人清偿。例如,甲以自己的名义雇请丙修缮乙的危险房屋,甲得请求乙直接向丙清偿因此所负的债务。受益人应当负责清偿的债务,也仅以为事务管理所必要者为限。对于管理人所设立的不必要债务,受益人不应当承担,而应由管理人自行负责清偿。

---

① 参见王家福主编:《中国民法学·民法债权》,法律出版社 1991 年版,第 598 页。

第二十九章 不当得利之债

第一节 不当得利概述

一、不当得利的概念与性质

不当得利,是指没有法律根据取得利益而使他人受损失的事实。在这一事实中,取得利益的一方称为得利人或受益人,得利人取得的利益为不当利益,受到损失的一方称为受损失人或受害人。

不当得利作为引起债的发生的法律事实,是属于行为还是事件,有两种不同的观点。一种观点认为,不当得利事实属于行为。因为尽管不当得利的原因很多,但其本身与人的意志有关,它属于一种不公正行为。从法律上确认不当得利为主体的行为,确认得利人的债务人性质,有助于规范民事主体的行为。另一种观点认为,不当得利属于事件,因为不当得利本质上是一种利益,与当事人的意志无关。后一种观点为通说。尽管发生不当得利的原因有事件,也有行为,但不当得利都是与人的意志无关的,不是由得利人的意志决定取得的,亦即得利人取得不当利益的主观状态如何,并不影响不当得利事实的成立。在不当得利中得利人的义务是直接由法律规定的。法律规定不当得利之债的目的,并不在于制裁得利人的得利"行为",而在于纠正其"得利"这一不正常、不合理的现象,调整无法律原因的财产利益的变动。

二、不当得利与相关制度的关系

不当得利作为一种法律事实,属于事件,与人的意志无关,因而其不同于与人的意志有关的民事法律行为、无因管理及侵权行为等。

民事法律行为以意思表示为要素。依民事法律行为而取得利益是合法的、正当的,当然不成立不当得利;但是若当事人所为的民事法律行为无效或者被撤销时,当事人一方依据该行为所取得的利益(例如依无效合同所取得的利益),已无法律根据,则可构成不当得利。

无因管理虽不是民事法律行为,却是一种合法的事实行为。无因管理的管理人应将管理所得的利益移归于受益人,管理人并不能取得利益。因此,受益人从管理人处取得利益的,因该利益本为自己所有,不属于不当得利;管理人将管理所得的利益移归受益人时,因其未将利益占为己有,管理人不为得利人。但是若管理人从管理中取得利益并不归还受益人而自己占有的，则管理人的占有是无法律根据的，受益人得基于不当得利的规定请求管理人返还。

侵权行为也是社会中发生的一种不正常的现象，并且侵权行为也会给受害人造成损失。但侵权行为是单方实施的一种不合法的、与人的意志有关的事实行为。法律规范侵权行为的目的，是要预防侵权行为的发生，制裁不法行为人。而法律规范不当得利并不是为了制裁不当得利人，而是为了纠正不正常的财产利益的转移，使之恢复到正常状态。当然，侵权行为人侵害他人的合法权益也可能从中得利，其所得利益当然也是没有法律根据的，就其得利的这一事实来说，也可构成不当得利。

第二节 不当得利的成立条件与类型

一、不当得利的构成条件

一般情形下须具备以下四个条件，不当得利才能成立。

（一）一方取得利益

所谓一方取得利益，是指一方当事人因一定的事实结果而使其得到一定的财产利益。取得财产利益也就是财产总量的增加，包括财产的积极增加和消极增加。

财产的积极增加即积极取得利益，是指财产权利的增强或者财产义务的消灭。这既包括所有权、他物权、债权以及知识产权等财产权利的取得，也包括占有的取得，还包括财产权利的扩张及其效力的增强、财产权利限制的消除等。

财产的消极增加即消极取得利益，是指财产本应减少而没有减少。这既包括本应支出的费用而没有支出，也包括本应承担的债务而未承担以及所有权上应设定负担的而未设定等。

（二）他方受损失

这里的所谓损失，是指因一定的事实结果使财产利益的总额减少，既包括积极损失，也包括消极损失。积极损失，又称为直接损失，是指现有财产利益的减少；消极损失，又称为间接损失，是指财产应增加而未增加，亦即应得利益的损失。这里的应得利益是指在正常情形下可以得到的利益，并非指必然得到的利益。例如，没有合法根据地居住他人的空房，所有人也就失去了对该房的使用收益的利益，尽管该利益不是所有人必然得到的，也不失为其损失。

（三）一方取得利益与他方受损失之间有因果关系

所谓取得利益与受损失之间有因果关系，是指他方的损失是因一方得到利益造成的，一方得到利益是他方受损的原因，受益与受损二者之间有变动的关联性。即使受损失与得到利益不是同时发生的,具有不同的表现形式,有不同的范围,也不影响二者之间因果关系的存在。

关于得到利益与受损失之间的因果关系,有直接因果关系说与非直接因果关系说两种学说。直接因果关系说认为,必须基于同一原因事实,即由于同一原因使一方得到利益,他方受有损失,二者间才为有因果关系。如果得到利益与受损失是由两个不同的原因事实造成的,即使二者间有牵连关系,也不应视为具有因果关系。例如,甲向乙借钱用于修理丙的房屋,而甲无力偿还借款时,乙不得向丙请求返还不当得利。因为乙受损失与丙取得利益的原因并不是同一事实。德国、日本多采直接因果关系说。非直接因果关系说认为,取得利益与受损失间的因果关系,不限于同一原因事实造成受益与受损的情况,即使受益与受损是由两个原因事实造成的,如果社会观念认为二者有牵连关系,也应认为二者间具有因果关系。依《民法典》第985条的规定,没有法律根据取得不当利益,即构成不当得利。因此,只要他人的损失是由取得不当利益造成的,或者如果没有其不当利益的取得,他人就不会造成损失,就应当认定取得利益与受损失间有因果关系。

(四)没有法律根据

没有法律根据,是不当得利构成的实质性条件。在社会交易中,任何利益的取得都须有法律根据,或是直接依据法律的规定,或是依据民事法律行为。不是直接根据法律或者根据民事法律行为取得利益的,其取得利益就是没有法律根据的,亦即没有法律上的原因,该得利即为不正当的。当事人于取得利益时没有法律根据,其利益的取得当然为没有法律根据的;其取得利益时虽有法律根据,但其后该根据丧失的,该利益的取得也为没有法律根据。

二、不当得利的基本类型

关于不当得利的基本类型,有不同的划分法。从利益取得的角度看,一是因一方当事人的给付发生的,一是因其他原因发生的。因而,对于不当得利可分为以下两类:

(一)因给付而发生的不当得利

给付是一方将其财产利益转移给另一方。给付本为债务人履行债务的行为,亦即当事人给付财产利益给他人,是以履行自己的义务为目的的。若当事人一方为履行义务而为给付,从该给付取得利益的一方的得利即是有法律根据的,不为不当得利。但若当事人一方为实现给付的法律目的而为给付行为,而其法律目的又欠缺时,则另一方因该给付所取得的利益就是没有法律根据的。因给付而发生的不当得利包括以下几种情形:

(1)给付的目的自始不存在。这是指一方为履行自己的义务而向受益人给付,但该义务自始就不存在。这种情形又称为非债清偿。例如,甲误认为与乙之间有买卖合同而将货物交付给乙。

依《民法典》第985条的规定,在下列情形,当事人一方虽没有给付义务而为给付,另一方的得利也不为不当得利:

第一,为履行道德义务而为给付。例如,养子女对其生父母的法定赡养义务因收养而解除,不再负担。若该养子女仍赡养其生父母,则属于尽道德义务。对因此而支出的费用,养子女不得以不当得利请求返还。

第二,为清偿未到期债务而给付。债务未到清偿期债务人本无清偿的义务,但若债务人主动提前清偿而债权人受领时,即使债务人因此而失去利益,债权人因此而取得利益,债权人得到的利益也不为不当得利。

第三,明知无给付义务而进行的债务清偿。一方明知自己没有给付义务而向他人交付财产的,对方接受该财产不成立不当得利。此种情形应视为赠与。

除上述情形外,因不法原因的给付也不属于不当得利。基于不法原因而给付财产的,"债务人"没有给付财产的法律义务,"债权人"也没有得到财产的权利。但给付一方不能以不当得利为由请求对方返还。不法原因既包括违反法律的强行性规定,也包括违反公序良俗。当然,在因不法原因给付财产的情形下,对方也不能取得该财产,该财产应当收缴。例如因偿还赌"债"而给付财产时,该财产就应收缴。

(2) 给付的目的未达到。当事人为一定目的而为给付,但其目的因某种原因未达到时,因该给付取得的利益也就是没有法律根据的不当得利。例如,债权人以受清偿的目的将债务清偿的收据交付给债务人,而其后债务人并未清偿债务。

(3) 给付的目的嗣后不存在。当事人一方给付原是有法律目的的,但于给付后该法律目的不存在时,因给付而取得的财产利益也就成为无法律原因的受益。例如,当事人一方为担保合同的履行而向对方给付定金,而其后该合同被确认为无效,这就属于给付目的嗣后不存在的给付。

(二) 基于给付以外的事实而发生的不当得利

基于给付以外的事实而发生不当得利的,主要有以下情形:

(1) 基于受益人自己的行为而发生的不当得利。这是指基于受益人的行为取得利益而使他人利益受损失。由于该情形下的不当得利是因受益人侵害他人的合法权益发生的,因此,这种情形下受益人的行为也可能会构成侵权行为。

(2) 基于受损人的行为而发生的不当得利。例如,误认他人的牲畜为自己的牲畜而加以饲养。

(3) 基于第三人的行为而发生的不当得利。例如,甲以乙的饲料饲养丙的牲畜。

（4）基于自然事件而发生的不当得利。例如，甲养的鱼因池水漫溢而流入乙的养鱼池内。

（5）基于法律规定而发生的不当得利。例如，在发生添附时，一方可基于法律规定而取得他方之物的所有权，但另一方不能因此而受损失，取得所有权的一方并无得到利益的法律根据，须向另一方返还所取得的利益。

第三节　不当得利的效力

不当得利的效力是不当得利成立后发生的法律后果。不当得利的后果就是在得利人与受损人之间发生债权债务关系；得利人负有返还不当得利的义务，受损人享有请求返还不当得利的权利。所以，不当得利的效力体现为受损人的不当得利返还请求权。

一、不当得利返还请求权与其他请求权的关系

（一）不当得利返还请求权与所有物返还请求权的关系

在一方侵占他人的财物，或者一方基于无效行为给付他人财物，标的物的所有权不发生转移时，成立所有物返还请求权。同时因一方取得他人财物的占有，占有也是一种利益。在此情形下，发生所有物返还请求权与不当得利返还请求权竞合。因不当得利返还请求权为债的请求权，所有物返还请求权为物上请求权，所以，权利人应首先适用物上请求权的规定。但也不排除权利人可以依不当得利返还请求权请求返还不当得利。

（二）不当得利返还请求权与侵权损害赔偿请求权

不当得利请求权与侵权损害赔偿请求权也可以发生竞合。例如，侵害人因侵权行为而从中受有利益时，该受利益即是没有法律根据的不当利益，于此情形下即可成立不当得利。在发生不当得利请求权与侵权损害赔偿请求权竞合时，当事人得选择行使何种请求权。

（三）不当得利请求权与违约损害赔偿请求权

不当得利请求权与违约损害赔偿请求权也可发生竞合。例如，在双务合同中，一方履行义务，而对方发生履行不能时，既可发生违约损害赔偿请求权，也可发生不当得利返还请求权。但若一方并未向对方履行义务，对方未得到利益，就不能发生不当得利返还请求权。另外，在一方给付有瑕疵的情形下，一般仅发生违约损害赔偿请求权而不能发生不当得利返还请求权。

二、不当得利返还请求权的标的及范围

不当得利返还请求权的标的为得利人所取得的不当利益。得利人返还的不

当利益,可以是原物、原物所生的孳息、原物的价金、使用原物所取得的利益,也可以是其他利益。

返还不当得利请求权的标的范围,也就是受益人返还义务的范围。受益人返还义务的范围依其受利益是否善意而不同。

(一) 受益人为善意时的利益返还

受益人为善意,即受益人不知情,是指受益人于取得利益时不知道且不应当知道自己取得利益无合法的根据。于此情形下,若受损人的损失大于得利人取得的利益,则得利人返还的利益仅以现存利益为限。获得的利益已经不存在的,得利人不承担返还该利益的义务(《民法典》第986条)。所谓现存利益,是指得利人受到返还请求时享有的利益,而不以原物的固有形态为限。原物的形态虽改变,但其价值仍存在或者可以代偿的,仍不失为现存利益。例如,得利人将其受领的财物以低于通常的价格出卖,得利人只返还所得的价款。如果该价款已经被其消费,并因此而省下其他的费用开支,则其节省下的开支为现存利益,得利人仍应返还。但是若得利人所得的价款被他人盗走,则为利益已不存在。得利人受有的利益大于受损人的损失时,得利人返还的利益范围应以受损人受到的损失为准。

依《民法典》第988条的规定,得利人已经将获得的利益无偿转让给第三人的,受损失的人可以请求第三人在相应范围内承担返还义务。

(二) 得利人为恶意时的利益返还

得利人为恶意,又称得利人知情,是指得利人于取得利益时知道或者应当知道其取得利益是没有法律根据的。《民法典》第987条规定:"得利人知道或者应当知道取得的利益没有法律根据的,受损失的人可以请求得利人返还其取得的利益并依法赔偿损失。"依此规定,恶意的得利人应当返还其所取得的全部利益,即使其利益已不存在,也应负责返还。若得利人所得到的利益少于受损人的损失,得利人除返还其所得到的全部实际利益外,还须就其损失与得利的差额另外加以赔偿。这实质上是受益人的返还义务与赔偿责任的结合。

(三) 受益人受益时为善意而其后为恶意的利益返还

受益人于取得利益时是善意的,而嗣后为恶意时,受益人所返还的利益范围应以恶意开始时的利益范围为准。

本编参考书目

1. 彭凤至:《情事变更原则之研究》,台湾五南图书出版公司1986年版。
2. 崔建远:《合同责任研究》,吉林大学出版社1992年版。
3. 郭明瑞、王轶:《合同法新论·分则》,中国政法大学出版社1998年版。

4. 韩世远:《违约损害赔偿研究》,法律出版社1999年版。
5. 史尚宽:《债法总论》,中国政法大学出版社2000年版。
6. 林诚二:《民法理论与问题研究》,中国政法大学出版社2000年版。
7. 王泽鉴:《债法原理》(第1册),中国政法大学出版社2001年版。
8. 曾世雄:《损害赔偿法原理》,中国政法大学出版社2001年版。
9. 曹士兵:《中国担保诸问题的解决与展望——基于担保法及其司法解释》,中国法制出版社2001年版。
10. 邱聪智:《新订债法各论》,台湾元照出版有限公司2002年版。
11. 黄立:《民法债编总论》,中国政法大学出版社2002年版。
12. 王利明:《合同法研究》(第二卷),中国人民大学出版社2003年版。
13. 崔建远主编:《合同法》(第三版),法律出版社2003年版。
14. 郑玉波:《民法债编总论》(修订二版),陈荣隆修订,中国政法大学出版社2004年版。

第四编 人　身　权

第三十章　人身权概述

第一节　人身权的概念与分类

一、人身权的概念与特征

（一）人身权的概念

人身权包括人格权和身份权，是民事主体基于人格或者身份而依法享有的，以在人身关系（包括人格关系和身份关系）中所体现的人格利益或者身份利益为内容的民事权利。

民法调整平等主体之间的人身关系和财产关系，在民法的权利体系中，人身权是与财产权相对应的权利。《民法通则》第五章"民事权利"部分，就曾将人身权作为独立一节加以规定。在《民法通则》156个条文中，有关人身权的条文有十多条，反映了立法者对人身权的重视和人身权立法的趋势。《民法典》将人格权规定独立成编，被认为是《民法典》最大的亮点。

（二）人身权的特征

（1）人身权是与民事主体自身主体资格密不可分的民事权利。这一特征包含两方面的含义：一方面，人身权只能够由特定民事主体享有，一般不得放弃、转让、继承。《民法典》第992条规定，人格权不得放弃、转让或者继承。有些人身权可以被许可他人使用。《民法典》第993条规定，民事主体可以将自己的姓名、名称、肖像等许可他人使用，但是依照法律规定或者根据其性质不得许可的除外。另一方面，民事主体之所以成为民事主体，是因为其享有人身权；换言之，如果民事主体失去了某些人身权，就可能不再被认为是民事主体。比如，如果一个人享有的生命权受到了侵犯，那就可能失去民事主体的资格。一个人享有的健康权受到了侵犯，比如心智受到影响，就可能被认定为限制民事行为能力人或者无民事行为能力人，其作为民事主体的能力就会受到影响，当然，其民事主体资格并不受影响。

(2) 人身权具有法定性。人身权是否为法定权利,有不同观点。本书作者认为,人身权的类型及内容,必须经过法律的认可;换言之,民事主体究竟享有哪些人身权,必须有法律的明确规定。但是,人身权与物权不同,法律对人格权的认可不像物权法定那样严格。一般人格权的存在为人格权的发展和完善留出了空间。一般人格权的内容具有不确定性,而一般人格权内容的解释,需要由有权机关经一定程序作出。比如,法院可以通过判决来确定哪些内容属于一般人格权的范畴。

(3) 人身权具有固有性。绝大多数人身权都是自民事主体出生或者成立之时就开始享有。比如,自然人一出生,就享有生命权、健康权等;法人一成立就享有名称权。有些人身权需要一定条件才能够享有,比如婚姻自主权。这主要是由人的自然属性决定的。至于需要什么条件才能够享有,则是由各国基于公共政策的考虑决定的。总之,一般而言,获得人身权无须申请,也无须以一定方式公示。

(4) 人身权是体现在人身权关系中的民事权利。人身权是使民事主体成为民事主体的权利,因此,与其他民事权利一样,这种权利只有在一定社会关系中才有意义。体现人身权的社会关系即人身权关系,包括人格权关系和身份权关系。

(5) 人身权具有非财产性,但同时具有可财产救济性。传统民法理论认为,人身权是没有直接财产内容的民事权利,人身权不能用金钱来计算和衡量。本书作者认为,从理念、道德伦理的层面而言,不可以将人身权贴上价码。但是,有四点需要强调:第一,侵害人身权造成损害的,损害赔偿是重要的救济方式。《民法典》第1179条规定,侵害他人造成人身损害的,应当赔偿医疗费、护理费、交通费、营养费、住院伙食补助费等为治疗和康复支出的合理费用,以及因误工减少的收入。造成残疾的,还应当赔偿辅助器具费和残疾赔偿金;造成死亡的,还应当赔偿丧葬费和死亡赔偿金。第二,侵害人身权造成财产损失的,侵权人应当赔偿损失。《民法典》第1182条规定,侵害他人人身权益造成财产损失的,按照被侵权人因此受到的损失或者侵权人因此获得的利益赔偿;被侵权人因此受到的损失以及侵权人因此获得的利益难以确定,被侵权人和侵权人就赔偿数额协商不一致,向人民法院提起诉讼的,由人民法院根据实际情况确定赔偿数额。第三,侵害人身权造成严重精神损害的,被侵权人有权请求精神损害赔偿。《民法典》第1183条第1款规定,侵害自然人人身权益造成严重精神损害的,被侵权人有权请求精神损害赔偿。第四,有的人身权可以商业化利用,在商业化利用时也就有了财产价值。比如,姓名权、名称权、肖像权等,都可以进行商业化利用,获得财产收益。

二、人身权的分类

人身权可以分为人格权和身份权两大类。

人身权还可以分为法律规定的人身权和学说上的人身权。法律规定的人身权指现行法律规定的人身权。学说上的人身权指现行法律没有规定、但是学说上存在的人身权。

就人格权而言,也有不同角度的分类。最常见的分类是根据客体范围,将人格权分为一般人格权和具体人格权。就具体人格权而言,根据权利客体不同可以再分为物质性人格权和精神性人格权。物质性人格权包括生命权、身体权和健康权;精神性人格权包括姓名权、名称权、肖像权、自由权、名誉权、隐私权、个人信息权、贞操权、信用权、婚姻自主权等。

一般人格权和具体人格权的分类方法,以及将具体人格权再分为物质性人格权和精神性人格权的方法,也为我国《民法典》所采用。

就身份权而言,根据身份不同可以再分为亲属法上的身份权和亲属法外的身份权。前者包括配偶权、亲权和亲属权;后者包括荣誉权、知识产权中的身份权等。

上述诸权利中,有些为我国《民法典》所规定,有些则仍然停留在学说层面。本书后面介绍的,不限于我国《民法典》规定的人身权类型。学说讨论应当与立法建立互动关系。介绍和讨论立法没有规定的权利类型,将为立法的完善和后续发展奠定基础。

第二节 人身权的内容与意义

一、人身权的内容

人身权与物权不同。物权体现的是主体对客体的支配关系。人身权体现的是主体对自身利益的享有、维护和一定程度的利用。依我国《民法典》第989条规定,本编调整因人格权的享有和保护产生的民事关系。一般而言,人身权的内容主要有以下几方面:

(1)人身利益的排他享有支配和事实处分。

人身权的权利主体可以按照自己的意志享有支配各种人身利益,并可以排除他人的非法干涉。比如,自然人可以按照自己的意志对自己的身体、健康、姓名等各种人身利益进行支配。人身权的权利主体还可以按照自己的意愿对各种人身利益加以事实处分,比如自然人可以理发、整容,可以将自己身体的组成部分进行捐献,如捐献血液、骨髓等。当他人对人身权或者人身权的行使加以非法干涉时,权利人可以依法排除。

(2) 人身利益的利用。

人身权的权利主体可以按照自己的意志对各种人身利益加以利用。比如,利用身体参加劳动,参加体育锻炼;利用自己的姓名发表文章;利用自己的信用为他人的债务提供担保;利用自己的身份从事各种社会活动;等等。

(3) 许可使用。

某些人格利益具有财产价值,因此产生许可使用的市场。这种现象被称为人格权的商业化。《民法典》第993条规定,民事主体可以将自己的姓名、名称、肖像等许可他人使用,但是依照法律规定或者根据其性质不得许可的除外。权利主体可以将其人身利益许可他人使用,但是许可往往有一定的限制。限制主要来自两个方面:一方面,并非所有的人身利益都可以许可使用。现代社会,基于各种社会价值以及人身权自身性质的原因,许多人身利益不得许可使用。比如,自由权、生命权、身体权、健康权、名誉权、荣誉权等各种人身权所体现的人身利益。另一方面,对于能够被许可使用的人身利益而言,许可使用往往也不彻底;当然,在许可使用的彻底性方面,各种人身权之间存在差异。比如,权利人可以将自己的肖像许可他人使用,但是,本人仍然保留基本的权能。而法人的名称,则可以完全转让。

(4) 收益。

人身权的权利主体可以利用人身利益进行收益。比如,法人可以通过转让自己的名称获得收益。自然人和法人都可以通过自己的信用获得收益。自然人可以通过允许他人使用自己的肖像或者姓名获得收益。

二、人身权的意义

(一) 人身权为民事主体的自然生存和社会生存提供了法律保障

人既具有自然属性,也具有社会属性。换言之,人的生存分为自然生存和社会生存两方面,人身权制度既包含有保护人自然生存的生命权、身体权、健康权等内容,也包含有保护人社会生存的名誉权、信用权等内容。在民法意义上,民事主体之所以成为完整的民事主体,是因为具备各种人身权。法律对人身权的保护"确保我们能够充分享受自我"。[1] 失去人身权保护的各种利益,民事主体的地位就会受到威胁。

人类社会进步到现在的一个巨大成果,就是每个人都被当作了人看待。人本身被看作了目的,而不再是客体和手段。这一进步促进了民法人身权制度的

---

[1] 参见 Lete del Rio, *Derecho de la Persona*,第188页。转引自〔德〕克雷斯蒂安·冯·巴尔:《欧洲比较侵权行为法》(下卷),焦美华译,张新宝审校,法律出版社2004年版,第67页。

发展,而民法人身权制度为这种进步提供了保障,并且仍在不断促进这种进步。

法律规定人身权制度,一方面为人身权提供具体的保护,防止他人对权利人的侵犯;另一方面也着力于提倡对人身权的尊重、对人本身的尊重,这种尊重既有源于他人的,更有源于权利人自身的。

(二)人身权为人类社会正常有序的发展提供了法律保障

人自身的发展离不开人类社会正常有序的发展。社会由不同的人组成,人身权为人们彼此相处划清了边界。自由止于权利。人类社会的发展有赖于个人自由的发展,但是,每个人的自由不能超越一定的界限,这一界限就是他人的权利,包括人身权利。与任何其他权利一样,人身权也不是绝对的、不受限制的。这种限制至少体现在以下几方面:

第一,来源于社会资源稀缺性的限制。社会由人组成,而人身权只有在社会关系中才具有意义;同时,每个人都希望尽量多地实现自己的权利,因此,每个人都需要对自己的权利加以适当约束。比如,每个人都希望有更多的自由,正因如此,每个人都需要有所收敛。在这个意义上,自由作为一种社会资源,本身是稀缺的。

第二,来源于道德伦理和公共政策的限制。道德伦理和公共政策是人类社会在一定阶段某些人群整体利益的反映。道德伦理和公共政策有时直接反映在民法的具体规定中,有时则以道德伦理和公共政策的本来面目出现。比如,自然人作为民事主体,享有身体权,但是不能在公共场所完全裸露自己的身体。又如,自然人作为民事主体享有婚姻自主权,但是,不到一定年龄这种权利不能行使。各国关于结婚年龄的限制,一方面来源于人自身的限制,另一方面,也正是基于各国社会道德伦理和公共政策的考虑,因此各国关于结婚年龄的规定存在差异。再比如,自然人决定自己的姓名、法人决定自己的名称,也会受到一定限制。

第三,来源于人自身的限制。比如,人的身体会老化,人的生命会结束,权利主体对身体权、生命权的行使会受到影响。比如,自然人自出生时起就享有姓名权,但是要行使自己的姓名权、决定自己的姓名,必须等到一定年龄。再比如,婚姻自主权需要民事主体达到一定年龄才能行使,这种限制既有公共政策的限制,更主要的还是人自身生理机能的限制。

三、人身权制度的未来发展

当今社会,科技发达,人性张扬。随着社会进步和科技发展,一方面,人们的权利意识、主体意识日渐强烈,人也越来越自由,对人身权的发展提出了许多新的要求,这为人身权的发展提供了巨大的发展动力。另一方面,人又越来越不自由,各种限制越来越多,尤其是人口的增加,使得每个个体的相对生存空间越来越小；科技的发展，又使得人们之间的联系越来越频繁和迅捷，因此，每个人都必须对自己的权利加以限制，社会作为整体也要对个体的权利加以限制。科技，尤其是人工智能的发展，对人身权提出了各种挑战。比如，人们在网络世界的权利保护问题越来越引起人们的重视；网站收集到的用户资料如何被使用，也涉及人身权问题。特别是，个人信息的保护日益成为重要的法律问题。智能电子设备带来了肖像权、隐私权问题，各种场合的监听、监视器带来了肖像权、隐私权和个人信息的问题。

如何应对这些挑战，是现代民法面临的重要问题。一方面，需要从宏观理念层面强调人身权的重要意义。科技越发展，这一点越显得重要。另一方面，需要从微观操作层面，积极探索利用法律规定和现代科技保护人身权的具体方法，构建合理妥当的规范体系。

当然，作为重要的民事权利，对人身权的保护不仅仅限于民法的范畴。刑法、行政法等部门法都有许多关于人身权保护的规定。作为民法教材，本书的内容只限于民法范畴。

第三十一章 人 格 权

第一节 人格权概述

一、人格权的概念与特征

(一) 人格权的概念

人格权是指民事主体平等享有的、经法律认可、以人格利益为客体、作为民事权利义务主体应当具备的基本权利。

(二) 人格权的特征

(1) 人格权是作为民事主体所应当具备的。一方面,民事主体只有具备人格权,才具备民事主体的资格;另一方面,只要是民事主体,均具备人格权。因此,自然人从出生那一刻开始,即成为民事主体,也便享有了人格权;而法人或者其他组织从成立那一刻开始,即成为民事主体,也便享有了人格权。

(2) 民事主体享有的人格权,是经法律认可的。民事主体的人格权种类和内容,是经法律认可的。经法律认可,是指法律作了规定。比如,《民法典》人格权编规定了各种人格权的类型和内容。

(3) 民事主体享有的人格权完全平等。人格权是民事主体资格本身所要求的基本权利。换言之,凡民事主体,均需具备这样的基本权利。因此,无论民事主体是否加以行使,民事主体之间的人格权完全平等。人格权也不因性别、种族、民族、贫富等而有区别。

(4) 人格权以人格利益为客体。[①] 所谓人格利益是指民事主体自然生存和社会生存所必需的利益。人具有自然属性,同时也具有社会属性,因此,人格利益包括自然生存和社会生存所需要的各种利益。人格权为人的自然生存和社会生存提供了保护。在民法上,人格利益可以分为具体人格利益和一般人格利益。具体人格利益是指由法律列举的人格利益,包括生命、健康、身体、姓名或者名称、名誉、肖像、隐私、个人信息等人格利益。一般人格利益是指法律列举的具体人格利益之外,民事主体自然生存和社会生存所需要的其他重要利益,比如人格独立、人格平等以及人格尊严等。

[①] 也有一种观点认为,人格权的客体为人格要素。

二、人格权的性质

人格权关系到民事主体的自然生存和社会生存两个方面,因此它具有自然和社会两方面的属性:

(一)人格权的自然属性

(1)人格权自民事主体诞生或者成立时产生。

(2)民事主体间人格权彼此平等,没有高低贵贱多少之区别。

(3)某些人格权可以被限制或者剥夺,但多数人格权不能被剥夺。比如,民事主体的生命权和自由权可以被依法剥夺,但是,健康权、名誉权、人格独立、人格平等、人格尊严等不可被剥夺。

(二)人格权的社会属性

(1)人格权因社会关系的存在而具有意义。人格权体现在一定社会关系之中,也只有在社会关系中,人格权,尤其是其中的姓名权或者名称权、名誉权、肖像权、隐私权等才具有意义。

(2)人格权需要法律的认可。作为一种民事权利,人格权的种类和内容需要法律的认可,未经法律认可的人格利益,不属于人格权的范畴。

(3)人格权的范围在逐步扩展。社会的发展,使得人类自身的生存环境在逐步改善,人类对生存质量的要求越来越高。比如,除了追求基本生存条件外,人类越来越多地关注内心的安宁和精神的满足。与这一进程相一致,人格权的范围也在逐步扩展。另外,现代科技的发展,对人格权的发展起到了巨大的推动作用。在法制史上,许多人格权都是在近代甚至晚近才得到认可的。比如,肖像权的出现和发展,与摄影摄像技术的出现和发展密切相关。隐私权的内容也因网络技术的发展而出现了新的变化。随着社会的进步,尤其是现代科技的发展,现有人格权会出现新的内容,也会出现新的人格权类型。

三、人格权的分类

根据人格权所体现和保护的人格利益,可以将人格权分为具体人格权和一般人格权。具体人格权是指以具体人格利益为客体的人格权。如前所述,具体人格利益包括生命、健康、身体、姓名或者名称、名誉、肖像、隐私、个人信息等人格利益。因此,具体人格权又可分为生命权、健康权、身体权、姓名权或者名称权、名誉权、肖像权、隐私权、个人信息权等。一般人格权是指以一般人格利益为客体的人格权。如前所述,一般人格利益包括民事主体自然生存和社会生存需要的其他重要的利益,比如人格独立、人格平等以及人格尊严等。

第二节 生 命 权

一、生命权的概念与特征

（一）生命权的概念

人格权法上的生命,是指自然人的生命;自然人的生命是指人体所具有的活动能力。生命是自然人作为民事主体的前提和基础,是自然人最高的人格利益。法律最重要的目标之一就是致力于保障自然人生命的安全和尊严。生命权是指自然人享有的以生命安全和尊严为内容的权利。

《民法典》第1002条规定,自然人享有生命权。自然人的生命安全和生命尊严受法律保护。任何组织或者个人不得侵害他人的生命权。

（二）生命权的特征

(1) 生命权的主体只能是自然人,法人或者非法人组织不是生命权的主体。

(2) 生命权的客体是生命的安全和尊严。生命只有一次;一旦失去,无法恢复。生命是自然人存在的前提,失去生命,所有的权利义务都将失去依托。因此,生命安全是自然人的最高利益。同时,生命权的内容还包括生命的尊严。生命的安全关注的是生命的存续问题,而生命的尊严关注的是生命的存续状态问题。在动物世界,每个生存个体都是食物链中的一个环节,因此,多数动物的生命随时都可能受到威胁,即使生命不会失去,也时刻处于惶恐不安之中。在动荡年代,自然人的生命也时时处于各种威胁之下。随着社会进步和国家强大,人的生命应当享有更高标准的保护。人不仅应当能够活得了,而且应当能够活得好。人格权法律制度在保护自然人享有生命安全的同时,还保护生命的尊严,使每个人能够心神安宁、内心祥和。

生命权与身体权和健康权存在密切关系。但是,生命权关注自然人的最高利益——生命,即生命的存续以及对生命的威胁。而身体权和健康权关注的是在生命权没有受到侵犯的前提下身体和健康的问题。《民法典》对生命权、身体权和健康权分别进行了规定。

二、生命权的内容

（一）生命安全的维护权

生命是自然人最高的人格利益。权利主体有权维护生命的安全。生命安全受到非法侵犯时,权利人可以使用一切必要手段加以正当防卫。在英美法上,权利人生命安全受到侵犯时可以采用的防卫程度要高于其他利益受到侵犯时可以采用的防卫程度,以显示生命权的重要性。在我国,法律对权利人在生命安全受到非法侵犯时所采用的正当防卫和紧急避险的容忍程度也要高于其他情况下的容忍程度。

(二) 生命尊严的维护权

生命尊严的维护权所针对的是在没有侵犯生命安全的前提下，使他人生命处于危险之中的行为。生命是否处于危险之中，需要根据理性人标准来判断。换言之，只要处于类似情况的理性人可以合理地相信生命存在即时危险，就满足这一标准，而不要求客观上真正使他人生命处于即时危险之中。比如，向他人发出死亡威胁，如果使得理性人合理相信这种威胁的真实性，即构成对生命尊严的侵犯，从而侵犯了他人的生命权；如果有人实施了伤害生命的行为，则构成了对生命安全的侵犯，构成了对生命权的侵犯。另一方面，如果有人试图杀害某人，但是该某人对此并不知情，则不构成对生命尊严的侵犯；如果该谋杀得逞，则直接构成对生命安全的侵犯。

依《民法典》第1005条的规定，生命权受到侵害或者处于其他危难情形的，负有法定救助义务的组织或者个人应当及时施救。

(三) 生命利益的支配权

生命利益的支配权，主要体现在生命权人是否有权支配自己的生命。这一问题又包括两方面，其一，权利人主动将自己的生命置于险境；其二，权利人主动结束自己的生命。就第一方面而言，没有太大争议。为了人类社会的进步和发展、人生意义和价值的实现，某些冒险和牺牲是必要的，甚至是必需的。而个人能否主动结束自己的生命，比如自杀和安乐死，是一个非常复杂的问题。这一命题远远超出法律的范畴，它还涉及道德、伦理、哲学、宗教、文化、医学等诸多方面。这里简单提一下安乐死问题。安乐死又称人道死亡或者无痛苦死亡，是指身患绝症、濒临死亡的病人，由于难以忍受的肉体及精神上的剧烈痛苦，经本人要求，他人为解除其痛苦，而采取一定措施使病人平静地死去，提前结束其生命。关于安乐死，国内外都有许多争论。本书作者认为，安乐死问题的主要焦点，并不是病人是否有权支配和处分自己的生命，人们所争论的是医生或者第三人是否有权应他人的要求结束其生命。人们担心的主要是本人的意思表示是否真实和他人或医生权利的滥用，而并非否认病人的生命利益支配权。

总体而言，应当提倡人们善待自己的生命，但同时也应当尊重权利主体在意识完全自由的情况下对生命利益的支配和处分。这种处分和支配包括为国捐躯、舍己救人、从事有生命危险的探险和体育活动等主动将自己的生命置于险境的行为，同时也应当包括在一定条件下放弃自己生命的权利。

事实上，生命利益支配权的问题，主要不是法律问题。因为即使否认生命权人对生命利益具有支配权，而权利人对自己的生命利益加以支配，也基本不会有什么不利的法律后果。

第三节 身 体 权

一、身体权的概念

身体权是自然人维护其身体组织完整安全并自由支配其身体或者身体组成部分的人格权。身体权的主体只是自然人,法人及其他组织不是身体权的主体。

《民法典》第1003条规定,自然人享有身体权。自然人的身体完整和行动自由受法律保护。任何组织或者个人不得侵害他人的身体权。权利人有权维护自己的身体完整和行动自由。

尽管身体权和生命权、健康权有很多类似或者重合的地方,但是身体权和生命权、健康权所体现的是不同的人格利益。身体权重在维护人身肉体组织的安全无瑕疵,而健康权则重在维护人体生理机能的安全舒适。[①] 侵犯身体权,并不必然侵犯生命权和健康权,比如,非法剪人的毛发,只侵犯身体权,而并不侵犯生命权和健康权;比如,用针刺他人大腿等身体部位,未导致严重后果,则侵犯了身体权,但未必侵犯健康权。《民法典》第1003条将行动自由包括在身体权中,扩大了身体权包含的利益范围。

身体组成部分与身体分离后,比如,为将来生育所需而冷冻的精子、在医院治疗期间被擅自取用的细胞,是否仍属于身体权的范畴,学说存在争议。[②]

二、身体权的内容

(一)维护身体组织完整的权利

完整的身体组织是自然人生命延续的基础,也是正常生活的基础。法律保护自然人享有正常生活的权利。自然人有权维护自己的身体完整,有权保护身体完整不受侵害。

(二)维护身体行动自由的权利

身体行动自由是自然人正常生活所必需的前提。对他人进行非法拘禁,构成对身体权的侵害。

(三)对身体或者身体组成部分的支配权

身体权的权利主体对自己的身体具有支配权,可以根据自己的意志支配自己的身体。关于权利主体对自己身体组成部分的支配权,理论上存在争论。这一问题同样涉及法律、道德、伦理、哲学、宗教、文化、医学等许多方面。事实上,人们对自己身体组成部分的支配向来就有,比如,理发、美容、献血、捐献器官,甚

[①] 参见曾隆兴:《详解损害赔偿法》,中国政法大学出版社2004年版,第179页。
[②] 参见王泽鉴:《侵权行为》(第三版),北京大学出版社2016年版,第121—122页。

至自残身体,等等。所以,在提倡善待自己身体的同时,应当承认权利主体对自己身体组成部分的支配权。

《民法典》第1006条第1款规定,完全民事行为能力人有权依法自主决定无偿捐献其人体细胞、人体组织、人体器官、遗体。任何组织或者个人不得强迫、欺骗、利诱其捐献。第1007条第1款规定,禁止以任何形式买卖人体细胞、人体组织、人体器官、遗体。

第四节 健 康 权

一、健康权的概念与特征

(一)健康权的概念

健康权是指自然人以维护身体和心理机能健康为内容的人格权。高质量生活的基础是身心健康。健康权是自然人重要的人格权。就社会而言,社会成员拥有健康的身体和心理机能,是社会良性发展的重要基础。若一个国家的艾滋病人已经占到该国整个人口的很高比例,人民的健康状况就会成为社会发展的重要制约因素。

《民法典》第1004条规定,自然人享有健康权。自然人的身心健康受法律保护。任何组织或者个人不得侵害他人的健康权。

(二)健康权的特征

(1)健康权的主体是自然人。根据权利主体的自身属性,健康权的主体只能是自然人。

(2)健康权的内容包括身体健康和心理健康两方面。心理健康和身体健康一样,都是高质量生活的基础。没有健康的身体,就无法维持正常的生活。没有健康的心理,就无法正确对待生活中的失败和胜利。现代社会在强调身体健康的同时,越来越关注心理健康。

二、健康权的内容

(一)身体机能健康的维护权

身体机能健康是权利主体享有正常生活、从事正常社会活动的基础。权利主体有权采取措施维护自己的身体健康;当身体健康受到他人非法侵犯或者威胁时,权利人有权采取必要的措施。

(二)心理机能健康的维护权

心理机能健康同样是权利主体享有正常生活、从事正常社会活动的基础。权利主体有权采取措施维护自己的心理健康。健康权中的心理健康维护权和生命权中生命尊严的维护权不同。生命尊严的维护权所针对的是在没有侵犯生命安全的前提下,使他人生命处于危险之中的行为。而心理健康维护权所针对的是侵犯心理机能健康,但是尚未威胁到生命的行为。比如,性骚扰会导致受害人的心理产生种种不健康的后果,它侵犯的是心理健康。《民法典》第1010条第1款规定,违背他人意愿,以言语、文字、图像、肢体行为等方式对他人实施性骚扰的,受害人有权依法请求行为人承担民事责任。而死亡威胁会使他人的生命处于危险之中,侵犯的是生命权。

(三) 健康利益的支配权

关于权利人对自己的健康利益是否具有支配权,存在不同看法。与生命权中对生命利益的支配权、身体权中对身体利益的支配权一样,健康利益的支配权问题也不仅仅是法律问题,它同时涉及道德、伦理、哲学、宗教、文化、医学等诸多方面。即使法律不承认,自然人对自己的健康利益也一直在进行支配,法律也无法对此行为规定某种消极后果。因此,一方面应当提倡健康的生活方式,善待自己;另一方面,应当承认权利人对自己的健康利益享有支配权。

三、生命权、身体权与健康权之间的关系

生命权、身体权与健康权都是非常重要的人格权,三者之间彼此独立。它们的区别如下:

(1) 人格利益不同。

生命权保护的是生命利益,健康权保护的是健康利益,身体权保护的则是身体利益。由此导致在权利内容方面存在差异。

(2) 被侵犯后果的严重程度不同。

在一般情况下,生命权受到侵犯时,将会给权利人造成最严重的后果;健康权受到侵犯时,造成的后果要轻于生命权的后果,但要重于侵犯身体权造成的后果;侵犯身体权给权利人造成的后果相对最轻。

(3) 责任性质及责任范围不同。

正因为后果的严重程度不同,法律规定的责任性质及赔偿范围都存在不同。在责任性质方面,侵犯生命权的,一般可能既构成刑事责任,也构成民事责任;侵犯健康权,一般也可能既构成刑事责任,也构成民事责任;而侵犯身体权,一般只构成民事责任。在责任范围方面,侵犯生命权的刑事责任一般要重于侵犯健康权的刑事责任。侵犯生命权的民事责任一般要重于侵犯健康权的民事责任,侵犯身体权的民事责任相对最轻。

(4) 从重吸收。

如果一个行为同时侵犯生命权、健康权和身体权,将选择最重的后果确定行为性质,因此,将被认定为侵犯生命权的,而不再同时认定为侵犯健康权和身体

权,尤其是确定赔偿范围时,要按照最重的情况来计算。这样,对生命权的侵犯就吸收了对健康权和身体权的侵犯。同样,当一个行为既侵犯健康权、又侵犯身体权时,只认定为侵犯健康权,而不再同时认定为侵犯身体权。对健康权的侵犯就吸收了对身体权的侵犯。

第五节 姓名权与名称权

一、姓名权的概念与内容

（一）姓名权的概念

姓名是自然人的名称,一般由姓与名两部分组成。其中姓是家族的名称,名是自己的名称。一个人因姓名而与其他人相区别,姓名是自然人重要的人格利益。每个自然人都有一个正式姓名,这个正式姓名应当是身份证记载的姓名。正式姓名是自然人身份具有法律意义的象征。一般而言,关于姓名权的规定,所指的都是正式姓名。《民法典》更进了一步,在第1017条规定:具有一定社会知名度,被他人使用足以造成公众混淆的笔名、艺名、网名、译名、字号、姓名和名称的简称等,参照适用姓名权和名称权保护的有关规定。

姓名权是自然人对其姓名享有的决定、使用、变更或者许可他人使用自己姓名的权利。《民法典》第1012条规定,自然人享有姓名权,有权依法决定、使用、变更或者许可他人使用自己的姓名,但是不得违背公序良俗。

（二）姓名权的内容

1. 姓名决定权

姓名决定权,指自然人决定自己姓名的权利。只有姓名权人自己才有权决定自己的姓名。但是,事实上,一个人出生后就需要以姓名为符号将自己与其他人相区别,而此时,本人还不具有决定自己姓名的行为能力,姓名的决定权往往是由父母或者其他监护人来行使。等权利人自己具备相应行为能力后,可以决定自己的笔名、艺名、网名、译名、姓名的简称、别名等。

姓名分为姓和名两部分。《民法典》第1015条规定:"自然人应当随父姓或者母姓,但是有下列情形之一的,可以在父姓和母姓之外选取姓氏:（一）选取其他直系长辈血亲的姓氏;（二）因由法定扶养人以外的人扶养而选取扶养人姓氏;（三）有不违背公序良俗的其他正当理由。少数民族自然人的姓氏可以遵从本民族的文化传统和风俗习惯。"至于名的选择,权利人有更大的选择空间。权利人在决定自己姓名的时候,应当充分考虑公序良俗。依《民法典》第1016条第1款的规定,自然人决定姓名,应当依法向有关机关办理登记手续,但是法律另有规定的除外。

2. 姓名使用权

姓名使用权,指自然人根据自己的意愿使用自己姓名的权利。权利人有权决定是否使用、如何使用自己的姓名,比如,是否在作品上签署自己的姓名;在作品上可以签署正式的姓名,也可以签署笔名;在网络上可以使用网名。

姓名是自然人彼此区别的标志,也是自然人行为及行为后果的标志,因此,姓名的使用往往超出私权的范畴。国家可以基于公共管理的需要,对姓名的使用设定限制。比如,依照《个人存款账户实名制规定》,在中华人民共和国境内的金融机构开立个人存款账户的个人,应当使用实名。

3. 姓名变更权

姓名变更权,指自然人依照有关规定改变自己姓名的权利。这一权利包括两方面的含义。第一,自然人有权根据自己的意思改变自己的姓名;第二,自然人改变自己姓名时必须遵守有关规定。依《民法典》1016 条的规定,自然人变更姓名,应当依法向有关机关办理登记手续。变更前实施的民事法律行为对其具有法律约束力。

4. 许可他人使用

自然人可以许可他人使用自己的姓名。比如许可他人使用自己的姓名购买房屋、汽车,许可他人将自己的姓名与某种商品相联系,等等。依《民法典》第1023 条的规定,对姓名的许可使用,参照适用肖像许可使用的有关规定。未经允许使用他人姓名的,则构成盗用或者假冒。

二、名称权的概念与内容

(一) 名称权的概念

名称权指自然人以外的其他民事主体依法享有的决定、使用、改变及转让自己的名称并排除他人非法干涉的人格权。《民法典》第 1013 条规定,法人、非法人组织享有名称权,有权依法决定、使用、变更、转让或者许可他人使用自己的名称。值得一提的是名称与商号或者字号的关系。2020 年修订后的《企业名称登记管理规定》第 6 条中规定,企业名称由行政区划名称、字号、行业或者经营特点、组织形式组成。据此,名称是民事主体的全称,而字号只是名称的组成部分,是最核心、最具有识别性的组成部分。

(二) 名称权的内容

1. 名称决定权

民事主体有权决定自己的名称。民事主体在决定自己的名称时,应当遵守有关限制性规定。2020 年修订后的《企业名称登记管理规定》第 11 条规定,企业名称不得有下列情形:(1) 损害国家尊严或者利益;(2) 损害社会公共利益或者妨碍社会公共秩序;(3) 使用或者变相使用政党、党政军机关、群团组织名称及其简称、特定称谓和部队番号;(4)使用外国国家(地区)、国际组织名称及其通用简称、特定称谓;(5)含有淫秽、色情、赌博、迷信、恐怖、暴力的内容;(6)含有民族、种族、宗教、性别歧视的内容;(7)违背公序良俗或者可能有其他不良影响;(8)可能使公众受骗或者产生误解;(9)法律、行政法规以及国家规定禁止的其他情形。

民事主体在决定自己的名称后,需要登记注册。《企业名称登记管理实施办法》第3条规定,企业应当依法选择自己的名称,并申请登记注册。企业自成立之日起享有名称权。

2. 名称使用权

民事主体在规定的范围内享有名称专用权。企业使用名称,应当遵循诚实信用的原则。企业应当在住所处标明企业名称。企业的印章、银行账户、信笺所使用的企业名称,应当与其营业执照上的企业名称相同。法律文书使用的企业名称,也应当与该企业营业执照上的企业名称相同。

3. 名称变更权

民事主体可以依法变更自己的名称。变更可以分为主动变更和被动变更。关于被动变更,2020年修订后的《企业名称登记管理规定》第23条第2款规定,人民法院或者企业登记机关依法认定企业名称应当停止使用的,企业应当自收到人民法院生效的法律文书或者企业登记机关的处理决定之日起30日内办理企业名称变更登记。名称变更前,由企业登记机关以统一社会信用代码代替其名称。企业逾期未办理变更登记的,企业登记机关将其列入经营异常名录;完成变更登记后,企业登记机关将其移出经营异常名录。

4. 名称转让或者授权使用权

民事主体可以依法转让或者授权他人使用自己的名称。2020年修订后的《企业名称登记管理规定》第19条规定,企业名称转让或者授权他人使用的,相关企业应当依法通过国家企业信用信息公示系统向社会公示。

民事主体授权他人使用自己名称的,应当为他人使用自己名称产生的法律后果负责。

第六节 肖像权

一、肖像权的概念与特征

(一)肖像权的概念

肖像权是自然人享有的依法制作、使用、公开或者许可他人使用自己肖像的权利。肖像是通过影像、雕塑、绘画等方式在一定载体上所反映的特定自然人可以被识别的外部形象。自然人享有肖像权,有权依法制作、使用、公开或者许可他人使用自己的肖像(《民法典》第 1018 条)。

(二)肖像权的特征

(1)肖像权的主体只有自然人。尽管一切客观事物的形象,都可以通过一定物质形式表现出来,但是,作为人格权法意义上的肖像,仅指自然人的肖像,法人及其他组织不是肖像权的主体。

(2)自然人去世后,其肖像利益依然受到保护。比如,某公众人物去世后,他人使用该公众人物的肖像从事商业营利活动,就可能构成对肖像利益的侵犯。根据《民法典》第 994 条的规定,死者肖像受到侵害的,其配偶、子女、父母或者其他近亲属有权依法请求行为人承担民事责任。

(3)肖像权体现的是自然人的精神利益。肖像是自然人形象的再现。丑化、污损他人肖像,等同于丑化、污损他人的形象。自然人应享有形象及肖像不受丑化、污损的权利。

(4)肖像权中包含有物质利益。肖像是自然人形象的再现,一般与自然人的品格、魅力等属性联系在一起。当某人的肖像与某种商品联系在一起的时候,人们往往会将该种商品与肖像所体现的该自然人的个人品格、魅力联系在一起。此时,肖像就具有了商业价值和市场。商家之所以热衷于"形象大使""代言人"等,正是因为肖像权中含有物质利益。

二、肖像权的内容

(一)肖像制作权

权利人有权通过一定物质手段将自己的形象表现出来。根据《民法典》第 1018 条,肖像制作权是属于肖像权人的专属权利。《民法典》第 1019 条第 1 款后段规定,未经肖像权人同意,不得制作他人肖像,但是法律另有规定的除外。第 1019 条第 1 款前段规定,不得利用信息技术手段伪造他人肖像。

(二)维护肖像所体现的精神利益的权利

权利人有权维护其肖像所体现的精神利益,禁止他人毁损和玷污。《民法典》第 1019 条第 1 款前段规定,任何组织或者个人不得以丑化、污损等方式侵害他人的肖像权。需要注意的是,以丑化、污损的形式使用他人肖像的,可能同时构成对名誉权的侵犯。

(三)肖像公开、使用、许可他人使用权

权利人有权决定对肖像的公开和使用,有权决定是否同意他人使用自己的肖像。《民法典》第 1019 条第 1 款后段规定,未经肖像权人同意,不得使用、公开肖像权人的肖像,但是法律另有规定的除外。《民法典》第 1020 条规定,合理实施下列行为的,可以不经肖像权人同意:(1)为个人学习、艺术欣赏、课堂教学或者科学研究，在必要范围内使用肖像权人已经公开的肖像；（2）为实施新闻报道，不可避免地制作、使用、公开肖像权人的肖像；（3）为依法履行职责，国家机关在必要范围内制作、使用、公开肖像权人的肖像；（4）为展示特定公共环境，不可避免地制作、使用、公开肖像权人的肖像；（5）为维护公共利益或者肖像权人合法权益，制作、使用、公开肖像权人的肖像的其他行为。

肖像权和肖像作品的权利可能发生冲突。《民法典》第1019条第2款规定，未经肖像权人同意，肖像作品权利人不得以发表、复制、发行、出租、展览等方式使用或者公开肖像权人的肖像。可见，肖像权要优先于肖像作品的权利。

第七节 名 誉 权

一、名誉权的概念

根据《民法典》第1024条的规定，名誉是对民事主体的品德、声望、才能、信用等的社会评价。民事主体享有名誉权。任何组织或者个人不得以侮辱、诽谤等方式侵害他人的名誉权。

名誉是民事主体享有的社会评价。法律保护名誉的目的，是使每个民事主体都得到与其自身实际情况相一致的社会评价，名实相符。名誉保护的目的并非是使每个民事主体都得到良好的社会评价。如果一个人本身存在社会道德或者法律不容许的行为，其社会评价自然不应当良好，而当一个人自身行为完全符合社会道德或者法律的要求时，法律就应当保证其享有良好的名誉。民事主体也有权得到这种名誉。换言之，法律所否定的是通过侮辱、诽谤等"莫须有"的方式使他人本来良好的声誉遭到不应有的贬损，而并非是要保证每个人都得到良好的社会评价。

民法学说将名誉分为外部名誉和内部名誉。外部名誉指对民事主体的社会评价，内部名誉指民事主体内心对自己各方面的感知。一般认为，外部名誉应当受到名誉权的保护；至于内部名誉是否应当受到名誉权的保护，学者之间存在分歧。本书作者采否定说，认为内部名誉不受名誉权的保护。如果他人的行为破坏了民事主体内心的安宁，在结果上影响到了心理健康，则可以主张健康权获得救济。

二、名誉权的法律特征

（一）名誉权的主体包括所有民事主体

自然人和其他民事主体都享有名誉权。

（二）自然人去世后，其名誉依然应当受到保护

关于死者名誉的问题，最高人民法院曾多次作出批复。1990年4月12日，

最高人民法院在《关于死亡人的名誉权应受法律保护的函》中提到：吉文贞（艺名荷花女）死亡后，其名誉权应依法保护，其母陈秀琴亦有权向人民法院提起诉讼。1990年10月27日，最高人民法院在《关于范应莲诉敬永祥等侵害海灯法师名誉权一案有关诉讼程序问题的复函》中提到：海灯死亡后，其名誉权应依法保护，作为海灯的养子，范应莲有权向人民法院提起诉讼。1993年8月7日，最高人民法院在《关于审理名誉权案件若干问题的解答》中再次提到：死者名誉受到损害的，其近亲属有权向人民法院起诉。依《民法典》第994条的规定，死者的名誉受到侵害的，其配偶、子女、父母有权依法请求行为人承担民事责任；死者没有配偶、子女并且父母死亡的，其他近亲属有权依法请求行为人承担民事责任。

就死者名誉的问题，学者之间存在不同观点。有一种观点认为，自然人去世后，权利主体资格随之消失，因此，死者只享有名誉，而不能享有名誉权。当他人侵犯其名誉时，实际上侵犯的是其近亲属的名誉权或者其他情感，因此，其近亲属可以提起诉讼。本书作者认为，首先，关于死者究竟享有名誉权还是名誉利益，从逻辑而言，可以有不同的解释，但其实质还在于如何对侵犯死者名誉的行为加以救济。其次，死者的名誉与其近亲属的名誉权或者其他情感，属于两种不同的权利或者利益。可以假设一下，当自然人在世的时候，他人侵犯其名誉权，其近亲属的名誉权或者其他情感也可能受到伤害。但在这种情况下，法律一般不认可其近亲属因此单独提出的诉讼请求。基于同样的逻辑，在自然人去世后，法律也不应当认可因该自然人的名誉受损给其近亲属名誉权或者其他情感造成损失而由近亲属提出的诉讼请求。因此，自然人去世后，他人实施侵权行为，直接侵犯的仍应当是死者的名誉。只不过由于死者无法作为诉讼法上的主体，因此，只能够由其近亲属代为行使诉权。

（三）名誉权与财产利益有密切关系

良好的名誉，会给民事主体带来良好的社会关系，包括财产关系。非法侵犯他人的名誉，会给这种社会关系包括财产关系带来破坏。法人及非法人组织的良好声誉，会带来无尽的财富。失去好的名誉，法人或者非法人组织就可能破产。

三、名誉权的内容

（一）名誉维护权

民事主体可以采取合法措施维护自己的名誉。这种维护包括内部维护和外部维护两方面。所谓内部维护，指通过努力，使自己的名誉处于良好状态。就自然人而言，可以使自己的行为符合法律及道德的要求，提升自己的人格修养，从而获得良好的社会评价；就法人及其他组织而言，可以努力改善内部管理，提高产品质量，从事社会捐助，善尽社会责任，提高自己的声誉。所谓外部维护，指权利人对于侵害自己名誉权的行为,积极寻求各种救济途径,包括司法救济,阻止侵权行为,使受到损害的名誉得以恢复。《民法典》第1028条规定,民事主体有证据证明报刊、网络等媒体报道的内容失实,侵害其名誉权的,有权请求该媒体及时采取更正或者删除等必要措施。

(二)名誉利益支配权

权利人对自己名誉所体现的利益享有支配权。权利人可以利用自己的名誉,从事各种社会活动,寻求各种收益。

第八节 信 用 权

一、信用权的概念

信用权是指民事主体所享有的保护自己的信用不被以非法方式降低的权利。《民法典》第1024条第2款将信用归入名誉中,通过名誉权来保护信用,而没有将信用权作为独立的人格权。依此立法例,信用属于名誉的范畴。但名誉指民事主体各个方面所享有的社会评价。信用,则专指民事主体在经济方面所享有的社会评价。诚实守信是民事主体立身之本。本书将信用权从名誉权中独立出来,是为了强调信用的重要性。

与法律对名誉的态度相一致,法律所追求的目标,是使每个民事主体都得到与其自身经济情况相一致的信用评价,而并非是使每个民事主体都得到良好的经济评价。如果一个人本身信用存在问题,其经济评价自然不应当良好。但是,当一个人恪守允诺、诚信守法,法律就应当保证其享有良好的信用。换言之,与名誉权一样,法律所否定的是通过非法的方式使他人本来良好的信用遭到不应有的破坏,而并非是要保证每个人都得到良好的经济评价。

二、信用权的特征

(一)信用权的主体具有多样性

所有民事主体都是信用权的主体。民无信不立。无论自然人还是法人及非法人组织,信用都非常重要。

(二)信用权的客体相对单一

信用权的客体主要表现为对民事主体经济方面的评价。

(三)信用权与财产权益密切相连

信用权直接表现为对民事主体经济方面的评价,信用权的本质在于经济利益和财产权益的考虑,信用权与财产权益和经济利益关系密切。

三、信用权的内容

信用权源自名誉权,因此,信用权的内容与名誉权的内容基本一致。信用权包括以下内容:

(一)信用查询、维护权

民事主体可以查询自己的信用评价,采取合法措施维护自己的信用。与名誉权的情况一样,这种维护包括内部维护和外部维护两方面。《民法典》第1029条规定,民事主体可以依法查询自己的信用评价;发现信用评价不当的,有权提出异议并请求采取更正、删除等必要措施。信用评价人应当及时核查,经核查属实的,应当及时采取必要措施。

(二)信用利益支配权

权利人对自己信用所体现的各种利益享有支配权。权利人可以利用自己的信用,从事各种社会活动,寻求各种收益。

第九节 隐 私 权

一、隐私权的概念与范围

依《民法典》第1032条的规定,隐私是自然人的私人生活安宁和不愿为他人知晓的私密空间、私密活动、私密信息。自然人享有隐私权。任何组织或者个人不得以刺探、侵扰、泄露、公开等方式侵害他人的隐私权。据此,隐私权指自然人维护其私人生活安宁以及对属于自己私人生活范畴的事项依法自由支配并排斥他人非法干涉的权利。

在民法史上,隐私权是一个非常年轻的权利。隐私权的客体是自然人的隐私,隐私权的本质在于确保个人远离公众的目光。

侵犯隐私权可能会同时构成对名誉权的侵犯。最高人民法院也曾有司法解释以名誉权来保护自然人的隐私。比如,1993年8月7日最高人民法院《关于审理名誉权案件若干问题的解答》之七规定,对未经他人同意,擅自公布他人的隐私材料或者以书面、口头形式宣扬他人隐私,致他人名誉受到损害的,按照侵害他人名誉权处理。这种立场与当时特定的时代背景有关。

二、隐私权的内容

(一)隐私控制权

自然人有权对自己的隐私加以控制。比如,采取一定措施保护隐私不为他人所知,将隐私告诉自己愿意告知的人,拒绝向他人透露属于隐私范围的有关内容,等等。

(二) 隐私利用权

自然人可以对自己的隐私加以利用。比如,将自己的私人生活创作为文学作品,利用自己的生理特征创作影像作品,等等。

需要注意的是,自然人在行使自己对隐私的控制和利用权时,不应当违反法律及公序良俗。比如,自然人不得将自己的性生活制作成影像资料并公之于众。同时,根据最高人民法院的司法解释,在认定对隐私的侵犯时,要充分考虑对社会公共利益和社会公德的违反。

(三) 隐私维护权

自然人有权维护自己的隐私不被他人非法干涉。任何组织或者个人不得以刺探、侵扰、泄露、公开等方式侵害他人的隐私权。

三、公众人物的隐私权

隐私权的本质在于确保个人远离公众的目光、维系私人生活的安宁。公众人物需要经常处于公众的目光之下。还有许多公众人物,尤其是公职人物,需要公众的监督。因此,公众人物隐私权的保护标准要低于普通人。但是,这不等于说公众人物不享有隐私权,公众人物也有作为普通人的一面。如何把握公众人物的公众属性与私人属性,维护其正当的隐私权,是隐私权保护需要研究的重要课题。

第十节 个 人 信 息

一、个人信息的概念

《民法典》第1034条第2款规定,个人信息是以电子或者其他方式记录的能够单独或者与其他信息结合识别特定自然人的各种信息,包括自然人的姓名、出生日期、身份证件号码、生物识别信息、住址、电话号码、电子邮箱、健康信息、行踪信息等。

个人信息概念的出现与技术的发展密切相关。现代技术为生产生活带来巨大的便利,也对个人信息的保护以及人类生活提出巨大挑战。只要你访问某个网站,网站都知道你的所在位置、你使用计算机的种类、你的网络服务提供商的名称以及其他细节。登录 http://www.privacy.net,你可以免费了解到只要访问网站就会被披露的信息。1998年美国联邦贸易委员会(FTC)对1400个网站的调查发现,尽管超过85%的网站都要收集访问者的个人信息,但是其中只有

14%的网站对访问者作出了相关提示。① 现在,随处可见的摄像头、人脸识别设备等等,使得个人信息在不知不觉中就被收集、处理甚至转让。今天,个人信息的价值比以往任何时候都要高,但每个人对其个人信息被如何使用的控制能力却很低。制定和完善个人信息保护法律,是应对现代技术对人的挑战、保障人的基本尊严的唯一途径。

二、个人信息与隐私

个人信息与隐私的关系非常密切。一些个人信息同时也属于隐私的范畴。在我国,《民法典》第四编人格权第六章将隐私权和个人信息保护规定在一起,反映了隐私和个人信息的密切关系。很多人主张适用隐私权制度来保护个人信息。但是,个人信息与隐私存在不同。首先,隐私和个人信息的范围并不完全重合。一方面,根据《民法典》第1032条的规定,私人生活安宁是隐私的重要组成部分;不愿为他人知晓的私密空间是指一种物理或者概念上的空间,应当不属于个人信息。另一方面,技术的迅猛发展导致越来越多之前不为人所知的信息被挖掘了出来,使得个人信息的范围越来越超出隐私的范畴。其次,个人信息制度的内容要比隐私权制度更丰富复杂。隐私权制度主要强调隐私不被泄露、私密空间和生活不被打扰,强调的是权利人的生活安宁。个人信息制度则强调信息主体的安全和尊严,涉及个人信息的挖掘、收集、保存、加工、使用、传输、提供、公开等方方面面。再次,侵犯隐私的主体主要是媒体和个人。侵犯个人信息的主体则要复杂得多,围绕个人信息形成了巨大的产业,行政机关也可能成为侵权主体。最后,个人信息的意义要远比隐私重要。隐私主要强调个人生活的保护,个人信息不仅仅关涉个人生活,还与国家、民族、种族的利益息息相关。

《民法典》第四编人格权第六章将隐私和个人信息并列,在条文的数量内容上,个人信息的数量(6个条文)和内容也远远超过了隐私的数量(2个条文)和内容。

三、个人信息的民法定位

个人信息的民法定位,是《民法典》制定过程中争议很大的问题。《民法典》第111条和第四编人格权第六章都将个人信息定位为合法民事利益而不是民事权利。个人信息也成为人格权编中唯一的民事利益。

四、个人信息保护的基本制度

(一)收集、处理个人信息的基本原则

《民法典》第1035条第1款规定,处理个人信息的,应当遵循合法、正当、必

---

① Kenneth W. Clarkson, Roger LeRoy Miller, Gaylord A. Jentz, Frank B. Cross, *West's Business Law: Text and Cases—Legal, Ethical, International and E-Commerce Environment*, 8th edition, West Publishing Company, 2001, p. 92.

要原则,不得过度处理,并符合下列条件:(1)征得该自然人或者其监护人同意,但是法律、行政法规另有规定的除外;(2)公开处理信息的规则;(3)明示处理信息的目的、方式和范围;(4)不违反法律、行政法规的规定和双方的约定。

(二)个人信息主体的权利

个人信息主体的权利包括同意、查阅、复制、异议及要求删除的权利。

根据《民法典》第1035条、第1036条和第1038条的规定,个人信息主体享有同意的权利。

《民法典》第1037条规定,自然人可以依法向信息处理者查阅或者复制其个人信息;发现信息有错误的,有权提出异议并请求及时采取更正等必要措施。自然人发现信息处理者违反法律、行政法规的规定或者双方的约定处理其个人信息的,有权请求信息处理者及时删除。

(三)个人信息收集者、控制者的义务

根据《民法典》第1035条、第1036条、第1038条的规定,个人信息处理者负有如下义务:

(1)征得个人信息主体同意的义务。

处理个人信息,必须征得自然人或其监护人的同意,并且不得超出同意的范围。未经被收集者同意,不得向他人非法提供其个人信息,但是经过加工无法识别特定个人且不能复原的除外。合理处理自行公开的或者其他已经合法公开的信息,可以不征得同意,但是权利主体明确拒绝或者处理该信息侵害其重大利益的除外。为维护公共利益或者该自然人合法权益,合理实施的其他有关个人信息的行为,可以不征得权利主体的同意,但是必须遵守正当、必要的原则。

(2)不得泄露、篡改个人信息的义务。

个人信息处理者不得泄露、篡改其收集、存储的个人信息。

(3)采取必要措施保障信息安全的义务。

个人信息处理者应当采取技术措施和其他必要措施,确保其收集、存储的个人信息安全,防止信息泄露、篡改、丢失。

(4)及时告知和报告的义务。

发生或者可能发生个人信息泄露、篡改、丢失的,个人信息处理者应当及时采取补救措施,依照规定告知被收集者并向有关主管部门报告。

(四)国家机关及其工作人员的职责和义务

《民法典》第1039条规定,国家机关、承担行政职能的法定机构及其工作人员对于履行职责过程中知悉的自然人的隐私和个人信息,应当予以保密,不得泄露或者向他人非法提供。

第十一节 自由权

一、自由权的概念与特征

（一）自由权的概念

法律上的自由权包括两方面的含义：一方面指宪法意义上的自由权。它包括我国宪法所规定的言论、出版、结社、集会、游行、示威的自由以及宗教信仰自由等。另一方面指民法意义上的自由权。这里所讨论的就是民法意义上的自由权。民法意义上的自由权包括婚姻自由、契约自由等。我们这里讨论的是民法人格权法上作为具体人格权的婚姻自由之外的自由权。

人格权法上的自由权，是指自然人对自己的行为自由及意志自由等人格利益享有的权利。《民法典》将自由权作为一般人格权进行了规定，同时将自由限定为人身自由。《民法典》第109条规定，自然人的人身自由、人格尊严受法律保护。此前，最高人民法院在许多司法解释和文件中都规定了自由权。比如，1994年最高人民法院《关于坚决纠正和制止以扣押人质方式解决经济纠纷的通知》、1997年最高人民法院《关于不服计划生育管理部门采取的扣押财物、限制人身自由等强制措施而提起的诉讼人民法院应否受理问题的批复》等司法解释中都提到了人身自由或者人身自由权的概念。在2000年《民事案件案由规定（试行）》（后经多次修改）中，最高人民法院将"人身自由权纠纷"单独作为一类案由，并与名誉权纠纷、名称权纠纷、姓名权纠纷、荣誉权纠纷、肖像权纠纷等人身权案由相并列。2001年《精神损害赔偿解释》更明确将人身自由权规定为独立的人格权利。2020年12月对《精神损害赔偿解释》修改时删除了有关内容。

（二）自由权的特征

自由权具有以下法律特征：

（1）自由权的主体只限于自然人。

（2）自由权包括行为自由和意志自由两方面。作为人格权，自然人享有的自由权，一方面包括行为自由权，即人的身体、行为不受非法限制和拘束的权利；另一方面还包括意志自由权，即人的意志不受非法限制、干涉和强迫的权利。这两方面对人格的完善和完整都具有重要意义。

（3）自由权是一种基本的权利。自由权为其他权利提供了基础。比如，自由权中的意志自由为婚姻自主权提供了基础，还为民法中的欺诈、胁迫、乘人之危等规则提供了权利基础。事实上，法律上的很多权利都包含有自由权的因素。正因为如此，我国《宪法》第37条对公民的人身自由不受侵犯作了规定。自由权同时具有宪法意义。

二、自由权的性质与内容

(一)自由权的性质

自由权属于一般人格权还是具体人格权,学者之间存在争议。本书作者认为,自由权具有一般人格权的属性,为具体人格权提供了基础。同时,法律也可以将其列举为具体人格权,限定其具体内容,作为独立的具体人格权。

(二)自由权的内容

1. 行为自由权

行为自由权是指自然人的人身及行动自由不受他人非法限制及干涉的权利。行为自由是自然人重要的人格利益。从各个方面保护行为自由,是法律的基础目的之一。在法律未加限制的活动领域,自然人均有权自由支配自己的人身及行动,他人不得非法限制和干涉。国家要限制自然人的行为自由,必须有程序及实体上的法律依据。《民法典》在第1003条中将行动自由作为了身体权的内容。

2. 意志自由权

意志自由权是指自然人的意志不受他人非法限制及强迫、干涉和影响的权利。意志自由是自然人重要的人格利益。从各个方面保护意志自由,是法律的基础目的之一。

第十二节 贞 操 权

一、贞操权的概念

贞操权是指在法律和公序良俗的范围内,自然人享有的支配自己性利益的权利。

性是自然人身体和生活的重要组成部分,是自然人重要的人格利益,也是人类社会繁衍发展的基础。因为其重要性,人类社会一直采取谨慎的态度。法律尤其是公序良俗,从方方面面树立了性及性行为的各种规范。一方面,要承认自然人享有支配自己性利益的权利,有权拒绝他人违背自己意愿的性接触;另一方面,必须同时强调,这种支配权必须限定在法律和公序良俗的范围内。

我国现行法没有将贞操权规定为人格权,但是从法律关于强奸罪的规定以及有关司法解释①中,可以认定贞操权是自然人享有的人格权。《民法典》第

---

① 比如,最高人民法院、最高人民检察院、公安部《关于当前办理强奸案件中具体应用法律的若干问题的解答》第3条第2款之④规定,男女双方先是通奸,后来女方不愿继续通奸,而男方纠缠不休,并以暴力或者以败坏名誉等进行胁迫,强行与女方发生性行为的,以强奸罪论处。

1010条规定了性骚扰行为的民事责任。第1010条尽管在人格权编第二章"生命权、身体权和健康权"之下,但其权利基础应当是贞操权。

二、贞操权的内容

(一)性利益支配权

自然人对自己在性方面的利益,有权根据自己的意志加以支配。他人不得利用强迫、引诱、欺诈等手段侵犯自然人的贞操权。只要是违背自然人真实意思情况下发生的性接触,都可能构成对贞操权的侵犯。但是,如前所述,自然人对自己性利益的支配,必须遵守有关法律规定、符合公序良俗的要求。比如,自然人不能以贞操权为名,在公共场所从事淫乱活动;也不得从事卖淫嫖娼活动。

(二)反抗权

贞操权与其他人身权和财产权不同,一旦遭到侵害,无法再恢复原状。因此,自然人的贞操受到侵犯时,享有更大的私力救济的权利。

第十三节　一般人格权

一、一般人格权的概念与特征

一般人格权,是指民事主体基于人格平等、人格独立、人格自由以及人格尊严等根本人格利益而享有的人格权。

与具体人格权相比,一般人格权具有以下法律特征:

(1)主体的普遍性。

在具体人格权中,有些权利主体只能是自然人,比如生命权、健康权、肖像权等;而有些权利主体只能为法人或者非法人组织,比如名称权。而一般人格权的主体则是所有民事主体,自然人、法人及其他组织均平等享有一般人格权。

(2)权利客体的高度概括性。

具体人格权的客体都具有特定性,如生命权、健康权的客体分别是生命和健康,肖像权和名誉权的客体分别是肖像和名誉。一般人格权的客体是民事主体高度概括的一般人格利益。一般人格利益是具体人格利益之外的、尚未或无法具体化的人格利益,它涵盖了具体人格利益之外、民事主体应当享有的所有其他人格利益。

(3)所保护利益的根本性。

一般人格权所保护的人格利益是民事主体的根本利益。人格的平等、独立、自由和尊严,都是民事主体之所以成为民事主体最根本的要件,也是民事主体享有其他民事权利、包括其他具体人格权的基础。民事主体失去了人格的平等、独立、自由和尊严，就失去了成为民事主体的资格。

（4）权利内容的不确定性。

一般人格权的内容具有不确定性。如果具体人格权能够对民事主体起到保护作用，则适用具体人格权的规定；如果碰到具体人格权无法起作用的情况，则适用一般人格权的规定。在这个意义上，一般人格权的内容无法事先确定，也不应当事先确定。

二、一般人格权的功能

一般人格权和具体人格权共同构成了完整的人格权。具体人格权所保护的人格利益具有特定性，因此也就具有了局限性；而一般人格权所保护的人格利益具有不确定性，从而具有一般条款的功能，它可以产生、解释和补充具体人格权，使人格权制度能够更好地保护民事主体的人格利益。

具体而言，一般人格权具有如下功能：

（一）产生具体人格权

一般人格权是具体人格权的源泉，从中可以产生出各种具体人格权。人格权的发展历史，就是一个逐渐从弱到强、从少到多、不断发展壮大的过程。人类社会的发展是一个以加速度前进的过程。近代以来，各种社会条件不断促成对人的尊重。民事主体各方面的人格利益逐渐成为法律保护的客体。法律所保护的人格利益发展到一定程度，就会脱离母体，成为独立的具体人格权。随着社会的继续发展，从一般人格权中还会演变出新的具体人格权。

（二）解释具体人格权

具体人格权所保护的人格利益具有特定性。同时，这种特定人格利益的内涵和外延，有时并不明确，这时就需要借助一般人格权对具体人格权加以解释，将某些人格利益通过解释纳入具体人格权的范畴。

（三）补充具体人格权

具体人格权所保护的人格利益具有特定性，彼此之间的衔接就可能出现漏洞。当某些人格利益遭到侵害，用现行法律承认的具体人格权予以保护不甚妥帖，同时尚未达到创设新的具体人格权的程度，此时，就可以发挥一般人格权作为"一般条款"的作用，拾遗补阙。

三、一般人格权的内容

一般人格权的内容具有不确定性。因此，无法以定义或者列举的方式穷尽一般人格权的内容。在学理上通常将一般人格权的内容概括为人格平等、人格独立、人格自由及人格尊严四方面。人格平等、人格独立、人格自由及人格尊严是彼此联系、互为补充、互相解释的关系。

(一) 人格平等

人格平等的基本含义是指，民事主体的法律地位彼此平等。在民法的意义上，每个民事主体都是平等的。不分性别、年龄、种族、民族、贫富、受教育程度等，民事主体彼此都是平等的，没有高低贵贱之分，彼此没有依附关系。人格平等的必然推论就是民事主体之间相互独立。

(二) 人格独立

人格独立的基本含义是指，民事主体彼此互相独立，包括意思独立、财产独立以及责任独立。他人对别人的意思和法律行为无权干涉。每个民事主体有权独立作出意思表示，独立实施法律行为，同时要独立为自己的行为承担责任。无民事行为能力人和限制民事行为能力人需要他人代理作出意思表示和实施民事法律行为，这种代理并不是否认人格独立，而是对人格独立的补充。

(三) 人格自由

人格自由的基本含义是指，民事主体可以根据自己的意愿依法实施法律行为，他人不得干涉，不能将自己的意愿强加给别人。民事主体彼此人格平等、人格独立，其必然推论就是人格自由。

(四) 人格尊严

人格尊严的基本含义是指，民事主体应该被当作完整的民事主体来看待。人格尊严是所有人格权的核心含义，也是其他所有人格权，包括具体人格权以及一般人格权中的人格平等、人格独立、人格自由的必然推论和出发点。民事主体之间应当互相尊重。

第三十二章 身 份 权

第一节 身份权的概念与特征

一、身份权的概念

身份,是指民事主体在特定社会关系中所享有的地位和不可让与的资格;身份权,是指民事主体基于在特定社会关系中的地位和资格而依法享有的民事权利。

身份及身份权的含义在历史上屡经变迁。今天,在人身权法的意义上,身份及身份权已经和不平等、特权等含义完全无关。身份的取得源于某种特定的社会关系,而身份权是因为这种社会关系下的身份所享有的民事权利。身份可能带来利益,但这种可能的利益并非身份本身。

就根本而言,民事主体本身就是一种身份;基于这种身份,才具有人格权。但是身份权的身份,是指民事主体这种身份之外的身份。

二、身份权的特征

(一)身份权属于人身权

按照传统民法理论的分类,身份权与人格权一起,构成了完整的人身权。

(二)身份权必须以一定社会关系中的地位或者资格作为前提

身份权是基于某种特定地位和资格而享有的权利,因此,必须以该特定地位和资格作为前提。

(三)身份权不直接体现财产的内容

身份权不直接体现财产内容,但身份权可以通过损害赔偿加以救济。

三、身份权的分类

根据身份权客体的不同,身份权可以分为婚姻家庭法上的身份权,知识产权法上的身份权,以及荣誉权,等等。

婚姻家庭法上的身份权在婚姻家庭法部分介绍。《民法典》第1001条规定,对自然人因婚姻家庭关系等产生的身份权利的保护,适用本法第一编、第五编和其他法律的有关规定;没有规定的,可以根据其性质参照适用本编人格权保护的有关规定。知识产权法上的身份权在知识产权法部分介绍。本章重点介绍身份权中的荣誉权,其他身份权只作简单介绍。《民法典》将荣誉权规定在人格权编中。

第二节 荣 誉 权

一、荣誉权的概念

荣誉是指民事主体因一定事由而获得的积极评价。荣誉权是指民事主体获得、保持、利用荣誉并享有其所生利益的权利。

《民法典》第110条和1031条规定,自然人和法人、非法人组织享有荣誉权。

二、荣誉权的特征

(1) 荣誉权属于身份权,民事主体必须因一定事由,基于某种资格才能够获得荣誉权。

(2) 荣誉权的主体可以是自然人,也可以是法人或者其他民事主体。但是,根据《民法典》第1183条的规定,只有自然人才可以主张精神损害赔偿。因此,只有自然人的荣誉权遭受非法侵害,才可以提起精神损害赔偿的诉讼。根据《精神损害赔偿解释》第4条的规定,法人或者非法人组织以荣誉权遭受侵害为由,向人民法院起诉请求精神损害赔偿的,人民法院不予支持。

(3) 荣誉权可以因为荣誉被取消而消灭。

三、荣誉权的内容

(一) 荣誉保持权

荣誉权人有权保持自己的荣誉。《民法典》第1031条第2款规定,获得的荣誉称号应当记载而没有记载的,民事主体可以请求记载;获得的荣誉称号记载错误的,民事主体可以请求更正。

(二) 荣誉维护权

《民法典》第1031条第1款规定,任何组织或者个人不得非法剥夺他人的荣誉称号,不得诋毁、贬损他人的荣誉。

(三) 荣誉利用权

荣誉权人有权利用自己的荣誉。荣誉权人可以以一定方式表明自己的荣誉,也可以将荣誉用于生产、经营以及生活的各个方面。

(四) 享有因荣誉产生的各种利益的权利

荣誉权本身不直接体现财产内容,但是,荣誉往往能够给权利人带来各种利益。荣誉权人有权享有这种利益。

第三节 其他身份权

除荣誉权外,身份权还包括配偶权、亲权以及知识产权法上的各种人身权。《民法典》第112条规定,自然人因婚姻家庭关系等产生的人身权利受法律保护。

配偶权,是指具有合法婚姻关系的夫妻基于配偶关系发生的、为夫妻双方专属且平等享有的以配偶身份利益为客体的身份权。配偶权是一组权利义务的集合。具体而言,配偶权包括:夫妻姓名权、住所决定权、同居的权利和义务、忠实义务、相互扶助义务以及日常事务代理权等。

亲权,是指父母基于其身份而对未成年子女的人身和财产进行管教和保护的权利和义务。亲权名为权利,实际上是权利和义务的集合体。亲权只能够由父母专有。具体而言,亲权的内容包括人身照护权和财产照护权两方面。

知识产权法上的各种人身权,是指知识产权人基于权利人身份而享有的人身权。在具体内容方面,因知识产权的类型不同而有不同。

本编主要参考书目

1. 王泽鉴:《人格权法》,北京大学出版社2013年版。
2. 刘春堂:《人格权法专论》,台湾元照出版有限公司2016年版。

第五编 婚姻家庭

第三十三章 婚姻家庭法概述

第一节 婚姻家庭的特性和类型

一、婚姻家庭的概念和特征

《民法典》第 1040 条规定:"本编调整因婚姻家庭产生的民事关系。"因婚姻家庭产生的民事关系也就是婚姻家庭关系,即自然人之间以婚姻和血缘联系为其自然条件的社会关系。

婚姻,是指为当时的社会制度所确认的男女两性互为配偶的结合。婚姻的特征体现在三方面:第一,婚姻是男女两性的结合;第二,婚姻是男女双方具有夫妻身份的结合;第三,男女两性的结合为当时的社会制度所确认。在原始社会,应为当时的习惯所认可;在阶级社会,应为当时的法律制度所确认。"当时",是指建立婚姻关系时的婚姻家庭制度;"确认",是必须符合法律规定的条件和程序。否则,不具有婚姻效力。

家庭,是指以婚姻、血缘和共同经济为纽带而组成的亲属团体。家庭的特征体现在三方面:其一,家庭是亲属团体。亲属以婚姻、血缘为联结纽带。其二,家庭须有共同经济。家庭是生活单位,担负着一定的职能,其职能因社会条件的不同而有所差异。其三,家庭成员一般均为亲属,而亲属未必是家庭成员。

二、婚姻家庭的属性

婚姻家庭关系与其他社会关系的区别,在于婚姻家庭的自然属性和社会属性。

(一)婚姻家庭的自然属性

婚姻家庭的自然属性,是指婚姻家庭赖以形成的自然因素。自然因素包括男女两性的生理差别、人类固有的性的本能以及通过自身繁衍而形成的血缘联系等。婚姻家庭的自然属性主要有三方面意义:

（1）自然属性是婚姻家庭关系区别于其他社会关系的重要特征。男女两性的生理差别和人类固有的性的本能，是婚姻的生理学基础；家庭成员的血缘联系、种的繁衍，是家庭的生物学功能。没有自然属性，就无婚姻家庭。

（2）自然选择规律对婚姻家庭所起的作用，以自然属性为依据。例如，在生理学和生物学领域，自然选择规律逐步限制、排除近亲通婚，提高了人种的体质和智力，推动了原始社会婚姻家庭形态的演变。

（3）婚姻家庭立法须重视婚姻家庭的自然属性。例如，法定婚龄的规定，必须考虑男女两性生理发育的成熟程度；禁止近亲结婚的规定，基于优生考虑，以提高民族的人口素质；以子女出生来确定父母子女关系，是根据血缘联系。

（二）婚姻家庭的社会属性

婚姻家庭的社会属性，是指婚姻家庭的本质属性。婚姻家庭社会属性的含义体现在以下两方面：

其一，婚姻家庭的存在和发展，受制于一定社会的生产关系。婚姻家庭关系是社会关系的重要组成部分，社会生产关系与社会制度决定婚姻和家庭的形态。

其二，婚姻家庭的发展变化，受社会上层建筑诸因素的影响和制约。社会生产关系对婚姻家庭的作用，通过上层建筑的影响和制约来实现。上层建筑和意识形态诸因素，构成生产关系和婚姻家庭的中介，对婚姻家庭的发展变化起着促进或阻碍作用。

正确认识婚姻家庭的自然属性和社会属性，必须厘清两种观点：一是自然属性夸大论。即用生理学、生物学中起制约作用的某些自然因素解释婚姻家庭关系，夸大自然因素在婚姻家庭中的作用。二是社会属性决定论。即认为婚姻家庭关系完全由社会制度所决定，婚姻家庭不存在男女两性的生理差别和人类固有的性的本能等自然因素，割裂了自然因素与社会因素之间的关系。婚姻家庭是人类特有的社会现象，婚姻家庭由低级形态向高级形态发展，由社会因素所决定。只有将社会属性作为婚姻家庭的本质属性，才能说明婚姻家庭的产生、发展和变化。

三、婚姻家庭的职能

婚姻家庭的职能，是指婚姻家庭在一定社会条件下对社会生产和社会生活所起的作用。婚姻家庭自其产生起，便担负着一定的社会职能；社会制度不同，婚姻家庭职能的内容和表现也不同；婚姻家庭的形态与性质，决定婚姻家庭的职能；婚姻家庭的职能是婚姻家庭本质的外部表现。

（一）实现人口再生产的职能

人类的生产分为两种：一方面是生活资料的生产，即食物、衣服、住房以及为此所必需的工具的生产;另一方面是人类自身的生产,即种的繁衍。① 人类自身的生产即人口再生产,是人类社会存在和发展的必要条件。人口再生产,是婚姻家庭的职能,由婚姻家庭的自然属性和社会属性所决定。

人口生产的先决因素是婚姻家庭的自然属性。只有婚姻家庭才能通过两性结合和血缘联系生育子女、繁衍后代。人口生产规律,则由婚姻家庭的社会属性所决定。社会制度不同,婚姻家庭实现人口再生产职能的特点也不同。婚姻家庭是人口再生产的社会形式,是实现人口再生产的载体。

(二)组织经济生活的职能

家庭作为亲属团体,其成员不仅为婚姻和血缘纽带所联结,而且要以家庭为单位组织生产和消费。家庭的经济职能,使婚姻家庭在社会经济生活中发挥着重要作用。家庭的经济职能,是社会的生产方式和生活方式的集中反映。家庭既有消费职能,也有生产职能,家庭是社会分配和个人消费之间的联系环节。

(三)教育职能

家庭是家庭成员教育的基本场所。家庭教育作为基础教育,具有长期性、连续性的特点。充分发挥家庭的教育职能,使家庭教育与学校教育、社会教育有机结合,才能培养全面发展的高素质人才。

家庭作为教育单位,在历史上早已形成。家庭教育不仅包括生活、成长、劳动、娱乐、审美、学习等教育,也包括伦理、道德、法律等教育。

四、婚姻家庭的历史类型

在人类社会的发展进程中,婚姻家庭形态经历了群婚制、对偶婚制和一夫一妻制。群婚制、对偶婚制是原始社会的婚姻家庭形态,一夫一妻制则是阶级社会形成以来的婚姻家庭形态。

(一)群婚制

群婚制,是人类社会最初的婚姻家庭形态。根据恩格斯关于婚姻家庭进化模式的论述,群婚制主要有两种形态:

1. 血缘群婚制

血缘群婚制,是群婚制的低级形态。排除了直系血亲之间的两性关系,在父母和子女、祖父母和孙子女间存在严格的婚姻禁例。但在原始群体内部,辈分相同的男女皆互为夫妻,组成婚姻集团。氏族内婚和兄妹相婚是血缘群婚制的主要特征。从前婚姻时代不分辈分的男女两性的"杂乱状态",发展到等辈的兄妹婚,是人类婚姻史上的一大进步,促进了人类社会的发展。

---

① 参见《马克思恩格斯全集》(第21卷),人民出版社1965年版,第29—30页。

2. 亚血缘群婚制

亚血缘群婚制,又称普那路亚制,是群婚制的高级形态。婚姻仍然是辈分相同男女成员的集团婚,但兄弟和姊妹之间的两性关系已被排除。最初排除了同胞兄弟姊妹间的两性关系,后来又排除了血缘关系较远的兄弟姊妹间的两性关系,旁系血亲间的婚姻禁例越来越严格。由于同胞的或远缘的兄弟姐妹绝对禁止性交关系和婚姻关系,人们只能在集团外寻找性伴侣和婚姻对象。所以,亚血缘群婚制必然实行族外婚制,婚姻的双方分别属于不同的氏族,子女只能成为母方而非父方氏族的成员。这种两性和血缘关系的社会形式,为母系氏族的出现创造了条件。

在亚血缘群婚制下,这一血缘氏族中的一群同辈的姐妹与另一血缘氏族中的一群同辈的兄弟才能相互发生性关系。因而,若干同胞的或血统较远的姐妹,成为她们的共同之夫的共同之妻;而若干同胞的或血统较远的兄弟,成为他们的共同之妻的共同之夫,但彼此之间的兄弟或姊妹是除外的。

(二) 对偶婚制

对偶婚制,是从群婚制向一夫一妻制的过渡形式,是成对配偶在或长或短的时期内相对稳定的同居现象。

对偶婚制有四个特点:一是一个男子在许多妻子中有一个主妻(还不能称为爱妻),而他对于这个女子来说也是她的许多丈夫中的一个主夫。主夫和主妻之间可以同居,而其他的婚姻对象之间不能同居。二是按照世系从母和族外婚的原则,对偶婚仍以女子为中心,女子定居于本氏族,丈夫则来自其他氏族。即女娶男嫁、夫从妇居。三是可以轻易离异的个体婚制。男女两性的偶居关系并不牢固,可以根据任何一方的意愿而解除。四是除了生母之外,子女的生父往往能够确定,较之子女"知其母而不知其父"的群婚制是极大的进步,其血缘关系的渐趋纯洁为父系氏族下的一夫一妻制的产生准备了条件。

对偶婚制产生的原因有二:一是婚姻禁例日益复杂,群婚日渐不可能;二是自然选择的功效,即没有血缘亲属关系的氏族通婚,创造出体力和智力都更强健的人种,群婚逐渐被对偶婚所排挤。尽管对偶婚制较群婚制先进,但对偶婚制下的对偶家庭仍然不是严格意义上的家庭。因为,在氏族公有经济的基础上,对偶家庭并不是独立的经济单位。只有在氏族内部产生了私有经济因素后,母亲氏族才渐为父系氏族所代替,家庭成员的经济联系也越来越紧密,人类社会的婚姻家庭形态才实现了由对偶家庭向个体家庭的转变。

(三) 一夫一妻制

一夫一妻制,是一男一女结为夫妻的制度。阶级社会中的一夫一妻制,伴随原始社会的崩溃和私有制的确立而产生。建立在私有制经济基础之上的一夫一妻制自始就有特殊性质,即只是对妇女而不是对男子的一夫一妻制。这种片面、名不副实的一夫一妻制被称为"一妻一夫制"或"一夫一妻制"。"一夫一妻制"从对偶婚制中产生,其最终确立是文明时代开始的标志。

"一夫一妻制"的形成过程,是人类社会从无阶级社会步入阶级社会的过程。母系氏族被父系氏族代替后,子女由母方氏族的成员变为父方氏族的成员,并确立了子女承袭父方财产的继承制度,男尊女卑制度逐步形成。以男性为中心的"一夫一妻制"的婚姻家庭,"它是建立在丈夫的统治之上的,其明显的目的就是生育确凿无疑的出自一定父亲的子女;而确定出生自一定的父亲之所以必要,是因为子女将来要以亲生的继承人的资格继承他们父亲的财产"[1]。

"一夫一妻制"与对偶婚制相比,婚姻家庭关系更为牢固,但丈夫可以多妻、可以与妻子离异并破坏夫妻忠诚,而女子只能一夫且须恪守对夫的忠诚。"一夫一妻制"对男女两性适用不同的性道德标准,即"凡在妇女方面被认为是犯罪并且要引起严重的法律后果和社会后果的一切,对于男子却被认为是一种光荣,至多也不过被当作可以欣然接受的道德上的小污点"[2]。

以私有制为基础的"一夫一妻制"的确立,是人类婚姻家庭制度的重大变革。时代不同,经济基础不同,一夫一妻制的特征也不同。恩格斯曾指出:"一夫一妻制不仅不会终止其存在,而且最后对于男子也将成为现实。"[3]

第二节 婚姻家庭法的概念和特征

一、婚姻家庭法的概念

婚姻家庭法,又称亲属法,是指规定亲属关系的发生和终止以及婚姻家庭主体之间的权利和义务的法律规范的总称。

婚姻家庭法的调整对象,可从两个角度来认知:一是调整对象的范围,包括婚姻关系和家庭关系。婚姻关系和家庭关系一经法律调整,便在具有特定身份的主体之间产生相应的权利义务关系。二是调整对象的性质,包括人身关系和财产关系。在婚姻家庭领域,人身关系是主要且起决定作用的关系,财产关系则从属于人身关系,是人身关系引起的法律后果。人身关系,是指存在于特定身份的主体间的不可让与的关系。婚姻家庭关系主体依法享有的权利和承担的义务,是由特定的身份决定的。不具备特定身份,则不具有婚姻家庭法上的权利和义务。财产关系虽然直接体现一定的经济内容,关系到主体的物质利益,但其发生和终止,却以身份关系的发生和终止为前提,是身份关系所引起的法律后果。

---

[1] 《马克思恩格斯全集》(第 21 卷),人民出版社 1965 年版,第 74 页。
[2] 同上书,第 88 页。
[3] 同上书,第 89 页。

婚姻家庭中的财产关系,因主体具有特定的亲属身份,故不具有等价有偿的性质,这同其他民事法律领域中等价有偿的财产关系有着严格区别。

二、婚姻家庭法的特征

关于婚姻家庭法的特征,学者有不同的表述。根据婚姻家庭法调整对象的范围和性质,婚姻家庭法的特征主要有以下三点:

(一)广泛性

婚姻家庭法在适用范围上具有极大的广泛性。毛泽东同志早在1950年《婚姻法》颁布时就曾指出,婚姻法有关一切男女的利害,其普遍性仅次于宪法。[①]凡是婚姻家庭关系的主体,即须遵守婚姻家庭法。婚姻家庭法是适用于我国一切自然人的普通法,而不是只适用于部分自然人的特别法。

(二)伦理性

婚姻家庭法具有强烈的伦理性。婚姻家庭是最重要的伦理实体,婚姻家庭关系既是法律关系,也是伦理关系。伦理关系直接体现在婚姻家庭主体的权利义务关系中。婚姻家庭法律规范与婚姻家庭道德规范具有一致性,凡是违反婚姻家庭法的行为,必然是违反婚姻家庭道德的行为。婚姻家庭法不仅具有法律约束力,而且具有强烈的道德教化作用。

(三)强制性

婚姻家庭法中的规范大部分是强制性规范。当一定的有关婚姻家庭的法律事实出现时,便会引起相应的法律后果,该后果是由法律预先指明和严格规定的。由于婚姻家庭法规定的身份行为不同于一般的民事法律行为,故其不能附条件和期限。婚姻家庭法中也有部分任意性规范,允许当事人进行约定。但在履行任意性规范时,必须以婚姻家庭法的原则和有关规定为依据,当事人的选择和协议有一定限度。

第三节　婚姻家庭法的基本原则

一、婚姻家庭受国家保护原则

《民法典》第1041条第1款规定:"婚姻家庭受国家保护。"婚姻家庭是人类生命的摇篮,是人类生存与发展的基础。婚姻家庭担负着实现人口再生产、组织经济生活、教育等职能。保护婚姻家庭是婚姻家庭法的首要原则。国家保护婚姻家庭,目的在于促进民众的婚姻家庭福祉,维护社会的和谐稳定发展,推动人

[①] 参见《关于中华人民共和国婚姻法起草经过和起草理由的报告》,1950年4月。

类的文明与进步。

中国特色社会主义法治建设的根本目的是保障人民权益。婚姻家庭权益是人民权益的重要内涵之一。保护婚姻家庭,在于保护婚姻家庭主体的结婚权益、家庭权益、离婚权益、收养权益,禁止侵害婚姻家庭权益的行为,维护婚姻家庭的和谐与稳定。

二、婚姻自由原则

(一)婚姻自由的概念和特征

婚姻自由,是指婚姻当事人有权按照法律的规定,自主自愿地决定自己的婚姻问题,不受任何人的强制与干涉。

婚姻自由是人类社会发展到一定阶段的产物。人们有无婚姻自由,是形式自由还是实质自由,由社会制度所决定。婚姻是否自由,是古代婚姻制度与近现代婚姻制度的分野。婚姻自由是我国婚姻制度的重要内涵与基本原则,具有以下特征:

第一,婚姻自由权是自然人的人身权利。婚姻自由权只能由本人行使,排除他人的强制与干涉。

第二,婚姻自由权的行使必须符合法律规定。婚姻自由并非绝对自由,符合法定的条件和程序,是婚姻自由的保障。禁止借"婚姻自由"之名侵害他人的婚姻家庭权益和社会公共利益。

(二)婚姻自由原则的内容和贯彻

1. 婚姻自由原则的内容

婚姻自由包括结婚自由和离婚自由。

结婚自由,是指依法缔结婚姻关系的自由。即当事人有权决定自己是否结婚、与谁结婚、何时结婚,他人无权干涉。

离婚自由,是指依法解除婚姻关系的自由。即在婚姻确已破裂的情况下,任何一方均有权提出离婚,他人不得干涉。

结婚自由和离婚自由相互依存、相辅相成,是婚姻自由不可分割的两个方面。保障结婚自由,是为建立以爱情为基础的婚姻关系,实现结婚的意志自由;保障离婚自由,是为解除确已破裂的婚姻关系,实现离婚的意志自由。

结婚自由是实现婚姻自由的先决条件,离婚自由是结婚自由的必要补充。通过解除已经死亡的婚姻,为缔结平等、和谐的婚姻创造条件。结婚自由和离婚自由各有侧重,其目的是为了维护、巩固和发展以爱情为基础的婚姻家庭关系。

2. 婚姻自由原则的贯彻

为保障婚姻自由,《民法典》第1042条第1款规定:"禁止包办、买卖婚姻和其他干涉婚姻自由的行为。禁止借婚姻索取财物。"

(1) 禁止包办、买卖婚姻和其他干涉婚姻自由的行为。

包办婚姻,是指第三人(包括父母)违背婚姻自由原则,在违反当事人意愿的情况下,强迫其缔结的婚姻。

买卖婚姻,是指第三人(包括父母)以索取大量财物为目的,强迫他人缔结的婚姻。

包办婚姻与买卖婚姻既有联系又有区别。其联系有三:一是主体相同,均是第三人实施的行为;二是手段相同,均违背当事人的意志;三是性质相同,均是违法行为。其区别有二:一是买卖婚姻以索取大量财物为目的,而包办婚姻无此特征;二是包办婚姻不一定是买卖婚姻,而买卖婚姻必定是包办婚姻。

其他干涉婚姻自由的行为,是指除包办、买卖婚姻以外的干涉他人婚姻自由的行为。如干涉父母再婚、干涉他人离婚或再婚等。

(2) 禁止借婚姻索取财物。

借婚姻索取财物,是指除买卖婚姻以外的其他借婚姻索取财物的行为。

借婚姻索取财物的特征,是男女双方基本上是自主自愿结婚的,但一方却向另一方索要财物,以此作为结婚的条件;违反婚姻自由原则,是对婚姻自由权利的滥用。

借婚姻索取财物与买卖婚姻有所区别:一是索取财物的主体不同。前者是婚姻当事人本人索取,后者是婚姻当事人以外的第三人索取。二是缔结婚姻的意愿不同。前者是当事人基本自愿,后者是违背当事人双方或一方的意愿。三是行为的目的不同。前者是以结婚为目的,后者是以索取财物为目的。

三、一夫一妻原则

(一) 一夫一妻制的概念

一夫一妻制,也称单偶婚制,是指一男一女互为配偶的婚姻形式。一夫一妻制经历了由性别不平等向性别平等的转化,即由男性的一夫一妻多妾制或变相的一夫多妻制转变为男性的一妻,而女性则为一夫。一夫一妻制是人类婚姻走向平等与文明的标志,体现着人类社会婚姻模式的发展规律。一夫一妻制的含义有三:一是任何人不得同时有两个以上的配偶。二是已婚的男女双方在配偶死亡或离婚之前,不得再行结婚。三是一切公开或者隐蔽的一夫多妻或一妻多夫都是非法的。

确立一夫一妻制,符合婚姻的自然属性和社会属性,也符合婚姻的伦理本质。一夫一妻制有利于建立以爱情为基础的婚姻关系,而爱情的专一性与排他性必然要求婚姻是一夫一妻的结合。实行一夫一妻制,有利于建立平等、忠诚、和睦的婚姻关系。

(二) 一夫一妻原则的贯彻

为贯彻一夫一妻原则,《民法典》第 1042 条第 2 款规定:"禁止重婚。禁止有配偶者与他人同居。"

1. 禁止重婚

重婚,是指有配偶者又与他人结婚或与他人以夫妻名义同居生活的行为。重婚有两种类型:一是法律重婚,即有配偶者又与他人登记结婚的行为。二是事实重婚,即有配偶者又与他人以夫妻名义同居生活且成立事实婚的行为。

重婚是对一夫一妻原则的破坏,重婚导致以下法律后果:一是结婚的禁止条件。违反一夫一妻制,不予结婚登记。二是婚姻无效的法定情形。重婚不具有婚姻效力。三是离婚的法定情形。调解无效时,应准予离婚。四是离婚损害赔偿的法定情形。因重婚而离婚时,无过错方有权请求离婚损害赔偿。五是离婚时分割夫妻共同财产的照顾情形。因重婚而离婚时,分割夫妻共同财产应按照顾无过错方的原则判决。构成重婚罪的,应追究刑事责任。

事实重婚和有配偶者与他人同居不同。事实重婚,是有配偶者又与他人以夫妻名义同居生活,且其中一个婚姻关系虽未办理登记但法律认可;有配偶者与他人同居,不以"以夫妻名义"为条件。

2. 禁止有配偶者与他人同居

有配偶者与他人同居,是指有配偶者与婚外异性不以夫妻名义持续、稳定地共同居住的行为。① 禁止有配偶者与他人同居,是对禁止重婚的补充,是一夫一妻原则的要求。

有配偶者与他人同居,导致以下法律后果:一是不具有婚姻效力。二是离婚的法定情形。配偶与他人同居,另一方可诉请离婚。如果调解无效,应准予离婚。三是离婚损害赔偿的法定情形。因配偶与他人同居而离婚时,无过错方有权请求离婚损害赔偿。四是离婚分割夫妻共同财产的照顾情形。因配偶与他人同居而离婚,在分割夫妻共同财产时,应照顾无过错方。

有配偶者与他人同居和其他破坏一夫一妻制的行为有所区别。有配偶者与他人同居,是持续、稳定的共同生活,具有固定的居所;其他破坏一夫一妻制的行为,主要包括通奸、姘居等。通奸,是指双方或一方有配偶的男女,秘密、自愿发生两性关系的违法行为。姘居,是指双方或一方有配偶的男女,非法的、缺乏长久共同生活目的的临时性、公开性的同居。

重婚、有配偶者与他人同居以及其他破坏一夫一妻制的行为,均违背夫妻应当互相忠实、互相尊重的原则,有碍婚姻关系的和谐与婚姻秩序的稳定,应当依法禁止。

---

① 《婚姻家庭编解释(一)》第 2 条。

四、男女平等原则

（一）男女平等的概念

男女平等，是指男女双方在婚姻家庭关系中的权利和义务平等。男女平等是我国社会主义婚姻家庭制度的本质特征，也是区别于以男性为中心的婚姻家庭制度的重要标志。男女两性在婚姻家庭中的地位，是其社会地位的体现，受制于一定的社会制度。

近现代以来，伴随性别观念的变化，男女平等日渐成为婚姻家庭立法的基本原则。许多国家相继修改、删除了亲属法及相关法律中歧视女性的条款，改善了女性在法律上及在婚姻家庭中的地位。我国自1950年《婚姻法》起就规定了男女权利平等的原则（第2条），对于荡涤男尊女卑、男权观念的婚姻家庭陋习具有重要意义。

婚姻家庭关系中的男女平等，是我国《宪法》男女平等原则的具体化，也是衡量男女平等的重要标志。男女平等是形式平等还是实质平等，是检验国家性别政策、法律文明与司法文明的重要指标。贯彻男女平等基本国策，实现婚姻家庭领域的男女平等，切实保护女性的婚姻家庭权益，有助于推动社会性别平等，并为建设性别平等的婚姻家庭关系奠定观念基础。

（二）男女平等原则的内容

男女平等原则，体现在各项法律规范中。男女平等，包括如下内容：婚姻关系的男女平等和家庭关系的男女平等；婚姻家庭主体的人身关系平等和财产关系平等；不同性别的婚姻家庭成员的法律地位平等。

婚姻关系的男女平等，是指男女双方在结婚和离婚方面的权利和义务平等。即男女双方婚姻自由权平等，夫妻的家庭地位、权利义务关系平等。

家庭关系的男女平等，是指不同性别的家庭成员在家庭中的权利和义务平等。即父母子女关系平等，其他家庭成员关系平等。其他家庭成员关系，是指祖孙关系和兄弟姐妹关系等。

保障男女双方在婚姻家庭关系中的平等，有利于实现婚姻自由和一夫一妻制。若无男女平等，就无真正的婚姻自由和一夫一妻制。实现婚姻家庭关系的男女平等，应摒弃夫权思想和男尊女卑的旧观念，禁止歧视、虐待女性，禁止实施家庭暴力，以实现男女两性实质意义的平等。

五、保护妇女、未成年人、老年人、残疾人的合法权益原则

（一）保护妇女、未成年人、老年人、残疾人的合法权益原则的内涵

保护妇女、未成年人、老年人、残疾人的合法权益，是婚姻家庭法的基本原则，是对不同的性别、年龄的家庭成员的关爱与保护，是人格平等、社会文明的标志。

1. 保护妇女的合法权益

保护妇女的合法权益,是对男女平等原则的必要补充。能否保护妇女的合法权益,是衡量一个国家文明程度的天然尺度。对妇女的合法权益予以特别保护,主要基于以下原因:一是破除封建陋习。封建社会中的男尊女卑、男主女从观念,制造了性别隔离,侵犯了女性权益。摒弃漠视女性权益的性别观念,制裁侵犯女性权益的违法行为,才能保障女性的人身权益和财产权益。二是回应社会需要。伴随男女平等原则的贯彻实施,男女两性的婚姻家庭权益基本得到平等保障。但是,由于传统性别观念作祟,侵犯女性婚姻家庭权益的违法行为依然存在。禁止侵犯女性的人身权益和财产权益的违法行为,才能有效保护女性的合法权益,促进性别平等。

婚姻家庭法对妇女合法权益的保护,体现在以下方面:一是夫妻在婚姻家庭关系中的地位平等。二是子女姓氏的选择男女平等。即子女可以随父姓,可以随母姓。三是在一定期间限制男方的离婚诉权,以实现对女方身心健康、生育利益的特殊保护。四是离婚时分割夫妻共同财产,按照顾女方权益的原则判决,以保障女方离婚后的基本生活需要,实现离婚自由。五是离婚时对女方的家务贡献予以补偿。即一方因抚育子女、照料老人、协助另一方工作等付出较多义务的,离婚时有权向另一方请求补偿,另一方应当予以补偿。六是离婚时对生活困难的女性予以经济帮助。社会排挤的存在,导致女性的经济收入往往弱于男性。对生活困难的女性予以离婚时的经济帮助,有利于实现离婚自由,有助于保护女性的离婚权益。

为保障妇女的合法权益,促进男女平等,充分发挥妇女在社会主义现代化建设中的作用,国家制定了《中华人民共和国妇女权益保障法》。该法从政治权利、文化教育权益、劳动和社会保障权益、财产权益、人身权利、婚姻家庭权益等方面,对妇女的合法权益进行了全面、具体、系统的保护。

2. 保护未成年人的合法权益

未成年人是祖国的未来,是社会主义建设事业的接班人。保护未成年人的合法权益,是巩固和发展社会主义婚姻家庭制度的需要,也是国家建设和民族振兴的需要。

时代不同,未成年人的法律地位也不同。古代的家长专制,漠视未成年人的人身权和财产权。近现代的法律改革,提升了未成年人的法律地位,使亲子关系由父母本位向亲子本位、子女本位转化,子女利益最佳化日渐成为各国亲子立法的努力方向与基本原则。

保护未成年人的合法权益,是社会责任,也是家庭职责。既要保障未成年人的生存权与发展权,也要保障未成年人的人身权和财产权。婚姻家庭法对未成年人权益的保障,体现在以下方面:一是父母有抚养、教育和保护未成年子女的权利和义务。二是婚生子女、非婚生子女、养子女和形成了抚养教育关系的继子女的法律地位平等。三是父母与子女的关系，不因父母离婚而消除。离婚后，父母对于子女仍有抚养、教育和保护的权利和义务。四是未成年子女有继承父母遗产的权利。五是有负担能力的祖父母、外祖父母和兄、姐，对于父母已经死亡或者父母无力抚养的未成年孙子女、外孙子女和弟、妹，有抚养和扶养的义务。六是在涉及未成年子女的事项上，应充分尊重其意愿，优先保护未成年子女的利益。

为保障未成年人的合法权益，促进未成年人在品德、智力、体质等方面的全面发展，培养有理想、有道德、有文化、有纪律的社会主义建设者和接班人，国家制定了《中华人民共和国未成年人保护法》。该法从家庭保护、学校保护、社会保护、司法保护等方面，对未成年人的合法权益进行全面保护。

3. 保护老年人的合法权益

尊敬、赡养、保护老年人是中华民族的传统美德。老年人曾为国家、社会和家庭贡献了毕生精力，在其年老体弱之时，理应得到来自国家、社会和家庭的物质帮助、生活照料和赡养扶助。保护老年人的合法权益，才能保障其老有所养、老有所依、老有所乐、老有所为。

随着人口老龄化，老年人的物质帮助、生活保障、赡养扶助、精神健康等渐渐成为全球性的社会问题。保护老年人的合法权益，是国家、社会和家庭的共同责任。我国《宪法》第45条第1款规定："中华人民共和国公民在年老、疾病或者丧失劳动能力的情况下，有从国家和社会获得物质帮助的权利。国家发展为公民享受这些权利所需要的社会保险、社会救济和医疗卫生事业。"

婚姻家庭法对老年人合法权益的保护，体现在以下方面：一是成年子女对父母有赡养扶助的义务。二是子女应当尊重父母的婚姻权利，不得干涉父母离婚、再婚以及婚后的生活。三是父母有继承子女遗产的权利。四是有负担能力的孙子女、外孙子女，对于子女已经死亡或者子女无力赡养的祖父母、外祖父母，有赡养义务。由兄、姐扶养长大的弟、妹，对于缺乏劳动能力又缺乏生活来源的兄、姐，有扶养义务。五是禁止虐待和遗弃老年人。

为保障老年人的合法权益，发展老龄事业，弘扬中华民族敬老、爱老、养老、助老的美德，国家制定了《中华人民共和国老年人权益保障法》，该法从家庭赡养与扶助、社会保障、社会服务、社会优待、宜居环境、参与社会发展、法律责任等方面，全面规定了保护老年人合法权益的具体措施，推动老年人权益保障事业的发展。

4. 保护残疾人的合法权益

维护残疾人的合法权益，发展残疾人事业，保障残疾人平等地充分参与社会生活，共享社会物质文化成果，是我国宪法的基本原则。全社会应当发扬人道主义精神，理解、尊重、关心、帮助残疾人。残疾人在政治、经济、文化、社会和家庭生活等方面享有同其他公民平等的权利。国家鼓励残疾人自尊、自信、自强、自立,为社会主义建设贡献力量。国家和社会对残疾军人、因公致残人员以及其他为维护国家和人民利益致残的人员实行特别保障,给予抚恤和优待。

婚姻家庭法对残疾人合法权益的保护,体现在以下方面:一是残疾人的婚姻家庭权益受国家保护,禁止基于残疾的歧视。二是残疾人的婚姻家庭权利和人格尊严受法律保护,禁止侮辱、侵害残疾人。三是残疾人的扶养人必须对残疾人履行扶养义务,禁止对残疾人实施家庭暴力,禁止虐待、遗弃残疾人。四是残疾人的监护人必须履行监护职责,尊重被监护人的意愿,维护被监护人的合法权益。五是残疾人的亲属、监护人应当鼓励和帮助残疾人增强自立能力。

为保障残疾人的合法权益,发展残疾人事业,国家制定了《中华人民共和国残疾人保障法》,该法从康复、教育、劳动就业、文化生活、社会保障、无障碍环境、法律责任等方面,全面规定了保护残疾人合法权益的具体措施,推动着残疾人权益保障事业的发展,维护了残疾人的合法权益。

(二)保护妇女、未成年人、老年人、残疾人合法权益原则的贯彻

为保护妇女、未成年人、老年人、残疾人的合法权益,《民法典》第1042条第3款规定:"禁止家庭暴力。禁止家庭成员间的虐待和遗弃。"

1. 禁止家庭暴力

家庭暴力,常被喻为家庭的癌症、人类文明的大敌,是对家庭成员人格尊严、人身权益的践踏和侵犯。家庭暴力,易于造成肢体残障、人身伤亡、精神伤害、家庭离散等后果,导致受害者的身体、心灵、人格尊严、人格自由等遭受侵害,具有反人性、反人权的本质。禁止家庭暴力,是国家、社会和家庭的共同责任。

(1)家庭暴力的概念和特征

家庭暴力,是指家庭成员之间以殴打、捆绑、残害、限制人身自由以及经常性谩骂、恐吓等方式实施的身体、精神等侵害行为。① 持续性、经常性的家庭暴力,可以认定为《民法典》第1042条、第1079条、第1091条所称的"虐待"。②

家庭暴力具有以下特征:一是家庭暴力发生在家庭成员之间。二是家庭暴力包括肉体暴力、精神暴力、性暴力等。三是家庭暴力是对家庭成员实施的侵权行为或犯罪行为。四是家庭暴力具有主观故意。禁止家庭暴力,是创建民主、诚信、关爱的婚姻家庭关系的重要举措,也是维护平等、和睦、文明的婚姻家庭关系的基本保障。

(2)禁止家庭暴力的措施

家庭是社会的细胞。平等、文明、和睦、温馨的婚姻家庭关系,是每个家庭成

---

① 《反家庭暴力法》第2条。
② 《婚姻家庭编解释(一)》第1条。

员的人生追求,也是社会和谐与稳定的基础。早在1995年联合国第四次世界妇女大会在北京召开之时,我国政府就曾庄严承诺:禁止家庭暴力,并将"禁止家庭暴力"作为2001年《婚姻法》修正案总则中的原则性条款。依据《民法典》的规定,实施家庭暴力,是法定离婚情形,也是请求离婚损害赔偿的法定情形。

为禁止家庭暴力,2015年12月27日,第十二届全国人民代表大会常务委员会第十八次会议通过了《反家庭暴力法》。该法的立法宗旨,即是预防和制止家庭暴力,保护家庭成员的合法权益,维护平等、和睦、文明的家庭关系,促进家庭和谐、社会稳定。①

① 反家庭暴力的原则。反家庭暴力工作遵循预防为主,教育、矫治与惩处相结合原则。反家庭暴力工作应当尊重受害人真实意愿,保护当事人隐私。未成年人、老年人、残疾人、孕期和哺乳期的妇女、重病患者遭受家庭暴力的,应当给予特殊保护。②

② 家庭暴力的预防。国家开展家庭美德宣传教育,普及反家庭暴力知识,增强人们反家庭暴力意识。具体内容包括:第一,为禁止家庭暴力,乡镇人民政府、街道办事处应当组织开展家庭暴力预防工作,居民委员会、村民委员会、社会工作服务机构应当予以配合协助。③ 第二,各级人民政府应当支持社会工作服务机构等社会组织开展心理健康咨询、家庭关系指导、家庭暴力预防知识教育等服务。④ 第三,人民调解组织应当依法调解家庭纠纷,预防和减少家庭暴力的发生。⑤ 第四,用人单位发现本单位人员有家庭暴力情况的,应当给予批评教育,并做好家庭矛盾的调解、化解工作。⑥ 第五,未成年人的监护人应当以文明的方式进行家庭教育,依法履行监护和教育职责,不得实施家庭暴力。⑦

③ 家庭暴力的处置。为禁止家庭暴力,受害人及其法定代理人可采取如下救济措施:

其一,家庭暴力受害人及其法定代理人、近亲属可以向加害人或者受害人所在单位、居民委员会、村民委员会、妇女联合会等单位投诉、反映或者求助。有关单位接到家庭暴力投诉、反映或者求助后,应当给予帮助、处理。家庭暴力受害人及其法定代理人、近亲属也可以向公安机关报案或者依法向人民法院起诉。单位、个人发现正在发生的家庭暴力行为,有权及时劝阻。⑧

---

① 《反家庭暴力法》第1条。
② 《反家庭暴力法》第5条。
③ 《反家庭暴力法》第8条。
④ 《反家庭暴力法》第9条。
⑤ 《反家庭暴力法》第10条。
⑥ 《反家庭暴力法》第11条。
⑦ 《反家庭暴力法》第12条。
⑧ 《反家庭暴力法》第13条。

其二，公安机关接到家庭暴力报案后应当及时出警，制止家庭暴力，按照有关规定调查取证，协助受害人就医、鉴定伤情。无民事行为能力人、限制民事行为能力人因家庭暴力身体受到严重伤害、面临人身安全威胁或者处于无人照料等危险状态的，公安机关应当通知并协助民政部门将其安置到临时庇护场所、救助管理机构或者福利机构。①

其三，家庭暴力情节较轻，依法不给予治安管理处罚的，由公安机关对加害人给予批评教育或者出具告诫书。告诫书应当包括加害人的身份信息、家庭暴力的事实陈述、禁止加害人实施家庭暴力等内容。②

④ 人身安全保护令。当事人因遭受家庭暴力或者面临家庭暴力的现实危险，向人民法院申请人身安全保护令的，人民法院应当受理。当事人是无民事行为能力人、限制民事行为能力人，或者因受到强制、威吓等原因无法申请人身安全保护令的，其近亲属、公安机关、妇女联合会、居民委员会、村民委员会、救助管理机构可以代为申请。③

⑤ 法律责任。家庭暴力不因家庭成员既有的身份关系——婚姻关系、血缘关系、姻亲关系、扶养关系而得以豁免，也不因家庭成员之间的情感联系而得以宽恕，对家庭暴力"零容忍"。第一，加害人实施家庭暴力，构成违反治安管理行为的，依法给予治安管理处罚；构成犯罪的，依法追究刑事责任。④ 第二，被申请人违反人身安全保护令，构成犯罪的，依法追究刑事责任；尚不构成犯罪的，人民法院应当给予训诫，可以根据情节轻重处以1000元以下罚款、15日以下拘留。⑤ 第三，学校、幼儿园、医疗机构、居民委员会、村民委员会、社会工作服务机构、救助管理机构、福利机构及其工作人员未依规定向公安机关报案，造成严重后果的，由上级主管部门或者本单位对直接负责的主管人员和其他直接责任人员依法给予处分。⑥ 第四，负有反家庭暴力职责的国家工作人员玩忽职守、滥用职权、徇私舞弊的，依法给予处分；构成犯罪的，依法追究刑事责任。⑦

2. 禁止家庭成员间的虐待和遗弃

禁止家庭成员间的虐待和遗弃，是保护妇女、未成年人、老年人和残疾人合法权益的必然要求，也是维护家庭成员人身权益和财产权益的有效保障。

(1) 虐待和遗弃的概念

虐待，是指以作为或不作为的形式，对家庭成员进行长期的歧视、折磨和摧

---

① 《反家庭暴力法》第15条。
② 《反家庭暴力法》第16条。
③ 《反家庭暴力法》第23条。
④ 《反家庭暴力法》第33条。
⑤ 《反家庭暴力法》第34条。
⑥ 《反家庭暴力法》第35条。
⑦ 《反家庭暴力法》第36条。

残,使其肉体、精神遭受损害的违法行为。虐待,既可表现为作为,如打骂、恐吓、限制人身自由等;也可表现为不作为,如不提供必要的衣食、有病不予治疗等。

遗弃,是指负有抚养、扶养、赡养义务的一方,对需要抚养、扶养、赡养的另一方不履行其抚养、扶养、赡养义务的违法行为。遗弃,通常表现为不作为。即依法应为而不为,导致被遗弃方的婚姻家庭权益受损。如父母不履行抚养子女的义务,夫或妻不履行相互扶养的义务,子女不履行赡养父母的义务等。

虐待和遗弃既有联系又有区别,其联系有四:一是均发生在家庭成员之间;二是均对家庭成员进行了人身侵害和财产侵害;三是受害人往往是家庭中的老弱病残和缺乏独立生活能力的人;四是行为主体具有主观过错。其区别在于两者承担的法律责任不同。如构成犯罪时,虐待罪和遗弃罪的构成要件与法律责任不同。

(2) 禁止家庭成员间虐待和遗弃的措施

根据《民法典》的规定,虐待和遗弃家庭成员导致如下法律后果:第一,家庭成员有权请求义务人履行抚养、扶养、赡养的义务。第二,家庭成员有权请求加害人承担民事责任。第三,构成离婚的法定情形。第四,构成离婚损害赔偿的法定情形。

虐待、遗弃家庭成员与实施家庭暴力既有联系又有区别。其联系有二:一是均发生在家庭成员之间,二是行为具有相似性或同一性。其区别有二:一是行为性质不同。家庭暴力不以实施暴力行为的次数、持续性、经常性为判断标准,即一次性、偶发性、轻微性的暴力行为也构成家庭暴力;而虐待行为则具有持续性和经常性的特征。持续性、经常性的家庭暴力,构成虐待;不作为的家庭暴力,构成遗弃。二是法律责任不同。虐待、遗弃家庭成员和实施家庭暴力构成犯罪时,均应承担刑事责任。虐待、遗弃行为分别构成虐待罪、遗弃罪,实施家庭暴力则根据其行为特点可构成虐待罪、遗弃罪、伤害罪或杀人罪等,其犯罪构成与责任承担均不同。

为禁止家庭成员间的虐待和遗弃,受害人可采取如下救济措施:第一,请求居民委员会、村民委员会以及所在单位予以劝阻、调解。第二,虐待、遗弃行为的受害人,有权请求公安机关依照《治安管理处罚法》的相关规定对加害人予以处罚。第三,遗弃行为的受害人有权请求人民法院依法作出支付扶养费、抚养费、赡养费的判决。第四,虐待、遗弃家庭成员构成犯罪的,依法追究刑事责任。

六、重视家庭文明建设原则

家庭是社会的细胞,家庭文明是社会文明的缩影。家庭文明建设,是社会主义物质文明与精神文明建设的重要组成部分。只有重视家庭文明建设,才能传承婚姻家庭美德,践行注重"家庭、家教、家风"的理念。

(一) 家庭文明建设的内涵

《民法典》第 1043 条第 1 款规定:"家庭应当树立优良家风,弘扬家庭美德,重视家庭文明建设。"

1. 树立优良家风

家风,也称家庭的风气或风范,是指家庭建设所形成的稳定的生活作风、立身之本、伦理观念、道德风尚等的总称。

首先,优良家风是中华民族传统优秀文化的重要内涵。中华文化源远流长,家风文化积淀深厚。"天下之本在国,国之本在家。"优良家风,培养了仁人志士"救亡图存、济世安邦"的爱国风骨,陶冶了中华儿女"自强不息、厚德载物"的精神气节。

其次,优良家风是中华民族传统家教的重要内涵。身教胜于言教,家教利于社稷。优良家风,培植了中华儿女"铁肩担道义、妙手著文章"的人生理想,流传着父辈子孙"笃学慎行、勤勉成才"的家教风范。

最后,优良家风是我国家庭文明建设的重要内涵。优良家风,具有耳濡目染、潜移默化的精神力量,教化家庭成员遵纪守法、爱国爱家,引导家庭成员修身养德、廉洁齐家,昭示家庭成员守正创新、立德树人,倡导家庭成员相互尊重、相互关爱。树立优良家风,有助于建立平等、和睦、文明的婚姻家庭关系。

2. 弘扬家庭美德

家庭美德,也称家庭道德,是规范家庭生活、调节家庭关系、鼓励或约束家庭成员行为的道德准则。弘扬家庭美德,是推动家庭文明建设和社会文明发展的重要条件。

家庭美德,是中华民族传统优秀道德的重要内涵。传统家庭美德内涵丰富,包括勤俭、节约、贵和的持家美德,谨慎、宽厚、知报的教子美德,修身、重行、改过的修身美德,慎独、自省、自强的处事美德。① 弘扬家庭美德,有助于家庭成员明大德、守公德、严私德,树立正确的人生观、价值观和婚姻家庭观,有助于家庭成员励志成才、报效国家、服务社会、建设家庭。

家庭美德,是我国社会主义道德建设的重要内涵。家庭美德,即家庭成员应该遵守和传承的美好道德风范,包括尊老爱幼、男女平等、夫妻和睦、勤俭持家和邻里团结。② 家庭美德,是保障婚姻家庭和谐幸福的基础,也是推进社会道德前行的力量。弘扬家庭美德,有助于维护家庭成员的人身权益和财产权益,有助于促进精神文明与社会稳定。

家庭美德,是我国家庭民主建设的重要内涵。家庭成员既是社会主义道德

---

① 参见张锡勤:《中国传统道德举要》,黑龙江教育出版社 1996 年版,第 2—3 页。
② 参见《公民道德建设实施纲要》,载《人民日报》2001 年 10 月 25 日。

建设的参与者和受益者,也是家庭文明的建设者和受益者。弘扬家庭美德,就是要德、法兼备,有效解决代际冲突、家庭纠纷、家庭失序、家德缺失等问题,切实维护家庭成员的合法权益,倡导家庭成员间的敬老爱幼、互相帮助。

弘扬家庭美德,既要加强家庭美德建设,遵循社会主义核心价值观,不断提升家庭成员的思想道德素质;也要引导家庭成员学习真知、虚心向上、开悟智慧、追求真理,鼓励家庭成员相互关爱、民主持家、相互尊重、共建家园。

3. 建设家庭文明

重视家庭文明建设,有助于巩固社会主义的婚姻家庭制度,促进婚姻家庭秩序的和谐与稳定。家庭文明建设,既包括家庭的物质文明、精神文明、法治文明建设,也包括家庭成员的人身关系文明与财产关系文明建设。

重视家庭文明建设,尤要建设两个文明:一是夫妻关系文明建设。夫妻关系文明建设的核心,即"夫妻应当互相忠实,互相尊重,互相关爱";依法处理夫妻关系,如夫妻共同抚养、教育、保护未成年子女,共同赡养、扶养、扶助老人及其他家庭成员;共同承担家庭费用和家务劳动,共同维护婚姻关系、提升婚姻质量。二是家庭关系文明建设。家庭关系文明建设的基点,即"家庭成员应当敬老爱幼,互相帮助";依法处理亲子关系及其他家庭成员关系,如尊重家庭成员的人格平等、人格独立、人格自由与人格尊严,维护家庭成员的人身权益和财产权益,共同建设自由、舒适、温馨的家庭乐园。

(二) 家庭文明建设的保障

《民法典》第1043条第2款规定:"夫妻应当互相忠实,互相尊重,互相关爱;家庭成员应当敬老爱幼,互相帮助,维护平等、和睦、文明的婚姻家庭关系。"

1. 夫妻应当互相忠实、互相尊重、互相关爱

夫妻关系是家庭关系的核心。夫妻关系是否平等、和睦,既影响家庭成员之间的关系,也制约家庭的和谐与稳定。夫妻互相忠实、互相尊重、互相关爱,既是夫妻道德、家庭美德的必然要求,也是维护平等、和睦、文明的婚姻家庭关系的基本前提。

(1) 夫妻应当互相忠实。

夫妻应当互相忠实,也称夫妻的忠实义务、忠诚义务、贞操义务。夫妻忠实有广义和狭义之分:广义的夫妻忠实,既包括夫妻互守贞操、不为婚外性行为,也包括不得恶意遗弃配偶,不为第三人利益牺牲、损害配偶的利益。狭义的夫妻忠实,也称贞操义务,是指夫妻保持专一、排他的性关系的义务。夫妻忠实,是婚姻的自然属性、社会属性的要求与规制。

夫妻忠实义务,经历了由单纯要求妻子的忠实到夫妻相互忠实的发展过程。古代社会,由于男尊女卑、三从四德、从一而终等封建婚姻家庭观念的影响,夫妻忠实义务仅是针对女性的片面的贞操义务,即女性必须恪守贞操;男性则无须遵

守夫妻忠实义务,不仅可以一夫一妻多妾,而且对其婚外性行为也持宽容态度,即男性无须恪守贞操。近现代以来,伴随婚姻自由、男女平等、一夫一妻观念的普及与落实,片面要求女性恪守贞操义务的观念遭到批判与摒弃,夫妻忠实义务逐步演化为男女平等的义务,即夫妻应当相互忠实。

夫妻忠实义务是夫妻双方相互的义务。妻子有权要求丈夫忠实,丈夫有权要求妻子忠实。夫妻平等、相互的忠实义务,符合现代婚姻家庭关系的正义追求,符合当代婚姻家庭立法的公平理念。为贯彻夫妻互相忠实的原则,必须禁止重婚、禁止有配偶者与他人同居。

夫妻互相忠实是夫妻关系的基本规范。违背夫妻互相忠实的义务,将承担如下法律后果:一是重婚、有配偶者与他人同居以及其他有违夫妻忠实义务的行为,构成法定离婚情形;二是无过错方在离婚时可请求离婚损害赔偿;三是离婚分割夫妻共同财产时,人民法院应按照照顾无过错方权益的原则判决。

(2) 夫妻应当互相尊重、互相关爱。

夫妻互相尊重、互相关爱,是指夫妻在家庭事务和家庭生活中平等相待、互敬互爱、相互沟通、共担责任。建立互相尊重、互相关爱的夫妻关系,有助于提升婚姻质量、稳定婚姻秩序。

夫妻互相尊重、互相关爱是夫妻关系的基本准则,也是男女平等原则在夫妻关系中的具体体现。当人类社会摒弃了男尊女卑、夫尊妻卑的封建性别观念、夫妻观念后,夫妻关系迎来了人格独立、人格平等、人格自由的新时期。

夫妻互相尊重、互相关爱内涵丰富。就婚姻伦理规范而言,既指夫妻之间的情感忠诚、行为忠诚、同甘共苦、关心爱护,也指夫妻之间的以礼相待、民主协商、相互沟通、守望相助。就婚姻法律规范而言,则指夫妻之间互相尊重彼此的人身权和财产权。

夫妻应当互相忠实、互相尊重、互相关爱,是当代婚姻家庭立法的基本规范。如《瑞士民法典》第59条规定:"夫妻双方互负忠实和扶助的义务。"[①]《法国民法典》第212条规定:"夫妻应相互尊重、忠诚、救助与扶助。"[②]夫妻互相忠实、互相尊重、互相关爱是夫妻共同生活的必然要求,也是夫妻关系的本质所在。

2. 家庭成员应当敬老爱幼、互相帮助

敬老爱幼、互相帮助,是家庭成员处理相互关系的基本准则,也是维护平等、和睦、文明的婚姻家庭关系的必然要求。

(1) 家庭成员应当敬老爱幼。

敬老爱幼,既是家庭美德,也是法律义务。敬老,是指家庭成员中的晚辈对

[①]《瑞士民法典》,戴永胜译,中国政法大学出版社2016年版,第62页。
[②]《法国民法典》,罗结珍译,北京大学出版社2010年版,第67页。

长辈的尊敬、赡养、扶助与照料。爱幼,是指家庭成员中的长辈对晚辈的爱护、抚养、教育与保护。敬老爱幼,即孝敬老人、爱护儿童。

敬老爱幼是中华民族的传统美德。"老吾老以及人之老,幼吾幼以及人之幼"。孝敬老人,就是要尊重老人的物质、精神等需要,确保老人健康、愉快、幸福地安享晚年。爱护儿童,就是要满足儿童的生活、安全、心理、成长等需要,确保儿童身心健康、精神愉快地成长,把儿童培养成德、智、体、美、劳全面发展的社会主义的建设者和接班人。

敬老爱幼是家庭成员的法律义务。家庭成员具有抚养、扶养、赡养等权利义务关系,当家庭成员不履行抚养、扶养、赡养等义务时,需要抚养、扶养、赡养的家庭成员有要求其履行相关义务的权利。敬老爱幼,既是建构融洽、和谐家庭关系的前提,也是家庭幸福美满的保障。

(2) 家庭成员应当互相帮助。

互相帮助,是指家庭成员之间的相互扶助、照料、关心和慰藉。互相帮助,既体现在夫妻之间、亲子之间,也体现在祖孙之间、兄弟姐妹之间。

互相帮助是家庭成员的道德义务。家庭成员应当互相帮助,是处理家庭关系的基本准则,也是家庭物质文明、精神文明建设的重要内容。互相帮助,既可使家庭成员感受到夫妻之情、亲子之义、手足之谊、祖孙之爱,也可使家庭成员领略到生活的关爱与照料、事业的扶掖与支持。互相帮助,可增强家庭成员战胜困难、奋力前行的勇气与动力,也可增强家庭成员的向心力,增进家庭的和谐与稳定。

互相帮助是家庭成员的法律义务。家庭成员的法律地位平等。互相帮助,既体现在直系血亲与旁系血亲之间,也体现在自然血亲与拟制血亲之间。互相帮助,有助于家庭成员及时行使人身权和财产权,并实现人身权益和财产权益保障的最佳化。

家庭成员应当敬老爱幼、互相帮助,有助于弘扬社会主义婚姻家庭道德风尚,展现社会主义核心价值,维护社会主义的婚姻家庭制度。

第四节 亲属制度

一、亲属的概念和特征

(一) 亲属的概念

亲属,是指基于婚姻、血缘和法律拟制而形成的社会关系。亲属关系一经法律调整,便产生亲属之间特定的权利义务关系。

亲属有广义和狭义之分。广义的亲属,是指生物学意义的亲属,包括一切具有婚姻、血缘和姻亲关系的人,无亲等或世代的限制。其中一些亲属,没有法定的权利和义务,仅属伦理意义的亲属。狭义的亲属,是指法律意义的亲属,即基于婚姻、血缘或法律拟制而形成的具有法定权利义务关系的亲属。《民法典》第1045条中规定的亲属,属狭义的亲属。

1. 亲属与家属

家属是家长的对称。我国古代实行家长制,家长以外的家庭成员均称为家属,家长对家属拥有人身和财产方面的特权。亲属的范围要广于家属,亲属不一定是家属,家属也不以亲属为限,因其包括妾和奴婢等。① 伴随家长制的废除及家庭成员地位的平等,家长与家属的称谓虽沿用至今,但已失去原有的法律意义。

2. 亲属与家庭成员

家庭成员,是指同居一家共同生活并互有权利义务关系的亲属。关于家庭成员的界定,各国立法例不同。有的采形式主义,即凡属同一户籍者,即为家庭成员;有的采实质主义,即凡为共同生活者,即为家庭成员,是否为同一户籍在所不问。家庭成员仅为亲属的一部分,通常限于父母、子女、兄弟姐妹等近亲属;亲属范围则更广。《民法典》第1045条第3款规定:"配偶、父母、子女和其他共同生活的近亲属为家庭成员。"而"配偶、父母、子女、兄弟姐妹、祖父母、外祖父母、孙子女、外孙子女为近亲属"(该条第2款)。

(二) 亲属的特征

亲属具有以下特征:

(1) 亲属的法律性。亲属具有一定的权利义务关系,即法定的亲属具有人身关系和财产关系。法定以外的亲属不存在权利义务关系,但不排除其自觉履行亲属间的伦理责任。

(2) 亲属的原因性。亲属关系产生的原因包括婚姻关系、血缘关系和法律拟制。

(3) 亲属的身份性。亲属具有特定的身份和称谓,亲属身份一经确定,不可随意变更或解除。因血缘产生的亲属身份具有永久性,不因任何法律事实而变更。因婚姻和法律拟制产生的亲属关系虽可变更,但法律保护合法的亲属关系。

二、亲属的分类与范围

(一) 中国古代亲属分类

中国古代社会实行宗法制度,将亲属分为三类:

(1) 宗亲,也称内亲、本亲、本族,是指源于同一祖先的男系血亲。通常由三

---

① 参见杨大文主编:《婚姻家庭法》(第五版),中国人民大学出版社2012年版,第65页。

类亲属组成:一是源于同一祖先的男系血亲;二是源于同一祖先的男系血亲的配偶,即因娶入而归于本宗的妇女;三是源于同一祖先的未出嫁的女性,即在室女。宗亲是封建礼法所确认的重要亲属,宗亲可通过组成宗族组织,决定宗族的事务、纠纷、奖惩等事项。

(2) 外亲,也称外姻、外族或女亲,是指与母亲和出嫁女相联系的亲属。

(3) 妻亲,也称妻族,是指以妻子为中介联系的亲属。

基于"三纲"及"男尊女卑"观念,宗亲是亲属的基础和核心,外亲、妻亲则处于次要地位。伴随性别平等观念的确立,中国古代的亲属分类已被摒弃,但其亲属观念仍有影响。

(二) 现代亲属分类

现代婚姻家庭法奉行男女平等原则。以亲属关系发生的原因为标准,将亲属分为三类:配偶、血亲和姻亲。《民法典》第1045条第1款明确规定:"亲属包括配偶、血亲和姻亲。"

1. 配偶

配偶,也称夫妻,是指男女双方因结婚而形成的亲属关系。在婚姻关系存续期间,夫妻互为配偶。关于配偶是否为亲属,当代各国立法例不同。德国和瑞士未把配偶作为亲属,亲属只包括血亲和姻亲。日本和韩国等把亲属分为血亲、姻亲和配偶。配偶是血亲和姻亲的产生基础。

2. 血亲

血亲,是指相互之间具有血缘关系的亲属。包括自然血亲和拟制血亲。

(1) 自然血亲,是指出自同一祖先,有血缘联系的亲属。这些亲属无论是婚生还是非婚生;无论是全血缘(同父同母)还是半血缘(同父异母、同母异父),均是自然血亲。如父母与子女、祖父母与孙子女、外祖父母与外孙子女,兄弟姐妹、表兄弟姐妹、堂兄弟姐妹,伯、叔、姑、舅、姨与侄子女、甥子女等。

(2) 拟制血亲,又称"准血亲",是指相互之间本无该种血亲应具有的血缘关系,但法律确认其与该种血亲具有相同的权利义务关系的亲属。如养父母与养子女、形成了抚养教育关系的继父母与继子女等。

3. 姻亲

姻亲,是指因婚姻关系而发生的亲属,但不包括配偶。主要包括血亲的配偶、配偶的血亲、配偶的血亲的配偶。

(1) 血亲的配偶。即己身的直系血亲和旁系血亲的配偶。如女婿、儿媳、妹夫、弟媳等。

(2) 配偶的血亲。即己身的配偶的直系血亲和旁系血亲。如公婆、岳父母、夫的兄弟姐妹、妻的兄弟姐妹等。

(3) 配偶的血亲的配偶。即己身配偶的血亲的配偶。如连襟、妯娌等。

除上述分类外,还可以按其他标准对亲属进行分类:一是以亲属关系的亲疏远近为标准,亲属可分为近亲属和其他亲属。近亲属,通常是指一起共同生活、具有法定权利义务关系的亲属。近亲属之外的亲属,为其他亲属。二是以行辈为标准,亲属可分为长辈亲属、平辈亲属、晚辈亲属。长辈亲属,是指辈分高于自己的亲属,如父母、祖父母等。平辈亲属,是指辈分与自己相当的亲属,如夫妻、兄弟姐妹等。晚辈亲属,是指辈分低于自己的亲属,如子女、孙子女等。

(三)亲属的范围

亲属的范围,是指法律意义上的亲属范围。立法例不同,亲属的范围也不同。关于亲属范围的立法例,主要包括两类:一是分别限定立法。即法律并不概括限定亲属的范围,而是在具体的亲属关系或法律事项上分别规定亲属的法律效力。二是总体限定立法。即法律概括限定亲属的范围,此范围之外的亲属不受法律调整。

亲属范围虽广泛,但法律调整的亲属关系却是有限的。只有法律调整的亲属关系,才具有亲属间的权利和义务。法律调整以外的其他亲属关系,不具有权利和义务,可通过伦理道德、风俗习惯等加以调整。我国对亲属范围的立法是采取限定的立法模式。《民法典》第1045条规定了近亲属范围,第1048条规定了禁止结婚的亲属范围。

三、亲系和亲等

(一)亲系

亲系,是指亲属间的血缘联系。亲系作为亲属间的联络系统,有广义和狭义之分。广义的亲系,包括血亲和姻亲的联络系统;狭义的亲系,仅指血亲的联络系统。亲系的划分,适用于血亲和姻亲。以亲系为标准,可将亲属分为以下几类:

1. 男系亲和女系亲

男系亲,是指以男子为中介而联系的亲属;女系亲,是指以女子为中介而联系的亲属。

2. 父系亲和母系亲

父系亲,是指以父亲为中介而联系的亲属;母系亲,是指以母亲为中介而联系的亲属。

在亲属范围上,男系亲和女系亲、父系亲和母系亲的划分,既有联系又有区别。如自己与伯叔之子女,既是男系亲也是父系亲;自己与姑之子女,虽是父系亲,但却是女系亲,因其以女性为中介。

3. 直系亲和旁系亲

(1)直系血亲和旁系血亲。直系血亲,是指有直接血缘联系的血亲。包括生育自己和自己所生育的血亲；旁系血亲，是指彼此之间具有间接血缘联系的血亲。

（2）直系姻亲和旁系姻亲。直系姻亲的含义有二：一是指配偶的直系血亲，二是指直系血亲的配偶。旁系姻亲，包括旁系血亲的配偶、配偶的旁系血亲和配偶的旁系血亲的配偶。

直系姻亲和旁系姻亲的分类，准用其配偶与配偶的血亲的亲系。如儿媳与公婆、女婿与岳父母为直系姻亲，是因其夫、妻与父母为直系血亲；自己与兄弟之妻、姐妹之夫为旁系姻亲，是因自己与兄弟姐妹为旁系血亲；夫妻一方与另一方的兄弟姐妹为旁系姻亲，是因夫或者妻与其兄弟姐妹为旁系血亲。

（二）亲等

亲等，是指亲属的等级，即计算亲属关系亲疏远近的单位。亲等数小，表明亲属关系近；亲等数大，表明亲属关系远。亲等的计算以血亲为基础，准用于姻亲，但不适用于配偶。世界上主要有两种亲等计算法：一是为当代多数国家采用的罗马法亲等计算法；二是为部分国家采用的寺院法亲等计算法。尽管学者多主张我国也应采取罗马法亲等计算法，但《民法典》仍采用世代计算法。

1. 罗马法的亲等计算法

罗马法亲等计算法，是古罗马帝国使用的计算亲属关系亲疏远近的制度。随着罗马法的传播和各国法律文化的交流，为当代许多国家所采用。

（1）直系血亲计算，是从己身向上或向下数，但不算己身，以一世为一亲等。如从己身向上数，父母为一亲等，祖父母、外祖父母为二亲等，依次类推。从己身向下数，子女为一亲等，孙子女、外孙子女为二亲等，依次类推。

（2）旁系血亲计算，是先从己身向上数至己身与对方共同的长辈直系血亲（同源直系血亲），再从该长辈直系血亲下数至对方，以世数相加之和定其亲等。

姻亲计算，以"姻亲从血亲"为原则，即姻亲的亲等以赖以发生姻亲的一方与其血亲的亲等数为亲等。

2. 寺院法的亲等计算法

寺院法亲等计算法，是欧洲中世纪基督教寺院计算亲属关系亲疏远近的制度，是在罗马法亲等计算法的基础上修改而成。

（1）直系血亲计算，与罗马法相同，即从己身向上或向下数，但不算己身，以一世为一亲等。

（2）旁系血亲计算，与罗马法不同。先从己身向上数至己身与对方共同的长辈直系血亲（同源直系血亲），记下世数；再从对方向上数至该长辈直系血亲，记下世数，如果两边的世数相同，则以此数为旁系血亲亲等数；如果两边的世数不同，则按世数多的一边定其亲等数。

姻亲计算，同罗马法的亲等计算法，即以赖以发生姻亲的一方与其血亲的亲等为亲等。

关于直系血亲的亲等计算,罗马法的亲等计算规则与寺院法的亲等计算规则相同。关于旁系血亲的亲等计算,罗马法的亲等计算规则优于寺院法亲等计算规则。

3. 我国《民法典》中的世代计算法

依照《民法典》的规定,血亲关系的亲疏远近用"代"来表示,如直系血亲和三代以内的旁系血亲禁止结婚。代即世辈,以一辈为一代。

(1) 直系血亲计算,是从己身开始,己身为一代,向上或向下数。上数至父母为二代,至祖父母、外祖父母为三代。向下数也如此,己身至子女是二代,至孙子女与外孙子女为三代,依次类推。

(2) 旁系血亲计算,首先找出同源直系血亲,按直系血亲的计算法,从己身向上数至同源直系血亲,记下世代数;再从要计算的旁系血亲向上数至同源直系血亲,记下世代数。如果两边的世代数相同,即以此数定代数;如果两边的世代数不同,则取世代数大的一边定代数。

4. 我国古代的丧服制度

丧服制度,简称服制,是以服制的不同来区别亲属关系亲疏远近的制度。① 丧服由重到轻,亲者、近者其服重;疏者、远者其服轻。五服以内为有服亲,五服以外为袒免亲即无服亲。丧服制是特定历史条件下的产物,是宗法等级制度的体现。丧服制度分五等:

第一等:斩衰,为三年之服。丧服用粗麻布制作,不缝下边。如儿子、在室女为父母丧,嫡孙为祖父母丧,妻为夫丧,有斩衰三年之服。

第二等:齐衰,服期长短有别。有齐衰杖期(持杖一年)、齐衰不齐杖(不持杖一年)、齐衰五月、齐衰三月之别。丧服以稍粗麻布制作,缝下边。如子为出母、嫁母丧,夫为妻丧(父母不在时),有齐衰杖期之服。孙为祖父母丧,出嫁女为父母丧,夫为妻丧(父母在时),有齐衰不杖期之服。曾孙、曾孙女(在室)为曾祖父母丧,有齐衰五月之服。玄孙、玄孙女(在室)为高祖父母丧,有齐衰三月之服。

第三等:大功,为九月之服。丧服以粗的熟布制作。如妻为夫之祖父母丧,父母为众子妇丧,有大功之服。

第四等:小功,为五月之服。丧服以稍粗的熟布制作。如己身为伯叔祖父母、堂伯叔父母丧,妻为夫的伯叔父母丧,有小功之服。

第五等:缌麻,为三月之服。丧服以稍细的熟布制作。如己身为族叔伯父母丧,为妻之父母丧,有缌麻之服。

---

① 丧服是为哀悼死去的亲属而穿的衣服,用本色的粗布或麻布做成。

四、亲属关系的变动与效力

(一) 亲属关系的变动

亲属关系的变动,包括亲属关系的发生和终止。亲属关系的发生,是指一定的法律事实的出现而使当事人间产生亲属关系。亲属关系的终止,是指一定的法律事实的出现而使当事人间的亲属身份和权利义务关系消灭。亲属关系的终止,有绝对终止和相对终止之分。前者指亲属的身份和权利义务关系完全消灭;后者指亲属的权利义务关系消灭,亲属身份并不消灭。亲属种类不同,其变动的原因也不同。

1. 配偶关系的发生和终止

(1) 配偶关系的发生。

配偶关系因婚姻的成立而发生。结婚是配偶关系依法产生的原因。依《民法典》第1049条的规定,完成结婚登记,即确立夫妻关系。结婚登记时间即配偶关系发生的时间。

(2) 配偶关系的终止。

配偶关系因婚姻的终止而消灭。婚姻因配偶死亡或离婚而终止。配偶一方自然死亡或人民法院宣告死亡生效的时间,婚姻登记机关发给离婚证或人民法院准予离婚的调解书或判决书生效的时间,即配偶关系终止的时间。

2. 血亲关系的发生和终止

(1) 血亲关系的发生。

① 自然血亲关系的发生。自然血亲因出生而发生。出生是自然血亲关系发生的唯一原因。出生的时间即自然血亲关系发生的时间。

② 拟制血亲关系的发生。拟制血亲关系因所拟制的亲属身份关系依法成立而发生。拟制血亲种类不同,发生原因也不同。如养父母与养子女的拟制血亲关系,因收养关系成立而发生;继父母与继子女的拟制血亲关系,因抚养教育关系的成立而发生。

(2) 血亲关系的终止。

① 自然血亲关系的终止。自然血亲关系因死亡而终止。死亡是自然血亲关系终止的唯一原因。即自然血亲关系不能人为解除。自然死亡或人民法院宣告死亡的判决书生效的时间,是自然血亲关系的终止时间。如子女被他人收养后,其与父母和父母方的自然血亲关系依然存在,仅终止了彼此间的权利义务关系,且须遵守禁婚亲规定,禁婚效力不消失。

② 拟制血亲关系的终止。拟制血亲关系因死亡或所拟制的亲属身份关系依法解除而终止。如养父母和养子女关系,可因一方死亡而终止,也可因依法解除收养关系而终止。自然死亡或者人民法院宣告死亡的判决书生效的时间,发

给解除拟制血亲关系证明的时间或者人民法院准予解除拟制血亲关系的调解书或判决书生效的时间,即拟制血亲关系终止的时间。一方死亡而终止拟制血亲关系的,仅消灭彼此间的权利义务关系,双方的身份关系并不消灭,属于相对终止。依法解除拟制血亲关系的,既消灭双方的身份,也消灭相互间权利义务,属于绝对终止。

3. 姻亲关系的发生和终止

(1) 姻亲关系的发生。

姻亲关系因婚姻的成立而发生。婚姻成立的时间为姻亲关系发生的时间。婚姻的成立虽是姻亲关系发生的基础,但婚姻当事人各方应有血亲关系的存在。否则,不会产生姻亲关系。

(2) 姻亲关系的终止。

在通常情形下,姻亲关系可因离婚或配偶一方死亡而终止。

关于离婚是否终止姻亲关系,有两种立法例:一是消灭主义,即姻亲可因离婚而终止。二是不消灭主义,即姻亲关系不因婚姻关系解除而终止。

关于配偶一方死亡是否终止姻亲关系,各国立法不一。主要立法例有三:一是姻亲关系不终止;二是生存一方配偶再婚前不终止,再婚后终止姻亲关系;三是由姻亲双方自行决定。

《民法典》对姻亲关系的终止原因未作明确规定,依民俗习惯,离婚可终止姻亲关系;配偶一方死亡后是否终止姻亲关系,可由当事人自行决定。

(二) 亲属关系的效力

亲属关系的效力,即法定亲属所具有的权利义务关系。亲属关系的种类不同,法律效力也不同。

1. 在民法上的效力

亲属关系在民法上的效力,内容广泛。亲属的权利义务关系体现在以下方面:监护、代理、宣告失踪和宣告死亡、个体工商户和农村承包经营户的财产共有与债务承担、夫妻共有财产与家庭共有财产、相互扶养的义务、禁婚的义务、遗产继承、夫妻共同债务与债务清偿,等等。

2. 在刑法上的效力

亲属关系在刑法上的效力,主要表现在以下方面:某些犯罪主体是被害人的近亲属,如虐待罪、遗弃罪;某些犯罪主体是被害人的亲属或明知他人有特定亲属关系,如暴力干涉婚姻自由罪、破坏军婚罪、重婚罪;亲属在法定条件下享有告诉权,如暴力干涉婚姻自由罪、虐待罪、侮辱罪、诽谤罪等。

3. 在诉讼法上的效力

亲属在诉讼法上的效力,包括其在民事诉讼法、刑事诉讼法、行政诉讼法上的效力。具体效力表现在以下方面:回避义务,辩护和代理的权利,上诉、申诉的

4. 亲属在国籍法上的效力

亲属在国籍法上的效力,体现为一定范围的亲属是取得、丧失和恢复国籍的依据。如父母双方或一方为中国公民,本人出生在中国或外国的,具有中国国籍;但父母双方或一方为中国公民并定居在外国,本人出生时即具有外国国籍的,不具有中国国籍。① 父母无国籍或国籍不明,定居在中国,本人出生在中国的,具有中国国籍。② 外国人或无国籍人,愿意遵守中国宪法和法律,是中国人的近亲属的,可以经申请批准加入中国国籍。③ 中国公民是外国人的近亲属的,可以经申请批准退出中国国籍。④ 曾有过中国国籍的外国人,具有正当理由的,可以申请恢复中国国籍;被批准恢复中国国籍的,不得再保留外国国籍。⑤

此外,亲属关系在劳动法等领域,也具有相应的法律效力。如劳动者死亡后,其遗属依法享有遗属津贴等。⑥

---

① 《国籍法》第 4 条、第 5 条。
② 《国籍法》第 6 条。
③ 《国籍法》第 7 条。
④ 《国籍法》第 10 条。
⑤ 《国籍法》第 13 条。
⑥ 《劳动法》第 73 条第 2 款。

第三十四章 结 婚 制 度

第一节 婚姻成立概述

一、婚姻成立的概念和特征

（一）婚姻成立的概念

婚姻的成立，也称结婚或婚姻的缔结，是指男女双方依照法定的条件和程序确立夫妻关系的民事法律行为。婚姻的成立，是婚姻效力产生的基础，也是婚姻终止的前提。

婚姻的成立有广义和狭义之分。广义的婚姻的成立，包括婚约的订立和夫妻关系的确立；狭义的婚姻的成立，仅指夫妻关系的确立。古代的法律重视婚约的效力，对婚姻的成立采广义说。近现代的法律多采狭义说，即订婚并非婚姻成立的必经程序，未订立婚约依然可以依法结婚。我国现行法律对婚姻的成立采狭义说，即结婚无须以订立婚约为前提。

（二）婚姻成立的特征

婚姻的成立是夫妻关系得以发生的法律依据，具有如下特征：

（1）婚姻成立的主体是男女双方。同性不能成立婚姻，是由婚姻关系的自然属性决定的。伴随社会观念的多元化，"同性结合"虽然在有些国家和地区获得了法律认可且具有同性伴侣间的权利义务关系，但其与传统婚姻依然存在自然属性和社会属性的差异。

（2）婚姻的成立须符合法定要件。法定要件包括实质要件和形式要件。只有符合法定要件，婚姻才能依法成立，这是婚姻关系的社会属性的必然要求，也是区分合法婚姻与违法婚姻的原则界限。尽管不同的时代、国度对婚姻成立要件的规定不同，但均体现出对个人利益、社会利益和国家利益的高度关注。[①] 婚姻成立的要件，将引导、规范当事人建立以永久共同生活为目的夫妻关系。违背婚姻成立的要件，不具有婚姻的效力。

（3）婚姻成立的效力是确立夫妻关系和姻亲关系。男女双方因婚姻的成立而确立夫妻关系，互为配偶，产生夫妻间的权利义务关系。同时，引发夫妻双方与他方亲属之间的姻亲关系。姻亲关系在法定情形下具有权利和义务。婚姻成

---

① 参见杨大文主编：《婚姻法学》，北京大学出版社1991年版，第84页。

立后,除一方或双方死亡外,非依法定程序不得解除夫妻关系。未经法律承认的两性结合,不能确立夫妻关系,也不能产生夫妻间的权利和义务。

二、婚姻成立的要件

婚姻成立的效力是确立夫妻关系,合法性是婚姻的本质属性。为确保婚姻成立的合法,各国婚姻家庭法均规定了婚姻成立的法定要件,以实现国家对婚姻行为的干预、审查、监督与规范。凡符合法定要件的男女结合,具有婚姻的法律效力;相反,不具有婚姻的法律效力,导致婚姻的不成立、无效或被撤销。

(一)婚姻成立的要件分类

依据各国的婚姻家庭立法,婚姻成立的要件主要有以下分类:

1. 实质要件和形式要件

实质要件,是指法律规定的关于结婚当事人本身以及双方的关系必须符合的条件。如结婚当事人须达到法定婚龄、双方须有结婚的合意、须无结婚的法定障碍等。

形式要件,是指法律规定的结婚的程序及方式。即结婚的程序必须合法。关于形式要件,主要有三种立法例:一是登记制,是指结婚须到法定的机构进行登记,婚姻才告成立的法律制度。二是仪式制,是指以举行一定仪式为婚姻成立的形式要件。仪式制包括三种形式:宗教仪式、世俗仪式、法律仪式。三是登记与仪式结合制,是指婚姻的成立既要进行结婚登记,又须举行仪式才产生法律效力的制度。尽管各国关于结婚形式要件的规定不同,但多采取要式主义。如有的规定当事人必须办理结婚登记或户籍申报;有的规定当事人必须举行一定的仪式并有证人在场见证;有的规定当事人须先向主管部门申请,待取得结婚许可证后,再举行结婚仪式或办理登记等。

当事人符合婚姻成立的实质要件,仅表明其具有结婚的条件,但婚姻是否成立,尚需符合婚姻成立的形式要件。即只有兼具婚姻成立的实质要件和形式要件的男女结合,才成立合法的婚姻。在司法实践中,通常将婚姻成立的实质要件称为结婚条件,婚姻成立的形式要件称为结婚程序。

2. 必备条件和禁止条件

婚姻成立的实质要件,分为必备条件和禁止条件。必备条件,也称积极要件,是指结婚当事人双方必须具备、不可缺少的法定条件。如结婚当事人须双方合意,须达到法定婚龄等。禁止条件,也称消极条件或婚姻成立的障碍,是指法律规定不允许结婚的条件。如当事人有禁止结婚的亲属关系等。

3. 公益要件和私益要件

公益要件,是指与社会公共利益有关的要件。如结婚当事人须符合法定婚龄、非重婚、非属禁止结婚的亲属等。

私益要件，是指仅与私人利益有关的要件，即仅与当事人及其亲属有关的要件。如当事人须有结婚的合意，在成年年龄高于法定婚龄的国家，未成年人结婚须征得其法定代理人的同意等。

关于公益要件和私益要件，各国婚姻家庭法的规定与理解不同。① 我国《民法典》有关婚姻成立要件的规定，体现出对公益要件和私益要件的双向要求，有助于保护当事人和社会的共同利益。

（二）婚姻成立的立法例

关于婚姻的成立，主要有两种立法主义：

第一，事实婚主义，是指只要当事人双方合意并有事实上的夫妻关系的存在，婚姻即为有效。这一立法例具有确认婚姻关系的简洁性、事实性等优势，但由于欠缺应有的公示，不利于国家对婚姻关系进行有效的管理与监督，也不利于维护婚姻当事人的权益。伴随婚姻观念的改革，单一的事实婚主义逐渐被形式婚主义、形式婚主义与事实婚主义并行的结婚制度所取代。

第二，形式婚主义，是指结婚必须履行一定的程序，一旦具备形式要件，婚姻即告成立。形式婚有法律婚和仪式婚之别。由于形式婚主义有利于国家对婚姻的成立进行监督和保护，也有利于确认结婚当事人的权利义务关系，故许多国家对婚姻成立的形式要件予以明确规定，并呈现出由事实婚主义向形式婚主义过渡的立法趋势。我国法采用了形式婚主义的立法原则，但对符合法定要件的特定时期的事实婚姻也赋予其法律效力。

三、结婚制度的沿革

结婚制度是婚姻家庭制度的重要组成部分。社会制度不同，结婚制度的性质、内容和特点也不同。社会制度对结婚制度的影响和制约，集中反映在结婚方式上。根据社会发展进程和结婚行为模式变迁，结婚制度经历了由古代社会向近现代社会的转化历程，结婚方式也随之经历了掠夺婚、有偿婚、聘娶婚、宗教婚、自由婚等发展阶段。

（一）掠夺婚

掠夺婚，也称抢婚，是指男子以暴力手段掠夺女子为妻的婚配方式。恩格斯指出："随着对偶婚的发生，便开始出现抢劫和购买妇女的现象"② 掠夺婚是原始社会的群婚制在向个体婚制过渡的进程中存在的一种婚配方式，其特点是男方对女方实施暴力强制，以达到结婚的目的。我国古代典籍中有关"匪寇，婚媾"的描述，即是对掠夺婚的记载，即"婚媾"通过"匪寇"的行为来实现。掠夺婚并非

---

① 参见张贤钰主编：《婚姻家庭继承法》，法律出版社1999年版，第82页。
② 《马克思恩格斯全集》（第21卷），人民出版社1965年版，第59页。

文明、自主的婚配方式。伴随社会的进步、人类婚姻观念的文明,掠夺婚逐步被其他结婚方式所取代。

(二)有偿婚

有偿婚,是指男方向女方家庭支付一定代价为条件缔结的婚姻。有偿婚通行于古代社会,具有将女性作为物品进行交换的特点。根据支付代价的不同,其主要包括以下三种形式:

买卖婚,是指以男方支付女方身价为要件的婚姻。包括公开的买卖婚和变相的买卖婚。买卖婚在古代社会普遍存在,具有男尊女卑的特征。

互易婚,也称交换婚,是指以交换女性为特征的婚姻。其可以是父母各以女儿换取子妇,也可以是男子以其姊妹换取妻子。互易婚具有以人易人、以人代财的特点,包括换亲、转亲等形式。

劳役婚,也称服役婚,是指以男方为女方家庭服一定劳役为报偿而成立的婚姻。

有偿婚的形式虽不同,但却具有共同点。即把女性当作商品进行交易、买卖。在有偿婚制下,女性不具有结婚的自主意识与独立人格,男女两性在社会及家庭中的地位不平等。

(三)聘娶婚

聘娶婚,是指以男家向女家交付一定数量的聘财为要件的婚姻。聘娶婚通行于中国古代社会,就其实质而言,是变相的买卖婚姻。聘娶婚须遵循"六礼"程序,"六礼"包括纳采、问名、纳吉、纳征、请期和亲迎。

(四)宗教婚

宗教婚,是指按照教会法规定的条件和程序,经宗教仪式而成立的婚姻。宗教婚是欧洲中世纪盛行的结婚形式,结婚须经公告程序并在神职人员面前举行宣誓仪式。男女双方的合意是婚姻成立的必备要件,不能人道、重婚、相奸婚、近亲婚等是婚姻不成立或无效的原因。伴随欧洲中世纪的结束,宗教婚逐步被法律婚所取代。

(五)自由婚

自由婚,也称共诺婚或者契约婚,是指以男女双方合意为要件而成立的婚姻。自由婚是近现代社会的结婚方式,凸显结婚当事人的意思自治。自由婚的成立基础是契约自由,倡导结婚自由是"天赋人权"的理念。

四、婚约

(一)婚约的概念和性质

婚约,也称婚姻预约,是指男女双方以将来结婚为目的所作的事先约定。订立婚约的行为称为订婚。婚约当事人俗称未婚夫妻。

关于婚约的性质,主要有两种观点:一是契约说,认为婚约是订婚契约,尽管无强制履行效力,但不履行婚约需承担违约责任。二是非契约说,认为订婚行为是事实行为而非法律行为,不履行婚约应承担侵权责任。

(二)婚约的类型和特征

婚约经历了两个发展阶段:早期型婚约和晚期型婚约。早期型婚约是婚姻成立的组成部分;晚期型婚约已不是婚姻成立的必经程序。

1. 早期型婚约

早期型婚约,也称古代型婚约,即奴隶社会、封建社会的婚约。主要特点包括:(1)订立婚约是结婚的必经程序,无婚约的婚姻往往被视为无效。(2)婚约订立后便产生法律约束力,违约要受法律制裁。(3)婚约是包办、买卖婚姻的产物。"父母之命,媒妁之言"是成立婚约的主要因素。

2. 晚期型婚约

晚期型婚约,也称近现代型婚约。主要特点包括:(1)订立婚约不是结婚的必经程序,婚约订立与否听从当事人的意愿。(2)订立婚约是男女双方合意的结果,任何第三人无权代订婚约。(3)婚约不具有法律效力,法院不受理婚约履行之诉。(4)婚约可随时解除。

(三)我国对婚约的态度和处理原则

我国 1950 年、1980 年《婚姻法》及《民法典》对婚约均未明确规定。根据相关政策和司法解释,可概括出我国对待婚约的态度:

第一,订婚不是结婚的必要条件和程序。婚约不具有法律约束力,解除婚约无须任何法定程序。即双方同意解除婚约的,可自行解除;一方要求解除婚约的,无须征得对方同意,只需通知他方即可。

第二,男女双方自愿订婚者,听其自便。但须双方合意,任何人不得强迫干涉,强迫包办的婚约无效。

第三,解除婚约或恋爱终止时,应妥善处理财物纠纷。具体处理原则如下:

(1)对于包办买卖婚姻性质的订婚所收受的财物,应依法没收或酌情返还。

(2)对以订婚为名诈骗钱财的,应将诈骗所得财物返还受害人。

(3)对以结婚为目的的赠与,价值较高的,应酌情返还。一般的赠与物,受赠人无返还义务。[①]

(4)对当事人请求返还按照习俗给付的彩礼的,如果查明属于以下情形,人民法院应当予以支持:① 双方未办理结婚登记手续;② 双方办理结婚手

---

① 参见张贤钰主编:《婚姻家庭继承法》,法律出版社 1999 年版,第 92—93 页。

续但确未共同生活;③ 婚前给付并导致给付人生活困难。适用前述第②、③项的规定,应当以双方离婚为条件。①

(5) 双方已办理结婚登记且共同生活,离婚时一方请求返还按照习俗给付的彩礼的,人民法院一般不予支持。但是,如果共同生活时间较短且彩礼数额过高的,人民法院可以根据彩礼实际使用及嫁妆情况,综合考虑彩礼数额、共同生活及孕育情况、双方过错等事实,结合当地习俗,确定是否返还以及返还的具体比例。人民法院认定彩礼数额是否过高,应当综合考虑彩礼给付方所在地居民人均可支配收入、给付方家庭经济情况以及当地习俗等因素。②

(6) 双方未办理结婚登记但已共同生活,一方请求返还按照习俗给付的彩礼的,人民法院应当根据彩礼实际使用及嫁妆情况,综合考虑共同生活及孕育情况、双方过错等事实,结合当地习俗,确定是否返还以及返还的具体比例。③

第二节 结婚条件

一、结婚的必备条件

根据《民法典》的规定,当事人结婚必须具备三个条件,即结婚应当男女双方完全自愿,达到法定婚龄,符合一夫一妻制。

(一) 男女双方完全自愿

《民法典》第1046条规定:"结婚应当男女双方完全自愿,禁止任何一方对另一方加以强迫,禁止任何组织或者个人加以干涉。"男女双方完全自愿,是婚姻自由原则在结婚制度中的具体体现,立法目的在于倡导意思自治的婚姻,摒弃包办强迫的婚姻。

1. 男女双方完全自愿的含义

男女双方完全自愿的含义有三:

一是男女双方自愿,而不是一厢情愿。从婚姻本质看,结婚应以爱情为基础。只有男女双方自愿,才能建立平等、互爱的婚姻关系;从婚姻效力看,违背他方意愿、胁迫他方结婚的,构成可撤销婚姻的情形,不具有法律约束力。

二是男女双方本人自愿,而不是父母或第三人自愿。婚姻关系的主体是男女双方,只有建立两情相悦的婚姻关系,才能提升婚姻的治理能力。

三是男女双方完全自愿,而不是附条件的勉强同意。

---

① 《婚姻家庭编解释(一)》第5条。
② 《审理涉彩礼纠纷案件规定》第5条。
③ 《审理涉彩礼纠纷案件规定》第6条。

2. 男女双方完全自愿的条件

奴隶社会和封建社会盛行包办买卖婚姻,结婚条件是"父母之命,媒妁之言",男女双方既无婚姻自主权,也无须完全自愿。资产阶级革命胜利后,为摒弃封建的人身依附关系,婚姻被视为一种"民事契约",只有当事人具备结婚合意及完全自愿的意思表示时,婚姻始具法律效力。在现当代,男女双方完全自愿的意思表示应具备三个条件:

第一,男女双方应具有结婚的行为能力。结婚主体除应具有完全民事行为能力外,还须具备结婚的行为能力,即必须达到法定婚龄。未达法定婚龄或欠缺完全民事行为能力,则不能表达结婚意愿,不具有结婚的行为能力。如未成年人、被法院认定为限制民事行为能力或无民事行为能力的成年人,不能正确判断结婚效力,无法达成结婚合意。

第二,男女双方同意结婚的意思表示必须真实。即结婚的内心意愿与意思表示一致。因受胁迫、欺诈作出的结婚意思表示存在瑕疵,构成婚姻可撤销的原因。

第三,男女双方结婚的意思表示应当符合法定形式。即男女双方自愿结婚的意思表示,应由本人作出,他人不得代理;应在婚姻登记机关提出结婚申请时作出,才具有法律效力。

(二) 达到法定婚龄

法定婚龄,是指法律规定的允许结婚的最低年龄。古今中外的法律均对法定婚龄予以明确规定。《民法典》第1047条规定:"结婚年龄,男不得早于二十二周岁,女不得早于二十周岁。"达到法定婚龄,应作如下理解:

第一,法定婚龄是结婚的最低年龄。即结婚当事人在此年龄以上始得结婚;否则,不得结婚。

第二,法定婚龄不是必须结婚年龄,也不是最高结婚年龄。男女双方结婚时必须同时符合法定婚龄。

第三,法定婚龄不是最佳结婚年龄,也不是实际结婚年龄,它是结婚合法与不法的界限。即达到法定婚龄的结婚具有法律效力;否则,结婚违法,婚姻无效。

决定法定婚龄的因素包括自然因素和社会因素。自然因素,是指人的生理、心理发育状态和智力成熟程度。婚姻关系的自然属性是决定法定婚龄的基础。只有当事人的身心、体智发育成熟后,才能准确认知婚姻效力,正确处理婚姻家庭问题,自觉承担对婚姻家庭和社会的责任。确定法定婚龄,应当考虑男女双方的生理、心理特点,尊重自然规律。社会因素,是指婚姻关系的社会属性,包括一定社会的生产方式以及与其相适应的其他社会条件,如政治、经济、文化、道德、人口状况、风俗习惯等。① 其中,对法定婚龄影响较大的因素,是社会生产力发展水平和人口生产状况。国家不同,法定婚龄也不同。我国现行的法定婚龄,承担着调整人口增长速度、提高人口质量、改革封建早婚陋俗等功能。依《民法典》第 1051 条的规定,未到法定婚龄的,婚姻无效。未到法定结婚年龄的,婚姻登记机关不予登记。

(三)符合一夫一妻制原则

一夫一妻制,要求结婚的当事人必须无配偶。否则,婚姻无效。有配偶者只有在配偶死亡或离婚后始得再行结婚。否则,构成重婚。任何违反一夫一妻制的男女结合,不具有婚姻效力。

二、结婚的禁止条件

禁婚亲,即禁止结婚的亲属,有广义和狭义之分。广义的禁婚亲,包括一定范围的血亲与姻亲;狭义的禁婚亲,仅指一定范围的血亲。禁止一定范围的亲属结婚,是各国婚姻家庭法的通例。时代与国度不同,禁婚亲的范围也不同。

禁止一定范围的亲属结婚,源于优生学和伦理学的考虑。就前者而言,目的在于提高人口质量。即近亲结婚,易于把不健康的基因遗传给后代,影响人口的健康与质量;就后者而言,目的在于遵循公序良俗。即近亲结婚,有违人类长期形成的婚姻禁忌与两性关系伦理,也有违各民族共同遵守的婚姻伦理习俗。综观各国的婚姻家庭法,直系血亲结婚为各国所禁止,旁系血亲的禁婚范围各国则有所不同。我国《民法典》第 1048 条规定:"直系血亲或者三代以内的旁系血亲禁止结婚。"

(一)禁止直系血亲结婚

禁止直系血亲结婚,是各国婚姻家庭法的通例。即自然的直系血亲和拟制的直系血亲均禁止结婚。拟制的直系血亲虽然没有血缘联系,如养父母与养子女、继父母与形成抚养教育关系的继子女等,但因拟制血亲与自然血亲具有同等的权利义务关系,所以禁止结婚。禁止直系血亲结婚,既是婚姻伦理规范,也是自然选择规律和优生学的必然要求。

(二)禁止三代以内的旁系血亲结婚

三代以内的旁系血亲,包括兄弟姐妹(全血缘的兄弟姐妹、半血缘的兄弟姐妹)、伯、叔、姑、舅、姨、侄子女、外甥子女、堂兄弟姐妹、表兄弟姐妹。

禁止三代以内的旁系血亲结婚,源于 1980 年《婚姻法》的规定,目的在于禁止中表婚。禁止三代以内的旁系血亲结婚,既是旁系血亲的结婚禁例及优生学的必然要求,也是家庭伦理规范,对于提升人口质量、增进民族健康、降低疾病风

---

① 参见杨大文主编:《婚姻法学》,北京大学出版社 1991 年版,第 94 页。

险具有积极意义。

关于禁止结婚的条件,国外的婚姻家庭法还有其他几种特殊限制,如禁止相奸者结婚,禁止监护人与被监护人结婚,禁止妇女在待婚期内结婚,禁止收养人与被收养人结婚等,以保护特定当事人的利益。①

第三节 结婚程序

一、结婚登记的意义

《民法典》第 1049 条规定:"要求结婚的男女双方应当亲自到婚姻登记机关申请结婚登记。符合本法规定的,予以登记,发给结婚证。完成结婚登记,即确立婚姻关系。未办理结婚登记的,应当补办登记。"我国的结婚程序是登记制,即结婚登记是婚姻成立的唯一法定程序。只有完成结婚登记,才确立婚姻关系。结婚登记的意义,体现在以下方面:

(一)保障社会主义婚姻制度的实行

国家通过结婚登记,对公民的婚姻成立进行审查和监督,以保障婚姻自由、一夫一妻、男女平等的社会主义婚姻制度的实行,防止包办、买卖婚姻等违法行为的发生,确保婚姻家庭秩序的稳定。

(二)保障结婚当事人的合法权益

国家通过结婚登记,引导当事人正确对待结婚,明晰结婚的效力;通过法律规范,保障当事人及时行使结婚自由权,建立合法、自由的婚姻关系。

(三)防止和制裁违反婚姻自由的行为

国家通过结婚登记,向当事人宣传婚姻家庭法律知识,增强法制观念,提升建设和谐婚姻家庭关系的能力,预防违法行为的发生;及时发现违反结婚条件的行为,采取有效的应对措施,提升婚姻家庭纠纷的治理能力。

二、结婚登记的机关与程序

(一)结婚登记机关

"内地居民办理婚姻登记的机关是县级人民政府民政部门或者乡(镇)人民政府,省、自治区、直辖市人民政府可以按照便民原则确定农村居民办理婚姻登记的具体机关。中国公民同外国人、内地居民同香港特别行政区居民(以下简称香港居民)、澳门特别行政区居民(以下简称澳门居民)、台湾地区居民(以下简称台湾居民)、华侨办理婚姻登记的机关是省、自治区、直辖市人民政府民政部门确

---

① 参见张贤钰主编:《婚姻家庭继承法》,法律出版社 1999 年版,第 91—92 页。

定的机关。"①

婚姻登记机关的管辖范围,原则上以当事人的常住户口为依据。即内地居民结婚,男女双方应当共同到一方当事人常住户口所在地的婚姻登记机关办理结婚登记。中国公民同外国人在中国内地结婚,内地居民同香港居民、澳门居民、台湾居民、华侨在中国内地结婚的,男女双方应当共同到内地居民常住户口所在地的婚姻登记机关办理结婚登记。②

结婚登记由婚姻登记员依法办理。婚姻登记员由地(市)级以上人民政府民政部门进行业务培训,经考核合格,取得婚姻登记员资格证书,方可从事婚姻登记工作。

(二) 结婚登记程序

根据《婚姻登记条例》的规定,结婚登记的主要程序如下:

1. 申请

自愿结婚的男女双方,必须亲自到婚姻登记机关申请结婚登记。办理结婚登记的当事人应当出具下列证件和证明材料:(1) 本人户口簿、身份证;(2) 本人无配偶以及与对方当事人没有直系血亲和三代以内旁系血亲关系的签字声明。如果中国公民同外国人在中国内地结婚,内地居民同香港居民、澳门居民、台湾居民、华侨在中国内地结婚的,男女双方应当按照《婚姻登记条例》的有关规定,共同出具规定的证件和证明材料。

2. 审查

婚姻登记机关应当对结婚登记当事人的申请进行审查。审查内容有三项:一是提交的证件、证明、声明是否真实、完备;二是是否符合结婚条件;三是填写《结婚登记审查处理表》。审查,是婚姻登记程序中的重要环节,当事人应如实提供证件和证明材料,不得弄虚作假。婚姻登记员应当认真履行审查职责,严格依法办事。

3. 登记

婚姻登记机关在审查后,对当事人符合结婚条件的,应当当场予以登记,发给结婚证;对当事人不符合结婚条件不予登记的,应当向当事人说明理由。③

婚姻登记机关在审查中,如果发现办理结婚登记的当事人有下列情形之一的,不予登记:(1) 未到法定结婚年龄的;(2) 非双方自愿的;(3) 一方或者双方已有配偶的;(4) 属于直系血亲或者三代以内旁系血亲的。④ 关于结婚登记,尚需注意以下问题:

---

① 《婚姻登记条例》第2条。
② 《婚姻登记条例》第4条。
③ 《婚姻登记条例》第7条。
④ 《婚姻登记条例》第6条。

第一,男女双方补办登记的,适用结婚登记的有关规定。①

第二,离婚后,男女双方自愿恢复夫妻关系的,应当到婚姻登记机关重新进行结婚登记。②

第三,结婚证遗失或者毁损的,当事人可以持户口簿、身份证向原办理婚姻登记的机关或者一方当事人常住户口所在地的婚姻登记机关申请补领。婚姻登记机关对当事人的婚姻登记档案进行查证,确认属实的,应当为当事人补发结婚证。③

第四,当事人以结婚登记程序存在瑕疵为由提起民事诉讼,主张撤销结婚登记的,告知其可以依法申请行政复议或者提起行政诉讼。④

三、结婚登记的效力

结婚登记,是成立婚姻关系、确立夫妻身份的程序要求。结婚证书,是婚姻登记机关签发的证明男女双方婚姻关系成立的法律文书。完成结婚登记,即确立婚姻关系,产生婚姻效力。

《民法典》第1050条规定:"登记结婚后,按照男女双方约定,女方可以成为男方家庭的成员,男方可以成为女方家庭的成员。"其立法意义体现在三方面:一是体现了男女平等原则,有助于修正"男娶女嫁""妇从夫居"的传统嫁娶习俗。二是贯彻了夫妻平等原则,有助于修正"男尊女卑""夫尊妻卑"的封建家庭伦理。三是鼓励了男到女家落户的新风尚,有助于实现家庭成员的相互关爱、平等互助。无论是男方成为女方的家庭成员,还是女方成为男方的家庭成员,均属生活方式的转变,男女双方的法律地位完全平等,均有独立的人身权和财产权。由于自然人以户籍登记或者其他有效身份登记记载的居所为住所,因此,婚姻男女可以约定成为对方家庭成员,实际上也是自主决定婚后住所。

第四节 婚姻的无效与撤销

一、无效婚姻

(一)无效婚姻的概念和情形

无效婚姻,是指因欠缺婚姻成立的法定要件而不具有婚姻效力的违法婚姻。《民法典》第1051条规定:"有下列情形之一的,婚姻无效:(一)重婚;

---

① 《婚姻登记条例》第8条。
② 《民法典》第1083条。
③ 《婚姻登记条例》第17条。
④ 《婚姻家庭编解释(一)》第17条第2款。

(二)有禁止结婚的亲属关系;(三)未到法定婚龄。"婚姻无效的情形,均违背结婚的实质要件。

在我国司法实践中,认定婚姻无效,应以法定无效情形的存在为前提。如果当事人依据《民法典》第1051条的规定向人民法院请求确认婚姻无效,法定的无效婚姻情形在提起诉讼时已经消失的,人民法院不予支持。[①] 即当事人一方或双方在结合时存在婚姻无效的情形,但在请求确认婚姻无效时,婚姻无效的情形已经不存在的,则不得再宣告该婚姻无效。

(二)申请宣告婚姻无效的请求权主体

有权依据《民法典》第1051条的规定向人民法院就已办理结婚登记的婚姻请求确认婚姻无效的主体,包括婚姻当事人及利害关系人。

利害关系人包括:(1)以重婚为由的,为当事人的近亲属及基层组织;(2)以未到法定婚龄为由的,为未达法定婚龄者的近亲属。(3)以有禁止结婚的亲属关系为由的,为当事人的近亲属。[②]

利害关系人依据《民法典》第1051条的规定,请求人民法院确认婚姻无效的,利害关系人为原告,婚姻关系当事人双方为被告。夫妻一方死亡的,生存一方为被告。[③]

关于申请宣告婚姻无效请求权的行使期间,《民法典》未作规定。依据法理和司法解释,请求权的行使期间为无效婚姻情形存续期间。如婚姻无效的法定情形消失的,则婚姻无效的请求权终止。将申请宣告婚姻无效请求权的行使期间与婚姻无效的法定情形的存续期间相统一,可督促请求权人及时行使权利。

(三)婚姻无效的宣告机关和程序

1. 婚姻无效的宣告机关

宣告婚姻无效,由司法机关依诉讼程序处理,是采用宣告无效制国家的立法通例。依据司法实践,宣告婚姻无效的机关是人民法院。婚姻是否无效的判断,只能由人民法院根据法定情形予以确认。

2. 婚姻无效的宣告程序

审理确认婚姻无效案件,在适用婚姻无效宣告程序时,应注意以下问题:

(1)人民法院受理请求确认婚姻无效案件后,对婚姻效力的审理不适用调解,应当依法作出判决。[④]

(2)人民法院受理请求确认婚姻无效案件后,原告申请撤诉的,不予准许。[⑤]

---

① 《婚姻家庭编解释(一)》第10条。
② 《婚姻家庭编解释(一)》第9条。
③ 《婚姻家庭编解释(一)》第15条。
④ 《婚姻家庭编解释(一)》第11条第2款。
⑤ 《婚姻家庭编解释(一)》第11条第1款。

(3) 人民法院根据当事人的请求,依法确认婚姻无效的,应当收缴双方的结婚证书并将生效的判决书寄送当地婚姻登记管理机关。①

(4) 人民法院受理请求确认婚姻无效案件后,涉及财产分割和子女抚养的,可以调解。调解达成协议的,另行制作调解书;未达成调解协议的,应当一并作出判决。②

(5) 夫妻一方或者双方死亡后,生存一方或者利害关系人依据《民法典》第1051条的规定请求确认婚姻无效的,人民法院应当受理。③

(6) 申请宣告婚姻无效的案件与离婚案件存在区别。人民法院就同一婚姻关系分别受理了离婚和请求确认婚姻无效案件的,对于离婚案件的审理,应当待请求确认婚姻无效案件作出判决后进行。④

(7) 当事人以《民法典》第1051条规定的三种无效婚姻以外的情形请求确认婚姻无效的,人民法院应当判决驳回当事人的申请。⑤

二、可撤销婚姻

(一) 可撤销婚姻的概念和情形

可撤销婚姻,是指因欠缺婚姻合意,经请求权人请求,依法撤销后不具有婚姻效力的违法婚姻。

《民法典》第1052条第1款规定:"因胁迫结婚的,受胁迫的一方可以向人民法院请求撤销婚姻。"第1053条第1款规定:"一方患有重大疾病的,应当在结婚登记前如实告知另一方;不如实告知的,另一方可以向人民法院请求撤销婚姻。"依此规定可见,撤销婚姻的法定情形有两项:(1) 胁迫结婚;(2) 一方患有重大疾病,结婚登记前未如实告知。可撤销的婚姻,是因其违背结婚的实质要件——当事人的完全自愿。

(二) 撤销婚姻的请求权主体

根据《民法典》第1052条第1款、第1053条第1款的规定,申请撤销婚姻的请求权主体只能是一方当事人,其他任何人或者组织均无请求撤销婚姻的权利。当事人是否行使撤销婚姻的请求权,只能由本人决定。

撤销婚姻的请求权行使期间是1年。但撤销婚姻的法定情形不同,期间的起算点不同。因胁迫结婚,"请求撤销婚姻的,应当自胁迫行为终止之日起一年内提出。被非法限制人身自由的当事人请求撤销婚姻的,应当自恢复人身自由

---

① 《婚姻家庭编解释(一)》第21条。
② 《婚姻家庭编解释(一)》第11条第3款。
③ 《婚姻家庭编解释(一)》第14条。
④ 《婚姻家庭编解释(一)》第13条。
⑤ 《婚姻家庭编解释(一)》第17条第1款。

之日起一年内提出"①。因一方患有重大疾病,结婚登记前未如实告知,"请求撤销婚姻的,应当自知道或者应当知道撤销事由之日起一年内提出"②。

(三)撤销婚姻的机关和程序

撤销婚姻的机关是人民法院。在民法典编纂过程中,草案曾规定,胁迫婚姻可依诉讼程序撤销婚姻。但《民法典》最终规定,可撤销婚姻只能经司法程序撤销,即由人民法院依法撤销婚姻。人民法院依法撤销婚姻的,应当收缴双方的结婚证书并将生效的判决书寄送当地婚姻登记管理机关。③

三、婚姻无效和被撤销的法律后果

《民法典》第1054条规定:"无效的或者被撤销的婚姻自始没有法律约束力,当事人不具有夫妻的权利和义务。同居期间所得的财产,由当事人协议处理;协议不成的,由人民法院根据照顾无过错方的原则判决。对重婚导致的无效婚姻的财产处理,不得侵害合法婚姻当事人的财产权益。当事人所生的子女,适用本法关于父母子女的规定。婚姻无效或者被撤销的,无过错方有权请求损害赔偿。"婚姻无效或者被撤销具有如下法律后果:

(一)对当事人的效力

婚姻无效或被撤销后,婚姻自始无效。自始无效,是指无效婚姻或者可撤销婚姻在依法被确认无效或者被撤销时,才确定该婚姻自始不受法律保护。④

1. 人身关系效力

婚姻无效或者被撤销后,当事人不具有夫妻的权利义务关系。《民法典》有关夫妻间的权利和义务的规定,不适用于宣告无效或者被撤销婚姻的当事人。

2. 财产关系效力

(1)同居期间所得财产的性质。被确认无效或者被撤销的婚姻,当事人同居期间所得的财产,除有证据证明为当事人一方所有的以外,按共同共有处理。⑤

(2)处理同居期间所得财产的原则。第一,无效或者被撤销的婚姻,当事人同居期间所得的财产,由当事人协议处理;协议不成时,由人民法院根据照顾无过错方的原则判决。第二,对重婚导致的婚姻无效的财产处理,不得侵害合法婚姻当事人的财产权益。即应当准许合法婚姻当事人作为有独立请求权的第三人

---

① 《民法典》第1052条第2、3款。
② 《民法典》第1053条第2款。
③ 《婚姻家庭编解释(一)》第21条。
④ 《婚姻家庭编解释(一)》第20条。
⑤ 《婚姻家庭编解释(一)》第22条。

参加诉讼。①

(3) 无过错方的损害赔偿请求权。因一方过错导致婚姻无效或者被撤销的,无过错方有权请求赔偿。赔偿的方式、数额等,可由当事人协议;协议不成的,由人民法院判决。

(二) 对子女的效力

婚姻被宣告无效或者被撤销的,当事人在共同生活期间所生子女的权益保护,适用《民法典》有关父母子女关系的有关规定。对无效婚姻或者被撤销婚姻当事人在共同生活期间所生的子女采取保护的原则,有助于实现子女利益的最大化。

第五节 事 实 婚 姻

一、事实婚姻的概念和特征

事实婚姻,就本质而言,是指欠缺婚姻成立的程序要件且以夫妻关系相待的两性结合。时代不同、国度不同,事实婚姻的概念、性质与效力也不同。如罗马法中的时效婚、英美的普通法婚姻、日本的内缘婚、古巴的非正式婚、联邦德国的同居婚等,都具有事实婚的性质。②

事实婚姻,是法律婚姻的对称,是指没有配偶的男女双方,未进行结婚登记即以夫妻名义同居生活,群众也认为其是夫妻关系的结合。事实婚姻具有以下特征:

第一,当事人是没有配偶的男女双方。有配偶则为构成事实重婚。

第二,当事人以夫妻名义共同生活。其与有配偶者与他人同居等行为相区分。

第三,当事人未进行结婚登记。其与法律婚姻相区别。

事实婚姻由于欠缺婚姻成立的要件,故在社会生活中具有一定的消极影响:一是影响结婚登记制度的贯彻执行,弱化了结婚登记的严肃性与权威性。二是排除了国家对婚姻成立的检查与监督,易于滋生违法婚姻。三是不利于建立合法的婚姻关系,妨害婚姻登记制度的巩固与发展。

二、事实婚姻的确认

(一) 事实婚姻的立法主义

婚俗习惯及法律规定的差异,导致事实婚姻的效力不同。事实婚姻的立法

---

① 《婚姻家庭编解释(一)》第 16 条。
② 张贤钰主编:《婚姻家庭继承法》,法律出版社 1999 年版,第 98 页。

例主要有三种:一是承认主义,即对符合结婚实质要件的事实婚姻承认其效力。二是不承认主义,即法律不承认事实婚姻的效力。因为婚姻为要式行为,非经法定形式,不能确认其为婚姻。三是相对承认主义,即法律为事实婚姻设定了有效条件,当具备了相应条件时,即可转化为合法婚姻。各国规定的转化条件有所不同,如符合法定的结婚条件、达到同居年限、补办法定手续或法院确认等。

(二)我国法律对事实婚姻的态度

我国婚姻家庭立法并未对事实婚姻作明确规定。司法实践对事实婚姻效力的认定,经历了三个发展阶段:

第一阶段:中华人民共和国成立初期至1989年11月21日。这一阶段,对事实婚姻采取有条件的承认主义。即只要符合法定结婚条件,就承认事实婚姻。①

第二阶段:1989年11月21日至1994年2月1日。在此期间,依然有条件地承认事实婚姻,但认定条件相对严格,体现出从严的司法原则。②

第三阶段:1994年2月1日以后。即1994年2月1日民政部《婚姻登记管理条例》公布施行以后,男女双方符合结婚实质要件的,人民法院应当告知其补办结婚登记。未补办结婚登记的,按解除同居关系处理。③

三、事实婚姻的效力

(一)对当事人的效力

事实婚姻,具有法律效力。即当事人具有配偶身份,产生夫妻间的权利义务关系。

(1)事实婚姻关系存续期间,男女双方所得的财产,除另有约定外,视为夫妻共同财产。因共同生产、生活需要而形成的债权、债务,按共同的债权、债务处理。

(2)男女双方离婚时,应平等分割夫妻共同财产、承担夫妻共同债务,但要适当照顾女方、未成年人的利益。

(二)对子女的效力

(1)事实婚姻所生的子女,为婚生子女,产生父母子女间的权利义务关系。

(2)男女双方离婚时,所生子女由双方协议抚养;协议不成的,由人民法院根据具体情况判决。如不满两周岁的子女,原则上由母亲直接抚养,男方应按约

---

① 参见最高人民法院:《关于贯彻执行民事政策法律的意见》,1979年2月2日;《关于贯彻执行民事政策法律若干问题的意见》,1984年8月30日。

② 最高人民法院:《关于人民法院审理未办结婚登记而以夫妻名义同居生活案件的若干意见》,1989年11月21日。

③ 《婚姻家庭编解释(一)》第7条。

定给付子女抚养费。如果男方抚养能力较强,子女也可由男方抚养。子女已满8周岁的,应当尊重其真实意愿。

四、事实婚姻与同居关系辨析

(一) 同居关系的概念和特征

同居关系,也称同居或非婚同居,是指没有婚姻关系的男女双方共同生活的行为。即男女双方未办理结婚登记即同居生活但不构成事实婚姻的行为。

同居关系具有以下特征:一是同居的主体是未婚男女。二是同居的男女双方未进行结婚登记。三是同居的男女双方是否符合结婚条件情形不同。

(二) 同居关系的性质确认

关于同居关系的性质认定,我国的司法实践经历了两个发展阶段:

第一阶段:认定为非法同居关系。即1994年2月1日民政部《婚姻登记管理条例》施行之前,男女双方未办结婚登记而以夫妻名义同居生活的,如果不符合结婚的实质要件,按非法同居关系对待。

第二阶段:认定为同居关系。即1994年2月1日民政部《婚姻登记管理条例》施行之后,男女双方未办结婚登记而以夫妻名义同居生活的,如果已经符合结婚的实质要件,应当补办结婚登记。未补办结婚登记的,按同居关系处理。

(三) 同居关系的效力

1. 对当事人的效力

(1) 同居关系,不产生配偶身份,不具有夫妻间的权利义务关系。

(2) 男女双方未补办结婚登记,如果起诉到法院要求离婚的,按解除同居关系处理。

(3) 当事人提起诉讼仅请求解除同居关系的,人民法院不予受理;已经受理的,裁定驳回起诉。当事人因同居期间财产分割或者子女抚养纠纷提起诉讼的,人民法院应当受理。[①]

(4) 当事人同居期间共同劳动所得的收入和购置的财产,为一般共有财产。双方各自继承或受赠的财产为双方的个人财产。

(5) 解除同居关系时,如何分割共有财产,由双方协议;协议不成的,由人民法院根据财产的具体情况,按照照顾女方、子女利益的原则判决。

(6) 同居生活期间,一方自愿赠与对方的财物,按赠与关系处理。一方向另一方索取的财物,应根据双方同居生活时间的长短以及双方经济状况等酌情返还。

---

① 《婚姻家庭编解释(一)》第3条。

2. 对子女的效力

(1) 同居期间所生子女为非婚生子女,但与婚生子女具有同等的法律地位,任何人不得危害和歧视。

(2) 解除同居关系时,子女由何方抚养,应由父母双方协议;协议不成的,由人民法院根据双方的具体情况,按照最有利于未成年子女的原则判决。子女已满8周岁的,应当尊重其真实意愿。不直接抚养子女的一方,应给付部分或全部抚养费。

第三十五章 家庭关系

第一节 夫妻关系

一、夫妻关系概述

(一) 夫妻关系的概念和特征

夫妻关系,也称配偶关系,是指男女双方以永久共同生活为目的依法形成的身份关系。

夫妻关系是家庭关系的基础和核心,既是法律关系,也是伦理关系。夫妻关系包括夫妻的人身关系和财产关系。夫妻关系具有以下特征:

第一,合法性。男女双方在符合法定的婚姻成立要件时,始构成婚姻关系并形成夫妻关系。相反,不具有夫妻关系效力。

第二,专属性。夫妻关系是基于配偶身份而产生的权利义务关系。夫妻关系具有人身专属性,即仅在具有配偶身份的男女双方之间产生。夫妻的权利义务关系是对等的,即一方享有的权利即是对方应尽的义务。

第三,终身性。夫妻关系应当是男女双方以永久共同生活为目的而形成的终身结合。这是婚姻对双方当事人主观心理的要求,也是当代社会对婚姻的期望。

(二) 夫妻关系的立法演进

夫妻关系伴随经济基础和上层建筑的变化而变化。时代不同、国度不同,规范夫妻关系的立法原则也不同。

1. 夫妻一体主义

在奴隶社会和封建社会,妻的人格为夫的人格所吸收,妻无独立人格。夫妻关系的本质是男尊女卑、夫权统治。如《仪礼·丧服传》载:"夫妇,一体也。"即在人身关系方面,妻子处于从属地位。在财产关系方面,男性家长掌管、支配一切财产,妻子作为家属不得有私财,不能擅自动用家庭财产。早期罗马法中的"有夫权的婚姻",使妻子成为"家长权"支配下的家属,在人身及财产方面完全依附于丈夫。中世纪欧洲教会法则肯定夫权,否定妻子的行为能力,使夫妻关系在婚姻家庭立法中体现出不平等。

2. 夫妻别体主义

资产阶级革命胜利后,法律视婚姻为民事契约。男女双方结婚后各自保有独立的人格,具有独立的民事行为能力,夫妻关系的本质是形式平等。如一些资本主义国家在婚姻家庭立法改革中,强调夫妻在婚姻家庭中的平等权利,使夫妻关系体现出法律地位的日趋平等。伴随女权运动的开展和社会性别平等观念的传播,夫妻的法律地位由形式平等向实质平等过渡。在现当代,男女两性在社会生活和婚姻家庭领域均具有完全平等的地位,夫妻关系发生了深刻变化。

(三)我国夫妻关系的法律地位

《民法典》第1055条规定:"夫妻在婚姻家庭中地位平等。"该规定是处理夫妻关系的基本原则。夫妻只有平等相处、互相尊重、互敬互爱、互谅互助,才能共同抚育子女、赡养老人,更好地发挥家庭的各项社会职能,保障已婚妇女在婚姻家庭生活中的合法权益,建立平等、和睦、文明的夫妻关系。

为贯彻男女平等基本国策,必须抵制男尊女卑、夫尊妻卑的传统观念与习惯势力,推进社会性别主流化。在建设社会主义物质文明和精神文明的同时,推进夫妻的实质平等。

二、夫妻人身关系

夫妻人身关系,是指夫妻双方的身份权利义务关系,是双方基于配偶身份所享有的权利,所以又称为配偶身份权。夫妻人身关系,是婚姻效力之一,《民法典》第112条规定:"自然人因婚姻家庭关系等产生的人身权利受法律保护。"各国法规定的具体配偶身份权不完全相同。

(一)夫妻姓名决定权

夫妻姓名决定权,是指男女双方婚后享有的自主决定使用姓名的权利。我国《民法典》第1056条规定:"夫妻双方都有各自使用自己姓名的权利。"该规定表明男女结婚后双方仍可继续保留婚前的姓氏和名字,其实质意义是女方结婚后有继续使用自己姓名的权利。当男到女家落户成为女方的家庭成员时,其仍有继续使用自己姓名的权利。当然,根据双方约定,女方可以改称男方的姓氏,男方也可以改称女方的姓氏,但任何一方及第三人均不得强迫他方违背其意愿而更改姓名。

姓名虽只是用来区别个人的符号,但有无使用自己姓名的权利却是夫妻双方有无独立人格的标志。我国古代的结婚方式是男娶女嫁、妇从夫居,妇女结婚后即从夫姓。妇女只有小名而无正式姓名,是人身依附关系的表现。直至1930年南京国民政府《民法·亲属编》第1000条还规定:"妻以其本姓冠以夫姓,赘夫以其本姓冠以妻姓,但当事人另有约定者,不在此限。"仍体现出男尊女卑观念。

夫妻享有平等的姓名权还表现在子女姓氏的确定上。《民法典》第1015条第1款中规定,"自然人应当随父姓或者母姓"。父母双方协商确定子女的姓氏,破除了子女只能随父姓的封建宗法观念。当然,子女在成年后,可依法更改自己的姓名。

(二) 夫妻人身自由权

夫妻的人身自由权,是公民基本自由权利在婚姻家庭领域的体现,是夫妻进行生活、学习、劳动和从事各种社会活动的先决条件。夫妻享有人身自由权是夫妻家庭地位平等的重要标志。

在封建社会,由于受"男主外、女主内""三从四德"观念的影响,已婚妇女处于夫权的支配之下,没有参加社会活动的自由与权利。资本主义国家早期的婚姻家庭立法,曾对已婚妇女的行为能力进行多方限制,妻子没有独立选择职业和自由参加社会活动的权利。伴随社会的发展和性别观念的更新,女性的社会地位逐步提高,夫妻享有平等的人身自由权日渐成为婚姻家庭立法的共识。

《民法典》第 1057 条规定:"夫妻双方都有参加生产、工作、学习和社会活动的自由,一方不得对另一方加以限制或者干涉。"该规定是夫妻地位平等的体现,也是夫妻平等行使权利和承担义务的法律保障。其立法精神,主要是保护已婚妇女的人身自由权利,反对夫妻关系中残存的夫权思想,禁止丈夫限制或干涉妻子的人身自由。当然,夫妻的人身自由权必须依法行使,不得滥用。为了全面保障女性的人身权利,我国《妇女权益保障法》专门设置了"人身权利"一章,明确规定"妇女的人身自由不受侵犯","禁止用迷信、暴力等手段残害妇女"。

(三) 夫妻对未成年子女抚养、教育和保护的平等权

夫妻对未成年子女抚养、教育和保护的平等权,是指夫妻双方平等享有对未成年子女抚养、教育和保护的权利,共同承担对未成年子女抚养、教育和保护的义务。

夫妻双方共同承担着人类再生产的功能。夫妻双方在婚姻家庭关系中的地位平等,这一规则在养育子女方面就表现为夫妻在对未成年子女的抚养、教育和保护上享有平等的权利,负有共同的义务。夫妻双方都有抚养、教育和保护未成年子女的权利义务,应共同担负对其未成年子女的抚养、教育和保护的职责。夫妻共同为未成年子女的法定监护人,夫妻双方在抚养、教育和保护未成年子女上享有平等的权利,负有同等的义务,任何一方不得限制和干涉他方对未成年子女的抚养、教育和保护的权利,任何一方也不得推脱和不履行抚养、教育和保护未成年子女的义务。

(四) 夫妻相互扶养义务[①]

夫妻相互扶养义务,是指夫妻享有在物质和生活上相互扶助、相互供养的资格。

[①] 关于夫妻相互扶养义务以及以下论述的相互家事代理权、相互继承财产的权利的性质,有不同的观点。有一种观点认为,这三项权利属于财产关系,因为是以财产为内容的;另一种观点认为,这三项是基于配偶身份发生的权利,是一种资格,而不属于财产权利。

《民法典》第 1059 条规定:"夫妻有相互扶养的义务。需要扶养的一方,在另一方不履行扶养义务时,有要求其给付扶养费的权利。"夫妻互负扶养义务,是夫妻关系的确立而发生的一种资格,是夫妻身份效力的体现,对保障夫妻共同生活、正常生活,加强夫妻之间的物质帮助和生活照料具有重要意义。当一方无固定收入、缺乏生活来源或由于年老、患病等原因需要扶养时,另一方应依法履行扶养义务。夫妻的扶养义务具有以下特点:

第一,夫妻的相互扶养义务,基于婚姻的效力而产生,目的在于夫妻共同生活的维持,是婚姻关系的必然要求。夫妻的扶养请求权具有人身专属性,不得转让和继承。夫妻的扶养义务彼此平等,任何一方不得只享有接受扶养的权利而拒绝履行扶养的义务。

第二,夫妻的相互扶养义务,是基于夫妻身份关系享有的一种资格。夫妻的扶养义务始于婚姻的成立,终于婚姻的终止。夫妻扶养义务的履行,以一方有能力扶养且另一方需要扶养为条件。

第三,夫妻的扶养义务也是扶养权利。夫妻都有扶养对方的义务,也都有接受和要求对方扶养的权利。扶养的内容包括夫妻之间的经济供养和生活扶助,以及同居生活,以维持婚姻家庭生活的正常进行。

第四,夫妻的扶养义务具有法律的强制性。即需要扶养的一方有权要求对方承担扶养责任。如发生纠纷,可经有关部门调解或直接向人民法院起诉。人民法院可调解解决,也可依法强制义务人履行扶养义务。义务人拒不履行扶养义务,情节严重构成遗弃罪的,应追究刑事责任。

(五)夫妻家事代理权

夫妻家事代理权,是指夫妻在家事上享有互为代理人的资格,任何一方有权代理他方就家事实施民事法律行为。这里的家事是指家庭的日常事务。因此,家事代理权有的称为家庭日常事务代理权。

家事代理权是历史范畴。源于罗马法的家事代理权,曾由家长行使,后为弥补家长亲为之不足,家事代理权也可由妻代为行使,形成了夫权之下"家事代理权"的性别特征,即妻子的"锁轮权",显现出夫妻一体主义的立法理念。伴随近现代社会夫权统治的逐步瓦解和夫妻别体主义的建构,夫妻互相享有家事代理权的立法理念得到各国婚姻家庭立法的认同与采纳[①],家事代理权也完成了最初由家长行使到由妻子行使、再到夫妻双方平等行使的转变。如《瑞士民法典》第 166 条规定:"夫妻在共同生活期间,就家庭事务,任何一方均得代表共同体……夫妻一方对其个人行为,应单独负其责任,但第三人有理由相信其行为未

---

① 李志敏主编:《比较家庭法》,北京大学出版社 1988 年版,第 108 页。

超越代表权者,他方应负连带责任。"①《日本民法典》第761条规定:"夫妻一方就日常家事同第三人为法律行为时,另一方对由此产生的债务负连带责任。但是,对第三人预先告知不负责任时,不在此限。"②我国司法实践中为解决家事纠纷,相关司法解释曾对家事代理权予以规范③,以明确夫妻双方在日常生活需要范围内处理家庭事务的权利。

《民法典》第1060条规定:"夫妻一方因家庭日常生活需要而实施的民事法律行为,对夫妻双方发生效力,但是夫妻一方与相对人另有约定的除外。夫妻之间对一方可以实施的民事法律行为范围的限制,不得对抗善意相对人。"夫妻的家事代理权有以下特征:

第一,夫妻双方享有平等的家事代理权。即在持续发生的家事活动中,夫妻互为日常家事代理人。

第二,家事代理权基于婚姻效力而产生。家事代理权是配偶身份权的表现。夫妻在家务事范围内一方在与第三人为民事法律行为时,互为代理,无须授权。

第三,家事代理权的行使以家庭日常生活需要为限。通常包括基本生活需要、精神生活需要和家庭管理需要等。如购买家庭日常生活用品、赡老育幼以及家庭必要的维持或建设的费用支出等。

家事代理权的行使,关涉家事代理权益和相对人利益的维护,故应遵循谨慎注意义务,避免权利滥用。如非因家庭日常生活需要而为的民事法律行为,属无权代理,对配偶他方不生效力,行为人应以其个人财产承担责任;如果相对人有理由相信其为夫妻共同意思表示的,则视为家事代理,以保护善意相对人的利益。夫妻双方可以对一方可以实施的民事法律行为的范围予以限制,但是夫妻之间的约定不得对抗善意第三人。

家事代理权的终止包括绝对终止与相对终止。绝对终止,因婚姻关系的终止而终止;相对终止,因法定或约定的原因而终止。④

(六)夫妻相互遗产继承权

夫妻相互遗产继承权,是指夫妻双方互为配偶,具有相互继承遗产的资格。

夫妻相互继承遗产的权利,以配偶身份或者婚姻关系的存续为前提,是婚姻效力的具体体现,也是夫妻双方在婚姻关系、家庭关系中地位平等的重要标志。确认配偶之间互为法定继承人,享有相互遗产继承的权利,是当代世界各国的继承立法通例。《民法典》第1061条规定:"夫妻有相互继承遗产的权利。"夫妻继承权具有以下特征:

---

① 《瑞士民法典》,戴永盛译,中国政法大学出版社2016年版,第64页。
② 《日本民法典》,刘士国、牟宪魁、杨瑞贺译,中国法制出版社2018年版,第187页。
③ 《婚姻法解释(一)》第17条。
④ 王歌雅:《社会排挤与女性婚姻家庭权益的法律保障》,黑龙江人民出版社2019年版,第154页。

第一,配偶身份是夫妻互享遗产继承权的前提。只有具有配偶身份的男女双方,才可以配偶身份继承遗产。

第二,夫妻相互继承遗产的权利平等。禁止因性别歧视干涉、阻挠女性继承其配偶遗产的行为。

第三,夫妻相互继承遗产的权利仅是客观意义的继承权,是指继承遗产的资格,而不是直接可以行使的参与继承的主观意义继承权。只有在具备可行使遗产继承权的条件时,夫妻才可以行使继承权参与继承。

三、夫妻财产关系

夫妻财产关系,是指夫妻双方基于婚姻形成的财产权利义务关系,即夫妻间的财产权利和财产义务。夫妻财产关系,是派生于夫妻人身关系的重要法律关系,是夫妻共同生活的物质保障和实现家庭经济职能的基础要素。

(一)夫妻财产制的概念

夫妻财产制,也称婚姻财产制,是指规定夫妻财产关系的法律制度。即关于夫妻婚前和婚后所得财产的归属、管理、使用、收益、处分,以及债务的清偿、婚姻解除时财产清算等方面的法律制度。[①]

夫妻财产制是婚姻家庭制度的重要组成部分,其性质和特点由一定社会的生产关系所制约,又与夫妻人身关系密不可分。夫妻财产制的适用,有助于保障夫妻的财产权益。

(二)夫妻财产制的类型

夫妻财产制的类型,因地域、时代、国度的不同而有所差异。古代社会的夫妻财产制基于夫妻一体主义,多采取"吸收财产制",妻的财产因结婚而为夫家或夫所有,妻不享有独立的财产权。伴随时代变革、经济发展、主体意识增强以及立法传统、风俗习惯的转变,有关夫妻财产制的形式与内容也发生了相应变化。

1. 依夫妻财产制的发生根据,可分为法定财产制和约定财产制

法定财产制,是指夫妻在婚前或婚后均未对夫妻财产关系进行约定或所作约定无效时,依法律规定而直接适用的夫妻财产制。

约定财产制,是指夫妻双方以约定的形式,选择确定夫妻财产制形式的法律制度。约定财产制被多数国家的婚姻家庭立法所采纳,具有优于法定财产制的适用效力,即只有无财产制约定或约定无效时才适用法定财产制。

2. 依夫妻财产制的内容,可分为统一财产制、联合财产制、共同财产制、分别财产制和剩余共同财产制

统一财产制是指婚后除特有财产外,将妻的婚前财产估定价额,转归其夫所

---

① 李志敏主编:《比较家庭法》,北京大学出版社1988年版,第109页。

有,妻则保有在婚姻关系终止时,对婚前财产或估价金额的返还请求权。这一财产制具有夫权主义色彩,不利于妻子财产权益的维护,仅为早期资本主义国家立法所采用。

联合财产制又称管理共同制,是指婚后夫妻的婚前财产和婚后财产仍归各自所有,除特有财产外,将夫妻财产联合在一起,由夫管理。夫对妻的原有财产有占有、使用、管理、收益的权利,必要时有处分权,但以负担婚姻生活费用为代偿;婚姻关系终止时,妻的财产由本人收回或由其继承人继承。这一财产制源于欧洲中世纪的日耳曼法,后被早期资本主义国家加以继承和发展。由于其具有夫妻财产关系上的不平等,违背性别平等原则,逐步被婚姻家庭立法所摒弃。

共同财产制是指婚后除特有财产外,夫妻的全部财产或部分财产归双方共同所有。依共有范围的不同,又可分为一般共同制、所得共同制、动产及所得共同制、劳动所得共同制等形式:(1)一般共同制,是指夫妻婚前、婚后的财产(动产和不动产)均为夫妻共有的财产制;(2)所得共同制,是指夫妻在婚姻关系存续期间所得财产为夫妻共有的财产制;(3)动产及所得共同制,是指夫妻婚前的动产及婚后所得的财产为夫妻共有的财产制;(4)劳动所得共同制,是指夫妻婚后的劳动所得为夫妻共有,非劳动所得的财产,如继承、受赠所得等,则归各自所有的财产制。

分别财产制是指夫妻婚前和婚后所得财产仍归各自所有,各自独立行使管理、使用、收益和处分权;但不排除双方拥有一部分共同财产或妻以契约形式将其个人财产的管理权交付于夫行使。

剩余共同财产制也称增益共同制,是指夫妻对于自己的婚前财产及婚后所得财产,各自保留其所有权、管理权、使用收益权及有限制的处分权,夫妻财产制终止时,以夫妻双方增值财产(夫妻各自最终财产多于原有财产的增值部分)的差额为剩余财产,归夫妻双方分享。

(三)我国现行的夫妻财产制

根据《民法典》的规定,我国现行夫妻财产制是法定夫妻财产制与约定夫妻财产制相结合。如果没有财产约定,则当然适用法定财产制。即除法定的个人特有财产外,其余属于夫妻共同财产。

1. 法定夫妻财产制

法定夫妻财产制,是夫妻共同财产制与夫妻个人特有财产制相结合。

(1)夫妻共同财产制。

夫妻共同财产制也称婚后所得共同制,是指在婚姻关系存续期间,夫妻双方或一方所得的财产,除另有约定或法定夫妻特有个人财产外,均为夫妻共同所有的财产制度。夫妻对共同所有的财产,有平等的占有、使用、收益和处分的权利。

关于夫妻共同财产制,需关注以下问题:

第一,夫妻共同财产的范围。根据《民法典》第 1062 条的规定,夫妻在婚姻关系存续期间所得的下列财产,为夫妻的共同财产,归夫妻共同所有:(1) 工资、奖金和劳务报酬;(2) 生产、经营、投资的收益;(3) 知识产权的收益;(4) 继承或者受赠的财产,但是《民法典》第 1063 条第 3 项规定的除外;(5) 其他应当归共同所有的财产。夫妻对共同财产,有平等的处理权。

第二,夫妻共同财产的确认。关于夫妻共同财产的范围,《民法典》第 1062 条仅为原则规定。在司法实践中,针对特定财产性质的界定,还需依据相关司法解释加以确认。①

第三,婚姻关系存续期间夫妻共同财产的分割。夫妻共同财产制,始于婚姻的成立,终于婚姻的终止,即伴随婚姻关系存续期间。在婚姻关系存续期间,除约定外,原则上不能分割夫妻共同财产。但为维护夫妻一方的财产权益不受侵犯,助力其履行法定扶养义务,赋予其在婚姻关系存续期间请求分割夫妻共同财产的权利,有助于财产权益的公平保障与婚姻家庭职能的充分发挥。《民法典》第 1066 条规定:"婚姻关系存续期间,有下列情形之一的,夫妻一方可以向人民法院请求分割共同财产:(一) 一方有隐藏、转移、变卖、毁损、挥霍夫妻共同财产或者伪造夫妻共同债务等严重损害夫妻共同财产利益的行为;(二) 一方负有法定扶养义务的人患重大疾病需要医治,另一方不同意支付相关医疗费用。"

(2) 夫妻个人特有财产制。

夫妻个人特有财产制也称夫妻特有财产制,是指夫妻在婚后实行共同财产制时,依据法律规定或夫妻双方约定,财产归夫妻个人所有的财产制。夫妻个人财产制排除夫妻共同财产制的适用。

夫妻个人特有财产,也称归夫妻各自所有的财产或夫妻个人财产,是指夫妻在婚后实行共同财产制时,依据法律规定或夫妻双方约定,夫妻保有个人财产所有权的财产。关于夫妻个人特有财产,需关注以下问题:

第一,夫妻个人特有财产的范围。依据《民法典》第 1063 条的规定,下列财产为夫妻一方的个人财产:(1) 一方的婚前财产;(2) 一方因受到人身损害获得的赔偿或者补偿;(3) 遗嘱或者赠与合同中确定只归一方的财产;(4) 一方专用的生活用品;(5) 其他应当归一方的财产。夫妻个人特有财产,通常是指该财产的取得往往没有夫妻另一方的劳动参与或者与夫妻一方的人身不可分的财产。

第二,夫妻个人特有财产的确认。关于夫妻个人特有财产的范围,《民法典》第 1063 条仅为原则规定。在司法实践中,针对特定财产性质的界定,需依据相关司法解释加以确认。②

---

① 参见《婚姻家庭编解释(一)》。
② 同上。

第三，夫妻个人特有财产权利的行使。夫妻个人特有财产，是夫妻婚后依法或依约定归属个人所有的财产。对夫妻个人特有财产，夫妻一方有独立占有、使用、收益和处分的权利，他方不得干涉。在婚姻关系存续期间，夫妻一方所负个人债务及其个人特有财产所生债务，应由其个人特有财产承担清偿责任。

2. 约定夫妻财产制

夫妻约定财产制，是指法律允许夫妻以协议的形式确定财产所有的夫妻财产制。即对夫妻在婚姻关系存续期间所得财产以及婚前财产的归属、占有、使用、收益、处分及债务清偿、婚姻解除时财产清算等事项作出约定。[①] 约定夫妻财产制优先于法定夫妻财产制，且排除法定夫妻共同财产制的适用。

各国关于约定财产制主要有三种立法主义：一是独创式的夫妻财产契约制度，即法律不规定约定的形式，允许当事人自行约定。我国约定夫妻财产制属此种立法主义。二是选择式的夫妻财产约定制度，即法律明确设定若干财产制形式，当事人仅能选择其一。三是仅允许约定夫妻特有财产的制度。[②]

我国 1950 年《婚姻法》并未规定夫妻约定财产制。1980 年《婚姻法》为顺应婚姻家庭财产关系的变化，明确规定了夫妻约定财产制。2001 年《婚姻法》第 19 条规定了夫妻财产约定的范围与效力。

《民法典》第 1065 条规定："男女双方可以约定婚姻关系存续期间所得的财产以及婚前财产归各自所有、共同所有或者部分各自所有、部分共同所有。约定应当采用书面形式。没有约定或者约定不明确的，适用本法第一千零六十二条、第一千零六十三条的规定。夫妻对婚姻关系存续期间所得的财产以及婚前财产的约定，对双方具有法律约束力。夫妻对婚姻关系存续期间所得的财产约定归各自所有，夫或者妻一方对外所负的债务，相对人知道该约定的，以夫或者妻一方的个人财产清偿。"约定夫妻财产应注意以下问题：

（1）财产约定的范围。财产约定的范围既包括对婚后所得财产的约定，也包括对婚前财产的约定。

（2）财产约定的内容。既可约定为归夫妻各自所有、共同所有，也可以约定为部分各自所有、部分共同所有。

（3）财产约定的形式。约定应当采取书面形式。没有约定或者约定不明确的，适用《民法典》第 1062 条、第 1063 条的规定。

（4）财产约定的效力。财产约定的效力包括两方面：一是对内效力，即夫妻财产约定对夫妻双方具有法律约束力；二是对外效力，即对夫妻之外的相对人产

---

① 参见杨大文、马忆南编著：《婚姻家庭法》，北京大学出版社 2004 年版，第 133 页。
② 参见李忠芳主编：《新〈婚姻法〉释义》，中共党史出版社 2001 年版，第 71 页。

生的法律效力,即夫妻对婚姻关系存续期间所得的财产约定归各自所有,夫或者妻一方对外所负的债务,相对人知道该约定的,以夫或者妻一方的个人财产清偿。

第二节 父母子女关系

一、父母子女关系概述

(一) 父母子女关系的概念和种类

父母子女关系,也称亲子关系,亲为父母,子为子女。是指父母子女之间的权利义务关系。父母子女是最近的直系血亲,是家庭关系的核心。

父母子女关系主要分两类:一是自然血亲的父母子女关系,包括生父母和婚生子女关系、生父母和非婚生子女关系;二是拟制血亲的父母子女关系,包括养父母和养子女关系、有扶养关系的继父母和继子女关系。基于医学的发展,亲子关系还包括父母和人工生育的子女关系。

父母子女关系,可因子女出生的事实而发生,也可因收养或继父母抚养教育继子女的事实而发生。自然血亲的父母子女关系只能因死亡而终止,拟制血亲的父母子女关系可依法定程序予以解除。

时代不同,父母子女关系的内容也不同。古代的父母子女关系以家族为本位,恪守家长制,父母对子女享有主婚权、教令权、惩戒权等,子女无独立的人身权和财产权。近现代的父母子女关系以个人为本位,逐步实现了父母子女关系的日益平等,父母和子女均享有独立的人身权和财产权,但父母对未成年子女享有亲权。

(二) 亲权

1. 亲权的概念和特征

亲权,是指父母对未成年子女在人身和财产方面的管教和保护的权利和义务。亲权渊源于罗马法的家父权和日耳曼法的保护权,具有维护亲权人利益的特征。伴随亲子观念的变化,亲权也逐步转向于保护未成年人的利益。纵观当代各国的亲权立法,亲权的特征如下:

第一,亲权是基于父母的身份对未成年子女所产生的权利和义务,对成年子女则不享有亲权。

第二,亲权是父母对未成年子女的权利和义务的统一,不得任意抛弃。

第三,行使亲权的目的是为了教育和保护未成年子女。保护和教育的手段应符合法律的有关规定。

第四,滥用亲权时,亲权可被依法剥夺。

2. 亲权的行使原则

为确保亲权的行使,各国的婚姻家庭立法均规定了亲权行使原则:第一,父母行使亲权是为保护子女的利益,禁止滥用亲权。第二,未成年子女须服从亲权。第三,父母行使亲权时,应具有与处理自己事务同样的注意。如果亲权人未尽应有的注意义务,给子女造成损害,应承担损害赔偿责任。

3. 亲权的主体

基于男女平等原则,亲权的主体应为父母双方,即父母双方均享有平等的亲权。父母行使亲权时,应结合具体情况适用关于亲权人的规定。

(1) 婚生子女的亲权人。有三种情形:一是在婚姻关系存续期间,亲权人是父母双方。二是在婚姻关系存续期间,父母一方死亡(或宣告死亡)或被宣告为无民事行为能力人或限制民事行为能力人,其亲权应由另一方行使。三是父母离婚或者婚姻无效或被撤销时,父母双方虽皆为亲权人,但考虑亲权行使的便利,原则上应由亲自抚育子女的一方行使亲权。

(2) 非婚生子女的亲权人。分三种情形:一是非婚生子女的生父未对其进行认领时,随母生活的非婚生子女的亲权由生母行使。二是非婚生子女的生父虽未对其认领,但却实际履行了抚育职责,该非婚生子女的亲权可由生父母共同行使。三是非婚生子女的生父对其认领后,应由父母双方共同行使亲权。

(3) 养子女的亲权人。在收养关系成立后,对养子女的亲权,应由养父母共同行使。生父母的亲权因收养关系的成立而消除。

(4) 继子女的亲权人。对形成了抚养教育关系的继子女,继父母与生父母享有平等的亲权。基于亲权行使的便利,应由与继子女共同生活的生母和继父或生父和继母共同行使。未形成抚养教育关系的继子女,其亲权由与其共同生活的生父或生母行使。

(5) 人工生育子女的亲权人。分为两种情形:凡经夫妻双方协商同意后实施人工生育技术所生育的子女,其亲权由人工生育子女的父母双方共同行使;凡由夫妻一方单独实施人工生育技术所生育的子女,其亲权由该方行使,与另一方不产生亲权关系。

4. 亲权的内容

在当代各国的亲权立法中,亲权的内容体现在人身和财产两方面。人身方面的亲权,主要有保护教育权(居所指定权、返还子女请求权、职业许可权等)、惩戒权、法定代理权;财产方面的亲权,主要有财产管理权、使用收益权和处分权等。

我国《民法典》第1068条规定:"父母有教育、保护未成年子女的权利和义务。未成年子女造成他人损害的,父母应当依法承担民事责任。"对此规定,应作以下理解:

第一，父母有教育、保护未成年子女的权利和义务，是父母双方共同的权利和义务，也是亲权的内容。父母双方共同行使权利、履行义务，有利于子女健康人格的养成及良好品格的塑造，有利于子女学业进步或事业发展。对子女只抚养、不教育、不保护，既违背我国的义务教育法，也与我国的婚姻家庭立法精神相悖。当然，父母对未成年子女的保护不同于包庇，对未成年子女只抚养不管教或者纵容、包庇子女违法犯罪的行为，都是对保护的滥用。

第二，父母有教育、保护未成年子女的权利和义务，是对父母抚养子女义务的必要补充，也是有效保障子女身心健康和财产安全的法律依据。未成年子女属于无民事行为能力人或者限制民事行为能力人，欠缺正确理解和处理问题的能力。父母作为未成年子女的监护人和法定代理人，在未成年子女的人身、财产和其他权益遭受损害时，有代其提起诉讼、请求赔偿的权利。

第三，当未成年子女给他人造成损害时，父母应当依法承担民事责任。这一规定既可以保护受害人的合法权益，也可以增强父母对子女、对社会的责任感。这也是父母作为未成年子女法定监护人的责任。

5. 亲权的丧失、恢复和消灭

（1）亲权的丧失，是指亲权人因法定事由而失去行使亲权的资格。在通常情况下，亲权不得剥夺。但亲权人有下列情形之一，则丧失亲权：① 被宣告为无民事行为能力人或者限制民事行为能力人；② 不履行亲权人的职责，情节严重，使未成年子女蒙受重大损害；③ 对未成年子女实施犯罪，或者教唆未成年子女犯罪；④ 被判处有期徒刑以上的刑罚；⑤ 出于其他重大原因，经法定程序或人民法院宣告而丧失亲权。如因收养关系的成立，生父母的亲权转移给养父母行使等。

（2）亲权丧失的请求权主体，既可以是未成年子女的父母一方或其近亲属，也可以是未成年子女的父母所在单位或未成年子女住所地的居民委员会或村民委员会。

（3）亲权丧失的法律后果表现在四方面：一是亲权人不得再对未成年子女行使管教、保护等人身权和财产权。二是丧失亲权并不免除原亲权人对子女的抚养义务。亲权人在亲权丧失后，仍需支付子女抚育费的一部或者全部。三是丧失亲权并不影响亲权人的探望权。在不危害子女的前提下，允许其探望、会见未成年子女。四是如父母一方丧失亲权，则以另一方为亲权人；双方都丧失亲权的，应依法为未成年人另行设置监护。

（4）亲权的恢复，即丧失亲权者在法定条件下重新获得亲权。恢复亲权的条件为丧失亲权的原因消失，经利害关系人的申请，由法院作出撤销丧失亲权的宣告。当丧失亲权宣告被撤销时，原亲权人恢复亲权。

（5）亲权的消灭，是指由于法定事由的出现，导致亲权无须履行或不能履行,从而使亲权归于消灭,如子女已达成年或者死亡等。

二、父母与婚生子女

(一) 婚生子女的概念

婚生子女,是指在婚姻关系存续期间受胎或出生的子女。综观世界各国的亲子立法,有关婚生子女概念的定位,大致可分为两种立法例:一是宽容主义,即凡在婚姻关系存续期间受胎或出生的子女,皆为婚生子女。二是严格主义,仅限于婚姻关系存续期间受胎的子女为婚生子女。同时,法律对子女的受胎时间予以严格限制。凡符合时间规定的,视为婚生子女;否则,视为非婚生子女。

(二) 婚生子女的推定和否认

1. 婚生子女的推定

婚生子女的推定,是指对子女的婚生性的法律强制规定。即在婚姻关系存续期间,妻子受胎所生的子女,推定为婚生子女。设立婚生子女的推定制度,有利于保护子女的权益,促进家庭的和睦与稳定。

依传统亲子关系的认定规则,婚生子女应同时具备以下条件:一是该子女应为具有配偶身份的男女所生;二是该子女的血缘来自具有配偶身份的男女双方;三是该子女出生于婚姻关系存续期间。上述认定标准,既有利于婚生子女的推定,也将婚前等非婚姻关系受胎而出生的子女排斥在婚生子女范围之外,使婚生子女的认定标准既严格又准确。近现代以来,伴随婚姻家庭观念的变化,许多国家在亲子法中融入了宽松理念,有关婚生子女的推定日益朝着有利于保护未成年人利益的方向发展。如联合国《儿童权利宣言》指出,法律的制定"应以儿童的最大利益为首要考虑"。

当代关于婚生子女推定的立法,主要有三种立法例:一是在婚姻关系存续期间受胎而出生的子女为婚生子女。二是在婚姻关系存续期间出生的子女为婚生子女。三是子女在婚姻关系存续期间或婚姻关系解除后300日以内出生时,推定为婚生子女。

2. 婚生子女的否认

婚生子女的否认,也称对婚生子女推定的限制,是指当事人依法享有否认婚生子女为自己亲生子女的诉讼请求权的制度,简称否认权。如丈夫证明子女在受胎期间,其未与妻子有同居行为,依法否认子女是亲生子女。各国关于婚生子女否认的立法并不同。

(1) 否认权主体,主要有三种立法例:一是只有丈夫享有否认权;二是丈夫和子女均享有否认权;三是夫、妻、子女或检察官均享有否认权。

(2) 否认权行使的理由,各国法律大多规定为妻非因夫的行为而受胎,包括夫妻于受胎期间无同居的事实;夫为性无能,因此无法使妻受孕等。

（3）否认权行使的时效限制，各国规定不同。有的时效规定为1年或2年。关于时效的计算，各国法律多为自知悉子女为非婚生子女之日起开始计算。

（4）否认之诉的效力，各国立法基本一致。即否认之诉须经法院判决胜诉后，该子女才丧失婚生子女的身份，从而成为非婚生子女。在法院作出判决之前，任何人不得主张该子女为非婚生子女。

（5）否认权的消灭。各国法律均规定在下述情况发生时，婚生子女否认权消灭：一是时效期间届满；二是子女死亡；三是夫承认或同意认定子女为婚生子女。

婚生子女的否认，是"为保障当事人的合法权益及子女的利益，使应尽义务的人不致逃脱责任，实现法律的公正性，各国法在规定婚生子女推定制度的同时，也规定了对推定的否认"。①

3. 我国法对婚生子女推定与否认的规定

我国以往的《婚姻法》未规定亲子关系的推定与否认制度。为实现对亲子利益的双向度保护，弥补婚姻家庭立法的不足，有效规制亲子纠纷，《民法典》第1073条规定："对亲子关系有异议且有正当理由的，父或者母可以向人民法院提起诉讼，请求确认或者否认亲子关系。""对亲子关系有异议且有正当理由的，成年子女可以向人民法院提起诉讼，请求确认亲子关系。"请求亲子关系确认与否认的主体主要有两类：一是父或者母；二是成年子女。在司法实践中，有关亲子关系推定与否认的纠纷，可适用相关司法解释来解决。②

（三）父母与婚生子女的权利义务

1. 父母对子女的抚养义务

抚养，是指父母从物质上、精神上对子女的养育和照料。包括负担子女的生活费、教育费、医疗费及其他必要的费用，即精心照料生活、鼓励慰勉人格。抚养，是父母对子女所负义务的主要内容，也是子女健康成长的客观需要和物质保障。

《民法典》第1067条第1款规定："父母不履行抚养义务的，未成年子女或者不能独立生活的成年子女，有要求父母给付抚养费的权利。"父母对未成年子女的抚养义务是无条件的，从子女出生时起至子女能独立生活时止。父母对成年子女的抚养义务则是有条件的，即其"不能独立生活"。"不能独立生活的成年子女"，在司法实践中，是指丧失、部分丧失劳动能力等非因主观原因而无法维持正

---

① 李志敏主编：《比较家庭法》，北京大学出版社1988年版，第212页。
② 《婚姻家庭编解释（一）》第39条规定："父或者母向人民法院起诉请求否认亲子关系，并已提供必要证据予以证明，另一方没有相反证据又拒绝做亲子鉴定的，人民法院可以认定否认亲子关系一方的主张成立。父或者母以及成年子女起诉请求确认亲子关系，并提供必要证据予以证明，另一方没有相反证据又拒绝做亲子鉴定的，人民法院可以认定确认亲子关系一方的主张成立。"

常生活的成年子女。①

父母双方必须承担对子女的抚养义务,不得推诿。当父母不履行抚养义务时,未成年子女或者不能独立生活的成年子女有要求父母给付抚养费的权利。追索抚养费的请求,可向父母本人提出,也可向人民法院提出。人民法院审理此类案件,首先应进行调解;调解不成的,依法判决。在调解书和判决书中,应确定抚养费给付的数额、期限和方法。必要时,人民法院可以裁定的方式,责令义务人先行给付,以保障被抚养人的正常生活。如义务人拒不执行裁定,人民法院可依法强制执行。②对拒绝抚养且情节恶劣、构成犯罪的义务人,应依法追究刑事责任。

2. 成年子女对父母的赡养和扶助义务

赡养,是指子女对父母的供养,即在物质上和经济上为父母提供必要的生活条件。扶助,是指子女对父母在精神上和生活上的安慰、关心、帮助和照料。

《民法典》第 1067 条第 2 款规定:"成年子女不履行赡养义务的,缺乏劳动能力或者生活困难的父母,有要求成年子女给付赡养费的权利。"关于成年子女履行赡养和扶助父母的义务,应注意以下几点:

第一,成年子女是赡养扶助父母的义务主体。即凡有赡养扶助能力的成年子女,不分男女,不论已婚或者未婚,都必须履行这一义务。未成年子女并非是赡养扶助父母的义务人,某些有赡养扶助能力的未成年子女自愿履行这一义务,应当予以肯定,但其与履行法定的赡养扶助义务有着严格区别。

第二,子女赡养扶助缺乏劳动能力或者生活困难的父母是法定义务。只有自觉、积极地履行这一义务,才能保障父母有稳定的生活环境,做到老有所养、病有所医、老有所为、老有所乐。具体要求包括两方面:一是与父母共同生活的子女,应依法履行赡养扶助的义务;非与父母共同生活的子女,应根据父母的实际需要和自己的负担能力,给付适当的赡养费。二是在子女不止一人时,应根据"条件好的多负担,条件差的少负担"的原则,共同负担父母的赡养费。

第三,赡养费的给付标准,一般应不低于当地的生活水平。赡养费的给付方法,可根据权利人和义务人的具体情况确定。有工资收入的,可以按月或者定期给付现金;无工资收入的,可以按收益季节给付现金或者给付实物。

第四,当子女有条件履行赡养扶助父母的义务而不履行时,缺乏劳动能力或者生活困难的父母有要求子女给付赡养费的权利。因索要赡养费而发生纠纷的,可由有关部门进行调解,也可经人民法院依诉讼程序处理。人民法院审理赡

---

① 《婚姻家庭编解释(一)》第 41 条。
② 《婚姻家庭编解释(一)》第 43 条规定:婚姻关系存续期间,父母双方或者一方拒不履行抚养子女义务,未成年子女或者不能独立生活的成年子女请求支付抚养费的,人民法院应予支持。

养案件,应本着子女对父母有赡养扶助的义务、不得遗弃或虐待的原则,认真及时地处理。在具体确定赡养费数额时,既要考虑父母的实际需要,又要考虑子女的经济能力,避免执行困难。如义务人拒不执行人民法院的判决或裁定,可依法强制执行。

第五,赡养和扶助相辅相成,各有侧重。在子女无力承担赡养义务或者父母不需要子女给付赡养费时,子女仍需履行扶助的义务,使父母精神上得到慰藉,感情上得到寄托,生活上得到关心和照料,满足老年人的特殊需要。给付赡养费,但却对父母晚年生活不闻不问、不履行扶助义务的行为,违背婚姻家庭立法精神。具体赡养扶助义务的履行要求,可参照我国《老年人权益保障法》"家庭赡养与扶养"的有关规定。

第六,子女对父母的赡养义务,不因父母的婚姻关系变化而终止。《民法典》第1069条规定:"子女应当尊重父母的婚姻权利,不得干涉父母离婚、再婚以及婚后的生活。子女对父母的赡养义务,不因父母的婚姻关系变化而终止。"

3. 父母和子女有相互继承遗产的权利

父母和子女是最近的直系血亲,有着极为密切的人身关系和财产关系。《民法典》第1070条规定:"父母和子女有相互继承遗产的权利。"父母与婚生子女、非婚生子女,养父母与养子女,继父母与和其有抚养教育关系的继子女间,均互享继承权。

父母和子女的遗产继承权平等。子女对父母的遗产继承权,不受性别、年龄的限制和影响,即兄弟姊妹对其父母的遗产享有完全平等的继承权。父母有权继承子女的遗产,任何干涉、剥夺母亲或者出嫁女儿的继承权的行为都是违法的。

三、父母与非婚生子女

(一)非婚生子女的概念

非婚生子女,是指没有婚姻关系的男女所生的子女。俗称"私生子",包括未婚男女或已婚男女与他人所生的子女。

非婚生子女,自古即遭受歧视和遗弃,有的在出生伊始便被剥夺生命,其社会地位和家庭地位低下。近现代社会对非婚生子女的态度已转向宽容,但在一些国家的法律文本中,依然没有实现对非婚生子女权益的充分保护。近年来,伴随人格平等和人格独立观念的普及、子女最佳利益保护观念的深化,一些国家相继取消了非婚生子女的称谓,将婚生子女和非婚生子女统称为子女,摒弃了基于父母是否具有婚姻身份而对子女进行类型确定的习惯,矫正了歧视非婚生子女的传统观念,有助于推进亲子关系的平等化、民主化和法治化。

(二) 非婚生子女的认领与准正

1. 非婚生子女的认领

非婚生子女的认领，是指通过法定程序确认非婚生子女出自何人的法律行为，即生父承认该非婚生子女为其所生。

(1) 认领的形式。从世界各国的亲子立法来看，认领有以下两种形式：

第一，自愿认领。又称任意认领，指生父自愿承认该非婚生子女为自己所生，并自愿承担抚养义务的法律行为。其通常为生父单方的认领行为，无须得到非婚生子女或者其生母的同意。但自愿认领一般为要式行为，其认领方式有四种：一是须向户籍部门申报认领或者用遗嘱方式认领；二是须经过公证认领；三是须向监护法院申请认领；四是须向身份管理官申请认领。但也有国家要求须经生母同意，始发生认领的法律效力。

第二，强制认领。是指非婚生子女的生父或者生母不愿认领时，有关当事人诉诸法院，经诉讼程序责令其认领。强制认领的请求权人，各国法律规定不同。有的仅以非婚生子女本人为限，倘若子女未成年时，其生母得行使请求权；有的以生母及非婚生子女为请求权人；有的则以非婚生子女及其卑亲属以及其法定代理人为请求权人。

强制认领的前提，是非婚生子女与认领人之间必须具有血缘关系。请求权人负举证责任，以提供强制认领的事实和原因。关于强制认领的事实，有被告强奸、诱奸生母的事实，且发生时间与生母的受胎期间相符；有与生母在受胎期间保持稳定的同居关系的事实；有足以确认父子身份的书信或其他书面材料等。

(2) 认领的效力。认领，使非婚生子女取得婚生子女资格，享有婚生子女的权利和义务。关于认领是否具有溯及子女出生的效力，《日本民法典》第784条规定："认领溯及出生时发生效力。但是，不得损害第三人已取得的权利。"①此外，认领的效力还及于认领后子女的姓氏及生父对生母的妊娠、生育等费用的补偿责任等。

2. 非婚生子女的准正

非婚生子女的准正，是指因生父母结婚或者司法宣告使非婚生子女取得婚生子女资格的制度。

(1) 准正的形式，有两种立法例：一是因父母结婚而准正。其又分两种情形：其一是仅以父母结婚为准正的要件；其二是以生父母结婚和认领为准正的双重要件。二是因法官宣告而准正。是指男女订立婚约后，因一方死亡或者有婚姻障碍存在，婚姻准正不能时，可依婚约一方当事人或者子女的请求，由法官宣告该子女为婚生子女。

---

① 《日本民法典》，刘士国、牟宪魁、杨瑞贺译，中国法制出版社2018年版，第191页。

(2) 准正的效力。准正，使非婚生子女取得婚生子女资格。但对于效力发生的时间，各国立法规定不一。有的规定从父母结婚或者法院宣告为婚生之日，如《日本民法典》第789条规定；有的则规定有溯及力，自子女出生之日起发生婚生效力，如《瑞士民法典》第259条。

（三）我国对非婚生子女权利的保护

《民法典》第1071条第1款规定："非婚生子女享有与婚生子女同等的权利，任何组织或者个人不得加以危害和歧视。"非婚生子女与婚生子女的法律地位完全平等，《民法典》有关父母和子女间的权利和义务的规定，均适用于父母与非婚生子女。

《民法典》第1071条第2款规定："不直接抚养非婚生子女的生父或者生母，应当负担未成年子女或者不能独立生活的成年子女的抚养费。"非婚生子女的生父或者生母给付抚养费的数额和方式，应当由当事人协商；协商不成的，由人民法院根据生父和生母的经济收入、子女的实际需要确定。对不履行抚育义务的生父或生母，未成年子女或者不能独立生活的成年子女有要求给付抚养费的权利。如生母与他人结婚，其夫自愿承担该非婚生子女抚养费的一部或全部，生父可酌情减少或者免除上述费用。

《民法典》尚无非婚生子女认领与准正的规定。在司法实践中，非婚生子女的生父母结婚后，其即视为婚生子女。至于非婚生子女与生父的关系，可由生父表示确认，也可由生母提出证据和其他人证、物证加以证明。必要时，可通过亲子鉴定予以确认。关于亲子鉴定，早在1987年，最高人民法院就在《关于人民法院在审判工作中能否采用人类白细胞抗原作亲子鉴定问题的批复》中指出：对要求作亲子鉴定的案件，应从保护妇女、儿童的合法权益，有利于增进团结和防止矛盾激化出发，区别情况，慎重对待。有关非婚生子女的亲子关系的确认与否认，可适用我国《民法典》第1073条的有关规定。

四、继父母与继子女

（一）继父母与继子女的概念

夫对其妻与前夫所生的子女，或妻对其夫与前妻所生的子女，均称继子女。子女对母或父的后婚配偶，称继父或继母。继父母与继子女间的关系，是因父母一方死亡、他方再婚，或因父母离婚、一方或双方再婚而形成的，其性质一般属于姻亲的范畴。

在现实生活中，继子女与继父母的关系有以下几种情形：第一，父或母再婚时，继子女已成年并独立生活。第二，父或母再婚时，未成年的或未独立生活的继子女未受到继母或继父的抚养教育。第三，父或母再婚时，未成年或未独立生活的继子女由生父或生母供给抚育费，但与继父或继母长期共同生活，继父或继母对其进行了生活上的照顾和教育。第四,父或母再婚时,未成年或未独立生活的继子女与继父或继母长期共同生活,由继父或继母负担抚育费的一部或全部。

在上述情形中,前两种情形,继父母与继子女未形成抚养教育关系,相互间不发生法定的权利义务关系。后两种情形,继父母与继子女已形成抚养教育关系,相互间发生法定的权利义务关系,即产生父母子女间的权利义务关系。有抚养教育关系的继父母与继子女间为拟制血亲;无抚养教育关系的继父母与继子女间仅为姻亲。

(二)继父母与继子女的法律地位

《民法典》第1072条规定:"继父母与继子女间,不得虐待或者歧视。继父或者继母和受其抚养教育的继子女间的权利义务关系,适用本法关于父母子女关系的规定。"形成了抚养教育关系的继父母与继子女间的权利义务关系与亲生父母子女间的权利义务关系相同。

继子女与继父或继母形成抚养教育关系后,与不和其共同生活的生父或生母间的权利义务关系仍然存在。按照《民法典》第1084条规定,父母与子女间的关系,不因父母离婚而消除。离婚后,子女仍是父母双方的子女,父母对子女仍有抚养、教育、保护的权利与义务。因此,继子女和与其有抚育关系的继父或继母间,与不和其共同生活的生父或生母之间,具有双重的权利义务关系。在处理有关抚养、赡养、继承等问题时,应当慎重对待这种双重的权利义务关系。

第一,继父或继母与生母或生父离婚后,要求继子女履行赡养扶助义务的,依据1986年最高人民法院《关于继母与生父离婚后仍有权要求已与其形成抚养关系的继子女履行赡养义务的批复》,如继子女与继父或继母已形成了抚养教育关系,那么,继父或继母与继子女间的权利义务关系依然存在。成年的继子女,对缺乏劳动能力或者生活困难的继父或继母仍应履行赡养扶助的义务。

第二,根据《民法典》第1103条的规定,继父或者继母经继子女的生父母同意,可以收养继子女。通过收养程序,使继父母与继子女关系转化为养父母子女关系,从而使双方的权利义务关系更加明确,便于权利行使和义务履行。

第三,生父与继母离婚或者生母与继父离婚时,对曾受其抚养教育的继子女,继父或者继母不同意继续抚养的,仍应由生父或者生母抚养。①

五、人工生育子女

(一)人工生育子女的概念和种类

人工生育子女,是自然生育子女的对称,是指利用人工生殖技术受胎而出生的子女。夫妻双方在不能通过自然生育过程生育子女时,借助于医学技术的辅

---

① 《婚姻家庭编解释(一)》第54条。

助,以人工方法获得子女,是现代医学的进步。

20世纪70年代,人工生殖技术开始应用于临床医学领域。近年来,随着医学、生物学技术的突飞猛进,人工生殖技术获得长足发展,人工生育方法逐渐增多,包括人工体内授精、人工体外授精、胚胎移植、代理母亲等。

(1) 人工体内授精。使用丈夫的精子进行的人工授精,称为同质人工授精,即AIH。使用丈夫以外的男性精子进行的人工授精,称为异质人工授精,即AID。同质人工授精,由于精子来源于丈夫,所以受胎出生的子女应是该夫妻的子女。而异质人工授精,因使用的精子来源于丈夫以外的男性,使受胎出生子女的性质有所不同。

(2) 人工体外授精。即以人工的方法,将母体的卵子取出体外,置入精子使其受精,然后将受精卵经培养后再移植到子宫内孕育的方法。该种方法又因精子和卵子的供体不同,可分为四种情形:一是夫的精子与妻的卵子在体外受精;二是第三人的精子与妻的卵子在体外受精;三是第三人的卵子与夫的精子在体外受精;四是第三人的卵子与第三人的精子在体外受精。除第一种方式以外,其余三种人工体外授精所孕育分娩的子女,其法律地位的认定,世界各国的立法例有不同。

(3) 胚胎移植。即以人工的方法,将丈夫或丈夫以外的第三人的精子注入妻子以外的第三人体内,然后将受精卵的胚胎取出,再植入妻子的子宫内孕育、分娩。使用丈夫的精子受孕的方法,称为捐卵之同质授精;使用丈夫以外的第三人的精子受孕的方法,称为捐卵之异质授精。采用捐卵之异质授精所生育的子女与夫妻双方均无血缘关系,而类似于收养关系。

(4) 代理母亲。代理母亲因卵子来源不同而有所区别:一是借腹代生方法,即将来源于夫妻双方的受精卵移入代理母亲的子宫内代为孕育、分娩,俗称"出租子宫";二是借卵孕育方法,即将丈夫的精子以人工方法注入代理母亲的体内,由代理母亲提供卵子受孕分娩子女。

(二) 人工生育子女的法律地位

关于人工生育子女的法律地位,许多国家尚无明确规定。少数国家虽有规定,但立法不一。

(1) 经同质人工授精所生育的子女当然是婚生子女。

(2) 经夫妻双方同意实施异质人工授精所生育的子女视为婚生子女。如《丹麦人工授精法草案》规定:"经丈夫同意,妻子由人工授精所生子女,取得婚生子女的法律地位。"1991年7月8日,最高人民法院在《关于夫妻关系存续期间以人工授精所生子女的法律地位的复函》中指出:"在夫妻关系存续期间,双方一致同意进行人工授精,所生子女应视为夫妻双方的婚生子女,父母子女之间权利义务关系适用《婚姻法》的有关规定。"这一司法解释的内容在《民法典》实施后得以沿袭。[①] 有些国家对实施异质人工授精规定了相应的条件和程序,如夫妻在婚后逾法定期间仍未生育的,方可向精子库提出申请,实施异质人工授精。如妻未经丈夫同意实施异质人工授精,所生子女为非婚生子女,其夫对该子女享有否认权。

(3) 实施人工体外授精、胚胎移植而生育子女的法律地位有所不同。有的将之视为婚生子女,前提条件是夫妻双方须有合意,且与第三人达成合法契约关系。

(4) 采用代理母亲的方法生育子女的法律地位,因立法例不同而所不同。有的国家采契约保护主义,即凡按照委托由代理母亲生育的子女,应归委托方夫妻抚养;有的国家采有效主义,即采取借卵怀孕方法生育子女的,妻应按收养法的规定,将该子女作为养子女。

(三) 人工生育子女法律问题的思考

《民法典》未明确规定人工生育子女的法律地位。为规范人工生育子女所引发的各种社会关系,应关注以下问题:

(1) 实施人工生育技术的目的,是利用医学技术为不孕的夫妇提供生育的便利与协助,使他们享有抚育子女的权利。

(2) 实施人工生育技术的主体,应为已婚的夫妻双方。

(3) 实施人工生育技术应符合相应的要件。具体包括:一是夫妻双方对实施人工技术生育子女,双方意思表示必须真实、自愿;二是须为通过正常生育渠道不能生育子女的夫妻,且有医疗机构证明的,方可采用人工生育技术;三是夫妻双方应具有完全的民事行为能力;四是夫妻双方应签订同意施行人工生育技术的书面协议。此外,供精方、供卵方以及实施人工生育技术的医疗机构,也应与委托方夫妇签订书面协议,明确彼此间的权利义务关系。

伴随人工生殖技术的不断适用,如何协调由此引发的法律、伦理、婚姻等领域的冲突,为世人所关注。完善相关立法,将有助于规范亲子关系,促进亲子关系的和谐与稳定。

第三节 其他近亲属关系

一、祖孙关系

祖孙关系是隔代亲属,包括祖父母与孙子女、外祖父母与外孙子女。伴随核心家庭的增加,祖孙关系既是重要的亲属关系,也是重要的家庭关系之一。

[①] 《婚姻家庭编解释(一)》第40条规定:婚姻关系存续期间,夫妻双方一致同意进行人工授精,所生子女应视为婚生子女,父母子女间的权利义务关系适用《民法典》的有关规定。

(一) 祖孙间的抚养赡养关系

祖孙之间,是二亲等的直系血亲。依据《民法典》第1067条的规定,子女由父母抚养、教育和保护,父母由子女赡养和扶助,祖孙之间通常不发生抚养、赡养关系。但在法定情形下,彼此有抚养、赡养的义务,且其是补充性的义务。

1. 祖父母、外祖父母对孙子女、外孙子女的抚养义务

《民法典》第1074条第1款规定:"有负担能力的祖父母、外祖父母,对于父母已经死亡或者父母无力抚养的未成年孙子女、外孙子女,有抚养的义务。"祖父母、外祖父母对孙子女、外孙子女的抚养义务是有条件的。

(1) 祖父母、外祖父母有负担能力。

有负担能力,是指祖父母、外祖父母以自己的劳动收入和其他收入,在履行了对配偶、子女、父母的扶养、抚养、赡养义务后,即给付了生活费、教育费、医疗费等费用后,仍具有抚养孙子女、外孙子女的能力,如给付全部或部分生活费、医疗费或提供生活照料、扶助等。如果祖父母或外祖父母均有负担能力,则应根据其具体情况共同承担抚养义务。

(2) 孙子女和外孙子女的父母已经死亡或父母无力抚养。

死亡包括自然死亡和宣告死亡。父母无力抚养,是指不能以自己的劳动收入和其他收入全部或部分满足子女合理的生活费、教育费、医疗费等给付需要。父母,包括婚生子女的父母、非婚生子女的生母和经过认领的生父、养父母、有抚养关系的继父母(下文的"父母"与此相同)。

(3) 孙子女和外孙子女未成年。

未成年,是指未满18周岁。孙子女和外孙子女,是指祖父母、外祖父母的婚生子女、经过认领的非婚生子女、养子女、有抚养关系的继子女的婚生子女、经过认领的非婚生子女、养子女、有抚养关系的继子女(下文的"孙子女"和"外孙子女"与此相同)。

2. 孙子女、外孙子女对祖父母、外祖父母的赡养义务

《民法典》第1074条第2款规定:"有负担能力的孙子女、外孙子女,对于子女已经死亡或者子女无力赡养的祖父母、外祖父母,有赡养的义务。"孙子女、外孙子女对祖父母、外祖父母的赡养义务也是有条件的。

(1) 孙子女和外孙子女有负担能力。

有负担能力,是指孙子女和外孙子女以自己的劳动收入和其他收入,在履行了对配偶、子女、父母的扶养、抚养、赡养义务后,即给付了生活费、教育费、医疗费等费用后,仍具有赡养祖父母、外祖父母的能力,如给付全部或部分生活费、医疗费或提供生活照料、扶助等。如果孙子女、外孙子女均有负担能力,则应根据其具体情况共同承担赡养义务。

(2) 祖父母、外祖父母的子女已经死亡或子女无力赡养。

死亡包括自然死亡和宣告死亡。无力赡养,是指不能以自己的劳动收入和其他收入全部或部分满足父母合理的生活费、教育费、医疗费等给付需要。子女包括孙子女、外孙子女的生父母、养父母、有抚养关系的继父母。

(二)祖孙间的遗产继承权

根据《民法典》第1127条规定,祖父母、外祖父母是第二顺序法定继承人,在没有第一顺序法定继承人或第一顺序法定继承人均放弃或丧失继承权时,祖父母、外祖父母有权继承孙子女、外孙子女的遗产。孙子女、外孙子女在父母先于祖父母、外祖父母死亡时,可以代位继承祖父母、外祖父母的遗产。

二、兄弟姐妹关系

兄弟姐妹包括同父母的兄弟姐妹、同母异父或同父异母的兄弟姐妹、养兄弟姐妹、有扶养关系的继兄弟姐妹。

兄弟姐妹是二亲等的旁系血亲。依据《民法典》第1067条、第1068条的规定,兄弟姐妹应当由父母履行抚养、教育和保护的义务。但在法定情形下,彼此有相互扶养的义务,且其是补充性的义务。

(一)兄、姐对弟、妹的扶养义务

《民法典》第1075条第1款规定:"有负担能力的兄、姐,对于父母已经死亡或者父母无力抚养的未成年弟、妹,有扶养的义务。"兄、姐对弟、妹的扶养义务是有条件的。

1. 兄、姐有负担能力

有负担能力,是指兄、姐以自己的劳动收入和其他收入,在履行了对配偶、子女、父母的扶养、抚养、赡养义务后,即给付了生活费、教育费、医疗费等费用后,仍具有扶养弟、妹的能力。如果兄、姐均有负担能力,则应根据他们的具体情况共同承担扶养义务。

2. 父母已经死亡或者无力抚养

死亡包括自然死亡和宣告死亡。父母无力抚养,是指父母不能以自己的劳动收入和其他收入全部或部分满足自己和子女的合理的生活费、教育费、医疗费等给付需要。

3. 弟、妹未成年

未成年,是指未满18周岁。如某一未成年人既有负担能力的祖父母、外祖父母,又有负担能力的兄、姐,他们应处于同等的扶养地位,扶养义务根据其具体情况共同承担。

(二)弟、妹对兄、姐的扶养义务

《民法典》第1075条第2款规定:"由兄、姐扶养长大的有负担能力的弟、妹,对于缺乏劳动能力又缺乏生活来源的兄、姐,有扶养的义务。"弟、妹扶养兄、姐的义务也是有条件的。

1. 弟、妹由兄、姐扶养长大

由兄、姐扶养长大的弟、妹,是指长期依靠兄、姐提供的全部或主要的扶养费生活,直到以自己的收入作为主要生活来源的弟、妹。

2. 弟、妹有负担能力

有负担能力,是指弟、妹以自己的劳动收入和其他收入,在履行了对配偶、子女、父母的扶养、抚养、赡养义务后,即给付了生活费、教育费、医疗费等费用后,仍具有扶养兄、姐的能力。

3. 兄、姐缺乏劳动能力又缺乏生活来源

缺乏劳动能力,是指劳动能力的欠缺,包括丧失劳动能力。缺乏生活来源,是指维持生存所必需的生活费和生活用品不足,也包括丧失生活来源。

此外,依据《民法典》第1127条的规定,兄弟姐妹是第二顺序法定继承人,如没有第一顺序法定继承人或第一顺序法定继承人均放弃或丧失继承权时,被继承人的兄弟姐妹享有遗产继承权。

第三十六章 离婚制度

第一节 离婚制度概述

一、婚姻的终止

婚姻的终止,也称婚姻的消灭,是指合法有效的婚姻关系因发生一定的法律事实而归于消灭。婚姻关系终止的原因包括配偶一方死亡和离婚。

(一)婚姻因配偶死亡而终止

配偶死亡,包括配偶的自然死亡和宣告死亡。以自然死亡和宣告死亡为婚姻关系终止的原因,是世界各国婚姻家庭立法的通例。

自然死亡,使婚姻关系主体之一不再存在,自然引起婚姻关系的消灭。有些国家的婚姻家庭法明确规定,婚姻因配偶一方死亡而终止。

宣告死亡,是依法定程序推定失踪人死亡,其与自然死亡的效力相同。根据《民法典》第 51 条的规定,被宣告死亡的人的婚姻关系,自死亡宣告之日起消除。死亡宣告被撤销的,婚姻关系自撤销死亡宣告之日起自行恢复。但是,其配偶再婚或者向婚姻登记机关书面声明不愿意恢复的除外。

(二)婚姻因离婚而终止

离婚,是配偶生存期间解除婚姻关系的法律手段,是终止婚姻关系的形式之一。

1. 离婚的种类

根据当代各国的婚姻家庭立法,离婚可分为以下几类:

(1)按照配偶双方对离婚所持的态度,可分为双方自愿离婚和一方要求离婚。

(2)按照处理离婚问题的法定程序,可分为依行政程序离婚和依诉讼程序离婚。

(3)按照解除婚姻关系的方式,可分为协议离婚和判决离婚。

上述分类具有一定的重合性,如双方自愿离婚,也是协议离婚或依行政程序离婚。

2. 离婚与婚姻无效

离婚与婚姻无效的区别如下:

(1)离婚是对合法婚姻的解除,婚姻无效是因欠缺婚姻成立的法定条件而不具有婚姻的效力。

(2) 离婚的原因多发生于婚姻成立之后,婚姻无效的原因存在于婚姻成立之时。

(3) 离婚请求权的主体仅限于婚姻当事人,婚姻无效的请求权主体是当事人及利害关系人。

(4) 离婚只能发生在配偶双方生存期间;婚姻无效可发生于配偶双方生存期间,也可发生于配偶一方死亡之后,即在当事人死亡后仍可宣告其生前的婚姻关系无效。

(5) 离婚于确定之日起解除婚姻关系,没有溯及力;婚姻无效则为自始无效,具有溯及力。

3. 离婚与别居

别居,是在欧洲中世纪基督教禁止离婚的社会条件下产生的现象,是指由当事人申请,经法院裁决解除夫妻同居的义务,但不解除婚姻关系的法律制度。

别居,就其种类而言,分为永久别居和暂时别居;就其程序而言,分为司法别居和协议别居。司法别居,是指经一方当事人的申请,由法院判决而成立的别居。协议别居,是指双方当事人通过订立别居协议而形成的别居。别居与离婚的区别如下:

(1) 别居期间,夫妻双方均不能再婚,否则,构成重婚。离婚后,双方均有再婚自由权。

(2) 别居的夫妻双方应承担贞操的义务。离婚后的男女双方则无此义务。

(3) 别居后,除免除同居义务及实行分别财产制外,夫妻的权利义务关系仍然存在。离婚后,夫妻间的权利义务关系完全解除。

伴随离婚制度的改革,许多国家已取消别居制度。继续保持别居制度的国家和地区,如法国、荷兰、瑞士、意大利、英国及美国的若干州等,其制度已发生变化,逐步演变为离婚的过渡或补充的形式,即别居后夫妻双方的关系如未根本改善,则可考虑允许离婚。如《法国民法典》第307条规定:"各种别居情形,均得'经夫妻两愿'转为离婚。在'经夫妻两愿'宣告别居的情况下,只有经双方提出新的共同申请,别居才能转为离婚。"①

二、离婚制度的沿革

离婚制度经历了由禁止离婚主义到许可离婚主义,由专权离婚主义到限制离婚主义,由有责离婚主义到无责离婚主义的变化过程。

古代的离婚立法采取专权离婚主义。即离婚是丈夫的特权,妻子无离婚权。

---

① 《法国民法典》,罗结珍译,北京大学出版社2010年版,第91页。

古巴比伦王国的《汉穆拉比法典》有关离婚的规定与我国古代的休妻制,均是专权离婚主义的产物。欧洲中世纪的教会法采取禁止离婚主义,以维护夫妻的"一体主义"。宗教改革和婚姻还俗运动后,禁止离婚主义逐步为许可离婚主义所取代。近代资本主义国家的离婚立法采取限制离婚主义,即符合法定理由才可诉请离婚。由于离婚理由具有多样性和复杂性且多为一方的过错行为,法律不能一一列举,故当代许多国家对离婚理由采取例示性规定,体现出无责主义的立法精神。

当代各国的婚姻家庭法呈现出多元的价值取向,离婚立法选择也各具特色。如许多国家以裁判离婚为解除婚姻关系的唯一方式,也有一些国家兼采裁判离婚和协议离婚两种制度。西方国家婚姻家庭法中常见的离婚理由包括:通奸,遗弃或虐待他方,患重大不治或恶性的疾病,受刑事之宣告,失踪,婚姻关系破裂致使家庭生活解体,不履行同居义务,双方长期分居等。

三、离婚的处理原则

(一)保障离婚自由

离婚自由是婚姻自由的重要补充。允许当事人在夫妻感情确已破裂、婚姻关系无法维持时解除婚姻关系,既符合婚姻本质,也符合婚姻家庭道德。

婚姻是男女双方基于爱情的结合,婚姻关系的存续也应以爱情或感情为基础。如果夫妻感情破裂,婚姻关系失去存续条件,家庭的社会职能就无法正常发挥。实行离婚自由,通过法定程序解除已经破裂的婚姻关系,才能使男女双方从破裂的婚姻中解脱出来,进而重新建立幸福和睦的婚姻和家庭。恩格斯指出:"如果说只有以爱情为基础的婚姻才是合乎道德的,那末也只有继续保持爱情的婚姻才合乎道德。"[1]

保障离婚自由,就是要保障当事人依法解除婚姻关系的权利。保障离婚自由,是建立平等、和睦、文明的婚姻家庭关系的需要,是有效调整和改善婚姻家庭关系、促进社会和谐发展的需要。

(二)防止轻率离婚

防止轻率离婚,是保障离婚自由的必然要求。防止轻率离婚,才能避免尚未破裂的婚姻解体,才能保护婚姻当事人、子女、家庭和社会的利益。

保障离婚自由,并不意味着当事人可以轻率离婚。正如马克思所指出的:"婚姻不能听从已婚者的任性,相反地,已婚者的任性应该服从婚姻的本质。"[2]只有感情确已破裂、调解无效的婚姻,才准予离婚。

防止轻率离婚,是处理离婚问题的基本理念。对于夫妻感情确已破裂、调解

---

[1] 《马克思恩格斯全集》(第21卷),人民出版社1956年版,第96页。
[2] 《马克思恩格斯全集》(第1卷),人民出版社1956年版,第183页。

无效的婚姻,应依法准予离婚,不能将不准离婚作为惩罚过错方的手段。对于那些夫妻感情尚未彻底破裂的婚姻,则不能轻易准予离婚,以维护婚姻当事人、子女和社会的利益。

保障离婚自由和防止轻率离婚,相辅相成,不可偏废。《民法典》有关离婚原则和离婚程序的规定,既是对离婚自由的保障,也是对轻率离婚的限制,有助于促进婚姻家庭关系的和谐与稳定。

第二节 登记离婚

一、登记离婚的概念

登记离婚,也称双方自愿离婚或协议离婚,是指双方当事人基于合意依行政程序解除婚姻关系的离婚方式。

登记离婚具有以下特点:一是离婚程序简便、快捷,具有降低离婚成本和节约司法资源的优势;二是离婚协议由当事人自愿达成,易于自觉遵守和履行;三是离婚过程无须陈述离婚原因,有利于保护当事人的隐私权;四是离婚登记尊重当事人的意思自治,有助于离婚的文明建设。

尽管登记离婚具有上述特点,但在登记离婚时,仍需防止轻率离婚以及规避法定义务的离婚,避免对离婚自由的滥用,以维护当事人及利害关系人的合法权益。欧美国家大多不承认登记离婚,离婚必须经过诉讼程序。承认登记离婚的国家,也要在离婚的条件与程序上进行必要的限制。

二、登记离婚的条件和程序

(一) 登记离婚的条件

《民法典》第1076条规定:"夫妻双方自愿离婚的,应当签订书面离婚协议,并亲自到婚姻登记机关申请离婚登记。离婚协议应当载明双方自愿离婚的意思表示和对子女抚养、财产以及债务处理等事项协商一致的意见。"登记离婚须具备如下条件:

1. 当事人自愿离婚

登记离婚的必备条件之一,是当事人双方就解除婚姻关系自愿达成协议。离婚协议应是真实的,而非虚假的;是完全自愿的,而非受对方或第三人欺诈、胁迫或因重大误解形成的。登记离婚的当事人必须具有完全民事行为能力。无民事行为能力或限制民事行为能力的当事人应当依诉讼程序离婚。

2. 对子女抚养、财产以及债务处理等事项已协商一致

离婚协议包括离婚后子女归何方抚养,子女的抚育费如何负担;夫妻共同财

产如何分割,共同债务如何清偿以及离婚后是否需要经济帮助等。上述协议,须符合男女平等、保护妇女和未成年人合法权益的原则,不得违背《民法典》的有关规定。

依据《婚姻登记条例》第12条的规定,办理离婚登记的当事人有下列情形之一的,婚姻登记机关不予受理:(1)未达成离婚协议的;(2)属于无民事行为能力人或者限制民事行为能力人的;(3)其结婚登记不是在中国内地办理的。

(二)办理离婚登记的机关和程序

1. 办理离婚登记的机关

根据《婚姻登记条例》第2条的规定,内地居民办理离婚登记的机关,是县级人民政府民政部门或者乡(镇)人民政府,省、自治区、直辖市人民政府可以按照便民原则确定农村居民办理离婚登记的具体机关。

2. 办理离婚登记的程序

(1)申请。要求离婚的男女双方应共同到一方当事人常住户口所在地的婚姻登记机关申请离婚登记。申请时,应持下列证件和证明:户口簿、身份证;结婚证;双方当事人共同签署的离婚协议书。离婚协议书应当载明双方当事人自愿离婚的意思表示以及对子女抚养、财产及债务处理等事项协商一致的意见。

依《民法典》第1077条的规定,自婚姻登记机关收到离婚登记申请之日起30日内,任何一方不愿意离婚的,可以向婚姻登记机关撤回离婚登记申请。该30日的期限被称为离婚冷静期。该期限届满后30日内,双方应当亲自到婚姻登记机关申请发给离婚证;未申请的,视为撤回离婚登记申请。

(2)审查。婚姻登记机关对当事人的离婚申请应当进行审查,以查明当事人是否符合离婚登记的条件。当事人应当如实向婚姻登记机关提供有关的证件和证明,不得隐瞒真实情况。对于双方尚有和好可能的,可做调解和好工作,促使双方重新考虑离婚问题。婚姻登记机关的调解工作必须符合自愿、合法的原则,不得有任何强制性。

(3)登记。婚姻登记机关查明双方确实是自愿离婚,并已经对子女抚养、财产以及债务处理等事项协商一致的,予以登记,发给离婚证。

离婚当事人一方不按离婚协议履行应尽义务的,另一方可以向人民法院提起民事诉讼。

第三节 诉讼离婚

一、诉讼离婚的概念和程序

诉讼离婚,是指当事人通过诉讼程序由人民法院裁决的离婚方式。

《民法典》第1079条第1款规定:"夫妻一方要求离婚的,可以由有关组织进行调解或者直接向人民法院提起离婚诉讼。"对男女一方要求离婚,另一方不同意离婚的纠纷,既可在诉讼程序外由有关组织进行调解,也可依诉讼程序直接向人民法院起诉离婚。

(一)有关组织对离婚纠纷的调解

有关组织对离婚纠纷的调解,是诉讼程序以外的调解,且并非一方要求离婚的必经程序。当事人可以根据意愿和实际情况,决定是否由有关组织调解。有关组织包括当事人所在单位、居民委员会、村民委员会和婚姻登记机关等。对不愿调解或调解不成的,当事人可直接向人民法院提起离婚诉讼。

(二)离婚诉讼中的调解和判决

《民法典》第1079条第2款规定:"人民法院审理离婚案件,应当进行调解;如果感情确已破裂,调解无效的,应当准予离婚。"无论是有关组织调解无效而提起的离婚诉讼,还是当事人一方直接向人民法院提起的离婚诉讼,人民法院均应依法审理。

人民法院对离婚案件的调解,是诉讼程序中的调解,是人民法院审理离婚案件的必经程序。其既是司法机关依法行使审判职能的重要环节,也是我国司法实践经验的总结。人民法院对离婚案件进行调解,必须坚持自愿、合法的原则,在查明事实真相、分清是非、做好当事人思想工作的基础上,促使双方和好或达成离婚协议,协议的内容不得违反法律规定。人民法院进行调解时,可以邀请有关个人或组织协助。被邀请的个人或组织,应当协助人民法院进行调解。

二、诉讼离婚的条件

(一)诉讼离婚的法定条件

根据《民法典》第1079条第2款的规定,感情确已破裂,调解无效,是诉讼离婚的法定条件,也是人民法院处理离婚纠纷应遵循的原则。

以感情确已破裂作为诉讼离婚的法定条件,符合婚姻关系的本质。婚姻关系的核心要素是夫妻感情,有无夫妻感情,是婚姻关系能否存续的前提。如果夫妻感情确已破裂,婚姻关系也就失去了存在的基础和条件,依法解除已经"死亡"的婚姻,符合婚姻关系的本质。如果感情尚未破裂,双方还有恢复和好的可能,就应督促当事人改善婚姻关系,判决不准离婚。既不能用法律手段强制解除感情尚未破裂的婚姻,也不能用法律手段强行维持感情确已破裂的婚姻。

感情确已破裂是准予离婚的实质条件,调解无效是程序性规定。如果夫妻感情确已破裂,调解无效,应当准予离婚;如果夫妻感情未破裂或尚未完全破裂,即使调解无效,也可不准离婚。

(二)准予离婚的法定情形

感情确已破裂是准予离婚的法定条件,但感情本身具有多维、易变和难以认定等特点。为了增强离婚案件审理的可操作性,人民法院根据司法审判经验提出了"五看"标准,以综合分析、判断夫妻感情是否确已破裂:即一看婚姻基础,二看婚后感情,三看离婚原因,四看夫妻关系现状,五看有无和好可能。

为准确判断夫妻感情确已破裂,《民法典》第 1079 条第 3 款规定:有下列情形之一,调解无效的,应准予离婚:

(1) 重婚或者与他人同居;

(2) 实施家庭暴力或者虐待、遗弃家庭成员;

(3) 有赌博、吸毒等恶习屡教不改;

(4) 因感情不和分居满 2 年;

(5) 其他导致夫妻感情破裂的情形。

《民法典》第 1079 条第 4 款、第 5 款规定,一方被宣告失踪,另一方提起离婚诉讼的,应当准予离婚;经人民法院判决不准离婚后,双方又分居满 1 年,一方再次提起离婚诉讼的,应当准予离婚。

三、诉讼离婚的特别规定

(一) 对现役军人配偶离婚诉权的限制

《民法典》第 1081 条规定:"现役军人的配偶要求离婚,应当征得军人同意,但是军人一方有重大过错的除外。"通过对军人配偶离婚请求权的限制,实现对现役军人婚姻的特别保护。"军人一方有重大过错",可以依据《民法典》第 1079 条第 3 款前三项规定及军人有其他重大过错导致夫妻感情破裂的情形予以判断。①

人民军队担负着巩固国防、抵御外来侵略、保家卫国的神圣职责。对现役军人的婚姻给予特殊保护,既是我国婚姻家庭立法的优良传统,也符合国家和人民的根本利益。在适用本条规定时,应注意以下几点:

(1) 现役军人,是指正在人民解放军或人民武装警察部队服役,具有军籍的人员。

(2) 现役军人的配偶,是指与现役军人具有婚姻关系者,不包括与现役军人有婚约关系者。

(3) 现役军人的配偶要求离婚,是指非军人向现役军人提出离婚的情形。如现役军人向非军人一方提出离婚,或者男女双方均为现役军人的离婚纠纷,不适用《民法典》第 1081 条特别规定,而应按一般规定处理。

(4) "须得军人同意",是指军人配偶要求离婚时,如果未经军人本人同意,一般不得准予离婚。在处理离婚纠纷时,既要依法保护现役军人的婚姻,也要根据具体情况保护军人配偶的合法权益。在现役军人的配偶提出离婚而军人不同

---

① 《婚姻家庭编解释(一)》第 64 条。

意离婚时,应通过军人所在部队团以上的政治机关,对军人做思想工作,尽量调解和好或准予离婚。

(5)"军人一方有重大过错的除外",是针对"须得军人同意"而言,即"须得军人同意"并非绝对。如果夫妻双方感情确已破裂是由军人一方的重大过错导致的,如重婚或者与他人同居、实施家庭暴力或者虐待、遗弃家庭成员及其他重大过错,即便军人一方不同意离婚,法院也判决准予离婚。

(6)现役军人的配偶提出离婚"须得军人同意"的规定,只是保护军人婚姻的民事方法。如果离婚纠纷是因第三者介入、破坏军人婚姻家庭引起的,则应排除外来干扰,帮助当事人改善和巩固婚姻家庭关系。破坏现役军人婚姻构成犯罪的,应按有关规定予以刑事制裁。

(二)特定期间对男方离婚诉权的限制

《民法典》第1082条规定:"女方在怀孕期间、分娩后一年内或者终止妊娠后六个月内,男方不得提出离婚;但是,女方提出离婚或者人民法院认为确有必要受理男方离婚请求的除外。"通过对男方离婚请求权的限制,可以加强对怀孕期间、分娩后1年内或者终止妊娠后6个月内的妇女以及胎儿和婴儿的特殊保护。

女方在怀孕期间、分娩后1年内或终止妊娠后6个月内,身体和精神均要承受一定压力,其身心健康和精神愉快直接关系到胎儿和婴儿的发育和成长。为保护妇女、胎儿和婴儿的身心健康,需要在特定期间对男方的离婚请求权进行限制。在适用本条规定时,应注意以下几点:

(1)该规定仅推迟了男方提起离婚之诉的期间,并未剥夺其离婚请求权。待上述期间届满后,男方仍可依法行使离婚请求权。

(2)女方在此期间内提出离婚,不受《民法典》第1082条规定的限制。女方在此期间提出离婚,往往出于某些紧迫事由,且本人对离婚及其后果已有思想准备。如不及时受理,将不利于保护孕、产妇和胎儿、婴儿的生命安全和人身利益。如果男女双方在上述期间自愿离婚,应予准许,其符合《民法典》第1082条规定的本旨。

(3)人民法院认为确有必要受理男方离婚请求的除外,是指根据有关规定和司法解释,在男方有正当理由提出离婚时,可作变通处理:

第一,双方确有不能继续共同生活的重大、紧迫的事由,如一方对另一方有危及人身安全等情形时,应视其紧迫性及时受理男方的离婚请求。

第二,女方婚后与人通奸以致怀孕,男方提出离婚时,如婚后通奸怀孕的事实为女方所不争执或经查证属实,法院应受理男方的离婚请求。

第三,法院在判决离婚时未发现女方已经怀孕,判决后女方发现怀孕且上诉的,在查明属实后,二审法院应当撤销原判决,驳回男方的离婚请求。

第四节 离婚效力

一、离婚效力的概念

离婚效力，是指当事人基于登记离婚和诉讼离婚所产生的法律后果。具体包括离婚对当事人的效力和离婚对子女的效力。

离婚效力的本质特征在于消灭配偶身份。即登记离婚或诉讼离婚发生效力后，当事人的配偶身份终止；基于配偶身份而产生的人身关系和财产关系即行终止。依《民法典》第1080条的规定，完成离婚登记，或者离婚判决书、调解书生效，即解除婚姻关系。

二、离婚对当事人的效力

（一）人身关系效力

离婚对当事人的人身关系效力，表现为配偶关系的解除。配偶关系的解除，必然导致夫妻权利义务关系的终止。

1. 同居义务解除

《民法典》虽未规定夫妻的同居义务，但依婚姻习惯，夫妻同居生活乃婚姻成立的标志之一。当婚姻关系因离婚而终止时，夫妻同居生活的意义将不复存在，同居义务自然终止。

2. 忠实义务消除

夫妻有互相忠实、互相尊重、互相关爱的义务。该义务既是婚姻道德要求，也是婚姻家庭关系的基本原则。当婚姻关系因离婚而终止时，夫妻相互忠实的义务自然终止。

3. 再婚自由

有配偶者在配偶死亡或离婚前不得再行结婚。当婚姻因离婚而解除时，再婚障碍不复存在，当事人享有再婚的权利和自由。

4. 复婚登记

离婚后，男女双方自愿恢复婚姻关系的，应当到婚姻登记机关重新进行结婚登记。[①] 如果男女双方未办理结婚登记而以夫妻名义同居生活，视为同居关系。

在各国婚姻家庭立法中，离婚对当事人的人身关系效力还包括如下内容：一是姓氏的恢复。在实行妻从夫姓或赘夫从妻姓的国度，离婚后，当事人可恢复其婚前的姓氏。例如，《法国民法典》第264条规定："夫妻离婚之后各自丧失使用

[①] 参见《民法典》第1083条。

对方姓氏的权利。"①二是家事代理权的丧失。基于配偶身份所享有的家事代理权,在其离婚后自然终止。三是姻亲关系的消灭。姻亲关系因结婚而发生,因离婚而终止。但在有些国家,禁止近亲结婚的法律效力在姻亲关系解除后仍然存在。如《日本民法典》第735条规定:"直系姻亲间,不得结婚。依第728条或者第817条之九的规定终止姻亲关系后,亦同。"②

(二)财产关系效力

夫妻财产关系产生的基础是夫妻人身关系。当离婚终止了夫妻人身关系时,也就必然终止夫妻财产关系,并引发相应的财产关系效力。

1. 夫妻共同财产的分割

(1)离婚财产分割的范围。

离婚时分割的财产,只能是夫妻共同财产。夫妻的个人财产、子女的财产、其他家庭成员的财产以及家庭共有的财产均不属于夫妻共同财产。在分割夫妻共同财产时,应严格区分财产的性质。离婚时,个人财产原则上归个人所有,但可根据共同生活期间使用、消耗、毁损等情况和离婚后的实际生活需要,进行必要和适当的调整。只有依法分割夫妻共同财产,才能保护离婚当事人和利害关系人的合法权益。至于夫妻共同财产的范围,《民法典》第1062条已作例示性规定。

(2)夫妻共同财产分割的原则。

《民法典》第1087条规定:"离婚时,夫妻的共同财产由双方协议处理;协议不成的,由人民法院根据财产的具体情况,按照照顾子女、女方和无过错方权益的原则判决。对夫或者妻在家庭土地承包经营中享有的权益等,应当依法予以保护。"分割夫妻共同财产的原则包括以下五项:

第一,男女平等原则。夫妻对共同财产享有平等所有权。离婚时,任何一方对共同财产都享有平等分割的权利。"财产在谁手中就归谁所有"的观念,违背法律规定,有碍性别平等。

第二,照顾子女、女方和无过错方权益的原则。分割夫妻共同财产,原则上应均等,但根据生产、生活的实际需要和财产的具体来源等,可适当有所差别。由于社会排挤的存在,男女平等尚未完全实现。为推进性别平等,维护女性的离婚自由权,避免离婚女性的贫困化,充分保障未成年人的抚育权益,维护婚姻的正义,分割财产时应照顾子女、女方和无过错方的利益。如在确定房屋所有权和使用权时,应坚持这一原则。我国《妇女权益保障法》第69条规定:"离婚时,分割夫妻共有的房屋或者处理夫妻共同租住的房屋,由双方协议解决;协议不成

---

① 《法国民法典》,罗结珍译,北京大学出版社2010年版,第82页。
② 《日本民法典》,刘士国、牟宪魁、杨瑞贺译,中国法制出版社2018年版,第183页。

的,可以向人民法院提起诉讼。"人民法院在审理上述纠纷时,应当按照照顾子女和女方权益的原则解决。

第三,有利生产、方便生活的原则。分割夫妻共同财产,应当有利于生产和生活的需要,不损害财产的效用、性能和经济价值。对一方以夫妻共同财产与他人合伙经营的,入伙的财产可分给一方所有;对属于夫妻共同财产的生产资料,可分给有经营条件和能力的一方;对夫妻共同经营的当年无收益的养殖业、种植业,离婚时应从有利于发展生产、有利于经营管理考虑,分给继续经营的一方。对未分得上述财产的一方,可分给其他财产或由另一方给予相当于该财产一半价值的补偿。对生活必需品,应考虑双方和子女的生活需要,实事求是地合理分割。

第四,保护离婚当事人在家庭土地承包经营中享有的权益的原则。我国土地承包责任制的基本政策是"增人不增地,减人不减地",30年不变。这一政策虽调动了广大农民的生产积极性,但却使农村离婚当事人特别是女性陷于土地权益保障的尴尬境地。如女性在结婚后,原在娘家的土地被收回;离婚后,原在夫家分得的土地被收回。为解决农村妇女因离婚而丧失土地承包权的突出问题,《妇女权益保障法》第55条规定:"妇女在农村集体经济组织成员身份确认、土地承包经营、集体经济组织收益分配、土地征收补偿安置或者征用补偿以及宅基地使用等方面,享有与男子平等的权利。申请农村土地承包经营权、宅基地使用权等不动产登记,应当在不动产登记簿和权属证书上将享有权利的妇女等家庭成员全部列明。征收补偿安置或者征用补偿协议应当将享有相关权益的妇女列入,并记载权益内容。"

第五,不损害国家、集体和他人利益的原则。分割夫妻共同财产,不能把属于国家、集体和他人所有的财产当作夫妻共同财产予以分割。贪污、受贿、盗窃等非法所得,应依法追缴;对因生产、经营等而与他人具有共有财产关系的,离婚时应先分出属于夫妻共有的份额,然后再分割夫妻共同财产,防止侵害他人的财产权益。

(3)分割夫妻共同财产应注意的事项。

司法实务中,在分割夫妻共同财产上强调注意以下事项:

其一,夫妻双方对财产归属另有约定的,经查证属实且内容合法有效的,按约定处理。

其二,对属于家庭共有的财产,因离婚而脱离该家的一方可以共有人的资格,分得其应享有的份额。如果离婚时夫妻共同财产未从家庭共同财产中析出,一方要求析产的,可先就离婚和已查清的财产进行处理,对一时确实难以查清的财产分割问题可告知当事人另案处理;或者中止离婚诉讼,待析产案件审结后再恢复离婚诉讼。

其三，未成年子女通过继承、受赠及其他合法途径获得的财产，归其本人所有。该财产由离婚后负责抚养该子女的母或者父代为管理。

其四，人民法院审理离婚案件，涉及分割发放到军人名下的复员费、自主择业费等一次性费用的，以夫妻婚姻关系存续年限乘以年平均值，所得数额为夫妻共同财产。前述所称年平均值，是指发放到军人名下的上述费用总额按具体年限均分得出的数额。其具体年限为人均寿命70岁与军人入伍时实际年龄的差额。①

其五，夫妻双方分割共同财产中的股票、债券、投资基金份额等有价证券以及未上市股份有限公司股份时，协商不成或者按市价分配有困难的，人民法院可以根据数量按比例分配。②

其六，人民法院审理离婚案件，涉及分割夫妻共同财产中以一方名义在有限责任公司的出资额，另一方不是该公司股东的，按以下情形分别处理：

① 夫妻双方协商一致将出资额部分或者全部转让给该股东的配偶，其他股东过半数同意，并且其他股东均明确表示放弃优先购买权的，该股东的配偶可以成为该公司的股东。

② 夫妻双方就出资额转让份额和转让价格等事项协商一致后，其他股东半数以上不同意转让，但愿意以同等条件购买该出资额的，人民法院可以对转让出资所得财产进行分割。其他股东半数以上不同意转让，也不愿意以同等条件购买该出资额的，视为其同意转让，该股东的配偶可以成为该公司股东。用于证明前述股东同意的证据，可以是股东会议材料，也可以是当事人通过其他合法途径取得的股东的书面声明材料。③

其七，人民法院审理离婚案件，涉及分割夫妻共同财产中以一方名义在合伙企业中的出资，另一方不是该企业合伙人的，当夫妻双方协商一致，将其合伙企业中的财产份额全部或者部分转让给对方时，按以下情形分别处理：

① 其他合伙人一致同意的，该配偶依法取得合伙人地位；

② 其他合伙人不同意转让，在同等条件下行使优先受让权的，可以对转让所得的财产进行分割；

③ 其他合伙人不同意转让，也不行使优先受让权，但同意该合伙人退伙或者削减部分财产份额的，可以对结算后的财产进行分割；

④ 其他合伙人既不同意转让，也不行使优先受让权，又不同意该合伙人退伙或者削减部分财产份额的，视为全体合伙人同意转让，该配偶依法取得合伙人

---

① 《婚姻家庭编解释（一）》第71条。
② 《婚姻家庭编解释（一）》第72条。
③ 《婚姻家庭编解释（一）》第73条。

地位。①

其八,夫妻以一方名义投资设立个人独资企业的,人民法院分割夫妻在该个人独资企业中的共同财产时,应当按照以下情形分别处理:

① 一方主张经营该企业的,对企业资产进行评估后,由取得企业资产所有权的一方给予另一方相应的补偿;

② 双方均主张经营该企业的,在双方竞价基础上,由取得企业资产所有权的一方给予另一方相应的补偿;

③ 双方均不愿意经营该企业的,按照《个人独资企业法》等有关规定办理。②

其九,由一方婚前承租、婚后用共同财产购买的房屋,登记在一方名下的,应当认定为夫妻共同财产。③

其十,双方对夫妻共同财产中的房屋价值及归属无法达成协议时,人民法院按以下情形分别处理:

① 双方均主张房屋所有权并且同意竞价取得的,应当准许;

② 一方主张房屋所有权的,由评估机构按市场价格对房屋作出评估,取得房屋所有权的一方应当给予另一方相应的补偿;

③ 双方均不主张房屋所有权的,根据当事人的申请拍卖、变卖房屋,就所得价款进行分割。④

其十一,离婚时双方对尚未取得所有权或者尚未取得完全所有权的房屋有争议且协商不成的,人民法院不宜判决房屋所有权的归属,应当根据实际情况判决由当事人使用。

当事人就前款规定的房屋取得完全所有权后,有争议的,可以另行向人民法院提起诉讼。⑤

其十二,当事人依照《民法典》第1076条签订的离婚协议中关于财产以及债务处理的条款,对男女双方具有法律约束力。登记离婚后当事人因履行上述协议发生纠纷提起诉讼的,人民法院应当受理。⑥

其十三,夫妻双方协议离婚后就财产分割问题反悔,请求撤销财产分割协议的,人民法院应当受理。人民法院审理后,未发现订立财产分割协议时存在欺诈、胁迫等情形的,应当依法驳回当事人的诉讼请求。⑦

其十四,当事人请求返还按照习俗给付的彩礼的,如果查明属于以下情形,

---

① 《婚姻家庭编解释(一)》第74条。
② 《婚姻家庭编解释(一)》第75条。
③ 《婚姻家庭编解释(一)》第27条。
④ 《婚姻家庭编解释(一)》第76条。
⑤ 《婚姻家庭编解释(一)》第77条。
⑥ 《婚姻家庭编解释(一)》第69条第2款。
⑦ 《婚姻家庭编解释(一)》第70条。

人民法院应当予以支持：

① 双方未办理结婚登记手续；

② 双方办理结婚登记手续但确未共同生活；

③ 婚前给付并导致给付人生活困难。

适用前款第2、3项的规定,应当以双方离婚为条件。①

其十五,夫妻一方婚前签订不动产买卖合同,以个人财产支付首付款并在银行贷款,婚后用夫妻共同财产还贷,不动产登记于首付款支付方名下的,离婚时该不动产由双方协议处理。依前款规定不能达成协议的,人民法院可以判决该不动产归登记一方,尚未归还的贷款为不动产登记一方的个人债务。双方婚后共同还贷支付的款项及其相对应财产增值部分,离婚时应根据《民法典》第1087条第1款规定的原则,由不动产登记一方对另一方进行补偿。②

其十六,婚姻关系存续期间,双方用夫妻共同财产出资购买以一方父母名义参加房改的房屋,登记在一方父母名下,离婚时另一方主张按照夫妻共同财产对该房屋进行分割的,人民法院不予支持。购买该房屋时的出资,可以作为债权处理。③

其十七,离婚时夫妻一方尚未退休、不符合领取基本养老金条件,另一方请求按照夫妻共同财产分割基本养老金的,人民法院不予支持；婚后以夫妻共同财产缴纳基本养老保险费,离婚时一方主张将养老金账户中婚姻关系存续期间个人实际缴纳部分及利息作为夫妻共同财产分割的,人民法院应予支持。④

其十八,当事人达成的以协议离婚或者到人民法院调解离婚为条件的财产分割以及债务处理协议,如果双方离婚未成,一方在离婚诉讼中反悔的,人民法院应当认定该财产以及债务处理协议没有生效,并根据实际情况依照《民法典》第1087条和第1089条的规定判决。⑤

其十九,婚姻关系存续期间,夫妻一方作为继承人依法可以继承的遗产,在继承人之间尚未实际分割,起诉离婚时另一方请求分割的,人民法院应当告知当事人在继承人之间实际分割遗产后另行起诉。⑥

其二十,离婚后,一方以尚有夫妻共同财产未处理为由向人民法院起诉请求分割,经审查该财产确属离婚时未涉及的夫妻共同财产的,人民法院应当依法予以分割。⑦

---

① 《婚姻家庭编解释(一)》第5条。

② 《婚姻家庭编解释(一)》第78条。

③ 《婚姻家庭编解释(一)》第79条。

④ 《婚姻家庭编解释(一)》第80条。

⑤ 《婚姻家庭编解释(一)》第69条第1款。

⑥ 《婚姻家庭编解释(一)》第81条。

⑦ 《婚姻家庭编解释(一)》第83条。

2. 离婚债务的清偿

离婚债务清偿，包括夫妻共同债务与夫妻个人债务的清偿。其作为离婚效力之一，关涉离婚当事人的权益保障，也关涉第三人利益的维护和社会诚信风尚的传播。

离婚债务的清偿，需要公权力的规制及当事人的意思自治。同时，必须确保离婚当事人之间及其与利害关系人之间的债务清偿正义。

（1）夫妻共同债务的清偿。

夫妻共同债务，是指夫妻为家庭共同生活或为履行抚养、赡养等法定义务所负的债务。

依《民法典》第1064条的规定，下列债务为夫妻共同债务：① 夫妻双方共同签名或者夫妻一方事后追认等共同意思表示所负的债务；② 夫妻一方在婚姻关系存续期间以个人名义为家庭日常生活需要所负的债务；③ 虽属夫妻一方在婚姻关系存续期间以个人名义超出家庭日常生活需要所负的债务，但债权人能够证明该债务用于夫妻共同生活、共同生产经营或者基于夫妻双方共同意思表示的债务。

依各国婚姻家庭立法，夫妻共同债务，应以夫妻共同财产清偿。《民法典》第1089条规定："离婚时，夫妻共同债务应当共同偿还。共同财产不足清偿或者财产归各自所有的，由双方协议清偿；协议不成的，由人民法院判决。"依此规定，离婚时，应以夫妻共同财产清偿夫妻共同债务。如果共同财产不足以清偿或者双方实行分别财产制，当事人则应通过协议确定夫妻共同债务的清偿；协议不成的，由人民法院判决。一般来说，夫妻应对夫妻共同债务承担连带清偿责任。

（2）夫妻个人债务的清偿。

夫妻个人债务，是指与家庭共同生活无关、夫妻一方为了个人需要单独所负的债务。

根据《民法典》第1064条的规定，夫妻一方在婚姻关系存续期间以个人名义超出家庭日常生活需要所负的债务，为夫妻个人债务。依据婚姻家庭法理及相关司法解释，下列债务视为夫妻个人债务：① 夫妻双方约定由个人负担的债务，但以逃避债务清偿为目的的除外。② 一方未经对方同意，擅自资助与其没有抚养义务的亲朋所负的债务。③ 一方未经对方同意，独自筹资从事经营活动，其收入确未用于家庭共同生活所负的债务。④ 其他应由个人承担的债务。如当事人在婚前所负的债务，婚后因一方违法行为所负的债务，一方为个人挥霍享受所负的债务等。夫妻个人债务，应以其个人财产清偿。

（3）离婚债务清偿的追偿原则。

在司法实践中，基于夫妻约定或夫妻个人行为，常会出现以夫妻的个人财产或共同财产清偿夫妻的共同债务或者个人债务的情形。在尊重当事人意思自治的同时,应明确债务清偿的追偿原则。即当夫妻一方以共同财产或者个人财产清偿了夫妻的个人债务或者共同债务后,其离婚时有权向他方追还相应的财产价值或数额,但是当事人另有约定的除外。

(4) 离婚债务清偿的司法适用。

关于离婚债务清偿,根据相关司法解释,实务中应注意如下问题:

① 债权人就一方婚前所负个人债务向债务人的配偶主张权利的,人民法院不予支持。但债权人能够证明所负债务用于婚后家庭共同生活的除外。①

② 债权人就婚姻关系存续期间夫妻一方以个人名义为家庭日常生活需要所负的债务主张权利的,应当按夫妻共同债务处理。但夫妻一方能够证明债权人与债务人明确约定为个人债务,或者能够证明属于《民法典》第1065条第3款规定情形的除外。

③ 夫妻一方与第三人串通,虚构债务,第三人主张该债务为夫妻共同债务的,人民法院不予支持。夫妻一方在从事赌博、吸毒等违法犯罪活动中所负债务,第三人主张该债务为夫妻共同债务的,人民法院不予支持。②

④ 当事人的离婚协议或者人民法院生效判决、裁定、调解书已经对夫妻财产分割问题作出处理的,债权人仍有权就夫妻共同债务向男女双方主张权利。一方就夫妻共同债务承担清偿责任后,主张由另一方按照离婚协议或者人民法院的法律文书承担相应债务的,人民法院应当支持。③

⑤ 夫或者妻一方死亡的,生存一方应当对婚姻关系存续期间的夫妻共同债务承担清偿责任。④

三、离婚对子女的效力

(一) 离婚后子女的监护

1. 离婚后子女监护人的确定

(1) 未成年子女的监护人。父母是未成年子女的监护人。夫妻离婚后,对未成年子女依然享有平等的监护权,即父母对未成年子女的监护权不因父母离婚而消除。夫妻离婚后,任何一方无权取消对方对该子女的监护权。

(2) 成年子女的监护人。夫妻离婚时,如子女属于无民事行为能力或限制民事行为能力的成年人,且无配偶、子女,根据《民法典》第28条的规定,父母仍是该成年子女的监护人,父母不得以离婚为名推诿监护责任。

---

① 《婚姻家庭编解释(一)》第33条。
② 《婚姻家庭编解释(一)》第34条。
③ 《婚姻家庭编解释(一)》第35条。
④ 《婚姻家庭编解释(一)》第36条。

2. 离婚后对子女的监护责任

根据《民法典》第 34 条的规定,父母离婚后,对子女的监护职责是代理被监护人实施民事法律行为,保护被监护人的人身权利、财产权利以及其他合法权益等。监护人依法履行监护职责产生的权利,受法律保护。监护人不履行监护职责或者侵害被监护人合法权益的,应当承担法律责任。

依《民法典》第 36 条、第 37 条的规定,监护人不能依法履行监护职责,侵害被监护人权益的,人民法院根据有关个人或者组织的申请,可撤销其监护人资格;但应当继续履行负担被监护人的抚养费的义务。

(二) 离婚后子女的抚养教育

1. 离婚后的父母子女关系

《民法典》第 1084 条第 1 款规定:"父母与子女间的关系,不因父母离婚而消除。离婚后,子女无论由父或者母直接抚养,仍是父母双方的子女。"夫妻间的权利义务关系虽因离婚而消除,但父母与子女的权利义务关系不因父母离婚而消除,这是由婚姻关系和父母子女关系的不同性质决定的。父母子女关系作为自然血亲关系,不能通过法律程序人为地解除,以公开声明的方式脱离父母子女关系的,不发生法律效力。婚姻关系存续期间有关父母子女间的权利和义务的有关规定,完全适用于父母离婚后的父母子女关系,但行使权利和履行义务的条件和方式已发生变化。

为加强父母抚养和教育子女的责任感和义务感,防止子女的合法权益因父母离婚而受到损害,《民法典》第 1084 条第 2 款规定:"离婚后,父母对于子女仍有抚养、教育、保护的权利和义务。"父母不能借口已离婚拒绝履行抚养、教育、保护子女的义务,子女也不能以父母离婚为理由拒绝履行赡养、扶助父母的义务。至于其他的权利和义务,如父母子女间的遗产继承权等,也不因父母离婚而消灭。

2. 离婚后子女的抚养

离婚后,子女随父方生活还是随母方生活,直接关系到子女的切身利益,也常常是离婚当事人争执的焦点。在处理子女抚养问题时,必须贯彻有利于子女的身心健康及保障子女合法权益的原则;同时,结合父母双方的抚养能力和抚养条件等具体情况妥善处理。

《民法典》第 1084 条第 3 款规定:"离婚后,不满两周岁的子女,以由母亲直接抚养为原则。已满两周岁的子女,父母双方对抚养问题协议不成的,由人民法院根据双方的具体情况,按照最有利于未成年子女的原则判决。子女已满八周岁的,应当尊重其真实意愿。"子女的抚养可分为两种情况:

(1) 不满 2 周岁的子女,以由母亲直接抚养为原则。该原则符合子女利益,即不满 2 周岁的子女由母亲直接抚养,有利于子女的健康成长。该规定既是权利也是义务,母亲不得推卸抚养子女的责任。当母亲不宜或不能抚养子女时,父亲也不得推卸抚养的义务与责任。

根据上述原则,结合相关司法实务,在处理不满2周岁子女的抚养问题时,应注意以下几点:

① 不满2周岁的子女,一般随母亲生活。母亲有下列情形之一,父亲请求直接抚养的,人民法院应予支持:第一,患有久治不愈的传染性疾病或者其他严重疾病,子女不宜与其共同生活;第二,有抚养条件不尽抚养义务,而父亲要求子女随其生活;第三,因其他原因,子女确不宜随母亲生活。①

② 父母双方协议不满2周岁子女由父亲直接抚养,并对子女健康成长无不利影响的,人民法院应予支持。②

(2) 已满2周岁的子女由何方抚养,应由父母协议;协议不成的,由人民法院根据双方的具体情况,按照最有利于未成年子女的原则判决。

根据上述原则,结合司法实践,在处理子女抚养问题时,应注意以下几点:

① 对已满2周岁的未成年子女,父母均要求直接抚养,一方有下列情形之一的,可予优先考虑:第一,已做绝育手术或者因其他原因丧失生育能力;第二,子女随其生活时间较长,改变生活环境对子女健康成长明显不利;第三,无其他子女,而另一方有其他子女;第四,子女随其生活,对子女成长有利,而另一方患有久治不愈的传染性疾病或者其他严重疾病,或者有其他不利于子女身心健康的情形,不宜与子女共同生活。③

② 父母抚养子女的条件基本相同,双方均要求直接抚养子女,但子女单独随祖父母或者外祖父母共同生活多年,且祖父母或者外祖父母要求并且有能力帮助子女照顾孙子女或者外孙子女的,可以作为父或者母抚养子女的优先条件予以考虑。④

③ 父母双方对8周岁以上的未成年子女由父或者母直接抚养发生争执的,应尊重该子女的真实意愿。

④ 在有利于保护子女利益的前提下,父母双方协议轮流直接抚养子女的,人民法院应予支持。⑤

无论子女由哪一方抚养,父母双方都应本着对子女负责的精神,在抚养、教育、保护问题上互相协商,共同履行应尽的责任。如果抚养子女的一方要求子女与另一方断绝关系,或不抚养子女的一方拒绝承担对子女的抚养、教育、保护义

---

① 《婚姻家庭编解释(一)》第44条。
② 《婚姻家庭编解释(一)》第45条。
③ 《婚姻家庭编解释(一)》第46条。
④ 《婚姻家庭编解释(一)》第47条。
⑤ 《婚姻家庭编解释(一)》第48条。

务,或因子女变更姓氏而拒付抚育费,均属违法行为。

(3) 抚养关系的变更。在抚养关系确定后,父母一方要求变更子女抚养关系的,如具有下列情形之一,人民法院应予支持:

① 与子女共同生活的一方因患严重疾病或者因伤残无力继续抚养子女;

② 与子女共同生活的一方不尽抚养义务或有虐待子女行为,或者其与子女共同生活对子女身心健康确有不利影响;

③ 已满 8 周岁的子女,愿随另一方生活,该方又有抚养能力;

④ 有其他正当理由需要变更。①

父母双方协议变更子女抚养关系的,人民法院应予支持。②

(三) 离婚后子女抚养费的负担

子女的抚养费包括生活费、教育费、医疗费等费用。夫妻离婚后,双方都有抚养、教育、保护子女的权利和义务。关于负担抚育费的条件、数额、给付的期限和办法以及抚育费的变更等,均要从子女的实际需要和父母双方的负担能力出发,合理地予以解决。

《民法典》第 1085 条规定:"离婚后,子女由一方直接抚养的,另一方应当负担部分或者全部抚养费。负担费用的多少和期限的长短,由双方协议;协议不成的,由人民法院判决。前款规定的协议或者判决,不妨碍子女在必要时向父母任何一方提出超过协议或者判决原定数额的合理要求。"

1. 离婚后的父母双方都有负担子女抚养费的义务

父母在离婚后,应平等地承担子女的抚养费,这是由男女两性的社会经济地位决定的。伴随我国男女平等基本国策的落实,妇女的社会经济地位和家庭地位逐步提高,女方已具备与男方共同负担子女生活费和教育费的条件。因此,《民法典》明确规定父母应平等负担子女的抚养费。当然,父母平等负担子女抚养费的义务,并不意味着平均负担抚养费的数额。在具体确定抚养费数额时,应从实际情况出发,兼顾父母双方的负担能力和经济条件。如果母方的经济条件不如父方,则可在费用负担数额上予以照顾。如果抚养子女的一方自愿独自承担抚养费时,另一方的负担义务也可免除。

2. 子女抚养费的数额、期限和给付办法

(1) 确定子女抚养费的数额,应当兼顾需要和可能。既要考虑子女的实际需要,又要考虑父母双方的负担能力和当地的实际生活水平。根据相关司法解释,司法实务中具体处理原则如下:

第一,有固定收入的,抚养费一般可按其月总收入的 20% 至 30% 的比例

---

① 《婚姻家庭编解释(一)》第 56 条。
② 《婚姻家庭编解释(一)》第 57 条。

给付。负担两个以上子女抚养费的,比例可以适当提高,但一般不得超过月总收入的50%。无固定收入的,抚养费的数额可以依据当年总收入或者同行业平均收入,参照上述比例确定。有特殊情况的,可适当提高或者降低上述比例。①

第二,父母双方可以协议由一方直接抚养子女并由直接抚养方负担子女全部抚养费。但是,直接抚养方的抚养能力明显不能保障子女所需费用,影响子女健康成长的,人民法院不予支持。②

第三,在离婚诉讼期间,双方均拒绝抚养子女的,可以先行裁定暂由一方抚养。③

(2) 关于抚养费的给付期限,一般至子女18周岁为止。具体处理原则如下:

第一,16周岁以上不满18周岁,以其劳动收入为主要生活来源,并能维持当地一般生活水平的,父母可以停止给付抚养费。④

第二,不能独立生活的成年子女,如果丧失、部分丧失劳动能力,其收入不足以维持生活,或者尚在校接受高中及其以下学历教育,确无独立生活能力和条件,只要父母有给付能力,仍应承担必要的抚养费。

第三,夫或者妻一方收养的子女,对方未表示反对,并与该子女形成事实收养关系的,离婚后,应由双方负担子女的抚养费;夫或者妻一方收养的子女,对方始终反对的,离婚后,应由收养方抚养该子女。

(3) 给付抚养费的办法。抚养费应当定期给付,有条件的可一次性给付。⑤如有工资收入的,可按月给付;农民可按收益季节或者年度给付。可给付现金,也可给付实物。父母一方无经济收入或者下落不明的,可以用其财物折抵抚养费。⑥

离婚时,应将子女抚养费的数额、给付的期限和办法,明确、具体地载入离婚调解书或者判决书。对拒不履行或者妨害他人履行生效判决、裁定、调解书中有关子女抚养义务的当事人或者其他人,人民法院可依照《民事诉讼法》第111条的规定采取强制措施。⑦

---

① 《婚姻家庭编解释(一)》第49条。
② 《婚姻家庭编解释(一)》第52条。
③ 《婚姻家庭编解释(一)》第60条。
④ 《婚姻家庭编解释(一)》第53条。
⑤ 《婚姻家庭编解释(一)》第50条。
⑥ 《婚姻家庭编解释(一)》第51条。
⑦ 《婚姻家庭编解释(一)》第61条。

3. 子女抚养费的变更

离婚后,子女抚养费的变更,包括增加、减少和免除。当子女的实际需要和父母双方的经济状况有所变化时,可以变更协议或裁决中原定的抚养费数额。

(1) 子女抚养费的增加。具有下列情形之一,子女要求有负担能力的父或者母增加抚养费的,人民法院应予支持:

第一,原定抚养费数额不足以维持当地实际生活水平;

第二,因子女患病、上学,实际需要已超过原定数额;

第三,有其他正当理由应当增加。[①]

至于子女抚养费是否增加及增加多少,应当由当事人协议,协议不成的,由人民法院依法裁决。

(2) 子女抚养费的减少或免除。在一定条件下,子女抚养费可以减少或免除。首先,抚养子女的一方再行结婚,继父或继母愿意负担子女的生活费和教育费的一部或全部时,另一方的负担可酌情减少或免除。其次,如果负有给付义务的一方确有实际困难,亦可通过协议或判决,酌情减免。

子女抚养费的减少或免除直接关系到子女的切身利益,故在决定是否减、免时必须慎重考虑,严格掌握。当然,减少或免除子女的抚养费,并不意味着可以减轻或终止父母对子女的抚养义务和责任。当减、免抚养费的条件消失时,如继父或继母不愿或无力负担该项费用时;或者负有给付义务的一方经济状况有了显著改善时,父或母应当恢复给付,以保护子女的合法权益。

(四) 离婚后父母对子女的探望权

探望权源于英美法系,后为各国法律所接受。我国2001年修订的《婚姻法》就规定了探望权,其意义在于保障离婚后非直接抚养子女的父母一方能够定期与子女团聚,弥合家庭解体给亲子关系造成的伤害,保障未成年子女的身心健康。

1. 探望权的概念和性质

探望权,也称探视权或会面交往权,是指离婚后不直接抚养子女的父母一方依法享有探视、看望子女的权利。

《民法典》第1086条规定:"离婚后,不直接抚养子女的父或者母,有探望子女的权利,另一方有协助的义务。行使探望权利的方式、时间由当事人协议;协议不成的,由人民法院判决。父或者母探望子女,不利于子女身心健康的,由人民法院依法中止探望;中止的事由消失后,应当恢复探望。"探望权是亲权的具体内容,包括对未成年子女的人身和财产的照护。

[①] 《婚姻家庭编解释(一)》第58条。

2. 探望权的行使

探望权的行使,虽基于亲子身份和血缘关系,但该权利必须正当行使,不得违反探望协议或法院判决确定的探望内容。

(1) 探望权的行使主体,是离婚后不直接抚养子女的父或者母。

(2) 探望权的行使方式、时间由当事人协议;协议不成的,由人民法院判决。人民法院应根据有利于子女身心健康及有利于子女学习和生活的原则,对探望权行使的方式、时间、次数、地点等作出裁决。对于8周岁以上的未成年子女,法院应在征求其本人意见后再对其父或者母的探望权行使进行裁决。

(3) 人民法院作出的生效的离婚判决中未涉及探望权,当事人就探望权问题单独提起诉讼的,人民法院应予受理。①

3. 探望权的中止

(1) 探望权的中止事由,是指探望不利于子女的身心健康。"不利于子女身心健康"的情形,主要是指不直接抚养子女的父或母患有严重精神疾病或尚未治愈的传染性疾病;对子女实施家庭暴力或虐待、遗弃子女;道德品质恶劣等。

(2) 当事人在履行生效判决、裁定或者调解书的过程中,一方请求中止探望的,人民法院在征询双方当事人意见后,认为需要中止探望的,依法作出裁定;中止探望的情形消失后,人民法院应当根据当事人的请求书面通知其恢复探望。②

(3) 有权向人民法院提出中止探望的请求主体,包括未成年子女、直接抚养子女的父或者母及其他对未成年子女负担抚养、教育保护义务的法定监护人。③

4. 探望权的强制执行

自探望权的协议达成或法院判决生效之日起,当事人即享有探望权。任何个人或组织非经合法程序,不得干扰、阻挠探望权的正当行使。对拒不执行有关探望子女等判决和裁定的,人民法院可依法强制执行。强制执行,是指对于拒不协助另一方行使探望权的有关个人或者组织,可以由人民法院依法采取拘留、罚款等强制措施,但是不能对子女的人身、探望行为进行强制执行。④

---

① 《婚姻家庭编解释(一)》第65条。
② 《婚姻家庭编解释(一)》第66条。
③ 《婚姻家庭编解释(一)》第67条。
④ 《婚姻家庭编解释(一)》第68条。

第五节 离婚救济

一、离婚救济的概念和意义

离婚救济,是指当事人在离婚时、离婚后的权益救济,包括离婚家务贡献补偿、离婚经济帮助、离婚损害赔偿、离婚财产保障等。离婚救济的意义,在于超越公与私二元对立格局及以性别为基础的社会建构,保障离婚当事人的人身权益和财产权益,促进社会性别平等。离婚救济,既是衡平社会财富的背景性制度安排,也是实现矫正正义的系统性制度设计,更是承担社会责任的伦理性制度选择。①

二、离婚家务贡献补偿

(一)离婚家务贡献补偿的概念与特征

离婚家务贡献补偿,也称家务贡献补偿、家事贡献补偿、离婚经济补偿,是指当事人在离婚时,基于家务付出而享有的家庭贡献补偿请求权。

《民法典》第1088条规定:"夫妻一方因抚育子女、照料老年人、协助另一方工作等负担较多义务的,离婚时有权向另一方请求补偿,另一方应当给予补偿。具体办法由双方协议;协议不成的,由人民法院判决。"离婚家务贡献补偿适用的条件如下:

第一,适用于离婚之时。

第二,平等适用于夫妻双方。

第三,请求家务贡献补偿的主体是家务贡献较多的一方。

第四,家务贡献的内容包括抚育子女、照料老人、协助另一方工作等。

第五,家务贡献补偿遵循约定与法定相结合的原则。

(二)离婚家务贡献补偿的实质

离婚家务贡献补偿,是实现矫正正义的系统化、制度化的立法设计。家务贡献补偿的对象,是家务贡献者,即因家务贡献而使权益受损者;家务贡献补偿的价值,在于补偿家务贡献者的逸失利益;家务贡献补偿的实质,是贡献与补偿的平衡,即逸失利益与贡献补偿的平衡。②

在婚姻家庭立法史上,欧美、亚洲的一些国家确立家务贡献补偿制度的初衷,在于家务劳动评价论,即为提高家庭主妇的地位,使其能够分享丈夫的职业

---

① 王歌雅主编:《性别与法律》,黑龙江大学出版社2018年版,第124页。
② 王歌雅:《社会排挤与女性婚姻家庭权益的法律保障》,黑龙江人民出版社2019年版,第220—221页。

所得。

(三) 离婚家务贡献补偿的性质

大陆法系和英美法系国家,多将家务贡献补偿适用于家庭主妇婚姻离异的情形,以救济家庭主妇的离婚利益,提升家庭主妇的家庭地位和社会地位。夫妻财产制的类型不同,家务贡献补偿的性质也不同。

在夫妻分别财产制下,家务贡献补偿可通过三个途径来实现:一是剩余财产分配请求权。即对婚姻关系存续期间他方剩余财产一半价值的分割。二是婚姻合伙财产共有的分割请求权。即将家务劳动喻为合伙的劳务出资,其与婚姻生活费用分担具有对价关系。三是基于家务贡献而形成的逸失利益的损害赔偿请求权。在夫妻共同财产制下,家务贡献是创造夫妻共同财产的来源之一。故家务贡献补偿是对夫妻共同财产的分享或分割。对离婚当事人的家务贡献予以补偿,符合权利义务相一致的原则,符合公平正义的追求。

(四) 离婚家务贡献补偿的适用

离婚家务贡献补偿在具体适用时,应关注两个问题:一是离婚家务贡献补偿不同于离婚损害赔偿。前者是因一方对子女、老人、家庭等付出较多义务,他方应承担补偿的义务,以体现权利与义务相一致的原则,实现离婚正义;后者是因一方有法定过错,给无过错方造成物质或精神的损害并且导致离婚后果时,依法应承担的损害赔偿责任,即对故意违反婚姻义务一方的民事惩罚,具有警示和教育的作用。二是离婚家务贡献补偿不同于离婚经济帮助。前者是离婚时对家务贡献者的经济补偿,体现权利义务相一致的理念;后者仅限于解决离婚时一方的实际生活困难,救济经济困难群体,彰显人文关怀的理念。①

三、离婚经济帮助

(一) 离婚经济帮助的概念

离婚经济帮助,也称经济帮助制度,是指离婚时有负担能力的一方对离婚后陷于生活困难或生活水平明显下降的一方所给予的物质帮助或财产帮助。

离婚经济帮助,是我国独具特色的离婚救济制度。自其创立时起,便担负着扶危济困、促进婚姻自由的功能。《民法典》第 1090 条规定:"离婚时,如果一方生活困难,有负担能力的另一方应当给予适当帮助。具体办法由双方协议;协议不成的,由人民法院判决。"离婚经济帮助适用的条件如下:

第一,平等地适用于男女双方。性别中立的立法,将对性别平等产生积极影响。

第二,请求帮助的一方生活困难。生活困难,既指依靠个人财产和离婚时分

---

① 王歌雅:《家务贡献补偿:适用冲突与制度反思》,载《求是学刊》2011 年第 5 期。

得的财产无法维持当地基本生活水平[①]，也指离婚后无住处。对生活困难的一方给予经济帮助，有助于消除生活困难一方特别是女方在离婚时的经济顾虑，推进离婚自由的实现。

第三，提供帮助的一方有负担能力。如无负担能力，可以不予帮助。

第四，仅适用于离婚之时。即生活困难发生于离婚之时。如离婚后陷于生活困难，则不属经济帮助的情形。

（二）离婚经济帮助的性质

离婚经济帮助，是夫妻财产效力在离婚时的延伸，是离婚后的一种善后措施，是离婚正义的体现。离婚经济帮助，并非夫妻扶养义务的延续，而是从原来的婚姻关系中派生出来的一种责任。因为，夫妻间的扶养义务因离婚而终止。在执行经济帮助期间，如受帮助的一方另行结婚，帮助的一方则可终止帮助。

离婚经济帮助有别于夫妻共同财产的分割。离婚经济帮助是一方对另一方有条件的帮助；夫妻共同财产的分割，则是夫妻双方对共同财产依法享有的权利。如果一方所得的财产足以维持其生活，他方可不予经济帮助，但绝不可用离婚经济帮助代替夫妻共同财产的分割，以防止损害接受经济帮助的一方对夫妻共同财产分割所享有的合法权益。

（三）离婚经济帮助的方法

离婚时，如果一方生活困难需要帮助，应由双方协议解决；如协议不成，可由人民法院判决。具体办法应视离婚时一方的困难程度和另一方的负担能力而定。具体帮助方法如下：

（1）离婚时，一方年轻有劳动能力，生活上出现暂时困难的，另一方可给予短期的或一次性的经济帮助。

（2）离婚时，一方以个人财产中的住房对生活困难者进行帮助的形式，可以是房屋的居住权或者房屋的所有权。对离婚当事人给予住房等经济帮助，使其能够维持当地基本生活水平，体现了我国婚姻家庭立法对离婚当事人的人文关怀，有助于保障离婚当事人的基本生存权益。

（3）结婚多年，一方年老病残、失去劳动能力又无生活来源的，另一方应当在居住或生活方面给予适当的帮助，必要时可给予长期的经济帮助。

（4）原定经济帮助执行完毕后，一方再次要求对方给予经济帮助的，人民法院一般不予支持。当事人应自行解决生活困难，他方不再负有帮助的义务。

[①] 也有学者认为，生活困难应是指与离婚前相比生活水平明显降低。

四、离婚损害赔偿

(一) 离婚损害赔偿的概念

离婚损害赔偿,是指配偶一方违反婚姻义务,实施法定违法事由导致婚姻关系破裂时,无过错配偶方有权在离婚时诉请损害赔偿。

《民法典》第1091条规定:"有下列情形之一,导致离婚的,无过错方有权请求损害赔偿:(一)重婚;(二)与他人同居;(三)实施家庭暴力;(四)虐待、遗弃家庭成员;(五)有其他重大过错。"离婚损害赔偿的适用条件如下:

第一,双方具有配偶身份。配偶身份是离婚损害赔偿的适用前提。未成立婚姻关系者,不能适用离婚损害赔偿进行权益救济。

第二,双方已进入离婚诉讼程序。离婚损害赔偿请求权的适用前提是离婚诉讼。凡是人民法院判决不准离婚的案件,对于当事人基于《民法典》第1091条提出的损害赔偿请求,人民法院不予支持。在婚姻关系存续期间,当事人不起诉离婚而单独依据《民法典》第1091条提起损害赔偿请求的,人民法院不予受理。[①]

第三,因夫妻一方的特定过错而离婚。离婚的原因虽复杂、多元,但只有具备法定情形,即一方重婚、与他人同居、实施家庭暴力、虐待或遗弃家庭成员、有其他重大过错且导致离婚时,过错方才承担损害赔偿责任。

(二) 离婚损害赔偿的实质

离婚损害赔偿制度设立的初衷,是为救济离婚时无过错方的离婚权益,即对权益受损者的权益补偿。离婚损害赔偿的适用,基于赔偿者对婚姻权利的滥用以及违反婚姻义务对他方造成的损害。请求离婚损害赔偿,是权益受损者对婚姻权益的救济。

(三) 离婚损害赔偿的意义

2001年修订的《婚姻法》第46条增加了离婚损害赔偿制度,意在维护无过错方的离婚权益,实现离婚正义。《民法典》第1091条沿袭其规定,以继续发挥离婚损害赔偿的惩罚、救济、补偿的功能。

第一,保障离婚自由。建立与离婚经济帮助制度并行的离婚损害赔偿制度,可消除无过错方的离婚顾虑,保障其离婚权益。即通过离婚损害赔偿,弥补其财产损失和精神损失。

第二,履行婚姻义务。配偶一方不履行婚姻义务时,如重婚、与他人同居、实施家庭暴力、虐待、遗弃家庭成员等,将造成他方的物质损害和精神损害。适用离婚损害赔偿制度,方可使无过错方得到精神抚慰和财产补偿,实现法律的公平

---

① 《婚姻家庭编解释(一)》第87条。

与正义。

（四）离婚损害赔偿的适用

根据《民法典》第 1091 条的规定，参照司法实践经验[1]，离婚损害赔偿的适用应区分以下情形：

第一，符合《民法典》第 1091 条规定的无过错方作为原告基于该条规定向人民法院提起损害赔偿请求的，必须在离婚诉讼的同时提出。

第二，符合《民法典》第 1091 条规定的无过错方作为被告的离婚诉讼案件，如果被告不同意离婚也不基于该条规定提起损害赔偿请求的，可以就此单独提起诉讼。

第三，无过错方作为被告的离婚诉讼案件，一审时被告未基于《民法典》第 1091 条规定提出损害赔偿请求，二审期间提出的，人民法院应当进行调解；调解不成的，应告知当事人另行起诉。双方当事人同意由第二审人民法院一并审理的，第二审人民法院可以一并裁决。[2]

第四，当事人在婚姻登记机关办理离婚登记手续后，以《民法典》第 1091 条规定为由向人民法院提出损害赔偿请求的，人民法院应当受理。但当事人在协议离婚时已经明确表示放弃该项请求的，人民法院不予支持。[3]

第五，夫妻双方均有《民法典》第 1091 条规定的过错情形，一方或者双方向对方提出离婚损害赔偿请求的，人民法院不予支持。[4]

第六，离婚损害赔偿的范围，包括物质损害赔偿和精神损害赔偿。[5]

五、离婚财产保障

（一）离婚财产保障的概念

离婚财产保障，也称对离婚时妨害共同财产分割的处理，是指夫妻一方实施了侵害夫妻共同财产的行为时，他方请求法院予以制裁或请求再次分割财产的救济措施。

《民法典》第 1092 条规定："夫妻一方隐藏、转移、变卖、毁损、挥霍夫妻共同财产，或者伪造夫妻共同债务企图侵占另一方财产的，在离婚分割夫妻共同财产时，对该方可以少分或者不分。离婚后，另一方发现有上述行为的，可以向人民法院提起诉讼，请求再次分割夫妻共同财产。"据此，离婚财产保障的适用条件如下：

---

[1] 《婚姻家庭编解释（一）》第 86—90 条。
[2] 《婚姻家庭编解释（一）》第 88 条。
[3] 《婚姻家庭编解释（一）》第 89 条。
[4] 《婚姻家庭编解释（一）》第 90 条。
[5] 《婚姻家庭编解释（一）》第 86 条。

第一，夫妻一方实施了侵害夫妻共同财产的行为。该行为包括对夫妻共同财产的隐藏、转移、变卖、毁损、挥霍以及伪造夫妻共同债务的行为。

第二，侵犯了夫妻他方的财产权益。侵权一方既有主观过错，也有损害后果，已构成财产侵权。

第三，受害方请求财产权益救济。通过适用法定救助措施，责令侵权人承担相应的民事责任。

（二）离婚财产保障的实质

离婚财产保障的目的，在于公允分割夫妻共同财产。即通过适用离婚财产保障措施，确保离婚财产分割的制度公正与实质正义，维护当事人离婚时、离婚后的财产权益。离婚财产保障的目的，在于通过惩罚侵权行为，维护他方的财产权益。

（三）离婚财产保障的适用

依据《民法典》第1092条规定及相关司法实践，离婚财产保障的具体适用措施如下：

第一，在离婚分割夫妻共同财产时，对侵权一方采取少分或不分的原则，使其承担相应的民事责任。

第二，被侵权方可以向人民法院起诉，请求再次分割夫妻共同财产，但该方负有举证义务，以证明其财产权益被侵犯。

第三，在离婚诉讼过程中，侵权方隐藏、转移、变卖、毁损、挥霍夫妻共同财产或伪造夫妻共同债务的行为，是侵占他方财产权益的行为，也是妨害和破坏民事诉讼程序的行为。人民法院为保证诉讼程序和执行活动的顺利进行，可以对其依法采取强制措施：根据情节轻重予以罚款、拘留；构成犯罪的，依法追究刑事责任。同时，人民法院在必要时还可以依法采取财产保全措施。即夫妻一方申请对配偶的个人财产或者夫妻共同财产采取保全措施的，人民法院可以在采取保全措施可能造成损失的范围内，根据实际情况，确定合理的财产担保数额。①

---

① 《婚姻家庭编解释（一）》第85条。

第三十七章 收养制度

第一节 收养制度概述

一、收养的概念和特征

收养,是指自然人依照法定的条件和程序领养他人的子女为自己的子女,从而建立法律拟制的亲子关系的民事法律行为。在收养关系中,被他人收养的人称为养子女或被收养人;领养他人的子女为自己子女的人称为养父母或收养人;将子女或未成年人送给他人收养的人或社会组织称为送养人。

收养制度是亲属制度的重要内容;收养关系是自然血亲关系的必要补充。收养具有以下特征:

(1)收养是要式法律行为。依照法定的条件和程序,才能确立收养关系。各国收养法对收养的条件、程序和效力均作严格规定,违反收养法不产生收养效力。

(2)收养是创设和变更亲属身份的法律行为。收养的效力,是产生拟制血亲关系,如养父母和养子女关系;解除被收养人与其生父母及其近亲属的亲属关系。但被收养人与其生父母及其近亲属的血缘关系依然存在,调整血缘关系的法律规范仍具有约束力。

(3)收养发生在非直系血亲之间。直系血亲无须收养。

(4)收养关系可以依法解除。收养人与被收养人之间的拟制血亲关系,是依法创设的亲属关系,既可以依法建立,也可以依法解除。

收养与寄养不同。寄养,是指父母因某种客观原因无法与子女共同生活且不能履行正常的抚养义务而委托他人代为抚养子女。收养和寄养的主要区别有三:一是行为性质不同。寄养是事实行为;收养是法律行为。二是目的不同。寄养的目的在于委托他人代为抚养照料自己的子女;收养的目的在于形成拟制血亲关系。三是法律效力不同。寄养只发生抚养形式的变化,不发生亲子间的权利义务关系的转移和变更;收养则导致自然血亲间的权利义务关系终止,拟制血亲关系中的权利义务关系产生。

二、收养的分类

基于收养的目的、条件、程序、效力等不同,可将收养分为以下几类:

（一）完全收养与不完全收养

根据养子女与生父母间的权利义务关系是否存续,可将收养分为完全收养与不完全收养。完全收养,是指养子女与生父母间的权利义务关系因收养成立而完全消除,养父母取代生父母而与养子女发生与亲生父母子女完全相同的权利义务关系的收养。不完全收养,是指在收养关系成立后,养子女与生父母间未完全丧失权利义务关系的收养,即养子女与生父母仍保留一定的权利义务关系。有些国家仅采取完全收养的立法模式;有些国家则兼采两种收养并存的立法模式,当事人可选择适用。

（二）生前收养与遗嘱收养

根据收养成立的时间,可将收养分为生前收养和遗嘱收养。生前收养,是指收养人在生存期间与被收养人建立拟制血亲关系的收养。遗嘱收养,也称死后收养,是指收养人以遗嘱形式指定被收养人并在其死亡后始生收养效力的收养。生前收养是各国收养法的通例;遗嘱收养虽起源甚早,但须以遗嘱形式确立。由于遗嘱收养欠缺收养当事人的合意,已为当代收养立法所摒弃。

（三）公法收养与私法收养

根据收养的法律性质,可将收养分为公法收养与私法收养。公法收养,是指国家通过设立儿童福利院或慈善机构等依法收留孤儿、弃儿的行为,彼此不产生拟制血亲关系。私法收养,是指自然人之间依据收养法规范所确立的收养,彼此产生拟制血亲关系。① 公法收养是国家在特定情形下所采取的救助孤儿、弃儿的措施,有助于维护儿童的利益;私法收养则是各国普遍采用的收养形式。为实现儿童利益的最佳化,各国均通过相应的收养立法规范收养行为。

三、收养制度的沿革

（一）收养目的的演变

收养现象古已有之。历史时期不同,收养目的也不同,如为家族利益之收养、为养亲利益之收养、为子女利益之收养、为亲子利益之收养等。

收养目的不同,收养条件也不同。在宗法制度下,立嗣具有传宗接代、承继祖业的功能,即无子的男性将选定的同宗同姓的男子立为嗣子,也称"过继""过房"。立嗣作为我国封建社会一种特殊的收养形式,具有如下特点:一是男性无子时始得立嗣;二是可在立嗣者生前立嗣,也可在立嗣者死后由其配偶或其他尊长代为立嗣;三是嗣子限于同宗且辈分相当的男性。除立嗣外,还有一般的收养关系,即非亲属之间的收养,其对被收养人没有性别限制,也不以收养人无子作为收养条件。近现代的收养是社会生育制度的必要补充,收养目的在于养老育

---

① 参见李志敏主编:《比较家庭法》,北京大学出版社1988年版,第255—256页。

幼,收养条件也发生了根本变化。

(二)新中国收养制度的发展

中华人民共和国成立后,收养制度经历了三个发展阶段:

第一,民事法律政策调整阶段。新中国成立初期,立嗣制度被废除。有关收养的条件、程序、效力、收养纠纷的处理等,由国务院、公安部、民政部发布的有关收养的行政法规和最高人民法院的司法解释等加以规范。

第二,收养立法发展阶段。1980年《婚姻法》首次规定了收养关系和收养效力,为规范收养行为提供了基本原则。1991年12月29日,第七届全国人大常委会第二十三次会议通过《收养法》,1998年11月4日第九届全国人大常委会第五次会议对《收养法》进行了修订。《收养法》的颁行与修订,为收养关系的建立与维护提供了法律保障。

第三,收养法的民法典化阶段。伴随《民法典》的编纂,《收养法》结束了单行法的立法模式,回归亲属法,成为《民法典》婚姻家庭编中的一章即第五章"收养"。

四、收养的原则

收养的原则,是国家设立收养制度、制定收养法律规范的指导思想。收养原则贯穿于收养法律规范之中,体现出收养制度的本质和特点。《民法典》第1044条规定:"收养应当遵循最有利于被收养人的原则,保障被收养人和收养人的合法权益。禁止借收养名义买卖未成年人。"

(一)有利于被收养人原则

收养,应有利于被收养人。保障被收养人在收养人的抚育下健康成长,是当今各国收养法的共识,也是《儿童权利公约》的理念。未成年人是国家的建设者、生力军,保障其身心健康,是家庭责任,也是社会义务。将有利于被收养人的原则贯穿于收养的条件、成立、效力和解除等各环节,才能确保被收养人的利益,维护收养关系的和谐与稳定。

(二)保障被收养人和收养人合法权益的原则

收养关系涉及收养人和被收养人的利益。《民法典》对收养人和被收养人的合法权益进行了双向且平等的保护。保障被收养人和收养人的合法权益,体现在收养的条件、程序、效力、收养的解除及效力等环节。该原则的贯彻,有利于依法解决收养纠纷。

(三)禁止借收养名义买卖未成年人的原则

收养目的是养老育幼。通过收养,既可为被收养人提供良好的生活环境和生活条件,确保其身心健康和人格完善;也可满足收养人抚育子女的愿望,维护其婚姻稳定与家庭和睦,并在其年老体弱时得到养子女的赡养和扶助。借收养名义买卖未成年人,是以合法形式掩盖非法目的的违法行为。只有严厉打击这一违法行为,才能切实维护未成人的合法权益,促进收养关系的合法建立。

(四)保守收养秘密原则

《民法典》第1110条规定:"收养人、送养人要求保守收养秘密的,其他人应当尊重其意愿,不得泄露。"保守收养秘密,在于维护收养关系的稳定与和谐,保护收养当事人的隐私与个人信息。对于违背当事人意愿、泄露收养秘密的,应当停止侵害,并视侵权行为及损害后果承担相应的民事责任。

第二节 收养关系的成立

一、收养关系成立的条件

收养关系的成立,简称收养的成立,是指收养当事人依照法律规定的条件和程序建立收养关系。由于收养是创设和变更亲属身份的法律行为,涉及当事人的人身关系和财产关系,故各国收养法均把收养规定为要式法律行为,即成立收养关系应符合法定的条件和程序。否则,不产生收养效力。

收养关系的成立,既要符合收养的一般条件,也要符合特定情形下收养的特别规定。

(一)收养关系成立的一般条件

收养关系成立的一般条件,是指在通常情况下建立收养关系时当事人所应具备的条件。

1. 被收养人的条件

依《民法典》第1093条的规定,下列未成年人可以被收养:

(1)丧失父母的孤儿。即父母已经死亡或被宣告死亡的未成年人。

(2)查找不到生父母的未成年人。即被父母遗弃的未成年人。

(3)生父母有特殊困难无力抚养的子女。即父母因患有严重疾病、丧失劳动能力、欠缺民事行为能力、经济困难等客观原因无法或不宜抚育的子女。

关于被收养人的条件,各国收养法规定不同。在完全收养的情形下,多数国家规定被收养人须为未成年人;在不完全收养的情形下,被收养人可以是成年人。我国《收养法》曾把被收养人限定为不满14周岁的未成年人,以利养父母与养子女的感情培养与关系融洽。为扩大收养渠道,便于已满14周岁、不满18周岁的未成年人能够被收养且能融入养父母家庭更好地生活与成长,《民法典》第1093条放宽了被收养人的年龄限制,仅将被收养人规定为未成年人,扩大了被收养人的范围。

2. 送养人的条件

依《民法典》第1094条的规定,下列个人、组织可以作为送养人:

(1) 孤儿的监护人。监护人送养孤儿的,应当征得有抚养义务的人同意。有抚养义务的人不同意送养、监护人不愿意继续履行监护职责的,应当依照《民法典》的规定另行确定监护人。①

监护人送养未成年人的,应当符合相应条件,即"未成年人的父母均不具备完全民事行为能力且可能严重危害该未成年人的,该未成年人的监护人可以将其送养。"②

(2) 儿童福利机构。儿童福利机构是指各级民政部门主管的收容、养育孤儿和查找不到生父母的弃婴、儿童的社会福利院。

(3) 有特殊困难无力抚养子女的生父母。其与被收养人的条件即生父母"有特殊困难无力抚养"的条件限制相同。生父母作为送养人,应遵循以下规定:

第一,"生父母送养子女,应当双方共同送养。生父母一方不明或者查找不到的,可以单方送养。"③送养子女,将产生亲子间的权利义务关系的变化,故生父母双方应共同为送养的意思表示。只有在生父母一方不明或者查找不到的情形下,才允许单方送养。

第二,"配偶一方死亡,另一方送养未成年子女的,死亡一方的父母有优先抚养的权利。"④死亡一方的父母,即未成年人的祖父母或者外祖父母,是其第二顺序的抚养义务人。如果其有抚养能力,应由其优先抚养。在此情形下,生父(母)一方不得将该未成年子女送养。该规定既有利于保障未成年子女的权益,也符合祖孙间抚养、赡养的法律规定;既兼顾了血缘伦理亲情,也符合我国的传统习惯。

第三,"孤儿或者生父母无力抚养的子女,可以由生父母的亲属、朋友抚养;抚养人与被抚养人的关系不适用本章规定。"⑤除收养外,还可建立抚养或寄养关系。抚养或寄养关系,不产生收养效力,故不适用收养的有关规定。

3. 收养人的条件

依《民法典》第1098条的规定,收养人应当同时具备下列条件:

(1) 无子女或者只有一名子女。收养人包括未婚者和已婚者,子女包括婚生子女、非婚生子女和养子女。收养人无子女或者只有一名子女,有利于抚养职责的履行,符合计划生育政策的要求。

(2) 有抚养、教育和保护被收养人的能力。收养关系成立后,收养人应履行抚养、教育和保护被收养人的权利和义务。收养人只有具备抚养、教育和保护被

---

① 《民法典》第1096条。
② 《民法典》第1095条。
③ 《民法典》第1097条。
④ 《民法典》第1108条。
⑤ 《民法典》第1107条。

收养人的能力,才能确保被收养人的身心健康、人格健全、品行端正。这里所说的能力,应是对收养人综合能力的要求,如收养人应是完全民事行为能力人;有抚养被收养人的经济条件;具有良好的道德品质与教育能力;有良好的家庭环境等。

(3) 未患有在医学上认为不应当收养子女的疾病。为保障养子女的身体健康和正常生活,应当对收养人抚育、保护养子女的健康条件进行规范。养父母若患有传染性疾病,则易将疾病传染给养子女,危害养子女的身体健康;养父母若患有严重疾病,其自身生活难以自理,将影响抚育、保护被收养人的职责履行。

(4) 无不利于被收养人健康成长的违法犯罪记录。抚养、教育和保护未成年人,是收养人的权利和义务。收养人的良好品行、道德操守、言传身教等,均会对被收养人产生潜移默化的影响。为确保被收养人的身心健康,具有不利于被收养人健康成长的违法犯罪记录者,不得收养子女。

(5) 年满30周岁。这是对收养人的最低年龄要求,也是对收养关系的性质和生育年龄的代际考虑。即收养人与被收养人应具有亲子关系的年龄差距;收养人应具有稳定心智、良好品德、教育经历、经济能力等,能够担负起抚养、教育和保护被收养人的职责。

除须具备上述收养条件外,收养人还应遵守以下规定:

第一,"无子女的收养人可以收养两名子女;有子女的收养人只能收养一名子女。"[①]该规定与我国的计划生育政策相适应,有助于保障收养人具有充足的抚育条件。

第二,"有配偶者收养子女,应当夫妻共同收养。"[②]共同收养意味着养父母双方共同承担抚养、教育、保护养子女的义务,确保养子女在养父母双方的关爱与教育下健康成长。如果配偶一方置配偶他方的意志于不顾,单方收养子女,则不利于养子女的身心健康及收养关系的和谐与稳定。

第三,"无配偶者收养异性子女的,收养人与被收养人的年龄应当相差四十周岁以上。"[③]该规定体现出性别平等精神,彰显出对收养关系的伦理要求。

4. 当事人的收养合意

收养关系的成立,须具有当事人的收养合意。依据《民法典》第1104条的规定,成立收养合意,应遵循以下两项规范:

第一,收养人收养与送养人送养,应当双方自愿。

第二,收养8周岁以上未成年人的,应当征得被收养人的同意。

---

① 《民法典》第1100条第1款。
② 《民法典》第1101条。
③ 《民法典》第1102条。

(二) 收养关系成立的特殊条件

除收养关系成立的一般条件外,在我国,为拓宽收养范围、满足收养愿望、提供收养机会、鼓励民间收养,《民法典》规定了收养关系成立的特殊条件,以适当放宽收养限制。

1. 收养三代以内同辈旁系血亲的子女

(1) 收养三代以内旁系同辈血亲的子女,根据《民法典》第1099条的规定,可以不受《民法典》第1093条第3项、第1094条第3项和第1102条规定的限制。即收养兄弟姐妹、堂兄弟姐妹、表兄弟姐妹的子女时,其条件可以适当放宽:

第一,生父母无特殊困难且有抚养能力的子女,可以被收养。

第二,无特殊困难且有抚养子女能力的生父母,可以作送养人。

第三,无配偶者收养异性子女的,可以不受收养人与被收养人的年龄应当相差40周岁以上的限制。

(2) 华侨收养三代以内旁系同辈血亲的子女,还可以不受收养人无子女或只能收养一名的限制。

收养三代以内同辈旁系血亲的子女,属于亲属间的收养。亲属间的收养,既是我国的传统收养习俗,也是旁系血亲关系的延续;既益于亲情伦理关系的延展,也易于亲子伦理规范的约束。

2. 收养孤儿、残疾或查找不到生父母的未成年人

为便于孤儿、残疾未成年人或者儿童福利机构抚养的查找不到生父母的未成年人能够通过收养关系获得家庭温暖与父母关爱,也为鼓励民众积极收养此类被收养人,我国收养法对收养人的条件进行了适度拓宽:第一,收养人不受有子女的限制。第二,收养人不受收养子女人数的限制。

3. 继父母收养继子女

继父母与继子女,通常是基于生父母再婚而形成的姻亲,无亲子间的权利义务关系。即便是形成了抚养教育关系的继父母继子女关系,也会因生父母与继父母的离婚或者基于一定的法律行为而使拟制血亲关系解除,导致继父母与继子女间的权利义务关系处于变动状态,不利于抚养、赡养义务的履行。为协调继父母和继子女关系,依《民法典》第1103条的规定,在生父母同意的前提下,继父母收养继子女的条件可以适当放宽:

第一,生父母无特殊困难且有能力抚养的继子女,可以被收养。

第二,无特殊困难且有能力抚养的生父母,可以作送养人。

第三,继父母为收养人时,可以不受收养人应同时具备的收养条件的限制。

第四,继父母可以不受有无子女以及子女人数的限制。放宽继父母收养继子女的条件,可变继父母子女关系为养父母子女关系,从而明确彼此间存在的拟制直系血亲关系,维护亲子关系的和谐与稳定。

二、收养关系成立的程序

综观各国收养法,收养关系成立的程序主要有两种立法例:一是依司法程序成立;二是依行政程序成立。只有符合法定程序,收养才具有法律效力。《民法典》第1105条对收养关系成立的程序作了明确规定。

(一) 收养登记

我国收养关系成立的程序是办理收养登记。《民法典》第1105条第1款规定:"收养应当向县级以上人民政府民政部门登记。收养关系自登记之日起成立。"

1. 办理收养登记的机关

办理收养登记的机关,是县级以上人民政府的民政部门。根据民政部《中国公民收养子女登记办法》,具体办理收养登记的机关如下:

(1) 中国公民在中国境内收养子女的,办理收养登记的机关是县级人民政府民政部门。[1]

(2) 收养社会福利机构抚养的查找不到生父母的弃婴、儿童和孤儿的,在社会福利机构所在地的收养登记机关办理登记。

(3) 收养非社会福利机构抚养的查找不到生父母的弃婴和儿童的,在弃婴和儿童发现地的收养登记机关办理登记。

(4) 收养生父母有特殊困难无力抚养的子女或者由监护人监护的孤儿的,在被收养人生父母或者监护人常住户口所在地(组织作监护人的,在该组织所在地)的收养登记机关办理登记。

(5) 收养三代以内同辈旁系血亲的子女,以及继父或者继母收养继子女的,在被收养人生父或者生母常住户口所在地的收养登记机关办理登记。[2]

《民法典》第1105条第2款规定:"收养查找不到生父母的未成年人的,办理登记的民政部门应当在登记前予以公告。"由于未成年人的生父母下落不明,为维护收养关系的稳定,民政部门应在办理收养登记前予以公告,寻找未成年人的生父母。按照《中国公民收养子女登记办法》第8条第2款的规定,自公告之日起满60日,弃婴、儿童的生父母或者其他监护人未认领的,视为查找不到生父母的弃婴、儿童。公告期间不计算在登记办理期限内。

2. 办理收养登记的程序

办理收养登记,包括申请、审查、登记三个程序。

(1) 申请

收养关系当事人应当亲自到收养登记机关办理成立收养关系的登记手续。

---

[1] 参见《中国公民收养子女登记办法》第2条。
[2] 参见《中国公民收养子女登记办法》第4条。

夫妻共同收养子女的,应当共同到收养登记机关办理登记手续;一方因故不能亲自前往的,应当书面委托另一方办理登记手续,委托书应当经过村民委员会或者居民委员会证明或者经过公证。①

第一,收养人应当向收养登记机关提交收养申请书和下列证件、证明材料:① 收养人的居民户口簿和居民身份证;② 由收养人所在单位或者村民委员会、居民委员会出具的本人婚姻状况和抚养教育被收养人的能力等情况的证明,以及收养人出具的子女情况的声明;③ 县级以上医疗机构出具的未患有在医学上认为不应当收养子女的疾病的身体健康检查证明。

收养查找不到生父母的弃婴、儿童的,应当提交收养人经常居住地卫生健康主管部门出具的收养人生育情况证明;其中收养非社会福利机构抚养的查找不到生父母的弃婴、儿童的,收养人还应当提交下列证明材料:① 收养人经常居住地卫生健康主管部门出具的收养人生育情况证明;② 公安机关出具的捡拾弃婴、儿童报案的证明。

收养继子女的,可以只提交居民户口簿、居民身份证和收养人与被收养人生父或者生母结婚的证明。

对收养人出具的子女情况声明,登记机关可以进行调查核实。②

第二,送养人应当向收养登记机关提交下列证件和证明材料:① 送养人的居民户口簿和居民身份证(组织作监护人的,提交其负责人的身份证件);②《民法典》规定送养时应征得其他有抚养义务的人同意的,并提交其他有抚养义务的人同意送养的书面意见。

社会福利机构为送养人的,应当提交弃婴、儿童进入社会福利机构的原始记录,公安机关出具的捡拾弃婴、儿童报案的证明,或者孤儿的生父母死亡或者宣告死亡的证明。

监护人为送养人的,应当提交实际承担监护责任的证明,孤儿的父母死亡或者宣告死亡的证明,或者被收养人生父母无完全民事行为能力并对被收养人有严重危害的证明。

生父母为送养人,有特殊困难无力抚养子女的,还应当提交送养人有特殊困难的证明;因丧偶或者一方下落不明由单方送养的,还应当提交配偶死亡或者下落不明的证明。对送养人有特殊困难的声明,登记机关可以进行调查核实;子女由三代以内同辈旁系血亲收养的,还应当提交公安机关出具的或者经过公证的与收养人有亲属关系的证明。被收养人是残疾儿童的,应当提交县级以上医疗机构出具的该儿童的残疾证明。③

---

① 参见《中国公民收养子女登记办法》第5条。
② 参见《中国公民收养子女登记办法》第6条。
③ 参见《中国公民收养子女登记办法》第7条。

(2) 审查

收养登记机关收到收养登记申请书及有关材料后,应当自次日起30日内进行审查。县级以上人民政府民政部门应当依法进行收养评估。①

(3) 登记

收养登记机关经过审查,对符合《民法典》规定条件的,为当事人办理收养登记,发给收养登记证,收养关系自登记之日起成立;对不符合收养法规定条件的,不予登记,并对当事人说明理由。②

收养关系成立后,公安机关应当依照国家有关规定为被收养人办理户口登记。③ 需要为被收养人办理户口登记或者迁移手续的,由收养人持收养登记证到户口登记机关按照国家有关规定办理。④

3. 办理收养登记的特别规定

收养主体不同,办理收养登记的机关和程序也不同:

(1) 华侨以及居住在香港、澳门、台湾地区的中国公民在内地收养子女的,申请办理收养登记的管辖以及所需要出具的证件和证明材料,按照国务院民政部门的有关规定执行。⑤

(2) 外国人依法可以在中华人民共和国收养子女。外国人在中华人民共和国收养子女,应当经其所在国主管机关依照该国法律审查同意。收养人应当提供由其所在国有权机构出具的有关年龄、婚姻、职业、财产、健康、有无受过刑事处罚等状况的证明材料,并与送养人签订书面协议,亲自向省、自治区、直辖市人民政府民政部门登记。前款规定的证明材料应当经收养人所在国外交机关或者外交机关授权的机构认证,并经中华人民共和国驻该国使领馆认证,但是国家另有规定的除外。⑥

(二) 收养协议和收养公证

《民法典》第1105条第3、4款规定,"收养关系当事人愿意签订收养协议的,可以签订收养协议。""收养关系当事人各方或者一方要求办理收养公证的,应当办理收养公证。"该规定中的收养程序应作如下理解:

第一,收养协议和收养公证,并不是收养关系成立的必经程序。收养关系成立后,是否签订收养协议或办理收养公证,均不影响收养的效力。

第二,是否签订收养协议,可由收养当事人自主选择、协商订立。

---

① 参见《民法典》第1105条第5款。
② 参见《中国公民收养子女登记办法》第8条第1款。
③ 参见《民法典》第1106条。
④ 参见《中国公民收养子女登记办法》第9条。
⑤ 参见《中国公民收养子女登记办法》第15条。
⑥ 参见《民法典》第1109条。

第三,各方或一方要求办理收养公证的,应当办理收养公证。

第三节 收养的效力

一、收养的拟制效力

收养的拟制效力,也称收养的积极效力,是指收养依法创设新的亲属关系及其权利义务的效力。

关于收养的拟制效力,各国采取的立法例不同,主要区别在于收养的效力是否及于养父母的血亲。广义的收养的拟制效力,既及于养父母与养子女及收养关系存续期间养子女的晚辈直系血亲,也及于养父母的血亲,如日本、韩国等。狭义的收养的拟制效力,仅及于养父母与养子女及收养关系存续期间养子女的晚辈直系血亲,如德国、法国、瑞士、奥地利等。根据我国的收养立法,收养的拟制效力及于养父母与养子女及养子女与养父母的近亲属。

(一)对养父母与养子女的拟制效力

《民法典》第1111条第1款中规定:"自收养关系成立之日起,养父母与养子女间的权利义务关系,适用本法关于父母子女关系的规定。"养父母与养子女间的权利义务关系与自然血亲的父母子女关系具有同等的法律效力,具体表现在以下方面:

第一,养父母对养子女有抚养教育的义务,养子女对养父母有赡养扶助的义务,养父母有保护和教育未成年养子女的权利和义务,养父母和养子女有相互继承遗产的权利。

第二,"养子女可以随养父或者养母的姓氏,经当事人协商一致,也可以保留原姓氏。"[①]养子女随养父或者养母的姓氏,是性别平等的体现,也是当代各国收养法的通例,既符合收养制度的立法宗旨,也有利于养子女利益的最佳化;既有助于养父母子女间的亲情维系,也有助于收养关系的和谐与稳定。当然,经当事人协商一致,养子女也可以保留原姓。

(二)对养子女与养父母的近亲属的拟制效力

《民法典》第1111条第1款中规定:自收养关系成立之日起,"养子女与养父母的近亲属间的权利义务关系,适用本法关于子女与父母的近亲属关系的规定。"即养子女与养父母的近亲属间的权利义务关系与自然血亲的近亲属关系具有同等的法律效力。具体表现在以下方面:

第一,养子女与养父母的父母产生养祖孙关系,适用祖孙间的权利义务关系

---

① 《民法典》第1112条。

的有关规定。如祖孙之间的抚养、赡养义务的履行,遗产继承权的享有等。

第二,养子女与养父母的其他子女产生养兄弟姐妹关系,适用兄弟姐妹间的权利义务关系的规定。如兄、姐与弟、妹间的相互扶养义务的履行,遗产继承权的享有等。

第三,养子女的晚辈直系血亲与养父母间的权利义务关系,适用祖孙间的权利义务关系的有关规定。

二、收养的解销效力

收养的解销效力,也称收养的消极效力,是指收养依法终止原有的亲属关系及其权利义务的效力。在当代各国的收养法中,收养的解销效力因完全收养与不完全收养的情形而有所不同。在完全收养的情形下,收养关系的成立,使养子女与生父母及其他近亲属间的权利义务关系即行消除。在不完全收养的情形下,收养关系成立后,养子女与生父母及其他近亲属间仍存在法定的权利义务关系。我国收养立法采完全收养模式,收养的解销效力及于养子女与生父母及其他近亲属。

(一)对养子女与生父母的解销效力

《民法典》第1111条第2款规定:"养子女与生父母以及其他近亲属间的权利义务关系,因收养关系的成立而消除。"即收养关系成立后,养子女与生父母间的权利义务关系消除。解销效力消除的仅是养子女与生父母间的权利义务关系,彼此间的自然血亲关系依然存在,其不能通过法律手段加以解除。《民法典》有关禁止直系血亲结婚的规定,依然适用于养子女与生父母。

(二)对养子女与生父母的其他近亲属的解销效力

根据《民法典》第1111条第2款的规定,收养关系成立后,养子女与生父母的其他近亲属间的权利义务关系自然消除。解销效力消除的是养子女与生父母的其他近亲属间的权利义务关系,彼此间的自然血亲关系不能通过法律手段加以解除。《民法典》有关禁止直系血亲和三代以内的旁系血亲结婚的规定,依然适用于养子女与生父母的其他近亲属。

三、无效收养

(一)无效收养行为的概念和原因

无效收养行为,是指欠缺收养成立的法定条件和程序,不能产生收养效力的行为。为维护收养秩序的稳定,各国收养法均对收养效力予以规制。有的国家采收养的无效与撤销两种制度,有的国家采收养无效制度。我国收养立法则采单一的收养无效制度。

《民法典》第1113条第1款规定:"有本法第一编关于民事法律行为无效规

定情形或者违反本编规定的收养行为无效。"收养无效的原因主要有两类:一是违反民事法律行为的有效条件;二是违反收养的条件和程序。

(二) 确认收养无效的程序

根据《民法典》第1113条和《中国公民收养子女登记办法》第13条的规定,确认收养无效的程序包括诉讼程序和行政程序。

依诉讼程序确认收养无效,通常涉及两种情形:一是当事人或利害关系人提出请求确认收养无效之诉,由人民法院依法判决收养无效;二是人民法院在审理有关案件的过程中发现无效收养行为,在有关判决中确认收养无效。收养是否有效,关涉当事人的抚养、扶养、赡养、监护、继承等权益,正确处理确认收养效力的纠纷,有助于维护当事人的权益。

依行政程序确认收养无效,是指"收养关系当事人弄虚作假骗取收养登记的,收养关系无效,由收养登记机关撤销收养登记,收缴收养登记证"[①]。

(三) 收养无效的法律后果

《民法典》第1113条第2款规定:"无效的收养行为自始没有法律约束力。"凡被确认为无效的收养行为,自始无效。也就是说,无效收养自始就不能发生收养的拟制效力和解销效力。自始无效,是收养无效与收养关系解除的主要区别。

第四节 收养关系的解除

一、收养关系解除的含义

收养关系解除是收养关系终止的一种原因或者一种方式。收养关系的终止,也称收养关系的消灭,是指合法有效的收养关系因发生一定的法律事实而归于消灭。收养关系终止的原因有二:一是收养人或者被收养人死亡,导致收养关系主体缺位而自然终止。二是收养关系依法解除。就前者而言,因收养关系而产生的其他亲属关系并不终止;就后者而言,因收养关系而产生的其他亲属关系随之终止。

关于收养关系的解除,各国立法不同。有些国家采禁止主义或部分禁止主义,有些国家采许可主义。在完全收养和不完全收养的情形下,能否解除收养关系以及解除收养关系的条件、程序和效力也不同。依据我国的收养立法,收养关系解除的方式有两种:一是因收养当事人的协议而解除;二是因收养当事人一方的要求而解除。

---

① 《中国公民收养子女登记办法》第13条。

二、收养关系的解除的法定情形

根据《民法典》第 1114 条、第 1115 条的规定,解除收养关系的法定情形有三项:

(一)因当事人的协议而解除

《民法典》第 1114 条第 1 款规定:"收养人在被收养人成年以前,不得解除收养关系,但是收养人、送养人双方协议解除的除外。养子女八周岁以上的,应当征得本人同意。"收养人在被收养人成年以前不得解除收养关系,是解除收养关系应遵循的原则,以维护被收养人利益的最佳化。由于收养关系是拟制血亲关系,在出现法定事由且无法继续维持收养关系时,应允许解除收养关系,以维护并兼顾收养当事人各方的利益。

(二)因收养人的侵害行为而解除

《民法典》第 1114 条第 2 款规定:"收养人不履行抚养义务,有虐待、遗弃等侵害未成年养子女合法权益行为的,送养人有权要求解除养父母与养子女间的收养关系。送养人、收养人不能达成解除收养关系协议的,可以向人民法院提起诉讼。"收养人不履行抚养义务,有违收养的目的与宗旨。为维护被收养人的利益,送养人有权要求解除收养关系。

(三)因养父母与成年养子女关系恶化且无法共同生活而解除

《民法典》第 1115 条规定:"养父母与成年养子女关系恶化、无法共同生活的,可以协议解除收养关系。不能达成协议的,可以向人民法院提起诉讼。"成年养子女与养父母关系恶化,无法共同生活,有违收养关系建立的初衷,有碍家庭的和睦与幸福,可以通过协议或诉讼途径解除收养关系。

三、收养关系解除的法定程序

解除收养关系的程序有两个:一是行政程序,即办理解除收养关系登记;二是诉讼程序,即向人民法院提起诉讼。

(一)登记解除收养关系

《民法典》第 1116 条规定:"当事人协议解除收养关系的,应当到民政部门办理解除收养关系登记。"

登记解除收养关系,应履行申请、审查、登记三个程序。即"收养关系当事人协议解除收养关系的,应当持居民户口簿、居民身份证、收养登记证和解除关系的书面协议,共同到被收养人常住户口所在地的收养登记机关办理解除收养关系登记"[①]。

---

① 《中国公民收养子女登记办法》第 10 条。

"收养登记机关收到解除收养关系登记申请书及有关材料后,应当自次日起30日内进行审查;对符合收养法规定的,为当事人办理解除收养关系的登记,收回收养登记证,发给解除收养关系证明。"①

(二)诉讼解除收养关系

当事人就解除收养关系不能达成协议的,可以向人民法院提起诉讼。人民法院审理解除收养关系的案件,应根据收养法律规范,正确处理收养纠纷,切实维护收养各方当事人的权益。既要保护被收养人的权益,也要维护缺乏劳动能力又缺乏生活来源的收养人的权益。

人民法院审理解除收养关系纠纷,应首先做好调解工作,促使当事人在自愿的基础上达成保持或解除收养关系的协议。如调解无效,人民法院应依法判决。解除收养关系的调解书或判决书,均是收养关系解除的法律文书。

四、收养关系解除的法律效力

收养关系的解除,导致当事人间的权利义务关系发生变化。具体表现为人身关系效力和财产关系效力。

(一)人身关系效力

收养关系解除,导致的人身关系效力体现在两方面:一是对养子女与养父母及其他近亲属的效力,即拟制血亲关系的解销;二是对养子女与生父母及其他近亲属的效力,即自然血亲关系的恢复。

1. 拟制血亲关系的解销

《民法典》第1117条规定:"收养关系解除后,养子女与养父母以及其他近亲属间的权利义务关系即行消除……"解除收养关系的效力包括两方面:一是养父母与养子女的关系终止,双方不再具有父母子女间的权利义务关系。二是养子女与养父母的近亲属的关系终止,双方不再具有子女与父母的近亲属间的权利义务关系。

2. 自然血亲关系的恢复

《民法典》第1117条规定:收养关系解除后,养子女"与生父母以及其他近亲属间的权利义务关系自行恢复。但是,成年养子女与生父母以及其他近亲属间的权利义务关系是否恢复,可以协商确定"。自然血亲关系的恢复包括两类:一是未成年的养子女与生父母以及其他近亲属间的权利义务关系自行恢复。即恢复父母子女关系及子女与生父母的其他近亲属间的权利义务关系。二是已成年的养子女与生父母以及其他近亲属间的权利义务关系是否恢复,可以协商确定。如果已成年的养子女与生父母协商确定恢复父母子女间的权利义务关系,该子

---

① 《中国公民收养子女登记办法》第11条。

女与生父母的其他近亲属间的权利义务关系随之恢复。反之,其与生父母的其他近亲属关系也不恢复。

(二) 财产关系效力

收养关系解除,导致的财产关系效力体现在两方面:一是成年养子女对"双缺乏"的养父母应给付生活费;二是对养父母的抚养费的补偿。

1. 成年养子女的生活费给付义务

《民法典》第1118条第1款中规定:"收养关系解除后,经养父母抚养的成年养子女,对缺乏劳动能力又缺乏生活来源的养父母,应当给付生活费。"给付生活费的数额,应根据养父母的实际需要和成年养子女的负担能力确定,通常应不低于当地居民的基本生活费标准。

2. 养父母的补偿请求权

《民法典》第1118条第1款中规定:"因养子女成年后虐待、遗弃养父母而解除收养关系的,养父母可以要求养子女补偿收养期间支出的抚养费。"成年养子女虐待、遗弃养父母,违反亲子间的权利义务规定,有悖人伦风范。补偿养父母在收养期间支出的抚养费,可保障养父母的权益。

《民法典》第1118条第2款规定:"生父母要求解除收养关系的,养父母可以要求生父母适当补偿收养期间支出的抚养费;但是,因养父母虐待、遗弃养子女而解除收养关系的除外。"养父母要求生父母适当补偿收养期间支出的抚养费,以生父母请求解除收养关系为前提,但养父母虐待、遗弃养子女而解除收养关系的除外。

本编参考书目

1. 史尚宽:《亲属法论》,台湾荣泰印书馆1980年版。
2. 李志敏:《中国古代民法》,法律出版社1988年版。
3. 李志敏主编:《比较家庭法》,北京大学出版社1988年版。
4. 杨大文主编:《婚姻法学》,北京大学出版社1991年版。
5. 杨大文主编:《亲属法》,法律出版社1997年版。
6. 林秀雄:《婚姻家庭法之研究》,中国政法大学出版社2001年版。
7. 瞿同祖:《中国法律与中国社会》,中华书局2003年版。
8. 张贤钰主编:《婚姻家庭继承法》(第三版),法律出版社2004年版。
9. 马忆南主编:《婚姻家庭法》,北京大学出版社2012年版。
10. 王歌雅主编:《婚姻家庭继承法学》(第二版),中国人民大学出版社2013年版。

第六编　继　　承

第三十八章　继承概述

第一节　继承的概念与特征

一、继承的概念

《民法典》第1119条规定,"本编调整因继承产生的民事关系。"依此,继承法是调整因继承产生的民事关系的法律规范的总和。

继承是一个多含义的概念。从最广义上说,继承是指后人对前人事业的承接和延续。如所称"继承先烈遗志"中的继承。这可以说是政治学和社会学上继承的含义。在法学上也就是民法学上,继承也有广义与狭义之分:从广义上说,继承是指将死者的权利、义务承接下来,即对死者生前享有的权利和负担的义务的承受。这一意义上的继承,既包括对死者生前的身份权利义务的承受,也包括对死者生前财产权利义务的承受。从狭义上说,继承是对死者生前的财产权利义务的承受,又称为财产继承。古代法上的继承是就其广义而言的,包括身份继承、祭祀继承。我国古代的宗祧继承是集身份继承、祭祀继承与财产继承为一体的。现代法上所称的继承一般不包括身份继承、祭祀继承。

二、继承的特征

(1) 继承的发生原因具有特定性。继承是因自然人死亡而发生的法律现象。自然人死亡(包括自然死亡和宣告死亡)是继承发生的唯一的法定原因。没有自然人的死亡,也就没有继承。只有因自然人死亡发生的权利义务移转才属于继承的范畴,也才是继承法调整的对象。不是因自然人死亡而发生的权利义务移转即便发生在家庭成员之间也不属于继承。例如,兄弟之间的分家析产,即便父母将其全部财产在其子女间分配,也只是父母对其财产的处置,而不属于由子女继承了父母的财产。但如果是父母死亡后,父母生前的权利义务移转给子女,则属于继承。

（2）继承主体的特定性。自然人死亡后，可以继承其遗产的只能是法律规定的特定范围内的死者的亲属。

（3）继承客体的范围的有限性。现代法上，自然人死亡后，继承人可以继承的遗产只能是该自然人死亡时遗留的个人财产。因此，继承的客体即标的在范围上是有限的，不仅不能包括死者生前享有的人身权利义务，而且也不能包括死者生前享有的但依法律规定或者其性质不得继承的财产权益。

（4）继承的法律后果具有权利主体变动性。继承是由继承人承接被继承人的财产权利义务的制度，自然人死亡后发生继承也就是发生财产主体的变动，因此，继承的法律后果具有权利主体的变动性。但是，因自然人死亡后发生的财产主体的变动并不都属于继承。例如，因遗赠、遗赠扶养协议等而发生的死者财产的移转，虽然也发生权利主体变动，但这不属于继承的法律后果。

三、继承的本质

关于继承的发生根据和本质，以往主要有意思说、家族协同说、死后扶养说、无主财产归属说以及共分说等各种学说。

意思说认为，继承的根据在于被继承人的意思。由于继承决定于死者的意思，因此被继承人有立遗嘱的自由，在无遗嘱时，立法者也应根据人的自然情感推测死者的意思，以决定应由何人继承死者的遗产。家族协同说认为，继承是由于家族协同生活而发生的，没有一体的协同生活或者协同感者不应继承。该说主张，继承系为人类自祖先以至子孙，维持过去、现在、未来之纵的共同生活的必然现象。死后扶养说认为，继承的根据在于死者的扶养责任，一定范围内的宗族或者亲属，负有扶养义务的人，不仅于生存中应当扶养，于其死亡后也应继续扶养。无主财产归属说认为，人的人格因死亡而消灭，人于生存中虽为财产的主体，但于死亡后其财产则成为无主财产，该无主财产应归属何人，就属于继承问题，全由国家的立法政策而定。共分说认为，被继承人的财产上原本有三个所有权，即本人的所有权、亲属的所有权和国家的所有权，因为本人的财产中包含有亲属和国家的帮助，在其死亡后应属于亲属的部分归亲属（法定继承），应属于国家的部分由国家取回，属于本人的部分则由本人自由处分（遗嘱处分）。

上述诸说虽从一定的侧面说明了继承的本质，但并不能完全说明继承的本质。继承的发生既有其自然的原因，也有其社会的原因。继承是基于人类的生活资料的生产和人类自身的生产两种生产的社会需要而产生的，实质上是一种社会关系的更替。对于继承的本质应从以下三个方面理解：

第一，继承是历史的产物，它以个人财产的存在为前提。在人类社会最初的原始群体时期，由于人们只能共同生产、共同消费，没有积累，没有任何个人财产，根本就不可能出现继承。只是到了原始氏族社会时期，随着生产力的提高，个人得占有的物品的增多,才出现了继承的萌芽。而法律意义上的继承则是经过了漫长的历史时期,随着私有制的出现而确立起来的。

第二,继承是因人的死亡而发生的社会关系主体的更换。人死亡后不能为主体,继承是将死者的财产转移为他人所有的一项制度,因此,遗产继承只是死者生前原有的财产关系的延续,仅涉及财产权利主体的更换,而不产生新的财产。

第三,继承制度决定于一定社会的经济基础,又对经济基础起反作用。继承关系是由法律调整的,作为法律制度,继承首先决定于社会的经济基础。没有私有制、家庭和国家,也就没有法律意义上的继承;在不同的生产方式下,也就有不同的继承制度。我国现阶段的继承制度,决定于社会主义初级阶段的经济制度,法律上确认继承权是保护自然人私有财产所有权的必然要求。同时,继承制度又反作用于经济基础。继承制度对于稳定婚姻家庭制度及充分发挥现阶段家庭的职能起着重要作用,也有维护和巩固社会主义经济制度的作用。

第二节 继承法的基本原则

关于继承法的基本原则,法律未明确规定,学者中的认识也不完全一致。[①]一般说来,我国继承法的基本原则主要包括保护继承权、继承权平等,养老育幼和互谅互让、团结和睦原则。

一、保护继承权原则

《民法典》第1120条规定:"国家保护自然人的继承权。"保护自然人的继承权既是继承制度的目的和任务,也是继承法的首要原则。

保护自然人的继承权,是由我国社会主义的客观社会条件所决定的。我国法律保护自然人私有财产所有权,也就不能取消继承权。作为调整因自然人死亡而发生的财产转移关系的基本准则的继承法,必然要将保护自然人私有财产的继承权作为一项基本原则。

[①] 例如,有的认为继承法的基本原则为保护公民私有财产继承权、养老育幼、继承权男女平等以及互助互让、团结和睦的原则;有的认为继承法的基本原则为保护公民个人私有财产继承权,继承权男女平等,权利与义务相一致,限定继承,互谅互让、团结和睦、协商处理遗产,养老育幼、照顾病残者的原则;有的认为继承法的原则包括保护公民继承权原则,继承权男女平等原则,特别保护缺乏劳动能力又缺乏生活来源的继承人的原则,权利义务相统一的原则,遗嘱自由原则,遗嘱继承优于法定继承原则,遗产不轻易收归国有的原则,限定继承的原则,发挥遗产应有效用原则,协商原则;有的认为继承法的基本原则主要有保护公民私有财产继承权的原则,继承权平等的原则,互谅互让、团结和睦的原则,养老育幼、特别保护缺乏劳动能力又没有生活来源的人的利益的原则,权利义务相一致的原则,个人利益与社会利益相结合的原则,对被继承人的债务限定继承的原则。

保护自然人继承权的原则,一方面,要求法律确认自然人私有财产的继承权,保护其不受非法侵害;另一方面,要求在自然人的私有财产继承权受到侵害时,国家以其强制力予以法律上的救济。因此,保护自然人的继承权原则主要有以下表现:

第一,凡自然人死亡时遗留的个人合法财产均为遗产,全得由其继承人依法继承。被继承人的遗产一般不收归国有,尽可能由继承人或者受遗赠人取得,国家保障继承人、受遗赠人的继承权、受遗赠权的行使。

第二,继承人的继承权不得非法剥夺或者限制。除有继承法规定的法定事由外,继承人的继承权不因任何事由而丧失;继承开始后,继承人自主决定是否接受继承,任何人不得代继承人作出放弃继承权的决定。

第三,继承权为绝对权,任何人都负有不得侵害的义务。继承权受到非法侵害时,继承人得于法定期间内通过诉讼程序请求人民法院予以回复。

二、继承权平等原则

平等原则是民法的一项基本原则,也是继承法的基本原则,这是社会主义平等观念和民法平等原则在继承法中的反映。这一原则主要体现在以下方面:

(一)继承权男女平等

《民法典》第1126条明文规定:"继承权男女平等。"继承权男女平等是继承权平等原则的核心和基本表现。这体现在:(1)在继承人的范围和法定继承顺序的确定上,男女亲等平等,适用于父系亲等的,同样适用于母系亲等;(2)在法定继承的遗产分配中继承权主体不因性别不同而在权利上有所不同,同一顺序继承人中的女子与男子有平等的继承遗产的权利;(3)夫妻在继承上有平等的权利,有相互继承遗产的继承权,《民法典》第1157条明确规定:夫妻一方死亡后另一方再婚的,有权处分所继承的财产,任何组织或者个人不得干涉;(4)在代位继承中,男女有平等的代位继承权,适用于父系的代位继承人,同样适用于母系;(5)在遗嘱继承中,男女平等,不论男子或者女子都可立遗嘱处分自己的合法财产;立遗嘱人既可以指定男性继承人,也可以指定女性继承人。

(二)非婚生子女与婚生子女继承权平等

非婚生子女虽是男女双方无合法婚姻关系而出生的子女,但与婚生子女同为子女,有着平等的继承权。任何人不得以任何借口危害和歧视非婚生子女,不得以其为"非婚生"而限制其继承权。

(三)养子女与亲生子女继承权平等

养子女与亲生子女的法律地位相同,有平等的继承权。养子女与养父母之间虽是基于收养而形成的亲属关系,但如同亲生子女与生父母之间一样有相互继承遗产的权利。在代位继承中,养子女的晚辈直系血亲与亲生子女的晚辈直系血亲一样地享有代位继承权。

（四）儿媳与女婿在继承上权利平等

依法律规定，丧偶儿媳对公婆，丧偶女婿对岳父母，尽了主要赡养义务的，都享有继承权。

（五）同一顺序的继承人继承遗产的权利平等

依法律规定，凡为同一顺序的继承人，不分尊卑、男女、长幼，有平等的继承被继承人遗产的权利。

三、养老育幼原则

养老育幼，是我国家庭承担的重要职责，是劳动人民的传统美德，也是社会主义精神文明建设的要求。养老育幼作为继承法的一项基本原则，是由我国现阶段的经济条件和家庭职能所决定的，也是实现法律保护老人、妇女、儿童和残疾人的合法权益的任务的必然要求。这一原则主要体现在以下方面：

（一）继承人基本为有法定扶养义务的近亲属

我国法以继承人与被继承人之间相互扶助的法律义务为确定继承人范围和继承顺序的出发点。我国现行法上规定的第一顺序的法定继承人，也就是对被继承人有赡养、抚养、扶养义务的近亲属；第二顺序的继承人，则是对被继承人在一定情形下才负有赡养、抚养、扶养义务的其他近亲属。同时，为鼓励赡养老人和有利于抚育后代，《民法典》第1129条规定，丧偶儿媳对公婆，丧偶女婿对岳父母，尽了主要赡养义务的，也作为第一顺序继承人。

（二）遗产的分配有利于养老育幼

在遗产分配中对生活有特殊困难的缺乏劳动能力的继承人，应当予以照顾；对被继承人尽了主要扶养义务或者与被继承人共同生活的继承人，可以多分遗产，而对有扶养能力和扶养条件而不尽扶养义务的继承人应不分或者少分遗产；对继承人以外的依靠被继承人扶养的丧失劳动能力又没有生活来源的人或者继承人以外的对被继承人扶养较多的人，可以分给适当的遗产。

（三）在遗嘱继承和遗赠中保护老、幼、残疾人的利益

被继承人以遗嘱处分其财产时，遗嘱中应当为缺乏劳动能力又没有生活来源的继承人保留必要的份额。老人、幼儿及残疾人一般也正是缺乏劳动能力又没有生活来源的人。

（四）遗产分割不能侵害未出生人的利益

在遗产分割时，应当保留胎儿的继承份额，以保护被继承人死亡后出生的子女的利益。被继承人在遗嘱中取消其死亡后出生的人的应取得的遗产份额的，其处分应为无效。

（五）承认遗赠扶养协议的优先效力

法律特别规定了遗赠扶养协议的优先效力。自然人可以与法定继承人以外的自然人或者组织签订遗赠扶养协议，以保障受扶养人的生养死葬。自然人死亡的，有遗赠扶养协议的，按照协议办理。

四、互谅互让、团结和睦原则

互谅互让、团结和睦，是处理亲属间关系的基本要求，也是我国处理继承纠纷的司法实践中一直坚持的一项原则。这一原则主要体现在以下方面：

（一）继承人的继承权受法律的平等保护

任何继承人的继承权都应受他人的尊重；任何继承人也都应尊重他人的继承权。任何继承人实施严重违反社会公德，有害于被继承人、其他继承人的违法行为的，都将丧失继承权。

（二）法定继承人有平等的继承权

在法定继承中同一顺序的法定继承人继承权平等，可以协商分配遗产；在确定继承的遗产份额和遗产分割时，应当考虑继承人对被继承人所尽义务的情况、各继承人的生活需要以及遗产效益的发挥等因素，而并非必须均分遗产。

（三）继承人协商处理继承问题

《民法典》第1132条明确规定："继承人应当本着互谅互让、和睦团结的精神，协商处理继承问题。遗产分割的时间、办法和份额，由继承人协商确定；协商不成的，可以由人民调解委员会调解或者向人民法院提起诉讼。"

第三节　继承权的概念和特征

一、继承权的概念

继承制度是指将死者生前所有的于死亡时遗留的财产依法转移给他人所有的制度。在这一制度中，生前享有的财产因死亡而转移给他人的死者为被继承人；被继承人死亡时遗留的财产为遗产；依照法律规定或者被继承人的合法遗嘱承接被继承人遗产的人为继承人；继承人依照法律的直接规定或者被继承人所立的合法遗嘱享有的继承被继承人遗产的权利就是继承权。依我国现行法律的规定，继承人只能是自然人，继承权也仅为自然人享有的权利。

继承权为自然人享有的重要民事权利，有以下两种相互联系而又不同的含义：

（一）客观意义的继承权

客观意义的继承权，指的是自然人依照法律的规定或者遗嘱的指定享有的继承被继承人遗产的资格,是继承开始前继承人的法律地位,实际上是继承人所具有的继承遗产的权利能力。例如,子女与父母有相互继承的权利,这里所说的继承权就是客观意义的继承权。这种含义的继承权并不是继承人实际享有的取得被继承人遗产的权利,只是继承人将来继承被继承人遗产的现实可能性。正因为如此,客观意义的继承权被称为一种期待权。客观意义的继承权既然是一种继承的资格,就具有专属性,不得转让,也不得放弃。它是法律基于继承人与被继承人之间的一定身份关系而赋予的,与一定的身份关系相联系。

(二)主观意义的继承权

主观意义的继承权,是指继承人在继承法律关系中实际享有的具体权利。主观意义的继承权是于继承开始后由客观意义继承权转化而来的,是继承人可以现实取得被继承人遗产的权利,因而是一种既得权。主观意义继承权的权利主体为继承人,义务主体是继承人以外的其他一切人。继承人实现继承权无须借助义务人的行为,所以继承权属于绝对权。并且,继承人的继承权是取得遗产的权利,而遗产以财产利益为内容,因此,继承权是一种财产权。主观意义的继承权既然是继承人实际享有的权利,继承人也就可以放弃。

二、继承权的特征

尽管继承权在不同的场合有不同的含义,但总的说来,继承权具有以下特征:

(一)继承权是自然人基于一定的身份关系享有的权利

首先,继承权是自然人享有的权利。依我国《民法典》的规定,继承权的主体只能是自然人,而不能是法人或者非法人组织,也不能是国家。其次,继承权是以一定的身份为前提的权利。按照我国法的规定,继承权只是特定亲属之间才享有的继承遗产的权利,其他人不能享有继承权。继承权虽以一定的身份为前提,但其不以身份利益为内容。

(二)继承权是依照法律的直接规定或者合法有效的遗嘱而享有的权利

继承有法定继承与遗嘱继承之分,继承权也就有法定继承权与遗嘱继承权之别。法定继承权是法定继承中继承人享有的继承权,它来自法律的直接规定,只有法律规定的法定继承人才享有法定继承权;遗嘱继承权是遗嘱继承中继承人享有的继承权,只有合法有效的遗嘱中指定的继承人才享有遗嘱继承权,未在遗嘱中被指定为继承人的人尽管享有法定继承权,却不能享有遗嘱继承权。但因我国现行法律规定,遗嘱继承人须为法定继承人范围之内的人,所以,只有享有法定继承权的人才会享有遗嘱继承权,不享有法定继承权的人不可能享有遗嘱继承权。

（三）继承权的标的是遗产

继承权是继承人继承被继承人遗产的权利，继承权的标的是遗产。遗产是以财产利益为内容的，既包括积极财产，也包括消极财产，但不包括身份利益。因此主观意义继承权是一种财产权。没有遗产，不发生继承，也就不能实现继承权；继承权实现，发生遗产所有权的转移。从这一意义上说，继承权是与私有财产所有权相联系的权利，只有存在私有财产，才会发生继承，继承权才有意义。继承是财产转移的一种方式，但是继承并不是自然人死亡时转移财产的唯一方式。例如，受遗赠人取得遗产，由国家或者集体所有制组织取得无人继承又无人受遗赠的遗产，也是死者遗留财产的转移方式，但不属于继承。因此，受遗赠人依照合法遗嘱或者遗赠扶养协议享有的取得遗赠人遗赠的财产的权利并不属于继承权。

（四）继承权是继承人于被继承人死亡时才可行使的权利

《民法典》第1121条第1款规定，"继承从被继承人死亡时开始。"在被继承人死亡前，继承权仅是一种期待权，继承人不能实现继承权；于被继承人死亡时，继承权才成为既得权，继承人才可行使继承权。我国法实行当然继承原则，自继承开始，继承人可以放弃继承权；继承人未表示放弃继承权的，遗产即归继承人取得；继承权受到侵害的，继承人得依法请求保护即回复继承权。正是从这一特征上说，继承权的效力具有二阶性。

第四节 继承权的接受、放弃、丧失与保护

一、继承权的接受

继承权的接受，又称为继承的接受，是指享有继承权的继承人参与继承、接受被继承人遗产的意思表示。

自继承开始，客观意义的继承权也就转化为主观意义的继承权，继承人得行使继承权，自主决定接受继承还是放弃继承。依《民法典》第1124条第1款的规定，继承开始后，遗产处理前，继承人未表示放弃继承的，视为接受继承。因此，继承权的接受无须继承人有明示的意思表示。只要继承人未作出放弃继承的意思表示，就为作出接受继承的意思表示，即可参与继承。

二、继承权的放弃

继承权的放弃，又称为继承的放弃，是指继承人作出的放弃其继承被继承人遗产的权利的意思表示。

继承权的放弃，是继承人对其继承权的一种处分。依《民法典》第1124条第

1款的规定,"继承开始后,继承人放弃继承的,应当在遗产处理前,以书面形式作出放弃继承的表示"。因此,放弃继承权要求:第一,继承人只能于继承开始后遗产分割前放弃继承权。在继承开始前,继承权仅为继承遗产的资格,不能放弃;遗产分割后,继承人已取得遗产的单独所有权,其放弃的不能是继承权。第二,继承人放弃继承,须以明示的方式作出意思表示。继承人放弃继承应当以书面形式向遗产管理人或者其他继承人表示。用口头方式表示放弃继承,本人承认,或者有其他充分证据证明的,也应当认定有效。在诉讼中,继承人向人民法院以口头方式表示放弃继承的,要制作笔录,由放弃继承的人签名。

继承权的放弃是一种单方民事法律行为,只要继承人单方作出放弃的意思表示,就发生继承权放弃的效力。继承放弃的效力,溯及自继承开始之时。

继承权的放弃不能附加任何条件。若继承人有条件地放弃继承权,则不能发生放弃的效力。

继承人得放弃继承权,是社会法律进步的表现。在古罗马的初期,家父权下的当然和必然继承人,是绝对不能拒绝继承的。近代以来各国普遍承认继承人有接受和放弃继承的自由。然而,如同任何自由不能绝对没有限制一样,继承权的放弃虽为继承人处分继承权的权利和自由,但继承人处分继承权也不能违反法律的规定和损害他人利益。继承人因放弃继承权,致其不能履行法定义务的,放弃继承权的行为无效。

三、继承权的丧失

(一)继承权丧失的概念

继承权的丧失,又称继承权的剥夺,是指依照法律规定在发生法定事由时取消继承人继承被继承人遗产的权利。

继承权的丧失可分为绝对丧失与相对丧失。继承权的绝对丧失,又称继承权的终局丧失,是指因发生某种法定事由,继承人的继承权终局的丧失,该继承人绝对不得也不能享有继承权。凡因继承权绝对丧失的事由丧失继承权的,即使被继承人对继承人予以宽恕,愿意让该继承人继承,该继承人也不能享有继承权。例如,某甲故意杀害其父未致其父死亡,甲被判刑改造后,其父对其予以宽恕,仍让甲继承其遗产,甲也不能享有继承其父遗产的权利。继承权的相对丧失,又称继承权的非终局丧失,是指因发生某种法定事由继承人的继承权丧失,但在具备一定条件时继承人的继承权最终也可不丧失。

继承权的丧失,实质上是依照法律规定取消继承人的继承资格,因此,继承权的丧失是继承人继承被继承人遗产的资格的丧失。继承权的丧失必须有法定事由,并且继承权的丧失是客观意义继承权的丧失,也就是继承权的依法剥夺,而不是由继承人的意志所决定的。

（二）继承权丧失的法定事由

依据《民法典》第1125条的规定，继承人有下列五种行为之一的，丧失继承权：

1. 故意杀害被继承人

构成故意杀害被继承人的行为须具备两个条件：其一，客观上继承人实施了杀害被继承人的行为。杀害行为是指以剥夺人的生命为目的违法行为。若继承人实施的不是杀害行为，或者所杀害的不是被继承人，则不能构成该行为。其二，继承人主观上有杀害的故意。至于继承人的杀害故意是直接故意还是间接故意，则在所不问。但若继承人主观上并无杀害的故意，而是过失致被继承人死亡的，则不构成故意杀害被继承人的行为。

继承人故意杀害被继承人的，不论是既遂还是未遂，也不论其是否受到刑事责任的追究，都丧失继承权。但因实施正当防卫而杀害被继承人的，因其行为不具有不法性，继承人不丧失继承权。

2. 为争夺遗产而杀害其他继承人

构成这一法定事由的条件有二：第一，继承人杀害的对象是其他继承人。所谓其他继承人是指继承法上规定的实施杀害行为的继承人以外的其他法定继承人范围以内的人。若继承人所杀害的不是法定继承人，则不在此列。第二，杀害的目的是为了争夺遗产。若不是为了争夺遗产而是出于其他动机和目的而杀害其他继承人的，也不构成该行为。由于杀害的目的是为了争夺遗产，因此，该杀害行为只能是故意，而不可能是过失。只要具备以上条件，不论继承人的杀害行为既遂或未遂，也不论其是否被追究刑事责任，均丧失继承权。

3. 遗弃被继承人或者虐待被继承人情节严重

遗弃被继承人的行为构成条件为：第一，被遗弃的是没有独立生活能力的被继承人。若被继承人有独立的生活能力，则不会造成被遗弃的后果。第二，继承人有能力和条件尽扶养义务而故意不尽扶养义务。如果继承人本身没有能力和条件尽扶养义务，则其不履行扶养义务不构成遗弃。遗弃行为是故意置被继承人于危难而不顾的严重的不道德的不法行为，因此，只要继承人的行为构成遗弃被继承人，继承人的继承权就丧失。

虐待被继承人，是指继承人在被继承人生前以各种手段对其进行身体上或者精神上的摧残、折磨。但虐待行为与遗弃行为不同。虐待行为有轻重之分。虐待被继承人情节严重的，才丧失继承权；否则不丧失继承权。继承人虐待被继承人的情节是否严重，可以从实施虐待行为的时间、手段、后果和社会影响等方面认定。[①] 一般说来，继承人对被继承人的虐待具有长期性、经常性，手段比较

---

① 参见《继承编解释（一）》第6条第1款。

恶劣,社会影响很坏的,可认定为情节严重。继承人虐待被继承人情节严重的,可构成虐待罪;但不论是否追究其刑事责任,均可确认其丧失继承权。①

4. 伪造、篡改或者销毁遗嘱,情节严重

伪造遗嘱,是指继承人故意以被继承人名义制作假遗嘱。篡改遗嘱,是指继承人故意改变被继承人所立遗嘱的内容。销毁遗嘱,是指继承人故意将被继承人所立的遗嘱毁灭。

遗嘱是被继承人按照自己的意愿处置其财产的法律行为,设立遗嘱是被继承人的权利,合法遗嘱受法律保护。伪造、篡改、销毁遗嘱的行为,既是对被继承人生前处分其财产的权利和意愿的干涉和侵害,也是对可依照遗嘱取得遗产的人的权利的侵害。伪造、篡改或者销毁遗嘱情节严重的,当然丧失继承权。继承人伪造、篡改或者销毁遗嘱,侵害了缺乏劳动能力又没有生活来源的继承人的利益,并造成其生活困难的,可认定其行为情节严重。②

5. 以欺诈、胁迫手段迫使或者妨碍被继承人设立、变更或者撤回遗嘱,情节严重

以欺诈、胁迫手段迫使或者妨碍被继承人设立、变更或者撤回遗嘱,导致遗嘱不能真正反映被继承人的遗愿,严重地侵害了被继承人设立遗嘱的自由,因此,凡实施以欺诈、胁迫手段迫使或妨碍被继承人设立、变更或者撤回遗嘱的继承人,其实施的行为情节严重的,继承权也丧失。判断该行为情节是否严重应与判断伪造、篡改、隐匿或者销毁遗嘱的行为情节是否严重适用同一标准,也应以行为的结果是否侵害了缺乏劳动能力又无生活来源的继承人的利益且造成其生活困难为判断标准。也就是说,继承人以欺诈、胁迫手段迫使或者妨碍被继承人设立、变更或者撤回遗嘱,侵害了缺乏劳动能力又无生活来源的继承人的利益的,属于情节严重,丧失继承权。

继承人因以上后三种行为丧失继承权的,属于继承权的相对丧失。继承人确有悔改表现,被继承人表示宽恕或者事后在遗嘱中将其列为继承人的,该继承人不丧失继承权。

受遗赠人有继承人丧失继承权的行为的,丧失受遗赠权。

(三) 继承权丧失的效力

丧失继承权的法定事由既可发生于继承开始前,也可发生在继承开始后,但因继承权的丧失是使继承人失去继承的资格,因此,继承权的丧失应于继承开始时即发生效力。因继承权的丧失,涉及继承人的继承资格的被依法剥夺,因此继承人之间因是否丧失继承权发生纠纷的,应由人民法院确认继承人是否丧失继承权。人民法院在遗产继承中确认继承人丧失继承权的,继承权的丧失溯及继

---

① 参见《继承编解释(一)》第 6 条第 2 款。
② 参见《继承编解释(一)》第 9 条。

承开始之时发生效力。

继承权的丧失,是继承人对特定的被继承人的继承权的丧失,仅对特定的被继承人发生效力。因此,继承人因法定事由丧失对某一被继承人的继承权的,并不影响其对其他被继承人遗产的继承权。

四、继承权的保护

继承人的继承权受到侵害时,继承人得请求法院通过诉讼程序予以保护,以恢复其继承遗产的权利。继承人的这一权利,称为继承权回复请求权,或者继承权恢复请求权,也有的称为继承恢复请求权、遗产回复诉权或者遗产请求权。

关于继承权回复请求权的性质,主要有三种学说。一是继承地位恢复说。该说认为,继承权回复请求权是确定合法继承人的继承地位的权利,而不是继承财产的回复请求权。二是遗产权利恢复说。该说认为,继承权回复请求权就是遗产回复请求权,继承人所主张的是对遗产的权利。三是折中说。该说认为继承权回复请求权是以确认真正继承人的继承权及请求被继承人遗产的给付为内容的请求权,既包括确认继承人资格的请求权,也包括对遗产的返还请求权。我国学者多采最后一说。

继承权回复请求权是法律基于合法继承人的继承权赋予继承人的一项保护继承权的权利,是一种包括性的请求权。继承权回复请求权的包括性,表明它不同于物上请求权、不当得利请求权以及损害赔偿请求权等。继承人向侵害人请求遗产的返还时,不必证明自己对于属于遗产范围内的各部分财产具有何种权利,而只需证明被继承人于死亡时享有的权利和自己享有继承权即可。[①]

继承权回复请求权的主体为真正继承人,相对人为侵害继承权的人。侵害继承权的人可以是非继承人和表见继承人。非继承人又称僭称继承人、自命继承人,是指本无继承权而自称为有继承权而占有遗产的全部或者一部的人。表见继承人是指原本有继承权,由于某种原因而放弃或者丧失了继承权,或者是无效遗嘱、被撤销遗嘱的指定继承人[②],也可以是并不认为自己是继承人但否认继承人的继承权,或者并不否认继承人的继承权但却认为继承人对某项财物并不享有权利的人。

继承权回复请求权可由继承权受到侵害的合法继承人自己亲自行使,也可由其代理人代为行使。继承人为无民事行为能力人或者限制民事行为能力人的,其继承权回复请求权由法定代理人代为行使。但是,继承人只有在诉讼时效期间内行使其继承权回复请求权,法院才保护其权利。继承人仅请求确认继承人资格的,不受时效限制。

---

① 郭明瑞、房绍坤:《继承法》(第二版),法律出版社2004年版,第81页。
② 马俊驹、余延满:《民法原论》(下),法律出版社1998年版,第921页。

第三十九章 法定继承

第一节 法定继承的概念与适用范围

一、法定继承的概念与特征

法定继承,是指根据法律直接规定的继承人的范围、继承人继承的顺序、继承人继承遗产的份额及遗产的分配原则继承被继承人遗产的继承制度。

法定继承又称为无遗嘱继承,是相对于遗嘱继承而言的,源自罗马法的 successio ab intesta,亦即非遗嘱继承。法定继承是遗嘱继承以外的依照法律的直接规定将遗产转移给继承人的一种遗产继承方式。在法定继承中,可参加继承的继承人、继承人参加继承的顺序、继承人应继承的遗产份额以及遗产的分配原则,都是由法律直接规定的。因而法定继承并不直接体现被继承人的意志,仅是法律依推定的被继承人的意思将其遗产由其亲属继承。

现代各国继承法上都规定有法定继承与遗嘱继承。在我国,法定继承是主要的继承方式,并且对遗嘱继承也有着直接的影响,因为遗嘱继承人也只能是法定继承人范围内的人。法定继承有以下特征:

第一,法定继承是遗嘱继承的补充。法定继承虽是最常见的主要的继承方式,但继承开始后,应先适用遗嘱继承,只有在不适用遗嘱继承时才适用法定继承。因而,从效力上说,遗嘱继承的效力优先于法定继承,法定继承是对遗嘱继承的补充。

第二,法定继承是对遗嘱继承的限制。各国法律虽都承认遗嘱继承的优先效力,但也无不对遗嘱继承予以一定的限制。例如,许多国家的法律规定了法定继承人的特留份,所谓特留份就是指被继承人在遗嘱中必须为法定继承人保留的遗产份额。我国法规定,遗嘱应当对缺乏劳动能力又没有生活来源的继承人保留必要的遗产份额。因此,尽管遗嘱继承限制了法定继承的适用范围,但同时法定继承也是对遗嘱继承的一定限制。

第三,法定继承中的继承人是法律基于继承人与被继承人间的亲属关系规定的,而不是由被继承人指定的。从这点上说,法定继承具有以身份关系为基础的特点。

第四,法定继承中关于继承人、继承的顺序以及遗产的分配原则的法律规定是强行性的,任何人不得改变。

二、法定继承的适用范围

依《民法典》第1154条的规定,法定继承适用于以下情形:(1) 遗嘱继承人放弃继承或者受遗赠人放弃受遗赠;(2) 遗嘱继承人丧失继承权或者受遗赠人丧失受遗赠权;(3) 遗嘱继承人、受遗赠人先于遗嘱人死亡或者终止;(4) 遗嘱无效部分所涉及的遗产;(5) 遗嘱未处分的遗产。

第二节 法定继承人的范围与继承顺序

一、法定继承人的范围

法定继承人是指由法律直接规定的可以依法继承被继承人遗产的人。所谓法定继承人的范围,是指哪些人属于法定继承人。法定继承人享有法定继承权,凡享有法定继承权的人均为法定继承人。

依照《民法典》的规定,法定继承人包括以下亲属:

(一) 配偶

配偶是处于合法婚姻关系中的男女双方相互间的称谓。作为继承人的配偶须是于被继承人死亡时与被继承人之间存在合法的婚姻关系的人。与被继承人原有婚姻关系,但在被继承人死亡时已经解除婚姻关系的人,不为配偶;夫妻一方在离婚诉讼过程中或者在法院已作出离婚的判决但判决未发生效力前死亡的,另一方仍为配偶,为法定继承人。与被继承人同居或者姘居的人,不为配偶,不属于法定继承人。但依法可认定为存在事实婚姻关系的,可认定为配偶。与被继承人已办理结婚登记手续,虽未与被继承人同居的,也为配偶,属于法定继承人。但当事人的婚姻被确认无效或者被撤销的,不为配偶,不能成为法定继承人。中华人民共和国成立前遗留下来的一夫多妻、一妻多夫,若在继承开始时其婚姻关系未解除,则均为配偶。

(二) 子女及其晚辈血亲

子女是被继承人最近的直系卑亲属,包括婚生子女、非婚生子女、养子女和继子女。

婚生子女,是有合法婚姻关系的男女双方所生育的子女。婚生子女不论其随父姓或者母姓,也不论其是否已经结婚,是否与父母共同生活,均为父母的法定继承人。

非婚生子女是指没有合法婚姻关系的男女双方所生育的子女,如前所述,非婚生子女与婚生子女继承权平等,也是其父母的法定继承人,不仅有权继承其生母的遗产,并且不论其是否被生父认领,也都有权继承其生父的遗产。

养父母与养子女间发生父母子女间的权利义务关系。因此,养子女为养父母的法定继承人,其有权继承养父母的遗产而无权继承生父母的遗产,被收养人即使对生父母扶养较多,也只可分得生父母的适当的遗产。养子女的继承权是以与养父母间存在合法的收养关系为前提的,没有合法的收养关系,也就不存在养子女与养父母的关系。收养人与被收养人间以祖孙相称即收养他人为养孙子女的,视为养父母与养子女间关系,可互为第一顺序继承人。但是,被领养或者被寄养的子女与领养人或者寄养人间未成立合法收养关系的,不属于领养人或者寄养人的养子女,无权继承领养人或者寄养人的遗产;原存在合法的收养关系但于继承开始时已经解除收养关系的,相互间并无继承权。收养关系解除后,被收养人系未成年人的,其与生父母间的权利义务关系自然恢复,得为生父母的法定继承人;但被收养人为成年人并独立生活的,其与生父母间及其他近亲属间的权利义务关系是否恢复,须由双方协商确定。

继子女与继父母间的关系是因其父或者母的再婚形成的,继子女与生父母间的权利义务关系并不解除。依我国法规定,只有与被继承人间有扶养关系的继子女才为法定继承人;与被继承人间没有扶养关系的继子女,不属于法定继承人。在旧社会形成的一夫多妻家庭中,子女与生母以外的父亲的其他配偶之间形成抚养关系的,也互有继承权。依《继承编解释(一)》第11条的规定,继子女继承了继父母遗产的,不影响其继承生父母的遗产。继父母继承了继子女遗产的,不影响其继承生子女的遗产。

(三) 父母

父母是最近的直系尊亲属。父母子女间有着最密切的关系,互为继承人。作为法定继承人的父母包括生父母、养父母和有扶养关系的继父母。

(四) 兄弟姐妹及其晚辈直系血亲

兄弟姐妹是最近的旁系血亲。作为继承人的兄弟姐妹包括全血缘的同父同母的兄弟姐妹、半血缘的同父异母或者同母异父的兄弟姐妹、拟制血亲的养兄弟姐妹和有扶养关系的继兄弟姐妹。养兄弟姐妹关系是因收养成立的养子女与生子女之间、养子女与养子女之间的亲属关系。养兄弟姐妹互为继承人,被收养人与其亲兄弟姐妹之间法律上的权利义务关系因收养的成立而消除,不能互为继承人。继兄弟姐妹之间的继承权,因继兄弟姐妹之间的扶养关系而发生。没有扶养关系的继兄弟姐妹,不能互为继承人。继兄弟姐妹之间相互继承了遗产的,不影响其继承亲兄弟姐妹的遗产。①

(五) 祖父母和外祖父母

祖父母与外祖父母是除父母外的最近的尊亲属。作为法定继承人的祖父

---

① 《继承编解释(一)》第13条第2款。

母、外祖父母,包括亲祖父母、亲外祖父母、养祖父母、养外祖父母、有扶养关系的继祖父母和有扶养关系的继外祖父母。

二、法定继承人的继承顺序

法定继承人的继承顺序,又称法定继承人的顺位,是指法律直接规定的法定继承人参加继承的先后次序。

在法定继承中,法定继承人并非全体同时参加继承,而是按照继承顺序先由前一顺序的继承人继承,在没有前一顺序继承人继承时才由后一顺序的继承人继承。法定继承人的继承顺序具有法定性、强行性、排他性和限定性的特点。所谓法定性,是指法定继承人的继承顺序是由法律根据继承人与被继承人的亲属关系直接规定的,不是由当事人决定的;所谓强行性,是指对于法律规定的继承顺序任何人不得以任何理由改变,继承人可以放弃继承权,但不能放弃自己的继承顺序;所谓排他性,是指法定继承人只能依法定的继承顺序参加继承,前一顺序的继承人排斥后一顺序的继承人继承,只要有前一顺序的继承人继承,后一顺序的继承人就不能继承;所谓限定性,是指法定继承人的继承顺序仅适用于法定继承,而不适用于遗嘱继承,在遗嘱继承中遗嘱继承人不受法定继承人继承顺序的限制,虽有前一顺序的法定继承人,遗嘱人也可指定后一顺序的继承人继承。

各国的法律一般是以血缘关系的亲疏远近为根据来确定继承顺序的,但规定的顺序有所不同。依《民法典》第1127条的规定,法定继承人分为两个顺序:

第一顺序的法定继承人为配偶、子女、父母。配偶、子女、父母是最近的亲属,在法律上有相互扶养的法定义务,因而为第一顺序的法定继承人。丧偶儿媳对公、婆,丧偶女婿对岳父、岳母,尽了主要赡养义务的,也作为第一顺序继承人(《民法典》第1129条)。

第二顺序的法定继承人包括兄弟姐妹、祖父母和外祖父母。兄弟姐妹、祖父母、外祖父母是近亲属,在法律上于一定条件下有相互扶养的义务,因而同为第二顺序的法定继承人。

第三节 代 位 继 承

一、代位继承的概念与特征

所谓代位继承,是指继承人先于被继承人死亡时,由死亡的继承人的晚辈直系血亲继承其应继承的遗产份额的制度。其中先于被继承人死亡的继承人称为被代位人或者被代位继承人,先于被继承人死亡的继承人的晚辈直系血亲称为代位人或者代位继承人。

代位继承是法定继承中的制度，是在被代位人先于被继承人死亡的情形下由其晚辈直系血亲代位继承被代位人应继承份额的继承方式。其在成立条件和效力上具有以下特征：

第一，被代位人须先于被继承人死亡。只有在被代位人先于被继承人死亡时才发生代位继承。至于被代位人范围，依各国法规定的代位继承的范围不同而不同。依《民法典》第1128条的规定，被继承人的子女、被继承人的兄弟姐妹可为被代位人。

第二，代位人须是被代位人的晚辈直系血亲。被代位人为被继承人子女的，代位继承人只能是被代位人的子女及其他晚辈直系血亲，代位继承人不受辈数的限制。被代位人为被继承人的兄弟姐妹的，代位继承人只能是被代位人的子女。

第三，被代位人未丧失继承权。关于代位继承权的性质有固有权与代表权两种不同学说。依固有权说，代位继承人参加继承是其本身固有的权利，并不以被代位人是否有继承权为转移。依代表权说，代位继承人继承被继承人的遗产不是基于其本身固有的权利，而是代表被代位继承人参加继承的，因此被代位继承人丧失或者放弃继承权的，一般不应发生代位继承。我国司法实务中采代表权说，实践的做法是继承人丧失继承权的，其晚辈直系血亲也不得代位继承。① 但有学者提出，对代位继承权应以采固有权说为宜，被代位人丧失继承权的，不应影响代位人的代位继承权。期待司法实务能改变以前的做法，对代位继承权采取固有权说。

第四，代位继承人按照被代位继承人的应继顺序参加继承，一般只能继承被代位人应继承的遗产份额。被代位继承人为被继承人子女的，代位继承人作为第一顺序的继承人参加继承；被代位继承人为被继承人的兄弟姐妹的，代位继承人作为第二顺序继承人参加继承。但代位人并不是直接继承自己应继承的遗产份额，而是代位继承被代位人应继承的遗产份额，正因为如此，代位继承又称为间接继承。代位继承人为数人的，原则上由数个代位继承人平分被代位人应继承的份额，而不能由数个代位继承人与其他继承人一同按人分配被继承人的遗产。代位继承人缺乏劳动能力又没有生活来源，或者对被继承人尽过主要赡养义务的，分配遗产时，可以多分，但这仅是例外。

第五，代位继承只适用于法定继承。只有在法定继承中才能发生代位继承，在遗嘱继承中不发生代位继承。如果遗嘱继承人先于遗嘱人死亡，则该遗嘱继承人的晚辈直系血亲不能代位继承该遗嘱继承人依遗嘱应继承的遗产；遗嘱中

---

① 《继承编解释（一）》第17条规定，继承人丧失继承权的，其晚辈直系血亲不得代位继承。如该代位继承人缺乏劳动能力又没有生活来源，或者对被继承人尽赡养义务较多的，可以适当分给遗产。

指定该继承人继承的遗产应按法定继承处理。

二、代位继承与转继承的区别

《民法典》第 1152 条规定:"继承开始后,继承人于遗产分割前死亡,并没有放弃继承的,该继承人应当继承的遗产转给其继承人,但是遗嘱另有安排的除外。"这里规定的即是转继承。在被继承人死亡后遗产分割前死亡的继承人称为被转继承人,有权承受被转继承人继承的被继承人遗产的人称为转继承人。

转继承,又称转归继承、连续继承、再继承、二次继承等,其发生或者成立须具备以下条件:第一,继承人于继承开始后,遗产分割前死亡。继承人于继承开始前死亡的会发生代位继承,而不能发生转继承;继承人于遗产分割后死亡的,其已取得遗产的单独所有权,其法定继承人得直接继承其遗产,也不会发生转继承。第二,须死亡的继承人在被继承人死亡后未放弃继承。若继承人放弃了继承权后死亡,则因其放弃而不享有继承权,没有参与继承遗产的权利,当然也就不会发生转继承。

转继承一经成立,已死亡的继承人(被转继承人)应取得的被继承人的遗产份额即成为其遗产转由其法定继承人继承,并由转继承人直接参与被继承人的遗产的分配,除非遗嘱另有安排。

转继承与代位继承相似,但二者是完全不同的制度,有着以下根本区别:

第一,性质和效力不同。转继承是在继承开始继承人直接继承后又转由转继承人继承被继承人的遗产,实质上是就被继承人的遗产连续发生的两次继承。转继承人享有的实际上是分割被继承人遗产的权利,而不是继承被继承人遗产的遗产继承权,转继承人行使的只是其对被转继承人的遗产继承权(被转继承人取得的遗产份额构成其遗产),而不是对被继承人的遗产继承权。而代位继承是代位人基于代位继承权直接参加遗产继承,代位继承人享有的是对被继承人遗产的代位继承权。代位继承人参加继承所行使的是对被继承人遗产的继承权,而不是对被代位人的遗产继承权。

第二,发生的时间和成立条件不同。转继承发生在继承开始后遗产分割前,并且可因任何一个继承人的死亡而发生,即任何一个继承人都可成为被转继承人。而代位继承只能是因被继承人子女或者兄弟姐妹先于被继承人死亡而发生,只有被继承人的子女或者兄弟姐妹才能成为被代位继承人。

第三,主体不同。转继承人是被转继承人死亡时生存的所有法定继承人,被转继承人可以是被继承人的任一继承人。被转继承人有第一顺序法定继承人的,由第一顺序法定继承人转继承;没有第一顺序法定继承人的,则可由第二顺序法定继承人转继承。而代位继承中的代位继承人仅限于被代位人的晚辈直系血亲,被代位人的其他法定继承人不能代位继承。

第四，适用范围不同。转继承可以发生在法定继承中，也可以发生在遗嘱继承中。例如，遗嘱中指定的遗嘱继承人于继承开始后未表示放弃继承，但在未实际接受遗产前死亡，此时该遗嘱继承人依照遗嘱应得到的遗产由其法定继承人继承，这也就发生转继承。不仅在遗嘱继承中会发生转继承，并且在遗赠中也会发生受遗赠人的法定继承人承受受遗赠遗产的情况（此也可视为转继承）。例如，受遗赠人于继承开始后在法定时间内明确表示接受遗赠但在未实际接受遗赠财产前死亡，该受遗赠人的法定继承人有权继承该受遗赠人应受领的遗赠财产。而代位继承只适用于法定继承，在遗嘱继承中不适用。

第四节 法定继承中的遗产分配

一、法定继承的遗产分配原则

法定继承的遗产分配原则，是指在法定继承中，数个同一顺序的继承人共同继承被继承人的遗产时，应如何确定各个继承人应继承的遗产份额（简称"应继份"）。

关于法定继承的遗产分配原则，各国法上有两种立法例：一是由法律直接规定各法定继承人的应继份；二是规定同一顺序的法定继承人均分遗产。按照《民法典》第1130条的规定，在法定继承中，遗产的分配按以下原则确定：

（一）继承人继承遗产的份额一般应当均等

所谓继承人继承遗产的份额一般应当均等，是指在一般情况下，同一顺序的法定继承人应按照人数平均分配遗产，即各继承人的应继份相等。

（二）特殊情形下继承人继承的份额可以不均等

在有下列情形之一时，同一顺序法定继承人继承的遗产份额可以不均等：

（1）对生活有特殊困难又缺乏劳动能力的继承人，分配遗产时，应当予以照顾。

（2）对被继承人尽了主要扶养义务或者与被继承人共同生活的继承人，在分配遗产时，可以多分。

（3）有扶养能力和有扶养条件的继承人，不尽扶养义务的，分配遗产时，应当不分或者少分。依《继承编解释（一）》第19条的规定，对被继承人生活提供了主要经济来源，或者在劳务等方面给予了主要扶助的，应当认定其尽了主要赡养义务或主要扶养义务。依该解释第23条的规定，有扶养能力和扶养条件的继承人虽然与被继承人共同生活，但对需要扶养的被继承人不尽扶养义务，分配遗产时，可以少分或者不分。

（4）继承人协商同意不均分。

二、非继承人的遗产取得权

在法定继承中,除法定继承人得参加继承外,具备法定条件的其他人也有权适当分得遗产。① 因此,法定继承人分配遗产时,应当分给有权取得适当遗产的非继承人以适当遗产,而不能侵害有权分得适当遗产的人的遗产取得权。

根据《民法典》第 1131 条的规定,可以分得适当遗产的人包括以下两种人:

其一,继承人以外的依靠被继承人扶养的人。依靠被继承人扶养的人通常是缺乏劳动能力又没有生活来源,离开被继承人的扶养,将会陷入生活困境或者由社会供养。

其二,继承人以外的对被继承人扶养较多的人。对被继承人的扶养,既包括经济上、劳务上的扶助,也包括精神上的慰藉。但若对被继承人只是给予一次性或者临时性的扶养或者所给予的物质扶助数额并不多,则不为扶养较多。

需要说明的是,这里的所谓继承人以外的人,是指能够参加继承的继承人以外的人,并非指法定继承人范围以外的人。例如,在第一顺序继承人继承时,若第二顺序继承人中有具备上述条件的人,则该人即属于可分给适当遗产的人,有权要求分得适当的遗产。可分得适当遗产的人之所以有权取得适当遗产,并非是基于继承权,而是基于法律规定的可分给适当遗产的特别条件。

对于可以分给适当遗产的人,分给他们遗产时,按具体情况可以多于或者少于继承人的应继承的遗产额;可以分给适当遗产的人,在其依法取得被继承人遗产的权利受到侵犯时,本人有权以独立的诉讼主体的资格向人民法院提起诉讼,请求保护。但在遗产分割时,明知而未提出请求的,法院一般不予受理;不知而未提出请求,在知道遗产分割后 3 年以内起诉的,法院应予受理。

---

① 法定继承人以外的可适当分得遗产的人,有不同的称谓。有的称为法定继承人以外的遗产取得人,有的称为酌情分得遗产权人,有的称为可分得遗产的人。

第四十章　遗嘱继承、遗赠与遗赠扶养协议

第一节　遗嘱继承的概念与特征

一、遗嘱继承的概念

遗嘱继承,是指继承开始后,按照被继承人所立的合法有效遗嘱继承被继承人遗产的继承制度。

遗嘱继承是与法定继承相对应的一种继承方式。在遗嘱继承中继承人按照被继承人的遗嘱继承遗产,立遗嘱的被继承人称为遗嘱人,依遗嘱的指定享有继承遗产权利的人称为遗嘱继承人。由于遗嘱反映被继承人的意志,遗嘱继承是对遗嘱人生前处分其财产的意愿的实现,所以遗嘱继承又称为意定继承。

遗嘱继承源于古罗马法,其产生晚于法定继承。但现代各国继承法普遍规定,遗嘱继承的效力优先于法定继承。由于遗嘱继承可直接体现被继承人生前对其财产处分的意愿,因此,遗嘱继承更能体现法律充分保护和尊重被继承人对自己私有财产的处分权利,更有利于保护私有财产所有权。遗嘱继承以有效的遗嘱为前提,法律赋予被继承人立遗嘱的自由,也就是确认自然人生前处分其死后财产的自由。《民法典》第1133条第1款规定:"自然人可以依照本法规定立遗嘱处分个人财产,并可以指定遗嘱执行人。"

如同任何自由一样,遗嘱自由也是限定在法律规定的范围内,只有符合继承法规定的遗嘱才能成为遗嘱继承的依据。没有合法遗嘱就不会发生遗嘱继承,但遗嘱合法与遗嘱继承并非一回事,有合法的遗嘱也并不一定就发生遗嘱继承,若遗嘱继承人放弃继承,则仍不能发生遗嘱继承。

二、遗嘱继承的特征

(一)遗嘱继承直接体现着被继承人的遗愿

由于遗嘱继承是在继承开始后按照遗嘱进行继承的,而遗嘱是被继承人生前对其个人财产作出的死后处分,因此,遗嘱继承是直接按照被继承人的意思进行继承,而不是按照推定的被继承人的意思继承的。遗嘱继承人按照遗嘱继承遗产,直接体现了被继承人的遗愿。正因为遗嘱继承直接体现着被继承人的遗愿,所以随着人们的权利意识增强,遗嘱继承将会成为较法定继承更为常见的继承方式。

（二）发生遗嘱继承的法律事实须有合法有效的遗嘱

继承从被继承人死亡开始，但被继承人死亡的事实仅能发生法定继承，而不能发生遗嘱继承。发生遗嘱继承不仅须有被继承人死亡的事实，还须有被继承人设立的合法有效的遗嘱。也就是说，只有存在被继承人死亡和被继承人所立的合法有效遗嘱这一法律事实构成，才能引起遗嘱继承的发生，仅有其中一个法律事实，不能发生遗嘱继承。

（三）遗嘱继承是对法定继承的一种排斥

在我国，遗嘱继承人须为法定继承人，不是法定继承人范围内的人不能成为遗嘱继承人。但是遗嘱中指定的继承人不受法定继承顺序的限制，遗嘱继承人继承的份额也不受法定继承中遗产分配原则的限制。遗嘱人可指定第一顺序的法定继承人为继承人，也可以指定第二顺序的法定继承人为继承人，并且可指定继承人应继承的财产份额。在继承开始后，有遗嘱的，须先按照遗嘱继承，不受法定继承中对继承顺序、继承人应继份额的限制，遗嘱继承实际上也就排斥了法定继承。

三、遗嘱继承的适用条件

被继承人死亡后，在下列情形下，遗产按遗嘱继承办理：

第一，没有遗赠扶养协议。被继承人与扶养人订立遗赠扶养协议的，对于遗赠扶养协议中约定遗赠的遗产，不能按遗嘱继承处理。

第二，被继承人立有遗嘱，并且遗嘱合法有效。被继承人未立遗嘱或者所立遗嘱无效，或者遗嘱中未指定继承人继承的遗产，不适用遗嘱继承。

第三，遗嘱中指定的继承人未丧失继承权，也未放弃继承权。遗嘱中指定的继承人因具备丧失继承权的法定事由而丧失继承权的，不得参加遗嘱继承。遗嘱继承人虽未丧失继承权，但于继承开始后遗产分割前明确表示放弃继承权的，对其放弃继承的遗产也不适用遗嘱继承。

第二节 遗嘱的设立

一、遗嘱的概念与特征

遗嘱是自然人生前按照法律的规定处分自己的财产及安排与此有关事务并于死亡后发生法律效力的单方民事法律行为。广义的遗嘱还包括死者生前对于其死后其他事务作出处置和安排的行为。

遗嘱是遗嘱继承的前提或者依据，但遗嘱不等于遗嘱继承。遗嘱具有以下法律特征：

第一,遗嘱是一种单方的民事法律行为。遗嘱仅是遗嘱人自己的意思表示,并无相对人,无须相对人的意思表示的一致;遗嘱仅需有设立人一方的意思表示就可以成立,他人的意思表示的内容并不能影响遗嘱的成立和效力。例如,遗嘱继承人是否接受继承,受遗赠人是否接受遗赠,均不能影响遗嘱的成立和效力。正因为遗嘱是仅有遗嘱人一方的意思表示就可成立的单方民事法律行为,所以在遗嘱生效前,遗嘱人可以自己的意思变更或者撤回遗嘱。

第二,遗嘱是须由遗嘱人生前亲自独立实施的民事法律行为。遗嘱是遗嘱人生前对自己财产作出的处分行为,只能由遗嘱人独立自主地作出,不能由他人的意思辅助或者代理。不是遗嘱人生前独立作出的真实的意思表示,并非真正的遗嘱。因此,遗嘱须由遗嘱人亲自设立,须是遗嘱人的真实的意思表示,设立遗嘱不适用代理。

第三,遗嘱是死后行为。遗嘱虽是由遗嘱人生前设立的,但在遗嘱人死亡时才能发生效力。在遗嘱人死亡前,遗嘱不发生效力。因此,遗嘱是否有效,一般应以遗嘱人死亡时的情形为准。并且遗嘱具有可撤回性,在遗嘱生效前遗嘱人可随时变更或者撤回遗嘱。而于遗嘱人死亡、遗嘱发生效力后,遗嘱也就不可能撤回。由于遗嘱是死后行为,立遗嘱人所作出的于生前即发生效力的财产处分行为,也就不属于遗嘱。

第四,遗嘱是要式民事法律行为。法律对遗嘱的形式有明确规定,遗嘱人只能按照法律规定的形式制作遗嘱,不按照法律规定的形式设立的遗嘱,不能发生效力。若遗嘱的形式符合设立遗嘱时的法律规定,而其后法律对遗嘱的形式又有新规定时,则该遗嘱的形式应认定为符合法律要求。

第五,遗嘱是依法律规定处分财产的民事法律行为。遗嘱是遗嘱人自由处理自己财产的意思表示,因而是处分财产的民事法律行为。凡不属于处分财产及与此有关的内容的意思表示,不属于继承法上的遗嘱。遗嘱人处分财产也受法律的限制,不得违反法律的规定。违反法律规定的遗嘱是不合法的,不能发生效力。

二、遗嘱的形式

遗嘱的形式,是立遗嘱人表达自己处分其财产的意思表示的方式。根据《民法典》的规定,遗嘱的形式包括以下六种:

(一)自书遗嘱

自书遗嘱是指由遗嘱人亲笔书写的遗嘱。自书遗嘱由遗嘱人亲笔书写,签名,注明年、月、日(《民法典》第1134条)。自书遗嘱不能由他人代笔,也不能打印。自然人在遗书中涉及死后个人财产处分的内容,确为死者真实意思的表示,有本人签名并注明了年、月、日,又无相反证据的,可按自书遗嘱对待。

（二）代书遗嘱

代书遗嘱是指由他人代笔书写的遗嘱。依《民法典》第1135条的规定，代书遗嘱须符合以下要求：第一，代书遗嘱须由遗嘱人口授遗嘱内容，由他人代书；第二，代书遗嘱须有两个以上的见证人（代书人也可为见证人）在场见证；第三，代书人、其他见证人和遗嘱人在遗嘱上签名，并注明年、月、日。

（三）打印遗嘱

打印遗嘱是指通过打印机打印出遗嘱内容的遗嘱。打印遗嘱是随着计算机的普遍使用而出现的。为保证遗嘱内容的真实性，打印遗嘱应当有两个以上见证人在场见证。遗嘱人和见证人应当在遗嘱每一页签名，注明年、月、日（《民法典》第1136条）。

（四）录音录像遗嘱

录音录像遗嘱是指以录音磁带、录像磁带记载遗嘱内容的遗嘱。按照《民法典》第1137条的规定，录音录像遗嘱须符合以下要求：第一，磁带中所录制的须是遗嘱人口授的遗嘱内容；第二，须由两个以上的见证人见证，见证人的见证证明并应录制在录制遗嘱的音像磁带上。遗嘱人和见证人应当在录音录像中记录自己的姓名或者肖像，以及年、月、日。录音录像遗嘱设立后，应将录制遗嘱的磁带封存，并由见证人共同签名，注明年、月、日。经封存的录音录像遗嘱也就为密封遗嘱。

（五）口头遗嘱

口头遗嘱是指由遗嘱人口头表述的而不以其他方式记载的遗嘱。依《民法典》第1138条规定，口头遗嘱必须符合以下条件：第一，须是在不能以其他方式设立遗嘱的危急情形下作出的。所谓危急情形，一般指遗嘱人生命垂危或者在战争中或者发生意外灾害，随时都有生命危险，来不及或者没有条件设立其他形式遗嘱的情形。危急情形解除后，遗嘱人能够设立其他形式遗嘱的，口头遗嘱无效。第二，须有两个以上的见证人在场见证。

（六）公证遗嘱

公证遗嘱由遗嘱人经公证机构办理（《民法典》第1139条）。公证遗嘱须由遗嘱人亲自到公证机构办理，不得由他人代理。公证遗嘱须用书面形式，遗嘱人亲笔书写遗嘱的，要在遗嘱上签名或者盖章，并注明年、月、日；遗嘱人口授遗嘱的，须由公证人员作成笔录，经公证人员向遗嘱人宣读确认无误后，由公证人员和遗嘱人签名盖章，并注明设立遗嘱的地点和年、月、日。公证人员对遗嘱经审查认为合法有效的，予以公证，出具《遗嘱公证证明书》，公证书由公证机构和遗嘱人分别保存。

三、遗嘱见证人

遗嘱见证人是依法证明遗嘱真实性的人。遗嘱见证人须具有证明能力，符合法律规定的条件。根据《民法典》第1140条的规定，下列人员不能成为遗嘱见证人：(1) 无民事行为能力人、限制民事行为能力人以及其他不具有见证能力的人；(2) 继承人、受遗赠人；(3) 与继承人、受遗赠人有利害关系的人。继承人、受遗赠人的债权人、债务人以及共同经营的合伙人，应当视为与继承人、受遗赠人有利害关系的人，不能作为遗嘱的见证人。

四、遗嘱的内容

遗嘱的内容，是立遗嘱人在遗嘱中表示出来的对自己财产处分的意思，是遗嘱人对遗产及相关事项的处置和安排。为便于执行，遗嘱的内容应当明确、具体，一般包括以下方面：

（一）指定继承人、受遗赠人

遗嘱中指定继承人继承的，应记明继承人的姓名。遗嘱中指定的继承人可为法定继承人中的任何一人，不受继承人继承顺序的限制，但不能是法定继承人以外的人。遗嘱人立遗嘱遗赠财产的，须指明受遗赠人的姓名或者名称，受遗赠人可以是国家、法人或非法人组织，也可以是自然人，但不能是法定继承人范围以内的人。

（二）说明遗产的分配办法或者份额

遗嘱中应列明遗嘱人的财产清单，说明各个指定继承人得继承的具体财产，指定由数个继承人共同继承的，应说明指定继承人对遗产的分配办法或者每个人的应继承的份额。遗赠财产的，应说明赠与各受遗赠人的具体财产或者具体份额。

（三）对遗嘱继承人、受遗赠人附加的义务

遗嘱人可以在遗嘱中对遗嘱继承人、受遗赠人附加一定的义务，例如指明某项财产用于某特定用途，某继承人应将某项财产的收益的部分扶养某人等。但附加的义务，须为可以履行的。

（四）再指定继承人

再指定继承人是指遗嘱中指定的被指定的继承人不能继承时由其继承遗产的继承人。所以，再指定继承人又称为候补继承人或者补充继承人。[①] 再指定继承人只能在指定继承人不能继承的情形下依遗嘱的指定参加继承。

---

① 候补继承人不同于后位继承人。后位继承人是指遗嘱中指定的在指定继承人死亡时继承该指定继承人继承的遗产或者指定继承人应于某种条件成就时将所继承的利益转移给其所有的人。指定后位继承人实质上是对指定继承人的继承人的指定。在外国法上有关于指定后位继承人的规定。在我国，关于是否承认对后位继承人的指定，理论上有争议。

（五）指定遗嘱执行人

遗嘱人可在遗嘱中指定遗嘱执行人。但因遗嘱执行人只关涉遗嘱的执行而不涉及对遗产的处分，因此，指定遗嘱执行人并非遗嘱的主要内容。

五、遗嘱的有效要件

遗嘱的有效要件包括形式要件和实质要件。遗嘱有效的形式要件，是指遗嘱的形式须符合法律的规定。遗嘱的形式若不符合法律的要求，也就不能有效。关于遗嘱的形式，上文已述之。这里所说的遗嘱有效要件，仅指遗嘱有效的实质要件。

（一）遗嘱人须有遗嘱能力

遗嘱能力是指自然人依法享有的设立遗嘱，以依法自由处分其财产的行为能力。遗嘱为民事法律行为，设立人须有相应的民事行为能力。依我国现行法规定，只有完全民事行为能力人，才有设立遗嘱的行为能力即遗嘱能力，不具有完全民事行为能力的人不具有遗嘱能力。因此，遗嘱人须为完全民事行为能力人。无民事行为能力人或者限制民事行为能力人所立的遗嘱无效（《民法典》第1143条第1款）。遗嘱人是否具有遗嘱能力，以遗嘱设立时为准。在设立遗嘱时，遗嘱人有遗嘱能力的，其后虽丧失遗嘱能力，遗嘱也不因此而失去效力。

（二）遗嘱须是遗嘱人的真实意思表示

遗嘱必须是遗嘱人处分其财产的真实的意思表示，因为意思表示真实是民事法律行为有效的必要条件。遗嘱是否为遗嘱人的真实意思表示，原则上应以遗嘱人最后于遗嘱中作出的意思表示为准。受欺诈、胁迫所立的遗嘱无效；伪造的遗嘱无效；遗嘱被篡改的，篡改的内容无效（《民法典》第1143条第2、3、4款）。

（三）遗嘱不得取消缺乏劳动能力又没有生活来源的继承人的继承权

《民法典》第1141条规定，遗嘱应当为缺乏劳动能力又没有生活来源的继承人保留必要的遗产份额。[①] 这一规定属于强行性规定，遗嘱取消缺乏劳动能力又没有生活来源的继承人的继承权的，不能有效。遗嘱人未保留缺乏劳动能力又没有生活来源的继承人的遗产份额，遗产处理时，应当为该继承人留下必要的遗产，所剩余的部分，才可参照遗嘱确定的分配原则处理。继承人是否缺乏劳动能力又没有生活来源，应按遗嘱生效时该继承人的具体情况确定。

（四）遗嘱中所处分的财产须为遗嘱人的个人财产

遗嘱既是遗嘱人处分其个人财产的行为，就只能对遗嘱人个人的合法财产作出处置。遗嘱人以遗嘱处分了属于国家、集体或者他人所有的财产的，遗嘱的该部分内容，应认定无效。

[①] 必要的遗产份额，有的称为特留份，有的称为必继份、保留份。许多国家的法律上有特留份的规定。特留份是法律规定的遗嘱人不得以遗嘱取消的由特定的法定继承人继承的遗产份额。

（五）遗嘱须不违反社会公共利益和社会公德

违反社会公共利益和社会公德的民事法律行为无效。遗嘱若损害了社会公共利益或者其内容违反社会公德，也不能有效。

六、合立遗嘱

合立遗嘱，又称为共同遗嘱，是指两个以上的遗嘱人共同设立一份遗嘱，以处分共同遗嘱人各自所有的或者共有的财产。如夫妻合立的遗嘱即属之。合立遗嘱的特殊性主要有以下几点：

第一，合立遗嘱是一种共同民事法律行为。合立遗嘱人为两人以上，须有立遗嘱人各方的意思表示一致才能成立。

第二，合立遗嘱人对遗产处置的意思表示相互制约。由于合立遗嘱须有立遗嘱人共同的意思表示，各遗嘱人的意思表示须一致，因此，每一个遗嘱人对其财产的处分的意思表示都受他遗嘱人的意思的制约。

第三，合立遗嘱的生效时间与单独遗嘱不同。遗嘱自遗嘱人死亡时生效。由于合立遗嘱的各个遗嘱人的死亡时间一般不是一致的，因此只有在合立遗嘱的遗嘱人全部死亡时，合立遗嘱才能全部生效。合立遗嘱人中某人死亡而其他人未死亡的，合立遗嘱不能全部生效。

关于合立遗嘱，《民法典》未作规定。对于合立遗嘱的效力，学者中有不同的观点。一种观点认为，立法上虽未明确规定合立遗嘱，但也未排除合立遗嘱的有效性，承认和提倡合立遗嘱有利于妥善解决家庭共有财产的处理问题。另一种观点主张承认夫妻合立遗嘱，而其他的合立遗嘱不能承认。第三种观点认为，不应当承认合立遗嘱，因为合立遗嘱不仅成立时受他人意思的约束，而且其变更、撤回也要各遗嘱人共同进行，这易导致违反遗嘱人意思的后果，并且合立遗嘱在执行时也容易发生纠纷。

第三节　遗嘱的变更、撤回与执行

一、遗嘱的变更与撤回

（一）遗嘱变更、撤回的概念

遗嘱的变更，是指遗嘱人在遗嘱设立后对遗嘱的内容作部分的修改。遗嘱的撤回，是指遗嘱人于遗嘱设立后取消所设立的遗嘱。

遗嘱的变更和撤回均是遗嘱人所实施的单方的民事法律行为。二者的区别在于对原设立的遗嘱内容的改变程度不同：遗嘱变更是仅改变遗嘱的部分内容，而遗嘱的撤回是改变遗嘱的全部内容。

遗嘱是单方民事法律行为，仅有遗嘱人一方的意思表示就成立。在遗嘱设立后生效前，遗嘱人可以随时无须有任何事由而变更或者撤回遗嘱。《民法典》第1142条第1款明确规定，遗嘱人可以撤回、变更自己所立的遗嘱。因变更、撤回遗嘱也是单方民事法律行为，只要有遗嘱人一方的意思表示就可成立。

遗嘱变更的，应以变更后的遗嘱内容来确定遗嘱的效力和执行；遗嘱撤回的，以新设立的遗嘱来确定遗嘱的内容和执行，撤回后未设立新遗嘱的，视为被继承人未立遗嘱。

(二) 遗嘱变更与撤回的要件

遗嘱的变更或者撤回只有符合以下条件，才能发生效力，否则遗嘱的变更或者撤回不生效力：

(1) 遗嘱人须有遗嘱能力。遗嘱人于变更或者撤回遗嘱时必须有遗嘱能力。遗嘱人在设立遗嘱后丧失行为能力的，于丧失行为能力后对遗嘱的变更、撤回不发生效力，原遗嘱仍有效。

(2) 遗嘱的变更、撤回须为遗嘱人的真实意思表示。因受胁迫、欺诈而变更、撤回遗嘱的，不发生变更、撤回的效力。

(3) 遗嘱的变更、撤回须依法定方式由遗嘱人亲自为之。遗嘱的变更、撤回也不适用代理，只能由遗嘱人亲自实施。遗嘱的变更、撤回可以采用明示方式和推定方式。

遗嘱变更、撤回的明示方式，是指遗嘱人以明确的意思表示变更、撤回遗嘱。遗嘱人变更、撤回遗嘱的形式，须具备遗嘱的法定形式。

遗嘱变更、撤回的推定方式，是指遗嘱人未以明确的意思表示变更、撤回遗嘱，而是从遗嘱人的行为推定其变更、撤回遗嘱的意思。推定遗嘱变更、撤回的，有以下情形：(1) 遗嘱人立有数份遗嘱，且内容相抵触的，推定变更、撤销遗嘱。《民法典》第1142条第3款规定："立有数份遗嘱，内容相抵触的，以最后的遗嘱为准。"(2) 遗嘱人生前的行为与遗嘱内容相抵触的，推定遗嘱变更、撤回。"立遗嘱后，遗嘱人实施与遗嘱内容相反的民事法律行为的，视为对遗嘱相关内容的撤回"(《民法典》第1142条第2款)。(3) 遗嘱人故意销毁遗嘱的，推定遗嘱人撤回原遗嘱。

二、遗嘱的执行

遗嘱的执行，是指于遗嘱生效后由遗嘱执行人实现遗嘱的内容。遗嘱执行不仅是实现遗嘱人遗愿的必要程序，而且对于保护继承人与利害关系人的利益也有重要意义。

遗嘱的执行也是一种民事法律行为，执行人应有民事行为能力。无民事行为能力人、限制民事行为能力人不具备成为遗嘱执行人的资格。

遗嘱人在遗嘱中指定了遗嘱执行人的,由被指定的遗嘱执行人执行遗嘱。没有指定执行人的由遗产管理人执行遗嘱。

关于遗嘱执行人的性质或者地位,有固有权说与代理权说。固有权说认为,遗嘱执行人执行遗嘱是基于自己固有的权利。该说又有以下区分:机关说,即认为遗嘱执行人为被继承人法律上所认利益的机关;限制物权说,即认为遗嘱执行人为遗嘱人的限制包括继承人或者受托人,于遗产上享有限制的物权;任务说,即认为遗嘱执行人如同破产管理人一样基于其任务有法律上的独立地位。代理权说分为被继承人代理说、继承人代理说及遗产代理说。被继承人代理说认为遗嘱执行人为遗嘱人的代理人或者代表人;继承人代理说认为遗嘱执行人为继承人的代理人,是代继承人实施行为的;遗产代理说认为遗嘱执行人为遗产的代理人。从遗嘱执行人承担的任务上说,其既不是遗嘱人的代理人,也不是继承人的代理人。遗嘱执行人既要忠实地实现遗嘱人的遗愿,也要保护继承人和其他遗嘱受益人的合法权益。因此,遗嘱执行人应全面地、真实地执行遗嘱。继承开始后,遗嘱执行人应首先审查遗嘱是否合法真实,明确遗嘱人的真实意思;其后应当清理和管理遗产;最后应当按照继承法的规定和遗嘱的内容处置遗产。

遗嘱执行人执行遗嘱的权利受法律保护,任何人不得非法干涉或者妨碍。遗嘱执行的费用可以从遗产中扣除。遗嘱执行人因过错而给继承人或者受遗赠人造成损害的,应负赔偿责任。遗嘱执行人不能忠实履行职责的,有关人员可以请求法院撤换遗嘱执行人。

第四节 遗 赠

一、遗赠的概念与特征

遗赠,是指自然人以遗嘱的方式将其个人财产赠与国家、集体或者法定继承人以外的人,而于其死亡后发生效力的民事法律行为。立遗嘱的自然人称为遗赠人,遗嘱中指定受赠与的人为受遗赠人,指定赠与的财产为遗赠财产或者遗赠物。

遗赠自罗马法上就有规定,现代各国继承法也均承认这一制度。《民法典》第1133条第3款规定:"自然人可以立遗嘱将个人财产赠与国家、集体或者法定继承人以外的组织、个人。"依我国法律规定,遗赠具有以下法律特征:

(一)遗赠是一种单方的民事法律行为

遗赠是遗赠人设立遗嘱,在遗嘱中指定将某项财产赠与他人,因遗嘱是一种单方民事法律行为,遗赠自然也为单方民事法律行为,只要有遗赠人一方的意思表示即可成立。因此,遗赠的成立不以相对方的同意为前提,遗赠人在遗嘱生效前可随时改变自己赠与的意思。这是遗赠与赠与的区别之一,赠与是一种双方民事法律行为,赠与人于赠与成立后不得随意改变其赠与的意思表示。

（二）遗赠是于遗赠人死亡后发生效力的死后行为

遗赠虽是遗赠人生前作出的意思表示,但于遗赠人死亡后才能发生效力。只有在遗赠人死亡后,受遗赠人才可行使受遗赠的权利。遗赠虽于遗赠人死亡后生效,但其不同于死因赠与,死因赠与是以赠与人死亡为停止条件的附条件的双方民事法律行为。

（三）受遗赠人是法定继承人以外的人

遗赠人可以将其财产赠与国家、集体,也可以赠与法定继承人以外的组织、个人,而不能赠与法定继承人范围内的人。立遗嘱人在遗嘱中指定将某一财产给予某一法定继承人的(不论该继承人为第一顺序还是为第二顺序的法定继承人),属于遗嘱继承问题,而不属于遗赠。

（四）遗赠是无偿给予受遗赠人财产利益的行为

遗赠人给予受遗赠人的财产只能是积极财产(财产权利),而不能是消极财产(财产义务)。① 遗赠是无偿给予他人财产的无偿行为。遗赠的无偿性是遗赠与遗赠扶养协议的重要区别。当然,遗赠有单纯遗赠与附负担遗赠之分。附负担遗赠是遗赠人就遗赠附加某种义务或者条件的遗赠,但遗赠中所附的负担不是受遗赠人接受遗赠的对价。

在附负担的遗赠,受遗赠人于遗赠生效后应当履行所附的负担。《民法典》第1144条规定:"遗嘱继承或遗赠附有义务的,继承人或者受遗赠人应当履行义务。没有正当理由不履行义务的,经利害关系人或者有关组织请求,人民法院可以取消其接受附义务部分遗产的权利。"②

（五）遗赠是只能由受遗赠人接受的行为

遗赠是以特定的受遗赠人为受益人的,受遗赠人的受遗赠权只能由受遗赠人自己享有,而不得转让。若受遗赠人于遗赠生效时已死亡,或者受遗赠人未作出接受遗赠的意思表示就死亡的,则不能发生遗赠的效力。受遗赠人虽为接受遗赠时的生存之人,但于遗赠人死亡时已受孕的胎儿可作为受遗赠人。

二、遗赠与遗嘱继承的异同

遗赠与遗嘱继承,都是被继承人以遗嘱处分个人财产的方式,都须具备遗嘱的有效条件才能有效。这是二者的基本相同点。但依我国法的规定,遗赠与遗嘱继承有以下主要区别:

---

① 有的国家规定的遗赠包括概括遗赠,概括遗赠是指遗赠人将其全部财产权利义务一并遗赠给受遗赠人,概括遗赠的受遗赠人具有继承人的地位。但我国法上的遗赠仅为特定遗赠,不包括概括遗赠。特定遗赠的遗赠人是将特定的积极财产遗赠给受遗赠人,而不能将财产义务一并遗赠。

② 《继承编解释(一)》第29条规定,附义务的遗嘱继承或者遗赠,如义务能够履行,而继承人、受遗赠人无正当理由不履行,经受益人或者其他继承人请求,人民法院可以取消其接受附义务部分遗产的权利,由提出请求的继承人或者受益人负责按遗嘱人的意愿履行义务,接受遗产。

(1) 受遗赠人与遗嘱继承人的主体范围不同。受遗赠人可以是法定继承人以外的任何自然人,也可以是国家或者法人、非法人组织,但不能是法定继承人范围之内的人;遗嘱继承人只能是法定继承人范围之内的自然人,而不能是法定继承人以外的人,也不能是国家或者法人、非法人组织。

(2) 受遗赠权与遗嘱继承权的客体范围不同。受遗赠权的客体只能是遗产中的财产权利,而不能是财产义务;遗嘱继承权的客体是遗产,既包括财产权利也包括财产义务。因此,受遗赠人与遗嘱继承人承担的义务也就不同。受遗赠人不承受遗产中的债务,而遗嘱继承人不仅享有取得遗产的权利,也负有承担被继承人债务的义务。

(3) 受遗赠权与遗嘱继承权的行使方式不同。受遗赠人接受遗赠的,须于法定期间内作出接受的明示的意思表示。《民法典》第1124条第2款规定:"受遗赠人应当在知道受遗赠后六十日内,作出接受或者放弃受遗赠的表示;到期没有表示的,视为放弃受遗赠。"遗嘱继承人接受继承的,无须作出明示的意思表示。自继承开始后遗产分割前,遗嘱继承人未表示放弃继承的,视为接受继承。

(4) 受遗赠人与遗嘱继承人取得遗产的方式不同。受遗赠人不能直接参与遗产的分配,而是从遗嘱执行人处取得受遗赠的财产;而遗嘱继承人可直接参与遗产分配而取得遗产。

第五节　遗赠扶养协议

一、遗赠扶养协议的概念与特征

遗赠扶养协议,是指自然人(遗赠人、受扶养人)与扶养人之间关于扶养人扶养受扶养人,受扶养人将财产遗赠给扶养人的协议。《民法典》第1158条规定:"自然人可以与继承人以外的组织或者个人签订遗赠扶养协议。按照协议,该组织或者个人承担该自然人生养死葬的义务,享有受遗赠的权利。"

遗赠扶养协议具有以下法律特征:

(1) 遗赠扶养协议是双方的民事法律行为。

遗赠扶养协议是扶养人与受扶养人之间的双方的民事法律行为,须由双方的意思表示一致才能成立。遗赠扶养协议既是双方民事法律行为,其订立就应依合同的订立程序,双方间为一种合同关系。

(2) 遗赠扶养协议是诺成性、要式民事法律行为。

遗赠扶养协议自双方意思表示一致即成立,不以标的物的给付为成立生效要件,故为诺成性行为。但遗赠扶养协议采书面形式,为要式行为。

(3) 遗赠扶养协议是双务、有偿行为。

按照遗赠扶养协议,当事人双方都负有相互对待给付的义务,任何一方享受权利都是以履行相应的义务为对价的,任何一方都不能无偿地取得他方的财产。

（4）遗赠扶养协议内容的实现有阶段性。

扶养人的义务自遗赠扶养协议生效时即生效，亦即从协议生效时起扶养人就应履行其扶养受扶养人的义务，而关于遗赠的内容只能于受扶养人死后实现。

（5）遗赠扶养协议不因受扶养人的死亡而终止。

遗赠扶养协议也是自然人生前对其死亡后遗留财产的一种处置方式，不因受扶养人的死亡而终止，却因受扶养人死亡使遗赠部分的内容生效。

（6）遗赠扶养协议中的扶养人须无法定扶养义务。

遗赠扶养协议的受扶养人只能是自然人；扶养人可以是自然人，也可以是组织，但不能是对受扶养人有法定扶养义务的法定继承人。因为法定继承人不能成为受遗赠人。

二、遗赠扶养协议的效力

遗赠扶养协议一经签订即发生效力。遗赠扶养协议的效力可分为对当事人双方的内部效力和对其他人的外部效力。

（一）遗赠扶养协议的内部效力

遗赠扶养协议是一种双务合同关系，当事人双方都享有权利和负有义务，且双方的权利义务具有对应性。

1. 扶养人的义务

扶养人的义务就是在受扶养人生前扶养受扶养人，在受扶养人死后安葬受扶养人。扶养人不认真履行扶养义务的，受扶养人有权请求解除遗赠扶养协议。受扶养人未解除协议的，对不尽扶养义务或者以非法手段谋夺遗赠人财产的扶养人，经遗赠人的亲属或者有关单位的请求，法院可以剥夺扶养人的受遗赠权；对不认真履行扶养义务，致使受扶养人经常处于生活缺乏照料状况的扶养人，法院也可以酌情对扶养人受遗赠的财产数额予以限制。

2. 受扶养人的义务

受扶养人的义务是将其财产遗赠给扶养人。受扶养人对遗赠扶养协议中指定遗赠给扶养人的财产，其生前可以占有、使用、收益，但不得处分。受扶养人擅自处分财产，致使扶养人无法实现受遗赠权利的，扶养人有权解除遗赠扶养协议，并得要求受扶养人补偿其已经付出的供养费用。

（二）遗赠扶养协议的外部效力

遗赠扶养协议的对外效力，表现为遗赠扶养协议是遗产处理的依据，在遗产处理时排斥遗嘱继承和法定继承。《民法典》第1123条规定："继承开始后，按照法定继承办理；有遗嘱的，按照遗嘱继承或者遗赠办理；有遗赠扶养协议的，按照协议办理。"

第四十一章 遗产的处理

第一节 继承的开始

一、继承开始的时间与意义

继承的开始亦即继承法律关系的发生。继承从被继承人死亡时开始。死亡包括生理死亡和宣告死亡。因此,被继承人生理死亡或者被宣告死亡的时间也就是继承开始的时间。依《民法典》第1121条第2款的规定,相互有继承关系的数人在同一事件中死亡,难以确定死亡时间的,推定没有其他继承人的人先死亡。都有其他继承人,辈分不同的,推定长辈先死亡;辈分相同的,推定同时死亡,相互不发生继承。

继承开始的时间不同于遗产分割的时间,它具有法定性和强行性,不能由当事人商定,也不能任意改变。正确确定继承开始的时间具有重要的法律意义。

1. 依继承开始的时间确定法定继承人的范围

继承开始是继承法律关系发生的原因,继承开始继承人的客观意义的继承权才转化为主观意义的继承权,才产生具体的继承法律关系。在具体的继承法律关系中,只有具备继承资格的人,才能成为遗产继承权的主体。因此,只有在继承开始时具有继承资格的人,才享有主观意义的继承权,才能取得遗产,不具备继承资格的人不享有继承权。这表现在以下几个方面:一是只有在继承开始时与被继承人有亲属关系的人,才有继承权;否则就不属于继承人。二是只有在继承开始时生存的法定继承人或者遗嘱继承人,才有权取得遗产。继承开始前继承人死亡的,会发生代位继承;继承开始后继承人死亡的,会发生转继承。三是只有在继承开始时没有丧失继承权的人,才能作为继承人参与继承。如果继承人丧失了继承权,自然也不能作为继承人参加继承。

2. 依继承开始的时间确定遗产的范围

遗产是被继承人死亡时遗留的财产,只有在继承开始时存在的属于被继承人的合法财产,才为遗产。继承开始前,被继承人已经处分的财产不属于遗产。继承开始后,被继承人的遗产即为继承人的财产,在遗产分割前遗产可因管理和使用、收益方面的原因而变化,但其范围不会改变。尤其是在被继承人于死亡时与他人共有财产时,不论何时从共有财产中分离遗产,都应以被继承人死亡的时间为共有的终止时间,并以此时的财产状态来确定属于遗产的部分。

3\. 依继承开始的时间确定继承人的应继份额

如前所述,法定继承人在分配遗产时,同一顺序的继承人的继承份额应当均等,特殊情况下也可以不均等。在根据继承人的情况来决定多分、少分或者不分遗产,以及是否需要予以照顾时,须以继承开始的时间继承人的具体情况为准。例如,只有在继承开始时生活有特殊困难又缺乏劳动能力的继承人,才为应予以照顾的继承人。若在继承开始时不属于生活有特殊困难又缺乏劳动能力的人,而于分割遗产时成为生活有特殊困难又缺乏劳动能力的人,则不属于法律规定的应予以照顾的继承人。

4\. 依继承开始的时间确定放弃继承权及遗产分割的溯及力

继承人在继承开始后遗产分割前,可以放弃继承。放弃继承的效力,追溯到继承开始的时间。继承开始后,继承人可以商定遗产分割的时间,遗产分割的时间虽与继承开始的时间不一致,但遗产分割的效力溯及到继承开始的时间。

5\. 依继承开始确定遗嘱的效力

自继承开始,遗嘱才发生效力,才可以执行;在继承开始前,遗嘱不能发生效力。

6\. 依继承开始的时间确定遗产的权利归属

自继承开始,遗产即归继承人取得,因为继承开始,被继承人已不再对其财产享有所有权,遗产的主体也就从被继承人转为继承人。

二、继承开始的地点

继承开始的地点,是继承人参与继承法律关系,行使继承权,接受遗产的地点。确定继承开始的地点有利于查清被继承人的遗产,因为继承开始的地点往往是遗产的集中地;有利于继承人参加继承、接受遗产,因为继承人、受遗赠人一般是以继承开始的地点作为行使继承权和接受遗赠的地点;有利于分清继承人之间的通知和保管遗产的责任;有利于继承人在相互间或者与他人间发生纠纷时参加诉讼。继承开始的地点一般为被继承人的生前最后的住所地。被继承人生前的最后住所地与主要遗产所在地不一致的,以主要遗产所在地为继承的地点。遗产为不动产的,以不动产所在地为继承的地点。

三、继承开始的通知

依《民法典》第1150条的规定,继承开始后,知道被继承人死亡的继承人应当及时通知其他继承人和遗嘱执行人。继承人中无人知道被继承人死亡或者知道被继承人死亡而不能通知的,由被继承人生前所在单位或者住所地的居民委员会、村民委员会负责通知。

负有通知义务的继承人或者单位应当及时发出继承开始的通知。通知可用口头形式或者书面形式,也可以采取公告的方式。通知中应说明继承开始的时间、继承的地点等有关事项。负有通知义务的继承人或者单位,若故意隐瞒继承开始的事实而不为通知,造成继承人损失的,应当承担责任。

第二节 遗产与遗产管理

一、遗产的概念与特征

遗产是继承法律关系的客体,即继承权的标的。遗产为继承法律关系的要素,因此,虽有自然人的死亡这一事实的发生,若无遗产的存在也不能成立继承法律关系。《民法典》第1122条规定:"遗产是自然人死亡时遗留的个人合法财产。依照法律规定或者根据其性质不得继承的遗产,不得继承。"根据这一规定,遗产具有以下法律特征:

第一,遗产只能是自然人死亡时遗留的财产,具有时间上的特定性。在被继承人死亡前,被继承人自己对其财产享有所有权,得依法处分,继承人不享有主观意义继承权,无所谓遗产。只有在被继承人死亡时未被处分掉的财产才为遗产。

第二,遗产的内容具有财产性和包括性。在现代法上,继承人所继承的只能是财产,而不能是其他权益。作为遗产,既包括财产权利,也包括财产义务。因而凡被继承人生前享有的财产权利和负担的财产义务,只要在其死亡时存在,就属于遗产。依《继承编解释(一)》第2条的规定,承包人死亡时尚未取得承包收益的,可以将死者生前对承包所投入的资金和所付出的劳动及其增值和孳息,由发包单位或者接续承包合同的人合理折价、补偿。其价额作为遗产。

第三,遗产范围上的限定性和合法性。遗产只能是自然人死亡时遗留下的个人的合法财产,并且须为依照法律的规定或者根据其性质能够转移给他人的财产。被继承人生前占有的他人的财产,虽于继承开始时未返还,也不属于遗产;被继承人生前与他人共有的财产,只有其应有的部分才为遗产;虽为被继承人生前享有的财产权利和负担的财产义务,但因具有专属性不能转由他人承受的财产,也不能列入遗产。被继承人非法取得的财产,依法不能由个人所有的财产,都不能作为遗产。

二、遗产的范围

遗产的范围随着自然人可以拥有的财产范围的扩大而不断扩大。例如,个人拥有网络财产,网络财产也就可为遗产。但是,下列权利义务不能列入遗产:

(1) 与被继承人人身不可分的人身权利。

（2）与人身有关的和专属性的债权债务，因为这些债权债务具有不可转让性。如指定了受益人的人身保险合同中的受益权，被继承人死亡后其亲属应得的抚恤金等，都不属于遗产。

（3）国有资源的使用权。被继承人生前依法取得和享有的国有资源使用权，虽然该权利在性质上属于用益物权，但因其取得须经特别的程序，是授予特定人的，具有专属性，因此，也不能列入遗产。

（4）其他依法不得继承的财产。

三、遗产的管理

（一）遗产管理的含义

遗产管理制度，是指在继承开始后遗产交付前，依法律规定确定遗产管理人，由遗产管理人为维护遗产的价值和遗产权利人的合法利益对被继承人的遗产进行管理、清算的制度。可以说，遗产管理制度是遗产处理制度的核心内容。

遗产管理制度与遗产保管制度是不同的。遗产保管的核心是保管，保管人对遗产只负有保管义务而无处置的权利，不得对遗产为任何处置。《民法典》第1151条规定："存有遗产的人，应当妥善保管遗产，任何组织或者个人不得侵吞或者争抢。"依此规定，继承开始后存有遗产的人为法律规定的遗产保管人，负有保管遗产的义务。遗产保管人既可能是继承人，也可能不是继承人。存有遗产的继承人作为遗产保管人保管遗产既是其权利，也是其义务。可以说，存有遗产的继承人保管遗产，是基于遗产继承人的地位而产生的权利义务；而存有遗产的非继承人作为遗产保管人，其保管义务是基于占有而产生的。因此，存有遗产的非继承人的保管义务只能是暂时性的，其可以随时将存有的遗产移交给继承人而免除其保管义务。而遗产管理的核心在管理，管理不仅包括对遗产的保管，还包括对遗产的清理、处置。遗产管理人是指对遗产负有管理职责的人，在整个遗产管理过程中是管理主体。

（二）遗产管理人的确定

根据《民法典》第1145条的规定，遗产管理人按以下顺序确定：

首先，遗嘱指定的管理人为遗产管理人。因为遗产管理人管理的是被继承人的遗产，决定将遗产交由何人管理，这当然是被继承人的权利。因此，被继承人完全可以在遗嘱中指定遗产管理人。被继承人是否在遗嘱中指定遗产管理人以及指定何人为遗产管理人，是被继承人的自由。被继承人在遗嘱中指定遗产管理人的，被指定的遗产管理人当然为遗产管理人。被继承人在遗嘱中未指定遗产管理人，而指定遗嘱执行人的，该遗嘱执行人为遗嘱处分的遗产的遗产管理人；被继承人在遗嘱中委托他人指定遗嘱执行人的，受托人指定的遗嘱执行人为遗产管理人。

其次,继承人推选的人为遗产管理人。被继承人在遗嘱中未指定遗产管理人,也未指定或委托他人指定遗嘱执行人的,继承人应当及时推选遗产管理人。继承人推选的遗产管理人可以是继承人中的一人或数人。继承人未及时推选,而某继承人自行承担起了遗产管理人职责,其他继承人知道而未作反对表示的,应视该继承人为继承人共同推选的遗产管理人。

再次,继承人担任遗产管理人。共同继承人未及时推选遗产管理人,也没有共同认可的自行承担遗产管理人职责的应视为遗产管理人的人,由继承人共同担任遗产管理人。

最后,没有继承人或者继承人均放弃继承,被继承人为城镇居民的,其最后住所地的民政部门担任遗产管理人;被继承人为农村居民的,由其生前所在的村民委员会担任遗产管理人。

《继承法》第1146条规定:"对遗产管理人的确定有争议的,利害关系人可以向人民法院申请指定遗产管理人。"法院受理利害关系人要求指定遗产管理人的申请后,应以裁定指定遗产管理人。由法院指定的遗产管理人不得拒绝接受指定。

(三)遗产管理人的职责

遗产管理人的职责也就是遗产管理人基于遗产管理人的身份所享有的权利和义务。也就是说,遗产管理人的职责既是其享有的权利,也是其负担的义务。依我国《民法典》第1147条的规定,遗产管理人的职责包括以下几项:

1. 清理遗产并制作遗产清单

遗产清单又称遗产清册、财产目录。遗产清单制度的主要内容包括遗产清单制作的主体和要求、制作时间、提交对象及查阅对象、制作效力及制作不实的法律后果等。

制作遗产清单,是查明遗产,防止遗产散失、遗漏的重要措施,也是得以清偿遗产债务、执行遗嘱、分配遗产的重要依据。因此,制作遗产清单是遗产管理人的主要义务,而遗产清单的制作又是以清理遗产为前提条件的。

遗产清单的内容主要应包括:(1)被继承人生前所有的不动产(包括不动产权利)、动产、知识产权、股权等财产的数量及价值;(2)被继承人生前享有的不具有人身属性的债权;(3)因被继承人死亡而获得的未指定受益人的保险金、赔偿金、补偿金、抚恤金等;(4)被继承人生前享有的受法律保护的网络虚拟财产等;(5)被继承人生前所欠的债务和税款;(6)被继承人的丧葬费用及继承费用;(7)被继承人财产上的其他负担(如抵押权、质权等);(8)有争议或诉讼过程中的债权债务等。

2. 向继承人报告遗产情况

遗产管理人在制作遗产清单后,应及时通知和召集继承人,向继承人报告遗产情况。遗产管理人应向继承人说明遗产的种类、数量、存放地点以及遗产的管理状况等,以使继承人了解和掌握遗产状况。

3. 采取必要措施防止遗产毁损

遗产管理人负有保护遗产安全的职责,应当采取必要的措施防止和排除对遗产的侵害,包括对遗产的自然侵害和人为的侵害。遗产为非继承人占有的,遗产管理人应及时取回交由继承人保管。遗产管理人保管遗产的,应当如同保管自己的财产一样保管遗产。遗产管理人应采取措施,防止遗产保管人对遗产为不当的使用和处置。

4. 处理被继承人的债权债务

遗产管理人应负责处理被继承人的债权债务。处理被继承人的债权债务也就是催收被继承人的债权,清偿被继承人的债务。遗产管理人处理被继承人的债权债务,应当先查清被继承人的债权债务。一般来说,在无人承认继承、继承人的有无不明,遗产债权人、受遗赠人的有无也不确定的情况下,遗产管理人应通过公示催告程序搜索可能存在的继承人、催促可能存在或确定存在但无法通知的遗产债权人、受遗赠人尽快申报其债权或为是否接受遗赠的声明。

5. 按照遗嘱或者依照法律规定分割遗产

遗产管理人处理被继承人的债权债务后,应及时按照遗嘱或者法律规定分割遗产,也就是将遗产移交给继承人。遗产管理人按照遗嘱或按照法律规定分割遗产时,应保证充分实现遗嘱人的遗愿,保证继承人之间遗产分配的公平、公正。

6. 实施与管理遗产有关的其他必要行为

管理遗产是遗产管理人的权利,为正常行使管理遗产的权利,遗产管理人有权实施与管理遗产有关的其他必要行为。例如,遗产管理人行使管理权利受到妨碍的,遗产管理人得要求排除妨碍。遗产管理人为处理被继承人的债权债务,有权向债务人提起诉讼,在债权人提起诉讼时有权参与诉讼。

(四)遗产管理人不履行职责的责任

遗产管理人应当忠实地依法履行自己的职责。遗产管理人在遗产管理中因故意或者重大过失,造成继承人、受遗赠人、债权人损害的,应当承担民事责任(《民法典》第1148条)。

遗产管理人承担赔偿责任,须具备以下条件:

其一,遗产管理人违反依法履行自己管理职责的义务。依法履行管理遗产的职责,是遗产管理人的法定义务。遗产管理人未依法履行自己的遗产管理职责,例如,遗产管理人未及时清理遗产,未依规定进行公示催告,未能采取措施避免遗产遭受损害,未能保障遗产增值等,即为违反依法履行职责的义务。

其二,继承人、受遗赠人、债权人因遗产管理人违反依法履行管理职责的义务而遭受损失。这一条件包括两层含义:一是继承人、受遗赠人、债权人受有损失;二是该损失与遗产管理人未履行管理职责之间有因果关系。例如,被继承人遗留的房屋急需维修,遗产管理人未对其维修,导致该房屋毁损而贬值。继承人的损失即与遗产管理人违反履职义务间有因果关系。

其三,遗产管理人在未履行职责上有过错。一般情况下,遗产管理人因故意或重大过失造成继承人、受遗赠人、债权人损失的,应当承担民事责任。但是,如果遗产管理人的遗产管理为有偿的,只要遗产管理人有过错,就应当对其过错造成的损失承担赔偿责任。

(五) 遗产管理人的报酬请求权

遗产管理人的报酬请求权,是遗产管理人有偿管理遗产享有的请求给付报酬的权利。《民法典》第1149条规定:"遗产管理人可以依照法律规定或者按照约定获得报酬。"

遗产管理人进行遗产管理一般是无偿的,但也可以是有偿的。按照法律规定或约定应给予遗产管理人的报酬的,遗产管理人享有获得报酬请求权,其获得的报酬应当列入继承费用,从遗产中优先支付。

(六) 遗产管理人的辞任和解任

1. 遗产管理人的辞任

遗产管理人的辞任,是指遗产管理人辞去遗产管理人的职务,不再担任遗产管理人。

遗产管理人可否辞任,依遗产管理人的确定根据不同而有所不同。遗产管理人是依遗嘱的指定而确定的或者是由继承人推选的,可以随时无理由地辞任。由法院指定的遗产管理人没有正当理由不得辞任,只有在有正当理由(如因客观原因不能履行管理人职责)时才可以辞任。

遗产管理人辞任的,应向继承人作出明确的辞去管理人职务的意思表示。依诚信原则,遗产管理人不得因其辞任而给他人造成损失。遗产管理人因任意辞任而给他人造成损失的,应当承担相应的赔偿责任。

在遗产管理人辞任后,继承人应按法定程序重新推选遗产管理人。法院指定的遗产管理人因有正当理由辞任的,继承人也可以要求法院重新指定遗产管理人。

2. 遗产管理人的解任

遗产管理人的解任,是指遗产管理人被解除遗产管理人的职务,不再为遗产管理人。遗产管理人一经确定,不得任意解除遗产管理人的职务。但是,在以下情形下,可以解除遗产管理人的职务:

其一,确定的遗产管理人丧失民事行为能力;

其二,遗产管理人怠于履行职责或者不当地履行职责。在遗产管理人怠于履行职责或者不当地履行职责时,为使自己的利益不受损害,继承人有权解除遗产管理人的职务,受遗赠人、遗产债权人或者其他利害关系人也可以要求继承人解除遗产管理人的职务。法院指定的遗产管理人怠于履行职责或者不当地履行职责的,继承人、受遗赠人、遗产债权人或其他利害关系人可以请求法院对其指定的遗产管理人予以解任。

遗产管理人解任后,应按法律规定的方式和程序重新确定遗产管理人。

第三节 遗产的分割与债务清偿

一、遗产的分割

(一)遗产分割的意义

遗产的分割,是指共同继承人之间按照各继承人的应继承份额分配遗产的行为。

继承开始,被继承人遗留的生前的个人合法财产即成为遗产。遗产为继承人以及其他有权取得遗产的人取得。若继承人为一人,并且也无其他遗产取得权人,则遗产即成为该继承人的个人财产。但若继承人为数人,即发生共同继承,遗产即为共同继承人共同所有,亦即发生遗产共有。于此情形下,不仅对遗产的使用、处分须由全体继承人共同决定,并且共同继承人间负连带责任,共同继承人就遗产的全部享有其应继份。因此,各个继承人要取得应由自己继承的具体遗产,就需对遗产进行分割。在继承人虽为一人,但有受遗赠人要求受领受遗赠的财产时,也会发生遗产的分割。可见,遗产分割是有权取得遗产的继承人或者其他人将其应得的遗产份额转化成为个人单独所有财产的必经程序。

在遗产分割时,首先应当正确确定遗产的范围,将遗产与他人的财产区分开。依《民法典》第1153条的规定,夫妻共同所有的财产,除有约定的外,遗产分割时,应当先将共同所有的财产的一半分出为配偶所有,其余的为被继承人的遗产;遗产在家庭共有财产之中的,遗产分割时,应当先分出他人的财产。被继承人生前与他人有合伙关系的,其在合伙财产中的份额,列入遗产。

遗产分割,有遗嘱的,应先执行遗嘱;无遗嘱的或者执行遗嘱有剩余遗产的,按照法定继承办理。

(二)遗产分割的原则

遗产分割应遵循以下主要原则:

第一,遗产分割自由原则。遗产分割请求权从性质上说,属于形成权,权利人得随时行使,并不因时效而消灭。并且因遗产共有只是一种暂时的共有,不同于以维持共同的生产和生活为目的普通的共同共有,其原本就以遗产的分割为终局目的,因此,继承人得随时请求分割遗产并不会损害他人的利益。当事人请求分割遗产的,他人不得拒绝。当事人可以协商分割遗产,也可以通过诉讼程序请求分割遗产。

第二,保留胎儿继承份额的原则。《民法典》第1155条规定:"遗产分割时,应当保留胎儿的继承份额。胎儿娩出时是死体的,保留的份额按照法定继承办理。"分割遗产时应当为胎儿保留的遗产份额没有保留的,应从继承人所继承的遗产中扣回。当然,由于为胎儿保留的遗产份额,如胎儿娩出时是死体的,由被继承人的继承人继承,因此,若胎儿出生时为死体的,则不必从继承人所继承的遗产中扣回。

第三,互谅互让、协商分割原则。遗产分割时,当事人应当互谅互让,协商处理。无论是遗产分割的时间,还是分割的方法、分割的份额,都应按继承人协商一致的意见办理。当然,若当事人协商不成,可以请调解委员会调解,也可以向法院提起诉讼。

第四,物尽其用原则。《民法典》第1156条第1款规定:"遗产分割应当有利于生产和生活需要,不损害遗产的效用。"物尽其用原则要求遗产分割时,从有利于生产和方便生活出发,注意充分发挥遗产的效用,不损害遗产的价值。法院在分割遗产中的房屋、生产资料和特定职业所需要的财产时,应依据有利于发挥其使用效用和继承人的实际需要,兼顾各继承人的利益进行处理。

(三)遗产分割的方式

关于遗产的分割方式,若遗嘱中已经指定,则应按遗嘱中指定的方式分割;遗嘱中未指定的,由继承人具体协商;继承人协商不成的,可以通过调解或者诉讼解决。

《民法典》第1156条第2款规定:"不宜分割的遗产,可以采取折价、适当补偿或者共有等方法处理。"据此,对遗产的分割可根据具体情形采用实物分割、变价分割、补偿分割和保留共有等四种方式。

(四)遗产分割的效力

关于遗产分割的法律效力,各国继承法上有两种不同的主张。其一是转移主义,即以遗产分割为一种交换,各继承人因分割而互相让与各自的应有部分,而取得分配给自己的财产的单独所有权,依此遗产分割有转移或者创设效力。其二是宣告主义,又称溯及主义,认为因遗产分割而分配给继承人的财产,视为自继承开始业已归属于各继承人单独所有,遗产分割只是宣告既有的状态,依此遗产分割有宣告的效力或者认定的效力。我国法上未明确规定遗产分割的效力,学者中也有两种不同的观点。多数人主张,遗产分割的效力应当溯及自继承开始,继承人因遗产分割所取得的财产为直接继承被继承人的遗产。为保护继承人的利益,各继承人之间相互负有担保责任,即继承人应就其分得的遗产份额对他继承人负瑕疵担保责任,包括物的瑕疵担保责任和权利瑕疵担保责任。如果某一继承人所取得的财产因有瑕疵而不能取得完全所有权,可以要求重新分割遗产或者要求他继承人给予补偿。

二、被继承人的债务的清偿

(一) 被继承人债务的范围

这里的被继承人债务是指被继承人死亡时遗留的应由被继承人清偿的财产义务。被继承人的债务属于遗产中的消极财产,又称为遗产债务。因此,只有在被继承人死亡时尚未清偿的依法应由其清偿的债务,才为被继承人的债务。被继承人的债务既包括被继承人个人负担的债务,也包括被继承人在共同债务中应负担的债务额。归纳起来,被继承人的债务主要包括以下债务:(1) 被继承人依照税法规定应缴纳的税款;(2) 被继承人因合同之债发生的未履行的给付财物的债务;(3) 被继承人因不当得利而承担的返还不当得利的债务;(4) 被继承人因无因管理之债的成立而负担的偿还管理人必要费用的债务;(5) 被继承人因侵权行为而承担的损害赔偿债务;(6) 其他应由被继承人承担的债务,如合伙债务中应由被继承人承担的债务,被继承人承担的保证债务等。但被继承人以个人名义因夫妻共同生活或者家庭共同生活需要欠下的债务,应为共同债务,不能全部作为被继承人的债务。遗产管理人在处理被继承人债务时,应当正确地确定被继承人的债务。在确定被继承人债务时,特别应当注意将被继承人的个人债务与家庭共同债务、夫妻共同债务及继承费用区别开来。

家庭共同债务是指家庭成员共同作为债务人所承担的债务,夫妻共同债务是指夫妻双方共同承担的债务。家庭共同债务、夫妻共同债务不是被继承人的个人债务,但被继承人在家庭共同债务或夫妻共同债务中应负担的部分属于被继承人的债务。

继承费用是指继承开始后,因清理遗产、制作遗产清单、管理遗产以及执行遗嘱、分割遗产而发生的费用。继承费用与被继承人的债务是完全不同的:继承费用是继承开始后而发生的费用,而被继承人的债务是在继承开始前发生的;继承费用是为遗产的管理、分配等而支出的必要费用,而被继承人的债务是被继承人生前因生产、生活需要而欠下的债务。因此,不能将继承费用混同于被继承人的债务。继承费用是继承中发生的共益费用,应优先于被继承人债务的清偿。

(二) 被继承人的遗产债务的清偿原则

第一,限定继承原则。所谓限定继承,是指继承人对被继承人的遗产债务的清偿只以遗产的实际价值为限,除继承人自愿清偿者外,继承人对于超过遗产实际价值的部分不负清偿责任。对此《民法典》第1161条作了明确规定。限定继承原则决定了继承人对遗产债务仅负有限的清偿责任,这是对"父债子还"原则的否定,也是公平原则的体现。

第二,保留必留份的原则。《民法典》第1159条规定:"分割遗产,应当清偿被继承人依法应当缴纳的税款和债务;但是,应当为缺乏劳动能力又没有生活来源的继承人保留必要的遗产。"依此规定,应当先清偿遗产债务再分割遗产。清偿被继承人的债务,应当为需要特殊照顾的继承人保留必要的遗产。若继承人中有缺乏劳动能力又没有生活来源的人,即使遗产不足以清偿债务,也应为其保留必要遗产。

第三,清偿债务优先于执行遗赠的原则。《民法典》第1162条规定:"执行遗赠不得妨碍清偿遗赠人依法应当缴纳的税款和债务。"执行遗赠应于清偿债务后进行,只有在清偿被继承人的债务之后,还有剩余财产时,遗赠才能得到执行;若遗产不足以清偿债务,则不能执行遗赠。

第四,继承人连带清偿责任原则。继承遗产的共同继承人对被继承人债务的清偿应负连带责任。被继承人的债权人得请求继承人的全体或者其中的一人或者数人清偿债务。

(三)被继承人遗产债务的清偿时间和方式

清偿被继承人的债务一般应于遗产分割前进行,即继承人应于清偿被继承人应缴纳的税款和债务后才分割遗产。但继承人未清偿债务而分割遗产的,也无不可。依《民法典》第1163条的规定,遗产已被分割而未清偿债务时,既有法定继承又有遗嘱继承、遗赠的,由法定继承人清偿被继承人依法应当缴纳的税款和债务;超过法定继承遗产实际价值部分,由遗嘱继承人和受遗赠人按比例用所得遗产清偿。如果只有遗嘱继承和遗赠的,由遗嘱继承人和受遗赠人按比例以所得遗产清偿。

第四节 无人继承又无人受遗赠的遗产

一、无人继承又无人受遗赠的遗产的概念与范围

无人继承又无人受遗赠的遗产,是指没有继承人以及受遗赠人承受的遗产。被继承人死亡后,其遗产由继承人继承或者由受遗赠人受遗赠,从而使被继承人死亡时遗留的财产转移归继承人或者受遗赠人所有。若无人继承也无人受遗赠,因被继承人死亡不能为遗产的主体,则须确认该遗产的归属。

无人继承又无人受遗赠的遗产与无人承认继承的遗产不同。无人承认继承的遗产是指有无继承人不明的遗产。无人继承又无人受遗赠的遗产,是确定的

无继承人继承也无受遗赠人受遗赠的遗产,包括以下情形的遗产:

其一,死者无法定继承人,也未立遗嘱指定受遗赠人,生前也未与他人订立遗赠扶养协议;

其二,被继承人的法定继承人、遗嘱继承人全部放弃继承,受遗赠人全部放弃受遗赠;

其三,被继承人的法定继承人、遗嘱继承人全部丧失继承权,受遗赠人全部丧失受遗赠权。

二、无人继承又无人受遗赠的遗产的归属

《民法典》第 1160 条规定:"无人继承又无人受遗赠的遗产,归国家所有,用于公益事业;死者生前是集体所有制组织成员的,归所在集体所有制组织所有。"

无人继承又无人受遗赠的遗产归国家或者集体所有制组织所有,同时,取得该遗产的国家或者集体所有制组织也应在取得遗产的实际价值范围内清偿死者生前所欠的债务。遗产因无人继承又无人受遗赠收归国家或者集体所有制组织所有时,若有继承人以外的依靠被继承人扶养的缺乏劳动能力又没有生活来源的人,或者继承人以外的对被继承人扶养较多的人提出取得遗产的请求,人民法院应视情况适当分给遗产。

本编参考书目

1. 刘春茂主编:《中国民法学·财产继承》,中国人民公安大学出版社 1990 年版。
2. 郭明瑞、房绍坤:《继承法》(第二版),法律出版社 2004 年版。

第七编 侵权责任

第四十二章 侵权责任概述

第一节 侵权行为的概念和特征

一、侵权行为的概念

侵权行为是指行为人违反法定义务，由于过错侵害他人民事权益，依法应当承担侵权责任的行为；以及侵害他人民事权益，不论有无过错，依照法律规定应当承担侵权责任的行为。

《民法典》第1165条第1款规定，行为人因过错侵害他人民事权益造成损害的，应当承担侵权责任。第1166条规定，行为人造成他人民事权益损害，不论行为人有无过错，法律规定应当承担侵权责任的，依照其规定。

二、侵权行为的特征

（一）侵权行为是侵害他人合法民事权益的行为

首先，侵权行为是侵害他人合法民事权益的行为。根据《民法典》第1164条的规定，侵害民事权益产生的民事关系，属于侵权责任编的调整对象。其次，侵权行为侵害的民事权益必须是合法的民事权益。此处的合法，既指受法律保护，也指有法律根据。最后，侵权行为侵害的对象既包括权利也包括利益。《民法典》延续了《侵权责任法》区分权利和利益的做法。侵权法所保护的权利，一般是指绝对权。

需要注意的是，侵权法对权利和利益的保护标准不同。一般认为，对利益的侵害，法律要求更高的门槛，需要行为人主观上具有故意且其方式有悖于善良风俗；而对权利的侵害，行为人有过失已足。之所以作出这样的区别，在于权衡受害人利益的保护与他人行为的自由。一般认为，对债权的侵犯，适用对利益的保护标准。

（二）侵权行为是违反法定义务的行为

这里的法定义务，首先是指绝对权赋予相对人不得侵害的义务。《民法典》

第3条规定,民事主体的人身权利、财产权利以及其他合法权益受法律保护,任何组织或者个人不得侵犯。对于物权、人格权等绝对权而言,任何组织和个人都负有不得侵害的一般义务。这种一般义务是侵权行为所依据的法定义务的主要来源。另外,债权也可以成为侵权行为所侵犯的对象,由于其不具有一般的公示性,在构成要件上,需要更高的门槛。

其次,这里的法定义务还包括法律赋予某些特定主体的特别义务。例如,《民法典》第1198条第1款规定,宾馆、商场、银行、车站、机场、体育场馆、娱乐场所等经营场所、公共场所的经营者、管理者或者群众性活动的组织者,未尽到安全保障义务,造成他人损害的,应当承担侵权责任。《民法典》第1199条规定,无民事行为能力人在幼儿园、学校或者其他教育机构学习、生活期间受到人身损害的,幼儿园、学校或者其他教育机构应当承担责任;但是,能够证明尽到教育、管理职责的,不承担侵权责任。《民法典》第1200条规定,限制民事行为能力人在学校或者其他教育机构学习、生活期间受到人身损害,学校或者其他教育机构未尽到教育、管理职责的,应当承担侵权责任。据此,经营场所、公共场所的经营者、管理者或者群众性活动的组织者,负有安全保障义务。教育机构对在该机构中学习、生活的无民事行为能力人和限制民事行为能力人负有教育、管理义务。如果违反这些法定义务,义务人则可能构成侵权行为。

最后,这里的法定义务也包括侵权法所设定的某些具体作为或者不作为义务。例如《民法典》第1258条第1款规定,在公共场所或者道路上挖掘、修缮安装地下设施等造成他人损害,施工人不能证明已经设置明显标志和采取安全措施的,应当承担侵权责任。这种设定明显标志和采取安全措施的义务就是一种强制性的作为义务。违反这些作为义务,对他人因此造成的损害应当承担侵权责任。

(三)侵权行为是由于过错而实施的行为以及法律明确规定不论有无过错均构成侵权行为的行为

过错责任原则是我国侵权法的主要归责原则。在过错原则下,侵权行为需要行为人存在过错。同时,无过错原则也是我国侵权法的归责原则,适用无过错责任原则时,需要法律明确规定。

(四)侵权行为是造成他人损害的行为

对损害的理解,可以有狭义、广义和最广义三种情况。狭义的损害,仅指财产损失。广义的损害,既包括财产损失,也包括精神损失。最广义的损害,指行为给他人造成的所有不利后果,既包括各种现实损害,也包括可能给受害人造成的危险。[①]《民法典》使用的是最广义的损害概念,即不但包括现实的已经存在

---

① 参见王利明、周友军、高圣平:《中国侵权责任法教程》,人民法院出版社2010年版,第185页。

的不利后果,还包括构成现实威胁的不利后果。这也是我国《民法典》与传统大陆法系侵权法将侵权责任仅限于损害赔偿的重大区别。在一些具体的场合,《民法典》也在狭义或者广义的意义上使用损害概念。本书对"损害"一词的使用与《民法典》相同。在一般意义上,使用最广义的损害概念。在具体场合,损害概念的具体含义因语境而不同。

(五)侵权行为是应当承担侵权责任的不法事实行为

侵权行为作为法律事实,是一种不法事实行为。它既不同于民事法律行为,也不同于合法的事实行为。侵权行为是应当承担侵权责任的不法事实行为,所以,侵权行为也不同于违约行为和缔约过失行为。

第二节 侵权责任的概念与特征

一、侵权责任的概念

侵权责任是指行为人因其侵权行为而依法承担的民事法律责任。

侵权责任是民事责任,而不是行政责任或者刑事责任。因侵权行为产生民事责任的同时,也可能产生行政责任或者刑事责任。《民法典》第187条规定,民事主体因同一行为应当承担民事责任、行政责任和刑事责任的,承担行政责任或者刑事责任不影响承担民事责任。

二、侵权责任的特征

作为民事责任的一种,侵权责任具有民事责任的一般特征;就其自身而言,它具有如下特征:

第一,侵权责任是因违反法律规定的义务而应承担的法律后果。民事责任都是对民事义务违反的结果。从性质上来说,民事义务可以分为两种:一种是侵权法上的义务(主要由法律规定),涵盖不侵害他人民事权益的消极义务和主动采取相应措施的积极义务(比如安全保障义务);另一种是合同义务(通常由当事人约定或法律规定),亦包括积极义务(比如交付标的物、支付价款)和消极义务(比如遵守竞业禁止协议)。一般情况下,违反前一种义务会构成侵权责任,违反后一种义务会构成违约责任。

第二,侵权责任以侵权行为的存在为前提。有侵权行为一般就会有侵权责任,除非出现免责事由。另一方面,有侵权责任,一定有侵权行为。

第三,侵权责任的方式具有法定性。与违约责任的约定性不同,侵权责任的方式以及具体内容,法律都有明确规定。例如,损害赔偿的项目和计算方法,法律都有详细规定。另一方面,侵权责任又是一种民事责任,当事人可以在法律规定的基础上,对责任的内容、方式等加以协商。《民法典》第1187条规定,损害发生后,当事人可以协商赔偿费用的支付方式。协商不一致的,赔偿费用应当一次性支付;一次性支付确有困难的,可以分期支付,但是被侵权人有权请求提供相应的担保。

第四,侵权责任方式具有多样性。《民法典》第179条第1款规定,承担民事责任的方式主要有11种,其中主要是侵权责任的方式:停止侵害、排除妨碍、消除危险、返还财产、恢复原状、赔偿损失、消除影响、恢复名誉、赔礼道歉等。侵权责任主要体现为财产责任,但不限于财产责任。由于侵权行为大都给他人造成一定的财产损害,行为人需要以自己的财产对行为后果负责,同时,金钱赔偿可以作为替代方式,弥补侵权行为给受害人造成的非财产损失,因此侵权责任形式主要是财产责任。但是,金钱赔偿又具有一定的局限性,为了充分保护民事主体的合法权益,《民法典》第179条除规定赔偿损失、返还财产等财产责任外,还规定了停止侵害、消除影响、恢复名誉、赔礼道歉等非财产责任形式。

第五,侵权责任具有优先性。根据《民法典》第187条的规定,因同一行为应当承担侵权责任和行政责任、刑事责任,民事主体的财产不足以支付的,优先用于承担民事责任。

第四十三章　侵权行为的归责原则

第一节　侵权行为归责原则的概念与体系

一、侵权行为归责原则的概念

归责,顾名思义,是指确定责任的归属。侵权行为归责原则,是指在行为人的行为致他人损害发生之后,据以确定责任由何方当事人承担的原则。

侵权行为归责原则,指归责的一般规则,是据以确定行为人承担民事责任的根据和标准,也是贯穿于侵权法之中、对侵权行为规则起着统率作用的指导方针。单单归责原则本身,并不能决定责任的成立与否,它只是为责任的成立寻找正当性;要成立责任还须看加害行为人的行为是否符合侵权行为的构成要件。但是,侵权行为归责原则在侵权法中居于核心地位,一定的归责原则反映了民法的基本理念和立法政策倾向,决定着侵权责任的构成要件、举证责任的负担、免责条件、损害赔偿的原则和方法等各方面。确定合理的归责原则,建立逻辑统一的归责原则体系,是构建整个侵权法内容和体系的关键,也是实现侵权法功能的关键。

侵权行为归责原则受民法基本原则的指导,是民法基本原则在侵权法中的具体体现,它体现着民法平等、公平、诚信的原则和精神。

二、侵权行为归责原则的体系

侵权行为归责原则体系是由各归责原则构成的具有逻辑联系的系统结构。在当代世界各国的侵权法中,侵权行为归责原则都呈现多元化的趋势。确定侵权行为归责原则体系,要考虑民法基本原则及侵权法功能的实现,要考虑立法政策倾向。不同的归责原则有不同的理念及功用。我国侵权法的归责原则体系包括两种归责原则:过错责任原则(包括过错推定)和无过错责任原则。这两种归责原则各自反映了不同的立法政策,在实现侵权法功能方面起着不同的作用,无法相互替代,尽管它们在适用范围的宽窄方面有明显差异。

第二节 过错责任原则

一、过错责任原则的概念

过错责任原则,也称过失责任原则,是指以行为人的过错作为归责根据的原则。

《民法典》第1165条第1款规定,行为人因过错侵害他人民事权益造成损害的,应当承担侵权责任。

过错责任原则是侵权行为的一般归责原则,在法律没有特别规定的情况下,都适用过错责任原则。

过错责任原则是在否定古代法结果责任原则的基础上逐渐形成的。1804年《法国民法典》正式确立过错责任原则,该法第1382条和第1383条分别规定了作为和不作为的过错责任。

《民法通则》第106条第2款将过错责任原则规定为侵权法的归责原则,《侵权责任法》第6条第1款对此加以延续,《民法典》第1165条第1款作了同样的规定。这一原则为民事主体确立了行为标准。它要求行为人善尽对他人的谨慎和注意义务,努力避免损害后果,也要求每个人充分尊重他人的合法权益,从而为行为人确定了自由行为的范围,体现了对个体的尊重;它也有利于预防损害的发生,通过赋予过错行为以侵权责任,它教育民事主体行为时应谨慎、小心,尽到注意义务,努力避免损害的发生;它充分协调和平衡了"个人自由"和"社会安全"两种利益的关系。

过错责任原则包含以下几层含义:

第一,它以行为人的过错作为责任的构成要件,行为人具有故意或者过失才可能承担侵权责任。

第二,它以行为人的过错程度作为确定责任形式、责任范围的依据。在过错责任原则中,不仅要考虑行为人的过错,也会考虑受害人的过错或者第三人的过错。如果受害人或者第三人对损害的发生也存在过错的话,则要根据过错程度来分配损失,因此可能减轻甚至抵销行为人承担的责任。在承担连带责任的场合,连带责任人的过错程度可能成为其内部分担损失的依据。

二、过错推定

所谓过错推定,是指在某些侵权行为的构成中,除非行为人有证据证明其没有过错,法律推定行为人实施该行为时具有过错的规则。

《民法典》第1165条第2款规定,依照法律规定推定行为人有过错,其不能证明自己没有过错的,应当承担侵权责任。

过错推定仍属于过错责任原则,即构成要件中要求行为人的过错。行为人可以通过证明自己没有过错来获得免责的效果。在这个意义上,过错推定也被称为过错举证责任的倒置。因为在一般过错责任原则下,是要由受害人来证明行为人存在过错;而在过错推定的情况下,受害人不需要对行为人的过错举证证明,法律推定行为人存在过错,除非行为人能够证明自己没有过错。

适用过错推定的情况,需要有法律的明确规定。

《民法典》中有许多过错推定的规定。比如,第1255条规定,堆放物倒塌、滚落或者滑落造成他人损害,堆放人不能证明自己没有过错的,应当承担侵权责任。

第三节 无过错责任原则

一、无过错责任原则的概念

无过错责任原则,也称为无过失责任原则、危险责任原则、严格责任原则,是指不问行为人主观上是否有过错,只要有行为、损害后果以及二者之间存在因果关系,就应承担民事责任的归责原则。

《民法典》第1166条规定,行为人造成他人民事权益损害,不论行为人有无过错,法律规定应当承担侵权责任的,依照其规定。

无过错责任原则只有在法律有明确规定的情形下才能够适用。

一般认为,无过错责任是为因应资本主义机器大生产导致的事故而出现的。工业化和技术的发展同时会带来各种各样的危险,并由此产生损害。即使对此尽最大努力加以防范,这种损害仍是无法避免的。因此,在允许从事高危行业的同时,应建立与之相应的损失补偿机制。① 无过错责任因此应运而生。

多数文献认为,第一部危险责任的立法是1838年制定的《普鲁士铁路法》。② 也有研究认为,危险责任在1871年的《帝国赔偿义务法》中首次被载入成文法律。③ 后来,无过错责任得到了广泛的承认和适用。

---

① 〔德〕马克西米利安·福克斯:《侵权行为法》,齐晓琨译,法律出版社2006年版,第6—7页。
② 参见 B. S. Markesinis and Hannes Unberath, *German Law of Torts: A Comparative Treatise*, Hart Publishing, 2002, pp. 715-717;〔德〕埃尔温·多伊奇、汉斯-于尔根·阿伦斯:《德国侵权法:侵权行为、损害赔偿及痛苦抚慰金》,叶名怡、温大军译,刘志阳校,中国人民大学出版社2016年版,第172页;王泽鉴:《侵权行为》(第三版),北京大学出版社2016年版,第47—48页;李昊:《德国危险责任体系的生成与演进——兼及我国危险责任立法模式的选择》,载《私法研究》(第8卷),法律出版社2010年版,第236页。
③ 〔德〕马克西米利安·福克斯:《侵权行为法》,齐晓琨译,法律出版社2006年版,第6—7页。

二、无过错责任原则的含义

(1) 无过错责任原则不以行为人的过错为构成要件。行为人不能通过证明自己没有过错来免责。

(2) 无过错责任原则的适用必须有法律的明确规定。过错责任原则属于一般条款，在法律无特别规定的情况下，就可以适用。无过错责任原则不同，单单有归责原则本身的规定，例如《民法典》第1166条的规定，尚不足以使无过错原则得到适用。除该条规定外，还必须有其他具体条文，例如《民法典》第1237条前段规定，民用核设施或者运入运出核设施的核材料发生核事故造成他人损害的，民用核设施的营运单位应当承担侵权责任。

(3) 在无过错责任原则下，仍然存在免责事由。无过错责任将更多的责任配置给了行为人一方。但是，如果相对方存在重大过失，尤其是故意的场合，往往会免除行为人的责任。例如，《民法典》第1237条后段规定了民用核设施运营责任的免责事由：能够证明损害是因战争、武装冲突、暴乱等情形或者受害人故意造成的，不承担责任。

第四十四章　一般侵权行为的构成要件

第一节　一般侵权行为构成要件概述

一般侵权行为的构成要件,是指构成一般侵权行为所必须具备的条件。具备构成要件,则构成一般侵权行为;欠缺任何一个构成要件,都可能会导致一般侵权行为的不构成。某些类型的侵权行为需要特殊的构成要件。以下内容中,如果没有特别说明,侵权行为的构成要件,都是指一般侵权行为的构成要件。

如前所述,侵权行为的构成要件受侵权行为归责原则的影响。不同归责原则下的侵权行为,需要不同的构成要件,这种不同主要体现在过错方面。在过错责任原则下,需要行为人有过错;在无过错责任原则下,则无论行为人是否存在过错。

无论在哪种归责原则下,都需要有行为、损害结果以及二者之间的因果关系这三个构成要件。同时,无过错责任原则下的"无论有无过错",也建立在过错概念的基础上。

需要说明的是,这里所谈的侵权行为的构成要件,是以承担损害赔偿责任的侵权行为为背景。除损害赔偿之外,构成停止侵害、排除妨碍、消除危险、返还财产等责任的侵权行为,并不需要以损害后果为要件。当然,如果采最广义的损害概念,受害人所有遭受的不利益均是损害,那么,损害就是所有侵权行为的构成要件。《民法典》第1167条规定,侵权行为危及他人人身、财产安全的,被侵权人有权请求侵权人承担停止侵害、排除妨碍、消除危险等侵权责任。据此,承担停止侵害、排除妨碍、消除危险等责任时,不需要以过错为要件。

需要注意的是,侵犯合法权益,即使要件均构成,也并非都要承担侵权责任。例如,医生做手术,必然侵犯他人的人身权,同时其他要件也都具备。但是,医生并不因此一定承担侵权责任。其原因在于,法律基于各种社会价值及公共政策的考量,将某些事由确定为侵权责任的免责事由。即使侵权行为的构成要件全都具备,如果有免责事由的存在,行为人也无须承担侵权责任。

第二节　行　　为

这里的行为是指侵犯他人权利或者合法利益的加害行为本身。根据《民法典》第3条的规定,权利的相对人均负有不得侵犯权利的一般义务。侵犯权利的行为都违反了法定义务,因此具有违法性。根据第3条的规定,侵犯他人合法利益的行为,也可能构成侵权行为。但是,当合法利益成为侵权对象时,在过错方面会有更高的要求,前已述及。

加害行为包括作为和不作为。其中,作为,是指不应该作而作;不作为,是指应该作而不作。

违反不作为义务的作为,违反的是合法权益不得非法侵犯的一般义务。违反作为义务的不作为,与违反合法权益不得侵犯之义务属于不同的层次。在违反作为义务的时候,必然同时也违反了合法权益不得侵犯的义务,因为此时必定已经发生了他人合法权益被侵犯的损害后果。因此,将不作为认定为加害行为时,除有《民法典》第3条的违反外,还需要有明确的作为义务的存在。先有作为义务,后有不作为,才构成作为义务的违反。一般认为,作为义务的产生根据包括以下几种情况:法律规定、服务关系、契约上义务、自己之前行为以及公序良俗等。①

违反作为义务的不作为,有些直接构成侵权行为,有些则与过错的认定有关。前者如《民法典》第1258条第1款规定,在公共场所或者道路上挖掘、修缮安装地下设施等造成他人损害,施工人不能证明已经设置明显标志和采取安全措施的,应当承担民事责任。后者如《民法典》第1198条第1款规定,宾馆、商场、银行、车站、机场、体育场馆、娱乐场所等经营场所、公共场所的经营者、管理者或者群众性活动的组织者,未尽到安全保障义务,造成他人损害的,应当承担侵权责任。由于违反这种义务主要用作过错的判断,因此,一般法律、行政法规,甚至效力更低的规范,也可以对此作出规定。

第三节 损 害 事 实

一、损害事实的概念

损害事实是指他人人身或财产权益所遭受的不利影响,包括财产损害、非财产损害,非财产损害又包括人身损害、精神损害。

在传统民法上,侵权责任的方式就是指侵权损害赔偿。自《民法通则》实施以来,我国民法上民事责任的方式一直不限于损害赔偿。《侵权责任法》及《民法典》延续了这一做法,除损害赔偿外,还规定了停止侵害、排除妨碍、消除危险、返还财产、恢复原状、赔礼道歉、消除影响、恢复名誉等责任方式。当然,损害赔偿还是最主要的责任方式,《民法典》侵权责任编中对其专章加以规定。

正如前面所讨论的,《民法典》在一般意义上采最广义的损害概念,不仅包括

---

① 参见陈聪富:《侵权归责原则与损害赔偿》,北京大学出版社2005年版,第11页。

现实的已经存在的不利后果,也包括构成现实威胁的不利后果。因此,损害事实是所有侵权责任的构成要件;同时,我国法上的损害赔偿与德国法上包括广义的恢复原状在内的损害赔偿存在明显差异。

二、损害事实的特征

一般说来,作为侵权行为构成要件的损害事实必须具备以下特征:

(一)损害事实是侵害合法权益的结果

合法权益包括权利和合法利益。因权利和合法利益遭侵害而遭受的不利益,才是可以获得法律救济的损害。合法权利和利益的存在,是损害获得救济的前提。

(二)损害事实具有可补救性

损害的可补救性包括两层含义:第一层含义是指从量上来看,损害已产生或者确定要发生,且已经达到一定的严重程度。只有在量上达到一定程度的损害才是在法律上应当补救的损害。现代社会人口越来越多,每个人的空间越来越小,社会压力越来越大。每个人都必须学会一定的承受和容忍,不能稍稍有所不适即请求他人承担责任。动辄就追究责任的法律制度也一定不是人们所希望的良法。因此,损害必须在量上达到一定程度方可给予救济。第二层含义是,损害的可补救性并不是说损害必须是能够计量的。就客观而言,能够精确计量的损害往往是少数的。但是,法律不能因为损害无法计量就不给予赔偿。损害因其形式不同,法律给予的救济手段也不同。除狭义的损害赔偿外,侵权法提供的救济手段尚有停止侵害、排除妨碍、消除危险、返还财产、恢复原状、消除影响、恢复名誉、赔礼道歉等。单就损害赔偿而言,很多需要赔偿的损害,例如人身损害赔偿、精神损害赔偿均无法精确计量,但不能以此为由,拒绝给予赔偿。如何给予无法计量的损害以救济,是侵权法面临的重大课题。

(三)损害事实的确定性

损害的确定性是指:第一,损害是已经或者确定要发生的事实;第二,损害是真实存在而非主观臆测的事实;第三,损害是对权利和合法利益的侵害,此种事实能够依据社会一般观念或者公平意识加以认可。

三、损害的分类

作为侵权行为构成要件的损害可以分为财产损害和非财产损害。

(一)财产损害

财产损害是指因为侵害权利人的财产、人身而造成受害人经济上的损失。财产损害根据侵权行为侵害的不同对象分为三类:一是对财产权益本身造成的损失;二是因侵害生命权、健康权等物质性人身权而造成的财产损失;三是因侵害肖像权等精神性人身权而造成的财产损失。

财产损害还可以分为直接损失、间接损失以及纯经济利益的损失。

直接损失又称积极损失、实际损失,是指既得利益的丧失或者现有财产的减损,即本不该减少的减少了。

间接损失又称消极损失,是指可得利益的损失,即未来财产的减少,即该得到的没有得到;此种损失虽然不是现实利益的损失,但按照正常情况是可以得到的,而非虚构的、臆想的;如果没有侵权行为的发生,受害人可以得到该利益。

纯经济利益的损失,是指非因人身或所有权等权利受侵害而产生的经济或财产损失。[①] 例如,在繁忙的道路上发生交通事故,受损车辆被侵犯的是财产权,如果车上人员受伤,被侵犯的是人身权。此外,因事故导致道路堵塞,不能按时上班,无法及时搭乘班机等导致的损失,则可能构成纯经济利益的损失。纯经济利益损失因为并非直接侵害财产权利或者人身权利所致,故而在利益衡量上存在差异;纯经济利益的损失具有不确定性,涉及者不仅人数众多,而且往往数量巨大。究竟侵犯哪些利益造成的损失可以算作纯经济利益的损失,哪些纯经济损失可以得到赔偿,是侵权法的难题。

(二)非财产损害

非财产损害是指因侵害权利人的人身权益而造成受害人无法用金钱计量的损害。非财产损害包括自然人的死亡或者伤残,对其他人身权如名誉权、隐私权的损害,以及精神损害。非财产损害虽然无法用金钱计量,但是金钱赔偿却是救济非财产损害的重要途径。

第四节 因 果 关 系

一、侵权法上因果关系的概念

因果关系是指各种现象之间引起与被引起的关系。侵权法上的因果关系包括两种因果关系,即责任成立的因果关系和责任范围的因果关系。

责任成立的因果关系,是指行为与权益受侵害之间的因果关系。责任范围的因果关系,是指权益受侵害与损害之间的因果关系。责任成立的因果关系与责任范围的因果关系涉及不同因素。前者考量的是行为与权益受到侵害之间引起与被引起的关系;后者考量的是权益受到侵害本身与具体损害之间引起与被引起的关系。

责任成立的因果关系涉及的问题是责任是否成立,而责任范围的因果关系

---

① 参见 C. van Dam, *European Tort Law*, Oxford: Oxford University Press, 2013, p. 208;王泽鉴:《侵权行为》(第三版),北京大学出版社2016年版,第362页。

涉及的是责任成立后责任的形式以及大小的问题。责任成立的因果关系属于侵权行为的构成要件范畴,而责任范围的因果关系属于责任形式及损害赔偿额确定的范畴。这里只讨论责任成立的因果关系,除非特别指出,下面内容中的因果关系均指责任成立的因果关系。

侵权法上因果关系的意义在于对侵权责任加以限定,一方面使受害人得到救济,另一方面又不至于无限扩大责任范围,限制行为自由。

因果关系在侵权法上意义重大,但是,因果关系在法律上少有规定。《民法典》只在第1230条出现了"因果关系"一词。对因果关系的认定主要依赖学说。

二、事实因果关系与法律因果关系

因果关系可以分为事实因果关系与法律因果关系。

一方面,事实因果关系指行为与权益被侵害之间客观存在的因果关系。法律因果关系指事实因果关系中具有法律意义的部分因果关系。前者是一种客观存在,其中的因果关系有些可以为人类思维所认识,有些可能不被人类思维所知晓。但后者的因果关系一定是可以被人类思维所认识,并被赋予法律意义的因果关系。上述概念意味着,事实因果关系是一种纯粹的客观存在,而法律因果关系是一种主观判断。

另一方面,事实因果关系又指有证据证明的可能构成侵权行为的因果关系。法律因果关系指事实因果关系中构成侵权行为要件的因果关系。事实因果关系划定一定的范围,法律因果关系从中选取一部分作为侵权行为的要件。

与第一方面的含义相比较,第二方面含义中的事实因果关系与法律因果关系均是主观判断取舍的结果。因果关系非常好地反映了人类主观认识与客观存在的关系,反映了人类认识的局限性。第二方面的含义在构成要件上具有意义。

作为主观认识的结果,因果关系成为侵权法上最具争议、最复杂、最具困扰性的内容之一。

三、相当因果关系

行为与权益被侵害之间的关系极其复杂。但是,作为法律概念,需要一定的确定性及限定性。确定性给行为人一定的预期,在行为自由与承担责任之间合理安排;限定性则是依照一定公共政策,将责任划定在一定范围内,既使受害人得到赔偿,又不至于使责任变得漫无边际,影响行为自由。

如何判断行为与权益被侵害之间的因果关系,有不同学说。目前,相当因果关系说为通说,并为法院在具体案件的判断中采用。①

相当因果关系说是指如果行为与权益被侵害之间具有相当因果关系,在其他构成要件具备的情况下,则构成侵权行为。

相当因果关系的判断分为两个步骤:条件关系和相当性。

条件关系是指行为与权益被侵害之间具有条件关系。条件关系的判断标准是"如果没有某行为,则不会发生某结果,那么该行为就是该结果的条件"。这一标准也可以从反面认定,"如果没有某行为,某权益被侵害的结果仍会发生,那么该行为就不是该结果的条件"。

相当性是指具备条件关系的行为与权益被侵害之间的关系达到一定程度,从而使得该行为人对权益的被侵害承担法律后果具有正当性。相当性的判断标准是"通常会产生该种损害"。

将条件关系和相当性结合在一起,相当因果关系的判断标准是:无此行为,虽不必生此种损害,有此行为,通常即足生此种损害者,是为有因果关系。无此行为,必不生此种损害,有此行为,通常亦不生此种损害者,即无因果关系。

民国时期曾有一判例可以说明相当因果关系。上诉人将其与某甲共同贩卖的炸药寄放于某乙开设的洗染店楼上,一个多月后的一日夜间,因该洗染店屋内电线漏电,引燃该炸药,致住宿于该店的被上诉人胞兄某丙炸死。当时的最高法院认为:"纵令上诉人如无寄放炸药之行为某丙不致被炸死,然寄放之炸药非自行爆炸者,其单纯之寄放行为,按诸一般情形,实不适于发生炸死他人之结果,是上诉人之寄放炸药与某丙之被炸身死不得谓有相当之因果关系。"②

条件关系在于给原因划定范围,看加害行为是否可以纳入原因范围。范围划定后,再通过相当性来确定行为与损害后果之间的紧密程度。所谓有此行为通常也不会发生此种损害,则不具有相当性;有此行为,通常都会发生此种损害,则具有相当性。如果具有相当性,则该行为与该结果之间,就构成了侵权行为要件的因果关系。

相当因果关系说之重点,在于注重行为人之不法行为介入社会之既存状态,并对现存之危险程度有所增加或者改变。亦即行为人增加受害人既存状态之危险,或者行为人使受害人暴露于与原本危险不相同之危险状态,行为人之行为即

---

① 相当因果关系说始于 1888 年,德国弗莱堡大学生理学家 Von Kries 在法律上应用数学上的可能性理论与社会学的统计分析方法,认为客观上事件发生的可能性,可作为说明因果关系的一项要素。参见陈聪富:《因果关系与损害赔偿》,台湾元照出版有限公司 2004 年版,第 7 页。在学说上,我国大陆关于相当因果关系的理论多借鉴自我国台湾地区。此处关于相当因果关系中条件关系及相当性的介绍主要参考王泽鉴:《侵权行为》(第三版),北京大学出版社 2016 年版,第 226—268 页。需要指出的是,我国法院如何判断因果关系,需要实证考察。

② 参见王泽鉴:《侵权行为》(第三版),北京大学出版社 2016 年版,第 248 页。

构成结果发生之相当性原因。①

无论条件关系还是相当性,都不仅是一种法律技术,更是一种法律政策工具以及价值判断。因此,对因果关系的判断,需要假以时日,不断积累人生及法律思考的经验,方能够作出适当判断。

四、因果关系的证明与推定

因果关系是侵权行为的构成要件。由于因果关系的复杂性,许多情况下,对因果关系的证明就变成决定责任成立的关键。一般情况下,因果关系是否存在,由受害人承担证明责任。但是,在有些情况下,法律也会要求由行为人来证明因果关系的不存在。如果不能证明,则推定因果关系的存在。《民法典》第1230条规定,因污染环境、破坏生态发生纠纷,行为人应当就法律规定的不承担责任或者减轻责任的情形及其行为与损害之间不存在因果关系承担举证责任。这就是因果关系的推定。

在因果关系推定的场合,行为人比受害人更有条件、需要更低成本就可能证明因果关系,因此法律将证明责任倒置。当然,证明责任倒置后,行为人也可能无法证明因果关系的不存在,此时,行为人就要承担不利后果。这是法律政策的体现。

第五节 过 错

一、过错的概念

过错是指行为人应受责难的主观状态。过错考察的是行为人在行为当时的主观状态,它与行为本身不同。例如,某甲因为违反交通法规致某乙受伤。某甲有违反交通法规之行为。行为是在主观状态支配下实施的,主观状态需要通过行为本身来考察。过错考察的是某甲违反交通法规时的主观状态。此种主观状态与行为本身应当区别开来。因此,过错与行为本身属于分别考察的对象,同时,二者之间具有密切的关系。

二、过错的形式

过错分为故意和过失两种形式。

(一)故意

"故意"一词在民法中大量使用,但在我国民事立法中并没有关于"故意"定

---

① 参见陈聪富:《因果关系与损害赔偿》,台湾元照出版有限公司2004年版,第10页。

义的规定。《刑法》第 14 条规定了故意犯罪。一般认为,刑法中的故意与民法中的故意相同。据此,故意是指行为人明知自己的行为会发生侵害他人权益的结果,并且希望或者放任这种结果发生的主观状态。刑法上对故意还有进一步的划分,但这种区分在民法上没有意义。

(二) 过失

"过失"一词在民法中也大量使用,但在我国民事立法中也没有关于"过失"定义的规定。《刑法》第 15 条规定了过失犯罪。一般认为,民法中过失的含义与刑法中过失的含义相同。据此,过失是指行为人应当预见自己的行为可能发生侵害他人权益的结果,但却因为疏忽大意而没有预见,或者已经预见而轻信能够避免的主观状态。

我国民法通说将过失分为重大过失和一般过失。所谓重大过失,是指行为人极为疏忽大意的情况;而一般过失则是指尚未达到重大过失的过失。在我国民法上,一般将故意和重大过失相提并论。例如,《民法典》第 1245 条规定,饲养的动物造成他人损害的,动物饲养人或者管理人应当承担侵权责任;但是,能够证明损害是因被侵权人故意或者重大过失造成的,可以不承担或者减轻责任。《公司法》第 191 条规定,董事、高级管理人员执行职务,给他人造成损害的,公司应当承担赔偿责任;董事、高级管理人员存在故意或者重大过失的,也应当承担赔偿责任。《合伙企业法》第 49 条规定,合伙人有下列情形之一的,经其他合伙人一致同意,可以决议将其除名。其中第 1 款第 2 项规定:因故意或重大过失给合伙企业造成损失。《票据法》第 12 条规定,以欺诈、偷盗或者胁迫等手段取得票据的,或者明知有前列情形,出于恶意取得票据的,不得享有票据权利。持票人因重大过失取得不符合本法规定的票据的,也不得享有票据权利。

法律对行为人提出了较高的注意义务,行为人没有达到该较高的注意义务,但是却达到了一般人的注意义务,此时就认定为构成一般过失;行为人不仅未达到该较高的注意义务,连一般人的注意义务都没有达到,就认定为构成重大过失。

三、过失的客观化

根据过失的定义,对过失进行判断时需要明确"应当预见标准"。这种"应当预见标准"为行为人设置了注意义务的标准。违反这种注意义务,就可能构成过失。每个人的情况不同,因此"应当预见标准"也可能不同。例如,一个有 20 年驾车经验的司机可以预见到某种情况,但是一个刚刚获得驾驶证的司机却无法预见到该种情况。此时,是应当以每个人的具体情况分别设定注意义务的标准,还是统一以有 20 年驾龄的司机为标准,或者以刚刚获得驾驶证的司机为标准?

法律对过失注意义务的认定标准趋向于客观化。因为,如果在每个个案中都以具体当事人的情况来认定具体标准,成本将会非常高;同时标准过于灵活,会产生许多弊端。故此,法律会假设一个理性的一般司机的注意程度作为标准。在一般意义上而言,以一个理性人在当事人所处情境下所作的反应作为注意标准。理性人概念的出现,意味着法律对注意义务的认定、对过失的认定采客观化标准。客观化标准忽略了人们之间的差异,从而可能使得某些人事实上要承担结果责任,而某些人可能不承担责任。这一方面是信息成本导致的无奈选择,另一方面,如果因此出现极端不公平的情况,法官应当根据具体情况对理性人标准加以调整,追求实质的公平。

过失认定客观化的另一个体现是:法律规定了很多的行为标准,例如交通规则,例如铺设高压线应当离建筑物至少多少米,等等。这些标准就是理性人标准。如果违反这些行为标准,则构成过失。在《道路交通安全法》中,过错就是根据违章来认定的。

四、汉德公式

汉德公式是美国著名法官汉德(Learned Hand)在 United States v. Carroll Towing Co.[①]一案判决中提出的关于过失认定的著名公式。该案的事实发生在1947年冬天的纽约港。当时有很多驳船(barge)用一根泊绳系在几个凸式码头边。被告的一只拖轮被租用将一只驳船拖出港口。由于驳船上没有人,为了松开被拖的驳船,被告拖轮的船员就自己动手调整泊绳。由于没有调整好,脱离泊绳的驳船撞上了另一只船,连同货物一起沉入了海底。驳船船主以拖轮船主存在过失而导致损失为由向法院起诉。拖轮船主认为,当拖轮的船员在调整泊绳时,驳船的船员不在该船上,因此,驳船的船员作为驳船船主的代理人,具有过失。汉德法官认为,过失是三个变量的函数。如果用 P 表示概率、用 L 表示损害、用 B 表示预防的成本,过失责任就取决于 B 是否小于 L 乘以 P,即 $B<PL$。汉德公式的基本含义是:如果被告预防损失的成本要低于给他人造成损失的成本,此时被告就有义务采取预防措施;如果没有采取预防措施导致了损失的发生,那么被告就被认为是有过失的——即如果 $B<PL$,被告就应当支付 B,如果被告没有这样做,就存在过失,应当承担相应的责任。

汉德公式使用数学语言表达了过失(包括故意和过失)的认定。这一公式实际上反映了人们认定过失时的思维过程,因此非常具有启发性。[②]

[①] 159 F. 2d 169 (2d Cir. 1947).

[②] 关于汉德公式的详细介绍,参见王成:《侵权损害赔偿的经济分析》,中国人民大学出版社2002年版,第5章。

五、过错的证明与推定

一般情况下,过错的证明责任,由受害人来承担。但是,在有些情况下,法律也会要求由行为人来证明过错的不存在;如果不能证明,则推定过错的存在。这就是过错推定。《民法典》第1165条第2款规定,依照法律规定推定行为人有过错,其不能证明自己没有过错的,应当承担侵权责任。

单单有《民法典》第1165条第2款的规定本身,并不能够判断何时适用过错推定。适用过错推定的场合,需要法律另外规定。比如,《民法典》第1253条前段规定,建筑物、构筑物或者其他设施及其搁置物、悬挂物发生脱落、坠落造成他人损害,所有人、管理人或者使用人不能证明自己没有过错的,应当承担侵权责任。第1255条规定,堆放物倒塌、滚落或者滑落造成他人损害,堆放人不能证明自己没有过错的,应当承担侵权责任。过错推定设置的考虑因素与因果关系推定的考虑因素基本相同。一般情况都是行为人比受害人更有条件、能够以更低成本证明过错的不存在。如果行为人无法证明过错不存在,则要承担不利的后果。

第四十五章　侵害财产权与人身权的行为

第一节　侵害财产权的行为

一、侵害所有权的行为

所有权是最典型的物权。根据《民法典》第 240 条的规定，所有权具有占有、使用、收益和处分的权能。凡非法侵害所有权各项权能、使所有权无法圆满实现的行为，均可能构成对所有权的侵犯。

具体而言，侵害所有权的主要形态包括以下几种[1]：

（1）无权占有他人之物。例如，强行占有他人之物，盗窃他人之物等。租赁关系终止后，无正当理由拒不返还租赁物，也构成侵权责任。此时，与违约责任发生竞合。

（2）侵害所有权标的物本身或者妨害他人对物的使用收益。例如，毁损他人之物，在他人的房屋墙壁上张贴广告，挖掘土地使他人房屋地基发生动摇，工厂废水污染养鱼池，擅自以他人的水泥修补自己房屋、使得水泥所有权因添附而消灭，阻挡他人房屋门口使他人无法正常出入。

（3）侵害所有权的归属。例如，擅自处分他人之物，第三人发生善意取得，从而使他人失去物的所有权。另外，无权利人申请查封、扣押他人之物，虽然是经过国家机关所为，也构成对所有权的侵害。

（4）应有部分的侵害。在共有的场合，每一共有人应当按照自己应有部分对共有物的全部行使权利。如共有人侵害其他共有人的利益，等同于侵害他人的所有权。

二、侵害他物权的行为

他物权包括用益物权和担保物权。

（一）侵害用益物权的行为

根据《民法典》第 323 条的规定，用益物权以物的占有、使用、收益为内容，因此，凡使用非法手段使权利人无法实现物的使用收益的行为，均可能构成对用益物权的侵害。

---

[1] 参见王泽鉴：《侵权行为》（第三版），北京大学出版社 2016 年版，第 200—211 页。

(二) 侵害担保物权的行为

根据《民法典》第386条的规定,担保物权以物的交换价值的实现为内容,因此,凡使用非法手段使权利人无法实现物的交换价值的行为,均可能构成对担保物权的侵害。具体而言,侵害担保物权的行为主要包括以下几种[①]:

(1) 使用非法手段使担保物权灭失。例如,违法涂销抵押权的登记;以不法行为使质权人丧失对质物的占有,从而导致质权灭失。

(2) 妨害担保物权的实现。例如,以不法手段妨害抵押物的拍卖,致使其价值减少,不足以满足债权。

(3) 毁损灭失担保物。债务人毁损灭失担保物,使得担保物权人无法实现其债权,则构成对担保物权的侵害。在第三人毁损灭失担保物时,担保物权人对担保物所有人所获赔偿金,得为物上代位。此时,第三人对担保物权人是否要承担侵权责任,学说存在分歧。

三、侵害准物权的行为

准物权包括矿业权、渔业权、水权、狩猎权等,一般都由特别法分别加以规定。侵害准物权的行为及责任,也因准物权的不同类型而有所不同,应当根据一般法与特别法的关系,首先依据特别法的规定加以认定。

四、侵害知识产权的行为

知识产权包括著作权、商标专用权、专利权等。知识产权的具体内容一般都由特别法分别规定。侵害知识产权的行为,也因知识产权的不同类型而有所不同,应当根据一般法与特别法的关系,首先依据特别法的规定加以认定。

五、侵害债权的行为

一般认为,债权属于相对权,与物权及其他绝对权不同,债权人对给付标的物或者给付行为不具有支配力,同时,债权不具有社会公开性,除相对人外的第三人一般无法知悉债权的存在。因此,侵害债权的构成要件,与侵害绝对权的构成要件存在差异。二者最主要的不同在于行为人的主观状态。行为人的故意或者过失,都可能构成对绝对权的侵害。但是在债权的场合,必须要求行为人故意以有悖于善良风俗的方式加损害于债权人,方可构成侵权行为。常见的侵害债权的形态包括:第三人诱使债务人违约、因第三人行为致使债务人不能履行给付义务、双重买卖及侵害债权的归属等。[②]《民法典》未对侵害债权的行为进行规定。

[①] 参见王泽鉴:《侵权行为》(第三版),北京大学出版社2016年版,第211—212页。
[②] 同上书,第218—222页。

第二节 侵害生命权、健康权与身体权的行为

一、侵害生命权的行为

《民法典》第1002条规定,自然人享有生命权。自然人的生命安全和生命尊严受法律保护。生命利益是自然人最重要的人格利益。生命权是自然人作为权利主体的基础。一切非法剥夺他人生命、影响生命安全和尊严的行为都可能构成对生命权的侵犯。

二、侵害健康权的行为

《民法典》第1004条规定,自然人享有健康权。自然人的身心健康受法律保护。凡非法侵犯他人身体及心理机能的行为,都可能构成对健康权的侵犯。侵害后果可能是导致受害人身体残疾,也可能是当时受到伤害、经过医治后康复。如果侵害行为造成受害人死亡,则属于侵害生命权的范畴。

三、侵害身体权的行为

《民法典》第1003条规定,自然人享有身体权。自然人的身体完整和行动自由受法律保护。侵害身体权的行为主要包括以下几种:

(一)对身体组成部分的破坏

对身体组成部分的破坏,往往会影响受害人的健康。如果因对身体组成部分的破坏影响了受害人的健康,根据从重吸收的原则,构成对健康权的侵犯,而不再认为侵犯了身体权。对身体组成部分破坏构成侵犯身体权的情形,是指侵害身体完整、破坏了身体组成部分,但没有侵犯健康权的情况。例如,在他人不同意的情况下,抽取他人血液、剃除他人毛发、剪掉他人指甲等。

(二)非法殴打、撞击他人身体

非法殴打、撞击他人身体,如果造成他人死亡,则构成对生命权的侵犯;如果影响他人健康,则构成对健康权的侵犯。在非法殴打、撞击他人身体,但未造成死亡和对健康产生影响的情况下,则可能构成对身体权的侵犯。例如,扇他人耳光、抽打他人臀部等行为,在未对他人健康造成影响的情况下,可能构成侵犯身体权。

(三)非法侵扰、接触他人身体

非法侵扰、接触他人身体包括使用非法手段侵扰他人身体或者接触他人身体。例如,故意将不洁之物泼到他人身体上、非法搜查他人身体、非法触摸他人身体等,都可能构成对身体权的侵犯。上述情况也可能构成对人格尊严及性权

利的侵犯。

(四)限制他人行动自由

《民法典》第1003条规定,自然人的行动自由受法律保护。因此,非法限制他人行动自由,构成对身体权的侵犯。

第三节 侵害姓名权与名称权的行为

一、侵害姓名权的行为

《民法典》第1014条规定,任何组织或者个人不得以干涉、盗用、假冒等方式侵害他人的姓名权。据此,侵害姓名权的行为主要包括以下几种:

(一)干涉他人姓名权的行使

完全民事行为能力人依自己的意愿改变自己的姓名,他人如果加以阻挠,则可能构成侵权。

(二)盗用、假冒他人姓名

盗用他人姓名和假冒他人姓名的行为很类似,但二者还是存在一些不同。所谓盗用他人姓名是指未经权利人同意,擅自使用他人姓名从事某种活动,使得相对人以为姓名权人同意该活动的行为。而假冒他人姓名是指未经权利人同意,擅自以他人名义从事某种活动,使得相对人以为行为人就是姓名权人的行为。盗用他人姓名和假冒他人姓名均构成对姓名权的侵犯。

(三)对公众人物姓名权的侵害

公众人物的姓名权,有如驰名商标,具有社会号召力,能够为权利人带来经济利益。很多公众人物使用自己的姓名开设餐厅、酒吧、服装公司等,即使某些姓名的文字本身具有普通含义,人们也往往会将这些营业与其名称中所包含的公众人物相联系,因此该营业会很快为消费者所熟知,并为经营者带来经济利益。他人未经权利人同意,使用公众人物的姓名开设某种营业,可能构成对姓名权的侵犯。[1]

二、侵害名称权的行为

《民法典》第1014条规定,任何组织或者个人不得以干涉、盗用、假冒等方式侵害他人的名称权。一般认为,侵害名称权的行为包括以下几种:

(一)干涉他人名称权的行使

法人、非法人组织有权依法根据自己意愿决定和变更自己的名称,他人如果

---

[1] 参见北京市海淀区人民法院(2003)海民初字第10379号判决书。

加以阻挠,则可能构成侵权。

(二)盗用、假冒他人名称

盗用、假冒他人名称的行为与盗用、假冒他人姓名行为的认定大致相同。无论盗用还是假冒,均侵犯他人名称权。

(三)对知名企业及其他民事主体名称权的侵害

知名企业及其他民事主体的名称权,有如驰名商标,具有社会号召力,蕴涵无穷的经济利益。侵犯知名企业及其他民事主体名称权的具体情况可分为:(1)现行企业名称登记制度实行国家、省市自治区及市县三级管理,有人便利用此种情况,在异地登记与知名企业及其他民事主体相同的名称;(2)根据现行企业名称登记制度的规定,在登记主管机关辖区内不得与已登记注册的同行业企业名称相同或者近似,有人便利用此种情况,换行业或者故意模糊行业概念登记与知名企业名称或者其他民事主体相同或者近似的名称;(3)中国文字讲究形音义,有人便针对知名企业名称的字体,通过变化偏旁或者加点或者去点,或者通过同音不同字来混淆;(4)将知名企业或者其他民事主体的名称注册为商标,生产经营相同或者近似的产品或者服务[①];(5)将知名企业或者其他民事主体的别名、简称纳入自己的名称中,例如,北京大学也被称为"燕园",有人就将"燕园"纳入自己企业的名称中。上述种种行为,都可能构成对知名企业及其他民事主体名称权的侵犯,同时也可能构成不正当竞争。

第四节 侵害肖像权的行为

一、侵害肖像权的行为

《民法典》第1019条规定,任何组织或者个人不得以丑化、污损,或者利用信息技术手段伪造等方式侵害他人的肖像权。未经肖像权人同意,不得制作、使用、公开肖像权人的肖像,但是法律另有规定的除外。未经肖像权人同意,肖像作品权利人不得以发表、复制、发行、出租、展览等方式使用或者公开肖像权人的肖像。侵害肖像权的行为包括:

(一)未经允许擅自制作他人肖像

肖像制作权属于肖像权人的权利。未经允许,不得制作他人肖像。例如,在公共场所,在未经允许且无正当事由的情况下,给他人单独拍照。但是,如果权利人明知置身于某些场合中会使自己的肖像被制作,依然置身其中,则不得禁止对其肖像权的制作。例如,出席新闻发布会。

---

① 参见陈甬沪:《略论企业名称字号保护》,载《中国工商管理研究》2003年第5期。

（二）未经允许使用他人肖像

《民法通则》第 100 条曾规定，未经本人同意，不得以营利为目的使用公民的肖像。《民法典》不再以营利为目的作为限制。使用他人肖像，除非法律另有规定，只要未经权利人同意，即可构成侵权，而无须考察行为人是否具有营利目的。

（三）未经同意公开他人肖像

公开肖像属于肖像权人的权利。未经同意公开他人肖像，也构成侵犯肖像权，除非法律另有规定。

（四）丑化或污损他人肖像

肖像权是一种体现精神利益的权利。丑化或者污损他人肖像，可能构成对他人精神利益的侵犯。一般认为，丑化和污损他人肖像，应当以故意为限。

（五）利用信息技术手段伪造他人肖像

技术进步使得伪造肖像的成本越来越低。《民法典》特别列举以示强调。但如何区分伪造肖像和制作肖像，有待实务总结。

（六）肖像作品权利人未经同意公开或者使用他人肖像

肖像作品权利人拥有作品的权利，此权利应当以肖像权为前提。未经同意，公开或者以发表等方式使用他人肖像，均可能构成侵犯肖像权。

二、不构成侵害肖像权的行为

肖像是人与人之间相区别最直观的符号，同时，肖像又可能与他人或者社会利益相联系。在强调肖像权保护的同时，出于社会利益的考虑，应对肖像权加以一定限制。根据《民法典》第 1020 条的规定，合理实施下列行为的，即使未征得肖像权人同意，也不构成侵犯肖像权：(1) 为个人学习、艺术欣赏、课堂教学或者科学研究，在必要范围内使用肖像权人已经公开的肖像；(2) 为实施新闻报道，不可避免地制作、使用、公开肖像权人的肖像；(3) 为依法履行职责，国家机关在必要范围内制作、使用、公开肖像权人的肖像；(4) 为展示特定公共环境，不可避免地制作、使用、公开肖像权人的肖像；(5) 为维护公共利益或者肖像权人合法权益，制作、使用、公开肖像权人的肖像的其他行为。

第五节　侵害名誉权与信用权的行为

一、侵害名誉权的行为

《民法典》第 1024 条第 1 款规定，民事主体享有名誉权。任何组织或者个人不得以侮辱、诽谤等方式侵害他人的名誉权。常见的侵害名誉权的行为包括以下几种：

（一）侮辱

侮辱是指故意通过言语、文字或者行为举止等方式贬低他人人格、毁损他人名誉的行为。侮辱行为的主观状态应当是故意[①]，其方式可以是言语、书面文字或者行为举止，也可以是上述几种方式的混合。《民通意见》第140条曾规定，以口头或者书面形式捏造事实公然丑化他人人格，以及用侮辱、诽谤等方式损害他人名誉，造成一定影响的，应当认定为侵害公民名誉权的行为。以书面、口头等形式诋毁、诽谤法人名誉，给法人造成损害的，应当认定为侵害法人名誉权的行为。

（二）诽谤

诽谤是指故意或者过失地散布有关他人的虚假事实，导致他人名誉降低或者毁损的行为。诽谤的主观状态可以是故意，也可以是过失，其方式可以是言语、书面文字或者其他任何使虚假事实散布开来的方式。

（三）新闻报道与侵害名誉权

新闻报道与名誉权保护之间的关系非常微妙。《民法典》第1025条规定，行为人为公共利益实施新闻报道、舆论监督等行为，影响他人名誉的，不承担民事责任，但是有下列情形之一的除外：(1) 捏造、歪曲事实；(2) 对他人提供的严重失实内容未尽到合理核实义务；(3) 使用侮辱性言辞等贬损他人名誉。此外，司法实务中还总结了大量处理新闻报道与名誉权保护关系的规则。

关于第1025条中"对他人提供的严重失实内容"是否尽到"合理核实义务"的认定，根据《民法典》第1026条的规定，应当考虑：(1) 内容来源的可信度；(2) 对明显可能引发争议的内容是否进行了必要的调查；(3) 内容的时限性；(4) 内容与公序良俗的关联性；(5) 受害人名誉受贬损的可能性；(6) 核实能力和核实成本。

有关机关和组织编印的仅供领导部门内部参阅的刊物、资料等刊登的来信或者文章，当事人以其内容侵害名誉权向人民法院提起诉讼的，人民法院不予受理。机关、社会团体、学术机构、企事业单位分发本单位、本系统或者其他一定范围内的内部刊物和内部资料，所载内容引起名誉权纠纷的，人民法院应当受理。

新闻单位根据国家机关依职权制作的公开的文书和实施的公开的职权行为所作的报道，其报道客观准确的，不应当认定为侵害他人名誉权；其报道失实，或者前述文书和职权行为已公开纠正而拒绝更正报道，致使他人名誉受到损害的，应当认定为侵害他人名誉权。

消费者对生产者、经营者、销售者的产品质量或者服务质量进行批评、评论，

[①] 参见最高人民法院《关于都兴久、都兴亚诉高其昌、王大学名誉权纠纷一案的请示报告》。

不应当认定为侵害他人名誉权。但借机诽谤、诋毁，损害其名誉的，应当认定为侵害名誉权。新闻单位对生产者、经营者、销售者的产品质量或者服务质量进行批评、评论，内容基本属实，没有侮辱内容的，不应当认定为侵害其名誉权；主要内容失实，损害其名誉的，应当认定为侵害名誉权。

（四）文艺作品与侵害名誉权

《民法典》第1027条规定："行为人发表的文学、艺术作品以真人真事或者特定人为描述对象，含有侮辱、诽谤内容，侵害他人名誉权的，受害人有权依法请求该行为人承担民事责任。行为人发表的文学、艺术作品不以特定人为描述对象，仅其中的情节与该特定人的情况相似的，不承担民事责任。"

在文学作品中故意使用他人真实姓名，或者未写明原告的真实姓名和地址，但对人物特征的描写有明显的指向或者影射他人，小说内容存在侮辱、诽谤情节，致其名誉受到损害的，作者和出版社均可能构成对名誉权的侵犯。

二、不构成侵害名誉权的行为

（1）新闻媒体报道中披露的真实事件，不构成对名誉权的侵犯。所有侵犯名誉权的行为有共同特点，即都是通过虚假的事实或者夸张的言辞，使他人的社会评价受损。因此，发表、传播关于他人的真实言论，不构成侵犯名誉权。最高人民法院《关于刘兰祖诉山西日报社、山西省委支部建设杂志社侵害名誉权一案的复函》认为，贾卯清和刘兰祖合谋侵吞公款的行为已经有关纪检部门予以认定，并给予贾卯清相应的党纪处分，山西日报社和山西省委支部建设杂志社将相关事实通过新闻媒体予以报道，没有违反新闻真实性的基本原则，该报道的内容未有失实之处，属于正常的舆论监督，不构成对刘兰祖名誉权的侵害。

发表、传播关于他人的真实言论，不构成对名誉权的侵犯，但是，可能构成对其他权利，例如隐私权的侵犯。

（2）撰写、发表文学作品，不是以生活中特定的人为描写对象，仅是作品的情节与生活中某人的情况相似，不应认定为侵害他人名誉权。

（3）撰写、发表批评性文章，文章反映的问题基本真实，没有侮辱他人人格内容的，不应认定为侵害他人名誉权。

三、侵害信用权的行为

按照《民法典》的体系，信用属于名誉的范畴，信用权属于名誉权的范畴。对名誉权的侵犯都可能构成对信用权的侵犯。此外，《民法典》第1029条规定，民事主体可以依法查询自己的信用评价；发现信用评价不当的，有权提出异议并请求采取更正、删除等必要措施。信用评价人应当及时核查，经核查属实的，应当及时采取必要措施。信用评价人不采取措施的,民事主体可以寻求司法救济。侵犯信用权的行为,同时可能构成不正当竞争。《反不正当竞争法》第11条规定,经营者不得编造、传播虚假信息或者误导性信息,损害竞争对手的商业信誉、商品声誉。反映他人信用真实情况的言论、消息、新闻报道,皆不构成对信用权的侵犯。

第六节 侵害隐私权与个人信息的行为

一、侵害隐私权的行为

《民法典》第1032条第1款规定,自然人享有隐私权。任何组织或者个人不得以刺探、侵扰、泄露、公开等方式侵害他人的隐私权。根据《民法典》第1033条,侵害隐私权的行为包括以下几种:(1)以电话、短信、即时通讯工具、电子邮件、传单等方式侵扰他人的私人生活安宁。(2)进入、拍摄、窥视他人的住宅、宾馆房间等私密空间。(3)拍摄、窥视、窃听、公开他人的私密活动。(4)拍摄、窥视他人身体的私密部位。(5)处理他人的私密信息。(6)以其他方式侵害他人的隐私权。比如,利用所掌握的他人隐私进行文学创作等。另外,上述第五项中的"处理"应当按照《民法典》第1035条第2款来认定,即"处理"包括收集、存储、使用、加工、传输、提供、公开等。

二、侵害个人信息的行为

(一)未经同意收集、处理个人信息

《民法典》第1035条第1款第1项、第1036条及第1038条规定,处理个人信息应当征得自然人或其监护人同意。但是,为维护公共利益或者该自然人合法权益,合理实施的行为,无须征得同意。处理该自然人自行公开的或者其他已经合法公开的信息,也无须征得同意,但是,该自然人明确拒绝或者处理该信息侵害其重大利益的除外。

(二)违背合法、正当、必要原则

非法、不当以及过度处理信息,都可能构成侵害个人信息。

(三)其他侵害个人信息的行为

信息处理者泄露、篡改其收集、存储的个人信息;未经权利主体同意,向他人非法提供个人信息,也构成侵犯个人信息的行为,但是经过加工无法识别特定个人且不能复原的除外。

第七节　侵害自由权的行为

常见的侵害自由权的行为包括以下几种：

（一）侵害行为自由

侵犯行为自由，即以各种方式非法限制他人人身自由。现实中发生的侵犯他人行为自由的行为有：超市怀疑顾客有偷窃行为，擅自将顾客拘禁并搜身；精神病院未经任何审核手续，轻信第三人所言，强行将未有精神病的正常人收入精神病院；等等。《民法典》第1003条规定，身体权中包括行动自由。侵犯行为自由，也可以认定为侵犯身体权的行为。

（二）侵害意志自由

侵犯意志自由的方式有很多种。在民事法律行为的范畴内，欺诈、胁迫等意思表示不自由即为侵犯他人的意志自由。同时，欺诈、胁迫也可构成侵犯意志自由权的侵权行为。[①] 盗用、假冒他人名义，以函、电等方式进行欺骗或者愚弄他人，并使其财产、名誉受到损害的，也构成对意志自由权的侵犯。

第八节　侵害贞操权的行为

常见的侵害贞操权的行为包括以下几种：

一、强奸行为

使用暴力或者以暴力相威胁，违背他人意志与其发生性关系，在刑法上构成强奸罪。强奸罪的民法基础，就是侵犯他人的贞操权。因此，强奸行为，构成侵犯贞操权的行为。

二、以欺诈或者胁迫方式与他人发生性关系

以欺诈（如以将来结婚为诱饵）或者胁迫（如解雇或者告发其犯罪）等方式，迫使他人与其发生性关系，构成对贞操权的侵犯。[②]

三、猥亵行为

以各种方式对他人进行猥亵，构成对贞操权的侵犯。

---

① 参见王成：《欺诈之意思表示的法律后果》，载《法律科学》1998年第6期。
② 参见王泽鉴：《侵权行为》（第三版），北京大学出版社2016年版，第153页。

四、强迫他人提供性服务

以找工作为名,诱使他人远赴外地,然后强迫其从事性服务。此种行为构成对贞操权的侵犯。

五、性骚扰

性骚扰构成对心理健康的侵犯,因此,可以将其认定为对健康权的侵犯。同时,也可以认定性骚扰构成对他人贞操权的侵犯。《民法典》第1010条第1款规定,违背他人意愿,以言语、行为等方式对他人实施性骚扰的,受害人有权依法请求行为人承担民事责任。性骚扰行为侵犯他人的性利益,构成对贞操权的侵犯。

六、对未成年人的性侵犯

由于身体及智力发育所限,未成年人一般对性无完整意识。但是,不能否认未成年人的贞操权。凡是对未成年人的性侵犯,都应当认定为对贞操权的侵犯。

第九节 侵害荣誉权与一般人格权的行为

一、侵害荣誉权的行为

《民法典》第1031条规定:"民事主体享有荣誉权。任何组织或者个人不得非法剥夺他人的荣誉称号,不得诋毁、贬损他人的荣誉。获得的荣誉称号应当记载而没有记载的,民事主体可以请求记载;获得的荣誉称号记载错误的,民事主体可以请求更正。"据此,侵害荣誉权的行为包括以下几种:

(1) 非法剥夺他人荣誉。但将他人奖章及证书等荣誉物品丢失,不构成对荣誉权的侵犯。[①]

(2) 诋毁、贬损他人获得的荣誉。

(3) 应当记载而没有记载,或者记载错误,使权利人无法享受荣誉所带来的利益。[②]

[①] 参见最高人民法院《关于张自修诉横峰县老干部管理局是否侵害荣誉权一案的复函》。

[②] 1998年7月毕业于锦州中学的贾跃参加高考,由于发挥失常,仅以2分之差未能进入重点大学。但是,贾跃在高中期间一向品学兼优,年年被评为"三好学生",并荣获锦州市"优秀学生干部"称号。按当年高考招生政策规定,获市级以上"优秀学生干部"的考生可享受加10分待遇。而锦州市教委在整理审核学生高考档案时,把"优秀学生干部"改换成"三好学生",致使该学生不能享受到这种荣誉待遇。由于荣誉权被剥夺,10分未加上,使贾跃与重点大学失之交臂,不得已进入了普通大学。贾跃心灵受到重创,并且患上头痛病,严重影响了大学的正常学习。事后,学生家长在长达两年的时间里找市教委讨要公道,但却遭到拒绝。最后,锦州市凌河区人民法院判决,责令锦州市教委向受害人赔礼道歉,恢复其名誉,并赔偿受害人精神损失8万元。

二、侵害一般人格权的行为

凡造成他人人格被侵犯的后果,又无法适当纳入侵犯某类具体人格权的行为,可以认定为侵犯一般人格权。

现实中侵害一般人格权的行为有:

(1) 出于某种目的,恶意连续拨打他人私人电话,拨通后不讲话或者乱扣电话键盘,或者朝话筒吹口哨、吹气。①

(2) 新闻媒体刊登生者已经死亡的消息或者报道等。②

---

① 参见范家强:《一般人格权若干法律问题研究——马某诉张某电话骚扰侵权纠纷案评析》,载《法学》1999 年第 8 期。
② 参见北京市海淀区人民法院(2005)海民初字第 10359 号民事判决书。

第四十六章 侵权责任的方式与侵权责任的承担

第一节 侵权责任的方式及其适用

《民法典》第179条第1款规定:"承担民事责任的方式主要有:(一)停止侵害;(二)排除妨碍;(三)消除危险;(四)返还财产;(五)恢复原状;(六)修理、重作、更换;(七)继续履行;(八)赔偿损失;(九)支付违约金;(十)消除影响、恢复名誉;(十一)赔礼道歉。"上述11种责任方式中,既有侵权责任方式,也有违约责任方式。以下仅分别简要阐述八种侵权责任方式。

一、停止侵害

侵害他人民事权益的,被侵权人有权请求侵权人停止侵害。
(一)停止侵害责任的适用条件
1. 有正在进行中的侵害民事权益的行为

停止侵害责任适用于正在进行和继续进行的侵害行为,而不论继续时间的长短。停止侵害责任的核心是侵害的"停止",对尚未发生和已经终止的侵害行为不适用停止侵害责任。停止侵害的主要目的是制止侵害行为,防止扩大侵害后果,它可以适用于各种侵权行为。例如,砍伐他人林木;销售侵害他人注册商标专用权的商品;印刷侵害他人名誉权的书籍;排放有害气体;在网上公开他人的隐私;进行不正当竞争等。

2. 侵害了他人的合法民事权益

民事权益受到侵害可分为两类:一类是在侵害的同时就造成了民事权利的损害,例如销售侵害他人注册商标专用权的商品。另一类是侵害了法律保护的合法权益,但尚未造成损害后果。例如,正在印刷侵害他人名誉权的书籍,尚未造成他人名誉的贬损。这种行为是侵害名誉权的行为过程,对此也应当适用停止侵害。

借鉴德国、荷兰、意大利等国经验,对侵害时间的认定可扩大解释,即停止侵害责任不仅适用于正在进行的侵害行为,而且适用于存在侵害的现实危险的情况,这样可以更好地发挥侵权责任法预防损害的功能。①

(二) 停止侵害责任的承担

停止侵害,就是要使侵害停止下来。有些情况下侵权人不仅是简单地停止侵害行为,还需要采取进一步的措施。例如,偷拍他人隐私的视频,不仅要停止偷拍行为,而且应当销毁视频制品。

有些营业活动造成附近居民的侵害,但如果停止营业对更多的人不利,则可由主管机关权衡利弊,采取特定时间暂停营业或者用金钱补偿等方式解决。

二、排除妨碍

妨碍他人行使民事权利或者享有民事权益的,被侵权人有权请求侵权人排除妨碍。

(一) 排除妨碍责任的适用条件

1. 存在妨碍他人合法民事权益的状态

妨碍他人合法民事权益的状态,包括妨碍他人行使民事权益,也包括妨碍他人享有民事权益。妨碍状态多由行为造成,例如,堆放物品影响通行;违章建筑妨碍相邻一方通风、采光;在他人建筑物上设置广告;将有害液体泄露在他人使用的土地上等。妨碍状态也有自然原因形成的,例如树根蔓延至相邻一方的土地。

2. 妨碍状态具有不正当性

妨碍状态具有不正当性是指没有法律根据,也没有合同约定,缺乏合理性。有些妨碍同时造成他人财产损失,例如,在施工过程中,塔吊因超负荷掉下,砸坏了他人的房屋,并阻塞了通道(排除妨碍是独立的责任方式,不直接涉及因妨碍同时造成的赔偿损失责任);有些妨碍是给他人造成不便。认定妨碍状态主要是看妨碍是否超过了合理的限度,轻微的妨碍是社会生活中难免的,不承担排除妨碍责任。妨碍状态是否超过了合理的限度,应当结合当时当地人们一般的观念判断。

(二) 行为妨碍人与状态妨碍人

通过行为造成妨碍状态的人是行为妨碍人。妨碍状态的出现虽然与某人的行为无关,但是有责任排除这种妨碍的人是状态妨碍人。例如,某人在夜里把散发臭味的垃圾倒在甲使用的土地上,这些垃圾也给乙使用土地造成了无法忍受的状态。在这种情况下,甲是状态妨碍人,他有责任清除这些垃圾。按照德国民法理论,此例中甲对其使用的土地为其责任领域,甲承担责任是由于"后果不

---

① 参见〔德〕克雷斯蒂安·冯·巴尔:《欧洲比较侵权行为法》(下卷),焦美华译,张新宝审校,法律出版社 2001 年版,第 167—169 页。有学者将排除妨害和预防妨害包含在停止侵害之内。参见〔日〕五十岚清:《人格权法》,〔日〕铃木贤、葛敏译,北京大学出版社 2009 年版,第 205 页。

法",责任性质属于"状态责任"。①

三、消除危险

（一）消除危险责任的适用条件

1. 存在危及他人人身、财产安全的危险

何谓危险,应当根据人们的一般观念确定,有的需要技术鉴定。例如,房屋将要倒塌;剧烈的机械震动使相邻一方的墙壁裂缝;从事高度危险作业,没有按有关规定采取必要的安全防护措施等。

2. 危险的存在是由某人的行为或者其管理的物造成的

前者如某企业从事高度危险作业的行为,后者如归某公司所有或者管理的危险建筑物等。

（二）消除危险责任的承担

危险需要及时消除,以免人身或者财产遭受损害,但又要慎重,因为消除危险往往花费较多,判断和处理错误会给另一方造成不应有的损失。

预防造成人身或者财产损害,是侵权法的组成部分,是必要的和先于损害赔偿制度的那一部分,预防损害比赔偿要好得多。② 从制止损害和预防损害角度讲,停止侵害、排除妨碍和消除危险是预防措施。这三种措施针对的都是对他人民事权益造成不利的情况,这种不利都是对他人民事权益的侵害,需要侵权法调整;其后果不是承担损害赔偿责任,而是承担停止侵害、排除妨碍或者消除危险责任。《民法典》第 1167 条规定,侵权行为危及他人人身、财产安全的,被侵权人有权请求侵权人承担停止侵害、排除妨碍、消除危险等侵权责任。将停止侵害、排除妨碍和消除危险作为侵权责任方式,不问行为人有无过错,既有利于充分保护民事权益,又不会因此而限制人们的自由。

四、返还财产

（一）返还财产责任的含义

作为侵权责任方式的"返还财产"的内涵有不同解释,一种解释认为是返还原物,另一种解释认为包括但不限于返还原物。本书作者持前一种观点,理由之一,返还财产的含义较广,基于无因管理、不当得利等关系都有返还财产问题,将作为侵权责任方式的返还财产责任解释为返还原物责任,便于区分不同的法律关系。理由之二,将传统物权请求权中的返还原物请求权变革为返还原物责任

---

① 参见〔德〕迪特尔·施瓦布:《民法导论》,郑冲译,法律出版社 2006 年版,第 268 页;〔德〕马克西米利安·福克斯:《侵权行为法》,齐晓琨译,法律出版社 2006 年版,第 135 页。

② 〔德〕克雷斯蒂安·冯·巴尔:《欧洲比较侵权行为法》（上卷）,张新宝译,法律出版社 2001 年版,第 1 页;（下卷）,焦美华译,张新宝审校,法律出版社 2001 年版,第 166 页。

请求权,仍是保护物权的方法,因此应将返还财产责任解释为返还原物责任。

返还原物的客体是指原有的物,是有体物、特定物。返还有纪念意义的特定化的货币、邮票以及支票、存单等有价证券,身份证、驾驶证等身份证件,也属于返还原物。

(二) 返还原物责任的适用条件

1. 违反民事义务无权占有物权人的物

这一要件有三层意思:(1)这里说的物权人的物包括所有权人的物和他物权人享有他物权的物,为行文方便统称物权人的物。(2)占有人占有物权人的物没有合同或者法律根据,是无权占有。(3)无权占有人违反了民事义务。违反民事义务有不同的形态,包括抢劫、盗窃、强行占有物权人的物;误认物权人的物为自己的物而占有;在合同、无因管理、用益物权和担保物权等既存的法律关系终止后,拒不履行返还标的物义务。

将侵占他人的物和以其他不合法方式占有他人的物的行为作为返还原物责任的同一个构成要件,是因为返还原物责任是物权的保护方法,不问占有人有无过错。① 而且返还原物责任仅仅是返还原物,不直接涉及赔偿损失责任。抢劫、盗窃他人的物具有故意不言而喻,抢劫者和盗窃者不仅应当受到谴责,而且会受到刑事制裁。返还原物责任是民事责任,重在原物返还。②

2. 原物存在

原物存在才适用返还原物责任。如果原物损坏,物权人请求返还的,也适用返还原物责任。如果原物被损坏,物权人同时请求赔偿损失的,同时适用赔偿损失责任,但赔偿损失责任不属于返还原物责任的范围。

(三) 返还原物责任的物权效力

将返还原物请求权变革为侵权责任是否会影响物权的效力?不会。在我国法上,侵权责任法已经与债法分离,返还原物责任不是侵权损害赔偿之债的方法,而是物权的保护方法,不问占有人有无过错,因而物权的效力不会改变。具体来说,关于物权的效力有二效力说、三效力说和四效力说;四效力说认为物权有排他效力、优先效力、物权请求权效力和追及效力。物权的排他效力是由物权的支配权性质决定的,物权优于债权的效力是物权的支配权性质及物权变动的公示公信原则决定的,将返还原物请求权变革为返还原物责任与物权的排他效力和优先效力无关。物权的追及效力是指物权的标的物不论辗转到何人手中,物权人均得追及至物的所在,除了根据不动产登记、善意取得等依法取得标的物的物权外,原物权人均得请求无权占有人返还原物。多数学者认为追及效力应

---

① 英国侵权法对侵占动产实际上适用严格责任,"而且是非常严格的责任"。参见胡雪梅:《英国侵权法》,中国政法大学出版社2008年版,第48页。

② 参见李亚虹:《美国侵权法》,法律出版社1999年版,第30—34页。

当包括在优先效力和物权请求权效力之中。将返还原物请求权变革为返还原物责任,也就是变革为侵权责任请求权的一种类型,即返还原物责任请求权,与物权请求权比较,只是规范的角度不同,返还原物请求权是从权利人方面讲的,返还原物责任请求权是从责任人方面讲的。根据物权的追及效力,物权人有权请求被追及人返还原物;根据侵权责任,被侵权人有权请求侵权人返还原物。无论当事人拒绝前一种请求还是拒绝后一种请求,权利人都可能通过诉讼程序,强制他返还原物。由此可见,作为物权请求权的返还原物的效力和作为侵权责任请求权的返还原物的效力没有实质差别。将返还原物请求权变革为返还原物责任请求权是民事权利—民事义务—民事责任立法体系的需要,并且避免了德国式物权法上所有物返还请求权的从请求权的复杂问题,也避免了德国式侵权行为之债法上将返还原物又定性为损害赔偿之债的问题。

五、恢复原状

损坏他人的动产或者不动产的,被侵权人有权请求侵权人恢复原状。

(一)恢复原状的概念

恢复原状与回复原状的含义相同,我国民法采用恢复原状概念。恢复原状有狭义、广义和最广义之分。狭义的恢复原状是指将受到损坏的物恢复到侵权行为发生之前的状态,包括动产修理、不动产修缮、填平被挖掘的土地、恢复被填平的湖泊、修复被堵塞的航道等,我国民法采狭义的恢复原状概念。广义的恢复原状是指将受到侵害的民事权益恢复到受侵害之前的状态,但金钱赔偿除外。最广义的恢复原状是指将受到侵害的民事权益恢复到受侵害之前的状态,包括金钱赔偿在内。

(二)恢复原状责任的适用条件

1. 动产或者不动产受到损坏

动产或者不动产的损坏是指其外在形态被破坏、变形或者内在质量降低,影响原有的使用功能,降低了原有的价值。

2. 恢复原状有可能和有必要

恢复原状有可能是指可以将被损坏的物恢复到受侵害前的状态,无法修复的不适用恢复原状责任。恢复原状有必要主要是从成本角度考虑的。如果恢复原状花费过巨,远远超过了被损坏的物的价值,一般不适用恢复原状责任。哪些情况适用恢复原状责任,哪些情况适用赔偿损失责任,可参考英国法上习惯性适用的"合理性"规则,根据不同的情况具体判断。例如,受损物是批量产品时请求恢复原状通常不合理。受损物对原告有可以理解的情感利益,即具有不可替代性时,可以适用恢复原状责任。

六、赔偿损失

造成他人损失的,被侵权人有权请求侵权人赔偿损失。

赔偿损失是指侵权人向被侵权人支付一定数额的金钱。本书讲的"损害赔偿"[①]除另有说明的外,均指金钱赔偿。

赔偿损失是最基本的、适用最多的侵权责任方式。《民法典》侵权责任编第二章专章作了规定,本书后面也专章进行讨论。

七、赔礼道歉

赔礼道歉是指侵权人向被侵权人承认错误,表示歉意。

赔礼道歉对于抚慰被侵权人的精神伤害,增强侵权人的道德意识,化解矛盾,具有其他责任方式不可替代的作用。

赔礼道歉的功能是教育和预防,重在尊重人格。有些被侵权人宁可不要精神损害赔偿金,也要侵权人赔礼道歉,是为了其人格尊严;而有些侵权人经济实力强,宁愿支付高额的精神损害赔偿金,也不愿意表示道歉,似乎也是为了其人格尊严,这实质上是要用金钱购买他人的尊严。对前者应当支持,对后者不应支持。

赔礼道歉是很严肃的责任方式,主要适用于故意侵害人格权益的行为。《民法典》第1000条规定:"行为人因侵害人格权承担消除影响、恢复名誉、赔礼道歉等民事责任的,应当与行为的具体方式和造成的影响范围相当。行为人拒不承担前款规定的民事责任的,人民法院可以采取在报刊、网络等媒体上发布公告或者公布生效裁判文书等方式执行,产生的费用由行为人负担。"

八、消除影响、恢复名誉

给他人造成不良影响的,被侵权人有权请求侵权人消除影响。贬损他人名誉的,被侵权人有权请求侵权人为其恢复名誉。

自《民法通则》开始,消除影响、恢复名誉一直放在一起规定。《民法典》第179条延续了这一做法。将消除影响和恢复名誉放在一项中规定,主要是因为二者关系密切。在侵害名誉权的场合,消除影响可以作为恢复名誉的方法。但是,二者所针对的侵权行为有所不同,消除影响和恢复名誉不必然总是同时适用。例如,未经允许使用影视名人的姓名作为商号,此时要消除影响,但未必一定适用恢复名誉。但是如果未经允许使用某著名医生的姓名作为药厂商号,使

[①] 德国民法上的"损害赔偿",包括了恢复原状和金钱赔偿,其含义与最广义的恢复原状相同。参见《德国民法典》第249条。

社会公众误认为其利用自己的学术声誉谋取商业利益,则需要同时消除影响和恢复名誉。

随着人权观念和人格权观念的增强,人的尊严显得日益重要,消除影响和恢复名誉就显得更加重要。再者,影响和名誉的好坏往往与财产利益紧密关联,消除影响和恢复名誉有制止财产损失和防止财产损失扩大的功能,消除影响和恢复名誉难以用其他责任方式替代。

《民法典》第1000条第1款规定,行为人因侵害人格权承担消除影响、恢复名誉等民事责任的,应当与行为的具体方式和造成的影响范围相当。

九、侵权责任方式的开放性

上述八种是主要的侵权责任方式,所谓"主要"意味着还有其他责任方式,即侵权责任方式具有开放性。侵权责任方式的开放性体现在法律可以有特别规定。侵权责任方式的开放性还体现在审判实践中可以开创性地适用民事责任方式。

现代社会是高科技社会、高风险社会、注重人格尊严的社会,伴随而来的是民事权益种类的增多、侵权行为的方式多样,侵权责任方式也应当有所发展。侵权责任方式既要贯彻法定原则,又要灵活适用;既要充分保护民事权益,又不要限制人们的自由。

第二节 侵权损害赔偿责任

一、侵权损害赔偿的概念与特征

侵权损害赔偿,是指支付一定的金钱或者实物赔偿侵权行为所造成损失的侵权责任方式。这一概念具有以下特征:

其一,侵权损害赔偿是一种适用最广泛的侵权责任方式。侵权损害赔偿的适用范围最为广泛。在其他责任方式无法实现或者其他责任方式不足以救济受害人时,侵权损害赔偿都有适用余地。

其二,侵权损害赔偿具有非常丰富复杂的内容,构成一项相对独立的法律制度。《民法典》侵权责任编第二章专章对侵权损害赔偿作了规定。

其三,侵权损害赔偿可以是金钱赔偿,也可以是实物赔偿,但主要是金钱赔偿。金钱是一般等价物,可以起到其他实物无法替代的作用。

其四,侵权损害赔偿的基础是造成损害的侵权行为。此处的损害是指广义的损害,既包括财产损害,也包括精神损害。但是,此处的损害不包括侵权行为给他人造成的可以适用停止侵害、排除妨碍、消除危险等责任方式救济的不利益。

二、侵权损害赔偿的原则与确定赔偿数额的考量因素

（一）侵权损害赔偿的原则

1. 侵权损害赔偿以全面赔偿为原则

侵权法的功能之一是填补和转嫁损失。侵权行为给他人造成损失,作为救济方式,损害赔偿应当使受害人的状况尽可能恢复到权益未被侵害之前的状态。因此,侵权损害赔偿既包括直接损失的赔偿,也包括间接损失以及精神损失的赔偿。违约损害赔偿与侵权损害赔偿的区别之一是,违约损害赔偿要受可预见规则的限制,而侵权损害赔偿不受可预见规则的限制。间接损失以及精神损失的赔偿,应当以法律有规定为限。

侵权损害赔偿尽管以全面赔偿为原则,但是,赔偿往往并不能弥补受害人的全部损失。比如,死亡赔偿,并不能弥补因生命失去造成的全部损失。因此,民法对侵害生命权的赔偿,并不是赔偿生命的价值。

2. 侵权损害赔偿以统一赔偿为原则

统一赔偿原则,是指在不同的侵权场合,对损害赔偿数额进行计算时,除非有更充分且正当的理由,具体项目的计算方法应当统一。比如,对道路交通损害赔偿与对医疗损害赔偿的具体项目的计算应当统一。

（二）确定损害赔偿数额的考量因素

在确定侵权损害赔偿时,应当充分考虑以下因素:

1. 预防损害的发生

侵权法的一个主要功能是预防侵权行为的发生。由加害人对受害人的损失进行赔偿,在效果上就由侵权人自己承担其行为的成本,实现了成本的内化。一个人行为时考虑的是私人成本和私人收益,成本内化就是将社会成本转化为私人成本,即,由行为人承担了给他人和社会造成的损失。这样,在以后类似的行为中,行为人以及潜在行为人在作出类似侵权行为之前,就会考虑可能造成的损失。经过成本收益的权衡,行为人就可能采取措施预防侵权行为的发生,从而使损害得以避免。

2. 考虑加害人的过错程度

损害赔偿实现了损失的内化,改变了行为人行为的成本收益,从而可能改变行为人的选择。一般情况下,加害人主观状态不同,其行为的成本和收益也不同。当行为人主观过错为故意时,行为人预期该行为的成本很小,收益很大,成本收益之比最大。此时就应当要求行为人承担较大的损害赔偿数额,才可能抵销其行为成本收益的差距,起到预防损害发生的作用。与很多国家支持在故意情况下判处惩罚性赔偿的做法相同,《民法典》第1207条将产品责任领域的惩罚

性赔偿也限定为生产者和销售者对产品缺陷的明知。《民法典》第1185条规定，故意侵害他人知识产权，情节严重的，被侵权人有权请求相应的惩罚性赔偿。当行为人的过错为过失时，行为人预期行为的成本收益之比就要小于故意的场合，此时，行为人承担的损害赔偿应当小于故意时的赔偿。因此在过失的场合，一般不会支持惩罚性赔偿。需要注意的是，同样是过失，也存在程度上的差异。行为人在重大过失时的成本收益之比非常接近故意的情况，因此，法律一般将重大过失等同于故意来处理。

3. 过错相抵

过错相抵，也称为与有过失，是指受害人对损失的发生或者扩大也存在过错的，要减轻加害人损害赔偿责任的规则。《民法典》第1173条规定，被侵权人对同一损害的发生或者扩大有过错的，可以减轻侵权人的责任。

在适用过错相抵时，要考虑：第一，受害人的行为是损害发生或者扩大的共同原因；第二，受害人存在过错。

与过错相抵相联系的一个概念是原因力比较。所谓原因力比较，是指双方当事人的行为都构成损害结果的原因时，根据不同原因对损害结果所起作用的大小来确定各自承担的责任。原因力比较可以作为过错相抵的补充。当双方过错程度无法确定或者过错程度相等时，原因力大小可以对损害结果的承担产生影响。有学说主张，在无过错责任原则下，由于不考虑行为人的过错，或者行为人对损害的发生没有过错，此时就可以适用原因力比较。《民法典》中没有关于原因力比较的规定。

4. 损益相抵

损益相抵是指受害人基于损失发生的同一原因而获得利益时，应当将该利益从赔偿数额中抵销，加害人仅对抵销后的损失承担赔偿责任。

损益相抵的理论依据在于，侵权赔偿的前提是受害人的损失，而受害人基于同一原因获得的利益本身就会冲抵其损失。因此，损益相抵的目的是要计算出受害人真正的损失，使受害人的真正损失得到赔偿。

5. 人道主义

所谓人道主义的考量，是指在确定损害赔偿数额时，应适当考虑加害人的经济状况，要为其保留基本生活所必需的经济条件。一次支付全部损害赔偿数额确有困难的，可以分期支付。《民法典》第1187条规定，损害发生后，当事人可以协商赔偿费用的支付方式。协商不一致的，赔偿费用应当一次性支付；一次性支付确有困难的，可以分期支付，但是被侵权人有权请求提供相应的担保。

如果案件中存在受益人，在加害人的确无力偿还时，可以考虑由受益人适当补偿。《民法典》第183条规定，因保护他人民事权益使自己受到损害的，由侵权人承担民事责任，受益人可以给予适当补偿。没有侵权人、侵权人逃逸或者无力承担民事责任,受害人请求补偿的,受益人应当给予适当补偿。

第三节 财产损害赔偿与人身损害赔偿

一、财产损害赔偿

(一)侵害财产权益造成的财产损害赔偿

侵权行为侵害他人财产权益造成他人财产损失的,行为人应当承担财产损害赔偿责任。财产损害赔偿是全面赔偿,赔偿范围既包括受害人遭受的直接损失,也包括受害人遭受的间接损失。

直接损失,也称为实际损失,是指受害人现有财产的减少。间接损失,也称为可得利益损失,是指受害人原本可以得到但因侵权行为未得到的利益而造成的损失。

《民法典》第1184条规定,侵害他人财产的,财产损失按照损失发生时的市场价格或者其他合理方式计算。

《民法典》没有对财产损害赔偿的范围进行规定。《产品质量法》第44条第2款规定,因产品存在缺陷造成受害人财产损失的,侵害人应当恢复原状或者折价赔偿。受害人因此遭受其他重大损失的,侵害人应当赔偿损失。

上述条文中前半段规定的是直接损失,而后半段规定的则是间接损失。关于间接损失的赔偿,《道路交通事故解释》第12条第3项规定,依法从事货物运输、旅客运输等经营活动的车辆,因无法从事相应经营活动所产生的合理停运损失,侵权人应予赔偿。

(二)侵害人身权益造成的财产损害赔偿

侵权行为侵害他人人身权益造成财产损失的,行为人应当承担财产损害赔偿责任。比如,侵害他人肖像权,就可能造成他人财产损失。

关于侵害他人人身权益造成财产损害赔偿数额的确定,《民法典》第1182条规定,侵害他人人身权益造成财产损失的,按照被侵权人因此受到的损失或者侵权人因此获得的利益赔偿;被侵权人因此受到的损失以及侵权人因此获得的利益难以确定,被侵权人和侵权人就赔偿数额协商不一致,向人民法院提起诉讼的,由人民法院根据实际情况确定赔偿数额。

二、人身损害赔偿

侵权行为造成他人人身损害的,行为人应当承担人身损害赔偿责任。

《民法典》第1179条规定,侵害他人造成人身损害的,应当赔偿医疗费、护理费、交通费、营养费、住院伙食补助费等为治疗和康复支出的合理费用,以及因误工减少的收入。造成残疾的,还应当赔偿辅助器具费和残疾赔偿金;造成死亡的,还应当赔偿丧葬费和死亡赔偿金。

人身损害赔偿的确定,相对于财产损害赔偿而言,更加复杂。

根据受害人所遭受人身损害的程度,人身损害赔偿可分为三种情况。

(1) 受害人遭受人身损害,但没有致残或者死亡。

侵害他人造成人身损害的,应当赔偿医疗费、护理费、交通费、营养费、住院伙食补助费等为治疗和康复支出的合理费用,以及因误工减少的收入。

(2) 受害人遭受人身损害致残的。

造成残疾的,除应当赔偿前述费用外,还应当赔偿辅助器具费和残疾赔偿金。

(3) 受害人遭受人身损害死亡的。

造成死亡的,除根据抢救治疗情况赔偿前述费用外,还应当赔偿丧葬费和死亡赔偿金。关于死亡赔偿金的确定,《民法典》第1180条规定,因同一侵权行为造成多人死亡的,可以以相同数额确定死亡赔偿金。

第四节　精神损害赔偿

一、精神损害赔偿的概念

精神损害赔偿,是指自然人在人身权或者某些财产权受到不法侵害,致使其人身利益或者财产利益受到损害并遭受精神痛苦时,受害人本人、本人死亡后其近亲属有权要求侵权人给予损害赔偿的民事法律制度。

一般而言,必须是人身权益遭受非法侵害才可以要求精神损害赔偿。财产权益遭受非法侵害也可能导致受害人精神方面的痛苦,但是,除非法律有明确规定,对这种痛苦不给予精神损害赔偿。精神损害包括两种情况,一种情况是因为遭受有形人身损害或者财产损害而导致的精神损害;另一种情况是未遭受有形人身损害或者财产损害而直接导致的精神损害。精神损害包括两种形态,一种是积极的精神损害即受害人可以感知的精神痛苦;另一种是消极的精神损害即受害人无法感知的知觉丧失和心智丧失。精神痛苦必须达到一定严重程度,才可以给予赔偿。所谓达到一定严重程度,一般认为,受害人死亡或者残疾,均可以认定其近亲属或者本人的精神痛苦达到了一定严重程度。除此之外,需要根据具体情况加以确定。在身体权、健康权和生命权等人身权未遭受任何有形损害的前提下,受害人也可能遭受严重的精神痛苦。精神损害本身是一种无形的痛苦,无法确切计算和度量。但是,不能因为精神损害无法确切计算和度量,就不给予赔偿。死者的近亲属可以提出精神损害赔偿。这里包含两层含义:第一,只有死者的近亲属可以提出精神损害赔偿;受害人未死亡的,其近亲属不可以提出精神损害赔偿。第二,死者近亲属提出损害赔偿的请求权基础,是死者近亲属遭受了精神损害,而不是死者遭受的精神损害。

二、精神损害赔偿的范围和条件

《民法典》第1183条规定:"侵害自然人人身权益造成严重精神损害的,被侵权人有权请求精神损害赔偿。因故意或者重大过失侵害自然人具有人身意义的特定物造成严重精神损害的,被侵权人有权请求精神损害赔偿。"

(一)精神损害赔偿的主体

根据第1183条,只有自然人才可以请求精神损害赔偿,法人或者其他组织不可以请求精神损害赔偿。也有观点认为法人和其他组织也可能有精神方面的损害,比如法人和其他组织的名誉权、名称权、荣誉权等是法人和其他组织人格的组成部分,如果这些权利受到侵害,事实上就是精神损害,从而应当给予精神损害赔偿。此种观点没有被立法及司法实务所采纳。

(二)精神损害赔偿的权利基础

精神损害赔偿所依据的一般是人身权益。财产权利遭受侵害能否主张精神损害赔偿,我国法律及司法解释存在反复。2020年修正前的《精神损害赔偿解释》第4条曾规定,具有人格象征意义的特定纪念物品因侵权行为永久性灭失或者毁损,物品所有人可以主张精神损害赔偿。此后,《侵权责任法》第22条将可以主张精神损害赔偿的范围限缩为人身权益。《民法典》第1183条又回到了《精神损害赔偿解释》的立场。但是,需要注意的是,并非所有的财产受侵害都可以主张精神损害赔偿。只有因具有人身意义的特定物受到严重精神损害的才可以主张。原因是,对于那些被权利人赋予特定精神意义、具有人格象征意义的特定物,对权利人而言,便具有了类似人身权利的精神价值。另外,人身权益和具有人身意义的特定物被侵害后可以主张精神损害赔偿所要求的过错程度不同。对于后者,要求侵权人的过错必须是故意或者重大过失;对于前者,则没有这样的限制。

(三)侵犯死者合法权益的精神损害赔偿的情况

《民法典》第994条规定,死者的姓名、肖像、名誉、荣誉、隐私、遗体等受到侵害的,其配偶、子女、父母有权依法请求行为人承担民事责任;死者没有配偶、子女并且父母已经死亡的,其他近亲属有权依法请求行为人承担民事责任。

本条中,死者合法权益受到侵害,造成的损失中应该包括精神损失,此时,其近亲属可以主张精神损害赔偿。

(四)违约精神损害赔偿

《民法典》第996条规定,因当事人一方的违约行为,损害对方人格权并造成严重精神损害,受损害方选择请求其承担违约责任的,不影响受损害方请求精神损害赔偿。

违约责任中能否包括精神损害赔偿,学界争论多年。第996条的规定,使得违约行为造成严重精神损害的,受损害方可以基于违约责任主张精神损害赔偿具有了民事基本法的根据。

第五节 侵权责任的免责事由

侵权责任的免责事由,是指免除或者减轻侵权责任的条件。有些学者将免责事由称为抗辩事由。在我国台湾地区,由于学说继受德国理论,强调违法性,因此将免责事由称为违法阻却事由。在学说体系上,将违法阻却事由置于台湾地区"民法"第184条第1款前段讨论。①

顾名思义,免责事由的作用在于免除或者减轻行为人的侵权责任。这一概念也意味着,免责事由存在的前提是侵权行为已经构成。在逻辑顺序上,侵权行为构成要件具备后,如果没有免责事由,则会有侵权责任的成立。免责事由是从结果上免除或者减轻行为人的侵权责任,因此,将其称为免责事由更确切一些。《民法典》第1178条中将免责事由称为"不承担责任或者减轻责任的情形",值得赞同。

一般认为,侵权责任的免责事由可以分为两大类:正当理由和外来原因。

在正当理由作为免责事由的场合,行为人的行为造成了受害人的损失,因此构成侵权行为,但是,行为人的行为具有正当理由,从而抵销或者阻却了行为侵害他人权益的不法性,因此,可以免除或者减轻行为人的责任。作为免责事由的正当理由包括依法执行公务、正当防卫、紧急避险、受害人的同意、自助行为等。其中正当防卫、紧急避险和自助行为,在本书总则部分已有讨论,此处不再重复。

在外来原因作为免责事由的场合,行为人的行为造成了受害人的损失,因此构成侵权行为,但是,是其他原因促成了行为人的行为;或者行为人的行为并非导致损失的唯一原因,多因一果使得行为人承担责任或者承担全部责任失去正当性。因此,需要免除或者减轻行为人的侵权责任。作为免责事由的外来原因包括不可抗力、意外事件、受害人过错、第三人过错等。

一、正当理由

(一) 依法执行公务

作为免责事由的依法执行公务,是指造成他人损害的侵权行为是依照法律

---

① 参见王泽鉴:《侵权行为》(第三版),北京大学出版社2016年版,第274—284页。

授权执行公务的行为。按照国家形成理论,国家可以基于社会成员整体的考虑,行使一定公共职能。这些公共职能的行使,可能会给社会个体造成损失。由于这种损失是公共权力行使的代价,所以,需要受损失的个体加以容忍,比如,限制罪犯的人身自由,依法执行公务的行为人无须承担侵权责任。

执行公务获得免责正当性的关键是依法。因此,作为免责事由的依法执行公务必须具备以下条件:(1)执行公务的行为必须有合法根据。(2)执行公务的行为必须有合法程序。(3)造成他人损失的行为必须为执行公务所必需。即只有造成他人损失,方可依法完成公务行为。比如,公安人员审理犯罪嫌疑人,限制其人身自由为执行公务所必需。但如果对犯罪嫌疑人进行殴打,则超出了必需的范围。

(二)受害人的同意

受害人的同意,也称为自甘风险,是指在不违背法律及公序良俗的情况下,受害人于损害发生前明确表示自愿承担某种不利后果的行为。

作为免责事由,受害人的同意必须具备以下特征:(1)受害人自愿承担某种不利后果。(2)该不利后果必须是其自愿范围内的不利后果。如果不利后果是其他人故意或者重大过失造成的,或者不利后果超出了受害人自愿同意的范围,行为人的责任不能免除。(3)受害人的自愿是其真实意思表示。根据具体情况,自愿可以采取明示或者默示的方式。在默示推定时,应当采严格解释。法律要求特定形式的,需要采取特定形式。(4)受害人自愿承担不利后果的表示不违背法律及公序良俗。例如,某些人体医学实验为法律所禁止,此时同意的意思表示无效。(5)受害人的同意应当在不利后果发生前作出。如果受害人在损害后果发生后表示自愿承担该不利后果,应当视为受害人对加害人侵权责任的事后免除。

《民法典》第1176条第1款规定,自愿参加具有一定风险的文体活动,因其他参加者的行为受到损害的,受害人不得请求其他参加者承担侵权责任;但是,其他参加者对损害的发生有故意或者重大过失的除外。本条中的自愿就是受害人同意。这种同意可以是明示,但更多的是默示,即参加文体活动的行为本身就表示同意。

《民法典》第1008条第1款规定,为研制新药、医疗器械或者发展新的预防和治疗方法,需要进行临床试验的,应当依法经相关主管部门批准并经伦理委员会审查同意,向受试者或者受试者的监护人告知试验目的、用途和可能产生的风险等详细情况,并经其书面同意。本条中要求的是书面同意,即必须是明示的特定形式的同意。

受害人的同意在法律性质上属于准法律行为,不能完全适用民法关于行为能力的规定,原则上应不以行为能力为要件,而应当以具体的识别能力为判断标准。①

二、外来原因

(一) 不可抗力

《民法典》第180条第2款规定,不可抗力是指不能预见、不能避免且不能克服的客观情况。关于不可抗力的认定,学说上一向有客观说、主观说及折中说。②《民法典》采折中说,即不可抗力是客观情况,也要考虑主观预见、避免及克服情况。不存在一般意义上的不可抗力,不可抗力是否构成,需要在个案中具体认定。

《民法典》第180条第1款规定,因不可抗力不能履行民事义务的,不承担民事责任。法律另有规定的,依照其规定。依此规定,不可抗力是侵权责任的免责事由;除法律另有规定外,侵权责任皆可以因不可抗力而免除。换言之,如果侵权责任可以因不可抗力而免除,则无须另外规定。这种关于不可抗力免责范围的规定可以简称为"原则都免、例外不免"。

值得讨论的是,《民法典》第1239条前段规定,占有或者使用易燃、易爆、剧毒、高放射性、强腐蚀性、高致病性等高度危险物造成他人损害的,占有人或者使用人应当承担侵权责任;但是,能够证明损害是因受害人故意或者不可抗力造成的,不承担责任。第1240条前段规定,从事高空、高压、地下挖掘活动或者使用高速轨道运输工具造成他人损害的,经营者应当承担侵权责任;但是,能够证明损害是因受害人故意或者不可抗力造成的,不承担责任。上述两条规定中,不可抗力分别是占有、使用高度危险物责任和从事危险活动责任的免责事由。

与此形成对照的是,《民法典》第1237条规定,民用核设施或者运入运出核设施的核材料发生核事故造成他人损害的,民用核设施的营运单位应当承担侵权责任;但是,能够证明损害是因战争、武装冲突、暴乱等情形或者受害人故意造成的,不承担责任。第1238条规定,民用航空器造成他人损害的,民用航空器的经营者应当承担侵权责任;但是,能够证明损害是因受害人故意造成的,不承担责任。这两条规定中,皆没有关于不可抗力免责的规定。由此产生的问题是,不可抗力是否是民用核设施损害责任和民用航空器损害责任的免责事由?考虑到总则编第180条"原则都免、例外不免"的情况,在没有明确相反规定时,不可抗力应当就是一般免责事由。但是,从体系解释的角度分析,考虑到第1237条、第1238条、第1239条和第1240条并列规定,第1239条和第1240条明确规定了

---

① 参见王泽鉴:《侵权行为》(第三版),北京大学出版社2016年版,第280—281页。
② 参见史尚宽:《债法总论》,中国政法大学出版社2000年版,第367—368页;崔建远主编:《合同法》(第六版),法律出版社2016年版,第244页。

不可抗力可以免责,而第1237条和第1238条中没有规定不可抗力,则应当推定,立法者的目的是第1237条和第1238条的免责事由中不包括不可抗力。故此,关于不可抗力的免责范围,除总则编第180条确定的"原则都免、例外不免"的原则外,还需要结合其他解释方法加以认定。

(二)意外事件

意外事件也称为意外事故,是指通常情况下无法预见的小概率事件。由于意外事件无法预见,因此通常也就无法避免。或者说,为了预防和避免意外事件,需要太多的成本,因此,意外事件可以作为侵权责任的免责事由。

意外事件与不可抗力的关系在于,二者都是通常情况下无法预见的事件,但是,不可抗力通常是无法克服的自然灾难或者重大社会事件,而意外事件通常只是无法预见,对于相同的事件,如果提前有所预见,则可以避免或者克服。此外,意外事件往往用来衡量过错的存在,因此一般只适用于过错责任原则下的侵权责任。不可抗力则往往可以适用于各种归责原则下的侵权责任。

(三)受害人过错

作为免责事由的受害人过错,是指当受害人对于损失的发生或者扩大存在过错时,可以减轻或者免除行为人的侵权责任。《民法典》第1173条规定,被侵权人对同一损害的发生或者扩大有过错的,可以减轻侵权人的责任。《民法典》第1174条规定,损害是因受害人故意造成的,行为人不承担责任。

受害人过错作为免责事由,可以分为以下几种情况:

第一种情况,受害人过错导致的行为是损失发生的唯一原因,行为人对损失的发生没有过错。

在这种情况下,如果适用过错责任原则,行为人对损失的发生没有过错,所以也就没有侵权责任。因此,损失的发生只能够由受害人自己承担,行为人对损失不承担责任。但是,这种责任的不承担是因为原本就不存在责任,而并非免责事由所致。

在这种情况下,如果适用无过错责任原则,行为人即使不存在过错,也要承担侵权责任。因此,受害人过错的存在可能使行为人的责任得以减轻或者免除。当损害是受害人故意造成时,行为人不承担责任。当被侵权人存在重大过失时,可以减轻行为人的责任。比如,《民法典》第1240条规定,从事高空、高压、地下挖掘活动或者使用高速轨道运输工具造成他人损害的,经营者应当承担侵权责任;但是,能够证明损害是因受害人故意或者不可抗力造成的,不承担责任。被侵权人对损害的发生有重大过失的,可以减轻经营者的责任。

第二种情况,受害人和行为人对损失的发生都有过错。此时,适用过错相抵规则。

(四) 第三人过错

作为免责事由的第三人过错,是指当第三人对于损失的发生或者扩大存在过错时,损害由第三人承担,或者可以减轻或者免除行为人的侵权责任。《民法典》第 1175 条规定,损害是因第三人造成的,第三人应当承担侵权责任。本条规定应当解释为:当损害是因第三人造成时,第三人要承担侵权责任,但不一定承担全部责任。

第三人过错作为免责事由,可以分为以下几种情况:

第一种情况,第三人过错导致的行为是损失发生的唯一原因。行为人和受害人对损失的发生都没有过错。

在此情况下,如果适用过错责任原则,行为人对损失发生没有过错,因此不存在侵权责任。此时责任应当由第三人来承担。行为人不承担责任是因为责任不构成,而不是因为免责事由的存在。此种情况如果适用无过错责任原则,行为人即使不存在过错,也要承担侵权责任。同时,第三人过错的存在可能使行为人的责任得以减轻或者免除。

第二种情况,第三人和行为人对损失的发生都存在过错。在此情况下,第三人和行为人各自承担与过错相应的责任。行为人承担责任后,还可能向第三人追偿。行为人的责任客观上可能因第三人的过错而减轻或者免除。《民法典》第 1198 条第 2 款规定,因第三人的行为造成他人损害的,由第三人承担侵权责任;经营者、管理者或者组织者未尽到安全保障义务的,承担相应的补充责任。经营者、管理者或者组织者承担补充责任后,可以向第三人追偿。

第六节 违约责任与侵权责任的竞合

一、责任竞合概述

(一) 规范竞合问题

现代法律均为抽象规定,并从各种不同角度规范社会生活,因而时常发生同一事实符合数个规范的要件,致使这些规范都可以适用的现象,学说上称为规范竞合。规范竞合有的发生在不同的法律领域,例如驾车撞人致死,一方面构成刑事责任,一方面又成立民事责任。这两种责任在目的、作用等方面均有差异,两者互不排斥,因此这两种责任均可适用。对此,我国法律是明确承认的。《民法典》第 187 条前段规定,民事主体因同一行为应当承担民事责任、行政责任和刑事责任的,承担行政责任或者刑事责任不影响承担民事责任。

规范竞合有的也可以发生在同一法律领域,例如行为人实施的违法行为符合多种民事责任的构成要件,从而导致多种民事责任或者责任方式的成立。其中,有的是多种民事责任方式可以并存,受害人均可以向行为人请求,称为民事责任的聚合。例如侵权场合的赔礼道歉、消除影响和赔偿损失三种责任方式并用。我国法律对此是予以承认的,《民法典》第 179 条第 3 款规定:本条规定的承担民事责任的方式,可以单独适用,也可以合并适用,即确立了民事责任聚合的一般原则。

(二)民事责任竞合

与上述民事责任聚合不同的是民事责任竞合,指的是同一违法行为虽然符合多种民事责任的构成要件,可以成立几种民事责任,但受害人只能选择其中之一而请求。民事责任竞合在实践中最常见的当属违约责任与侵权责任的竞合。这两种责任都以赔偿损失为主要内容,因此债权人不能双重请求,只能主张其一,以防其获得不当得利,这种现象称为违约责任与侵权责任的竞合。

二、违约责任与侵权责任的差异

违约责任与侵权责任存有诸多差异,包括构成要件、举证责任、赔偿范围、诉讼时效、责任方式、免责条款的效力都有不同。正因为违约责任与侵权责任存在着这些不同,所以,受害人主张何种责任,直接关系到他的切身利益。例如,在违约金数额高于实际损失、诉讼时效期间尚未届满时,受害人请求违约方承担违约责任就极为有利。再如,出卖人交付的产品质量虽不合格,但产品保证期限刚刚届满,视为产品质量符合合同规定的情况下,买受人主张违约责任,只能陷于败诉的境地;而请求出卖人承担侵权责任,则会胜诉。还如,如果合同中规定有免除一般过失责任的条款,该条款又为法律承认,那么,受害人主张违约方负违约责任,就极可能陷于败诉的境地;而请求违约方承担侵权责任,就极有可能成功。既然受害人有时主张违约责任有利,有时请求侵权责任更好,那么法律应该赋予他选择权,承认责任竞合,以达到侧重保护无辜受害人的合法权益的目的。[①]

三、违约责任与侵权责任竞合的处理

违约责任与侵权责任的竞合,从受害人享有的请求行为人承担责任的权利角度看,也是请求权竞合。

(一)三种基本理论

1. 法条竞合说

法条竞合说认为,对于同一事实均具有数个规范的要件,这些规范之间具有位阶关系,或者为特别关系,或者为补充关系,或者为吸收关系,而仅能适用其中一种规范。债务不履行乃侵权行为的特别形态,侵权行为是违反权利不可侵犯

---

① 参见崔建远:《合同法》,法律出版社 1998 年版,第 238—239 页。

这一一般义务,而债务不履行系违反基于合同而产生的特别义务。因此,同一事实具备侵权行为和债务不履行的要件时,依特别法优先于普通法的原则,只能适用债务不履行的规定,因而仅发生合同上的请求权,无主张侵权行为请求权的余地。

2. 请求权竞合说

请求权竞合说认为,一个具体事实,具备侵权行为与债务不履行的要件时,应就各个规范加以判断,所产生的两个请求权独立并存。细分之,请求权竞合说又有两种理论,一为请求权自由竞合说,一为请求权相互影响说。请求权自由竞合说认为,基于侵权行为和债务不履行所生的两个请求权独立并存,在成立要件、举证责任、赔偿范围、抵销、时效等方面,均就各个请求权加以判断。对这两个请求权,债权人不妨择一行使,其中一个请求权若已达目的而消灭时,则另一请求权固随之消灭,但若其中一个请求权因已达目的以外的原因而无法行使,例如因时效而消灭,则另一请求权(时效较长者)仍然存在。另外,由于两个请求权彼此独立,故债权人可以分别处分,或者让与不同的人,或者自己保留其中之一而将另外一个让与他人。德国判例、学者通说虽采请求权竞合说,但却认为两个绝对独立的请求权的理论不合实际,有违法规目的,从而采相互影响的见解,认为两个请求权可以相互作用,合同法上的规定可以适用于基于侵权行为而发生的请求权,反之亦然。其根本思想在于克服承认两个独立请求权相互作用所发生的不协调或者矛盾。

3. 请求权规范竞合说①

请求权竞合说支配德国判例学说数十年,屹立不坠,但最近则备受批评。在此方面,贡献最大的为拉伦茨教授。拉伦茨教授一方面剖析请求权竞合说的缺点,另一方面则建立一种新的理论,强调一个具体生活事实符合债务不履行和侵权行为两个要件时,并非产生两个独立的请求权。本质上只产生一个请求权,但有两个法律基础,一为合同关系,一为侵权关系。

(二) 三种立法模式

就立法态度而言,对违约责任与侵权责任的竞合大致采取了三种模式:禁止竞合模式、允许竞合模式和有限制的选择诉讼模式。

1. 禁止竞合模式

禁止竞合模式以法国民法为代表。法国民法认为,只有在没有合同关系存在时才产生侵权责任,在违约场合只能寻求合同补救方法。

2. 允许竞合模式

允许竞合模式以德国民法为代表。德国民法认为,无论是否存在合同关系,

---

① 参见王泽鉴:《民法学说与判例研究》(第1册),北京大学出版社2009年版,第212页以下。

人们都负有不侵害他人的法定义务。因此,合同关系中的当事人同时也受到侵权法的保护,违约责任与侵权责任是可以并存的。

3. 有限制的选择诉讼模式

有限制的选择诉讼制度为英国法的模式。英国法认为,解决责任竞合的制度只是某种诉讼制度,它主要涉及诉讼形式的选择权,而不涉及实体法上请求权的竞合问题。不仅如此,英国法对于选择之诉原则还规定了严格的适用限制。

四、我国法的选择

法国民法采取禁止竞合制度,有其具体原因,奉行法条竞合理论虽然符合逻辑,但在我国民法上则不能如此。因为法条竞合说过于偏重逻辑推演,而忽视价值判断及当事人之间的利益衡量,其所得出的违约责任排斥侵权责任的结论,往往不利于受害人。而在这种场合,应该侧重保护的恰恰是受害人。《民法典》第186条规定,因当事人一方的违约行为,损害对方人身权益、财产权益的,受损害方有权选择请求其承担违约责任或者侵权责任。《民法典》第996条还规定,因当事人一方的违约行为,损害对方人格权并造成严重精神损害,受损害方选择请求其承担违约责任的,不影响受损害方请求精神损害赔偿。我国法承认违约责任与侵权责任的竞合,并不意味着完全放任当事人选择请求权而不作任何限制。如果法律直接规定,在特定情形下只能产生一种责任,排除责任竞合的发生,那么就应遵守法律的这种规定。

第四十七章　数人侵权行为与责任

第一节　数人侵权行为概述

一、数人侵权行为的概念

数人侵权行为,是指二人以上实施的侵权行为。

数人侵权行为与单独侵权行为对应。根据承担责任的方式,数人侵权行为可以分为承担连带责任的数人侵权行为和承担按份责任的数人侵权行为。承担连带责任的数人侵权行为,也称为共同侵权行为。

《民法典》第1168条规定,二人以上共同实施侵权行为,造成他人损害的,应当承担连带责任。本条规定的是承担连带责任的数人侵权行为即共同侵权行为。《民法典》第1172条规定,二人以上分别实施侵权行为造成同一损害,能够确定责任大小的,各自承担相应的责任;难以确定责任大小的,平均分担责任。本条规定的是承担按份责任的数人侵权行为。

二、数人侵权行为的类型体系

2003年的《人身损害赔偿解释》(2020、2022两次修正)第一次构建了我国的数人侵权行为类型体系。《侵权责任法》对该体系进行了修正。《民法典》完全继受了《侵权责任法》的规定。

根据《人身损害赔偿解释》的规定,数人侵权行为包括共同侵权行为、教唆帮助行为、共同危险行为以及无意思联络的数人侵权行为。其中,无意思联络的数人侵权行为又可以分为行为直接结合和行为间接结合两种,前者承担连带责任,后者承担按份责任。

根据《民法典》的规定,数人侵权行为包括共同侵权行为、教唆帮助行为、共同危险行为、无意思联络数人侵权行为。其中,无意思联络数人侵权行为包括累积因果关系的侵权行为,同时无意思联络数人侵权行为不再细分为行为直接结合和行为间接结合。

第二节 共同侵权行为与责任

一、共同侵权行为的概念

共同侵权行为是指二人以上共同故意或者共同过失侵害他人权益,依法承担连带责任的行为。共同故意或者共同过失,是共同侵权行为人承担连带责任的正当性所在。

二、共同侵权行为的构成要件

共同侵权行为需要以下构成要件:

(一) 行为人为二人以上

共同侵权行为主体应当多于一人,由此产生数个行为人作为一方对受害人的责任承担以及彼此之间的责任认定和分担问题。这里的主体,可以是自然人,也可以是法人或者其他组织。在行为人为自然人的场合,作为共同侵权行为的主体,需要具备民事责任能力。我国民法没有关于民事责任能力的规定,因此,可以以民事行为能力代之。

(二) 行为的关联性

共同侵权行为的数个行为人,每个人都实施了加害行为。这些行为结合在一起,形成一个有机整体,共同造成了损害后果,各行为彼此之间具有密切的关联性。

(三) 共同的过错

传统民法学说认为,共同侵权行为以共同的过错为必要,这种共同过错可以是共同的故意,也可以是共同的过失,还可以是故意和过失的混合。[①] 传统民法学说将共同的意思作为若干行为人承担连带责任的基础,此即所谓意思共同说。

2003 年的《人身损害赔偿解释》第 3 条第 1 款规定,在没有共同的故意或者共同的过失的情况下,数人侵害行为的直接结合也可以构成共同侵权行为。此条规定将无意思联络数人侵权中行为直接结合的部分纳入共同侵权行为。这种情况被称为行为共同说。

《民法典》第 1172 条规定,二人以上分别实施侵权行为造成同一损害,能够确定责任大小的,各自承担相应的责任;难以确定责任大小的,平均承担赔偿责任。由此可见,《民法典》重新回到了传统民法意思共同说的立场。

[①] 在一方是故意、一方是过失的情况下,是否还可谓"共同",值得讨论。当然,这首先取决于规范目的,其次才取决于由此导致的对"共同"一词的理解。

（四）结果的单一性

数个侵权人虽然实施了多个侵权行为，但数个行为造成了同一的损害结果，该损害结果不可分割。

三、共同侵权行为的责任

共同侵权行为较之单独侵权行为，人数多，加害人主观恶性更大，由于共同的故意或者过失，所造成的损害程度一般也更为严重，因此，共同侵权人对受害人承担连带责任。《民法典》第178条第1款规定，二人以上依法承担连带责任的，权利人有权请求部分或者全部连带责任人承担责任。共同侵权行为的每个行为人都要对受害人所遭受的侵害承担全部责任。受害人有权请求全部行为人或者其中部分行为人承担全部的侵权责任。部分行为人向受害人承担全部责任后，即解除了全部行为人的责任；受害人的请求权全部实现后，就不得再次提出请求。共同侵权人的连带责任是一种法定责任，不因加害人内部的约定而有所改变。

共同侵权人向受害人承担责任后，其内部责任如何分配，有两种不同主张。一种主张认为，各加害人之间应当平均分担，不需要考虑相关的过错程度及原因力等因素。另一种主张认为，应当根据各加害人的过错程度以及其行为与损害结果之间原因力的比例来分担责任。只有在彼此的过错程度及原因力的大小无法区分时，才可以平均分担。《民法典》第178条第2款规定，连带责任人的责任份额根据各自责任大小确定；难以确定责任大小的，平均承担责任。实际承担责任超过自己责任份额的连带责任人，有权向其他连带责任人追偿。可见，《民法典》采后一主张。

此外，需要考虑的一个问题是，受害人是否可以免除部分加害人的侵权责任。这一问题应当从实体和程序两个角度加以分析。从实体角度来看，受害人无权仅免除部分加害人的责任，而只让其他加害人承担侵权责任。因为共同侵权责任是连带责任，每个侵权人都应当承担全部责任，同时其内部还有责任的分担，因此，受害人无权免除部分加害人的责任。或者说，受害人无法仅仅免除部分加害人的责任。因为，受害人如果只选择部分侵权人承担全部责任后，承担责任的侵权人有权向未承担责任的其他加害人进行追偿。也就是说，向未承担责任的侵权人进行追偿是已经承担责任的侵权人的权利，受害人无权干涉。如果免除部分侵权人的责任，其所承担的相应部分也不应当由其他人承担。从程序的角度看，根据连带责任制度，受害人可以选择共同侵权人中的一个或者几个，也可以选择全部侵权人来承担责任。因此在诉讼中，受害人可以起诉全部侵权人，也可以只起诉部分侵权人。这样才可以更好地保护受害人的利益。

第三节 教唆行为、帮助行为及其责任

一、教唆行为

(一) 教唆行为的概念与特征

教唆行为是指利用一定方式对他人进行开导、说服,或者通过怂恿、刺激、利诱等办法使被教唆者接受教唆意图的行为。

教唆行为具有以下特征:

(1) 教唆行为采取的是积极的作为形式,可以通过开导、说服、怂恿、刺激、利诱、收买、授意等方法进行。它既可以用口头方式或者书面方式进行,也可采用打手势、使眼神等方式进行;既可以是公开的,也可以是秘密的。

(2) 教唆者主观上大多是故意的,他不仅认识到自己的教唆行为会使被教唆者产生侵权的意图并可能实施侵权行为,而且认识到被教唆者行为导致的后果,并希望或者放任这种结果的发生。在某些情况下,因疏忽而向他人作出不正当的指示,致使他人加害于第三人的,亦构成过失的教唆。

(3) 教唆的内容是教唆他人接受教唆意图,并实施特定的侵权行为。

(二) 教唆行为与被教唆者的加害行为构成共同侵权的要件

教唆行为与被教唆者的加害行为构成共同侵权的要件如下:

(1) 教唆者实施了教唆行为,被教唆者按教唆内容实施了加害行为,二者之间具有因果关系。如果被教唆者未按教唆内容实施加害行为,则不构成共同侵权。

(2) 教唆者与被教唆者主观上要有共同过错。如教唆者和被教唆者主观上都是故意,则其共同行为构成损害结果发生的原因,当然构成共同侵权。如教唆者主观上是故意,而被教唆者主观上是过失,仍可构成共同侵权。即使教唆者与被教唆者主观上都是过失,亦可以构成共同侵权。

(3) 教唆者和被教唆者都是完全民事行为能力人。如果被教唆者是无民事行为能力人或者限制民事行为能力人,则由教唆者单独承担责任。该无民事行为能力人、限制民事行为能力人的监护人未尽到监护职责的,应当承担相应的责任。

二、帮助行为

(一) 帮助行为的概念与特征

帮助行为,是指通过提供工具、指示目标或者以语言激励等方式在物质上或者精神上帮助他人实施侵权行为的行为。

帮助行为具有以下特征：

(1) 帮助的形式一般应是积极的作为，只有在行为人具有作为义务并与实施加害行为人之间具有共同故意的情况下，不作为的方式才可能构成帮助。帮助行为的方式很多，包括提供工具、指示目标、言语激励等，它可以是物质上的，也可以是精神上的。

(2) 帮助行为的内容主要是从物质或者精神上帮助他人实施侵权行为，在行为的实施过程中只起辅助作用，这是它与教唆行为的主要区别。

(3) 帮助者主观上一般出于故意，与被帮助者具有共同致人损害的意思联络，但在特殊情况下，不知他人的行为为侵权行为而提供帮助，对加害行为起到了辅助作用的，亦构成共同侵权。帮助人出于故意对加害人提供帮助，而加害人不知帮助人提供的帮助，也应当构成共同侵权。

(二) 帮助行为与被帮助行为构成共同侵权的要件

帮助行为与被帮助行为构成共同侵权的要件如下：

(1) 帮助者与被帮助者分别实施了帮助行为和加害行为。

(2) 帮助者与被帮助者之间主观上具有共同过错。

(3) 帮助者和被帮助者都是完全民事行为能力人。如果被帮助者是无民事行为能力人或者限制民事行为能力人，则由帮助者单独承担责任。该无民事行为能力人、限制民事行为能力人的监护人未尽到监护职责的，应当承担相应的责任。

三、教唆行为、帮助行为的责任

《民法典》第 1169 条规定："教唆、帮助他人实施侵权行为的，应当与行为人承担连带责任。教唆、帮助无民事行为能力人、限制民事行为能力人实施侵权行为的，应当承担侵权责任；该无民事行为能力人、限制民事行为能力人的监护人未尽到监护职责的，应当承担相应的责任。"

据此，教唆、帮助完全民事行为能力人实施侵权行为的，教唆行为、帮助行为与被教唆者、被帮助者的行为构成共同侵权行为，承担连带责任。

教唆、帮助无民事行为能力人、限制民事行为能力人实施侵权行为的，由教唆者、帮助者承担侵权责任。被教唆、被帮助的无民事行为能力人、限制民事行为能力人的监护人，根据监护情况承担相应的监护责任。

当教唆者、帮助者与被教唆者、被帮助者都是限制民事行为能力人或者无民事行为能力人时，责任应当如何构成？此时，二者之间没有区别，因此没有特别保护的必要。在责任构成上，对内成立连带责任，对外则适用监护人责任。

第四节 共同危险行为与责任

一、共同危险行为的概念

共同危险行为,又称准共同侵权行为,指二人以上实施危及他人人身或者财产安全的危险行为并造成损害后果,不能确定实际侵害行为人的情况。

二、共同危险行为的构成要件

共同危险行为需要以下构成要件:

其一,主体必须是二人以上。

其二,每个人都单独实施完成了危险行为。所谓危险行为,是指可能引发损害后果的行为。二个以上的主体都单独实施完成了可能引发损害后果的行为,彼此行为之间无关联或者结合关系。

其三,每个人都具有独立的过错,这些过错可能相同,但是彼此之间无意思联络。

其四,不能确定是哪个人的行为造成了损害后果。在因果关系方面,也许只有一个人的行为造成了损害后果,也许是多人的行为都与损害后果有因果关系,究竟如何,无法确定。如果能够确定具体侵权人的,则属于一般侵权行为,由侵权人承担责任。

三、共同危险行为的责任

《民法典》第1170条规定,二人以上实施危及他人人身、财产安全的行为,其中一人或者数人的行为造成他人损害,能够确定具体侵权人的,由侵权人承担责任;不能确定具体侵权人的,行为人承担连带责任。本条规定包含了两种情况。尽管二人以上都实施了危险行为,但能够确定具体侵权人的,就是一般侵权行为,由具体侵权人承担责任。不能确定具体侵权人的,属于共同危险行为,共同危险行为人要对受害人承担连带责任。承担责任的共同危险人内部可以进行追偿。

四、共同危险行为的免责事由

关于共同危险行为的免责事由,学说一直存在争论。一种观点认为,行为人必须证明实际侵权人,才可以免除自己的责任。另一种观点认为,行为人只要证明自己的行为与损害后果之间没有因果关系即可以免责。两种学说之间的区别在于利益衡量的不同。前者更注重保护受害人,认为后一学说可能导致所有行为人都证明因果关系不存在而全部免责,使得受害人无法获得赔偿的结果。《民法典》第1170条延续了《侵权责任法》第10条的规定,从其文义来看,不能确定具体加害人的,由行为人承担连带责任;换言之,只有确定具体加害人的情形下,其他行为人才可以免除责任。① 可见,《民法典》采纳了前一种观点。2020年修正前的《人身损害赔偿解释》第4条后段规定,共同危险行为人能够证明损害后果不是由其行为造成的,不承担赔偿责任。可见修正前的《人身损害赔偿解释》采纳了后一种观点。其理由在于行为人全部免责的情况甚为罕见,因此不能将法律规则建立在偶然情况上。作为弥补,人民法院在认定行为人主张自己行为与损害无因果关系的证明时,应当严格审查。另一方面,如果行为人能够证明损害确由某人所致,当然可以免除他的责任。

值得讨论的是,在共同危险行为中,行为人是否可以通过证明自己不存在过错而免责?在采过错归责的共同危险行为的情况下,过错当然是责任的前提,因此,既然因果关系不存在可以免责,过错不存在当然也可以免责。因为过错不存在本身说明某一行为人的行为不构成侵权行为,与因果关系的逻辑相同。

第五节 无意思联络的数人侵权行为与责任

一、无意思联络的数人侵权行为的概念

无意思联络的数人侵权是指数个行为人并无共同的过错,但由于数个行为的结合而导致同一损害后果的侵权行为。

2020年修正前的《人身损害赔偿解释》第3条将数人之间行为的结合方式分为直接结合和间接结合,前者承担连带责任,后者承担按份责任。《民法典》未采此种分类方法。

共同危险行为的数个行为人之间没有意思联络,因此也属于无意思联络的数人侵权。

二、无意思联络的数人侵权行为的类型

(一)承担连带责任的无意思联络数人侵权

《民法典》第1171条规定,二人以上分别实施侵权行为造成同一损害,每个人的侵权行为都足以造成全部损害的,行为人承担连带责任。

承担连带责任的无意思联络数人侵权需要满足以下要件:

(1) 行为人为二人以上。

---

① 参见王胜明主编:《中华人民共和国侵权责任法释义》,法律出版社2010年版,第67页。

(2)数个行为人分别实施了侵权行为,彼此之间没有任何的意思联络。

(3)损害后果同一。

(4)每个人的行为都足以造成全部损害结果。

每个人的行为与损害结果之间都有完全的因果关系,因此,此种侵权行为也被称为累积因果关系的侵权行为。累积的因果关系是此种侵权行为中无意思联络的数人承担连带责任的正当性所在。

(二)承担按份责任的无意思联络数人侵权

《民法典》第1172条规定,二人以上分别实施侵权行为造成同一损害,能够确定责任大小的,各自承担相应的责任;难以确定责任大小的,平均承担赔偿责任。

承担按份责任的无意思联络数人侵权需要满足以下要件:

(1)行为人为二人以上。

(2)数个行为人分别实施了侵权行为,彼此之间没有任何的意思联络。

(3)损害后果同一。

不存在累积因果关系的情况下,无意思联络数人侵权承担按份责任。责任大小如果能够确定,则各自承担相应的责任;责任大小难以确定的,平均承担赔偿责任。

第四十八章　各类侵权责任

第一节　各类侵权责任概述

通常民法教材都有一章写特殊侵权行为。所谓特殊侵权行为,是指构成要件不同于一般侵权行为构成要件的侵权行为。"特殊侵权行为之名称及规定所以出现,主要系着眼于该等类型之侵权行为,尚与过失责任有别之故。"[1]有些特殊侵权行为的特殊性并不在于不适用过错责任,而是侵权的主体不同。例如公务员侵权责任、定作人侵权责任等。对共同侵权行为有学者将其列为一般侵权行为[2],有学者将其列为特殊侵权行为[3]。有学者不用特殊侵权行为概念,而讲"各种之侵权行为",包括的范围也不同于特殊侵权行为,其中有:(1)侵害他人之权利;(2)违反善良风俗;(3)违反保护他人之法律;(4)无民事行为能力人之赔偿责任;(5)对第三人侵权行为之责任(其中包括法定代理人对于受监督人侵权行为之责任、雇用人对于受雇人侵权行为之责任、定作人对于承揽人侵权行为之责任);(6)对物所负损害赔偿之责任(包括动物占有人所负之赔偿责任、建筑物所有人所负之赔偿责任);(7)公务员之赔偿责任。[4]

本章讲的15类侵权责任,有些类型是习惯上通常所称的特殊侵权责任,有些在侵权责任构成要件上没有特殊性,而是新出现的不同类型的侵权责任。因此不称特殊侵权行为,而总称各类侵权责任。排列顺序根据《民法典》侵权责任编第三章到第十章的规定确定。

《民法典》将包括共同侵权在内的数人侵权规定在第一章,而且各类侵权行为都可能发生数人侵权包括共同侵权的情况。因此,本书将数人侵权包括共同侵权独立成章,而没有将其纳入本章的内容。

---

[1] 邱聪智:《民法债编通则》,台湾瑞明彩色印刷有限公司1990年版,第127页。
[2] 史尚宽:《债法总论》,中国政法大学出版社2000年版,目录第2页。
[3] 王泽鉴:《民法概要》,中国政法大学出版社2003年版,第214—215页;邱聪智:《民法债编通则》,台湾瑞明彩色印刷有限公司1990年版,第107—108页。
[4] 梅仲协:《民法要义》,中国政法大学出版社1998年版,第188—198页。

第二节 监护人责任

一、无民事行为能力人、限制民事行为能力人致人损害侵权行为的概念

无民事行为能力人、限制民事行为能力人致人损害的侵权行为,也称为被监护人的侵权行为,从字面意思理解,无民事行为能力人、限制民事行为能力人致人损害的侵权行为是指作为被监护人的无民事行为能力人和限制民事行为能力人侵犯他人合法权益的行为。但是,这里讨论被监护人侵权行为,重点在于,被监护人的行为何时构成侵权行为,以及被监护人侵权行为的责任如何承担。因此,讨论被监护人侵权行为时,实际上要考察这两方面。

《民法典》第1188条规定:"无民事行为能力人、限制民事行为能力人造成他人损害的,由监护人承担侵权责任。监护人尽到监护责任的,可以减轻其侵权责任。有财产的无民事行为能力人、限制民事行为能力人造成他人损害的,从本人财产中支付赔偿费用;不足部分,由监护人赔偿。"

二、无民事行为能力人、限制民事行为能力人致人损害侵权行为的认定

认定无民事行为能力人、限制民事行为能力人致人损害侵权行为,需要注意以下几点:

(1) 行为主体是无民事行为能力人、限制民事行为能力人,即被监护人。

侵权行为由无民事行为能力人、限制民事行为能力人实施,无民事行为能力人、限制民事行为能力人是行为主体。

(2) 关于无民事行为能力人、限制民事行为能力人致人损害侵权行为的归责原则。

根据民法关于民事行为能力的规定及理论,无民事行为能力人、限制民事行为能力人的精神意识状态存在瑕疵。基于此,即使采取客观说,也无法对其过错进行评价。所以,所谓无民事行为能力人、限制民事行为能力人侵权行为的归责原则,实际上是要考察监护人承担侵权责任时的归责原则。在被监护人方面,只要求其行为客观上侵犯了他人的合法权益。

三、监护人责任的承担

根据《民法典》第1188条的规定,被监护人侵权行为的后果由其监护人来承担。在被监护人侵权行为中,行为主体和责任主体相分离,行为主体是被监护人,责任主体是其监护人。监护人承担责任的归责原则是无过错责任,即只要被监护人的行为构成侵权行为,监护人就应当承担侵权责任。如果监护人尽到了

监护责任,可以减轻其责任。具体在损害赔偿方面,如果被监护人自己有财产的,则由该财产来支付。不足部分,由监护人赔偿。

《民法典》第1189条规定,无民事行为能力人、限制民事行为能力人造成他人损害,监护人将监护职责委托给他人的,监护人应当承担侵权责任;受托人有过错的,承担相应的责任。本条是《民法典》新增的规定。值得讨论的是,受托人因过错承担相应的责任,究竟是对内责任还是对外责任?即,是直接对受害人承担的责任,还是监护人对受害人承担责任后,受托人向监护人承担的责任?从文意来看,两种解释都可以成立。此时需要解释规范目的。如果规范目的是要保护受害人,则应当让受托人直接对受害人承担责任。

第三节 完全民事行为能力人暂时丧失意识侵权责任

一、完全民事行为能力人暂时丧失意识侵权行为的概念

完全民事行为能力人暂时丧失意识的侵权行为是指完全民事行为能力人因为各种原因导致意识暂时丧失的情况下造成他人民事权益受损的行为。

完全民事行为能力人暂时丧失意识的原因很多。根据其对暂时丧失意识造成他人损害是否存在过错为标准,可以将完全民事行为能力人暂时丧失意识的侵权行为分为两种情况,两种情况下存在不同的责任配置。

二、完全民事行为能力人对其行为暂时丧失意识存在过错时的侵权责任

《民法典》第1190条第1款前段规定,完全民事行为能力人对自己的行为暂时没有意识或者失去控制造成他人损害有过错的,应当承担侵权责任。

完全民事行为能力人对其行为暂时丧失意识或者失去控制存在过错的,要为因其过错给他人造成的损害承担责任。此种过错多体现为过失,即行为人在意识暂时丧失或者失去控制之前,应当预见到因自己过错可能导致自己暂时丧失意识或者失去控制,有可能给他人造成损害。

《民法典》第1190条第2款规定,完全民事行为能力人因醉酒、滥用麻醉药品或者精神药品对自己的行为暂时没有意识或者失去控制造成他人损害的,应当承担侵权责任。

因醉酒、滥用麻醉药品或者精神药品导致自己暂时失去意识或者失去控制,属于典型的过错。第2款单独列举这几种情况,是对这些过错应当承担责任的强调。

三、完全民事行为能力人对其行为暂时丧失意识没有过错时的侵权责任

《民法典》第1190条第1款后段规定,完全民事行为能力人对自己的行为暂时没有意识或者失去控制造成他人损害没有过错的,根据行为人的经济状况对受害人适当补偿。

完全民事行为能力人对其行为暂时丧失意识或者失去控制造成他人损害不存在过错的,不承担侵权责任。但是,行为人不承担责任时,损害必然只能由受害人自己承担。这样的结果,对受害人有失公平。因此,第1款后段规定,行为人应当对受害人进行适当补偿,客观上是在双方当事人之间分担损失。分担损失时,要考虑行为人的经济状况,同时也应当考虑受害人的损失情况。

第四节 职务侵权行为与责任

一、职务侵权行为的概念

职务侵权行为,是指工作人员在履行职务过程中造成他人损害的侵权行为。

二、职务侵权行为的构成

构成职务侵权行为,需要具备以下条件:

1. 工作人员与用人单位之间存在职务关系

此处的职务关系中,一方为用人单位,包括各种法人或者非法人组织,另一方是个人。用人单位与其工作人员形成的各种工作关系,包括政府部门与公务员之间的关系、国有或者私人企业与员工之间的关系,都属于这里的职务关系。《民法通则》第121条曾专门规定国家机关工作人员的侵权行为,《民法典》将其纳入到第1191条中,形成统一的职务侵权行为。

2. 工作人员实施了侵害他人合法权益的行为

工作人员实施的侵害他人合法权益的行为,根据侵权行为构成要件来认定。

3. 工作人员侵害他人合法权益的行为发生在执行工作任务过程中

用人单位是否要为工作人员的行为承担侵权责任,取决于致人损害的行为是否是执行工作任务即职务行为。职务行为由用人单位承担责任,非职务行为则由行为人自己承担责任。关于职务行为的认定,有主观说和客观说两种主张。主观说是以法人或者组织的意思或者其工作人员的意思为标准。客观说则以行为的外在表现为标准。一般认为,如果就外观来看,行为人的行为属于职务内容或者与履行职务有内在联系的,就应当由用人单位承担责任。

三、职务侵权行为的责任

《民法典》第1191条第1款规定,用人单位的工作人员因执行工作任务造成他人损害的,由用人单位承担侵权责任。用人单位承担侵权责任后,可以向有故意或者重大过失的工作人员追偿。

根据本条规定,只要工作人员因执行工作任务实施了侵权行为,侵权责任就由用人单位来承担。在用人单位和工作人员的内部关系方面,采无过错责任。对于受害人而言,工作人员是用人单位的组成部分,受害人只是与用人单位发生各种关系。用人单位的行为是否构成侵权行为,根据有关法律规定来确定。

用人单位因工作人员的行为向受害人承担责任后,可以向有故意或者重大过失的工作人员进行追偿。同时,用人单位也可以根据其他法律规定,追究工作人员的其他法律责任。

《民法典》采用了共同雇主模式。第1191条第2款规定,劳务派遣期间,被派遣的工作人员因执行工作任务造成他人损害的,由接受劳务派遣的用工单位承担侵权责任;劳务派遣单位有过错的,承担相应的责任。据此,被派遣人员行为的后果由接受派遣单位承担。劳务派遣单位仅在自己过错的范围内承担相应的责任。

第五节 个人劳务关系中的侵权行为与责任

一、个人劳务关系中侵权行为的概念与认定

劳务关系,是指一方为另一方提供劳动和服务而形成的法律关系。劳务关系可以发生在各种民事主体之间。《民法典》第1192条规定的是个人之间形成的劳务关系。劳务关系的基本特点是:一方为另一方提供劳动和服务,另一方享有劳动和服务的成果。个人劳务关系既可以是有偿的,也可以是无偿的。无论哪种劳务关系,个人劳务关系中的侵权行为必须是因劳务活动导致的侵权行为。

二、个人劳务关系中的侵权责任

《民法典》第1192条规定:"个人之间形成劳务关系,提供劳务一方因劳务造成他人损害的,由接受劳务一方承担侵权责任。接受劳务一方承担侵权责任后,可以向有故意或者重大过失的提供劳务一方追偿。提供劳务一方因劳务受到损害的,根据双方各自的过错承担相应的责任。提供劳务期间,因第三人的行为造成提供劳务一方损害的,提供劳务一方有权请求第三人承担侵权责任,也有权请求接受劳务一方给予补偿。接受劳务一方补偿后,可以向第三人追偿。"

据此,个人劳务关系中的侵权责任分为三种情形。

(一)提供劳务一方因劳务造成第三人损害的情形

提供劳务一方因劳务活动造成第三人损害,由接受劳务一方承担侵权责任。提供劳务一方劳务活动的成果由接受劳务一方享有,提供劳务一方因劳务造成

他人损害,产生的责任也应由接受劳务一方承担。提供劳务一方是行为主体,接受劳务一方是责任主体。劳务关系的存在,接受劳务一方为提供劳务一方的行为承担责任具有了正当性。接受劳务一方向受害人承担侵权责任后,可以向有故意或者重大过失的提供劳务一方追偿。

(二)提供劳务一方因劳务自身受到损害的情形

提供劳务一方因劳务自己受到损害的,要根据提供劳务一方和接受劳务一方各自的过错来分配责任。

(三)第三人造成提供劳务一方损害的情形

提供劳务一方因劳务遭受第三人侵害时,可以选择接受劳务一方或者第三人任何一方承担侵权责任。接受劳务一方与第三人承担不真正连带责任。其中接受劳务一方是中间责任人,第三人是终局责任人。提供劳务一方如果选择接受劳务一方承担责任,接受劳务一方承担的是补偿责任。接受劳务一方承担补偿责任后,可以向第三人追偿。

第六节 承揽关系中的侵权责任

一、承揽关系中侵权行为的概念

承揽关系中的侵权行为是指承揽人在完成工作过程中造成第三人损害或者承揽人自己损害的行为。

承揽是一种合同关系。《民法典》第770条规定:"承揽合同是承揽人按照定作人的要求完成工作,交付工作成果,定作人支付报酬的合同。"除当事人另有约定外,承揽人应当以自己的设备、技术和劳力,完成主要工作。

二、承揽关系中的侵权责任

《民法典》第1193条规定,承揽人在完成工作过程中造成第三人损害或者自己损害的,定作人不承担侵权责任。但是,定作人对定作、指示或者选任有过错的,应当承担相应的责任。

根据本条规定,承揽关系中因承揽人完成任务造成他人或者自己损害时的责任配置分为两种情况。

第一种情况,定作人原则上不对承揽人造成第三人损害或者造成自己损害的行为承担责任。在承揽关系中,承揽人以自己的设备、技术和劳力,独立完成工作任务。定作人只接受承揽人的工作成果,对承揽人的工作过程不施加任何影响,因此,定作人对承揽人在完成工作任务过程中对第三人或者自身造成的损害不承担责任。

第二种情况,定作人对定作、指示或者选任有过错的,应当承担相应的责任。所谓定作的过错,是指定作人委托加工、制作的定作物本身具有高度危险性或不法性。所谓指示的过错,是指定作人在定作物的制作过程或方法上所作出的指示有明显的过错。所谓选任的过错,是指定作人对承揽人的选择具有明显过错。① 当上述定作、指示或选任的过错与损害有因果关系时,定作人就要承担相应的责任。

第七节 网络侵权责任

一、网络侵权行为的概念

网络侵权行为是指通过互联网发生的各类侵害他人民事权益行为的总称。

自互联网出现之后,网络侵权也随之出现。互联网已经成为日常生活的重要组成部分,网络侵权行为日益频繁复杂。网络具有传输速度快、无边界等特点,网络侵权行为也表现出显著特点。《民法典》尽管没有将网络侵权独立成章,但是用了四个条文进行规范。

二、网络侵权行为的认定

认定网络侵权行为,需要注意以下几点:
(1)网络侵权行为的主体是网络用户或者网络服务提供者。
实施网络侵权行为的可能是网络用户,也可能是网络服务提供者。网络服务提供者包括技术服务提供者和内容服务提供者。
(2)网络侵权行为发生在互联网空间。
网络侵权行为一定发生在互联网空间,否则就不属于网络侵权行为。
(3)网络侵权行为给受害人在现实世界中造成了损害。
网络侵权行为发生在网络空间,但是受害人遭受的却是现实世界中的损害。有不少人认为网络世界属于虚拟世界,因此对自己的行为缺少必要的约束。但是大数据等技术的发展和网络实名制的推行,使得网络世界和现实已经成为一体。网络世界中每个行为都可以在现实中找到对应的主体。网络侵权行为造成的损害,也一定是现实世界中的损害。

---

① 参见最高人民法院民事审判第一庭编著:《最高人民法院人身损害赔偿司法解释的理解与适用》,人民法院出版社2004年版,第169—170页。

三、网络侵权责任的类型

(一) 网络用户侵权责任

《民法典》第 1194 条规定,网络用户利用网络侵害他人民事权益的,应当承担侵权责任。

此种情况下,网络是加害人侵害他人民事权益的手段,正如加害人利用其他手段侵害他人民事权益一样。网络用户侵权行为是否构成,要根据一般侵权行为以及网络侵权行为的构成要件综合判断。

(二) 网络服务提供者侵权责任

1. 网络服务提供者直接侵权责任

《民法典》第 1194 条规定,网络服务提供者利用网络侵害他人民事权益的,应当承担侵权责任。

此种情况下,网络服务提供者和网络用户承担的责任一样。《民法典》将网络用户和网络服务提供者一起放在第 1194 条中加以规定。

2. 网络用户侵权时网络服务提供者的侵权责任

网络用户侵权时网络服务提供者的侵权责任,根据网络服务提供者知悉侵权事实途径的不同,分为两种情况:

(1) 网络服务提供者接到侵权通知后未采取必要措施的侵权责任。

《民法典》第 1195 条规定:"网络用户利用网络服务实施侵权行为的,权利人有权通知网络服务提供者采取删除、屏蔽、断开链接等必要措施。通知应当包括构成侵权的初步证据及权利人的真实身份信息。网络服务提供者接到通知后,应当及时将该通知转送相关网络用户,并根据构成侵权的初步证据和服务类型采取必要措施;未及时采取必要措施的,对损害的扩大部分与该网络用户承担连带责任。权利人因错误通知造成网络用户或者网络服务提供者损害的,应当承担侵权责任。法律另有规定的,依照其规定。"根据本条规定,网络服务提供者不知道或者不应当知道网络用户利用网络实施侵权行为的,不承担侵权责任。权利人发现自己合法权益受到侵害后,首先需要向网络服务提供者发出通知。通知中应当包括自己的真实身份信息和认为构成侵权的初步证据。网络服务提供者往往会要求权利人通知中包含更多的内容,并设定专门唯一的通知渠道。如果权利人未通过该通知渠道、通知内容未满足其设定的要求,网络服务提供者往往以未收到权利人的通知或者以通知未满足其要求为由,拒绝采取下一步措施。本书作者认为,根据本条第 3 款,因错误通知造成网络用户或者网络服务提供者损害的,通知者需要承担侵权责任。从这个角度看,权利人应当会谨慎从事的。通知中包含了权利人的身份信息和构成侵权的初步证据,网络服务提供者就应当采取下一步措施了。如何构成"初步证据",需要在具体个案中分析。对于未通过网络服务提供者设定的通知渠道进行的通知是否构成通知,需要从一般人的角度判断网络服务提供者的要求是否合理。如果要求不合理,只要权利人按照一般人的通常理解进行了合理通知,则构成了通知。

网络服务者接到通知后,需要采取两个措施:其一是及时将该通知转送相关网络用户;其二是根据初步证据和服务类型采取删除、屏蔽、断开链接等必要措施。如果未及时采取必要措施,则要对损害扩大部分与侵权的网络用户承担连带责任。需要强调的是,此处要求的是"必要措施"。必要措施以停止侵权和不让损害扩大为原则。因为在这个阶段,主张权利被侵害者提供的仅仅是初步证据,是否构成侵权尚无确定权威的认定,如果采取措施的范围和程度过大,会对网络用户和网络服务提供者造成负面影响。因此,"必要措施"的判断既要考虑主张权利者的利益,也要兼顾网络用户和网络服务提供者的关切。如果网络服务提供者采取了过当的措施,网络用户是否可以要求网络服务提供者承担责任?《民法典》对此没有规定。本书作者认为,第1195条强调措施的必要性,就是要兼顾网络用户的合法利益。如果因措施过当,造成网络用户合法利益的损失,应当可以根据侵权法的一般条款,要求网络服务提供者承担责任。

《民法典》第1196条规定:"网络用户接到转送的通知后,可以向网络服务提供者提交不存在侵权行为的声明。声明应当包括不存在侵权行为的初步证据及网络用户的真实身份信息。网络服务提供者接到声明后,应当将该声明转送发出通知的权利人,并告知其可以向有关部门投诉或者向人民法院提起诉讼。网络服务提供者在转送声明到达权利人后的合理期限内,未收到权利人已经投诉或者提起诉讼通知的,应当及时终止所采取的措施。"

根据该条规定,网络用户接到通知后,可以向网络服务提供者提交包含初步证据不存在侵权的声明,作为对主张权利者的回复。网络服务提供者接到声明后,需要采取以下措施:其一,将声明转送权利主张者,同时告知其应当在合理期限内向有关部门投诉或者向法院起诉;其二,在合理期限内未收到权利主张者已经投诉或者起诉通知的,应当及时终止所采取的必要措施。

(2) 网络服务提供者知道侵权行为未采取必要措施的侵权责任。

《民法典》第1197条规定,网络服务提供者知道或者应当知道网络用户利用其网络服务侵害他人民事权益,未采取必要措施的,与该网络用户承担连带责任。

《侵权责任法》第36条第2款规定中曾只使用"知道"一词,造成适用上的困扰。实务处理中,网络服务提供者的"知道"不容易认定,往往都是根据其行为及其他证据推定的"应当知道"。《民法典》第1197条规定改为"知道或者应当知道",回归民法通常判断标准。

第八节　违反安全保障义务的责任

一、安全保障义务的概念与性质

（一）安全保障义务的概念

安全保障义务源自德国法上的一般安全注意义务，它是由法官在判例中扩大先危险行为的不作为责任得出的抽象概念。

所谓一般安全注意义务，是指行为人因特定的先危险行为，对一般人负有的防止危险发生的义务（即继续作为的义务）。如果先危险行为人应作为而不作为，导致损害的发生，则应承担相应的责任。①

安全保障义务是从一般安全注意义务中剥离出来的概念，它是指宾馆、商场、银行、车站、机场、体育场馆、娱乐场所等经营场所、公共场所的经营者、管理者或者群众性活动的组织者，应尽的在合理限度范围内使他人免受损害的义务。

（二）安全保障义务的性质

安全保障义务属于法定的基础性义务，当事人可以约定更高的注意义务，但是不得有低于或者排除安全保障义务的约定。

二、违反安全保障义务侵权行为的内容

《民法典》第 1198 条规定："宾馆、商场、银行、车站、机场、体育场馆、娱乐场所等经营场所、公共场所的经营者、管理者或者群众性活动的组织者，未尽到安全保障义务，造成他人损害的，应当承担侵权责任。因第三人的行为造成他人损害的，由第三人承担侵权责任；经营者、管理者或者组织者未尽到安全保障义务的，承担相应的补充责任。经营者、管理者或者组织者承担补充责任后，可以向第三人追偿。"

据此，违反安全保障义务致人损害的侵权行为主要包括以下内容：

（一）安全保障义务的主体

负有安全保障义务的主体是宾馆、商场、银行、车站、机场、体育场馆、娱乐场所等经营场所、公共场所的经营者、管理者或者群众性活动的组织者。管理宾馆、商场、银行、车站、机场、体育场馆、娱乐场所等经营场所、公共场所或者组织群众性活动的民事主体，从这些活动中获得利益，同时给社会一般公众带来一定的危险，并且最有可能以最低成本避免因这些活动带来的危险，因此，法律为这些主体施加安全保障义务。

---

① 参见王利明主编：《民法典·侵权责任法研究》，人民法院出版社 2003 年版，第 90—91 页。

安全保障义务主体管理的经营场所、公共场所或者组织的群众性活动不以有偿及经营活动为限，只要该活动具备与社会公众接触的主动性和客观上的可能性、现实性，即属于安全保障义务所针对的场所及活动。安全保障义务的保护对象不仅包括经营活动中的消费者、潜在的消费者以及其他进入公共场所的人，还包括虽没有交易关系，但以合乎情理的方式进入可被特定主体控制的对社会而言具有某种开放性场所的人。不向公众开放的场所，其经营者、管理者则不应当负有安全保障义务。

另外，根据《民法典》第1254条第2款的规定，物业服务企业等建筑物管理人也是安全保障义务的主体。

（二）违反安全保障义务侵权责任的归责原则

违反安全保障义务侵权责任适用过错责任原则。安全保障义务就其性质而言属于注意义务。未尽到适当的注意义务，即应认定为过错的存在。理解安全保障义务时需要注意，安全保障义务主体不是保险公司，也不是国家公安或者安全机关，因此，安全保障义务必须限定在合理限度范围内。合理限度范围的确定，需要根据具体情况，结合义务人所管理的公共场所和组织的群众性活动的性质，由法官在个案中加以判断。

（三）违反安全保障义务侵权责任的承担

违反安全保障义务侵权责任的承担有两种情况：

（1）安全保障义务人未尽合理限度范围内的安全保障义务致使他人遭受人身损害的，由安全保障义务人承担相应赔偿责任。

这种情况是指他人在安全保障义务人所管理的经营场所、公共场所或者组织的群众性活动中直接遭受人身损害，而这一结果的发生是因为安全保障义务人未尽合理限度范围内的安全保障义务，此时由义务人承担赔偿责任。

（2）因第三人侵权导致损害结果发生的，由实施侵权行为的第三人承担补充赔偿责任。安全保障义务人未尽到安全保障义务的，应当在其能够防止或者制止损害的范围内承担相应的补充责任。安全保障义务人承担责任后，可以向第三人追偿。

这种情况是指因第三人的原因造成受害人在安全保障义务人所管理的经营场所、公共场所或者组织的群众性活动中遭受人身损害。此时，应当根据一般侵权行为的构成要件要求第三人承担侵权责任。但是，如果安全保障义务人未尽到安全保障义务，就应当在其能够防止或者制止的范围内承担相应的补充赔偿责任。

安全保障义务人承担补充赔偿责任的前提是过错。补充赔偿责任的范围，要与义务人能够防止或者制止的范围相适应。需要根据具体情况，结合义务人所管理的经营场所、公共场所和组织的群众性活动的性质，由法官就个案加以判断。

第九节 校园伤害责任

一、校园伤害侵权行为的概念

校园伤害侵权行为是一个集合概念。它主要指导致未成年人在学校、幼儿园以及其他教育机构的教育活动中受到伤害的侵权行为。其内容既包括未成年人在幼儿园、学校以及其他教育机构受到来自幼儿园、学校、其他教育机构以及第三人的伤害,也包括未成年人在幼儿园、学校以及其他教育机构中对其他未成年人造成的伤害。

二、幼儿园、学校或者其他教育机构所承担义务的性质

根据《民法典》第1199条、第1200条及第1201条的规定,幼儿园、学校以及其他教育机构对在其中接受教育的未成年人承担的是教育、管理职责,而不是监护义务。

这里的教育机构包括公益性的,也包括营利性的;包括走读的,也包括全日制寄宿的。幼儿园等教育机构所承担的教育、管理职责应当限于学校等教育机构组织的教育、教学活动期间(包括其中的间歇,例如课间休息时间以及中午不离校的休息时间),以及教育机构负有管理责任的校舍、操场以及其他教育教学设施、生活设施范围内。在寄宿制教育机构,教育机构对整个寄宿期间的无民事行为能力人、限制民事行为能力人都负有教育、管理职责。

三、校园伤害侵权责任

(一)无民事行为能力人在教育机构中受到损害的责任承担

《民法典》第1199条规定,无民事行为能力人在幼儿园、学校或者其他教育机构学习、生活期间受到人身损害的,幼儿园、学校或者其他教育机构应当承担侵权责任;但是,能够证明尽到教育、管理职责的,不承担侵权责任。

无民事行为能力人的意思能力有限,因此无民事行为能力人在幼儿园、学校或者其他教育机构学习生活期间受到人身损害的,采过错推定原则。幼儿园、学校或者其他教育机构要想免除责任,需要自己来证明已经尽到教育、管理职责。

(二)限制民事行为能力人在教育机构中受到损害的责任承担

《民法典》第1200条规定,限制民事行为能力人在学校或者其他教育机构学习、生活期间受到人身损害,学校或者其他教育机构未尽到教育、管理职责的,应当承担侵权责任。

限制民事行为能力人在幼儿园、学校或者其他教育机构学习生活期间受到人身损害的,采过错责任原则。过错有无的证明责任,由受害人一方来承担。

在校园伤害责任的归责原则方面,《民法典》对无民事行为能力人和限制民事行为能力人采取了区别对待的立法政策。在受害人为无民事行为能力人的场合,采过错推定原则;在受害人为限制民事行为能力人的场合,采过错责任原则。原因在于,限制民事行为能力人的心智发育较无民事行为能力人已经逐渐成熟。同时,过错责任原则也鼓励学校等教育机构开展有利于限制民事行为能力人身心健康发展的各项活动,防止过度预防。

(三)无民事行为能力人、限制民事行为能力人在教育机构中受到第三人侵害时的责任承担

《民法典》第1201条规定,无民事行为能力人或者限制民事行为能力人在幼儿园、学校或者其他教育机构学习、生活期间,受到幼儿园、学校或者其他教育机构以外的第三人人身损害的,由第三人承担侵权责任;幼儿园、学校或者其他教育机构未尽到管理职责的,承担相应的补充责任。幼儿园、学校或者其他教育机构承担补充责任后,可以向第三人追偿。第三人造成无民事行为能力人或者限制民事行为能力人损害的,由第三人承担侵权责任。此处的第三人既包括在幼儿园、学校或者其他教育机构中学习的其他无民事行为能力人、限制民事行为能力人,也包括与教育机构无关的第三人。幼儿园、学校或者其他教育机构在未尽到管理职责的范围内,承担相应的补充责任。补充责任可以追偿。幼儿园、学校或者其他教育机构的老师以及其他工作人员不属于本条中的第三人,适用第1191条、第1199条和第1200条的规定。

四、监护人的责任

幼儿园、学校或者其他教育机构对无民事行为能力人、限制民事行为能力人承担的是教育、管理职责而不是监护义务,因此,未成年人进入学校等教育机构后,其监护人的监护义务并未转移。在校园伤害侵权行为发生后,幼儿园、学校或者其他教育机构要根据上述有关规定承担赔偿责任或者与其过错相适应的补充赔偿责任。如果无民事行为能力人、限制民事行为能力人在幼儿园、学校或者其他教育机构造成他人损害的,监护人则要根据《民法典》第1188条、第1189条承担相应的民事责任。

第十节 产品责任

一、产品缺陷致人损害侵权行为的概念

产品缺陷致人损害侵权行为,是指产品的制造者和销售者,因制造、销售的产品存在缺陷造成他人的人身或者财产损害而应当承担民事责任的行为。《民法典》侵权责任编第四章专门规定了产品责任。《产品质量法》对产品责任也有

规定。

二、产品缺陷致人损害侵权行为的认定

认定产品缺陷致人损害侵权行为,需要注意以下几点:

(一)产品有缺陷

所谓产品,《产品质量法》第2条第2款规定,本法所称产品是指经过加工、制作,用于销售的产品。所谓缺陷,《产品质量法》第46条规定,本法所称缺陷,是指产品存在危及人身、他人财产安全的不合理的危险;产品有保障人体健康和人身、财产安全的国家标准、行业标准的,是指不符合该标准。另外,根据该法第40条第1款的规定,下列情况也属于缺陷范围:(1)不具备产品应当具备的使用性能而事先未作说明的;(2)不符合在产品或者其包装上注明采用的产品标准的;(3)不符合以产品说明、实物样品等方式表明的质量状况的。第46条的规定是产品质量的底线。第40条第1款规定的内容则可以依当事人的特别约定而排除。

(二)人身、财产遭受损害

《产品质量法》第41条第1款规定,因产品存在缺陷造成人身、缺陷产品以外的其他财产(以下简称他人财产)损害的,生产者应当承担赔偿责任。据此,生产者承担赔偿责任的范围不包括缺陷产品本身的损失。《民法典》第1202条规定,因产品存在缺陷造成他人损害的,生产者应当承担侵权责任。据此,生产者承担赔偿责任的范围包括缺陷产品本身的损失。

《产品质量法》和《民法典》规定了不同的损害范围。尽管《民法典》整体上是一般法,《产品质量法》是特别法,但具体到侵权责任编的第四章而言,与《产品质量法》构成新法和旧法的关系。根据新法优先于旧法的规则,生产者承担责任的范围应当按照《民法典》第1202条来确定,即损害包括了缺陷产品本身的损失。

(三)须有因果关系

产品的缺陷与受害人的损害之间存在引起与被引起的关系,亦即产品缺陷是损害的原因,损害是产品缺陷的后果。确认该因果关系,一般应由受害人举证,一方面要证明缺陷产品被使用或者消费;另一方面要证明使用或者消费该缺陷产品导致了损害的发生。但对于高科技产品致人损害的侵权,理论上认为可以有条件地适用因果关系推定理论,即受害人证明使用或者消费某产品后发生了某种损害,且这种缺陷产品通常可以造成这种损害,即可以推定因果关系成立,除非产品的销售者、生产者等能够证明该因果关系不成立。

三、产品责任的责任主体

《产品质量法》第4条规定,生产者、销售者依照本法规定承担产品质量责任。《民法典》第1203条规定:"因产品存在缺陷造成他人损害的,被侵权人可以向产品的生产者请求赔偿,也可以向产品的销售者请求赔偿。产品缺陷由生产者造成的,销售者赔偿后,有权向生产者追偿。因销售者的过错使产品存在缺陷的,生产者赔偿后,有权向销售者追偿。"同时,《民法典》第1204条规定,因运输者、仓储者等第三人的过错使产品存在缺陷,造成他人损害的,产品的生产者、销售者赔偿后,有权向第三人追偿。

根据上述规定,产品责任的责任主体是产品的生产者和销售者。受害人如果因产品存在缺陷而遭受损害的,可以选择生产者、也可以选择销售者请求赔偿。承担责任的生产者或者销售者,可以在彼此之间向真正的责任者进行追偿。

如果是产品运输者、仓储者等第三人的过错使产品存在缺陷,产品的生产者、销售者赔偿后,可以向该第三人追偿。

《产品质量法》《民法典》中没有规定产品生产者的定义。最高人民法院在《关于产品侵权案件的受害人能否以产品的商标所有人为被告提起民事诉讼的批复》中对生产者进行了界定,即"任何将自己的姓名、名称、商标或者可资识别的其他标识体现在产品上,表示其为产品制造者的企业或者个人,均属于《民法通则》和《产品质量法》规定的'生产者'"。此外,一般认为,产品的进口商,可以视为产品的生产者。

四、产品责任的归责原则

关于产品缺陷致人损害侵权责任的归责原则,存在两种不同观点。一种观点认为产品责任是过错责任,另一种观点认为产品责任是无过错责任。本书认为,缺陷就是过错:有缺陷承担责任,没有缺陷就不承担责任。

五、产品责任的免责事由

《产品质量法》第41条第2款规定,生产者能够证明有下列情形之一的,不承担赔偿责任:(1)未将产品投入流通的;(2)产品投入流通时,引起损害的缺陷尚不存在的;(3)将产品投入流通时的科学技术水平尚不能发现缺陷的存在的。上述事项的举证责任应当由生产者承担。

六、产品责任的形式

(一)赔偿损失

《民法典》第1203条第1款规定,因产品存在缺陷造成他人损害的,被侵权人可以向产品的生产者请求赔偿,也可以向产品的销售者请求赔偿。

(二)停止侵害、排除妨碍、消除危险

《民法典》第1205条规定,因产品缺陷危及他人人身、财产安全的,被侵权人有权请求生产者、销售者承担停止侵害、排除妨碍、消除危险等侵权责任。

(三)停止销售、警示、召回

《民法典》第1206条规定:"产品投入流通后发现存在缺陷的,生产者、销售者应当及时采取停止销售、警示、召回等补救措施;未及时采取补救措施或者补救措施不力造成损害扩大的,对扩大的损害也应当承担侵权责任。依据前款规定采取召回措施的,生产者、销售者应当负担被侵权人因此支出的必要费用。"

(四)惩罚性赔偿

《民法典》第1207条规定,明知产品存在缺陷仍然生产、销售,或者没有依据前条规定采取补救措施,造成他人死亡或者健康严重损害的,被侵权人有权请求相应的惩罚性赔偿。

《食品安全法》第148条第2款规定,生产不符合食品安全标准的食品或者经营明知是不符合食品安全标准的食品,消费者除要求赔偿损失外,还可以向生产者或者经营者要求支付价款十倍或者损失三倍的赔偿金;增加赔偿的金额不足一千元的,为一千元。但是,食品的标签、说明书存在不影响食品安全且不会对消费者造成误导的瑕疵的除外。

七、产品责任的诉讼时效

《产品质量法》第45条规定:"因产品存在缺陷造成损害要求赔偿的诉讼时效期间为二年,自当事人知道或者应当知道其权益受到损害时起计算。因产品存在缺陷造成损害要求赔偿的请求权,在造成损害的缺陷产品交付最初消费者满十年丧失;但是,尚未超过明示的安全使用期的除外。"

八、责任竞合

在受害人为产品的购买者时,可以产生侵权责任和违约责任的竞合。《民法典》第186条规定,因当事人一方的违约行为,损害对方人身权益、财产权益的,受损害方有权选择请求其承担违约责任或者侵权责任。在受害人是产品的购买者时,意味着受害人与另一方当事人之间存在合同关系,受害人可以基于合同关系而主张违约责任;同时,因对方的违约行为造成受害人的人身、财产权益的损害,因此,也可以基于侵权而主张侵权责任。但是,对于合同关系以外的其他受害人,只能够主张侵权,因为合同关系具有相对性,无法约束合同关系以外的当事人。同时,同样由于合同相对性的存在,基于合同关系主张违约责任时,如果产品的生产者和销售者不是同一主体,违约责任只能够向销售者主张,而不能向生产者主张。

第十一节 道路交通事故责任

一、道路交通事故侵权行为的概念

道路交通事故是指道路交通参与人之间因违反道路交通安全法律法规或者因意外情况发生的导致人身或者财产损失的事故。

道路交通事故侵权行为指道路交通参与人因违反道路交通安全法律法规发生交通事故,导致他人人身或者财产损失,应当承担侵权责任的行为。

道路交通参与人包括机动车驾驶人、非机动车驾驶人及行人。道路交通事故侵权行为必须发生在道路上。《道路交通安全法》第119条第1项规定,道路,是指公路、城市道路和虽然在单位管辖范围但允许社会机动车通行的地方,包括广场、公共停车场等用于公众通行的场所。《道路交通安全法》第77条规定,车辆在道路以外通行时发生的事故,公安机关交通管理部门接到报案的,参照本法有关规定办理。

《民法典》侵权责任编第五章规定了机动车交通事故责任。机动车交通事故责任的范围要小于道路交通事故责任。第1208条规定,机动车发生交通事故造成损害的,依照道路交通安全法律和本法的有关规定承担赔偿责任。

二、道路交通事故侵权行为的类型

因道路交通事故主体的不同,道路交通事故侵权行为可以分为机动车之间发生的道路交通事故侵权行为以及机动车与非机动车驾驶人、行人之间发生的道路交通事故侵权行为。非机动车驾驶人之间以及非机动车驾驶人和行人之间因事故发生的侵权行为,《道路交通安全法》没有规定。《北京市实施〈中华人民共和国道路交通安全法〉办法》第71条规定,非机动车之间、非机动车与行人之间发生交通事故造成人身伤亡、财产损失的,由有过错的一方承担赔偿责任;双方都有过错的,按照各自过错的比例承担赔偿责任;无法确定双方当事人过错的,平均分担赔偿责任。

三、道路交通事故侵权行为的归责原则

机动车之间发生的道路交通事故侵权行为,适用过错责任原则。《道路交通安全法》第76条第1款第1项规定,机动车之间发生交通事故的,由有过错的一方承担责任;双方都有过错的,按照各自过错的比例分担责任。

机动车与非机动车驾驶人、行人之间发生的道路交通事故侵权行为应当适用什么样的归责原则,存在非常激烈的争论。

2003年的《道路交通安全法》第76条第1款第2项规定,机动车与非机动车驾驶人、行人之间发生交通事故的,由机动车一方承担责任;但是,有证据证明非机动车驾驶人、行人违反道路交通安全法律、法规,机动车驾驶人已经采取必要处置措施的,减轻机动车一方的责任。据此,机动车与非机动车驾驶人、行人之间发生交通事故的,由机动车一方承担无过错责任。如果能够证明非机动车驾驶人、行人违反道路交通安全法律、法规,存在过错,而机动车驾驶人已经采取必要处置措施的,机动车一方的责任可以减轻。

2007年修正后的《道路交通安全法》第76条第1款第2项规定,机动车与非机动车驾驶人、行人之间发生交通事故,非机动车驾驶人、行人没有过错的,由机动车一方承担赔偿责任;有证据证明非机动车驾驶人、行人有过错的,根据过错程度适当减轻机动车一方的赔偿责任;机动车一方没有过错的,承担不超过10%的赔偿责任。① 据此,机动车与非机动车驾驶人、行人之间发生交通事故时,要根据过错程度来确定彼此的责任。按照第76条第1款第2项规定的第一段,非机动车驾驶人、行人没有过错的,要由机动车一方来承担责任。但是,结合该规定第三段,无论非机动车驾驶人、行人有没有过错,只要机动车一方没有过错,就只承担不超过10%的责任。在双方都没有过错的情况下,让机动车一方承担不超过10%的责任,体现了法律向非机动车驾驶人、行人一方的倾斜。② 机动车一方有过错的,承担过错责任。双方都有过错的,各自按照过错程度承担责任。

2003年的《道路交通安全法》第76条第2款规定,交通事故的损失是由非机动车驾驶人、行人故意造成的,机动车一方不承担责任。据此,只有非机动车驾驶人、行人故意造成交通事故的情况下,机动车一方才可以免责。

2007年修正后的《道路交通安全法》第76条第2款规定,交通事故的损失是由非机动车驾驶人、行人故意碰撞机动车造成的,机动车一方不承担赔偿责任。比较而言,修改后的条文对非机动车驾驶人、行人的故意进行了更加明确的限定。③

道路交通事故参与人过失的认定采客观化标准,以违反道路交通法律法规来判断。此点从修改后的《道路交通安全法》第76条的措辞中可以得到验证。

---

① 2011、2021两次修正均延续了这一规定。
② 这一规定,基本上回归到了1991年《道路交通事故处理办法》的规定。《道路交通事故处理办法》第44条规定:"机动车与非机动车、行人发生交通事故,造成对方人员死亡或者重伤,机动车一方无过错的,应当分担对方10%的经济损失。但按照10%计算,赔偿额超过交通事故发生地十个月平均生活费的,按十个月的平均生活费支付。前款非机动车、行人一方故意造成自身伤害或者进入高速公路造成损害的除外。"
③ 2011、2021两次修正均延续了这一规定。

在道路交通事故侵权行为中,很多情况是当事人双方都有过错,因此,过错相抵在道路交通事故侵权中会经常用到。

四、交通事故的认定

道路交通事故发生后,首先应当由公安机关交通管理部门对事故进行处理,及时制作交通事故认定书。交通事故认定书是确定道路交通事故侵权责任非常重要的依据。一方面,道路交通事故的现场处理具有专业性;另一方面,如果发生诉讼,法官不可能回到过去到现场进行勘验,关于事实的认定只能够依赖公安机关交通管理部门出具的事故认定书。《道路交通事故解释》第24条规定,公安机关交通管理部门制作的交通事故认定书,人民法院应依法审查并确认其相应的证明力,但有相反证据推翻的除外。事故认定书不仅是认定事实的依据,也是认定双方过错及过错程度的依据。

五、机动车交通事故中的保险

机动车交通事故是现代社会常发的事故。为对受害人加以更充分救济,也为减少、分散机动车驾驶人的风险,机动车一方的责任保险制度日益发展起来。机动车责任保险分为强制保险和自愿商业保险两大类型。

《民法典》第1213条规定,机动车发生交通事故造成损害,属于该机动车一方责任的,先由承保机动车强制保险的保险人在强制保险责任限额范围内予以赔偿;不足部分,由承保机动车商业保险的保险人按照保险合同的约定予以赔偿;仍然不足或者没有投保机动车商业保险的,由侵权人赔偿。

据此,机动车交通事故责任首先由强制保险、商业保险顺序承担,不足部分,由侵权人承担。

六、机动车交通事故责任的类型

(一)租赁、借用机动车发生交通事故后的责任承担

《民法典》第1209条规定,因租赁、借用等情形机动车所有人、管理人与使用人不是同一人时,发生交通事故后造成损害,属于该机动车一方责任的,由机动车使用人承担赔偿责任;机动车所有人、管理人对损害的发生有过错的,承担相应的赔偿责任。

之所以让机动车使用人承担赔偿责任,是因为使用人直接控制着机动车,更有能力和可能避免损害的发生。但是,如果所有人的过错对损害的发生造成了影响,则要承担相应的责任。根据《道路交通事故解释》第1条的规定,机动车所有人的过错包括:(1)知道或者应当知道机动车存在缺陷,且该缺陷是交通事故发生原因之一的;(2)知道或者应当知道驾驶人无驾驶资格或者未取得相应驾

驶资格的;(3)知道或者应当知道驾驶人因饮酒、服用国家管制的精神药品或者麻醉药品,或者患有妨碍安全驾驶机动车的疾病等依法不能驾驶机动车的;(4)其他应当认定机动车所有人或者管理人有过错的。

(二)转让机动车但未办理所有权移转手续期间发生交通事故后的责任承担

《民法典》第1210条规定,当事人之间已经以买卖或者其他方式转让并交付机动车但是未办理登记,发生交通事故后造成损害,属于机动车一方责任的,由受让人承担赔偿责任。

让受让人承担责任的原因,是因为受让人控制着机动车,更有能力和可能避免损害的发生。《道路交通事故解释》第2条规定,被多次转让但未办理转移登记的机动车发生交通事故造成损害,属于该机动车一方责任,当事人请求由最后一次转让并交付的受让人承担赔偿责任的,人民法院应予支持。

(三)以挂靠形式从事道路运输经营活动发生交通事故后的责任承担

《民法典》第1211条规定,以挂靠形式从事道路运输经营活动的机动车,发生交通事故造成损害,属于该机动车一方责任的,由挂靠人和被挂靠人承担连带责任。

所谓挂靠,是指为了满足车辆运输经营管理的需要,将自己实际拥有的机动车依附于具有运输经营手续的他人名下,由后者为前者代办各种法律手续,并以后者的名义对外进行运输经营活动的行为。挂靠经营规避了道路运输管理法律规范,无论是挂靠者还是被挂靠者皆为明知,都能从挂靠行为中获得利益。造成道路交通事故后,应当由二者承担连带责任。

(四)未经允许驾驶他人机动车发生交通事故后的责任承担

《民法典》第1212条规定,未经允许驾驶他人机动车,发生交通事故造成损害,属于该机动车一方责任的,由机动车使用人承担赔偿责任;机动车所有人、管理人对损害的发生有过错的,承担相应的赔偿责任,但是本章另有规定的除外。

未经允许驾驶他人机动车,机动车控制在使用人手中,因此应当由使用人承担责任。所有人、管理人如果对机动车疏于管理,则要为该过错承担责任。比如,机动车所有人离开车辆后,车辆仍处于点火状态且车门未关,此时若被好奇的未成年人上车开走发生交通事故,所有人、管理人则要为此承担相应责任。但是,如果机动车被盗窃、抢劫或者抢夺后发生交通事故,此时要适用《民法典》第1215条的规定,机动车所有人、管理人不承担责任。

(五)转让拼装或者报废机动车发生交通事故后的责任承担

《民法典》第1214条规定,以买卖或者其他方式转让拼装或者已达到报废标准的机动车,发生交通事故造成损害的,由转让人和受让人承担连带责任。《道路交通事故解释》第4条规定,拼装车、已达到报废标准的机动车或者依法禁止行驶的其他机动车被多次转让,并发生交通事故造成损害,当事人请求由所有的转让人和受让人承担连带责任的,人民法院应予支持。

《道路交通安全法》第 16 条规定,任何人不得拼装机动车。第 100 条第 1 款规定,驾驶拼装的机动车或者已达到报废标准的机动车上道路行驶的,公安机关交通管理部门应当予以收缴,强制报废。

可见,拼装机动车或者驾驶已达报废标准的机动车,是违法行为;买卖拼装机动车或者已达报废标准的机动车,也是违法行为。拼装或者报废的机动车,安全性能无法保障。因违法行为发生交通事故的,所有的转让人和受让人承担连带责任。

（六）盗窃、抢劫或者抢夺的机动车发生交通事故后的责任承担

《民法典》第 1215 条第 1 款规定,盗窃、抢劫或者抢夺的机动车发生交通事故造成损害的,由盗窃人、抢劫人或者抢夺人承担赔偿责任。盗窃人、抢劫人或者抢夺人与机动车使用人不是同一人,发生交通事故后造成损害,属于该机动车一方责任的,由盗窃人、抢劫人或者抢夺人与机动车使用人承担连带责任。盗窃、抢劫和抢夺属于犯罪行为。机动车辆被盗窃、抢劫或者抢夺后,机动车的所有人失去了对机动车的控制。相反,机动车由盗抢人控制,由其承担责任,既可能激励其避免损害的发生,也体现了对盗抢人的制裁和惩罚。

（七）发生交通事故后机动车驾驶人逃逸的责任承担

《民法典》第 1216 条规定,机动车驾驶人发生交通事故后逃逸,该机动车参加强制保险的,由保险人在机动车强制保险责任限额范围内予以赔偿;机动车不明、该机动车未参加强制保险或者抢救费用超过机动车强制保险责任限额,需要支付被侵权人人身伤亡的抢救、丧葬等费用的,由道路交通事故社会救助基金垫付。道路交通事故社会救助基金垫付后,其管理机构有权向交通事故责任人追偿。

（八）无偿搭乘非营运机动车发生交通事故后的责任承担

《民法典》第 1217 条规定,非营运机动车发生交通事故造成无偿搭乘人损害,属于该机动车一方责任的,应当减轻其赔偿责任,但是机动车使用人有故意或者重大过失的除外。

无偿搭乘机动车造成损害的,涉及两难的利益权衡。一方面,机动车使用人让他人无偿搭乘的行为属于好意帮忙,应当鼓励;另一方面,毕竟是在搭乘机动车的过程中由于机动车一方的责任发生了损害。二者权衡,减轻机动车一方的责任,客观上就是在双方当事人之间分担了损失。但机动车使用人有故意或者重大过失时,由其承担全部责任。

第十二节 医疗损害责任

一、医疗侵权行为的概念

医疗侵权行为,是指因医疗机构及其医务人员的过错,使患者在诊疗活动中受到损害,由医疗机构承担责任的行为。

医疗行为具有高度的专业性,医疗侵权责任属于专家责任的范畴。

二、医疗侵权行为的认定

认定医疗侵权行为,需要注意以下几点:

(1) 医疗机构及其医务人员实施了医疗行为。

医疗侵权行为发生在医务人员以医疗机构名义从事的医疗活动中。因此,医务人员是行为主体,医疗机构是责任主体。

(2) 患者遭受非正常的损失。

大多数医疗行为都具有侵袭性。因此,在医疗活动中遭受一定的侵袭,是医疗行为不可避免的。患者同意医疗机构为其实施治疗行为,视为患者同意接受这种侵袭行为及其后果。但是,这种侵袭必须是正常医疗行为导致的正常损失,如果超出了合理范围,则构成了非正常损失。

(3) 医疗机构存在过错。

医疗侵权责任为过错责任。医疗机构在诊疗活动中负担一定的义务。没有尽到这些义务,则构成过错。根据《民法典》第1222条的规定,医疗机构违反法律、行政法规、规章以及其他诊疗规范的规定;隐匿或者拒绝提供与纠纷有关的病历资料;遗失、伪造、篡改或者违法销毁病历资料的,推定其存在过错。

(4) 医疗过失行为与患者遭受的非正常损失之间具有因果关系。

医疗侵权行为中因果关系的认定是异常复杂的。一方面,医疗损害的造成,往往多因一果。到目前为止,人类对自身身体结构和机理的认识还非常有限,因此,一个损害后果的发生,很可能是多种因素的结果。另一方面,医疗活动的高度专业性,使得不具有专业知识的患者和法官,一般无法对此加以判断。医疗侵权的因果关系往往是通过专业机构的鉴定来认定。

三、医疗机构及其医务人员的义务

(一) 遵守诊疗规范的义务

诊疗规范是医疗机构及其医务人员从事诊疗活动的行为准则。医疗机构及其医务人员的一切诊疗活动都应当遵守诊疗规范。《民法典》第1222条第1项规定,违反法律、行政法规、规章以及其他有关诊疗规范的规定的,推定医疗机构有过错。一方面,医疗机构及其医务人员应当根据诊疗规范,适当履行检查、治疗等与当时医疗水平相应的各项诊疗义务。《民法典》第1221条规定,医务人员在诊疗活动中未尽到与当时的医疗水平相应的诊疗义务,造成患者损害的,医疗机构应当承担赔偿责任。此处"当时的医疗水平",应当扩大解释为包括地区、医疗机构的资质等因素。另一方面,医疗机构及其医务人员也不能违反诊疗规范进行过度医疗。《民法典》第1227条规定,医疗机构及其医务人员不得违反诊疗规范实施不必要的检查。

（二）如实说明的义务

《民法典》第1219条第1款规定,医务人员在诊疗活动中应当向患者说明病情和医疗措施。需要实施手术、特殊检查、特殊治疗的,医务人员应当及时向患者具体说明医疗风险、替代医疗方案等情况。不能或者不宜向患者说明的,应当向患者的近亲属说明。

（三）征得同意的义务

《民法典》第1219条第1款规定,需要实施手术、特殊检查、特殊治疗的,应当取得患者明确同意;不能或者不宜向患者说明的,应当取得其近亲属明确同意。

《民法典》第1220条规定,因抢救生命垂危的患者等紧急情况,不能取得患者或者其近亲属意见的,经医疗机构负责人或者授权的负责人批准,可以立即实施相应的医疗措施。

（四）如实记录、保管及提供病历资料的义务

《民法典》第1225条规定:"医疗机构及其医务人员应当按照规定填写并妥善保管住院志、医嘱单、检验报告、手术及麻醉记录、病理资料、护理记录等病历资料。患者要求查阅、复制前款规定的病历资料的,医疗机构应当及时提供。"

（五）对患者隐私和个人信息保密的义务

《民法典》第1226条规定,医疗机构及其医务人员应当对患者的隐私和个人信息保密。泄露患者的隐私和个人信息,或者未经患者同意公开其病历资料的,应当承担侵权责任。

四、医疗产品侵权行为

医疗产品侵权行为是指因药品、医疗设备等医疗产品存在缺陷造成患者损害的侵权行为。

《民法典》第1223条规定,因药品、消毒产品、医疗器械的缺陷,或者输入不合格的血液造成患者损害的,患者可以向药品上市许可持有人、生产者、血液提

供机构请求赔偿,也可以向医疗机构请求赔偿。患者向医疗机构请求赔偿的,医疗机构赔偿后,有权向负有责任的药品上市许可持有人、生产者、血液提供机构追偿。

五、医疗损害责任的免责事由

医疗侵权行为具有特殊性。医疗活动为人类所必需,人类对自身疾病的认知还非常有限。现有大多数医疗活动都具有侵袭性。许多医疗风险已经向患者或者其家属说明并征得同意。基于此,医疗侵权行为除可以适用一般侵权行为的免责事由外,还有一些特殊的免责事由。

《民法典》第1224条规定,患者在诊疗活动中受到损害,有下列情形之一的,医疗机构不承担赔偿责任:(1)患者或者其近亲属不配合医疗机构进行符合诊疗规范的诊疗。如果医疗机构及其医务人员也有过错的,应当承担相应的赔偿责任。(2)医务人员在抢救生命垂危的患者等紧急情况下已经尽到合理诊疗义务。(3)限于当时的医疗水平难以诊疗。

第十三节 环境污染和生态破坏责任

一、污染环境和生态破坏侵权行为的概念

污染环境和生态破坏是指由于人为原因而使人类赖以生存发展的空间和资源发生化学、物理、生物特征上的不良变化,以致影响人类健康的生产活动或者生物生存的现象。污染环境和生态破坏的侵权行为,是指污染环境和破坏生态造成人身、财产损害或者生态破坏而应承担民事责任的行为。

《民法典》第1229条规定,因污染环境、破坏生态造成他人损害的,侵权人应当承担侵权责任。

二、污染环境和生态破坏侵权行为的认定

认定污染环境和生态破坏致人损害侵权行为,需要注意以下几点:
(1)行为人有污染环境、破坏生态的行为。
(2)污染环境、破坏生态的行为与损害之间存在因果关系。

《民法典》第1230条规定,因污染环境、破坏生态发生纠纷,行为人应当就法律规定的不承担责任或者减轻责任的情形及其行为与损害之间不存在因果关系承担举证责任。据此,因果关系的证明实行倒置方式,由行为人举证证明因果关系的不存在。如果不能证明因果关系不存在,则推定因果关系的存在。法律规定的免责事由,也由行为人承担证明责任。

(3) 行为人污染环境、破坏生态的行为违反了国家保护环境防止污染的规定。《民法典》第1234条、第1235条规定的破坏生态环境损害以及第1232条规定的惩罚性赔偿均以违反国家规定为前提。第1229条中尽管没有沿用《民法通则》第124条的措辞,但国家保护环境防止污染的规定是认定污染环境、破坏生态侵权责任的重要标准。

(4) 污染环境和破坏生态侵权中的损害与一般侵权中的损害存在不同。环境污染和破坏生态造成的损害,有些是具体受害人遭受的现实损害,有些则是不容易确定具体受害人、需要长时间才能显现出来的生态损害。前者适用侵权法的一般规则,后者则需要特殊的规则。

三、环境污染责任的承担

(一) 数个行为主体时责任的承担

《民法典》第1231条规定,两个以上侵权人污染环境、破坏生态的,承担责任的大小,根据污染物的种类、浓度、排放量,破坏生态的方式、范围、程度,以及行为对损害后果所起的作用等因素确定。

需要注意的是,本条规定的是污染者之间内部如何分配责任的问题。在对外责任承担方面,还需要结合《民法典》关于数人侵权的有关规定来认定。

(二) 第三人过错时责任的承担

《民法典》第1233条规定,因第三人的过错污染环境、破坏生态的,被侵权人可以向侵权人请求赔偿,也可以向第三人请求赔偿。侵权人赔偿后,有权向第三人追偿。

(三) 环境影响评价机构、环境监测机构以及从事环境监测设备和防治污染设施维护、运营机构的责任

《环境保护法》第65条规定,环境影响评价机构、环境监测机构以及从事环境监测设备和防治污染设施维护、运营的机构,在有关环境服务活动中弄虚作假,对造成的环境污染和生态破坏负有责任的,除依照有关法律法规规定予以处罚外,还应当与造成环境污染和生态破坏的其他责任者承担连带责任。

四、惩罚性赔偿

惩罚性赔偿有助于遏制污染环境、破坏生态的行为。《民法典》第1232条规定,侵权人违反法律规定故意污染环境、破坏生态造成严重后果的,被侵权人有权请求相应的惩罚性赔偿。

五、破坏生态环境的特殊责任

《民法典》第1234条规定,违反国家规定造成生态环境损害,生态环境能够

修复的,国家规定的机关或者法律规定的组织有权请求侵权人在合理期限内承担修复责任。侵权人在期限内未修复的,国家规定的机关或者法律规定的组织可以自行或者委托他人进行修复,所需费用由侵权人负担。

《民法典》第1235条规定,违反国家规定造成生态环境损害的,国家规定的机关或者法律规定的组织有权请求侵权人赔偿下列损失和费用:(1)生态环境受到损害至修复完成期间服务功能丧失导致的损失;(2)生态环境功能永久性损害造成的损失;(3)生态环境损害调查、鉴定评估等费用;(4)清除污染、修复生态环境费用;(5)防止损害的发生和扩大所支出的合理费用。

第十四节 高度危险责任

一、高度危险作业致人损害侵权行为的概念

高度危险作业是指从事高空、高速、高压、易燃、易爆、剧毒及高放射性、强腐蚀性、高致病性等对周围的人身或者财产安全具有高度危险性的活动。因从事高度危险作业造成他人损害所应承担民事责任的行为就是高度危险作业致人损害的侵权行为。

《民法典》第1236条规定,从事高度危险作业造成他人损害的,应当承担侵权责任。社会发展需要不断创新,创新的活动及过程难免存在高度危险。许多事物在最初出现时,由于缺乏了解,往往会带来预见不到的危险;还有很多事物,在当时科技条件下,即使人们在操作、管理过程中极为谨慎,仍难免发生危险事故。基于此,法律一方面允许高度危险作业的存在,另一方面,高度危险作业者要为因此给他人带来的损害承担无过错责任。也正因为如此,高度危险责任一般都存在责任限额。《民法典》第1244条规定,承担高度危险责任,法律规定赔偿限额的,依照其规定,但是行为人有故意或者重大过失的除外。行为人因故意或者重大过失造成了损害,说明导致损害发生的不是高度危险本身,而是行为人的故意或者重大过失。此种情况与一般过错责任的归责情形相同。因此,不能适用基于高度危险责任享有责任限额。

二、高度危险作业致人损害侵权行为的认定

认定高度危险作业致人损害侵权行为,需要注意以下几点:
(1)行为人从事了高度危险的作业。

《民法典》侵权责任编第八章除第1236条对高度危险作业作了一般规定外,还有多个条文对高度危险作业的类型进行了列举。这些列举的类型,都属于高度危险作业。

(2) 行为人从事的高度危险作业与损害之间存在因果关系。

与产品责任一样,高度危险作业与损害之间的因果关系有时会非常复杂,所以,可以考虑在一定情况下适用因果关系推定的方法,由行为人对此承担证明责任。

(3) 高度危险作业致人损害的侵权行为适用无过错责任。

在高度危险作业致人损害的情况下,受害人对损害的发生无能为力,因此,一方面,无过错责任不会产生受害人一方的道德风险问题;另一方面,无过错责任有助于激励行为人投入适当的预防成本。如果行为人投入预防成本以及承担侵权责任后使得该作业入不敷出,说明对于社会而言,该作业给社会带来的成本要大于其带来的收益,因此可能没有存在的必要。就这一点而言,无过错责任具有纠错功能。

三、高度危险责任的类型

《民法典》侵权责任编第八章规定了高度危险责任的七种类型。

(一) 民用核设施的核事故责任

《民法典》第1237条规定,民用核设施或者运入运出核设施的核材料发生核事故造成他人损害的,民用核设施的营运单位应当承担侵权责任;但是,能够证明损害是因战争、武装冲突、暴乱等情形或者受害人故意造成的,不承担责任。

本条规范的对象是民用核设施而不是军用核设施;同时,本条规范的事故是核事故而不是一般的事故。民用核设施也可能发生一般的事故,比如核设施的墙体倒塌造成他人损害等。只有民用核设施或者运入运出的核材料发生核事故才属于高度危险责任,因为核设施墙体倒塌与其他设施的墙体倒塌没有任何区别。

民用核设施的核事故采无过错归责原则。核设施的经营者要想免除责任,需要自己证明损害是由于战争、武装冲突、暴乱等情形或者受害人故意造成的。

(二) 民用航空器责任

《民法典》第1238条规定,民用航空器造成他人损害的,民用航空器的经营者应当承担侵权责任;但是,能够证明损害是因受害人故意造成的,不承担责任。

本条规范的对象是民用航空器而不是军用航空器。由于高度危险责任的前提是存在高度危险,因此应当对本条作限缩解释,即只有与民用航空器特有危险相关的损害,民用航空器的经营者才承担无过错责任。比如,飞机座椅挤压衣服造成损害,不能适用第1238条。因为飞机座椅和其他座椅没有任何区别。

民用航空器的经营者要想免除责任,需要自己证明损害是由于受害人故意造成的。

(三) 占有、使用高度危险物责任

《民法典》第 1239 条规定，占有或者使用易燃、易爆、剧毒、高放射性、强腐蚀性、高致病性等高度危险物造成他人损害的，占有人或者使用人应当承担侵权责任；但是，能够证明损害是因受害人故意或者不可抗力造成的，不承担责任。被侵权人对损害的发生有重大过失的，可以减轻占有人或者使用人的责任。

易燃、易爆、剧毒、高放射性、强腐蚀性、高致病性等高度危险物的存在，会改变或者增加某地某时原有的危险，因此，占有或者使用行为本身即是责任产生的依据。但是，占有人或者使用人如果能够证明损害发生的原因不是高度危险物的危险，而是受害人的故意或者不可抗力，占有人或者使用人则不承担责任。如果损害是高度危险物的危险与被侵权人重大过失共同的结果，则占有人或者使用人的责任可以减轻。

(四) 高空、高压、地下挖掘活动或者使用高速轨道运输工具责任

《民法典》第 1240 条规定，从事高空、高压、地下挖掘活动或者使用高速轨道运输工具造成他人损害的，经营者应当承担侵权责任；但是，能够证明损害是因受害人故意或者不可抗力造成的，不承担责任。被侵权人对损害的发生有重大过失的，可以减轻经营者的责任。

从事高空、高压、地下挖掘活动或者使用高速轨道运输工具，会改变或者增加某地某时原有的危险，因此，活动本身即是责任产生的依据。但是，经营者如果能够证明损害发生的原因不是活动本身，而是受害人的故意或者不可抗力，经营者则不承担责任。如果损害是高空、高压、地下挖掘活动或者高速运输工具的危险与被侵权人的重大过失共同的结果，则经营者的责任可以减轻。

(五) 遗失、抛弃高度危险物责任

《民法典》第 1241 条规定，遗失、抛弃高度危险物造成他人损害的，由所有人承担侵权责任。所有人将高度危险物交由他人管理的，由管理人承担侵权责任；所有人有过错的，与管理人承担连带责任。

占有、使用高度危险物，因占有、使用而产生责任。高度危险物需要妥善保管，遗失、抛弃高度危险物使危险范围无限扩大。所有人或者管理人要为此承担责任。遗失、抛弃高度危险物责任本身没有免责事由，可见立法者对遗失、抛弃高度危险物者的严厉态度。

高度危险物由管理人管理的，管理人承担责任。所有人有过错的，与管理人承担连带责任。所有人的过错包括选任管理人、对管理人作出具体工作指示等。需要注意的是，此处的管理人不包括所有人的雇员。雇员的行为后果应当由所有人来承担。

(六) 非法占有高度危险物责任

《民法典》第 1242 条规定，非法占有高度危险物造成他人损害的，由非法占

有人承担侵权责任。所有人、管理人不能证明对防止非法占有尽到高度注意义务的,与非法占有人承担连带责任。

非法占有高度危险物本身即可以产生责任。非法占有,由非法占有者承担因此给他人造成损害的侵权责任。所有人、管理人对高度危险物的管理应当尽到高度注意义务,否则,与非法占有人承担连带责任。危险物的危险程度越高,保管的注意义务就越高。是否尽到高度注意义务,由所有人、管理人来证明。

(七) 未经许可进入高度危险区域责任

《民法典》第1243条规定,未经许可进入高度危险活动区域或者高度危险物存放区域受到损害,管理人能够证明已经采取足够安全措施并尽到充分警示义务的,可以减轻或者不承担责任。

本条规定究竟采何种归责原则,值得讨论。从文义来看,引发损害的原因是受害人未经许可进入不该进入的区域,管理人证明自己已经采取足够安全措施并尽到充分警示义务后,可以减轻或者免除责任。这意味着,管理人之所以承担责任或者承担较重责任,是因为没有采取足够安全措施并尽到充分警示义务。由此可见,本条采过错责任原则。在归责时,应当重点考察安全措施是否足够以及警示义务是否充分。

第十五节 饲养动物损害责任

一、饲养动物损害侵权行为的概念

饲养动物损害的侵权行为,是指因饲养的动物造成他人人身或者财产损害而由动物饲养人或者管理人承担侵权责任的行为。《民法典》侵权责任编第九章专章规定了饲养动物损害责任。

二、饲养动物损害侵权行为的认定

认定饲养动物损害侵权行为,需要注意以下几点:

(1) 该损害是由饲养的动物造成的。饲养的动物所对应的概念是野生的动物。饲养的动物,是指为人们管束喂养的动物。饲养的动物,一种是动物园饲养的,一种人们家庭饲养的。《民法典》侵权责任编对这两种情形都有规定。

(2) 该损害是由动物独立动作造成的。所谓动物独立的动作,是指动物自身的动作而非受外人驱使。例如,无人看管的恶狗在大街上咬伤行人,属于动物独立的动作。如果动物是在受人驱赶、命令的情况造成了伤害,则属于一般侵权行为,由驱赶、命令者承担责任。

三、饲养动物损害责任的类型

《民法典》规定了五种饲养动物损害责任类型：

（一）饲养动物损害的一般责任

《民法典》第1245条规定，饲养的动物造成他人损害的，动物饲养人或者管理人应当承担侵权责任；但是，能够证明损害是因被侵权人故意或者重大过失造成的，可以不承担或者减轻责任。

饲养动物损害责任采无过错归责原则，即只要饲养的动物造成他人损害，动物饲养人或者管理人就应当承担责任。责任人如果能够证明损害是被侵权人故意或者重大过失造成的，其责任可以减轻或者免除。对被侵权人的故意或者重大过失应当严格认定，只有被侵权人的故意或者重大过失是诱发动物致害的直接原因时，才能够作为责任免除或者减轻的事由。

《民法典》第1250条规定，因第三人的过错致使动物造成他人损害的，被侵权人可以向动物饲养人或者管理人请求赔偿，也可以向第三人请求赔偿。动物饲养人或者管理人赔偿后，有权向第三人追偿。

（二）违反管理规定时的动物损害责任

《民法典》第1246条规定，违反管理规定，未对动物采取安全措施造成他人损害的，动物饲养人或者管理人应当承担侵权责任；但是，能够证明损害是因被侵权人故意造成的，可以减轻责任。本条规定重在强调对动物管理有特别规定时动物饲养人或者管理人的责任。在违反管理规定尤其是未对动物采取安全措施造成他人损害时，除非被侵权人故意，即使被侵权人存在重大过失，也不能减轻动物饲养人或者管理人的责任。被侵权人故意，只能减轻而不能免除动物饲养人或者管理人的责任。

（三）禁止饲养的危险动物损害责任

《民法典》第1247条规定，禁止饲养的烈性犬等危险动物造成他人损害的，动物饲养人或者管理人应当承担侵权责任。

禁止饲养而饲养，要比违反管理规定的情节更为严重。因禁止饲养的烈性犬等危险动物造成他人损害的，动物饲养人承担无过错责任，不能免责。禁止饲养的危险动物存在本身即可极大增加某地某时的危险，因此，动物饲养人或者管理人承担无过错责任具有了正当性。

（四）动物园动物损害责任

《民法典》第1248条规定，动物园的动物造成他人损害的，动物园应当承担侵权责任；但是，能够证明尽到管理职责的，不承担侵权责任。

动物园动物致人损害，动物园承担过错推定责任。如果能够证明已经尽到管理职责的，动物园可以不承担责任。

(五) 遗弃、逃逸的动物损害责任

《民法典》第1249条规定,遗弃、逃逸的动物在遗弃、逃逸期间造成他人损害的,由动物原饲养人或者管理人承担侵权责任。

遗弃、逃逸动物损害采无过错责任。无过错责任的正当性在于促使动物饲养人或者管理人照管好饲养或者管理的动物,防止动物逃逸,不得随意遗弃动物。

第十六节 建筑物和物件损害责任

一、建筑物和物件致人损害侵权行为的概念

建筑物和物件致人损害侵权行为,是指建筑物或者其他设施以及建筑物上的搁置物、悬挂物等物件发生倒塌、脱落、坠落造成他人损害的侵权行为。

《民法典》侵权责任编第十章对建筑物和物件损害责任作了规定。

二、建筑物和物件致人损害侵权行为的认定

认定建筑物和物件致人损害侵权行为,需要注意以下几点:

(1) 建筑物、构筑物或者其他设施及其搁置物、悬挂物等物件发生倒塌、脱落、坠落。

(2) 建筑物和物件损害责任是一个集合概念,涵盖了与建筑物和物件损害有关的各种不同情况。不同类型的建筑物和物件致人损害行为采不同归责原则。有的采过错推定,有的采无过错责任。

三、建筑物和物件致人损害侵权行为及责任的类型

《民法典》侵权责任编第十章规定了以下八种建筑物和物件损害责任:

(一) 建筑物等倒塌致害责任

《民法典》第1252条规定:"建筑物、构筑物或者其他设施倒塌、塌陷造成他人损害的,由建设单位与施工单位承担连带责任,但是建设单位与施工单位能够证明不存在质量缺陷的除外。建设单位、施工单位赔偿后,有其他责任人的,有权向其他责任人追偿。因所有人、管理人、使用人或者第三人的原因,建筑物、构筑物或者其他设施倒塌、塌陷造成他人损害的,由所有人、管理人、使用人或者第三人承担侵权责任。"

本条规范了两种情形:

其一,如果建筑物、构筑物或者其他设施是因为建设、施工的质量缺陷倒塌、塌陷的,由建设单位、施工单位承担连带责任。如果存在其他责任人,包括设计

人、监理人等,即如果是因为设计缺陷或者监理工作中的疏漏造成建筑物等倒塌、塌陷的,建设单位、施工单位承担责任后,可以向设计人、监理人等追偿。建设单位、施工单位责任采过错推定责任。

其二,如果建筑物、构筑物或者其他设施并非因设计、施工原因倒塌、塌陷,而是因为所有人、管理人、使用人或者第三人的原因造成的,则由上述责任人根据法律规定承担相应责任。

(二) 建筑物等脱落、坠落致害责任

《民法典》第1253条规定,建筑物、构筑物或者其他设施及其搁置物、悬挂物发生脱落、坠落造成他人损害,所有人、管理人或者使用人不能证明自己没有过错的,应当承担侵权责任。所有人、管理人或者使用人赔偿后,有其他责任人的,有权向其他责任人追偿。

建筑物等脱落、坠落责任采过错推定原则,即所有人、管理人或者使用人需要证明自己没有过错,否则即应承担责任。此处之所以采过错推定,是因为受害人几乎无法证明所有人、管理人或者使用人存在过错。如果是其他责任人的原因造成的损害,所有人、管理人或者使用人赔偿后,可以向该责任人追偿。

(三) 高空抛物责任

《民法典》第1254条规定:"禁止从建筑物中抛掷物品。从建筑物中抛掷物品或者从建筑物上坠落的物品造成他人损害的,由侵权人依法承担侵权责任;经调查难以确定具体侵权人的,除能够证明自己不是侵权人的外,由可能加害的建筑物使用人给予补偿。可能加害的建筑物使用人补偿后,有权向侵权人追偿。物业服务企业等建筑物管理人应当采取必要的安全保障措施防止前款规定情形的发生;未采取必要的安全保障措施的,应当依法承担未履行安全保障义务的侵权责任。发生本条第一款规定的情形的,公安等机关应当依法及时调查,查清责任人。"

相对于《侵权责任法》第87条只有1款,本条规定增加为3款,内容更加丰富具体。可以分为以下几个方面:

(1) 禁止从建筑物中抛掷物品。这一禁止性规定,明确了从建筑物中抛掷物品的违法性。所有从建筑物中抛掷物品的行为都是法律禁止的。

(2) 从建筑物中抛掷物品或者从建筑物上坠落的物品造成他人损害,能够确定具体侵权人的,按照一般侵权行为来处理,由侵权人承担责任。所有人、管理人或者使用人则可能根据《民法典》第1253条承担责任。

(3) 经调查无法确定具体侵权人时,除能够证明自己不是侵权人的外,由可能加害的建筑物使用人给予补偿。

根据本条第3款,发生高空抛物或者坠物后,有关机关应当依法及时调查,查清责任人。经过调查后仍无法确定具体侵权人时,由可能加害的建筑物使用人给予补偿。可能加害的建筑物使用人要想免责,需要证明自己不是侵权人。要证明自己不是侵权人,可以证明自己根本没有实施抛物行为,比如,自己当时并未在家,同时家中也没有别人。同时,还可以证明自己不是可能的加害人,比如证明自己即使实施了抛物行为,也不可能造成该种后果。高层建筑物一楼、二楼的住户可以采取这种证明方式。让可能加害的建筑物使用人承担责任,有助于互相监督从而有利于发现真正的抛物者,从而从根本上减少或者杜绝抛物者,最终减少或者避免此类损害。使用"补偿"而不用"赔偿",表明这种责任不具有道德可责性。

(4) 可能加害的建筑物使用人承担补偿责任后,有权向侵权人追偿。经过有关机关调查仍无法发现具体侵权人,可能加害的建筑物使用人就应当承担补偿责任。当可能加害人承担了补偿责任后,具体侵权人被发现了,承担了补偿责任的可能加害人有权向具体侵权人追偿。受害人也可以向具体加害人主张未被补偿责任涵盖的部分损失。一个问题是:承担了补偿责任的可能加害人能否不向具体侵权人追偿,而是要求受害人返还承担的补偿责任?本书认为是可以的。因为补偿责任的基础是可能加害,出现具体加害人后,补偿责任人承担责任的基础"可能加害"就变成了"确定未加害",即可能加害人已经确定不是侵权人,再让他们承担责任就缺乏了正当性。因此,当具体侵权人出现后,补偿责任人可以向受害人要求返还承担的补偿责任,受害人只能向侵权人主张全部责任。可能加害人承担补偿责任后,向具体侵权人进行追偿,在司法实务中很可能会产生巨大争议。

(5) 物业服务企业等建筑物管理人应当采取必要的安全保障措施防止前述规定情形的发生;未采取必要的安全保障措施的,应当依法承担未履行安全保障义务的侵权责任。物业服务企业安全保障措施的内容需要根据具体情况确定。需要注意的是,物业服务企业是私主体,承担的是过错责任,不能将物业企业作为保险人,承担结果责任。

(四) 堆放物倒塌致害责任

《民法典》第1255条规定,堆放物倒塌、滚落或者滑落造成他人损害,堆放人不能证明自己没有过错的,应当承担侵权责任。

堆放物倒塌采过错推定。之所以采取过错推定,是因为在堆放物倒塌、滚落或者滑落后,受害人很难证明堆放人有过错,故采取推定的方式,由堆放人证明自己不存在过错。

(五) 公共道路上堆放、倾倒、遗撒物品致害责任

《民法典》第1256条规定,在公共道路上堆放、倾倒、遗撒妨碍通行的物品造成他人损害的,由行为人承担侵权责任。公共道路管理人不能证明已经尽到清理、防护、警示等义务的,应当承担相应的责任。

与《侵权责任法》第 89 条相比较,本条规定更加丰富而明确。有堆放、倾倒、遗撒行为的人承担无过错责任。同时,公共道路管理人承担过错推定责任,需要证明已经尽到清理、防护、警示等义务来免责。公共道路管理人承担的相应责任是什么责任?与行为人责任是什么关系?需要实务进一步总结。

(六)林木折断等致害责任

《民法典》第 1257 条规定,因林木折断、倾倒或者果实坠落等造成他人损害,林木的所有人或者管理人不能证明自己没有过错的,应当承担侵权责任。

林木折断等致害责任采过错推定原则。林木所有人或者管理人要想免责,需要自己来证明没有过错的存在。

(七)施工致人损害的侵权行为

《民法典》第 1258 条第 1 款规定,在公共场所或者道路上挖掘、修缮安装地下设施等造成他人损害,施工人不能证明已经设置明显标志和采取安全措施的,应当承担侵权责任。

在公共场所或者道路上进行施工,会给他人的安全带来威胁,使损害发生的概率上升,此时就要求造成危险的人采取一定措施预防、避免损害的发生。是否设置明显标志和采取安全措施,由施工人承担证明责任。

(八)地下设施致害责任

《民法典》第 1258 条第 2 款规定,窨井等地下设施造成他人损害,管理人不能证明尽到管理职责的,应当承担侵权责任。

地下设施致害责任采过错推定,地下设施的管理人要想免责,需要自己证明已经尽到管理职责,没有过错存在。

本编主要参考书目

1. 王泽鉴:《侵权行为》(第三版),北京大学出版社 2016 年版。
2. 王泽鉴:《损害赔偿》,北京大学出版社 2017 年版。
3. 陈聪富:《侵权行为法原理》(第二版),台湾元照出版有限公司 2018 年版。
4. 陈聪富:《因果关系与损害赔偿》,台湾元照出版有限公司 2004 年版。
5. 王成:《侵权损害赔偿的经济分析》,中国人民大学出版社 2002 年版。

第九版后记

本版主要由崔建远教授根据最高人民法院《关于适用〈中华人民共和国民法典〉合同编通则若干问题的解释》、由李仁玉教授根据最高人民法院《关于适用〈中华人民共和国民法典〉总则编若干问题的解释》对相关内容进行了修改,并由彭诚信教授对第一、二、三章作了修改,同时根据各类规范性法律文件的修改和实际需要,对其他内容也作了相应的修正。

郭明瑞
2024 年 7 月

第八版后记

　　本版主要根据《民法典》及最高人民法院最新出台的司法解释对全书内容进行了修改，并增加了婚姻家庭编，各编顺序有所调整。各章作者的修改分工如下：李仁玉，第4、5、6、7、8、9、10章；常鹏翱，第11、12、13、14、15、16章；崔建远，第17、18、19、20、21、22、23、24、25、26章；郭明瑞，第27、28、29、38、39、40、41章；王成，第30、31、32、42、43、44、45、46、47、48章；王歌雅，第33、34、35、36、37章。

　　全书由郭明瑞统一定稿。

郭明瑞

2020年12月

第七版后记

本版主要根据《民法总则》对第六版的内容进行了修改。李仁玉教授承担了第四章至第十章的修改工作,其余部分由郭明瑞教授修改、审定。

郭明瑞
2017 年 6 月

第六版后记

本版主要根据第五版以来最新的司法解释、民事立法以及民法理论的发展，对第五版的内容进行了修改。

本版的第二编即物权编由常鹏翱教授修改，其余各部分均由第五版作者各自修改，全书由副主编统稿，由主编定稿。

主　编

2016 年 6 月

第五版后记

本版对前一版作了四个方面的修改:1.根据三年来新的法律和司法解释对原有内容作了更新。2.吸收了一些民法学研究的新成果,增加了一些知识点和资料。3.对附在各编之后的参考书目、附在书后的缩略语和词条索引作了调整。4.对全书文字作了必要的修饰。

本书是全国高等学校法学专业核心课程教材之一,自 2000 年 9 月首次出版至今,历时 13 年,经过不断修改,本教材形成了以下特点:

1. 本教材的对象是法学专业本科生,也适用于非法律本科毕业的法律硕士,对法学硕士和法律实务人员也有参考价值。

2. 结合我国现行民事法律法规和司法解释,系统阐明民法的基本原理、基本制度和基本知识,并借鉴外国的民法与理论弥补我国民法之不足,因此本书有相对稳定性。

3. 由于至今我国尚未颁布民法典,本书的体系结构是以我国现行民法为基础,主要借鉴并变革了德国民法体系及其有关原理。本书的体系结构与德国民法的体系结构的主要不同在于:(1) 没有亲属法,因为在我国婚姻法早已成为独立的学科。(2) 第一版将人身权设为一编(第五编),保持至今,其基本内容是阐释人格权。(3) 第一版将侵权行为设为一编(第六编);从第二版(2006 年)开始将侵权行为编改为侵权责任编,这与 2009 年颁布的《侵权责任法》是吻合的。

4. 我国民法没有将责任归入债的范畴,而是将责任与债区分开,构建了民事责任体系,这是我国民法与德国民法的重大区别。我国学者对此评说不一,在理论上分歧较大。为使学生掌握民法原理并了解有关分歧,本书力求全面反映有关不同观点,为此本书第四版第三章增加了一节(第五节),即民事责任与债法、物权法和请求权的关系,本版将其改为民事责任与债、物权、请求权的关系,并反映了本书第四版出版以来对这些问题讨论的新发展。

5. 本书对理论观点、概念、定义等有分歧的,以尊重通说为原则;对重大的分歧,阐明了分歧所在和作者的主张与理由。

6. 本书第一版在书后注明了参考文献。从第二版开始不在书后注明参考文献,而是在各编之后为读者开列参考书目,以后各版对参考书目作了适当调整、更新,这对读者掌握本书内容和扩大知识面有积极意义。

7. 本书后面附有法律法规的缩略语和词条索引,便于读者查阅。

8. 本书初版总字数为 890 千字,后来字数逐步增多,第三版为 987 千字,第四版减少为918千字,本版在第四版的基础上作了必要的修改,有删有增,避免教材越写越厚,这主要是为了减轻学生的负担。

13年来本书一直是全国畅销的民法教材之一,为培养法律人才作出了积极贡献,这是全体作者共同努力的结果,这与北京大学出版社法律图书事业部和读者的关心与帮助是分不开的,为此我衷心感谢本书副主编郭明瑞教授,作者崔建远教授、李仁玉教授、钱明星教授、王小能教授、王成教授,北京大学出版社法律图书事业部邹记东主任、责任编辑周菲女士和广大读者。

本版撰稿分工如下:第1—3章:魏振瀛;第4—10章:李仁玉;第11—16章:钱明星;第17—26章:崔建远;第27—33章:郭明瑞;第34—40章:王成;第41章第1节:魏振瀛、王成;第41章第2—6节、第42—43章:王成。

本书由主编和副主编统稿,由主编定稿。

主　编

2013年5月

第四版后记

本书第三版面世以来，我国颁布的一部重要的民事法律是《中华人民共和国侵权责任法》。这部法律是广泛借鉴外国法律与总结我国民事立法和司法经验的成果，是对德国式民法的"债务与责任结合"立法模式的借鉴与变革，是我国《民法通则》创立的"民事权利—民事义务—民事责任"立法模式的延续和新发展。依据《侵权责任法》，本书的侵权责任编（第六编）作了全面修订。

《侵权责任法》规定的承担侵权责任的方式和《物权法》第三章规定的物权的保护方法有重合之处，对于二者之间的关系，学者的理解不同，这是涉及民法基本理论和我国民法的全局性问题，对此本书第三章第五节作了简要阐述，侵权责任编作了相应的解释。本书的相关章节还参考德国民法理论写了不同的观点，便于读者通过比较深入理解我国民法。

根据民法以民事权利为本位的理念和民事法律规范以民事法律关系为核心的观点，第一编第一分编第一章增加了民法的本位一节（第五节）；第一编第二分编的题目改为民事法律关系主体；第三分编的题目改为民事法律关系客体；第四分编的题目改为民事法律关系变动。

这一版的一些章节在体系结构、内容和篇幅上都作了较大的调整与修订，同时更新了各编的参考书目，这是全体作者相互配合、共同努力的成果。

随着民法与民法学的发展，新名词术语增多，根据这一版的新内容，调整了词条索引，供读者查阅。虽有多虑难免有失，敬候读者赐教。

本书撰稿分工如下：第1—3章：魏振瀛；第4—10章：李仁玉；第11—16章：钱明星；第17—26章：崔建远；第27—33章：郭明瑞；第34—40章：王成；第41章第1节：魏振瀛、王成；第41章第2—6节、第42—43章：王成。

本书由主编和副主编统稿，由主编定稿。

主　编
2010年5月

第三版后记

　　2007年3月16日全国人民代表大会通过了《中华人民共和国物权法》，2006年8月27日全国人大常委会通过了修订后的《中华人民共和国合伙企业法》。根据这两部法律，本书全面修改了物权编与合伙一节，其他少量章节有部分修改。失当之处，敬请读者指正。

主　编

2007年5月

第二版后记

原计划本书第二版在去年出版,因为据悉预计今年三月召开的全国人民代表大会将讨论通过《物权法》,为了及时反映《物权法》的内容,故推迟了出版时间。但是,《物权法草案》没有提交全国人民代表大会讨论。经与出版社商议,为了尽快更新本书的内容,以适应教学需要,决定将已经准备的书稿先行出版;待《物权法》颁布后,再根据其内容修订物权编。

本书第一版发行五年多来有一些新的民事立法和司法解释,本书内容随之作了相应的修改。五年多来我国民法学研究继续深入,出版的论文、专著和译著颇多,本书吸收了有关新的学术研究成果和新的司法实践资料。本书第二版与第一版比较,主要的变动有:(1) 根据《民法通则》规定和有关学理,并参考我国内地的几部民法教材,将民事法律行为(第八章)改为民事行为。(2) 除斥期间与诉讼时效的性质不同,故将除斥期间作为独立的一节(第十章第三节)。(3) 根据债法原理,结合我国实践,对债权总论的体系和内容作了调整,增设了"债的类型"一章(第十八章)。(4) 根据《民法通则》规定,结合有关学理,将第六编"侵权行为"改为"侵权责任"。(5) 在学理上涉及民事法律关系变动的用语,有时用"转移"(如所有权转移),有时用"移转"(如债的移转)。其实"移转"与"转移"的含义并无差别,没有必要将"移转"作为民法的专门术语,因此本书不再用"移转",而统一用"转移"。(6) 在本书各编之后列了参考书目,供读者深入学习和研究有关专题参考。

民法学者对有些问题的观点有分歧,本书作者的见解也有所不同,反映在本书中没有要求必须统一,因此有个别问题(例如自然人死后还有无某些民事权利的问题)在不同的编章反映了本书作者的不同观点。

本书第一版发行以来,受到一些热心读者的鼓励并提出宝贵意见,在此表示衷心的感谢。作为大学教师,我们深知编写教材的重要性,懂得写高水平的教材不容易。在力所能及的情况下尽量写好本书是我们全体作者共同的心愿,不妥之处敬请读者指正。

本书撰稿分工如下:魏振瀛,第1—3章;李仁玉,第4—10章;钱明星,第11—16章;崔建远,第17—26章;郭明瑞,第27—33章;王成,第34—43章。

本书由主编和副主编统稿,由主编定稿。

主　编
2006年3月

第一版后记

如果说 1986 年颁布的《民法通则》是我国民事立法发展史上重要的里程碑，1999 年颁布的《合同法》就是我国民事立法走向另一新阶段的重要标志。至今我国的民事立法的主要内容已大体齐备。本书各编均以现行的民事立法为依据，吸收民法理论研究的新成果，借鉴外国的立法，在此基础上进行体系上的整合与理论上的论述，形成 6 编 42 章。这是本书的特点之一。

《民法通则》共 9 章，其中民事责任单独成章，对此褒贬不一。本书根据《民法通则》第 6 章的内容，将民事责任分别在总论、债权和侵权行为三编作了论述。本书将《民法通则》第 6 章第 3 节扩展为侵权行为，与总论、物权、债权、继承权、人身权并列为独立的一编，使侵权行为与债相分离；同时指出侵权责任的承担在一定范围内和一定条件下可准用债编的一般规定。将人身权与侵权行为均独立成编，突出人身权法与侵权行为法在民法中的地位，有利于增强民事权利的保护，有利于为民法的发展开拓更广阔的领域。这是本书的特点之二。

我国第四次起草《民法典》的序幕已经拉开，《民法典》的颁布为时不会太久。从一定意义上说，本书的体系安排可谓对我国《民法典》体系的一项建议（尚未包括知识产权法与婚姻家庭法）。

本书编写过程中，北京大学法学院的刘凯湘教授、葛云松讲师、博士后王轶、博士生王成和杜颖提出了宝贵意见。参加本书审稿的专家杨振山（中国政法大学教授、博士生导师）、马俊驹（清华大学教授、博士生导师）和王利明（中国人民大学教授、博士生导师）对本书提出了宝贵的建议。在此，谨代表全体作者向他们深表谢忱。

编写一部好的核心课程教材是要花大气力的，本书作者本着对读者负责的态度尽力而为之。由于作者肩负多种任务，工作繁忙，水平也有限，疏误之处仍恐不免。敬待读者惠教，以待再版匡正。

本书撰稿分工如下（依姓氏笔画为序）：王小能，第 1 编第 3 章第 4 节、第 3 编第 25 章、第 5 编、第 6 编；李仁玉，第 1 编第 4—10 章；钱明星，第 2 编；郭明瑞，第 3 编第 26—28 章、第 4 编；崔建远，第 3 编第 17—24 章；魏振瀛，第 1 编第 1—3 章。

本书由主编与副主编统稿，最后由主编调整、修改、定稿。

主　编
2000 年 6 月于北大承泽园